U0840533

# 揚州年鉴

YANGZHOU YEARBOOK

2016

扬州市地方志编纂委员会　编

广 陵 书 社

**图书在版编目（CIP）数据**

扬州年鉴. 2016 / 扬州市地方志编纂委员会编. --
扬州 : 广陵书社, 2016.12
ISBN 978-7-5554-0672-3

Ⅰ. ①扬… Ⅱ. ①扬… Ⅲ. ①扬州市－2016－年鉴
Ⅳ. ①Z525.33

中国版本图书馆CIP数据核字(2016)第302253号

**扬州年鉴（2016）**

| | |
|---|---|
| **编　　者** | 扬州市地方志编纂委员会 |
| **装帧设计** | 葛玉峰　杨　鉴 |
| **责任编辑** | 胡　珍 |
| **出版发行** | 广陵书社<br>地址：扬州市维扬路349号<br>邮编：225009<br>网址：http://www.yzglpub.com<br>电子邮箱：yzglss@163.com |
| **印　　刷** | 南京凯德印刷有限公司 |
| **开　　本** | 889㎜×1194㎜　1/16 |
| **印　　张** | 34.5 |
| **字　　数** | 1100千字 |
| **版　　次** | 2016年12月第1版第1次印刷 |
| **标准书号** | ISBN 978-7-5554-0672-3 |
| **定　　价** | 300.00元 |

## 城市荣誉

中国历史文化名城
全国双拥模范城
全国社会治安综合治理先进单位
中国优秀旅游城市
国家环境保护模范城市
国家园林城市
中国人居环境奖
全国节水型城市
国家级生态示范区
联合国人居奖
国家卫生城市
全国科技进步先进市
中国数字化创新管理奖
中国和谐管理城市
全国实施畅通工程模范管理城市
全国无偿献血先进市
全国创建学习型家庭示范城市
城市管理人民满意城市
全国法制宣传教育先进城市
国家森林城市
全国文明城市
全国诗词之市
全国生态市

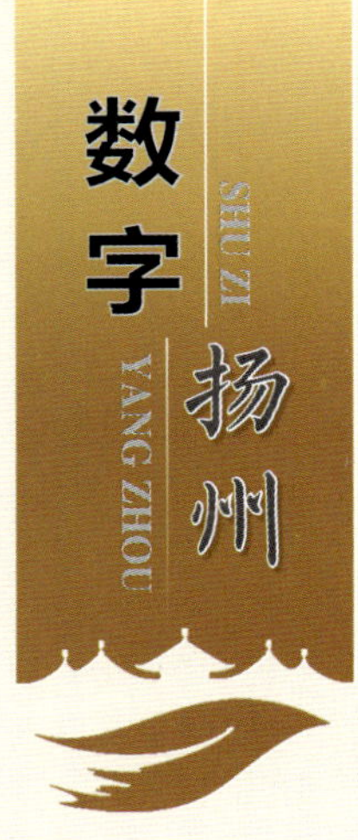


## 2015年地区生产总值构成

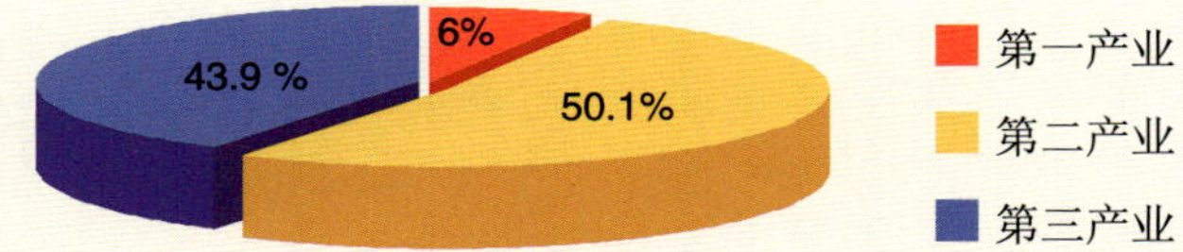


## 地区生产总值

单位：亿元

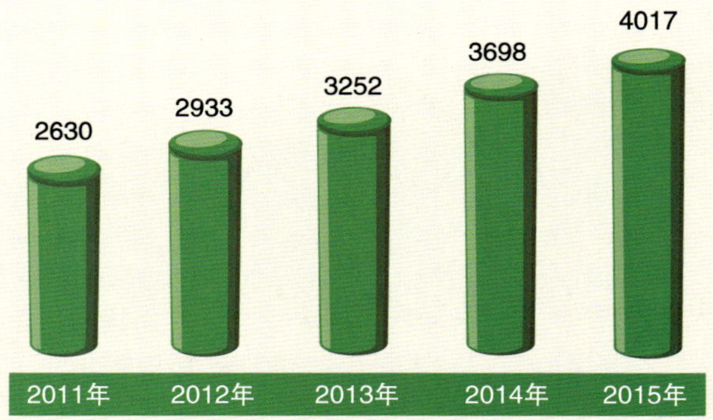


## 人均地区生产总值

单位：元

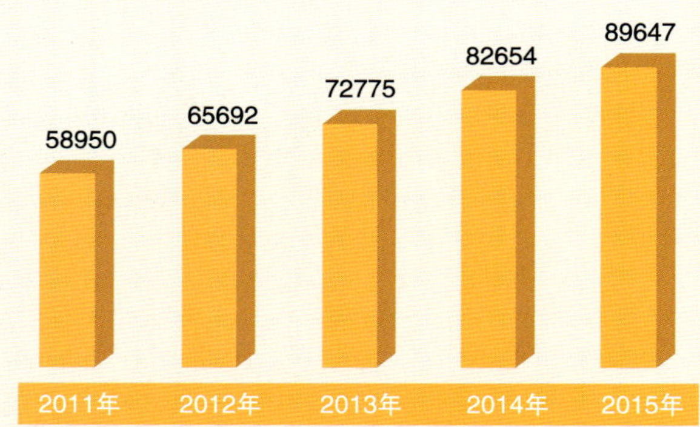


## 规模以上工业总产值

单位：亿元

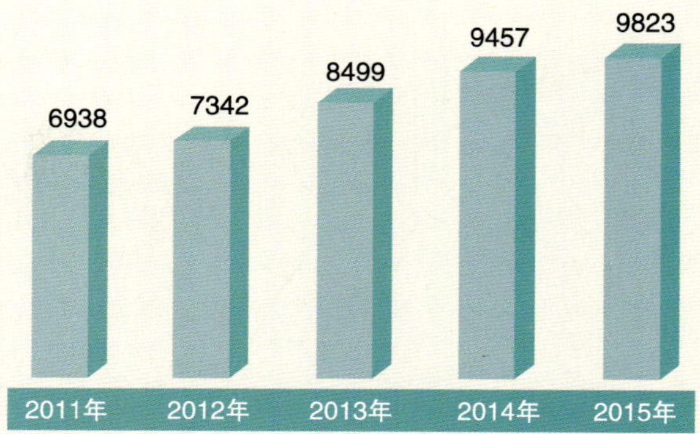


## 全社会固定资产投资总额

单位：亿元

## 财政收入

单位：亿元

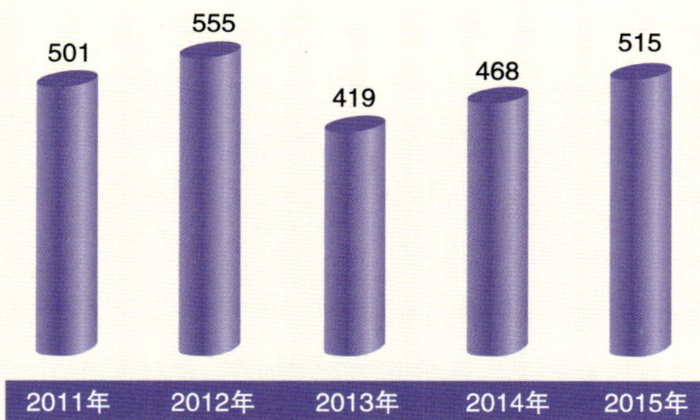


注：2013年起为新口径数据

## 出口总额

单位：亿美元

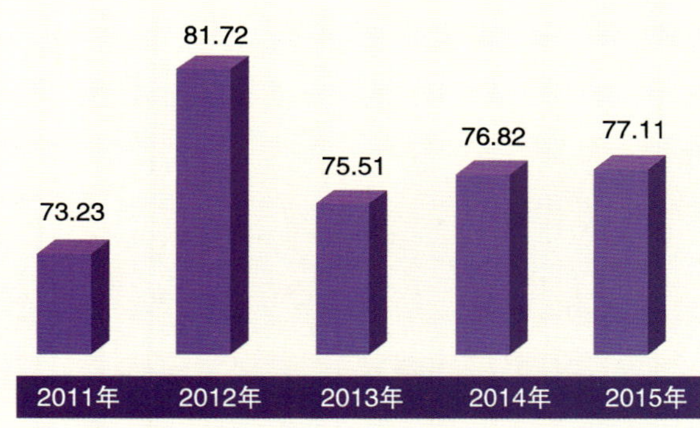


## 社会消费品零售总额

单位：亿元

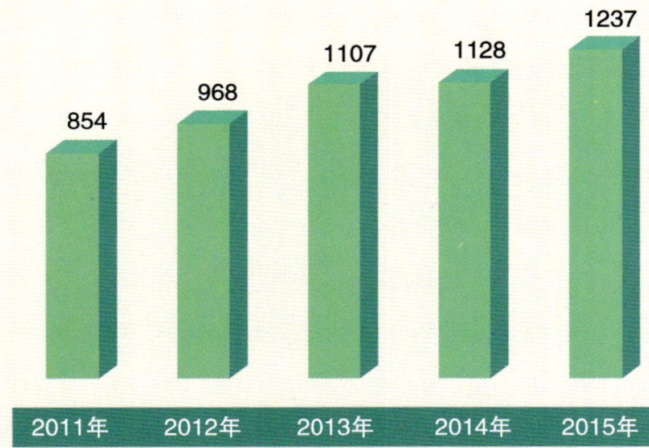


## 城镇居民人均可支配收入与农村居民人均纯收入

单位：元

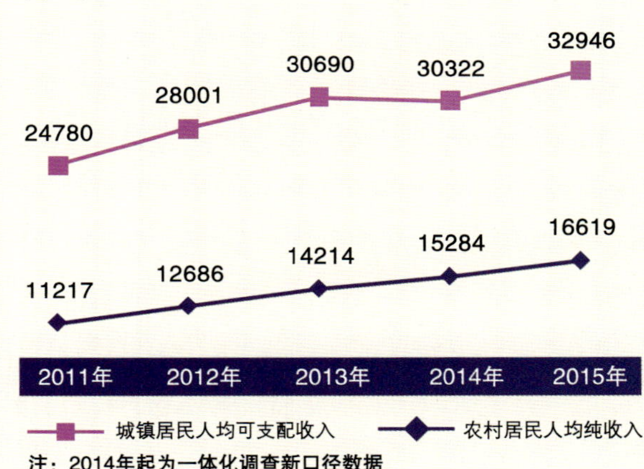


注：2014年起为一体化调查新口径数据

## 2015年扬州的一天

地区生产总值
110050万元

公共财政预算收入
9226万元

城乡居民储蓄余额
65115万元

粮食产量
8614吨

出口总额
2113万美元

社会消费品零售额
33889万元

9月29日，市委书记谢正义发表题为《人民幸福 扬州万福》扬州建城2500周年献词

9月29日，市委书记谢正义和市长朱民阳为吴王夫差塑像揭幕

9月19日，“缘系千秋·情定扬州”集体婚礼在宋夹城体育休闲公园举行

4月21日，第九届扬州软件和信息服务外包大会暨“互联网+”产业发展论坛活动在广陵新城举行

4月18日，扬州市举行“烟花三月”国际经贸旅游节开幕式暨重大项目签约开工投产仪式

5月8日，2015中国扬州科技成果展示洽谈会开幕。图为市民参观科洽会

4月19日，扬州市召开“文化休闲·城市度假”旅游招商推介会

6月9日，市四套班子领导集体开展学习践行“三严三实”系列活动

7月1日，扬州市委举行庆祝建党94周年表彰大会暨先进事迹报告会

扬州市推行信访办理“三公开”

广陵区东关街道宋都社区定期将民情民意进行整理归纳

5月10日，扬州市党风廉政建设电视辩论赛（仪征赛区）开赛

江苏信息服务产业基地（扬州）一角

1月29日，由长航重工金陵船厂为挪威船东建造的第一艘6700车位汽车运输船“维京·奇遇号”在仪征命名交船

工人在皮卡江淮帅铃T6生产线上操作

潍柴亚星研制生产的欧6排放客车交付

12月28日，上海大众仪征工厂轿车生产突破100万辆

6月11日，扬州市政府在青岛举办2015“中国扬州携手韩国名企”合作恳谈会

九龙汽车发动机项目生产车间

5月8日，深圳—扬州创新驱动交流座谈会在深圳举行

国家高新技术企业、江苏省创新型企业——扬州力创机床有限公司生产车间

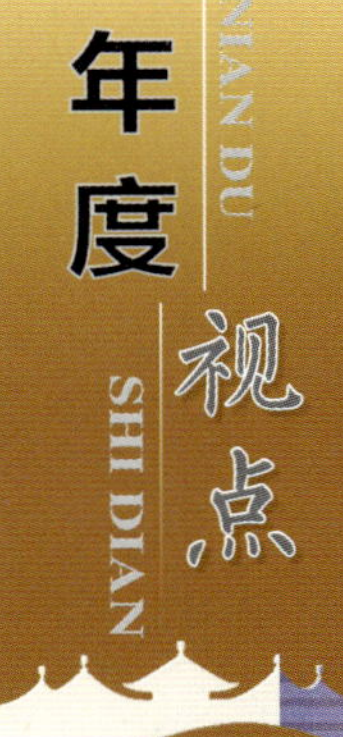

9月19日，扬州市政府与省教育厅举行签字仪式共建扬州旅游职业学院

11月19日，扬州市首批中小微企业领到“创新券”

4月16日，扬州市与江南大学举行科技交流活动

5月8日，扬州市政府与中兴通讯举行战略合作框架协议签约仪式

10月28日，扬州首届创客嘉年华活动在科技广场举行

4月18日，中俄基金扬州子基金成立

11月12日，扬州国鑫农贷挂牌上市

4月18日，恒丰银行扬州分行举行开业仪式

9月20日，万福大桥正式通车。图为99路公交行驶在万福大桥上

9月28日，扬州泰州机场香港航线首航。图为机组人员与机场工作人员合影

9月5日，文昌路西延工程正式通车

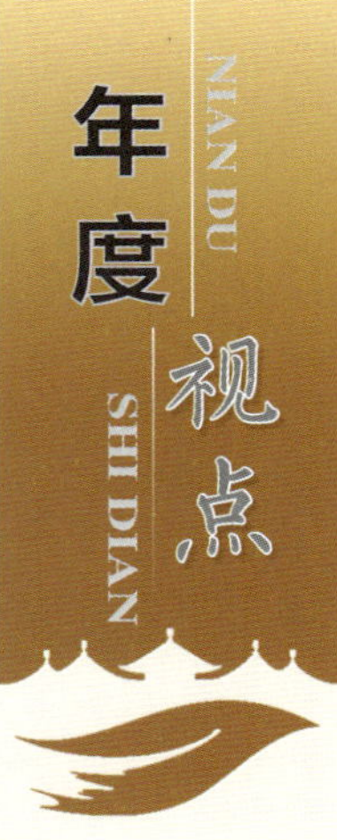

9月27日，扬州闸竣工开闸，整个城区活水通道打通

东部活水工程曲江水系

清淤整治后的邗沟河

生态清淤后的蝶湖水域

市民体验二十四小时城市书房的便捷服务

居民在城市书柜阅读

4月23日，扬州市首届"朱自清读书节"在市文化艺术中心启动

居民在嘉境邻里公园玩乐

市民在扬子津古渡体育休闲公园健身

9月29日，扬州市第12届运动会开幕。图为开幕式现场

4月19日，扬州鉴真国际半程马拉松赛暨全国半程马拉松锦标赛举行

市民在“扬州486”非物质文化遗产集聚区近距离观看大师制作过程

9月22日，虹桥坊文化音乐喷泉广场启用

9月12日，“中外丝路城市美食文化交流——扬州活动周”开幕。图为活动现场

10月23日，第十届中国“文博会”扬州分会场活动在扬州国展中心开幕。图为市民参观玉雕展馆作品

《春江花月夜·唯美扬州》实景演出现场

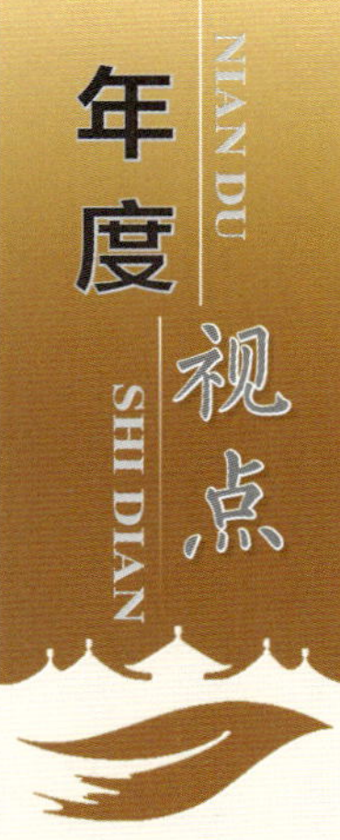

孩子和家长一起在扬州科技馆内观看机器人踢球

5月23日，扬州市举行“千颗童心迎城庆·自强不息好儿童”颁奖典礼

2月6日，扬州市老城区首个社区科普馆——教场社区科普馆正式免费面向社会开放

7月10日，“七彩夏日”——未成年人暑假系列活动暨“留守儿童夏令营”开营。图为小营员体验科技的神奇魅力

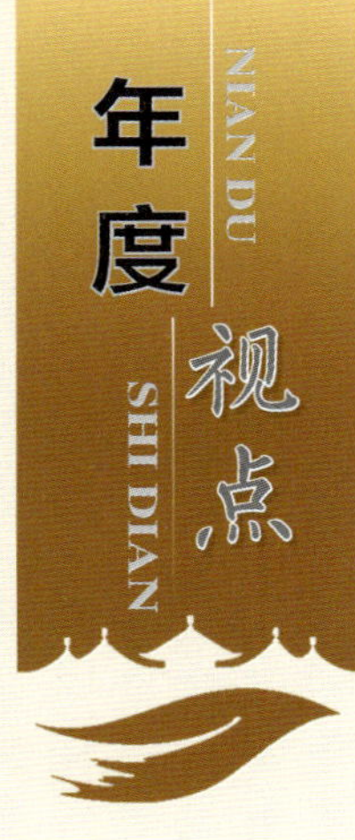

12月28日，“扬州发布”APP正式上线

12月11日，扬州市发放新版食品经营许可证。图为申请者展示拿到的新版许可证

12月30日，扬州市发放首批不动产权证。图为高邮市民领到“0000001”号不动产权证

汶河街道四望亭社区向志愿者发放“志愿者护照”

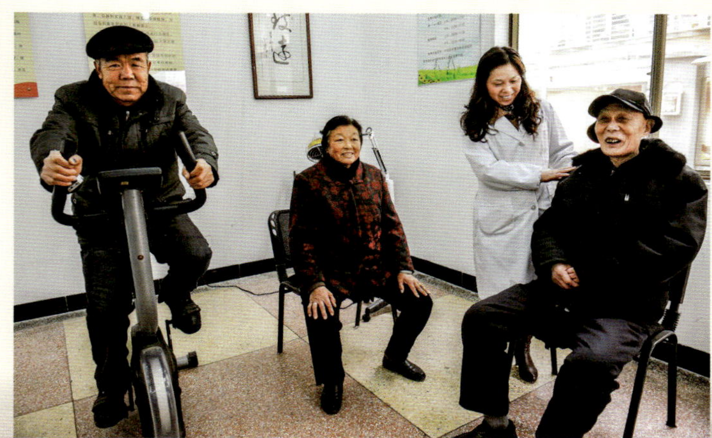

双桥社区开办老年人日间照料站，提供免费家政服务

9月21日，“扬州好人进万家”文艺巡演优秀节目汇报演出在扬州大剧院举行

瘦西湖万花园畔的花文化展示馆

马可波罗花世界公园

9月29日，扬州古运河花船巡游活动正式举行。图为“扬州瘦西湖号”领航花船巡游

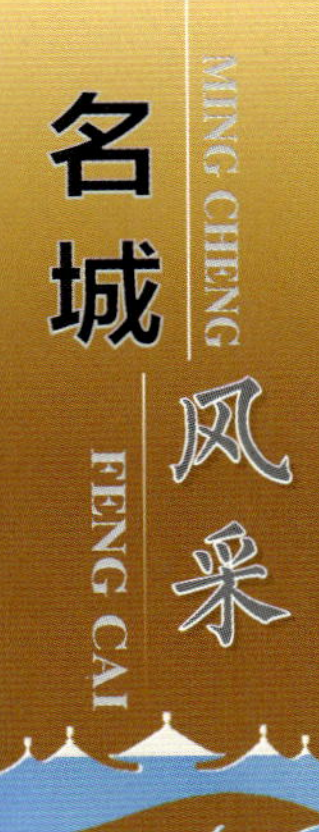

广陵新城一角

扬州西部交通客运枢纽

文昌路东延牵起江都

文昌路西延牵起仪征

万福大桥夜景

春到瘦西湖

夏日盆景园

何园红枫

玉树琼枝

冶春茶社

本专题图片由王卓、张孔生、李斯尔等供稿

## 扬州市地方志编纂委员会

## 扬州年鉴编辑部

# 编 辑 说 明

1.《扬州年鉴》是由中共扬州市委、扬州市人民政府主持编纂的地方综合性年鉴。1991年出版首卷，本卷为第26卷。

2.《扬州年鉴》(2016)以马克思列宁主义、毛泽东思想、中国特色社会主义理论体系和习近平总书记系列重要讲话精神为指导，实事求是地、较为全面翔实地记述了2015年扬州市政治、经济、文化、社会等各方面的基本情况、主要内容及发生的各种大事、要事、新事和有影响的事，反映了全市人民在改革开放、经济建设以及社会发展中取得的新成就、新进展、新经验。

3.《扬州年鉴》采用分类编辑法，以“类目”为单元，下设“栏目”和“条目”，个别栏目下设“分目”。类目标题标于各类目起始处和书眉；栏目、分目标题分别以3号、5号彩色字随文标出；条目为记述实体，标题前标注彩色符号“■”。《扬州年鉴》(2016)共分39个类目，设239个栏目、47个分目，收录1974个条目和资料。

4.《扬州年鉴》卷首有中文详细目录和英文要目，卷末有索引。全书所有资料可通过目录、书眉、索引等检索渠道查阅。

5.《扬州年鉴》刊用的文稿，由市各部门、各县(市、区)及驻扬单位提供，有关数据、资料均经各部门领导审阅、核实。书中“扬州市”“全市”指全扬州市，“市区”指广陵区、邗江区、江都区范围，“城区”指广陵区、邗江区范围，特殊情况另行括注。《大事纪要》中“△”表示“同日”。表格中“#”表示“其中主要部分”。全书主要综合性统计资料由市统计局提供。全书所用统计数据，由于统计的来源、口径、方式、方法和时间的不同，可能存在一定差异，使用时请以市统计局提供的统计资料数据为准；凡市统计局未作统计的，以供稿单位提供的数据为准。统计数据均使用法定计量单位。为保持文献原貌、遵从行业习惯，《特载》《附录》所刊文献的文字、数据、计量单位均未作变动，《体育》中运动项目有关内容仍使用“公斤”“公里”作为计量单位。

6.《扬州年鉴》所登载的照片或文字稿件若署名遗漏或有误，请摄影者或撰稿人与编辑部联系，以便发放稿酬。

7.《扬州年鉴》的编纂出版，得到了全市各级领导和各有关部门、单位、各县(市、区)及社会各界的关心、帮助和支持，在此一并致谢。

# 目　　录

## 特　　载



## 专　　记



## 概　　貌

## 大事纪要



## 中共扬州市委员会

## 政协扬州市委员会

# 民主党派 工商联 人民团体

## 民主党派 工商联



## 人民团体

### 扬州市总工会



### 共青团扬州市委员会



### 扬州市妇女联合会



### 扬州市科学技术协会



### 扬州市归国华侨联合会



# 政　　法

## 综述



## 公安



## 检察

## 军 事



## 开发园区

## 农业与农村经济

### 种植业


### 林业


### 畜牧业


### 渔业


### 农业综合开发


### 农业机械化


## 工　业

### 综述


### 机械装备产业


### 汽车及零部件产业


### 船舶及配套件产业


### 石油化工产业

## 建筑业



## 交通 物流

## 信息化与软件服务业

## 商贸服务业



## 对外国及港澳台地区经贸

## 旅游业



## 金融业

## 财政 税务

## 经济管理与监督

### 经济宏观管理



### 国土资源管理



### 国有资产监督管理



### 工商行政管理



### 价格监督管理



### 安全生产监督管理



### 质量技术监督



### 食品药品监督管理

## 历史文化名城保护



## 环境保护

## 水　　利



## 科学技术 社会科学

## 文　化

# 卫　生

## 体　育

**竞技体育**



**体育产业**



# 人力资源

**人才工作**



**人事管理**



**劳动就业**



# 人民生活

**居民收入**



**居民消费**

## 社会保障



## 社会事务管理

## 区县市

## 人　物

# 附　　录

# Main Contents

## Education



## Culture



## Health Care



## Sports



## Human Resources



## People's Livelihood



## Social Security



## Social Affairs Management



## District, County and City



## Figures



## Appendix

# 特载
Tezai

编 辑 姚 震

## 人民幸福 扬州万福

——扬州建城2500周年献词

**市委书记、市人大常委会主任 谢正义**

（2015年9月29日）

各位市民、各位乡贤，同志们、朋友们：

公元前486年，吴王夫差筑邗城、开邗沟，沟通了江淮，也开启了扬州城市文明发展史。

2500年来，生于斯、长于斯、奋斗于斯的扬州人，凭藉自己的智慧、汗水和顽强毅力，筚路蓝缕，砥砺奋进，坚韧前行，在扬州这块土地上创造了璀璨文明。

历史上的扬州，历经凋敝与繁盛、苦难与辉煌。其兴盛，曾享有“扬一益二”和一地税赋“动关国计”之美誉；其衰败，数度毁于战火，甚至沦为“芜城”。然每每繁盛之时，扬州都能正德厚生、兼济天下；而每每毁废之后，扬州都能凤凰涅槃、浴火重生。扬州人开拓创新的进取精神、临危不惧的铮铮铁骨、开放包容的博大胸襟、崇文重教的儒雅风尚、温和敦厚的友善品格，生生不息，代代相传。

新中国成立后特别是改革开放以来，扬州人民在中国共产党领导下，艰苦创业、奋发图强，谱写了千年古城的时代华章。我们可以自豪地说，这一时期取得的经济社会发展成就超过历史上任何一个时期。今日扬州，激情涌动、生机盎然。现代立体交通体系基本定局，现代产业发展突飞猛进，现代化大扬州的城市格局已经形成，人民生活水平显著提升，城市知名度、美誉度和影响力进一步增强，一座古代文化与现代文明交相辉映的名城正日益成为现实模样。

抚今追昔，我们对扬州的先民先贤、先辈先进充满敬仰和感恩。他们的伟大创造和丰功伟绩，都将永远镌刻在扬州的大地上、融注于城市的血脉中、烙印在今人的心坎上。我们要感谢当今这一伟大的时代，正是在党中央、国务院和省委、省政府的坚强领导下，历任领导班子接续奋斗，社会各界关心支持，城市贵宾、家乡贤达和国际友人无私襄助，全市人民团结拼搏，一个富有实力和魅力的扬州，才更加自信地展现在世人面前。

同志们、朋友们！纵观扬州2500年的发展历程，历史给予我们最重要的昭示：只有国家强盛，城市才能兴旺。扬州无论是历史上的数度繁盛，还是当代的蓬勃发展，无不缘于躬逢盛世、时代垂青、人民努力。如今，我们正阔步行进在中华民族伟大复兴的奔梦路上，必须以习近平总书记系列重要讲话特别是视察江苏重要讲话精神为引领，在“四个全面”战略布局中定位自己、勇于担当，在国家发展大局中抢抓机遇、奋发有为，以建设“经济强、百姓富、环境美、社会文明程度高”的新扬州为主题，着力推动经济发展、现代农业建设、文化建设、民生建设和全面从严治党迈上新台阶，奋力谱写好中国梦的扬州篇章。

创新强，则经济强。创新，成就了扬州历史上的繁华，更是现代城市发展进步的制胜法宝和不竭动力。我们要大力实施创新驱动核心战略，以最开放的胸襟、最开明的政策、最坚定的行动，聚天下英才而用之，持之以恒打造宜创城市。扬州梦，最重要的是大学梦。我们要把发展高等教育作为战略工程，大力培养各类人才，加快吸引高素质人才留扬、回扬、来扬创新创业。兴城先兴人。受过良好教育的年轻人，是我们这座千年古城焕发青春活力、永葆发展生机最重要和最持久的动力。当越来越多的大学生来到扬州创新创造、就业置业，扬州成为一个“大学生城”时，扬州就会真正充满希望、重铸辉煌。

双手勤，则百姓富。一勤天下无难事，勤劳致富，人勤地灵。没有一代又一代扬州人举袖如云、挥汗如雨的辛勤劳作，哪会有今日扬州的富庶繁华！“扬州三把刀”体现的是扬州人勤奋、勤劳、勤勉，“和田玉、扬州工”折射的是扬州人精益求精、业精于勤。智慧生于勤，收获源于勤，我们唯有勤勤恳恳、踏踏实实、一一当当，靠自己的双手创造美好生活，才能播种希望、收获成功，日子才能越过越红火。

生态优，则环境美。绿色是扬州的城市底色、鲜明特色和发展主色。绿水青山，功在当代、荫及子孙。我们要上对得起先人，下对得起后人，全面加强生态保护，让月亮之城月更明、运河名城水更清、绿杨城郭城更绿，让我们的家园更美丽，让扬州城更宜居。“天地孕育万物”。我们要尊重自然、顺应自然、保护自然、道法自然，促进人与自然和谐相处。“但存方寸地，留与子孙耕”。我们要坚持低碳、集约、绿色发展，促进永续发展，让世世代代扬州人享有更多的生态福利、绿色红利。

民风好，则社会文明程度高。民风是社会文明程度的集中体现。好民风要靠大家。我们每个扬州人都要大力践行社会主义核心价值观，坚持从我做起，爱国爱乡，敬业奉献，诚信为本，友善待人。好民风要重教育。“传家无别法，非耕即读；裕后有良图，惟俭与勤。”一家如此，一城亦如此。我们要大力发展教育，培养具有中国灵魂、国际视野、家乡情怀的新一代扬州人。他们即使远在他乡、服务社会、建设国家，也必心系扬州、反哺家乡、报答桑梓。家风好民风才会好。每个市民都要弘扬家庭美德，崇德向善，孝老爱亲，在家和和气气，出门客客气气，做文明文雅的扬州人。好民风要让来客如沐春风。城市即旅游，人人皆形象。我们要规范规矩、热情大方，笑迎八方来客，广交四海宾朋，让秀美扬州更宜游，让名城扬州友更多。好人引领好风尚。要以“扬州好人”为榜样，见贤思齐，身体力行，争当文明人、共建文明城。

人民创造历史。扬州的历史，归根到底由扬州人民创造。人民对美好生活的向往，就是我们的奋斗目标。我们每一位公职人员都要时刻牢记：只有依靠人民、为了人民，我们的事业才能前进。时刻牢记：只有你真正干得好，人民群众才会说你好！时刻牢记：只有你真心对老百姓好，老百姓才会对你好！我们要诚心实意依靠人民、全心全意服务人民，团结和带领全市人民一起想、一起苦、一起干，让蓝天下的每个扬州人都有人生出彩、梦想成真的机会！让每个扬州人都为生活在这座城市而感到顺心与自豪！

揖古扬今，继往开来。千年古城，重新启航。

让我们共同祝愿：

人民幸福！扬州万福！

# 共谋共商　共建共享<br>凝聚起“十三五”发展的强大正能量

——在政协扬州市七届五次会议上的讲话

市委书记　谢正义

（2016年1月17日）

各位委员，同志们：

在回眸“十二五”发展成就、开启“十三五”新的征程的重要时刻，政协扬州市第七届委员会第五次会议今天隆重开幕了，我代表中共扬州市委表示热烈祝贺！

刚刚过去的2015年，是扬州发展史上具有重大历史意义的一年。这一年，我们以扬州建城2500周年为契机，大力推动各项重点工作落实，不仅胜利完成了全年经济社会发展目标任务，而且为“十二五”发展画上了圆满句号。现在，我们可以自豪地说，刚刚过去的五年是扬州综合实力提升最快、城乡面貌变化最大、人民群众得到实惠最多的时期之一。全市经济总量连续跨上3000亿、4000亿两个大的台阶，GDP在全国百强城市中的排名比2010年提升14位，人均GDP在苏中苏北地区率先超过省均水平；去年城镇居民和农民人均可支配收入达到33000元、16730元，分别是2010年的1.7倍和1.8倍。尤其令人高兴的是，反映城市经济、城建、民生三个方面最终发展成果的核心数据创历史最好。去年，全市一般公共预算收入达到336.8亿元，比上年增长14.1%，连续两年增幅居全省第2位，税收占比达81.6%，比“十一五”平均占比提高10个百分点，新增列省重大项目数居全省第1位，标志着扬州经济社会发展的质量和效益显著提升；市区商品住宅成交15500多套，成交量创五年新高，其中外地人在扬购房比例达到27.7%，标志着扬州城市品位、价值和影响力、吸引力显著提升；扬州居民人均期望寿命达到78.8岁，比全国、全省分别高3.8岁和2.2岁，居民年住院率低于全国2.4个百分点、全省2个百分点，慢性病发病率低于全国6.4个百分点、全省2.2个百分点，标志着扬州民生工作取得巨大成效、人民健康水平显著提升。

2016年1月17日，市委书记谢正义在政协扬州市七届五次会议上讲话
王　卓/摄

过去五年的发展成绩，是我们认真学习习近平总书记系列重要讲话精神，坚决贯彻中央各项要求的结果，是省委、省政府正确领导、支持帮助的结果，是全市上下同心同向、埋头苦干的结果。这五年，我们坚持一张蓝图绘到底，按照“六为”发展路径，开拓创新、真抓实干，凝心聚力抓落实，一一当当往前走；这五年，我们坚持集中力量干大事，一年接着一年干，一件事接着一件事干，全力推动重大产业项目、重大城建工程、重要民生事项落地见效；这五年，我们坚持全市上下一起想、一起干、一起苦，铸城市新魂，做时代新人，汇聚起依靠勤劳双手创造幸福、依靠艰苦奋斗建设名城的强大力量。这五年的所有成绩，凝聚着全市各级政协组织和广大政协委员的智慧和汗水。五年来，市政协牢牢把握团结和民主两大主题，紧紧围绕中心，认真履行职能，服务大局有高度，建言献策有深度，民主监督有力度，团结合作有广度，为推动扬州跨江融合发展和名城建设作出了重要贡献。在此，我代表中共扬州市委向大家表示衷心感谢并致以崇高敬意！

现在，扬州的发展已经掀开新的一页。站在两个五年规划交替接续的重要时间节点上，市委六届十次全会深入贯彻落实习近平总书记系列重要讲话特别是视察江苏重要讲话精神，认真学习贯彻党的十八届五中全会精神，审议通过了《中共扬州市委关于制定扬州市国民经济和社会发展第十三个五年规划的建议》，明确提出了扬州“十三五”发展的指导思想、主要目标和重点任务。大政方针已定、行动路径已明，关键在于推动实施、狠抓落实。全市上下要坚持共谋共商、共建共享，凝聚起推动“十三五”发展的强大正能量，一步一个脚印地把我们精心谋划的美好蓝图变为令人鼓舞的现实模样。

共谋共商、共建共享，要突出主题、抓住核心。想到一起，才能干在一起；有了最大公约数，才能凝聚最大正能量。面向“十三五”，我们要牢牢把握“迈上新台阶、建设新扬州”这个“十三五”发展的最大主题，对照经济强、百姓富、环境美、社会文明程度高的发展要求，增强不辱使命的坚定决心，强化谱写好中国梦扬州篇章的历史担当，全力推动扬州各项事业发展迈上新台阶。

要牢牢把握发展不充分、不全面、不平衡仍然是扬州的主要矛盾，始终坚持发展第一要务不动摇，自觉践行创新、协调、绿色、开放、共享“五大发展理念”，决不为已经取得的成绩而自满，决不因可能遇到的困难而退却，坚定不移走好自己的路、办好自己的事。要牢牢把握“率先达小康、提前翻一番、全面达省均”这一核心目标，认认真真找差距，扎扎实实补短板，不仅要打好率先全面建成小康社会决胜仗、完成“两个翻一番”硬任务，而且要尽最大努力实现全市城乡居民收入全面达到省均水平。要牢牢把握2016年扬州荣获“联合国人居奖” 10周年、2018年江苏省第十九届运动会在扬州举办、2021年连淮扬镇高铁全面建成通车和申办举办世界园艺博览会等重要时间节点，紧紧扭住重点工作和难点问题，在战略上坚持持久战，在战术上打好歼灭战，一项一项往前推，一步一步抓紧干。

共谋共商、共建共享，要突出重点、抓住关键。想大事、谋大事、干大事、成大事是扬州“十二五”发展取得重大成绩的关键，也必须作为“十三五”时期最大的工作导向。要坚持创新引领，聚焦聚力基本产业，持之以恒推进重大产业项目建设，一着不让推进江广融合区扬州软件园、扬子津科教园区、国家农业科技园，以及千万平方米科技产业综合体和众创空间等创新载体建设，大力推动大众创业、万众创新。要坚持建设名城，一着不让推进连淮扬镇高铁及东部综合交通枢纽、城市南部快速通道等重大基础设施建设，全力建设国际文化旅游名城和美丽宜居新扬州，充分展现古代文化与现代文明交相辉映的名城形象。要坚持“兴城先兴人”，制定实施“人才兴城、人口优化、人力支撑”专项规划，大力推进“大学生城”、“颐养之城”、“优生之城”建设，实现“新产业、新人才、新城市”互动并进、协调发展。要坚持民生优先，重点推进打造健康中国的扬州样本这项民生“一号工程”，集中力量抓好创业就业“两业”增收、体育休闲公园和幼儿园“两园”建设、农贸市场和停车场“两场”建设、医院和养老院“两院”建设、群众性文娱比赛和体育比赛“两赛”活动等民生“五个二”工程。要着眼五年、干好头年，抓好“重大产业项目建设优化年”“美丽宜居城市建设年”“公务管理规范年”等各项重点工作，打好“第一仗”，下好“先手棋”，确保“十三五”开局良好。

共谋共商、共建共享，要集中智慧、凝聚力量。人民群众是推动历史进步的根本动力，群众中蕴藏着巨大的智慧和无穷的力量。各级干部都要始终牢记，只有为了人民、依靠人民，我们的事业才能前进，真正做到问政于民、问计于民、问需于民，和群众交心，拜群众为师，群策群力推进各项重点工作。要始终牢记，群众是真正的英雄，尊重群众首创精神，鼓励基层大胆实践，传承和弘扬勤奋、勤劳、勤勉的优秀品质，支持广大群众靠自己的双手创造美好生活、收获更大成功。要始终牢记，群众说好才是真的好，全心全意为群众办好事、解难题，团结带领全市人民一起想、一起干、一起苦，共同谱写扬州“十三五”发展的崭新篇章。

商量才有力量，商量就有力量。要坚持和完善协商民主建设的制度和机制，真正把协商放在决策之前、贯穿于日常工作之中；坚持和践行民主集中制，发扬民主要多商量，正确集中要敢担当，全力营造“有事多商量”的民主政治氛围。重协商是讲政治，肯协商是大聪明，会协商是真本事。各级政协组织要围绕中心、服务大局，不断提高政治协商水平，完善民主监督机制，提升参政议政实效；按照懂政协、会协商、善议政的要求，引导政协委员为推动“十三五”全市经济社会发展贡献智慧和力量。全市各级党组织要切实加强和改善对政协工作的领导，形成党委重视、政府支持、政协主动、各方配合的工作格局，共同为“迈上新台阶、建设新扬州”、谱写好中国梦的扬州篇章汇聚正能量、作出新贡献。

祝政协扬州市七届五次会议圆满成功！

# 扬州市政府工作报告

——2016年1月18日在扬州市
第七届人民代表大会第五次会议上

**市长　朱民阳**

各位代表：

现在，我代表扬州市人民政府向大会报告工作，请予审议，并请市政协各位委员和其他列席人员提出意见。

## 2015年和“十二五”时期工作回顾

2015年，面对复杂的宏观经济环境和艰巨的改革发展任务，我们在中共扬州市委领导下，认真贯彻党的十八大和十八届三中、四中、五中全会精神，以习近平总书记系列重要讲话和对江苏工作最新要求为根本遵循，把握和适应新常态，克难求进，开拓创新，全市经济社会保持平稳健康发展势头。预计实现地区生产总值4080亿元，增长10.2%；一般公共预算收入336.8亿元，增长14.1%，其中税收占比81.6%；城镇、农村常住居民人均可支配收入分别增长9%、9.5%。节能减排实现省定目标。

**1.坚持主动作为，加快转型升级，经济运行稳中有进**

2016年1月18日，市长朱民阳作政府工作报告 王 卓/摄

项目建设成效明显。新落户阿尔斯通高压母线管等世界500强及跨国公司项目5个，新增省认定跨国公司地区总部2家。省级重大项目比上年增加5个。新开工宝应日升铜合金等工业重大项目50个。近三年竣工的65个项目实现开票销售、入库税收分别占规上工业的18%和25%。重大科技成果转化项目居全省第二。150个亿元以上技改项目完成投资191.2亿元。新开工万达广场等服务业重大项目42个、竣工运营项目29个。新增规上工业企业156家、规上服务业企业217家。

实体经济平稳增长。围绕增信心、稳增长，召开系列产业发展推进会和工业企业家千人大会，出台“服务企业50条”政策措施。工业万元开票销售入库税收增长14.4%。用活2亿元企业应急专项资金。国税和地税为企业减、免、退税115亿元。帮助企业直接融资180亿元，“新三板”挂牌企业达35家。恒丰银行扬州分行开业。新增私营企业2.1万户、个体工商户3.9万户。新增中国驰名商标6件、省著名商标49件。

三次产业加快转型。五大千亿级产业、高新技术产业、战略性新兴产业产值分别占规上工业的69.1%、44.5%、29.4%。新能源产业出口交货值增长1.5倍。节能环保产业产值增长10.5%。工业机器人保有量增长30%。建筑业总产值3100亿元，增长12%。新创鲁班奖2项。建设综合性游客服务中心10个。高邮盂城驿创成国家AAAA级景区。广陵信息服务产业基地成为江苏首个省市共建“互联网产业园”，市经济技术开发区“扬州智谷”获批省大数据特色产业园。软件和信息服务业收入增长40%以上。服务业增加值占GDP比重43.5%，增长贡献率首次超过工业。粮食生产实现“十二连丰”。农业基本现代化稳步推进，6个50亿元农业特色产业基地基本建成。

三大需求拉动有力。全年完成固定资产投资2856亿元，增长18.2%。工业技改投资增长27.2%，高新技术产业投资增长10.8%。服务业完成投资1330亿元，增长24.2%。全市社会消费品零售总额1237亿元，增长9.7%。实现电商交易额320亿元，增长40%。市区商品房销售276万平方米、成交总额234亿元，分别增长16.6%、15.7%。进出口总额增长3.3%。境外投资项目22个，其中“一带一路”项目9个。

**2.突出创新引领，强化统筹协调，发展活力不断增强**

科技创新能力增强。实施“科教合作新长征”和“科技产业合作远征”计划，签订产学研合作协议669项，落户校企研创中心56家。出台支持科技服务业发展意见，科技服务业收入增长15%。制(修)定国家标准12项、行业标准5项。国际标准化组织饲料机械技术委员会秘书处落户扬州。发明专利授权量增长60%。新增国家高新技术企业71家，获省高新技术产品认定838项。新增省级以上“两站三中心”42家。引进高层次领军人才107名、产业急需的专业技术人才1010名。

重点领域改革深入推进。推进行政审批制度改革，实施企业注册登记“三证合一”和“一照一码”工作。在省内率先完成行业协会商会与行政机关脱钩。实施市级行政事业单位所属企业清理规范和全面监管，市属监管企业资产总额同比增长18.2%。启动新一轮综合医改，城市公立医院全面实行药品零差率销售。新组建卫生与计划生育委员会。完成全市市场监管体制改革。实施食品药品监管体制改革。完成300个村土地承包经营权确权颁证。农村集体资产股份合作制、农村产权交易市场建设实现新突破。仪征被列为全国农民住房财产权抵押贷款试点。

功能载体优化升级。扬州高新区晋升国家高新区。省级科技产业园实现县(市、区)全覆盖。15家工业集中区创成市级特色产业园。城区商业综合体完成投资38.9亿元。22个科技产业综合体投入使用产业用房190.5万平方米，入驻企业741家。众创空间入驻创业企业345家。建立机械装备、软件信息、综合检测3个联合创新中心。江苏省玉器产品质检中心顺利建成。高邮八桥获批国家农业科技园区，江都获批国家级现代农业示范区，广陵食品产业园通过国家农业产业化示范基地认定。

区域发展协调推进。《扬州市城市总体规划(2011—2020年)》获国务院批准。我市成为长三角健康服务业专业委员会牵头城市。宁扬城际等10个项目成为南京都市圈重大基础设施合作项目。全市园区落户上海转移项目20个，

总投资301亿元。文昌路西延、新万福路及万福大桥建成通车，仪征、江都到主城更加便捷。市区三区社会保险和民政福利实现“同城同步同标”。

**3.提升功能品质，放大城庆效应，名城特质不断彰显**

重大基础设施建设实现新突破。连淮扬镇铁路扬州段全线开工，宁启铁路复线电气化改造全面完成。扬州泰州机场获批一类航空口岸并开通5条国际(地区)航线。352省道江都段、宿扬和江广高速加快建设。西部交通客运枢纽建成启用。城市南部快速通道、金湾路、611省道沿湖大道、芒稻船闸扩建工程、界首运河大桥等开工建设。高邮运东船闸扩建工程建成通航，长江六圩弯道应急护岸工程、淮河入江水道整治主体工程完工。

城市功能和管理水平不断完善。围绕建城2500周年，按序时推进100项城庆重大城建项目和30项政府主导城建项目，市民中心和科技馆、廖家沟中央公园主体工

程、新体育场、李宁体育园等项目建成或运营。实施头桥水厂扩建工程，完成六圩污水处理厂三期工程。建成全市域桥梁信息管理系统与市区地下管线信息系统。着力推进文明城市建设长效化管理，开展农贸市场、交通秩序等7个专项整治，拆违拆破拆烂309处，在文明城市省级考评中名列前茅。创成省首批优秀管理城市。

新农村建设加快推进。编制完成《新型城镇化与城乡发展一体化规划》。新改建农村公路328公里、桥梁98座。疏浚县乡河道202条，整治村庄河塘5031个。完成农村危房改造3091户，实施渔民上岸安居850户。农村无害化卫生户厕基本普及。新创省级绿化示范村87个、“优美乡村” 10个。全面完成人均年纯收入低于5000元人口的脱贫任务。宝应获批全省农业开发高标准农田建设整县推进试点县，争取省以上资金5.66亿元。农机、粮食、供销、气象在“三农”工作中发挥重要作用。

生态文明建设取得成效。编制完成《扬州市生态文明建设规划》。落实市人大《关于切实加强全市水环境保护和大气污染防治的决议》。推进市区黑臭河道治理。完成28项淮河流域水污染防治工程。整治淘汰小型燃煤锅炉509台。全面取缔古城和景区核心区露天烧烤。对市区92个工地、635辆渣土车安装监控设备。$PM_{2.5}$年平均浓度比2013年下降21.4%。严控农业面源污染。实施节能改造项目101项、循环经济项目22项。启动10大生态中心和城市公园体系建设，全市成片造林3.1万亩，市区新增绿地127.5万平方米。获批国家循环经济示范城市。创成省国土资源节约集约模范市、省大气污染防治工作优秀城市。

**4.优化公共服务，加强社会建设，人民生活水平日益提高**

社会事业全面进步。所有县(市、区)创成国家级义务教育基本均衡县。新改建公办幼儿园6所。热点高中实现70%指标定向分配。职校招生专业订单培养达72%。有序推进分级诊疗。组建苏北人民医院医疗集团。18家农村区域性医疗卫生中心开工建设。“四位一体” 全民阅读服务体系列入全国示范项目。市文化馆获全国优秀文化馆评分第一。扬州电视台区域收视份额全国第一。486非遗集聚区建成开放。成功举办“烟花三月”国际经贸旅游节。承办江苏大运河旅游推广月和中外丝路城市美食文化交流活动。完成第一次全国可移动文物普查。隋炀帝墓遗址公园景观一期工程完工。南河下片区入选国家首批历史文化街区。《扬州市志(1988～2005)》编纂发行。圆满举办市第十二届运动会暨“爱祖国、爱家乡”群众歌咏大会。获第十九届省运会承办权。人口计生、科普、台湾事务、侨务、外事和工会、青年、妇女、儿童、老龄、慈善等事业取得新进步。

民生实事工程扎实推进。加快建设“不淹不涝”城市，整治城市积水点8个。完成扬州闸改建等“清水活水”重点工程。改造区域供水支管网742公里。新辟、优化公交线路42条，新开通主城区到高邮、仪征、江都公交线路3条，购置新能源公交车370辆。新增公共自行车2500辆、租赁服务点97个，覆盖面积175平方公里。标准化体育休闲公园实现县(市、区)全覆盖。农村健身设施提档升级工程提前完成。全市新增公积金缴存职工7.7万人，新建棚户区改造安置房13489套。市区改造“城中村” 15处，整治老小区82万平方米，新增老旧小区基本物业服务116万平方米，新建(筹集)公租房1436套，解决超腾仓期未安置住房13429套。完成10个农贸市场新改建任务。

居民收入和社会保障水平稳步提高。新增城镇就业7.1万人、农村劳动力转移就业1.6万人，城乡劳动者职业技能培训4.1万人。居民社会养老保险基础养老金最低月标准上调至105元。职工基本医保统筹基金支付限额由3万元调整为6万元、大病医疗救助基金由25万元提高至30万元。制定实施《医养融合发展三年行动计划》。为最年长2500名老人和五保老人发放城庆礼包，提高90周岁以上老年人尊老金标准。贫困精神病人免费用药救助标准从600元上调至3000元。我市成为全国“救急难”社会救助综合试点单位，急难家庭救助基金实现全覆盖。

社会治理体系不断健全。立体化治安防控体系取得初步成效。平安建设、综合治理列全省第一方阵。乡镇(街道)全面推行“政社互动”。进一步规范信访事项复查复核工作。“积分选岗、阳光就业”退役士兵安置模式获全省推广。积极应对和处置各类突发事件。扎实推进安全生产标准化、事故隐患排查治理和重大危险源防控，事故起数和死亡人数保持“双下降”。开展抗战胜利70周年纪念系列活动。促进军民融合深度发展。“扬州舰”光荣入列。顺利通过第七次全国双拥模范城考核验收。民族、宗教、民防、地震、仲裁等工作扎实开展。

**5.坚持依法履职，推进公正公开，法治政府建设成效显著**

作风建设持续深化。扎实推进“三严三实”专题教育，持续开展“三下三联三交”活动。学习贯彻《中国共产党廉洁自律准则》和《中国共产党纪律处分条例》。严格落实党风廉政建设责任制，严厉惩治腐败行为。重点抓好审计突出问题整改。围绕药品销售许可等制定“三直接”十大环节操作规范。整合建成扬州市公共资源交易中心。举办政风热线省市联动直播活动。

依法行政不断强化。自觉接受市人大及其常委会的法律监督、工作监督和市政协的民主监督，广泛听取各民主党派、工商联、无党派人士和社会各界意见。办理市人大代表议案、建议388件，政协提案395件，其中市长领办建议、提案11件。办理行政复议案件385件。制定深入推进依法行政加快建设法治政府的实施意见，取得地方立法权并出台市政府规章制定程序暂行规定。制定市若干重大行政行为程序规定。组建市政府法律顾问工作办公室，构建政府法律顾问工作体系。

政务公开有力推进。推行行政审批事项等“五个清单”制度，清理并公布部门责任清单。加强政府新闻发布制度建设。全面推进行政权力网上公开透明运行，在运行平台上共办理行政权力事项2238.7万件。推进市级部门财政预决算和“三公”经费公开，全市“三公”经费支出减少10.3%。公车改革按时完成。

政府效能得到提升。全面深化“三减一提”行政效能提升工作。市政务服务中心新址投入启用。实施政务服务系统首问首办负责制、服务承诺制、实时评价制等。为65个事项开辟绿色通道，有效缩短项目审批时限。按照国务院督查落实年总体部署，完善督查机制，确保事事有着落、件件有结果。12345政府服务热线和《寄语市长》回复率均超过96%、满意率88%以上。

各位代表，2015年工作任务的完成，标志着“十二五”发展顺利收官，为率先全面建成小康社会奠定了坚实基础。

过去的五年，是扬州重大项目建设持续发力，综合实力实现新跨越的五年。全市GDP突破4000亿元，是2010年的1.8倍，列全国百强城市第42位，比2010年前移14位；人均GDP超过14000美元，在苏中苏北地区率先超省均。一般公共预算收入是2010年的2倍，固定资产投资是2010年的2.1倍。三次产业结构由7.2:55.7:37.1调整为5.9:50.6:43.5。累计新开工工业、服务业重大项目367个、新竣工投产210个，分别是“十一五”的5.9倍和6倍。沿江100亿元、沿河50亿元重大项目实现两轮全覆盖。

过去的五年，是扬州跨江融合发展聚焦推进，转型升级取得新成效的五年。以“跨江融合发展综合改革试点”为总抓手，推进重点领域和关键环节改革，制定实施168项改革任务。以开放促发展，新增世界500强企业项目38个，进出口总量突破百亿美元，外经营业额年均增长20%，开发园区对全市经济贡献率达48.4%。实施创新驱动战略，高新技术产业产值实现翻番，科技进步贡献率达60%，人才总量比2010年增长56%。五次蝉联“全国科技进步先进市”称号，荣获国家创新型试点城市。

过去的五年，是扬州现代发展格局基本形成，区位优势得到新提升的五年。主动融入长三角，积极推进宁镇扬同城化。加快建设现代立体交通体系，扬州泰州机场、瘦西湖隧道、江六高速、新淮江公路等建成运营，连淮扬镇铁路等取得突破。高速公路、一级公路里程分别比“十一五”末增长19.2%、78%。城建工程数量、体量和投资额超过前十年之和。顺利实施市区部分行政区划调整，中心城区面积由309平方公里扩大至640平方公里，“一体两翼”、“一核多组团”发展布局进一步优化。

过去的五年，是扬州生态宜居特色不断放大，城乡统筹取得新进展的五年。按照建设“古代文化与现代文明交相辉映的名城”目标，持续改善城市功能和品质，先后创成国家森林城市、全国文明城市、国家生态市，牵头大运河申遗取得成功。建成区绿化覆盖率达43.6%。统筹沿江沿河发展，分别制定专项行动计划，宝应、高邮获省苏中苏北结合部专项扶持政策。加快推进新型城镇化和城乡一体化，实施“美好城乡建设行动”，9个乡镇入选全国重点镇，全市城镇化率达62%。

过去的五年，是扬州城乡居民获得更多实惠，民生改善再上新台阶的五年。每年将新增财力70%用于民生支出。连续11年按总体10%标准上调企业退休人员基本养老金。围绕群众基本需求，实施区域供水、“八老”改造、“1161菜篮子”、公交优先、被征地农民转保等工程，城乡居民收入分别比2010年末增长71.6%和82.4%。全市文博场馆建设超过百家，高考普通类本二上线人数连续三年突破万人，实现国家卫生城市“四连冠”，创成江苏省体育强市，公共安全感连续多年位居全省前列。

五年来，我们始终坚持同心同向、苦干实干，一着不让抓落实。紧扣市委决策部署、紧扣发展第一要务、紧扣为民富民靠民，心往一处想，劲往一处使，务实干事，合力成事。始终坚持保持定力、精准发力，聚焦聚力打好“组合拳”。围绕稳增长，出台服务企业“2号文件”、人才“6＋1”等系列政策举措；围绕调结构，协同推进支柱产业高新化、新兴产业规模化、传统产业特色化；围绕惠民生，把“1号文件”作为首要任务，说到做到，做成做好。始终坚持改革创新、调适关系，不断释放发展的内生动力。正确处理政府有形之手与市场无形之手关系，积极用好内外两个市场、两种资源，充分调动市和县（市、区）多个积极性，让一切有利于创新创造的活力竞相迸发。始终坚持法治思维、法治方式，制度化推进各项工作。政府工作强化建章立制，服务发展注重简政放权，城市建设规范“四明确两评估”，确保行政权力运行依法依规、全程留痕。始终坚持问题导向、结果导向，不断加大科学发展、协调发展力度。紧盯发展后劲培育、区位交通改善、城市功能优化等关键点，抓住城乡统筹、机会均等、扶贫救困中的薄弱环节，注重扩优势、补短板，疏堵点、通节点，持之以恒，久久为功。始终坚持谋在远处、干在实处，不断推进经济社会发展迈上新台阶。以生态文明建设、居民收入增加、更有质量效益的增长为倒逼，努力在更高层次上提升城市的综合竞争力和可持续发展能力。

各位代表！“十二五”时期我市经济社会发展所取得的成就来之不易，所取得的经验弥足珍贵。这既是全市上下认真贯彻党中央、国务院和省委、省政府正确决策的结果，也是全市上下开拓创新、踏实奋斗、团结拼搏的结果。在此，我谨代表扬州市人民政府，向全市人民，向人大代表、政协委员，向驻扬单位、各垂直管理部门和所有关心、支持、参与扬州建设和发展的社会各界人士，致以崇高的敬意和衷心的感谢！

在肯定成绩的同时，我们也清醒地看到，全市经济社会发展中还存在一些问题和挑战。主要是：经济下行压力加大，内需不旺与外需不足并存，部分企业生产经营困难；转型升级任务艰巨，经济国际化程度还不高，生态文明建设仍需加强；沿江沿河之间、市区县域之间发展仍不平衡，基本公共服务能力和均等化水平与群众期望还有不小差距；社会治理能力有待进一步提高，政府依法行政、职能转变、反腐倡廉仍需加强，等等。这些问题需要我们高度重视并切实加以解决。

## “十三五”时期的规划构想

各位代表，根据《中共扬州市委关于制定扬州市国民经济和社会发展第十三个五年规划的建议》，市政府制定了“十三五”规划纲要(草案),提请本次大会审议。

“十三五”时期扬州经济社会发展的指导思想是:高举中国特色社会主义伟大旗帜,全面贯彻党的十八大和十八届三中、四中、五中全会精神,以马克思列宁主义、毛泽东思想、邓小平理论、“三个代表”重要思想、科学发展观为指导,深入贯彻落实习近平总书记系列重要讲话特别是视察江苏重要讲话精神,坚持“四个全面”战略布局,坚持发展第一要务,牢固树立“五大发展理念”,以“迈上新台阶、建设新扬州”为主题,以全面提高发展质量和效益为中心,统筹推进经济建设、政治建设、文化建设、社会建设、生态文明建设和党的建设,加快形成引领经济发展新常态的体制机制和发展方式,加快构筑跨江融合发展新优势,着力建设经济强、百姓富、环境美、社会文明程度高的新扬州,率先全面建成小康社会,积极探索开启基本实现现代化建设新征程,奋力谱写好中国梦的扬州篇章。

**“十三五”时期扬州经济社会发展的主要目标是:**

——经济综合实力显著增强。地区生产总值年均增长9%左右,人均GDP稳定超省均。先进制造业和现代服务业成为现代产业体系的主干部分,农业现代化走在全省前列。新兴产业、高新技术产业产值分别占规上工业产值比重45%、48%,服务业增加值占GDP比重50%。“新产业、新人才、新城市”互动并进,基本建成区域性先进制造业基地和产业科技创新中心。大力实施产业、技术、模式、金融资本等创新,主要创新指标达到或超省均。全市各类人才总量达到100万。基本建成深度融入国家高速交通主干网的现代综合交通运输体系。县域经济加快崛起,城镇化建设水平保持苏中苏北领先地位。

——百姓富裕程度显著提升。按照“七个更”要求进一步提升民生保障水平。“三宜三业”城市建设取得新突破。社会就业更加充分,推进劳动报酬增长与劳动生产率同步提高。城乡居民收入增速高于经济增速,宝应、高邮、仪征城镇居民收入增速高于全市平均水平;城乡居民收入提前实现比2010年翻一番目标,力争全面达省均。社会保障制度更加公平更可持续。基础教育更加均衡,到2020年全面实现教育现代化。打造“健康中国”的扬州样本,现代医疗卫生体系建设取得重要进展,居民健康主要指标达到国际先进水平,体育人口比例达40%。市民居住品质进一步改善,舒适宜居的人居环境显著提升。

——生态环境质量显著改善。以生态文明建设倒逼转型发展,实现物质与生态“两个财富”同步积累。推进绿色生产、生活和消费,国家生态文明建设示范市、全国水生态文明建设试点城市建设取得重要成果,积极申办世界园艺博览会。地表水好于Ⅲ类水质比例73%以上,空气优良天数比例≥72%。大力发展生态循环经济、绿色低碳产业,资源开发利用效率大幅提高,主要污染物排放量大幅减少,环境风险得到有效控制。主体功能区和生态安全屏障基本形成,公园体系基本建成,城乡生态环境显著改善,生态文明制度体系更加健全。

——社会文明程度显著提高。中国梦和社会主义核心价值观更加深入人心,“勤奋勤勉、开拓进取、包容通融、崇文尚德”的城市精神广泛弘扬。人民群众思想道德素质、科学文化素质、健康文明素质全面提高,全社会法治意识不断增强。名人名品名作成果丰硕,“扬州好人”效应进一步彰显,公共文化服务体系更加完善,文化体制改革取得重要突破,文化软实力影响力持续扩大,国际文化旅游名城建设取得重大进展。文化产业成为支柱产业,增加值占GDP比重7%。

——各方面体制机制更加完善。城市治理体系和治理能力现代化取得显著成效,重要领域和关键环节改革取得决定性成果,各方面制度更加成熟定型。加快融入国家“一带一路”、长江经济带和长三角一体化建设,跨江融合发展取得更大突破。营造法治化国际化便利化市场环境,发展更高层次开放型经济。法治扬州建设扎实推进,人民民主更加健全,法治政府基本建成,司法公信力明显提高,人权得到切实保障,产权得到有效保护。法治建设满意度、公众安全感分别达90%、92%。

## 2016年工作安排

2016年,我们将深入贯彻落实党中央提出的创新、协调、绿色、开放、共享发展理念和去产能、去库存、去杠杆、降成本、补短板等供给侧结构性改革重点任务,按照市委确定的“稳中求进、创新发展”总基调和“重大产业项目建设优化年”、“美丽宜居城市建设年”、“公务管理规范年”相关要求,围绕扬优势、补短板、求突破,进一步放大扬州“生态、文化”特色和竞争力,进一步推进融合发展、更高水平开放、现代服务业提质增效、城市品质提升、县域经济壮大、城乡居民增收等重点工作,以新要求、新站位、新作为,牢牢把握加快科学发展的主动权。

全市经济社会发展主要预期目标是:地区生产总值增长9%,一般公共预算收入增长9%,居民消费价格指数不高于省定目标,城镇登记失业率控制在3.5%以内,全社会研发投入占GDP比重2.4%左右,城镇、农村常住居民人均可支配收入增长力争快于GDP增长,完成节能减排省定目标。

**突出抓好以下八个方面工作:**

**1.深入实施创新驱动战略,着力提升发展质量和效益**

主动把握和积极适应新常态,加快转型升级,扩大有效投入,推动经济中高速增长、中高端发展。

促进重大项目提质发展。编制产业项目建设规划,强化项目绩效评价,突出投资强度、地区总部经济、科技创新、列省重大项目等导向性考核。重点瞄准世界500强和行业100强,主攻“中国制造2025”、“互联网+”和新兴产业项目,提升项目建设的质量和效益。新开工重大工业项目50个,其中基本产业项目60%以上、智能化和绿色化提升项目40%;新开工重大服务业项目40个,其中现代服务业和旅游业项目60%以上。新开工、新竣工重大农业项目各22个。实施亿元以上重大科技成果转化项目50项;重点技改项目150项,工业技改投入增长13%。

加快推进科技创新。支持市经济技术开发区、扬州高新区加快发展。推进智能装备产业园、生物健康产业园、军民融合产业园等“多园同建”。推动生态科技新城、高邮湖西新区等创建省级高新区。每个县(市、区)建设1～2个科技创新中心。实施“2020高技术领航行动计划”,开展100项产业关键共性技术攻关。启动新一轮“科教合作新长征”计划,建立健全产业技术创新国际合作机制。签订产学研合作协议400项。实施“上市、专利、品牌、标准”战略。培育国家高新技术企业60家、省级以上“两站三中心”30家。授权发明和实用新型专利6000件。创省级以上品牌30个。“全国质量强市示范城市”创建通过国家级验收。引进高层次领军人才100名、专业技术人才1000名。

大力发展先进制造业。以“智能、绿色、品牌、服务”为方向,走“专精特新”之路。汽车产业重点提升关键零部件效益和集群效应,发展新能源汽车,做大汽车后市场,加快建设上海大众30万台发动机等一批零部件重大项目。机械产业重点在智能化、成套化和后续服务增值上形成新优势,智能装备产销突破300亿元。优化整合船舶产业,培育高技术特种船舶和海洋工程装备,发展船舶配套产业。促进化工园区绿色发展、链式发展。以新技术、新业态、新模式为着力点,构建战略性新兴产业发展体系,推动新能源、半导体照明、新材料、智能电网、节能环保产业提档升级,重点突破高端装备制造、新一代信息技术、生物技术和新医药产业。战略性新兴产业增加值占GDP比重达16%。

提升发展现代服务业。以“一基地三板块”为重点,加快上海(扬州)网络视听产业园落地运营和扬州软件园规划建设,推动江苏信息服务产业基地向数据服务、平台运营等领域转型。全年软件和信息服务业业务收入增长30%。科技服务业重点聚焦技术研发、检验检测、创业孵化等领域,加快在人才、机构、业态、集聚区方面形成规模。建设辐射周边的产业技术研究院和技术交易市场。新引进银行机构1～2家,支持设立各类天使基金、创投机构。完成直接融资200亿元。新增“新三板”挂牌企业20家。推动传统商贸转型发展,培育年交易额突破百亿的批发市场2个以上。加快空港新城及航空物流、扬州港“亿吨大港、百万标箱”建设。服务业增加值占GDP比重达45%。

**2.持续深化改革开放,进一步激发发展内生动力**

坚持内外需协调、高水平引进来走出去并重、优化企业发展环境与激发企业创新活力并举,不断增创发展新优势。

继续深化重点领域改革。深入推进跨江融合发展综合改革试点,加快宁镇扬同城化步伐,在科教、产业、交通、环境、旅游等方面开展专项对接。推进涉审中介机构改革,打造涉审中介服务网上超市。加强供给侧结构性改革,提高供给体系质量和效率。引导非国有资本参与国企改革。深化市场要素配置改革,促进人才、资金、科研成果在不同区域、所有制间有序流动。构建现代财政制度,推动事权与支出责任相适应的制度建设。深化供销合作社综合改革,打造服务“三农”的综合平台。

切实优化投资消费结构。创新重点领域投融资机制,带动社会资本投向新兴产业、公共服务、生态建设、基础设施等领域。全社会固定资产投资增长15%。扩大健康、养老、旅游、文体等服务消费,引导消费向智能、绿色方向转变。鼓励商贸企业创新商业模式,加强与知名电商平台合作,电子商务交易额增长30%。优化商业综合体布局规划,打造提升一批特色商业街区。社会消费品零售总额增长9%。建立购租并举的住房制度,多渠道发展房屋租赁市场,扩大刚需,化解库存,稳定房地产市场。支持建筑业转型升级,建筑业总产值达3350亿元。

进一步优化企业发展环境。优化涉企审批服务。进一步正税清费,合理降低企业综合税负水平。强化执法行为监管、服务创新和责任追究。实施信贷投放倍增、直接融资提升、优化金融生态等工程,引导金融资本助推实体经济。用好“创新券”“技改券”,支持企业提升全要素生产率。深入推动“大众创业、万众创新”,启动国家小微企业创业创新示范城市创建工作。开工建设科技产业综合体和众创空间100万平方米,创成省级以上科技企业孵化器12家,入驻企业1000家,注册创客数3000人。个体工商户、私营企业数净增15000户、8000户以上,“个转企”1600户以上。

不断提高对外开放水平。实施新一轮“530”招商行动计划,引进世界500强和跨国公司项目6个以上,实际利用外资10亿美元。做好城市公共外交,深化与“一带一路”沿线国家的科技、经贸、文化、旅游合作。启动跨境贸易电子商务服务试点城市创建。落实展会补贴、电子口岸功能拓展、通关便利化等措施,支持企业“走出去”。高新技术产品出口比重超过15%。全年外经营业额增长10%。深化与上海、苏南园区合作共建,各省级以上开发区分别落户亿元以上项目3个以上。推进“中意(扬州)食品工业园”等中外合作园区建设。支持市经济技术开发区创成国家综合保税区,江都经济开发区争创国家级开发区。

**3.加强“三农”工作,加快城乡一体化进程**

积极走增产增效并重、生产生态协调、强农富农同步的发展道路,加快形成以工促农、以城带乡、城乡一体的新格局。

着力构建现代农业产业体系。加快国家农业科技园区和农业标准化示范区建设。实施粮食绿色增产和水产生态健康养殖工程,新增高标准农田15万亩、设施农(渔)业12万亩。培育100个农村示范合作社,新建省级示范家庭农场20个。推进粮食生产全程机械化,改扩建区域性粮食烘干中心40个,新增粮食仓容10万吨。新型农业经营主体规模经营比重达54%。农业龙头企业销售收入增长9%。创新农产品电子商务等交易方式。推动农产品市场信息化网络村级全覆盖。做好第三次全国农业普查工作。

进一步抓好农产品食品质量安全。开展市区蔬菜、水果、水产品、畜禽四大农产品批发市场“净源行动”。新申报“三品一标”产品80个,质量认证产品占食用农产品比重40%。推进农产品联网检测系统乡镇全覆盖,市级以上农产品质量抽检合格率98%。建立食品电子追溯系统,建设市级食品药品检测中心。加大农副产品深加工、技术研发及销售模式创新，带动农产品销售业发展，食品产业实现产值300亿元。

推进新型城镇化健康发展。实施户籍制度改革，全面推行居住证制度。出台乡镇差别化发展指导意见，统筹推进市县镇村“四级”联动发展，做强做优县城镇，加大重点中心镇建设力度，规划建设一批特色小镇。制定全市城镇化试点工作实施计划，推进高邮市和月塘、邵伯、汜水镇国家新型城镇化综合试点，抓好省级试点政策的对接争取和落实。完成18个镇67个村环境综合整治，打造10个体现地域特色的“美丽乡村”。

继续做大做强县域经济。支持创建一批生态型、创新型的产业园区。整合提升一批工业集中区，推动产业链式化、特色化、专业化发展。引进和培育一批先进制造业的龙头企业。在项目建设、基础设施、公共服务等方面争取上级更大支持。加快推进国省干线公路建设，建成611省道高邮段及向阳河特大桥、352省道江都先导段，开工建设331省道宝应先导段和333省道高邮东段先导段，积极推进沪陕高速设立枣林湾互通。打通偏远乡镇对外通道，推进沿河地区和仪征丘陵山区加快发展。全面提升“四有一责”建设水平，沿江、沿河地区村集体经营性收入分别实现50万元、40万元。

**4.推进生态文明建设，努力打造美丽扬州**

实施生态文明建设工程，推动形成绿色生产方式和生活方式，全面打造自然环境之美、景观风貌之美、城乡协调之美。

加快建设主体功能区。按照优化、重点、限制和禁止开发四类主体功能定位，落实空间用途管制，调整优化全市生态红线保护规划。规划建设江淮生态大走廊和文昌路西延生态廊道。按序时推进宝应湖、高邮清水潭、“七河八岛”等生态中心建设。强化生态文明制度体系建设，出台规范性文件，加强部门合作联动，提升执法水平。

着力推动绿色生产。切实降低能源、资源消耗，推进国土空间开发保护。开展建设用地总量和强度“双控”行动。围绕化工、建材等重点行业，推广关键共性清洁生产技术，完成60家企业清洁生产审核。鼓励支持战略性新兴产业、环保产业发展。加快园区循环化改造，维扬、高邮经济开发区分别创成国家和省级生态工业园。支持扬州(方巷)建筑产业园建设。开展绿色建筑行动，城镇新建建筑全部按一星及以上标准设计建造。全市12层以下住宅建筑全面推广应用可再生能源。

狠抓大气、水、土壤等重点环境治理。加强对工业废气、施工扬尘、机动车尾气等综合整治。强化燃煤污染治理，全部完成1100多台小型燃煤锅炉整治。构建完善的秸秆收贮体系，秸秆综合利用率达94%。实施重点断面达标保障和流域水污染治理行动，完成蔷薇河、向阳河等区域骨干河道整治工程。扎实推进“清水活水”工程，完成沙施河、七里河等综合整治。推进全国水生态文明建设试点市建设。实施土壤污染修复治理工程，加强农产品产地土壤重金属污染防治工作。

积极推进城乡生态建设。突出抓好“五路一环一河”和城市重要节点绿化提升工作，全市成片造林1.5万亩，市区新增城市绿地100万平方米。继续推进“绿色村庄秀美家园行动”。新建省级绿化示范村40个。恢复湿地4000亩，新建省级以上湿地公园2个。推进种植业控药控肥和养殖业减量减排，净化农产品产地环境。推行农业废弃物资源化利用，推广以沼气为纽带、种养结合的生态循环农业模式，新建农村沼气工程20个。

**5.加快名城建设，推动城市功能形象新跃升**

以获得联合国人居奖10周年为新起点，落实中央城市工作会议精神，持续提升城市品质，不断彰显历史文化名城魅力。

全力推进重大基础设施建设。加快推进连淮扬镇铁路和宿扬高速、江广高速公路扩容改造工程，开工建设东部客运枢纽。加快建设金湾路、城市南部快速通道，建成邗江南路、开发路东延等工程。全力做好城市轨道交通、京沪高速公路扩容及南延等项目前期工作。完成扬州泰州机场国际货运区改造、芒稻船闸扩容改造工程。加快华电扬州天然气发电、扬州港扩容等项目建设进度。基本建成一流配电网。

进一步完善城市功能和布局。加快改善老城区生活条件，推进消防、救护、避灾等通道和公共空间建设。围绕产城融合，提升西区新城、广陵新城、生态科技新城建设水平。推进新大剧院、球类活动中心等公共配套服务设施建设。科学规划建设城市公园体系，建成市级公园3座、区级公园2座、社区公园31座。完善市政管网系统。促进“海绵城市”建设。提升城市供水保障能力和运行质态，加大供水水质监管力度。构建高效安全的燃气应急保障机制，推进应急储备气源建设。

切实提升城市精细化管理水平。开展“七强化一提升”行动，全面整治市区流动摊点、出店经营，主城区流动摊点总数减少30%。集中整治1～2条餐饮街区，城市主干道、居民小区全面取缔露天烧烤。全面实施中心城区环卫设施布局规划。

运营好生活垃圾焚烧发电厂、餐厨废弃物处理厂等项目，生活垃圾无害化处理率95%以上、餐厨废弃物处理率30%以上。新改建垃圾中转站3座、公厕76座。全程化推进垃圾分类处理。道路清扫保洁机扫率88%以上。完成高层建筑专业救援消防执勤楼建设，加快建设电梯应急处置服务平台。

着力打造国际文化旅游名城。推动文化与旅游、科技等融合发展。加快扬州城遗址公园和隋炀帝墓遗址公园建设。提升“文化博览城”建设水平。参与“海上丝绸之路”联合申遗和丝路国际艺术节、文化之旅等活动。文化产业增加值占GDP比重达5%。制定旅游国际化三年行动计划。放大“世界运河历史文化城市合作组织”影响力，打造“中国国际运河文化旅游目的地”品牌。推进市县联动，每个县(市、区)打造1～2个重点旅游项目，启动建设10个特色旅游名镇。东关街争创国家5A级景区。完善全市域智慧旅游服务体系。提高游客服务中心建设管理水平。争取纳入居民赴台个人旅游试点城市。旅游业增加值占GDP比重达7.5%。

**6.坚持共建共享，不断增强人民群众获得感和满意度**

坚持普惠性、保基本、均等化、可持续方向，扩大有效供给，创新提供方式，不断提高公共服务共建能力和共享水平。

优先促进居民增收。围绕高质量就业、创业带动就业，多渠道增加城乡居民收入。建立重点企业用工服务绿色通道。全市新增城镇就业5万人。全年创业培训4000人，扶持成功创业2000人。加大妇女创业就业免费培训力度。培育生产经营型、专业技能型和专业服务型农民1.5万人。转移农村劳动力就业1.1万人。开展“离校未就业高校毕业生就业促进计划”。有就业意愿的困难家庭毕业生就业服务率100%。加强城乡就业困难人员“一对一”帮扶，确保城镇零就业和农村零转移家庭动态清零。

稳步提高社会保障水平。实施全民参保登记计划，加快推进社会保险全覆盖。全面落实新农合大病保险制度和职工大病补充保险制度。推动工伤预防、补偿、康复“三位一体”的保险服务体系建设。城乡基本养老、城镇基本医疗保险均新增1万人，工伤、生育保险分别新增3万人、2万人。完善申请救助家庭经济状况核对机制，健全困境儿童、残疾人急难救助分类保障制度。鼓励社会力量进入养老产业，提供多元化为老服务。

扎实做好重点民生工作。深化“不淹不涝”城市建设，启动瓜洲外排泵站建设。开通主城区经仪征天乐湖至六合客运班线，新辟、调整公交线路12条，新开通3个乡镇镇村公交。加强市区朝夕拥堵治理，实施道口改造，推行智能交通引导。规划建设市区智能停车运营管理系统，新改建公共停车场5个。新改造农村危房1260户、渔民上岸安居1432户。新改建农村道路192公里、危桥465座。疏浚县乡骨干河道80条。取缔马路市场20处，完成建成区57个农贸市场整治，新改建市区农贸市场12个。启动新一轮“八老”改造工程。解决市区超腾仓期未安置住房9729套。全市护理型床位占养老床位总数35%以上。实施新一轮扶贫开发工程，25%建档立卡低收入农户实现脱贫。

大力发展社会事业。推进教育现代化建设，新改建公办幼儿园6所，新创省义务教育现代化学校50所。推进职教集团与扬州产业深度融合，创新企业、政府、学校共建实训基地新模式，中职毕业生就业率98%以上。落实与扬州大学全面合作协议。推进扬子津科教园区和江苏旅游职业学院建设。启动规划扬州技师学院迁建，提标建设扬州老年大学。建成东部市民图书馆。承办第六届“江苏书展”。启动实施“健康扬州”工程。推进医疗、医药、医保联动，深化公立医院管理体制和运行机制改革。加快全市医联体建设，大力推行分级诊疗制度。开展12类45项基本公共卫生服务。继续办好扬州鉴真国际半程马拉松赛，提升赛事的品质和内涵。积极筹备第十九届省运会，加快体育场馆建设。举办首届市社区艺术节，办好全民健身体育节。

**7.创新社会治理，切实提高社会文明程度**

践行社会主义核心价值观，坚持系统治理、依法治理，维护社会公平正义，推动物质文明和精神文明协调发展。

不断提升公民文明素质和法治意识。持续实施文明城市建设常态化长效化三年行动计划。弘扬社会公德、职业道德、家庭美德，引导广大市民争做“扬州好人”。深入实施全民科学素质行动计划。加强社会诚信体系建设，推进信用信息互联互通和交换共享。启动实施“七五”普法规划。建成市公共法律服务中心，实现社区律师工作室全覆盖。推进建立公职律师制度。市区免费提供法律援助2000件以上。

加强基层基础工作。探索社区减负增效的办法措施，全面落实“社区盖章”目录制和准入制。大力发展公益性、服务性、互助性的社区社会组织，编制购买服务目录与具有承接能力的社会组织目录。推进科技强警，完善全市域公共安全视频监控系统，加强基层派出所建设。创新流动人口管理模式，进一步扩大向居住证持有人提供公共服务的范围。

保障群众利益诉求。健全群众利益表达、利益协调、利益保护机制。落实信访首办责任，完善联合接访工作。严格实行诉讼与信访分离，把涉法涉诉信访问题导入司法渠道解决。建立律师代理涉法涉诉信访案件制度。完善矛盾纠纷网格化排查预警机制。健全人民调解组织网络和工作机制，推进专业性行业性人民调解组织建设。加快市医患纠纷调处服务中心建设。

维护社会和谐稳定。深化“平安扬州”建设，以信息化为支撑加快建设现代化社会治安防控体系，重视做好反恐处突工作。实行重大决策社会稳定风险评估。切实做好社区矫正和安置帮教工作。继续保持“打非治违”高压态势，深化道路交通、消防、危险化学品、烟花爆竹等重点行业领域专项整治。加强应急体系建设。强化气象、地震基础设施建设，完善应对突发自然灾害救助体系和运行机制。支持国防和军队改革，深入实施军民融合发展战略，提升国防动员建设水平。

**8.加强自身建设，打造高效清廉政府**

坚持政府服务国际化和行政行为法治化，强化法治思维、法治方式，更大力度建设法治政府、阳光政府和服务型政府。

强化为民靠民，切实提升服务水平。坚持“民之所望、施政所向”，密切联系群众，尊重基层首创，继续深入开展“三下三联三交”活动，打通联系服务群众的“最后一公里”。深入基层和企业开展调查研究，切实解决企业和群众的实际困难与问题。加强数字化便民服务平台建设。继续办好《寄语市长》和12345政府服务热线，进一步提高办结率和满意率。

强化公开透明，大力推进依法行政。深入贯彻落实《法治政府建设实施纲要(2015—2020年)》。认真接受市人大的法律监督、工作监督和市政协的民主监督，充分听取各民主党派、工商联、无党派人士和社会各界的意见。

切实做好人大代表议案、建议和政协提案办理工作。健全司法监督、审计监督、舆论监督制度和政府新闻发布制度。继续加强政务信息公开和互联网政务信息数据服务平台建设。健全政府立法程序规则，构建政府立法制规工作体系。坚持市政府常务会学法学纪制度。系统推进政府法律顾问工作。推行行政执法公开制度，严格规范公正文明执法。加强行政复议规范化建设。

强化严实作风，不断提高行政效能。深化“三严三实”专题教育，倡导“马上就办”精神，将“严”的作风和“实”的态度融入政府日常工作。继续简化办事手续，优化审批流程，推行“联合踏勘、联合审图、联合测绘、联合验收、区域性联合评价”等方式方法。加快制度创新，继续完善行政审批事项等清单管理制度。开展重大政策举措第三方评估，提高决策科学化水平。

强化崇俭戒奢，着力打造勤廉政府。落实廉洁自律主体责任，严格执行《准则》《条例》和中央“八项规定”，驰而不息纠正“四风”。全部公开财政资金使用部门和单位的预决算及“三公”经费预决算。继续深化“三直接”十大环节操作规范，前延后伸需要规范的操作环节。自觉维护政府形象，以政务诚信带动社会诚信。加强勤政务实、敢于担当、清正廉洁的公务员队伍建设，为“十三五”规划的顺利实施提供有力支撑和保障。

## 扬州市国民经济和社会发展第十三个五年规划纲要（摘要）

### 第一章　新起点新目标

#### 第一节　发展基础（略）

#### 第二节　指导思想

“十三五”时期扬州发展的指导思想是：高举中国特色社会主义伟大旗帜，全面贯彻党的十八大和十八届三中、四中、五中全会精神，以马克思列宁主义、毛泽东思想、邓小平理论、“三个代表”重要思想、科学发展观为指导，深入贯彻落实习近平总书记系列重要讲话特别是视察江苏重要讲话精神，坚持“四个全面”战略布局，坚持发展第一要务，牢固树立“五大发展理念”，以“迈上新台阶、建设新扬州”为主题，以全面提高发展质量和效益为中心，统筹推进经济建设、政治建设、文化建设、社会建设、生态文明建设和党的建设，加快形成引领经济发展新常态的体制机制和发展方式，加快构筑跨江融合发展新优势，着力建设经济强、百姓富、环境美、社会文明程度高的新扬州，率先全面建成小康社会，积极探索开启基本实现现代化建设新征程，奋力谱写好中国梦的扬州篇章。

#### 第三节　发展目标

“十三五”时期，扬州要率先全面建成小康社会，提前实现两个“翻一番”目标，沿江有条件的地方在探索基本实现现代化的路子上迈出坚实步伐；基本建立以创新为发展动力的科学发展方式，基本形成以服务业为主体的三次产业结构，基本实现城乡发展一体化，人民生活更加富足安定，生态环境更加宜居优美，社会更加繁荣和谐，民主法治制度更加完备。

综合实力。到2020年，全市地区生产总值达到6000亿元以上，年均增长9%左右；六大基本产业对经济增长的贡献率稳定在70%以上，战略性新兴产业产值占规模以上工业产值比重达到45%，高新技术产业产值占规模以上工业产值比重达到48%，服务业增加值占地区生产总值的比重达到50%，现代服务业占服务业的比重达到55%；全社会研发投入占地区生产总值比重达到2.6%。

社会事业。居民收入结构不断优化，提前实现比2010年翻一番的目标。五年新增城镇就业25万人，城乡基本养老保险和医疗保险覆盖率均达到98%以上。居住品质进一步提升，人居环境更加舒适宜居。公共安全水平明显提高，人民群众的安全感持续提升。

生态环境。到2020年，主体功能区和生态安全屏障基本形成，公园体系基本建成，城乡生态环境显著改善，“美丽扬州”建设取得更大成效。空气质量达到二级标准的天数比例达到72%，$PM_{2.5}$年均浓度五年下降12%左右，地表水国控断面优于Ⅲ类水质的比例达到73%。

社会文明。人民群众思想道德素质、科学文化素质、健康文明素质明显提高，全社会法治意识不断增强。到2020年，法治政府基本建成，全市法治建设满意度达到90%，城乡和谐社区建设达标率达到98%。

体制机制。城市治理体系和治理能力现代化取得显著成效，重要领域和关键环节改革取得决定性成果，企业发展环境进一步优化，各方面制度更加成熟定型。加快融入国家“一带一路”、长江经济带和长三角一体化建设，跨江融合发展取得更大突破，开放型经济新体系基本形成。

### 第二章　创新驱动　增强经济发展新动力

发挥科技创新在全面创新中的引领作用，加强前瞻技术布局、优化创新发展环境、加速集聚创新人才，形成以创新为引领和支撑的经济体系，建设国家创新型城市。

#### 第一节　打造区域性产业科技创新中心

加快创新资源和要素积聚，优化创新载体布局，着力构建国家高新区、创新园区和科技综合体为一体的区域创新体系，建设区域性产业科技创新中心。

提升产业创新集聚区。加快建设江广融合区扬州软件园、扬子津科教园和现代农业科技园，力争到2020年，形成涵盖1个国家级高新区、2个省级高新区、10个国家级特色产业基地在内的产业创新集聚区，实现创新型县（市、区）、省级高新区创建县（市、区）全覆盖。

建设创新创业载体。到2020年，孵化企业3000家，“千人计划”和“双创”人才团队50%以上集聚在科技产业综合体。打造百万平方米的众创空间。重点发展创客孵化型、培训辅导型、投资促进型、媒体延伸型等特色众创空间，省级以上高新区、经济开发区实现众创空间全覆盖。建设特色众创空间100家，投入使用面积达100万平方米，集聚各类创客群体超过5万人，新增科技创业企业超过3000家。

深化政产学研金协同创新。深入实施“科教合作新长征”和“科技产业合作远征计划”，招引世界500强企业、央企、知名高校在扬设立分支机构、研发中心、创新中心和技术转移中心，进一步深化与清华、北大、中科院、中关村等“10＋2”重点单位的合作。发挥金融创新对技术创新的强力助推作用。建设科技金融网络服务平台，建设科技金融超市，发挥“苏科贷”、“扬科贷”、科技成果风险引导资金、天使投资引导资金的杠杆作用，引导创投资本更多地投向种子期或初创期科技型小微企业。加快构建以科技金融专营机构和新型科技金融组织为支撑的科技金融服务体系，扩大科技金融服务覆盖面。鼓励企业探索股权众筹、互联网金融等新模式、新业态，开展直接融资。

### 第二节　提升创新能力

强化企业创新主体地位和主导作用，重点培育发展一批以自主知识产权和自主品牌为核心竞争力、以优秀企业家和创新创业高层次人才为核心团队的创新型领军企业，培育创新型产业集群。

培育壮大创新型企业。力争到2020年，形成百家科技上市(挂牌)企业、千家高新技术企业、万家民营科技型企业的创新型企业梯队。

推进关键技术攻坚。实施“2020高技术领航行动计划”。研究制定重点领域技术创新路线图，在大数据、新一代信息技术和软件、物联网核心器件及应用系统、工业机器人、智能电网等领域，超前部署基础前沿技术研究，逐步形成具有我市优势和特色的高新技术产业集群。

推进企业研发机构建设。支持企业依托自身优势自办技术研发中心、工程中心，鼓励企业与国内知名高校、科研单位和高科技园区组建技术研发平台和产业技术创新战略联盟。“十三五”期间，全市新增国家级企业研发机构10家，省级企业重点研发机构累计达100家，省级以上“两站三中心”累计达1000家。

加快知识产权强市步伐。实施“高企发明专利清零计划”，培育一批拥有核心专利技术、具有市场竞争力的知识产权密集型企业。健全知识产权运营交易、信息预警、战略咨询、维权援助等服务体系，强化知识产权执法力量。到2020年，全市每万人发明专利拥有量达15件。

### 第三节　加快推进人才强市建设

到2020年，实现人才发展“1111”目标：创业创新领军人才达1000人，博士人才达1万人，硕士人才达10万人，人才总量达100万人。

全面统筹推进人才队伍建设。

完善人才引进与培养体系。

创新人才工作体制机制。

## 第三章　转型升级　推进产业迈向中高端

推动先进制造业和现代服务业“双轮驱动”，大力实施基本产业提升计划和“两化”深度融合计划，大力发展现代农业。

### 第一节　加快农业现代化进程

优化调整农业结构。稳定发展粮食生产，粮食播种面积稳定在600万亩、总产300万吨以上，到2020年，全市设施园艺面积占耕地面积比重达20%。加大对畜牧规模养殖场、养殖小区建设支持力度，创建国家标准化示范养殖场10家以上。

提升农业产业园区建设水平。到2020年，建成市级以上农业产业园区60个，市级以上农业产业园区面积占耕地面积比重达10%以上。

推进农村一二三产业融合发展。到2020年，全市规模以上农业产业化龙头企业达450家，其中年销售额超20亿元企业10家以上，农业龙头企业上市2～3家。

强化农业科技创新和物质装备水平。

培育新型农业经营主体。

健全农业社会化服务体系。

完善农业支持保护政策。

### 第二节　提升工业发展质态

以“中国制造2025”及江苏《行动纲要》为指针，以“互联网＋”为先导战略，大力发展“扬州智造”“扬州精造”“扬州新造”，增强产业核心竞争力，建设制造强市，基本建成区域性先进制造业基地。

推进制造业转型升级。支持汽车产业发展，扩大新能源汽车产能，到2020年，全市整车制造能力达到100万辆；推进机械产业数字化、智能化改造，加快发展高档数控机床和工业机器人，打造千亿级智能装备产业集群；石化产业鼓励发展高性能合成材料、新能源产业基础材料、高端专用化学品等技术含量和附加值高的产品；船舶产业重点开发生产具有完全自主知识产权的高端主力船型、高技术特种船舶；新能源新光源产业重点提升产品技术水平，开发光伏发电应用、高端LED应用产品等。

培强龙头骨干企业。支持企业间战略合作和跨行业、跨区域兼并重组，提高宝胜、牧羊、亚普、扬农、海沃等龙头骨干企业规模化、集约化经营水平，到2020年，全市产值过100亿、50亿元企业分别达12家、40家。

培育发展中小企业。围绕装备制造、石化材料、信息技术等优势产业，积极培育中小企业，深入实施“专、精、特、新”培育计划，培育一批在细分行业内技术领先、产品质量优、市场份额高、发展前景好的中小企业，鼓励进行产品升级，注重商业模式创新，大幅提升企业效益。

提速制造业服务化进程。推进制造业服务化与发展生产性服务业有机结合，融入“互联网＋”，鼓励大中型企业建立电子商务平台，创新发展模式，在金属成形机床、工艺美术、毛绒玩具、旅游日化和灯具等产业领域培育一批本土电商平台，加强与电商巨头合作建设地方馆。

提升工业智能制造水平。实施智能制造“十百千行动”，通过千企数控改造补课、百企智能制造提升、十家智能车间培育等行动。鼓励企业加快技改，引入高端设备、智能装备，大力推广应用工业机器人，加快推广智能制造生产模式。

整合提升工业集中区。到2020年，全市重点和优化发展型工业集中区数量控制在40个以内，市特色产业园、生态工业园占比分别达60%和30%以上。

### 第三节　壮大战略性新兴产业

聚焦重点发展领域，加强技术攻关和企业培育，促进产业技术水平显著提升、产业支撑体系显著完善、企业市场竞争力显著增强，将战略性新兴产业打造为全市经济发展的新增长极。

提升产业核心竞争力。加强技术攻关，鼓励企业加大对技术研发和技术引进吸收的资本投入，推进产学研合作，构建由企业主导、高校和科研院所参与的技术创新体系。着力突破第五代移动通信、先进半导体、大数据、石墨烯、能源互联网、高性能电池、生态治理等关键技术，大力发展精细化工新材料、高端船舶、智能装备、新型生物医药等产品。到2020年，力争全市战略性新兴产业规上企业突破800家，培育5家规模超百亿企业和50家规模超十亿企业。

推进集聚区建设。大力推进战略性新兴产业"5＋3"发展，继续做大做强新能源、新光源、新材料、智能电网、节能环保五大产业，培育发展高端装备制造、新一代信息技术、生物技术和新医药三大产业，形成布局合理、集聚集群发展的新兴产业体系。加快经济技术开发区、高新区、化工园区等重要战略性新兴产业集聚区建设。到2020年，力争全市战略性新兴产业规上企业总产值突破7000亿元，年均增长11%左右。

大力实施示范应用工程。充分发挥市场需求对战略性新兴产业规模发展的拉动作用，继续推动半导体照明、光伏风力发电、新能源汽车、智慧城市等示范应用工程。借力"健康中国"、"互联网＋"、智能制造等试点示范工程推动信息技术和战略性新兴产业深度融合发展。

### 第四节　巩固建筑业发展优势

推进建筑产业化、系统集成、资本创新，强化建筑品牌建设、提升建筑业发展水平。到2020年，全市建筑业年产值达到4500亿元，年均增长8%；晋升国家特级资质企业3家以上。

积极开拓国际国内市场。加快"走出去"步伐。把握"一带一路"战略机遇，注重加强与中国铁建、中国交建、中国建筑等国内顶尖承包商的合作，借船出海，积极参与"一带一路"沿线国家援建项目和重大基础设施项目建设。

提升企业经营管理水平。

促进转型多元发展。

加大品牌企业培育力度。积极壮大企业规模，以骨干企业为载体，以资产为纽带，通过强强联合、重组、兼并等方式，扶持一批骨干企业扩大规模，提升企业规模化、集约化经营管理水平，打造一批新的10亿元、50亿元以上的建筑企业集团。

### 第五节　大力发展服务业

大力促进服务业产业联动、集聚提升、空间优化，推动生产性服务业规模化、生活性服务业精细化、文化旅游产业国际化。到2020年，服务业增加值占地区生产总值比重提高到50%，形成"三二一"产业结构。

加快发展生产性服务业。以产业转型升级需求为导向，聚力发展研发设计、现代物流、融资租赁、信息技术服务、节能环保、检验检测认证、电子商务、商务咨询、服务外包、售后服务、人力资源服务和品牌建设等生产性服务业，引导和鼓励企业分离和外包非核心业务，向价值链高端延伸。到2020年，全市生产性服务业增加值超过1500亿元。

提升发展生活性服务业。以促进消费结构升级为导向，提升居民和家庭服务、健康、养老、旅游、体育、文化、法律、批发零售、住宿餐饮、教育培训等生活性服务业发展质量和效益，积极培育生活性服务业新业态新模式，深入挖掘消费潜力，推动生活性服务业便利化、精细化、品质化发展。到2020年，全市生活性服务业增加值突破1000亿元规模。

全力打造国际文化旅游名城。坚持把旅游业作为我市永久性基本产业，进一步提升我市旅游业国际知名度和影响力。优化提升"两古一湖"核心旅游板块，推进蜀冈-瘦西湖风景名胜区基本建成世界级景区；推动东关街历史文化旅游区创建国家5A级景区；延展完善古运河水上旅游线。整合旅游资源，发展市县联动的大旅游。完善全市域智慧旅游服务体系，建设一批智慧景区、智慧酒店和行车、停车等智能指引系统。到2020年，全市旅游业增加值占地区生产总值比重达到8%。

优化服务业产业布局。构建"一带一圈多板块"市域服务业空间布局，推动服务业集聚集约发展。推进服务业集聚集约发展，培育提升40家市级和10家省级服务业集聚区。

### 第六节　拓展经济发展新空间

扩大消费与优化投资并行，促进消费升级、有效投入，着力提高军民融合发展质量和效益，加快建设互联网平台载体，发展大数据产业，培育"互联网经济"，实现发展空间的有效拓展。

努力创造新供给。加快推进供给侧改革，通过去产能、去库存、防风险、降成本、补短板，着力优化供给结构。

积极扩大有效投入。坚持项目为王，促进有效投资稳定增长。"十三五"期间，全市完成固定资产投资总额超过2万亿元，年均增长12%。

大力发展消费经济。拓展居民多层次、个性化和多样化需求，引导消费向智能、绿色、健康、安全方向转变。到2020年，全社会消费品零售总额达到1900亿元，年均增长9%。

大力发展品牌经济。深入推进质量强市建设，全面提升产品、工程和服务质量以及自主品牌建设水平。"十三五"期间，新增注册商标10000件，新增著名商标150件，新创建江苏品牌50个，积极争创全国知名品牌示范区；制(修)定国家、行业标准60个，采用国际标准和国外先进标准500个。

推进军民融合发展。加强统筹规划，优化资源配置，聚焦重点领域，着力提高军民融合发展质量和效益，努力达到"富国与强军相统一"要求，形成符合发展趋势、具有扬州特色的军民融合深度发展新格局。建成国防后备力量军民融合发展示范区，建成省级以上军民融合企业研发机构10家以上。

拓展网络经济空间。实施网络强市战略，努力培育壮大工业、农业、商务、旅游、民生、交通、政务等各种业态的“互联网+”,促进跨界创新,优化互联网经济发展环境,提升产业集聚和竞争优势。到2020年,全市软件和信息服务业业务收入比2015年翻两番;电子商务交易额达到1500亿元,云服务和云产业实现产值80亿以上。

## 第四章 融合发展 提升对内对外开放水平

积极参与“一带一路”和长江经济带建设,加快推进跨江融合综合改革试点,主动对接宁镇扬同城化和苏南国家自主创新示范区建设,深入推进人才、企业、城市国际化,丰富开放内涵,提高开放水平。

### 第一节 深入推进跨江融合发展

抓住开展跨江融合发展综合改革试点的重大机遇、重点环节,创新体制机制,充分激发内生动力,着力形成新的经济增长点。

积极融入上海和苏南经济板块。对接上海建设具有全球影响力的科教中心,重点打造承接上海全球科技创新中心的人才实训和产业化基地。把握苏南现代化示范区建设动态,抓住苏南产业转型升级的机遇,承接产业转移,优化自身产业结构。

加快推进宁镇扬同城化。积极对接南京江北新区建设,以重点融合发展区域为突破口,强化重大基础设施对接和区域创新体系共建,推进公共服务领域合作共享,打造跨江融合发展的先行示范区。推进公共交通、教育、医疗卫生、文化体育、就业与社会保障、公共事务管理协同发展;推动生态保护和环境整治一体化,引领全省生态文明建设。

提升园区共建水平。

### 第二节 发展更高层次开放型经济

创新外经外贸发展方式,提升投资贸易便利水平,营造法治化国际化便利化市场环境,发展更高层次的开放型经济。

打造开放型经济发展新环境。

创新利用外资新方式。实施新一轮530招商行动计划,瞄准世界500强和行业100强,着力引进一批龙头型、基地型大项目。

推动企业“走出去”迈出新步伐。推动机械、光伏、水泥、纺织服装等优势企业到境外特别是“一带一路”地区设立加工生产基地。鼓励出口企业设立境外贸易公司或销售窗口。到2020年,外经营业额达到11.7亿美元,年均增长10%。

增添对外贸易新动能。

打造开放新载体。提升开发园区承载能力。围绕完善园区功能,促进产城融合,推进园区加快建设以信息、市场、法规、配套、物流、资金、人才、技术、服务等“新九通”为代表的第四代园区。

### 第三节 拓宽国际化交流平台(略)

## 第五章 统筹协调 推进新型城镇化和城乡发展一体化

坚持以人为本,转变城乡发展方式,健全城乡发展一体化体制机制,促进四化同步发展,推动社会和谐进步,把扬州建设成为“四化融合”的新型城镇化发展示范区。

### 第一节 推动农业转移人口市民化

健全人口管理制度,建立农业转移人口市民化的财政保障机制和成本分担机制,加快农业转移人口市民化进程。

深化户籍制度改革。全面放开建制镇落户限制,有序放开中心城市和县城落户限制。统筹推进土地、财政、教育、就业、医疗、养老、住房保障等领域配套改革,推进更多农业转移人口就近就地城镇化,到2020年,户籍人口城镇化率达到64%。

建立农业转移人口市民化成本分担和激励机制。鼓励企业积极分担农业转移人口的劳动保障、技能培训、住房补贴等市民化成本;引导农业转移人口积极承担城镇社会保险、职业教育、居住迁移等个人成本。鼓励有能力的农业转移人口通过市场购买或租赁住房,逐步将符合条件的农业转移人口纳入住房保障覆盖范围。

### 第二节 构建协调互动的城镇格局

以“一带一轴”为核心,形成以中心城市和县(市)城区为重点、重点中心镇和专业特色镇为补充,区域协调、结构清晰的城镇体系。

做强做优中心城市。

做强三个县级市。加大县城与周边集镇及开发园区的资源整合,优化空间布局,推进县城扩容提质,提高市政公用设施和公共服务设施建设水平,培育壮大符合资源禀赋和比较优势的特色产业,努力打造产业发达、功能完善、承载力强、特色鲜明的中等城市,增强县城辐射能力,带动县域经济发展。

分类发展小城镇。突出小城镇连接城市和农村的纽带作用,强化其在城镇体系中的重要节点地位。按照控制数量、提高质量、节约用地、体现特色的要求,分类发展小城镇。

做特美丽乡村。在全市交通干线、旅游景区和生态中心周边优选50个中心村予以重点打造,以建设“美丽乡村”为抓手,推进农村精神文明建设。

### 第三节 统筹推进城乡发展一体化

确立以人为本、尊重自然、传承历史、绿色低碳的城乡规划理念。统筹城乡基础设施建设,进一步加大公共财政对农村基础设施建设的投入力度,促进城乡基础设施互联互通、共建共享。

### 第四节 推进国家新型城镇化综合试点

着力围绕建立农业转移人口市民化成本分担机制、构建多元化可持续的城镇化投融资机制、创新城乡土地管理制度、创新农业现代化发展体制机制、强化生态文明制度建设、加快建设新型城市六项试点任务,建立健全试点工作指导机制,分工落实,协同推进。加大政策集成、政策创新,完善激励支持政策。

### 第五节 建设区域一体的基础设施

构建内畅外通的综合立体交通网络。完善综合交通网络,增强交通运输管理效能,构建能力充分、结构合理、衔接顺畅的现代综合交通运输体系。建成连淮扬镇铁路、东部综合交通枢纽,加快启动宁扬城际轨道、扬马城际铁路、扬州城市轨道1号线等规划建设;积极争取北沿江高铁列入国家和省规划,力争提前实施,以快速化、通勤化的轨道交通促进区域一体化、同城化发展。

构建清洁高效能源保障体系。完善城市供气管网设施建设,扩大燃气管网覆盖范围,增加清洁能源使用总量。强化石油天然气战略储备库和应急储备设施建设。合理布局油气输送管道及配套油库,力争到"十三五"期末,在全市形成100万立方米储油能力,规划建设沿江LNG接收转运站。到2020年,非化石能源占一次能源消费比重达到10%左右。

推进优质安全水利基础设施建设。

提升公用设施服务能力。提升城市供水保障能力和运行质态。继续推进区域供水支管网改造,加强水质监测和公示,加强自来水厂整合,推进第六水厂新建等工程,完成水厂深度处理工艺改造。加强城市排水与污水处理设施建设。

优化信息基础设施。抓住扬州成为国家"三网融合"试点城市、全国"智慧城市"试点城市的契机,继续深入推进扬州市"智慧城市"建设行动计划,进一步提升"智慧城市"信息化水平和质量,加强新一代信息基础设施建设和基础测绘地理信息建设,加快测绘地理信息产业的发展。到"十三五"末,全市互联网出口带宽达1000G,全市固定宽带家庭普及率达90%,3G/4G用户普及率达120户/百人,基于wifi的无线热点市、县城区全覆盖,城市和农村家庭宽带接入能力分别达到1000Mbps和100Mbps。

## 第六章　共建共享　提高基本公共服务保障水平

扎实推进民生幸福实事,创新公共服务提供方式,增加公共服务供给,推动实现共同富裕和人的全面发展。

### 第一节　持续增加城乡居民收入

实施更加积极的就业政策,推进创业带动就业,千方百计促进居民尤其是中低收入者收入普遍较快增长,缩小收入差距,让全体居民共享发展成果。

实现更高质量就业。创造充分的就业机会。充分发挥人力资源市场的作用,推进就业服务信息化建设,优化各类人力资源的有效配置。"十三五"期间,开发就业岗位45万个,城镇登记失业率控制在4%以下。到2020年,培训城乡各类劳动者60万人,转移农村劳动力10万人,组织创业培训2万人,实现成功创业1万人。

拓宽城乡居民增收渠道。稳步提高工资性收入。着力健全科学的工资水平决定机制、正常增长机制和支付保障机制,完善企业最低工资制度,全面推进企业工资集体协商,推动企业职工、机关事业单位人员工资水平合理较快增长。提高财产性和经营性收入。

实施精准扶贫精准脱贫。按照"标准再提高、重点再聚焦、内涵再丰富、底线再织牢"的要求,实施低收入农户和经济薄弱村脱贫致富奔小康工程。着力解决因病、因灾等突发事件造成的"支出型"贫困。到2020年,所有7000元以下低收入农户实现脱贫增收目标。

### 第二节　构建公平可靠的社会保障体系

坚持"广覆盖、保基本、多层次、可持续"方针,健全与经济发展水平相适应的社会保障体系,整合社会福利资源,基本实现社会保障可持续、全覆盖。

完善社会保障制度。实施全民参保计划。重点推进灵活就业人员、新型业态从业人员、社会组织从业人员、农民工等群体纳入相应的社会保障体系。完善养老保险制度,建立居民养老保险待遇正常增长机制,统筹推进机关事业单位养老保险制度改革。到2020年,城镇常住人口保障性住房覆盖率达23%。

健全社会救助优抚体系。建立健全"救急难"工作机制,全面实施临时救助制度,统筹推进扶老、助残、救孤、济困、优抚等福利事业发展。到2020年,养老机构综合责任保险覆盖率达100%。

建立健全社会关爱制度。

### 第三节　大力推进"健康扬州"建设

大力发展健康产业,加快构建"医疗卫生、体育健身、饮食安全"三位一体的健康管理与促进体系,着力打造健康中国的扬州样本。

加快建设"颐养之城"。积极应对人口老龄化趋势,发展健康养老服务产业。到2020年,医养融合型养老机构占养老机构总数的60%以上;公建民营养老服务机构数占养老机构总数比例达70%。全市参加老年学校学习的老年人数达到老年人总数15%以上。

建设"优生之城"。落实国家放开二孩生育政策,加快培养适合"优生之城"需求的专业人才,大力发展幼儿教育、高级护理、康复保健、休闲服务等职业教育专业。

提高医疗健康服务水平。健全医疗服务体系。深化公立医院改革,建立维护公益性、调动积极性、保障可持续的公立医院运行管理新机制。到2020年,建立覆盖城乡居民的现代医疗卫生健康体系,县域内就诊率提高到90%左右,乡村卫生机构门急诊人次占比达80%以上,50%左右的住院服务由农村区域性医疗卫生中心和乡镇卫生院承担。

增强人民健康体魄。加快公共体育设施建设,到2020年,人均体育场地面积达2.5平方米,体育人口比例达到40%以上。积极推进"21联盟"进程,不断提高赛事综合效益。

打造食品药品安全名城。建立覆盖从农田到餐桌、从实验室到医院全过程的监管制度,健全电子溯源、风险监测和信用管理等体系;推进综合治理科学化,着力解决危害饮食用药安全的突出问题。

### 第四节　加快建设教育名城

完善具有区域特色、充满生机活力的现代国民教育体系、优质教育体系和终身教育体系,到2020年,全面实现教育现代化。

更高标准普及基础教育。积极发展公益性普惠性学前教育,改善各类幼儿园办学条件,省优质园占比达90%以上。到2020年,新增劳动力人均受教育年限达到15年,高等教育毛入学率达到65%。

大力振兴高等教育。

实施教育信息化工程。加快教育信息化基础设施建设，提升“数字化校园”建设水平，中小学全部建成“数字化校园”。提升“城乡学校网上结对”水平，构建城乡学校发展共同体，促进城乡教育优质均衡发展。强化信息技术与教育教学的深度融合，推动学习方式的转变。到2020年，优质资源班班通、网络学习空间人人通、省级教育资源服务平台的覆盖率分别达100%、90%、100%。

推进教育国际化进程。提高各级各类学校对外交流与合作水平。鼓励拓展职业教育、高中阶段教育中外合作办学，扩大在扬高校外国留学生和港澳台生规模。推动职业院校专业课与国际通用职业资格证书对接。探索建立外籍教师社会保障服务体系，稳步提高外教覆盖率。

## 第七章　绿色引领　建设美丽宜居新扬州

深入推进国家生态文明建设示范市和全国水生态文明建设示范市建设，加强生态环境保护、生态经济发展和生态文明制度建设，推动形成绿色发展方式和生活方式，建设美丽宜居新扬州。

### 第一节　加强生态财富累积

严守生态红线，优化生态布局，加强生态保护与修复，维护生态平衡，保障生态安全，不断累积生态财富，将生态打造成为扬州的第一资源、第一品牌。

优化生态安全格局。全面实施《扬州市主体功能区实施规划》，开展经济社会发展规划、城市规划、土地利用规划、生态环境保护规划等“多规合一”工作，到“十三五”末，耕地保有量保持31.44万公顷，生态红线区域面积不低于国土面积的20%。

推进城市公园体系建设。加快廖家沟中央生态公园、三湾城市公园、扬子津科教园区生态公园等建设，基本建成全市10大生态中心，努力实现市区各个板块、各县（市）城区CAD（中央活动中心）、CEAD（中央生态活动中心）全覆盖。到2020年，全市林木覆盖率达到24%。

建设江淮生态大走廊。以南水北调清水通道为核心，强化七河八岛“四控一禁”，实施一批生态红线保护、植树造林、河湖生态修复和流域水污染防治工程，建成高邮湖、宝应湖、邵伯湖等湖泊涵养功能区，南水北调输水廊道和淮河归江水道水质稳定优于Ⅲ类水水质。

完善生态保护机制。健全生态补偿机制，重点探索建立全市主要河流及跨县（市、区）河流交界断面生态补偿机制，积极推行排污权有偿使用和交易机制。

### 第二节　推动低碳循环发展

全面推广绿色化的生产方式和生活方式，完善低碳循环经济发展体系，提高资源节约利用水平，切实提升经济与生态的协同发展水平。

加强资源能源集约节约利用。加快转变资源利用方式，加强资源全过程节约管理，大幅降低水、材料、矿产资源等消耗强度，促进生产、流通、消费过程的减量化、再利用、资源化。推进以园区节水基础设施建设、技术改造为主的工业节水工程；加快以灌区节水改造为主的农业节水工程，新增、改善灌溉面积73万亩。到“十三五”末，土地开发强度控制在21%以内。严格控制煤炭消费总量，探索和建立能源消耗强度与能源消费总量“双控”制度，确保到2017年，煤炭占能源消费总量比重下降到65%以下。

全面发展低碳循环经济。加快国家循环经济示范城市建设，切实将循环利用贯穿生产、流通、消费的全过程，完善全社会资源再利用的循环体系。全面实施市级以上开发园区生态化、循环化改造，完善循环经济链条，加快公共服务设施建设，到2020年，省级以上开发区、50%以上的市级工业集中区完成循环化改造。

大力发展环境友好产业。充分用好生态资源，积极探索“生态＋休闲旅游”“生态＋文化创意”等新业态、新模式，推动生态优势转化为现实生产力，努力开创扬州绿色发展的新局面。

### 第三节　全面提升环境质量

以提高环境质量为核心，系统推进水、大气、土壤等污染综合治理，全面改善提升城乡综合环境，努力打造生态宜居城市。

实施碧水工程。以全面实施“清水活水”工程建设和最严格的水资源管理制度为抓手，深入推进水生态文明城市建设。到2020年，全面消除城市河道黑臭水体，全市重点水功能区水质达标率达到87%，集中式饮用水源地水质达标率达到100%。

实施蓝天工程。

实施城市综合管理工程。

## 第八章　文化强市　提升名城核心竞争力

坚持社会主义先进文化前进方向，深入实施文化建设工程，围绕人的精神建设和人的现代化，统筹推进文化事业全面繁荣、文化产业优质发展、传统文化传承弘扬，显著增强文化软实力。

### 第一节　强化公民思想道德建设

加强社会主义核心价值观建设。以“知行合一”为载体，广泛开展道德实践、志愿者服务和群众性精神文明创建活动，推动社会主义核心价值观入耳、入脑、入心。

### 第二节　繁荣公共文化事业

突出文化惠民，完善体系、提升效能、促进均等，建成现代公共文化服务体系，显著增强文化服务力、文化创造力和文化保障力。

构建现代公共文化服务体系。

大力实施文化惠民工程。深入开展非遗文化和大众科普进校园进社区进景区、社区艺术节、合唱和广场舞教学培训、文艺惠民“六进”等公益文化活动，提升“周周看扬剧”“曲艺天天演”“音乐周周赏”等惠民文化活动影响力和吸引力，打造彰显扬州特色的“优秀群众文艺团队”，推出具有扬州城市魅力的“优秀群众文化活动品牌”。

加强文化保护与传承。实施文化传承工程，系统整理挖掘扬州优秀传统文化资源。实施文化遗产保护工程，对扬州历史文化和代表性作品进行全面梳理与抢救性保护，推进扬州历史文化文献和地方志文献整理与研究。健全文物和非物质文化遗产普查、登记、建档、认定制度，加强重点文物保护单位、历史文化名镇名村保护、非物质文化遗产保护利用设施建设。

推动文化艺术精品创作。发挥文化艺术政府奖的导向作用，实施“名城名人名作”工程，推出一批高艺术水准、高市场认可的精品力作，冲刺全国、省“五个一工程”奖。精心策划、认真选题，推动扬剧、木偶现实题材作品创作，打造一批具有时代性的扬州清曲、弹词和评话。

深化文化体制改革。建立完善文化发展治理体系，在公共图书馆、文化馆逐步推行建立法人治理结构和理事会制度、总分馆制。创新采用PPP模式加快重大公共文化服务设施建设。

#### 第三节　提升文化产业竞争力

进一步解放和发展文化生产力，加快推进文化产业与其他相关产业的融合发展，将扬州深厚的文化底蕴转化为文化产业优势。

培育发展文化产业主体。大力发展骨干文化企业，塑造一批知名品牌，优选一批有较大发展潜力和市场空间的文化产业项目，催生一批文化产业示范基地，进行集约化创作、生产与营销，形成有特色的文化产业集群。

加快推进文化产业融合发展。顺应“互联网＋”的发展趋势，推动文化产业与创意、科技、旅游、体育、制造、信息、金融等相关产业融合发展。推进文化与旅游融合发展，加快现有5个国家级文化产业园的文化旅游发展，合理利用100多个文博场馆，提升扬州486非遗集聚区建设，打造“艺景”书画展示交易中心。

### 第九章　深化改革　激发经济社会发展活力

深化行政管理体制改革，进一步转变政府职能，坚持公有制为主体，多种所有制经济共同发展，加快建设统一开放、竞争有序的市场体系，提高资源配置效率和公平性。

#### 第一节　创新政府服务管理

加快政府职能转变。进一步理顺政府与市场、政府与社会、政府层级间的关系，完善行政审批事项目录清单、政府行政权力清单、政府部门责任清单、行政事业性收费目录清单。深入推进涉审中介机构改革，加强互联网政务信息数据服务，建设市县联动、横向到边、纵向到底的网上办事大厅与实体大厅，打造“线上线下、虚实一体”的政务服务平台，为社会提供方便快捷的行政服务。

建设规范透明公共财政体系。稳步推进财税体制改革，实施规范透明的预算制度，建立一般公共预算、国有资本经营预算、政府性基金预算和社会保险基金预算有效衔接的全口径预算管理体系，探索实现中期财政规划管理、建立跨年度预算平衡机制，建立规范的地方政府举债融资机制。

#### 第二节　激发市场主体活力

加快提升国有企业市场竞争力，不断壮大各类非公经济主体，努力营造公平的政策和制度环境，激发各类市场主体的活力和创造力。

深入推进国资国企改革。加快国有经济布局结构调整，加快国有企业优化整合和功能性重组。通过资产、业务划拨或收购兼并，组建1～2个国有资本投资运营公司。力争到2020年，新上市企业6家以上，融资额60亿元以上，竞争类国有企业资产证券化率不低于50%。

拓宽民营资本投资领域。放宽行业准入，除国家明令禁止的，所有领域全部对民间资本开放。支持民间资本进入土地整治、水利、交通、能源、市政公用、电力等基础产业和基础设施领域，进入科技、教育、文化、体育、医疗、社会福利等社会事业领域。

提升民营企业发展水平。鼓励和引导非公有制经济持续健康发展，支持民营企业加快技术创新和技术改造步伐，培育壮大一批有较强竞争力的高科技民营企业。制定实施小微企业三年跃升计划，推进“个转企、小升规、规改股、股上市”。

#### 第三节　完善现代市场体系（略）

### 第十章　依法治市　推进社会治理现代化

扎实推进法治扬州建设，更加健全人民民主，依法维护人民权益、维护社会公平正义、维护社会安全稳定，大力提高社会治理科学化现代化水平，全面提升社会治理效能。

#### 第一节　提升法治扬州建设水平

加快推进地方立法。坚持法治思维和法治方式，坚持问题导向和改革取向，将立法工作放在全面深化改革大局中谋划，按照“有需求、不抵触、有特色、可操作”的原则，以城乡建设与管理、历史文化保护、环境保护为重点，积极制定地方性法规和规章。

提升司法公信力。尊重司法规律，促进司法公开，完善对权利的司法保障、对权力的司法监督。优化司法职权配置，健全司法权力运行机制，确保审判权、检察权依法独立公正。

加快建设法治政府。健全重大行政决策程序，加强和完善重大行政决策听证制度、出台前向人大及其常委会报告制度、合法性审查机制、风险评估机制和终身责任追究制度、责任倒查制度。加强行政执法监督，推进严格公正文明执法，强化行政执法与刑事司法衔接机制。

推进法治社会建设。把法律素养的提升作为市民素质提升的重要内容和依法治市的长期基础性工作，大力弘扬社会主义法治理念和精神。

#### 第二节　创新社会治理体制机制

调动社会力量参与社会治理的积极性、主动性和创造性，实现政府治理、社会自我调节和居民自治有效衔接、良性互动，全面提升社会治理现代化水平。

构建社会治理新格局。坚持党委领导、政府主导、社会协同、公众参与、法治保障相结合，创新各类主体参与社会治理的载体、路径和方式，形成社会共治的良好局面。进一步推动社会治理重心下移，健全县（市、区）、乡镇（街道）和城乡社区三级社区综合服务网络，推进社区居民自治制度化、程序化、规范化建设，强化社区、社会组织和社会工作专业人才“三社联动”效应。

激发社会组织活力。加大社会组织培育和扶持力度，发挥社会组织孵化基地培育服务功能，加强对社会组织的监督管理，实现“登记管理”向“管理登记”转变。到2020年，每万人拥有社会组织15个。

创新社会矛盾化解机制。

### 第三节　加强公共安全体系建设

适应公共安全形势变化新特点，推动建立主动防控与应急处置相结合、传统方法与现代手段相结合的公共安全体系，提高人民群众安全感。

建立安全生产长效机制。牢固树立安全发展理念，建立健全“党政同责、一岗双责、齐抓共管”安全生产责任体系，严格安全生产目标考核和责任追究。“十三五”期间，安全生产形势做到稳定可控。

有效维护城市运行安全。落实最严格的公共安全监管措施。深入实施交通安全生命保障、文明交通和城市道路交通管理畅通工程，加大公共消防基础设施和能力建设，依法加强消防、危险物品安全监管，建立寄递、物流业收寄验视等安全检查制度，有效遏制重特大道路交通、火灾事故和危险物品治安事故。

健全社会治安防控体系。加快完善立体化社会治安防控体系，全力推进平安扬州建设。发展壮大群防群治队伍，加强基层派出所建设，依法打击各种违法犯罪活动，强化特殊人员的服务管理。“十三五”期间，公众安全感保持在92%以上。

加强网络空间治理。健全网络社会服务管理体系，完善信息网络安全管理基础性制度，健全互联网管理部门执法协作机制，推动落实网络有关实名制度和网络运营、服务主体法律责任，建立规范化的网络安全管理和舆情导控队伍，加大依法管理网络力度，构建宣传、引导、管理相结合的网络综合管理机制。

提升公共安全应急响应能力。有效应对突发公共事件。制定和完善全方位、多层次的应急预案，注重运用大数据、物联网等信息化手段，健全监测预警、风险评估、处置救援、社会动员、舆论引导、恢复重建等机制，着力加强应急演练，提高应急反应和处置能力。

提升防灾减灾能力。加强气象、地质、地震、农业病虫害、空气污染等灾害监测预警体系，完善灾害风险隐患调查摸底、分析评估、预警发布等机制，确保灾害发生后12小时内灾民得到初步救助。

## 第十一章　规划实施保障

实现未来五年的发展目标，需要不断完善规划实施机制，充分发挥市场在资源配置中的决定性作用，进一步提高政府的统筹调控能力，动员和引导全社会力量共同推进规划落实。

### 第一节　完善调控机制

围绕规划确定的发展目标和任务，科学合理配置公共资源，有效调控引导社会资源，切实增强经济调节的适应性、针对性、灵活性，进一步改进市场监管、公共服务和社会管理，保障规划目标如期实现和各项任务圆满完成。

加强财政资金保障。编制实施好年度财政预算，为规划实施和目标任务完成提供有力的财政资金保障。加强政府性债务的管理和控制，合理安排基本建设预算，保障城市建设和发展需要。

健全综合发展政策。围绕发展的重点领域，密切联系发展实际和宏观环境变化，加强政策储备、研究制定和协调落实，为各项发展目标实现提供有力支撑。

实施重大项目带动。以规划带动项目建设、以项目促进规划落实。着眼于集中力量分阶段解决一批重大问题，在经济结构调整、空间布局优化、资源承载能力提升、生态文明发展、和谐社会建设、文化软实力提升等方面，组织实施好一批关系全局和长远发展的重大项目。

### 第二节　加强规划实施

本规划经市人民代表大会批准后，由市人民政府组织实施。按照统筹协调、分工负责原则，加强规划实施管理，举全市之力，共同努力实现未来五年的发展蓝图。

完善规划体系。本规划是统领全市经济社会发展全局的总体规划，是编制其它各类规划的依据。专项规划是总体规划在特定区域的落实，是指导专业领域发展的依据；市（县）区“十三五”规划是总体规划在特定区域的延伸、细化和落实。合理确定规划的功能定位，加强“十三五”规划与专项规划、区域规划之间的衔接，做好城乡规划、土地利用规划等规划与国民经济和社会发展规划之间的衔接，做好专项规划、区域规划与总体规划的协调，使各类规划在发展目标、空间布局、政策取向、重大项目等方面保持协调一致。

强化分解落实。细化本规划确定的发展目标、主要任务，明确责任单位和工作分工。国民经济和社会发展年度计划、财政预算计划要按照本规划确定的目标和任务，明确年度目标、工作指标和推进措施。

强化中期评估。市发展和改革部门将于“十三五”中期组织对规划实施情况的中期评估，主要评估重要目标的完成情况、主要任务的实施情况、重大项目的进展情况。根据评估结果，及时总结经验，发现问题，研究提出对策措施，确保规划顺利实施。当国内外环境发生重大变化或因其他重要原因，经济社会发展与规划目标发生较大偏离时，市政府将提出调整方案，报市人大常委会审议批准。

强化宣传监督。规划是全市人民集体智慧的结晶，规划的落实也需要群策群力。各级政府要面向社会、面向市民，广泛利用各种媒体，多形式、多角度地宣传“十三五”规划，充分展示规划的内容，增强公众对规划的认识和了解，有效组织引导公众参与规划的实施和监督，集全市之力、集各方之智共同落实好规划，共同把新扬州、我们的家园建设得更加美好。

# 专记
Zhuanji

编　辑　徐国磊

## 2500周年城庆

**■概述**　2015年9月29日是扬州市建城2500周年纪念日。鲁哀公九年，即公元前486年，吴王夫差开邗沟筑邗城，是为扬州建城之始，至2015年已2500年。为迎接建城2500周年，扬州市开展多种形式的活动，集中展示宣传扬州，共祝城庆。

举办系列重大活动。全市共举办80多项庆祝活动，贯穿2015年全年。"新年撞钟祈福"、喜迎城庆之年广场群众集会、元旦长跑活动、"4·18"国际经贸旅游节、鉴真国际半程马拉松赛、首届朱自清读书节、城庆集体婚礼、扬州乡贤恳亲大会、市全运会以及大型音乐舞蹈史诗《千古风流》文艺演出等重大活动成功举办。此外，在城庆活动中，突出市民的主体作用，全市开展"我为城庆做什么、我为城市做什么、我为他人做什么"大讨论活动；开展"老老少少看扬城"活动，向市民展示近年来扬州城市建设的新面貌、转型发展的新思路、民生实事的新成果；开展城庆徽章进万家活动，订制数万个城庆微章，免费发放给市民佩戴；开展城庆书柜进社区活动，为城区每个社区免费赠送书柜，并配送图书。通过系列活动，增强各层次人群作为扬州人的荣誉感、归属感，激发市民热爱扬州、支持城庆的自觉性和主动性。

重大项目建设成果突出。向城庆献礼，市委、市政府确定文昌西路西延、新万福路、万福大桥、MSD综合体以及城庆广场等30项重点城建工程。文昌西路西延项目全长约32.8千米，总投资15亿元。新万福路建设项目总投资约25亿元，全长9.6千米。万福大桥是新万福路工程的重中之重，是市区首座双层大桥，也是连接扬州主城区和江都城区的关键节点，是与"七河八岛"生态片区有机融合的重要景观。广陵新城MSD项目，总投资约80亿元，总建筑面积101万平方米，是扬州市现代服务业集聚区项目。城庆广场位于广陵新城，总投资约4.2亿元，围绕2500年城建历史故事，以叙事形式，打造一个集休闲、娱乐、健身、集会于一体的开放性生态广场。通过重大项目建设以崭新的城市形象迎接扬州建城2500周年。

文化外宣展示形象。以扬州建城2500周年为契机，宣传扬州，推介扬州，扩大扬州影响力，展示扬州的魅力。城庆文化宣传中，立足国内，展示"中国梦"扬州篇章。城庆之年，推出《扬州城事》《图说扬州》《Finding China in Yangzhou》《扬州城庆童谣精品选》《淮海惟扬州》《清风扬州人物谱》《〈清宫扬州御档〉解读文集》等城庆系列图书；出版大型文献《扬州文库》和《扬州史话丛书》；举办"纪念扬州建城2500周年——丹青扬州全国中国画作品展"、金狮奖·第四届全国木偶皮影剧（节）目展等文化活动；拍摄的城市宣传片在中央电视台和纽约时代广场滚动播出。

（魏怡勤　彭　伟）

5月3日，百名老人参观扬州城市建设新面貌

张孔生/摄

**■第11届"幸福扬州·扬州市民日"**　5月3日，第11届"幸福扬州·扬州市民日"举行，本届市民日活动重在反映市民在迎接2500周年城庆、跨江融合发展和世界名城建设中展现出的精神风貌，营造市民欢乐共迎2500周年城庆的祥和氛围。"市民日"当天，举行"百寿宴"活动，邀请老人逛公园，并增加两项活动。走访慰问老人，各地、各有关部门以"市民日"为契机，动员社会各界开展各种形式的为老人送温暖、献爱心活动。集中走访本地、本部门100周岁及以上老年人，与老年人及其家人交心谈心，共同欢庆市民日。邀请组织百名耄耋老人，游览扬州东区城市新貌，特别是新建、在建的扬州市民中

心广场、自在岛、万福大桥等城建项目新亮点，谢正义、朱民阳、洪锦华、张爱军等市四套班子领导参与其中，陪同老人们一同参观扬州的新变化。

本届“市民日”活动兼顾儿童和残疾人。市残联组织市区100名残疾人游览参观宋夹城体育休闲公园、李宁体育园、万福大桥等城建项目。市妇联组织100名困难家庭儿童结对交朋友，游览茱萸湾公园，开展互动游戏。团市委组织团员青年参与志愿服务，举行“微笑满扬城”笑脸照拍摄活动、交通文明引导活动。共同营造市民欢乐共迎2500周年城庆的祥和氛围，让市民一起“文起来、动起来、乐起来”。（魏怡勤　彭　伟）

**■“歌吹扬州　唱响古城”城庆歌曲征集**　5月20日，“歌吹扬州 唱响古城”城庆征集歌曲推介暨新闻发布会在市音乐厅举行。2014年9月10日，扬州面向全国征集扬州建城2500周年主题歌歌词，截至当年11月10日，共收到来自全国31个省(市、自治区)及海外541位作者的1030首歌词。经过两轮评审，《一生缘》等8首歌词获奖，《下扬州》等12首优秀歌词获得评委的推荐。2015年1月，组委会就获奖歌词向全国征集作曲，受到全国各地音乐家和音乐爱好者的关注。（魏怡勤　彭　伟）

**■全市重大项目集中开工**　8月18日，扬州举行“8·18”重大项目集中开工活动，向建城2500周年献礼。24个项目参加全市“8·18”重大项目集中开工活动，其中工业项目14个、服务业项目7个、基础设施项目3个，计划总投资251.4亿元。这是扬州连续第四年举行“8·18”重大项目集中开工活动。市委书记谢正义、市政协主席洪锦华、市委副书记张爱军等市四套班子领导在开工仪式主会场参加“上海大众仪征基地发动机项目前期配套工程开工现场”活动。

（魏怡勤　彭　伟）

**■扬州城市宣传片**　8月20日至9月20日，由市城庆办推出的扬州城市形象宣传片在中央电视台新闻频道滚动播出。此次扬州城市形象宣传片，共有两个版本。版本一：蜀冈-瘦西湖、宋夹城、大运河……这些靓丽的城市景观，似一幅幅山水画展现在观众眼前；版本二：生动、唯美的扬州春、夏、秋、冬四季美景代表性画面映入眼帘，彰显出扬州历史文化的厚重。时长10秒钟的城市形象宣传片，画面稳重大气、色调鲜丽秀雅，就像一张高度浓缩的城市名片，以“美丽中国　秀美扬州”“人文古城　诗画扬州”为主题，通过精致秀美的自然风光和人文景观，集中展示名城扬州的独特风貌，具有强烈的视觉冲击力和艺术感染力。除在中央电视台播出外，扬州城市形象宣传片还在纽约时代广场LED大屏，新浪、搜狐、腾讯等知名网站以及北京、上海、杭州、南京等高铁媒体播放。

（魏怡勤　彭　伟）

**■“中外丝路城市美食文化交流——扬州活动周”**　参见第183页。

**■乡贤共话扬州发展**　9月28日，市委、市政府举行“海外乡贤座谈会”。来自世界各地的约80位扬州乡贤集体回到故乡扬州，齐聚一堂，共话家乡发展，共享城庆喜悦。市长朱民阳、市政协主席洪锦华、市委副书记张爱军分别主持三场恳谈会。

（魏怡勤　彭　伟）

**■2500周年城庆今世缘集体婚礼**　参见第195页。

## “十二五”回眸

**■经济实力提升**　2015年，全市地区生产总值(GDP)4016.84亿元，是2010年的1.8倍；人均地区生产总值89647元，是2010年的1.8倍。财政总收入515.18亿元，其中一般预算收入336.75亿元，分别是2010年的1.29倍和2倍。“十二五”期间，全市地区生产总值累计16598.25亿元，是“十一五”期间的2.02倍，财政总收入累计2457.66亿元，其中地方一般预算收入累计1334.28亿元，分别是“十一五”期间的1.82倍和2.43倍，2015年，城镇居民人均可支配收入和农民人均纯收入分别为32946元和16619元，分别是2010年的1.51倍和1.76倍。

一批重大产业项目相继落户达产，实现沿江100亿元、沿河50亿元重特大项目全覆盖，促进经济持续稳定增长。粮食总产量实现“十二连丰”、规模以上工业总产值突破1万亿元、服务业增加值占地区生产总值的43.9%，初步形成以汽车、机械、旅游、建筑、软件和信息服务业、食品工业等基本产业为支撑的现代产业体系。扬州高新区升级为国家高新区。江都区创成国家现代农业示范区。扬州创成国家创新型试点城市、国家智慧城市技术和标准试点示范市。（鲁　扬）

**■城乡建设发展**　“一核多组团”的现代化大扬州发展格局基本形成，市区面积由1024平方千米扩大至2310平方千米，中心城区面积由309平方千米扩大至640平方千米。坚持开城先开路，连淮扬镇铁路扬州段全线开工，宁启铁路复线电气化改造完成；扬州泰州机场建成通航，并实现一类航空口岸开放；沪陕高速(江都至六合段)、瘦西湖路和瘦西湖隧道、文昌路东西延伸、新万福路和万福大桥、新328国道、新淮江公路、新邮仪公路建成通车，西部客运枢纽建成投入使用。坚持治城先治水，实施黄金坝闸站、平山堂泵站新建和扬州闸拆建等节点工程，完成文昌西路、扬子江路、文汇路等65处积水点的综合整治和10条黑臭河道整治。城市公用服务设施更加完善，政务服务中心、科技馆和青少年活动中心、妇女儿童活动中心、体育中心体育场等建成投入使用。（鲁　扬）

**■社会民生改善**　每年下发民生“1号文件”，持续推进民生各项工程。围绕“喝上干净水”，实现区域供水全覆盖；围绕“吃上放心菜”，实施“1161”菜篮子工程和“115”鲜奶工程，食品综合抽检合格率高于省平均水平；围绕“有稳定的就业”，健全就业服务体系，加强职业技能培训，城乡居民人均可支配收入分别达到32946元和16619元。社会保障体系更加健全,基本养老、医疗保险制度基本实现全覆盖,推动城区20万被征地农民转换参加城镇职工养老保险,全面完成人均年纯收入低于5000元低收入农村人口脱贫任务。实施"八老"改造,市区共整治老小区580万平方米,惠及20万人。推进"公交优先",开辟文昌路、邗江路公交快线,建成公共自行车租赁系统,投放车辆12500辆。推进"四位一体"社会治理,完善社会治安立体防控体系,公众安全感连续多年位居全省前列。 (鲁 扬)

**■社会事业发展** 注重社会全方位进步,创成全国文明城市。实施区域教育现代化工程,普及从学前到高中阶段的15年教育;通过跨区联合办学、名校组团办学、城乡结对办学,推进教育资源均衡布局;成功引进南京邮电大学通达学院,与省教育厅共同筹建江苏旅游职业学院。健全基本医疗卫生体系和基本药物制度,建成城乡"15分钟健康服务圈"和"15公里半径医疗急救圈",启动建设18家区域性医疗卫生中心,推动"以药补医"机制改革,所有政府办基层医疗机构和公立医院实行药品零差率销售。推进公共文化体育服务走近群众身边,建成宋夹城、李宁体育园等一批体育休闲公园,实现城市社区"10分钟体育健身圈"全覆盖;初步建成"市有四馆、县有两馆、乡镇(街道)有一站、村(社区)有一室"公共文化设施体系,"四位一体"全民阅读服务体系列入全国示范项目,市文化馆获全国优秀文化馆评分第一,60余项艺术作品获得国家级奖励。由扬州牵头的中国大运河项目成功入选世界文化遗产名录。 (鲁 扬)

**■生态建设加强** 创成国家生态市和国家森林城市。编制完成《扬州市生态文明建设规划》。推进全国水生态文明建设试点城市建设,水环境进一步优化。实施"五气"同治、"共保蓝天"专项行动,实行史上最严厉的渣土车管理和扬尘污染防治,大气环境明显改善。全面建立"组保洁、村收集、镇转运、县(市)处置"的运营机制,固体废弃物污染得到有效防治。实施"绿杨城郭新扬州"三年行动计划,开展城乡绿化和植树造林,市区每年新增绿地100多万平方米,全市林木覆盖率23.4%,推进建设10大生态中心,实现生态福利全民共享。 (鲁 扬)

**■改革开放水平提高** 扬州被确立为全省跨江融合发展综合改革试点城市。实施市区行政区划调整、功能区调整和高邮乡镇撤并,推进市区三区社会保险和民生福利"同城同步同标"和行政管理"同级同权同责"。推进服务型政府建设,连续出台以服务企业为主要内容的"2号文件"。深化行政审批制度改革,建立以"5张清单、1个平台、8项相关改革举措"为主要内容的简政放权、转变职能的基本架构。整合组建10大国有资产管理集团(公司)。加快释放民营经济发展活力,实施注册资本由"实缴登记制"改为"认缴登记制",全面启动"先照后证"改革,陆续实施"三证合一"登记。实施"530"招商行动,五年累计引进世界500强企业和跨国公司项目38个。 (鲁 扬)

李宁体育园 张孔生/摄

## "三严三实"专题教育

**■概述** 根据中央和省委统一部署,扬州市"三严三实"专题教育于2015年5月启动,到12月底基本结束。全市155个县处级以上领导班子、1200名县处级以上领导干部参加。市委牢牢把握中央、省委要求,以讲政治的自觉、讲认真的态度,抓好"三严三实"专题教育,为"迈上新台阶、建设新扬州"提供坚强的思想、政治和组织保证。

落实责任,谋划推进。市委认真落实中央和省委的要求,在对党的群众路线教育实践活动后续整改工作进行督查的基础上,紧密结合扬州实际,研究制定全市《关于在县处级以上领导干部中开展"三严三实"专题教育的实施方案》《市委常委会开展"三严三实"专题教育工作方案》,做到落实要求"不折不扣"、方法措施"务实有效"、结合实际"适度拓展"。强化各级党委(党组)书记"一把手责任",印发《"三严三实"专题教育一把手职责任务清单》,明确"一把手"在专题教育中的工作职责和具体任务。发挥相关工委(党委)的协调推进作用,通过分片活动、分类指导、分层推进,合力抓好全市"三严三实"专题教育。

从严从实,严格落实各项要求。5月23日,市委书记谢正义为全市县处级以上党员领导干部上专题党课,并对全市开展"三严三实"专题教育作动员部署。5月底前,全市6个县(市、区)、4个功能区、106个市直部门党委(党组)书记均结合上党课对本地、本单位开展专题教育进行部署。6月底前,所有县(处)级以上领导班子成员讲党课全部结束。各地、各单位领导班子持续开展三个专题的学习研讨,每月至少开展一次集中交流研讨。利用党性教育基地、革命传统教育基地资源,组织参观吴登云纪念馆、张爱萍社教蹲点纪念馆等,开展重温入党誓词和入党志愿书等形式多样的党性教育活动,增强党的意识、党员意识、纪律意识、规矩意识。组织全市1200多名县(处)级以上领导干部到“三下三联三交”联系点、本地本部门基层单位、分管部门等基层，采取随机调研、驻村蹲点、座谈交流、民情恳谈等多种形式广泛征求意见，帮助基层和群众解决实际难题，撰写践行“三严三实”心得体会。开展“千人看扬州”活动，组织全市机关干部、离退休干部和各界人士代表观看扬州新发展和城市新建设，现场感受一线干部和群众的严和实的作风。

注重实效，督促边学边查边改。全市县(处)级以上领导干部通过个人自学和学习研讨，根据“六查六看六整治”的要求，结合“三下三联三交”所见所闻、所思所想，研究制定个人“不严不实”问题清单6000多条。制定下发《关于明确领导干部在“三严三实”专题教育中查找“不严不实”问题相关要求的通知》，各级领导干部坚持以上率下、坚持问题导向、坚持从严要求、坚持注重实效，结合改革发展实际查找解决“不严不实”问题。（张春萍）

■**查摆找实问题** 组织全市1200多名县处级以上领导干部开展“三下三联三交”驻点调研，扎实做好“六个一”（开展一次督查指导、召开一次座谈会、走访一批困难群众、解决一些实际问题、记好一本民情日记、撰写一篇心得体会）活动。制发《关于明确领导干部在“三严三实”专题教育中查找“不严不实”问题相关要求的通知》，全市县处级以上领导干部查摆出不严不实问题6000多条，其中市委领导班子成员62条，县(市、区)委领导班子成员452条。严格执行“一把手”把关制度，市四套班子领导结合工作分工，对分管领域的不严不实问题进行条目式汇总梳理。市委常委对照要求对各级党员干部进行点拨。由各地各单位党委(党组)书记对班子成员“不严不实”问题清单进行初审，专题教育协调小组对三分之一左右的单位的领导干部“不严不实”问题清单进行抽查。对群众路线教育实践活动中整改不到位的问题和从严治党新常态下出现的新问题，分类明确责任人、制定整改措施，推动整改任务落实到位。市纪委和市委组织部下发《关于规范党员领导干部民主生活会的实施意见》《关于开好“三严三实”专题民主生活会的通知》。市委常委先后到6个县(市、区)和4个功能区参加并指导专题民主生活会。各级党员领导干部均以普通党员身份参加所在支部召开的专题组织生活会。

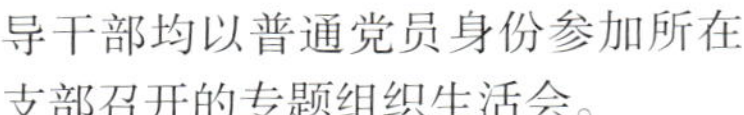

（市委组织部）

“清水活水”工程改造后的新城河一派生态美景

庄文斌/摄

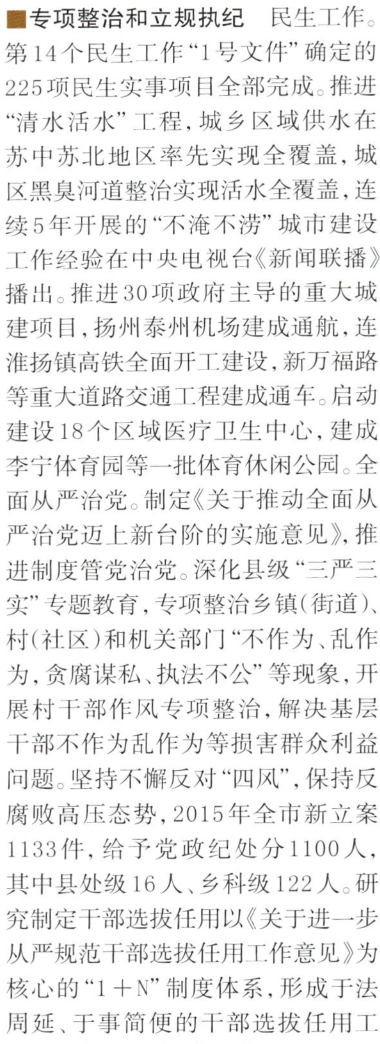

■**专项整治和立规执纪** 民生工作。第14个民生工作“1号文件”确定的225项民生实事项目全部完成。推进“清水活水”工程，城乡区域供水在苏中苏北地区率先实现全覆盖，城区黑臭河道整治实现活水全覆盖，连续5年开展的“不淹不涝”城市建设工作经验在中央电视台《新闻联播》播出。推进30项政府主导的重大城建项目，扬州泰州机场建成通航，连淮扬镇高铁全面开工建设，新万福路等重大道路交通工程建成通车。启动建设18个区域医疗卫生中心，建成李宁体育园等一批体育休闲公园。全面从严治党。制定《关于推动全面从严治党迈上新台阶的实施意见》，推进制度管党治党。深化县级“三严三实”专题教育，专项整治乡镇(街道)、村(社区)和机关部门“不作为、乱作为，贪腐谋私、执法不公”等现象，开展村干部作风专项整治，解决基层干部不作为乱作为等损害群众利益问题。坚持不懈反对“四风”，保持反腐败高压态势，2015年全市新立案1133件，给予党政纪处分1100人，其中县处级16人、乡科级122人。研究制定干部选拔任用以《关于进一步从严规范干部选拔任用工作意见》为核心的“1＋N”制度体系，形成于法周延、于事简便的干部选拔任用工作制度体系。严格依照标准、程序选人用人，坚持干部职数预审制度，及时向省委组织部请示报告。研究制定《2015“三直接”十大环节操作规范》，控制自由裁量，实现权力运行流程公开、公平、公正，确保权力在阳光下运行。基层基础工作。建立社区为民服务专项资金，从2015年起每年给每个社区下拨20万元为民服务专项资金，制定出台《加强村级组织规范化建设的意见》，建立村级准入制度，减轻基层负担。开展第二轮软弱涣散村(社区)党组织整顿工作，增强基层组织活力。（市委组织部）

■**分片划区分层分类督查指导** 健全市委常委会领导、组织部门牵头组织实施、党建工作领导小组成员单位各司其职、协同推进的工作机制。市委常委牵头开展调研指导，各地、各部门、各单位由领导班子成员带队，开展集中调研指导，各级组织部门整合相关部门和职能处室力量，采取巡回检查、专项调研、随机抽查等方式，开展常态化督查。对机关部门、学校和国有企业开展专题教育进行分类指导，将开展专题教育的84个机关部门分成7个片，分别明确片长单位，统筹协调本片区的“三严三实”专题教育。组织7个党建片召开“三严三实”交流研讨会。对乡镇党政正职参加专题教育，以县(市、区)为单位成立小组，每次研讨，由1名县(市、区)委常委主持开展，坚持做到同标准、同要求、同步骤。

（市委组织部）

# “烟花三月”国际经贸旅游节

■ **概述** 4月18日至5月18日，扬州市举办2015中国扬州“烟花三月”国际经贸旅游节(简称“烟花三月”节)。本届“烟花三月”节坚持“简朴、节约、注重实效”的理念，突出经贸、旅游、市民三大主题，重点围绕科技创新远征计划、机器人产业、食品工业、互联网经济、旅游资源开发、央企合作等内容，在活动方式、人员规模、经费预算、接待安排等方面作出调整和压缩。节庆期间，共举办主体活动、经贸活动、文体旅游活动、市民迎城庆活动等4个板块27项活动。4月18日当天，到扬外商606人、内商573人，其中重要客商150人，扬州市城市品牌、城市形象及城市影响力得到提升。此外举行扬州市政府与省电信、移动、联通、铁塔公司战略合作签约仪式，中俄基金扬州子基金成立仪式等活动。节日期间，全市落实协议外资及港澳台资2000万美元以上签约项目53个，协议外资26.71亿美元。其中协议外资3000万美元以上项目30个，协议外资及港澳台资5000万美元以上项目19个。落实协议注册资本金1亿元以上民资签约项目30个，总投资369.6亿元，协议注册资本金52.5亿元，其中协议注册资本金3亿元以上签约项目5个。落实科技签约项目40个。落实国企、央企签约重大项目2个。落实新开工、投产的注册外资及港澳台资1000万美元以上项目32个，注册外资12.18亿美元。落实民资总投资1亿元以上新开工、投产项目57个，总投资380.78亿元，注册资本金72.25亿元。

(魏复军　肖玉康)

■ **“烟花三月”节开幕式** 4月18日上午，“烟花三月”节开幕式暨重大项目签约开工仪式在广陵新城李宁体育公园综合馆A1馆举行。市委常委、常务副市长丁纯主持开幕式，市委书记、市人大常委会主任谢正义致辞，市长朱民阳以“推进产业合作，携手共赢未来”为主题作产业推介。市政协主席洪锦华等市四套班子全体领导及海内外嘉宾500多人出席开幕式。开幕式上，谢正义、朱民阳

**2015中国扬州“烟花三月”国际经贸旅游节主要活动一览表**

表2-1

| 活动名称 | 活动时间 | 活动地点 |
|---|---|---|
| 2015中国扬州“烟花三月”国际经贸旅游节开幕式暨重大项目签约开工投产仪式 | 4月18日 | 广陵新城李宁体育园综合馆A1馆 |
| 各县(市、区)重大项目开工、投产仪式 | 4月16—17日 | 各地 |
| 2015中国扬州万花会 | 4月8日至5月8日 | 瘦西湖景区 |
| 第八届中国国际食品安全技术论坛 | 4月9—10日 | 扬州会议中心群贤楼一楼报告厅 |
| 城庆系列讲座 | 4月10—12日 | 鉴真图书馆 |
| 第10届中国玉石雕精品博览会、2015中国漆器艺术精品展 | 4月16—19日 | 国展中心 |
| 扬州市政府与省电信、移动、联通、铁塔公司战略合作签约仪式 | 4月16日 | 迎宾馆 |
| 江都名优产品互联网推介峰会 | 4月17日 | 江都区会议中心 |
| 万吨食品冷链项目开工奠基暨扬州市食品产业协会挂牌仪式 | 4月17日 | 万吨食品冷链物流公司项目用地 |
| 海峡两岸(扬州)农业合作试验区推介暨签约仪式 | 4月17日 | 阿波罗花木市场 |
| 《瘦西湖》特种邮票首发式 | 4月18日 | 瘦西湖熙春台 |
| 江苏省互联网产业园签约仪式(开幕式上集中签约，第一批)<br>北大创业训练营江苏基地签约仪式 | 4月18日 | 李宁体育园综合馆A1馆 |
| 恒丰银行扬州分行开业仪式 | 4月18日 | 迎宾馆万芳园一楼国际宴会厅 |
| 中俄基金扬州子基金成立仪式 | 4月18日 | 迎宾馆 |
| 2015中国扬州鉴真国际半程马拉松赛暨全国半程马拉松锦标赛起跑仪式 | 4月19日 | 马拉松公园 |
| 扬马冠军林揭牌仪式 | 4月19日 | |
| “文化休闲·城市度假”旅游招商推介会 | 4月19日 | 会议中心百畅厅 |
| 扬州非遗集聚区入驻项目签约仪式 | 4月20日 | 工艺坊A区西广场 |
| 第九届扬州软件和信息服务外包大会暨“互联网+”产业发展论坛 | 4月21日 | 京杭之心京杭厅 |

续表 2-1

| 活动名称 | 活动时间 | 活动地点 |
|---|---|---|
| 2015中国扬州两岸素食文化暨绿色生活名品博览会 | 4月22—26日 | 鉴真图书馆 |
| 城市书柜进社区启动仪式 | 4月23日 | 文化艺术中心中庭广场 |
| 上海结对园区扬州行 | 4月28日 | 会议中心 |
| 第11届“扬州市民日” | 5月3日 | 各区<br>西园饭店万华厅 |
| 全国苏商扬州行 | 5月7—8日 | 会议中心百畅厅 |
| 2015中国扬州科技成果展示洽谈会——智能装备暨智能机器人科技成果专场对接洽谈会 | 5月18日 | 科技广场高新技术会展中心 |
| 2015世界绿色设计论坛扬州峰会 | 5月20—21日 | 京杭之心京杭厅 |
| 国际标准化组织饲料机械技术委员会(ISO/TC293)第一次成员大会 | 5月21日 | 香格里拉大酒店 |
| 新兴服务业主题招商 | 5月中下旬 | 上海 |
| “老老少少看扬州”活动 | 5—10月 | 城区 |
| “欢乐大放送”市民免费游园活动 | 5—12月 | 城区 |

（魏复军　肖玉康）

向卫平等13名扬州市“城市贵宾”颁发证书，举行重大项目集中签约、开工、投产仪式，2个合作共建项目和40个外资及港澳台资、民资项目现场签约；共开工投资10亿元或1亿美元以上重大产业项目29个；共竣工投产10亿元或1亿美元以上重大产业项目19个。（魏复军　肖玉康）

**■第八届中国国际食品安全技术论坛**　4月9—10日，由高邮市承办的“CBIFS2015第八届中国国际食品安全技术论坛”在扬州会议中心举办，参会嘉宾916人。论坛共举行开幕式、中国检验检疫学会与扬州市人民政府合作备忘录签约仪式、8场专题技术研讨会、江苏省食品药品监督管理局培训中心和高邮经济开发区食品安全产业孵化园参观考察、高邮市人民政府食品安全产业专题推介会等活动，邀请中国检验检疫科学研究院、中国科学院、中国农业科学院、中国农业大学、国家食品安全风险评估中心、中国人民解放军军事医学科学院、检验检疫技术中心的著名专家学者和中粮、雨润、达能、罗氏、安捷伦的50多名技术专家演讲。40多家领先的食品安全检测仪器设备和技术厂商同期推出其先进产品。

（魏复军　肖玉康）

**■第十届中国玉石雕精品博览会、2015中国漆器艺术精品展**　4月16—19日，第十届中国玉石雕精品博览会、2015中国漆器艺术精品展和2015中国(扬州)工艺品博览会在扬州国际展览中心举办。展会共吸引来自北京、上海、河南、广东、新疆等18个省、市、自治区以及中国香港特别行政区、新西兰的多家参展商参展参评。其中，“百花玉缘杯”参评作品598件，扬州地区金奖作品26件；“百花漆花杯”参评作品148件，扬州漆器厂23件作品共获4金5银5铜4优的佳绩。

（魏复军　肖玉康）

玉博会上的玉雕作品吸引众多观者驻足　董　辉/摄

**■江都名优产品互联网推介峰会**　4月17日，江都名优产品互联网推介峰会在江都区会议中心举行。京东商城扬州馆正式上线开馆运营，首批41家本土知名企业、数百件地方特色商品，通过京东商城打通网络销售渠道，把地方名优特产推向世界。活动中，宏信龙生活馆推介农村电商发展战略，并与美团网、邵伯镇举行项目签约仪式。江都作为全市电子商务产业重点布局的区域，围绕建设省级电子商务示范区的目标，制定出台产业发展扶持政策，打造网上创业园区，招引电子商务企业和专业人才，实施主体培育工程、集聚工程、产业转型工程，推动电子商务产业跨越发展，同时注重电子商务与花木、汽车、造船等产业的嫁接与融合，把江都的特色产品推向世界。

（魏复军　肖玉康）

**■海峡两岸(扬州)农业合作试验区推介签约仪式暨2015中国扬州·阿波罗花木园艺博览会开幕式**　4月17日，海峡两岸(扬州)农业合作试验区推介签约仪式暨2015中国扬州·阿波罗花木园艺博览会开幕式在江都区阿波罗花木市场举行。活动共落实签约项目26个，其中外资及港澳台资项目2个、民资项目24个，协议利用外资及港澳台资1660万美元、民资34.3亿元。活动现场18个项目集中签约，协议利用外资及港澳台资1660万美元、民资24.2亿元。其中，由香港客商蔡华超在邗江区蒋王街道建设的秋韵农业园项目计划总投资1500万美元，由中国有机绿色实业有限公司在仪征市大仪镇投资的有机绿色农产品种植、加工、销售项目计划总投资10亿元。

（魏复军 肖玉康）

## 跨江融合发展

**■《宁镇扬同城化发展规划》实施** 推动省政府成立宁镇扬同城化发展协调小组及专项工作组。扬州市政府下发《关于成立扬州市推进宁镇扬同城化发展领导小组及专项工作组的通知》，成立宁镇扬同城化发展工作领导小组及能源、信息化、科技创新、生态环保、城乡建设、交通、水利、社会保障等8个专项工作组，加强对同城化推动过程中相关重大问题的研究决策和组织协调，负责考核评估等具体工作。配合南京、镇江相关部门，编制《南京都市圈空间协同发展规划》（含六合—仪征跨界新城协调发展内容）等毗邻地区发展规划。依据《第八届南京都市圈市长联席会议备忘录》，将宁扬城际等10个重大基础设施项目列入《南京都市圈重大基础设施合作项目清单》。扬州、南京两市共同打造六合—仪征临港新市镇，推动重点跨界区域共建发展。推进重大基础设施项目建设。开工建设连淮扬镇铁路扬州段，对接以京沪为主干线的高铁交通，推进京沪高铁联络线和宁扬城际轨道交通等项目建设。推进宁仪扬都市圈轨道建设、京沪高速南延、扬马（扬镇）、加快苏439省道东西延伸段、扬滁公路建设，实现宁镇扬之间的快速化、通勤化。提升机场、港口的集散辐射能力，加快扬州泰州机场二期工程建设，实施一类口岸开放。编制长江镇扬河段三期整治工程可研报告，实施建设淮河入江水道扬淮段整治工程。

（规划处）

**■重大交通基础设施建设** 高速铁路、高速公路全面展开施工，宁启铁路扬州段复线电气化改造工程全部建成，并于年内开行动车组试验列车；连淮扬镇铁路扬州段全线开工，累计完成桥梁灌注桩1405根、承台30座、墩身8座；宿扬高速公路涵洞、通道和桥梁桩基完成92%，桥梁下部完成55%，上部完成45%；宁通高速江广段扩容改造工程于8月18日开工建设。港航枢纽建设进展顺利，江都港区鼎衡舾装码头工程建成，并通过交工验收；内河新盟物流码头基本完成土方开挖和驳岸基础施工；环球造船码头改建工程完成水工主体工程；高邮运东船闸初步具备放水条件，芒稻船闸完成上、下闸首底板及上闸首底板空箱及廊道浇筑。机场开放取得成功，扬州泰州机场一类口岸开放通过国家级验收，正式成为对外开放口岸机场。公共交通更加便捷，西部客运枢纽建成，扬州至南京南站直达客运班线开通。（规划处）

**■产业合作 项目合作** 出台《2015年招引上海、苏南等地大企业大项目，促进产业结构调整与转型升级办法》。市领导先后3次带队赴上海开展专题拜访考察，组织“上海结对园区扬州行”等系列活动，有效推进两地之间项目合作。至年末，共签署政府层面合作协议4项，园区层面合作协议20项，全市对接上海项目库共有79个项目，落户52个，计划总投资342亿元，其中2015年落户23个，计划总投资61亿元。企业合作。与深圳市腾迅计算机系统有限公司、中兴通讯深圳市股份有限公司签订战略合作协议，中兴—扬州智慧城市、中兴研究院、腾讯智慧旅游等一批实质性的合作项目相继启动，中兴通讯“中国扬州云计算中心”投入使用。中电28所通讯试验场项目落户仪征月塘镇。与省级部门合作。市政府与省经信委共同签署《共建江苏省互联网产业园合作协议》，首个省、市共建互联网产业园落户到扬州。园区合作。波司登（高邮）工业园获批，并得到1500万奖励资金，江苏莘庄工业区（宝应）工业园获省政府批准。对外合作。“海峡两岸（扬州）绿色石化产业合作区”“德国梅泰尔工业园”“中意（扬州）食品产业园”集聚一批产业龙头项目。日本健康产业园、中瑞生态产业园（扬州）等项目有序推进。

（规划处）

5月9日，扬州市政府与腾讯公司签署“互联网＋”战略合作框架协议　　王　卓/摄

**■科教资源合作** 扬州市与江南大学达成共建产业技术研究院食品生物技术研究所协议，与东南大学扬州研究院共建头桥生物医疗器械协同创新中心。开展关键共性应用技术研发、科技成果转移转化合作，加强与上海和苏南等地的技术交易市场、产权交易市场的合作，融入全国创新要素市场。市产研院与上海产研院、上海创业者公共实训基地合作筹建创业育成中心，联合清华大学、省产研院、重庆大学合作建设智能化技术研究所。扬州技术交易市场与中国技术交易所合作共建长三角线上技术交易平台，启动技术合同登记备案工作，全市技术合同登记备案交易额1.5亿元。（规划处）

**■公共服务合作** 推进卫生医疗合作，扬州市牵头设立长三角城市经济协调会健康服务业专业委员会，这是长三角协调会首次批准由地级市牵头设立的专委会。苏北人民医院、市中医院、市妇幼保健院等3家医疗机构分别与苏南和上海的6家机构开展合作共建。推进资源共享，全市共有16家机构44个临床检验结果被确定能够在全省范围内互认，全年为群众减免医疗费用超过3000万元。开展旅游业交流合作，共同深耕台湾旅游市场，与南京、镇江等市共同开发"宁、扬、镇、锡5日""宁、扬、镇、常、锡、泰、盐8日"旅游新线路。加大机动车监管区域合作力度，实现检测结果在省内互认和异地检测。推进区域性数据共享，全市综合征信平台实现与省平台全面对接。 （规划处）

**■生产要素对接融合** 资金要素。2015年，省政府支持扬州开展跨江融合发展的2.5亿元资金全部到位。金融要素。上海股权托管中心在江都设立企业孵化基地。人才要素。2015年，扬州市举办4场人才对接活动，共邀请包括上海、苏南地区专家人才到访300多人次，与相关高校院所、专家人才达成合作协议近400项。

（规划处）

**■长江三角洲城市经济协调会健康服务业专业委员会成立** 1月27日，长江三角洲城市经济协调会办公室主任姚新率调研组到扬开展专委会工作专题调研。3月6—13日，扬州市发改委组织市卫计委、市商务局、市民政局、市人社局、市体育局等部门专程赴南京、合肥、杭州、宁波了解各地设立相关专业委员会的基本情况、做法和经验，以及当地健康服务业发展情况。3月27日，长江三角洲城市经济协调会在安徽省马鞍山市召开第15次市长联席会议，正式批准设立长三角协调会健康服务业专业委员会，并明确由扬州市牵头实施。7月28日，长江三角洲城市经济协调会健康服务业专业委员会在扬州成立。长江三角洲城市经济协调会健康服务业专业委员会共吸纳包括扬州在内的20个长三角成员城市共67个职能部门共同参与专委会建设。专委会下设秘书处、专家委员会和异地健康养老、健康技能培训与休闲文化、医师多点执业、体育健康等相关工作组，各工作组具体工作分别由扬州市民政局、扬州市人社局、扬州市商务局、扬州市卫计委、扬州市体育局牵头组织实施。建立专委会主任、秘书长、副主任、委员以及秘书处组成的"各司其职、各负其责"的工作网络。编制《长三角协调会健康服务业专家库建设方案》，启动筹建专家咨询委员会。开展编制《2015年度长三角协调会健康服务业发展报告》及2016年度专委会研究专（课）题工作。编印专委会通讯录和专刊。12月1日，扬州市牵头组织召开长三角协调会健康服务业专业委员会第一次工作会议，17个成员城市约90人参加会议。 （沈诗贵）

**■区域合作与交流** 5月，国家体育总局、中央电视台等单位在扬州联合举办扬州鉴真国际半程马拉松赛发展战略高层研讨会，长三角区域上海、南京、杭州、合肥等9个成员城市的马拉松赛组委会代表参加研讨。6月，上海、江苏、浙江、安徽体育主管部门在扬州市仪征红山体育公园共同举办2015第二届长三角运动休闲体验季江苏仪征站暨魅力夏日·乐动红山活动。9月，扬州市牵头举办中外美食（美酒）展览展销展示活动，吸引来自15个国家和地区以及国内14个省（市）230家参展商。苏北人民医院与华山医院签署合作协议，挂牌成立"复旦大学附属华山医院与苏北人民医院医疗协作中心"。扬州市与上海麦忒家庭服务发展有限公司合作开展"互联网＋早期教育"项目。中国家庭服务业协会在扬州市召开中国家庭服务业协会母婴生活护理专业委员会第三次主任（副主任）会议暨中国月嫂产期母婴服务学术交流论坛。世界中国烹饪联合会授予扬州市"国际美食之都"牌匾。10月，扬州市组织承办第十届文博会扬州分会场专题展览展示活动。组织参加各类区域组织相关会议、活动和培训。扬州市先后组织参加长三角协调会第15次市长联席会议及第36次、37次、38次、39次、40次工作会议，首届长三角非物质文化遗产博览会、苏北发展政策培训暨南北产业对接活动、2015南京江北新区发展研讨会、第二届西部优秀企业家江苏行暨"一带一路"建设高端峰会、江苏省区域合作企业交流协会换届大会、全省区域经济工作会议、长三角协调会第四期业务理论培训会、驻省会城市办事机构清理规范工作座谈会等。收集整理长三角协调会成立20周年相关资料，完成《长江三角洲地区区域规划》评估汇总工作等。 （沈诗贵）

**■生态科技新城建设** 2015年，生态科技新城实现地区生产总值

廖家沟中央公园　　张孔生／摄

102.57亿元，固定资产投资、一般预算收入、税收收入、工业开票销售、工业技改投入、服务业投资等核心指标稳定增长。新签约10亿元以上重大项目4个、新开工3个、新投产2个，实际完成重大项目投资55.5亿元。总投资65亿元的扬州软件园、两面针华东日化基地、杭集科技企业孵化中心、“田园客”民宿、泰安逸温泉等产业项目成功落地；凤凰岛片区获批省级生态旅游度假区，江苏谢馥春国妆股份有限公司在“新三板”上市，“尚锦汇都”创成省级众创空间，新增三星级现代服务业集聚区2个、国家高新技术企业1家、省级工程中心1家、省级高新产品7件。助推“美丽宜居”城市建设。完成核心区6个城中村改造，共搬迁农户864户、非住宅73家，拆迁面积约37.12万平方米，拉开4平方千米产业发展空间。推进金湾路、曙光路拓宽改造及小运河整治等基础先导工程。推进万福片区综合环境提升，建成5.4公里自在岛南北通道、老万福路与凤凰岛路连接段、曙光路与新万福路连接段及大型停车场等配套设施；新建游客服务中心，改造利用万福大桥桥下空间，布置儿童娱乐设施、公共区域休闲座椅；开展市容环境专项整治，取缔存在多年的太平闸“鱼市”，杜绝万福闸钓鱼等现象。推进落后产能淘汰，在全市率先完成39家船厂、砂石场关闭搬迁，释放滨水生态空间106.7公顷；建成32座污水处理设施，杭集40家工业企业接管入网。策划打造自在岛旅游度假区，整体展示万福大桥、廖家沟城市中央公园、马可波罗花世界、未来之城展示馆、跑鱼河文化公园、蝶恋花儿童乐园、扬州生态科技新城展示馆、扬州乐园等一批功能性设施和旅游项目。

（赵洪波　徐　徐）

## 重大项目建设

**■概述**　“十二五”以来，扬州市坚持推进重大项目建设，确定重大项目突破年、提升年、升级年、建设优化年，一年一个主题，一年一个重点，实现重大产业项目的“落地生根”“开花结果”，成效频显。“十二五”期间，全市新开工总投资10亿元（1亿美元）以上工业和服务业项目217个和150个，是“十一五”的4.7倍和9.4倍；新竣工投产143个和68个，是“十一五”的5.1倍和9.7倍；列省重大项目46个，是“十一五”的2倍；落户世界500强企业38家，是“十一五”的3.2倍；扬州沿江地区100亿元、沿河地区50亿元重特大项目实现两轮全覆盖；仪征上海大众、广陵Y—MSD现代服务业、宝应中航产业园、高邮秦邮特钢、江都中信泰富、邗江潍柴亚星及零部件、化工园区远东系列绿色石化等一批重特大项目开工建设、建成投产。重大项目持续释放“龙头效应”“集群效应”，有力拉动扬州经济总量扩张，推动经济转型升级，全市经济总量连续跨上3000亿元、4000亿元两个大台阶。2015年，扬州市地区生产总值和一般公共财政预算收入分别突破4000亿元和300亿元，国内生产总值在全国百强城市中名列第40位、比2010年提升16位，人均国内生产总值在苏中苏北地区率先超过省均水平。市区滚动推进100项重大城建工程和30项政府主导城建项目，中心城区面积扩大至640平方公里，“一核多组团”的大扬州城市发展格局基本成型。

（鲁　扬）

**■树立“项目为王”理念**　科学规划。按照国家产业政策，围绕优化产业结构、提升城建民生、加大农业投入等重点，结合扬州实际，制定出台《扬州市重大项目建设行动计划》，明确2012—2015年全市重大项目的目标任务、重要工作和保障措施。全员发动。通过召开工作推进会、项目汇报会、现场办公会、督查督办会等，进一步发动和动员全市干部群众，提升开展重大项目建设的主动性、积极性和创造性。强化服务。在项目引进上，保证“保障机制全、帮办力度大、服务最到位”；在项目审批上，实现“政策最宽松、手续最简化、时间最快捷”；在项目实施上，做到“精细化管理、网络上监控、督办中推进”。

（鲁　扬）

**■督查专责**　采取多项举措解决重大项目建设过程中出现的种种问题。2012年，调整提升市重大项目建设领导小组，明确市委市政府主要领导任组长、分管领导任副组长、市相关部门主要负责人为成员的组织架构，市重大项目推进办公室在市委办公室挂牌，与市委督查室合署办公，专职承担重大项目的协调服务、督查推进和考核评价工作。整合全市督查力量，做到归口报送、全程留痕、言行一致、注重效率。做到每一重大项目的背后，都有一名领导全程挂钩、一个主体单位全面负责、一张卡片诠释基本情况。通过建立市级重大项目库和重大项目推进管理系统、现场视频传送系统，实现网络管控无死角。对每一个重大项目立项建立“信息跟踪督查卡”，实行过程控制、动态跟踪。每月28日前，项目责任主体单位通过“中国扬州”门户网站及时报送推进情况。利用报纸、电视广播、网络、微信、阅报栏、电子显示屏等媒体和平台，及时公布“新签约、新开工、新竣工、新投产”重大项目情况，并定期不定期对其跟踪报道，接受群众监督。

（鲁　扬）

**■考评激励**　扬州市委、市政府相继出台《县（市、区）党政正职考核办法》《扬州市重大项目建设考核办法》《扬州市重大项目推进机制》等办法规章，建立市四套班子领导、市级机关部门挂钩联系重大项目制度和重大项目月度协调例会制度，形成每月第一次市委常委会专题听取重大项目推进情况汇报、每月第一个工作日市主要媒体对重大项目推进情况进行公示、每年举行3次重大项目集中开工活动等惯例。将重大项目考核作为县（市、区）党政正职考核、功能区党政领导班子考核和市级机关部门综合考评的第一权重。设立年度“特别贡献奖”“工作创新奖”。“特别贡献奖”为全市年度最高奖，是对扬州经济社会发展特别贡献的项目，由单位申报，市综合考评小组审核，专家学者、媒体代表、市民观察团成员、部门负责人随机组成的评审组投票决定。

（鲁　扬）

## 2012—2015年扬州市重大项目一览表(选录)

表2-2　　单位:亿元

| 类　别 | 项　目　名　称 | 计划投资金额 | 已完成投资金额 |
|---|---|---|---|
| 工业(13个) | 宝应米阿萨机械制造有限公司汽车零部件项目 | 10 | 7.4 |
| | 江苏道爵实业有限公司电动汽车项目 | 20 | 18.4 |
| | 宝胜电缆科技城项目(已竣工投产) | | 48.6 |
| | 扬州市秦邮特种金属材料有限公司特种金属材料项目(已竣工投产) | | 50 |
| | 扬州中信邮都轮毂有限公司汽车铝合金轮毂制造项目(已竣工投产) | | 10.6 |
| | 上海大众汽车有限公司仪征分公司30万辆乘用车项目(已竣工投产) | | 100 |
| | 西门子电机(中国)有限公司100万台电机项目(已竣工投产) | | 10 |
| | 扬州江淮轻型汽车有限公司10万皮卡及SUV项目(已竣工投产) | | 20 |
| | 日清纺亚威精密机器(江苏)有限公司600万只汽车EBS阀块项目(已竣工投产) | | 1亿美元 |
| | 潍柴(扬州)亚星汽车有限公司汽车及零部件项目(已竣工投产) | | 23.4 |
| | 江苏牧羊控股有限公司智能化饲料加工成套设备项目(已竣工投产) | | 13 |
| | 扬州方广食品有限公司婴幼儿及用品项目(已竣工投产) | | 8.7 |
| | 尤妮佳生活用品(江苏)有限公司生活用品项目(已竣工投产) | | 26 |
| 服务业(11个) | 仪征兴农投资发展有限公司月塘山水旅游综合开发项目 | 10 | 6.38 |
| | 亚威研发中心项目 | 10.3 | 5.5 |
| | 扬州万达广场置业有限公司万达广场项目 | 50 | 17 |
| | 天津泰达扬州建设有限公司Y—MSD项目 | 100 | 43.7 |
| | 扬州永兴置业有限公司波司登世贸国际广场项目(已竣工投产) | | 25 |
| | 仪征超达物流有限公司超达汽车零部件仓储物流项目(已竣工投产) | | 10 |
| | 税友集团税友软件南方基地项目(已竣工投产) | | 10 |
| | 交通银行金融服务中心(扬州)项目(已竣工投产) | | 20 |
| | 环球金融城一二期项目(已竣工投产) | | 18.4 |
| | 智谷科技综合体项目(已竣工投产) | | 13 |
| | 宋夹城风景区项目(已竣工投产) | | 40 |
| 农业(10个) | 江苏拓胜生物科技有限公司玛咖保健品及保健饮料项目 | 5 | 3.85 |
| | 扬州立华禽业有限公司畜禽饲养加工项目 | 2 | 2 |
| | 扬州康盛玫瑰生物科技发展有限公司玫瑰生产加工项目 | 5 | 4.93 |
| | 扬州奥吉特生物科技有限公司氨基酸制剂项目 | 5 | 4 |
| | 扬州莲心生物科技有限公司生物制药项目 | 5 | 4.9 |
| | 扬州东园食品餐饮业食品加工项目 | 5 | 3.28 |
| | 湖西岛有机食品生产基地项目(已竣工投产) | | 1 |
| | 荷尔仕食品(江苏)有限公司保健食品加工项目(已竣工投产) | | 5.78 |
| | 江苏康能生物工程股份有限公司冬虫夏草培植加工项目(已竣工投产) | | 5 |
| | 江苏阿波罗花木研发交易中心项目(已竣工投产) | | 5 |
| 基础设施(10个) | 金湾路项目 | 45.7 | 40.89 |
| | 邗江路南延工程项目 | 16 | 15.9 |
| | 廖家沟城市中央公园项目 | 32 | 20.84 |
| | 连淮扬镇铁路项目 | 150 | 59.2 |
| | 城市南部快速通道建设项目 | 59.9 | 17.1 |
| | 三湾城市公园项目 | 57.48 | 20.8 |
| | 扬州西部交通客运枢纽项目(已竣工投产) | | 7.5 |
| | 新万福路和万福大桥项目(已竣工投产) | | 22.2 |
| | 文昌路西延项目(已竣工投产) | | 20.35 |
| | 自在半岛整体打造项目(已竣工投产) | | 10 |

(市重大项目推进办公室)

# 概貌

*Gaimao*

编 辑 徐国磊

## 地理

**■位置面积** 扬州市地处江苏省中部，位于长江北岸、江淮平原南端。现辖区域在北纬32度15分至33度25分、东经119度01分至119度54分之间。东部与盐城市、泰州市毗邻；南部濒临长江，与镇江市隔江相望；西南部与南京市相连；西部与安徽省滁州市交界；西北部与淮安市接壤。扬州城区位于长江与京杭大运河交汇处，北纬32度24分、东经119度26分。全市东西最大距离85千米，南北最大距离125千米，总面积6591.21平方千米，其中市区面积2305.68平方千米(其中建成区面积140.0平方千米)、县(市)面积4285.53平方千米(其中建成区面积97.8平方千米)。陆地面积4856.2平方千米，占73.7%；水域面积1735.0平方千米，占26.3%。

**■地形地貌** 扬州市境内地形西高东低，以仪征市境内丘陵山区为最高，从西向东呈扇形逐渐倾斜，高邮市、宝应县与泰州兴化市交界一带最低，为浅水湖荡地区。境内最高峰为仪征市大铜山，海拔149.5米；最低点位于高邮市、宝应县与泰州兴化市交界一带，平均海拔2米。

扬州市区北部和仪征市北部为丘陵，京杭大运河以东、通扬运河以北为里下河地区，沿江和沿湖一带为平原。

境内有大铜山、小铜山、捺山等，主要湖泊有白马湖、宝应湖、高邮湖、邵伯湖等。境内有长江岸线80.5千米，沿岸有仪征、江都、邗江、广陵等一市三区；京杭大运河纵穿腹地，由北向南沟通白马湖、宝应湖、高邮湖、邵伯湖，汇入长江，全长143.3千米。除长江和京杭大运河以外，主要河流还有东西向的宝射河、大潼河、北澄子河、通扬运河、新通扬运河。

**■气候** 扬州市属于亚热带季风性湿润气候向温带季风气候的过渡区。气候主要特点是四季分明，日照充足，雨量丰沛，盛行风向随季节有明显变化。春季多为东南风；夏季多为从海洋吹来的湿热的东南到东风，以东南风居多；秋季多为东北风；冬季盛行干冷的偏北风，以东北风和西北风居多。冬季偏长，4个多月；夏季次之，约3个月；春秋季较短，各2个多月。

1. 气温

2015年，全市各气象观测站测得各地年平均气温分别为：扬州16.1摄氏度、宝应15.2摄氏度、高邮16.2摄氏度、江都15.5摄氏度、仪征15.7摄氏度，与常年相比，宝应、江都偏低0.2～0.5摄氏度，其他站偏高0.3～0.9摄氏度。其中，扬州偏高0.3摄氏度。2015年扬州年平均气温位列1953年以来的第16位(历史年平均气温最高为16.9摄氏度，2007年)。从历史趋势来看，1995年以来年平均气温整体呈偏高趋势。从各月平均气温与常年同期比较来看，偏高的月份有1月、2月、3月、10月、11月和12月；基本持平的月份有4月、5月、8月和9月；6月和7月偏低。2015年极端最高气温全市为37.9摄氏度(8月3日，仪征)；极端最低气温为-7.6摄氏度(2月9日，宝应、江都)；35摄氏度及以上的高温日数为2天(宝应)～12天(扬州、江都)；初霜期比常年晚9天(常年为11月7日)，终霜期比常年晚10天(常年为3月31日)。

2. 降水

全市各地年降水量分别为：扬州1382毫米、宝应1327毫米、高邮1337毫米、仪征1391毫米、江都1394毫米，与常年比较各站均偏多3～4成。其中降水量较常年偏少的月份有：1月、2月、7月、9月和12月；偏多的月份有4月、5月、6月、8月和11月；区域分布不均，有多有少的月份有：3月和10月。

3. 日照

全市年日照时数分别为：扬州1824小时、宝应1739小时、高邮1813小时、江都1769小时、仪征1774小时。与常年比较，各地均偏少1～2成。日照时数较常年偏少的月份有1月、5～7月、11和12月；偏多的月份有4月、8～10月；2月和3月各地日照时数基本接近常年略偏少。

4. 气象灾害

2015年，全市天气气候复杂，受暴雨、暴雪、雷电、龙卷、冰雹、低温连阴雨、冰冻、霾、秋冬大雾、高温、寒潮等灾害性天气的影响，全市20584人受灾，转移安置121人，其中2人受伤，房屋损坏783间，农作物受灾面积5075公顷，成灾面积9841公顷，绝收面积4910公顷，直接经济损失约2755万元。

**■资源** 土地资源。全市土地总面积6591.21平方千米。其中，耕地面积3301.41平方千米、园地面积41.21平方千米、林地面积24.58平方千米、草地面积6.42平方千米、城镇村及工矿用地1055.94平方千米、交通运输用地286.32平方千米、水域及水利设施用地1809.45平方千米、其他土地65.88平方千米。水资源。境内有乡镇(大沟)级以上主要河流1111条，总长6060千米。其中，淮河入江水道干支流水系河流379条1582千米、里下河水系河流506条3345千米、长江水系河流226条1133千米，县级以上河流198条2916千米、乡镇级主要河流913条3144千米。矿产资源。境内已发现矿产资源15种，其中已探明储量的矿产资源12种。石油、天然气储量居全省前列，邗江、江都、高邮一带有丰富的石油、天然气资源，邵伯湖滨地区和里下河洼地素有“水乡油田”美誉。砖瓦黏土、石英砂、玄武岩、砾(卵)石、矿泉水、地热等矿产资源较丰富。仪征、邗江丘陵山区有黄沙储量2亿～3亿吨、石料储量1.2亿吨、卵石储量约3亿吨。全市玄武岩远景储量2.5亿吨。城区北部及仪征、高邮等地矿泉水资源丰富，品质优良，符合国家饮用天然矿泉水标准。地热资源分布广、温度高、水质好，可采储量3万立方米/天。水产资源。全市水面广阔，资源丰富，江河湖荡中盛产鱼、虾、蟹、蚌、龟、鳖、珍珠、荷藕、芦苇等。

## 行政区划

扬州市现辖3个区、1个县、2个县级市。

1950年1月，扬州专区与划出如皋县、海安县给南通专区，划出东台县、台北县(今大丰市)给盐城专区以后的泰州专区合并，设立泰州专区，辖扬州市、泰州市、兴化县、高

**2015年扬州市行政区划和土地面积表**

表3-1

| 地　区 | 镇(个) | 乡(个) | 街道(个) | 居民委员会(个) | 村民委员会(个) | 土地面积(平方千米) | 建成区面积 |
|---|---|---|---|---|---|---|---|
| **总　计** | **62** | **5** | **17** | **357** | **1003** | **6591.21** | **237.8** |
| 市　区 | 28 | 4 | 15 | 219 | 462 | 2305.68 | 140.0 |
| 广陵区 | 6 | 1 | 4 | 58 | 83 | 334.86 | |
| 邗江区 | 9 | 3 | 11 | 90 | 116 | 552.68 | |
| 江都区 | 13 | | | 70 | 260 | 1329.90 | 36.0 |
| 宝应县 | 14 | | | 43 | 223 | 1461.55 | 32.0 |
| 仪征市 | 10 | | | 44 | 146 | 902.19 | 39.3 |
| 高邮市 | 10 | 1 | 2 | 52 | 175 | 1921.78 | 26.5 |

注：扬州经济技术开发区代管邗江区2个镇、2个街道和仪征市1个镇，有25个居民委员会、28个村委会，面积133.29平方千米

**2015年扬州市乡镇、街道一览表**

表3-2

| 地　区 | 乡　镇、街　道　名　称 |
|---|---|
| 广陵区 | 东关街道　汶河街道　曲江街道　文峰街道　湾头镇　李典镇　杭集镇　泰安镇　沙头镇　头桥镇　汤汪乡 |
| 邗江区 | 邗上街道　蒋王街道　汊河街道　新盛街道　梅岭街道　瘦西湖街道　甘泉街道　扬子津街道　文汇街道　瓜洲镇　公道镇　槐泗镇　方巷镇　杨寿镇　杨庙镇　西湖镇　施桥镇　八里镇　平山乡　城北乡　双桥乡 |
| 江都区 | 仙女镇　邵伯镇　大桥镇　丁伙镇　小纪镇　樊川镇　真武镇　丁沟镇　宜陵镇　郭村镇　浦头镇　武坚镇　吴桥镇 |
| 宝应县 | 安宜镇　氾水镇　山阳镇　曹甸镇　鲁垛镇　西安丰镇　望直港镇　小官庄镇　夏集镇　射阳湖镇　广洋湖镇　柳堡镇　黄塍镇　泾河镇 |
| 仪征市 | 真州镇　青山镇　新城镇　新集镇　大仪镇　陈集镇　马集镇　刘集镇　月塘镇　朴席镇 |
| 高邮市 | 高邮街道　马棚街道　三垛镇　界首镇　临泽镇　送桥镇　车逻镇　卸甲镇　汤庄镇　龙虬镇　甘垛镇　周山镇　菱塘回族乡 |

注：邗江区扬子津街道、文汇街道、施桥镇、八里镇和仪征市朴席镇由扬州经济技术开发区代管

邮县、宝应县、靖江县、泰兴县、江都县、泰县、仪征县、六合县等2个市、9个县。1953年1月，泰州专区改称扬州专区，专署由泰州市迁驻扬州市，原属皖北人民行政公署领导的江浦县和原苏北人民行政公署直辖的扬州市划归扬州专区领导。1956年2月，六合县、仪征县、江浦县划归镇江专区，原属镇江专区的扬中县划归扬州专区。1956年3月，江都县析为江都县、邗江县。1956年12月，扬中县划归镇江专区，六合县、仪征县、江浦县划回扬州专区。1958年7月，六合县、江浦县划归南京市。1958年11月，邗江县并入扬州市。1960年4月，宝应县、高邮县析湖西地区为金湖县。1962年6月，六合县、江浦县划归扬州专区。1963年3月，复置新邗江县。1966年3月，仪征县、六合县、江浦县、金湖县划给新设立的六合地区。1971年3月，六合地区撤销，仪征县、六合县划回扬州专区。5月，扬州专区改称扬州地区。1975年，六合县划归南京市，扬州地区辖2个市、9个县。

1983年3月，江苏省改革地市体制，调整行政区划，扬州地区行政公署撤销，原属扬州地区的泰州市和江都、邗江、泰县、高邮、靖江、宝应、泰兴、兴化、仪征等9个县划归扬州市管辖；扬州市改由省管辖，设广陵区和郊区。1986年4月，仪征县撤县设市；1987年12月，兴化县撤县设市；1991年4月，高邮县撤县设市；1992年9月，泰兴县撤县设市；1993年8月，靖江县撤县设市；1994年4月，江都县撤县设市；1994年7月，泰县撤县设立姜堰市。撤县设市中，行政区划均未改变。

1996年8月，经国务院批准，撤销县级泰州市，设立地级泰州市，原由扬州市代管的泰兴、姜堰、靖江、兴化等4个县级市划归泰州市管辖。扬州市设广陵区、郊区，辖宝应县、邗江县，代管仪征市、高邮市、江都市等3个县级市。2000年12月，邗江县撤销县级建制，改设扬州市邗江区。扬州市设广陵区、郊区(2002年更名为维扬区)、邗江区等3个区，辖宝应县，代管仪征市、高邮市、江都市等3个县级市。

2011年11月，经国务院批准，扬州市调整部分行政区划。撤销县级江都市，设立扬州市江都区，以原江都市行政区域为江都区行政区域；将邗江区李典、头桥、沙头、杭集、泰安等5个镇并入广陵区；撤销扬州市维扬区，将维扬区行政区域并入邗江区。扬州市设广陵、邗江、江都等3个区，辖宝应县，代管仪征、高邮等2个县级市。

2015年，扬州市有62个镇、5个乡、17个街道。

## 史略

扬州有2500年有文字可考的历史。

大约距今7000～5000年前，淮夷人就在扬州一带劳动生息，并有了水稻栽种。

春秋时期，今扬州市区西北部一带称邗。公元前486年，吴灭邗，筑邗城，开邗沟，连接长江、淮河。越灭吴，地属越；楚灭越，地归楚。公元前319年，楚在邗城旧址上建城，名广陵。秦统一六国后，设广陵县，属九江郡。

汉代，今扬州称广陵、江都，长期是诸侯王的封地。吴王刘濞“即山铸钱、煮海为盐”，开盐河(通扬运河前身)，促进了经济的发展。为改善和巩固民族关系，公元前105年，汉武帝将江都王刘建的女儿刘细君嫁到乌孙国，比王昭君和亲匈奴还早80多年。东汉末年，张婴率领的农民起义军在广陵一带转战10多年后，被广陵太守张纲劝降。但不久，许多曾参与起义的农民又响应并参加了黄巾起义。

三国时期，魏吴之间战争不断，广陵为江淮一带的军事重地。

南北朝时期，广陵屡经战乱，数次变为“芜城”，但由于劳动人民数百年的辛勤开发，经济地位在恢复中不断提高。山东青州、兖州一带的移民南迁广陵一带，促进了扬州的经济发展。北周改广陵为吴州。

589年，隋灭陈，建立统一的隋政权，改吴州为扬州，置总管府。至此，完成历史上的扬州和今天的扬州在名称、区划、地理位置上的基本统一。隋炀帝时，开大运河连接黄河、淮河、长江，扬州成为水运枢纽。大运河不仅便利交通、灌溉，而且对促进黄河、淮河、长江三大流域经济、文化的发展和交流起到重要作用，奠定了唐代扬州空前繁荣的基础。隋炀帝大业初年改州为郡，扬州随之改为江都郡。605—616年，隋炀帝三下江都。618年，隋炀帝被部将宇文化及所杀，葬于扬州城西北曹庄。619年，李子通率农民起义军攻克江都，称皇帝，国号吴。620年，扬州为唐军占，名称屡有更改；626年，复称扬州，治所在今扬州。

唐代扬州农业、商业和手工业相当发达，出现了大量的工场和手工作坊，不仅富甲江淮，而且是中国东南第一大都会，时有“扬一益二”之称(益州为成都古称)。扬州是南北粮草、盐、钱、铁的运输中心和海内外交通的重要港口，曾为都督府、大都督府、淮南道采访使和淮南节度使治所，领淮南、江北诸州。在以长安为中心的水陆交通网中，扬州始终起着枢纽作用。唐代扬州和大食(阿拉伯)交往频繁，侨居扬州的大食人数以千计。侨居扬州的客商主要来自波斯、大食、新罗、日本等国。日本遣唐使到扬州和高僧鉴真东渡日本促进了中日两国的政治、经济、科学和文化交流。扬州人李善在吸收前人成果的基础上，重新注释《文选》，旁征博引，为后人保存了大量重要文献资料；其子李邕能诗善文，工书法，尤擅行书，是继虞世南、褚遂良之后的大书法家。张若虚为“吴中四杰”之一，《春江花月夜》有“以孤篇压全唐”之誉。684年，徐敬业、骆宾王在扬州起兵反对武则天政权。

唐末五代，军阀混战，扬州遭到严重破坏。887年，杨行密开始入主扬州。919年，其子杨渭(隆演)就吴国王位，改元武义。920年，杨渭卒，弟杨溥即吴王位；927年，杨溥即皇帝位，改元贞元，史称“杨吴”。937年，徐知诰迫杨溥禅位，自即帝位，国号为唐，史称“南唐”。957年，后周取南唐江都府，复称扬州。

960年，北宋建立。农业、手工业迅速发展，商业进一步繁荣，扬州再度成为中国东南部的经济、文化中心，与都城开封相差无几。每年商业税收约8万贯，居全国第三位。1127年，宋高宗赵构迫于金人进逼，在迁都过程中以扬州为“行在”一年，促进了扬州的繁荣。100多年间，扬州一直是抗金、抗元的战场。韩世忠、刘琦、岳飞等南宋名将在这一地区进行了艰苦的斗争。1275—1276年，李庭芝、姜才率军队和扬州人民一起与元军展开不屈的斗争，不幸殉难，扬州城仅剩数千人。战争使经济和社会遭到严重破坏，但在局势相对稳定的时期，扬州的经济又不断恢复发展。文化方面，欧阳修、苏轼、秦观、姜夔、王令等在扬州留下大量传世名作。

元、明两代，扬州经济发展加快。到扬州经商、传教、从政、定居的外籍人日渐增多，其中仍以波斯人和阿拉伯人为最。元代，运河扬州段经几次整治，基本形成了今天的走向，恢复了一度中断的漕运，扬州又迅速繁华起来。明代，商品经济的发展孕育了资本主义生产关系的萌芽。扬州的商业主要是两淮盐业专卖和南北货贸易，盐税收入几乎与粮赋相等。商业扩大到旧城以外。手工业作坊生产的漆器、玉器、铜器、竹木器具和刺绣品、化妆品都达到相当高的水平。为防止倭寇再次入侵，1556年，扬州建“新城”。文化方面，出现了睢景臣等一批著名杂剧、小说作家。明朝灭亡后，为阻止清兵南进，南明督师史可法在扬州率军坚守孤城，宁死不降，表现出坚贞不屈的民族气节。城陷后，清军屠城十日，死者数以万计。

清代，康熙帝和乾隆帝多次“巡幸”，使扬州出现空前繁华，城市人口超过50万人，成为当时中国八大城市之一，也是18世纪末、19世纪初世界十大城市之一。当时的扬州，居交通要冲，富盐渔之利，盐税与清政府的财政收入关系极大。各地商人纷纷在扬州建起会馆，各有营业范围和地方特色。同时兴起的还有会票——信用汇兑。一些盐商广结文士，爱好藏书，捐资修建府学、县学，恢复名胜古迹，兴建园林，对扬州的文化发展有一定贡献。其间，出现了以金农、汪士慎、黄慎、李鱓、郑燮、李方膺、高翔、罗聘等“扬州八怪”为代表的扬州画派，以任大椿、汪中、焦循、阮元和王念孙、王引之父子为代表的扬州学派。扬州戏剧历史悠久，至清代大盛。1790年，为庆祝乾隆帝八十寿辰，以宝应高朗亭为班主的三庆班进京演出，与其他剧种一起，对京剧的形成和发展产生重要影响。扬州的雕版印刷和评话、清曲、扬剧、木偶剧以及棋艺、琴艺等均在清代达到较高水平，形成自己的特色，奠定了扬州成为当时中国文化中心的基础。

19世纪中叶以后，由于运河山东段淤塞，漕粮改经海上运输，淮盐改由铁路转运，加上其他方面的原因，扬州在经济上逐渐衰落。第一次鸦片战争期间，扬州府属的瓜洲、仪征等地军民奋起抵抗英军侵略。太平天国农民起义军先后3次在扬州一带与清兵激战。在孙中山领导的民主主义革命中，扬州人熊成基在安徽以陆军炮营队官的身份，于1908年11月组织、领导了著名的安庆新军起义，开始武装夺取政权的尝试。1911年11月，扬州人孙天生在扬州发动武装起义，史称“扬州光复”。

1912年，“中华民国”废扬州府，置江都县。1922年，扬州境内第一条公路建成。1925年，中国共产党开始在扬州一带组织、领导人民进行新民主主义革命。1931年，扬州洪水泛滥，长江和运河沿线决口60多处，死于水灾、饥饿和疫病者数十万。1937年10月，中共中央长江局派员在扬州建立中共扬州特别支部，与扬州各界人士一同开展抗日救亡运动；12月，侵华日军占据扬州，以陈文为首的扬州抗日义勇团在扬州北乡展开抗日斗争。1939年初，新四军贯彻中共中央东进北上的方针，着手创建苏中抗日根据地。1940年7月，陈毅、粟裕率新四军主力北渡长江、挺进苏中，在江都建立新四军江北指挥部。在抗日战争和解放战争中，扬州人民在中国共产党领导下，进行了艰苦卓绝的斗争，为新民主主义革命的胜利，尤其为淮海战役和渡江战役的胜利作出了重要贡献。

辛亥革命以后，扬州文化艺术领域名家辈出，比较有影响的有朱自清、刘师培、李涵秋、贡少芹、张丹斧、陈含光、潘月樵和革命作家李进、李俊民、韩北屏、许幸之、江树峰等。朱自清是对中国文学很有影响的人物。李涵秋创作的33部小说中，以反映扬州里巷风俗轶闻的《广陵潮》最为著名。

1948年底至1949年4月，扬州各县相继解放。1949年1月25日，今扬州市区解放，设置扬州市；以仙女庙镇为治所，另建江都县。

## 人口 民族 语言

**■人口** 根据统计，扬州市2015年末户籍总人口461.12万人，比上年末减少2146人。全市登记出生人口4.13万人，出生率8.95‰；死亡人口3.30万人，死亡率7.16‰。人口自然增长率1.79‰。年末市区户籍总人口297.39万人，比上年增长1.54%。年末全市常住人口448.36万人，常住人口城镇化率62.8%，比上年提高1.6个百分点。

**■民族** 根据第六次人口普查结果，扬州市有46个民族。汉族人口最多，占人口总数的99.60%。少数民族人口1.78万人，占0.40%；其中回族人口最多，约1.07万人，占少数民族人口总数的60.28%。

超过100人的少数民族有回族、苗族、彝族、土家族、满族、壮族、侗族、蒙古族、布依族、维吾尔族、朝鲜族、黎族、哈尼族，其他如景颇族、京族、纳西族、高山族、毛南族、俄罗斯族、裕固族、基诺族、柯尔克孜族、塔塔尔族、赫哲族、鄂伦春族人数相对较少。

少数民族人口分布较广泛，但又相对集中。回族主要分布在高邮、广陵、江都、邗江；在高邮，回族又相对集中在菱塘一带。菱塘回族乡是江苏省唯一的少数民族乡。土家族分布在江都、仪征、高邮和邗江一带。满族分布在仪征、邗江、江都一带。侗族主要分布在仪征。仪征市月塘镇龙山村、大仪镇河北村为民族村。

**■语言** 扬州市的语言是以“扬州话”为代表的江淮官话。扬州市城区、仪征、宝应、高邮(除东部与兴化交界的边缘地区外)和江都红旗河、野田河以西地区属江淮官话的洪巢片;江都红旗河、野田河以东地区,高邮东部与兴化交界的边缘地区属江淮官话的泰如片。

宝应中港渔业村是中原官话方言岛。

# 风景名胜

## 瘦西湖风景区

**■概述** 瘦西湖风景区为国家重点风景名胜区、全国文明风景旅游区、国家文化旅游示范区、国家AAAAA级旅游景区。自隋唐起,景区沿湖陆续建园,至清代乾隆时期,已是“两岸花柳全依水,一路楼台直到山”,湖上园林之景融南方之秀、北方之雄于一体,以风韵独具而蜚声海内外。景区内窈窕曲折的一湖碧水串以卷石洞天、西园曲水、长堤春柳、荷蒲熏风、四桥烟雨、徐园、月观、小金山、钓鱼台、水云胜概、五亭桥、白塔晴云以及二十四桥景区、万花园景区等名园胜迹,俨然一幅次第展开的国画长卷。

**■长堤春柳** 长堤春柳起于虹桥西岸,向北止于徐园,为清乾隆年间盐商黄为蒲构筑。后渐渐荒废,至咸丰、同治年间,堤柳已不复存。1915年建徐园时,恢复旧观。此景南北长650米,沿堤遍植杨柳,每至春日,柳絮随风飞舞,迷离如烟;垂柳间植有桃树,桃花开时,与杨柳相互映衬,更显清纯飘逸,艳丽多姿。长堤中段建有方亭,枕于湖上,游人于此小憩,宛如走入画图。

**■徐园** 徐园原为清初韩园桃花坞故址,1915年改为徐宝山祠堂,故名徐园,为市级文物保护单位。园门南迎长堤春柳。园内有一方荷池,缘池缀以山石,环植桃柳。池东有青石平桥。池北有“听鹂馆”三楹,取杜甫诗句“两个黄鹂鸣翠柳,一行白鹭上青天”之意。馆前平台上置南朝萧梁时代镇水铁镬两只;馆东南为四角攒尖式碑亭;馆西有“青草池塘吟榭”,取谢灵运语“池塘生春草”之意。榭后廊复接七折曲廊,西通疏峰馆;榭之西南隅有精舍三间,为冶春后社旧址。

**■小金山** 小金山原名长春岭,清乾隆年间盐商程志铨出资挖湖堆土而成,四面环水,形如青螺。岭上多梅,岭东门额题“梅岭春深”。山上有风亭,山中有观音殿,山下有琴室、棋室、月观、木樨书屋、关帝庙、湖上草堂、玉佛洞诸景。

**■莲花桥** 乾隆二十二年(1757),巡盐御史高恒开莲花埂新河抵平山堂,同时在河上建桥,以便南北通行。因桥在莲性寺北,桥上五亭聚如金莲,故名莲花桥,俗称五亭桥,为全国重点文物保护单位。五亭桥形态独特,仿自北京北海金鳌玉桥和五龙亭,但又创造性地将五亭聚合,再将桥亭合二为一。桥长65米、宽7米,梯形桥身用青石叠成。五亭之中,中间一亭三层飞檐,略高;四角四亭单檐,稍低。五亭之间有廊檐相接,上覆金黄色琉璃瓦,空花脊,24个檐角似盛开的金莲花花瓣。桥身下支四翼,共有正、侧拱洞15个。据《扬州画舫录》记载:“月满时,每洞各衔一月,金色滉漾。”五亭桥结构严谨,多有创意,被茅以升誉为“中国古代交通桥与观赏桥结合的典范”、中国“最具艺术美的桥”。

**■白塔** 白塔位于五亭桥南侧莲性寺内,于清乾隆年间建造,仿北京万寿山喇嘛塔形式,为全国重点文物保护单位。白塔为砖石结构,实测高度28.32米。塔分三层。下层为方形台基,四周以白石为栏,台上砖石塔座为须弥座,八角四面,每面三龛,龛内置砖雕十二生肖;中层塔身为圆形龛室,形如古瓶,瓶腹南向辟莲瓣形龛,内供白衣大士像;上层为“刹”,呈圆锥形,有13级,刹顶置六角形宝盖,角端悬风铃,上托黄铜葫芦顶。

**■熙春台** 熙春台位于瘦西湖水向北转折处,又名春台祝寿(传说清乾隆帝在此为母亲祝寿),1986年按原貌复建。主楼坐西朝东,上下两层,面阔五楹,前有抱厦,四面有廊,飞檐翘角。熙春台两翼附属建筑呈“八”字形,南翼为湖石假山和复道,假山置小亭;北翼以曲廊与十字阁相接。十字阁碧瓦朱柱,四面为廊。台前偏北处有汉白玉诗碑一座,镌毛泽东手书杜牧诗《寄扬州韩绰判官》。

**■二十四桥** 二十四桥位于熙春台北侧,桥形似玉带,因杜牧诗句“二十四桥明月夜,玉人何处教吹箫”而得名。二十四桥从西向东由落帆栈道、拱桥和曲桥组成。落帆栈道高跨湖汊,由黄石假山、竹牌、铁链构成。拱桥单孔,长24米、宽2.4米、高5米,两端桥坡台阶各24级,两侧围以汉白玉栏杆24根,栏板上雕云月图案。拱桥东接四曲平桥,桥堍置一方亭,名吹箫亭。如临月夜,桥洞拱形与水中半圆之影相合,恰成为一轮圆月,观之似霓虹卧波,令人赏心悦目。

**■万花园** 据清康熙朝《扬州府志》记载:“万花园,宋端平三年(1236)制使赵葵即堡城统制衙为之。”现今的万花园总占地44.2公顷,一期工程、二期工程分别于2007年、2009年建成开放,依托瘦西湖历史文化背景,以花文化为主题,以古典历史名园为线索,先后恢复和新建“锦泉花屿”“醉月飞琼”等景点,并结合地块内诸多历史遗迹,将唐代城门、城墙,宋代亭台,清代“石壁流淙”“锦泉花屿”以及扬派盆景有机糅合,拓深瘦西湖历史,展现扬州历代文化内涵和风格。

## 住宅园林

**■何园** 何园又名寄啸山庄,位于市区古运河北岸徐凝门街,占地1.4公顷,建筑面积7000多平方米,为全国重点文物保护单位、国家AAAA级旅游景区。清同治元年(1862)始建。清光绪九年(1883),归隐扬州的湖北汉黄德道道员何芷舠购吴氏片石山房(又名双槐园)旧址扩建。园主取陶渊明"倚南窗以寄傲""登东皋以舒啸"之意境,题园名为"寄啸山庄"。何园是一座大型住宅园林,由东西花园、住宅楼群、片石山房组成,尤以复道行空、回廊曲折著称,有"晚清第一园"之誉。园居院落融中西建筑艺术于一体,前进楠木大厅气势雄伟,后两进两层洋楼工艺精细考究。片石山房为大画家石涛和尚所拟构,占地不广,却丘壑宛然,被称为"江南园林中的孤例"。

■**个园** 个园位于市区盐阜东路10号,占地2.4公顷,建筑面积4700平方米,为全国重点文物保护单位、中国四大名园之一、国家AAAA级旅游景区。个园由两淮盐商商总黄至筠于清嘉庆二十三年(1818)在明代寿芝园旧址重建。园主生性爱竹,园名取自清代诗人袁枚名句"月映竹成千个字"。中部花园园景以竹石为主,以分峰用石为特色。最负盛名的是四季假山:春山笋石参差,修篁弄影;夏山湖石中空外奇,深潭清冽;秋山黄石丹枫,峻峭依云;冬山宣石似积雪未消。北部为品种竹观赏区;南部为园主人住宅,三纵三进,均对外开放。

■**吴道台宅第** 吴道台宅第位于市区泰州路45号,系清代吴引孙在浙江宁绍台道道员任上,出资聘请浙江匠师在扬州营建的大型私宅,为全国重点文物保护单位。宅第建成于清光绪三十年(1904),分九路,有房屋百余间(俗称九十九间半)。宅东原有芜园和祠堂,均早毁。现存三路建筑保存良好。宅第建筑分东、中、西三轴线,规模宏大,结构精巧,雕工精致,以浙江建造法则为基础,糅合扬州传统建筑风格。东轴线从南到北为大门厅、洋楼、观音堂、亭、金鱼池、测海楼,中轴线从南到北为仪门、轿厅、爱日轩、前厨房、后厨房,西轴线从南到北为对厅、滋德堂、中进住宅、后进住宅。其中测海楼为吴家藏书楼,仿宁波天一阁,两层五楹,藏书之富名冠一时。

■**卢氏盐商住宅** 卢氏盐商住宅位于市区泰州路康山街22号,宅主为商界巨富卢绍绪,始建于清光绪二十年(1894),是扬州现存规模最大的盐商住宅建筑,也是反映扬州盐文化的重要遗迹,被誉为"盐商第一楼",为全国重点文物保护单位。卢宅原有建筑九进200多间,曾遭火毁。2006年经修复后对外开放,门楼、住宅楼、意园、藏书楼等为原有建筑。卢宅建筑门楣砖雕精美异常,淮海厅、兰馨厅、涵碧厅、怡情楼厅堂阔大,天井两侧分布小型花园,后院意园内盔顶六角亭、石船舫、水池等相映成趣。

■**小盘谷** 小盘谷位于市区丁家湾大树巷42号,占地0.57公顷,为全国重点文物保护单位。清光绪三十年(1904),两江总督周馥购得徐氏旧园重修而成。西部为平房住宅区,正中为一大厅,东部为花园。园内假山峰危路险,苍岩探水,溪谷幽深,石径盘旋,与楼、堂、桥、阁、亭、廊共纳于方寸之地,组合得体,疏密有致,故得名"小盘谷"。

■**汪氏小苑** 汪氏小苑位于市区地官第14号,为全国重点文物保护单位,是扬州保存最为完整的清末民初大型盐商住宅之一。小苑占地0.3公顷,建筑面积1680平方米,遗存老屋97间。汪氏小苑中纵、西纵房屋为盐商汪竹铭在清朝末年所购,东纵房屋由汪家4个儿子在民国初年扩建。小苑建筑组群布局规整,住宅庭院比例均衡,采光充足,纵横互联相通,内外分合自如,体现扬州大宅门传统格局。庭园玲珑精巧,厅前屋后辟"可栖徲""小苑春深""迎曦"小苑。装修雕琢精湛,木雕、砖雕、石雕技法多样,门楣、石额、匾额、楹联皆出自名家之手。

■**二分明月楼** 二分明月楼位于市区广陵路263号,占地0.11公顷,建筑面积660平方米,为市级文物保护单位。清道光年间,员氏依唐代徐凝"天下三分明月夜,二分无赖是扬州"诗意建园;光绪年间转归盐商贾颂平。园北部主楼为长楼,翘角飞檐,设敞廊、美人靠,可登高观月;东部有黄石山,依山势筑夕照阁3间;西南角置迎月楼3间,月上东山时可在阁中迎月;园中间有扇面亭、伴月廊、月亮桥等园林小品。

## 寺院道观

■**大明寺** 大明寺位于蜀冈中峰,曾有西寺、栖灵寺、法净寺之称,始建于南朝宋大明年间(457—464),为淮左著名古刹、全国第一批重点开放寺庙、全国重点文物保护单位、国家AAAA级旅游景区。因历史久远,原寺已废圮,现寺为清同治年间重建。大明寺占地33公顷,依山而建,由寺庙古迹、文章奥区、仙人旧馆、西苑芳圃、鉴真纪念堂、藏经楼、卧佛殿、栖

大明寺栖灵塔　　张孔生/摄

灵塔、钟楼、鼓楼组成，是集宗教建筑、文物古迹和园林风光于一体的游览胜地。其中卧佛殿、栖灵塔、钟楼、鼓楼为1988年后所建。

**■天宁寺**　天宁寺位于市区丰乐下街，占地1.19公顷，建筑面积5000多平方米，为清代扬州八大名刹之首，省级文物保护单位。始建于东晋，相传为谢安别墅，后舍宅为寺。北宋政和二年(1112)，宋徽宗赐额“天宁禅寺”。南宋绍兴十三年(1143)，名报恩光孝寺。元末，寺毁。明洪武十五年(1382)重建，仍称天宁禅寺。清咸丰年间毁于兵火，同治、光绪年间重建。清康熙帝南巡时驻跸于此，乾隆帝南巡时于此建行宫。清康熙四十四年(1705)，两淮巡盐御史曹寅在寺内设“扬州诗局”，主持刊刻《全唐诗》等书。清乾隆年间编撰完成的《四库全书》藏于寺内文汇阁。天宁寺现存建筑有山门殿、天王殿、大雄宝殿、华严阁和东、西廊房、配殿等。

**■重宁寺**　重宁寺位于市区长征路15号，占地1.18公顷，建筑面积3000多平方米，为清代扬州八大名刹之一，全国重点文物保护单位。始建于清乾隆四十九年(1784)，寺本“平冈秋望”故址，御赐额“万寿重宁寺”。清咸丰年间毁于兵火，同治年间重建，光绪年间再建。东侧园林已毁。现存天王殿、大殿、文昌阁、僧房等。大殿歇山重檐顶，面阔五间，殿内以铁力木作柱，天花藻井彩绘完好，并存有清乾隆帝亲题匾额及其撰写的《万寿重宁寺碑》。

**■高旻寺**　高旻寺位于邗江区三汊河西岸，为清代扬州八大名刹之一。始建于隋代。清顺治八年(1651)，漕运总督吴惟华在三汊河建七级浮屠，名“天中塔”，顺治十一年建成；又依塔建梵宇三进，称“塔庙”。其后，寺院西侧又建行宫，规模数倍于寺。清康熙帝第五、第六次南巡和乾隆帝6次南巡，均驻跸于高旻寺行宫。清代中叶的高旻寺建筑完美、规模宏大、名僧辈出，为鼎盛时期。清咸丰年间毁于兵火，同治、光绪年间稍复旧观。民国年间，高旻寺与镇江金山寺、常州天宁寺、宁波天童寺并称中国佛教禅宗四大丛林。1983年，高旻寺被确定为全国汉族地区重点开放寺院。此后，相继建成大雄宝殿、禅堂、天中宝塔、法堂、上客堂、斋堂、讲经堂、放生池、水阁凉亭、水晶宫、来果和尚纪念堂等。

**■观音山禅寺**　观音山禅寺位于市区蜀冈东峰，依山而建，占地1.1公顷，建筑面积3115平方米，为市级文物保护单位。元至元年间，僧申律建寺。明洪武十二年(1379)，僧惠整重建。明洪武年间名功德山，明末清初改称观音山或观音禅寺。清咸丰年间毁，同治年间修复，光绪年间毁后又修复。寺坐北朝南，有山门殿、韦驮殿、大殿、藏经楼、两厢廊房等。寺西有紫竹林及小庭园；东有鉴楼，相传为隋“迷楼”故址。

**■仙鹤寺**　仙鹤寺位于市区南门街111号，又名清白流芳大寺，为中国东南沿海伊斯兰教四大清真寺之一、全国模范清真寺、省级文物保护单位。相传为伊斯兰教创始人穆罕默德第十六世裔孙普哈丁于南宋咸淳年间募款创建。因全寺布局如鹤形，故名仙鹤寺。明洪武二十三年(1390)，哈三重建。明嘉靖二年(1523)，商人马道同与寺住持哈铭重修。门前抱鼓石为明代遗存。寺内有礼拜殿、望月亭、诚信堂、水房等建筑及宋、明时期所植银杏、柏树。望月亭、诚信堂(楠木厅)均为明代建筑。礼拜殿系清乾隆年间重建，殿阔五楹，分前后两部分，前殿带卷棚廊，后殿即窑殿所在。

**■蕃釐观(琼花观)**　蕃釐观，俗称琼花观，位于市区文昌中路360号，为市级文物保护单位。前身为后土祠(又称后土庙)，汉元延二年(前11)建，祀土神。唐中和二年(882)，淮南节度使高骈重建，供奉主管大地万物生长的女神后土夫人。北宋政和年间始称“蕃釐观”。北宋至道二年(996)，王禹偁为扬州太守，观内有奇花盛开，俗谓琼花。宋人欧阳修任郡守时，在大殿之西北琼花树旁筑“无双亭”。蕃釐观经历代重修、整修，曾有石牌坊、三清殿、弥罗宝阁、文昌祠、深仁祠、竹轩花亭、芍药厅等建筑。后观内建筑屡遭破坏，蕃釐观古迹荡然无存。1993年起，扬州市先后在旧址上修复蕃釐观、无双亭和琼花台，移建三清殿，建琼花园。

## 陵园

**■汉陵苑**　汉陵苑位于市区平山堂东路98号，又名汉广陵王墓博物馆，系由高邮天山搬迁复原而成，占地2.7公顷，为省级文物保护单位、国家AAA级旅游景区。汉陵苑主要展示西汉第一代广陵王刘胥及其王后的木椁墓。两座墓同属于帝胄级“黄肠题凑”式木椁墓，规模宏大，结构严谨，是中国罕见的大型汉代墓葬遗存，有2000多年的历史。苑内地形起伏，建筑古朴雄浑，林木葱郁，绿草如茵，是融文物与园林为一体的汉文化展示中心。

**■普哈丁园**　普哈丁园位于市区文昌中路167号，古运河东岸、解放桥东南，俗称巴巴窑，又称回回堂，为全国重点文物保护单位。始建于南宋德祐元年(1275)，明清时多次重修，新中国建立后亦多次修缮。普哈丁园由清真寺、墓区、园林三部分组成，占地1.5公顷，建筑面积800平方米。大门西向，临古运河，拱形门上嵌“西域先贤普哈丁之墓”石额一方。清真寺坐西朝东，面阔五楹，殿内抱厦后沿设窑窝。墓区门额题“天方矩矱”，意为阿拉伯楷模人物。园内有清光绪三十四年(1908)《先贤历史记略》碑。相传普哈丁为伊斯兰教创始人穆罕默德十六世裔孙，南宋咸淳年间在扬州传教，并建仙鹤寺。园内陆续葬有宋、明、清代其他西域先贤、虔诚教徒等。

## 其他景区

**■茱萸湾风景区**　茱萸湾风景区位于市区东北湾头镇，面积约50公顷，1982年始建，为国家AAAA级旅游景区。茱萸湾风景区三面环水，是一座融自然风光、人文景观、植物和动物观赏、现代游乐为一体的半岛型生态动植物园，景区内建有华东地区一流的动物散养观赏区。环岛建有8千米的运河风光带，有季节特征明显的植物林带及各类花卉观赏园。

**■凤凰岛生态旅游区** 扬州凤凰岛生态旅游区位于扬州城区东北泰安镇，邵伯湖南端与京杭大运河相接的湖口处，是首批国家级农业旅游示范点和省级森林公园。138平方千米的邵伯湖水面上，漂浮着8个柳叶般的岛屿。这里江、河、湖相连，水天相望，岛上草深林密、杂花生树；水边芦花飞扬，禽鸟相逐，是江淮平原上自然生态环境保持最为完好的平原—湖泊类型湿地景观。

**■竹西公园** 竹西公园位于城北黄金坝桥东北角，取唐朝诗人杜牧《题扬州禅智寺》"谁知竹西路，歌吹是扬州"诗意命名，占地8.67公顷，其中水面约占60%，为江苏省二级园林绿化企业。公园分园前区、娱乐活动区、山湖区、庭园区和生产区等5个区域，建有竹西精舍、仿古六角双檐竹西亭、流芳桥、留芳亭等。

**■荷花池公园** 荷花池公园位于市区荷花池路，占地11.37公顷，其中水面约占一半。公园原名南池、砚池，因池中广植荷花，故名荷花池。园内曾有明清名园影园、九峰园及"砚池染翰"等名胜古迹。清嘉庆朝后园渐圮，咸丰年间废而不存。扬州市1981年始建"南部水上公园"，即荷花池公园，1997年10月建成开放，分九峰园景区、影园遗址区和娱乐服务区。2003年10月，荷花池公园成为全面敞开式免费公园。

**■宋夹城体育休闲公园** 宋夹城体育休闲公园位于蜀冈-瘦西湖风景区的核心地带，总占地面积700多公顷，北临保障湖、汉陵苑，南接瘦西湖温泉度假村，西边与瘦西湖主景区无缝对接，是扬州最大的一座集生态、休闲、运动、文化于一体的全民健身体育公园。2014年4月19日，宋夹城体育休闲公园正式开园，拥有综合馆、网球馆、羽毛球馆、乒乓球馆、七片室外网球场、四片室外篮球场、五片笼式足球场、两片篮球练习场、两片儿童篮球练习场、六片户外羽毛球场、两片排球场等专业化运动场所，有环湖道健身步道、自行车道、路径健身器材、棋艺连廊、儿童乐园、玫瑰花园、自行车租赁等免费全民健身项目，同时配套餐饮、购物、娱乐、停车等服务。

## 市花 市树 市歌

**■琼花** 1985年7月18日，扬州市第一届人民代表大会常务委员会第十六次会议决定，扬州市市花为琼花。

琼花属忍冬科荚蒾属，是一种落叶或半常绿灌木，高可达数米。

琼花的枝条多呈灰黑色，幼枝、芽、叶柄均有灰白色或黄白色的垢屑状星状毛。叶对生，卵形、椭圆形或卵状长圆形，长5～11厘米，边缘有细齿，表面疏生星状柔毛，背面密生星状柔毛。每年4月中下旬开花，5月上中旬终花。花为大型聚伞花序，由大型不孕花和两性小花两部分构成。大型不孕花多为8朵，分布于花序周围，也偶有7朵、9朵、10朵甚或更多者。花冠直径约3.2～4.5厘米，最大可达7厘米，每朵5瓣，初开芽绿色，渐转黄白色，盛开全白色；花序中间簇生的数十朵乃至近百朵两性小花朵花冠轮状，白色，直径仅7～10毫米，亦分5瓣，有雄蕊5枚(黄色)、雌蕊1枚，子房下位。两性小花有奇香。大型不孕花比两性小花早开7天左右，凋落亦比两性小花早。如遇秋季气温回升或暖冬天气，可二度开花。琼花果实由两性小花受粉后形成，初时青绿，继而米黄，再转暗红，最后紫黑，百果成簇，每粒长约10～12毫米，宽约7～8.8毫米，呈扁平、椭圆形。

琼花性强健，喜光、喜肥，较耐阴寒，不耐水渍，不耐干旱。用播种、嫁接、扦插和压条等方法均能繁殖。

**■芍药** 2005年1月5日，扬州市第五届人民代表大会常务委员会第十二次会议决定，增补芍药为扬州市市花。

芍药为毛茛科芍药属多年生宿根草本植物。有肉质的粗大主根，茎丛生，茎和叶梗有紫红和绿色两种。叶互生，二回三出复叶，小叶三裂，呈尖椭圆形。花蕾单生于分枝顶端，立夏前后开花。花大而艳丽，有单瓣或重瓣，花型多样，花色或红、或白、或紫、或黄，很多品种都能散发芳香。

芍药喜温和、较干燥的气候，喜肥、耐寒、耐旱、耐阴，宜植于土层深厚、排水良好、疏松肥沃的沙质土壤。

芍药又称"将离"，古代男女交往中会赠送芍药，以表达结情之约或惜别之情。芍药的别名还有没骨花、余容、犁食、婪尾春、黑牵夷等。芍药根可入药，味微苦，有镇痛等功效。

芍药在中国有3000多年的栽培史。历史上，扬州的芍药闻名遐迩，一度与洛阳牡丹齐名，早有"扬州芍药甲天下"之誉。据记载，扬州芍药栽培始于隋唐，盛于宋代，衰于元明，复兴于清代。宋时，蜀冈禅智寺、龙兴寺等寺院都大量栽培，朱氏南北两圃植芍药五六万丛，盛极一时。

**■银杏** 1985年7月18日，扬州市第一届人民代表大会常务委员会第十六次会议决定，扬州市市树为银杏、柳树。

银杏，裸子植物门、松柏纲、银杏目、银杏科、银杏属，落叶乔木，叶扇形，雌雄异株，为距今1.5亿年左右的侏罗纪孑遗植物，国内栽培颇多，是珍贵果树和绿化观赏树种。繁殖用实生和分蘖。果实杏形，因附有白粉而得名。又因果色、叶形和结果迟而被称为白果、鸭脚和公孙树。树龄极长，可千年以上。

银杏全身是宝。其果仁富含淀粉、脂肪、蛋白质、维生素、糖、纤维素和矿物质，是健身营养补品；又可入药，性平、味苦，有小毒，功能敛肺定喘，主治痰哮喘咳、遗精带下、尿频等症。叶可提取有效成分制药，用于治疗心血管系统疾病。果皮可提取栲胶。木质轻软细密，不易变形，是建筑、雕刻、制作家具和工艺品的上等木料。银杏在扬州各县(市、区)均有种植。

**■柳树** 柳树,杨柳科柳属植物,落叶乔木或灌木。叶多狭长,雌雄异株。春天开花,其种子包裹在柳絮中,随风飘扬,遇土即活,繁殖极易,常用桩、枝扦插。枝条柔韧,自然下垂,随风飘舞,婀娜多姿,为历代文人墨客吟咏绘画的题材。

**■《茉莉花》** 2003年3月21日,扬州市第五届人民代表大会常务委员会第一次会议决定,扬州市市歌为扬州民歌《茉莉花》。

扬州是民歌《茉莉花》最早的主传唱地区之一,已有数百年历史。歌词是:好一朵茉莉花,好一朵茉莉花,满园花草香也香不过它;我有心采一朵戴,看花的人儿要将我骂。好一朵茉莉花,好一朵茉莉花,茉莉花开雪也白不过它;我有心采一朵戴,又怕旁人笑话。好一朵茉莉花,好一朵茉莉花,满园花开比也比不过它;我有心采一朵戴,又怕来年不发芽。

## 国民经济与社会发展

**■概述** 2015年,扬州市实现地区生产总值4016.84亿元(当年价),按可比价计算,增长10.3%。其中,第一产业增加值241.93亿元,增长3.5%;第二产业增加值2011.97亿元,增长10.6%;第三产业增加值1762.94亿元,增长10.8%。人均地区生产总值89646元。全市实现公共财政预算收入336.75亿元,增长14.1%;税收收入274.67亿元,增长13.4%,占公共财政预算收入的81.6%。城镇常住居民人均可支配收入32946元,增长8.7%;农村常住居民人均可支配收入16619元,增长8.7%。新增城镇就业7.06万人,转移农村劳动力4.93万人,年末城镇登记失业率2.01%。 (鲁 扬)

**■第一产业** 农林牧渔业实现总产值460亿元,增长6.6%;。粮食总产量314.41万吨,与上年持平略增,实现"十二连丰"。全年生猪出栏132.72万头,家禽出栏4184万只。推进农业产业化,6个50亿元连片特色农业产业基地实现产值378亿元,新增耕地1066.67万平方米、设施农(渔)业9733.33万平方米、适度规模经营土地面积6800万平方米。农业综合机械化作业率83.6%。江都区成为全市首家国家现代农业示范区。新增15家省级农业产业化龙头企业。 (鲁 扬)

**■第二产业** 全市2762家规模以上工业完成总产值9823亿元,增长8.4%。汽车、船舶、机械、石化、新能源和新光源等五个千亿级产业实现产值6791.6亿元,占规模以上工业总产值的69.1%,增长8.6%。新兴产业实现产值2895.8亿元,增长10.1%,占规模以上工业总产值的29.5%。全市工业实现开票销售4018.6亿元;工业用电量152.5亿千瓦时,增长3.1%。工业企业主要产品实现平稳增长,列入统计的204种工业品中有106种产品实现正增长,增长面52%。其中,汽车产量增长7.5%;民用钢质船舶载重吨增长1.9%;光伏电池增长14.8%;单晶硅增长60.5%;钢材增长20.7%,食品制造机械增长20.4%。 (鲁 扬)

**■第三产业** 全市服务业实现增加值1762.88亿元,增长10.8%,高于地区生产总值增幅0.5个百分点,占地区生产总值比重的43.9%,比上年提高1个百分点。旅游业增加值占地区生产总值的7.3%,成为全市经济重要支柱之一。软件和信息技术服务业实现业务收入600亿元,增长43%;金融业增加值占地区生产总值的5.2%;"新三板"挂牌企业累计35家;科技服务业总收入增长15%。全市人民币存款余额4719.4亿元,增长9.6%,人民币贷款余额3095.77亿元,增长13.3%。全市规模以上服务业企业累计978家,新增217家;实现营业收入超300亿元,增长7%。全市累计完成客运量4667.7万人次,完成货运量1.2亿吨。港口完成货物吞吐量1.1亿吨、集装箱61.9万标箱。全年快递业务实现收入9.32亿元,增长45.9%。 (鲁 扬)

**■固定资产投资** 2015年,全市完成固定资产投资2856.8亿元,增长18.2%。其中,建设项目投资2478.6亿元,增长20.5%;房地产开发投资378.2亿元,增长4.9%。服务业投资增长24.2%,快于全市投资增幅6个百分点,占固定资产投资的46.5%,拉动全部投资增长10.2个百分点。民间投资2173.3亿元,增长29.1%,占全市投资比重的76.1%,占比提高1.2个百分点。工业技改投入1004.6亿元,增长27.2%,高于工业投资增速13.6个百分点,占工业投资的66.5%,占比提高7.1个百分点。市区商品房销售276万平方米,增长16.9%。新批境外投资项目22个,其中"一带一路"项目9个。 (鲁 扬)

**■重大项目建设** 2015年,全市新签约重大项目125个,新开工重大项目127个,新竣工重大项目90个,新投产重大项目77个。新落户世界500强及跨国公司项目5个,新增省认定跨国公司地区总部2家。上海大众发动机项目年产30万台的EA211发动机前期基建工程开工。宝胜研制生产的航空电缆将率先供应我国大飞机制造。总投资20亿元的友强电力气体绝缘输电线路项目建成达产。总投资10亿元的扬州云计算中心具备使用资格。75个迎城庆重大城建项目完成,市民中心、扬州科技馆主展厅、扬子津古渡公园、李宁体育公园面向市民开放。 (鲁 扬)

**■科技创新** 实施"科教合作新长征""科技产业合作远征"计划,落户校企研创中心52家。扬州高新区升级为国家级高新区,扬州大学科技园创成省级大学科技园。发明专利授权量增长60%。全市高新技术企业累计596家,获省高新技术产品认定549项。新增"新三板"挂牌企业27家。引进高层次领军人才102人,产业急需的专业技术人才903人,28名人才、2个团队和83名博士入选省"双创计划"。 (鲁 扬)

**■深化改革** 推进跨江融合发展。连淮扬镇铁路扬州段全线开工，宁启铁路完成复线及电气化改造。宁镇扬同城化加快推进，开通扬州至南京南站直达客运班线。波司登(高邮)工业园、江苏莘庄工业区(宝应)工业园实现合作共建。全市累计落户上海、苏南转移项目57个，总投资346亿元。深化重点领域改革。连续两年出台优化企业发展环境的"2号文件"，取消53项、调整187项行政审批事项。清理规范并公布涉审中介"四项清单"，完成行业协会商会与行政机关脱钩改革。14家国有经营性文化单位实现转企改制。"三证合一"全面实施，"一照一码"获批省试点。完成300个村土地承包经营权确权颁证。医药卫生体制改革全面推开，城市公立医院实行药品零差率销售。全市新增私营企业2.1万户、个体工商户3.9万户，分别增长8.3%和11%，新增民营企业注册资本金实际到资611亿元。扩大对外开放。新落户法国阿尔斯通、中航等5个世界500强项目，江山新能源、汇银家电2家企业被省认定为跨国公司地区总部。扬州泰州机场实现一类口岸开放，开通韩国仁川、泰国曼谷、中国香港等航线和中国台湾、澳门包机。 (鲁 扬)

**■社会保障** 新增城镇就业7.1万人，农村劳动力转移就业1.6万人，组织职业技能培训4.5万人。全市城镇登记失业率2.01%。连续11年提高企业退休人员基本养老金水平，职工基本医保统筹基金、大病医疗救助基金最高支付限额分别上调至6万元和30万元。获批全国"救急难"综合试点，急难家庭救助基金实现全覆盖。 (鲁 扬)

**■社会事业** 文化博览城建设加快推进，"四位一体"公共图书馆服务体系建设入选国家级示范项目。扬州486非物质文化遗产集聚区建成开放，承办江苏大运河旅游推广月和中外丝路城市美食文化交流活动。国家级义务教育基本均衡县(市、区)实现全覆盖，高考普通类本二达线率49%。获第19届省运会承办权，成功举办第12届市运会，扬州鉴真国际半程马拉松赛蝉联国际金标赛事。 (鲁 扬)

**■城乡建设** 连续14年出台民生"1号文件"，225项民生实事项目基本完成。加快建设"不淹不涝"城市，整治城市积水点8个。实施完成扬州闸改建、黄金坝扩建等"清水活水"节点工程；新辟、优化公交线路42条，主城区公交分担率26%，镇村公交开通率78%；新增公共自行车2500辆、租赁服务点97个，覆盖面积175平方千米。改造"城中村" 15处，整治老小区82万平方米。开工建设各类保障房16705套。 (鲁 扬)

**■生态文明建设** 实施推进新一轮"绿杨城郭新扬州"三年行动计划，新增成片造林2133.33万平方米、城市绿地127.5万平方米，建成省级绿化示范村庄87个，新恢复湿地331.87万平方米。生态中心建设加快推进，59个项目开工建设。获批国家循环经济示范城市、国家餐厨废弃物资源化利用和无害化处理试点城市。全市80%的省级园区完成循环化改造，实施循环经济项目23项，完成投资51.3亿元。完成重点节能改造项目101项，淘汰10蒸吨以下燃煤锅炉322台。水域管理覆盖率从75%提升到80%以上，11个县级以上饮用水源地水质达标率100%。农村河道疏浚整治实现全覆盖。秸秆综合利用率93.4%。单位地区生产总值能耗下降、$PM_{2.5}$平均浓度下降、主要污染物减排完成省定目标。 (鲁 扬)

## 2015年扬州市国民经济和社会发展统计公报

2015年，扬州市积极应对复杂的国内外经济环境和经济发展新常态，坚持"稳中求进、进宇当先，创新驱动、转型升级"总基调，统筹做好稳增长、促改革、调结构、惠民生、防风险各项工作，全市经济运行总体平稳、稳中有进，综合实力迈上新台阶，经济结构进一步优化，改革创新稳步推进，城市建设成效显著，民生幸福持续改善。

一、综合

初步核算，全市实现地区生产总值4016.84亿元，可比价增长10.3%。人均地区生产总值89646元，增长10.2%。产业结构不断优化。其中，第一产业增加值241.93亿元，增长3.5%；第二产业增加值2011.97亿元，增长10.6%；第三产业增加值1762.94亿元，增长10.8%。三次产业结构由上年的6.1∶51.0∶42.9调整为6.0∶50.1∶43.9。

2015年末全市有各类法人单位75135家，产业活动单位11036家。全市新发展私营企业21125户，新发展个体商户39053户，民营企业注册资本金实际到资611.05亿元。

全市新增城镇就业70562人，新增转移农村劳动力49305人，期末城镇登记失业率2.01%。城镇失业人员再就业70171人，就业困难人员再就业6508人。

市场物价基本稳定，市区居民消费品价格指数为101.7。其中，消费品价格上涨1.3%，服务项目价格上涨2.4%。构成居民消费品价格指数的八大类指数分别是：食品类103.3、居住类101.9、医疗保健和个人用品类101.3、烟酒及用品类101.8、衣着类100.3、家庭设备用品及维修服务类101.0、交通和通信类98.6、娱乐教育文化用品及服务类101.0。商品零售价格总指数为100.5。

二、农业

粮食生产实现"十二连丰"，全年粮食总产量314.41万吨，与上年持平略增。生猪出栏132.72万头，下降2.2%。家禽出栏4184万只，增长1.6%。年末生猪存栏72.72万头，下降1.6%。家禽存栏1464万只，下降1.9%。肉类总产量18.16万吨，下降0.3%。实现农林牧渔业总产值460.3亿元，增长6.6%。

全市水产养殖面积118万亩，比上年扩大1万亩。特种水产养殖面积103.4万亩，同比扩大1.3万亩。实现水产品产量39.8万吨，比上年增加0.15万吨。

全市种植面积在100亩以上的家庭农场2005个，其中列入市级名录的家庭农场有349个，经营面积

6.7万亩。全市各级农业龙头企业达375家，其中国家级4家、省级50家、市级148家、县级173家。市级以上农(渔)业园区54家，其中国家级1家、省级8家、市级45家。新增农业园区面积10.8万亩，总面积达163.6万亩，园区化率达38.3%。江都区成为本市首家国家现代农业示范区。

三、工业和建筑业

全市2762家规模以上工业完成总产值9822.98亿元，增长8.4%，工业增加值增长10%。产值过亿元的工业企业1463家，比上年增加19家，占全部规上企业的53.0%。亿元企业完成产值9221.8亿元，占全市规模以上工业的93.9%。其中完成产值100亿元以上的企业6家，50～100亿元的13家，30～50亿元的21家，10～30亿元的131家，5～10亿元的233家，1～5亿元的1059家。

新兴产业完成产值2895.8亿元，增长10.1%。“三新”产业完成产值1137.8亿元，占全市的11.6%，增长11.6%。其中，80家新材料企业完成产值476.6亿元，增长5.3%；93家新光源企业完成产值309.7亿元，增长13.5%；44家新能源企业完成产值361.9亿元，增长19.1%。

五大千亿级产业累计完成产值6791.6亿元，增长8.6%。其中，汽车产业1326.1亿元，增长16.5%；机械装备产业3398.8亿元，增长8.1%；新能源和新光源产业671.6亿元，增长16.5%；石化产业1076.4亿元，下降3.4%；船舶产业318.7亿元，增长6.9%。

规模以上工业企业实现主营业务收入9383.1亿元，增长7.6%；实现利税1085.8亿元，增长7.1%；利润624.4亿元，增长6.4%。

全社会用电量211.50亿千瓦时，增长3.5%。第一产业用电量4.09亿千瓦时，增长11.7%；第二产业154.85亿千瓦时，增长3.0%，其中工业用电152.49亿千瓦时，增长3.1%；第三产业23.41亿千瓦时，增长5.2%；城乡居民生活用电29.14亿千瓦时，增长4.0%。

全市实现建筑业总产值3167.4亿元，增长7.6%；建筑业增加值263.06亿元，增长4.5%。房屋建筑施工面积25288.3万平方米，增长2.4%；竣工产值2751.4亿元，增长15.5%；竣工面积10619.8万平方米，增长13.8%。

四、固定资产投资

全市完成固定资产投资2856.82亿元，增长18.2%。其中，建设项目投资2478.65亿元，增长20.5%；房地产开发投资378.18亿元，增长4.9%。从产业来看，第一产业投资16.15亿元，增长6.6%；第二产业投资1511.17亿元，增长13.6%；第三产业投资1329.50亿元，增长24.2%。一、二、三产业投资占投资的比重为0.6∶52.9∶46.5。

全市房地产开发投资378.18亿元，增长4.9%。其中，住宅投资298.51亿元，增长4.0%；商业营业用房投资43.58亿元，增长13.7%；办公楼投资13亿元，增长17.8%。商品房施工面积2726.99万平方米，增长3.9%。其中，新开工面积629.94万平方米，下降21.7%；商品房竣工面积643.55万平方米，增长6.1%；商品房销售面积638.30万平方米，增长0.5%。

全市开工重大项目429个，完成投资1563.0亿元，增长14.3%，占全市投资比重54.7%。其中，工业项目173个，完成投资780亿元；服务业项目136个，完成投资586.7亿元。

基础设施建设加快推进，连淮扬镇铁路扬州段全线开工，宁启铁路复线电气化改造全面完成。文昌路西延、新万福路及万福大桥建成通车。352省道江都段、宿扬和江广高速加快建设。西部交通客运枢纽建成启用。城市南部快速通道、金湾路、611省道沿湖大道、芒稻船闸扩建工程、界首运河大桥等开工建设。高邮运东船闸扩建工程建成通航，长江六圩弯道应急护岸工程、淮河入江水道整治主体工程完工。

五、邮电通信和交通运输

全市邮政通信业务收入56.9亿元，增长4.1%。其中，通信业务收入

**规模以上工业主要产品产量**

表3-3

| 指　标 | 单位 | 2015年 | 比上年±% |
|---|---|---|---|
| 原煤 | 万吨 | 33.73 | -14.8 |
| 天然原油 | 万吨 | 155.50 | -9.1 |
| 发电量 | 亿千瓦小时 | 209.80 | -2.7 |
| 烧碱(折100%) | 万吨 | 27.85 | -1.7 |
| 合成纤维聚合物 | 万吨 | 190.81 | -0.7 |
| 水泥 | 万吨 | 1142.64 | 1.1 |
| 钢材 | 万吨 | 433.55 | 20.7 |
| 塑料制品 | 万吨 | 13.38 | 4.3 |
| 纱 | 万吨 | 19.49 | -2.1 |
| 服装 | 万件 | 24222.36 | -3.9 |
| 化学纤维 | 万吨 | 119.90 | 0.4 |
| 金属集装箱 | 万立方米 | 472.75 | 9.9 |
| 通信及电子网络用电缆 | 万对千米 | 388.07 | 6.5 |
| 移动通信手持机(手机) | 万台 | 78.67 | 32.9 |
| 家用电冰箱 | 万台 | 420.37 | 9.0 |
| 呢绒 | 万米 | 312.60 | 19.7 |
| 机制纸及纸板 | 吨 | 99303.00 | 45.5 |
| 人造板 | 万立方米 | 52.49 | 7.4 |
| 单晶硅 | 万千克 | 9.08 | 60.5 |
| 皮革鞋靴 | 万双 | 3696.23 | 6.7 |

40.4亿元，下降4.3%；邮政业务收入16.5亿元，增长32.6%。年末电话用户603.95万户，下降1.6%，其中移动电话用户488.61万户，增长0.2%。互联网宽带接入用户122.26万户，增长12.1%。

全市货运总量和货运周转量分别完成1.2亿吨和318.53亿吨公里，分别增长3.1%、4.0%。客运量和旅客周转量完成4667.7万人和35.3亿人公里，分别下降2.8%、2.9%。港口货物吞吐量11027万吨，下降9.1%；集装箱吞吐量62万标箱，增长10.3%。

年末全市公路里程10652.43公里，新增126.99公里。年末高速公路里程270.91公里。

六、国内贸易

全市社会消费品零售总额1236.96亿元，增长9.7%。其中，批发业166.50亿元，增长11.3%；零售业930.19亿元，增长7.3%；住宿业19.10亿元，增长27.2%；餐饮业121.17亿元，增长23.1%。城镇消费品零售额1147.82亿元，增长9.7%；乡村消费品零售额89.14亿元，增长8.8%。

限额以上批发和零售企业中，粮油、食品类零售额26.34亿元，增长3.6%；饮料类零售额3.32亿元，增长1%；烟酒类10.86亿元，增长14.7%；服装、鞋帽、针纺织品类零售额34.55亿元，下降0.9%；日用品类零售额11.12亿元，下降0.9%；化妆品类零售额6.1亿元，增长4.8%；金银珠宝类零售额13.52亿元，下降10.8%；家用电器和音像器材类零售额32.45亿元，增长0.5%；汽车类零售额145.16亿元，增长8.7%。

七、财政金融

全市财政总收入515.18亿元，增长10%。公共财政预算收入336.75亿元，增长14.1%，其中税收收入274.67亿元，增长13.4%。主体税种中，增值税、营业税、企业所得税、个人所得税合计完成177.82亿元，增长11.1%。其中，增值税42.64亿元，增长7.1%；营业税100.96亿元，增长19.2%；企业所得税25.01亿元，下降1.2%；个人所得税9.21亿元，下降10.1%。

全市公共财政预算支出435.28亿元，增长16.2%。其中，一般公共服务支出54.36亿元，增长6.7%；教育支出74.96亿元，增长10.8%；科学技术支出12.94亿元，增长31.8%；社会保障和就业支出33.40亿元，增长17.2%；医疗卫生与计划生育支出32.60亿元，增长30.2%；节能环保支出14.58亿元，增长111.3%。

年末人民币存款余额4719.40亿元，增长9.6%，其中住户存款余额2376.68亿元，比年初增加214.1亿元。人民币贷款余额3095.77亿元，比年初增加363.4亿元。其中，短期贷款余额1404.39亿元，比年初增加90.18亿元；中长期贷款余额1484.02亿元，比年初增加195.58亿元；个人消费贷款665.51亿元，比年初增加109.26亿元。

全市各类保险机构实现保费收入123.81亿元，增长44.7%。其中，财产险保费收入31.55亿元，增长14.9%；人身险保费收入92.26亿元，增长58.8%。保险赔款总支出18.74亿元，增长10.4%，其中财产险支出15.84亿元，增长11.4%；人身险支出2.90亿元，增长4.9%。

全市证券公司营业部累计开户46.68万户，比上年增加11.5万户。证券交易额18767.79亿元，增加12600.74亿元。其中，股票交易额16332.48亿元，增加11816.02亿元，占交易额的87.02%；基金交易完成额495.04亿元，增加91.80亿元，占交易额的2.64%。

八、对外经济和旅游业

全市实际利用外资到账8.48亿美元，新批项目81个，协议外资15.78亿美元。全市完成外经营业额7.37亿美元，增长16%，其中工程承包完成外经营业额6.78亿美元，增长18%；全年累计境外投资项目26个，中方协议投资额2.36亿美元。扬州泰州机场获批一类航空口岸并开通5条国际(地区)航线。

全市进出口总额103.38亿美元，增长3.3%。其中，出口77.11亿美元，增长0.4%；进口26.27亿美元，增长12.7%。从贸易结构看，一般贸易出口52.99亿美元，下降4.4%；加工贸易出口23.37亿美元，增长19.2%。主要出口贸易伙伴中，美国出口17.86亿美元，增长11.1%；欧盟出口16.38亿美元，下降3.4%；东盟出口6.10亿美元，增长15.2%；香港出口5.91亿美元，增长2.7%；拉丁美洲出口5.55亿美元，下降12.8%。

全市旅游总收入600.71亿元，增长12.2%。全年接待入境过夜游客5.12万人次，下降4.3%。旅游外汇收入5588.45万美元，增长13.6%。主要封闭式景区接待游客909.52万人次，增长12%。全市拥有国家A级景区34家，其中AAAAA级1家、AAAA级8家、AAA级13家。省星级乡村旅游区(点)30家，其中四星级11家。共有星级饭店61家，其中五星级4家、四星级12家。星级饭店客房出租率67.4%，同比持平。旅行社132家，其中出境游组团社4家。

九、科学技术和教育

大力实施“科教合作新长征”和“科技产业合作远征”计划，签订产学研合作协议669项，落户校企研创中心56家。新开发高新技术产品1509项，创历史新高，获批省高新技术产品数达838项；民营科技型企业达8931家；22个科技产业综合体已建成309万平方米，投入使用219.5

**进出口贸易方式**

表3-4　　单位：万美元

| 贸易方式 | 出口额 | 同比增幅(%) | 进口额 | 同比增幅(%) |
|---|---|---|---|---|
| **合　计** | **771076** | **0.4** | **262749** | **12.7** |
| 一般贸易 | 529868 | -4.4 | 151293 | 21.5 |
| 加工贸易 | 233748 | 19.2 | 100265 | 13.2 |
| 来料加工装配贸易 | 19751 | 90.9 | 17817 | -6.5 |
| 进料加工贸易 | 213998 | 15.2 | 82448 | 18.7 |
| 其他贸易 | 8760 | -51.1 | 12537 | -39.6 |

万平方米，其中产业用房190.5万平方米，累计入驻企业达741家；新增西安交大扬州科技创业园、江苏红旗光电科技创业园2家省级科技企业孵化器，30家“众创空间”启动建设，投入使用面积15.5万平方米；省级以上“三站三中心”达462家。

全市高新技术企业总数达640家，实现高新技术产业产值4922.52亿元，增长10.1%，占规上工业总产值的比重44.5%；全市共申请专利24814件，增长9.27%；全市专利授权13948件，增长17.8%，其中发明专利授权754件，增长61.5%。

全市新增国家级博士后工作站10家。引进高层次领军人才188名、产业急需的专业技术人才1631名。入选省创新团队2个、创新人才28名和省“双创博士”83名。

所有县（市、区）创成国家级义务教育基本均衡县。新（改）建公办幼儿园6所，创成省优质园5所，64所学校创成省义务教育现代化学校。全市共有幼儿园290所，小学205所，普通中学166所，普通高校7所。在园幼儿103516人，小学在校生人数216263人，普通中学在校生人数178843人，普通高校在校生人数80923人。全市幼儿园毛入学率为99.1%，义务教育入学率和高中阶段教育毛入学率达100%，全市高考本二以上达线率为49%。

十、文化、卫生和体育

市文化馆获全国优秀文化馆评分第一。“四位一体”全民阅读服务体系列入全国示范项目。486非遗集聚区建成开放。成功举办“烟花三月”国际经贸旅游节。承办江苏大运河旅游推广月和中外丝路城市美食文化交流活动。完成第一次全国可移动文物普查。隋炀帝墓遗址公园一期工程完工。南河下入选国家首批历史文化街区。《扬州市志（1988～2005）》编纂发行。圆满举办市第十二届运动会暨“爱祖国、爱家乡”群众歌咏大会。年末全市共有文化馆、群众艺术馆7个，公共图书馆7个。共有广播电台6座，中短波广播发射台和转播台13座，广播综合人口覆盖率和电视综合人口覆盖率均达100%，有线数字电视缴费用户108.80万户。

有序推进分级诊疗，组建苏北人民医院医疗集团，18家农村区域性医疗卫生中心开工建设。新创成省示范社区卫生服务中心（乡镇卫生院）5个，新农合保障水平持续提升，全市新农合人均筹资人均不低于480元，参保率达99.7%。年末共有各类卫生机构1980个，其中医院、卫生院136个。各类卫生机构拥有病床20121张，其中医院、卫生院病床17864张。共有卫生技术人员24326人，其中执业（助理）医师9826人，注册护士9938人。

扬州及所辖6个县（市、区）全部被首批命名为江苏省公共体育服务体系示范区。成功举办扬州市第十二届运动会。江苏省第十九届运动会各项筹备工作正式启动。扬州马拉松再次被评为国际田联金标赛事。

十一、城乡建设和生态环境

创成省首批优秀管理城市。编制完成《新型城镇化与城乡发展一体化规划》。加快建设“不淹不涝”城市，整治城市积水点8个。完成扬州闸改建等“清水活水”重要节点工程。新辟、优化公交线路42条，新购新能源公交车370辆；新增公共自行车2500辆、租赁服务点97个，覆盖面积175平方公里。标准化体育休闲公园实现县（市、区）全覆盖。农村健身设施提档升级工程提前完成。新改建农村公路328公里、桥梁98座。

编制完成《扬州市生态文明建设规划》。认真落实市人大通过的《关于切实加强全市水环境保护和大气污染防治的决议》。完成28项淮河流域水污染防治工程。整治淘汰小型燃煤锅炉509台。全面取缔古城和景区核心区露天烧烤。对市区92个重点工地、635辆渣土车安装实时监控设备。PM2.5年平均浓度比2013年下降21.7%。全市16家集中式生活饮用水源地水质良好，均达到地表水Ⅲ类标准，达标率为100%。实施节能改造项目101项、循环经济项目22项，获批国家循环经济示范城市。启动10大生态中心和城市公园体系建设，全市成片造林3.1万亩，市区新增绿地127.5万平方米。疏浚县乡河道202条，整治村庄河塘5031个。新创省级绿化示范村87个、“优美乡村”10个。创成省国土资源节约集约模范市、省大气污染防治工作优秀城市。

十二、人口、人民生活和社会保障

年末全市户籍总人口461.12万人，比上年末减少2146人。全市登记出生人口4.13万人，出生率8.95‰；死亡人口3.30万人，死亡率7.16‰。人口自然增长率为1.79‰。年末市区户籍总人口为297.39万人，增长1.54%。年末全市常住人口448.36万人，常住人口城镇化率为62.8%，比上年提高1.6个百分点。

全体居民人均可支配收入26253元，增长8.7%。其中，城镇常住居民人均可支配收入32946元，增长8.7%；农村常住居民人均可支配收入16619元，增长8.7%。全体居民人均生活消费支出16720元，增长8.0%。其中，城镇常住居民人均生活消费支出19780元，增长7.4%；农村常住居民人均生活消费支出12316元，增长9.3%。

市区三区社会保险和民政福利实现“同城同步同标”。年末企业职工基本养老保险、城镇职工基本医疗保险、失业保险参保人数分别达106.00万人、120.51万人和63.69万人。年末城乡居民基本养老保险参保人数94.65万人，基础养老金发放率达100%。年末城镇基本医疗保险参保人数为203.83万人。全面实施城镇居民大病保险制度，推进全市社会保险“一卡通”。全市企业退休人员养老金连续11年提高标准，2015年末人均养老金2152元/月，市区2332元/月。

社会福利事业不断提升，城乡居民最低生活保障对象71987人，累计资金支出18202.82万元；临时救助27756户，支出1442.2万元；城乡医疗救助336275人次，累计支出7319.26万元。市区城乡低保标准统一提高至每月575元。

市区新建和筹集公共租赁住房1436套（间）。发放经济适用房货币化补贴312户，发放金额4731万元。

租赁补贴325户。

注:1.本公报数为初步统计数,人均GDP按常住人口计算。

2.公报中地区生产总值、各产业增加值绝对数按当年价格计算,增长速度按可比价格计算。

## 精神文明建设

**■概述** 扬州市精神文明建设工作以深化社会主义核心价值观教育实践、提升社会文明程度为主线,加强公民道德建设,推进诚信建设制度化、志愿服务制度化,加强和改进未成年人思想道德建设,实施2015年市民素质提升年行动意见,推动群众性精神文明创建常态长效,以全省地级市第一的位次通过2015年文明城市省级测评。市委宣传部(文明办)《问题导向 机制保障 文明城市建设实现常态长效》获市委、市政府2015年度特别贡献奖。推进文明城市建设常态化长效化三年行动计划,组建全国文明城市建设长效管理办公室(简称长效办),实行单月测评双月点评、创示范攻顽疾、推行联合执法模式,形成一套文明城市建设和城市管理常态化长效化的机制和做法。召开市志愿者协会第二次会员代表大会,选举成立新一届志愿者协会理事会。正式启用"志愿江苏(扬州)"平台系统,初步实现志愿服务管理信息化。组织"扬州市第三届百名美德少年"评选,开展童心向党歌咏活动和优秀童谣征集传唱、"我们的节日"等活动,推广"八礼四仪"(仪表之礼、餐饮之礼、言谈之礼、待人之礼、行走之礼、观赏之礼、游览之礼、仪式之礼;入学仪式、成长仪式、青春仪式、成人仪式)养成教育。举办第11届"扬州市民日"系列活动,组织2015年度窗口行业优质服务竞赛、市级文明单位"四进社区"活动,开展文明旅游宣传和文明劝导工作。(潘 莉)

**■社会主义核心价值体系建设** 市精神文明建设指导委员会办公室(简称市文明办)以党员干部、青少年、企业家和道德模范等为重点人群,开展以"我为城市做什么、我为他人做什么、我为社会做什么"为主题的"三为"大讨论,组织开展原创公益广告大赛、"社区文明评议,共建文明社区"、"邻居好、赛金宝"故事征集等活动,每季度举办诚信红黑榜新闻发布会,先后组织市食药局、市卫计委、市物价局、市旅游局、市公安局等单位进行专题信息发布。以第五届全国、全省道德模范推荐为契机,在城乡街道社区层层发动,把推荐评选的过程变成宣传好人、放大影响的过程,徐国英获第五届全国道德模范提名奖,徐国英、杨文华、王瑞华、张志成、鲍宏艳获第五届江苏省道德模范(提名奖)。全年有5人入选中国好人榜,累计有41名扬州好人入选中国好人榜;全年有21人入选江苏好人榜,累计有69名扬州好人入选江苏好人榜。(潘 莉)

**■"市民素质提升年"系列活动** 以"共建文明城,争做文明人"为目标,开展"市民素质提升年"系列活动,引导广大市民做人规规矩矩、做事实实在在,在家和和气气、待人客客气气,提高市民文明素质和城市文明程度。以扬州建城2500周年为契机,在全市开展"三为"大讨论活动。开展"寻找最美系列人物"活动,选树、推广最美企业家、最美教师、最美村干部、最美职工、最美社区主任、最美好婆媳等各条战线上先进人物,打造"扬州好人"品牌,抓好典型示范。配合"烟花三月"国际经贸旅游节、市民日、2015扬州鉴真国际半程马拉松赛等重大活动,开展公益广告宣传。与扬州晚报联合开展"扬州家风故事"征文大赛,扬州文明网开辟专栏,设立微信平台,每周发布好家风好家训文章。开展"邻居好、赛金宝"故事征集活动,在全社会倡导"夫妻和睦、尊老爱幼、科学教子、勤俭节约、邻里互助"的良好风尚。组织志愿者开展文明劝导活动,在未成年人中开展"八礼四仪"教育,在社区开展文明评议,面向市民开展"有序行车、有序停车、有序候车""车让人,让出一份安全;车让车,让出一份秩序;人让车,让出一份文明;人让人,让出一份友爱"的"三有、四让"活动,以及建设"清洁之城、清爽之城、清静之城"的"三清"行动。(潘 莉)

**■社区文明评议** 在全市社区组织开展"社区文明评议 共建文明社区"活动,引导发动群众,通过开展自我教育、自我管理,打造环境整洁优美、社会风尚良好、人际关系和谐的文明社区。活动以社区为平台,以问题为导向,以评议为切入点,动员各方力量参与评议活动,带动社区文明创建水平的提升。社区文明评议围绕环境清洁卫生、车辆有序停放、营造宣传氛围、志愿服务常态化、关爱未成年人成长、传扬家风文明、构建和睦邻里关系、选树宣传"扬州好人"等活动开展。"社区文明评议会"组成人员构成形式为"9+X"模式,"9"为9名相对固定成员,分别为上级部门负责人1人(挂包本社区的市、区、街道等单位的班子成员),社区负责人1人,社区精神文明建设协管员1人,所在社区物业服务公司负责人1人,"两代表一委员",社区"五老"3人,驻地单位和结对共建单位代表各1人;"X"为其余各方代表和居民群众。各区先后就"评选身边好人""家风,我们还缺点什么""如何破解小区物业管理的难题"等内容开展试点评议。(潘 莉)

**■文明城市常态长效建设** 3月,市委、市政府出台《扬州市全面推进文明城市建设常态化长效化三年行动计划》,抽调10人组建全国文明城市建设长效管理办公室(简称长效办)。加大文明城市建设在县(市、区)领导班子和部门考核中的权重。每月进行综合测评、专项测评、示范点攻坚点测评、薄弱点位测评等各类测评打分,全年先后组织开展各类测评27轮次,涉及点位1560个,向各区、各相关部门发放整改通报192个。形成单月测评双月通报制度,每两月市委书记和市长轮流牵头召开文明城市建设双月点评会,制作播放文明城市建设专题片,点评问题、传递压力,全年共召开4次双月点评会。建立问题导向的攻坚机制,全年攻克马路市场、占道经营等各类顽症20多处。实行乡镇街道创建“示范点”“攻坚点”公示和对比竞赛制度，建立示范点和攻坚点的上报、公布、整治、督查、回访等一系列制度，市长效办每月给城区21个街道（乡镇）明确2个点位创示范、攻顽疾，拉网式排查全国文明城市建设薄弱点位315个，并将上述点位清单与区、街道（乡镇）两级挂包领导在媒体公布，跟踪测评不合格的点位及其挂包领导在媒体曝光，全年累计攻创近400个点位。建立农贸市场、市容环境、建筑工地、交通秩序、老旧小区、环境质量、市民素质等七大行业管理机制，逐个行业探索长效管理机制。建立基层执法机制，在街道乡镇组建以城管局、公安局、市场监管局3家为主的“3＋X”模式联合执法队伍，包括公安（交警）、城管和市场监管在内的十余支力量，由街道（乡镇）统一调配指挥，开展日常联合巡查和联合执法。（潘　莉）

**■群众性精神文明建设**　开展第四届全国文明单位和文明村镇评选表彰工作，扬州地方税务局、中石化江苏石油勘探局、扬州市公安局交警支队、高邮市国家税务局、扬州市邗江区竹西街道安平社区等5家单位获“全国文明单位”称号，扬州市江都区小纪镇、扬州市广陵区李典镇田桥村、仪征市真州镇茶蓬村、宝应县小官庄镇石先村、高邮市高邮镇等5个村镇获“全国文明村镇”称号。3月，市委、市政府命名表彰2013-2014年度扬州市文明单位、文明行业、文明村镇、文明村、文明社区，571家单位获“扬州市文明单位”称号，16个行业获“扬州市文明行业”称号，33个乡镇获“扬州市文明乡镇”称号，91个村获“扬州市文明村”称号，85个社区获“扬州市文明社区”称号。推进农村精神文明建设，仪征市陈集镇丁桥村和邗江区方巷镇沿湖村获第三届江苏“最美乡村”称号，宝应县安宜镇金湖渔业村获第三届江苏“最美乡村”提名。组织市级文明单位开展“四进社区”（科教、文体、法律、卫生）活动，以培育和践行社会主义核心价值观、推进诚信建设制度化、志愿服务制度化、提升公民文明旅游素质等为重点，分别深入城区结对100多个社区。持续开展文明旅游工作，结合元旦、春节、清明、五一等重要节假日，开展文明旅游宣传和文明劝导工作，瘦西湖、何园等景区文明旅游工作受到省文明办通报表扬。（潘　莉）

**■未成年人思想道德建设**　组织扬州市第三届百名美德少年评选活动，举办“十佳美德少年标兵”颁奖典礼。扬州市高轩、李沐霖、何理鸣、吴逸辰、樊啸川、李欣雨、华知画等7名同学当选“江苏省美德少年”，李沐霖同学当选省“美德少年标兵”。开展全市中小学入学仪式、成长仪式、青春仪式、成人仪式等集中展示，以及中华经典诵读、第11届少儿书信书画大赛、心理健康宣讲等活动。组织开展“我们的节日”主题活动，在各县（市、区）举办清明、七夕、中秋、重阳等文艺专场。开展“七彩的夏日”未成年人暑期系列活动，组织全市300余名留守儿童参加夏令营。与市教育局联合下发《关于新学期全面深化未成年人文明礼仪养成教育的通知》，分批组织全市各学校学生参观扬州市青少年礼仪养成传习所，推广18个基础好习惯、“八礼四仪”养成教育。市委宣传部、市文明办、市教育局等部门通过集中培训、组织考核、评选表彰等方式，提升强化全市班主任德育工作水平，启动打造100所德育示范学校、培养千名优秀德育教师、评选50名扬州市班主任工作特级教师计划。举办第一期特级班主任培训，全市40名班主任参加培训。（潘　莉）

**■志愿服务**　围绕扶助老幼弱残与建设文明城市两大主题，以城乡社区、公共场所为主要阵地，开展党员“统一活动日”、农民工子女关爱行动、“与你同行”主题志愿助残服务活动、“点燃希望·实现梦想”助学行动、文明交通“亲子岗”、小交警社团等志愿服务活动。在全国“四个100”（100个最美志愿者、100个最佳志愿服务项目、100个最佳志愿服务组织、100个最美志愿服务社区）先进典型宣传推选活动中，江都区小艳子志愿者协会负责人高雁被推选为全国最美志愿者、江都种文化志愿服务项目被推选为最佳志愿服务项目、广陵区文昌花园社区被推选为最美志愿服务社区。江都区“种文化志愿服务繁荣农村文化”等4个项目分获全省志愿服务创新项目一、二、三等奖。联合团市委组织举办第五届中国扬州志愿者文化节暨青年志愿者文化节。推广“志愿江苏（扬州）”平台的普及使用，面向各县（市、区）及市直单位开展轮训。修订扬州市志愿者礼遇嘉许办法，与中国太平洋人寿保险股份有限公司扬州中心支公司签订志愿服务项目合作协议。1月29日，召开市志愿者协会第二次会员代表大会，选举新一届志愿者协会理事会。市文明办、团市委、民政局推出志愿者积分电磁卡，为全市73家社区提供具有志愿服务计时积分功能的POS机。与市民政局联合开展扬州市第三届社区公益创投“共建文明城、争做文明人”专题大赛，对获选实施相应项目的公益性社会组织给予资助和能力建设支持。（潘　莉）

# 组织机构及负责人

## 中国共产党扬州市委员会

书　记　谢正义
副书记　朱民阳　张爱军
常　委　丁　纯　张跃进
　　袁秋年（12月15日免）
　　卢桂平（12月15日免）
　　陈　扬　姚苏华　许建树
　　张宝娟（女，3月25日任）
　　孔令俊（12月15日任）
　　陈锴竑（12月15日任）
秘书长　陈　扬（兼）
副秘书长　王　敏（女，兼）　沙志芳
　　黄为民（兼，7月31日免）
　　苏爱根（兼）
　　许德奎（11月6日免）
　　韦　峰（兼，11月6日免）
　　王玉军
　　杨　斌（兼，11月6日任）

## 市委工作机构、直属单位

**市委办公室**
主　任　沙志芳(兼)
副主任　殷元松(正处级)　李刘杰
　　　　刘卫清(4月16日任,试用期一年)
　　　　陈永平(4月16日任,试用期一年)

**市委研究室**
主　任　空缺
副主任　徐永泰　徐宏宇

***市委保密委员会办公室**
主　任　高海巍

**市委组织部**(“挂市委新经济社会组织工作委员会”牌子)
部　长　张爱军(兼,3月25日免)
　　　　张宝娟(女,兼,3月25日任)
常务副部长　张长金(女)
副部长　臧　民(兼)　徐　龙
部务委员　徐志刚

**市委新经济社会组织工作委员会**
书　记　徐　龙(兼)

**市委宣传部**(挂“市精神文明建设指导委员会办公室”牌子)
部　长　卢桂平(兼)
常务副部长　李广春
副部长　叶冠军　陈征宇(正处级)
　　　　夏洪春　季培均(兼)
　　　　李继业(兼)　张贵联

**市精神文明建设指导委员会办公室**
主　任　张贵联(兼)
副主任　强学民　卫　军

**市委统一战线工作部**
部　长　仲　生
副部长　赵振东(兼)　许　明(兼)
　　　　吴庆春(4月16日免)
　　　　夏顺义(4月16日任)

**市委政法委员会**(挂“市依法治市领导小组办公室”“市社会治安综合治理委员会办公室”牌子)
书　记　袁秋年(兼)
常务副书记　陈博文
副书记　沈兴华(正处级)　徐　闽
政治部主任　成　勇(4月16日任,试用期一年)

**市依法治市领导小组办公室**
主　任　袁秋年(兼)
副主任　沈兴华(兼,正处级)
　　　　葛鸿翔

**市社会管理综合治理委员会办公室**
主　任　陈博文(兼)
副主任　兰建华

**市委农村工作办公室**
主　任　黄为民(7月31日免)
副主任　陈家根　陈晓明
　　　　袁强华(7月31日任,试用期一年)

**市委台湾工作办公室**
主　任　马　宁(女)
副主任　蔡　平　崇玉强

**市委市级机关工作委员会**
书　记　高　云
副书记　田　伟　周步祥
纪工委书记　王　卫(女,4月16日任,试用期一年)

**市机构编制委员会办公室**
主　任　韩　劬
副主任　房学明　焦立群(女)

**市委610办公室**
主　任　李后生
副主任　王恒弟　王庆国

**市委老干部局**
局　长　徐　萌(女)
副局长　沈兆琼　翁广琪　章士江

**市信访局**
局　长　苏爱根
副局长　陆　明　刘　钢　佟家农
督查专员　尹晓斌(4月16日免)
　　　　冯雪明　蒋立新
　　　　王春香(女,4月16日任,试用期一年)

**市档案馆**(挂“市档案局”“市地方志办公室”牌子)
馆　长　宗金林
副馆长　柏桂林　马　俊　朱道宏

**市委党史办公室**
主　任　王振宗
副主任　单杰华　黄文明　冯雅勤

**市委讲师团**
团　长　夏洪春(兼)
副团长　丁新伯

**市委党校**
校　长　张爱军(兼,4月16日任)
党委书记　陈长新
常务副校长　陈长新(兼)
副校长　贾同跃　李存灵
　　　　薛　峰(7月31日任,试用期一年)
纪委书记　刘久德

**扬州报业传媒集团(扬州日报社)**
集团党委书记　李继业
集团党委副书记　王岚峰(兼)
　　　　陈剑峰(正处级)
集团纪委书记　陈剑峰(兼,正处级,11月28日免)
　　　　李继学(11月28日任)
集团有限公司董事长　李继业(兼)
集团有限公司总经理　杨世春
集团有限公司副总经理　史康宁(1月15日免)
　　　　徐　扬
　　　　曾学文(1月12日任)
扬州日报社社长　李继业(兼)
扬州日报社副社长　王岚峰(兼)
扬州日报总编辑　王岚峰
扬州日报副总编辑　周保秋(女)
　　　　张志虹(女)
　　　　李　峰
　　　　拾景炎(7月31日任,试用期一年)

***扬州晚报社**
总编辑　袁文生

***扬州时报社**
总编辑　张广秀(女,7月31日任,试用期一年)

**接待办公室**
主　任　韦　峰(4月30日任,12月8日免)
副主任　杨　斌(12月8日任)
　　　　薛　翔(4月16日任,试用期一年)

## 扬州市人大常委会

主　任　谢正义
副主任　陈卫庆(正市级)　孙永如
　　　　纪春明(1月12日辞)
　　　　王玉新　王　敏(女)
　　　　何金发(1月12日当选)
秘书长　林正玉(副市级)
副秘书长　刘星驰(9月30日免)
　　　　丁建民(女,正处级)
　　　　朱元豪(11月27日任)

何广陵(正处级)
阚成法(5月29日免)

### 市人大常委会办公室、研究室,各工作委员会

**办公室**
主　任　刘星驰(兼,9月30日免)
朱元豪(兼,11月27日任)
副主任　沈宏跃(5月29日免)
毕　刚　罗庆玖
***信访办**
主　任　朱荣驹
**研究室**
主　任　唐文波
副主任　殷　荣(女)
**内务司法工作委员会**
主　任　朱宏翔(7月21日免)
副主任　朱正明　张媛媛(女)
**财政经济工作委员会**
主　任　单启宁
副主任　顾元周
**农村工作委员会**
主　任　张安龙(1月5日免)
阚成法(5月29日任)
副主任　王　平　张静江
**教育科学文化卫生工作委员会**
主　任　孙建成(5月29日免)
沈宏跃(5月29日任)
副主任　江晓昀(女)
**环境资源城乡建设工作委员会**
主　任　杨学华
副主任　周　蕾(女)
陈　军(9月30日任)
**人事代表工作委员会**
主　任　孙玉培
副主任　许金荣　平大春
**民宗侨台外工作委员会**
主　任　陈志宏
副主任　郑国华
**法制工作委员会**
主　任　朱宏翔(7月21日任)
副主任　陈　曦(女,7月21日任)

## 扬州市人民政府

市　长　朱民阳
副市长　丁　纯　姚苏华(5月29日任)
闻道才　董玉海　孔令俊
张宝娟(女,5月29日辞)
丁　一
汪志坚(挂职,7月21日任)
秘书长　何金发(3月31日免)
李忠盛(3月31日任)
副秘书长　吴顺文(正处级)
汤天波(兼)
康盛君(正处级)
仲衍书(8月20日免)
王道胥(7月16日免)
许林灿
朱　勇(8月20日任)
李　林(8月20日任)
郭宇峰(挂职)
叶　华(挂职,10月30日免)

### 市政府工作机构

**市政府办公室**(挂“市政府研究室”“市政府金融工作办公室”牌子)
主　任　汤天波
副主任　宋振邦(兼)　李红卫
雍有瑜
徐　静(女,4月30日免)
黄振宇
王春华(挂职,4月30日免)
**市政府研究室**
主　任　张新钢
副主任　吴　军　李　强(4月16日任,试用期一年)
**市政府金融工作办公室**
主　任　邵　卫
副主任　许立宏
**市发展和改革委员会**(挂“市经济协作办公室”“市服务业办公室”牌子)
主　任　范天恩
副主任　许德奎(12月8日任)
郭志咸　程兆君(女)
黄俊华　韩长金
纪检组长　居　勇
**市经济协作办公室**
副主任　卞　吉
**市服务业办公室**
主　任　范天恩(兼)
副主任　孙景亮
**市经济和信息化委员会**(挂“市中小企业局”牌子)
主　任　尤在晶
副主任　董兆芝　杨福喜
李厚林(1月12日任)
赵宽安　陈江伟
许立新(7月31日任,试用期一年)
纪检组长　陈　军
**市中小企业局**
副局长　张云翔　郭万山
**市教育局**(挂“中共扬州市委教育工作委员会”牌子)
局　长　夏正祥
党委书记　余如进(4月16日免)
夏正祥(4月16日任)
党委副书记　夏正祥(兼,4月16日止)
副局长　穆光曙(8月20日免)
周应华
卫　刚(1月12日任)
匡成兰(女)
赵浩岭(1月12日免)
余通海(12月8日任)
纪委书记　蒋仲林
**市委教育工作委员会**
书　记　余如进(兼,4月16日免)
夏正祥(兼,4月16日任)
副书记　夏正祥(兼,4月16日止)
王朝勃(7月31日任,试用期一年)
**市科学技术局**(挂“市知识产权局”“市地震局”牌子)
局　长　杨　蓉(女)
副局长　徐　健(兼,8月20日免)
陈　星　赵松林
赵浩岭(1月12日任)
钱　东(7月31日任,试用期一年)
纪检组长　魏德余
**市知识产权局**
副局长　何业栋
**市地震局**
局　长　徐　健
副局长　李凤如　方开宏
**市公安局**
局　长　王少鹏(兼,3月31日免)
刘亚军(兼,3月31日任)
党委副书记　李后生(兼)
副局长　李后生(兼)
翁国彦(正处级)
张晓泓(正处级)
姜扬生(正处级,12月8日免)
刘　毅　陆　永(挂职)

纪委书记　秦雨花（正处级）
政治部主任　基国平（正处级）
**市监察局**（与市纪律检查委员会合署办公）
局　长　范　耘（3月31日任）
副局长　蔡　蕾（女，兼）
　　　　李　琪（女，兼）　李　锋
**市民政局**
局　长　张　俐（女）
党委书记　吴效安
党委副书记　张　俐（女，兼）
副局长　陈国祥（8月20日免）
　　　　王振祥　陈晓星　毕顺元
　　　　翟江淮（8月20日任）
纪委书记　张志安
***市老龄工作委员会办公室**
主　任　翟江淮（8月20日免）
　　　　江洪斌（12月23日任）
**市司法局**
局　长　阚肖虹
副局长　徐德林（8月20日任）
　　　　丁玉祥　王桂才（正处级）
　　　　郭鹏驰（4月30日免）
纪检组长　徐建新（7月31日免）
　　　　方建中（7月31日任，试用期一年）
**市财政局**
局　长　张　彤
副局长　高　阜　罗庆寿
　　　　郭　佳（女）
　　　　张思忠（7月31日任，试用期一年）
　　　　刘贵尧（挂职，4月30日任）
纪检组长　张　洁（女）
**市人力资源和社会保障局**
局　长　臧　民
副局长　曹荣辉（8月20日免）
　　　　吴　芳（女）　颜　军
　　　　孙玉金　李晓钟
　　　　李宏平（7月31日任，试用期一年）
　　　　王飞飞（7月31日任，试用期一年）
纪委书记　刘玉鑫
**市国土资源局**
局　长　徐洪喜（1月10日免）
　　　　周正权（1月10日任）
副局长　汪庆湖　严　寒　叶卫东
　　　　周国清（10月23日免）
　　　　伏年久
纪检组长　夷　彬
土地储备中心主任　陶加宏
**市规划局**
局　长　刘　流（女）
副局长　姚爱国　裴东伟
　　　　李建芳（女）
纪检组长　吴海波
总规划师　刘雨平
**市城乡建设局**（挂“市建筑工程局”“市古城保护办公室”牌子）
局　长　杨正福
副局长　徐惟涛
　　　　顾文鸣（1月15日免）
　　　　苏文奇　耿　良
纪委书记　肖　波
**市建筑工程局**
局　长　杨正福（兼）
副局长　成自勇
**市古城保护办公室**
主　任　徐惟涛（兼）
副主任　顾文鸣（兼，1月15日免）
　　　　薛炳宽　刘　泓（女）
**市城市管理局**（挂“市城市管理行政执法局”“市数字化城管监督办公室”牌子）
局　长　侯承海
副局长　王应福（正处级）　朱从安
　　　　汤　勇　郭家驯
　　　　夏顺义（4月30日免）
　　　　王　琴（女，4月16日任，试用期一年）
纪委书记　陈锡宽
**市数字化城管监督办公室**
主　任　侯承海（兼）
副主任　王应福（兼，正处级）
　　　　王德伟
**市住房保障和房产管理局**
局　长　余　珽
党组书记　陆苏华（2月2日免）
　　　　刘焕琴（女，2月2日任）
副局长　杨　云（兼）　徐志文
　　　　王　恺（12月8日免）
　　　　刘忠华　孙　蔚（女）
纪检组长　虞克宁
**市交通运输局**
局　长　王　骏
副局长　江国勤　晏　明
　　　　印德明（1月12日任）
　　　　徐　斌　张宏亮（兼）
　　　　孙庆谷（挂职，4月30日免）
纪委书记　马长辉
**市水利局**
局　长　李春国
副局长　俞长健　凌国栋
　　　　闫　伟（8月20日免）
　　　　尹晓斌（4月30日任）
　　　　徐海中（7月31日任，试用期一年）
纪检组长　徐卫宏
**市农业委员会**（挂“市农业资源开发局”“市农业机械管理局”“市林业局”牌子）
主　任　朱柏兴（7月21日免）
　　　　王正年（9月30日任）
副主任　周学金（兼）
　　　　王友芳（女，12月8日任）
　　　　徐煜峰　吴永宏
　　　　严巧玲（女）
　　　　吉　琳（女，12月8日免）
　　　　王　飚（挂职，4月30日任）
纪检组长　桑育林
**市林业局**
局　长　朱柏兴（兼，7月16日免）
　　　　王正年（8月20日任）
副局长　丁翠柏（3月16日免）
　　　　沈万林（12月23日任）
**市农业资源开发局**
局　长　周学金
副局长　顾加旺　吴　华（女）
　　　　汪爱智（1月15日任）
**市农业机械管理局**
局　长　张安龙
副局长　殷立松　潘绪海
**市商务局**（挂“市口岸办公室”牌子）
局　长　周春光
副局长　万　军　何　炜　陈　清
　　　　陈　建
　　　　张　霞（女，挂职，4月30日免）
纪委书记　车国华（女）
**市口岸办公室**
主　任　万秀华（女，1月15日免）
副主任　张德云
**市文化广电新闻出版局**（挂“市版权局”牌子）
局　长　季培均
党委书记　颜志林（7月31日免）
　　　　季培均（7月31日任）
党委副书记　季培均（兼，7月31日止）

副局长　颜志林(兼,8月20日免)
　　仲玉龙
　　范梅青(女,12月8日任)
　　周启云　张亚华
　　李政成
　　胡国权(挂职,4月30日任)
纪委书记　徐朝平

**市版权局**
局　长　季培均(兼)

**市文物局**
局　长　冬　冰
副局长　徐国兵
纪检组长　刘德广

**市申报世界文化遗产办公室**
主　任　冬　冰(兼)
副主任　刘马根(兼,8月20日免)
　　姜师立

**市卫生和计划生育委员会**(根据苏办〔2014〕45号文件精神,组建扬州市卫生和计划生育委员会)
主　任　杨　军(3月31日任,5月29日免)
　　黄为民(9月30日任)
党委副书记　王　林(2月2日任)
副主任　尹　亮(3月16日任,9月22日免)
　　陈　雷(3月16日任)
　　王　骏(3月16日任)
　　赵国祥(3月16日任)
　　胡彩云(女,3月16日任)
纪委书记　刘　咏(2月2日任)

**市卫生局**(根据苏办〔2014〕45号文件精神,组建扬州市卫生和计划生育委员会,不再保留扬州市卫生局)
局　长　杨　军(3月31日免)
党委副书记　王　林(2月2日免)
副局长　刘歆农(兼,3月16日免)
　　尹　亮(3月16日免)
　　王　骏(3月16日免)
　　赵国祥(3月16日免)
纪委书记　刘　咏(2月2日免)

**市体育局**
局　长　华德荣
党组书记　刘　洁(女)
副局长　刘　洁(女,兼)
　　刘家荣(1月15日免)
　　周　烈
　　张　荣(7月31日任,试用期一年)
纪检组长　黄　波

**市人口和计划生育委员会**(根据苏办〔2014〕45号文件精神,组建扬州市卫生和计划生育委员会,不再保留扬州市人口和计划生育委员会)
主　任　刘焕琴(女,3月31日免)
副主任　尤传利(兼,1月15日免)
　　陈　雷(3月16日免)
　　胡彩云(女,3月16日免)
纪检组长　吕所宝(2月2日免)

**市审计局**
局　长　吴焱新
副局长　蔡先建　袁竹青　李永高
　　周春山(8月20日任)
　　潘宝庆(12月23日任,正处级)
纪检组长　彭如桂
总审计师　周春山(8月20日免)
　　高金松(7月31日任,试用期一年)

**市统计局**
局　长　潘学元
副局长　陈凤桂　刘网华　刘加祥
纪检组长　郭　庆

**市安全生产监督管理局**
局　长　熊佳芝
副局长　戚安宝　周　炜　胡顺斌
　　李瑞虎(挂职,4月30日任)
纪检组长　史美章

**市工商行政管理局**(根据苏办〔2014〕45号文件精神,江苏省扬州工商行政管理局由省以下垂直管理改为地方政府管理,更名为扬州市工商行政管理局)
局　长　唐齐鲁(3月31日任)
党组副书记　陈荣进(正处级,2月2日任)
副局长　陈荣进(兼,正处级,3月16日任)
　　胡春风(3月16日任)
　　朱　彤(女,3月16日任)
　　苏　明(3月16日任)
　　刘观清(3月16日任)
纪检组长　谈嘉山(2月2日任)

**市质量技术监督局**(根据苏办〔2014〕45号文件精神,江苏省扬州质量技术监督局由省以下垂直管理改为地方政府管理,更名为扬州市质量技术监督局)
局　长　沈宝玲(女,3月31日任)
副局长　彭金山(3月16日任)
　　朱　桥(3月16日任)
　　杜建武(3月16日任)
　　刘如林(3月16日任)
纪检组长　杜志贵(2月2日任)

**市食品药品监督管理局**
局　长　平志明
副局长　谈法华　王海峰
　　朱宋华(8月20日任)
　　陆志林
　　何国斌(挂职,4月30日任)
纪检组长　王　睿
安全总监　洪　昊(7月31日任,试用期一年)

**市环境保护局**
局　长　金春林(1月5日任)
副局长　金春林(1月5日止)
　　王和清
　　吴延龙(9月22日免)
　　滕远东　陈修道
　　姚江潮
纪检组长　李盛钦

**市旅游局**
局　长　王志海
副局长　王明宏　陈玲春(女)
　　毛卫东
纪检组长　姜秀志

**市粮食局**
局　长　姜开圣
党委副书记　周　军
副局长　沈荣训(8月20日免)
　　马建荣　刘桂松
　　黄学东(7月31日任,试用期一年)
　　朱晓进(12月23日任)
纪委书记　周　军(兼)

**市物价局**
局　长　潘建民
副局长　沈洪林　管兴余
　　管宏喜
纪检组长　张正华

**市民族宗教事务局**
局　长　许　明
副局长　郑　阳　朱建明
　　廖　勇(1月15日任)

**市民防局**(挂“市人民防空办公室”牌子)
局　长　马　群
副局长　侯载铭　殷　杰
　　朱　元
纪检组长　滕泽宏

**市人民防空办公室**
主　任　马　群(兼)
**市政府外事办公室**(挂"市政府港澳事务办公室"牌子)
主　任　邓　清(女)
副主任　蒋旭东
　　　　徐　静(女,4月30日任)
　　　　王玉琴(女)
纪检组长　潘晓成
**市政府港澳事务办公室**
主　任　邓　清(女,兼)
**市政府侨务办公室**
主　任　朱路跃
副主任　王绍云　李越平
**市政府法制办公室**
主　任　刘　柏
副主任　厉海涛　高玉波
**市政府国有资产监督管理委员会**
主　任　朱　林
党委副书记　陈贵江
副主任　徐佩宏(8月20日免)
　　　　沈家宽
　　　　夏心忠(1月15日任,正处级)
纪委书记　陈贵江(兼)
**市机关事务管理局**(根据苏办〔2014〕45号文件精神,扬州市市级机关事务管理局更名为扬州市机关事务管理局)
局　长　葛社清(3月31日任)
副局长　陈仁茂(3月16日任)
　　　　张　林(3月16日任)
　　　　童银春(4月16日任,试用期一年)
纪委书记　王　明(2月2日任)
**市园林管理局**
局　长　赵御龙
党委书记　顾爱华(女)
党委副书记　赵御龙(兼)
副局长　顾爱华(女,兼)　张家来
　　　　唐红军　陆士坤
纪委书记　周玉清

**市政府派出机构**

**市政务服务管理办公室**(根据苏编〔2014〕23号文件精神,扬州市行政办事服务中心更名为扬州市政务服务管理办公室)
主　任　陈小浩(8月20日任)
党组书记　汤天波(7月31日免)
　　　　　陈小浩(7月31日任)
党组副书记　陈小浩(7月31日止)
副主任　倪旭平(8月20日任)
　　　　曹文明(8月20日任)
　　　　郭有亮(8月20日任)
**扬州经济技术开发区管理委员会**
工委书记　丁　一(兼)
主　任　季允丰(6月3日免)
工委副书记　季允丰(兼,6月23日免)
　　　　　　李忠盛(正处级,1月12日免)
　　　　　　马顺圣(正处级,11月6日任)
副主任　李忠盛(兼,正处级,1月23日免)
　　　　施益香(女,正处级)
　　　　张连生(正处级)　臧灿甲
　　　　王荣山
纪工委书记　郭鹏驰(4月16日任)
政法委书记　谢百川
组织部部长　陈国祥
**扬州化学工业园区管理委员会**
工委书记　程　希(兼,4月16日免)
主　任　王庆山
工委副书记　张震宇(兼)
　　　　　　王庆山(兼)
副主任　仲　玲(女,兼,8月20日免)
　　　　吴　汛(女)　张宏康
　　　　唐　虎　陆永进(女)
纪工委书记　刘尚玉
**扬州市生态科技新城管理委员会**
工委书记　勾凤诚
主　任　陶伯龙
副书记　陶伯龙(兼)　夏正东
副主任　夏正东(兼)
　　　　印德明(1月12日免)
　　　　张小辉　钱建忠
纪工委书记　颜　非
**扬州市蜀冈-瘦西湖风景名胜区管理委员会**
工委书记　张福堂
主　任　汤卫华
工委副书记　汤卫华(兼)
副主任　徐长金(兼,1月12日免)
　　　　刘马根　林宝荣　黄建灿
　　　　周长军
纪工委书记　郭　坚

**市直属单位**

**市供销合作总社**
主　任　王正年(8月20日免)
　　　　苏满满(8月20日任)
副主任　卢爱生　徐兆书　陈正清
纪委书记　曹　妍(女)
**扬州仲裁委员会秘书处**
秘书长　纪晓东(4月30日免)
　　　　朱愈明(12月8日任)
副秘书长　胡士博　朱毅锴
**扬州广电传媒集团(扬州广电总台)**
集团党委书记　陈韵强
集团党委副书记　肖卫东(兼)
　　　　　　　　吴黎宁
集团纪委书记　张晓斌
集团有限公司董事长　陈韵强(兼)
集团有限公司总经理　陆建华
集团有限公司副总经理
　周晓晓(女)　高华彬
广电总台台长　肖卫东
广电总台副台长　陆建华(兼)
　　　　　　　　周明涛　经　农
　　　　　　　　王　永
广电总台总编辑　陈韵强(兼)
广电总台副总编辑　孙建昶
***市住房公积金管理中心**
主　任　杨　云
党支部书记　王正凡
**江苏里下河地区农业科学研究所**
所　长　肖鸣祥
党委书记　陈秀兰(女)
党委副书记　肖鸣祥(兼)　戴正元
副所长　陈秀兰(女,兼)　周如美
　　　　苏建坤　李爱宏　吴宏亚
纪委书记　戴正元(兼)
**江苏省工人扬州疗养院**
院　长　樊秉强(12月20日免)
副院长　葛礼敏(女)

## 政协扬州市委员会

主　席　洪锦华
副主席　杨明荣　王克胜　程吉林
　　　　王静成
　　　　王少鹏(1月11日免)
　　　　刘亚军(1月11日当选)
　　　　刘在銮　倪士俊
　　　　朱　妍(女)
秘书长　殷圣元

副秘书长　李晓向(9月23日免)
徐晓明
苏迎春(正处级)
董　雷(正处级)
徐　跃(兼)
刘　文(女,兼)

### 市政协办公室、研究室、各专门委员会

**办公室**
主　任　徐晓明(兼)
副主任　聂永明(6月26日免)
吴　军(女)
吴道根(9月23日免)

**研究室**
主　任　李晓向(兼,9月23日免)
吴道根(9月23日任)
副主任　伏兴中

**提案委员会**
主　任　陈云观
副主任　贾　平(女,9月23日免)
卞　翔(9月23日任)
王振祥(兼)　李　锋(兼)
汤天波(兼)

**经济科技委员会**
主　任　张曙升
副主任　常春芳(女,9月23日任)
刘晓明(兼)　潘建民(兼)
周学金(兼)　王华平(兼)
钱中声(兼)

**城乡建设委员会**(人口资源环境委员会)
主　任　王建台
副主任　吴有新　吴效安(兼)
刘雨平(兼)　汪庆湖(兼)
姚江潮(兼)

**教育文化卫生体育委员会**
主　任　王鸣芳(女)
副主任　陈　莘
余如进(兼,6月26日免)
李继业(兼)　华德荣(兼)
杨　军(兼,6月26日免)

**社会和法制委员会**
主　任　杨　哲
副主任　曹卫国
浦志强(兼,正处级)
陈博文(兼)　陈锡朝(兼)

**文史和学习委员会**
主　任　王虎华
副主任　冬　冰(兼)
陈征宇(兼,正处级)
贾同跃(兼)　王永平(兼)

**港澳台侨委员会**(外事委员会)
主　任　于　进
副主任　王志年　朱路跃(兼)
邓　清(女,兼)
杨为民(女,兼)

**委员工作委员会**
主　任　苏迎春(兼,9月23日任)
副主任　贾　平(9月23日任)

## 中共扬州市纪律检查委员会

书　记　张跃进(兼)
常务副书记　刘世奇
副书记　仲　生(12月15日任)
范　耘
常　委　蔡　蕾(女)　高玉庆
李　琪(女)
徐　飞(7月31日免)
赵志宏
池建强(11月28日任)

**市委巡视工作联络组办公室**
主　任　蔡　蕾(女,兼)
副主任　罗瑞勤(11月6日免)

## 民主党派　工商联

**中国国民党革命委员会扬州市委员会**
主任委员　王静成(兼)
副主任委员　陈　惠　丁卫社(兼)
刘晓明(兼)
关　兵(女,兼)

**中国民主同盟扬州市委员会**
主任委员　程吉林(兼)
副主任委员　仲子午　王永平(兼)
葛晓群(女,兼)
常国庆(兼)
徐卯林(兼)

**中国民主建国会扬州市委员会**
主任委员　王克胜(兼)
副主任委员　徐　跃　徐家昌(兼)
黄建灿(兼)
程兆君(女,兼)

**中国民主促进会扬州市委员会**
主任委员　董玉海(兼)
副主任委员　帅　潇(女,8月21日当选)
殷士学(兼)
余　珽(兼)
张一军(兼)

**中国农工民主党扬州市委员会**
主任委员　朱　妍(女,兼)
副主任委员　颜安明(女)
李政成(兼)
张新江(兼)
陈志华(兼)

**中国致公党扬州市委员会**
主任委员　高　瑛(女,正厅级,兼)
副主任委员　王兰海(女)
张仁田(兼)
曾祥华(女,兼)
徐　晟(兼)

**九三学社扬州市委员会**
主任委员　孙怀昌(兼)
副主任委员　刘　文(女)
佘海鹏(兼)
钟思瑛(女,兼)
田志明(兼)

**扬州市工商业联合会**
主　席　孙永如(兼,12月31日辞)
王克胜(12月31日当选)
党组书记　赵振东
副主席　赵振东(兼)　吴　钧
戴凌云(女)
徐　直(12月31日当选)
朱　彤(兼)　陆金龙(兼)
王　璘(女,兼)
吴义彪(兼)　包广林(兼)
卢之云(兼)　董洪齐(兼)
江　强(兼)　梁　勤(兼)

## 人民团体

**扬州市总工会**
主　席　张爱军(兼,5月27日止)
何金发(5月27日当选)
党组书记　李明安
副主席　李明安(兼)
陈锡朝(正处级)
朱　明　洪慧娟(女)
陈维权
纪检组长　陈锡朝(兼,正处级,2月2日免)
吕所宝(2月2日任)

**中国共产主义青年团扬州市委员会**
书　记　余俊臣
副书记　徐明玥(女)　张跃春
袁慧中(女)

**扬州市妇女联合会**
主　席　杨　敏(女)
副主席　陈　静(女)　乔国银(女)

王雅静(女)

**扬州市文学艺术界联合会**

主　席　刘　俊(8月24日止)
仲衍书(8月24日当选)
党组书记　叶冠军(兼)
副主席　陈家庆　李政成(兼)
张美林(兼)　陈韵强(兼)
周永平(兼)　周启云(兼)

**扬州市科学技术协会**

主　席　王华平
副主席　陈宏云　葛明顺　王德平
丁爱军(兼)　王大新(兼)
王国宏(兼)　孙　岩(兼)
程顺和(兼)　周骥平(兼)

**扬州市哲学社会科学界联合会**

主　席　徐向明
副主席　张　雷　刘　斌(兼)
肖卫东(兼)　陈长新(兼)
周新国(兼)　贾同跃(兼)
高　阜(兼)　李　浩(兼)

**扬州市归国华侨联合会**

主　席　杨为民(女)
副主席　周　军　高志刚(兼)
王修文(兼)　魏全林(兼)

**扬州市残疾人联合会**

理事长　张　跃
副理事长　龚　智　陈　林
张佑根(12月23日任)

**中国国际贸易促进委员会扬州市支会**

会　长　周春光(兼)
副会长　杜　滨
秘书长　梁顺龙(4月16日任,试用期一年)

***红十字会**

会　长　董玉海(兼)
副会长　陈　煜(副处级)

## 法院　检察院

**扬州市中级人民法院**

院　长　蒋惠琴(女)
党组副书记　任国凡
常务副院长　任国凡
副院长　王继荣　李风光　姚宏斌
纪检组长　吴　健
政治部主任　张　澎
审判委员会专职委员　谢应松
沈　红(女)

**扬州经济技术开发区人民法院**

院　长　张一民(5月29日免)
纪晓东(5月29日任)
党组书记　王继荣(4月16日免)
纪晓东(4月16日任)
党组副书记　张一民(兼,4月16日免)
副院长　刘　俊

**扬州市人民检察院**

检察长　闵正兵
党组副书记　宋祥林
常务副检察长　宋祥林
副检察长　浦志强(正处级)
戴前良(1月5日任)
钱俊海
纪检组长　张延浩
政治部主任　王晓尧
检察委员会专职委员　鞠　进(1月5日任)
于　力(1月5日任)

**扬州经济技术开发区人民检察院**

检察长　宋祥林(1月5日免)
戴前良(1月5日任,11月27日免)
田庆生(11月27日任)
党组书记　戴前良(11月6日免)
田庆生(11月6日任)
党组副书记　田庆生(11月6日止)
副检察长　田庆生(兼,11月27日止)
刘大军　朱桂明
政治处主任　费　依(女,4月16日任,试用期一年)

## 武装部队

**中国人民解放军江苏省扬州军分区**

第一书记　谢正义
司令员　王　宁(9月12日免)
郦　斌(9月12日任)
政　委　许建树
参谋长　徐建松
政治部主任　魏瑞明
后勤部部长　缪　新

**中国人民解放军江苏陆军预备役高射炮兵第二师**

第一政委　李小敏
师　长　陈　华
政　委　李江苏
参谋长　刘党胜
政治部主任　陈佩民
后勤部部长　刘　旭
装备部部长　徐乐东

**中国人民武装警察部队扬州市支队**

第一政委　王少鹏(兼)
支队长　万　勇
政　委　陈汉忠
副支队长　韩恩臣
副政委　陈延俊
参谋长　晏　龙
政治处主任　张　勇
后勤处处长　朱佩龙

**中国人民解放军武装警察部队扬州消防支队**

支队长　陈立新
政　委　李瑞东
副支队长　程东升(5月15日免)
马剑群
成锡平(5月15日任)
副政委　董仲元(3月31日免)
汪同春(6月29日任)

**中华人民共和国扬州边防检查站**

站　长　叶林军
政　委　邱建年(4月1日免)
王　涛(4月1日任)
副站长　章道昆
庄　志(4月1日免)
韦　勇(4月1日任)
副政委　王礼科
参谋长　王　健
政治处主任　章海华
后勤处处长　韦　勇(4月1日免)
汤苏杭(4月1日任)

## 高等院校

**扬州大学**

党委书记　夏锦文(3月25日免)
姚冠新(9月29日任)
校　长　焦新安
党委副书记　焦新安(兼)
刘延庆(正校级)
叶柏森
副校长　刘祖汉
芮鸿岩(兼,4月25日免)
陈　耀(女)　黄建晔
胡效亚　叶柏森　陈永平
陈国宏　洪　涛
纪委书记　刘延庆(兼)

**市职业大学**

党委书记　周　胜
校　长　吴春笃
党委副书记　吴春笃(兼)　林道立

许金如　丁　瑃
副校长　林道立(兼)　许金如(兼)
王如平　陈亚鸿　刘　宏
许晓宁
纪委书记　刘建伟

**原江苏省扬州环境资源技术学院**
院　长　吴春笃(兼)

**市广播电视大学**
校　长　吴春笃(兼)

**扬州教育学院**
院　长　吴春笃(兼)

**江苏省扬州技师学院**
党委书记　徐祥华
院　长　张颖超
党委副书记　张颖超(兼)　黄华明
副院长　陈康林　王思源
林　峻(女)
纪委书记　黄华明(兼)

## 驻扬州机关单位

**扬州市国家税务局**
局　长　杨　洁
党组副书记　祝树人
副局长　祝树人(兼)　何　敏(女)
孔燕云(女)　曹筱三
总会计师　张汉东
总经济师　方　林
纪检组长　侯昭华
扬州经济开发区国税局局长
蔡年青
扬州市国税局稽查局局长　陈国华

**扬州地方税务局**
局　长　徐祖跃
党组副书记　尹家朋(正处级)
副局长　尹家朋(兼,正处级)
李　璐(女)　柏兆邦
总经济师　李玉群
纪检组长　徐　斌
总会计师　张耀斌(12月15日任)
扬州市地税局稽查局局长　唐　洪
扬州市地税局四分局局长　何春明

**扬州出入境检验检疫局**
局　长　施　军(副厅级)
副局长　徐汉清　陈　洁(女)
葛荣晖
纪检组长　王旭东
轻工产品与儿童用品检测中心主任
陈　明

**扬州气象局**
局　长　秦铭荣
副局长　王　令
纪检组长　仲维建

**扬州海关**
关　长　李存勇
副关长　徐旭辉(兼)　韦　兵
卜艳姝(女)　杨　志
南京海关驻扬州海关纪检监察特派
员　姜　铭(6月19日免)
王晓峰(6月19日任)
缉私分局局长　徐旭辉
缉私分局政委　王　炜
缉私分局副局长　耿　栋

**扬州海事局**
局　长　蒋永龙
副局长　茆德胜　王　泉

**中国人民银行扬州市中心支行**
行　长　戴又有
副行长　崔　萌
曹广海(7月3日免)
叶小玲(女)　蔡定洪
工会主任　沙益群(1月13日免)
纪委书记　华明远

**扬州银监分局**
局　长　张宗政
副局长　刘　旸　曹　阳
纪委书记　杨　光

**国家统计局扬州调查队**
党组书记　刘春来
队　长　刘春来(兼)
副队长　薛爱群(9月10日免)
游立华
纪检组长　黄祥凤

**省高宝邵伯湖渔管会**
主　任　陈日明
副主任　景晓滨　索维国
专职纪检员　蔡云海

## 区县市

### 广陵区

**中共广陵区委**
书　记　陈锴竑
副书记　陈　曦　赵长松
常　委　刘春晓　居益芬(女)
周鸿钧
徐德林(7月31日免)
顾克荣　徐长金
李斌桃(4月16日任)
郭长明(11月6日任)
张佑根(4月16日免)
何剑锋(挂职,4月16日免)

**广陵区人大常委会**
主　任　陈锴竑
副主任　夏祥生　薛高辉　张祥生
张　华　李成志

**广陵区人民政府**
区　长　陈　曦
副区长　徐长金(1月5日任)
胡明寿　王　峰
王　涛(女)
孟亚东(援疆)
张　骏(省科技镇长团)
王早东(12月31日任)
张贵联(1月5日免)
郭长明(12月31日免)
鲜　斌(挂职,5月3日免)

**政协广陵区委员会**
主　席　张　建
副主席　刘新伟
陈荣华(1月27日任)
丁卫社　胡明寿
阚永明

### 邗江区

**中共邗江区委**
书　记　张耀武
副书记　钱　峰(11月6日任)
周国清(9月1日任)
龚振志(11月6日免)
苏满满(7月31日免)
常　委　刁顺勤　祁胜媚(女)
朱发奎　陈　洁　孟德和
王公锋　朱跃龙　徐　明
苏启大(挂职)
木沙江·吾休尔(挂职,4月16日免)

**邗江区人大常委会**
主　任　尹宏宝
副主任　徐圣龙　徐金才　严功林
曹占田　刘玉祥

**邗江区人民政府**
区　长　钱　峰(11月24日任)
龚振志(11月24日免)
副区长　朱跃龙　李春阳
洪　扬(女)　丁明哲
王长仪
李峻青(11月2日任,省科技镇长团)
范梅青(女,11月24日免)
李　滨(11月2日免,省科技镇长团)

**政协邗江区委员会**
主　席　陈佳宏(1月22日任)
副主席　许宏楼　李德居
　　　　冯筱白(女)　徐　晟
　　　　王亚民　吴心明

## 江都区

**中共江都区委**
书　记　蒋爱祥
副书记　韦　峰(11月6日任)
　　　　张永庭
　　　　马顺圣(11月6日免)
常　委　李　杰　曾庆玲(女)
　　　　蒋孝文　田醒民　顾　民
　　　　夏增忠　于　越
　　　　刘卫国(11月6日任)
　　　　康　尧(11月6日任)
　　　　储胜金(挂职)
　　　　钱　峰(11月6日免)
　　　　余通海(11月6日免)
　　　　曾万仲(挂职,7月30日免)

**江都区人大常委会**
主　任　李涛庆
副主任　谢秀生　孙逸山　叶　跃
　　　　孙恩明(1月17日任)
　　　　姜际芳(女,1月17日免)

**江都区人民政府**
区　长　韦　峰(11月26日任)
　　　　马顺圣(11月26日免)
副区长　田醒民(11月26日任)
　　　　李　杰　彭苏宁　孙　明
　　　　李桂山　姜　熔
　　　　陆　丕(省科技镇长团,9月29日任)
　　　　杨德银(11月26日任)
　　　　钱　峰(11月26日免)
　　　　刘卫国(11月26日免)
　　　　曾万仲(挂职,5月22日免)
　　　　徐晓明(省科技镇长团,9月29日免)

**政协江都区委员会**
主　席　许　煜
副主席　袁中飞　孙　明　王勤宏
　　　　沈仁礼(1月16日任)
　　　　黄春涛(1月16日任)
　　　　王广顺(1月16日免)

## 宝应县

**中共宝应县委**
书　记　王炳松
副书记　王道霄(6月23日任)
　　　　周玉宝
　　　　王庭国(6月23日免)
常　委　陈金荣　翟士高　顾长荣
　　　　张　伟
　　　　沈伯宏(4月16日任)
　　　　王梅峰(4月16日任)
　　　　张　利(7月31日任)
　　　　吉　琳(女,11月6日任)
　　　　伏开新(4月16日免)
　　　　王友芳(女,11月6日免)
　　　　朱宋华(7月31日免)

**宝应县人大常委会**
主　任　王炳松
副主任　杨善慧　夏征宇　李长春
　　　　黄才堂

**宝应县人民政府**
县　长　王道霄(6月26日任)
　　　　王庭国(6月26日免)
副县长　张　伟　杨洪国　杨步云
　　　　夏忠平　顾锡芳
　　　　吴建志(援青)
　　　　闫　伟(9月8日任)
　　　　高　敏(女,9月8日任,省科技镇长团)
　　　　张　利(9月8日免)
　　　　邵红宁(女,9月8日免,省科技镇长团)

**政协宝应县委员会**
主　席　秦有芳
副主席　吴晓荻　徐建林　王松年
　　　　金　陵

## 仪征市

**中共仪征市委**
书　记　张震宇(3月25日任)
　　　　程　希(3月25日免)
副书记　朱柏兴(6月23日任)
　　　　王庆山
　　　　仲　玲(女,7月31日任)
常　委　蒋元峰(援疆)
　　　　刘春华　王长田　张　伟
　　　　韩荣明
　　　　崔学锋(11月6日任)
　　　　罗瑞勤(11月6日任)
　　　　沈文杰(11月6日任)
　　　　杨　斌(11月6日免)
　　　　李　林(7月31日免)
　　　　刘希泽(6月23日免,挂职)

**仪征市人大常委会**
主　任　刘本义
副主任　纪　明　骆　翔　顾学云
　　　　吴惠芬(女)

**仪征市人民政府**
市　长　朱柏兴(6月30日任)
　　　　张震宇(6月30日免)
副市长　刘春华(9月25日任)
　　　　王根云　赵建芳(女)
　　　　李正涛　丁雪海
　　　　朱正东(省科技镇长团,9月25日任)
　　　　仲　玲(女,9月25日免)
　　　　崔学锋(9月25日免)
　　　　孙松平(省科技镇长团,9月25日免)
　　　　热合木·艾木拉(挂职,4月25日免)

**政协仪征市委员会**
主　席　赵　明(1月16日任)
　　　　周农生(1月16日免)
副主席　韩兰芬(女)　王雪峰
　　　　陆永进(女)
　　　　吴正明(1月16日任)
　　　　郭道林(1月16日免)

## 高邮市

**中共高邮市委**
书　记　韩　方
副书记　方桂林(援藏)
　　　　张秋红(女)
常　委　徐永宝　汤学仁　孙建年
　　　　付有根　徐　健
　　　　朱莉莉(女,11月6日任)
　　　　朱　勇(7月31日免)

**高邮市人大常委会**
主　任　韩　方
副主任　葛桂秋　薛晓寒　孙明如
　　　　王永海(1月22日任)
　　　　郭海平(1月22日免)

**高邮市人民政府**
市　长　方桂林
副市长　徐永宝　钱富强　高长明
　　　　朱莉莉(女)　杨文喜
　　　　潘建奇
　　　　赵　平(省科技镇长团)

**政协高邮市委员会**
主　席　倪文才
副主席　李春青　肖伯群
　　　　王　薇(女)　张贵龙
　　　　张拥军

# 大事纪要

Dashi Jiyao

编 辑 姚 震

## 1月

1日 扬州市举行元旦万人健身长跑活动。

2日 2015扬州新年音乐会在市音乐厅举行，俄罗斯国家交响乐团作专场演奏。

4日 扬州市314辆新能源公交车交付使用。

4—5日 市七届人大常委会举行第十七次会议，通过关于批准《扬州市生态文明建设规划(2014—2020)》的决议和《关于切实加强全市水环境保护和大气污染防治的议案》的决定。

6日 中共扬州市委召开民主协商会，就市“两会”有关人事安排与市各民主党派、工商联负责人和无党派人士进行民主协商。

△ 市政府举行第六届扬州市工艺美术大师命名表彰大会，命名36名市级大师。

8—11日 政协扬州市第七届委员会第四次会议在扬州召开。

9日 市委、市政府举行2015年城市荣誉表彰暨新年联欢会，“十大工功臣”“十大道德模范”受到表彰。

△ 2014年度国家科学技术奖励大会在北京举行，扬州市共有5个项目获国家科学技术奖。其中，扬州诚德钢管有限公司联合宝山钢铁公司等研发的“600℃超临界火电机组钢管创新研制与应用”项目获国家科技进步一等奖；扬州中科半导体照明有限公司的“低热阻高光效蓝宝石基GaN LED材料外延及芯片技术”获国家技术发明二等奖，成为扬州市获得的首个国家技术发明奖。

9—12日 市七届人民代表大会第四次会议在扬州召开。

1月9日，扬州市举行2015年城市荣誉表彰暨新年联欢会　王　卓/摄

14—19日 市委书记谢正义率扬州市友好经贸代表团赴日本考察。

15日 2015年扬州市文化科技卫生“三下乡”活动启动仪式在邗江区方巷镇花城村文体中心举行。

△ 市长朱民阳会见到访的美国驻上海总领事史墨客一行。

17—18日 全国人大常委会副委员长陈竺到扬州考察公立医院医疗联合体建设工作。

20—21日 市委书记谢正义率扬州友好经贸代表团赴韩国考察。

21日 市委、市政府召开新闻发布会，发布《关于进一步做好民生建设工作的意见》。

22日 市委书记谢正义会见到扬州考察的全国政协常委、香港新世界集团董事局主席郑家纯。

△ 江苏“最美人物之最美基层干部”发布会在扬州举行，邗江区竹西街道党工委副书记、安平社区党委书记黄婷获江苏“最美基层干部”称号。

## 2月

2日 市委召开大会，传达江苏省十二届人大三次会议和政协江苏省十一届委员会第三次会议精神。

3日 市委书记谢正义会见到扬州考察的中化集团总裁蔡希有一行。

△ 扬州军分区党委召开十三届三次全体(扩大)会议。

4日 扬州市举行“携手共进——服务小微企业”首场活动，为小微企业提供融资、政策咨询等服务。

5日　省军区在扬州召开战备规范化建设现场观摩会，总结推广扬州军分区战备规范化建设试点经验。省委常委、省军区政委曹德信，省军区司令员李大清现场观摩。

△　市纪委召开六届五次全会。

△　由江苏扬建集团有限公司总承包施工的扬州文化艺术中心工程入选2014-2015年度中国建设工程鲁班奖。

6日　市委常委会召开以“严格党内生活、严守党的纪律、深化作风建设”为主题的民主生活会。

7日　市四套班子领导集体调研蜀冈-瘦西湖景区。

8日　江苏预备役高炮二师党委全体(扩大)会议在扬州召开。

△　国家发展改革委资助项目，市委、市政府民生工程重点项目——苏北人民医院急诊医学中心(儿童医学中心)启用。

9日　市长朱民阳会见金鹰国际集团董事长王恒。

10日　省委常委、组织部长王炯，副省长徐南平到扬州市高邮、邗江等地，走访慰问部分老党员、孤寡老人、困难群众、低保户。

11日　市委、市政府召开“城建项目决胜年”暨“城市管理强化年”动员会。

△　市委常委会集体调研古城保护工作。

12日　市委书记谢正义、市长朱民阳，泰州市委书记蓝绍敏、市长陆志鹏等扬州、泰州两地党政负责人共同视察扬州泰州机场，专题研究机场口岸开放及运营发展问题。

△　2014年江苏科学技术奖评选揭晓，扬州市19个项目获省科学技术奖，其中一等奖1项。江苏亚普汽车部件股份有限公司、江苏扬农化工股份有限公司2家企业获省企业技术创新奖，与扬州中天利新材料股份有限公司合作的俄罗斯高纯物质化学研究所所长、俄罗斯科学院院士哈伊尔·费奥多罗维奇·丘尔巴诺夫获省科技合作奖。

13日　市长朱民阳等赴上海走访慰问海军扬州舰全体官兵。

△　市政协党组召开以“严格党内生活、严守党的纪律、深化作风建设”为主题的民主生活会。

14日　扬州市在连福社区举办“文明扬州”志愿服务行动启动仪式暨广陵区义工日集中活动。

16—18日　市领导开展走访慰问活动。

25日　市委、市政府召开全市机关作风建设大会。

27日　省委、省政府召开全省推进民生建设迈上新台阶暨综合医改试点工作动员大会，市委书记谢正义在扬州分会场作《突出基本民生和重点民生，扎扎实实推动民生工程建设迈上新台阶》大会交流发言。

△　市政府召开全体会议，贯彻省政府第三次廉政工作会议和全市作风建设大会精神，部署下一阶段政府廉政建设和重点工作任务。

28日　市政府党组召开以“严格党内生活、严守党的纪律、深化作风建设”为主题的民主生活会。

## 3月

1日　市委、市政府召开全市农村工作会议暨推动现代农业建设迈上新台阶部署会。

3日　第四届全国文明城市评选结果揭晓，扬州通过全国文明城市复查测评。

4日　市长朱民阳在北京考察中关村，并出席中关村—扬州电子信息产业对接会。

6日　市委书记谢正义主持召开市委全面深化改革推进跨江融合发展领导小组会议。

△　中央文明办公布2月“中国好人榜”，扬州大学学生仲磊入选“见义勇为好人”。

10日　市四套班子领导和市级机关干部、各界群众代表到建设中的廖家沟城市中央公园开展义务植树活动。

△　市四套班子领导集体视察建设中的万福大桥。

△　市长朱民阳在北京拜访国家旅游局，国家旅游局局长李金早会见朱民阳一行。

11日　市长朱民阳在北京拜访全国人大常委会副委员长陈竺。

△　省生态文明建设领导小组办公室到扬州考核生态文明建设工程情况。

12日　科技部专家组到扬州调研扬州高新区“以升促建”工作，并就扬州高新区争创国家级高新区提出意见和建议。

15日　萨斯坦智库发布2014“中国最具外资吸引力国家级开发区百强”名单，扬州经济技术开发区列第21位。

17日　扬州市召开大会，传达全国人大、全国政协“两会”精神。

△　市委召开全市人大工作会议。

20日　市委常委会研究并审议通过《2015年“三直接”新十大环节操作规范》。

△　市政府召开全市经济形势分析座谈会。

23日　全国内河最大跨径钢结构大桥——新江扬大桥正式通车。

△　市政府召开创建全国质量强市示范城市推进大会。

△　市人大常委会组织部分委员赴江都区视察设施农业机械化示范园建设和农业气象服务工作等情况。

24日　扬州市政府与省交通运输厅签署推进扬州交通运输现代化建设战略合作协议。该协议是全省厅

新江扬大桥　　张孔生/摄

市合作推进交通运输现代化建设的第一份协议。

25日 市委、市政府召开“共建文明城、争做文明人”动员大会。

△ 市政府召开全市法治政府建设推进大会。

△ 市政府召开全市金融工作会议。

26日 市政协召开协商座谈会，就“整合提升农村基层卫计健康服务资源”组织部分委员实地视察、协商交流。

27日 “江苏省人民满意的公务员集体”表彰大会在南京召开，扬州市工商行政管理局作为全市唯一入选的行政单位受到表彰。

28日 博鳌亚洲论坛2015年年会在海南博鳌举行开幕式，市长朱民阳应邀参加开幕活动。

31日 第25届上海白玉兰戏剧表演艺术奖揭晓，市扬剧研究所青年演员汪媛获“新人配角奖”。

△ 省政府召开全省城乡环境整治工作推进会，扬州等6座城市被授予首批“江苏省优秀管理城市”称号。

31日至4月1日 省委书记罗志军在扬州就转型升级进行专题调研。罗志军先后察看了宝应电缆科技城、艳阳天渔光互补新能源、智谷科技综合体、亚普汽车部件股份有限公司和柳堡“二妹子”模范民兵活动中心等。

## 4月

1日 扬州市正式实行营业执照、组织机构代码证、税务登记证“三证合一”登记制度，并发放首张“三证合一”营业执照。

1—3日 市委副书记张爱军率团赴扬州援疆对口支援单位——新疆伊犁州新源县考察对口援疆工作，并向新源县教育系统捐赠部分皮卡汽车。

2日 扬州市在革命烈士陵园举行革命先烈凭吊活动。

△ 市四套班子领导集体视察大明寺修缮工程。

△ 市政府与中国交通建设集团签署战略合作协议，共同推进扬州城市建设。

4日 建于湾头镇江扬船厂旧址上的大型停车场投入使用，该停车场面积约2.5万平方米，有1500个停车位，是扬州市区最大的露天停车场。

8日 市人大常委会视察生态科技新城规划及“七河八岛”沿河船厂砂石场搬迁情况。

9日 全省公共体育服务体系建设推进会在扬州召开，扬州市及6个县(市、区)成为首批省级公共体育服务体系示范区。

△ 第八届中国国际食品安全技术论坛在扬州举行。

10日 为期7个月的市第12届运动会揭幕，首个比赛项目乒乓球赛开赛。

12日 江苏省旅游局公布5条江苏“丝绸之路”精品旅游线路，与扬州有关的2条线路入选。

16日 市政府与江苏电信、江苏移动、江苏联通、江苏铁塔四大通信运营商签署战略合作协议。

△ 市政府与江南大学举行科技合作交流对接会，并与江南大学签署全面合作协议。

16—17日 省政协副主席、省委统战部部长王雪非到扬州调研统战工作。

17日 海关总署署长于广洲到扬州调研。

△ 市委书记谢正义分别会见到扬州参加“烟花三月”国际经贸旅游节的玻利维亚驻华大使吉列尔莫·查卢普、哥伦比亚驻华大使卡尔门萨·哈拉米略、秘鲁驻华大使卡洛斯·卡普纳伊一行。

△ 京东扬州馆正式上线运营。

△ 由市委、市政府主办的海峡两岸(扬州)农业合作试验区推介签约仪式暨中国扬州·阿波罗花木园艺博览会开幕式在阿波罗花木市场举行。“江都国家现代农业示范区”揭牌。

18日 2015中国扬州“烟花三月”国际经贸旅游节开幕式暨重大项目签约开工投产仪式在广陵新城李宁体育园举行。开幕式上，市政府与省经信委签署全省第一个省市《共建江苏省互联网产业园合作协议》。谢正义、朱民阳为13位扬州市“城市贵宾”颁发证书。

△ 恒丰银行扬州分行正式开业。

△ 《瘦西湖》特种邮票在扬州首发。

△ 中俄基金扬州子基金成立。

△ 2015年第二届环扬州公路自行车联赛(第一站)暨群众体育活动展演在文昌路西延立交桥东侧举行，文昌路西延418省道正式通车。

19日 2015扬州鉴真国际半程马拉松赛暨全国半程马拉松锦标赛在扬州举行，来自43个国家和地区的3.5万名选手参赛。

△ 副省长曹卫星在扬州调研体育基础设施建设情况。

△ 市委、市政府在李宁体育园举行重大城建项目推进会暨慰问演出活动。

△ “文化休闲·城市度假”扬州旅游招商推介会在扬州会议中心举行。

21日 住房和城乡建设部、国家文物局公布第一批30个中国历史文化街区名单，扬州市南河下历史文化街区入选。

△ 第九届扬州软件和信息服务外包大会暨“互联网+”产业发展

南河下历史文化街区 张孔生/摄

论坛在广陵新城举行。

22—26日　2015中国扬州两岸素食文化暨绿色生活名品博览会在扬州鉴真图书馆举行。

23日　扬州市首届“朱自清读书节”正式启动。

24日　市委、市政府组织市四套班子老领导参观考察部分重点城建项目建设情况。

△　市政府召开经济形势分析会暨“一带一路”和长江经济带战略工作研讨会。

25日　市民政局举行全市首批社区学院授牌仪式，广陵区文昌花园、邗江区翠岗花园等9个社区获授牌。

27日　市人大常委会专题视察15分钟健康服务圈建设情况。

28日　市政协委员专题视察城市交通管理工作。

△　2015院士专家扬州行活动启动，扬州市院士专家咨询委员会同时成立。

△　“上海结对园区扬州行”活动在扬州举行。

△　市人大常委会举行主任会议，听取市政府关于农村土地承包经营权确认颁证工作情况的汇报。

29日　苏北医院医疗联合体成立大会召开。

△　市政协召开七届二十四次主席会议，就“深化市属国资国企改革”进行协商讨论。

30日　市委、市政府召开庆祝“五一”国际劳动节暨劳模先进表彰大会。

## 5月

3日　市委、市政府举办“百寿宴”，市委书记谢正义、市长朱民阳、市政协主席洪锦华、市委副书记张爱军和城区100名老人参加。

4日　市四套班子领导集体调研江阳路快速化改造。

7日　“全国苏商扬州行——民资招商推介会”在扬州举行。

7—9日　市委书记、市人大常委会主任谢正义率扬州市党政代表团赴广东省深圳市考察，学习借鉴深圳创新驱动、转型升级方面的经验和做法。

8日　扬州市在深圳与中兴通讯有限公司、清华大学深圳研究院签署合作协议。

9日　扬州市在深圳与腾讯计算机系统有限公司签署“互联网+”战略合作框架协议。

9—10日　市委书记、市人大常委会主任谢正义率扬州市党政代表团赴福建省厦门市，学习考察厦门科学规划建设专业园区、大力发展软件和信息服务业的经验与做法。

11日　江苏省暨扬州市首届职业教育活动周启动仪式在扬州商务高等职业学校举行，副省长曹卫星出席。

11—15日　市委书记谢正义率扬州市经贸考察团赴台湾考察。

15日　“运河名城·精致扬州”——扬州城市旅游推介会在台北市举行。

△　2014年度中国城市竞争力蓝皮书在北京发布。在全国两岸四地294座城市中，扬州城市综合经济竞争力居第41位，综合增量竞争力居第47位，可持续竞争力居第34位。

△　扬州市在北京举行“中外丝路城市美食文化交流扬州活动周”新闻发布会。

16—24日　扬州市举办以“创新创业，科技惠民”为主题的2015年市科技活动周暨第27届科普宣传周活动。

17日　扬州鉴真国际半程马拉松赛发展战略高层研讨会在扬州举行。

18—22日　2015中国扬州科技成果展示洽谈会——智能装备暨智能机器人科技成果专场对接洽谈会在市科技广场举行。

20日　全国人大常委会副委员长、农工党中央主席陈竺和全国政协副主席、农工党中央常务副主席刘晓峰率农工党中央调研组到扬州，就“水污染防治和水资源利用”进行调研。

△　国际标准化组织饲料机械技术委员会在扬州成立。

20—22日　2015世界绿色设计论坛扬州峰会暨世界绿色设计博览会在广陵新城京杭之心举行。

22日　市人大常委会组织部分委员专题视察未成年人保护工作。

23日　市委召开“三严三实”专题党课暨教育部署会，市委书记谢正义为全市县处级以上党员领导干部上专题党课，并对全市开展“三严三实”专题教育作动员部署。

24—25日　全国政协教科文卫体委员会主任张玉台率调研组到扬州，专题调研“创新人才培养模式改革”。

25—26日　市委书记谢正义率扬州招商推介代表团赴香港招商推介。

26日　“运河名城·精致扬州”——扬州城市旅游推介会在香港举行。

27—28日　市委书记谢正义率扬州招商推介团赴澳门考察推介。

27—29日　市七届人大常委会召开第十九次会议，听取市政府关于《扬州历史文化名城保护规划》《瘦西湖及扬州历史城区周边区域建筑高度控制规划》《扬州市生态科技新城综合规划》编制等情况汇报。会议决定任命姚苏华为扬州市副市长，接受张宝娟辞去扬州市副市长职务。

28日　《扬州市志(1988～2005)》首发式举行。

29日　扬州市召开工业百强企业授牌暨技术改造推进会。

△　复旦大学附属中山医院苏北人民医院医疗协作中心在苏北人民医院成立。

30日　水利部部长陈雷到扬州考察水生态文明城市建设工作。

## 6月

1日　市长朱民阳会见以市长文东信、议会议长陈熙浣为团长的韩国群山市代表团，扬州市与韩国群山市签订友好交往城市协议书，扬州市唐城遗址博物馆与群山市近代历史博物馆签订友好交流协议书。

3日　市防汛防旱指挥部与扬州军分区在高邮湖新民滩过水区域举行2015年扬州市军地抗洪抢险实战演练。

4日　全国人大常委会委员、教

科文卫委员会副主任委员、致公党中央副主席严以新一行到扬州调研。

△　副省长张雷到扬州检查安全生产工作。

6日　2015年江苏省社区公益服务采购项目招标结果公布，扬州市共有33个项目入选，入选数量居全省各市之首。

△　扬州市在社区建立慈善工作站，首批邗江区6家社区慈善工作站揭牌。

8日　省商务厅认定仪征市为“江苏省汽车及零部件出口基地”。

△　市委组织市四套班子领导集体瞻仰和参观党性教育基地。

9日　文汇西路西延至甘八路工程建成通车。

10日　全球最大的工业蓄电池制造商——美国艾诺斯集团在高邮投资的艾诺斯(扬州)华达电源系统有限公司正式投产。

10—13日　市长朱民阳率相关县(市、区)、部门和企业负责人赴山东青岛、潍坊学习考察。

11日　韩国丽水市议会议长朴正采率韩国全罗道东部圈议长代表团一行到扬州访问。

△　扬州市在青岛举办2015“中国扬州携手韩国名企”合作恳谈会。

12日　装载6.5万吨澳大利亚铁矿粉的11.5万吨中国香港籍“诚信2号”轮成功停泊扬州中信泰富码头，该轮为扬州口岸史上最大吨位的进口矿船，船长和载重吨都创下历史新高。

15日　省委常委、副省长徐鸣到扬州调研“三夏”工作。

16日　全国人大代表、省人大常委会常务副主任蒋宏坤率江苏部分全国人大代表到扬州专题调研深化农村改革工作。

18日　市政协首次举行基层协商活动，围绕“发展现代食品产业”课题，深入市食品产业园开展基层协商。

19日　第二届“江苏省文华奖”揭晓，扬州获9个奖项。

23日　中国城市竞争力研究会在香港发布“2015中国城市分类优势排行榜”研究报告，扬州在“中国最宜居城市”中列第九位，在“最具幸福感城市”中居第22位。

24—25日　市委书记谢正义、市长朱民阳率扬州市党政代表团赴苏州、常州、无锡、泰州，考察学习创新驱动、转型升级、全面深化改革、增强城市发展内生动力等方面的经验和做法。

25日　扬州泰州机场航空口岸对外开放通过国家级验收。

△　扬州市在北京举行“新三板”企业集中挂牌活动，华油燃气等5家中小型创新成长企业在全国中小企业股份转让系统集中挂牌。

△　山东省莱芜市委书记、市人大常委会主任王良率莱芜市党政代表团到扬州考察。

26日　市七届人大常委会召开主任会议，听取市政府关于农业特色产业园区建设情况的汇报等。

28日　中国扬州云计算中心在市出口加工区启用。

29日　市政协召开七届二十六次主席会议，就“促进医疗卫生和养老服务融合发展”进行协商。

## 7月

1日　市委召开大会，庆祝中国共产党成立94周年，并表彰全市先进基层党组织、优秀共产党员、优秀党务工作者和“十佳”优秀村(社区)党组织负责人。

△　扬州西部交通客运枢纽投入运营。市四套班子领导集体赴西部交通客运枢纽视察并慰问建设者。

2日　市委书记谢正义会见新加坡驻上海总领事王首毅一行。

△　扬州市与台湾科学工业园区科学同业公会在扬州举办科技合作推介会，并签订战略合作备忘录。

5日　江苏省首条“全民智道”在扬州曲江体育休闲公园启用。

5—14日　市长朱民阳率扬州市经济交流团在意大利出席米兰世博会江苏周活动，并访问意大利、捷克、哈萨克斯坦，开展经济交流活动。

6日　投资1亿美元的永道无线射频(扬州)有限公司新厂房在扬州经济技术开发区投产。亚洲最大、最先进的无线射频暗室实验室同时建成。

△　世界品牌实验室在北京市揭晓“2015年中国最具价值品牌”，扬州亚星客车股份有限公司以55.87亿元的品牌价值入围，列第386位。

7日　扬州市在位于高邮的抗日战争最后一役无名烈士墓和纪念馆集会，纪念全民族抗战爆发78周年、抗战胜利70周年。

8日　市人大常委会组织全体委员专题视察县(市、区)生态中心建设、城市黑臭河道整治及城庆重大工程建设情况。

10日　扬州市组织驻扬部队团以上单位军政主官参观市部分重点项目建设。

△　江苏省商务厅公布首批官方认定的176家“江苏老字号企业”，扬州14家企业入选。

15日　市人大常委会召开主任会议，专题听取市政府关于全市“六五”普法工作报告。

16日　省征兵领导小组副组长、省军区副司令员鞠华少将率检查组对扬州征兵工作进行督查。

17日　全省大气污染防治联席会议召开，扬州被省政府授予2014年度“大气污染防治优秀城市”称号。

17—18日　扬州市组织重大项目建设暨民生幸福工程观摩活动，现场检阅全市重大项目建设和民生幸福工程实施成果。市四套班子领导参加观摩活动。

19日　中共扬州市第六届委员会第九次全体会议举行，会议审议通过《中共扬州市委关于推动全面从严治党迈上新台阶的实施意见》和全会决议。

20日　市长朱民阳会见以色列驻上海总领事柏安伦。

21日　市七届人大常委会举行第二十次会议，决定任命汪志坚为扬州市副市长。

△　2015“中国扬州携手日本名企”(汽车产业)合作恳谈会在扬州举行。

21—22日　上海市政协副主席

张恩迪率上海市政协港澳地区委员到扬州，就扬州市加强历史文物保护、传承优秀传统文化方面的做法作专题考察。

28日　长三角协调会健康服务业专业委员会在扬州成立，是首个由地级市牵头设立的专业委员会。

△　由金融单位、企业和商会共同组建的金融服务平台“扬州市银商合作”挂牌成立。

△　市七届人大常委会举行第二十一次会议，听取市政府关于上半年国民经济社会发展计划执行情况的汇报等。

28—29日　省委常委、纪委书记弘强到扬州，调研扬州经济社会发展特别是基层党风廉政建设工作。

29日　扬州市举办“刚果(布)日”活动。

30日　市委书记谢正义、市长朱民阳赴省军区走访慰问。

△　经江苏省十二届人大常委会第十七次会议审议通过，扬州6个城市的人民代表大会及其常务委员会获得地方立法权。

△　市七届人大常委会第二十一次会议通过关于批准扬州市2014年市级决算的决议。

△　市长朱民阳会见刚果(布)奥约市市长让·马利·艾旺戈一行。

31日　市委、市政府召开全市文化建设迈上新台阶推进大会。

△　市委书记、扬州军分区党委第一书记谢正义主持召开市委常委议军会暨人武部党委第一书记述职报告会、市委常委议警会。

7月31日，扬州市委、市政府召开全市文化建设迈上新台阶推进大会　王　卓/摄

## 8月

2日　扬州市中医院与江苏省中医院、江苏省肿瘤医院、朗格尼医学中心缔结友好合作关系，“江苏省中医院战略联盟医院”“江苏省肿瘤医院技术合作医院”“朗格尼扬州远程会诊中心”同时在扬州市中医院揭牌。

6日　省委督查组到扬州督查调研城乡社区减负增效工作。

8日　“全民健身日”，全市19家体育场所向社会免费开放。

△　中央电视台《新闻联播》节目以《江苏扬州：治城先治水　活水流起来》为题，报道扬州的“清水活水”工程。

8—13日　第四届全国木偶皮影剧(节)目展演在扬州举行。

10日　市政府与中国农业发展银行江苏省分行签署《推进扬州统筹发展和区域城镇建设金融合作备忘录》，首批签约项目41个，贷款总额509亿元。

△　市长朱民阳会见到扬州考察的米兰世博会中国企业联合馆、意大利经贸考察团一行。

11日　山东省济宁市委常委、常务副市长刘中全率团到扬州考察机场建设工作。

12日　江苏省经信委网站公布2014年全省百强民营企业(集团)名单，江苏江都建设集团有限公司、江苏邗建集团有限公司2家扬州企业上榜。

13日　市委、市政府召开全市深化医药卫生体制改革工作动员大会。

△　市委、市政府召开全市“七创”全国双拥模范城推进会。

14日　副省长张雷率相关部门负责人到扬州，调研棚户区改造工作。

17日　省长李学勇到扬州调研考察。李学勇先后察看了建设中的万福大桥、廖家沟城市中央公园，广陵新城的扬州创谷，扬州市扬剧团，以及亚普汽车部件公司和江苏牧羊集团等企业。

△　省人大常委会副主任张艳率省人大执法检查组到扬州，开展《江苏省保护和促进台湾同胞投资条例》执法检查。

18日　全市24个重大项目集中开工，计划总投资251.4亿元。

19日　海外华文媒体扬州交流中心揭牌。

21—22日　2015中国扬州移动互联网大会和全国电子商务应用人才培训工程在扬州举行。

24日　市政协召开七届二十八次主席会议，就“生态科技新城建设发展”议题进行协商。

△　扬州市劳动人事争议调解服务平台上网运行。

20—24日　市委书记谢正义率团赴俄罗斯莫斯科市、圣彼得堡市考察、推介。

25—27日　市政府以“增信心、稳增长；强服务、求发展”为主题，先后召开全市新能源新光源、汽车及零部件、机械、船舶和石化五大产业发展推进会。

26日　省人大常委会副主任赵鹏到扬州开展“主任接待日”活动，听取9位在扬省人大代表的意见和建议。

△　文昌路西延353省道通过交工验收，交付使用。9月5日，市委、市政府举行开通仪式。

25—27日　市委书记谢正义率团赴蒙古国考察访问。

28日　市人大常委会召开主任会议，听取市政府关于城市管理工作情况的汇报和关于蜀冈西峰生态修复工程议案的说明。

## 9月

1日　“不能忘却的纪念”——扬州市纪念中国人民抗日战争暨世界反法西斯战争胜利70周年大型书画展在市美术馆开展。

2日　扬州市召开城市公园体

系建设推进会。

6日　市政府与中国邮储银行江苏分行签署战略合作协议。

7—10日　2015世界厨师联合会亚洲和太平洋地区主席峰会在扬州举办。这是世界厨师联合会首次在中国举办相关活动。

8日　世界厨师联合会和中国烹饪协会联合授予扬州西园饭店、扬州花园国际大酒店等6家餐饮企业制作的扬州包子、扬州炒饭和扬州狮子头“国际经典美食”称号。

9日　市长朱民阳会见阿尔巴尼亚共和国发罗拉大区省长达那伊、发罗拉市市长莱莉一行，并签署扬州与发罗拉市建立友好关系备忘录。

11日　扬州境内首条特高压输电线路，淮上线（北环）扬州段全线贯通。

△　市长朱民阳会见意大利文化优先协会主席、前副总理鲁泰利，意大利对外友好协会主席、前议长艾琳·皮维蒂，意大利驻上海总领事裴思泛等。

11—14日　“中外丝路城市美食文化交流——扬州活动周”在扬州举办。世界中国烹饪联合会授予扬州市“国际美食之都”牌匾。

13日　全市第一家24小时自助图书馆——“城市书房”在广陵新城红帆驿站投入使用。

14日　扬州市28人入选江苏省第三批“产业教授”名单，入选人数居苏中、苏北首位。

15日　省内首家区域性智库联盟——“宁镇扬智库联盟”在南京揭牌。

△　扬州（北山）汽车产业园被省商务厅认定为省级特色园区。

15—21日　市长朱民阳率团赴台湾就经贸旅游、医疗卫生、文化创意、职业教育、现代农业开展考察交流。

19日　市政府与省教育厅签署协议，共同筹建江苏旅游职业学院（暂名），共同支持扬州工业职业技术学院、扬州市职业大学发展。

20日　城庆重点工程——万福大桥建成通车。

△　全市18家农村区域性医疗卫生中心集中开工建设。

21日　“扬州舰”正式加入中国人民海军战斗序列。

22日　史可法广场、阮元广场、扬州中学院士广场、虹桥坊广场、邵伯谢安广场、杜十娘广场等6座广场建成开放。

24日　扬州泰州机场第一条国际航线——扬州至韩国首尔航线开通。

25日　扬州486“非遗”集聚区启幕。中国“非遗”战略发展联盟扬州工专业委员会揭牌。

△　全国首届廉文化绘画展在扬州廉政文化展示馆举办。

26日　扬州市民中心（包括市政务服务中心、市妇女儿童活动中心、市青少年活动中心和市科技馆）建成启用。

△　扬州市举行“9·26”重大项目集中开工活动，万达广场、金鹰新城市中心等9个重大项目开工。

△　李宁体育公园对外试营业。

27日　市长朱民阳会见荷兰布雷达市长代表团一行。

△　根据史可法在扬州抗清守城史料创作的新编历史扬剧《不破之城》在扬州大剧院首演。

28日　大型音乐舞蹈诗《千古风流》首演。

29日　扬州市举办系列活动，庆祝建城2500周年。市委书记谢正义发表《人民幸福 扬州万福》献词。

△　市长朱民阳会见英国科切斯特市市长特丽萨·希金斯一行。扬州与科切斯特市签署协议，结为友好城市。

△　市长朱民阳会见到扬州访问的阿尔巴尼亚文化部长雷拉·库姆巴罗一行。

29日至10月13日，扬州举行古运河花船巡游，省内大运河沿线8市（扬州、镇江、无锡、苏州、常州、淮安、宿迁、徐州）和泰州市各制作一艘花船参加。

30日　市七届人大常委会第二十二次会议通过决议，同意蜀冈中西峰生态修复工程方案。

△　市长朱民阳会见到扬州参加2500周年城庆活动的日本唐津市、厚木市代表团一行。

## 10月

1日　扬州市在市民广场举行升旗仪式，庆祝新中国成立66周年和扬州建城2500周年。

△　市四套班子领导集体视察江广融合区的城庆重点项目——廖家沟城市中央公园和万福大桥。

△　庆祝扬州建城2500周年群星演唱会暨大型焰火晚会在市体育公园体育场举行。

8日　江都警嫂张桂荣获首届全国“好警嫂”称号。

9日　2015年扬州鉴真国际半程马拉松赛连续第四年被国际田联授予“金标赛事”称号。

10日　省人大常委会副主任蒋宏坤率部分省人大常委会委员、省人大代表及省政府有关部门负责人到扬州，督办重点建议办理情况。

△　省践行“三严三实”先进典型巡回报告团到扬州宣讲。

10—11日　山东省淄博市委书记王浩、市长周连华率党政代表团考察扬州产业转型升级、生态文明及文化建设等方面情况。

12日　扬州北游客服务中心揭牌运营。

9月29日，扬州古运河花船巡游首发式举行

李斯尔/摄

△ 扬子江南路提升改造工程开工建设。

13日 潍柴锐动力WP3发动机在扬州举行万台销售庆典。

△ 文昌商圈首个立体停车库——位于时代广场南侧的紫藤园立体停车库建成，可增加120个停车位。

14日 扬州市少工委副主任徐国英获第五届全国道德模范提名奖。

14—16日 省人大常委会副主任张艳在扬州专题调研县乡人大工作。

16日 扬州市在上海举办“对接资本·创业成长”活动暨扬州金融集聚区招商合作恳谈会。

△ 扬州大学召开干部大会，宣布江苏省委决定姚冠新任扬州大学党委书记。

△ 市人大常委会组织部分在扬州省人大代表专题调研扬州市耕地质量建设与管理情况。

17日 市委召开警示教育大会。

△ 市委召开2015年县处级党政主要负责人廉洁从政情况汇报会。

18日 李宁体育公园正式开园。

△ 市老年活动服务中心启用。

20日 扬州生态科技新城展示馆建成开放。

21—25日 市长朱民阳率经贸招商团赴澳门、香港开展经贸招商活动。

22日 市政府印发《扬州市科学技术奖励办法》。

24日 全国政协文史和学习委员会副主任陈光林、周国富一行到扬州，专题调研大运河申遗成功后的保护和利用。

25日 市委书记谢正义主持召开县(市、区)、功能区党(工)委书记专题教育会，学习《中国共产党廉洁自律准则》和《中国共产党纪律处分条例》。

△ 市委书记谢正义会见到扬州考察的扬州援疆对口支持单位、新疆维吾尔自治区伊犁哈萨克自治州新源县党政代表团一行。

△ 国务院批复同意扬州高新技术产业开发区升级为国家级高新技术产业开发区。

26日 扬州市区地下管线GIS系统(地理信息系统)全部建成，投入试运营。

△ “扬州发布”官方微信平台正式上线运行。

27日 扬州市表彰首届软件服务业“十佳软件企业”和“十佳软件工程师”，并对符合政策的40家企业集中兑付市级专项奖补政策。

△ 江苏睿诚股权投资基金管理有限公司揭牌，扬州首支阳光私募基金“睿诚1号”同步发售。

△ 扬州首届创客嘉年华在市科技广场举行。

△ 环邵伯湖大道中的沿湖大道(611省道)邗江段正式开建。

△ 市人大常委会召开主任会议，听取市中级人民法院关于商事审判工作情况的汇报。

△ 市政协主席会议成员及部分委员视察全市综合开发工作。

30日 扬州市与台湾电机电子工业同业公会参访团举行产业合作恳谈会。

30日至11月2日 2015年中国文化馆年会在重庆市举行，扬州市文化馆获“全国优秀文化馆”称号。

## 11月

1日 扬州市举行扬州·台湾文化创意产业恳谈会。

△ 2015“百花杯”中国工艺美术精品奖在扬州揭晓，扬州149件(套)作品参评，获奖100多个。

△ 扬州市实施城市公立医院医药价格综合改革，12家城市公立医疗机构全部实施药品(中药饮片、医院制剂除外)零差价销售，降低大型设备检查费用，提高诊疗、护理等综合服务类项目及手术项目价格。

4日 由中国曲艺家协会、扬州市人民政府主办的“让世界听我说话——杨明坤版《皮五辣子》首发暨中国曲艺名家送欢笑惠民演出”在扬州大剧院举行。

5日 扬州市在四川成都举行“科技创新·产业合作”恳谈会。

6日 市四套班子领导集体赴扬子津科教园区调研。

△ 省人大常委会副主任张卫国率调研组到扬州，调研中共中央和省委关于加强县乡人大工作意见贯彻落实情况。

△ 国务院办公厅印发《关于批准扬州市城市总体规划的通知》，原则同意《扬州市城市发展总体规划(2011—2020年)》。

△ 政风热线省市联动直播活动走进扬州。市长朱民阳率县(市、区)政府、功能区管委会以及市各相关部门主要负责人、纪检监察负责人，现场接受群众投诉。

8日 大洋造船有限公司为希腊船东建造的首制8.2万载重吨散货船DY6001顺利下水。

△ 由《互联网周刊》发起的2015智慧旅游景区TOP100评选结果揭晓，扬州瘦西湖风景区名列榜首。

9日 扬州市在上海举行国有资本项目面向民资开放合作恳谈会。

9—10日 市长朱民阳率队在上海进行项目招商推介。活动期间，扬州市政府与上海网络视听行业协会签订战略合作框架协议。

10日 扬州市在上海举行2015“中国扬州携手世界名企”合作恳谈会。

11—13日 市长朱民阳率队在北京围绕软件和互联网产业进行专题招商推介，并举行软件和互联网产业合作恳谈会。

12日 扬州在北京全国中小企业股份转让系统(俗称“新三板”)举行扬州小贷公司集中挂牌专场，“国鑫农贷”等5家小贷公司正式挂牌。至此，扬州“新三板”挂牌企业增至31家。

13日 扬州市举行法治集中评议活动。

14—15日 首届“扬州八怪论坛”在扬州举办。

15日 市委、市政府召开迎接城庆重大城建项目建设表彰大会暨先进事迹报告会。

16日 市长朱民阳会见到扬州访问的法国奥尔良市市长奥里佛·加里尔一行，双方签署建立友好交往城市关系备忘录及旅游合作协议。

17日　扬州市举行阿拉伯国家代表团扬州推介会。

19日　市政协以"科学谋划'十三五'"为主题举办2015年"扬州政协论坛"。

△　扬州市发放首批科技创新券5000万元。

22日　市委召开全市领导干部大会，传达学习省委十二届十一次全会精神。

23日　扬州市公立医院管理委员会成立，并举行第一次会议。

24日　市政协就"加强小区物业管理"进行视察、调研。

25日　扬州市举行贯彻落实中共十八届五中全会和省委十二届十一次全会精神报告会。

△　市七届人大常委会召开第二十三次会议，听取市政府关于扬州市国民经济和社会发展第十二个五年规划执行和第十三个五年规划编制情况的汇报。

28日　市委召开2015年度重点调研成果汇报交流会。

△　全长17.2千米的城市南部快速通道工程开工建设。

28日至12月5日，市政协主席洪锦华率扬州市友好代表团访问乌兹别克斯坦和缅甸。

## 12月

2—4日　市长朱民阳率在扬全国人大代表考察组，赴湖州、杭州、无锡等地考察特色小城镇建设情况。

3日　扬州市中小微企业融资会计服务示范基地启动。

4日　扬州经济技术开发区举行"日本健康产业园"合作共建签约仪式，将以尤妮佳项目为中心，引进更多日本先进的健康产业项目，利用3至5年时间打造"日本健康产业园"。

5日　镇江市委书记夏锦文率镇江市党政代表团到扬州考察。

△　市委召开党外人士专题民主协商会，就扬州"十三五"发展的重大问题听取市各民主党派、工商联负责人和无党派人士代表的意见和建议。

△　扬州市"志愿江苏服务平台"开通。

△　第六届江苏曲艺"芦花奖"在宜兴揭晓，扬州曲艺共获8个奖项。

9日　浙江省军区司令员张明才一行到扬州考察调研国防动员建设以及军民融合发展情况。

△　市长朱民阳会见到扬州考察的中国海运(集团)总公司董事、总经理张国发一行。

10日　省人大常委会党组书记、常务副主任蒋定之率队到扬州调研经济社会发展情况和人大工作开展情况。

11日　省委副书记、代省长石泰峰到扬州调研考察，在扬期间，石泰峰先后察看了牧羊集团、市政务服务中心、李宁体育园、廖家沟城市中央公园、新万福路、万福大桥等地。

12日　"绿杨风"扬州市第一届群众文艺新作评比颁奖演出在京杭之心举行。评比融合以往的少儿艺术节、老年艺术节、群众文化新作调演等活动，两年一届。本届群众文艺新作评比5月启动。

12月11日，省委副书记、代省长石泰峰到扬州调研　董　辉/摄

12—15日　"纪念曹雪芹诞辰300周年国际学术研讨会"在扬州举行。

13日　《爱我扬州　一生结缘》——"城庆主题歌"获奖歌词作品颁奖暨祝贺音乐会在市音乐厅举行。

15日　市政协主席会议成员和部分委员视察市工业重大项目建设情况，实地察看市经济技术开发区和邗江区的4个项目建设现场。

17日　副省长许津荣到到高邮市菱塘回族乡调研。

△　"丝路行·苏伊情"伊犁哈萨克自治州江苏巡回公益演出在扬州大剧院举行。

17—19日　扬州市组织开展重大项目建设暨民生幸福工程观摩活动，检阅"十二五"期间的实施成果。

24日　扬州市企业海外开拓促进会揭牌成立，85家跨界跨行业的企业成为首批会员。

27日　市委召开六届十次全体会议。市委书记谢正义代表市委常委会作题为《迈上新台阶、建设新扬州，全面开创"十三五"发展新局面》的讲话，市长朱民阳传达全省经济工作会议精神，并就做好2016年经济工作作部署。全会审议通过《中共扬州市委关于制定扬州市国民经济和社会发展第十三个五年规划的建议》和全会决议。市委常委会和市纪委常委会向全会书面报告2015年的工作。

28日　市委、市政府指定的唯一新媒体信息发布平台——"扬州发布"客户端正式上线。

28—29日　市长朱民阳率市政府领导班子成员分别到市人大和市政协，就《政府工作报告》(征求意见稿)、《十三五规划纲要》(征求意见稿)及政府相关工作征求意见和建议。

31日　市委书记谢正义率相关部门负责人赴清华大学拜访，推进清华大学与扬州市开展新一轮务实、有效合作。

△　扬州市举行市政府法律事务专家咨询员聘请仪式暨"十三五"规划纲要编制法治研讨会，13名专家受聘为市政府法律事务专家咨询员。

12月　科技部正式批复扬州市建设"扬州国家农业科技园"。

# 中共扬州市委员会

Zhonggong Yangzhoushi Weiyuanhui

编　辑　徐国磊

## 重要会议

**■市委六届九次全会**　7月19日，中共扬州市委召开六届九次全会。全会贯彻中共十八大、十八届三中、四中全会和习近平总书记系列重要讲话特别是视察江苏重要讲话精神，落实省委十二届十次全会决策部署，总结上半年工作，明确下半年工作要求，对推动全面从严治党迈上新台阶进行专题部署。市委书记谢正义代表市委常委会作报告，市长朱民阳作关于经济工作专题讲话。讨论通过《中共扬州市委关于推动全面从严治党迈上新台阶的实施意见》。会议根据有关规定，决定递补市委候补委员葛社清、邓清为市委委员。　（苏　鹏）

**■市委六届十次全会**　12月27日，中共扬州市委召开六届十次全会。全会贯彻中共十八届五中全会、中央经济工作会议和省委十二届十一次全会、全省经济工作会议精神，结合扬州实际，总结2015年和“十二五”以来的工作，科学谋划“十三五”发展，研究部署2016年工作任务。市委书记谢正义代表市委常委会作题为《迈上新台阶、建设新扬州，全面开创“十三五”发展新局面》的报告，市委副书记、市长朱民阳作关于经济工作专题讲话。会议审议通过《中共扬州市委关于制定扬州市国民经济和社会发展第十三个五年规划的建议》。（苏　鹏）

12月27日，中共扬州市委召开六届十次全会　王　卓/摄

## 重要决策

**■加强民生建设**　1月13日，市委、市政府印发《关于进一步做好民生建设工作的意见》，提出22条意见：(1)改善就业推动创业增加居民收入。(2)提高区域集中供水质量。(3)抓好食品安全保障。(4)推进大气污染防治。(5)切实保障好困难弱势群体基本生活。(6)健全城乡社会保障体系。(7)深化市区社会保障“同城同步同标”。(8)抓好低收入群体住房保障。(9)完成“清水活水”年度工作任务。(10)推进地下管网和积水点整治。(11)加大公共文化供给。(12)积极推进城乡全民健身场所建设。(13)全力办好各项城庆活动。(14)继续推进“公交优先”。(15)组织实施新一轮“八老改造”。(16)完善城市功能性设施。(17)改善农村生产生活环境。(18)健全地下管网、电线、消防系统。(19)科学配置城乡教育资源。(20)夯实基础医疗卫生健康服务体系。(21)大力推进平安扬州建设。(22)健全文明城市创建长效机制。（苏　鹏）

**■服务企业发展**　1月13日，市委、市政府印发《关于进一步优化企业发展环境的意见》，提出23条意见：(1)强化行政审批事项集中到位。(2)推进公共资源交易平台建设。(3)促进公共服务事项集中服务。(4)规范涉审中介服务。(5)建设为民服务信息公开平台。(6)健全政务服务纪检监察机制。(7)深化落实服务企业各项制度。(8)动态发布部门“权责清单”。(9)加强涉企收费管理。(10)全面推进规范执法。(11)强化事中事后监管。(12)实施“三证合一”登记制度改革。(13)提升建设项目审批效能。(14)试行工业园区项目前置性评估集中评价。(15)全面规范税收等优

惠政策。(16)加快推进政社分离。(17)推进政府转移职能和购买服务。(18)构建涉企信用服务体系。(19)切实减轻小微企业负担。(20)着力破解小微企业融资贵融资难。(21)全面优化创业创新环境。(22)强化涉企服务绩效考核。(23)强化督查推进和问责追究。 (苏 鹏)

**完善人民代表大会制度** 3月4日,市委印发《关于坚持完善人民代表大会制度推动人大工作与时俱进的意见》,提出25条意见:(1)充分认识坚持完善人民代表大会制度推动人大工作与时俱进的重要意义。(2)坚持完善人民代表大会制度推动人大工作与时俱进必须坚持的原则。(3)把人大工作纳入党委工作总体部署。(4)充分发挥人大常委会党组的领导核心作用。(5)切实加强人民代表大会制度宣传教育。(6)切实保障人大选举工作。(7)完善人大及其常委会会议制度。(8)积极推进地方立法。(9)切实保障宪法法律实施。(10)支持和保证人大及其常委会依法行使重大事项决定权。依法行使任免权。(12)创新人大监督工作方式方法。(13)加强人大预算决算审查监督。(14)加强人大协商民主建设。(15)加强人大常委会对外交往工作。(16)优化人大代表的结构。(17)保障代表依法履行职责。(18)提高代表议案建议办理质量。(19)加强与人大代表的联系。(20)密切人大代表与人民群众的联系。(21)加强人大常委会思想政治建设。(22)加强人大常委会组织建设。(23)加强人大机构和干部队伍建设。(24)加强乡镇、街道人大工作。(25)探索省级以上开发区人大工作机制。 (苏 鹏)

**加强少先队工作** 5月28日,市委印发《关于进一步加强全市少先队工作的意见》,提出16条实施意见:(1)指导思想。(2)目标任务。(3)加强对少年儿童的思想引领。(4)培育少年儿童优良品德。(5)提升少年儿童综合素质。(6)促进少年儿童身心健康。(7)健全少工委工作机制。(8)规范开展少先队活动课和学科建设。(9)全面加强学校少先队工作。(10)加强少先队活动阵地建设。(11)建设专业化职业化的少先队辅导员队伍。(12)加强少先队工作经费保障。(13)党委政府要高度重视少年儿童和少先队工作。(14)共青团要承担起“全团带队”的光荣任务。(15)教育行政部门要把少先队工作纳入基础教育发展的总体格局。(16)形成各方关心支持少先队工作的良好氛围。 (苏 鹏)

**做好医疗卫生工作** 6月16日,市委、市政府印发《关于深化医药卫生体制改革 建设现代医疗卫生健康体系的实施意见》,提出30条意见:(1)健全完善城乡医疗服务网络。(2)加强基层医疗卫生机构建设。(3)实施医疗资源纵向整合。(4)深化公立医院改革。(5)大力推进社会办医。(6)切实发挥中医药特色优势。(7)明确不同层级公立医疗机构功能定位。(8)加快构建分级诊疗制度。(9)探索建立符合行业特点的人才政策和人员培训培养、人事薪酬制度。(10)加强专业公共卫生机构建设。(11)提升公共卫生计生服务水平。(12)落实重大疾病防控措施。(13)强化健康教育与健康促进。(14)健全基本医保制度。(15)深化医保支付方式改革。(16)提高基本医保管理服务水平。(17)积极发展商业健康保险。(18)完善基本药物制度。(19)建立廉价、短缺药品供应保障机制。(20)改革完善公立医院药品集中采购办法。(21)推进药品生产流通领域改革。(22)建立协调统一的医疗卫生管理体制。(23)进一步加大卫生监督执法力度。(24)强化对各级医疗卫生机构的监管。(25)努力构建和谐医患关系。(26)建好群众身边的健身场地。(27)举办经常性的群众体育活动。(28)健全社会体育组织网络。(29)加快发展体育健身产业。(30)提升公共体育服务水平。 (苏 鹏)

**推动经济发展** 6月19日,市委、市政府印发《关于推动经济发展迈上新台阶的实施意见》,提出20条意见:(1)实施基本产业倍增计划。(2)推动先进制造业快速发展。(3)加快发展现代服务业。(4)转型发展现代农业。(5)强化企业创新主体地位。(6)加快创新载体建设。(7)加速创新资源集聚。(8)深入实施配套改革试点。(9)深化行政审批制度改革。(10)深化国资国企改革。(11)深化财税体制改革。(12)推进金融改革创新。(13)壮大开放型经济规模。(14)加快开放型载体建设。(15)积极参与“一带一路”和长江经济带建设。(16)加强生态环境保护。(17)狠抓环境污染综合治理。(18)强化生态文明建设制度保障。(19)有序推进新型城镇化和城乡一体化。(20)大力推进县域经济发展。 (苏 鹏)

**加强农业建设** 6月19日,市委、市政府印发《关于推动现代农业建设迈上新台阶的实施意见》,提出22条意见:(1)稳定发展粮食生产。(2)深入推进农业结构调整。(3)提升农业产业园区建设水平。(4)大力发展农业产业化经营。(5)强化农业科技创新和物质装备水平。(6)培育新型职业农民。(7)切实保障农产品质量安全。(8)创新农产品流通体系建设。(9)促进农业可持续发展。(10)加快建立农民收入稳定增长机制。(11)推进农村一二三产业融合发展。(12)提升农业保险服务水平。(13)加快农业转移人口市民化。(14)加大农村基础设施建设力度。(15)推进农村环境综合整治。(16)提升农村公共服务水平。(17)稳步推进农村土地承包经营权确权登记和有序流转。(18)加快推进农村集体产权制度改革。(19)加快培育新型农业经营主体。(20)提高服务“三农”组织化水平。(21)创新“三农”投入机制。(22)强化农村基层党组织建设。 (苏 鹏)

**推动民生建设** 6月19日,市委、市政府印发《关于推动民生建设迈上新台阶的实施意见》,提出8条意见:(1)千方百计增加居民收入。(2)构建公平可靠的社会保障体系。(3)努力办好人民满意的教育。(4)推动现代医疗卫生体系建设。(5)提升健康、快乐本质民生的建设层次。(6)着力推进生态环境保护。(7)进一步改善城

乡居民居住生活条件。(8)着力营造平安和谐社会发展局面。（苏　鹏）

**■加强文化建设**　7月29日，市委、市政府印发《关于推动文化建设迈上新台阶的实施意见》，提出12条意见：(1)深入推进思想理论建设，广泛凝聚社会共识。(2)培育和践行社会主义核心价值观，建设共有精神家园。(3)大力弘扬优秀传统文化，传承精神文化基因。(4)扎实构建现代公共文化服务体系，繁荣群众文化生活。(5)积极推进文化艺术精品创作，打造扬州文艺高峰。(6)切实加强文化遗产保护利用，彰显扬州文化魅力。(7)加快建设文化标志性工程，构筑扬州文化高地。(8)加强文化融合发展，培植地方支柱产业。(9)继续深化文化体制改革，释放文化发展活力。(10)努力提高文化开放水平，增强扬州文化影响力。(11)着力打造文化活动品牌，提高文化发展质量。(12)努力壮大文化人才队伍，培育文化建设新优势。（苏　鹏）

**■加快创新型经济发展**　8月15日，市委、市政府印发《关于深入实施创新驱动战略加快创新型经济发展的实施意见》，提出12条意见：(1)推动产业结构向中高端迈进。(2)加快培育创新型产业集群。(3)培育壮大创新型企业群体。(4)全面激发企业研发创新活力。(5)提升科技产业综合体建设水平。(6)布局发展众创空间。(7)全方位加强产学研合作。(8)集聚高层次创新创业人才。(9)促进科技服务业创新发展。(10)强化科技金融支撑。(11)深化财政科技资金管理改革。(12)健全知识产权运用与保护机制。（苏　鹏）

**■全面从严治党**　9月1日，市委印发《关于推动全面从严治党迈上新台阶的实施意见》，提出25条意见：(1)强化理论武装。(2)开展经常性党性教育和党性锻炼。(3)严肃党内政治生活。(4)加强党内法规制度建设。(5)推动党员干部做尊法学法守法用法模范。(6)从严选拔任用干部。(7)严格干部德和政绩的考核。(8)从严加强干部监督管理。(9)严厉整肃选人用人风气。(10)驰而不息整治“四风”。(11)推动干部担当作为、防治为官不为。(12)健全直接联系服务群众长效机制。(13)重视领导干部家风建设。(14)严格落实党风廉政建设“两个责任”。(15)严明纪律严守规矩。(16)加大惩治腐败工作力度。(17)健全反腐败工作机制。(18)深入推进反腐倡廉制度建设。(19)深化基层服务型党组织建设。(20)加强基层党组织带头人队伍建设。(21)从严加强党员发展和教育管理。(22)强化党委(党组)主体责任和书记第一责任。(23)严格述评制度。(24)推进党的建设制度改革。(25)严格督查考核问责。（苏　鹏）

## 宣传工作

**■理论学习与研究**　2015年，全市理论学习与研究工作围绕“两个巩固”(巩固马克思主义在意识形态领域的指导地位，巩固全党全国人民团结奋斗的共同思想基础)根本任务，深化十八大以来党中央治国理政新理念、新思想、新战略学习教育。开展中共十八大、十八届三中、四中、五中全会和习近平总书记系列重要讲话精神的学习教育，加强“四个全面”战略布局宣传阐释，编印《市委中心组学习习近平总书记系列重要讲话精神专刊》12期、《市委中心组“三严三实”专题教育学习资料》3期和《“四个全面”学习宣传提纲》，撰写完成《习近平党的建设思想研究》。举办市委中心组系列报告会14场，市委中心组全年集中学习21次。在全市县级领导干部中开展“推进四个全面，迈上新台阶”专题学习调研活动，在全市各级党委(党组)中心组开展“三为”主题学习讨论活动。建立首批理论宣讲专家库，开展“四个全面”宣讲基层行活动100多场。组建市委宣讲团，组织各类宣讲240多场。打造理论学习微信平台——“扬州理论在线”。召开“四个全面”、纪念抗日战争胜利70周年、扬州2500周年城庆、“三为”活动等理论研讨会。创新开展“我是党课主讲人”学习教育活动，“‘我是党课主讲人’，开拓党员干部自我教育展示新路径”获2015年度全省宣传思想文化工作创新奖。市委宣传部获全省基层党员冬训工作组织奖，宝应县、高邮市、江都区被省委宣传部评为全省冬训工作示范县，广陵区汤汪乡等被评为全省冬训工作示范乡镇，江都区委宣传部被表彰为全省宣传思想工作先进集体，扬州市物价局党组、邗建集团公司党委获评2014—2015年度全省学习型党组织建设工作先进单位。《扬州历史文化60问》被评为全国优秀社会科学普及作品。

（管春花　戴生斌）

**■新闻宣传**　2015年，全市新闻宣传工作围绕学习宣传贯彻中央、省、市重要会议精神，建立重大主题策划机制；围绕市委、市政府重点工作，策划组织“跨上新台阶开门红”“蜀冈世界级景区建设”“西部交通枢纽建设”“聚焦市民素质提升年”等系列报道和集中报道。组织“十二五”发展成就宣传，用系列数据反映“辉煌‘十二五’”，特别是党的十八大以来全市各条战线取得的丰硕成果。中央电视台《新闻联播》用1分57秒的较大篇幅专题报道《治城先治水，活水流起来》，介绍扬州“清水活水”工程以及打造“不淹不涝”城市的经验和成果。中央电视台《新闻联播》全年报道扬州12次。《光明日报》在头版头条报道扬州市民的“获得感”。人民网首发重点报道400多篇，新华网首发重点报道300多篇，中新网、中国网、凤凰网等重点新闻网站首发重点报道700多篇。8月20日至9月20日，中央电视台13频道每天7次循环播出；9月23日至9月30日纽约时代广场LED电子大屏每天播出264次扬州城市形象宣传片。“扬州发布”政务微信公众号、APP正式上线，累计发布信息超过1.2万条，“水墨扬州”专题阅读量逾2000万人次。市委外宣办《用世界语言讲述扬州历史文化名城故事》获2015年江苏对外宣传工作创新奖。以项目化推进的做法，深化社会主义核心价值观建设，入选中宣部“全国百家经验”。

扬州入选“网络履职绩效全国十佳城市”。扬州网、中国仪征网获评全省文明网站创建先进单位。广电传媒集团新闻频率和《扬州晚报》分别获得中国新闻奖二等奖、三等奖。

（管春花 戴生斌）

**■文化建设** 7月31日，市委、市政府召开文化建设推进大会，印发《关于推动文化建设迈上新台阶的实施意见》，部署12大项工作任务、30个重点项目，并与项目的责任主体签订责任状。举办首届“朱自清读书节”，全年开展144项全民阅读系列活动。举办首届“绿杨风”扬州市群众文艺新作调演，组织开展“百场公益演出”、“音乐厅市民开放日”、“扬州之春”艺术周、“周周看扬剧”、送文艺下乡等公益演出160多场次。建成两座24小时自助服务城市书房。市文化馆以总分第一被文化部表彰为2015年全国优秀文化馆，各县（市、区）文化馆通过国家一级馆评审。市“四位一体”公共图书馆服务体系建设入选第三批国家级公共文化服务体系示范项目创建名单。《扬州文库》《扬州史话》出版发行。围绕扬州建城2500周年，组织开展“千古风流扬州城”海内外诗文大赛、“红舞献祖国”社区广场舞大赛、《影像名城·化境扬州——献给扬州2500周年城庆》大型摄影展、扬州2500周年城庆大型摄影图片巡回展等活动。《大清盐商》在中央电视台热播。承办“金狮奖·第四届全国木偶皮影剧（节）目展演”。推进文化博览城建设，共建成文博场馆120多个。实施扬州文化名人访谈录工程，为首批32位文化名人制作访谈录。木偶剧《嫦娥奔月》、扬州弹词《梅兰芳蓄须明志》入选国家艺术基金2015年度资助项目，木偶剧《嫦娥奔月》获得金狮奖、最佳剧目奖。邗江区康乐艺术团编排的《绚梦千秋》获得2015年全国中老年香港舞蹈大赛最佳优秀节目奖。引导文化企业创新发展，在省第二届“紫金奖”文化创意设计大赛中获银奖1个，扬州金韵乐器御工坊有限公司入选首届“江苏民营文化企业30强”。推动国有文化企业进军资本市场，报业传媒集团参与投资的国鑫农贷在“新三板”成功上市。“江苏省首支文化创意企业集合票据发行”等3个项目获得中央文化发展专项资金扶持，“3D影视特效设计和大规模云渲染平台”等9个项目获得省级文化产业引导资金扶持。扬州非物质文化遗产基地（戏曲园）项目开始全面施工，扬州486非遗集聚区正式运营。

（管春花 戴生斌）

**■宣传队伍建设** 组织开展《中国共产党廉洁自律准则》和《中国共产党纪律处分条例》专题研讨会、十八届五中全会专题学习会。依托全省宣传文化系统“五个一批”人才、青年文化人才和市“绿扬金凤”计划、扬州英才计划等人才工程，做好全市高层次文化人才的选拔和培养。首次评选全市优秀群众文化团队和优秀群众文化活动品牌。举办第三期扬州市戏剧曲艺创作人员讲习班。赴湖南省长沙市举办全市文化干部培训班。承办国家艺术基金2014年度人才培养资助项目——全国杖头木偶制作人才培训班，培养30名木偶制作人才。组织开展全市宣传文化系统春季和秋季集中学习会，举办全市宣传文化系统领导干部“文化建设迈上新台阶”高级研修班和以扬州历史文化为主题的乡镇（街道）宣传委员培训班，提升宣传文化系统干部整体素质。市歌舞剧院与扬州大学音乐学院合作，共建全省首家音舞类“江苏省研究生工作站”，共同培养音乐舞蹈类高端人才。

（管春花 戴生斌）

## 组织工作

**■领导班子和干部队伍建设** 2015年，全市共调整配备县处级干部252人次，其中提拔68人次。坚持科学配备干部，着眼于新一轮换届，以县（市、区）党政班子为重点，启动大规模的干部综合研判工作，并根据干部队伍实际和发展需要，充实一批政治强、作风好、专业素质优的干部到各地、各部门班子任职。认真执行《干部选拔任用条例》和省防止干部“带病提拔”五项规定，完善全过程纪实等制度，严把政治关、廉洁关、提名关、职数预审关、档案审核关、个人有关事项报告核查关，对各县（市、区）和部分市直单位的选人用人情况进行专项检查，对违规选人用人行为进行追责问责。组织实施“阳光100”关爱行动计划，广泛开展谈心谈话，与500多名市管干部深入交流；制度化开展“一报告两评议”“三责联审”等工作，完善“三员一网”监督体系。开展领导干部个人有关事项报告抽查核实、“带病提拔”倒查、违规办理和持有因私出国（境）证件、干部档案检查审查等专项治理工作，持续推进超职数配备干部消化工作。完善县（市、区）党政正职考核体系，启动实施县级以下公务员职务与职级并行制度，表彰一批积极作为的先进典型。

（张春萍）

**■干部教育培训** 以思想政治素质和专业化能力“双提升”为重点，全年市县联动培训锻炼干部近1万人次。以深入学习习近平总书记系列重要讲话精神为核心，以《廉洁自律准则》《纪律处分条例》等党的纪律规矩为重点，选调1700多名市管干部和年轻后备干部参加市委党校春、秋季主体班、第17期中青年干部培训班、井冈山党性教育专题培训班等重点班次学习。持续实施“跨江融合发展干部能力提升工程”，选调160多名市管干部赴中国浦东干部学院、浙江大学、上海交通大学等国内著名高校开展模块化培训，选调300余名市管干部参加“名城·名校”干部选学计划。统筹协调各条线、各部门开展专题培训，提升干部在新常态下引领经济社会发展的专业化本领。启动“五大交流”工作，组织一批市级机关部门、乡镇（街道）优秀年轻干部到综合部门和乡镇双向挂职锻炼，选派20名机关后备干部、年轻干部到信访一线、文明城市创建一线帮助工作，选派10名处级干部到上级机关和外省挂职学习，全方位锤炼干部的实际工作能力。

（张春萍）

**■人才工作** 召开人才工作领导小组会议，牵头编制全市“十三五”人才发展规划，为全市人才工作找准路径。组织全市100多家企业赴国内知名高校、深圳国交会等招聘人才，与1000多名人才达成初步引进或合作意向。组织开展扬州籍在外人才信息征集活动。持续打造"绿扬金凤"计划品牌，市、县投入近6000万元，对56名领军人才和115名优秀博士人才进行协议资助。组织实施"扬州英才培育计划"，确定第二期103名培育对象，并选派到清华大学、浙江大学等高校进行培训。组织申报国家、省重点人才项目，组织20名人才申报第12批国家"千人计划"；28名人才、2个团队、83名博士入选省"双创计划"，获资助3495万元；25个人才入选省"333工程"，19个项目获省"六大人才高峰"工程资助，28名人才入选省"产业教授"，受支持人数均居全省前列。重视发挥科技镇长团的作用，开展"教授博士柔性进企业"活动，全年新增768名博士挂职企业；建设科技镇长团创新创业基地，吸引落户优质人才项目10多个。完善"6＋1"人才政策，开展高层次创业人才银企对接活动，发布"人才贷"政策，帮助解决融资难题。推进建设科技产业综合体122万平方米，入驻创新型企业634家。加强人才工作宣传，协调推进高层次人才住房、子女就学保障措施。（张春萍）

**■基层组织建设** 加强村级组织规范化建设，市委、市政府出台《关于加强村级组织规范化建设的意见》，提出8个方面26条意见，将村级组织建设纳入制度化、规范化轨道。启动新一轮软弱涣散基层党组织排查整改工作，推动整顿工作常态化。加强村级组织带头人队伍建设，将全市村党组织书记全部轮训一遍。统筹管好用好省、市、县选派的经济薄弱村"第一书记"队伍。坚持党员"统一活动日"制度，推动全市机关党员进社区、村组，开展机关党组织与村(社区)结对共建，拓宽党员联系服务群众的平台。加强服务群众的资金保障，为每个城市社区设立20万元的为民服务专项资金，受到中央和省级媒体关注。加强党员队伍管理，在全省率先探索实践党员"一方隶属、多重管理"模式，实现党员流动管理服务的全覆盖；出台专项意见，建立健全党员"出口"机制，全面推进不合格党员处置工作；推进党员组织关系排查和党组清理规范工作，党员队伍规模得到控制，素质不断提高。提升党建信息化水平，将移动互联思维带入党建信息化工作，改进党建E图、党建云平台，推动远程教育站点提档升级，探索试点站点星级标准化建设，先进站点占比由24.5%提升到40%以上。出台县(市、区)、市级机关部门和基层党(工)委书记抓基层党建工作责任制的意见，形成责任清单，明确第一责任人的责任。结合"三严三实"专题教育，组织"三级联述联评联考"工作，推动党建工作责任有效落实。（张春萍）

## 纪检监察

**■概述** 2015年，全市各级纪检监察机关开展"三严三实"专题教育，深化"三转"(转职能、转方式、转作风)，落实"两个责任"(党风廉政建设党委主体责任、纪委监督责任)，坚持把纪律挺在前面，强化监督执纪问责，驰而不息纠正"四风"，坚决遏制腐败蔓延势头，加强纪检监察队伍建设，党风廉政建设和反腐败工作取得新的进展和成效。市纪委、市监察局"三直接"工作获得全市机关年度综合考评"特别贡献奖"，打造"清风扬州"党风廉政建设工作品牌获得"工作创新奖"。（张　翅）

**■落实"两个责任"** 市纪委协助市委制定党政领导班子成员党风廉政建设"一岗双责"责任清单，细化、量化内容，严格责任到人。督促各县(市、区)、功能区和市级机关重点部门，抓好责任制年度检查考核中发现问题的整改落实，列出问题清单，逐一对账销号，落实长效管理。协助市委开展县处级党政"一把手"汇报廉洁从政情况活动，强化会前调研、巡察和会后结果运用，3名主要负责人被立案查处。履行监督责任，制定落实"两个责任"检查考核及责任追究暂行办法，加大问责力度，实行"一案双查"，全市共对38名领导干部实施责任追究，党政纪处分13人。组织对22个单位纪检组织履行监督责任情况检查，并召开汇报会现场点评，传导压力。建立市直部门纪检工作月度通报制度，对履责不力的12名纪检组织负责人进行集体约谈，强化担当。（张　翅）

**■挺纪在前** 注重抓早抓小，对党员干部中存在的违纪违规行为早发现、早教育、早查处。共谈话函询党员干部254人次，对7名县处级、78名乡科级干部进行诫勉谈话。对问题较严重的及时作出党纪处分和组织处理，党纪轻处分772人，重处分259人，党纪轻处分占比69.9%。通过调查核实，为68人澄清问题。（张　翅）

**■作风建设** 贯彻落实中央八项规定、省委十项规定和市委二十条实施意见精神，加大执纪监督和公开曝光力度，盯住节假日等重要时间节点，严肃查处公款大吃大喝、公款旅游、公款送礼、违规发放津补贴等问题。市、县两级纪委共组织各类明查暗访340次，查处违反中央八项规定精神问题39起，给予党政纪处分43人，通报曝光典型案例27次110起。对市属国有企业及下属单位14名领导干部办公用房超面积问题限期整改。省督办的4个私人会所全部按规定整改利用。（张　翅）

**■效能监察** 协办以"倾听民声，马上就办"为主题的政风热线省市联动直播活动。深化减章、减时、减负、提效"三减一提"行政效能提升工作，配合开展解决行政审批"中梗阻"和服务企业"2号文件"工作落实情况专项督查，严肃查办执行不力、纪律散漫、吃拿卡要等作风效能问题。全年共处理各类行政效能投诉184起。（张　翅）

**■执纪审查** 2015年，全市纪检监察机关共新立案件1145件，其中县处级16人，乡科级124人；给予党政纪处分1104人，涉嫌犯罪移送司法机关处理40人。市纪委严肃查处市疾病预防控制中心原主任钱某某，市城建国有资产控股(集团)有限公司原党委副书记、副董事长、总经理刘某某，广陵区人大常委会原主任马某某等党员领导干部严重违纪违法案件。健全执纪审查机制。制定出台《纪检监察室对联系地区(单位)开展监督检查的暂行办法》《促进县(市、区)、功能区执纪审查工作的暂行办法》，强化对基层执纪审查工作的领导与指导。加强信访反映问题线索梳理和分析研判，发挥案源线索主渠道作用，深入开展信访“六导”和“寻访”工作，全市纪检监察机关共接受信访举报3558件。实行群众身边的“四风”和腐败重点问题挂牌督办和每月报告制度，查结省纪委督办问题4件，给予党政纪处分4人。认真落实农村“六民”大监督机制，查处征地拆迁、农村“三资”管理、惠农资金发放等侵害农民切身利益方面的案件471件。(张　翅)

**■反腐倡廉制度建设**　围绕公积金贷款发放管理等工作，制定第三批“三直接”十大环节操作规范。组织“三直接”三十大环节操作规范实施情况专项检查，督促整改问题12个。加强反腐倡廉制度建设规划，召开全市反腐倡廉制度建设推进会，在市主要媒体开辟《反腐倡廉制度建设巡礼》专栏，组织制度执行情况专项督查。推进制度廉洁性评估工作，指导督促各地、各有关部门廉评制度146项。(张　翅)

**■反腐倡廉宣传教育**　市纪委全体常委赴有关单位宣讲解读“六大纪律”。向全市党员领导干部及家属发放“一书、一信、一卡”(《准则》《条例》读本、《致全市党员干部家属的一封信》、《准则》提醒卡)，组织各县(市、区)党委、纪委主要负责人在市主要媒体讲认识、明态度、亮措施。联合市委组织部、宣传部、机关工委等单位举办“学《准则》树高线、贯《条例》守底线”知识竞赛活动。对廉政文化展示馆进行改版，调整充实警示教育基地展示内容。开展“廉能量”主题活动，集中宣传获评“廉能量之星”的11名优秀党员干部。协助省纪委、省文化厅举办“大运河廉政文化资源发掘利用”研讨会。组织全国首届廉文化绘画展，共展出60多幅精品力作。编撰出版的《清风扬州人物谱》，收录点评82名扬州历史上清官廉吏和近现代先锋模范，推进廉文化理论研究、创作和推广，《从政德为先》《廉政散文》等书被中国方正出版社列入重点推荐书目。(张　翅)

**■纪检监察队伍建设**　制定出台县(市、区)纪委书记、副书记提名考察等4个办法及《关于加强市纪委派驻机构建设的意见》。指导县(市、区)纪委、监察局完成内设机构调整，调整后从事执纪监督的机构数量和编制分别达到总数的71.7%和80.2%。加大纪检监察干部培训力度，组织开展业务能力测试等多形式岗位练兵活动。拓展“开门办纪检”，举办13期反腐倡廉建设互动平台活动。组织召开纪检监察干部警示教育大会，组织观看中纪委制作的警示教育片。出台《县(市、区)纪委、功能区纪工委主要负责人月度报告暂行规定》，要求基层纪委主要负责人每月报告聚焦主业、履行主责情况。完善委、局机关目标考核管理，对市纪委全会、常委会决定事项，实行跟踪督查、每月通报。即查即办反映纪检监察干部的信访件22件，提醒谈话13人，诫勉谈话5人，组织处理3人。(张　翅)

## 统战工作

**■巩固共同思想政治基础**　组织统一战线成员学习习近平总书记系列重要讲话精神。举办统一战线中共十八届五中全会精神宣讲会、中央统战工作会议精神报告会、《中国共产党廉洁自律准则》和《中国共产党纪律处分条例》辅导讲座。协助市委在全省率先召开市委统战工作会议，出台《关于贯彻落实〈中国共产党统一战线工作条例(试行)〉和省委〈实施办法〉的工作方案》。支持市各民主党派、市工商联和无党派人士结合各自实际，开展形式多样的坚持和发展中国特色社会主义学习实践活动。在全市统一战线推出宣传35位“最美同心人”，举办“最美同心人”先进事迹宣讲会。在朱自清纪念馆、高邮市菱塘回族乡、吴登云事迹展览馆建立统一战线教育实践基地。(焦彩兰)

**■服务经济社会发展**　坚持统一战线重点调研课题协商制度，组织市各民主党派、工商联和无党派人士围绕“十三五”规划制定和市委、市政府中心工作，开展调研，形成一批有质量的调研报告，为党委、政府科学民主决策提供参考。在统一战线开展“我为名城添光彩”系列活动，组织统一战线成员观摩城庆重大项目，举办“迎城庆、咏扬州、画发展”书画艺术展，开展送文化、送科技、送医疗等各类社会服务活动75场次。扩大扬州与港澳台海外的联系交流，牵线澳门善明会向广陵区新坝中学捐赠30万元。开展民族团结进步和政策法规宣传月活动。协助召开市级宗教团体建设推进会，出台《市级宗教团体建设规范(试行)》，完成市伊斯兰教协会换届工作，协助市委做好高旻寺德林长老圆寂善后有关工作，维护全市民族宗教领域和谐稳定。(焦彩兰)

**■党外代表人士队伍建设**　开展党外干部“导师制”培养，并由党外干部向党外代表人士拓展延伸，党外干部“导师制”培养工作得到省委统战部肯定和表彰。着眼于市各民主党派、市工商联换届，推荐储备一批后备人选。举办第22期全市党外干部暨统战干部培训班。提名10名党外代表人士增补为市七届政协委员。抓好各民主党派、无党派、少数民族、宗教界、非公有制经济、港澳台海外等各领域代表人士队伍建设。(焦彩兰)

## 机关党建

**■机关作风建设**　根据市委统一部署，市级机关工委牵头组织召开十部门党组(党委)书记“三严三实”交流研讨会，推动党组(党委)书记履行好第一责任人职责；在七个党建片分片召开“三严三实”交流研讨会，由片长单位牵头，分片对101个市级机关部门（单位）和537名县处级党员领导干部专题教育学习情况进行督查，推动机关各部门完成“四专题一强化”各项规定动作。推动机关部门党组（党委）与机关党组织签订机关党建工作责任状。部门党组（党委）听取机关党组织工作汇报或研究机关党建工作296次。建立机关党建工作“述评考”制度，在各单位述职评议的基础上，年底组织12位机关党组织负责人进行集中述职、现场考核，并对考评结果进行通报。依托“党员活动日”载体，固化党建活动阵地，严格落实“三会一课”制度，开展党内活动，推动党内生活进一步严肃规范。创设“我是党课主讲人”活动载体，推动学习型机关建设。规范发展党员工作，全年定期讨论发展党员3次，共批复发展新党员62人，转正30人。以“强党性、聚民众、建名城”为主题，深化创先争优活动，指导机关各党组织落实创争措施，开展丰富的创争活动。评选表彰市级机关先进基层党组织30个、优秀共产党员60人和优秀党务工作者22人。加强基层组织建设，建立党组织到期换届提醒制度，全年完成换届党组织47个，选配机关党务干部146人。（戚建忠）

**■能力素质提升** 依托市级机关工委党校，持续实施千人培训工程，举办入党积极分子、党员干部知识更新、党务工作规范化培训班、机关党组织书记培训班以及《准则》《条例》专题培训班11期，全年共培训1000多人，推动机关党员干部强化党性修养，提高专业水平，提升敬业精神。以扬州建城2500周年城庆为契机，开展“三为”（我为城市做什么、我为他人做什么、我为社会做什么）大讨论活动，组织主题研讨交流和成果展示、“迎城庆共铸城市新魂，话‘三为’争做时代新人”青年主题演讲比赛、“颂扬州 建名城”优秀历史文化知识竞赛和才艺展演等系列活动，激发机关党员干部团结奋进的精神动力。（戚建忠）

**■党风廉政建设** 2015年，市级机关工委围绕机关部门经费管理、作风评议意见整改、八项规定落实等情况，组织3次明查暗访，持续推进党风廉政建设。以考促建，年底组织开展社会评议、第三方群众满意度测评和网上民评，强化日常考评和年终作风考评。通过明查、下发《暗访情况通报》、发放问题督办单和反馈单等形式，抓好日常访查中各类问题的整改落实，严防“四风”反弹。拓展“双创”活动，将创建单位延伸到机关目标绩效管理所有被考评单位的服务窗口，对16个窗口服务大厅进行督查，组织召开创建活动推进会和总结表彰会。举办两部新党规专题培训班，分片举办知识竞赛。开展反腐倡廉“电教月”活动，把握“5·10”“12·9”等重要节点，促进机关廉政教育常态化。加大省、市廉政文化示范点创建工作指导力度，推动廉政文化进机关。查处4件违纪案件，处理4名党员干部，保持有腐必反、有案必查的高压态势。（戚建忠）

**■活力机关建设** 印发《加强机关文化建设的意见》，举办4期机关文化大讲堂，开展“每天阅读半小时，做学习型干部”读书活动，加强文化阵地建设，推动设立文化讲堂23个、图书馆28个、阅览室35个。以“活力机关，健康人生”为主题，推进大众健身工程，举办市级机关乒乓球、羽毛球、游泳、篮球等常规赛事7项，1900多名干部职工参加比赛，组织450名机关干部排舞、太极拳方阵，在市运动会开幕式上展演，为扬州2500周年城庆献礼，并获评“突出贡献奖”。组织开展“名城有约”“古城新约”“品味人文古扬州，活力步行迎城庆”等活动，展现机关青年干部的风采。（戚建忠）

## 老干部工作

**■概述** 2015年，全市共有离休干部1627人。其中，第二次国内革命战争时期参加革命的1人，抗日战争时期参加革命的363人，解放战争时期参加革命的1263人；享受副省级医疗待遇的2人、厅局级（含副厅局级）待遇的80人、厅局级医疗乘车待遇的100人、副司局级医疗待遇的208人、县处（含副县处级）待遇的711人；85岁及以上1229人。年内，全市离休干部去世154人。（唐小月 顾金龙）

**■落实政治待遇** 春节前，市委办公室、市委组织部、市委老干部局等部门联合部署春节期间老干部工作。谢正义、朱民阳等市领导走访慰问地市级老领导和在医院治疗的老干部，全市各地、各部门走访慰问全体离休干部和部分退休干部。4月24日，市委、市政府组织市四套班子老领导参观考察部分重点城建项目，市委书记谢正义通报上年全市经济社会发展和城市建设、项目建设情况。4月27—29日，市委老干部局组织离退休干部520人参观考察南京溧水区天生桥景区旅游开发项目和周园旅游开发项目。5月4日，市委、市政府举办第七次“百寿宴”活动，谢正义、朱民阳等市领导出席活动。6月30日，市新四军研究会、市委老干部局、市委党史办、市路灯产业商会联合举行“庆七一、话抗战、践行强国梦”纪念抗战胜利70周年座谈会。7月，市新四军研究会、市委老干部局、市委党史办、扬州晚报社等部门联合开展“追寻红色记忆”抗战老战士讲抗战故事活动，通过《扬州晚报》《扬州时报》推出20多名抗战老兵的感人故事。8月30日，《扬州日报》“党报在线”栏目邀请抗战老战士代表和市委老干部局、市新四军研究会等部门负责人与广大网友在线交流。8月31日，市新四军研究会、市委老干部局、市委党史办联合举办纪念抗战胜利70周年座谈会，邀请有关单位负责人以及抗战老战士代表参加座谈。9月，谢正义、朱民阳等市领导分别走访慰问部分抗战胜利前参加革命工作的老同志代表，并向他们呈送党中央、国务院、中央军委颁发的“中国人民抗日战争胜利70周年纪念章”和慰问金。9月，市委组织部、市委老干部局、扬州日报社等单位共同举办“庆城庆 看新景”百名老干部畅游新扬州活动，组织近百名老同志参观扬州西部交通客运枢纽、广陵新城市民广场和万福大桥等重大城建项目。12月6日，市委书记谢正义主持召开座谈会，就谋划“十三五”发展专题听取部分老领导的意见和建议。12月30日，市长朱民阳主持召开座谈会，就《政府工作报告》(征求意见稿)、《“十三五”规划纲要》(草案)及政府相关工作征求原四套班子老领导意见和建议。全市采取多种形式学习贯彻中共十八大、十八届三中、四中、五中全会精神和习近平总书记系列重要讲话精神，邀请有关专家定期举办老干部学习辅导讲座。市委老干部局全年编发4期6000余册老干部学习资料，征订《银潮》1774本，指导老干部学习。

(唐小月　顾金龙)

**■落实生活待遇**　市委老干部局年内召开4次市直部门老干部工作专兼职人员会议，召开4次驻扬单位老干部工作联席会议。年内共走访老干部800多人次。5月，市委老干部局在广陵区个园社区召开全市利用社区资源服务离退休干部工作推进会。6月，市委老干部局在广陵区皮市街、宝应县世纪园等社区开展“服务居民、快乐自己”社区行活动，为社区离退休干部、居民送文化、送法律、送健康、送服务。7月，市委老干部局召开全市专题工作会议，分析总结“走进家门、倾听心声”主题实践活动中老干部反映比较集中的普遍性问题，研究制定有关共性问题解决方案。9月，市委老干部局、市人社局、市卫计委、市财政局有关负责人组成专题调研小组，赴连云港、无锡两地专题调研离休干部就医绿色通道建设情况。9月，市委老干部局组织市直700余名离退休干部参加健康体检。年内，宝应县安宜镇世纪园社区、仪征市真州镇梓橦社区、高邮市高邮镇水部楼社区、江都区仙女镇玉带社区、广陵区东关街道琼花观社区、邗江区邗上街道翠岗花园社区、兰庄社区共7个社区被确定为全省离退休干部党建工作试点社区。12月，市委老干部局文体协会、市温馨旅居养老服务中心共同举办旅居养老养身专题报告会，市老年大学社团等团体近百人参加报告会。

(唐小月　顾金龙)

**■开展文体活动**　全市老干部部门探索构建以“乐文化为核心，养生文化为基础，高雅文化为导向”“学、乐、为”有机统一的老干部文化养老模式，组织离退休干部开展系列活动。1月21日，市老干部书画会在琼花观举办迎新书画展。1月29日，市委老干部局、市老干部书画研究会在中信银行客服大厅举办“迎新春、送祝福”活动。2月5日，市委老干部局、市老干部书画研究会在国展中心三期工地现场开展“心连心，把福气带回家”活动。4月11日，市老干部艺术团参加扬州市电视台举办的“超级合唱团”比赛。4月16日，市老干部古筝队举办古筝专场文艺演出，喜迎中国扬州“烟花三月”国际经贸旅游节。4月22日，市老干部活动中心举办全市老干部门球交流活动。4月28日，扬州市老干部诗文社成立。5月8日，市老干部艺术团参加扬州曜阳国际老年公寓举办的纪念第68个世界红十字日公益慰问活动。5月23日，市老干部艺术团舞蹈队在第七届“琼花杯”舞蹈大赛上获得中老年组一等奖。5月28日，市委老干部局组织老干部书画家走进高邮天山镇中心小学与留守儿童结对帮扶。6月16日，市老干部活动中心走进文苑社区，举办“纪念抗战胜利70周年”暨庆祝建党94周年老干部集邮展。6月17日，市老干部艺术团合唱队参加“诗韵扬州”活动。6月29日，市老干部书画会举行中韩书画联谊会扬州创研基地及扬州板桥书画院揭牌仪式。7月13日，市老干部书画研究会召开成立三十周年画展，市委书记谢正义为画展题词。8月6日，市老干部艺术团合唱队参加“纪念抗战胜利70周年”苏中片区老干部歌咏比赛。8月28日，市老干部艺术团合唱队参加全省老干部歌咏比赛，二重唱《松花江上》、独唱《再见了大别山》获一等奖。8月31日，市老干部京剧协会举办纪念抗战胜利70周年京剧票友会。9月1日，新四军研究会、市人大老干部书画会、老干部书画会联合在市美术馆举办庆祝抗战胜利70周年书画展。9月2日，市老干部诗词协会等部门在汉陵苑举办纪念抗日战争胜利70周年诗词书画作品展。9月25日，市老干部古筝队在李宁体育公园参加扬州城庆2500周年纪念活动。同日，全市老干部中国象棋交流赛在仪征市老干部活动中心举行。9月28日，市委老干部局、市老干部京剧协会在市老干部活动中心举办“城庆2500周年扬州泰州京剧演唱会”。10月23日，市老干部艺术团舞蹈队参加“曜阳杯”中老年广场舞大赛并获第一名。10月，全市老干部部门组织离退休干部参加《银潮》举办的“我的阳光生活”征文比赛，全省共评选出29篇获奖作品，扬州10篇作品获奖。11月16日，市老干部门球队参加全省老干部门球交流赛获二等奖。12月15日，市老干部太极队走进砚池社区开展健康文化宣传活动。12月26日，江苏省少年书画辅导示范基地授牌仪式在市虹桥社区中心举行。

(唐小月　顾金龙)

**■发挥老干部作用**　围绕“展示阳光心态、体验美好生活、畅谈发展变化”主题，组织引导离退休干部为党的事业增添正能量。2月9日，在全省离退休干部先进集体和先进个人表彰大会上，市工业资产经营管理有限责任公司离退休干部党总支等5个老干部党支部被授予“全省离退休干部先进集体”称号，沈广国等9名离退休干部被授予“全省离退休干部先进个人”称号。2月，组织全市老干部开展“我为城庆献一策”征集活动，共征集意见和建议200条，经整理汇总30条建议报送市城庆办。全市全年共举办各类文化公益活动100多次，服务群众10多万人次。全市成立多支离退休干部(“五老”)报告团、宣讲团，有近千名老同志参与其中，通过开设流动讲堂，深入学校、社区、企业举办文化、健康、法治、爱国主义和革命传统教育等系列讲座300多场，受教育青少年20多万人次。全市确定6个正能量活动现场教学点，选聘10多名老干部组成正能量活动兼职导师队伍。组织离退休干部进社区、走乡村，开展“服务居民、快乐自己”社区行活动，为社区离退休干部、居民送文化、送健康、送服务。组织离退休干部与大学生村官牵手创业，全市近400多名大学生村官投身创业，创业项目近百个，助推农村经济发展。组织离退休干部参与创建1000多个校外教育辅导站点，对中小学生开展思想引导、兴趣辅导、心理疏导和实践指导。

（唐小月　顾金龙）

## 党史工作

**■概述**　2015年，市委党史办公室(简称市委党史办)围绕党史征编、研究和宣传教育工作，完成党史研究成果5项，举办党史展览9场，开展党史宣讲活动、讲座、主题活动3场，举办党史纪念活动、座谈会、研讨会3场。（冯雅勤　杨志军）

**■党史资料征编**　启动扬州党史“三卷本”编写工作，制定印发《中共扬州地方史(1978—1996)》编撰大纲，组建写作班子并进行分工，查阅梳理各级大事记，掌握重大历史线索，进行资料征集和撰稿的前期准备。完成30多万字的《扬州市历届党代会及全委会文献汇编(1984—1996)》排版、初校和成稿。举办“三卷本”工作推进会暨编写人员业务培训，邀请省委党史工办和南京市委党史办的专家进行授课。完成省《改革开放实录(扬州篇)》五个专题的编写、修改工作。组织人员多次赴中央、省、市档案馆查阅历史档案资料，走访老领导、老同志，与高邮市委党史办、江都区委党史办共同编辑《高邮战役研究》。该书由市委书记谢正义作序，8月，由中央文献出版社出版发行。对《抹不掉的记忆——抗日战争期间扬州人口伤亡和财产损失史料汇编》进行重新修订和编审，并组织人员赴中央档案馆、中国第二历史档案馆、江苏省档案馆等各级档案部门进行资料征集，对亲历者和知情者进行调研取证，8月，书稿通过省委党史工办审核。完成《英烈传》《扬州抗战名人录》等书稿的校核，并送出版社审稿。（冯雅勤　杨志军）

**■党史资政研究**　2015年，市委党史办组织撰写《抗战后期毛泽东对于城市工作的思考》《论延安整风时期刘少奇对历史经验的总结》《发扬雨花英烈精神　传承扬州红色文化》等理论文章，参加“毛泽东与抗日战争”学术研讨会，“周恩来与中国力量”学术研讨会，中央文献研究室研讨会、中共党史学会召开的新四军抗战研讨会，江苏省纪念抗战胜利七十周年理论研讨会、雨花英烈精神研讨会等。赴北京拜访原中共中央调查部副部长陈忠经的弟弟陈琳教授，了解其祖辈在扬情况，对其在扬祖宅进行探访，形成调研报告，并会同市档案局、市文物局做好相关资料的征集整理工作。（冯雅勤　杨志军）

**■党史宣传教育**　开展纪念中国人民抗日战争暨世界反法西斯战争胜利70周年系列活动。在《新华日报》《江南时报》《扬州日报》《扬州晚报》《扬州史志》等省市媒体开辟党史专栏、专版，组织撰写一系列纪念文章。与市委老干部局、市新四军研究会等联合开展抗战老兵讲抗战故事主题活动，安排采访拍摄，并在新闻媒体发表。组织人员赴北京、哈尔滨等地征集史料、采访抗日将士，制作抗日人物资料片并在扬州电视台《扬州新闻》栏目播出。组织业务骨干赴基层开展纪念抗战胜利讲座，为社区党员和青少年讲述扬州抗战故事。与市新四军研究会等部门联合举办纪念抗战胜利70周年书画展、抗战票证巡回展等。举办陈德铭烈士诞辰100周年座谈会、三垛河口伏击战胜利70周年纪念座谈会、高邮战役胜利70周年理论研讨会。其中，高邮战役胜利70周年理论研讨会邀请到中央党史研究室、中央文献研究室、中央党校、国防大学、江苏省委党史工办、江苏省委党校、南京大学等单位领导、专家和粟裕、陶勇等参加高邮战役的将军的亲友等参加会议。中央电视台在拍摄的抗战纪录片一号工程《东方主战场》第八集《正义必胜》中收入高邮战役及受降仪式。中央电视台第9频道播出《最后一战》纪录片。（冯雅勤　杨志军）

## 党校工作

**■教学工作**　按照市干部教育培训领导小组印发的《2015年全市干部教育培训工作要点》要求，举办9个主体班次。以创建省委党校“传统文化保护与生态文明建设”现场教学基地为契机，开展合作办班。接待2期省委党校省管干部进修班到扬开展现场教学；与中国浦东干部学院、北京行政学院、广东省委党校、新疆新源县、青海省海南州等，联合举办13个培训班次，与市级机关部门、单位联合举办干部培训班次12个。全年共举办各类培训班次34个，比上年增加15个；培训学员1821人次。

（钱存林）

**■科研工作**　持续推进“扬州推进融合发展研究”“扬州实施文化强市战略研究”“扬州推进生态文明建设研究”“扬州推进民生建设研究”4个校级重点课题的调研。正式实施新修订的《党校科研工作考核办法》，将决策性调研单独列为科研考核任务，提高对调研成果的奖惩力度。组织教师参加《求是》杂志社和江苏省委联合举办的“四个全面”战略思想理论研讨会、省哲学社会科学界第九届学术大会、党校系统第三届宁镇扬同城化发展战略研讨会等各类研讨会7个。举办全省党校系统“四个全面”战略布局理论研讨会暨第九届科研协作会。启动“全市党校系统教师科研能力培训系列活动”，邀请《江苏党校报》和《唯实》杂志社主编李立峰教授作“增强政治敏感性和理论敏锐性，写好理论宣传文章”的专题讲座。全年全校教职工共公开发表文章45篇，其中核心期刊8篇，省级以上期刊27篇；出版著作3部；形成研讨会成果18项；调研成果获奖5项，其中省级奖项4项、市级奖项1项。修订校刊稿件评审办法，编印《理论与实践》4期。（钱存林）

# 扬州市人民代表大会及其常委会

Yangzhoushi Renmin Daibiao Dahui Jiqi Changweihui

编　辑　徐国磊

## 综述

■**概况**　2015年，扬州市人民代表大会常务委员会(简称市人大常委会)举行7次常委会会议、16次主任会议，审议地方性法规草案1部，听取和审议“一府两院”(市人民政府，市中级人民法院、市人民检察院)26项工作报告，作出14项决议、决定，检查3部法律法规实施情况，任免市级国家机关工作人员97人次。围绕全市中心工作和市人大常委会重要议题，举办食品安全法、环境保护法等6部法律讲座，开展31项调查研究和7次专题视察。全年共受理来信205件，接待来访218批363人次，一些信访问题得到妥善处理和解决。接待来自美国、澳大利亚、韩国等国家的议会代表团100多人次。

注重新闻宣传和理论研究，举办“人大网坛”，开通“扬州人大发布”微信，提升《扬州人大》刊物质量，办好《扬州日报》人大专版、《TV议案365》栏目。参加省人大常委会重点课题调研，形成一批调研成果。市地方人大工作研究会围绕“城市管理体系建设”“开展工作评议”等课题，组织工作交流和理论研讨，推动人大工作理论和实践创新。

(罗庆久　刘　刚)

## 重要工作

■**工作创新**　2015年，先后召开全市人大工作会议、全市县、乡人大工作和建设会议，制定出台《关于坚持完善人民代表大会制度 推动人大工作与时俱进的意见》和《关于加强县乡人大工作和建设的实施意见》。市人大常委会及时贯彻会议精神，通过召开座谈会、开展专题调研、健全上下联动工作机制等方式，推动文件要求落地见效。初步建立审计查出突出问题向市人大常委会报告机制，从制度层面推动解决“屡审屡犯”问题。首次将执法检查与开展工作评议相结合，更大力度督促政府部门依法履职。修订完善专题询问办法，首次网络视频直播专题询问，回应社会关切问题。修订审议意见书实施办法，强化对审议意见落实的跟踪问效。加快推进信息化建设，建设人代会电子表决系统，推动建立县级人大门户网站、乡镇人大二级主页，为市人大及其常委会依法履职提供保障。

(罗庆久　刘　刚)

■**监督工作**　推动企业转型升级。市人大常委会围绕经济体制改革、“大众创业、万众创新”等专题，走访部分工业园区和重点企业，了解市委优化发展环境文件的落实情况，对全市五大千亿级产业状况逐一分析，要求实施创新驱动战略，发展实体经济，抓重大项目，调结构促转型。视察市区近两年新开工的10个重大工业项目，促进尽快投产达效。视察并审议贯彻实施《台湾同胞投资保护法》工作，要求加大台资招引力度，优化投资服务环境，深化扬台经贸合作交流。以督办《关于促进小型微型企业发展的议案》为抓手，推动市政府设立1.5亿元小微企业信贷引导资金池，支持小微企业发展。审议“十二五”规划执行和“十三五”规划编制工作，要求认真总结“十二五”发展经验，坚持创新、协调、绿色、开放、共享发展理念，科学设置“十三五”发展指标体系。

推动农村改革发展。调研农村土地承包经营权确权颁证工作，督促严格按照法律和政策办事，为农民“确实权、颁铁证”，发挥土地承包经营权证作用。深入农业特色产业园区、农业企业和种养基地走访调研，要求注重品牌创优，加强科技创新，着力破解人才、土地、资金难题，进一步延伸特色产业链。视察设施农业机械化示范园建设和农业气象服务工作，促进提升农业现代化水平。

强化预决算审查监督。听取并审议市政府执行市人大常委会加强财政预算审查监督和审计监督暂行规定情况的汇报，要求深化预算管理制度改革，构建全口径预算体系。制定《关于加强市级预算审查监督的规定》，在预算编制、执行、调整、决算等环节，细化工作流程，深化预算审查监督。审议2015年上半年预算执行情况、2014年度市级预算执行和其他财政收支情况的审计工作报告，审查批准2014年市级决算。创新决算草案初步审查方式，引入社会中介力量，对市级10个单位2014年部门预算执行情况进行审前调查。专门听取审计整改报告，强化预算执行的刚性约束。对个别单位自立项目收费、列支非本级部门预算经费等重点问题，跟踪监督，推进整改。对市人代会审议通过的10项政府专项资金使用管理情况进行督查，促进提高资金使用绩效。

督促提升司法公信力。组织部分市人大代表测试派出所接处警情况、暗访派出所和社区警务室，随机调阅审查派出所办案卷宗。审议基层派出所建设和工作专项报告，要求明确派出所职责定位，推进派出所基础设施建设标准化、执法办案规范化、社区警务常态化、经费保障预算化、警力配备专业化。审议检察院职务犯罪侦查工作，要求检察机关转变办案模式，规范办案行为，切实提升打击的震慑力。针对商事案件持续上升、审判效率有待提高等问题，要求法院深化司法改革，优化审判流程，提高审判质效，妥善化解各类经济矛盾纠纷。（罗庆久　刘　刚）

**■讨论决定重大事项**　市七届人大四次会议作出《关于切实加强全市水环境保护和大气污染防治的决议》，明确提出“治水治气”20条举措。市人大常委会将决议贯彻落实作为监督重点，逐条明确督查责任和实施责任，确保可操作、可考核、可追责。对照目标任务和时间节点，视察生态中心建设，实地察看城市河道“清水活水”、农村河道疏浚整治、工业废气治理、燃煤锅炉整治等现场，对决议实施情况开展督查调研。审议市政府落实决议情况专项工作报告，并对政府相关部门负责人开展专题询问。农村河道整治成效显著，城市部分河道水质明显改善，工业废气治理有序推进，古城及瘦西湖景区核心区露天烧烤全部整治取缔，空气质量优良天数较上年有所增加，决议实施取得初步成效。

审议批准《扬州市生态文明建设规划（2014—2020）》，要求发挥规划的引领和约束作用，创建国家生态文明建设试点示范市。督办《关于加大“七河八岛”规划区域船厂砂石场关停搬迁力度的议案》，督促抓好水环境保护和生态环境修复。截至2015年年底，“七河八岛”区域71家造船厂和砂石场中的66家已经完成搬迁关闭。

保障城市建设管理规范运行。作出扬州历史文化名城保护规划、瘦西湖及扬州历史城区周边区域建设高度控制规划、生态科技新城综合规划等决议，着力保护和传承城市独特的历史文化，保护瘦西湖景区及历史城区周边区域天际线。监督永久性绿地保护决议执行情况，要求市政府确保永久性占用的绿地按期补偿到位、临时性占用的同步恢复到位、不涉及占用的严格保护到位。针对城市管理中的难点问题和薄弱环节，督促进一步提升城市环境质量。审议城市南部快速通道建设情况，视察城庆重大项目建设，促进城市功能进一步完善。

（罗庆久　刘　刚）

**■地方立法**　2015年，市人大常委会做好地方立法先期准备工作。7月底，扬州市成为立法法修改后省内首批行使地方立法权的城市。加强立法机构建设，市七届人大四次会议成立法制委员会，市人大常委会设立法制工作委员会。坚持制度先行，组织起草《扬州市制定地方性法规条例（草案）》，经市人大常委会会议二审，提交市七届人大五次会议审议。坚持科学民主立法，制定立法咨询专家顾问工作制度和基层立法联系点制度，首批聘请14名立法咨询专家，确定基层立法联系点24个。做好规范性文件备案审查工作，审查市政府报备文件7件，向省人大常委会报送6件。配合全国、省人大常委会组织的执法检查和立法调研工作。

（罗庆久　刘　刚）

**■关注民生**　针对监管力量不足、执行标准不严等问题，市人大常委会专题询问农产品质量安全监管体系建设，加大监督力度，确保专题询问取得实效。调研教育资源均衡配置工作，提出强化规划引领调控、发挥市级财政统筹调配功能、推进师资力量均衡化配置等意见。视察24小时“城市书房”、老小区整治、平山堂取水泵站等惠民项目，督查年度民生幸福工程完成情况，推动民生“1号文件”向全市人民群众作出的承诺如期兑现。视察“十五分钟健康服务圈”建设，促进科学配置基层医疗资源。（罗庆久　刘　刚）

市人大常委会部分组成人员视察政府民生幸福工程完成情况　　日　报/供稿

**■执法检查**　2015年，省、市、县三级人大联动，开展安全生产法及省安全生产条例执法检查。市人大常委会邀请30多名相关领域的市人大代表参加，采取点名检查、随机抽查、突击检查等方式，检查存在问题和隐患。组织对市安全监督管理局依法履职情况进行评议，开展满意度测评，促进依法治安、依法行政。组织开展食品安全法执法检查，采用随机抽查行政执法卷宗、实地暗访、抽样检测等做法，共检查44个食品生产经营单位。对功能区个别乡镇食品安全脱管问题，要求采取措施，填补工作空白。市政府认真研究，及时整改，政府监管责任和企业主体责任得到加强，社会群防群治的监管格局初步形成。视察未成年人保护法贯彻落实情况，促进未成年人安全成长、健康成人、茁壮成材。督查“六五”普法工作，为“七五”普法做好准备。

（罗庆久　刘　刚）

**■组织代表活动**　市人大常委会落实《关于加强市人大常委会同代表联系、代表同人民群众联系的意见》，实现市人大常委会组成人员与市人大代表联系全覆盖。开展第11个“统一见面日”活动，403名市人大代表联系选民1397人，1268件意见建议均得到反映和交办。坚持办好“百名代表参与常委会审议”“主任接待日”等特色平台，组织代表495人次参与市人大常委会审议，收集意见建议1292条，为提高审议质量发挥作用。围绕城市管理、食品安全等话题，举办5期“人大网坛”，征集292条意见，编成内参供市人大常委会组成人员参阅，并做好共性建议的吸纳转化。继续邀请代表列席市人大常委会会议和参加执法检查、专题视察等活动，拓宽代表参与地方事务管理的渠道。优化代表履职服务平台，运用信息化手段提升履职效能。继续组织代表报告履职情况，对10名由扬州市选出的省人大代表履职情况进行测评，组织259名市人大代表向原选举单位报告履职情况，指导县乡两级人大代表如期完成向原选区选民述职工作。印发《关于组织闭会期间市人大代表小组活动的工作意见》，加强对市人大代表小组活动的指导。评选代表活动先进小组和优秀议案建议。协助做好在扬全国、省人大代表开展活动和部分代表到扬视察、调研服务保障工作。 （罗庆久　刘　刚）

**■督办代表建议**　市七届人大四次会议和闭会期间共收到议案建议405件，比上年增长23.1%。市人大常委会确定29件重点督查代表建议，其中5件由分管市长牵头领办。专题视察“关于推进新型城镇化建设的议案”“关于加快筹划建设扬州市老年活动中心的议案”等办理情况，对市政府关于市七届人大四次会议代表建议、批评和意见办理情况开展满意度测评，表决结果为基本满意。对一次办理中代表“不满意”的3件建议和一次答复“正在解决”的37件代表建议，要求承办单位按期落实并再次答复；对滚动办理的27件“计划解决”类建议进行“回头看”，并将办理进展情况书面答复代表。代表议案建议解决率74%，较上年提高2个百分点。 （罗庆久　刘　刚）

## 重要会议

**■七届人大四次会议**　扬州市第七届人民代表大会第四次会议于1月9—12日在扬州举行。423名市七届人大代表中，405人出席会议。会议听取和审议市长朱民阳代表市政府所作《扬州市人民政府工作报告》，审议市发展和改革委员会主任范天恩受市政府委托提交的《关于扬州市2014年国民经济和社会发展计划执行情况与2015年计划草案的报告》、市财政局局长张彤受市政府委托提交的《关于扬州市2014年财政预算执行情况和2015年财政预算草案的报告》，听取和审议市人大常委会副主任陈卫庆受市人大常委会委托所作《扬州市人民代表大会常务委员会工作报告》、市中级人民法院院长蒋惠琴所作《扬州市中级人民法院工作报告》、市人民检察院检察长闵正兵所作《扬州市人民检察院工作报告》；通过《关于扬州市人民政府工作报告的决议》等6个决议以及《关于切实加强全市水环境保护和大气污染防治的决议》。会议收到议案112件，全部转为建议、批评和意见办理；收到代表提出的建议、批评和意见250件，全部交有关部门和组织研究处理、答复。会议表决通过接受纪春明辞去扬州市第七届人民代表大会常务委员会副主任职务的请求的决定，补选何金发为扬州市第七届人民代表大会常务委员会副主任，补选王宁、李明安为扬州市第七届人民代表大会常务委员会委员。会议表决通过扬州市第七届人民代表大会法制委员会和财政经济委员会组成人员名单。 （罗庆久　刘　刚）

**■七届人大常委会会议**　市七届人大常委会第十七次会议于1月4—5日在扬州举行。会议听取和审议副市长丁纯代表市政府所作关于《扬州市人民代表大会常务委员会关于加强市级财政预算审查监督的暂行规定》和《扬州市人民代表大会常务委员会关于加强审计监督的暂行规定》执行情况的汇报，听取和审议市财政局局长张彤受市政府委托所作关于扬州市2015年市本级1000万元以上政府专项资金预算绩效评估情况的汇报，听取和审议副市长丁一代表市政府所作关于扬州市生态文明建设规划编制情况的汇报。通过关于批准《扬州市生态文明建设规划（2014—2020）》的决议、《关于切实加强全市水环境保护和大气污染防治的议案》的决定，通过市人大常委会工作报告、市人大常委会2015年度工作要点和议题安排计划、关于个别代表的代表资格的报告、市七届人大四次会议主席团和秘书长建议名单、市七届人大四次会议国民经济社会发展计划和财政预算审查委员会建议名单。会议补选徐南平、徐治勤为江苏省第十二届人民代表大会代表，通过关于接受许建树、张立坤、张安龙辞去扬州市人大常委会委员职务的请求的决定。会议听取被提请任命人员的拟任职发言，表决通过有关人事任免事项，并向被任命人员颁发任命书。

市七届人大常委会第十八次会议于3月30—31日在扬州举行。会议听取和审议市人民检察院检察长闵正兵代表市检察院所作关于全市检察机关职务犯罪侦查工作情况的汇报，通过关于接受范耘辞去扬州市人大常委会委员职务的请求的决定。会议听取被提请任命人员的拟任职发言，表决通过有关人事任免事项，并向被任命人员颁发任命书。会议期间，举办安全生产法及江苏省安全生产条例辅导讲座。

市七届人大常委会第十九次会议于5月27—29日在扬州举行。会议听取和审议副市长闻道才代表市政府所作关于《扬州历史文化名城保护规划》《瘦西湖及扬州历史城区周边区域建设高度控制规划》《扬州市生态科技新城综合规划》编制以及《关于调整荷花池公园永久性绿地部分地块用途的议案》情况的汇报，听取和审议市人大财经委主任委员单启宁受市人大常委会执法检查组委托所作关于安全生产法及江苏省安全生产条例贯彻实施情况的报告，听取和审议市安监局局长熊佳芝所作关于市安全生产监督管理局依法履职情况的汇报，并对市安监局进行工作评议。会议表决通过关于《扬州历史文化名城保护规划》的决议、关于《瘦西湖及扬州历史城区周边区域建设高度控制规划》的决议、关于《扬州市生态科技新城综合规划》的决议、关于同意调整荷花池公园永久性绿地部分地块用途的决议。对市安监局履职情况进行满意度测评，结果为满意。表决通过关于设立扬州市人民代表大会常务委员会法制工作委员会的决定、关于接受张宝娟辞去扬州市副市长职务的请求的决定、关于接受孙建成辞去扬州市人大常委会委员职务的请求的决定、关于接受季允丰辞去江苏省第十二届人民代表大会代表职务的请求的决定。会议听取被提请任命人员的拟任职发言，表决通过有关人事任免事项，并向被任命人员颁发任命书。会议期间，举办城乡规划法辅导讲座。

市七届人大常委会第二十次会议于7月21日在扬州举行。会议听取被提请任命人员的拟任职发言，表决通过有关人事任免事项，并向被任命人员颁发任命书。

市七届人大常委会第二十一次会议于7月28—30日在扬州举行。会议听取和审议副市长董玉海代表市政府所作关于上半年国民经济社会发展计划执行情况汇报，听取和审议市财政局局长张彤受政府委托所作关于2015年上半年扬州市预算执行情况的汇报、扬州市2014年市级决算(草案)的报告，听取和审议市审计局局长吴燚新受市政府委托所作关于扬州市2014年市级预算执行和其他财政收支情况的审计工作报告。会议表决通过关于批准扬州市2014年市级决算的决议。会议期间，举办食品安全法辅导讲座。

市七届人大常委会第二十二次会议于9月28—30日在扬州举行。会议听取和审议市政府党组成员、市公安局局长刘亚军代表市政府所作关于全市公安派出所建设和工作情况的汇报，听取和审议副市长丁一代表市政府所作关于全市农产品质量安全监管体系建设情况的汇报，并对农产品质量安全监管体系建设情况进行专题询问，听取和审议副市长孔令俊代表市政府所作关于全市贯彻实施台湾同胞投资保护法情况的汇报，听取和审议副市长闻道才代表市政府所作关于蜀冈中西峰生态修复工程议案的说明、城市南部快速通道建设情况报告的说明，听取和审议市人大常委会副主任、执法检查组组长孙永如所作关于检查食品安全法贯彻实施情况的报告，听取和审议市人大常委会法制工委主任朱宏翔所作关于《扬州市制定地方性法规条例(草案)》的说明及条例草案。会议表决通过《关于通过蜀冈中西峰生态修复工程方案的决议》《扬州市人民代表大会常务委员会关于加强市级预算审查监督的规定》《扬州市人民代表大会常务委员会关于〈审议意见书〉的实施办法》，表决通过关于许可市人民检察院对市人大代表吕立新采取取保候审强制措施的决定，关于接受王宁、刘星驰辞去扬州市人大常委会委员职务的请求的决定，并对部分省人大代表履职情况进行测评。会议听取被提请任命人员的拟任职发言，表决通过有关人事任免事项，并向被任命人员颁发任命书。

市七届人大常委会第二十三次会议于11月25—27日上午在扬州举行。会议听取和审议副市长姚苏华代表市政府所作关于贯彻落实《关于切实加强全市水环境保护和大气污染防治的决议》情况、关于全市国民经济和社会发展第十二个五年规划执行和第十三个五年规划编制情况、审计查出突出问题整改工作以及市七届人大四次会议代表建议、批评和意见办理情况的汇报，听取和审议市人大法制工委主任朱宏翔所作关于《扬州市制定地方性法规条例(草案一次审议稿)》审议结果的报告，听取和审议市财政局局长张彤受市政府委托所作关于扬州市市级2015年地方政府债券安排及预算调整方案(草案)的报告，听取关于召开市七届人大五次会议有关事项的说明。会议对市政府办理市七届人大四次会议代表建议、批评和意见情况进行满意度测评，结果为基本满意。会议表决通过关于提请市七届人大五次会议审议《扬州市制定地方性法规条例(草案修改稿)》的议案的决定、关于批准扬州市市级2015年地方政府债券安排及预算调整方案的决议、关于召开扬州市第七届人民代表大会第五次会议的决定、市七届人大五次会议建议议程和列席人员范围。会议听取被提请任命人员的拟任职发言，表决通过有关人事任免事项，并向被任命人员颁发任命书。会议期间，对市政府贯彻落实《关于切实加强全市水环境保护和大气污染防治的决议》情况举行专题询问。会议期间，举办环境保护法辅导讲座。 （罗庆久　刘　刚）

## 重点议案建议

**■关于市区道路开挖养护实行休眠控制的议案**　市七届人大三次会议上，朱宏翔等10位代表提出《关于市区道路开挖养护实行休眠控制的议案》。主要内容：(1)重视地下工程建设。市政府及相关部门应超前规划，为将来公路隧道、管网铺设等预留一定空间。(2)严格规定道路挖掘条件，认真编制道路建设(开挖)年度计划，并严格按计划组织实施，凡未列入年度计划的，一律不准施工。(3)加强道路建设工程管理监督，进一步规范各参建方的质量行为，并对项目工程进行科学化管理，确保道路建设质量过硬。 （罗庆久　刘　刚）

**■关于规范涉案财物管理的议案**　市七届人大四次会议上，张媛媛等10位代表提出《关于规范涉案财物管理的议案》，主要内容：(1)依法确认涉案财物，不能笼而统之不予厘清就收缴、暂扣、冻结当事人及案件关联人的财物。(2)完善涉案财物管理处置程序和手续，坚持阳光操作、管办分离、专人保管。(3)各办案机关之间要加强协作配合，共同建设涉案财物集中管理信息平台，完善涉案财物处置信息公开机制，做到物随案走、案结物清。 （罗庆久　刘　刚）

**■关于推进居家护理的议案**　市七届人大四次会议上，孙建成等10位代表提出《关于推进我市居家护理的议案》。主要内容:(1)进一步科学制定和完善医保制度,将居家护理更多项目列入医保。(2)培养既会医疗、又懂心理治疗的复合型居家护理人员,增强护理实效。(3)加强立法,制定政策,完善制度,进一步规范护理服务,促进居家护理事业健康发展。

(罗庆久　刘　刚)

■**关于发挥人民调解作用、化解医患矛盾的议案**　市七届人大四次会议上,颜安明等10位代表提出《关于发挥人民调解作用、化解医患矛盾的议案》。主要内容:(1)建立协调机制,出台《扬州市医疗纠纷人民调解委员会的有关规定》等文件,为建立医患纠纷调解协调机制提供依据和指导;(2)强化调解工作,制定医疗纠纷人民调解委员会的协调工作职能和范围,规范工作流程,确保各项环节有据可循;完善保障机制,加强从业人员队伍建设;(3)完善专家库建设,以便遵循回避原则及最大可能降低人情因素的影响;(4)明确评估标准。

(罗庆久　刘　刚)

■**关于大力加强基层医疗机构建设的议案**　市七届人大四次会议上,龚卫娟等10位代表提出《关于大力加强基层医疗机构建设的议案》。主要内容:(1)加强对基层医疗卫生机构的投入和扶持,确保卫生事业投入占财政支出的比例逐年有所提高。(2)加大全科医生培养力度,强化现有医疗卫生服务人员培训,鼓励优秀医学院校毕业生到基层医疗机构工作,进一步提高服务质量和技术水平。(3)尽快制定切实可行的操作规范和监管措施,规范三级医疗机构分级就诊制度和双向转诊制度,做到常见病在社区基层医院就近解决,复杂疑难疾病到三级医院就诊,提升社区卫生服务中心和基层医院的设备、技术水平,切实满足双向转诊治疗的需要。(4)优化配置公共医疗卫生资源,合理分流大医院普通病就医患者,实行大医院与相关基层医疗机构结对挂钩,鼓励医务人员多点执业,充分调动医务人员主观能动性和工作积极性。

(罗庆久　刘　刚)

■**关于推进农业产业转型升级的议案**　市七届人大四次会议上,夏晴等10位代表提出《关于推进农业产业转型升级的议案》。主要内容:(1)坚持政府主导,加强对农业发展的宏观指导,完善多元投融资机制,加大对龙头企业、专业合作经济组织及行业协会的扶持,提高农业发展地位;(2)重视科技创新,加快农业新技术、新成果的研究推广,扶持特色农业,发展农产品加工业,不断提升农产品市场竞争力;(3)加强农村土地流转信息交易平台建设,创新土地流转机制,完善农村社会保障机制,引导农民自愿加入土地流转合作社,加快规模经营步伐。

(罗庆久　刘　刚)

■**关于促进小型微型企业发展的议案**　市七届人大四次会议上,单启宁等10位代表提出《关于促进小型微型企业发展的议案》。主要内容:(1)建议成立市促进中小企业发展工作领导小组,统筹领导、协调解决中小微企业发展中的重大问题,提升服务小微企业发展的能力;(2)改进和创新政府专项资金管理办法,整合目前市财政预算安排的用于支持企业、产业发展的各类资金;(3)建立统一的政策宣传和资金申请、管理平台;(4)进一步加大税收减免力度;(5)推进融资担保业发展,破解小微企业融资难、融资贵问题;(6)加大政府向社会力量购买服务力度,完善小微企业服务体系建设。

(罗庆久　刘　刚)

■**关于提升科技成果转化力度,促进经济转型升级的议案**　市七届人大四次会议上,冯正初等10位代表提出《关于提升科技成果转化力度,促进经济转型升级的议案》。主要内容:(1)实施一批重大科技成果转化项目,建设一批科技成果转化平台,创新科技成果转化工作机制,完善科技成果转化政策措施,建立市场导向、政府服务、企业主体、产学研结合的科技成果转化推广体系,推动科技成果商品化、资本化、产业化,努力形成以创新型领军企业为龙头、科技型上市培育企业为骨干、高新技术企业为主体的全市创新型企业集群;(2)组建全市重大科技成果转化和产业化发展联盟,搭建校地企深度融合、广泛合作,政金企、产学研一体化、产业化发展的沟通交流平台、战略合作平台和公共服务平台,推进区域科技成果转化和产业化的顶层设计和组织保障;(3)设立市级重大科技成果转化专项引导基金,建立多元化的成果转化社会投入体系;(4)优化全市科技成果转化环境,加快科技成果转化的中介机构和技术市场建设;(5)创新科技管理体系,加强科技企业信贷服务体系、融资担保体系、金融信用和服务环境建设,增加科技成果转化的投入。同时,强化科技资金使用绩效评价,不断提高科技管理的工作效率。

(罗庆久　刘　刚)

■**关于推进新型城镇化建设的议案**　市七届人大四次会议上,颜安明等10位代表提出《关于推进新型城镇化建设的议案》。主要内容:(1)坚持高起点规划,管线优先原则,延续和塑造"古代文化与现代文明交相辉映"具有扬州特色的新型城镇和城乡发展一体化的布局规划;(2)给予乡镇尤其是重点中心镇更多事权权限,提高地方财税留成比例,调动乡镇发展积极性。扶持发展节点镇,差别化发展特色镇,增强乡镇产业集聚度和就业带动力,提升乡镇自身"造血"功能;(3)补齐基础设施中的短板,增加公共服务的供给能力,强化基层医疗卫生服务体系建设,提升配套的服务质量;(4)保障"新市民"的再就业。维护"新市民"的合法权益,对"新市民"进行健康生活方式培训,增强"新市民"幸福感。

(罗庆久　刘　刚)

■**关于政府应重视并加大全民创业扶持力度的议案**　市七届人大四次会议上,马小梅等10位代表提出《关于政府应重视并加大全民创业扶持力度的议案》。主要内容:(1)将"全民创业"摆到推动经济社会发展的突出位置,开辟"民众创业专栏",宣传创业典型,努力营造全民创业的良好氛围;(2)落实扶持全民创业的政策,公开扶持清单,减免相关税费,完善投资权益保障制度；建立创业孵化基地和指导基地，设立创业扶持基金，开展创业培训；(3)优化扶持全民创业的外部环境，政府及相关职能部门应公开权力清单，推行阳光政务，简化审批环节，降低办事成本，为创业者真心诚意地提供一条龙审批、一站式服务。（罗庆久　刘　刚）

**关于加强土壤环境保护和综合治理工作的议案**　市七届人大四次会议上，冯正初等10位代表提出《关于加强土壤环境保护和综合治理工作的议案》。主要内容：(1)加强领导，转变观念，将治理土壤污染问题提上议事日程；(2)加强对适宜种植农产品区域的规划和保护，开展污染土壤修复与综合治理试点示范工作；(3)完善全市土壤环境质量普查制度，为土壤污染防治积累基础信息，逐步完善动态监测网络，建立土壤污染风险评估和预警机制，调整种植结构，优化农作物生产布局；(4)明确职责分工，完善部门协调机制，健全监管体系；(5)推行科学的农田管理方式，控制农业面源污染；结合新农村建设，开展农村环境综合整治；(6)研究并制定生态补偿政策，建立土壤污染防治专项资金，为有效防治土壤污染提供保障。（罗庆久　刘　刚）

**关于加强我市农药市场监管的议案**　市七届人大四次会议上，王莉萍等10位代表提出《关于加强我市农药市场监管的议案》。主要内容：(1)加快条例修订，设立农药经营许可制度，严格把控经营主体资格审批和检查；(2)加大对农药市场的检查频次和打假力度，加强对农药仓储的检查，积极探索农资市场信用管理体系建设；(3)加大经费投入，加强对执法工作人员、农药经营户和农户的培训，使广大群众能够辨别购买、安全合理地使用放心农药。

（罗庆久　刘　刚）

**关于开展农村河道清理工作的议案**　市七届人大四次会议上，沈宏跃等10位代表提出《关于开展农村河道清理工作的议案》。主要内容：(1)把农村河道清理工作摆上重要议事日程，采取多种形式广泛宣传河道整治的必要性、迫切性和长期性，努力营造良好氛围；(2)根据村级规模大小和实际状况，安排相关配套资金，以调动规模较大村工作积极性；(3)制定工作方案，落实各级责任，并加强检查考核；(4)落实长效管护措施，使河道长期保持清洁畅通。

（罗庆久　刘　刚）

**关于加大“七河八岛”规划区域船厂、砂石场关停搬迁力度的议案**　市七届人大四次会议上，杨学华等10位代表提出《关于加大“七河八岛”规划区域船厂、砂石场关停搬迁力度的议案》。主要内容：(1)建议市级层面成立船厂、砂石场关停搬迁工作领导小组，牵头研究制定船厂、砂石场关停搬迁政策措施，推进问题解决；(2)明确各区和相关部门的职责，协调各方力量，紧密配合、齐抓共管，形成解决合力；(3)对船厂、砂石场的产权人、承租人生产经营状况等信息建立基础台账，对每个船厂砂石场的成因、现状进行深入研究分析，制定关停搬迁方案，一厂(场)一策，分类处置，做到依法、有序；(4)倒排工作时序，协调处理好关停搬迁过程中出现的各种矛盾和问题，限期处置到位。（罗庆久　刘　刚）

**关于进一步支持传统食品工业化发展的建议**　市七届人大四次会议上，朱元豪代表提出《关于进一步支持我市传统食品工业化发展的建议》。主要内容：(1)提高政策支持力度。建议政府设立一定的产业发展引导资金，支持企业进行基础设施和相关工业化设备的研发、投入和使用，要通过贷款优惠、税收减免、技改贴息、品牌标准申报补贴、就业扶持等方面给予支持和政策倾斜；(2)推进农副产品基地建设。建议引导工商企业进入农业领域，鼓励和支持各类市场主体采取多种形式联合，加快农副产品种养加工规模化基地建设；进一步重视农产品质量安全，建立和完善农副产业发展信息共享机制，构建农副产品的物流配送、连锁配送等“绿色通道”，促进“接二”“连三”，助推食品工业的健康发展，带动餐饮服务业蓬勃发展；(3)加强老字号品牌保护。建议政府相关部门加强对“冶春”“富春”“五亭”“三和四美”等老字号品牌的保护，在这些企业经营转型或合资合作的过程中，监管并帮助企业守好“老字号”无形资产。

（罗庆久　刘　刚）

**关于扬州市产业股权引导基金设立和管理的建议**　市七届人大四次会议上，顾元周等4位代表提出《关于扬州市产业股权引导基金设立和管理的建议》。主要内容：(1)明确使用方向和资金来源；(2)明确基金设立的程序。凡是用于设立和充实产业股权引导基金的资金，应由政府在年度财政预算中安排，经市人大及其常委会批准后使用；(3)建立基金管理和使用情况的报告制度。基金管理部门应定期向市人大常委会、市政府报告基金使用和管理情况，接受市人大常委会的监督；(4)基金收益应列入国有资本经营预算，用作公共财政支出；(5)建立定期回收、滚动发展机制。（罗庆久　刘　刚）

**关于推进义务教育均衡发展的建议**　市七届人大四次会议上，李生代表提出《关于推进义务教育均衡发展的建议》。主要内容：(1)强化政府主体责任，积极推进中小学布局调整，撤并一些规模小的农村小学，集中优质教育资源，推动乡镇教育发展；(2)加大教育投入，集中力量推进义务教育学校“改薄”，改善办学条件，逐步破解城区学校大班额、择校热问题；(3)推进城乡教育均衡发展。采取多种形式，鼓励城区学校与农村学校建立合作关系，加大城区名校长、名教师到农村学校交流支教力度；(4)加强师资队伍建设，名校长、名教师培养工程向农村学校倾斜，公开对外招聘优秀人才到城乡学校任教，全面提高义务教育质量。

（罗庆久　刘　刚）

# 扬州市人民政府

Yangzhoushi Renmin Zhengfu

编 辑 徐国磊

## 重要会议

**■市政府全体会议** 2月27日，市长朱民阳主持召开市政府全体会议，贯彻省政府第三次廉政工作会议和全市作风建设大会精神，部署下一阶段政府廉政建设和重点工作任务。朱民阳在讲话中要求各部门认真学习贯彻省长李学勇的讲话精神，深入推进政府系统廉政建设和反腐败工作。紧紧围绕市委“五个年”部署和“两报告两文件”确定的各项任务，努力实现“开门红”，为全面完成全年各项目标任务奠定坚实基础。市委常委、常务副市长丁纯，市委常委、市政府党组成员姚苏华，副市长闻道才、董玉海、孔令俊、张宝娟、丁一，市政府党组成员李忠盛等出席会议。

（顾友红）

**■市政府常务会议** 1月23日，市政府召开第31次政府常务会议。主要议题：(1)关于2015年城市建设和环境提升重点工程项目计划安排；(2)关于2015年城市管理目标任务；(3)关于加快发展体育产业的实施意见和加强群众体育工作的实施意见；(4)关于进一步做好现代职业教育的意见；(5)关于扬州最佳雇主企业评选情况。

2月27日，市政府召开第33次政府常务会议。主要议题：(1)关于2015年三直接十大环节操作规范遴选和拟制情况；(2)关于清理规范税收优惠政策的情况；(3)关于制定“十三五”专项规划编制方案；(4)关于2015年新能源汽车推广应用实施方案；(5)关于促进工业地产发展的意见；(6)关于2014年度扬州市有突出贡献中青年专家选拔评审工作情况；(7)关于扬州市“城市贵宾”评选办法修改情况；(8)关于盈嘉花园小区（方巷镇）项目用地范围调整情况；(9)关于扬州技师学院异地新建的情况。

3月24日，市政府召开第34次政府常务会议。主要议题：(1)关于深入推进依法行政加快建设法治政府的实施意见及法治政府建设推进大会会议方案；(2)关于深化医药卫生体制改革建设现代医疗卫生健康体系的实施意见、关于建设农村区域性医疗卫生中心的意见、关于支持建立苏北人民医院医疗集团（医联体）并推进分级诊疗工作的意见；(3)关于2014年市长质量奖评审工作；(4)关于2015年战略性新兴产业发展工作的意见；(5)关于城市清水活水综合整治工程管理办法；(6)关于推动现代农业建设迈上新台阶的实施意见；(7)关于大运河扬州段遗产保护办法。

5月20日，市政府召开第35次政府常务会议。主要议题：(1)关于推动民生建设迈上新台阶的实施意见；(2)关于推动经济发展迈上新台阶的实施意见；(3)关于加强市属企业负责人履职待遇和业务支出管理的暂行办法；(4)关于2015年度县（市、区）经济社会发展综合考评办法；(5)关于调整全市职工医保基金最高支付限额和开展市区职工大病补充保险的情况；(6)关于扬州瘦西湖及历史城区周边区域建设高度控制规划；(7)关于进一步加强社会组织监督管理工作的意见；(8)关于调整市区出租汽车运价和建立运价与燃料价格联动机制的情况；(9)关于深入实施军民融合发展战略提升国防动员建设水平的工作方案。

6月26日，市政府召开第37次政府常务会议。主要议题：(1)关于推动文化建设迈上新台阶的实施意见；(2)关于进一步调整完善城乡居民基本养老保险制度的意见；(3)关于推进运用政府与社会资本合作（PPP）模式的实施意见；(4)关于2015年软件服务业和互联网经济工作要点及扬州市城区主要公共区域免费wifi建设推进工作计划；(5)关于行政事业单位所属国有企业清理规范工作方案；(6)关于组织开展信访突出问题化解月工作的情况；(7)关于进一步做好生态中心建设的意见。

7月2日，市政府召开第38次政府常务会议。主要议题：(1)关于上半年经济形势分析和下半年经济工作安排；(2)关于扬州市主体功能区实施规划；(3)关于2015年市区低保提标工作情况；(4)关于贯彻全省铁路建设工作会议精神情况；(5)关于扬州中心城区综合客运换乘枢纽及公交场站布局规划；(6)关于更大力度实施技术改造推进制造业转型发展的意见；(7)关于扬州古城保护与利用2015—2017三年行动计划；(8)关于老虎山路南侧环境综合整治等三项目房屋征收补偿方案；(9)关于隋炀帝墓考古遗址公园南入口建设选址方案；(10)关于深入实施创新驱动战略加快创新型经济发展的实施意见。

8月14日，市政府召开第40次政府常务会议。主要议题：(1)关于扬州市旅游厕所建设提升实施意见；(2)关于进一步加强市区污水处理设施建设与管理的实施意见；(3)关于渔民上岸工作推进情况；(4)关于参加海上丝绸之路申遗工作的情况；(5)关于推进全市域体育设施建设的意见；(6)关于扬州市科学技术奖励办法；(7)关于扬州市城市南部快速通道建设方案；(8)关于公路安全保护实施办法；(9)关于对处置4·27长青农化火灾有功单位和个人记功的情况。

8月31日，市政府召开第41次政府常务会议。主要议题：(1)关于优化行政服务深化行政审批制度改革方案；(2)关于工业五大产业发展系列推进会的情况；(3)关于发布政府核准的投资项目目录(2015年本)的情况；(4)关于扬州市国民经济和社会发展第十三个五年规划基本思路；(5)关于创新财政支持方式促进经济健康发展的意见；(6)关于扬州市生态中心建设考核补助办法及生态文明建设突破年实施方案；(7)关于扬州市证照联动监管实施办法；(8)关于扬州市若干重大行政行为程序规定。

9月25日，市政府召开第42次政府常务会议。主要议题：(1)关于扬州市市区已出让房地产用地未开发建设问题处置的指导意见；(2)关于支持城区商业综合体特色发展的意见；(3)关于加强养老服务体系建设的实施意见；(4)扬州市公园体系规划建设准则；(5)关于养老地产项目实施方案；(6)关于市区落实私房政策工作情况；(7)扬州市人民政府规章制定程序暂行规定。

10月29日，市政府召开第43次政府常务会议。主要议题：(1)关于支持促进扬州农村商业银行健康发展的意见；(2)关于扬州市推进公立医院价格综合改革工作情况；(3)关于加快推进江苏长江水务股份有限公司上市培育工作进程建议方案；(4)扬州市水资源管理办法；(5)关于加强肇事肇祸等严重精神障碍患者救治救助工作实施意见；(6)关于扬州市医患纠纷调解体制机制创新试点工作方案；(7)关于市公共资源交易平台建设的实施方案；(8)关于2016年市本级财政预算安排情况；(9)关于市政府法律顾问工作推进落实情况。

11月17日，市政府召开第45次政府常务会议。主要议题：(1)关于支持扬州国家高新技术产业开发区加快发展的政策意见；(2)关于支持全市科技服务业发展的政策意见；(3)关于贯彻落实机关事业单位工作人员养老保险制度改革实施意见、调整市直机关事业单位工作人员基本工资及津贴补贴标准、将扬州市国家机关事业单位及社会团体等纳入工伤保险范围和暂时调整扬州市工伤保险待遇标准的情况；(4)关于江苏联环药业集团退城进园的实施方案；(5)关于球类中心重新选址的方案；(6)关于《扬州城市轨道交通线网规划》编制的情况；(7)关于加快推进“互联网+”行动的实施意见。

11月27日，市政府召开第46次政府常务会议。主要议题：(1)“十三五”规划纲要编制及2016年主要经济指标初步安排；(2)关于稳定外贸增长的实施意见；(3)关于市区餐厨废弃物统一收运处置工作实施意见；(4)关于扬州市区公安派出所基础设施建设；(5)关于扬州市长江岸线资源开发利用和管理的意见；(6)关于扬州市城市防洪规划(2012—2020)；(7)关于进一步加强基层卫生人才队伍建设的实施意见和建立分级诊疗制度的实施意见；(8)关于2015—2018年扬州市青少年体育工作意见。

12月30日，市政府召开第47次政府常务会议。主要议题：(1)关于推进2016年民生幸福工程的实施意见；(2)关于进一步优化企业发展环境推动经济持续健康发展的意见；(3)关于推进“互联网+商贸”加快商贸业创新发展转型升级的实施意见；(4)关于加快发展现代保险服务业的实施意见；(5)关于加快资本市场健康发展的实施意见；(6)关于做好利用存量房地资源发展健康养老服务项目审批工作的通知；(7)关于市区事权和支出责任调整情况；(8)关于完善市区民用自来水和天然气阶梯价格制度；(9)关于设立临港工业产业园。 （朱亚平）

## 综合政务

**■政务信息** 2015年，市政府办公室编发《政务动态》102期、《信息专报》158期、《要情参阅》23期、《领导参考》21期，市政府领导批示110条。向上级政府报送信息1325条，被国务院办公厅采用35条，比上年增长9.3%；被省政府办公厅采用269条，比上年增长2.3%；获国务院领导批示9次，获省政府领导批示1次。

（陈　健　施春军）

**■政务督查** 2015年，政务督查工作围绕市委、市政府的决策部署和工作重点，开拓工作思路，创新工作机制，提高服务质量，综合运用目标督查、决策督查、批示督查等手段，抓目标进度、政策落地、工作推进，推动全年目标的完成和市委、市政府各项决策的落实。对群众反映的热点、难点、焦点问题，通过抓关键部门、关键人，明确目标任务和时间节点。全年共组织各类督查60余次，编发《领导批示与反馈》14期，一批群众关注的老大难问题，在督查推动下得到有效解决。 （沈　洋）

**■党政目标管理** 2015年，围绕市委、市政府重点工作，进行目标分解，共确定1373项任务为2015年度重点工作考评目标。各责任单位根据目标任务，明确序时进度，抓好落实。市委、市政府每月对各项目标完成情况跟踪督查，确保目标顺利推进。年底，市委、市政府目标考评小组组织现场抽查各单位的目标完成情况，并检查每项任务完成情况，全年1373项政府目标任务完成率97.5%。 （沈　洋）

**■建议提案办理** 2015年，共办理人大代表建议388件，代表对办理结果满意或基本满意率99.7%。其中，所提建议解决采纳的有285件，占73.5%；计划解决的51件，占13.1%；因受条件限制或其他原因，留作参考的52件，占13.4%。办理政协委员提案395件，提案人对办理态度和办理结果满意和基本满意率均为100%。其中，反映问题已经解决或基本解决的176件，占44.6%，正在解决或列入计划逐步解决的211件，占53.4%；因受条件限制或其他原因，难以解决或留作参考的8件，占2%。（沈 洋）

**■政府信息公开** 2015年，通过"中国扬州"门户网站、新闻发布会、市政府公报、公共查阅点以及政府微博、微信等渠道，全市共主动公开政府信息31万多条，其中市政府和市直部门公开各类文件信息2720条，公开规范性文件34件、市政府常务会议纪要13期、市政府人事任免信息42条。2015年，全市各级政府及其部门共受理政府信息公开申请361件，共发布政策解读稿件1000多篇，市级部门预算、"三公"经费等实现公开全覆盖。每月第一个工作日在《扬州日报》发布1次重大项目相关信息，每天24小时实时公开空气质量状况。主动向社会公开政府部门的行政职权及其法律依据、实施主体、运行流程、监督方式等信息，执法检查的依据、内容、标准、程序和结果全部公开。同时对市委、市政府为民办实事"1号文件"、服务企业"2号文件"，以及涉及医疗、教育、住房、企业发展等群众关心的事项开展政策解读。（褚剑衡）

**■政府新闻发布** 2015年，市政府运用传统媒体和新媒体提高政府政策办法对公众的知晓率，先后召开2014年度《扬州蓝皮书》，市委、市政府"1号文件"，2015中国扬州两岸素食文化暨绿色生活名品博览会，2015中国扬州"烟花三月"国际经贸旅游节等12场新闻发布会。其中，市政府主要领导参加在北京钓鱼台宾馆召开的"中外丝路城市美食文化交流——扬州活动周"新闻发布会。涉及经济社会和民生发展的重点部门均加强新闻发布力度，2015年全市共召开新闻发布会180多场，40多个市级部门主要负责人参加各部门新闻发布会。（褚剑衡）

**■"12345"政府服务热线** 2015年，扬州市"12345"政府服务热线接听群众来电17万多个，在线接通率超过97%，综合答复率99.9%，群众满意率95%以上。开展省市行风热线联动扬州现场直播活动，市政府主要领导出席并亲自接听群众诉求。组织"12345·政风行风热线"现场接听活动，在每周一、三、五上午10:00～11:00，安排近期群众反映诉求事项较多或重大政策出台涉及相关事项的部门，现场接听群众诉求并通过广播对接听活动进行直播。2015年，共开展135次接听活动。同时，"12345"政府服务热线作为市委、市政府优化企业发展环境、接受企业投诉的办理专线，全年接听企业诉求21件，并全部办结。（褚剑衡）

**■"寄语市长"网络问政平台** 2015年，《中国扬州》门户网站"寄语市长"、网上问政平台收到市民诉求1.84万条，回复1.83万条，回复率99.4%。所有留言答复情况均对外公开，接受网民监督。与扬州电视台生活频道合作，选择群众反映的热点问题，进行跟踪报道。对重大事项、突发性群体事件和群众关心的热点难点问题，及时向市领导汇报，并进行跟踪督查。（褚剑衡）

**■行政权力网上公开透明运行** 2015年，扬州市行政权力网上公开透明运行工作围绕"在内控中规范、在阳光下运行、在网络上监察"的目标，在巩固"三个全覆盖"（县级以上行政机关全覆盖、行政权力事项全覆盖和网上行政监察全覆盖）的基础上，按照省政府要求大力推动行政权力"全上网、真上网"，加强监察监控，杜绝"体外循环"，全面提升行政权力网上运行的质量和水平。年内，扬州市各类行政权力在运行平台上共办理行政权力事项2238.7万件，并全部上报至省平台，确保每件权力事项能够在网上阳光运行，并在网上得到纪检部门的监察和法制部门的监督，强化对权力的规范和制约，使行政权力网上公开透明运行成为扬州市政府施政的一项基本制度。（黄玉国 陈传庚）

**■"中国扬州"门户网站群建设** 2015年，扬州市以全国政府网站普查为契机，加强"中国扬州"门户网站群内容建设与管理，进一步提升政府网站的建管水平和服务能力。12月9日，中国软件评测中心发布2015年度全国政府网站绩效评估结果，扬州市在全国301个地级市中位列第25位，比上年度前进7位。开展网站普查，共完成全市365个在用政府网站的普查、整改、检查等工作，关停网站12个，合并整改7个，保留运行网站346个。加强网站信息内容建设，全年"中国扬州"门户网站审核发布2817条政府目录信息，门户网站群主站发布政策解读61篇、设计制作专题专栏19个、制作发布文明城市公益广告2100余幅；全年发布民意征集54个，发布网上调查及网上投票21项，其中，"2015年度扬州十大功臣评选"受到社会高度关注，参与人次突破40万。提升网站传播能力，制作发布适用于Android系统的手机客户端，"中国扬州"手机客户端的访问量和下载量突破5万人次。"中国扬州"门户网站微信订阅号推送各类信息及服务700余条。完善站群功能，"中国扬州"门户网站群《热点服务》栏目梳理出企业优惠扶持、公积金业务、保障性住房等10种热点事项；全年共完成市接待办等部门（单位）新增子站建设7个，政务办、药监局等部门子站改版11个，完成部门各类修改需求1776件。（黄玉国 陈传庚）

**■《扬州政讯》和调查研究** 2015年，《扬州政讯》全年出刊12期，发行量2500份，刊载总文字量约118万字、图片202幅，设置总栏目22个，其中新设《2500周年城庆》《谋划十三五》等4个栏目。刊发各类文章

178篇，其中领导讲话33篇，工作研究、经验交流、文史扬州等其他各类文章145篇。刊载市委、市政府、市政府办公室文件46份。设立“扬州政讯”微信公众号，开发微门户。

《调研参考》全年遴选并发表高质量调研文章14篇，其中3篇获市政府主要领导批示。开展2014年度政府系统优秀调研成果评比工作，从106篇来稿中遴选出获奖论文58篇，进行表彰并编印优秀论文汇编《参谋与助手》。全年编印《国内外动态》4期，收录文章163篇。《新型城镇化对投资消费拉动的路径创新研究》获“江苏发展研究奖”二等奖，《关于扬州推进跨江融合发展的调研报告》获“江苏发展研究奖”三等奖、全市公务员优秀调研报告评比二等奖。

（周　健　王　帅）

## 应急管理

**■应急值守和应急信息**　制定下发《扬州市政府系统值班工作规范实施细则》《扬州市突发事件信息报告工作流程》，进一步完善值班工作制度，细化突发事件信息处理流程。印发《扬州市应急信息工作考核办法（试行）》，加强对各地、各部门信息报送情况考核。加强信息研判和趋势分析，围绕敏感时期、突变气候、突出问题等方面，定期、不定期组织相关部门开展主动性、针对性研判，辅助领导决策。在“东方之星”沉船事件扬州籍游客的安抚、善后工作中，市总值班室高效运转，主动对接前后方工作组，及时向市领导和省应急办报送沉船事件处置最新动态，为事件的妥善处置提供可靠的信息支持。

（夏翰生）

**■应急预案演练**　围绕应急预案，扬州市化工园区、公安、安监、卫生、建设、水利、环保、地震等地区和部门分别组织开展突发供气事故应急处置演练、瘦西湖隧道突发事件应急处置和甲醇泄漏事故联合处置等20多次较大规模的应急演练。5月12日，市应急办组织开展不定点、不定时“双盲”拉练，检验各相关单位救援力量的集结速度和装备能力，提升各单位之间的协同水平。

（夏翰生）

**■应急平台建设**　推进市应急指挥中心视频会议系统建设。市应急办与市有关部门协调对接，推动视频会议系统互联互通。编制《扬州市应急指挥中心应急响应运用系统建设方案》，上报《扬州市2016年信息化项目方案申报材料》《项目绩效评估自评报告书》。开展应急物资调查。市应急办印发《关于开展应急保障重点物资普查的通知》，对40个部门和单位上报的物资情况进行分类汇总，推进网上应急物资（装备）库建设。

（夏翰生）

**■军地应急联动机制**　年初，市委、市政府与军分区联合下发《关于进一步加强国防动员建设的意见》，对规范民兵预备役部队应急力量的使用管理提出要求。市应急办配合军分区司令部修订完善22个应急救援动员预案，建立军地视频在线会商机制，市应急指挥中心与军分区实现互联互通和在线会商，共同应对重大突发事件。

（夏翰生）

**■电梯应急处置平台建设**　为解决高层建筑电梯事故应急处置难题，市应急办会同质监部门赴南京、杭州、常州等地开展专题调研，提出电梯应急三级救援体系建设方案。5月，市应急办与市质监局联合举办第一期电梯应急救援培训班。市电梯应急救援平台建设项目获市政府批准，正式进入建设阶段。动员社会各个方面的力量，整合消防、电梯企业、小区业主委员会等资源，进一步提高电梯事故应急处置能力。

（夏翰生）

**■应急知识宣传**　以“5·12防灾减灾日”“安全生产月”“食品安全宣传周”等为载体，开展应急知识进社区、进校园、进企业、进农村等宣传活动。市应急办联合相关部门和单位先后在扬州市职业大学、宋夹城体育休闲公园、三里桥社区等场所开展应急知识宣传。9月10日，在邗江区方巷镇组织“应急知识进乡村”集中宣传活动，增强群众安全防范意识，提高自救互救能力。市应急办编印、发放《高层建筑及人员密集场所应急常识》5万册。高邮、宝应、江都等地向市民发放《市民应急手册》。市应急办加大数字电视“应急时空”和应急管理网页的宣传力度，开展应急知识普及宣传。民防、教育、交通、安监、卫生、农委、消防、食药监等部门围绕自身职能，分别开展应急知识宣传活动。

（夏翰生）

**■应急管理工作队伍培训**　4月，市应急办与市民政局联合举办第二期社区急救员培训班，委托市红十字会对来自邗江区和蜀冈-瘦西湖风景名胜区的55名社区工作人员进行急救技能培训。10月，在江都区举办一期社区急救员培训班，确保扬州市每个城市社区都有一名急救员。组织人员参加省行政学院“应急管理专题研修班”，选派5批20名应急管理领导干部和工作人员参加专题培训。11月，组织市应急委成员单位有关人员110多人，参加南京大学社会风险和公共危机管理研究中心主任童星在《扬州讲坛》的“风险社会中学会生存——我们身边的风险灾害危机管理”专题讲座。

（夏翰生）

## 机构编制管理

**■概述**　2015年，市机构编制委员会办公室（简称市编办）推进行政体制、监管执法体制、公立医院综合改革等重点改革工作。清理规范涉审中介服务，分两批取消、调整44项行政审批事项，编制公布市级44个部门权力责任清单。完成市公共资源交易中心整合工作。严格机构编制管理，印发《扬州市科级机构设置编制管理领导职数核定暂行办法》。加强“三责联审”和机构编制日常督查，完成3个县（市、区）和8个市直单位12名主要负责人机构编制责任审核工作。落实市级机关目标绩效管理和综合考评工作，市级机关117个部门单位列入考评范围。创新事业单位监管机制，党政群机关、事业单位中文域名注册率、网站挂标率100%。推动江都区、邗江区和广陵区主城三区享有相同行政审批权，梳理、审核、编制217项《区级政府部门应有行政审批事项目录清单》，赋予市辖区相同工商、质监、食品监管事权和城市管理权限、行政执法主体资格，实现市辖区市场监管、城市管理领域"同级同权同责"。（黎小生）

**■政府机构改革** 全面完成政府机构改革，6月15日，市政府办公室印发《扬州市工商行政管理局主要职责、内设机构和人员编制规定》《扬州市质量技术监督局主要职责、内设机构和人员编制规定》《扬州市卫生和计划生育委员会主要职责、内设机构和人员编制规定》，明确扬州市工商行政管理局、扬州市质量技术监督局为市政府工作部门，组建扬州市卫生和计划生育委员会。（黎小生）

**■公共资源交易平台建设** 加快政府公共服务平台建设，11月19日，市机构编制委员会印发《关于明确市公共资源交易中心机构编制事项的通知》。组建公共资源交易平台实体，12月2日，市委办公室、市政府办公室印发《关于市公共资源交易平台建设的实施方案》，整合政府采购、产权交易、土地（含矿业权）出让、建设工程招投标、医药耗材、医药药品采购、水利工程招投标、交通工程招投标等平台，构建信息公开、交易规范、管办分离、统一监管的公共资源交易中心。（黎小生）

**■事业单位分类改革和登记工作** 全年完成市直439家事业单位年度报告公开公示、25家设立、259家变更、6家注销以及2家法人证书补领工作。全市党政机关、事业单位注册中文域名3075个，加挂政务或公益类网站标识420家。推进事业单位法人治理结构建设试点工作，11月25日，市编办印发《扬州市事业单位法人治理结构建设试点工作实施方案》《扬州市事业单位法人治理结构模式》，为试点工作提供工作指引及政策保障。推进事业单位分类改革，7月13日，印发《关于整合不动产登记职责的通知》，将不动产登记职责统一到市国土资源局，建立不动产登记局，为市国土资源局直属行政机构，正科级建制。9月15日，印发《关于同意建立市不动产登记中心的批复》，同意建立不动产登记中心，为扬州市国土局所属公益一类事业单位。（黎小生）

**■开发区（功能区）机构编制管理** 9月19日，江苏省机构编制委员会办公室印发《关于蜀冈-瘦西湖风景名胜区管理机构级别的批复》，同意明确中国共产党蜀冈-瘦西湖风景名胜区工作委员会、蜀冈-瘦西湖风景名胜区管理委员会分别为扬州市委、市政府的派出机构，级别为正处。9月1日，江苏省机构编制委员会办公室印发《关于扬州市部分省级开发区管理机构规格的批复》，同意明确江苏省扬州广陵经济开发区、江苏省扬州维扬经济开发区、江苏省江都经济开发区、江苏省高邮经济开发区、江苏省宝应经济开发区、江苏省仪征经济开发区6个省级开发区党工委、管委会分别为所在地党委、政府派出机构，机构规格为副处级。10月22日，江苏省机构编制委员会办公室印发《关于扬州经济技术开发区有关机构问题的批复》，同意扬州经济技术开发区党工委、管委会设置工委、管委会办公室、组织人事部、政法委员会、招商局、建设局、经济发展局、投资服务局、财政局、城乡管理局、安全生产和环境保护局、市场监督管理局等11个职能机构和监察审计局（不计机构个数），级别均为副处级；同意扬州经济技术开发区党工委、管委会设置扬州市生态科技新城党工委、管委会（级别为正处级）和出口加工区管理局（级别为副处级）2个派出机构；同意设立中共扬州市纪律检查委员会经济技术开发区工作委员会（扬州经济技术开发区监察审计局与其合署办公），为中共扬州市纪律检查委员会派出机构，级别为正处级。（黎小生）

**■机构编制责任审核** 按照市"三责联审"工作领导小组办公室工作计划，完成市总工会、市文广新局、市广电集团、市水利局、市信访局、高邮市、市公积金中心、扬子江投资集团、仪征市、苏中江都机场、宝应县3个县（市、区）和8个市直单位"三责联审"工作。涉及联审对象12人，其中离任联审8人，任中联审4人，任中联审比例75%。严格机构编制管理，11月25日，扬州市机构编制委员会印发《扬州市科级机构设置编制管理领导职数核定暂行办法》。（黎小生）

# 信访工作

**■概述** 2015年，市、县（市、区）两级信访部门共受理来信来访和网上信访事项2.53万件次，比上年上升6.3%（上年未统计网上信访件数量）。其中，受理来信2370件，下降58.5%；接待来访3123批2.01万人次，批次下降7.6%，人次上升11.0%；集体上访671批1.64万人次，分别上升3.2%和22.4%；受理网上信访2846件次。市信访局受理来信来访和网上信访事项1.22万件次，比上年上升19.6%（上年未统计网上信访件数量）。其中，受理来信1030件，下降58.1%；到市上访857批9023人次，批次下降17.7%，人次上升16.8%；到市集访212批7807人次，分别上升9.8%和32.5%；受理网上信访2193件次。群众到省上访388批1336人次，分别下降13.1%和25.2%；到省集访33批744人次，分别上升22.2%和42.8%。进京上访255批377人次，分别下降15.0%和1.3%。市信访局受理信访事项复查13件，上升44.4%；受理信访事项复核30件，下降11.8%。

加强阳光信访信息系统建设和使用，开展阳光信访系统录入"百日会战"，重点围绕"四率"（录入率、及时受理率、按期办结率、群众满意率）做好工作。开展信访宣传，市信访局主要负责人在扬州电视台接受专访、在扬州日报专版宣传解读国务院《信访条例》。全市开展信访宣传咨询活动约80场次，接待咨询群众约7000人次。组织业务培训3次，对县（市、区)、乡镇(街道)和市有关部门近300人进行业务培训。报送64期信访要情、23期请示和14期快报。

(娄广定)

**■落实信访工作领导责任制** 2015年,市委常委会6次研究部署信访工作,市政府常务会4次研究信访工作。市委、市政府主要领导多次对信访稳定工作作出批示、指示。市委书记谢正义、市长朱民阳带头接访、调研指导信访工作,市、县两级党政领导开展接访下访和包案活动。9月15日,市委、市政府分管领导对问题突出的两个区的分管领导进行约谈,进一步明确和压实工作责任。市委、市政府分管领导、市联席会议召集人多次召集会议,统筹安排工作,2次带队赴邗江、广陵、江都、仪征等地进行督办。市联席会议5次组织市纪委、市委政法委、市法院、市检察院、市公安局、市维稳办、市应急办、市信访局分管负责人组成联合督查组,赴各地及相关单位督查。市信访局明确规定每名局领导联系一个县(市、区)进行督查督办。市联席办修订2015年扬州市信访工作绩效考核办法。起草《中共扬州市委、扬州市人民政府关于强化责任落实解决信访突出问题的意见》《关于在全市开展信访工作"四无"乡镇(街道)创建活动的方案》《扬州市信访工作重点管理乡镇(街道)实施办法》,并经市委常委会研究通过。

(娄广定)

**■矛盾纠纷排查化解** 2015年,市信访局开展6次重点信访事项和重点人员排查活动,共交办716件重点事项,化解率80%。开展进京去省重复访集中化解工作,省交办扬州市39件进京去省重复访事项,结案39件,结案率100%,化解26件,化解率67%。市联席办交办16件重复访案件,结案15件,结案率94%;化解12件,化解率75%。6—7月,在全市范围内开展"信访突出问题化解月"活动,排查出19件信访突出问题,化解率75%。攻坚化解信访积案,上级交办扬州市积案31件,全部办结。

(娄广定)

## 外事

**■外事接待** 2015年,扬州市共接待玻利维亚、哥伦比亚、秘鲁、刚果共和国等4国驻华大使、24国驻华使节,柬埔寨人民党高级干部考察团、阿拉伯国家发展和管理研修班代表团、朝鲜国家科学院贸易局、联合国教科文组织以色列世界遗产委员会前主席阿里·让哈敏欧夫等重要宾客141批1000多人次。 (杨 乐)

**2015年到扬州访问团组一览表**

表7-1

| 序号 | 时　间 | 国　别 | 代表团名称 | 团长姓名/职务 | 人数 | 主要活动 |
|---|---|---|---|---|---|---|
| 1 | 1月15—16日 | 美国 | 美国驻沪总领馆 | 史墨客/总领事 | 5 | 市长朱民阳会见来访团一行,双方就扬州与美国在产业、科技、文化、教育、古城保护等方面的合作交流进行深入交流。 |
| 2 | 3月6—7日 | 希腊 | 希腊驻沪总领馆 | 佩里斯/总领事 | 3 | 探讨希腊与扬州的合作领域,希望将来与扬州开展正式的经贸、文化、旅游等方面的交流。副市长孔令俊会见总领事一行。 |
| 3 | 3月25日 | 日本 | 日本驻沪总领馆 | 小原雅博/总领事 | 2 | 市委书记谢正义、副市长孔令俊会见小原雅博一行。 |
| 4 | 4月17—18日 | 美国 | 美中经济贸易促进会 | 乌巴特尔/执行主席 | 4 | 出席"烟花三月"经贸节开幕式,参观扬州高科技产业园、工艺坊、鉴真图书馆等。 |
| 5 | 4月24日 | 加拿大 | 国际民航组织 | 邦雅曼/秘书长 | 6 | 考察扬州环境。 |
| 6 | 5月16日 | 韩国 | 群山代表团 | 金良原/群山副市长 | 8 | 韩国群山文化学堂在宋大城西门遗址博物馆举行开学仪式。副市长董玉海、韩国群山市副市长金良原出席活动。 |
| 7 | 5月27—29日 | 美国 | 海蓝学院 | 杰克·伯明翰/校长 | 2 | 28日晚,市长朱民阳会见伯明翰一行,向其颁发"城市贵宾"证书。代表团在扬期间拜访瘦西湖管委会、扬州职大的有关领导。 |
| 8 | 6月1日 | 韩国 | 群山市政府代表团 | 文东信/市长<br>陈熙浣/议长 | 16 | 市长朱民阳会见群山市市长文东信、议长陈熙浣及代表团一行。扬州市与群山市签署友好交往城市协议书,扬州博物馆和群山近代历史博物馆签订了友好交往协议书。 |

续表 7-1

| 序号 | 时　间 | 国　别 | 代表团名称 | 团长姓名/职务 | 人数 | 主要活动 |
|---|---|---|---|---|---|---|
| 9 | 6月10日 | 美国 | 艾诺斯集团 | 约翰·克雷格/主席、总裁兼CEO | 5 | 市委书记谢正义会见约翰·克雷格一行，双方就艾诺斯集团在高邮市电池工业园设立的艾诺斯(扬州)华达电源系统有限公司工厂开业庆典以及集团今后在扬州的发展交换意见。 |
| 10 | 6月11—12日 | 韩国 | 丽水市议会代表团 | 朴正采/议长 | 15 | 市委书记、市人大常委会主任谢正义会见朴正采一行，就以崔致远为纽带进一步推进和深化扬州与韩国的交流与合作，推动更多韩国人到扬投资、旅游交换意见并达成共识。 |
| 11 | 7月2日 | 新加坡 | 新加坡驻沪总领馆 | 王首毅/总领事 | 2 | 市委书记、市人大常委会主任谢正义会见王首毅一行，双方就深化扬州与新加坡的合作交换意见并达成共识。 |
| 12 | 7月2—5日 | 联合国 | 联合国教科文组织以色列世界遗产委员会 | 阿里·让哈敏欧夫/前主席 | 2 | 7月3日下午，市长朱民阳会见阿里·让哈敏莫夫一行。 |
| 13 | 7月20日 | 以色列 | 以色列驻沪总领馆 | 柏安伦/总领事 | 3 | 7月20日下午，市长朱民阳会见柏安伦，双方就推进扬州与以色列在医疗卫生、现代农业、科技、人才等多领域交流合作进行深入探讨。 |
| 14 | 9月18—21日 | 柬埔寨 | 柬埔寨人民党高级干部考察团 | 索斯亚拉/柬埔寨中央委员、中央外委会副主席 | 17 | 考察团一行参观琼花观社区和邗建集团、牧羊集团，市委副书记张爱军与考察团进行座谈。 |
| 15 |  | 德国 | 德国企业家代表团及投资公司代表 | 萨克森约格-科堡哥达/萨克森公爵 | 16 |  |
| 16 | 9月25日 | 日本 | 日本参议院议员、参议院社会劳动委员会委员长、明珠改革联合代表、日本前执政党民主党副党魁 | 笹野贞子/日本参议院议员 | 5 | 扬州国经中欧高技术产业园在扬州市广陵经济技术开发区举行开园仪式。 |
| 17 | 10月15日 | 韩国 | “中韩友好交流日”系列活动代表团 | 韩硕熙/韩国驻沪总领事 | 4 | 举办中韩纪念崔致远主题拓本书画展开幕式、第四届孤云国际学术大会、崔致远告由祭等一系列活动。市长朱民阳会见了韩硕熙总领事一行。 |
| 18 | 10月15—18日 | 日本 | 厚木市议会团 | 越智一久/议长 | 7 | 拜访市人大、团市委、扬州大学、扬州职业大学，参观青少年活动中心与职业大学医学院实习室。 |
| 19 | 10月22日 | 德国 | 德国巴符州企业家代表团 | 尼尔斯·施密特/巴符州副州长兼财政经济部长 | 25 | 代表团一行赴邗江区考察。德国舒勒股份公司、扬州锻压机床股份有限公司、扬州高新区三方签订战略性合作意向协议。 |
| 20 | 11月9日 | 澳大利亚 | 澳大利亚加拿大湾市代表团 | 安吉洛斯·提拉卡斯/加拿大湾市市长<br>盖里·索耶/议长 | 10 | 澳大利亚加拿大湾市市长、议长及该市企业家和文化代表一行到扬考察。常务副市长丁纯会见代表团一行。 |
| 21 | 11月9日 | 韩国 | 韩国市长代表团 | 朱哲铉/市长 | 6 | 常务副市长丁纯在迎宾馆会见代表团一行。 |
| 22 | 11月15—16日 | 法国 | 奥尔良市市长代表团 | 奥利佛·加里尔/奥尔良市市长、法国国会议员 | 2 | 与扬州市签署《扬州—奥尔良结为友好交往城市备忘录》和《扬州—奥尔良旅游合作协议》。 |

（杨　乐）

**2015年扬州市出访团组一览表**

表7-2

| 序号 | 出访时间 | 团　　名 | 人数 | 团　长 | 出访国家/地区 | 出访任务 |
|---|---|---|---|---|---|---|
| 1 | 1月14—21日 | 扬州市友好经济代表团 | 6 | 谢正义 | 日本、韩国 | 受邀在联合国“可持续发展城市”高级研讨会开幕式发表主旨演讲。拜访友城，考察交流 |
| 2 | 2月2—9日 | 扬州市政协友好代表团 | 6 | 王克胜 | 缅甸、澳大利亚 | 友好交流，考察访问 |
| 3 | 2月25日—3月3日 | 扬州市人大友好代表团 | 6 | 王玉新 | 美国、加拿大 | 友好交流，考察访问 |
| 4 | 3月19—26日 | 扬州市政协友好代表团 | 6 | 杨明荣 | 埃及、卡塔尔 | 友好交流，考察访问 |
| 5 | 7月5—14日 | 扬州市友好经济考察团 | 6 | 朱民阳 | 意大利、捷克、哈萨克斯坦 | 参加米兰世博会“江苏周”活动，围绕一带一路，推动企业走出去 |
| 6 | 8月20—27日 | 扬州市经贸代表团 | 5 | 谢正义 | 俄罗斯、蒙古 | 友好交流，考察访问 |
| 7 | 8月23—30日 | 扬州市友好交流团 | 6 | 姚苏华 | 美国、加拿大 | 友好交流，考察访问 |
| 8 | 9月10—17日 | 扬州市友城交流考察团 | 6 | 陈卫庆 | 俄罗斯、克罗地亚 | 友好交流，考察访问 |
| 9 | 10月7—14日 | 扬州市公共外交代表团 | 3 | 殷圣元 | 德国、希腊 | 出席国际公共外交大会，申办2016年世界公共外交大会 |
| 10 | 10月20—27日 | 扬州市人大友好代表团 | 6 | 孙永如 | 阿尔巴尼亚、匈牙利 | 落实“一带一路”战略下与两国友好交往 |
| 11 | 11月27日—12月4日 | 扬州市政协友好代表团 | 6 | 洪锦华 | 缅甸、乌兹别克斯坦 | 友好交流，考察访问 |

（杨　乐）

**■公共外交**　响应城市公共外交新态势，提升城市国际形象。邀请外交部公共外交咨询委员会华君铎、吴思科、张援远、龚建忠、孙玉玺5位大使到扬进行国际形势报告会。先后受邀参加首期中国公共外交高级研修班、德国第四届公共外交国际论坛、“一带一路”百人论坛、北京“沟通对话、合作共赢”中日韩研讨会。申办2016年中日韩公共外交论坛、第五届公共外交国际论坛。（杨　乐）

**■招商引资**　4月，助推中俄基金扬州子基金揭牌，9月，推动中意签署中意（扬州）食品产业园项目。先后接待新西兰美格国际资源控股有限公司、丰田汽车投资有限公司、韩国邻得满亚洲投资公司、新西兰江苏工商业联合会、美国艾诺斯集团、加拿大安大略省汽车及零部件产业团、芬兰国家创新资助局等各类经贸团组，对接扬州市相关部门和企业进行交流，深化扬州市与各国在经贸方面的交流与合作。（杨　乐）

**■对外宣传**　组织扬州媒体对国外到扬重要嘉宾的42场专访，组织赴京报道扬州市与中国公共外交协会共同举办的“中外丝路城市美食节活动”新闻发布会；衔接中国网、中国国际广播电台专访市长朱民阳和市政协主席洪锦华；接待日本TBS电视台记者到扬采访拍摄《世界遗产》纪录片、马来西亚Clover Sky公司到扬拍摄《海丝文化之旅》。（杨　乐）

**■涉外管理**　严格执行中央八项规定，从严规范因公临时出国（境）管理。全年共办理因公出国（境）团组出访298批，821人次。来华邀请577批，887人次，办理因私签证1109批，2233人次，领事认证765份，办理APEC商务旅行卡152张。（杨　乐）

## 侨务

**■概述**　开展系列活动服务扬州城庆2500周年。2月4日，首批18个国务院侨办授牌的“华助中心”社团负责人到扬参观访问，先后参观扬州大学旅游烹饪学院和广陵区琼花观社区。5月26日，第十届“世界华裔杰出青年华夏行”活动来到扬州，来自37个国家和地区的72名华裔杰出青年对扬州进行参观访问。与中新社江苏分社合作组织开展“百家华文媒体，讲述千年扬州故事”活动；8月18—20日，来自五大洲18个国家的海外华文媒体的高层参访团到扬实地考察；12月，编印《携手五大洲华文媒体扬州城庆2500年全纪录》专刊。做好第29期海外华侨华人社团负责人研习班的服务工作，7月8日，研习班在扬州大学开班，来自美国、新加坡、日本等3个国家44名中餐业协会负责人参加研习。做好扬州海外乡贤到扬参加城庆系列活动相关工作，对接好10个国家、地区的海外乡贤45人。做好华裔青少年夏、冬令营的工作，8月13日，2015年海外华裔青少年“中国寻根之旅”夏令营——北京集结江苏营近50名来自德国的华裔青少年到扬活动一天。12月15—26日，承办中国华文教育基金会的中国文化行——完美江苏冬令营活动，组织50名来自东南亚的华裔青少年到扬学习交流、参观考察。做好2015年度涉侨基金会工作会议在扬召开的服务工作。

开展系列招商活动。2015中国扬州“烟花三月”国际经贸旅游节期间，市侨办共接待来自马来西亚、意大利、美国、浙江、广东等5批约30名嘉宾参加扬州节庆活动并分别洽谈项目。全年共参与举办引资活动6场次、引智活动9场次。开展优质化服务工作。市侨办加强与人社、民政、卫生、教育等部门及新闻媒体的联系，服务好侨资企业、高层次人才、归侨侨眷，做好侨胞奖助学金的发放，做好“十佳侨之星”的表彰宣传工作。广陵区东关街道琼花观社区获评国务院侨务办公室2014年度“全国社区侨务工作明星社区”，仪征市鼓楼社区获评2015年“江苏省社区侨务工作示范单位”。（王爱萍）

**■世界华裔杰出青年到扬参访** 5月26日，第十届“世界华裔杰出青年华夏行”活动来到扬州，来自37个国家和地区的72名华裔杰出青年对扬州进行参观访问。市长朱民阳在双博馆与青年代表就古城保护、文化交流、宜居养老、旅游发展等话题进行互动交流。在扬期间，青年代表体验扬州的美食和园林文化，观看非物质文化遗产专家表演，参观瘦西湖、东关街、双博馆等自然人文景点，领略古城魅力。（王爱萍）

**■第29期海外华侨华人社团负责人研习班在扬举办** 7月8—14日，由国务院侨务办公室主办的第29期海外华侨华人社团负责人研习班在扬州举办。国务院侨办主任裘援平、扬州市委副书记张爱军等出席14日的结业式，并为来自美国、新加坡和日本的44名海外中餐业协会负责人及业界精英颁发结业证书。集中研习中，受邀的44名海外中餐业协会负责人及业界精英围绕着中餐“标准化、品牌化、技能化、国际化”四大板块，通过理论授课、实地考察、情景教学、座谈交流等形式，与国内业界优秀的专家、教授、烹饪大师开展交流，探讨推动海外中餐繁荣、提升海外中餐质量、培养海外中餐餐饮人才、加强海外中餐行业规范和自律等方面的重大策略。（王爱萍）

**■海外华文媒体高层参访团到扬考察采访** 8月19—20日，来自五大洲18个国家的20家华文媒体负责人到扬州考察采访，市委副书记张爱军会见海外华文媒体高层参访团一行。副市长孔令俊和中新社江苏分社社长陈光明共同为“海外华文媒体扬州交流中心”揭牌。参访团在扬期间先后参观“双博馆”、大明寺和汉广陵王墓，考察瘦西湖清水活水工程、宋夹城体育休闲公园、东关街。华文媒体刊发30个专版介绍扬州的风土人情及经济社会发展成果。（王爱萍）

**■“隆星教育发展基金”奖助学金发放** 8月18日，2015年度扬州“隆星教育发展基金”奖学金、助学金发放仪式在扬州梅岭中学举行，为全市92名品学兼优的学生，发放各类奖、助学金19.95万元。副市长董玉海参加活动。“扬州隆星教育发展基金”是由香港隆星航业有限公司程余斋、辛德俊，于1992年10月捐资设立，并交由市侨办代为管理。该基金主要用于奖励高中学科竞赛获得一等奖的学生，职教技能大赛在国赛和省赛中获得金牌的学生，成绩优秀但家庭经济较为困难的学生。（王爱萍）

**■“2015年中国文化行——完美江苏营”冬令营在扬举办** 12月15—16日，“2015中国文化行——完美江苏营”冬令营在扬州举办，来自马来西亚和印度尼西亚50名12岁至18岁的华裔青少年参加冬令营。本次冬令营是由中国华文教育基金会主办，江苏省侨办、扬州市侨办承办，江苏省扬州中学、扬州市竹西中学协办，目的是让来自海外的华裔青少年们感受、弘扬博大精深的中国文化，培养和深化中华文化情结，做宣传和传播中华文化的使者。（王爱萍）

**■制定华侨回扬州定居办理规定** 12月23日，扬州市侨办召开新闻发布会，向中新社、扬州网等新闻媒体通报扬州市侨办印发的《关于扬州市华侨回国定居办理工作的通知》。通知规定华侨回扬州定居需要满足的条件、需要提供的材料、具体办事流程及办理时限等。华侨回国到扬州市定居的申请，由拟定居地的县（市、区）政府侨务部门负责初审，扬州化工园区材料由仪征市侨办初审；市经济技术开发区、生态科技新城、蜀冈-瘦西湖风景名胜区的华侨回国定居的申请，由市侨办负责受理。市侨办受理后，批准华侨回国到扬州市定居的，签发《华侨回国定居证》，并将相关材料报省侨办备案。华侨本人或受托人携带《华侨回国定居证》及有关落户材料到拟定居地公安机关办理落户手续。（王爱萍）

## 港澳事务

**■招商推介活动** 5月25—28日，市委书记谢正义率团赴香港、澳门开展一系列拜访、考察和招商推介活动。有针对性地开展产业招商，拜会知名企业，与有关港澳客商深入洽谈合作项目，研究增资扩股计划。推动扬州至香港航线开通。10月21—25日，市长朱民阳率团先后赴澳门、香港开展经贸招商活动。代表团在澳门举行城市旅游交流合作恳谈专场活动，参加第20届澳门国际贸易投资展览会（MIF）和江苏馆的巡馆活动并推动一系列合作项目的开展。

（杨　乐）

**2015年扬州市赴港澳团组一览表**

表7-3

| 序号 | 团　　名 | 人数 | 团长（职务） | 出访地区 | 出访任务 | 出访时间 |
|---|---|---|---|---|---|---|
| 1 | 扬州市经济代表团 | 26 | 谢正义（市委书记） | 香港、澳门 | 扬州招商推介 | 5月24—28日 |
| 2 | 扬州市经济代表团 | 18 | 朱民阳（市长） | 香港、澳门 | 扬州服务业推介 | 10月21—26日 |

（杨　乐）

**2015年到扬州访问港澳团组一览表**

表7-4

| 序号 | 时 间 | 地区 | 到访者 | 团长(职务) | 人数 | 主要活动 |
|---|---|---|---|---|---|---|
| 1 | 3月18日 | 香港 | 香港中洋集团(控股)有限公司访问团 | 林健忠(主席) | 3 | 交流考察 |
| 2 | 4月5—6日 | 澳门 | 外交部驻澳门特派员公署访问团 | 胡正跃(特派员) | 2 | 交流考察 |
| 3 | 4月27日 | 香港 | 香港特区政府中央政策组访问团 | 刘兆佳(首席顾问、全国政协委员、香港中文大学教授) | 2 | 交流考察 |
| 4 | 7月1日 | 香港 | 香港庄士中国地产有限公司访问团 | 李世慰(副主席) | 3 | 交流考察 |
| 5 | 8月3—5日 | 澳门 | 澳门特区政府访问团 | 崔世安(行政长官) | 29 | 交流考察 |
| 6 | 8月5—6日 | 香港 | 香港公共政策研究机构高层访问团 | 张志刚(一国两制研究中心总裁、特区行政会议成员) | 24 | 交流考察 |

(杨 乐)

■**接待驻港澳相关机构和人员** 4月,接待外交部驻澳门特派员公署特派员胡正跃一行;8月,接待澳门特首崔世安一行。接待的重要港澳客人还有香港公共政策高层访问团,香港特区政府中央政策组首席顾问、全国政协委员、香港中文大学教授刘兆佳,香港中洋集团主席林健忠,澳门华浦投资集团有限公司董事陈云斐,澳门中埔投资有限公司董事林煌等。

(杨 乐)

## 涉台事务

■**概述** 推进对台招商。聚焦现代物流、装备制造、软件信息、文化创意等产业招商,主动对接各县(市、区)和开发区、高新区、信息服务产业基地等功能园区,提供项目信息,做好服务跟踪。全年新批台资项目16个,总投资3.85亿美元,实际到资1.89亿美元;接待台商团组20批219人次;办理经贸赴台团组149批次。谢正义、朱民阳、张爱军、何金发等市领导率团赴台招商,推进扬州与台湾空港经济、旅游、医疗、文创、教育、海运物流、现代农业等多个领域的交流与合作,结识一批新客商,谈成一批新项目,推进台企增资扩股。与台湾电机电子工业同业公会、亚太文创协会分别举办两场产业合作专题恳谈会。邀请台湾科学园区科学工业同业公会、台湾软体协会、紫金山台湾企业家团等重要工商团组,以及台玻集团、台聚石化等知名大公司、大集团到扬开展项目洽谈。邀请台湾科学工业园区科学工业同业公会到扬召开城市与科技合作推介会。正式签署《扬州市政府与台湾科学工业园区科学工业同业公会战略合作备忘录》。

实现扬台直航。推动对台航空客运直航,推进新航点申报工作。促成两岸民航"小两会"——两岸航空运输第11沟通工作会议于6月下旬在扬州举行。经两岸双方民航主管部门协商,扬州泰州机场成功纳入大陆新增两岸客运定期航点。向民航主管部门申报专案包机手续,9月29日成功实现包机首航台北桃园机场。

9月29日,扬州泰州机场成功实现包机首航台北桃园机场 董 辉/摄

完成人大视察、政协调研。8月中旬,省人大对扬州市贯彻实施《江苏省保护和促进台湾同胞投资条例》情况开展执法检查,并对贯彻落实情况给予充分肯定。6—9月,市人大对全市贯彻实施《台湾同胞投资保护法》及省条例情况进行视察。市人大常委会审议市政府贯彻实施《台湾同胞投资保护法》及省条例相关情况,提出一系列优化投资环境的建议、意见。5—7月,完成市政协主席会议"提升台企发展水平"议题的相关调研,并提出详细调研报告。

优化投资发展环境。依法保障台商台企合法权益,一批涉台投诉案件及纠纷得到妥善处理,台商台企投资及发展环境得到优化。全市全年共受理台商、台企投诉案件27件,结案24件,结案率89%。接待来信来访来电共287宗,其中来信25件、来访86批、来电176次。市台办全年共受理台商投诉案件16件,结案14件,结案率87.5%。成立扬州市台商会计师顾问团;形成协调委员会成员单位联络员制度和县区台办台商服务工作制度;开展推进台企"三自主"转型升级政策宣讲会和台资企业政策宣讲会等两场培训活动。为台企咨询并办理企业贷款、医疗报销、新闻采访、上学照顾、签注帮助等事项。

拓展交流联络。全年共办理赴台交流团组15批151人次,接待到扬交流团组8批178人次,台胞、台属来信来访答复率100%。先后接待台湾诊所协会全联会参访团、新竹县美食交流考察团、新北市永和区里长联谊会参访团和台南市民意代表团等到扬交流团组。邀请接待台湾扬州同乡会扬州籍乡贤及台湾直航到扬参访团参加"9·29"城庆乡贤大会相关活动。邀请台湾中国文化大学教授邱毅到扬为500多名中小企业家作《中国文化与管理智慧》专题讲座。组织大学生村官及乡镇长赴台开展两期现代农业技术培训与交流。做好佛光山星云法师登临《扬州讲坛》和第三届中国扬州两岸素食文化暨绿色生活名品博览会各项服务。接待台湾媒体记者5批11人次。编辑内刊《扬州台情》11期。编发涉台稿件近200篇。开展“大陆开发区系列报道”入岛宣传。接待台湾联合报系记者团到扬采访。（骆礼国）

**■扬州经贸考察团赴台湾考察** 5月10—15日，市委书记谢正义率扬州市经贸考察团赴台湾进行综合考察，市领导陈扬、孔令俊、丁一随团考察。在台湾期间，考察团一行先后拜会海基会董事长林中森、新党主席郁慕明、新竹县县长邱镜淳、资深媒体人邱毅等台湾众多知名人士，拜会台湾工业总会理事长许胜雄、商业总会理事长赖正镒、工商协进会理事长林伯丰等台湾前三大公会理事长，参访远东集团、永丰余集团、长春集团等数十家知名企业，推进台资增资扩股项目10个，增资7.62亿美元，签约项目4个，总投资5600万美元，新挖掘台资项目信息29个，总投资6.9亿美元。参访台湾工业技术研究院、新竹科学园区等科研院所，签订园区合作项目3个。举办扬州城市旅游推介会，推动扬州泰州机场与台湾的直航及赴台个人游事宜。

9月15—21日，市长朱民阳率经贸考察团赴台湾考察，深化两地在经贸旅游、医疗卫生、文化创意、职业教育、现代农业等方面的交流与合作。市领导汪志坚、王静成、刘亚军等参加活动。在台湾期间，考察团参观林口长庚纪念医院、长庚养生文化村、台湾诊所协会，并与林口长庚纪念医院就开展定期院系交流、人才培养等合作事宜进行洽谈。举行文化创意产业交流合作恳谈会，邀请台湾文创界精英出席。考察团先后考察台湾扬运国际集团、三爱农业科技集团、金仁宝集团旗下金宝生物科技公司，拜会台湾电机电子工业同业公会理事长郭台强。实地考察台湾桃园国际机场航空城，拜访中华航空公司，就扬州泰州机场与台北直航航班事宜取得一致意见；拜会台湾旅游观光部门负责人，就赴台个人行深入交流。

7月17—23日，市委副书记张爱军率考察团赴台湾考察学习农业发展和城市管理经验，推动和深化扬州市对台交流合作成果。考察团先后拜会台玻集团总裁林伯实、台中港务分公司总经理陈劭良、富贸通运有限公司董事长陈大松等；考察台北市等地城市规划与管理、交通基础设施建设、公共交通体系管理；参访永丰余南澳农场、台南市农会走马濑农场、玉富生物科技、三爱农业科技；广泛接触台湾各界人士，拜会佛光山星云法师；与宝成工业、大连化学、永丰余、可瑞尔、虹扬科技、汇成光电等多家在扬投资企业相关负责人进行交流座谈。（徐泗旺　孙金海）

**■台湾客商到扬州参访考察** 3月22日，台湾“中华资讯软体协会”理事长、台湾翊利得信息科技有限公司董事长邱月香一行到扬州参访考察，副市长孔令俊会见参访团。5月下旬，台湾诊所协会全联会理事长陈聪波一行31人到扬参访，市委副书记张爱军会见参访团一行。5月31日，台湾中华侨联总会理事长简汉生率第二届“海外台商江苏行”团一行16人到扬参访考察，市委书记谢正义会见简汉生理事长一行。6月14日，台玻集团总裁、实联化工董事长林伯实一行到扬州考察扬州港码头基础设施和物流基地，市委书记谢正义会见林伯实一行，并就推进台玻集团、实联化工与扬州市的深层次合作达成共识。6月30日至7月1日，台湾科学工业园区科学工业同业公会理事长沈国荣一行到扬州参访考察，实地参观扬州经济技术开发区和扬州高新区，参加扬州市举办的科技合作推介会，并与扬州市正式签订战略合作备忘录。市委书记谢正义、市长朱民阳会见沈国荣一行。10月31日，扬州市与台湾电机电子工业同业公会参访团举行产业合作恳谈会，市长朱民阳、台湾电机电子工业同业公会副理事长郑富雄等参加恳谈会。11月5日，两岸企业家峰会副秘书长魏可铭率台湾企业家参访团到扬州参访，市长朱民阳会见参访团一行。在扬州期间，参访团考察扬州食品产业园和广陵新城。11月26日，瑞昱半导体股份有限公司董事长、学创教育科技有限公司董事长叶南宏一行到扬州参访，市长朱民阳会见叶南宏一行，并就“互联网＋教育”相关合作项目进行洽谈。

（骆礼国　孙金海　赵晓艳）

**■两岸大学生在扬州开展交流活动** 7月10日，来自台北商业大学、明志科大、辅仁大学、铭传大学和南京大学、扬州大学等两岸六所高校的40余名师生到扬州市社会福利中心开展社会服务活动，参观福利中心图书馆、棋牌室、书画室、放映厅等，并开展服务活动。7月23日，“青春作伴好还乡暨2015两岸大学生就业创业江苏行”活动在扬州开展，70多位两岸知名院校学子到扬，与扬州市青年企业家和创业者代表进行交流，参观扬州市青年创业就业服务中心及东关街文创项目，实地考察青年就业创业的精品案例。（张瑞明　徐泗旺）

**■台湾扬州同乡会组团回乡参加城庆活动** 9月27—30日，以理事长李增邦为团长的台湾扬州同乡会一行36人到扬参加扬州城庆2500周年纪念活动。参访团团员平均年龄70岁，都是在台湾的二代乡亲，他们热爱家乡，情系家乡。李增邦应邀参加乡贤恳谈会。参访团成员参加扬州市第12届运动会开幕式；观看大型歌舞《千古风流》的演出。9月27日，市台属联谊会全体理事与参访团成员进行联谊。市台办交流处工作人员为副理事长刘锦龙寻找到66年未曾见面的堂哥。（古　刚）

**■台资企业政策宣讲会** 12月17日，市台办联合市财政局、市工商局、市国税局和市地税局举办扬州市台资企业政策宣讲会。扬州市30多家台企的近60多名负责人和财务主管听取讲座。四部门相关处室负责人分别解读政府应急资金政策、财政金融政策、工商登记制度改革、企业所得税优惠政策、个人所得税涉税风险防范等，并就台商提出的问题进行现场解答和指导。（俞　震）

## 政府法制

■**推进依法行政**　1月29日，市政府法制办公室(简称市政府法制办)召开全市政府法制工作会议，传达省政府法制工作会议精神，总结交流2014年政府法制工作情况，表彰年度先进单位和个人，部署2015年工作。3月25日，市政府召开全市法治政府建设推进大会，市长朱民阳对全市今后一段时期法治政府建设工作任务进行部署。市政府印发《关于深入推进依法行政加快建设法治政府的实施意见》《关于2015年度推进依法行政工作的意见》。

3月，市政府法制办发文确认12家市级依法行政示范点，树立依法行政工作典型。5月，组织开展2015年度法制干部法律知识培训班，近70人参训。8月，召开全市政府法制工作推进会，传达学习全省政府法制工作座谈会精神，总结交流全市法治政府建设推进大会贯彻落实情况及上半年全市政府法制工作情况，研究部署下半年工作任务。9月，联合市委组织部在江苏省委党校举办全市领导干部法治能力专题研究班，30个市直执法部门分管领导、6个县(市、区)政府法制办主任、5个功能区法制工作负责人参训。12月，采取集中汇报与分别抽查相结合、群众测评与综合评价相结合、查阅资料与案卷评查相结合方式，对6个县(市、区)政府、5个功能区管委会和市直49个执法部门开展年度依法行政工作督查。（刁仁军）

■**推进行政调解**　4月3日，建立行政调解统计报送制度，要求各县(市、区)政府、市各执法部门定期上报行政调解有关情况，做好分析研判工作。4月24日，市全面推进依法行政工作领导小组办公室(简称市依法行政办)印发《关于做好2015年行政调解工作的意见》，推进行政调解工作规范化。全年各级各类行政调解机构受理案件1.94万件，比上年上升104.38%；调处1.86万件，比上年上升126.32%；调处率95.82%，比上年上升3.82%。（刁仁军）

■**推进简政放权**　贯彻落实《市委市政府关于进一步优化企业发展环境的意见》，明确精简行政审批事项、优化行政审批流程、减少审批环节等9项工作的具体要求、责任部门和序时进度。对照国务院、省政府取消和调整的6批次行政审批项目，8月、12月，分两个批次对涉及扬州市的44项行政审批项目进行变动调整并对外公布，指导各地、各部门及时做好落实衔接工作。推进扩大经济技术开发区经济管理权限，形成下放权力清单，共涉及52项行政权力。9月，以行政审批事项为切入口，组织对区级政府部门行政审批事项再次梳理审核，最终审核确定区级政府部门应有行政审批事项217项。年初，省政府批复同意扬州市城市管理行政执法局一级执法调整为市、区两级执法，赋予广陵区、邗江区政府城市管理行政执法主体资格。探索在蜀冈-瘦西湖风景名胜区范围内试行以相对集中行政处罚权为重点的行政执法体制改革，12月，推动制定蜀冈-瘦西湖风景名胜区行政执法体制改革方案。（刁仁军）

■**执法监督**　4月，召开全市行政执法监督工作推进会，在全市范围内部署开展“行政执法监督效能提升年”活动，明确落实“2号文件”、助推简政放权促进改革深化的具体任务和要求，强化行政执法监督工作。7月，启动涉企重大行政处罚案件备案审查工作，组织对15个市直部门报备的290本涉企重大行政处罚案卷进行全面审查。10月，邀请省法制办、南京大学、市中级人民法院专家对重大行政处罚案卷进行研究审查。12月，对案卷审查情况进行通报，向存在问题的7个部门下达《行政执法监督建议书》，督促整改落实到位。（刁仁军）

■**执法人员管理**　5月，组织开展2015年度行政执法人员法律知识培训班，来自6个县(市、区)、5个园区、市直50个执法部门近千人参训。连续第五年实行执法人员法律知识网上闭卷考试。组织对全市1.1万名执法人员资格逐个进行审核，共清理全市不符合执法资格的持证人员1734人。在全省率先出台《扬州市行政执法人员管理办法》，从行政执法人员资格管理、培训管理、行政执法证件管理等方面作出具体规定。（刁仁军）

■**创设行政行为风险提示制度**　9月，出台《关于做好行政行为风险提示工作的意见》，在全省率先系统构建行政行为风险提示制度，强化风险源头管控。全年制发专报13期，对20多个行政领域风险点进行专项提示，内容涉及土地和房屋征收、信息公开、行政执法、规范性文件制定、功能区市场监管等方面。省政府法制办主任于爱荣、市长朱民阳等领导多次批示，省委《快报》予以肯定。（刁仁军）

■**推动“两法衔接”**　4月，下发《关于统计报送行政调解和“两法衔接”工作情况的通知》，建立“两法衔接”工作统计报送制度。10月，组织召开“两法衔接”联席会议办公室座谈会，贯彻执行省“涉嫌刑事犯罪案件移送标准”。全年“两法衔接”平台共录入行政处罚案件621件，各部门共移送涉嫌犯罪案件50多件。公安部门立案查处生产、销售伪劣商品(产品)案件31件，侵犯知识产权案件25件。市法院向市工商局移送非罪商业贿赂案件线索20多条。市检察院开展专项行动10次，走访行政机关29家，抽查行政处罚案件48次100余件，建议行政机关移送公安案件31件。11月，通过省“两法衔接”专项检查。（刁仁军）

■**推进政府法律顾问制度**　12月14日，市政府办公室发文组建市政府法律顾问工作办公室，建立以市政府法制办公室工作人员、政府公职律师和政府法律顾问助理为成员的市政府法律顾问办公室工作平台。12月28日，市政府办公室发文建立市政府法律事务专家库、专家咨询员，遴选62位专家为市政府法律事务专家库成员，13位专家为市政府法律事务专家咨询员。12月31日，举行市政府法律事务专家咨询员聘任仪式暨扬州市"十三五"规划纲要编制法治研讨会，市长朱民阳向受聘的专家咨询员颁发聘书。探索向社会购买法律服务的方式，与本地4家律师事务所合作，签订合作框架协议，由各所选派4名执业律师担任政府法律顾问助理。（刁仁军）

■**合法性审查** 11月，与市纪委、市维稳办联合出台《关于进一步完善重大行政决策和规范性文件合法性审查、制度廉洁性评估、社会稳定风险性评估联合审查机制的意见》，召开联席会议，构建联审工作机制。12月，市政府办公室出台《关于进一步加强规范性文件合法性审查工作的意见》，建立合法性审查意见书制度，完善规范性文件审核制定程序。出台《扬州市规范性文件备案审查专家公开点评工作规则》。2015年，市政府法制办对106件政策性、决策性文件进行合法性审查，比上年增长34件，增长率47%，内容涉及证照联动监管、政府与社会资本合作、投融资体制改革、国有资产监管、金融市场监管等30多个行政管理领域。（刁仁军）

■**立法制规** 7月，扬州市获得地方立法权。组织对规范性文件制定主体资格清理审核，8月，最终审核确认6个县（市、区）政府、43个市直行政机关及8个法律法规授权组织的规范性文件制定主体资格。9月，市政府出台全市首部规章《扬州市人民政府规章制定程序暂行规定》。全年组织召开立法听证会、论证会、新闻发布会15次。对现行135件规范性文件开展清理，保留79件、修改37件、废止16件。对5件规范性文件进行实施后评估。规范性文件规范率、报备率、及时率均保持100%。全年市政府制定出台政府规章1件、规范性文件5件。（刁仁军）

■**行政复议规范化建设** 5月，市政府办公室下发《关于调整市政府行政复议委员会成员的通知》，调整市政府行政复议委员会成员。6月，组织召开全市行政复议与行政审判联席会议和市政府行政复议委员会第二次全体会议，加强行政执法部门、行政复议机构与行政审判机关的良性互动。7月，印发《扬州市人民政府行政复议委员会工作规则》，修改完善四项规则；赴山东济宁、潍坊就行政复议委员会工作学习考察，形成山东学习考察的调研报告。10月，形成行政复议应诉专用章使用管理、行政复议接待、档案保管、档案保密、行政复议案件材料查阅等相关工作制度。11月，召开行政复议委员会案审会，讨论研究相关案件，并形成会议纪要。12月，建成融接待、受理、审理为一体的"一站式"市政府行政复议受理中心。参加江苏省第六届行政复议典型案例评析活动，并获三等奖。2015年，全市各级各类行政复议机构收到行政复议申请413件，受理377件。其中，市政府法制办收到向市政府提出的行政复议申请93件，受理85件。（刁仁军）

## 政务服务

■**概述** 3月，经市机构编制委员会（简称市编委会）研究，同意建立扬州市市民中心展馆管理处，挂"扬州科技馆""扬州市妇女儿童活动中心""扬州市青少年活动中心"牌子，为市政务服务管理办公室所属公益一类相当于正科级全额拨款事业单位。6月，经市编委会、市委常委会研究审定，并报省编办批复同意，建立扬州市公共资源交易中心，机构规格相当于副处级，为市政务服务管理办公室所属公益一类事业单位。8月，市政务服务管理办公室完成3.5万平方米市民服务大厅的建设装修工作，总建设期比计划节约5个多月，项目总资金比预算资金节约2000多万元。9月26日，市委、市政府正式启用市民中心（市政务服务大厅、科技馆、妇女儿童活动中心、青少年活动中心）。2015年，全市政务服务系统共办理各类事项483.29万件。其中，各县（市、区）政务服务中心共办理94.23万件，各市级分中心办理364.35万件。市政务服务中心办理24.71万件，按时办结率100%，随机测评满意率99.78%。市级分中心和县级中心窗口服务第三方服务对象随机测评满意率分别为98.2%和98.3%。2015年，市政务服务管理办公室在市委、市政府组织的年度工作目标绩效综合考评中，位居公共服务类第一名，被市委、市政府评为工作目标绩效综合考评先进单位。推进审批事项集中到位、提升项目审批效能等工作获2015年度市级工作创新奖。（胡继林）

9月26日，扬州市政务服务中心正式启用

王　卓/摄

■**行政审批制度改革** 落实"三集中三到位"要求，市政府37个部门239项行政许可事项全部进驻市政务服务中心办理。落实取消、下放行政审批事项，市政府第四批取消、调整行政审批事项27项，第五批取消、调整行政审批事项17项，全面取消市级79项非行政许可审批事项。8月21

日制定《扬州市市级部门责任清单》，划定44个涵盖享有行政权力部门职责、职责边界、公共服务事项和事中事后监管措施，明确“法定职责必须为”。加强事中事后监管，1月12日，出台《关于深化行政审批制度改革加强事中事后监管的意见》，针对投资管理、信用管理、市场秩序、产品质量、食品安全、安全生产、环境保护等7个关键领域建立“1主7辅”事中事后监管体系。动态更新发布行政审批事项目录清单、政府行政权力清单、部门专项资金管理清单、行政事业性收费和政府基金目录清单、政府核准的投资项目目录“5张清单”。12月8日，印发《扬州市政府各部门行政权力目录清单管理办法(试行)》。

(黎小生)

**■服务重大项目** 向全市政务服务系统转发2015年重大项目信息库，提出服务重大项目的新要求。对涉及市、县两级部门审批的问题，沟通协调解决项目服务过程中遇到的实际问题，全年全市政务服务系统共跟踪服务重大项目341个，解决项目审批问题75个。推进项目竣工联合验收和项目“绿色通道”办理，全年市本级共办理竣工联合验收项目210个，通过“绿色通道”办理项目65个。

(胡继林)

**■商事登记改革** 2015年，企业注册登记顺利实现由“四证一体”到“三证合一”到“一照一码”的连续跨越，相关事项办理平均提速60%。全年全市共通过“三证合一”和“一照一码”平台为1万多家公司办理注册登记，其中市本级3140家。

(胡继林)

**■市公共资源交易中心实体化运行** 12月3日，市委、市政府组织召开市公共资源交易平台建设工作会，对进一步整合资源、优化调整管理体制、推进全市政府服务体系建设、规范公共资源交易行为、建成并运行市公共资源交易中心工作等进行具体部署安排。12月21日，原市建设工程交易中心、市政府采购中心、市土地交易中心、市国有产权交易中心、市药品集中采购中心、市水利工程招标办公室、江苏交通运输招标评标中心扬州分中心等6个部门7个交易场所的人、财、物全部整合后，建立市公共资源交易中心，并正式对外运行。市公共资源交易中心内设土地及产权交易科、工程交易科、政府采购科、综合科、业务监督科、网络信息科6个内设机构，均相当于正科级，人员编制35人。中心服务场所总面积8400平方米，分为办公、开标、评标三个功能区。市公共资源交易中心的成立运行标志着扬州市“一办两中心”的全面建成。 (胡继林)

**■服务能力提升** 抓好全部事项全程预约服务制度的执行落实，全年全市政务服务系统共开展预约服务3000次，其中市政务服务大厅750次，所有办件均在承诺时限内办结。优化出台实施《扬州市政务服务系统首问首办负责制、一次告知制、服务承诺制、实时评价制》，各地结合实际情况抓好执行落实。开展争创群众满意窗口岗位活动，联合市作风办在市级窗口单位开展“群众满意的窗口服务单位”“群众满意的示范岗位”创建活动，创建窗口单位由43个扩大到71个，实现政务服务及相关部门对外服务窗口的全覆盖。各参创单位以服务群众为导向，在服务理念、硬件建设、服务机制、服务方式上满足服务对象的需求，得到广大服务对象的认可。 (胡继林)

6月1日，扬州市经济技术开发区企业申请者拿到“三证合一”营业执照　　日　报/供稿

## 机关事务管理

**■公务用车制度改革** 在市公务用车制度改革领导小组的领导下，市机关事务管理局对全市党政机关及参照公务员管理事业单位人员、车辆、司勤人员等信息进行全面统计，召开多层次公务用车改革工作座谈会，广泛征求意见和建议，研究车改工作中的矛盾和问题，对扬州市车改有关数据进行初步测算，起草全市公务用车改革工作方案。12月底，全市公车改革工作顺利启动实施，市本级保留公务用车169辆，518辆取消车辆全部集中停驶封存。筹备成立市级机关公务用车服务中心，设立四个服务分中心，为市级机关机要通信和应急公务提供服务保障。各县(市、区)车改实现有序衔接，平稳过渡。 (王　强)

**■节约型机关建设** 完成全市范围内1953家公共机构能源资源消费统计工作，全市公共机构人均综合能耗、人均水资源消耗、单位建筑面积能耗三项指标均完成省下达的节能目标任务。组织开展全市公共机构节能宣传周、“地球熄灯一小时”等节能宣传活动，组织节能业务专题培训500多人次。采用合同能源管理模式，对机关西大院中央空调系统进行节能改造。市公安局、市职业大学创成国家级节约型公共机构示范单位，邗江中学等7家单位、市化工园区等14家单位分别创成省级、市级节能示范单位。 (王　强)

**■机关服务保障** 机关会务服务全年较好地完成市“两会”、市委六届九次及十次全会、“烟花三月”国际经贸旅游节、城庆2500周年纪念活动等近500场次、4万余人次会议服务保障工作。面向市级机关各部门开

展"合理化建议"征集活动，征集合理化建议22条。成立机关大院伙食管理委员会，听取就餐服务对象建议和意见，做好仪征蔬菜基地生产供应工作，适应机关干部的不同要求。提升门诊医疗服务水平，全年门诊服务20万人次，机关门诊所党支部被市委表彰为"市级先进基层党组织"。机关三所幼儿园提升教师队伍建设水平，许多教研特色工作走在全市幼教工作前列。市委、市政府车队安全行车105万千米，完成市委、市政府公务用车保障任务。机关彩印中心、重光古建公司等企业拓展市场，取得良好发展。完成市委、市政府主楼三楼会议厅改造工程，提升会务服务保障硬件水平。完成机关餐厅后厨800平方米改造。实施机关西大院路牙更换和草坪更新工程。对机关一幼、二幼校舍主楼外墙进行维修改造。在东区市民中心开办第三食堂。完成公有住房解危5000平方米。（王　强）

## 对口支援

**■概述**　2015年，扬州市对口支援新疆新源县、青海贵南县、西藏拉萨市、陕西汉中市和湖北秭归县。全年共投入对口支援资金1.75亿元。至2015年底，全市累计投入对口支援资金11.51亿元(含援川资金)，建成援建项目232个。（陈万久）

**■对口支援新疆新源县**　扬州市对口支援新疆新源县工作始于2011年。2015年，共安排13个援疆项目，实际投入援疆资金1.14亿元。其中，民生类项目9个，投入援疆资金9860万元，占86.7%；产业类项目1个，投入援疆资金150万元，占1.31%；人才类项目2个，投入援疆资金1305万元，占11.4%。全年先后在扬州、重庆、成都等地组织参加各类产业推介会15场次，邀请扬州市及内地其他地区近30批次200多人次客商赴新疆伊犁州和新源县考察。全年帮助引进产业援疆项目8个。其中，建成投产项目6个，总投资1.91亿元；在建项目2个，分别为牛牛乳业有限责任公司生产线技改扩建项目、人和房地产开发公司商业住宅项目。根据新源县发展需求，科学规划人才援疆项目，围绕管理、经济、教育、医务、实用及后备人才等做好人才援疆工作。全年完成干部人才援疆项目23个，培训3500多人次，拨付使用资金355万元。全年全市共有26批次189人赴新源县对接交流工作，6月，扬州市委常委、组织部长张宝娟率队赴新源县考察；新源县共有20批次280人到扬考察交流，新源县委、县政府、县人大和县政协主要领导先后到扬考察学习。至2015年底，全市有3个园区、1个景区、27个部门、15个乡镇(街道)、25所学校、4所医院、1个村、1个社区与新源相关单位签订结对共建协议。全年全市各界累计向新源县捐款捐物1252.5万元。至2015年底，扬州市累计对口支援新源县6.72亿元。（陈万久）

**■对口支援西藏拉萨市**　扬州市对口支援西藏拉萨市工作始于1995年。2015年，选派12教师赴西藏拉萨江苏实验中学任教。9月，成立江苏省扬州中学拉萨苏中奖助学基金，共筹集善款十多万元，使百余名藏族学生受益。扬州农牧技术援藏干部推进青稞育种项目合作，开展青稞、小麦品种新品种选育及提纯复壮、引种筛选工作。（陈万久）

**■对口支援青海贵南县**　扬州市对口支援青海贵南县工作始于2010年。2015年，共安排援青项目7个，落实资金5997万元，比上年增长85.4%，占贵南县"十二五"期间援青资金总量的51%(2011—2015年贵南县到位的援青资金总量为1.18亿元)。项目资金主要用于教育、医疗卫生及自来水、供电等基础设施建设。2015年计划外增加贵南县人民医院综合楼项目，该项目总投资3121万元，其中江苏援建资金2703万元。宝应县与贵南县共同制定并实施贵南县专业人才3年培训计划。全年贵南县先后组织16名医务人员和20名骨干教师赴宝应县进行培训。4月，贵南县27名政法系统业务骨干到宝应县政法系统跟班学习培训1个月。8月，宝应县组织县人民医院、中医院、妇幼保健院的医务人员，送医到藏区。全年为贵南县捐资捐物200万元。筹措社会资金，建立贵南县中小学生奖学基金，每年5万元。组织青海江苏商会结对帮助贵南县困难学生，为50名困难学生捐资助学，每年3万元。为贵南县茫曲镇达玉村困难户发放慰问金9.5万元。联系上海、北京、南京等医生，帮助救治贵南县重病患者及贫困牧民的残疾孩子。至年底，累计对口支援青海贵南县达1.07亿元。（陈万久）

**■对口支援湖北秭归县**　扬州市对口支援湖北秭归县工作始于1994年。2015年，扬州市共援助湖北秭归县项目资金105万元，具体实施项目2个，其中对口支援秭归县九里移民安置小区功能完善项目55万元、中小企业孵化器(北斗产业园)项目50万元。至年底，扬州市累计对口支援湖北秭归县1072万元。（陈万久）

**■对口支援陕西汉中市**　扬州市对口支援陕西汉中市工作始于1996年。2015年，扬州市援助汉中市扶贫项目资金170万元，具体实施协作项目6个。其中，市直援助80万元，完成汉中市西乡县城关镇粮油基地基础设施建设、城固县陈家湾初级中学教学设备购置、佛坪县长角坝沙窝村小龙洞沟道路拓宽及硬化工程、镇巴县杨家河镇杨家河社区道路建设项目；江都区援助50万元，完成佛坪县长角坝镇沙坝村服务中心项目，并追加援助10万元用于佛坪县6月发生洪灾后的项目建设；仪征市援助30万元，完成镇巴县泾洋镇捞旗河村老庄组道路建设。至年底，累计对口支援陕西汉中市3017万元。（陈万久）

# 政协扬州市委员会

Zhengxie Yangzhoushi Weiyuanhui

编　辑　徐国磊

## 综述

**■概况**　2015年，中国人民政治协商会议江苏省扬州市委员会(简称市政协)围绕全市经济、政治、文化、社会、生态建设重要工作，切实履行职能，汇聚智慧力量。全年共召开全体会议1次，常委会议3次、主席会议5次，各类专题协商会、情况通报会43次，开展视察督查活动28次，形成专题调研报告41份、视察建议26份，提交提案435件。举办“委员企业沙龙”和“科技委员活动日”、组织部分委员和职能部门负责人在市内外调研、举办政协论坛等多种形式，先后围绕产业转型升级、深化改革开放、产业重大项目推进和特色产业发展、新型城镇化和农业现代化、科学谋划扬州“十三五”发展等课题开展调研，为统筹做好稳增长、调结构、促改革、谋发展协商建言。举办“走进城庆”界别活动周，组织主席会议成员实地察看生态科技新城的规划与建设，调研区域内规划建设和产业转型，集中视察政府主导的30项重大城建项目，举办“我说扬州”主题交流会，出版《扬州运河世界遗产》，举办“中外丝路城市美食文化交流——扬州活动周”等对外交流活动，为迎接扬州建城2500周年“城庆”主题建言献策，推进城市管理上台阶、城市建设出形象。围绕民生“1号文件”落实和医养融合、社区建设、体育事业发展等献计献策。推动将“医养融合”写入市“十三五”规划草案，将市级护理院建设列入2016年民生“1号文件”。进一步健全民主评议相关制度，规范工作程序，创新评议手段，先后对市民政局、市体育局工作开展民主评议，形成相关评议报告。对质量技术监督工作、基层人民调解组织建设、小区物业管理、基层卫生计生健康服务资源整合等议题进行座谈协商、专题视察。为民生重点工程推进和热点难点问题解决献计献策，组织委员视察重点民生工程。重点督办民生类提案，60多件民生实事得到基本落实和较好解决。加强反映社情民意，全年共收集意见建议300多条，整理报送《政协内参》《社情民意》35期。进一步完善协商制度，协同中共扬州市委出台《关于发挥人民政协作为协商民主重要渠道作用的意见》。创新协商方式，开展联合调研和协商，组织二次协商，进行基层座谈协商。坚持提案工作创新，推行提案征集的目录引导、培训督导和交前指导，编发《提案选题参考目录》。完善“书记批办、市长领办、主席督办、政协指办”的重点提案交、督办机制。市政协七届四次会议召开后，收到委员提案443件，立案435件，其中，市委书记批办提案4件、市长领办提案6件、市政协主席督办提案6件、市政协指办提案10件。截至12月底，所有立案的提案全部办复。提案者对办理方式、态度、进度、结果满意和基本满意率98%。设立委员工作委员会，加强委员的学习培训、联系服务和管理考核工作。修订《专门委员会组织通则》，进一步完善专委会的履职方式、组织制度和工作制度。　（徐晓明　李巍巍）

**■界别活动周**　5月4—10日，市政协举办2015年度政协委员联系群众“界别活动周”活动。市、县(市、区)两级政协2000多名委员紧扣“走进城庆”主题，走进城市社区、乡镇村组、园区企业等，广泛收集社情民意，凝聚各方智慧力量，为办好2500周年城庆，推动经济社会发展，提高城市文明程度和市民素质献计出力。市政协24个委员小组累计开展各类活动35项，收集意见建议500多条，整理形成协商意见22份，交有关部门办理并跟踪答复。

（徐晓明　李巍巍）

**■民主评议**　10月召开民主评议民政局社区建设工作会议，通过在扬州电视台连续一周播出系列专题节目的方式，调动社会各方面参与评议的积极性。在充分调研、广泛听取意见基础上，对市民政局在社区建设方面取得的成绩、存在的问题进行客观评价，提出改进工作的意见、建议。12月召开民主评议市体育局工作会议，针对市体育局“十二五”期间履职和能力作风建设情况，通过实地评议、考察评议、座谈评议、访谈评议、问卷评议等多种方式，提高评议成效，对市体育局工作中存在的一些问题进行探讨和分析，有针对性地提出意见、建议。　（徐晓明　李巍巍）

**■加强与委员联系**　坚持主席、副主席联系委员制度以及专委会分工联系界别和委员小组制度。全年开展主席联系委员活动、名家讲座14期，举办“委员企业沙龙”和“科技委员活动日”7次，协助联系界别委员小组开展各类活动50多次。5月组织开展政协委员联系群众“界别活动周”，10月和12月分别组织委员参加民主评议市民政局和市体育局活动，11月组织委员参加“扬州政协论坛”，12月就2016年市政协调研课题征求各界别委员意见。选派委员担任特约监督员、行风评议员，参与全市行风监督、机关能力作风建设、“三公开三报告”（公开事项，公开过程，公开结果；向组织报告，向人大代表和政协委员报告，向服务对象报告）电视直播、“四位一体”（运用广播、电视、报纸、网络热线平台）政风行风评议等活动。邀请委员参加市政协党的群众路线教育实践活动。通过扬州电视台《TV提案365》、《扬州日报·政协之声》专栏、政协网站、《扬州政协》会刊，宣传委员参政议政的成果和工作成绩。（徐晓明 李巍巍）

**■扬州政协论坛** 11月19—23日，市政协举办2015年度“政协论坛”，政协委员和专家、学者围绕“科学谋划‘十三五’”主题展开专题研讨。论坛进一步创新形式，通过一本论文集、一场交流发言、一次电视论坛、一版报纸专刊，强化交流互动，广泛协商讨论。围绕经济转型、创新驱动、城乡统筹、民生保障和社会文明程度提升等重点课题，论坛收到论文70多篇。在集中交流和电视论坛中，36位发言人针对“两化”（以信息化带动工业化，以工业化促进信息化，走新型工业化道路）深度融合、智慧城市发展、农业现代化、职业教育体系构建、基础教育均衡发展、海绵城市建设等，建言献策。市委常委、常务副市长丁纯参加论坛，听取意见和建议并参与互动交流。

（徐晓明 李巍巍）

**■完善协商制度** 市政协协同中共扬州市委出台《关于发挥人民政协作为协商民主重要渠道作用的意见》，明确4条原则、7项内容、10种形式、5种程序和4条组织保障措施，明确协商什么、与谁协商、怎样协商、协商成果如何运用等具体要求，为推进全市协商民主制度化发展、发挥政协协商民主重要渠道作用提供保证。不断完善常委会议、主席会议例会协商和提案协商、对口协商、界别协商、论坛协商、委员企业沙龙协商等工作机制。创新三项协商方式：一是开展专委会、有关民主党派、县（市、区）政协的联合调研和协商；二是组织重要议题意见建议落实情况的二次协商；三是开展深入街道、社区和园区的基层座谈协商。继续举办季度座谈协商会，全年围绕“整合提升农村基层卫计健康服务资源”“加强小区物业管理”举办两次季度座谈协商会。创新开展基层协商座谈会，围绕“发展现代食品产业”“加强基层人民调解组织”进行基层座谈协商。

（徐晓明 李巍巍）

## 重要会议

**■政协七届四次会议** 1月8—11日，市政协召开七届四次会议。市委书记谢正义到会并作题为《铸城市新魂 做时代新人》的讲话。市政协主席洪锦华作市七届政协常委会工作报告，市政协副主席刘在銮作市七届政协常委会关于提案工作情况的报告。会议举行大会发言和大组协商。增补陈荣发、魏瑞明为市政协常委。会议期间，委员们分组讨论谢正义讲话，审议政协常委会两个报告；列席市人大七届四次会议，听取和讨论政府工作报告以及法院、检察院工作报告。会议通过市政协七届四次会议决议。（徐晓明 李巍巍）

**■政协常委会议** 1月10—11日，市政协分段召开七届十二次常委会议。会议听取市政协七届四次会议小组讨论情况汇报，协商人事安排和选举事项，讨论、通过七届四次会议决议（草案）和2015年市政协工作要点。

6月26日，市政协召开七届十三次常委会议。会议就“推动小城镇分类发展 加快我市新型城镇化建设”进行专题协商，通过有关人事任免事项。听取并讨论副市长丁一所作相关情况通报。

9月22日，市政协召开七届十四次常委会议。会议就“促进我市生产性服务业加快发展”议题与市政府专题协商。听取并讨论市委常委、常务副市长丁纯所作关于市政协七届四次会议提案办理情况的通报。

（徐晓明 李巍巍）

**■政协主席会议** 4月29日，市政协召开七届二十四次主席会议，就“深化市属国资国企改革”议题与市政府协商，听取并讨论市委常委、常务副市长丁纯所作相关情况通报以及市政协经济科技委员会代表专题调研组所作发言。

5月26日，市政协召开七届二十五次主席会议，就“全面推进依法行政，加快建设法治政府”与市政府协商，听取并讨论市委常委、常务副市长丁纯所作相关情况通报以及市政协社会和法制委员会代表专题调研组所作发言。

6月29日，市政协召开七届二十六次主席会议，就“促进我市医疗卫生和养老服务融合发展”与市政府协商，听取并讨论市政府党组成员汪志坚所作相关情况通报以及市政协教文卫体委员会代表专题调研组所作发言。

7月24日，市政协召开七届二十七次主席会议，就“提升我市台资企业发展水平”议题与市政府进行协商，听取并讨论副市长孔令俊所作关于全市上半年经济社会发展情况和下半年总体工作思路的通报。

8月24日，市政协召开七届二十八次主席会议，就“生态科技新城建设发展”议题与市政府协商，听取并讨论副市长闻道才关于生态科技新城规划建设情况通报以及市政协城乡建设委和经济科技委代表专题调研组所作发言。

（徐晓明 李巍巍）

## 重点提案

**■加快以船为家渔民上岸定居工程进度** 在市政协七届四次全会上，洪锦华、王建台委员提交《加快以船为家渔民上岸安居工程进度》提案。提案建议：（1）掌握渔民上岸安置工程进展情况，制定推进工程的实施方案；(2)用好用足各项政策，形成工作合力；(3)统筹解决相关问题，保证渔民安居乐业。该提案由市委书记批办，市城乡建设局主办，市农委、广陵区政府、邗江区政府、江都区政府、高邮市政府、仪征市政府、宝应县政府协办。办理情况：(1)创新工作机制，加强组织推进，成立以船为家渔民上岸安居工程办事机构和协调机制，协调具体问题，调处各种矛盾，促进工程落实；(2)用足各项政策，统筹解决问题，减轻渔民安置负担，协调建设用地，科学编制安居规划；(3)加强督查指导，推动工程落实，严格执行管理规定，保证项目建设质量，考评工程推进完成和落实到位情况。（徐晓明 李巍巍）

**■提高重大工业项目投资效益** 在市政协七届四次全会上，纪刚委员提交《关于提高重大工业项目投资效益的建议》提案。提案建议：(1)把好重大工业项目源头关；(2)把好重大工业项目申报关；(3)把好重大工业项目验收关。该提案由书记批办，市经信委主办。办理情况：(1)加强推进重大项目组织领导；(2)健全推进重大项目制度体系；(3)不断研究推进重大项目工作方法；(4)提升推进重大项目服务水平。（徐晓明 李巍巍）

**■提升市民文明素质，提升城市文明形象** 在市政协七届四次全会上，杨明荣委员提交《建议从小处入手，提升市民文明素质，提升城市文明形象》提案。提案建议：(1)让公共场所有序排队成为城市的一道文明风景线；(2)着力整治交通陋习；(3)坚决杜绝马路市场。该提案由市委书记批办，市委宣传部主办，市公安局、市城管局协办。办理情况：印发《扬州市全面推进文明城市建设常态化长效化三年行动计划》。(1)加强文明城市建设常态化长效化工作宣传，注重普及性；(2)活动引领，注重实效性；(3)优化服务，注重便民性；(4)自我教育，注重长效性。从硬件建设、管理引导等方面，对公共秩序作进一步提升。（徐晓明 李巍巍）

**■积极推进农业节能减排，切实改善生态环境** 在市政协七届四次全会上，九三学社扬州市委会提交《积极推进农业节能减排，切实改善生态环境》提案。提案建议：(1)发展生态农业、设施农业，推广环保新技术；(2)推行节肥、节药、节水生产方式；(3)引导废弃物资源化再利用；(4)强化监管落地和宣传普法无死角。该提案由市长领办，市农委承办。办理情况：(1)以控制投入为关键，发展资源节约型农业；(2)以废弃物利用为核心，发展低碳循环农业；(3)以污染治理为重点，发展环境友好型农业；(4)以科技创新为驱动，发展现代生态农业；(5)以宣传引导为推力，培育生态文明新风；(6)以严格执法为保障，提高节能减排意识。（徐晓明 李巍巍）

**■关于加快推进集中供热和管网规划建设的建议** 在市政协七届四次全会上，刘晓明委员提交《关于加快推进集中供热和管网规划建设的建议》提案。提案建议：借鉴先进地区好的做法，采取集中供热模式作为未来供热行业的发展方向，并对供热管网进行统一规划、建设、监管，优化热源点布局，逐步扩大集中供热覆盖区域。该提案由市长领办，市城乡建设局承办。办理情况：编制《扬州市热电联产规划(2014—2020)》。根据规划，自2015年起，先行关闭扬州威亨热电有限公司，改型为扬州市供热公司，实现西南供热片区、东北供热片区、维扬经济开发区的热源点联网供热。到2020年前，供热公司新建供热管道71千米，扬州港口污泥发电有限公司、江苏华电扬州发电有限公司分别新增供热管道14千米和51千米；江苏华电扬州发电有限公司新建2套400兆瓦级燃气—蒸汽联合循环发电机组，新建维扬经济开发区分布式能源站。近期规划关闭扬州威亨热电有限公司4台燃煤锅炉。（徐晓明 李巍巍）

**■关于简化房地产开发项目审批流程的几点建议** 在市政协七届四次全会上，郑路、倪士俊委员提交《关于简化房地产开发项目审批流程的几点建议》提案。提案建议：(1)政府在土地挂牌上市前，将前期手续整体打包，由政府组织对拟出让地块进行环景影响、地震安全、修建人防要求、项目报告、节能评估和雷击等风险评价；(2)规划、国土两部门的测绘图应可互用；(3)目前扬州市房地产开发销售许可证只能一次办理1幢楼。这对项目建设、销售等均带来很大影响；(4)规划部门在项目审查时，应实行一次性告知。该提案由市长领办，市房管局主办，市规划局、市国土局协办。办理情况：(1)优化行业发展环境，出台16条进一步加强市区房地产市场平稳发展的具体政策措施；(2)切实提升服务水平；(3)加强市场管理，提高商品房预售的门槛，优化商品房上市的节奏。（徐晓明 李巍巍）

**■加强食品安全监管，打造安全放心扬州** 在市政协七届四次全会上，民进扬州市委会提交《加强食品安全监管，打造安全放心扬州》提案。提案建议：(1)加强组织领导，着力构建长效机制；(2)加大监管力度，着力推进食品安全；(3)加大保障力度，着力提升监管能力和水平；(4)加大宣传力度，着力强化食品安全意识；(5)加大推进力度，实施食品安全质量追溯管理。该提案由市长领办，市药监局承办。办理情况：(1)推进机构改革，完善监管体制机制；(2)重拳打假治劣，规范整顿市场秩序；(3)加强风险监测，防控食品安全隐患；(4)创新监管方式，构建群防群控体系；(5)深化宣传工作，广泛普及安全知识。（徐晓明 李巍巍）

**■提升科技成果转化力度，促进经济转型升级** 在市政协七届四次全会上，民建扬州市委会提交《提升科技成果转化力度，促进经济转型升级》提案。提案建议：(1)结合省委、省政府的有关政策在全市层面上争取制定1至2个鼓励科技成果转化的创新政策，集成科技创新“组合拳”，畅通成果转移转化渠道；(2)组建全市重大科技成果转化和产业化发展联盟，推进区域科技成果转化和产业化的顶层设计和组织保障;(3)设立市级重大科技成果转化专项引导基金,建立多元化的成果转化社会投入体系;(4)优化全市科技成果转化环境,加快科技成果转化的中介机构和技术市场建设;(5)创新科技管理体系,多元筹集增加科技成果转化的投入。该提案由市长领办,市科技局承办。办理情况:(1)建立支持科技成果转化的多元化投入体系;(2)构筑承载和服务科技成果转化的载体平台;(3)打造有利于科技成果转化的产学研合作"扬州模式";(4)实施一大批兼具技术和经济价值的重大科技成果转化项目。（徐晓明 李巍巍）

■**建设智慧民生管理系统,服务民政管理效能提升** 在市政协七届四次全会上,民盟扬州市委会提交《建设智慧民生管理系统,服务民政管理效能提升》提案。提案建议:(1)认真梳理需求,为扬州市"智慧民政"搞好顶层设计;(2)借鉴福州经验,适时启动社区信息化工程项目预研;(3)规划试点社区,将社区信息化预研成果小范围试验;(4)开发综合系统,使各类民政管理数据能够互联互通;(5)综合规划资源,有效规范运作各类民生资源。该提案由市政协主席督办,市民政局主办,市经信委、市科技局协办。办理情况:(1)制定《全市民政信息化建设三年行动计划》,重点建设民政公共服务平台、社区综合信息平台、民政综合业务平台、民政信息决策平台、民政应急指挥平台;(2)启动社区信息化工程项目;(3)依托扬州社区综合管理服务信息平台,建设1个综合信息服务门户和2个社区综合管理、社区综合服务平台;(4)抓住扬州作为"江苏省民政综合业务信息平台"建设工作首批试点之一的契机,有序进行民政业务专线连接和市域网络建设。（徐晓明 李巍巍）

■**关于加强市区居民住宅小区物业管理的建议** 在市政协七届四次全会上,市政协城乡建设委员会提交《关于加强市区居民住宅小区物业管理的建议》提案。提案建议:(1)出台相关规范性文件;(2)加大行业监管力度;(3)提高公共责任意识;(4)发挥基层组织、居委会的媒介作用;(5)创新物业管理机制,加强物业管理信息化;(6)加大对物业管理公司的扶持力度。该提案由市政协主席督办,市房管局主办,市物价局协办。办理情况:(1)认真调研,聆听各方意见;(2)出台新政,加强政策扶持;(3)健全组织,构建齐抓共管新格局;(4)重心下移,明确属地管理职责;(5)广泛宣传,提升群众满意度;(6)做好房屋交接验收工作,减少开发商遗留问题。（徐晓明 李巍巍）

■**关于推动混合所有制经济健康发展的建议** 在市政协七届四次全会上,市工商联提交《关于推动我市混合所有制经济健康发展的建议》提案。提案建议:(1)进一步坚定发挥市场在资源配置中决定性作用;(2)进一步建立健全体制机制;(3)进一步激发国有经济的主导作用;(4)进一步引导民营经济提升与国有经济交叉融合的能力。该提案由市政协主席督办,市国资委主办,市发改委、市工商局协办。办理情况:(1)优化国有企业股权结构;(2)全面推进股权多元化;(3)积极推进国有资产证券化;(4)放开民间投资及公共服务领域;(5)允许混合所有制企业员工持股;(6)积极推广运用PPP模式。（徐晓明 李巍巍）

■**后申遗时代大运河遗产保护与利用的建议** 在市政协七届四次全会上,农工党扬州市委会提交《后申遗时代大运河遗产保护与利用的建议》提案。提案建议:(1)建立坚实的保护体系;(2)建立有效的管理体系;(3)建立科学的开发体系;(4)建立丰富的展示体系。该提案由市政协主席督办,市申遗办承办。办理情况:(1)进一步健全法律、法规,建立坚实的保护体系;(2)进一步细化管理措施,建立有效的管理体系;(3)进一步规范合理利用,建立科学的开发体系;(4)实体展示与场馆展示并重,建立丰富的展示体系。（徐晓明 李巍巍）

■**多措并举,解决农民建房难** 在市政协七届四次全会上,市政协经济科技委员会提交《多措并举,解决农民建房难》提案。提案建议:(1)加强规划引导;(2)重启行政审批;(3)优化土地供应;(4)加大政策扶持。该提案由市政协主席督办,市规划局主办,市国土局协办。办理情况:(1)加强规划引导,尽快完成城乡统筹和镇村布局规划;(2)严格实施规划,从严控制村镇建设用地规模,防止在城市建设中形成新的"城中村",避免"二次拆迁";(3)创新工作机制,探索农村土地整治新模式。大力开展城乡建设用地增减挂钩,稳妥推进万顷良田建设工程,探索开展整镇推进农村土地整治;(4)规范审批程序,抓紧出台宅基地管理办法。（徐晓明 李巍巍）

■**关于推进秸秆生态利用的建议** 在市政协七届四次全会上,致公党扬州市委会提交《关于推进我市秸秆生态利用的建议》提案。提案建议:(1)明确秸秆生态利用的思路;(2)制定秸秆生态利用的规划,重点推广应用秸秆机械化还田、秸秆固化成型、秸秆生产食用菌、果林间秸秆覆草等技术,注重培育秸秆建材、秸秆生物造纸和秸秆包装材料等新的特色;注重秸秆资源的循环利用,合理配置秸秆收贮网点;秸秆综合利用的长效机制;秸秆综合利用的保障政策;(3)加大秸秆生态利用的引力。提高现有补助标准。出台更大力度的扶持政策。制定秸秆收贮运输环节扶持政策。该提案由市政协主席督办,市农委主办,市财政局、市国税局、市地税局、市农机局、市国土局协办。办理情况:(1)加快编制秸秆综合利用规划;(2)明确适宜推广的秸秆生态利用技术;(3)建立完善秸秆收贮体系;(4)进一步完善秸秆收贮利用奖励机制;(5)加强技术培训与服务;(6)注重秸秆规模利用企业的扶持培育;(7)加大政府扶持引导力度。（徐晓明 李巍巍）

# 民主党派 工商联 人民团体

Minzhudangpai Gongshanglian Renmintuanti

编　辑　王妮姗

## 民主党派 工商联

**■民革**　参政议政。2015年，中国国民党革命委员会扬州市委员会(简称市民革)在政协七届四次会议上提交集体提案7件，其中《抓住高铁快车机遇 助推扬州跨江融合快速发展》被列为市政协一号提案，市委书记批办、市长领办提案及市政协2015年度十大优秀提案。完成重点调研报告《关于扬州市“十三五”期间推动大众创业万众创新工作的建议》。先后参加中共扬州市委党外人士专题民主协商会、民革省委参政议政工作会议、民革省委参政议政培训暨成果交流会，承办苏州、常州、泰州、徐州、扬州五地民革参政议政工作机制建设情况交流会。市民革被民革省委评为提案工作先进集体。

民主监督。参加中共扬州市委、市政府召开的民主协商会，民主协商市“两会”有关人事安排、“十三五”规划、政府工作报告等议题。参与对市民政局、市体育局的民主评议活动。

组织建设。2015年，完成扬州职业大学支部、医卫支部换届工作。医卫支部升格为总支，下设第一支部和第二支部，第一支部主要由苏北人民医院和市中医院组成，第二支部主要由市第一人民医院和市妇幼保健院组成。成立监督委员会，制定《民革扬州市委员会关于加强内部监督的试行办法》。全年发展新党员15人，其中博士1人、硕士2人、大学11人，平均年龄35.4岁。至年底，市民革有基层总支4个、支部19个，有党员490人。在民革省委第十八次全省机关工作会议上，姜斌、周玉被民革省委表彰为民革机关先进工作者。陈建华、阮大荣被民革省委表彰为优秀党员。市民革在民革全国宣传思想理论工作会议上，被表彰为全国民革先进集体。

宣传信息。2015年，市民革收集各类信息270多条，向民革省委、市委统战部报送信息180多条。全年组织及参加各类培训班、会议讲座11场次，培训党员400多人次。组织党员参观侵华日军南京大屠杀纪念馆、茅山新四军抗日纪念馆。举办2500周年城庆民革书画展。市民革被民革省委评为信息工作一等奖。

社会服务。2015年，市民革开展各类服务活动20多场，捐资数万元帮扶慰问困难家庭，服务群众800多人次。到江都龙溪社区开展“博爱·牵手”服务群众活动。慰问魏愉同、江厚昌2名抗战老兵。程兵被评为民革中央学习实践活动先进人物。

(姜　斌)

**■民盟**　参政议政。2015年，中国民主同盟扬州市委员会(简称市民盟)在市政协七届四次会议上提交集体提案9件。其中，《创新生产经营体制机制 推进我市现代农业发展》被列为大会发言材料，《跨越战略性新兴产业发展陷阱 科学推进我市制造业转型升级》等6件被列为大会书面交流材料，《建设智慧民生管理系统 服务民政管理效能提升》被确定为主席督办提案，《关于杭集经济集中集约集群集聚发展的建议》《关于大力推进我市医养融合产业发展的建议》在市政协主席专题协商会议上作专题发言，《关于我省城镇一体化的建议》被省政协表彰为年度优秀提案。全年完成调研报告10篇，其中《农业专业合作社、家庭农场成员文化程度调查》被确定为省民盟重点调研课题。向第六届江苏教育发展论坛提交论文10篇，向第二届省民盟“生态文明论坛”提交论文2篇，向第三届省民盟“城镇化建设论坛”提交论文1篇，向扬州市政协论坛提交论文6篇。

组织建设。宣传“身边人 身边事”盟员先进事迹，6名盟员被中共扬州市委统战部评为统一战线“最美同心人”。创办电子刊物《扬盟传真》，定期向盟员推送学习资料。推进“活力基层组织”建设，落实省民盟基层组织测评指标体系。完成扬州大学第一支部、扬州大学第二支部和扬州职业大学支部换届工作，科技文艺支部成立总支委员会并完成换届工作，成立直属支部专门培训新盟员。全年发展盟员26人，平均年龄37.2岁，其中21人具有本科以上学历，4人具有高级职称。截至2015年底，市民盟有支部25个、盟员677人。

信息宣传。市民盟向有关单位报送社情民意和统战信息178篇，其中1篇被全国政协采用，10篇被民盟中央采用，2篇被省委办公厅采用，40篇被省委统战部采用，129篇被省民盟采用。在省级以上媒体刊登宣传稿件67篇。其中，《民主法治社会需要狂狷气质》《创新、创业、创客是复兴之路上的时代印记》在《群言》上刊登,《从党务门外汉到盟务工作能手》在《挚友》上刊登。编发《扬州盟讯》2期。市民盟被省民盟、中共扬州市委统战部评为社情民意信息工作一等奖。仲子午被民盟中央表彰为社情民意信息工作先进个人。

社会服务。市民盟社会服务专家团为邗江区企业家作"区域经济转型升级"系列讲座;承接淮安教师骨干到扬州跟岗培训任务;在绿杨新苑小区举办义诊和健康咨询;到田家炳中学辅导书法;为统一战线城庆书画展创作作品11幅;为机关一幼儿童举办科普活动;筹款4.18万元用于在市内外捐资助学;继续在杨寿学校开展"手拉手"助学活动,为学生义务教习古筝,赠送学习用品。新的社会阶层人士联谊会赴贵州山村小学赠送教学设备。 (秦 敏)

**■民建** 参政议政。中国民主建国会扬州市委员会(简称民建)在市七届人大四次会议、市政协七届四次会议上提出提案、议案、建议83件,其中集体提案12件,委员提案46件,代表议案、建议25件。《加快政府职能转变 构建基本公共服务体系》被列为市政协大会发言材料,《切实转变发展理念 推进新型城镇化与城乡发展一体化》《从国有酒店(宾馆)入手 加大我市旅游企业改革力度》被列为市政协大会书面发言材料,《提升科技成果转化力度 促进经济转型升级》被推选为市人大重点议案、市长领办提案。市商务局、市国资委、市金融办、市交警支队、邗江区政府等部门负责人先后到市民建答复办理《电子商务产业发展》等提案35个,《加快"快递服务中心"建设 破解快递服务"最后100米"难题》等提案得到落实。全年编发《民建信息》128期。《规范权力运行依法改革发展》《优化金融环境 保障经济发展》等社情民意信息被省民建采用,《P2P金融平台亟待规范》等信息被省委统战部采用,《创新6+1模式 实现老旧小区房屋加层加梯》《停车收费乱象丛生 亟待加强深度整治》得到中共扬州市委书记谢正义批示。市民建被省民建评为调研信息工作先进单位。

协商监督。市民建参加中共扬州市委、市人大、市政府、市政协召开的民主协商会、情况通报会、常委会、主席会以及相关视察活动,参与全市重大决策和重要人事安排协商,及时提出意见和建议。在市政协主席会上,围绕"促进我市医疗卫生和养老服务融合发展"等议题作专题发言。在市政协常委会议上,围绕"推动小城镇分类发展 加快我市新型城镇化建设""发挥扬州港功能 推进亿吨大港建设"等协商建言。在中共扬州市委召开的党外人士专题民主协商会上,围绕"加快社会信用体系建设"提出意见和建议。在2015年度扬州政协论坛上,民建会员冯正初、邵俭福作大会交流发言,5人参与电视论坛协商。论坛论文集收录论文59篇,其中民建会员论文23篇,占比40%,《全面改善民生 增进人民福祉》《瞄准市场新需求 培育转型支撑点》分别获一等奖、三等奖,市民建获组织奖。市民建以党派名义提出意见和建议108条。完成对市民政局、市体育局民主评议工作并形成评议报告。在市政协"界别活动周"期间,民建政协委员小组到基层社区、乡镇、企业调研走访,收集反映社情民意12条。调研视察五台山大桥全民健身场地设施、曲江智慧体育园、广陵新城李宁体育园、生态科技新城自在岛体育休闲公园,与体育部门相关人员、基层群众座谈。市民建36名会员受聘担任中共扬州市委、市政府及相关部门的行风监督员、党风特邀监督员、社会监督员、特邀纪检监察员等。

组织建设。开展以"参政议政、建言献策,立足本职、建功立业,争创先进支部、争当优秀会员"为主题的"双建双争"竞赛活动,邗江区一支部、建设四支部(房地产)等7个基层组织被表彰为先进基层组织,徐靖、姚志超等33人被表彰为优秀会员。12月16日,在中国民主建国会成立70周年纪念大会上,仪征总支被表彰为先进集体,黄锦山、黄红兴、伏兴中被表彰为优秀会员,恽瑞池被表彰为民建全国参政议政先进个人。贯彻《民建江苏省第八届委员会关于加强组织发展工作的意见》精神,讨论通过《民建扬州市委基层组织换届工作方案》《关于表彰先进基层组织、优秀会员的方案》等。在市委委员中开展"七个一"考核评选活动(参加一次高质量的调研、撰写一篇高质量的调研报告、反映一篇高质量的社情民意、发展一名高素质的会员、联系好一个帮扶对象、组织好一次社会服务活动、联系好一个基层组织),杨敏、陈荣发、徐红被表彰为2015年度市民建优秀委员。落实《民建扬州市委后备干部队伍方案》,加强对骨干会员的物色、考察、培养、选拔和动态管理,先后输送70名中青年骨干会员参加民建中央基层组织主委培训班、民建江苏省委骨干会员培训班、民建江苏省委基层组织负责人培训班、省第19期民主党派骨干培训班、省第二期高校民主党派骨干培训班、扬州市第22期党外干部暨统战干部培训班、全市统一战线"导师制"培训等。全年发展新会员108人,平均年龄40.9岁。截至年底,市民建有总支14个、支部58个,有会员1059人,平均年龄44岁,其中59.5%的会员具有本科及以上学历,509人具有中级及以上职称。会员中有各级人大代表17人、政协委员104人。

宣传教育。开展"身边好会员"活动,推荐"身边好会员"7人并在扬州民建网站、短信平台、微信公众号上等开辟专栏、推送信息宣传。全年在各类新闻媒体刊发稿件362篇次。其中,在省级以上新闻媒体刊发稿件182篇次,在《人民日报》上刊发1篇,在《人民政协报》上刊发3篇。《心暖金槐》被省民建评为2015年度新闻宣传优秀作品。建立全市民建信息工作网络,明确信息员。编发《扬州民建会讯》4期。扬州民建网站全年用稿量85篇。

社会服务。扬州民建文昌书画院成立,并在市文化艺术中心美术馆举办名家书画提名展。市民建以茉莉艺术团、文昌书画院为载体,开展"春暖育苗、夏风送凉、秋高赏月、冬雪慰民"四季文化社会服务活动,先后到扬州消防支队、广陵区沙头镇、仪征市真州镇等地开展送文艺、送书画进社区、进乡镇等活动10次，服务群众总数超过1万人。继续开展“思源工程——生育关怀行动”品牌社会服务活动，丰富“思源工程”内涵，实行“造血式”帮扶，全年筹集发放慰问款、慰问物品及项目帮扶资金价值约5万元，慰问、帮扶计划生育困难家庭50户次。春节前，慰问民建会员中的原工商业者及其遗孀。全年帮助协调、解决会员实际工作、生活问题42次，帮扶会员32人。（周 岚）

**■民进** 参政议政。2015年，中国民主促进会扬州市委会（简称市民进）在市政协七届四次会议上提交提案26件，其中集体提案5件。《完善公共法律服务 夯实法治社会根基》被列为市政协大会发言材料。集体提案《促进人水和谐 打造生态扬州》被《人民政协报》专题报道，集体提案《加强食品安全监管 打造安全放心扬州》被《人民政协报》《团结报》专题报道，集体提案《关于加快建立公共法律服务产品政府购买机制的问题》被《团结报》专题报道。《完善公共法律服务 推进法治社会建设》被民进江苏省委采用，被列为省政协十一届三次会议大会书面发言材料、主席督办提案。《在“两型社会”思路下推进宁镇扬同城化社区建设》被民进江苏省委采用，被列为省政协十一届三次会议大会书面发言材料。《关于将完善小区物业管理作为加强和创新社会管理重要内容之一的建议》被民进江苏省委采用，被省政协评为年度优秀提案。

组织建设。市民进组织支部主任、骨干会员到连云港市参观培训，组织新会员到南京市参观吴贻芳纪念馆和中山陵，组织召开基层组织工作交流会，8篇论文入选《吴韵汉风——江苏文化建设与发展论文集》并获优秀组织奖。组织会内多名书画家参加在北京民进中央开明画院举办的“盛世辉煌——庆祝中国民主促进会成立70周年”大型书画展和扬州市统一战线“迎城庆 咏扬州 画发展”书画艺术展。2015年，市民进发展新会员29人，平均年龄37.56岁。至年底，市民进有基层支部32个；有会员556人，平均年龄54.06岁。民进扬州职业大学总支部、扬州市第一中学支部被民进中央评为全国先进基层组织，季晓冬被民进中央评为全国先进个人。

社会服务。2015年，市民进响应民进中央“彩虹行动”号召，在市汶河小学开展“书香彩虹·微公益”行动，为对口帮扶地区贵州省金沙县沙土镇中小学捐赠图书1589册，组织骨干会员名师10多人到金沙县思源实验学校开展送教活动。12月，金沙县校长学习班和金沙县思源实验学校9名教师分别到扬州开展考察交流和学习培训。邀请会内名师到宿迁雪枫学校开展助学培训活动并捐赠图书。开展“放飞宏志 圆梦未来”活动，奖励市一中宏志班高考优秀学子，发放助学金（物品）2万元。开展“爱心1＋1”社会服务品牌活动，到社区、乡村、敬老院扶贫济困。市民进被民进中央评为全国社会服务先进组织，余耀被民进中央评为全国社会服务先进个人。（余宏明）

**■农工党** 参政议政。2015年，中国农工民主党扬州市委员会（简称市农工党）在市人大七届四次会议、市政协七届四次会议上提交议案、提案、建议10多件。其中，《关于推进新型城镇化建设的建议》的提案由常务副市长领办，《发挥人民调解作用 化解医患矛盾》的建议由市人大常委会副主任督办，《后申遗时代大运河遗产保护与利用的建议》被列为中国人民政治协商会议第十二届全国委员会第三次会议建议，市政法委、市应急办等相关部门负责人先后到市农工党答复办理《警惕重症精神病患者引发的安全事故》《关于灾害危机中群众自救互救与政府应急体系联动的建议》等建议。全年向省级（含省级）以上部门上报课题41个，被采用17篇（次），其中5个课题（含重点课题1项）被农工党江苏省委立项，6个课题入选农工党江苏省委联合调研项目，1个课题被中共扬州市委立项，1个课题被中共扬州市委统战部列为重点课题。《关于加快推进我市医疗卫生与养老服务融合发展的调查建议》作为扬州市政协主席会协商议题，得到中共扬州市委书记批示，被列入《扬州市国民经济和社会发展第十三个五年规划纲要》。组织参加由农工党江苏省委举办的联合医改调研论文评选活动，4篇论文获奖，其中仪征基层委员会倪飞的《完善困难群众重特大疾病医疗救助制度》获一等奖。参加扬州市政协论坛，其中《加强文化城建工作 让扬州文化“立体”起来》被列为论坛交流发言材料，《关于进一步完善食品安全风险监测体系建设的建议》《对制定我市人口计生“十三五”规划的几点期盼》《培育发展社区社会组织 提高基层社会治理水平》被收录到扬州市政协论坛论文集。

组织建设。召开组织工作会议，启动基层组织换届工作，印发《关于基层组织换届改选工作的意见》，编印《基层组织换届工作手册》。9月7日，五台山医院支部完成换届工作。9月8日，广陵区支部升格为广陵区总支，并完成换届工作。根据农工党江苏省委《关于落实〈中国农工民主党基层组织工作条例〉，规范全省基层组织工作的意见》，市农工党优化基层组织达标考核标准，引导基层组织知道“做什么”。3月24日，在仪征市召开工作经验现场交流会，启发基层组织“怎么做”。7月9日，举办信息宣传培训班，100多人参训。11月17日，举办统战信息与参政议政培训班，70多人参训。全年发展党员36人，平均年龄39.13岁，均具有中高级职称。截至年底，市农工党有基层组织44个，党员730人。农工党中央常务副主席刘晓峰到扬州开展调研，肯定市农工党的组织工作。

理论研究。2015年，完成理论研讨文章5篇。其中，《民主党派进步性的政治价值》在《江苏省社会主义学院学报》上刊载；《论民主党派进步性的政治价值》被列为农工党江苏省委2015年理论研究工作会议交流材料，并被农工党中央评为2015年理论研究一等奖第一名。

社会服务。2015年，市农工党继

续开展“健康快车”特色品牌活动，开展各类社会服务活动28次，受益群众近5000人次。举办“慢性阻塞性肺病规范化诊治”“急诊急救与危重病人诊治”等专题培训，邗江区、广陵区和仪征市的社区基层医卫工作者300多人参训。3月24日，在仪征市十二圩红旗社区举行第20个“世界防治结核病日”义诊咨询活动。5月10日，以省、市、县、乡四级联动的方式在高邮菱塘回族自治乡开展“访民情、惠民生”活动，省直中医院支部应邀参加活动。5月30日，为迎接“6·5”世界环境日，联合市环保局、市民政局、扬州大学等单位在望月路广场举办以“绿色扬州 为城庆喝彩”为主题的宣传活动和纳凉晚会。5月31日，联合其他民主党派举办“我为名城添光彩”系列活动。8月30日，举办第五期慢病管理与急救知识的培训，300多名基层医务工作者参训。9月13日，在汊河社区卫生服务中心开展“世界急救日”义诊宣传活动。11月8日“国际科学与和平周”期间，举办抗感染个体化诊治等培训，广陵区、邗江区、江都区等200多名社区医生参训。11月14日“联合国糖尿病日”期间，在天顺花园社区举办以“健康生活与糖尿病”为主题的大型义诊活动。基层组织活动丰富。苏北医院基层委员会联合广陵区支部在广陵区沙头镇中心广场举行“走进北洲大型义诊”活动。仪征市基层委员会联合省中医院在职支部、苏北医院基层委员会、广陵区支部、文化科技支部到仪征市真州镇大市社区开展送健康服务、展示非遗作品、京剧表演等活动。市第一人民医院基层委员会每月定时为联谊社区居民提供义诊。苏北医院基层委员会联合大学生村官为群众送健康，扬剧研究所支部送文艺进基层，广陵区支部与扬州市西区社会福利院老人、经济总支与帮扶多年的单亲家庭儿童、仪征基层委员会与“同心社区”居民共度春节、儿童节、端午节，妇幼保健院支部、高邮支部分别到曜阳老年公寓和高邮开发区养老院慰问老人。苏北医院基层委员会徐军、傅剑雄赴圭亚那提供医疗支援。 （张　俊）

**■致公党**　参政议政。2015年，中国致公党扬州市委员会(简称市致公党)开展调查研究工作，确定立项课题32项，其中重点开展“农村用水合作组织建立及运行情况”“工业机器人产业发展”“现代农业法制化建设”等课题调研，并形成调研报告。5月，配合致公党中央副主席杨邦杰、副主席严以新率领的调研组开展淮河入江水道调研工作。在各级“两会”上共提交提案、议案、建议40多件，其中《完善质量控制方法 推进统计为民服务》被列为全国人大建议，《加快建立完善产学研协同创新机制》被列为省政协主席会议发言材料，《整治、管护城市河道 改善宜居环境》被列为省政协提案。全年报送社情民意信息150篇。

组织宣传。2015年，成立扬州职业大学支部、经济支部，新建文化艺术专委会。全年发展成员20人。截至2015年底，有基层委员会1个、支部14个，有成员233人。举办“中国梦 致公情”主题征文演讲活动，收到征文近30篇。举办市级组织成立30周年纪念大会，编印市级组织成立30周年纪念册。开展寻找“最美致公人”活动，征集“最美致公人”材料近100条，评议产生“最美致公人”25人。在全市统一战线“最美同心人”活动中宣讲“最美致公人”杜予州的事迹。全年报送宣传稿件107篇，其中《完善协商民主制度 凝聚加快发展合力》在《人民日报》上刊载。

海外联谊。开展“我为发展架桥梁”专项活动，配合致公党省委开展第六届“引凤工程”活动，密切与留学人员的联系和交流，牵线对接海外博士与扬州市用人单位。11月，召开“引凤工程”学子座谈会，听取落户扬州学子意见建议，做好落户学子后续服务工作，推动人才“引进来、留下来、长起来”。加强“五侨联动”（市人大民族宗教侨务外事委员会、市政协港澳台侨委员会、市侨务办公室、中国致公党扬州市委员会、市归国华侨联合会)，探索公共外交实践，围绕国家和扬州市的侨务工作大局，加强海外侨胞工作，拓展沟通交流渠道，接待多批次海外人士。

社会服务。创新开展跨省结对共建活动，市致公党与贵州遵义市致公党工委结对共建。继续做实“致爱工程”品牌，开展“我为社会促和谐”专项活动。组织医疗专家持续多年在“学雷锋日”走进江苏油田一线，为油田职工开展健康义诊活动。参加全市统一战线走进社区联合社会服务活动，为社区群众展示非遗技艺，提供健康服务。文化艺术专委会开展建军节慰问驻扬部队官兵、茶道雅集、昆曲讲座等系列活动。为党员企业健康发展、转型升级提供支持和帮助。

（陈　林）

**■九三学社**　参政议政。2015年，九三学社扬州市委员会(简称市九三学社)在市政协七届四次会议上提交集体提案3件，其中《积极推进农业节能减排 切实改善生态环境》被列为市长领办提案。市九三学社各级政协委员、人大代表共向各级政协、人大会议提交集体或个人提案、议案66件。参与专题调研，有4篇论文入选江苏九三论坛，《关于加快推进农业社会化服务体系建设的建议》入选扬州政协论坛，《关于加强后申遗时代大运河扬州段遗产的保护、管理与利用的建议》入选中共扬州市委统战部年度重点调研课题，并参加全市统一战线重点调研课题汇报会。征集社情民意，《善待工业遗产 留住历史记忆》被九三学社中央录用，《应重视农村卫生事业“全科医学＋特色小专科建设”模式》等3条信息被中共江苏省委统战部录用，20多条信息被九三学社江苏省委录用，3条信息被中共扬州市委录用，110多条信息被中共扬州市委统战部、市政协录用。参加市政协“界别活动周”活动。5月，市九三学社界别政协委员到“双东”历史街区原四美酱品厂制酱作场遗址，考察古建筑修复及文化资源保护开发工作，并形成调研报告《关于建立扬州酱品博物馆的建议》。

思想理论建设。2015年，市九三学社有15篇文章被《人民政协报》、“人民政协”网、《扬州政协》等媒体录用。3月，举办宣传信息工作培训班，邀请“九三楷模”、南京野生植物综合利用研究院院长张卫明作专题辅导。4月，组织新社员参观九三学社江苏省委思想教育基地——王选事迹陈列馆。5月，九三学社中央思想建设研究中心、九三学社北京市委理论研究会举办“民主科学来到中国一百年”学术研讨会，市九三学社《抗战中的九三前辈》被录用并获二等奖。8月，九三学社江苏省委举办纪念中国人民抗日战争暨世界反法西斯战争胜利70周年和纪念九三学社建社70周年大会，市九三学社选送的古筝合奏《彝族舞曲》参加演出。同月，组织骨干社员参观九三学社江苏省委思想教育基地——周培源故居。9月3日，宝应县支社等基层组织组织社员祭扫革命烈士陵园，并集中收看胜利日阅兵实况。10月，组织社员赴高邮抗日战争最后一役纪念馆、华中雪枫大学旧址等爱国主义教育基地参观学习。先后组织1名社员参加九三学社中央主办的第一期省级以下社机关专职干部培训班，2名社员参加九三学社江苏省委在中央社会主义学院举办的第八期中青年骨干培训班，1名社员参加中共扬州市委组织部、统战部联合举办的第22期党外中青年干部培训班，9名社员参加九三学社江苏省委举办的宣传骨干、社情民意以及基层组织负责人培训班。

组织建设。4月16日，全国政协常委、九三学社中央常务副主席邵鸿，全国政协常委、全国妇联副主席、九三学社中央副主席兼秘书长印红率九三学社中央巡视督导组到江苏省开展社务工作巡视督导，在扬州市召开市九三学社社员代表座谈会。2015年，市九三学社发展新社员27人，平均年龄39.2岁，其中20人具有中、高级以上职称。截至2015年底，市九三学社有基层委员会2个、支社13个、小组2个；有社员497人，平均年龄56.9岁，其中452人具有中、高级以上职称。黎寿丰被九三学社中央评为2011-2015年度社会服务先进个人。在九三学社庆祝建社70周年纪念活动中，3名社员被九三学社中央评为优秀社员，1名社员被九三学社中央评为优秀社务工作者。年底，4个基层组织被九三学社江苏省委评为2015年度先进集体，15名社员被九三学社江苏省委评为2015年度先进个人。

社会服务。妇女节前夕，市九三学社妇委会走访慰问困难环卫女工。春节前夕，广陵区支社到结对共建的徐凝门社区走访慰问。下半年，江都区基层委员会到江都区仙女镇七闸村及龙溪社区走访慰问。开展“国际科学与和平周”活动。11月，组织社内医疗专家到高邮市武安社区开展免费义诊等相关社会服务活动。扬州职大支社组织专家在便益门社区举行以“趣味汉字——从汉字谈教育”“家庭教育漫谈”等为主题的教育、心理、健康公益讲座。（匡海波）

**■工商联** 参政议政。在市七届人大四次会议、市政协七届四次会议上，扬州市工商业联合会(简称市工商联)作大会发言，提交集体提案1件、个人提案26件。组织工商联界别开展“界别活动周”活动，就加快非公经济转型升级提出建议。完成全国工商联要求的小微企业发展政策措施落实情况第三方评估工作和规模以上民营企业履行社会责任等调查任务。完成“商会承接政府职能转移”“农业一二三产协调发展”“非公人士队伍建设”等重点调研课题。

服务经济。在全省首创“银商联盟”合作机制，联合银行、证券公司、小贷公司、担保公司等为企业提供融资服务，帮助中小微企业贷款5000多万元，协调过桥资金近1亿元。在全省率先启动民营企业信息直报点工作，开展中小微企业监测点工作，定期分析民营企业经营状况，为党委、政府提供决策参考。举办跨境电商对接会，指导传统企业利用“互联网+”转型发展。江苏亚威机床HPE-3048机械伺服数控转塔冲床项目被评为全国工商联科学技术三等奖。与市人才中心对接，为企业提供高校招聘、人才扶持政策等服务。组织企业参加加拿大投资与创新论坛、韩中经贸洽谈会等投资推介会，接待澳大利亚维多利亚州雇主工商总会到访。牵头组织“全国苏商扬州行”，对接中国民营企业500强——福中集团到扬州投资事宜。参与劳动关系三方协商机制的建立，江苏牧羊集团有限公司被全国工商联、人力资源和社会保障部、全国总工会联合评为全国就业与社会保障先进民营企业。

组织建设。2015年，市工商联新组建扬州市沛县商会、扬州市陕西商会、扬州市文化产业商会、扬州市企业海外开拓促进会、扬州市山西商会、扬州市湖南商会等直属商会6个，推进扬州市潮汕商会、玩具电商商会、郑州市扬州商会和大连市扬州商会的筹建工作。截至2015年底，全市有各类商会组织212个，其中行业商会86个、异地商会41个、基层商会85个；市直属商会59个，其中行业商会25个、异地商会29个、其他商会(商圈)5个。有工商联会员1.64万个，其中企业会员1.16万个、团体会员252个、个人会员4496个，企业会员和团体会员占会员总数的72.53%。召开市工商联七届四次、五次常委会和七届四次执委会，增补执委15人、常委11人、秘书长1人和总商会副会长2人，调整常委4人。召开异地扬州商会会长联谊会。在全省首创“商会+支部”的建设模式，商会负责人和党组织负责人实行交叉兼职，确保商会建设与党组织建设同步开展。联合市委组织部组织党务工作者到无锡市总商会党委、红豆集团学习交流。全年新批准成立党总支1个、党支部2个。至2015年底，市工商联党委下设党总支1个、支部12个，有党员101人。

宣传培训。市工商联开展以“守法诚信”为重点的理想信念教育实践活动。组织企业家到井冈山教育基地接受革命传统教育。在市工商联网站“寻找最美企业家”专栏集中宣传报道优秀企业家代表。市委宣传部、市工商联联合开展“扬商”精神表述语征集活动，征集“扬商”精神表述语400多条，经企业家、商会代表讨论并报市委确定入围表述语20条。编印《当代扬商风采》特刊并在扬州建城2500周年乡贤恳谈大会上赠阅给参会人员。举办浙江大学企业创新管理、复旦大学企业管理、法律培训、企业文化建设等培训班，1380人次参训。组织企业文化示范单位评选、民营企业篮球联赛、民营企业家乒乓球比赛。在部分企业和商会中建立信息员队伍，并制定考核办法，举办宣传信息员培训班。全年向市委统战部、省工商联报送会务信息392条、政务信息56条。

光彩事业。2015年，非公人士弘扬光彩精神，在创办实业、招收下岗职工再就业、修桥铺路、资助贫困生等方面奉献爱心，市直属商会和民营企业捐款捐物计408.8万元。春节期间，市工商联走访慰问星河湾社区、仪征市马集镇、市社会福利院的孤寡老人和困难群众。（管　娟）

# 人民团体

## 扬州市总工会

**■组织队伍建设**　2015年，市总工会召开全市工会组织工作会议，制定《2015—2018年扬州市总工会基层组织建设工作规划》，明确以开业五年以上仍未建会的民营和外资企业为建会主攻方向，以农民工为入会主要对象。调查开业五年以上未建会的民营、外资企业。全市新组建基层工会1876家（其中独立工会712家），累计建会3.46万家；新发展会员11.96万人（其中农民工会员11.5万人），累计发展会员81.89万人。数据库工会组建率、职工入会率保持在90%以上。市总工会先后组织工会干部培训2150人次，其中参加全国工会主席培训3人、省非公企业党工组织负责人示范培训班20人、省总工会干部学校培训46人。建立工会干部培训师资库。与市委组织部联合制定《关于协助党委管理工会干部的意见》。扩大社会化工会工作者队伍，全市有社会化工会工作者44人。严格工会经费收缴和使用管理，完善审计监督，市总工会被评为全国工会经费审计工作先进集体。

（高云吉晶）

**■“职工之家”创建**　开展“职工之家”结对联手共建活动，全市结对联手共建的基层工会有75对。实行市级以上模范“职工之家”创建申报制度，表彰全国模范“职工之家”10个、模范职工小家9个和全国优秀工会工作者8人，省模范“职工之家”16个、模范职工小家18个和省优秀工会工作者18人，市模范“职工之家”60个、模范职工小家50个。28家非公企业被省委组织部、省总工会命名为“四统筹一创争”（组织统筹覆盖、人员统筹配置、活动统筹开展、保障统筹落实，创建先进基层党组织、先进职工之家）活动示范单位。市总工会评选“活力基层工会”297家、十佳基层工会主席10人、十佳“六有”（有依法选举的工会主席、有独立健全的组织机构、有服务职工的活动载体、有健全完善的制度机制、有自主管理的工会经费、有会员满意的工作绩效）基层工会标兵单位10家、优秀工会工作者61人。江苏富裕达粮食制品股份有限公司工会被全国总工会表彰为扬州市首家会员评议“职工之家”示范单位，工会主席雍本强被省总工会表彰为全省十佳优秀工会工作者并被授予省五一劳动奖章。江苏石油勘探局工会被省总工会表彰为全省十佳模范“职工之家”，并被授予省五一劳动奖状。

（高云吉晶）

**■职工竞赛比武**　市总工会组织开展“建功十二五”主题竞赛、“当好主力军、建功十二五、创新促发展”主题竞赛。印发《关于开展“城庆年”示范劳动竞赛活动的通知》，开展19个城庆2500周年重点工程、重大项目劳动竞赛，评选、表彰喜迎建城2500周年重点工程、重大项目劳动竞赛先进集体7个、先进个人9人，分别授予“扬州市工人先锋号”和“扬州市五一劳动奖章”称号。在130多家企业中开展以提高职工创新素质和企业自主创新能力为重点的创新升级竞赛活动。建立市职工职业技能实训基地13个。连续第12年开展大练兵、大比武技能竞赛，市级举办13个工种职业技能竞赛，县（市、区）和市直产业工会举办48个工种技术比武，全市有12.5万人次参加岗位练兵，5.98万人次参加技能竞赛，1.42万人晋升职业技能等级。评选、表彰第五届扬州市职工十大科技创新成果、十大先进操作法、十佳合理化建议。全市职工提出合理化建议10.4万条，实施技术革新5825项、发明创造2603项，总结推广先进操作法970多项。举办献礼城庆·扬州市职工“建功十二五”成果展。举行田明获国家科技进步二等奖授奖仪式。

（高云吉晶）

**■班组建设**　市总工会举办优秀班组长封闭式培训班2期，122名班组长参加培训。选送10名班组长参加省总工会举办的班组长培训班。表彰省工人先锋号24个、市工人先锋号100个，创成“六型班组”（“学习型、创新型、环保型、效益型、和谐型、安康型”班组）3924个、市级工人先锋号班组1530个。（高云吉晶）

**■劳模工作**　中共扬州市委、市政府召开庆祝“五一”国际劳动节暨劳模先进表彰大会，全市有7人被表彰为全国劳动模范，2人被评为先进工作者、6家单位获省五一劳动奖状，12人获省五一劳动奖章、30家单位获市五一劳动奖状，99人获市五一劳动奖章。市政府印发《关于调整市级劳动模范待遇标准的通知》。完成市劳模协会换届工作。推进劳模创新工作室创建活动，命名市示范性劳模创新工作室8个，分别奖励田明劳模创新工作室、陈鹏劳模创新工作室创新资金5万元、1万元。举办劳模大讲堂2期。做好劳模“四金”（劳模春节慰问金、生活困难补助金、特困帮扶金和荣誉养老补助金）发放工作，共发放劳模“四金”299.6万元。组织劳模参加“百寿宴”“重走抗战烽火路·纪念抗战胜利70周年”“爱祖国、爱家乡”歌咏大会等活动，举办“群英荟·社区行”扬州市劳模大讲堂进社区活动，组织112名劳模参加免费健康体检，安排184名劳模外出休养。（高云吉晶）

**■维护职工权益**　市总工会开展工资集体协商春、冬季“要约行动”，推行《扬州市企业工资集体协商工作标准》。召开纪念《江苏省集体合同条例》颁布实施十周年暨《扬州市企业工资集体协商暂行办法》实施两周年座谈会。征集“协商民主在我身边”感悟感言近2000条。联合市人社局等8个部门开展企业劳动用工风险点排查活动，培训企业1380家，约谈企业60家，整改用工风险点345个，挽回潜在经济损失300多万元。《工人日报》两次报道“扬州做法”。编印《企业劳动用工风险评估防控手册》，并向2500家企业免费赠阅。开通市总工会官方微信平台，开展安全生产知识答题抢红包活动，吸引近1万名职工参加。配合市人大常委会做好安全生产法和《江苏省安全生产条例》执法检查工作。成立工会阳光法律援助志愿者服务队。组织全市14万名职工参加全省职工学法用法知识竞赛。全年接待处理职工来访、来信、热线电话200件235人次，办复率100%。与市统计局联合开展全市职工需求专项调研。举办职工“仲夏情缘·尽在掌握”交友联谊活动，2348名单身职工参与。建成环卫工“安康驿站”30个、“爱心妈咪小屋”20个。市总工会帮扶中心被市级机关作风建设领导小组办公室评为2015年度群众满意的窗口服务单位。（高云吉晶）

■**发展职工文化** 开展“书香伴成长”读书征文活动，新建全国职工书屋示范点4个、省级职工书屋示范点6个，市级职工书屋示范点23个、职工书香家庭8个。命名表彰职工道德讲堂示范点16个。市总工会组织参加市第12届运动会职工部6个大项14个小项比赛，被评为市群众体育工作先进单位、市第12届运动会突出贡献单位。组织义工教授举办培训讲座132场，近2万人次职工参训。江苏油田职工培训处被全国总工会评为全国职工教育培训示范点。

（高云吉晶）

■**帮扶困难职工** 制定《扬州市直工会会员特殊困难救助办法(试行)》。开展元旦、春节送温暖活动，向158户持证特困职工发放每户年度补助3600元和价值400元年夜饭1份，向市直80名“最美城市守护者”发放春节慰问金6.4万元。开展夏季安康“三送”（送清凉、送安全、送法律）活动，慰问城庆重点工程11个、重点企业和工地25家(个)，赠送慰问品48.8万元。举办“春风行动”劳务洽谈会，与扬州人才网、民建房产支部联合举办劳务洽谈会2场，配合市人社局、市工商局开展民营企业用工招聘周活动，提供免费职业介绍4625人次。救助重大疾病职工366人、111.6万元，赠送扬州华东慧康医院价值20万元DR设备(数字式直接成像X射线设备)1台，为2447人次外来务工人员减免医疗费用20.7万元。新发展互助会会员1.01万人，发放补助2923人次、404万元。各类开发区(园区)、工业集中区、乡镇(街道)职工服务平台建成率90%，规模企业职工服务站(点)建成率80%。

（高云吉晶）

■**工运研究与信息工作** 2015年，市工运研究会表彰工运理论调研成果，评出一等奖9篇、二等奖17篇、三等奖21篇。全年编发《扬州工会工作动态》26期，被中共中央办公厅采用8篇、被全国总工会采用19篇，在全国地级市中排名第六位，被省委采用9篇、被省政府采用3篇、被省总工会采用24篇。《扬州工运》刊出6期，总发行138期。

（高云吉晶）

## 共青团扬州市委员会

■**概述** 2015年，共青团扬州市委员会(简称团市委)开展让青年“文起来、动起来、乐起来”系列青年文化活动。9月26日，扬州市青少年活动中心建成并对外开放。举办“青阅扬城”读书沙龙5期。举办“外国中青年画家眼中的中国”扬州采风行动，全国文联副主席、中国美术家协会主席刘大为率12个国家20多名画家到扬州采风。开展“城庆青视角”系列主题活动，组织扬州籍在外学子“看扬城”，征集城庆笑脸2000多张。开展“绿杨新城郭·青春‘植’为你”青少年生态环保行动，举办第三届友好小使者出访活动。举行“缘系千秋·情定扬州”中国扬州2500周年城庆集体婚礼，258对中外新人现场参与、2300多对新人网上参与。至2015年末，全市共有各级团组织8470个，其中基层团委399个、基层团工委37个、团总支596个、团支部7438个；有团员27.88万人，有专职团员干部175人、兼职团员干部7409人。（殷一鸣）

■**扬州市青少年活动中心开馆** 2015年9月26日，扬州市青少年活动中心建成并对外开放，中心位于市民中心4号楼的二层、五层和六层，总面积6050平方米。二层为服务引导展示区(与扬州市妇女儿童活动中心共用)，设置综合服务台、青春展厅和体感互动体验区等，为前来青少年活动中心的青少年及广大市民提供中心介绍、向导指引等服务，并不定期推出公益视频轮播、小型公益活动和展览。五层为青少年素质拓展区，设置创意美术、动漫世界、陶艺、书法国画、钢琴、舞蹈、小主持人等项目，为我市青少年提供良好的陶冶情操、培养审美情趣的综合素质教育平台。六层为青少年交流合作区，设置悦读吧、非遗馆、星火园、创智坊、梦剧场、青年荟等场馆，提供阅读、心理咨询、创业指导、组织孵化、非遗体验等服务。

中心自开放以来，截至2015年年底，累计开展各类活动 30多次，接待市民近 10万人次，“艺彩纷呈”公益课程及夏令营、“青阅扬城”读书沙龙、“乐享互助”家庭教育公益沙龙、“青近非遗”非遗文化传播公益课程、“绿扬新芽”集体生日会、“音为有你”卡拉OK交友等公益品牌活动深受市民喜爱。（殷一鸣）

■**基层团组织建设** 2015年，全市建成县级青少年综合服务平台8个，乡镇(街道)级青少年综合服务平台35个，其中9个青少年综合服务平台被团省委评为省级示范平台，团中央支持宝应创客巢经费10万元。仪征汽车产业链团建获团省委创新创优一等奖，茶叶协会团建入围全国100个农村基层团建优秀项目。推行团员发展“十步骤、三公示、六必须”和中学“六个一”（“一课一月一员，一室一角一档案”）团建项目。组织“团干部如何健康成长”大讨论，开展向老团干学、向青年典型学、向服务对象学的“三学”活动，举行“团干部如何健康成长”主题演讲比赛，组织“致老团干的一封信，老团干寄语新青春”“青春邀约走基层”活动。全市各级团干部累计开展宣讲座谈272场，联系青年5530人，走访基层单位363个，收集问题清单69条。打造“阳光共青团”，团市委书记走进扬州电视台“阳光政务”栏目，向全市青年公开服务内容、服务承诺、服务绩效。全市有1452家团组织实施“联述联评联考”制度。（殷一鸣）

■**青年社会组织建设** 完善市青年联合会工作机制，开展与日本、印度、白俄罗斯、蒙古等国家和中国台湾地区的青年交流，常态化组织界别活动。深化“汇青行动”，培育领军型青年社会组织2个、示范型青年社会组织20个、成长型青年社会组织200个。成立扬州市青年社会组织孵化基地，开展青年社会组织“伙伴日”活动。成立扬州市青年留学生协会，扬州籍留学青年200多人入会。举办“青春正能量·共筑名城梦”首届扬州市学生社团文化节。发挥市金融青年联合会平台作用，组建金融青年“快闪”团队，举办首届扬州金融青年辩论赛。（殷一鸣）

■**促进青年创业就业** 完善青年参与“大众创业 万众创新”服务体系。实施青年企业家领航计划，首期青年企业家领航计划在上海交通大学开班。承办江苏省青年商会扬州行暨论道中国制造2025之装备制造业转型升级论坛。实施青年创业启航计划，发放青年创业小额担保贷款1139万元，资助项目64个。常态化开展创业沙龙、项目路演、农村青年电商培训班，服务创业青年1200多人。承办江苏省青年APP(手机软件)大赛暨首届中国青年APP大赛(江苏赛区)决赛。开展青年就业创业“1＋2”计划，举办“返乡学子看扬城”“大学生就业见习”活动，新建青年就业见习基地50个，提供就业岗位3089个、见习岗位1297个。初步建成“一核多园”青年创业空间集群。（殷一鸣）

■**青少年思想引导** 承办团中央“全国向上向善好青年”分享会，举办“红领巾寻访抗战足迹”、“奋斗的青春最美丽”基层行等教育实践活动，累计举办分享报告会40多场。选树青年典型，开展“最美青年人物”“我身边的好青年”“我身边的好团干”“十佳少先队员”“最美团支部”“寻找最美店小二”等评选活动，4人被团省委列入“江苏好青年百人榜”。举办第十届扬州市十大杰出青年评选活动，引入大众评审机制，举办成长分享会，成立扬州市十大杰出青年联谊会。开展“铸城市新魂 做时代新人”三行诗大赛、“唱响扬州好声音 争当青年好网民”志愿行动，推出“扬州声音”“漫画文明”等原创产品。竹西儿童国学馆、儒汉堂文化艺术中心被团省委列入首批江苏青少年国学堂(全省仅10个)。市委印发《关于加强少先队工作的意见》，连续两年承办全国中学少先队辅导员培训班，建立全国首家中学少先队辅导员培训基地，刘岚当选为第六届全国少工委委员。徐国英被中央文明办、全国总工会、团中央、全国妇联联合授予第五届全国道德模范提名奖。（殷一鸣）

■**青少年志愿服务** 实施青年志愿者“一十百千万”计划〔一个志愿服务中心阵地、十个志愿服务品牌、百个志愿服务站(点)、千支志愿服务队伍、万名青年志愿者骨干〕，开通“青年志愿·公益扬州”平台，打造市民志愿卡、手机终端、青年志愿·公益扬州频道“三合一”平台，志愿服务POS机覆盖城区70个社区，市民志愿卡注册绑定逾1万张。实施“邻里守望·青暖社区”志愿服务项目，开展“从‘三有’（有序行车、有序候车、有序停车）做起、当文明新人”文明交通集中行动，表彰优秀红领巾志愿者1000人。联合市文明办、市民政局举行第五届中国扬州志愿者文化节，举办“志愿公益·文明新风”志愿服务展示交流会。承办第四届全国残疾人文化交流会扬州站主题活动。（殷一鸣）

■**关爱重点青少年群体** 加强“12355”青少年综合服务平台建设，开展线上、线下活动41场。与市民政局联合开展青少年事务专题公益创投大赛，投入200万元向社会组织购买青少年事务项目120多个，罪错青少年观护基地被团省委评为省级示范项目。建立全省首家青少年事务社工人才培训中心，举办青少年事务社工专题培训班，培育邗江馨桥青少年事务中心、扬州珍艾社工服务中心等专业社工机构。中央综治委预防青少年违法犯罪专项检查督查组、省预防青少年违法犯罪专项督查组分别到扬州督查重点青少年群体工作。推动市人大常委会专题视察未成年人保护工作，市人大代表、市政协委员提交青年民生提案、议案10个。募集“希望工程”助学资金241.33万元，资助贫困青少年4550人。新建“希望村塾”30个，累计建成69个，服务留守儿童6080人。（殷一鸣）

## 扬州市妇女联合会

■**概述** 扬州市妇女联合会(简称市妇联)组织开展迎城庆·庆“三八”纪念活动、寻找“最美家庭”、“千年城·幸福家·文明人”社会主义核心价值观主题教育实践活动等宣传教育活动。扬州市“十二五”妇女儿童发展规划通过省级终期评估，编制“十三五”妇女儿童发展规划初稿，启动实施2015-2016年度“八件实事”（妇女宫颈癌、乳腺癌查治救助，单亲特困母亲帮扶，妇女儿童活动阵地建设，女职工劳动保护，女大学生创业就业援助，农村妇女土地权益保障，妇女参与决策和管理，留守流动儿童安全)项目。举办实用技能培训、“互联网＋创业”“互联网＋企业”“互联网＋营销”等讲座，开展“陪读妈妈阳光行动”，建立各级“女大学生创业就业实践基地”47个，市妇女再就业服务中心被全国妇联评为全国巾帼家政培训示范基地。维护妇女合法权益，及时调整性别平等咨询评估委员会，启动结婚引导和离婚缓冲机制，推行完善反家庭暴力告诫制度。关爱儿童健康成长，实施“亲子大讲堂”实践区项目，开展“手拉手、交朋友、游扬州、庆城庆”活动、“千颗童心迎城庆 自强不息好儿童”颁奖典礼等。加强妇联组织建设，全市累计建成“妇女儿童之家”1204个。

（薛芳洁）

**市妇女儿童活动中心开馆** 9月26日，扬州市妇女儿童活动中心建成开放，定位为“儿童快乐家园、妇女发展家园”的公益设施。位于扬州市市民中心4幢2～4层，建筑面积6050平方米，其中2层序厅与团市委共用，设有爱心书屋、青春展厅和体感互动体验区，同时实现场馆迎宾接待、引导服务等功能；3层亲子园围绕“体验、快乐、连接”主题，编排儿童社会角色体验区、小小雕版印刷馆、儿童才艺小舞台、DIY手工坊、梦幻乐园等项目，适当配套家长休憩等待功能区，帮助儿童在游戏中认知、学习，在运动中快乐成长；4层巾帼园体现女性文明健康生活、就业创业服务等功能，设置有女性创业指导中心、家庭教育指导中心、女性社团服务中心、幸福家庭维护中心。

（薛芳洁）

**实施妇女儿童事业发展规划** 市妇女儿童工作委员会督查、推进各地及有关部门按时序实施“十二五”妇女儿童发展规划，扬州市通过省级“十二五”妇女儿童发展规划终期评估，170项指标达标率95%，其中重点指标年度监测评估列全省前六位，宝应县、仪征市被省妇儿工委评为省级实施规划示范县（市），高邮市车逻镇等9个乡镇（街道）被评为省级实施规划示范乡镇（街道），获奖励资金13万元。组织成员单位研讨全市妇女儿童五年发展的重点领域和目标措施，联合市发改委督导培训成员单位联络员，编制扬州市“十三五”妇女儿童发展规划初稿。启动实施2015-2016年度“八件实事”项目，印发《〈2015年妇女儿童8件实事任务分解和职责分工〉的通知》，实现农村妇女“两癌”（宫颈癌、乳腺癌）免费筛查全覆盖，“两癌”妇女跟踪治疗率98.2%。启动关爱女性健康爱心基金，组织妇科专家义诊和讲座。继续开展“母亲邮包”公益项目，市妇联被全国妇联授予全国“母亲邮包”优秀实施奖。

（薛芳洁）

**促进妇女创业就业** 2015年，各级妇联联合相关部门分级组织就业女性开展实用技能培训，2万人次参训，其中扬州市好苏嫂家政服务有限公司举办家政培训27期，1252人参训。市妇女再就业服务中心被全国妇联命名为全国巾帼家政培训示范基地。举办“互联网＋创业”“互联网＋企业”“互联网＋营销”等讲座，4000多名创业妇女参训，扶持1874名城乡妇女创业。举办农村妇女“网上行”电子商务培训，1300多人参训，仪征市大仪镇河北民族村、邗江区西湖镇金槐村被省妇联命名为省级巾帼电子商务村。依托扬州市女企业家协会平台，探索通过“私董会”等形式帮助遭遇低谷的中小企业和农业大户。开展“陪读妈妈阳光行动”，新建来料加工基地，促进“陪读妈妈”就业人数和收入的增长。建立各级“女大学生创业就业实践基地”47个。做好妇女小额贷款发放工作，全年发放小额贷款6300.5万元，超额完成年度指标。举办女性创业成果展。培树省级以上各类巾帼示范基地18个、全国巾帼文明岗7个、省级巾帼文明岗70个、市级巾帼文明岗60个，巾帼建功标兵15人。

（薛芳洁）

**维护妇女合法权益** 2015年，扬州市成为江苏省首批获得地方立法权的6个城市之一，市妇联联合市人大法制委、市法制办及时调整性别平等咨询评估委员会，制定新的实施意见，组织工作培训。9月，全省政策法规性别平等咨询评估研讨推进会在扬州召开，专题推广扬州做法。成立婚姻家庭纠纷调解委员会，新建婚姻家庭纠纷个人调解工作室39个，获个案补贴6760元；命名市级优秀婚姻家庭纠纷个人调解工作室10个，分别奖励1万元。在扬州广播电台开通每周一档《婚姻家庭疏导》栏目播放43期。启动结婚引导和离婚缓冲机制，发放“新婚礼包”2万份，建立婚姻危机干预工作室5个，吸纳志愿者48人，干预离婚案件526件，劝和率32%。全年接待办理来信来访939件，其中市妇联接待办理来信来访261件，结案率96%。推行完善反家庭暴力告诫制度，重点推广高邮菱塘派出所“三个不准”“四个到位”（对家庭暴力案件不准推诿，不准嘲弄受害人，不准半途而废；思想到位、制度到位、工作到位、人员到位）制止家庭暴力工作法，组织反家庭暴力工作专题培训。面向在押女性开展读书分享交流活动，组织志愿帮扶和集中教育女性社区服刑人员活动。宝应县、高邮市、仪征市、江都区在社会管理服务平台设立妇女维权窗口，180名弱势妇女获得法律援助。全国人大法工委主任陈秀榕到扬州专题视察时肯定扬州市妇女大维权工作。

（薛芳洁）

**关爱儿童健康成长环境** 市妇联组织70名困境儿童参加迎城庆征文、绘画、微公益系列活动，结合市民日组织100名困境儿童和结对儿童代表开展“手拉手、交朋友、游扬州、庆城庆”活动。“六一”前夕，举办“千颗童心迎城庆 自强不息好儿童”颁奖典礼，表彰10名自强不息好儿童。实施“亲子大讲堂”实践区项目，全市学校、社区和882个镇、村建立家长学校，评选省、市示范家长学校21个。组织优秀家庭论文评选活动，收到论文103篇，评选出一、二、三等奖作品20篇，在《江苏妇运》、江苏妇女网发表43篇。开展家教现状问卷调查。组织志愿者老师到100多个农村、社区、学校和企业巡讲147场，全市形成以金牌志愿者王道龙为代表的2000多名家教专业志愿者队伍。在扬州新建网络家教课堂，上传30名专家老师的讲课视频。各县（市、区）妇联分别新建微博、微信、QQ群和空中（广播）课堂。全年各种新媒体课堂开讲198场，网络点击3万多人次，广播听众、粉丝达20多万人次。做好困境儿童助学基金申报发放工作，发放助学金273.2万元，帮扶困境儿童1336人。扬州市翔宇妇女儿童基金会全年募集善款230万元，其中南京扬州商会捐款60万元、县(市、区)托管基金48.5万元，新增冠名基金8个，发放助学金124.3万元，受益儿童1242人次。 （薛芳洁）

■**妇女思想道德建设** 2015年，市妇联举行迎城庆·庆“三八”纪念活动，表彰十佳“好主妇”“好家庭”“好家风”。联合市委宣传部开展“千年城·幸福家·文明人”社会主义核心价值观主题教育实践活动。联合市纪委开展“一座千年城 一个幸福家”家庭助廉活动。组织寻找“最美家庭”活动，3644户家庭、1.82万人参与各类“晒、议、讲、展、秀”活动，举办“最美家庭”故事会670次，晒出家庭照片6338幅，征集好家风、好家训3548条，3户家庭被省委宣传部、省妇联授予江苏省“最美家庭”称号。配合市公安局开展“扬州十大巾帼平安卫士”“扬州好警嫂”评选表彰活动，张桂荣被公安部、全国妇联授予“全国好警嫂”称号。 （薛芳洁）

■**妇联组织建设** 市妇联成立女性社会组织负责人沙龙，搭建女性社团信息平台。常态化开展巾帼志愿者招募、注册及服务活动，召开市巾帼志愿者协会换届大会，表彰优秀巾帼志愿服务队和志愿者。全市累计建成“妇女儿童之家”1204个。市女知识分子联谊会等3个女性社团被省民政厅评为社会组织AAA等级。举办妇联系统主题教育培训班，引领妇联干部感悟井冈山革命精神，开展“我心目中的妇联干部”演讲比赛，开办乡镇妇联工作讲坛等。 （薛芳洁）

## 扬州市科学技术协会

■**概述** 2015年，扬州市科学技术协会(简称市科协)承担扬州科技馆主体布展建设工作，一、二两层部分场馆于9月26日城庆之际建成投入使用。继续开展“院士专家扬州行”和“海外专家扬州行”活动，做好企业院士工作站建设和管理工作。实施市科协所属学会创新和服务能力提升工程，重点推动学会承接政府职能转移工作。举办2015年扬州市青年学术年会，组织科技工作者参加省市创新创业大赛，开展软科学课题研究工作，举办科技咖啡馆活动，推进科技智库和项目库建设，指导成立江海学院科协，开展第三轮兴农富民工程。开展2012-2014年度“扬州市优秀科技工作者”和“扬州市十佳优秀科技工作者”评选表彰工作。开展“最美科技工作者”先进典型宣传活动。与市经信委、市科技局、市工商联联合印发《关于进一步推动企业科协组织建设的意见》。推进科技思想库建设，向市领导报送《科技工作者建议》10期，其中4期得到市领导批示。加强中国科协科技工作者状况调查站点建设，设在仪征市科协的调查站点被评为最高等级AAA级优秀站点(全国仅9家)，并在全国504个科技工作者调查站点中以541分的考核成绩名列全国第四。编印《扬州科协》内刊3期。市科协被中国科协评为全国第30届青少年科技创新大赛基层赛事优秀组织单位，被省科协评为2014年度目标责任制考核先进单位、科技工作者状况调查站点“优秀区域责任部门”。海智计划江苏(扬州)工作基地被中国科协评为先进工作基地。 （李佳坤）

■**扬州科技馆开馆** 扬州科技馆位于扬州市城庆广场南侧、高家河北侧，主体建筑面积2.07万平方米。按照中共扬州市委六届七次全委会将科技馆建成“时代精品”和“传世之作”的要求，扬州科技馆以“传承与创新”为主题，服务于以青少年为主的各年龄段市民，系统讲述人类对交通、机械、能源、光学、宇宙、规律、健康等方面的探索历程和未来前景，向观众揭示科技发展的内在规律，同时融入扬州科技文化等元素。通过文字、图表、照片、实物、模型、展教设备等形式，利用声、光、电、多媒体等现代科技手段展示扬州古代科技和现代科技传承与创新的发展历程。科技馆共六层，设有科学启蒙、地球家园等专题展厅11个。其中，地下一层为巨幕影院，一层为科学启蒙、生命与健康、地球家园(含4号楼二层)，二层为序厅、交通信息、工艺技术，三层为智慧天地、光影魅力，四层为天文宇航、能源材料、业务用房，五层是安全教育、创客天地。一、二两层部分场馆于9月26日城庆之际投入使用，国庆期间参观人数达14.8万人次。至2015年底，参观人数达50万人次。 （李佳坤）

■**院士专家扬州行活动** 4月28日，省科协、中国科学院南京分院、扬州市政府联合主办，市科协承办2015院士专家扬州行启动活动暨扬州市院士专家咨询委员会成立仪式，邀请16名两院院士及20名专家教授，各县(市、区)政府、功能区及市有关部门、有关市级学会、企事业科协、高校科协、县(市、区)科协、部分重点企业和高新技术企业的代表约200人参加活动。院士专家参观考察扬州智谷，分组走进园区、企业和校园开展技术咨询、合作洽谈、专题报告等活动，签订技术合作项目12个。 （李佳坤）

市民带着孩子参观扬州科技馆 沈扬生/摄

■**企业院士工作站建设** 2015年，市科协新建江苏宝莲生物科技股份有限公司、江苏扬农化工集团有限公司等市级院士工作站8个，累计建成市级企业院士工作站60个。开展2010-2014年度扬州市企业院士工作站示范站、优秀组织单位和先进个人评选表彰工作，评选扬州市企业院士工作站示范站10个、优秀组织单位6个、先进个人12人。检查评估2012年批准建立的市级企业院士工作站的项目成果和经济效益情况。
（李佳坤）

■**海智活动** 9月11—25日，市科协联合市职业大学开展活动，组织市职业大学毕业班大学生收看省海智办举办3场创新创业系列讲座，受益人数近100人次。11月30日，由中国科协海智办、省科协等单位主办，市科协等单位联办的2015中国（江苏）国际科技与人才合作大会在南京举行。市科协组织由海智专家、企业代表、基地园区代表等30多人组成的扬州代表团参加大会。会议期间，市科协组织江苏英格菲电气科技有限公司、江苏汉云信息科技有限公司等8家企业参加海智创业路演，向毅达资本、江宁科创投、华泰紫金投资等20多家风投机构现场演讲，并与风投代表互动交流。高邮高和光电器材有限公司等8家企业以及宝应、高邮、仪征海智工作站参与现场电子屏展示，向与会人员宣传海智企业和海智工作站的主要成果和需求。江苏珩图智能科技有限公司王棠猛、宝利泰橡胶科技扬州有限公司曹亮、扬州三友合成化工有限公司张扬入选《省科协海智工作集萃》的“海智人物篇”，扬州基地工作成果入选“海智工作篇”。组织广陵信息产业基地等园区代表参加“工业4.0”助力江苏智造专场论坛及项目推介会和中欧科技创新洽谈会等分论坛，与海外代表团开展科技交流和商业洽谈活动。大会发布的海智项目全部覆盖至扬州各县（市、区）和有关园区。海智计划江苏（扬州）工作基地被中国科协表彰为中国科协海智先进基地。
（李佳坤）

■**扬州市青年学术年会** 2015年，扬州市青年学术年会（由市科协主办的学术品牌活动，为扬州市科技工作者学术交流的重要平台）设1个主会场和10个分会场。12月27日，举办主会场活动——“互联网＋与创新思维”报告会。“中国市民卡工程之父”、浙江大学网新创建科技有限公司总裁张旭光作主题报告。扬州各高校科协、县（市、区）科协、市级学会、科技创新型企业、科普讲师团的代表300多人参加活动。10个分会场分别以建筑施工技术创新、灾害性天气预报和预警服务技术、肿瘤的中医治疗技术等主题展开，全市参加活动的科技工作者约2000人次，交流论文1000多篇。 （李佳坤）

■**软科学研究** 2015年，市科协确定扬州市互联网产业发展研究、扬州市智能化制造与生产的路径研究、扬州市健康养老产业发展研究等10个方面的软科学研究课题，并面向全市科技工作者发布。经过酝酿选题、发布立项、组织实施和验收评奖等阶段，有78个课题结项。经专家评审，评出一等奖3个、二等奖6个、三等奖12个、优秀奖40个。同时汇编整理成《科技工作者建议》。 （李佳坤）

■**创新创业大赛** 市委组织部、市科协等部门共同举办首届扬州创新创业大赛，62人参赛，经过初赛、决赛，评选优胜奖10人、鼓励奖9人，每人分别获得奖金3万元、1万元，同时享受相关政策扶持、金融支持、指导培训等待遇。组织第三届江苏创新创业大赛海智分赛扬州赛区活动，推荐5人参加省预赛，扬州西岐自动化科技有限公司技术总监翁理国入围决赛并获优胜奖。 （李佳坤）

■**学会创新和服务能力提升** 市科协启动实施学会创新和服务能力提升工程，制定并印发相关意见和实施方案，落实经费预算，动员和指导学会申报和创建。截至年底，培育综合示范学会3个，建成承接政府转移职能示范学会2个、基础管理创新示范学会2个、科技创新服务站5个，打造特色学术活动、期刊、网站等学术交流精品20个，形成科技思想库成果21个，建成学会服务地方党委、政府的智库2个。向省科协申报学会能力提升计划项目14个、科技服务站6个、首席专家（工程师）7人，获批创新服务示范基地1个、科技服务站4个、首席专家（工程师）4人。8月21日，扬州市通过省科协督察组对2014年度省科技服务站项目的中期督查。推动学会承接政府转移职能工作，参与制定《2015年推进简政放权放管结合转变政府职能工作方案》，启动学会承接政府转移职能调研工作。推进社会组织评估工作，举办社会组织评估工作培训班，组织和指导园艺、公路、工业设计等11个学会申报社会组织等级评估。 （李佳坤）

■**科技服务** 市科协加强科技信息平台建设，以无外资背景企业为服务对象，开展科技专利信息资源的推送和服务，为25家企业提供科技信息推送服务，培育深度应用典型企业7家。扬州康派尔机械科技有限公司研发电动式深沟球轴承灵活性测试等装置，申请专利3项。全年完成保险理赔论证项目5个，为企业减少损失700多万元。 （李佳坤）

■**厂会协作** 市科协组织各单位申报厂会协作项目，评选、表彰2013-2014年度扬州市厂会协作优秀项目，评选出一等奖3个、二等奖6个、三等奖12个，优秀组织单位8个，先进个人10人。 （李佳坤）

■**组织队伍建设** 2015年，江海学院科协成立，至年底，市科协有所属市级学会（协会）62个、高校科协3个。市经信委、市科技局、市科协、市工商联联合印发《关于进一步推动企业科协组织建设的意见》。全年新建企业科协25个，累计103个。组织开展2012-2014年度“扬州市优秀科技工作者”和“扬州市十佳优秀科技工作者”评选表彰活动，师永生等10人被市政府授予2012-2014年度“扬州市十佳优秀科技工作者”称号，李国军等30人被市政府授予2012-

2014年度“扬州市优秀科技工作者”称号。 （李佳坤）

## 扬州市归国华侨联合会

**■概述** 2015年扬州市归国华侨联合会（简称市侨联）主席杨为民在市政协七届四次会议上提出《关于加快推进扬州特色文化走出国门 提升扬州国际知名度的建议》。召开市级机关侨界联合会第一次代表大会，市级机关侨界联合会成立。全年新建社区“侨之家”6个。

服务经济发展。举办“侨界人才聚扬州——创业·创新·创富”论坛，与北京朝阳区侨联、海淀区侨联，上海徐汇区侨联、杨浦区侨联共同发起成立“侨界创新发展联盟”。组织侨界高层次人才参观各级开发区并达成合作意向。促成中国中医药养生示范（扬州）基地落户扬州。举办侨界人才联谊沙龙。

拓展海外联络。启动“扬州侨界牵手世界友人1＋1”行动。组团出访日本，拜访日本大阪江苏同乡会、日本华侨企业家协会等侨社团，与日本当地书画团体开展多次书画交流活动。市侨联联合扬州晚报社连续第4年开展“月是故乡明·亲情中华·最忆扬州”海外华侨社团负责人连线采访活动。全年接待华侨华人、专家学者54批500多人次。

参与社会建设。举办“扬州月·故乡情”侨界庆城庆中秋联谊晚会、“侨界看扬州·城庆项目行”暨“书香侨家·共读好书”活动、“水墨传情”——庆祝扬州建城2500年中日友好画展。开展“侨联万家·关爱侨界空巢老人”行动，组织40多名志愿者参加省侨联侨界志愿者培训，实施“寸草心”项目，开展“五个一”（每月电话问候一次，每季度上门探望一次，每半年办一件实事，每年组织一次集体活动，每逢重大节日上门探视一次）关爱服务，在市属3家医院开通老归侨、老侨眷就医绿色通道。

（胡学垠）

**■“侨界人才聚扬州——创业·创新·创富”论坛** 4月9日，市侨联、扬州公共外交协会共同举办“侨界人才聚扬州——创业·创新·创富”论坛。北京市朝阳区侨联、海淀区侨联，上海市徐汇区侨联、杨浦区侨联的侨界人才团队以及在扬州创业的侨界人才代表等100多人参加活动。论坛就互联网、机器人、医疗健康、智慧教育等方面展开讨论。9名侨界高层次人才参观考察市经济技术开发区等相关园区并达成合作意向。4月10日，市侨联与北京朝阳区侨联、海淀区侨联，上海徐汇区侨联、杨浦区侨联共同发起成立“侨界创新发展联盟”，联盟本着“联动协作、优势互补、互惠互利、共同发展”的原则开展合作。 （胡学垠）

**■“扬州月·故乡情”侨界庆城庆中秋联谊电视晚会** 9月23日，市政府侨务办公室、市侨联在扬州电视台演播大厅举办“扬州月·故乡情”侨界庆城庆中秋联谊晚会。晚会紧扣“扬州月·故乡情”主题，凸显“庆城庆、庆中秋”元素，由一座城、一家人、一生情3个篇章构成。晚会现场还举行扬州“十佳侨之星”颁奖典礼，江苏伯克生物医药股份有限公司董事长王飞、《大清盐商》作者王资鑫、扬州宏运车业有限公司董事长陈芝强、扬州大学数学科学学院教授王宏玉等被授予扬州“十佳侨之星”称号。市委统战部、市政府侨务办公室、市侨联共同启动“扬州侨界牵手世界友人1＋1”行动。晚会录像于中秋节当晚黄金时段在扬州电视台播出。

（胡学垠）

**■“水墨传情”——庆祝扬州建城2500年中日友好画展** 8月31日至9月4日，市侨联文化交流代表团一行7人访问日本，参加中日水墨画交流展。9月1日，中日水墨画交流展在日本兵库县立美术馆开幕。中日水墨画交流展由扬州公共外交协会、市侨联和日本醉墨会、日中书画交流协会主办，中国驻日本国大使馆文化部、中国文化艺术发展促进会、扬州八怪纪念馆等单位协办，日方画家160人和扬州画家20人共180幅作品参展，在中日两地分别展出。出访期间，代表团拜访日本大阪江苏同乡会、日本华侨企业家协会、西日本新华侨华人联合会等侨社团，与日本当地书画团体开展多次书画交流活动。10月19—22日，“水墨传情”——庆祝扬州建城2500年中日友好画展在扬州八怪纪念馆展出。日本醉墨会会长、日中书画交流协会会长陈允陆，日本醉墨会访中团团长大西是及侨界书画爱好者150多人参加开幕式。开幕式上还举行扬州市侨联华侨书画院成立仪式，聘请扬州八怪纪念馆馆长刘方明为院长。 （胡学垠）

**■“侨界看扬州·城庆项目行”暨“书香侨家·共读好书”活动** 11月10日，市侨联举办“侨界看扬州·城庆项目行”暨“书香侨家·共读好书”活动，市区部分归侨、侨眷和在扬州的海外华侨华人50多人参加活动。在“书香侨家·共读好书”启动仪式上，市侨联向侨界群众赠阅扬州历史文化书籍和侨界群众创作出版的书籍。侨界群众参观扬州城庆市民广场、扬州科技馆、李宁体育园和万福大桥。

（胡学垠）

**■联谊交流** 3月10日，华枫艺术家协会会长、市侨联海外顾问史兆宽，加拿大籍华人、画家周士心教授等一行10人到扬州考察访问。4月23日，市侨联接待市侨联海外顾问、英籍华人刘伟群一行，商谈开展经济文化交流以及海外高层次人才服务等事宜。5月26日，市侨联接待乌克兰中央美院院长安德烈·戚培根一行，商谈开展中乌文化艺术交流、合作举办书画展览等事宜。8月21日，市侨联接待欧洲华人华侨妇女联合总会主席、意大利华商总会会长朱玉华，双方达成签订中国扬州侨联海外工作联络站合作协议的意向。9月13—18日，江都区侨联组织开展“看江都·爱家园”暑期体验活动，来自香港城市大学的30多名师生参加活动，先后参观扬州宏运车业有限公司、中信泰富、中国海运江苏江都基地、南水北调东线源头等，并到扬州大学参观交流。9月15日，市侨联接待美籍华人、美国范德堡大学医学院教授江明，聘请江明为海外顾问。 （胡学垠）

# 政法

Zhengfa

编 辑 徐国磊

## 综述

**■概况** 2015年，全市政法系统深化平安扬州、法治扬州、政法队伍建设，为扬州经济健康发展、社会和谐稳定、群众安居乐业提供安全稳定的社会环境、公平正义的法治环境、优质高效的服务环境。扬州市被评为年度江苏省平安市和全省综治工作先进市。全市公众安全感95.36%，群众对法治建设满意度95.64%。

保持社会安稳安定。完成全国及省市“两会”、抗战胜利70周年、扬州建城2500周年、中共十八届五中全会等重大活动期间安保维稳任务，及时妥善处置“9.30”等突发极端事件。常态开展矛盾纠纷排查化解工作，全市共排查各类矛盾纠纷1.10万件，调处化解1.09万件，调处化解率99.01%。打造“阳光信访”，信访形势总体平稳。

推进社会平安建设。在全省率先建成市级综治法治指导协调中心，实现市、县、乡、村四级服务管理平台全贯通。推进升级版设防城市建设，深入开展治安重点地区、突出治安问题和安全隐患排查整治，强化特殊人群、重点人员服务管理，有效维护公共安全。推进“社会末梢治理”，夯实基层社区(村)和谐稳定的根基，该做法入选全省百篇优秀“全面深化改革”案例。

深化法治建设。市委办公室、市政府办公室印发《法治扬州建设考评办法》和《法治扬州建设指标体系(试行)》。建成一批高品质法治文化阵地，打造出一批鲜活基层民意法治典型。公开集中对司法执法等相关工作开展法治评议，该经验做法获省委政法委领导肯定。探索研究和创新建立经济法治工作机制，得到市委主要领导批示肯定。开展涉法涉诉信访积案攻坚活动，推动律师参与涉法涉诉信访工作，依法治理信访秩序取得成效。全市共举办各类法治广场活动400多场，参与群众20多万人次。“法治课间餐”、送法到校园、“三官一师”(法官、检察官、警官、律师)法治公益行等活动受到广大服务对象的欢迎。加强法治宣传教育，组织实施“六五”普法规划，扬州“六五”普法工作受到省检查组肯定。推进法学研究服务工作，江都区法学会为基层“紧贴式”法律服务经验受到中国法学会通报表扬。2015年，法治扬州建设向服务发展、关爱民生、基层基础、信访维稳四方面拓展延伸，取得实效，获市委、市政府工作创新奖。

加强队伍建设。开展“三严三实”专题教育，组织开展“寻找最美政法干警”等系列活动，召开徐敬全先进事迹报告会。市公安局交警支队等一批先进集体和个人获得国家、省表彰。扬州市政法队伍典型选树工作经验被中央政法委《长安》杂志推荐。分类分批举办各类政法、综治、法治干部培训班。与市委组织部、市委党校联合举办首届政法系统中青年干部培训班，选拔45名青年干警交流挂职。 (窦广平 周 勇)

**■推进“社会末梢治理”** 2015年，扬州市委政法委坚持问题导向、法治引领、综合治理，妥善协调各种利益关系，拓展和延伸服务内容，推进“社会末梢治理”工作。经常性调研群众权益保障问题，制定相关政策措施。建成市级综治法治指导协调中心，实现“社会末梢治理”纵向指挥、横向协调的功能。推进个人品牌调解工作室建设，发挥医疗、劳资、交通、拆迁、环保等五大专业调解组织作用。推行“一核多元”服务体系，不断拓展和延伸服务内容，完善政府服务职责，孵化社会组织，促进广大居民自我服务，实现政府组织服务优质化、社会组织服务市场化、居民自我服务多样化。开展法治文化广场活动，组织警官、法官、检察官、律师等“三官一师”，深入基层社区(村)，开展法治公益行活动。发掘民间乡土文化，调动民间艺人积极性，自编自演居民喜闻乐见的法治小品、戏曲、歌舞等节目，提升市民法治素养。

(徐 丹)

**■创新法治建设** 通过月督查、季通报、年验收的方式，逐项推进落实22个创新法治项目。其中，高邮市在全省率先制定出台《关于加强乡局级领导班子和党政正职领导干部法治建设绩效考核的实施意见》；江都区推行的“基层自治、警民共治、部门联治、依法善治”基层“四治”工作经验在全省交流推荐；邗江区北山片区公共法律服务中心成为全省样板；全省社区矫正工作现场会在扬州召开；江都区在全市率先探索决策合法性、制度廉洁性、社会稳定风险性“三性”联动评估审查。省依法治省办公室专

职副主任沈国新对扬州市创新实践给予批示肯定。（徐李华）

**■“1＋5”基层民意法治典型** 推进民意法治建设，打造“1＋5”基层民意法治典型，即：建设1个特色更彰显、法治元素更鲜明、功能更丰富的法治文化阵地，打造基层派出所、法庭、司法所、检察为民工作站和社区5个基层民意法治先进典型。（徐李华）

**■经济法治建设** 7月3日，市委政法委、市经信委、市依法治市办、市法学会在扬州会议中心联合召开扬州经济法治研讨会，对涉及企业发展的五个方面问题提出对策建议，得到市委主要领导的批示肯定。这是扬州首次以“经济法治”为主题、政法部门和经济部门联合召开的研讨会，首次把法治建设融入经济建设领域，具有主题新、形式新和领域新等特点。（徐李华）

**■“三性”联审机制建设** 2015年，市委政法委在江都区实施决策合法性、制度廉洁性、社会稳定风险性“三性”联审机制试点工作，注重从源头上预防和减少各类矛盾纠纷的产生，促进矛盾纠纷排查在基层、化解在当地，引导广大人民群众依法、理性表达诉求，确保矛盾纠纷发现在早、处置在小，最大限度降低矛盾纠纷的产生，最小代价化解矛盾隐患。（李　忠）

**■政法人才培养工程** 制定《2015—2017年市委政法委教育培训方案》，推动形成全方位、多层次、多形式、系统化的教培格局。举办两期全市政法系统副处级以上领导干部专题学习班，110余人参加培训。连续12年举办百余人参加的全市基层政法综治法治干部培训班。坚持“条块结合、以条为主”，由党委政法委统一领导，政法部门具体实施，按照实战、实用、实效的原则，持续在政法干警中开展岗位练兵、综合培训、技能比武活动。各级政法系统与省内外高校深度合作，与多所高校联办在职法律硕士班，建立共建教学实践基地。（朱红军）

## 公安

**■概述** 2015年，全市公安机关以增强群众安全感和满意度为目标，以完善立体化、现代化社会治安防控体系为重点，推动公安改革、完善社会治理、优化为民服务，提升队伍能力作风，为世界名城建设、推进跨江融合发展大局创造平安和谐的社会环境。全市社会大局持续稳定，治安形势平稳可控，命案、“八类”案件发案比上年分别下降13%、6.16%。妥善处置各类群体性事件和“9·30”突发个人极端事件，成功侦破“6·29”暴恐团伙案件。完成76批次等级警卫任务和城庆等178项重大活动安保任务。破获刑事案件数比上年上升25.63%，抓获刑事作案成员数上升8.85%，移送起诉人数上升16.56%。派出所基础建设列入全市“十三五”规划和民生工程，公安经费实现财政全额保障，警务保障水平得到进一步提升。公安部、省公安厅先后3次发来贺电，祝贺成功侦破大要案件，市委书记谢正义、市长朱民阳先后16次批示肯定公安工作。（陈红华）

**■打击犯罪** 紧盯刑事犯罪规律特点，突出科技强侦，健全全警破案，提升破案打击水平，做到更快破大案、更多破小案、更准办好案，坚决维护治安稳定。全市发生的20起现行命案全部破获，“八类”案件破案率88.32%。8月，全市公安机关连续攻克5起命案。开展以打击团伙性侵财犯罪为重点的“春雷行动”和打击侵财犯罪质效提升年活动，侦破各类侵财案件9189起，破案率36.24%。建立视频侦查大队，成立合成侦查队，集中办公、合成作战，加大对流窜犯罪、团伙犯罪的打击力度，成功侦破省公安厅挂牌督办案件9串（起），破3起以上串案187串1177起。成功侦破食品药品环保案件58起。其中，全市首例判决的仪征沈某某污染环境案被列为全省环境污染十大典型案例，破获的“11·20”利用电视媒体制售假药案件得到公安部肯定。历时3年侦破公安部督办的“7·8”生产销售伪劣产品案，涉案金额超过10亿元。破获的16起涉众型经济案件涉案金额50亿元，为企业、群众挽回经济损失2亿元。开展打防通信网络诈骗“净网行动”，有效拦截境外诈骗电话2.7万多个，破获电信网络诈骗案件85起，其中，江都刘某等人非法获取国家机密案和仪征杨某等人特大网络诈骗案是公安部挂牌督办案件。（顾晓煜）

**■警务实战化建设** 按照“资源集中、手段集成”的原则，推进市、县、派出所三级合成作战指挥中心(室)

宝应“8·13”杀人分尸案抛尸现场勘查　　公安局／供稿

建设，市公安局建成智能化指挥调度平台，城区分局落实指挥长带班制度，全市106个派出所建成综合勤务指挥室，市区44个派出所全部建成标准化勤务指挥室，高效应对各类突发事件。江都区公安局打造近战指挥中枢，探索建立符合县域特点的警务新模式，该做法在全省作经验交流。实施市区派出所基础设施建设三年规划，提请市人大视察派出所建设工作，市政府召开常务会研究派出所建设。（张继东）

**■巡防动态化建设** 根据扬州城市发展布局和治安发展趋势，与各地党委、政府及有关部门优化完善城市“三圈堵控网”，建成环沪环宁润扬大桥一级、仪征二级公安检查站，开工建设4个市区警务查报站，扬子江路等5个查报站做到24小时不间断运行，与14个市际卡口、市区51个治安岗亭、6个执法执勤服务平台构建起防范严密的堵控网。深化巡逻体制重组工程，确立主城区“十横十纵”巡逻布局，以主、次干道为基线，将主城区按一、二、三等级划分为网格化巡逻区域82个，其中一级巡区36个、二级巡区16个、三级巡区30个，形成平战结合、分级巡逻、攻防兼备、全时空控制的城市社会面巡逻防控网。（赵　扬）

**■基础信息化建设** 开展基础数据调查，理清硬件资源、系统手段、掌控数据、需求数据，搭建云基础设施保障环境。优化平台系统建设，完成警务平台3.0版升级改造，升级智能检索工具“易搜”，实现3419类数据资源的快速全库检索。开展警用地理信息系统二期建设，初步形成标准地址库。开展基础信息采集攻坚，完善数据汇聚机制，建成警务大数据和警务视频大数据平台，新增汇聚46类800余万条政府部门数据，基础平台数据日均增量、政务数据获取量、社会数据汇聚量比上年分别增长13%、84%、107%。（陈贵强）

**■群防群治长效化建设** 实行开锁业岗位准入、统一识别标识、推行联网监控，获得公安部认可。整合物业保安力量，组建专职联勤联防队，推动联勤联防工作规范化运作、常态化发展，全市有26个派出所、70个物业公司、131个住宅小区推行物业保安联勤联防，省公安厅推广市公安局的做法。建立“综治牵头、公安推动、部门协作、社会参与”的治安复杂地区整治工作新格局，着力治乱点、攻难点，全市328个治安复杂地区刑事发案明显下降，207个小区实现“零发案”。推动出台《扬州市大型群众性活动安全管理办法》，推进大型活动安全管理社会化。广陵区公安分局探索实行政府主导、市场运作、社会参与的非机动车市场化管理模式，有效解决非机动车管理难、防盗难的问题。（栾祺俊）

**■技防社会化建设** 把小区技防建设列入市委、市政府“1号文件”，从政府层面推进技防监控工作。市区开工建设的51个住宅小区全部安装技防监控设施。启动新一轮监控优化布建工作，在市区新建50个电子警察和9个智能监控卡点，全市建成治安摄像机11万余台，公安自建摄像机1.16万台，高清智能监控抓拍点600个，移动监控图像传输巡逻车250辆，95%以上的重点单位、要害部位安装治安监控系统。建成视频监控综合应用平台，整合接入“3·20”、治安卡口、城市出入口等7类8920台摄像机，启动价值视频库建设，提升图像信息综合实战效益。（周　震）

**■执法规范化建设** 加强执法制度建设，制定全市公安机关《刑事案件管辖分工》《负责人出庭应诉工作实施细则》，形成《市公安局执法制度汇编》。与市中级人民法院、市检察院联合出台《关于刑事案件和解工作若干问题的规定》等4个规范执法制度，破解执法难题。加强执法监督管理体系建设，建立市县两级执法管理委员会，提高公安机关依法决策水平。成立法律专家顾问组，加强执法综合监督。在全省率先开展受立案和刑事案件统一审核、统一出口改革，从源头上解决有案不查、查而不处等问题。在229个基层所队设立法制室（案管室），统一明确所队分管领导，配齐287名法制员，强化执法质量源头管理和自查自纠。加强执法主体能力建设，制定《扬州市公安局民警学法计划》，开展警营学堂、执法讲座、旁听庭审等形式多样的学法活动。建立市县联动的常态化法律抽考机制，健全公安机关领导干部法律学习、任前法律考试制度，推进公安机关负责人出庭应诉，13起行政复议案件和14起行政诉讼案件公安机关负责人出席听证和出庭应诉率均为100%。全市公安机关共有5984人、4236人和478人分别通过基本级、中级和高级执法资格考试。（姚　敏）

**■服务发展** 贯彻市委、市政府“2号文件”精神，落实涉企执法检查审批把关等制度，实行“首违不罚”190件、“容期整改”51件，办理涉企案件1275起，全面优化企业发展环境。编制完善部门责任清单，推进职能归并，共梳理部门职责、事后监督措施、公共服务事项等113项，厘清与其他行政机关部门职责边界20项。推进行政审批集中办公，出入境、交通违法处理、证照办理等公共服务事项全部进驻市政务服务中心公安窗口，全年共办理公共服务事项4.9万件。全年办理建议提案111件，代表、委员满意率100%；办理“三箱一线”来信3934件，办结率100%。（吴　昊）

**■公安安全监管** 围绕安全监管重点领域和重点问题，组织专项整治行动，强化源头管理和隐患整改。开展市区“四大会战”和为期9个月的“四项攻坚战”整治行动，依法查处交通违法行为340余万起，查扣“黑三轮”2230辆、摩托车942辆，全面完成省政府下达的1.59万辆黄标车和7548辆2005年前注册的营运黄标车淘汰报废任务，未发生长时间、大范围的交通拥堵和有影响的道路交通事故。开展夏季消防安全检查、劳动密集型企业消防安全专项整治，整改消防隐患3.32万处，责令“三停”（停产、停业、停止建设）224家，全市连续18年未发生有影响火灾事故。开展“缉枪治爆”“黄毒赌”清查整治专项行动，查获涉枪案件13起，收缴各类枪支474支、子弹5.11万发，查处涉娼涉赌刑事案件59起。（肖 融）

**出入境管理** 2015年，共受理审批公民出国(境)证照16.78万件，比上年上升12.8%，其中出国9.24万件、赴港澳6.34万件、赴台1.21万件。签发境外人员签证2600余证次，依法宣布作废外国人签证、居留许可21证次，登记境外人员临时住宿3394人次。查处涉外案(事)件26起，查获“三非”(非法入境、非法居留、非法就业)外国人23人，遣送8人。改革部分出入境业务审批，下放境外人员签证证件审批、签发和制作权限，缩短办证时限，省公安厅推广扬州市公安局的做法。（王增蓉）

**人口管理** 实施本地居民户口通迁、户口办理网上公示、婚姻状况登记承诺书等制度，推进户口登记管理专项清理整顿，规范无户口人员落户、私自收留弃婴(儿)户口登记及户籍证明出具管理。市区新编装门牌2.64万块，全市核对无相片、火化、重记录等人员1.63万人，清理应销未销户口1232个，纠正户口登记项1.3万个。全面实施居住证制度，制发居住证26万张。实施身份证省内异地办理和邮政速递、专递服务，试点建设身份证“满意拍”系统。与综治部门联合开展出租房屋和流动人口创新管理竞赛活动，推广门禁式、集中式、二维码式等管理新模式，建设社会化采集系统1679套，录入流动人口38万人、出租房屋10万户。（方 嵩）

**侦破江都“3·1”异地杀人抛尸案** 3月1日，京沪高速公路江都区大桥镇三墩村段南侧排水沟内发现一具女尸，经工作认定系他杀。省、市、区三级公安机关抽调精干警力200余人成立专案组开展侦办工作。专案组克服被害人身份不明确、作案时空情况不清晰、抛尸现场遗留痕证较少等不利条件，辗转六省一市，行程10万余千米，摸排查证失踪人员6000余人，调阅监控录像、视频图片数百TB，校正通行车辆数据180余万辆，发布协查、悬赏通告60余万份，经过173天的侦察，成功攻克此案。省公安厅专门发来贺电，市委书记谢正义、市长朱民阳专门批示给予充分肯定。（周 骏）

**打防恐怖活动** 组织开展暴恐活动“严打年”、“9·3”安保反恐大排查等专项行动，最大限度消除恐怖威胁。强化6个省级、37个市级反恐重点部位人防、物防安保措施，建立火车站地区站地反恐联动机制。全面做好列控重点人员和关注对象的管控工作，核查各类涉恐线索40余条。成功侦破“6·29”涉恐专案，摧毁图谋进行“伊吉拉特”活动的暴恐犯罪团伙，为在全国范围内扩大打击成效提供重要线索。（胥昌林）

特警人员在文昌阁附近巡逻　　夏 挺/摄

**侦破高邮“6·11”网上贩卖枪支案** 5月，高邮市公安局对工作中发现的网上非法贩卖枪支弹药线索悉心经营、缜密侦查，历经70余天的艰苦工作，分别在山东青岛、吉林长春、浙江杭州、广东深圳、重庆以及江苏省多个地市，抓获18名犯罪嫌疑人，移交外地刑事处理人员1人，行政处罚11人，缴获仿64制式手枪2支，子弹33发，各类气枪71支，铅弹1.6万余发，发现65个涉嫌非法买卖枪支弹药的销售代理，梳理出涉及全国30个省、市、自治区的1346条非法买卖枪支弹药线索。11月10日，公安部在扬州召开专案侦查会，在全国部署发起集群打击行动。（仓小丽）

**侦破高某某在美被杀案** 中国公民高某某随丈夫李某前往美国打工期间，因感情纠纷，于2006年12月13日下午，在租住的美国圣盖博市史蒂芬大街家中发生争吵，被李某卡捂致死后抛尸于南艾尔蒙地市惠蒂尔隘口公园。2014年10月，美国警方向中国警方移交此案。10月19—25日，公安部刑侦局组织省公安厅刑侦局、市公安局、市检察院办案人员赴美国开展案件材料交接、案件侦查协办工作。回国后，扬州市、江都区两级公安机关组成专案组，对案件证据材料进行翻译、梳理，并对犯罪嫌疑人李某开展外围调查，最终形成证据链。2015年10月15日，李某被市检察院批准逮捕，沉积9年的高某某在美被杀案成功告破。（戴成飞）

## 检察

**概述** 2015年，全市检察机关共查处贪污贿赂案件81件99人，大要案率99%；查办渎职案件24件31人，其中重特大案件22人；共批准逮捕犯罪嫌疑人1378人；提起公诉5448

人，以情节轻微不批准逮捕309人，不起诉97人；在400余所中小学讲授法治示范课60余次；书面监督侦查机关立案9件，撤案22件，纠正漏捕11人，纠正漏诉68人，纠正侦查活动违法178件；民事、行政案件抗诉2件，提请抗诉8件，发出再审检察建议21件，比上年上升105%；共对1万余人进行警示教育，提供行贿犯罪档案查询3.66万批次，开展"六进"活动90余次、1.05万人次，开通"预防邮路"，投放预防宣传手册8900份；发出刑事执行检察建议15件、书面纠正违法18件、监督收监执行24人、办理羁押必要性审查案件82件83人。"六五"普法工作获省考核验收检查组肯定。"扬州检察"官方微信公众号入选最高人民检察院、《检察日报》推荐公众号。全市检察机关共有219人次、集体70批次获得市级以上表彰奖励，其中获省级以上表彰30人次、集体11批次；与市委政法委联合表彰全市十名"最美检察官"，4名干警事迹入选《最美扬州人》；市检察院连续7年被市委、市政府表彰为"市级机关工作目标管理作风建设先进单位"；全市检察机关连续8年被评为市文明行业。

（姜　奕）

**■严打严重刑事犯罪**　提前介入、引导侦查重大刑事案件，与市公安局出台《重大疑难案件公安机关听取检察机关意见实施细则》。从重从快起诉故意杀人、抢劫、强奸等严重暴力犯罪、黄赌毒犯罪730人。起诉陈某抢劫案，张某某抢劫、放火案等重大恶性案件。市检察院检察长出庭支持公诉刘某某入室抢劫、强奸、故意杀人案。推行"先民后刑"机制，在起诉环节促进刑事和解、调解。对犯罪情节轻微的犯罪嫌疑人以及初犯、偶犯等从轻处理，以情节轻微不批准逮捕309人，不起诉97人。严把案件质量，慎用逮捕措施，实行批捕案件"全案证据移送制度"，加强捕后社会危害性和羁押必要性审查，全市捕后判轻缓人数较上年度明显下降。严格控制退查审批权，全市公诉案件退查受案率6.94%。（姜　奕）

**■查办贪污贿赂犯罪**　全年在农机补贴、医疗购销、环境资源等领域反贪立案81件99人；其中，科级干部21人，处级6人，厅级1人；大要案率99%；涉案金额50万元以上39人，100万元以上22人，1000万元以上7人。查办行贿犯罪13件13人。立案查办扬州市城建国有资产控股（集团）有限公司原党委副书记、副董事长、总经理刘某某（正处职），市疾病预防控制中心原主任钱某某（副处职）等贪贿案件；查办仪征市新城镇政府俞某某等人挪用公款、江都区滨江新城管委会会计季某、陈某、祝某共同贪污、挪用公款逾千万元等发生在群众身边的案件。查办全市首件利用亲属影响力受贿案（季某某案，受贿780万元）。（姜　奕）

**■查办渎职案件**　重点查办侵害民生权益、群众反映强烈的滥用职权骗取财政补贴的案件，如申报关停并转小企业财政补贴、边角地财政补贴、粮食补贴等领域。全年反渎立案24件31人，其中重特大案件22人、科级干部9人、处级1人，滥用职权案件占86.2%。查办市气象局原局长周某某滥用职权案，是全市检察机关查处的首例正处级干部滥用职权案。查办邗江区环境监察人员因环境监管失职导致约3000吨的废酸非法排放，并致使盐城市大丰地区饮用水水源被严重污染的渎职犯罪案件。

（姜　奕）

**■创新未检工作**　全年未成年犯罪嫌疑人不捕率66.67%；不诉率20.1%；封存犯罪记录121人。邗江区院设立全市首家"未检观护站"，开展"法治课间餐"活动，该两项工作被确定为2015年法治扬州建设实事项目。全年共组织法治示范课60余次，发放宣传手册6000余册、海报2000余张、微电影光盘400份，覆盖全市400多所中小学，"家校通"短信提醒覆盖全市40余万学生家长，《检察日报》等予以报道。（姜　奕）

**■预防职务犯罪**　通过民生领域预防精细化，推进预防调查实效化，实行案件预防社会化，推动职务犯罪预防工作专业化。在房管、环保、社保等六大民生行业，开展专项预防，与财政部门加强联系，加强制度预防，促进专项资金规范使用。主动服务重大项目建设，共开展全市重大工程预防8项，项目总投资近110亿元。提请召开全市第七次预防职务犯罪工作会议，部署行政执法领域渎职犯罪预防工作。全年市预防腐败警示教育基地组织开展警示教育活动近1万余人次，开展深入基层"六进"活动90余次、1.05万人次；为社会提供行贿犯罪档案查询3.66万批次。开通"预防邮路"，组建568名邮政投递员的"预防邮路"志愿者服务队，深入扬州2000多家机关和企事业单位，投放预防宣传手册8900份，开展专题预防宣传10余次。（姜　奕）

**■刑事诉讼监督**　常态化开展"刑拘未提捕、未移诉人员"专项监督，开展立案、侦查监督专项行动，共监督立案9件，撤案22件，纠正漏捕11人，纠正漏犯68人；纠正侦查活动违法178件。狠抓刑事抗诉工作，完善判决、裁定审查机制，明确20项需重点审查的问题和"线索发现—分级评估—提交讨论—决定抗诉—不抗诉说理"的工作程序。围绕群众关注的司法不公案件和问题，仔细审查，提高抗诉改判率和抗诉效果。全年提出刑事抗诉9件，审结15件。其中抗诉意见被采纳或部分采纳13件。

（姜　奕）

**■民事、行政诉讼监督**　开展多元化民事行政诉讼检察监督，全年抗诉2件，提请省检察院抗诉8件，发出再审检察建议21件，比去年上升105%。开展执行监督49件、诉讼违法行为监督21件，支持起诉、督促履行职责319件，虚假诉讼监督23件，和解6件。办理马某等73人、丁某等216名员工追索劳动报酬支持起诉案件，帮助讨回欠薪共100余万元。办理修改后行诉法实施后全市首例行政监督案件，对扬州市中级人民法院行政登记不作为程序违法进行监督。（姜　奕）

■**刑事执行监督** 设立全省首家市级驻社区矫正中心检察官办公室，同步加强监外刑事执行检察监督，进一步规范社区矫正执法监督能力，有效保障社区矫正人员合法权益。开展监内检察，办理在押人员控告申诉举报94件，发出书面检察建议15件、书面纠正违法18件；开展社区矫正检察监督，监督收监执行24人；办理羁押必要性审查案件82件83人；与市中级人民法院、市公安局会签《关于办理指定居所监视居住案件工作规定(试行)》，规范办理指定居所监视居住和强制医疗监督案件。

（姜 奕）

■**涉检信访工作** 全年全市未发生涉检非访案件。及时办结中央巡视组排查、市委政法委督办的25件重点信访案件。完善“一车、一站、一中心”的为民服务格局，全市33个乡镇的“检察为民服务站”深入基层、融入地方、贴近群众，走访基层群众、单位近千人次，参与法治宣传教育、职务犯罪预防近300批次；赴基层执法机关开展侦查监督、社区矫正272次。“检察为民服务中心”成为集中受理、化解群众信访的窗口；两级院远程视频接访系统建成使用，实现与最高人民检察院、省检察院的互联互通。探索以律师为主的社会第三方参与信访化解和信访案件公开审查机制。

（姜 奕）

■**规范司法行为** 开展规范司法行为专项整治活动，坚持边查摆边剖析边整改，坚持重点环节重点督查，累计检查案件7502件次，排查问题清单案件336件，组织走访活动79次，共收集意见建议340条，推进案件信息公开，发布重要案件信息253条，公开案件程序性信息7712件，公开法律文书3301份，构建常态化的问题发现、披露和整改机制，涉案财物监管专项工作被省检察院肯定。

搭建“研培一体”实训平台，拓展检校共建深度，开展高校送训209人次，搭建“大讲堂”、开展“精品课程”评比，2项课题分别被最高人民检察院、省检察院立项，2人获评全省检察机关优秀兼职教师。市、县两级院官微均接入“今日头条”新闻客户端。

（姜 奕）

■**参与社会治理** 开展普通刑事案件类案分析，通过专题预防向相关单位发送检察建议方式，推进市银监分局向全市银行业金融机构下发《关于信用卡业务风险提示的通知》，推动市安监局深入开展安全生产“六打六治”打非治违专项行动，推动宝应县加强易受侵害精神疾病妇女保护工作，推动高邮市开展“校车安全行”活动。通过开展职务犯罪剖析会，编写、印发《典型职务犯罪案件分析汇编》方式，加强类案分析风险预警，敦促行政机关依法履职，预防和减少职务犯罪发生。

（姜 奕）

■**司法改革** 推进司法改革。仪征市检察院作为全省司法责任制改革试点单位，注重强化干警主体意识、强化司法责任意识、建立引导机制，探索独任制和办案组模式，明晰检察人员的办案责任、工作重点，引导干警支持、参与、推动改革。江都区检察院在机构改革的基础上，进一步推进责任制改革。开发区检察院按改革方向完善工作运行机制。市检察院指导各基层院按照中央确定的司法改革方向，进行体制、机制改革探索。

（姜 奕）

## 审判

■**概述** 2015年，全市各级法院共受理案件7.78万件，审执结6.82万件，比上年分别增长16.31%和17.46%。其中，市中级人民法院受理案件5873件，审执结5351件，比上年分别增长26.36%和25.05%。

（宋晓波）

■**刑事审判** 2015年，全市法院共受理一审刑事案件3771件，审结3693件，比上年分别增长8.27%和6.4%。审结杀人、抢劫、绑架、毒品犯罪等严重刑事犯罪案件323件，判处罪犯401人。严格执行新环境保护法，加大对资源环境犯罪打击力度，审结此类案件44件52人。严惩职务犯罪，受理一审贪污、贿赂等案件110件，审结51件62人。其中，处级以上干部10人，科级干部25人。加大对金融诈骗、商业贿赂、非法集资等经济犯罪的打击力度，规范市场秩序。加强司法人权保障，发挥庭审在刑事审判中的决定性作用，保障律师依法履职。贯彻全国人大常委会特赦决定，依法有序开展特赦工作。

（宋晓波）

■**民事审判** 2015年，全市法院共受理一审民事案件3.42万件，审结3.4万件，比上年分别上升15.83%和19.85%。妥善审理与群众切身利益密切相关的婚姻家庭、住房、就业、医疗等纠纷案件，依法审理农村土地承包、宅基地纠纷、拖欠农民工工资等案件，维护群众合法权益。妥善审理房屋买卖、建设工程纠纷案件，审结此类案件987件。发挥简易程序、速裁程序的制度优势，推进小额诉讼工作，实现案件繁简分流，简易程序适用率76.22%。加强司法调解与人民调解、行政调解的对接，构建人民法庭与派出所、司法所的联动联调机制，运用调解手段化解矛盾，案件调撤率62.5%。

（宋晓波）

■**商事审判** 2015年，全市法院共受理一审商事案件5943件，审结5661件，比上年分别上升5.69%和4.85%。强化商事规则的引领与示范作用，妥善审理买卖、融资租赁、电子商务等合同纠纷案件，促进公平竞争。继续加大金融债权保护力度，防范区域性金融风险，一审审结借款合同纠纷案件8906件。平等保护中外当事人利益，依法审理涉外、涉港澳台案件16件。完善市场退出机制，促进企业资源优化整合。运用司法手段，推动破产企业进行重组，保障企业转型升级。受理各类破产、清算案件71件，审结35件，比上年分别增长144.83%和84.21%。开展破产案件专题调研，建立破产纠纷稳定风险防控机制，联合政府部门共同做好职工安置工作，制定破产案件审理规程，规范破产管理人选任，成立专业

化审判团队，构建"八个一"破产清算案件审判新机制。（宋晓波）

**■知识产权审判** 2015年，全市法院共受理一审知识产权案件443件，审结402件，比上年分别增长73.16%和48.89%。依法保护高新技术研发和产业发展，促进创新型城市建设。加强扬州传统文化产业保护，依法审结涉"扬州三把刀"商标专用权纠纷。开展"世界知识产权宣传日"活动，向社会公开发布知识产权审判年度报告和十大典型案例，进一步优化知识产权保护环境。（宋晓波）

**■行政审判** 2015年，全市法院共受理一审行政案件710件，审结606件，比上年分别增长87.34%和79.82%。严格实施新行政诉讼法，试行行政案件相对集中管辖，畅通行政案件入口，保障当事人诉讼权利。强化对被诉行政行为的司法审查，促进行政机关完善行政行为，推动行政纠纷实质性化解。加强行政非诉案件的审查与执行，依法裁定准予执行709件，不准予执行49件。召开行政审判与行政复议联席会议，推动行政复议与行政审判的良性互动。发布行政审判年度报告，深化行政机关负责人出庭应诉工作，开展法官与行政机关挂钩联系活动，促进行政执法水平提升。严格执行国家赔偿法，切实维护赔偿请求人的合法权利。（宋晓波）

**■审判监督** 加大审级监督力度，依法纠正确有错误的裁判。审结上诉案件3425件，改判和发回重审234件。强化再审监督工作，依法保护当事人申诉、申请再审权。受理再审审查、申诉复查案件294件，决定再审85件，其中再审纠正不当生效裁判35件。支持、配合检察机关履行监督职责，审结检察机关提起的再审抗诉案件10件，二审抗诉案件5件，其中改判5件、维持10件。（宋晓波）

**■执行工作** 2015年，全市法院共受理执行案件2.08万件，执结1.78万件，比上年分别增长9.72%和18.02%，执行到位标的额82.3亿元；依法审查仲裁裁决案件320件，执行仲裁裁决案件269件。加强执行案件流程节点管理，制定《廉洁执行"十条底线"》。推进执行指挥中心建设，全面建成具备网络查控、远程指挥、快速反应、信息公开等功能的法院执行指挥体系。开展"涉党政机关、涉金融案件、涉民生案件"等专项清理积案行动，其中涉党政机关案件全部清结。妥善处理五爱集团、金迈置业、中显集团等群体性执行案件。加大司法网络拍卖力度，网拍成交金额4.15亿元，比上年增长18.2%。加大信用惩戒力度，将9700名被执行人纳入失信人员黑名单，限制出境26人次，依法司法拘留302人，5名被执行人因拒不执行生效判决裁定被追究刑事责任。（宋晓波）

**■司法公开和司法民主** 深化审判流程、裁判文书、执行信息三大公开平台建设，在中国裁判文书网公布生效裁判文书3.75万份，互联网庭审直播案件979件，利用短信平台向当事人发送审判和执行流程信息。推进人民陪审员制度改革，强化人民陪审员参与司法、监督司法的功能，建立随机参审制度，人民陪审员参审案件1.01万件，占一审普通程序案件的91.9%。利用官网、微博和微信向社会公开发布专项审判工作情况和重大案件审理情况，建立月度新闻发布会制度，先后召开惩治醉驾、劳动争议、毒品犯罪等专题新闻发布会45场次。开展"国家宪法日""法院开放日"等集中宣传活动，邀请部队官兵、企业员工、学校师生走进法院，进一步密切与人民群众的联系。（宋晓波）

**■诉讼服务** 建立"三位一体"诉讼服务体系，整合诉讼服务中心职能，建成集立案登记、涉诉信访、诉讼服务等多项功能为一体的诉讼服务中心，同步运行诉讼服务网站、"12368"诉讼服务热线，建成线上线下同步运行的诉讼服务平台。完善便民利民措施，在诉讼服务中心设置信息查询专区，方便群众观看庭审直播、查询裁判文书和审判执行信息。加强诉讼服务网律师专用通道建设，推进公益律师进驻诉讼服务中心工作，依法为律师执业提供便利。完善司法救助机制，加大司法救助力度，共发放救助资金247.3万元，为困难当事人缓减免诉讼费507.7万元。加大巡回审判力度，巡回审判案件1.1万余件。（宋晓波）

**■社会治理** 加大未成年人司法保护力度，进一步完善未成年人犯罪记录封存制度，为106名未成年人封存犯罪记录。加强社区矫正工作的衔接，做好社区矫正特殊人群的帮教管理。加强刑事司法与行政执法的衔接，与市工商局、市食品药品监督局等部门联合出台《关于建立行政执法与司法审判协调配合工作机制的规定》，及时发现违法线索，有效预防刑事犯罪。开展法治宣传教育，落实"谁执法，谁普法"责任。深入村居、企业、高校、机关等开展法治宣讲，共举办"法律大讲堂"116期，受众1.2万余人。开展评选"十佳司法建议"活动，向社会公开发布《2011—2015年全市法院司法建议白皮书》。（宋晓波）

**■审判权运行机制改革** 深化人民法庭审判权运行机制改革试点工作，组建"主审法官＋书记员""主审法官＋法官助理＋书记员"审判团队，推行裁判文书简化格式，变"审批制"为"审理制"，落实主审法官文书签署权。规范审判团队建设，明确各审判主体的职责，有效提升审判质效，全市法院法官人均结案109.2件，比上年增长17.87%。落实院、庭长办案责任，院、庭长担任主审法官、审判长审理一批重大疑难复杂案件。院、庭长审结案件3.18万件，占结案总数的46.63%。（宋晓波）

**■立案信访改革** 推进立案登记制改革，完善立案登记工作的流程、标准、文书样式等。推进网上立案，当场登记立案率96%。推进"诉访分离"改革，依法把涉诉信访引入诉讼程序解决。与市司法局联合出台《关于申诉案件试行律师代理和律师参与涉诉案件矛盾纠纷化解工作的暂行规定》，充分发挥律师在化解矛盾纠纷中的作用。建立远程视频接访系统，采取院、庭长约期接谈、带案下访等形式，化解信访难题。全市涉诉进京上访人数连续四年全省最少。

（宋晓波）

**■审判管理机制改革** 严格审判管理，修订业绩考核办法，合理确定指标考核区间。推进网上办案、网上办公和卷宗同步数字化工作，确保审判工作全程留痕。加大案件质量评查力度，对改判发回重审、涉诉信访等案件开展重点评查。建立过问案件登记、报告制度，保障法官依法独立公正行使审判权。（宋晓波）

**■司法能力建设** 加强干部队伍建设，建立全市法院“司法人才库”，首批80名法官入选；召开全市法院警示教育大会，组织开展为期一年的“树理想信念、正纪律作风、促公正廉洁”专项活动；推进办案标准化建设，逐步统一各类案件办案程序、审判流程，保障执法办案更加规范有序。加强日常监督管理，建立办案纪律、会风会纪、司法礼仪检查通报制度，共发出作风专项通报26期。加强教育培训工作，开展分类分层集中培训，参训干警3000余人次。与扬州大学共建“研究生工作站”，与高校联办“民诉法司法解释理解与适用”“民间借贷案件法律适用”专题研讨会，提升法官理论水平。举办民诉法司法解释、审判信息化应用等专项考试，提升法官业务技能。推进岗位练兵，开展“三争三创”活动，与市总工会、市人社局联合开展书记员业务技能竞赛活动，评选出市技术能手、创新能手4人，并在全省法院书记员技能竞赛中获得团体第四名。

（宋晓波）

## 司法行政

**■概述** 截至2015年，全市共有律师事务所63家，执业律师751人；公证机构7家，公证人员40人；法律援助中心7家，工作人员29人；基层法律服务所100家，执业工作者398人；司法鉴定机构8家，司法鉴定人98人；司法所86家；各类人民调解组织1823个，专兼职调解人员7118人。扬州市通过全省“六五”普法考核验收；全省社区矫正教育管理工作会议在扬州召开，扬州市社区矫正工作经验在会上推广；市司法局被评为省、市依法行政示范点；市级公共法律服务中心初步建成。市长朱民阳专题调研并肯定司法行政工作。

（董昌鹏）

**■法治宣传** 2015年，扬州市司法行政系统深化法治文化名城建设，通过省“六五”普法考核验收。完善法治宣传教育全覆盖体系，推广法治宣传教育管理系统，做到部门横向互通，市、县、乡、村四级纵向互联。打造法治文化品牌，推进打造主城区“半小时法治文化圈”建设，形成“双东”法治历史街区、水晶湖法治石刻公园等一批工作品牌。开展“市民法治素质提升年”活动，组织百场“法治文艺演出、法治电影巡演、模拟法庭进乡村、法律咨询”等“四百”活动。与151家企业共建职工法治学校。联合公安等部门，运用法治教育手段劝解、矫正闯红灯、违章停车等轻微违法行为。（董昌鹏）

**■法律服务** 2015年，扬州市司法行政系统围绕全面推进依法治市主题，深化公共法律服务体系建设。市级公共法律服务中心开工建设，县级中心全部实现实体化运作，乡镇中心建成率93%。规范化运行“12348”公共服务平台。建立30项重大城建项目“法律服务直通车”，律师等法律服务工作者共为重大项目建设把关合同文本863件，提出法律建议2400余次，挽回经济损失近10亿元。开展“携手共进——法律服务小微企业”专项活动，组织46名律师集中走访100家中小微企业，提出有效法律建议137条，审查合同243份，精选20家高成长性中小微企业进行一对一的专业化法律服务，联合市经信委搭建中小微企业网上法律服务平台。研发第二批公共法律服务产品12个，对部分优质产品实现政府购买。出台《扬州市小额遗产继承公证办证指引》，办理小额遗产继承公证262件，涉及金额204余万元。成立市环境监测中心站司法鉴定所。国家司法考试实现“零失误”。（董昌鹏）

**■人民调解** 2015年，全市司法行政系统加强专业性行业性调解组织建设，维护社会稳定。推进人民调解组织规范化建设，县、乡两级所有调委会和92.5%的村（社区）调委会均达到省级规范化建设标准。推进“公

11月24日，市司法局联合江苏汽车技师学院举行“铭记誓言·德法同行”中华冠笄法治成人礼活动 司法局/供稿

调对接”人民调解工作室建设，公安派出所派驻式人民调解工作室建成率76.8%。推进重点领域专业性、行业性人民调解工作。形成扬州市“7+X”专业性人民调解模式，全市共建立市、县、乡三级18大类109个专业性人民调解组织。筹建市医患纠纷调处服务中心(人民调解委员会)，打造全市医患纠纷人民调解工作标杆。贯彻落实省、市《专职人民调解员管理办法》，推动按照县、乡、村5:2:1的比例，专业性调解组织2人以上的标准配备专职调解员。全市各级各类人民调解组织共受理矛盾纠纷1.09万件，调解成功1.08万件，调处成功率98.8%。（董昌鹏）

**■社区矫正** 2015年，全市司法行政系统推进规范执法和科技强矫，社区矫正及刑释解教人员(简称“两类”人员)管理服务取得新成效。规范三级实战平台，建立市级社区矫正中心，打造市、县、乡三级指挥顺畅、运转高效、功能互补的实战化平台体系。完善平台功能设置，市、县两级社矫中心按照功能布局、内部设置、外部形象的要求，划分刑罚执行、教育矫正和信息监管等功能区域，设置训诫谈话、信息监控等功能室。23个大型司法所规范建设入矫宣告、集中教育和社区服务等监管场所。规范执法行为，在市、县、乡三级平台全面推行“双监控、四固定”工作模式，社区服刑人员接受矫正自觉性明显增强。全面梳理和修订完善调查评估、交付衔接、管理教育等26项工作制度。提升信息化监管水平，强化新技术、新设备在监督管理中的作用，推动市、县、乡三级社区矫正执法、教育场所监控联网。（董昌鹏）

**■法律援助** 2015年，全市司法行政系统共受理法律援助案件6188件，其中市区受理法律援助案件2592件。推动出台《关于调整全市法律援助经济困难审查标准的通知》，将全市各地法律援助经济困难审查标准调整为本地居民最低生活保障标准的2倍，实现法律援助对象由低保人群向低收入人群延伸。制定“依法受理、资格审定、适需指派、协作共援、全程跟踪”的法律援助环节操作规范，列入市委、市政府《2015年“三直接”十大环节操作规范》，进一步优化法律援助办案质量和效率，保障困难群众和弱势群体的合法权益。贯彻落实《市区特困法律援助对象应急救助实施细则》，对符合救助条件的特困法律援助对象发放救助费近10万元，用于特困受援对象的仲裁、调查取证、证据保全、司法鉴定等费用。（董昌鹏）

**■法治系统建设** 2015年，全市司法行政系统开展法治系统建设，依法行政能力水平提高。出台《关于推进法治系统建设的实施意见》，明确五年工作目标，推进领导决策民主化、行政行为法治化、化解争议规范化、服务保障优质化、系统管理程序化。完善并严格执行公众参与、专家论证、风险评估、合法性审查、集体讨论决定等重大行政决策五项程序。聘请2名律师担任市司法局法律顾问，在全系统推广法律顾问制度。推动执法执业规范化建设，编制行政执法权力清单，确定市级司法行政权力34项。推行责任清单制度，编制市级司法行政责任清单。完善信访投诉处理机制，制定《关于规范信访投诉处理工作的通知》，建立司法局办公室督查督办、各业务处室负责、法制部门审核的信访工作责任制度。

（董昌鹏）

## 仲裁

**■概述** 2015年，扬州市仲裁委员会(简称市仲裁委)共受理仲裁案件505件，涉案标的额15.8亿元。案件主要分布在商品房买卖、金融借款、建筑施工、工业品买卖以及租赁、物业等行业和领域，全年办结各类案件473件。全年办结案件调解和解率41%，自动履行率47%。扬州市经济纠纷调解中心接待咨询68次，组织调解17次，形成仲裁案件10余件。在2015年召开的长三角地区仲裁工作会议上，市仲裁委获“长江三角洲仲裁公信力建设奖”。（龚名之）

**■仲裁推广** 2015年，市仲裁委在扬州仲裁网发布本会动态14次，在扬州广播电视报《仲裁天地》专栏发布案例42个，在扬州日报整版展示江苏省金牌仲裁员候选仲裁员的风采。中国仲裁网、全国44家仲裁机构联合组办的《仲裁信息》及江苏省政府法制网录用刊登扬州仲裁工作信息类稿件21篇、研究性稿件2篇。借助相关活动平台宣传仲裁法律制度，参加扬州市春季房交会、扬州市“3·15”现场维权等活动，累计发送宣传材料近3000份。（龚名之）

**■仲裁办理** 在秘书处内部按规范流程审理仲裁案件和进行文书审查，相互监督、相互制约，保证仲裁案件质量。全年1件案件被法院裁定部分撤销。落实《关于进一步提高仲裁效率，保证案件质量》的有关规定，梳理在手未结案件情况，督促办案秘书和仲裁员抓紧结案工作。加强对仲裁案件个案监督，秘书处及时启动与仲裁庭的沟通程序，有效防止仲裁庭对案件把握的偏差。按照《扬州仲裁委员会专家咨询委员会工作规则》《专家咨询委员会工作细则》的规定，在遇到疑难复杂案件及仲裁庭内部意见或仲裁庭与秘书处意见有严重分歧时，组织专家论证，专家论证意见供仲裁庭参考，该形式得到仲裁庭和当事人的认可和支持。全年共组织专家论证6次，有效帮助仲裁庭把握案件的尺度。（龚名之）

**■服务基层** 拓展办事处改革试点范围，优化基层服务平台。全年受理仲裁案件170件，涉案标的额8.2亿元，受案数与涉案标的额均比上年有较大增长。发挥基层服务网点作用，培养仲裁联络员。继续开办“巡回仲裁庭”，先后安排10起仲裁案件在乡镇开庭，其中3起案件当场调解解决、1起案件当场履行完毕、1起案件部分履行，取得良好的社会效果。

（龚名之）

# 军事

Junshi

编 辑 贾丽琴

## 扬州军分区

**■概述** 2015年,中国人民解放军江苏省扬州军分区(简称扬州军分区)加强思想政治建设。组织每季度理论学习,举办全区团以下干部理论轮训。组织“学习践行强军目标、做新一代革命军人”主题教育,开展“新一代革命军人样子大讨论”“当代革命军人核心价值观引领我成长”“学习范荣兴、争当道德模范”等活动,开展纪念抗日战争胜利70周年系列活动。9月,扬州军分区带各团级单位政委集中赴连云港市灌云县、东海县8个贫困村调研,制定帮扶项目,开展帮建活动。

推进军事斗争准备。组织战备建设试点;修订作战方案,抓实普查自评、指挥作业和编组联训,接受省军区检验评估;按实战要求检验防汛抗台准备。先后完成“两实”训练考核、一体化指挥平台训练和军事普考,按打仗标准组织“扬防-2015”指挥作业和参加“苏防-2015A”演习。组织7个民兵应急分队820余人开展抗洪抢险、森林防火、反恐维稳成建制实战化训练,完成军地联合抗洪抢险演练和全区56名专职武装(简称专武)干部集训大比武;成建制组织“柳堡二妹子”民兵连赴第1集团军远程火箭炮兵旅进行为期17天的信息要素集训,集中组织全市6个民兵应急连和“柳堡二妹子”民兵连209名干部骨干实战化课目比武竞赛。修订完善54个重要目标防卫预案,指导江都区人武部组织江都水利枢纽联训联演试点观摩。

国防后备力量建设。出台《扬州市深入实施军民融合发展战略 提升国防动员建设水平工作方案》,部署军民融合6个重点领域18项具体任务。参加“苏防-2015A”演习,完成接受军委首长临时战备拉动的1军电子对抗旅(1385人、295台车)机动过境保障任务。成立军民融合深度发展领导小组,保证军民融合战略思想的常态落实,形成“全民抓融合、军地共发展”的氛围。完成2015年征兵任务。

后勤和装备建设。及时修订完善防卫作战和对应处置急突发事件后勤保障方案计划,完成预备役二师快速动员装备物资动员保障任务。抓好卫生防病和传染病防控。抓好营区绿化和环境整治,改善官兵工作生活条件。制定《2015年度民兵武器装备仓库规范化建设措施》,对人员、制度、技术、需求等方面进行规范明确;推进人武部兵器室建设。

(冯永勇)

**■首长机关指挥训练** 围绕提升“最基本理论素养、最基础军事技能、最实用工作业务、最常用组织指挥”4个必备能力,采取网上组训、作业练习、题型讲解和集中考核相结合的方法,组织指挥员和指挥机关业务技能训练考核。5月,采取理论授课与操作训练、辅导讲座与观看录像相结合的方法,军分区组织全市56名专武干部集训比武,主要完成军事理论、识图用图、手枪射击和3000米跑4个课目的比武竞赛;9月上旬至10月下旬,分别指导仪征市、江都区、广陵区和邗江区人武部完成重要目标实案实地实兵军警民协同能力建设。

(葛守玉)

**■“扬防-2015”指挥所演习** 7月,结合扬州军分区首长机关带人武部指挥作业的基础,组织首长机关带部分勤务保障人员参加省军区编组联训和大规模作战准备检验评估,采取先表态接受检查后实地实案演练的方法,查找问题、评估能力。

(葛守玉)

**■民兵情报信息网建设** 每月与地方公安、安全等部门会商情报,定期召开联席会议,落实军地反恐情报信息研判机制。组织全市民兵情报信息站长和信息员参加省军区集训,组织侦察手段运用、装备器材操作、情报信息报送程序和方法针对性训练,全市信息领导小组、信息站、信息组和信息员的“四位一体”情报信息报知网组织健全、制度落实。 (葛守玉)

**■民兵专武干部集训比武** 5月4—11日,扬州军分区组织全市56名专武干部集训比武,采取理论授课与操作训练、辅导讲座与观看录像相结合的方法进行,重点学习武装工作基本理论、基本技能、基本业务,完成军事理论、识图用图、手枪射击和3000米跑4个课目的比武考评。

(葛守玉)

**■“柳堡二妹子”民兵连实战化训练** 5月20日至6月5日,扬州军分区成建制组织宝应县“柳堡二妹子”民兵连赴第1集团军远程火箭炮兵旅进行为期17天的信息要素集训，组织信息化战场条件下医疗救护、心理战和情报侦搜等课题的联训联演。

（葛守玉）

**■干部队伍建设** 按照“五公开”要求，完成干部任职、调整、调级和晋衔、晋级。组织团级单位主官的交接，对新任职常委进行集中谈话。做好军转干部安置工作，加强与扬州市委组织部和人社局的沟通协调，及时掌握安置工作信息，做好推荐工作。做好干部培训工作，选送干部到南京陆军指挥学院、炮兵学院、江苏省委党校、扬州市委党校住校培训，参加省军区组织的业务集训。加强在外干部的管理，专门下发通知，对在外学习、休假探亲、住院疗养、转业待安置干部的教育管理提出具体要求。

（宋 爽）

**■理论学习和主题教育** 系统学习习近平主席有关讲话精神。抓好“学习践行强军目标、做新一代革命军人”主题教育，开展“新一代革命军人样子大讨论”，把教育活动向全区民兵预备役人员拓展延伸。开展“当代革命军人核心价值观引领我成长”和“学习范荣兴、争当道德模范”活动。扬州市推进军民融合深度发展做法被《解放军报》大篇幅报道，组织民兵参加生态建设经验在《中国国防报》头版头条刊发，“柳堡二妹子”民兵连转型发展事迹在《中国国防报》《人民前线》头版头条刊发，《解放军画报》《中国民兵》《东海民兵》同时作报道。范荣兴践行社会主义核心价值观先进事迹，分别在中央电视台军事频道《军事报道》《军旅人生》播出。

（景 佳）

**■后勤管理保障** 2015年，省军区工作组对扬州军分区本级及各团级单位进行财务大检查，依据《全军财务工作大清查业务纠治办法》，军分区对大检查指出问题进行整改规范，全区退还公款报销应由个人支付等费用共54.17万元，做出情况说明262份，补齐接待审批单116份，补齐物资集中采购需求计划表36份，笼统发票补充明细清单113份，对2份未审计的工程及时报请有关部门审计，对8笔未按规定归口核算的凭证进行科目调整。严抓军需物资采购、油料供应和军交行业专项整治。对军需物资采购方面未建立供应商库和专家库问题，通过网上筛选、市场调研、座谈论证，择优确定6家小型办公设备和办公耗材定点供应商、1家家用电器定点供应商、2家办公家具定点供应商、1家药品定点供应商；协调中石化扬州分公司，在油料代储代加中断半年的情况下，在省内率先得到中石化江苏省公司批复，恢复代储代加业务；对军交行业方面有6台车辆号牌悬挂与车辆信息不一致问题，结合车辆年审，及时申请更换车辆号牌；对5台报废车辆未悬挂的号牌，统一收缴到机关业务部门集中保管。对全区工程建设项目和相关历史资料进行清查梳理，对1个工程项目未报有审批权限的单位审批和2个工程项目预付款超额问题，进行整改。按照军区《空余房地产租赁问题整改方案审核意见书》，对军分区本级、干休所11个空余房地产租赁项目重新签订合同、补办手续；对人武部11个非军产空余房地产租赁项目，终止合同。协调蜀冈-瘦西湖风景名胜区管委会投入80多万元对机关公寓区进行绿化整治，投入30多万元对国防园训练大楼约6000平方米楼层进行维修整治，投入14万元对公勤队宿舍楼、营门值班室进行维修改造，指导人武部、干休所做好战备库室改造和老干部住房、综合楼屋面维修整治。关注官兵健康，做好卫生保健工作。全年接诊496人次，协调组织驻扬部队官兵无偿献血（126人3.78万毫升），协调359医院为分区300余名官兵和职工进行年度体检。

（王元江）

## 预备役师

**■概述** 2015年，江苏陆军预备役高射炮兵第二师（简称预备役师）按照军委总部和军区、省军区党委的决策部署，围绕贯彻党在新形势下的强军目标，突出举旗铸魂，聚焦准备打仗，从严治军，改进作风，在新的起点上高标准推进军事斗争准备，部队全面建设保持科学发展、稳步提高的良好势头。

（承孝平）

**■开展“两项重大教育”活动** 3月3—10日，预备役师团党委机关集中开展“学习践行强军目标，做新一代革命军人”主题教育活动和“三严三实”专题教育整顿集中学习教育，学习贯彻习近平主席在全军政治工作会议、军委扩大会议、中纪委五次全会上以及视察军区时的重要讲话精神，采取集中授课、观看录像、参观见学、典型引领、召开组织生活会等形式，组织集中学习教育。

（承孝平）

**■组织指挥军官集训** 3月30日至4月3日，在高炮一团组织预备役师指挥军官集训，预备役师机关、各团和民兵高炮分队共计60人参训。突出抓好防空作战新理论、新知识学习，组织指挥作业训练考核和一体化指挥平台操作训练，提高团（群）营连组织指挥防空作战能力。

（承孝平）

**■参加省军区“苏防-2015A”演习** 4—5月，按照省军区统一部署，预备役师团两级重点围绕检验“八种能力要素”，按照“一个过程”要求和实战化标准，先后完成“苏防-2015A”快速动员和防空作战两个阶段演习任务。

（承孝平）

**■组织要素演练** 针对“苏防-2015A”演习等演训活动梳理的矛盾问题，预备役师以要素集成训练为抓手，推进“三项重大军事工作”落实，促进军事斗争准备向纵深进击。8月，采取上导下演、小场地摆练和考核评估的方法步骤，先后组织各团完成火力抗击和战斗控制要素演练。通过演练，强化首长机关指挥谋略训练和作战要素功能作用发挥，解决指挥军官“五个不会”问题，提升防空群整体作战能力。

（承孝平）

11月，预备役师组织"红盾-2015"防空兵群网上指挥对抗演练　　预备役师/供稿

■组织"红盾-2015"防空兵群网上指挥对抗演练　11月，预备役师首长机关成立导演部带蓝军组，各团为红军，依托"EM06型防空作战指挥信息系统"和"预备役防空兵部队指挥对抗与导调评估系统"，按照防空作战一个过程，区分"计划组织战斗"和"指挥战斗行动"两个阶段，组织完成"红盾-2015"防空兵群网上指挥对抗演练。（承孝平）

## 武警扬州市支队

■概述　2015年，武警扬州市支队党委以习近平主席系列讲话精神为统领，贯彻武警总部、总队党委年度工作部署要求，坚持稳中求进，突出整风整改，各项工作推进有力，各项任务完成圆满，连续25年实现"三无"（无行政事故，无执勤事故，无案件），连续3年总队被表彰为"先进支队"。抓实"三严三实"教育整顿，有关做法被《武警报》头版头条刊载。（张　为）

■思想政治建设　通过党委中心组学习、举办理论轮训、开展主题教育等途径，重点破解"四个牢固立起来"、"五个着力抓好"、恪守政治纪律政治规矩、肃清郭伯雄徐才厚案件影响、推进古田政治工作会议精神等重大课题；狠抓新"四有"的培育途径，配合开展"军人样子"大讨论、强军故事会和家书征集等活动，担负总队主题教育试点工作经验做法被总队推广，编写的《用好政工网，助力强军梦》教案被总部转发。二中队排长王恒俊成功解救一名企图自杀群众，事迹被东方卫视、新华网等多家媒体报道。（张　为）

■执勤战备　着眼"多能一体、有效维稳"要求，加强核心军事能力建设，按照新执勤工作思路，开展执勤教育整顿，组织勤务鉴定和"六查"活动，投入210万元率先完成"三化两拓展""内钢网墙"等建设；多批次组织反恐集训，体能"破纪录"、"三手"、应急班、特勤排、侦察和参谋业务比武成绩优异，遂行任务能力在"卫士-15"演习中得到检验和提升，一中队被总队表彰为"军事训练一级单位"。（张　为）

■从严治警　坚持在转变治军带兵方式上下功夫，狠抓基本条令法规的学习，严密组织官兵作风纪律教育和士官集中整顿，支队加强士官教育管理经验做法在总队经常性工作规范推进会上作经验交流。贯彻落实武警总队"南通会议"精神，统一内务设置、合并场室库室、规范"三包"放置、推广综合信息管理平台操作使用，摸索加强智能手机管理，论证互联网接入营区建设；先行展开"安全工作八个基本规范"建设，以安全大检查为载体，开展"严制度、守纪律、强责任、除隐患"、百日安全竞赛和枪弹、车辆、保密等清理整治，支队被总部表彰为"百日安全竞赛优胜单位"。（张　为）

■基层建设　坚持重心下移、力量下沉，开展"学'纲要'、用'纲要'"活动，参加总队"纲要"集训军政组理论考核分获总分第一、第三名。开展"三帮一提高"活动，完善加强大队"前沿指挥所"建设意见，科学制定《按纲建队检查考评实施办法》，3次组织按纲建队检查考评、讲评，以硬件升级为突破，以软件规范为抓手着力帮建，全年组织蹲点帮建6批92天，下连当兵3批13人次，帮助基层解决11个老大难问题，直属大队二中队进步明显，基层建设短板持续补齐。（张　为）

■后勤保障　完善各类保障预案，规范后勤战备建设，严密组织战备演练，开展后勤专业兵"一专多能、一兵多用"培训，提升后勤综合保障效能。紧盯经费开支、公务接待、物资采购、工程建设，强化依法治后、依规保障的意识。落实现代后勤建设、实体围墙改造和"伙食管理规范年"标准要求，完成直属大队三中队、宝应县中队营房搬迁，投入300余万元完成机关办公楼更新改造和基层营房维修、生活设施、文体器材等配套建设。（张　为）

## 扬州市消防支队

■概述　2015年，全市消防部队共接警出动5332次，出动消防员4.24万人次，消防车9266辆车次，救出人员626人，抢救保护财产价值1.32亿元。成功处置"4·27"江都大桥长青农化火灾、"10·6"扬州久光旅游用品有限公司火灾、"12·22"扬州市杭集镇通州路44号扬州邗江精点印花设备厂房火灾等重大事故。（王　非）

■消防基础设施建设　2015年，市政府印发《扬州市消防规划2015年度实施计划》，9个重点中心镇已全部编制消防专项规划或消防专篇。全年新建、补建830个市政消火栓，完好率95.1%，在古城区附近新建2个消防取水码头，在古城区内设置38个公共消防设施配置点。（王　非）

■基层消防工作　将乡镇、街道消防工作纳入民生工程，以点带面，推进全市基层消防组织机构建设。邗江区投入100余万元为15个基层消防网格员增配笔记本电脑、消防监督检查装备，为67个行政村（社区）增

配手抬式消防泵、灭火器、移动宣传橱窗，且每年保障固定维护经费，确保人员设施正常运行。整合公安、城管、建设、环保等部门力量，对基层特别是农村地区消防安全隐患开展联合执法。全市创立2个市级区域联防组织、11个区(县)级区域联防组织，200余家单位参与联防联查。研发手机消防联防联治协作管理平台系统，用于社会单位的自我检查与互查、消防宣传教育、国内外火灾警示以及志愿者消防队伍区域自防自救。 （王 非）

**■规范执法建设** 开展消防设施联网监测系统建设。确立“政府投资建设、部门维护运行、单位免费接入”的运营模式。通过政府公开招标，完成联网监测系统硬件、网络和运维的招标工作。11月，通过检查验收，正式投入运行。首批接入单位采用电信10兆光纤专线接入，消防控制室均安装传输装置、高清视频监控，并配置语音对讲功能，对重点单位开展实时监控和岗位检查。强化消防监督执法装备建设。投入近100万元为全市所有监督员配备执法记录仪，所有干部配备移动执法终端。简政放权提升服务质量，对全市建设工程消防监督管理有关审批权限进行大幅调整。将属于消防设计审核、验收范畴的四类人员密集场所和五种特殊建设工程按照规模、技术审查难度进行细分，把规模相对较小、技术审查难度较小的建设工程下放给辖区大队审批。至年底，各大队已累计受理消防设计审核项目20个。 （王 非）

**■消防专项行动** 开展夏季消防安全检查工作。全市消防部门累计检查单位9956家，发现火灾隐患1.64万处，督促整改隐患1.64万处，下发《责令整改通知书》8023份，《行政处罚决定书》246份，《临时查封决定书》191份，责令“三停”（停产、停业、停止施工）73家，拘留6人，罚款196.1万元，约谈易燃易爆危险品单位、场所157家，全市未发生较大级别的火灾事故。开展劳动密集型企业消防安全专项整治工作。全市共排查劳动密集型企业1277家，发现火灾隐患2371处，督促整改1525处，排查劳动密集型企业集中区域26处，全市87个乡镇、街道，259个社区、1029个村庄全部完成初步排查任务，排查率100%。关停违法企业46家，治理“三合一”场所143家，搬离违规住人企业297家，拆除企业彩钢板临时建筑1.21万平方米，拆除企业除彩钢板外的违章建筑9410平方米，拆除易燃可燃专修材料或隔热保温层1.03万平方米，行政拘留5人，临时查封企业危险部位或场所38起。开展重大活动消防安全保卫工作。加大易燃易爆危化场所、宾馆饭店、商场市场等人员密集场所，交通枢纽等重点部位检查力度，对旅游景点、涉及节日庆祝活动场所，提升防控等级，加强值班值守，强化巡视巡查，及时消除隐患问题，全市未发生有影响火灾事故。推进火灾隐患排查整治。紧盯防控重点，将扬州化工园区、广陵古城区、杭集旅游用品加工区等6个区域性、行业性火灾隐患点确定为防控重点，保持隐患排查整治的强劲态势。全市消防机构共检查单位1.74万家，临时查封379家，责令“三停” 195家，行政拘留16人。 （王 非）

**■宣传教育** 突出媒体宣传精品效应。全市共在中央级媒体刊播稿件63篇(条)，《人民公安报·消防周刊》等消防报刊刊发稿件35篇，部局官方网站、中国消防在线等消防网站刊发稿件332篇，省级主流媒体刊(播)发稿件150余篇(条)、市级主流媒体刊(播)发稿件870余篇(条)。与扬州电视台《今日生活》栏目开展合作，多角度播报消防动态、宣传提示，全年共拍摄《扬州119》消防专题节目22期。将“参与社区消防，建设平安家园”主题与扬州古城消防安全结合，策划“扬州市消防宣传进社区——走进琼花观”活动，将常见的家庭火灾隐患处置方法的演示搬进古城社区，中央电视台新闻频道《新闻直播间》栏目对活动进行现场直播。创新宣传活动主题效应。在全省首创“消防平安大使”评选活动，全市4人入选全国优秀社区消防宣传大使。发挥“消防平安大使”队伍中的名人效应，组建由主持人、画家等组成的消防宣传队伍，所创作的“消防三字经”快板书、消防漫画等作品受到好评。结合社会热点话题，策划“任性小明”消防漫画、“双十一快递小哥客串消防宣传员”等主题活动，吸引社会关注，支队官方微信订阅人数达7.46万人。扩大宣传范围“辐射效应”。在瘦西湖景区游客中心设立消防工作站；在历史街区东关街设立消防陈列馆；在社区建立17家社区消防教育馆；在人员密集场所投放520台“消防之声”视频联播网LED视频。在全市范围内开展消防进军训活动，累计培训师生近4万人，印制并发放《学生军训消防安全知识读本》2万册。 （王 非）

**■消防体系建设** 按照职业化、规范化、专业化的发展方向，推进乡镇消防站建设、保安消防队升级改造，全市建有政府专职消防队66支。推动各地政府专职消防队依法进行法人登记，领取组织机构代码证，下发《关于进一步规范政府专职队和执勤点管理的通知》，明确大、中队的管理职能，推行专职队单编执勤，编写《合同制消防员训练教材》，举办首期合同制队长骨干培训班。专职队执勤岗位练兵与现役队一样同部署、同检查、同考核，每年组织一次体技能竞赛。5月在邗江区公道专职队召开规范化管理现场会，采取实地督查和视频检查相结合的办法，检查情况列入月考评。联勤联战，提升专职队伍战斗能力。推动政府专职消防队达标建设，按照要求配齐人员和车辆装备，将全市多种形式消防队伍纳入城市“119”统一调度指挥，制定下发仪征、江都两个作战片区联勤联战联训方案，定期开展大型联合应急拉动演练，邀请专职队负责人参加战评会和中队长例会。加强保障，提高合同制消防员待遇。提请市政府办公室下发《关于进一步加强全市政府专职消防队建设的意见》，明确《扬州市政府专职消防队经费项目及计领标准》。 （王 非）

## 扬州边防检查站

**■概述** 扬州边防检查站担负着扬州口岸“一港三区(扬州港，扬州、仪征、江都港区)”81.5千米长江岸线和扬州泰州机场国际航班的出入境边防检查任务。2015年，扬州边防检查站共检查出入境(港)船舶1584艘次，员工2.3万人次；飞机65架次，旅客员工7504人次；办理各类证件1.5万份。查处违法违规12件16人，处理查控报警331件，抓获网上逃犯2名，发现1名提前释放国际航行船舶船长和1名组织他人偷越国边境船东。 (沈奕帆)

**■队伍素质建设** 2015年，扬州边防检查站建立“重在平时”的考核机制，制定《干部精细化管理考评实施办法》和《2015—2017年人才队伍发展规划》，建立《官兵练兵档案》和《岗位共同练兵告知书》，开展“双比双争”“政工干部练兵夜校”“后勤技能比拼”系列活动。连续两年在总队“三合一”骨干培训中获综合排名第一名。执勤业务一科被总队评为“提高边检服务水平十佳模范科队”。1人被总队表彰为“十佳党员”。 (沈奕帆)

**■边检勤务改革** 2015年，扬州边防检查站将“边检一证通”“边检服务专员”“边检诚信管理”“警企船三方共管”等6项管理机制，分配到各执勤业务科进行试点攻关。创新实行业务归口管理和口岸网格化管理制度，建设“协警助勤”机制，组建由码头企业出资、边检培训考核、共同管理使用的码头边检协管员队伍。《创新引领提质效严格执法保平安》工作简报被公安部边防局、省边防总队刊载，并在全省边检执法执勤“三统一”暨全面深化服务创新工作会议上做交流发言，《海港边检业务资料申报工作指引》和“多功能实战巡查车”在会议现场展示。 (沈奕帆)

**■边检服务** 2015年，扬州边防检查站建立扬州边防检查站微信公众平台，发布边检最新政策法规21次，受理业务咨询46人次，开展边检服务品牌宣传6次。完善企业网上报检、预约服务，船舶实行100%网上申报。制定《海港边检业务资料申报工作指引》，规范和明确边检手续办理流程，推行《边检办证告知单》制度，为服务对象节约时间和成本。年内共办理各类边检证件手续1.5万份，比上年增长52%。 (沈奕帆)

**■“四项”建设** 开展“四项”建设(基础信息化建设、警务实战化建设、执法规范化建设、队伍正规化建设)工作。统筹警力健全指挥枢纽。立足指挥中心“四室”职能定位，实行信息研判与警务指挥、综合值班与信息报送、指挥通联与技术保障“三位一体”常态值班，完善指挥要素设置，全面策应实战指挥需求。选优培优建强执法队伍。将执法资格等级考试作为执法队伍准入考试，全站基本级执法资格考试通过率100%，中级执法资格考试通过率32%。建立6名士官执法队伍，制定并推进落实岗位培训、技能练兵、工作考评等配套机制。监巡对接实现智能管控。完成12个营区和25个码头高清探头的改造升级，综合运用海港边检勤务综合指挥系统、船舶监控管理系统和监控专网，实现对口岸船舶和部队营区可视化、立体化、精细化监控管理。在扬州港试点建成高清全景视频监控和“应急联动一键通”，投入实战运用。 (沈奕帆)

**■基础保障** 2015年，扬州边防检查站协调电力、燃气部门，争取优惠政策，为各中队每年节约电费、燃气费10万余元。坚持党委领导、集体理财，对预算经费管理使用情况实施动态监管，规范工程建设招投标、财务报销、集中采购等操作流程。调整站采购工作组和采购监督组成员，与江苏汇诚投资咨询管理有限公司签订招投标代理协议。开展财务大清查，梳理10余项重点环节，及时发现整改问题。中心工作和部队建设方向经费的投量占全年经费支出的51.28%，行政消耗性经费仅占全年经费支出的21.87%。推进“从优待警十件实事”，实行干部探亲休假、机关干部代职制度，基层干部休假率95%以上；落实伙食管理5项制度；与扬州武警医院建立协作机制，为官兵开展医疗巡诊和年度健康体检；关注官兵心理健康，开展心理健康主题活动2次；在驻地选取部分中小学、幼儿园进行重点协调，逐步解决官兵子女入学入托难题；为基层购置生活电器、文体活动器材，配备边检巡查车；协调推进24套随军干部家属住房建设。 (沈奕帆)

## 人民防空

**■人防指挥信息化建设和训练演练** 2015年，市民防局完成扬州市《防空袭预案》修订，重新梳理全市重要经济目标目录，并完成5个重要经济目标单位《防空袭预案》修订工作。先后完成多源情报综合系统、超短波通信、地下指挥所等项目的安装、改造、升级工作，定期对地面、地下、机动指挥所和通信设备设施进行维修保养、测试联调等。全市新建(更新)23台固定警报器、8台多媒体警报器，完成首次全省“9·18”防空警报统一试鸣。对信息网电防护专业队进行调整和优化，组建引偏诱爆和心理防护2支新型专业队。组织军事日训练、指挥通信业务培训、无线电应急通信演练以及每月1次机动指挥所开设演练，并先后联合泰州、江都、泰兴开展跨区通信应急演练，配合省民防局、预备役师、扬州军分区、上海市人防办、杭州市人防办等完成有关演习或训练任务。 (李笑晖)

**■人防工程建设管理和开发利用** 依据城市整体发展战略方针，市民防局加强人防工程建设规划，实行人防工程建设审批统一管理，全年立项、开工、竣工人防工程面积稳定增长，人防易地建设费按时足额征收。成立省人防工程质量监督站扬州分站，加强对工程建设质量全过程跟踪监管。常态化推进人防工程标识设置和维护工作，在工程内安装有维护管理制度、消防管理制度、消防应急预案、维护保养档案制度和平面示意图等明显标识。人防工程智能化巡检和运维监管系统投入试运行，人防工程维护管理责任有效落实。组织人防工程防汛、防火等安全检查，发现问题及时整改到位，人防工程年维护率62.1%，完好率97.5%。加大人防工程开发利用力度，结合人防战备资源普查工作，对配建人防工程开发利用情况进行全面梳理，健全数据库资料。重点针对闲置和租赁期满的人防工程，协调推进开发利用，市管公用人防工程和口部房租赁全部进入产权交易中心公开招租，实行市场化运作。（李笑晖）

**■民防法治与宣传教育** 2015年，市委、市政府、扬州军分区出台贯彻落实《中共中央国务院中央军委关于深入推进人民防空改革发展若干问题的决定》的实施意见，初步完成《扬州市人民防空管理办法》修订稿。开展人防行政执法调研，推进执法检查工作，处理破坏人防设备、设施和未按规定配建人防工程等违法违规行为。依托《中国人民防空》《江苏民防》《扬州日报》等报刊和电视、广播、网络媒体，加强民防法律法规、动态信息、知识技能的更新、推送和宣传。结合"学雷锋日""国际民防日""防灾减灾日"等，在社区、学校、企业和市青少年素质教育基地开展民防宣传教育活动和疏散演练，全年参与人数逾万人，中小学民防知识教育在全市范围内实现全覆盖。（李笑晖）

**■广陵新城人防综合工程** 广陵新城人防综合工程位于广陵新城中央商务区，占地6.87公顷(地下工程面积7.27万平方米)，建筑面积7.3万平方米，战时功能为二等人员掩蔽体、物资库等，平时主要用于商业和停车。同时，工程按固定式应急避难场所功能建设，灾时可满足2.36万人应急避难。工程9月投入使用，商业区集国际进口商品跨境直销、餐饮、娱乐、休闲、体验、运动、儿童主题七大功能于一体，部分已对外营业。（李笑晖）

**■市人防综合业务集成系统一期工程** 该系统是全省人民防空信息系统综合集成先行试点项目，也是扬州市军民融合发展重点项目。一期工程于2014年正式启动，2015年12月建成并通过初步验收。项目以国家人防"一网四系统"为总体架构，先期建成"一个平台、两大系统"（即统一的人防综合业务集成平台，人防工程运维监管、人防应急指挥调度两大系统），实现人防指挥"一张图"管理，人防资产数据化管理、人防工程精细化管理、人防巡检智能化管理和日常业务规范化管理。（李笑晖）

## 拥政爱民

**■概述** 2015年，驻扬部队开展"双带双扶"（组织民兵和预备役人员带头创业致富、带动共同致富，扶助贫困村和贫困户、扶助贫困小学和特困学生）活动。春节前夕，驻扬部队集体赴仪征新集镇天安村，为结对帮扶的54户困难家庭送去慰问金2.7万元；邗江区消防大队邀请50名儿童和家长走进军营，传授模拟灭火、逃生技能，感受绿色军营生活，接受消防安全知识教育；驻仪征部队义务为民政部门出动车辆运送解困物资，连续8年组织官兵到枣林湾敬老院开展打扫卫生、理发、测量血压等便民服务；高邮市消防官兵走进汽车站维护车站秩序，帮助旅客搬运行李；武警宝应中队配合公安部门进行全天候巡逻，派出兵力参与春运执勤工作；武警江都中队官兵在主要路段和城管队员一起巡逻。全市各部队走访各级地方党政机关和社会团体220个，慰问贫困家庭260户，慰问金额50万元；资助100多名地方贫困学生16万元。（袁德鹏　周梅红）

9月18日，扬州市开展防空警报试鸣系列活动

民防局/供稿

**■预备役师拥政爱民** 2015年，出台《关于加强预备役军官队伍建设实施意见》，规范预备役军官队伍军地共管机制。定期组织"到岗日"活动，帮助部队解决重大演训活动遇到的问题。开展"双带双扶""双百双建"活动，与相关社区、敬老院的孤寡老人建立帮扶对子，走访慰问社会福利院残疾儿童，为帮扶对象开办农技培训班，赠送农业科技书籍，每年资助仪征"八一"希望小学，走访慰问梅岭小学困难学生。参加"5·19"慈善一日捐活动，捐赠7万元。至年底，预备役师累计投入50多万元，帮扶经济薄弱村1个、贫困户116户，扶助贫困小学6所、特困学生70名，为贫困地区捐款捐物10多万元。累计组织现役官兵义务植树5000余株，义务献血近3万毫升。元旦和春节期间，开展节日拥军优属、拥政爱民活动，走访慰问丰乐社区孤寡老人。（承孝平）

**■扬州边防检查站爱民固边** 2015年，扬州边检站连续13年与施桥镇敬老院孤寡老人结成帮扶对子，连续10年慰问社区困难儿童和企业困难职工，连续18年结对帮扶陈集镇八一希望小学学生。年内，开展"送温暖、献爱心""认亲接力"等慰问帮扶活动10余次，帮助解决实际困难20余件；利用与大洋造船有限公司、新华中学、石桥社区等企事业单位的共建关系，开展"警营开放日""国防教育进校园""警地共建文艺汇演"等活动20余次。（沈奕帆）

# 开发园区

Kaifa Yuanqu

编　辑　陈永华

## 综述

■**概况**　扬州市有国家级经济技术开发区1个、国家级高新技术产业开发区1个、省级经济开发区7个、市级重点工业园1个。2015年，全市开发园区实现规模以上工业增加值1327.32亿元，比上年增长4.19%；公共财政预算收入130.15亿元，增长17.48%；自营出口总额59.32亿美元，增长2.77%；实际到账外资及港澳台资7.37亿美元，下降46.05%。　（邱永永）

■**招商引资**　全市开发园区开展2015“日本名企上海合作恳谈会”“韩国名企青岛合作恳谈会”“中国扬州携手世界名企合作恳谈会”等系列招商推介活动。美国佳明、瑞士欧瑞康、韩国力特、中航鼎衡液罐、沿江木材物流园、美钢物流研发中心、道爵新能源汽车、一洋制药原料药、金雷电动汽车等10亿元以上项目先后落户园区。2015年，全市园区新签约重大项目55个，新开工重大项目54个，新竣工重大项目24个，新投产重大项目30个。全面启动对接上海。3月、4月、11月，市政府主要领导带队赴上海举办“上海结对园区扬州行”等系列专题招商活动，推进亿元以上项目落地；至2015年底，签署政府层面合作协议4项，园区层面合作协议20项；在手上海项目88个，落户项目61个。　（邱永永）

■**产业发展**　出台五大千亿产业发展意见，实施“122”企业技改工程（2012年初，扬州市提出实施“122”技术改造工程，即全年滚动实施总投资1亿元以上工业技术改造项目150项以上，其中市重点技术改造示范项目20项以上、重大科技成果转化技术改造项目20项以上，加快用高新技术和先进适用技术改造提升传统产业），引导园区企业二次创业和产业扩张。2015年，五大千亿产业累计完成产值6791.6亿元，增长8.6%。其中，汽车产业1326.1亿元，增长16.5%；机械装备产业3398.8亿元，增长8.1%；新能源和新光源产业671.6亿元，增长16.5%；石化产业1076.4亿元，下降3.4%；船舶产业318.7亿元，增长6.9%。（邱永永）

■**对外国及港澳台地区贸易**　市商务局出台《关于稳定外贸增长的实

**2015年扬州市省级以上开发园区主要经济指标一览表**

表12-1　　单位：亿元、亿美元

| 单　　位 | 规模以上工业增加值 | 比上年增长(%) | 公共财政预算收入 | 比上年增长(%) | 自营出口总额 | 比上年增长(%) | 实际到账外资及港澳台资 | 比上年增长(%) |
|---|---|---|---|---|---|---|---|---|
| **合　计** | **1327.32** | **4.19** | **130.15** | **17.48** | **59.32** | **2.77** | **7.37** | **-46.05** |
| 扬州经济技术开发区 | 267.99 | 8.7 | 33.41 | 10 | 17.62 | -1.9 | 4.06 | -22.2 |
| 扬州高新技术产业开发区 | 190.30 | 12.6 | 7.98 | 11.3 | 4.51 | 13.8 | 0.84 | -53 |
| 扬州化学工业园区 | 111.56 | 8.6 | 3.77 | 4.4 | 1.66 | -33.1 | 0.0096 | -99.3 |
| 广陵经济开发区 | 120.16 | 2 | 16.40 | 35 | 12.23 | 7.1 | 0.51 | -60.6 |
| 维扬经济开发区 | 101.78 | 12.1 | 12.14 | 21.8 | 4.88 | 2.3 | 0.96 | -7.4 |
| 江都经济开发区 | 184.40 | 12.9 | 12.30 | 10.1 | 7.52 | 12.3 | 0.28 | -81.1 |
| 宝应经济开发区 | 108.33 | 11 | 17.71 | 12 | 6.63 | 24.8 | 0.063 | -79.9 |
| 仪征经济开发区 | 149.30 | 16.9 | 14.60 | 0.5 | 1.7 | -37.5 | 0.21 | -75.9 |
| 高邮经济开发区 | 93.50 | 14.1 | 11.84 | 12.3 | 2.56 | 13.1 | 0.43 | 89.1 |

（邱永永）

**2015年扬州市开发园区主导产业、特色产业基地(园)分布表**

表12-2

| 单　位 | 主导产业 | 特色产业基地(园) |
|---|---|---|
| 扬州经济技术开发区 | 新能源、新光源、智能电网、电子书 | 国家科技兴贸创新基地、国家"火炬计划"智能电网特色产业基地、国家半导体照明产业化基地、国家绿色新能源特色产业基地、国家级数字出版基地、国家"火炬计划"扬州汽车及零部件产业基地、省半导体照明产业基地 |
| 扬州高新技术产业开发区 | 智能装备、新能源新光源、文化创意、生物科技 | 国家"火炬计划"邗江金属板材加工设备基地、数控机床产业园、省新型工业化产业示范基地、国家级文化创意产业示范基地、高端装备制造业示范产业基地 |
| 扬州化学工业园区 | 石油化工、基础化工、合成材料、精细化工和石化物流 | 江苏扬州新材料产业园、江苏省重点物流基地 |
| 维扬经济开发区 | 机械制造、半导体材料、轻工玩具、文化创意、太阳能光伏 | 江苏扬州环保科技产业园、扬州邗江汽车及零部件产业园 |
| 广陵经济开发区 | 液压机械、汽车及零部件、电子信息 | 江苏扬州液压装备产业园、江苏船舶配套产业园 |
| 江都经济开发区 | 特钢生产加工、汽车及零部件、船舶制造、生物医药化工、软件及现代服务业 | 江都船舶产业园、江苏江都沿江物流产业园、扬州(江都)软件园、江都留学人员创业园 |
| 宝应经济开发区 | 智能输变电装备、泵阀管件、压力容器、汽车配件 | 江苏宝应智能电网装备产业园 |
| 仪征经济开发区 | 汽车及零部件、船舶制造、现代物流 | 江苏仪征汽车产业园 |
| 高邮经济开发区 | 太阳能光伏、电子、纺织服装、冶金机械、医药食品 | 江苏高邮光伏产业园、高邮电池工业园、国家火炬高邮特种电缆特色产业基地 |
| 杭集工业园 | 酒店日用品 | 江苏扬州杭集日化科技产业园 |

(邱永永)

施意见》,全年争取稳增长、基地、品牌、进口贴息、贸易摩擦、重大装备等外贸资金近2500万元。与市科技局联合组织境外专利培训,提高外贸企业产品核心竞争力。与信用保险、工商银行举办"贸易融资政策送企业"活动,推动成套设备出口。联合邮政储蓄银行实施"3510"计划(3年时间为5大传统行业提供10亿元信贷支持),为鞋帽、牙刷、玩具、箱包、玻璃水晶等5大传统外贸行业提供专项信贷支持。2015年,全市开发园区完成自营出口总额59.32亿美元,增长2.77%。 (邱永永)

**■合作共建** 推进开发园区与发达国家、国内先进园区、行业协会、知名企业等开展资本、技术、人才、管理及品牌合作,提高园区国际化水平。推进"海峡两岸(扬州)绿色石化产业合作区""德国梅泰尔工业园""中意食品工业园""日本健康产业园""中瑞(扬州)生态产业园"等跨境合作园区建设,提升跨境合作园区影响力。2015年,上海莘庄工业区(宝应)工业园、波司登高邮工业园等2家南北合作共建园区获省政府批准设立。 (邱永永)

## 扬州经济技术开发区

**■概述** 2015年,扬州经济技术开发区(简称扬州开发区)实现规模以上工业增加值267.99亿元,比上年增长8.7%;公共财政预算收入33.41亿元,增长10%;自营出口总额17.62亿美元,增长-1.9%;实际到账外资及港澳台资4.06亿美元,增长-22.2%;高新技术产业产值占工业总产值的61%。 (陈布涌)

**■招商引资** 2015年,扬州开发区通过市认定的新开工重大项目15个,新竣工投产重大项目12个。其中,新开工工业项目数居全市第一名。江山新能源、璨扬光电、艾笛森光电等8家企业实现增资扩股,亚普汽车部件、江南传媒等8家企业筹备上市。 (赵　军)

**■科技创新** 2015年,扬州开发区新增国家高新技术企业7家、高新技术产品41个,新增专利授权481项,其中发明专利77项;引进领军人才20多人、高层次人才200多人,获批省"双创人才"1人、"双创博士"2人;扬州开发区获批国家级知识产权集群试点、江苏省大数据特色产业园,亚普公司获批国家级博士后科研工作站。完善创新平台,建成国家级光电产品检测重点实验室、南京大学光电研究院等公共平台,西安交通大学扬州科技园汇聚科技型企业83家,智谷科技综合体储备科技项目50个。增强研发能力,集聚中国科学研究院半导体所、西安交通大学扬州工业技术研究院、晶澳太阳能研发中心、省半导体照明工程技术研究中心、扬州—扬州大学半导体照明与太

扬州经济技术开发区“二城”新貌　扬州开发区/供稿

阳能光伏应用工程技术研究中心等国家级、省级企业研发中心、工程技术中心。（赵　军）

■**基础设施建设**　2015年，扬州开发区完成发展提升战略规划，优化用地和空间布局。推进土地节约集约利用，清理闲置低效土地60多公顷。推进临港新城和“二城”核心区开发建设，智谷科技综合体一期工程建成交付，恒通邻里中心正式开业，宝龙金轮城市广场部分主体封顶，扬子津古渡体育休闲公园建成开放，华扬大桥、马港河路大桥、运河南路南段竣工通车。全年实施拆迁面积18万平方米，建成交付2个安置小区38.8万平方米；新增城市绿化面积28.6万平方米。（赵　军）

■**扬州出口加工区**　2015年，扬州出口加工区实现外资及港澳台资到账3.2亿美元，占扬州开发区的80%。完成进出口总额15.4亿美元，增长13.2%；其中一线进出境总额7.5亿美元，增长25%。

至2015年底，扬州出口加工区累计完成注册项目50个，投资总额25.66亿美元，注册资本17.54亿美元。累计完成进出口总额82.9亿美元，完成实际进出境33.85亿美元；累计完成外资及港澳台资到账10.03亿美元。（邱永永）

■**扬州永道公司无线射频生产厂房建成投产**　7月6日，投资1亿美元的永道无线射频（扬州）有限公司无线射频生产厂房在扬州开发区建成投产，同时亚洲最大的无线射频暗室实验室建成。新厂房拥有生产、办公用房1.20万平方米，每月芯片产能增至1.5亿枚，成为世界最大无线射频生产厂房。该公司生产的电子标签应用于物流、零售、制造、防伪、汽车、资产管理等领域，意大利渡轮船票、土耳其地铁票、美国超市商品标签等已应用，可实现远距离、多张卡识别等功能。（陈布涌）

■**扬州开发区与北京理工大学签约**　12月12日，扬州开发区管委会与北京理工大学在扬州开发区外商服务中心举办校地战略合作协议签字仪式。北方激光、宝科电子等单位、企业负责人以及北京理工大学各处负责人等40多人参加协议签字仪式。北京理工大学在经济转型发展、新兴产业集聚、两化深度融合等方面为扬州开发区提供战略决策咨询等服务；扬州开发区在文化建设、科学研究、人才培养等方面开展校地战略合作。（陈布涌）

## 扬州高新技术产业开发区

■**概述**　2015年，扬州高新技术产业开发区（简称扬州高新区）获批升级为国家高新技术产业开发区。全区实现规模以上工业总产值600亿元，开票销售210亿元，服务业增加值40亿元，自营出口总额4.51亿美元，入库税收16.7亿元，公共财政预算收入7.98亿元；完成技改投入45亿元，产值亿元以上企业57家，税收千万元以上企业26家。扬州高新区获批江苏省首批知识产权示范园区、省级创业投资示范基地、省级战略性新兴产业技术标准专项试点单位等称号。扬州高新区数控装备科技产业园被认定为省级智能制造装备产学研协同创新基地。（陈　艳）

■**招商引资**　2015年，扬州高新区完成协议注册外资及港澳台资1.12亿美元，实现外资及港澳台资到账8400万美元，新发展私营企业351个。中曼动力、奥锐特医药、艾迪生物、国盾聚亿、天品科技、汉智数控机械、巧智鑫自动化设备、德高检测装备、马莱德木业、富平包装材料等项目签约；皇普电气、联环生物、中曼动力、通快二期、奥锐特医药等9个项目开工建设；迈安德二期、恒佳机械、亚开电气正式投产；完美二期正式竣工；推进万铭汽配、伯克生物二期、金荣产业园、联创软件园、高力二期、月城科技广场等项目建设；万铭汽配、亚开电气、中曼动力等3个工业项目和绿地新都会、月城科技广场等2个服务业项目通过市级重大项目认定。（陈　艳）

■**科技创新**　2015年，扬州高新区创成省级智能制造装备产学研协同创新基地、省级众创空间集聚区、省侨界人才创新创业基地，迈安德公司等4家企业获批国家级博士后创新实践基地，辛普森公司等2家企业获批建设省工程技术研究中心，新扬公司等2家企业获批建设省研究生工作站，牧羊公司等3家企业获批建设市级工程技术研究中心，扬州大学科技园创成省级大学科技园，金荣科技园创富创新工场等4个平台创成省级众创空间。扬州高新区数控成形机床产业入选第二批国家“产业集群区域品牌建设试点单位”。全年获省成果转化项目资金扶持企业2家，新认定国家高新技术企业6家，牧羊集团获国家专利优秀奖，新增申请专利938件，累计获省级以上科技扶持资金3000多万元。有5人获评省“双创人才”，累计获批各类扶持资金370万元。举办邗江智能装备科技成果发布洽谈会，签订产学研合作协议32项。（陈　艳）

■**基础设施建设**　2015年，扬州高新区编制总体发展规划，调整完善生物科技园、汉河片区控制规划,完成上市地块控制规划编制。建成兴农东路、健康二路,完成牧羊路改造,架设扬子津路、兴农东路、健康一路、科苑路等高压电力杆线约6千米,铺设自来水管道约500米,疏通北园等6条主要道路管网。完成重点工程拆迁6个,累计拆迁农户75户、企业29家,拆除面积3.88万平方米,拆迁安置面积1.8万平方米,开工建设运西花园、建华二期、青年公寓二期工程,累计建筑面积44.5万平方米。启动生物科技园医药平台项目建设及城市南部快速通道高新区段拆迁。（陈 艳）

■**扬州高新区升级为国家高新技术产业开发区** 2015年,国务院发文批复扬州高新区升级为国家高新技术产业开发区,定名为扬州高新技术产业开发区,升级后的扬州高新区实行现行的国家高新技术产业开发区政策,规划面积4.18平方千米,辐射带动面积54.35平方千米。扬州高新区始建于2001年1月,2006年晋升为省级经济开发区,2012年更名为江苏省扬州高新技术产业开发区。形成以数控装备制造业为主导,生物技术、新型光电、现代服务业等三大新兴产业为支撑的"一主三新"发展格局,获批国家"火炬计划"邗江数控金属板材加工设备产业基地、国家文化产业示范基地、国家级科技企业孵化器及国家技术转移示范机构等称号。园区集聚扬力集团、金方圆公司、扬锻集团、牧羊集团、德豪润达光电、汇成微电子等企业。（陈布涌）

■**扬州高新区规划展示馆开放** 2月8日,扬州高新区规划展示馆正式对外开放。该展示馆位于园区公共服务中心,建筑面积400平方米。具有宣传推介、规划展示、投资说明等功能,展示扬州高新区的城市品牌、产业基础、创新优势、战略地位、总体规划、发展举措。（陈布涌）

■**上海奥锐特生物医药落户邗江** 7月,上海奥锐特实业有限公司与扬州高新区正式签约。上海奥锐特实业有限公司是1家集研发制造和销售化学原料药及医药中间体的医药企业,为世界各大制药企业提供医药原料药和医药中间体及其协议加工服务。公司总部位于上海,有2个工厂(浙江天台、江苏扬州)、3个研发中心及与江苏联环药业合资的扬州联澳生物科技有限公司。扬州奥锐特生物医药项目由上海奥锐特实业有限公司与美国Conscience Biotechnology Inc联合投资,其中美方以技术入股。项目注册资本金2亿元,总投资不低于4.5亿元。项目占地10公顷,建设周期24个月,新建冻干粉制剂、制剂(灌装)、原料药精烘包等产品研发生产线,年产单克隆抗体冻干粉制剂500万支、20亿片固体制剂、1万千克 Raltegravir(雷特格韦)、1万千克Elviterravir(埃替格韦)、1万千克Sofosbuvir(索非格韦)。可实现年销售8亿元、年税收5000万元以上。（陈 威）

## 扬州化学工业园区

■**概述** 2015年,扬州化学工业园区(简称扬州化工园区)实现全部工业产值730亿元,规模以上工业总产值660亿元,规模以上工业增加值111.56亿元,比上年增长8.6%;公共财政预算收入3.77亿元,增长4.4%;自营出口总额1.66亿美元,增长-33.1%;实际到账外资及港澳台资96万美元,增长-99.3%;扬州化工园区获批江苏省循环经济教育示范基地。（陈布涌）

■**项目建设** 2015年,扬州化工园区总投资3亿美元的远东联环氧乙烷/乙二醇、总投资1亿美元的通达低温乙烯储罐、总投资1亿美元的恒基达鑫二期等重大项目竣工投产。总投资5.1亿元的化工园区供热中心投入试生产,累计总投资3100万元的污水处理厂三期尾水管道、区内道路亮化等2个工程竣工投入使用。总投资1亿美元的远东联乙二醇二期、总投资9.8亿元的建新石化工业异辛烷/正丁烷、总投资10.28亿元的中石化原油商业储备基地等项目推进建设。道达尔安美特电子化学品助剂、百思德粉末涂料、建元生物质柴油等3个项目获市发展和改革委员会备案。总投资108亿元的富德MTO项目完成可行性研究报告。总投资27亿元的中化扬农新建系列项目启动可行性研究报告编制等前期工作。总投资50亿元的LNG清洁能源项目正式签订战略合作协议。（张 榕 缪 东）

■**科技创新** 2015年,扬州化工园区推动创新型园区建设,高新技术产业产值占规模以上工业总产值的53.5%;组织申报省、市科技计划项目9个,其中2个省级项目获立项;获国家高新技术企业认定4家,获批省高新技术产品5个,促成产学研合作项目21个,省绿色化工公共技术服务中心项目、省知识产权试点园区通过验收。（张 榕 缪 东）

■**基础设施建设** 总投资2600万元的子胥路、胥浦河大桥等2个工程全面通车,总投资2800万元的烟灯河水系综合整治工程推进建设,总投资1.5亿元的龙山森林公园一期工程启动各项前期工作。总投资12亿元的古湄家苑A区工程进入施工。（张 榕 缪 东）

■**安全环保** 扬州化工园区强化"一企一档"动态信息管理系统建设,落实网格化监管及差别化监管措施。全年对辖区内企业现场监察560多次,未发生一起有较大影响的环保事件。推动部分重点企业治理废气,杜绝废气扰民现象。推动企业规范建设危险废物储存场所、严格执行危险废物转移审批制度,基本实现危险废物安全无害化处置。推进生态工业园区创建基础工程建设,新增绿化面积33.3公顷。未发生一起较大规模以上安全生产事故。建成园区地下管线信息化管理系统,开发重大危险源监测预警及定量风险评价系统,实现"两重点一重大"(安监部门重点监管的危险化工工艺、重点监管的危险化学品,重大危险源的监管)企业的可燃有毒气体实时在线监测报警。完成应急处置平台一期扩展工程，28家企业接入平台数据库，累计录入各类应急预案182个，健全应急队伍、应急资源、突发事件预警和应急值守等工作机制。扬州化工园区安监局被国家安监总局表彰为“安全生产监管监察先进单位”。 （张榕缪东）

**■扬州化工园区 日本石化名企合作恳谈会** 5月15日，扬州化工园区与日本化学工业日报社共同举办的“扬州化学工业园区 日本石化名企合作恳谈会”在上海举行。日本化学工业日报社及日本贸易振兴机构、三菱化学、三井化学、三井物产等50多家日本石化名企代表应邀出席，扬州化工园区各部门负责人参加活动。扬州化工园区管委会主任王庆山作主题推介。恳谈会上，与会代表观看扬州化工园区宣传视频，双方进行交流，洽谈合作。 （陈布涌）

**■石化联合会与扬州化工园区签约** 11月5日，中国石油和化学工业联合会与扬州化工园区管委会签订战略合作协议。根据协议，双方共同成立战略合作协议协调工作组，依托中国石油和化学工业联合会在行业经济发展调查研究、行业规划制定、重大项目投资引领与论证、国内外经济技术交流与合作等方面优势，在园区项目招商、安全环保规划、信息品牌建设、媒体网络推广等方面进行合作，推动扬州化工园区在“十三五”时期优化产业布局，实现园区安全、环保和产业集聚化发展。 （陈布涌）

## 广陵经济开发区

**■概述** 2015年，广陵经济开发区（简称广陵开发区）完成工业总产值339.85亿元，比上年增长14%；工业开票销售收入76.94亿元，增长3%；工业入库税收4.29亿元，下降13.9%；高新技术产业产值115亿元。广陵开发区被授予江苏省和谐社区建设示范乡镇（街道）称号，获批两化融合示范区建设省级工业和信息产业转型升级专项资金项目——信息化建设示范工程项目。 （高鹏）

**■招商引资** 2015年，广陵开发区新引进项目15个，现有企业增资扩股项目35个。其中新批外商及港澳台商投资企业7个，新设民资企业12个；外资及港澳台资增资项目10个，民资增资项目26个，注册资本1000万美元以上项目2个，注册资本3000万元以上民资项目7个，其中亿元以上项目5个，完成民资注册14.4亿元。实现合同外资及港澳台资3.5亿美元，实际利用外资及港澳台资0.51亿美元。与中国国际经济交流中心（CCIEE）签订合作共建中欧高技术产业园协议，中德梅泰尔液压装备项目和扬州国经中欧高端医疗设备研发中心项目被列入省重大项目，引进德国车载冰箱、日本嘉士利运搬、美国峰威新能源法等项目。

（高鹏）

**■科技创新** 广陵开发区实现高新技术产业产值115亿元，占规模以上工业总产值的59.3%；完成规模以上企业研发投入3.1亿元，获批国家高新技术企业3家，海沃机械、暻泰车材、长江重工科技等企业申报省高新技术产品33个。组织海沃机械、长江重工科技等企业参加2015年中国扬州科技合作展示洽谈会推介活动，推进长江重工科技、通用电梯等企业与高校院所合作，签订众成科技—新加坡南洋科技大学、扬宝机械—意大利皮革公司、怡丰通信—南京邮电大学、巨鑫石油—同济大学、楚门机电—河海大学等产学研合作协议。全年完成专利申请561件，其中发明专利申请161件；专利授权270件，其中发明专利授权19件。完成PCT（海外专利）2个，知识产权贯标证书4个。通用电梯、三叶散热器、巨鑫钢管获批扬州市名牌产品；长江重工、飞菱工具、首佳机械等6家企业获批省企业信用管理贯标证书。中冶京城、怡丰通信获批省级重点研发计划拟立项目；通用电梯获批江苏省重大成果转化项目。长江重工、银焰机械等6家企业获批市级重点研发计划拟立项目；联通电缆、怡丰通信等2家企业获批市级重大成果转化项目。新增入园孵化科技型企业4家。普瑞姆纳米科技获批省创业项目；江新电子、奔多新材料等3家企业获批省科技副总项目。广陵开发区科技创业园获批省级重点培育小企业创业基地。 （高鹏）

**■基础设施建设** 2015年，广陵开发区新建运河人家三期、翠月苑等2个拆迁安置小区，其中翠月苑总建筑面积26.1万平方米，住宅2255套；运河人家三期总建筑面积27.3万平方米，住宅2356套。完成体育公园、运河人家、翠月苑安置小区等周边绿化施工，绿化总面积20万平方米，总投资3500万元。沙湾大桥、安林路改造、纬一路（安林路——秦邮路）、经三路（汶河小学段）、韩庄路等竣工通车。总面积8.50万平方米、总投资2500万元的广陵开发区体育健身休闲公园竣工并投入使用。 （高鹏）

**■中德梅泰尔工业园成立** 2月26日，广陵开发区与德国机械及制造商协会（VDMA）合作的中德梅泰尔工业园在广陵开发区正式挂牌成立。该项目规划用地40公顷，有近2万平方米的厂房，技术设备投入4000万欧元，亩均产值400万元以上。有15家高端机械液压企业进驻园区。

（陈布涌）

广陵经济开发区科技产业综合体　　张孔生/摄

**■国经中欧高技术产业园开园** 9月25日，广陵开发区与中国国际经济交流中心国经咨询公司及国经汇拓公司合作建设的国经中欧高技术产业园开园。该项目占地约40公顷，重点引进欧美、日韩等发达地区的高技术企业，联合央企、国企、大型民营集团等共建。（陈布涌）

## 维扬经济开发区

**■概述** 2015年，维扬经济开发区（简称维扬开发区）实现地区生产总值194.6亿元，完成公共财政预算收入12.14亿元，实际利用外资及港澳台资0.96亿美元，扬杰电子、牛牌纺织机械等企业实现境外实际投资4112万美元，中凌高科、佳境环境等2家企业挂牌“新三板”。维扬开发区创建国家生态工业示范园区通过国家相关部委考核验收，创成省电子商务基地、市级文明单位等品牌基地，获评江苏省第三次全国经济普查先进集体。省商务厅同意在维扬开发区内设立扬州邗江汽车及零部件产业园。（尹姝萍）

**■招商引资** 2015年，维扬开发区引进10亿元项目5个，新开工亿元项目4个。实施方广食品、新亚（奔驰）客车、美霖纺织、三元特种玻璃、五亭龙商务电子、税友软件园二期等6个10亿元项目，其中5个项目通过开工认定、3个项目通过竣工投产认定。（尹姝萍）

**■科技创新** 2015年，维扬开发区获批国家高新技术企业2家、省“三站三中心”3家、省著名商标1个；新建法人化研发机构4家；扬州佳境环境设备有限公司的2个产品被认定为江苏省高新技术产品；扬杰电子获市长质量奖，江苏联合传动入选全国创新创业大赛16强。引进国家“千人计划”人才2人，获批省“双创博士”3人。（尹姝萍）

**■基础设施建设** 2015年，纵二路、汽车城二期区间路等道路建成通车，实施创业路、蜀冈东路等路灯亮化工程，完成司徒庙路绿化配套和尚桥水库环境综合整治，西湖景园二期通过竣工验收，完善生态科技园职工食堂、公交线路等配套建设。完成甘泉新苑安置小区用地双塘西庄组31户拆迁任务以及甘泉片区王庄、胡庄的拆迁扫尾工作，做好西湖景园二期安置房房源核对。（尹姝萍）

**■扬州新亚汽车项目启动** 9月26日，新亚汽车（奔驰面包车）项目在维扬开发区新甘泉大道东侧举行启动仪式。该项目总投资20亿元，占地12.3公顷，主要从事大型客车、高端商务车的研发与制造。（陈布涌）

## 江都经济开发区

**■概述** 2015年，江都经济开发区（简称江都开发区）完成规模以上工业增加值184.4亿元，比上年增长12.9%；公共财政预算收入12.3亿元，增长10.1%；规模以上工业开票销售249.7亿元，下降2.1%；规模以上工业入库税收10.2亿元，增长17.2%；注册外资及港澳台资实际到账2839万美元，下降81.1%；自营出口总额7.52亿美元，增长12.3%；固定资产投资额212.7亿元，增长18.5%。（韩思思）

**■招商引资** 2015年，江都开发区实现外资及港澳台资到账2839万美元；注册央企（国企）合作项目（中煤能源项目、科进造船与中船工业合作项目）2个，推进央企（国企）项目（中国华电分布式能源电站项目、中信泰富商业地产项目）2个。新签约鼎范环保、泰富地产、沿江商贸物流园、硕威泵业等项目8个；新开工中航鼎衡液罐、沿江商贸物流中心、美钢物流研发交易中心等10亿元重大项目3个，科创海绵、长青危废焚烧工程、订单式标准化厂房、电力金具、葛根加工等亿元项目7个；中信泰富提铁降杂、华江祥瑞等项目建成投运。江都开发区与8家上海的产业园区、镇、协会建立招商联络承接产业转移的联系，与上海市工业开发区招商服务中心签订委托招商协议；全年签约产业转移项目（惠尔物流、硕威泵业）2个，落实项目（上海闽南木业加工、鼎范环保固废回收、尤溪百营木业项目）3个。3月2日，科进船业与广船国际资产重组事项通过中国证监会正式审批，科进船业与广船国际完成重组。（韩思思）

**■科技创新** 2015年，京东扬州馆开馆，上线企业超100家。扬州（江都）软件园全年新入驻企业5家，其中2家企业从业人员在100人以上，主要从事行业应用软件、移动应用软件、嵌入式软件开发和企业信息化、电信增值服务等业务。扬州（江都）软件园累计入驻企业40家，软件从业人员近800人，经认定的软件企业4家，获认定的软件著作权70个，认定软件产品49个，获专利60个，其中发明专利4个。（韩思思）

**■基础设施建设** 疏港公路、光明花苑二期、淮园路、北华路、祈福大道污水管网、勤安河改造等9个基础设施项目推进实施。12月18日，泰富码头通过省级开放验收。江都港累计建成万吨级泊位13个，货物吞吐量超4800万吨。（韩思思）

**■中航鼎衡液灌项目开工** 4月16日，中航鼎衡造船有限公司液灌项目正式开工建设。该项目占地23.3公顷、总投资11.2亿元，新建液灌钢结构生产线3条、购置设备1830台（套），新建厂房面积11.4万平方米，年度生产物量约8万吨。（陈布涌）

**■京东扬州馆开馆** 4月17日，京东扬州馆启动暨江都名优产品互联网推介峰会在江都区会议中心举行。当天有41家扬州特色企业入驻，三和四美、谢馥春、双兔、五亭桥等50个品牌上线，包括粮油调味、香水彩妆、地方特产、毛绒布艺等10多个品种252件商品进行销售。（陈布涌）

## 宝应经济开发区

**■概述** 2015年，宝应经济开发区（简称宝应开发区）完成地区生产总值180.85亿元，比上年增长16%；规模以上工业总产值509.76亿元，增长8%；销售收入445.01亿元，增长9%；公共财政预算收入17.71亿元，增长12%；自营出口总额6.63亿美元，增长24.8%。上海莘庄工业区（宝应）工业园获省政府正式批准成立，引进南北共建亿元项目3个，总投资17.5亿元。（陈布涌）

**■招商引资** 2015年，宝应开发区注册外资及港澳台资400万美元，实际到账外资及港澳台资630万美元。新开工投资亿元以上项目5个，分别是投资1.5亿元的江苏宝利鑫新能源有限公司20MWP分布式光伏发电项目、投资3亿元的江苏裕宝车业科技有限公司新能源汽车项目、投资1.1亿元的扬州阿利多机械有限公司印染设备项目、投资3亿元的江苏宝胜电气股份有限公司特种电气项目、投资5亿元的江苏应青新能源有限公司年产18万台机柜空调热控系统项目。竣工投产投资亿元以上项目2个，分别是投资1亿元的江苏宝杰隆电磁线有限公司技改项目、投资1.5亿元的江苏宝利鑫新能源有限公司20MWP分布式光伏发电项目；竣工投产投资5000万元项目1个，为江苏爱利多印机科技有限公司定型机环保设备项目。在建投资1亿元以上项目13个。（曹艾宁）

**■科技创新** 2015年，宝应开发区获批国家高新技术企业2家，省两化融合试点企业1家，省民营科技型企业11家，省信用管理贯标企业2家；申报高新技术产品12个，获批8个；申请专利240件，其中发明专利40件；宝应创业园获批省重点培育中小企业创业基地。全年引进高层次人才25人，其中柔性挂职15人；获批省、市人才资助10人，其中科技副总2人、博士进站1人、市“绿扬金凤”创新人才1人、扬州大学专项1人、小博士类5人。（曹艾宁）

**■基础设施建设** 2015年，宝应开发区新建基础设施工程20项，投资总额4082.29万元。其中，实施道路工程4项累计投资1690.29万元，绿化工程9项累计投资1534.82万元，地下管网工程4项累计投资726.75万元，电力亮化工程3项累计投资130.43万元。（曹艾宁）

**■金源温泉度假休闲广场项目开工** 4月16日，金源温泉度假休闲广场项目开工仪式在宝应开发区举行。该项目占地23.3公顷，由宝应金源置业有限公司投资建设，计划总投资15亿元。包含城市综合体、金源大型户外游乐场、金源恒温游泳馆、温泉主题酒店、市民广场等项目。

（陈布涌）

**■宝应首家汽车4S店开业** 6月26日，宝应五菱汽车4S店·通菱宝骏汽车4S店双品牌开业，100多人参加活动。该项目占地1.4公顷，建筑面积1.50万平方米，总投资6000万元，是宝应县首家汽车4S店。

（陈布涌）

## 仪征经济开发区

**■概述** 2015年，仪征经济开发区（简称仪征开发区）实现工业总产值780亿元，增长3.6%；其中规模以上工业完成产值690亿元，增长16.9%。实现工业开票销售495亿元，其中规模以上工业开票销售455亿元。实现入库税收39亿元，增长12.9%。完成设备抵扣税6000万元。完成工业技改投入50亿元，增长28%。实现工商税收收入45亿元，实现公共财政预算收入14.6亿元。仪征市汽车工业园成为中国汽车产业基地峰会新会员。（夏智慧 杨天齐）

**■招商引资** 仪征开发区与上海普陀桃浦工业园、浦东康桥工业区、优乐加城市工业园结对，开展上海专题招商活动6批次。举办“清华大学深圳总裁班仪征考察交流会”。全年实际利用外资及港澳台资0.21亿美元，民资到账17.8亿元；签约项目13个，完成注册项目13个，其中亿元以上投资项目6个、10亿元以上投资项目4个。重点项目完成投资约20亿元，新开工项目10个，其中10亿元以上项目3个，新竣工项目5个。国信热电联产、大江管桩等项目签约落户、开工建设；润海重工等项目投产。增强主导产业，船舶、汽车及零部件、高新技术等3大产业完成工业产值532.1亿元，占全区工业总量的68.2%；上海大众项目全年实现开票销售261亿元，入库税收30.2亿元。（夏智慧 杨天齐）

**■科技创新** 2015年，仪征开发区新增国家高新技术企业8家、省高新技术产品31个；新认定省级以上研发机构2家。专利申请640件，其中发明专利申请128件；专利授权300件。达成产学研合作项目18个。引进创新创业领军人才8人，柔性引进教授博士人才20人，获批国家“千人计划”1人、省“双创计划”1人、扬州“绿扬金凤”计划8人。实现各级各类项目立项18个，中兴派能电池有限公司、稻源微电子公司承担的省科技厅重大科技成果转化项目分获项目扶持资金1000万元和800万元。

（夏智慧 杨天齐）

**■基础设施建设** 2015年，仪征开发区开工建设7项基础设施建设工程，累计投入1.2亿元；建设保障房、安置房10万平方米，道路、管网9千米；新增绿化面积12万平方米。保障性住房二期工程3号楼主体工程竣工。沙河新苑五期工程完成招、投标，进行桩基施工。完成蒲新安置区工程规划设计方案。大众广场开工建设。零部件职工宿舍投入使用。整车二期及发动机地块土方完成施工。滨江大道全线竣工通车。国华路工程进场施工。（夏智慧 杨天齐）

**■上海大众仪征工厂20兆瓦分布式光伏项目启动** 10月13日，上汽集团上海大众仪征工厂20兆瓦分布式光伏项目启动。该项目位于仪征市汽车工业园，利用上海大众仪征工厂成品车停车场及员工停车场建设光伏车棚一体化分布式光伏电站，总装机容量20兆瓦，总投资近2亿元。

（陈布涌）

**■新扬船舶开工建造350吨、1200吨消防船** 12月28日，仪征市新扬船舶有限公司举行青岛市公安消防局350吨、1200吨消防船开工仪式。此次为青岛市公安消防局建造的350吨、1200吨消防船，在消防配置、船舶动力、船舶操纵、自动化控制方面是国内最高规格，是近海调遣沿海航行的专业消防船，承担着对港口码头等临岸设施及海上失火船只实施灭火救援的特殊任务。（陈布涌）

## 高邮经济开发区

**■概述** 2015年，高邮经济开发区（简称高邮开发区）完成地区生产总值105.32亿元，工业总产值449.22亿元，规模以上工业增加值93.50亿元，建筑业总产值77.66亿元，财政总收入12.72亿元，进出口总额7056万美元，固定资产投资95亿元。高邮开发区与上海市青浦区徐泾镇签订结对合作战略协议。（赵倩倩）

**■招商引资** 2015年，高邮开发区签约亿元以上项目14个，其中包括清水潭旅游度假区、道爵新能源汽车、一洋制药原料药生产项目、金雷电动汽车项目、传艺柔性线路板等10亿元以上项目5个。引进美瑞生物、江苏中食安科、首凯汽车等科技综合体项目22个。全年新开工项目13个，其中10亿元以上项目5个，分别是总投资50亿元的国信发电，20亿元的道爵电动汽车，10亿元的诚信物流园、传艺科技、久中电池；亿元项目分别是钢厂余热发电、荷尔仕食品、外国语学校、尚诚服装、康正生物科技、秦邮路升级改造工程。竣工投产项目12个，其中10亿元项目4个，分别是富威电池、戴卡轮毂、易事特电池、传艺科技一期。（赵倩倩）

**■科技创新** 2015年，高邮开发区申请省高新技术产品35个；华富电池获批省重大科技成果转化项目，争取项目资金1000万元；扬州宏远电子获批国家博士后工作站和省重点研究机构能力提升项目；苏安物流获批省重点研发计划（原工业支撑）项目，获批资金100万元。引进省“双创计划”9人、创业创新领军人才4人、优秀博士5人。申请专利384件，其中发明专利申请123件；专利授权195件，其中发明专利授权6件。（赵倩倩）

**■基础设施建设** 2015年，高邮开发区推进基础设施工程建设，搬迁安置居民700户，安置小区八期竣工，新建道路3条，经十七路南延、张庄路、周庄路竣工，完成东墩集镇道路改造，推进高邮开发区外国语学校工程建设，秦邮路改造工程、老横泾河东段整治工程启动实施。推进生态园区建设，新增造林面积86.7公顷。启动清水潭国家级湿地公园创建，东入口游客服务中心建成，杉洲岛升级改造完成，大运河系列旅游项目启动建设。电池园在线环境监测体系建成，新建污水管道2000米。（赵倩倩）

**■道爵电动汽车项目开工** 3月10日，道爵新能源电动汽车项目在高邮开发区开工建设。该项目计划总投资20亿元，建成后形成年产新能源电动汽车12万辆的规模，年营业额35亿元，提供就业岗位3000多个，成为集新能源汽车研发、生产、服务、零部件生产于一体的产业集群。（陈布涌）

## 杭集工业园

**■概述** 2015年，杭集工业园实现工业总产值377.36亿元；实现工业开票销售69.05亿元，比上年增长8.94%；完成规模以上工业产值291.81亿元，增长5%。完成服务业固定资产投资2.8亿元。三笑物流入选首批市生产性服务业示范企业，创成市三星级服务业集聚区；尚锦汇都创业孵化工场通过省、市“众创空间”认定。（杭集办）

**■招商引资** 2015年，两面针华东日化产业基地项目通过市重大项目开工认定，签约明星高档化妆品项目，谢馥春美妆日化项目主体工程建设基本完工，新华刷业高档牙刷项目投产。新竣工服务业重大项目1个，申报服务业限额以上企业1家、重点服务业企业7家。（杭集办）

**■科技创新** 2015年，杭集工业园与中国科学院沈阳自动化研究所开启全方位战略合作，建设杭集日化用品机器人开发及工程应用实验室，推动区域智能化装备产业发展。至2015年底，杭集工业园引进领军型创新创业人才50多人，其中国家“千人计划”2人；有中国驰名商标2件，中国名牌产品2件，国家免检产品5件，江苏名牌和江苏著名商标25件；国家高新技术企业16家，专利授权1500多件；建成国家标准化机构5家。“杭集洗漱用品”创成江苏省区域名牌。（杭集办）

**■基础设施建设** 2015年，杭集工业园推进省级高新技术开发区创建，申报材料通过省发展和改革委员会、省商务厅、省科技厅等6个省级部门认定。市级服务业重大项目——杭集科技企业孵化中心一期项目开工建设。至2015年底，杭集工业园累计投入20多亿元进行基础设施建设，建成曙光路、三笑大道、兴园路、高露洁路、龙王路、翟庄路、琼花路等主干道工程。（杭集办）

**■杭集科技企业孵化中心一期项目开工** 4月16日，杭集科技企业孵化中心一期项目正式开工建设。该项目占地3.59公顷，投资3亿元，规划建筑面积7.2万平方米，新建7幢多层标准化厂房。可入驻50家科技型小微企业，新增年销售5亿元，利税2500万元。（陈布涌）

**■两面针高档日化用品项目开工** 9月28日，两面针（江苏）实业有限公司新增20万吨高档日化用品项目正式开工。项目计划投入3亿元，占地1.35万平方米，建厂房面积1.9万平方米，改（扩）建厂房5000多平方米，项目投产后新增产值6亿元。（陈布涌）

# 农业与农村经济

Nongye Yu Nongcun Jingji

编 辑 王妮姗

## 综述

■**概况** 2015年，全市实现农林牧渔业总产值460.3亿元，比上年增长6.56%。其中，种植业产值213.44亿元，增长5.76%；林业产值11.14亿元，增长9.97%；牧业产值76.89亿元，增长4.73%；渔业产值135.1亿元，增长7.99%；农林牧渔服务业产值23.73亿元，增长10.22%。全市农村常住居民人均可支配收入16619元，高于全省平均水平362元，增长8.73%，绝对值连续9年超过省平均水平，增幅连续13年达到或超过省平均水平。4.24万户7.57万人建档立卡低收入农户实现人均纯收入5000元脱贫目标。村级“四有一责”（有持续稳定的集体收入、有功能齐全的活动阵地、有先进适用的信息网络、有群众拥护的“三强”带头人，强化村党组织领导责任）建设保持全省领先，宝应县、高邮市创成省“四有一责”先进县。沿江地区83.2%的村集体经营性收入逾50万元，沿河地区80.3%的村集体经营性收入逾40万元。创成村建设“优美乡村”10个，“十二五”期间共选树“优美乡村”50个。累计对886个村、66.54万户农户、19.09万公顷土地开展农村土地承包经营权确权登记颁证工作，606个村完成颁证工作。新增土地集中型适度规模经营面积0.78万公顷，适度规模经营总面积22.89万公顷，占耕地总面积81.58%。创成省级“五好”（服务成员好、经营效益好、利益分配好、民主管理好、示范带动好）示范社43个，评定市级典型示范社100个。新增家庭农场504个，创成省级示范家庭农场29个、市级示范家庭农场20个。农村产权交易市场体系逐步完善，农村产权流转交易3160笔，交易额突破11.5亿元，交易量、交易额分别列全省第一、第二。农村“三权”（农村土地承包经营权、农村集体居住区房屋产权、林权）抵押贷款总额2.7亿元。承保主要种植业35.83万公顷，农业保险实现保费总收入2.74亿元。深化农村集体资产股份合作制改革，培育村(居)经济合作社(社区股份合作社)示范典型40个。村级债务比上年减少1.2亿元，下降4%。实施村级公益事业一事一议财政奖补项目436个，总投入1.33亿元，其中省级财政奖补资金9024万元。连续第七年实现农民负担省及省以上投诉信访“零发生”。

（潘 婷）

■**农村土地承包经营管理** 2015年，市政府办公室印发《关于全面推进农村土地承包经营权确权登记颁证工作的实施方案》，按照信息登记实、签字确认真、土地实测准、操作流程全的要求，坚持入户调查、实地测绘、内业处理、公示审核、登记发证、建档归库“六步工作法”，开展农村土地承包经营权确权登记颁证工作。全年有349个村、24.64万户农户开展农村土地承包经营权确权登记颁证工作，全市累计有886个村、66.54万户农户共19.09万公顷土地开展确权工作，其中606个村完成颁证工作。争取省级以上确权登记颁证财政补助资金3600万元，比上年增长6.2倍，资金额度在全省位于前列，其中中央财政补助资金2580万元、省级财政补助资金1020万元。

（周爱军 陈庭伟 毛 飞）

■**农业适度规模经营** 以土地集中型为主要形式、以合作社和家庭农场为主要经营主体、以本集体经济组织成员为主要对象，推进适度规模经营发展。全年新增土地集中型适度规模经营面积0.78万公顷。至年底，适度规模经营总面积22.89万公顷，占耕地总面积的81.58%，其中土地集中型、农民合作型和统一服务型规模经营面积分别为5.55万公顷、9.67万公顷和7.67万公顷。以土地股份合作社为特点“江都模式”被省农业委员会列为农业适度规模经营4种模式之一。

（周爱军 陈庭伟 毛 飞）

■**家庭农场建设** 落实市委、市政府《围绕农民增收进一步做好“三农”工作的意见》中扶持家庭农场发展的政策，在全省率先成立市级农户家庭农场协会，在为家庭农场提供种子、农药、化肥、农机、农技等系列服务的基础上，引导家庭农场推广运用新品种、新技术、新农艺，提高农业生产的科技水平。5月，培训示范家庭农场从业人员115人。全年新增家庭农场504个，创成省级示范家庭农场29个、市级示范家庭农场20个，落实财政扶持资金412万元。至年底，全市发展6.67公顷以上规模家庭农场2005个，经营面积4.53万公顷。

其中列入市级名录的家庭农场349个，经营面积0.45万公顷。
（周爱军　陈庭伟　毛　飞）

**■农民专业合作社建设**　7月，培训理事长和辅导员200人。12月，16个农民专业合作社参加在南京举办的第九届江苏省合作社农产品展销会。至年底，全市累计有农民专业合作社3995个，入股经营面积8.71万公顷，入社成员85.72万户，占全市总农户数的93.43%。推进示范社建设，创成省级"五好"示范社43个，评定市级典型示范社100个，有370个农民专业合作社被列入省政府优先扶持农民专业合作社名录，入社成员8.47万户，落实财政扶持资金511万元。（周爱军　陈庭伟　毛　飞）

**■农业保险**　全市承保主要种植业35.83万公顷，承保率90%左右。全年农业保险实现保费总收入2.74亿元，其中高效设施农业保险保费收入1.24亿元，占保费收入的45.3%。全年支付理赔款1.39亿元，受益农户32.2万户次，其中5万元以上的赔案有628件。（陈五湖　印　笋）

**■农民负担监管**　全市一事一议筹资筹劳7578.6万元，比上年减少94.73万元，人均负担26.5元。邗江区、广陵区、市经济技术开发区、化工园区、生态科技新城对于没有一事一议财政奖补项目的村不再向农民筹资筹劳。创新建立市级农民负担监测制度，在宝应县和高邮市的乡镇、村、农户、合作社和家庭农场中建立农民负担监测点92个，全程动态跟踪监测农民负担情况。启动一事一议非奖补项目专项审计工作，每个县（市、区）在上年非奖补项目中选择不少于1/3项目村进行审计，做到每三年实现非奖补项目村审计全覆盖。连续第七年实现农民负担省及省以上投诉信访"零发生"。（孙步山）

**■村级公益事业一事一议财政奖补**　全年实施村级公益事业一事一议财政奖补项目436个，惠及417个村、119万名农民，总投入1.33亿元，其中省级财政9024万元、市级财政300万元。重点扶持软弱涣散村实施一事一议财政奖补项目，全年扶持软弱涣散村58个，占软弱涣散村总数的57.4%。引导财政奖补项目进入各级农村产权交易市场招投标，探索第三方介入预算编制（招投标书编制）、公开招投标实施、施工监理、质量检测、项目审计等5个重点环节，防止超大预算、套取奖补项目资金。
（孙步山）

**■低收入农户帮扶**　建立基本公共服务收费减免和社会救助制度，落实水、电及有线电视等公共服务收费减免政策和教育资助、医疗二次补助等救助政策，通过教育资助和医疗救助等其他措施帮扶2010户，减免低收入农户水、电、有线电视等公共服务费用1815万元。推动低收入农户就业、创业，落实"一户一策"帮扶措施，安排就业9408户1.25万人，其中工商企业安排就业岗位5720人、政府安排公益性岗位3356人、自主就业3399人；扶持261户低收入农户创业，落实创业项目255个。全市累计有1.85万户纳入农村居民最低生活保障，1.16万户纳入农村五保（保吃、保穿、保住、保医、保葬）供养。4.24万户7.57万人建档立卡低收入农户实现人均纯收入5000元脱贫目标，完成"十二五"农村扶贫目标任务。（张长山　刘信哲）

**■村级"四有一责"建设**　针对全市428个经济相对薄弱村（其中宝应县132个、高邮市120个、仪征市22个、江都区133个、邗江区21个），制定《2015年全市村级集体经济发展工作考核评分标准》，督促各地研究制定扶持发展的实施意见。市、县两级新增投入近5亿元，通过建设物业项目、盘活存量资产等方式，拓宽村级集体经济发展渠道，加快发展集体经济。全年新建或置换标准厂房（含第三产业商业用房）21万平方米。至2015年底，沿江地区83.2%的村集体经营性收入逾50万元，沿河地区80.3%的村集体经营性收入逾40万元。（张长山　刘信哲）

**■新农村建设**　2015年，全市有18个村参与"优美乡村"创建，37个村参与村级组织五项能力（发展集体经济能力、组织农村合作能力、服务农民致富能力、民主管理制度能力、公共事业服务能力）建设"百强村"创建，创成"优美乡村"10个、村级组织五项能力建设"百强村"30个。"十二五"期间，全市累计创成新农村建设"优美乡村"50个、村级组织五项能力建设"百强村"150个。
（张长山　刘信哲）

**■农村产权交易市场体系建设**　按照"五有"（有牌子、有人员、有场所、有台账、有信息服务平台）要求，重点抓好乡镇农村产权交易市场建设，市、县、乡三级农村产权交易信息服务平台体系实现线上线下"两个平台"同步交易。2015年，全市农村产权流转交易量3160宗，交易额突破11.5亿元，溢价1亿多元，交易量、交易额分别列全省第一、第二。宝应县、高邮市、江都区农村产权流转交易额列全省前10名，江都区、高邮市、宝应县、邗江区农村产权流转交易量列全省前10名。
（吴兆明　刘乃祥　蔡琳娜）

**■农村集体资产股份合作制改革**　推进农村集体经营性资产折股量化到本集体经济组织成员，健全非经营性资产集体统一运行管理机制，培育规范运作、制度完善、与农民结成利益连接体的村（居）经济合作社（社区股份合作社）典型40个。加强村（居）集体经济组织建设，推行村（居）"政经分开"（自治职能与经济职能分开），完善村（居）集体经济组织内部治理结构、经营管理机制和收益分配机制，实现现金分红1亿元。
（吴兆明　刘乃祥　蔡琳娜）

**■农村集体"三资"管理**　在仪征市铜山办事处红光村开展"e阳光"手机APP试点工作。开展村级集体经营性资产、资源台账建立完善工作。2015年，全市农村集体资产93.1亿元，比上年增长8.5%；实现集体经营性收入15.1亿元，平均每村137万元；村级债务得到严格控减，比上年下降4%。《高邮建立“四项机制”推动村级财务审计工作规范发展》在农业部简报《农村经营管理情况》上刊载。（吴兆明　刘乃祥　蔡琳娜）

■**农业产业化发展**　2015年，全市有县级以上农业龙头企业375家，其中国家级4家、省级50家、市级148家、县级173家，实现销售收入584.4亿元，比上年增长10.2%。创成国家农业产业化示范基地2个、省级以上农产品加工集中区7个、外向型农业出口示范基地14个，“国字号”招牌农产品16个。（张菊芳）

■**农村资源循环利用**　推进秸秆综合利用，推广秸秆机械化还田技术、秸秆多种形式利用技术，制定实施秸秆收贮利用奖励政策，推动秸秆的肥料化、能源化、饲料化、基料化和原料化利用，全市秸秆机械化全量还田面积达28.17万公顷，占稻麦种植面积的70%，秸秆综合利用率93.4%。推进以沼气工程为纽带的生态循环农业建设，帮助具有条件的种植养殖企业申报300立方米以上沼气工程项目，帮助建成沼气工程的养殖场申报大田循环项目，开展沼液、沼渣综合利用模式的技术培训与推广应用，全市沼气生态循环农业面积达0.9万公顷以上。开展农产品产地土壤重金属污染防治工作，在农产品产地土壤重金属污染普查的基础上，组织对超标区域和重点企业周边农田加密取样，对“米袋子”和“菜篮子”生产基地开展风险监测，采集、处理与检测土样860个、产品样3211个。（戴　敬）

## 种植业

■**概述**　2015年，全市实施粮食绿色增产“1120”工程(通过2～3年的努力，全市重点培育1000个百亩以上粮食生产新型技术示范主体，打造100个高产高效复合种植模式示范方，亩增纯效益200元，化肥农药农业投入品零增长)，推广高产优质新品种，推广大棚多层覆盖等新技术，推行测土配方施肥。全市粮食播种面积42.12万公顷，其中小麦播种面积18.75万公顷、水稻播种面积20.81万公顷；粮食总产量314.41万吨，粮食生产实现“十二连增”，粮食单产7465千克／公顷，创历史新高。蔬菜播种面积(含菜用瓜)5.13万公顷，总产量203.38万吨，产值81.89亿元，均比上年略有增长。推广应用蔬菜电子商务配送、蔬菜直通车进社区、蔬菜直营直销、蔬菜订单配送等4种新型销售模式，市区有扬州惠生活、宏信龙生活馆、门口街、汇银乐虎网、天仙配、润泽农超等经销蔬菜农副产品的电子商务平台6个，平价直销店50多家，市区80%以上的市直中学开展蔬菜农副产品直供配送。全市新增“三品”(无公害农产品、绿色食品、有机农产品)157个，其中无公害农产品109个、绿色食品10个、有机农产品38个，认证产品占食用农产品产量的36%。（袁秋勇　袁　霖　单　琳）

■**测土配方施肥**　创新推广手段，重点利用测土配方施肥手机短信平台、微信平台推广数字化测土配方施肥技术，通过农企对接、整建制等方式推广配方肥下地，指导农民科学施肥。全年数字化施肥技术应用面积35.01万公顷，技术覆盖率91%；配方肥用量8.09万吨，应用面积21.19万公顷。“扬州市耕地质量提升技术集成与推广应用”获江苏省农业丰收奖一等奖，自主研发的“县域测土配方施肥专家系统研制与应用”获扬州市科技进步奖三等奖，基于该系统的数字化施肥技术在全市、全省及全国项目单位中推广应用。（李文西）

■**粮食高产创建**　2015年，全市承担农业部、江苏省粮油万亩高产增效创建示范片(简称示范片)91个，比上年增加3个，其中水稻示范片65个、小麦示范片23个、油菜示范片2个、大豆示范片1个，建成示范片面积6.4万公顷。示范片增产效果显著，小麦每公顷最高单产9036千克、水稻每公顷最高单产13451千克，创全市小麦、水稻单产纪录。（袁秋勇　王曙光）

■**惠农补贴**　2015年，全市各项粮食补贴资金4.4亿元。其中，粮食直补资金6333万元，农资综合补贴资金2.73亿元，良种补贴资金9200万元，小麦“一喷三防”(小麦生长期使用杀虫剂、杀菌剂、植物生长调节剂、叶面肥、微肥等混配剂喷雾，达到防病虫害、防干热风、防倒伏)补贴资金1090万元，惠及农户74.5万户、232.4万人。（袁秋勇　王曙光）

■**“菜篮子”工程建设**　“十二五”期间市区新建蔬菜标准化生产基地766.67公顷，其中广陵区沙头镇新建蔬菜标准化生产基地666.67公顷、江都区吴桥镇新建蔬菜标准化生产基地60.33公顷、江都区小纪镇新建蔬菜标准化生产基地39.67公顷，配套建设道路、排灌等基础设施和大棚等生产设备。推进永久性蔬菜基地建设，广陵区、宝应县2013年省级“菜篮子”工程通过省级验收，江都区小纪镇2013年省级“菜篮子”工程通过市级验收。全年有8个园艺作物(蔬菜)标准园被省农委命名为园艺作物标准园建设单位。扬州乐活农业发展有限公司等3家企业成功申报2015年部级园艺作物标准化创建项目，获中央财政补助资金150万元。制定《扬州市广陵区沿江现代农业产业园促进蔬菜产销对接的管理细则》，专项扶持广陵区沿江现代农业产业园内开设蔬菜电子商务平台、开设蔬菜直销店(点)、设立蔬菜直销专柜等销售形式。沙头园区引进扬州市天鲜配电子商务有限公司，新增电子商务配送平台。市农委与市物价局、市财政局联合印发《扬州市农副产品平价商店管理细则》。（袁　霖）

■**蔬菜服务**　推广嫁接苗、组培苗、工厂化育苗等技术和喷滴灌、无纺布、防虫网、遮阳网等配套栽培设施的应用。开展生产信息监测，按季度全面监测大白菜、黄瓜等20种主要蔬菜的种植面积、产量等，收集、整理、分析、上报蔬菜生产动态信息，形成生产形势分析材料，利用润扬农网、扬州农业微信群和江苏蔬菜园艺产销网等平台发布生产信息。先后开展2014年度主要蔬菜生产情况、2015上半年蔬菜生产情况、暴雨灾害对蔬菜生产影响情况、2015年蔬菜产销情况调查统计。4月，组织蔬菜生产技术、管理人员及种植大户到山东省寿光市参加第16届中国(寿光)国际蔬菜科技博览会。同月，在江都区吴桥镇开展"三下乡""四主推"(主推品种、主推技术、主推配方肥、主推农药推介发布)活动，发放蔬菜新品种300多袋、技术资料200多份。全市有10人被省园艺学会、省农业委员会园艺处评为全省园艺推广先进个人。（袁 霖）

## 林业

**■概述** 2015年，全市完成成片造林2080公顷。创成省级绿化示范村87个。新建果树、花木等高效林业面积1000公顷。全市有茶园2254.39公顷，茶叶年产量732.22吨；有果园4749.2公顷，水果年产量6.89万吨。至2015年底，全市森林覆盖率21.1%，林木覆盖率达23.04%。

（孙羊林）

**■生态中心建设** 市委、市政府将生态中心建设纳入"54321"重大项目(即"54321"中1个10平方千米以上的生态中心)。市长朱民阳率相关部门负责人分赴各生态中心检查指导工作。市政府召开全市生态中心和旅游度假区建设工作会议，印发《关于进一步做好生态中心建设的意见》。加快推进全市生态中心建设，分别是宝应湖生态中心、高邮清水潭生态中心、仪征枣林湾生态中心、江都仙城生态中心、邗江蜀冈生态中心、广陵夹江生态中心、生态科技新城"七河八岛"生态中心、瘦西湖生态中心和三湾生态中心，面积近2万公顷。

（孙羊林）

**■自然湿地保护** 2015年，全市新增自然湿地保护面积116.02公顷，恢复湿地面积331.8公顷，受保护湿地面积3.49万公顷，占当年省核准自然湿地面积的42.49%，自然湿地保护率42.5%。（郝奇林）

**■村庄绿化** 2015年起，全市计划用3～5年时间全面开展村庄绿化建设。全年重点推进6个乡镇、117个行政村、1694个自然村绿化建设。各县(市、区)采取整体推进乡镇、整体推进行政村及试点自然庄台的方式，做好群众沟通、土地流转、资金筹措、苗木调运、新苗栽植等工作。全年村庄共栽植苗木300多万株。

（孙羊林）

**■美国白蛾疫情防控** 全市加大美国白蛾诱捕器布设密度和监测频次，实行定点、定时、定人、定责监测调查制度，重点监测宝应县、高邮市、仪征市所辖区域内的主要交通干线两侧、苗圃地、果园、木材加工企业、新建重点绿化工程等。结合林业有害生物普查，组织开展杨树、桑树、楝树、构树等美国白蛾主要寄主植物上网幕监测调查，及时上报疫情，做到第一时间发现，第一时间现场除治。

（纪开燕）

**■林业有害生物普查** 开展林业有害生物普查工作，成立普查工作领导小组，制定普查工作实施方案，开展普查技术培训，组建专业队伍。全市共设踏查线路28条，其中宝应县4条、高邮市5条、仪征市7条、江都区4条、邗江区3条、广陵区1条，3个功能区4条，重点调查境内防护林、外环林、水源涵养林、风景林、经济果林和苗木基地等，主要调查杨树、柳树、桃树、葡萄、香樟、水杉、枫杨、榉树、女贞、竹子、银杏、樱花、桂花等树种，拍摄有效照片1780多张。经普查发现主要病害有白粉病、煤污病、丛枝病、炭疽病、黑星病、锈病、穿孔病、红点病、叶枯病、霜霉病等70多种(其中鉴定32种)，主要虫害有鞘翅目、鳞翅目、半翅目三大类及少部分直翅目、双翅目、膜翅目、脉翅目等350种(其中鉴定220种)，有害植物2种，天敌18种。

（纪开燕）

**■城市森林生态系统国家定位观测研究站列入国家生态站名录** 扬州城市森林生态系统国家定位观测研究站获国家林业局批准，被列入2015年度国家陆地生态系统定位观测研究站网生态站名录。扬州城市森林生态系统国家定位观测研究站位于江淮平原丘陵落叶常绿阔叶林及马尾松林区，主站址设在扬州市区东北部茱萸湾风景区内，辅站区分别位于蜀冈-瘦西湖风景名胜区、古运河风光带、润扬湿地公园等地。围绕数据积累、检测评估和科学研究等任务，为城市森林规划布局、经营管理及城市生态环境治理提供技术支撑。

（孙羊林）

**■第九次森林资源清查** 6月，全市开展第九次森林资源清查工作，组建调查队伍9支46人。8月，共调查固定样地554个、生态小样方17个，完成第九次森林资源清查工作并通过国家林业局、省林业局检查组的审定。第九次森林资源清查调查成果用于建立或更新森林资源档案，实行森林生态效益补偿和森林资源资产化管理，指导和规范森林科学经营。

（黄 健）

## 畜牧业

**■概述** 2015年，全年生猪出栏132.72万头，比上年减少2.2%；年末生猪存栏72.72万头，减少1.6%。生猪规模养殖比重64.67%。家禽出栏4183.71万只，增加1.6%；家禽存栏1463.77万只，减少1.9%。仪征新扬鸡场、宝应庭余鸡场创成农业部标准化示范场。肉类总产量18.16万吨，减少0.3%。奶牛存栏4200头，牛奶产量1.27万吨。全市创成省级生态健康养殖示范场12家。组织全市春、夏、秋三大动物防疫行动，重大动物疫病应免密度保持100%，免疫抗体水平常年保持在80%以上。全年未发生重大动物疫情和畜产品质量安全事故。（段宝法）

**■畜产品质量安全监管** 实施"放心肉"工程，重点推进动物卫生监督体系、畜禽屠宰体系、病死畜禽无害化处理体系建设。创新畜产品质量安全监管模式，全面推行“一栏二书二表”（公示栏，告知书、承诺书，记录表、监管表），落实畜禽生产经营单位动物防疫和畜产品质量安全的主体责任；创新“五化”模式（监管对象全域化、监管体系网格化、监管工作常态化、监督抽检科学化、监督执法痕迹化），落实监督执法机构的监管责任。开展“瘦肉精”、生鲜乳、兽药、饲料专项整治行动，各类抽样检查合格率99%以上。全面实施动物检疫电子出证，全市建有动物报检点328个，设立电子出证点415个。探索病死畜禽无害化处理模式，实行“乡收集，县运送，场集中处理”，该模式得到省农委认可。试点实施《饲料质量安全管理规范》，扬州通威饲料有限公司被省农委评为江苏省《饲料质量安全管理规范》示范企业。（段宝法）

■**生猪屠宰治理** 市农委承接畜禽屠宰监管工作，调整落实生猪屠宰管理职能，开展生猪屠宰清理整顿工作，关闭不合格生猪屠宰企业2家。强化屠宰环节病死猪无害化处理监管，升级改造市区3家屠宰企业监控系统。至年底，全市有生猪定点屠宰企业18家，其中8家取得屠宰许可证。（段宝法 张 斌）

■**乡镇畜牧兽医站建设** 全市推进“五有”（有独立建制机构、有固定工作场所、有基本服务手段、有定编专业队伍、有稳定财政保障）乡镇畜牧兽医站建设，邗江区制定乡镇畜牧兽医站相关管理规定48项，统一制作张贴上墙，投入339万元改扩建乡镇畜牧兽医站3个；仪征市、广陵区分别改造乡镇畜牧兽医站2个；江都区成立基层动物卫生监督分所6个，招考工作人员30人。组织全市畜牧兽医人员参加2015年全国执业兽医师资格考试，93人取得全国执业兽医师资格证书。（段宝法）

■**“最美乡村兽医”评选** 市农委开展寻找“最美乡村兽医”活动，经各县（市、区）推荐、公示、综合评审，评出“扬州市最美乡村兽医”10人。仪征新集镇兽医站钱海燕被省农委授予“江苏省最美乡村兽医”提名奖。（段宝法）

## 渔业

■**概述** 2015年，全市水产养殖面积7.87万公顷，比上年增加700公顷。其中，池塘面积5.12万公顷，比上年增加500公顷。全市特种水产养殖继续保持稳步增长，养殖面积6.89万公顷。高效渔业面积6.25万公顷。新增设施渔业面积0.27万公顷，累计2万公顷。全市水产品总产量39.85万吨，其中水产养殖产量36.83万吨。全市建成省级现代渔业产业园区2个、省级渔业精品园2个、市级渔业产业园区6个。实现渔业产值135.1亿元。（李荣福）

■**渔业养殖设施改造** 2015年，全市新建标准化池塘400公顷，每个标准化池塘均在133.33公顷以上。新建标准化池塘主要集中在江都区、宝应县和高邮市。其中，江都区新建标准化池塘166.67公顷（小纪镇新建标准化池塘133.33公顷）；宝应县新建标准化池塘133.33公顷，主要集中在射阳湖镇。全市清淤改造池塘9133公顷，加固外围圩堤和池塘池埂，疏浚进排水水系，硬质护坡27.3万平方米。（李荣福）

■**渔业品种更新** 2015年，重点推广“长江1号”河蟹、“南太湖2号”罗氏沼虾和台湾泥鳅等新品种。全市罗氏沼虾育苗35.1亿尾，其中“南太湖2号”罗氏沼虾品种23.6亿尾，占总产苗量的67.24%。高邮市江苏董氏特种水产有限公司与中国科学院水生生物研究所合作建立院士工作站，扩大繁育全雄黄颡鱼，生产黄颡鱼苗3亿尾、鳜鱼苗4000万尾。以江都渌洋湖水产养殖场为首的连片异育银鲫繁育区繁苗160亿尾，成为省内最大的水产苗种基地之一。（李荣福）

■**渔业培训服务** 2015年，全市举办各类水产技术培训班300多期，培训水产养殖户2万多人次。重点建设现代渔业产业园区、精品园和示范基地（场），推广微孔增氧、增氧活水机、物联网等新型渔业装备。4月，在江都区吴桥现代农业产业园区开展农业专题“三下乡”活动，发布2015年重点推广渔业新品种、新技术和新模式信息。8月，联合扬州大学动物科学与技术学院组织全市水产技术人员知识更新培训2期。（李荣福）

■**渔业质量安全** 市农委制定并实施水产品质量安全建设计划、例行抽检计划和执法监督抽检计划。推广生态健康养殖模式和安全水产品生产技术，推进渔业标准化和水产健康养殖示范场建设，将传统药物防治水产病的方式改为以生态预防为主的健康养殖方式。截至2015年底，全市建成全国水产健康养殖示范场46个，认定无公害水产品基地107个、面积4.88万公顷，水产品“三品”（无公害农产品、绿色食品、有机食品）覆盖率65.58%，认定无公害水产品206个、绿色水产品12个、有机水产品56个。开展水产苗种、渔用饲料、渔药等渔业投入品检查和水产养殖单位执行渔业标准与规范情况专项检查，采取例行抽检和执法监督相结合、常规检测和现场快速检测相结合、水产品产地准出和市场准入相结合等综合治理方法，全市在水产品质量安全例行抽检和执法监督抽检中水产品抽样合格率均达100%。（李荣福）

■**渔业经济效益** 2015年，全市水产品价格比上年下降2%，其中河蟹和常规鱼养殖效益保持稳定，罗氏沼虾养殖效益上行。常规鱼连片养殖池塘平均每公顷纯效益1.5万～4.5万元，最高6万元；罗氏沼虾养殖池塘平均每公顷纯效益2.4万～4.5万元，最高13.5万元；河蟹养殖池塘平均每公顷纯效益1.5万～3.6万元，最高9万元。（李荣福）

■**高宝邵伯湖渔业** 2015年，江苏省高宝邵伯湖渔业管理委员会办公室组建高宝湖现代渔业联盟。联合中国农业银行扬州市分行在全省率先实现国有水域养殖权抵押贷款“富渔贷”。举办渔民培训13场，615人次参训。组织渔民团购鳜鱼夏花19.6万尾、鳙鱼夏花5.5吨，为渔民节约20.5万元。开展高邮湖、宝应湖水花生联合整治，打捞水花生1800吨。举办苏皖联合放流、第六届放鱼节、农业部主题增殖放流、庆祝扬州建城2500年放鱼等活动，全年投入放流资金819.2万元，放流鳙鱼、草鱼、中华绒螯蟹、花白鲢夏花等各类鱼蟹苗种365.5吨、8334万尾(只)。加强封湖禁渔管理，查处禁渔期违法捕捞案件40件，比上年下降36.51%，向公安机关移送涉嫌破坏环境资源保护罪案件8起。12月8日，全省内陆第一艘100吨级渔政船——“中国渔政32239”在高邮湖首航。率先开启“数字渔政”模式，利用无人机实现内陆养殖水域动态化监管。建成不拦网式河蚬增殖试验区1333.33公顷、人工鱼巢66.67公顷；在高邮湖建成放流苗种暂养区566.67公顷；推广网围套养罗氏沼虾66.67公顷。全年高宝邵伯湖区完成渔业总产量1.72万吨(不含水生植物)，比上年增长2.99%。其中，养殖产量8756吨，下降3.47%；捕捞产量8472吨，增长10.63%。湖区渔业实现总产值2.42亿元，下降15.38%。其中，养殖产值1.27亿元，下降31.35%；捕捞产值1.15亿元，增长13.86%。渔民人均渔业纯收入9691元，下降11.33%。 (眭洁如)

## 农业综合开发

**■概述** 2015年，全市完成国家和省级农业开发项目总投资3.89亿元，比上年增长5.7%。其中，争取财政无偿资金3.17亿元，比上年增加6895万元，增长27.75%。宝应县高标准农田整县推进试点项目立项，投资近6亿元，分3年实施，这是扬州市迄今为止农业单项投资最大的项目，也是苏中地区唯一的高标准农田整县推进项目。

全市争取国家和省级农业开发土地治理项目资金2.69亿元，其中财政资金2.55亿元，改善农田基础设施1.39万公顷，建成高标准农田1.26万公顷。全市建成江都小纪、樊川等高标准农田建设示范点，累计建成高标准农田16.17万公顷，占耕地面积的56.89%。全市农业开发项目区新建田间道路213千米、农桥203座、排灌站302座、衬砌渠道360千米，植树20万株。通过各类工程建设，项目区新增灌溉面积1490公顷，改善灌溉面积9120公顷，新增有效耕地面积260公顷，新增粮食产量2.01万吨、油料393.5吨，新增种植业总产值4995万元，项目区农民增收4965万元。

全市争取国家农业开发产业化经营项目和省级丘陵山区项目42个，项目总投资1.2亿元，其中财政无偿资金6224万元，扶持宝应格林蔬菜、高邮元鑫冷冻食品、江都金运农业、仪征白沙茶叶、邗江志祥花木、广陵三和四美等农业产业化龙头企业和农民专业合作组织。争取省产业化试点项目1个，获财政资金800万元。 (冯龙庆)

**■国家农业综合开发项目** 2015年，全市争取国家农业开发项目总投资3.45亿元，比上年增加3405.45万元，增长10.95%。其中，财政资金2.88亿元，比上年增加6938万元，增长31.8%。

国家农业开发土地治理项目主要为高标准农田建设项目22个，总投资2.59亿元(其中财政资金2.45亿元)，治理面积1.26万公顷。全年在项目区新建田间水泥路(或砂石路)169.99千米，建设衬砌渠道296.03千米，建设农桥198座，新建或拆建排灌站287座，培训农民2540人次，建设农田林网513公顷。

争取国家农业开发产业化经营项目26个，其中财政补贴项目18个(其中一般财政补贴项目17个、产业化经营试点项目1个)、贷款贴息项目8个；项目总投资8615.87万元，其中财政投资4238万元；扶持农业产业化龙头企业15家、农民专业合作组织11个。18个财政补贴项目共投入财政资金3450万元，包括高邮市8万吨富硒优质稻米加工及266.67公顷标准化种植基地改扩建项目、宝应县72.33公顷淡水鱼养殖基地改扩建项目(2014年补充申报项目)、宝应县20公顷设施蔬菜种养基地改扩建项目、宝应县66.67公顷河蟹良种养殖基地改扩建项目、宝应县1800吨优质蔬果种植基地新建项目、宝应县13.33公顷设施蔬菜种植基地改扩建项目、高邮市年出栏1.5万头商品猪扩建项目、高邮市2500吨特种水产品冷冻储藏扩建项目、高邮市新增5万只高邮麻鸭蛋鸭养殖基地扩建项目、高邮市6000吨金针菇栽培改扩建项目、高邮市20公顷果品种植基地扩建项目、仪征市140吨鲜茶种植基地改扩建项目、江都区新增5000吨良种仓储加工扩建项目、江都区300吨水产品冷藏保鲜新建项目、江都区新增1000吨金花菜储藏保鲜扩建项目、江都区20公顷设施无公害蔬菜改扩建项目、邗江区300万株花卉育苗基地新建项目、广陵区3000万只速冻包子生产加工扩建项目。 (冯龙庆)

**■省级丘陵山区农业综合开发项目** 2015年，全市实施省级丘陵农业综合开发项目16个，建设面积580公顷，总投资2982.57万元，其中财政投资1807万元(含省级财政资金1620万元、市县财政配套187万元)，重点扶持丘陵山区经济林果、花卉苗木、特色蔬菜、畜禽养殖和生态观光农业等产业发展。仪征市作为丘陵山区项目重点县，共实施10个项目，分别是仪征清水林果苗木基地项目、仪征头甲王观光林果基地项目、仪征惠田经济林果基地项目、仪征登月岛观光苗木基地项目、仪征弘润观光苗木基地项目、仪征震裕和果树苗木基地项目、仪征光华观光林果基地项目、仪征青春花卉苗木基地项目、仪征星裕家庭农场苗木基地项目、仪征天祐观光苗木基地项目。高邮市实施3个项目，分别是高邮菱塘朴树基地项目、高邮送桥种草养鹅基地项目、高邮菱塘花卉苗木基地项目。邗江区实施3个项目，分别是扬州德赛家庭农场林果基地项目、扬州秋硕农业科技园优质林果基地项目、扬州迈新花卉苗木基地项目。

通过项目实施，项目区新建塘坝1座、排灌站2座，铺设防渗渠道31.39千米，埋设管道800米，铺筑田间道路4.33千米，配套田间建筑物389座，其中过路涵49座；新建喷、滴灌设施32公顷、禽类房舍8400平方米、隔离围网4300平方米；新增果园面积25公顷、花卉苗木种植面积190公顷、牧草种植面积30公顷。（杜　平）

**■省级高沙土项目**　2015年，全市省级高沙土农业综合开发项目总投资1009.55万元，其中财政资金1000万元、群众自筹9.55万元。项目涉及江都区浦头镇、宜陵镇、仙女镇和广陵区头桥镇，治理高沙土面积667公顷。项目区新建排灌站9座、机耕桥3座、中沟涵洞5座，铺设防渗渠22.52千米，铺筑水泥路10.2千米，配套田间建筑物470座，造林47公顷。项目区新增灌溉面积120公顷，改善灌溉面积453公顷；新增除涝面积53公顷，改善除涝面积467公顷；年节约水量51.6万立方米。项目区农民增收361万元。

（杜　平）

## 农业机械化

**■概述**　2015年，全市农机总动力达263.37万千瓦，比上年增加11.07万千瓦，增长4.39%。全市拥有85马力以上大拖拉机4165台、联合收割机7434台、乘坐式插秧机2366台。农业综合机械化水平83.6%，比上年增长1.4个百分点。新增广陵蔬菜园、仪征茶叶园、高邮花木园等高效农业机械化示范园区3个，全市高效农业机械化水平47%，比上年增长2个百分点。

（马　勇）

**■农机化投入**　2015年，全市农机化总投入2.19亿元，其中中央和省级财政资金1.89亿元、市级财政投入1000万元、县级财政投入2020万元，分别比上年增长13.7%、15.3%、8.7%。购机补贴资金首次超1亿元，达1.11亿元，比上年增加3205万元，增长41%。全市新增高速插秧机709台、85马力以上大拖拉机1383台、自走式喷杆喷雾机69台、粮食烘干机212台。（马　勇）

高邮城南新区犁耕翻现场　　郑红梅/摄

**■农机社会化服务**　承办农业部、省农机局组织的各类活动11次，其中部级活动3次。3月13日，全省春耕备耕"送农机、送科技、送服务"下乡暨农机"3·15"活动在高邮市送桥镇举行。6月1日，全省夏季秸秆机械化还田现场会在邗江区公道镇召开。召开新型农机主体社会化服务现场观摩会。组织各县(市、区)主要负责人到淮安市、宿迁市考察学习新型农机服务主体培育、推进社会化服务建设方面的经验。印发《关于加强农机大户和农机合作社建设的实施意见》。联合国土部门协调解决农机大户、农机合作社设施农用地难题。扶持200平方米以上的农机库20座、三级以上维修资质的农机合作社维修点6个。全市新增农机专业合作社15个，总数521个。摸底调查农机原值50万元以上的农机规模大户303个，并建立名录。各类农机服务组织作业面积占机械化作业总面积的55%，比上年增长8个百分点。全市发放跨区作业证3768张，跨区机收面积79.48万公顷、机耕面积9.23万公顷、机插秧面积1.04万公顷，跨区作业总收入6.92亿元。（马　勇）

**■农机作业水平**　开展粮食生产全程机械化示范乡镇创建活动，4个试点乡镇中高邮经济开发区、江都区邵伯镇、江都区宜陵镇达到创建标准。全市水稻机插秧面积15.45万公顷，比上年增长2%，机插率79.6%；小麦机(条)播面积8.22万公顷，比上年增长95.7%，机(条)播率42.4%。夏季麦秸秆机械化全量还田面积16.65万公顷，还田率85.6%，比上年增长2个百分点；秋季稻秸秆机械化全量还田面积11.51万公顷，还田率55.2%，比上年增长2.7个百分点。推广犁翻还田技术，全市犁翻还田3.62万公顷，比上年增长8.87倍。（马　勇）

**■农机安全生产**　全市新发拖拉机牌证2066套，完成1.84万台拖拉机年检；新发联合收割机牌证1298套，完成6608台联合收割机年检；785人申领拖拉机或联合收割机驾驶证。拖拉机、联合收割机综合"三率"(挂牌率、年检率和驾驶员持证率)分别为98%、95%。联合公安、交通等部门开展路检、路查98次，查处各类违章609起，实施行政处罚473次，排查治理各类农机事故隐患899起，整改率100%。宝应县创成国家级"平安农机"示范县。（马　勇）

**■农机人才队伍建设**　2015年，全市举办基层农机人员培训班、农机修理工高级培训班、烘干机培训班，培训各类农机从业人员2.1万人次。举办农机获证奖补培训鉴定班42期，农机职业技能鉴定合格2674人。举办第四届扬州市技能状元大赛农机修理工竞赛，这是市政府首次将农机修理工工种纳入全市竞赛范围。高邮市卸甲镇农机手邱红星在全国农业职业技能大赛中获总成绩第五名。

（马　勇）

# 工业

Gongye

编　辑　贾丽琴

## 综述

**■概况**　2015年，全市规模以上工业完成总产值9822.98亿元，比上年增长8.4%；工业增加值2250.23亿元，增长10%；实现主营业务收入9383.1亿元，增长7.6%；实现利税1085.8亿元，增长7.1%；实现利润624.4亿元，增长6.4%。全年完成工业用电量152.49亿千瓦时，增长3.1%。五大千亿级产业累计完成产值6791.6亿元，增长8.6%。其中，汽车产业完成产值1326.1亿元，增长16.5%；机械装备产业完成产值3398.8亿元，增长8.1%；新能源和新光源产业完成产值671.6亿元，增长16.5%；石化产业完成产值1076.4亿元，下降3.4%；船舶产业完成产值318.7亿元，增长6.9%。新兴产业完成产值2895.8亿元，增长10.1%；其中"三新"（新能源、新光源、新材料）产业完成产值1137.8亿元，增长11.6%。

重点工业企业贡献明显。全年有产值超过1亿元的工业企业1463家，比上年增加19家，占全市规模以上企业的53.0%；完成产值9221.8亿元，占全市规模以上工业的93.9%。其中，产值100亿元以上的企业6家、50亿～100亿元企业13家，30亿～50亿元企业21家，10亿～30亿元企业131家，5亿～10亿元企业233家，1亿～5亿元企业1059家。

全年新开工重大工业项目50个，沿江100亿元、沿河50亿元重特大项目实现新一轮全覆盖，其中汽车、机械装备等基本产业项目32个，"双高"（高新技术产业化、高新技术改造传统产业）项目34个。上海大众仪征基地新增10万辆整车项目建成投产、30万台发动机项目开工建设，723所军民融合产业园开工建设，投资50亿元的宝胜电缆科技城项目建成投产；2013—2015年竣工的65个项目开票销售、入库税收分别占规模以上工业的18%、25%。强化技改项目效能。出台《扬州市大力实施技术改造推进制造业转型发展的意见》和企业技改券政策。实施重点技术改造项目150个，完成投资191.2亿元。在建工业重大项目中，汽车、机械装备项目占62.7%，"双高"项目占64.6%。全年完成工业集中区基础设施投入8.7亿元，新建标准厂房64万平方米，其中高标准厂房17.9万平方米，新建13个公共服务平台；新创成2个"省特色产业集群(集聚区)"；市直工业"退城进园"工作取得阶段性成果，列入市直工业企业"退城进园"的企业共有25家，已有17家企业完成搬迁交地。

（李　晖　刘东宁　杨　志）

**■工业投资**　全市完成工业投资1511亿元，比上年增长13.6%；完成工业技改投入1005亿元，比上年增长27.2%；累计完成设备抵扣税14.95亿元，比上年下降5.25%。

全市累计实施工业重大项目167个，计划总投资1978亿元，累计完成投资585亿元。其中，50个新开工项目计划总投资498亿元，完成投资142亿元。集中开工的39个工业重大项目，有31个通过开工认定，认定率79.5%。

全年新开工工业重大项目50个、新竣工工业重大项目28个，项目质态不断优化，基本产业成为投资重点。50个新开工项目中，汽车、机械等基本产业项目共32个，占64%；全部实施项目中，汽车、机械装备等基本产业项目分别为28个和74个，占61%，计划总投资1145亿元，累计完成投资872亿元。50个新开工项目中，"双高"项目34个，占68%。

实施"1532"重点技术改造项目〔全年滚动实施总投资1亿元以上工业技术改造项目150个以上，其中企业智能化改造项目50个以上、绿色化改造项目30项以上、工业强基改造项目20个以上。技术设备投资占项目固定资产投资比重达70%以上，重点骨干企业力争50%以上装备达到国际先进水平，认定省级首台(套)重大装备50项以上；工业机器人使用密度达30台/万人，培育50项机器人智能生产线示范工程，创建10个以上省级智能制造示范车间〕，建立重点项目库。全市完成工业技改投入1005亿元，比上年增长27.2%，总量首次突破千亿元大关，占全部工业投资的66.5%。150项重点技改项目中，"双高"技改项目占52.7%，汽车、机械装备、石化等五大产业项目累计完成技改投入占全部技改投入的比重70.3%。（李　晖　刘东宁）

**■节能降耗**　组织实施绿色发展"三百工程"。实施百家企业能源管理提升工程。编制企业能源管理手册，举办7场企业能源管理提升工程专题培训班，培训企业约100家，培训企业能源管理人员230人次，发放企业能源管理手册约300本，指导企业建立和完善能源管理台账和制度。开展百家企业绿色发展诊断工程。委托中国质量认证中心南京分中心、省节能技术服务中心等节能机构的专家走进100家重点用能企业，开展绿色低碳发展技术推广和咨询诊断活动，指导企业理顺能源利用的重点环节和主要流程，分析企业能源利用现状，查找企业能源利用中存在的问题，制定相应的节能改造方案，形成节能诊断报告。通过开展节能诊断，梳理出综合改造方案75项，实施后年可节能18.7万吨标准煤。推进百项节能技术改造重点工程。开展节能技术推介，对26家使用锅炉(窑炉)的重点企业进行“烟气净化及余热回收一体化”节能技术推介。节能专项资金扶持，运用省、市、县三级节能专项资金支持企业实施节能技术改造项目63项，奖励资金1923万元。通过实施节能技术改造重点工程，全年累计推动实施节能改造项目101项，实现节能20万吨标准煤。

开展节能低碳行动。发布《扬州市2015年节能减排低碳发展行动实施方案》，加强节能减排的刚性约束。实施万家企业节能目标考核，对全市45家企业开展2014年度考核，全年累计实现节能20.76万吨标准煤。推进能源管理体系建设，全市45家重点企业开展体系建设工作，有23家企业通过能源管理体系认证或评价，另有20余家企业完成体系编制和试运行工作。

突出重点行业、重点企业、重点领域，推动实施循环经济、清洁生产、资源综合利用。发展工业循环经济，重点推进废旧纤维、工业尾气、建筑垃圾、秸秆等“三废”的利用，累计实施循环经济项目22个。开展清洁生产，分解下达清洁生产审核计划，累计实施清洁生产企业80家。推进生物质、废塑料、废旧铅酸蓄电池等大宗资源的综合利用认定工作，累计开展资源综合利用审核企业71家。

通过关闭、升级改造等方式化解147万载重吨造船产能，占全省2015年船舶行业化解过剩产能总量的55%。淘汰落后(低端)产能，落实铅蓄电池、铸造、纺织等行业淘汰落后产能任务6项，淘汰铅蓄电池行业310万千伏安时极板、288万千伏安时组装产能，纺织行业1万吨纱锭、电镀行业1000吨镀铬的落后产能。

(李　晖　刘东宁)

**■科技创新与质量管理**　推进企业研发机构建设。组织召开全市企业创新能力建设推进大会，开展省级企业技术中心业务培训，对200家企业进行专题辅导，组织优秀企业交流创新体系建设成功经验，推进企业技术中心提档升级，全年获批省级企业技术中心16家，累计170家，居全省第三位；帮助4家企业实现省级企业技术中心更名，完成125家企业省级企业技术中心复评，认定市级企业技术中心98家。推进企业技术创新。组织实施创新能力建设、新技术新产品研发和推广、质量攻关三类重点技术创新项目200个，其中158个项目入选省重点技术创新项目计划，居全省第五位；引导和推动全市工业企业实施创新升级计划，4家企业获批江苏省创新示范企业；开展重大装备(首台套)保险补偿试点工作，突破首台套初期应用市场瓶颈，加快重大装备推广应用，促进装备制造业高端转型，4家企业获得保险补偿资金。推进质量强企。指导帮助亚普公司申报全国质量奖，组织8家企业参加工信部全国质量标杆学习交流；强化品牌培育，扬杰电子公司获批工信部工业品牌培育示范企业，亚威股份公司等4家企业被认定为品牌培育试点企业，宝胜集团、华富储能公司被认定为江苏省“自主工业品牌五十强”，邗江区数控成形机床产业集群获批第二批全国产业集群区域品牌建设试点。

(李　晖　刘东宁)

**■工业集中区**　贯彻落实市政府关于集中区整合提升和特色发展的政策意见，推动各地完善配套政策，组织开展首批专项资金项目申报，兑现奖励资金1532万元。2015年，全市工业集中区完成基础设施投入8.7亿元，新建标准厂房64万平方米，其中高标准厂房17.9万平方米。新建杭集科技企业孵化中心、曹甸教玩具文化创意综合平台和教玩具物流园、医疗器械研究中心头桥分所等13个公共服务平台，各类服务平台总数112个。推进特色产业园创建。完善特色产业规划，做大做强龙头特色企业，带动中小企业开展产业协作配套，增强特色产业发展后劲，创成省特色产业集群(集聚区)2个，累计12个，位列全省第四位；新创成市特色产业园4家，累计14家，特色产业园占比37%。全市工业集中区特色产业集聚度53%，比上年提高3个百分点。在建亿元以上项目143个，总投资311亿元。其中10亿元以上重大项目39项，占全市的34%。开展驻点招商、委托招商，聚焦对接上海(苏南)，共签订138个招商项目，计划总投资203亿元；江都仙城、市环保科技园、广陵头桥等3个工业集中区与上海相关园区签订园区合作协议。

(李　晖　刘东宁)

**■中小工业企业**　2015年，全市工业中小企业完成开票销售2677.2亿元、入库税收135.6亿元、用电量109.3亿千瓦时，分别占全市工业总量的66.6%、67%、71.7%，分别比上年下降1.2%、增长8.9%、增长10.4%。工业小微企业完成开票销售1924.6亿元、入库税收90.6亿元，分别比上年增长2.4%、6.7%。小微企业开票销售和入库税收均超全市工业总量的45%。

新能源产业实现开票销售56.6亿元、入库税收9899万元，分别增长26.8%、71.9%；石化产业实现入库税收10亿元，增长32.3%，增量达2.4亿元；汽车产业实现开票销售203.9亿元，下降2%，入库税收9.9亿元，增长9.2%；船舶产业实现开票销售33.2亿元、入库税收6489万元，分别下降1.1%、36.7%；新光源产业实现开票销售47.1亿元、入库税收1.9亿元，分别下降2.1%、增长

15.6%;机械装备产业规模以上中小企业中实现开票销售454.4亿元、入库税收19.6亿元,占规模以上中小工业比重26.3%、24.2%。

加快专精特新发展。实施“专精特新”企业培育计划。扬杰电子公司、罗思韦尔公司、尼尔工程公司、宏远电子公司4家企业获批为省级科技小巨人企业。创成省五星级数字企业4家,省“专精特新”产品4件。至年末,全市已累计创成省级“专精特新”产品21个、市“专精特新”示范企业68家、培育企业706家、省五星级数字企业24家、市三星和四星级数字企业598家。

（李 晖 刘东宁）

**■煤炭工业** 2015年,扬州市煤炭企业生产煤炭65.57万吨,比上年下降10.8%;其中市属煤矿生产煤炭45.92万吨,比上年增长15.43%。实现营业收入2.09亿元,比上年下降33.04%,其中市属煤矿1.52亿元,比上年下降19.28%。实现利润总额-7222万元,其中扬州市矿务局利润总额-5493万元。扬州市矿务局实现“零死亡”,再次实现安全年;至年底,王庄煤矿、振兴煤矿、旭东煤矿、徐州变电所、贵州变电所分别连续安全生产4183天、753天、3848天、7497天、3356天;6月30日,宝应县拾屯煤矿发生一起死亡1人的顶板事故。2月,振兴煤矿通过贵州安监部门组织的安全生产检查验收,取得安全生产许可证,90万吨/年矿井技改完成。化工园区水煤浆项目环评报告获通过,取得征用土地批文。

（朱介堂）

**■建材工业** 2015年,扬州市建材行业协会会员单位共完成工业总产值77.83亿元,比上年下降12.6%。

水泥生产。全市正常生产的7家水泥企业共生产水泥830万吨,比上年增长77.2%;完成工业总产值22.11亿元,比上年增长80.3%。

商品混凝土生产。至年末,全市混凝土企业数60家,能正常运行的有53家。全市共生产混凝土1000万立方米,比上年下降19.4%;完成产值30亿元,比上年下降27.7%。

建材钢结构生产。全市钢结构企业实现工业总产值25.72亿元,比上年下降27.1%,实现利税1.64亿元,比上年下降12.3%。 （张学明）

**■扬州工业资产经营管理有限责任公司** 2015年,扬州工业资产经营管理有限责任公司实现现价产值24.8亿元、销售20.7亿元、利税1.2亿元、利润5077万元,基本与上年持平。完成工业投入1.7亿元。全系统未发生各类重、特大安全生产、道路交通和火灾事故。

项目建设。对重点项目成立协调服务小组,开展跟踪、督查、协调、服务。扬州晶新微电子有限公司4英寸5英寸生产线改造项目、亲亲万吨冷储物流有限公司一期冷库建设项目、江苏凤凰扬州鑫华印刷有限公司印刷扩建联动项目全部完成。中电科技扬州宝军电子有限公司(简称宝军公司)北斗成果产业化项目完成省级验收。

调整结构,促进产业优化升级。加强科技创新。全年科技投入6000万元。宝军公司获批省技术中心,单脉冲宽带相控阵天线获省高层次创新创业人才计划项目立项。调整产品结构。全年累计开发新产品68项。推进和开展产学研活动,提高企业自主创新能力。宝军公司与东南大学合作的“XXX北斗终端抗干扰天线研究”项目获总装备部立项。重视自主知识产权,申报专利。全年申报专利8件,获授权专利6件,其中发明专利2件。

推进退城进园,加快企业重组。完成四菱公司的股权重组,中航工业收购港方51%股权。扬州华源有限公司和扬州布厂的破产清算工作接近尾声。扬州市天润无纺布有限公司、扬州晶来电子有限公司和扬州中芯晶来半导体制造有限公司、原江扬集团万福厂区完成拆迁交地。

关注民生。全年接待上访234批1134人次,处理信访件22件。协调处理集访事件,协调处理历史遗留问题。做好军转干部、内退协保人员的稳定工作和对老干部的服务工作。推进自管公房解危。全年完成自管公房解危61户1830平方米,配合地方政府完成367户1.62万平方米的拆迁工作。

（韩 鸣）

**■扬州工艺美术集团有限公司** 2015年,扬州工艺美术集团有限公司先后制定《扬州工艺美术集团有限公司“三重一大”决策制度的实施办法》《关于加强原材料采购的管理规定》《关于加强协作加工的管理规定》《中高档精品销售管理规定》《集团公司经营人员廉洁从业规范》等五项制度,规范企业管理。坚持精品战略和新品研发,优化产品结构。落实迎接城庆2500周年精品创作计划,完成迎城庆2500周年精品和旅游纪念品创作任务,举办扬州城庆2500周年工艺精品展。将非物质文化遗产(简称“非遗”)集聚区建设作为转型机遇,做好各项项目实施准备和推进工作,确保“扬州486”非物质文化遗产集聚区第一阶段建设任务完成。开展第七届扬州市工艺美术大师评审认定工作,命名35名市工艺大师。举办第十届中国玉石雕精品博览会、2015中国漆器艺术精品展和中国(扬州)工艺品博览会、第16届中国工艺美术大师作品暨国际艺术精品博览会。

9月25日,扬州工艺坊改造提升项目——“扬州486”非物质文化遗产集聚区开幕。集聚区内集聚68个“非遗”项目,包括世界级“非遗”项目:雕版印刷、古琴艺术、扬州剪纸;国家级“非遗”项目:扬州漆器髹饰技艺、扬州玉雕、扬州刺绣、金银细工制作技艺、毛笔制作技艺;省级“非遗”项目:通草花制作技艺、扬州灯彩、装裱技艺、江都漆画;扬州市“非遗”项目:宝应乱针绣、古筝艺术、扬州面塑、扬州吹糖技艺、雀笼技艺等。 （工艺集团）

## 机械装备产业

**■概述** 扬州机械装备产业包含数控机床、工程机械、环保设备、农业机械、自动化装备、大型关键铸锻件、加工辅具及关键零部件、专用装备等重点行业，全市形成邗江数控成型设备产业基地、江都水泥机械产业基地、广陵液压件产业基地、维扬经济开发区建设机械产业基地、江都沿江钢管产业基地等特色产业基地。

2015年，扬州市机械装备产业完成工业总产值3398.8亿元，比上年增长8.1%；占全市工业总产值的34.6%，比上年上升2.31个百分点。机械装备产业各主要行业中，金属制品业完成产值377.14亿元，比上年增长13.08%；通用设备制造业完成产值461.13亿元，比上年增长9.8%；专用设备制造业完成产值573.78亿元，比上年增长5.87%；仪器仪表制造业完成产值485.86亿元，比上年下降7%。规模以上机械装备工业企业实现开票销售比上年下降6.1%，占规模以上工业的29.1%，仍居全市首位；入库税收增长4.4%，占规模以上工业21.1%，居全市第二位。宝胜、牧羊、扬力、亚威等26家销售超过5亿元的龙头骨干企业，累计销售473.7亿元，占机械装备产业53%；全市机械装备产业新开工、新竣工重大项目分别占全市工业的46%、71%；新增福旺达、科文等工业机器人企业4家，累计27家，机器人保有量超1000台(套)，年增速30%；数控机床产业成为扬州市唯一列入省市共建特色产业基地，被纳入工信部国家产业集群区域品牌建设试点；扬锻股份与世界一流压力机制造商——德国舒勒公司签约合资；新认定省首台套重大装备15项，数量连续三年居全省前列，获资金1215万元，获批资金居全省前列；恒远国际在俄罗斯、坦桑尼亚等国承揽以水泥生产线总包工程为主的多个项目累计合同金额约4.7亿美元；宝胜建设、牧羊钢构入选住建部27家钢结构企业建筑施工总承包试点企业。

（李　晖　刘东宁　杨　志）

**■扬力集团、亚威股份入选中国机械500强**　8月6日，2015年《中国机械500强研究报告》在北京发布。中国机械500强名单采用国际惯例设计的企业竞争力评测模型，对企业的销售收入、利润总额、资产利润率、增长率等数据，结合行业差异、声望指数等因素进行综合评价。江苏扬力集团有限公司、江苏亚威机床股份有限公司分别以76.51分、70.19分，入选2015年中国机械500强。

（杨　志）

**■15个产品入选江苏省首台(套)重大装备及关键部件**　江苏省经济和信息化委员会公布2015年度江苏省首台(套)重大装备及关键部件认定名单，江苏扬力数控机床有限公司RL160型机器人三维激光切割机、江苏赛格纺织机械有限公司智能高速退煮漂联合机、迈安德集团有限公司MZPG80x210大型油料轧胚机、江苏扬力集团有限公司LS4-1600LR闭式四点多连杆压力机、扬州市江隆矿业设备有限公司JL-I40A型矿井混凝土支撑防护工艺配套除尘上料系统、扬州市邮谊工具制造有限公司BM-2600型高精度数控成型拉刀专用磨床、江苏牛牌纺织机械有限公司织机用NP5400新型电子多臂开口装置、江苏环宇起重运输机械有限责任公司DTⅡHY型1600毫米大倾角强制转弯槽型带式输送机、江苏迪萨机械有限公司JJCM-4600型钢包全程自动加揭盖成套设备、扬州楚门机电设备制造有限公司GBZM-60智能型集成式水利钢坝闸门、江苏亚威机床股份有限公司CLB-2.5×1850数控飞摆剪横切机床、扬州佳境环境科技股份有限公司TFS-ZLD高效低耗零排放含镍、锰废水处理系统、扬州华联涂装机械有限公司HLTS型涂装自动化系统、江苏省水利机械制造有限公司QBT-260型清淤泵送脱水成套设备、江苏扬力集团有限公司乘用车覆盖件全自动柔性冲压生产线等15个产品入选。　（李　晖　刘东宁）

**■江苏亚威机床股份有限公司**　2015年，江苏亚威机床股份有限公司在稳步发展数控金属成形机床成熟业务的基础上，通过技术升级和投资并购，大力发展激光产业，加速发展工业机器人、自动化成套生产线业务，推动公司转型升级。全年实现营业收入8.93亿元，比上年下降0.03%；完成净利润7357万元，下降13.07%。至年末，公司总资产20.39亿元，比年初增长16.08%。

加快企业转型升级步伐。调整产品业务结构，高端、智能、自动化业务成为新的增长点，数控二维激光切割机产品完成升级换代，销售规模快速增长；线性机器人本体业务完成样机试制，产品批量投放市场；机器人系统集成及钣金加工自动化解决方案业务形成竞争新优势，提高为不同行业客户提供个性化解决方案的能力。创新转变发展方式，探索公司增效发展新路径，完成创科源并购事项，初步进行双方资源整合。探索增加资本收益的业务渠道，对淮安平衡股权投资基金中心(有限合伙)财务投资1500多万元；按规划推动生产资源集中整合，完成舜天路厂区搬迁和土地交付，回收土地补偿资金1.68亿元，实现公司制造基地相对集中的整体规划布局。加强战略管理，进行业务、市场、资源、组织等现状和未来发展重点、关键举措的梳理，制定新一轮发展战略规划目标，推出限制性股票激励计划。

坚持创新驱动发展理念，集中优势资源，提升自主创新能力，推进各项业务的技术升级，加快产品创新步伐。创新研制一批国内首创的高端、智能、自动化产品，已投放市场，其中卷料冲压加工柔性生产线、EPS热轧水处理线等自动化成套生产线设备实现替代进口，总体性能达到国内领先水平。加强对网络化智能化控制技术、激光加工工艺应用、机器人自动化技术等先进核心技术的研究，进行成熟数控机床及核心部件性能优化提升，提升机械伺服数控转塔冲床的冲压性能和系列数控折弯机的整体刚性、运行精度和速度，保持公司高端数控主机技术性能的行业领先优势；数控飞摆剪切线、数控开卷落料线替代进口，批量投放市场。加强高端技术人才的引进与持续培养，加大技术绩效管理力度，提高研发工作的协同意识和组织能力，建立起开发、优化自动化成套生产线技术的专业团队，自主创新研发能力增强。全年申请PCT国际专利3项，国内专利

32项，其中发明专利16项；授权国内专利16项，其中发明专利5项；数控飞摆剪切线获中国机械工业科学技术奖和江苏省科技进步奖。

调整策略，加强高端新产品、新业务市场开拓力度。数控二维激光切割机业务规模快速成长，全年销售订单比上年增长350%；线型机器人本体上半年完成样机试制，下半年获国内外订单1200万元。开拓数控飞摆剪切线、数控开卷落料线市场。结合钣金自动化生产线产品客户行业特征，进行产品线柔性化、可定制的分类梳理研究，形成多种标准化定制的解决方案和相应的系统业务管理流程，在电梯、电器柜等自动化需求较为突出的行业实现销量突破，全年订单比上年增长近50%。各类服务于高端市场客户的高端、智能、自动化新产品、新业务，成长为持续稳定提升公司规模效益的新的增长点。加大国内销售薄弱区域市场开拓力度，东北、西南等区域产品销售量大幅增长。坚持实施营销国际化战略，进行国际销售代理网络以及出口产品结构的优化调整，数控转塔冲床、自动化成套生产线、数控二维激光切割机等高端装备出口占比进一步提升。

（杨 志）

**■江苏扬力集团有限公司** 江苏扬力集团有限公司（简称扬力集团）从事冲、剪、折、激光等各类中高端金属板材设备的开发研制和生产销售，产品广泛应用于航空、汽车、家电、五金、造币等生产领域，并远销欧美、东南亚等几十个国家和地区。集团下辖扬力重机、扬力数控、扬力精机、扬力液压、扬力机床等5家全资或控股企业，形成技术综合开发、生产配套成龙、营销网络化运作、服务一体化运行的现代经济实体。建有省级工程中心，下设压力机、重型机床、精密机床、数控机床、液压设备研究所等研发机构。2015年，扬力集团实现主营业务收入22.63亿元。

扬力集团在国内机床制造行业首推的P-MES冲压制造执行系统，通过在企业内部生产制造体系两年多的成功应用，首次随产品配套投放用户使用。该执行系统是基于互联网+的P-MES机床制造嵌入系统，通过大数据平台和网络终端，现场显示企业生产过程运行情况，通过制造软件，及时调整和配置生产要素，确保制造过程的规范化、程序化和产品工艺、技术与质量的精准化。能随产品配套销售，通过P-MES制造执行系统与用户实现互动，对售出产品进行应用终身监控和不良状态诊断，并通过网络平台进行生产指标体系调节与处理。

扬力数控将机器人技术与激光加工技术深度结合，开发国内首创的机械手式三维激光切割机。整机采用模块化设计，具有三维随动控制、离线编程等先进功能，并且在光路防护与调整、切割工艺等关键技术方面取得突破。扬力数控RL160型机器人三维激光切割机产品的研制，打破了国外技术垄断。研制的“乘用车覆盖件全自动柔性冲压生产线”通过省新产品样机鉴定。该产品针对乘用车覆盖件自动化冲压工艺的特点，创新开发带有软离合软制动的组合式湿式液压离合器技术、钢铝混合冲压工艺、全封闭式防火防尘且减噪的安全智能防护等关键技术，集成5台8000kN-20000kN闭式四点八连杆压力机、拆垛和搬运机械手、钢铝混合板料输送系统、自动识别单双料光学对中系统等核心设备，实现乘用车覆盖件钢铝混合全自动化生产，具有自主知识产权。扬力集团通过自主研发，研制新型HFP16型1600t热模锻压力机，整机精度和刚度均达到德国的相关标准。为华晨宝马公司研制的5400吨汽车外覆盖件全自动机器人冲压生产线打破国外技术封锁，是江苏省第一家、全国第四家掌握该核心技术、实现整线成套交付的压力机厂。（杨 志）

**■江苏牧羊集团有限公司** 江苏牧羊集团有限公司主要产品有饲料工程、养殖工程、油脂工程、仓储工程、钢结构工程机械等，具有提供农牧业全产业链系统解决方案的能力。2015年，牧羊油脂与舟山良海粮油正式签署油脂、粮油仓储成套设备工程合同，合同金额超亿元，是牧羊油脂承接的第一个大型油脂工程整体交付项目。项目涵盖多个交钥匙工程，包括3000吨/日大豆胚片（膨化后3500吨/日）预处理、浸出、水化、磷脂干燥生产线；600吨/日毛油精炼生产线；12万吨（8×15000吨）粮油仓储成套设备。5月20日，国际标准化组织饲料机械技术委员会（ISO/TC293）在扬州成立，是江苏省第一个由中国自主提出并成功组建的ISO技术委员会，同时由中国独立承担ISO/TC秘书处、承担主席的ISO技术委员会。经国家标准化管理委员会批准由江苏牧羊控股有限公司承担国际标准化组织饲料机械技术委员会国际秘书处和国内技术对口单位。8月28日，由越南水产加工进出口协会与牧羊集团联合举办的2015牧羊水产饲料加工技术研讨会在越南芹苴举行。11月，第六届食用油、粮食及高端食品饮品产业博览会（IEOE）在京举办，牧羊集团的“牧羊油脂成套设备”获博览会金奖。11月24日，第九届大北农科技奖颁奖大会暨中关村全球农业生物技术创新论坛在北京召开，牧羊集团的“大型饲料加工装备与成套系统的研发及规模化、国际化应用”项目获“最佳创意奖”。该项目具有自主知识产权，获发明和实用新型专利各16件，软件著作权5件，制定国家、行业标准23件，实现

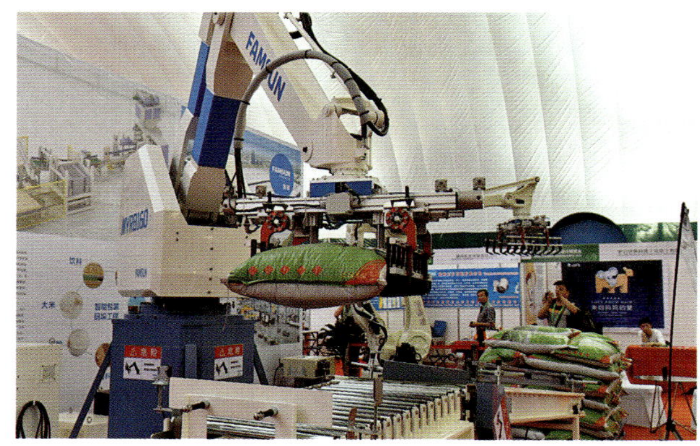


牧羊集团搬运机器人 庄文斌/摄

中国大型智能化饲料加工成套装备的自主创新。12月12日，牧羊集团在2015第12届中国畜牧饲料科技与经济高层论坛上获“2015年度中国畜牧饲料行业最具投资价值企业”奖。12月，扬州牧羊钢结构工程有限公司与南京锦湖轮胎有限公司签订新厂房建设钢结构项目合同。本期项目建筑面积约12万平方米，合同额超4000万元。至年末，牧羊集团实现主营业务收43.33亿元。（杨　志）

## 汽车及零部件产业

**■概述**　扬州是科技部命名的国家“火炬计划”汽车及零部件产业基地。汽车及零部件产业门类齐全，集聚度较高，有较好的产业基础，是全市工业经济主导产业之一。扬州交通便利，区位优势明显，汽车及零部件产业链辐射周边如上海大众汽车有限公司、奇瑞汽车有限公司、上海通用汽车有限公司、南京汽车集团有限公司、东风悦达起亚汽车有限公司等10多家整车生产企业。扬州市在仪征、江都、邗江等地形成汽车产业集聚区。江都区神舟内饰件公司、杰信空调公司、胜赛思压铸件公司等零部件制造企业与九龙汽车制造有限公司等整车生产企业形成的江都汽车产业集群集聚效应明显。通过招引上海大众、江淮汽车、潍柴亚星项目打造全市“三大汽车板块”，吸引耀皮玻璃、日清纺大陆EBS阀块等国内外优质配套项目落户，形成相对完整的产业链，在一些环节成为重要的产业基地，如汽车轮毂，集聚仪征明岐、高邮戴卡等轮毂项目，全部建成后将形成年产2000多万只轮毂产能。

2015年，全市汽车及零部件产业规模以上企业实现工业总产值1326.1亿元，比上年增长16.5%；工业开票销售、入库税收分别比上年增长-6.4%、7.9%；新增入库税收3.4亿元，占规模工业新增总额的24.4%。全年生产整车产品42万辆、销售整车产品41.8万辆，分别比上年下降9.9%、8.1%；累计实施重大项目39个，上海大众联合生产线改造、九龙汽车2万辆J10商务车等10个项目投产，明岐铝轮毂二期扩建、森萨塔汽车传感器等11个项目竣工，江苏道爵新能源汽车、丰宝车业电动车部件等7个项目开工。仪征亚新科双环活塞环有限公司入选中国机械500强。

（李　晖　刘东宁　杨　志）

**■新能源汽车**　出台《2015年扬州市新能源汽车推广应用市级财政补贴实施细则》，推进新能源汽车推广应用工作，及时兑付补贴资金。2015年，全年新增《节能与新能源汽车示范推广应用工程推荐车型目录》产品82个，超过历年目录产品总量；牵头推广应用新能源汽车445辆，超额完成省下达目标。全市新增工信部推荐新能源车型32个，数量列全省第二，新能源环卫车的入选实现“零突破”。1月，314辆插电式混合动力新能源公交车（其中亚星176辆、上海申沃138辆）正式投入运行。（杨　志）

**■上海大众汽车有限公司仪征分公司**　上海大众汽车有限公司仪征分公司位于仪征市汽车工业园内，于2012年7月建成投产，占地128.05万平方米，建有冲压车间、车身车间、油漆车间、总装车间、技术中心、培训中心、能源中心、装车发运和零部件配送中心，以及办公楼等相关配套生产辅助设施，年产能30万辆，是典型的“分钟工厂”。仪征分公司是上海大众汽车有限公司的首家标准化工厂，也是德国大众汽车集团在中国的首家标准化工厂。采用大众汽车集团2010生产工艺，冲压车间建有两条国内最先进、自动化程度最高的高速冲压生产线；车身车间的机器人高效运用点焊、激光焊接、单面焊、螺柱焊、涂胶、折边等加工工艺；油漆车间采用无中涂水性漆涂装工艺和电泳第四代RoDip技术；总装车间采用世界领先的拉动式物流供货模式，现场使用全程全高度自由升降式整车吊架和模块化的精益生产装配模式，大幅降低设备投入、劳动强度，是节能减排、绿色环保的标准化工厂。2015年，上海大众汽车有限公司仪征分公司实现主营业务收入425.69亿元。8月，年产30万台EA211发动机前期基建工程在汽车工业园开工。项目由上海大众汽车与上海大众动力总成共同投资建设，规划年产EA211发动机30万台，工厂占地约16公顷。（杨　志）

**■扬州亚星客车股份有限公司**　2015年，扬州亚星客车股份有限公司推进转型升级，战略重点向新能源客车倾斜。至年末，公司销售客车4492辆，比上年增长8.45%；实现营业收入20.15亿元，比上年增长36.81%；实现净利润2020万元。

在传统客车需求下滑、新能源客车需求高速增长的背景下，公司抓住机遇，开拓新能源客车市场，全年共销售新能源客车1521辆，产品以优质的质量和性能受到市场的认可和用户的好评，成为重要利润增长点。

2015年，公司从多方面入手，提升公司的管理水平。产品方面，完善与开发新能源产品，对平台产品进行优化和完善，推进轻量化、模块化、标准化；工艺方面，对新产品、新能源的工艺进行优化和完善，完成53项工艺改进，提高劳动效率，减轻劳动强度，提高质量，降低制造成本；质量方面，完善质量管理体系，通过TS 16949认证，对质量成本指标的建立与监控，通过量化指标对过程进行控制；人员素质提升，从工艺标准规定操作要求、现场培训提高操作技能、质量意识提高等方面对生产系统人员的职业技能和素质进行提升。

（杨　志）

**■江苏九龙汽车制造有限公司**　江苏九龙汽车制造有限公司主要从事10～15座豪华商务车及大中型客车研发、生产和销售，是国家高新技术企业，注册资金4.4亿元，占地40公顷，总建筑面积15万平方米，生产区域建有冲压、焊装、涂装、总装等四大车间，并装配具有国内先进水平的整车性能检测线。年标准生产能力5万辆，产品远销33个国家和地区。

2015年，公司实现主营业务收16.04亿元。59台九龙大海狮在深圳华为公司坂田园区正式上线运行。

九龙电动汽车　　张孔生/摄

100台九龙E6纯电动商务车中标上海迪斯尼乐园项目，成为上海迪斯尼乐园开园用车。

公司捐赠30台九龙E6纯电动汽车给扬州市江都区政府，作为学生接送专线车辆，用于扬州市江都区学生的日常接送工作。九龙E6提升产品的舒适性和经济性，搭载交流永磁电机匹配具有智能集中式管理系统的磷酸铁锂动力电池，整车续航能力200千米，每100千米使用成本仅为18元，且无发动机、变速箱等部件的保养费用，实现零排放的节能环保要求。充电方便，安全快捷兼具家用交流电充电、220伏交流充电桩充电和直流快充机充电的多种充电方式，最快充电仅需2小时。

在第16届上海国际汽车工业展览会期间，公司与伊朗D公司正式签署相关合作协议。协议内容包括伊朗D公司向九龙批量购买汽车散件，负责九龙汽车在伊朗的组装、销售与售后服务；九龙将派遣相关技术人员协助其在伊朗建立涵盖焊接、涂装、总装等生产线在内的产销规模达2000台/年以上的CKD工厂，以及完成产品认证等工作。　（杨　志）

**■亚普汽车部件股份有限公司**　亚普汽车部件股份有限公司是专业从事汽车油箱系统开发、制造和销售的集团化公司，总部和研发中心设在扬州。公司是国家重点高新技术企业、中国最大的汽车油箱系统制造企业、中国最大的汽车塑料油箱开发和生产基地，是大众、通用、福特等著名企业A级供应商，分别在扬州、上海、重庆、长春、芜湖、武汉、烟台、成都、佛山、宁波、长沙和开封等地设有工厂15家，在印度、俄罗斯、澳大利亚、捷克设有海外工厂5家；拥有工程技术中心2个，分别位于中国和德国。公司主导产品是汽车塑料油箱总成，配套于大众、奥迪、通用、福特、雪铁龙、标致、现代、起亚等国际著名汽车企业在中国生产的乘用车。公司生产的单层、单层氟化、多层(6层)复合等塑料油箱居世界先进水平，产品符合国际上最严格的环保排放标准；拥有国际一流的油箱生产线30条，加油管生产线10条；汽车塑料油箱总成年生产能力750万只，塑料加油管年生产能力400万根，自动化程度达到国际同行业先进水平。公司研究开发中心拥有国内最先进的开发、验证手段和国内唯一的汽车油箱成套检测设备，拥有冲击、燃烧、压力、氟化、跌落、渗透等各种试验手段，通过德国大众公司的认证，能对单层、单层氟化、多层复合油箱进行综合性能检测。

2015年，公司通过中国信息安全认证中心(ISCCC)对IT部进行的ISO27001(信息安全管理体系)标准的审核并获认证证书。获江苏省企业技术创新奖。获批设立博士后科研工作站。自主研发新型近零排放汽车塑料燃油箱系统，获得7项国内发明专利、1项国际发明专利。至年末，公司实现主营业务收入91.08亿元。　（杨　志）

**■仪征亚新科双环活塞环有限公司**　仪征亚新科双环活塞环有限公司是专业从事研发、生产、销售各类活塞环的国家高新技术企业，前身是成立于1976年的仪征活塞环厂。公司引进德国、日本材料技术建设车用柴油机活塞环生产线，拥有铬基陶瓷复合电镀、端面闪镀、气体氮化、PVD等一批自主知识产权的核心技术及其生产线，产品广泛应用于各类载重货车、工程机械、轿车、微型车、摩托车、船用发动机、通用汽油机等领域，活塞环年产能1.8亿片，规格4800个，国内市场占有率25%，发动机配套面超过90%。公司设有省级技术中心、博士后科研工作站、企业研究生工作站、企业院士工作站。是全国机械行业500强企业，双环品牌是中国驰名商标、中国名牌产品。2015年，公司实现主营业务收入4.54亿元。

2015年，公司开发并实施生产执行系统(MES)。推进自动化创新项目，开发五类自动化样机，并投入使用。新PVD低摩擦涂层、设备及工艺研发成功，产品投放市场。承担JB大缸径活塞环行业标准的主要起草工作。“活塞环PVD真空镀膜设备研制”获江苏省“双创”人才计划奖，并获政府资助。推行质量体系基础(QSB)取得良好成效。大缸径活塞环客户拓展取得进展，新获3家国际客户认可。电商平台店铺正式上线，首批上线的为阿里巴巴诚信通店铺、慧聪网买卖通店铺。入选第二批江苏省重点企业研发机构名单。公司建立的江苏省企业院士工作站通过江苏省科技厅验收。东风康明斯ISlZ13活塞环等6个新产品通过省级鉴定。“造型自动化生产线的拆盘机构”被授予发明专利权。　（杨　志）

## 船舶及配套件产业

**■概述**　2015年，全市规模以上船舶工业企业完成销售收入、入库税收分别比上年下降11.8%、62.9%。

船舶及配套件产业用电量4.4亿千瓦时,比上年增长16.3%,新开工船舶明显增加。造船完工量、新接订单量、手持订单量分别占全省总量的34.6%、29.9%、20.3%,市场占有率有所扩大。大洋造船建造的海上石油平台供应船和LPG/LNG/LEG等高端船舶完成交付,中航鼎衡的液货运输船产品线覆盖从低温零下163摄氏度至高温258摄氏度,在细分市场上处于领先地位。 (李 晖 刘东宁)

**■中海工业(江苏)有限公司** 中海工业是中国海运集团大型船舶建造基地,生产区占地295公顷,厂房面积43万平方米,岸线长3.5千米,拥有大型船坞3座、10万吨级船台1座、2200米长舾装码头1座(泊位4个)。主要建造集装箱船、成品油船、散货船、化学品船等运输船舶和海洋平台等海工装备,主要产品有4.6万吨系列成品油船、5万～8万吨系列散货船、11万吨阿芙拉油船和大型钢质浮船坞等。年造船能力350万载重吨。2015年,公司主营业务收入50.94亿元。

1月19日,中海工业(江苏)有限公司完成批量承建瑞士NAESS公司6.4万吨系列散货船首制两艘船(船体编号:IS64000-26、CIS64000-27)的建造任务。新交付的两艘船是江苏公司成立以来首次承建的出口船舶,由公司自主生产设计。3月28日,批量承建中海散货运输有限公司4.8万吨散货船“宝辰岭”轮和“宝广岭”轮同时命名交付。同日,承建中海散运的另一艘4.8万吨散货船和瑞士NAESS公司一艘6.4万吨散货船分别驶离公司码头,开启海上试航。5月22日,承建交银租赁/法国达飞公司六艘9400标箱集装箱船的首制船(CIS9400C-01)在中国海运江苏造船基地进坞搭载。9400标箱集装箱船型总长299.90米,型宽48.20米,型深24.80米,是江苏公司首次承建国外大型集装箱船。8月11日,承建希腊Goldenport首制3.8万载重吨散货船交接船签字仪式举行,希腊Goldenport首制3.8万载重吨散货船是公司今年交付的第13艘船,该船的交付加大中海江苏造船的品牌推广,扩大中海江苏造船基地在国际市场上的影响力。10月21日,批量承建美国TRF公司的20.8万吨散货船首制船(CIS208000-01)出坞,这是公司迄今为止建造的最大散货船。该船型长299.95米,型宽50.00米,型深24.90米,设计吃水16.50米,结构吃水18.40米,入DNV-GL船级社。同时出坞的还有中海散运的6.4万吨散货船(CIS64000-51)。2015年,公司与TRADE AND TRANSPORT INC.签署2艘LR2油轮和2艘SUEZMAX原油轮的建造合同。签约项目11.4万吨LR2油轮,总长250米,型宽44米、型深21.5米、设计吃水13.5米、航速14.5节、主机MAN B&W 6G60ME-C9.5;15.8万吨SUEZMAX原油船,总长274米,型宽48米、型深23.2米、设计吃水16米、航速14.5节、主机MAN B&W 6G70ME-C9.5。该两型产品均采用中国船舶及海洋工程设计研究院设计,满足最新规则规范要求,在线型、节能装置、环保材料等方面进行优化设计。与传统船型相比,该船型具有低油耗、绿色环保,同时满足埃克森美孚关于油轮和特许船的要求。该项目的承接使得江苏公司实现MR、LR2、SUEZ、VLCC的油轮系列的建造/订单的全覆盖。 (杨 志)

**■安全生产标准化二级达标复评通过省考评** 12月10—12日,江苏省经济和信息化委员会组织专家对中海工业(江苏)有限公司进行安全生产标准化二级达标复评并通过考评。根据《造修船安全生产标准化(钢质、铝制)评审细则》,专家组严格安全生产目标、组织机构和职责、安全生产投入、法律法规和安全管理制度等13个要素,分四组就安全标准化基础资料,设备设施运行管理,生产现场作业安全、职业健康管理、隐患排查与治理、应急救援、事故报告等情况逐项评审。作为江苏省第一家按照《造修船安全生产标准化(钢质、铝制)评审细则》通过二级达标评审的企业,二级达标复评的通过,表明公司的安全生产标准化建设工作达到行业领先水平。 (杨 志)

**■世界最大教学实习船“育德”轮命名** 9月23日,中海工业(江苏)有限公司承建集美大学的6.4万载重吨教学实习船“育德”轮,在上海长兴岛命名,该船是当今世界上最大的教学实习船。总长199.90米、型宽32.26米、型深18.00米,定员173人,可同时满足143位师生在船实习,集培训、科研和运输三项功能于一体,是中国造船行业自行设计、自行建造的自主品牌船舶,也是公司开发建造“育明”轮后的升级产品。

该轮于2014年5月28日在公司开工建造,于2015年5月18日出坞下水。通过完成机电安装、调试检测和系泊试验,9月14日离开船厂码头开启试航。试航期间,“育德”轮通过严格而全面的海试验证,各项参数和性能均满足设计要求,总体性能优秀,尤其在机桨配合、船舶振动噪声控制等方面表现出众,得到集美大学、驻厂监造组、船级社等多方的高度评价。 (杨 志)

**■扬州大洋造船有限公司** 扬州大洋造船有限公司(简称大洋造船)是扬州市大型远洋船舶制造企业、国家级高新技术企业,建有江苏省企业技术中心和数字化船舶工程技术中心,具有一级I类钢质一般船舶生产企业资质,拥有以散货船和集装箱船、海洋石油平台供应船、液化石油气船为主的生产线3条,船舶产品出口美国、法国、希腊、德国等国家。公司有10万吨级船坞1座、5万吨级船台1座、舾装码头5座、900吨龙门吊和400吨龙门吊各2座,年造船能力250万载重吨。2015年,大洋造船实现主营业务收入29.91亿元。

4月28日,大洋造船和太平洋海工联合为挪威船东建造的首批两艘3.6万立方LEG(液化乙烯)船开工建造。该船增加乙烷运输能力,并使用乙烷为燃料。将是世界首艘用乙烷作为燃料的远洋船舶。大洋造船继LPG(液化石油气)、LNG(液化天然气)系列船之后,开辟新的气体运输船船体生产线。5月14日,为希腊船东建造的皇冠6.35万吨散货船DY155交付。11月8日,为希腊船东建造的

扬州大洋造船有限公司　　广陵区委宣传部/供稿

首制8.2万载重吨散货船DY6001下水。该船由大洋造船母公司太平洋造船集团与日本三菱重工业株式会社联合开发，船模水池试验在三菱重工长崎研究所实施。是日本首次对中国造船企业在技术资源领域进行开放合作。大洋首制8.2万载重吨散货船是一款可通过巴拿马运河船闸的最大载重吨位散货船，型长228.9米，型宽32.26米，型深20.1米，设计吃水12.2米，航速14.2节。该船安装有三菱重工的节能装置和螺旋桨，机桨匹配度非常高，能够获得极高的推进效率；配备7套液压操控的侧移式舱口盖；主机舱室和舵机室特别设置有防海盗区域；符合“GREEN PASSPORT(绿色通行证)”要求，将环保理念延伸到船舶的整个生命周期。（杨　志）

■**江苏金陵船舶有限公司**　金陵船舶是中国外运长航集团船舶重工南京金陵船厂(简称长航重工金陵船厂)投资建设的56万吨级以上大中型船舶建造基地，占地面积90公顷，占用长江岸线1452米，具有国家一级Ⅰ类钢质一般船舶生产资质，主营产品为56万吨级以上巴拿马型和阿芙拉型油船、散货船等。公司有10万吨级、20万吨级干船坞各1座，可同时停靠多艘万吨轮的舾装码头2座，500吨门座式起重机4台，1250吨油压机1台，四喷六涂、四喷四涂标准化环保型喷沙涂装车间各1座，420米×36米船体车间8跨和数控机械手肋骨冷弯机、纵骨焊接机、全数字化精细旋转坡口等离子切割机等现代化生产设备，形成完整的船舶和分段建造体系，能建造20万吨以下的各类船舶，年造船能力达120万载重吨。2015年，江苏金陵船舶有限责任公司实现主营业务收入22.87亿元。

1月29日，为挪威船东建造的第一艘6700车位汽车运输船在公司命名交船，该船总长199.90米，型宽32.26米，型深36.68米，设有13层甲板，其中活动甲板有4层，一次可装载小汽车6700辆。是中国船厂建成交付的最大汽车运输船。4月16日，为摩纳哥船东建造的首艘8.16万吨散货船在公司交船。该船总长229米，型宽32.26米，型深20.05米，航速14.2节，载重8.1万吨，按挪威DNV船级社的入级标准建造。4月30日，为挪威船东建造的6700车位-2号汽车运输船在公司交付。该船总长199.90米，设有13层甲板，其中活动甲板有4层，一次可装载小汽车6700辆。5月7日，为摩纳哥船东建造的8.16万吨-3号散货船在公司出坞。该船总长229米，型宽32.26米，型深20.05米，航速14.2节，载重8.16万吨，按挪威DNV船级社的入级标准建造。6月17日，为德国船东建造的第五艘8.14万吨散货船出坞。该船总长229米，型宽32.26米，型深20.05米，航速14.3节，载重8.14万吨。6月30日，为摩纳哥船东建造的第二艘8.16万吨散货船在仪征厂区命名交船。该船总长229米，型宽32.26米，型深20.05米，航速14.2节，载重8.16万吨，按挪威DNV船级社的入级标准建造。8月21日，为中外运航运有限公司建造的首艘64000吨散货船成功命名并提前10天交船，该船是金陵船厂为中外运航运批量建造4艘同型船的首制船。8月26日，为宁波海运股份有限公司建造的两艘4.95万吨散货船点火开工。该船是在6.4万吨散货船基础上进行改进设计的浅吃水近海型船舶，总长199.99米，型宽32.26米，型深16.40米，按CCS船级社的入级标准建造。9月8日，为英国船东建造的9000吨水泥运输船正式点火开工。该船总长124.7米，型宽20米，型深10.80米，载重9900吨。船舶采用全封闭、无粉尘、环保型设计，是具有较高技术含量的自卸式散装水泥运输船。该船按英国LR船级社的入级标准建造。10月30日，为中外运航运有限公司建造的第二艘64000吨散货船在公司命名交船。（杨　志）

## 石油化工产业

■**概述**　石油化工产业是扬州市的重要支柱产业，产品主要有天然原油、基础化工原料、有机化工产品、无机化工产品、聚酯切片、化学纤维、化学农药及仿生物学农药、涂料、助剂、橡胶制品、日用化工、化工新材料等，以氯碱、苯为基础原料的氯苯系列、硝基氯苯系列及其衍生产品市场竞争力较强，二氯苯系列产品的产量居世界前列。

2015年，受国内经济下行压力增大、国际原油价格持续下跌等因素影响，化工产品价格出现较大程度下跌，规模以上工业企业完成销售收入408.8亿元，比上年下降18.8%。得益于油价下跌，成本下降，价差持续扩大，企业盈利状况有较大改善，规模以上工业企业完入库税收比上年增长41.2%，增速高于全市规模工业

30.9个百分点。

2015年，扬州市石油化工产业各主要行业中，石油和天然气开采业完成产值35.62亿元，比上年下降50.77%；石油加工、炼焦及核燃料加工业产值28.35亿元，比上年下降19.31%；化学原料及化学药品制造业产值1119.64亿元，增长2.54%；医药制造业产值126亿元，增长9.29%；化学纤维制造业产值71.99亿元，增长20.53%；橡胶和塑料制品业产值190.44亿元，增长30.52%。

（李　晖　刘东宁　杨　志）

## 江苏金茂化工医药集团有限公司

**■概述**　2015年，金茂化工集团工业实现产值96.2亿元，比上年下降7.4%；实现销售收入97.9亿元，下降9.1%；实现利税12.0亿元，增长16.5%；实现利润8.6亿元，增长12.8%。工贸合计实现营业收入131.2亿元，实现利润9.1亿元。

（戴华侨）

**■营销管理**　提升经营理念。扬农集团发挥重点技改项目投产效应，实现适销对路产品增产增收，间二氯苯比上年增产36%；扬农股份加强如东新区优嘉公司运营管理，该公司全年实现销售7.26亿元，实现利润1.93亿元；国药控股扬州公司应对药品招标，成立省标工作组，通过无缝对接，做到政策研究到位、工作分配到位、责任落实到位、业绩考核到位；谢馥春公司贯彻定向招商的理念，采取保、拓并举的方针，全年净增店面9家。

拓展国际市场。集团全年完成出口交货值29.1亿元。扬农股份抓好重点品种草甘膦、麦草畏的销售，寻求与跨国公司合作，降低单一客户比重过高的市场风险；联环集团参加各类展销会，加强公司品牌及产品推介，强化信息收集和分析研究，提高新客户开发成功率。

（戴华侨）

**■成本管理**　扬农集团抓住大宗原料市场低迷机遇，发挥规模采购优势，煤炭、纯苯等成本控制成效显著；扬农股份持续开展提质降耗，实施工艺改进，全年节约成本2073万元；瑞筑公司盘活闲置资金，择优理财，全年增加收益80多万元。

（戴华侨）

**■资产管理**　联环股份再融资完成，扣除成本后实际募集资金3.04亿元，用于新区项目建设；谢馥春公司股改及上市工作快速推进，完成股份公司设立、增资扩股、上市申请、信息反馈处理等工作，12月15日正式在新三板挂牌。

（戴华侨）

**■科技创新**　扬农集团建成企业院士工作站，质检中心通过CNAS（中国合格评定国家认可委员会）认证；扬农股份获批江苏省首批创新示范企业，GLP实验室通过欧盟认证机构的首次认证，全年申请专利20项，获得授权11项，七氟苄醇获江苏省专利金奖、扬州市首届专利优秀奖；联环集团南京生命科技园研发中心正式启用，成功收购南京帝易医药科技有限公司88%股权。

（戴华侨）

**■项目建设**　扬农集团完成环氧氯丙烷工艺优化改造并投入运营；扬农股份如东优嘉一期项目竣工投产后，启动二期项目行政审批，环评、安评通过专家评审；联环集团邗江新区一期项目完成土地招拍挂等相关行政审批手续，现场土地平整及河道驳岸整治开始实施；瑞筑公司宁夏中卫“香山一品”房地产项目9月13日正式开工。

（戴华侨）

**■质量管理**　扬农集团推行精益管理，“降低吡虫啉的原料和溶剂消耗”等3个精益项目通过中化国际的立项评审并组织实施，二氯丙醇QC小组获得中国石油和化学工业联合会优秀QC一等奖；扬农股份牵头组织氯菊酯国家标准的制定，建立程序化、制度化、规范化、系统化的企业知识产权管理体系，被认定为国家知识产权示范企业和优势企业；联环集团所有在产品种全部通过新版GMP认证，被评为全省医药行业十佳优秀品牌企业；谢馥春公司严格质量控制，坚持从源头把关，修订各类工艺指导书、包材色差检验比对标准等。

（戴华侨）

**■安全生产**　组织学习贯彻新修订的《安全生产法》，开展安全知识竞赛活动，分解落实工作责任，定期召开安全例会。开展安全检查，督促企业做好隐患排查整改，全年集团安全生产形势平稳，获市安全生产目标管理考核一等奖。扬农集团引入杜邦安全管理理念，编印《安全文化手册（现场作业篇）》。扬农股份重视安全软硬件建设，全年投入安全资金1184万元。谢馥春公司推进安全标准化管理，通过三级标准化企业验收。

（戴华侨）

**■节能减排**　扬农集团完成仪征、宝塔湾厂区烟气提标项目改造，烟尘、二氧化硫削减量分别为90%、83%；扬农股份青山厂区新上一套RTO蓄热式废气处理装置；联环集团狠抓车间高浓度废水管理，全年收集处理3450桶，回收利用403桶。（戴华侨）

**■退城进园**　扬农集团转型升级实施方案通过市政府专题会议审议，完成14个规划项目可研报告编制，A1地块转型升级项目获化工园区入园批复。联环集团搬迁补偿方案通过市政府常务会议审议，明确补偿资金2.94亿元。国药控股扬州公司渡江南路59号地块完成土地收储，拆迁补偿款已全部到位。磷肥厂地块综合整治推进，职工集体宿舍已拆除，违章搭建拆除大半，集团管理的国有资产已达成补偿协议并拆除完毕。

（戴华侨）

**■江苏扬农化工集团有限公司**　2015年，扬农集团实现销售收入72.6亿元、利润6.82亿元。技术创新成效显著。建立企业院士工作站，质检中心通过CNAS的实验室认证；完成吡虫啉中间体、多菌灵合成优化和废水减量化研究。退城进园步伐加快。《中化扬农产业转型升级方案》获市政府审议通过，完成14个规划项目可研报告编制、8个产品PFD编制。强化安全环保管理。推进HSE体系要素的融合，安全标准化、杜邦安全管理、“三体系”等体系要素的融合初步成型；加大安全环保投入，完成仪征、宝塔湾烟气提标项目改造，项目于1月、10月先后投入运行，烟尘、二氧化硫、氮氧化物削减量分别为达90%、83%、42%。加强市场资源整合。整合集团与股份农药业务，统一市场销售，提升农药市场竞争力，发挥集团中间体资源和原料供应优势，强化与扬农股份原料供应协同，主要原药吡虫啉、氟啶脲、丙环唑销量比上年有所增长。（戴华侨）

**■江苏扬农化工股份有限公司** 2015年，扬农股份公司完成销售收入30.8亿元、利润5.6亿元。推进新区项目建设。围绕优嘉一期项目，完成安全、环保、职业卫生三同时竣工验收，持续开展优化改进，在提质降耗、三废减排、提升产能等方面取得成效。围绕新区二期项目，加快推进，完成项目立项、能评批复，环评、安评通过专家评审。开展技术创新。成功获批江苏省首批创新示范企业，被认定为国家知识产权优势企业。全年申请专利20项，获国内授权11项。1个项目获中国农药创新贡献一等奖，GLP实验室通过欧盟认证机构的首次认证。强化目标成本管理。针对国际油价大幅下跌等因素带来的新变化，围绕生产需求，加强行情研判，抓住原料价格大幅下降的机遇，加强与供应商的战略合作，做好避峰吸谷和低价储备，降低采购成本，全年原料采购共节支1.26亿元。（戴华侨）

**■江苏联环药业集团有限公司** 2015年，联环药业实现产值18.75亿元、销售收入19.66亿元、利润1.43亿元，上缴税收1.3亿元。加快推进新区建设。完成新厂区新项目建设12.93公顷土地招拍挂程序；与园区签订新的进园合同，为公司退城进园预留13.33公顷土地；完成一期工程项目设计，完成新厂区填土、河道驳岸项目招标；退城进园实施方案年底通过市政府常务会议审议，明确搬迁补偿资金。推进新品研发。获得盐酸屈他维林注射液变更灭菌工艺注册补充申请批件；全年申请1项发明专利，获2项发明专利授权，薄芝糖肽注射液技术专利获扬州专利奖优秀奖。推进资本运作。联环股份公司完成定向增发，共募集资金3.17亿元，全部用于新区项目建设。成功收购南京帝易医药科技有限公司88%的股权。（戴华侨）

## 江苏油田

**■概述** 2015年，江苏油田新增探明可动用储量117.62万吨、控制储量830.10万吨、预测储量1162.33万吨；全年生产原油155.5万吨、天然气3723万立方米；实现收入66.57亿元、利税总额-8.2亿元。其中，江苏油田分公司实现收入48.64亿元、利润-14.17亿元，江苏油田勘探局实现收入17.93亿元、利润-1.10亿元。至年末，江苏油田总资产153.27亿元，其中固定资产净值134.50亿元。江苏油田分公司有油气勘查、开采区块32个，总面积4.95万平方千米。其中，探矿权项目区块12个，面积4.83万平方千米；采矿权项目区块20个，面积0.12万平方千米。共探明油气田37个，面积249.84平方千米，累计探明天然气地质储量92.93亿立方米（含溶解气）、石油地质储量2.83亿吨，累计生产原油4299.83万吨、生产天然气14.07亿立方米。（贾　荣　黄俊良）

**■油气勘探** 2015年，江苏油田在深凹带隐蔽油气藏勘探取得新成果。邵伯次凹部署实施2口评价井在主要目的层戴南组获得成功，而且在浅层三垛组取得新发现，新增控制和预测储量704万吨；樊川次凹钻探曹X65井试获日产10.9立方米工业油流，新增预测储量321万吨，隐蔽油气藏成为储量发现的主力军。断裂带精细勘探获得新突破，汉留断裂带联X44井试获日产26立方米高产油流，石港断裂带桥X17井发现3套含油层系，试油最高日产15立方米。斜坡带评价勘探取得新发现，金湖西斜坡桃6井抽汲日产油5.8立方米，高邮北斜坡3口评价井获得成功，沙X74井自喷日产油20立方米。域外新区甩开勘探实现新进展，徐闻探区相继部署2口井探索多层系、多类型油气藏，弋阳盆地第一口参数井实施。（贾　荣　黄俊良）

**■油田开发** 2015年，江苏油田坚持存量保效。抓好产量、产液、注水“三个结构”调整，精细测算不同油

**2014—2015年江苏油田主要生产建设指标一览表**

表14-1

| 指标名称 | 单位 | 2015年 | 2014年 |
|---|---|---|---|
| 原油产量 | 万吨 | 155.50 | 171.00 |
| 天然气产量 | 亿立方米 | 0.37 | 0.52 |
| 新增原油生产能力 | 万吨 | 9.51 | 23.00 |
| 新增探明石油地质储量① | 万吨 | 117.62 | 247.02 |
| 新增动用石油地质储量 | 万吨 | 134.14 | 209.64 |
| 二维地震② | 千米 | 600.71 | 321.00 |
| 三维地震③ | 平方千米 | 211.51 | 372.00 |
| 完井④ | 口 | 90 | 363 |
| 探井 | 口 | 32 | 73 |
| 开发井 | 口 | 58 | 290 |
| 钻井进尺⑤ | 万米 | 22.27 | 61.58 |

①新增探明石油地质储量自2013年起按中国石化新的储量管理办法和储量计算细则，为经济可动用储量；
②③二维、三维地震工作量自2013年起只统计分公司工作量；
④⑤完井、钻井进尺自2014年起只统计分公司工作量　（贾　荣　黄俊良）

价下单井运行经济界限，为每口油水井量身定做有效生产方式，采取间开、捞油、关停井、参数优化等措施，节约成本2336万元。坚持增量增效。部署10口滚动勘探井均获成功，新增商业开发储量167万吨，联46井在戴南组钻遇63.5米油层，许46井发现泰州组油层8层24米。坚持技术创效。优化实施常规压裂技术，单井平均降本5万元；推广应用生物防腐技术，平均延长检泵周期181天；规模应用二氧化碳吞吐技术，单井累计增油超过600吨。

（贾　荣　黄俊良）

**■产业结构优化**　2015年，江苏油田累计加工原油44.5万吨，实现利润8130万元。销售合格卤水481万立方米、各类元明粉产品25.5万吨，非烃类业务实现收入2.2亿元。参与承建黄马生产信息化施工项目。易派客电商平台在油田正式启用，完成采购金额724万元。紫京旅游新签续签合同91份，实现收入1.89亿元。天然气运输、成品油配送、管道物流业务拓展，实现收入1.26亿元。

（贾　荣　黄俊良）

**■安全生产与环境保护**　2015年，江苏油田开展事故警示宣传教育和经验分享，抓好新安全环保法律法规的贯彻落实，推进“我为安全作诊断”活动，强化岗位责任心教育培养。按照“四不两直”（不发通知、不打招呼、不听汇报、不陪同接待，直奔基层、直插现场）要求，对22个二级单位进行安全环保及设备大检查，组织危险化学品等八个专项检查，查出各类问题268个，明确整改措施。组建油田HSE督查大队，对生产和施工现场实施全覆盖、全天候安全督查。加强直接作业环节安全监管，完善作业票证审批流程，严格二级承包商资质审查，堵塞安全管理漏洞。加大安全隐患治理力度，落实油气管网及罐区隐患治理费用4003万元，整治隐患108处。推进“碧水蓝天”专项行动，实施环境风险防控动态管理，与江苏省环保厅签署绿色低碳环保战略合作协议。实施“能效倍增”计划，落实节能评估制度，强化节能源头管控，超额完成万家企业节能目标任务。

（贾　荣　黄俊良）

**■科技创新**　2015年，江苏油田6项成果通过中石化鉴定，4项达到国际先进水平，2项达到国内领先水平，“含油污水物理与生化高效耦合处理技术”通过集团公司验收，3株菌剂经过国家微生物保藏中心鉴定保存。申请国家专利107件，获专利授权88件。江苏油田勘探开发一体化数据中心升级为中国石化勘探开发业务协同平台，中国石化油田企业勘探开发业务协同平台（EPBP）技术支持中心落户江苏油田。

（贾　荣　黄俊良）

## 仪征化纤

**■概述**　中国石化仪征化纤有限责任公司（简称仪化有限公司）和中国石化集团资产经营管理有限公司仪征分公司（简称仪征资产分公司），统称仪征化纤，位于江苏省仪征市，占地10平方千米。2014年，仪化股份公司进行重大资产重组，年底设立中石化仪征化纤有限责任公司，成为中国石化股份公司的全资子公司。2015年4月，更名为中国石化仪征化纤有限责任公司。

仪化有限公司主要从事聚酯和涤纶纤维的生产及销售，并配套生产聚酯原料精对苯二甲酸（PTA）。2015年底拥有2套PTA装置，年产能100万吨；16条聚酯生产线、5条瓶级切片生产线、34条涤纶短纤维生产线，合计聚酯聚合年产能218万吨；2套高性能聚乙烯纤维干法纺丝装置，年产能1300吨；1套对位芳纶试验装置，年产能100吨；1套1，4-丁二醇装置，年产能10万吨。仪征资产分公司下属3个生产单位和社区管理中心。PBT生产中心主要产品为工程塑料（PBT），年产能9.1万吨；仪化东丽聚酯薄膜有限公司为中国石化集团资产经营管理有限公司与日本东丽公司合资企业，主要产品为聚酯薄膜，年产能4.4万吨；仪化博纳织物有限公司为中国石化集团资产经营管理有限公司与英国博纳公司合资企业，主产品为聚丙烯织物和人造草坪纱，产能年8500万平方米。

2015年，仪征化纤生产PTA产品94万吨、涤纶产品229.46万吨。仪化有限公司完成产值122.26亿元，实现销售收入123.17亿元；仪征资产分公司完成产值6.86亿元，实现销售收入7.06亿元。

（于　岚）

**■安全生产**　2015年，仪征化纤落实新《安全生产法》《环境保护法》和“党政同责、一岗双责”的要求，配备安全总监，组建安全督查大队，强化直接作业环节安全监管。制定《安全生产领导干部问责办法》《安全生产党政同责实施细则》，修订HSE责任

**2014—2015年仪化有限公司主要产品产量一览表**

表14-2　　单位：万吨

| 产品名称 | 2015年 | 2014年 |
|---|---|---|
| 涤纶 | 229.46 | 232.14 |
| 聚酯切片 | 118.47 | 116.66 |
| 瓶级切片 | 35.94 | 37.98 |
| 涤纶短纤维 | 75.05 | 75.09 |
| 中空纤维 | 6.78 | 7.34 |
| 涤纶长丝 | — | 1.39 |
| 加弹丝 | — | 1.02 |
| PTA | 94.00 | 101.51 |
| PBT树脂 | 8.39 | 5.69 |
| 四氢呋喃 | 229.46 | 0.52 |

注：2014年海南盛之业高新技术有限公司进行关闭清算，数据不再计入

（于　岚）

制，完善HSE否决和奖励制度，全年安全考核198次，否决考核4次，处理责任人4人。抓好罐区危险化学品专项整治和厂区长输管道攻坚战等专项工作，查找问题837个，整改815个；开展全员“我为安全作诊断”活动，全年收到隐患报告9213份，实施隐患治理项目31项，投入隐患治理资金3350多万元。开展设备管理“互查互学”活动，推进设备巡检、操作、维保、检修标准化建设，开展设备瓶颈问题攻关，找出设备“十大薄弱环节”248项，实施整改200项，开展全员设备革新创效活动54项。连续4年被评为中国石化安全生产先进单位。（于　岚）

**■节能减排**　2015年，仪征化纤完成锅炉脱硝除尘验收，实施环保在线仪表控制和烟气脱硫提效改造，二氧化硫和氮氧化物排放比上年分别下降24%和67%。组织开展“减污减排”劳动竞赛，全年实施清洁生产方案490个，化学需氧量排放总量比上年下降43%，氨氮排放量下降61%。签订首个合同能源管理项目，开辟节能新途径。（于　岚）

**■产品质量**　2015年，仪征化纤修订作业指导书116个，细化巡检频次和内容，促进现场作业标准化。将转产、检修、公用工程替代等纳入生产调度管理，强化生产过程管控。开展PTA小包装定制化配料，强化质量联合攻关，自产PTA质量得到初步改善，针织专用料短纤ZW119达标率由年初的40%提高到80%以上，油毡升级品达标率由年初10%提高到70%以上，重点产品质量得到提升。（于　岚）

**■科技创新**　2015年，仪征化纤优化创新机制，完善创新环境，加大新品开发力度。畅通人才成长通道，实施科研人员课题津贴制度，组建17个创新团队和125个QC小组，开展一线职工“十大科技创新成果”评选。打造环保型产品，开发出环保型膜片、瓶片、中空、短纤等系列产品。加强合成纤维加工应用中心(FTC)项目和江苏省高性能纤维重点实验室的建设，完成短纤生产线柔性化改造，新增短纤复合纺试验位及短纤后评价纺织染实验室，具备从聚合到后道加工应用完整产业链评价手段。加强与大专院校和系统内研究院的常态化合作，组建产业联盟，完善共同开发、内外联合的多维度科研攻关机制。2015年，开发植绒短纤、阻燃中空、力纶短纤等14个“研究储备一代产品”，生产高收缩切片、增白短纤等14个“开发推广一代产品”。“仪纶”产品在系统内工装上成功应用，在革基布领域实现批量使用。聚酯产品差别化率93%，高附加值产品产量占总产量的比例为30.59%；差别化产品和高附加值产品累计增效分别增长36%、50%。（于　岚）

仪征化纤烟气脱硫提效改造　　刘玉福/摄

**■市场经营**　2015年，仪征化纤调优结构争效益，创新营销拓市场。实现服务前移，在客户集中的区域实行驻点，主动上门服务。实施“互联网+”行动，利用仪征化纤淘宝官方网店和中国石化易捷、易派客等渠道，采用OEM模式，销售防切割手套、PBT牙刷和床上用品等终端消费品。参展中国国际纱线(面料)展，展示仪征化纤的形象和创新产品。加大高纤产品应用领域和国外市场的开拓，全年销售高纤产品1397吨，产销率118%。坚持原料、燃料和产品的低库存运行，存货平均资金占用低于中国石化指标，节约资金成本300多万元。通过提质降耗、转型升级、细分市场、限产顶价等措施，5月退出常规半光聚酯切片的批量生产，全年半光聚酯切片SD500比上年减少74%，增效260万元。（于　岚）

**■挖潜增效**　2015年，仪征化纤挖掘生产经营各环节降耗、降本、减费潜力，减亏增效。推进零基预算和班组成本核算相结合的全员成本目标管理，从严费用控制，降低生产成本，吨产品加工费用较中国石化下达的指标低119元/吨。开展成本分析，推进招标采购，招标采购率由2014年的23.3%提高到2015年底的70.6%，降低辅料、包装物成本3200多万元。加大废旧物资的收集处置力度，全年实现处置收益1200多万元。加强危险废弃物处理，全年处置率100%。借助麦肯锡运营诊断，推广先进理念、工具和方法，成立“持续改进办公室”，推进速赢项目落地。开拓公用工作外部市场，开展相关业务承揽。深挖内部潜力，11项重点降本增效措施累计增效1.27亿元。推进社区从服务型向经营服务型转变，全年社区创收134万元，比上年增长30%。（于　岚）

**■淘宝网家居生活体验馆开设**　1月16日，仪征化纤在淘宝网开设家居生活体验馆，出售高性能聚乙烯纤维“力纶”防切割手套、高强轻质拖车绳、高强钓鱼线、涤纶中空床上用品、涤纶中空靠枕坐垫系列、“仪纶"衬衣袜子系列、短纤速干服、PBT牙刷等系列产品。所有产品原料实现自主生产。2015年,仪征化纤在淘宝网累计成交产品2480件,成交额42.19万元。 (于 岚)

**■高性能聚乙烯纤维项目建设启动** 5月,仪征化纤年产1000吨高性能聚乙烯纤维项目开工建设,该项目总投资约2.2亿元。1000吨干法纺丝高性能聚乙烯纤维项目投产后经过技术优化和设备性能提升,产品将达到国际水平。 (于 岚)

**■复合纺试验位新产品开发** 7月,仪征化纤自行设计开发的复合纺短纤试验位开发出低熔点聚酯短纤维,标志着仪征化纤在工艺技术验证及新产品开发上手段更加完备。低熔点皮芯型复合短纤维是指用低熔点聚酯和普通聚酯这两种不同的聚合物以皮芯结构分布于同一根纤维之中制成的纤维,具备两种聚合物的特性,主要用于热粘合等非织造布生产,具有强度高、膨松性好、弹性恢复率高等特点,广泛应用于卫生材料和室内装饰材料等领域,可减少加工程序,有效降低下游制造成本。

(于 岚)

**■"仪纶"劳保服面料通过中国石化验收** 3月,仪征化纤开发的"仪纶"夏季劳保服面料通过中国石化的验收。此类工作服在中国石化系统内23家企业不同工作环境进行对比试穿,综合满意率70%以上。该面料的开发,使"仪纶"从经纺纱、织造、染色、整理到成衣制作等实现全流程,形成"仪纶"产品用于夏季劳动保护服装的应用技术及相关标准。

(于 岚)

**■首创连续法生产高弹性PBT** 7月19日,仪征资产分公司PBT生产中心用PTA连续法生产出的新产品——高弹性PBT产品正式与用户签约,实现批量销售,突破国内企业只能用PTA间歇生产法研制生产高弹性PBT的现状。高弹性PBT产品有比聚酯更优良的易染性、比锦纶更优良的弹性恢复性和强度,更具质量和成本优势。2011年,仪征资产分公司PBT生产中心与研究院开始高弹性PBT课题研究和试制。试制前,PBT生产中心重新完善工业化试验方案,组织科研人员从原料选择、工艺流程的调整、工艺参数优化、产品检测等各个环节进行讨论和研究,确保工业化试生产成功。 (于 岚)

**■QC小组获全国纺织行业优秀质量管理小组称号** 10月,仪化有限公司"飞天"QC小组的"减少切粒机停机次数"项目,获2015年全国纺织行业优秀质量管理小组称号。"飞天"QC小组主要攻关聚酯中心二装置切粒机停机次数较多的难题。该小组从理论计算和历史数据这两点出发,通过采取一系列措施后,切粒机停机次数由攻关前的143次/年降至78次/年,下降约45.5%,稳定产品质量,尤其在聚酯功能膜片方面提高产品的竞争力。 (于 岚)

## 新兴产业

**■概述** 2015年,新兴产业实现快速增长。至年末,全市新兴产业有规模以上企业524家,其中新能源和新光源企业137家。新兴产业规模以上企业实现总产值2895.8亿元,比上年增长10.1%,占规模以上工业总产值的29.5%。其中,80家新材料企业完成产值476.6亿元,增长5.3%;93家新光源企业完成产值309.7亿元,增长13.5%;44家新能源企业完成产值361.9亿元,增长19.1%。智能电网产业产值1150.2亿元,增长7.0%;节能环保产业产值744.6亿元,增长11.3%。新兴产业全年实现出口交货值395.5亿元,增长40.5%。

新光源产业稳中有进,LED企业成为新光源产业发展引擎。新光源产业关键设备MOCVD(金属有机化合物化学气相沉淀)占全国总量1/7。扬州中科半导体照明有限公司与中科院半导体所等单位联合开发的"低热阻高光效蓝宝石基GaN LED材料外延及芯片技术"项目获2014年度国家技术发明奖二等奖;扬杰科技、江扬电缆、史福特光电、乾照光电等4家企业被工信部和中国电子企业协会表彰为"2015全国电子信息行业优秀企业"。

新能源产业在光伏市场增长的拉动下,产业规模稳步增长,技术水平不断进步,企业效益得到提升,规模以上企业实现开票销售、入库税收分别比上年增长8.1%和175.8%,总量分别占规模工业的3.3%、2.2%,较上年分别提升0.5个百分点和1.3个百分点。晶澳、协鑫、荣德三大光伏企业全年实现开票销售、入库税收分别增长0.6%和284.1%;占新能源产业比重分别为60.5%和76.4%。

新材料产业持续平稳增长,江苏扬农锦湖化工有限公司、大连化工(江苏)有限公司等企业开工率良好,在手订单充足。节能环保产业稳步增长,江苏天雨环保集团有限公司等企业探索开展EPC模式,已开拓非洲、印度等新兴市场,环保科技产业园已形成城市生活垃圾处理与利用、报废机车拆解利用与再制造、城市建筑垃圾再生利用等多条产业链。

(李 晖 刘东宁 杨 志)

**■艾诺斯储能电池项目竣工投产** 6月11日,世界500强企业、全球最大工业用蓄电池制造商——美国艾诺斯集团在高邮电池工业园投资的艾诺斯(扬州)华达电源系统有限公司投产。该项目主要从事各类工业用电源电池研发、生产和销售,年设计产能为工业电池150万只,主要服务亚洲工业电源市场,项目投产后可实现年产值15亿元。 (杨 志)

**■华富电池获"中国储能产业最具影响力企业"等称号** 5月14日,第五届中国国际储能大会在上海闭幕,大会汇聚国内外储能领域的权威机构和专家,包括国际能源署、美国能源部,中国科技部、工信部、发改委、能源局等。会议揭晓中国储能产业最具影响力系列奖项评选结果,江苏华富储能新技术股份有限公司获"中国储能产业最具影响力企业""中国储能产业最具影响力人物""中国

华富储能厂区一角　　　　　林　山/摄

储能产业最佳储能电池供应商”“中国储能产业最具前沿储能课题技术研究组”称号，将受邀参与国家“十三五”储能产业规划重大课题研究。（杨　志）

**■宝胜科技创新股份有限公司** 2015年，宝胜科技创新股份有限公司实现营业收入129.88亿元，比上年增长6.79%；实现利润1.61亿元，增长24.73%。

市场开拓。2015年，公司推进营销模式的变革。主体市场取得重大突破。电力市场实现国网27家省级电力公司的全覆盖。瞄准重大工程、重点项目、重要企业，中标一大批5000万元以上重点项目和重大形象工程项目，开发137家新客户。各项目部包括一些销售公司和子企业加大自主营销力度，实施双轮驱动。自主营销合同突破14亿元。围绕产品高端化、产业化发展方向，以技术为突破口抓军工、核电、机车、飞机、舰船、电梯等领域装备市场，先后与一批单位签订装备电缆合同并交付。外贸和电子商务较快增长。借助集团公司“中国电线电缆商城”“电缆现货网”等平台的建设和推广，公司产品实现线上线下两个渠道销售。发挥国际贸易公司、宝胜(香港)进出口有限公司、上海国际贸易办事处、北京国际贸易办事处的职能作用，扩大出口总量，服务一批海外承建项目。

技术创新。完成新产品开发46项，其中通过省级鉴定新产品20项，通过省级鉴定新产品中包括国际先进水平9项、国内领先水平4项、国内先进水平7项，同时填补国内空白1项，可代替进口2项。

项目实施。2015年，公司在宝胜科技城实施的防火、特缆、精密铜导体等项目已全面达产，后期入园的铝合金电缆和电缆系统等项目也已正逐步达产。公司核电电缆扩证申请获国家核安全局批复同意受理。公司定向增募资金12亿元的再融资项目获中国证监会核准。

品牌建设。实施品牌战略，通过科技树牌、质量立牌、服务争牌、诚信创牌，提升品牌含金量。2015年，公司先后获“江苏省质量管理小组活动优秀企业”“中国AAA级信用企业”“中国线缆行业最具竞争力企业10强”等称号。（杨　志）

**■鸿达兴业股份有限公司** 2015年，鸿达兴业股份有限公司氯碱业务和PVC制品业务稳健发展，效益稳定；土壤修复、稀土加工等新业务发展良好。公司实现营业收入38.10亿元，比上年增长14.76%；实现净利润5.19亿元，比上年增长49.57%。年产聚氯乙烯(PVC)35.04万吨、烧碱20.53万吨、纯碱1.55万吨、电石71.29万吨、PVC制品4.13万吨、土壤调理剂6.47万吨、稀土化工产品1.40万吨、其他20.52万吨。

加大研发和创新力度，优化产品结构，发展相关新业务。实现电石自产自给，降低氯碱产品的原材料成本；内蒙古中谷矿业有限责任公司的PVC/烧碱综合项目进入试生产阶段，项目投产后公司PVC、烧碱产能分别增加至60万吨/年；内蒙古乌海化工有限公司加大对改性PVC、PVC专用料的研发力度，优化产品结构，通过一系列技改工程，提高资源能源利用率，降低综合生产成本。江苏金材科技有限公司的PVC片板材、药包材业务稳定增长，PVC建筑模板、PVC装饰材料、户外景观材料、PVC生态房屋等新业务推广顺利；进行产品创新，开发PVC在农膜、滴灌、家庭菜园等方面的新产品。内蒙古西部环保有限公司自主研发的土壤调理剂，可用于治理酸性土壤、碱性以及盐碱退化土壤，为农作物补充钙镁硅等中微量元素；通过在内蒙古自治区流转/承包土地进行土壤修复，在内蒙古鄂尔多斯市杭锦旗独贵塔拉镇和乌海市海南区巴音陶亥镇建设土壤修复示范基地；通过提供技术支持、综合解决方案、销售土壤调理剂等模式到柬埔寨、美国等国家推广土壤修复业务。内蒙古联丰稀土化工研究院加强与包头稀土研究院、中国科学院长春应用化学研究所等科研机构的合作，在稀土应用领域研究取得较快进展，已储备PVC稀土稳定剂、稀土催化剂等技术。2015年，公司收购包头市新达茂稀土有限公司的80%股权，内蒙古乌海化工有限公司投资设立包头市联丰稀土新材料有限公司，加快公司在包头市投资建设稀土助剂、稀土催化剂等稀土深加工及应用产业链项目，增强市场竞争力和可持续发展能力。（杨　志）

**■扬杰电子科技股份有限公司** 2015年，扬杰电子科技股份有限公司实现营业收入8.34亿元，比上年增长28.72%；实现净利润1.38亿元，比上年增长22.79%。

加强市场营销网络建设。巩固国内市场领先优势，拓展海外市场。光伏模块产品通过参加各种国际展会以及业内专家人士推荐，直接对接终端客户，在欧洲和日本市场销售业绩大幅提升；公司贴片整流桥、二极管产品进入印度LED照明高端市场。设立香港子公司，拓宽公司融资渠道；设立韩国办事处，拥有德国、日本等海外办事处的人才储备；并购MCC，增添新的利润增长点。

加大研发投入。重点攻关碳化硅晶圆制造、大功率模块制造和集成电路封装，研制出碳化硅肖特基二极管、氮化硅钝化GPP芯片、光伏模块等新产品，其中光伏模块产品技术处于国际领先水平，已实现批量生产；

推进第三代宽禁带半导体项目的研发及产业化，该项目已被列为2015年江苏省战略性新兴产业项目。

2015年，公司新增国家专利26项，其中发明专利4项；公司“GF009模块封装光伏旁路二极管”“SFA18G高可靠性快恢复二极管”等5项产品被认定为江苏省高新技术产品；控股子公司杰利半导体有限公司获“江苏省企业技术中心”称号；公司通过国家高新技术企业复审，继续享受税收优惠政策。

加强运营管理。实施降本增效项目，控制各单位的成本和效益，节约成本0.22亿元。导入自动化，引进分立式器件全自动生产线和集成电路封装(DFN、QFN)自动化生产线，节约人工成本，提升生产效率。新设铜框架桥工厂，在技术创新、成本管理方面提供供应链一体化的运营效率。（杨　志）

**■晶澳(扬州)太阳能科技有限公司**　晶澳(扬州)太阳能科技有限公司是从事高效太阳能电池制造的现代化光伏企业，其母公司晶澳太阳能控股有限公司在美国纳斯达克交易所挂牌上市。公司位于扬州经济技术开发区，总投资5亿美元，注册资本2.3亿美元，主要从事单晶硅棒、硅片、高效太阳能电池及组件的加工、制造和销售，主导产品销往欧洲、北美、日本等地区与国家。公司建有晶澳全球高效电池研发中心，具有先进的高效率晶硅电池研发平台和世界一流的测试仪器和测试手段。2015年，公司实现主营业务收210亿元；被表彰为省节能先进单位；晶澳集团对马来西亚的太阳能项目增资6500万美元。（杨　志）

## 电力工业

**■概述**　2015年，全市17家发电企业有发电机组41台，总装机容量455.51万千瓦，全年发电量217.22亿千瓦时，比上年增长0.83%。其中，3家统调电厂的13台发电机组，总装机容量318.3万千瓦，年发电量148.49亿千瓦时，比上年下降7.47%；5家地方公用热电厂的12台发电机组，总装机容量94.4万千瓦，年发电量40.44亿千瓦时，比上年增长43.25%；5家企业自备热电厂的13台发电机组，总装机容量35.61万千瓦，年发电量25.92亿千瓦时，比上年增长5.11%；其他4家电厂的3台发电机组，总装机容量7.2万千瓦，年发电量2.37亿千瓦时，比上年增长15.05%。

2015年，扬州市全社会用电量211.50亿千瓦时，比上年增长3.5%。第一产业用电量4.09亿千瓦时，增长11.7%；第二产业154.85亿千瓦时，增长3.0%，其中工业用电152.49亿千瓦时，增长3.1%；第三产业23.41亿千瓦时，增长5.2%；城乡居民生活用电29.14亿千瓦时，增长4.0%。全市工业七大产业累计用电量81.31亿千瓦时，增长1.07%；除冶金、汽车、机械三大产业用电量为负增长外，其他产业均为正增长，其中新能源、软件和信息服务业、船舶产业增幅居前，分别为44.86%、19.45%、16.54%。新能源产业中，奥克化学扬州有限公司、扬州荣德新能源科技有限公司、江苏金晖光伏有限公司等企业增幅居前，分别为691.92%、129.55%、50.09%；船舶产业中，大洋造船、舜天造船受订单影响出现负增长，中海工业、中航鼎衡、国裕船舶、龙和造船等企业用电量增幅明显，拉动船舶产业用电量不降反升。（李　晖　刘东宁　杨　志）

**■江苏华电扬州发电有限公司**　2015年，江苏华电扬州发电有限公司(简称扬电公司)有330兆瓦燃煤发电供热机组2台，总装机容量66万千瓦；完成发电量26.69亿千瓦时；供热量41.79万吉焦；供电煤耗316.16克/千瓦时；厂用电率5.30%；发电燃油单耗2.88吨/亿千瓦时；实现销售收入13.57亿元；实现连续安全生产6000天。公司6号机组获全国火电300兆瓦级亚临界纯凝湿冷机组竞赛一等奖以及单项指标竞赛供电煤耗最优奖。（蒋　幸）

**■扬电公司9F级燃机项目进入施工阶段**　9月10日，扬电公司9F级天然气发电项目一期工程正式进入施工阶段。该项目共分三期实施。其中，一期工程总投资约26亿元人民币，安装2套400级燃机—蒸汽联合循环发电机组。一期项目施工期16个月，预计2016年底第一台机组投入运营，2017年3月第二台机组投运。一期项目建成后，年发电量为3317.44兆千瓦时，是扬州区域220千伏电网的重要支撑。（杨　志）

**■扬电公司400兆瓦F级燃机工程开工**　12月26日，扬电公司2×400兆瓦级燃机主体工程举行开工仪式。燃机为东方电气股份有限公司设计制造的M701F4重型燃机，采用干式低NOX燃烧器。汽轮机为东方汽轮机有限公司的三压双缸再热下排汽、单

江苏华电扬电公司9F级燃机发电项目进入施工　　发改委/供稿

轴凝汽式汽轮机。发电机采用东方电气股份有限公司生产的额定功率为480兆瓦全氢冷发电机。余热锅炉为无锡华光锅炉股份有限公司生产的三压再热无补燃卧式自然循环余热锅炉。每套联合循环发电机组保证工况设计出力为475.45兆瓦。工程采用西气东输冀宁管线天然气，接自西气东输冀宁管道江都分输清管站，出线利用电厂原有4回220千伏线路接入电网。工程静态投资21.46亿元。（蒋 幸）

■**扬电公司330兆瓦6号机组超低排放改造** 2015年，扬电公司对330兆瓦6号机组实施烟气超低排放改造，采用国内外先进技术，通过实施电除尘提效、低低温除尘器、脱硫系统增容、SCR脱硝改造等，在治理氮氧化物、烟尘和二氧化硫污染物污染，实现超低排放的同时，达到节约和合理利用能源的要求。6号机组超低排放改造工程9月15日开工，12月7日机组整套首通烟气启动。12月15日，6号机组超低排放改造工程进入168小时试运，试运期间二氧化硫、氮氧化物和烟尘排放浓度均保持在35毫克/立方米、50毫克/立方米、5毫克/立方米以下，主要设备运行情况良好，性能指标达到设计要求。12月29日，扬州市环保局对扬电公司6号机组超低排放改造及CEMS运行情况进行现场核查，通过环保电价验收。（蒋 幸）

■**扬州第二发电有限责任公司** 2015年，扬州第二发电有限责任公司完成发电量121.8亿千瓦时，实现营业收入42.97亿元，实现利润16.87亿元。至年末，公司累计实现安全无事故生产5534天，被授予“江苏省安全文化建设示范企业”“江苏省企业思想政治工作先进单位”等称号。

安全生产。落实安全生产责任制，制定实施《安全风险预控体系管理标准》，建立健全安全风险预控管理体系，创新“周四安全生产日”常态化机制，开展安全生产重大危险源辨识和隐患排查整治工作，狠抓应急预案演练，实现安全生产可控在控。

经营效益创新高，对外供热实现突破。10月，公司正式向扬州市集中供热管网供热，11月与威亨热电正式签订年度供热合作协议，将发电富裕能力转化为供热能力。完成大用户直购电量14.33亿千瓦时；争取超低排放改造、供热补贴电量；超前应对上网电价下调，优化机组检修安排，提前抢发基数电量。创新国信扬州发电有限责任公司与扬州第二发电有限责任公司2个公司的煤炭采购和结算模式，优化长协煤与市场煤的比例，动态优化库存，优化煤炭运输环节管理，降低煤炭大成本。

项目建设。三期2台百万千瓦级高效燃煤机组扩建项目参加2015年全省新建火电机组优选，技术排名名列前茅；3月25日，江苏国信高邮热电有限公司完成工商注册，注册资本金2.2亿元，江苏国信高邮燃机项目4月21日获省发改委核准；6月8日，江苏国信仪征燃机项目获省发改委核准；12月4日完成燃机项目注册资本金1.7亿元增资登记变更工作，进入项目建设实质性阶段。（吴 雷）

**2015年扬州电力生产企业情况表**

表14-3

| 类别 | 企业名称 | 装机容量（万千瓦） | 发电机组数量（台） | 发电量（亿千瓦时） | 发电量增幅（%） |
|---|---|---|---|---|---|
| 统调电厂 | 江苏华电扬州发电有限公司 | 66 | 2 | 26.69 | -1.29 |
| | 江苏国信扬州发电有限公司 | 252 | 4 | 121.8 | -8.7 |
| | 江苏省江都水利枢纽工程 | 0.3 | 7 | 0 | -100 |
| 公用热电联产 | 江苏华电仪征热电有限公司 | 76.2 | 3 | 29.5 | 62.69 |
| | 扬州威亨热电有限公司 | 5.2 | 3 | 1.68 | 9 |
| | 仪征联众热电有限公司 | 5 | 2 | 2.35 | -6.38 |
| | 扬州港口污泥发电有限公司 | 5 | 2 | 4.76 | 4.85 |
| | 宝应协鑫生物质发电有限公司 | 3 | 2 | 2.15 | 43.3 |
| 自发自用热电联产 | 仪征化纤股份有限公司 | 24 | 4 | 13.8 | 0.21 |
| | 江苏瑞祥化工有限公司 | 4.8 | 2 | 4.77 | 6.23 |
| | 江苏扬农化工集团有限公司 | 3 | 5 | 2.24 | -3.45 |
| | 永丰余造纸(扬州)有限公司 | 3.66 | 1 | 5.05 | 25.31 |
| | 扬州联合安邦颜料有限公司 | 0.15 | 1 | 0.06 | 50 |
| 其他电厂 | 扬州泰达环保有限公司 | 1.8 | 2 | 1.67 | 20.14 |
| | 高邮市林源科技开发有限公司 | 0.4 | 1 | 0.04 | 300 |
| | 高邮振发新能源科技有限公司 | 2 | 0 | 0.27 | 8 |
| | 江苏兴能可再生能源有限公司 | 3 | 0 | 0.39 | -4.88 |

（李 晖 刘东宁）

# 建筑业

Jianzhuye

编　辑　贾丽琴

## 建筑施工安装

**■概述**　2015年，全市建筑业总产值3100亿元，比上年增长12%；实现增加值680亿元，增长9.7%。建筑企业在扬州纳税40.1亿元，占全市地税总额的16.7%。

新增特级总承包资质企业1家、一级7家，居全省之首；全市1542家建筑企业中，有特级企业4家、一级总承包企业67家、一级专业企业85家，龙头企业占10%。产值10亿元以上建筑企业59家，比上年增加10家，其中产值100亿～200亿元建筑企业5家，产值200亿元以上建筑企业2家，江苏省华建建设股份有限公司产值突破300亿元。13家企业进入全省建筑业百强名单，比上年增加1家，高邮瑞沃公司列全省市政类第二名，成为全市首家跻身全省市政类前三强的企业。

全市建筑业常年从业人员年均报酬5.4万元，农民从建筑业获取的报酬占全市农民纯收入的33%。至年末，全市有一、二级建造师1.91万人，比上年增加3000人。

2015年，市外建筑业产值2300亿元，占建筑业总产值的74%，比上年提高2个百分点。新增100亿元以上规模市场1个，总数达6个。境外市场营业额超12亿美元，其中江苏邗建集团与沙特ZHD集团战略合作的沙特利雅得地铁西站项目，造价近3亿美元。

江苏省华建建设股份有限公司承建的秦皇岛泰盛商务大厦及附属工程、深圳中洲华府2个项目获“鲁班奖”，该公司累计获“鲁班奖”21项，排名全省第一、全国第五。全市获国优奖(含专业国优)25项，再创历史新高。新增国家级工法10项，其中江苏扬建集团获国家级工法7项，居全国之首。江苏邗建集团获批国家级博士后工作站。

（王　健　卞海波）

**■江苏省华建建设股份有限公司**　2015年，江苏省华建建设股份有限公司(简称江苏华建)完成建筑业总产值301.95亿元。先后被授予“全国优秀施工企业”“全国建筑业先进企业”等称号，入选全国建筑业竞争力百强、中国承包商80强。

市场开拓。江苏华建与中粮地产、中森地产、成都交大地产、三盛宏业等知名地产开展新合作。承接满京华沙浦项目2个标段总面积51万平方米，刷新江苏华建单项工程规模纪录；先后定标的鸿荣源壹成中心、聚龙山一号、恒裕前海国际金融中心等项目，面积均超20万平方米。与老挝吉达蓬集团签订合资协议书，成立华建(老挝)建设有限公司；联合9家公司共同发起成立扬州市企业海外开拓促进会，全市85家会员企业实现跨界联合。

质量创优。2015年，江苏华建承建的深圳中洲华府、秦皇岛泰盛商务大厦及附属工程获“鲁班奖”，深圳香山里花园二期工程获国家优质工程奖，深圳中洲大厦工程获全国“钢结构金奖”；投资建设的扬州运河城市广场项目获国家优质工程奖。此外，获省级优质(结构)工程24项，市级优质(结构)工程35项。

科技创新。全年新获国家发明专利5项、实用新型专利39项；国家级新技术应用示范工程1项，省级新技术应用示范工程3项；国家级施工工法1项，省级施工工法21项；新增国家级QC成果8项，省级QC成果19项。

多元经营。江苏华建地产有限公

深圳中洲华府工程　　　华　建/供稿

司投资开发的华城科技广场项目，被列为市政府重点城建项目之一；华建ART上院项目是扬州首个“产品+”社区。江苏华建农村小额贷款有限公司获评扬州十佳明星小贷公司，尝试资产证券化融资模式，成为扬州第一家、全省第二家启动资产证券化项目的小贷公司。江苏华建联盟投资管理有限公司累计对外投资30亿元，净资产收益率超12%，发行基金4支。江苏华建总部财务管理公司发行3.5亿元短期融资券，发行8亿元私募债。江苏华建建筑设计院全年承接合同额1.22亿元。扬州市华建建设检测中心有限公司在扬市场占有率超25%。江苏华建工程项目管理咨询有限公司全年承接合同额1762万元。华建学院全年举办培训班19期，受训人员4000人次。

（余 涛 翟法宝）

**■江苏江都建设集团有限公司** 2015年，江苏江都建设集团有限公司（简称江都建设集团）实现施工产值266亿元，在中国民营500强企业评比中列93位。

市场开拓。江都建设集团西安公司全年在手合同额突破47亿元，承接的三星物产钢结构厂房工程建筑面积19万平方米，阳光城上林西苑C2+C+E3栋高层建筑面积15万平方米。上海公司加大向市政、节能环保、电力等专业领域的拓展力度，全年市政工程合同额3.2亿元，在手合同额突破40亿元。北京公司承接的丰台区南苑乡南苑村1404-621地块R2二类居住用地（配建限价商品房）项目北区工程建筑面积16万平方米，造价5.26亿元；石景山区老古城综合改造H、E-1、E-2地块项目建筑面积15万平方米，造价3.4亿元。

援外项目。全年合同额突破8亿元，其中援老挝人民革命党中央办公楼项目合同额3亿元，援马里巴马科大学卡巴拉校区项目合同额近4亿元，是江都建设集团有史以来合同额最大的援外项目。

安全管理。全年创省部级以上优质工程8项，全国AAA级文明工地1项，省部级以上文明工地18项。西安公司蓝海凤城项目被住建部选为“工程质量治理两年行动万里行”的亮点项目。

科技创新。全年申报国家级工法和省级工法各1项，江苏省省级新技术应用示范工程3项，2个QC小组被评为全国优秀质量管理小组，多项QC成果获省、市级奖项，另有技术创新项目《模板互升式爬模装置及方法》被评为第五届扬州市职工“十大科技创新成果”，是公司首次获得该奖项。

（徐怀华）

**■江苏邗建集团有限公司** 2015年，江苏邗建集团有限公司（简称邗建集团）完成总产值161亿元，新签合同额173亿元，外经产值逾20亿元，建筑工业化项目投产，组建成立房产事业部，并购江苏荣能集团，规模总量持续增长。

2015年，邗建集团入选中国民企500强、中国建筑业竞争力百强、“中国承包商”60强、“江苏省建筑业百强”，连续被评为“全国优秀施工企业”“全国建筑业先进企业”“全国建筑业AAA及信用企业”。邗建集团承建扬州西区科技综合体、智谷科技综合体、廖家沟城市中央公园等城庆重点工程、民生工程，被扬州市委、市政府表彰为“迎接城庆重大城建项目建设突出贡献企业”。

全年创国家优质工程8项、国家AAA级文明工地1项、国家绿色示范工程1项；获批设立国家级博士后工作站，完成国家发明专利1项、实用性专利6项、国家级QC成果2项。

（居建军）

**■江苏扬建集团有限公司** 2015年，江苏扬建集团有限公司（简称扬建集团）实现总产值109亿元，比上年增长5%；结转工作量60亿元；实现利润1.5亿元，增长21.5%；全年获“鲁班奖”1项、国家优质工程奖1项、全国建筑工程装饰奖2项、“中国安装之星”2项；被评为“2014年度全国优秀施工企业”，名列“中国建筑业成长性百强企业”第五位；入选“2014年度江苏省建筑业百强企业（综合实力类）”。

多元经营。2015年，扬建集团土建主业稳定发展，全年产值67亿元，占总量的61%，比上年增长5.7%。多元产业实现产值42亿元，占总量39%，比上年增长3.4%。其中，扬州华瑞建筑劳务有限公司产值突破9亿元，江苏华发装饰有限公司产值突破7亿元；扬州市环境保护有限公司产值6.5亿元，增长8%；扬州市桩基有限公司产值7亿元，利润1560万元；扬州经济技术开发区扬建农村小额贷款有限公司全年放贷1.5亿元，获省金融办AAA评级。

重点工程建设。承建新万福桥、扬州市科技馆、城庆广场、市民图书馆、扬州西部交通客运枢纽、国展三期、李宁体育公园等重大城庆项目。其中，扬州市科技馆工程被评为第四批全国建筑业绿色施工示范工程，工程质量QC小组获全国二等奖；扬州城庆广场采用获国家专利的“跳仓法”施工工艺，该项施工技术已获国家级工法，关于《超大面积地下室混凝土施工质量控制》的管理成果获全国一等奖；扬建北方公司在北京先后承接18.3万平方米恒大名都、4.9万平方米金风科创试验检测楼；承接11.5万平方米的天津招商局网谷·企业街区和8.8万平方米的酒仙网天津仓储物流中心；在西宁新接项目9.2万平方米；扬建四公司虹桥万树商办项目被万科纳入合格分承包单位名录；扬建珠海工程处新开6.3万平方米的中山市三宝大厦和9.7万平方米的重庆黔江学府花苑一期项目；桩基公司承接连淮扬镇高铁江都、高邮、淮安段桩基施工任务。

质量管理。扬建集团参建的泰盛商务大厦及附属工程获中国建筑工程“鲁班奖”；扬建集团总包，华发公司、桩基公司参建的扬州运河城市广场工程获国家优质工程奖；华发承建的扬州会议中心二期幕墙工程、扬州泰州机场旅客集散中心精装修工程获中国建筑工程装饰奖；扬建安装公司皇冠假日酒店机电工程、街南书屋机电安装工程获中国安装工程优质奖。扬建集团总

秦皇岛泰盛商务大厦及附属工程　　扬　建/供稿

包的扬州西部交通客运枢纽工程被评为华东片区示范样板工程，宁波深国投商业中心获华东地区优质工程奖；获江苏省“扬子杯”3项、海南省“绿岛杯”1项、天津市结构“海河杯”2项；扬州市“琼花杯”8项、“五亭杯”7项。

科技进步。全年新增国家级工法7项；新增省级工法13项；完成省级科研项目2项、市级科研项目1项；获评中国装饰业协会“新技术应用示范工程”5项、省级“新技术应用示范工程”11项、扬州市“新技术应用示范工程”2项；获国家级优秀QC小组活动成果3项、省级QC小组活动成果14项；被中国建筑节能协会授予“2014年度建筑节能之星——突出贡献单位”；22人通过全国BIM技术等级考试取得证书，集团BIM团队参加省安装协会主办的BIM应用大赛并获二等奖。

安全生产。全年创省标准化文明示范工地18个（含北京1个、天津2个、秦皇岛2个、深圳1个）、市文明工地24个。扬建集团被评为2015年度江苏省建筑业企业安全生产先进单位。扬州市科技馆通过“全国绿色施工示范工程”中期验收；泰盛商务大厦获“全国建筑业绿色施工示范工程”称号；上海虹桥万树商办项目被评为上海市节约型工地；深圳留学生创业大厦获评深圳市及广东省双优工地。　（蒋贵涛）

## 工程建设管理

**■招投标管理**　2015年，制定实施《扬州市国有投资项目“三合一”综合评标办法（试行）》《关于进一步加强全市国有投资建设工程招投标管理工作的通知》等。实行电子化招投标工作，市区施工、监理电子化招投标比例100%，材料设备电子化招投标比95%以上。县（市、区）房屋建筑和市政工程项目施工、监理、材料设备电子化招投标比例100%，符合条件的国有投资工程项目远程异地评标的比例100%。2015年，市区完成进场交易项目409标段，合同价201.87亿元，其中公开招标272标段，合同价144.28亿元；邀请招标42标段，合同价24.19亿元；直接发包95标段，合同价33.4亿元。通过招投标节约资金约4.46亿元，节约5.1%。　（潘大为　卞海波）

**■施工许可与竣工验收备案**　2015年，扬州市城乡建设局依法行政，规范施工许可和竣工验收备案的发证条件和工作程序，执行部门联合查勘制度，按照行政审批承诺时限，严把工程入口关和出口关。全市发放施工许可证760份，建筑面积1398万平方米，完成竣工验收备案682项，备案面积865万平方米。

（潘大为　卞海波）

**■施工图审查**　实行联合审查制度，在政务服务中心设立“联合审图窗口”，对市直建设工程施工图实行联合审查。增设服务窗口。现有各区级行政办事服务中心设立服务窗口的基础上，在仪征市行政办事服务中心增设施工图审查服务窗口，方便办事服务对象。2015年，接审施工图审查项目1307项，建筑面积894.4万平方米，查出违反强制性条文1423条，强制性标准1.17万条，发放审查合格证书1196份。

（潘大为　卞海波）

**■工程质量管理**　2015年，市城乡建设局利用工程质量监督管理系统，提升质量监管水平和效率，开展住宅工程质量通病防治工作和重大项目、民生项目监管，以项目过程监督为纵线，原材料信息监管为横线，实现工程质量监管全覆盖。全年市区监督抽测房建工程实体质量338批次；监督抽测市政工程30批次；抽检房屋建筑工程主要原材料8个种类共63批次；市政工程主要原材料4个种类共23组。全年共签发工程质量整改通知单264份，工程质量监督抽测通知单35份，查处违反强制性条文质量问题69条，记录各类不良行为55条，下发工程局部停工通知书8份，行政处罚建议书14份。

（潘大为　卞海波）

**■工程安全监管**　全年检查工程1120个（次），下发隐患整改通知单129份，局部停工通知单68份，监督记录561份，予以建筑安全不良行为扣分32个。推进建筑施工安全文明标准化建设工作，规范程序，落实保证项目和一票否决项目，控制创建数量，提升创建水平。全年创建市文明工地175个，省标准化文明示范工地80个。制定《扬州市建设工程安全事故应急预案》，成立6个应急救援队，建立应急救援专家组、应急设备设施库等。重视预警提示，通过短信平台，适时发布安全形势、天气预警、安全监管工作要求等。全年发送各类短信2.2万多条（次）。

（潘大为　卞海波）

■**工程监理** 2015年，2家监理企业晋升资质等级，至此，全市有监理企业35家，其中甲级监理企业18家、乙级7家、丙级10家；至年末，有国家注册监理工程师735人，江苏省监理工程师789人，省监理员2396人。开展监理项目飞行检查活动，规范现场监理行为，全年完成监理收入3.16亿元。（潘大为 卞海波）

■**工程造价管理** 2015年，工程造价管理部门加强国有投资项目造价全过程监管，强化对设计、招投标、施工、竣工等环节的造价控制，规范竣工结算行为，缩短结算时限。全年审核招标控制价740项，累计造价165.13亿元，办理竣工结算审核152项，累计造价27.03亿元。（潘大为 卞海波）

■**工程检测管理** 2015年，加大对检测机构的监管力度，开展检测机构飞行检查、专项检查和检测能力验证工作，将动态监管与信用监管相结合，对各类抽查、检查和能力验证中发现的违规情况计入信用评价系统，规范检测机构市场行为和现场检测行为，打造检测市场诚实守信新环境。（潘大为 卞海波）

## 勘察设计管理

■**勘察设计** 2015年，全市有具备资质的勘察设计单位62家，其中各类甲级资质单位28家、乙级资质单位25家、丙级资质单9家，涉及工程勘察、建筑、市政、水利、水运、电力、通信、石油、化工、化纤、轻纺等11个行业及建筑装饰、建筑幕墙、环境工程、轻钢结构、照明工程、风景园林等6个专项资质；从业人员1678人，其中注册执业人员450人。全年完成产值4.9亿元。（汪 美）

**2015年扬州市勘察设计甲级资质单位一览表**

表15-1

| 单位名称 | 资质情况 |
|---|---|
| 江苏中核华纬工程设计研究有限公司 | 甲级化工石化医药 |
| 江苏石油勘探局勘察设计研究院 | 甲级石油天然气 |
| 江苏省水利勘测设计研究院有限公司 | 甲级水利 |
| 扬州市建筑设计研究院有限公司 | 甲级建筑工程、市政道路工程 |
| 江苏工程勘测研究院有限公司 | 甲级工程勘察综合类 |
| 扬州大学工程设计研究院 | 甲级建筑工程 |
| 扬州勘测设计院有限公司 | 甲级工程勘察岩土工程 |
| 江苏时代建筑设计有限公司 | 甲级建筑工程，岩土工程 |
| 扬州城市规划设计研究院有限责任公司 | 甲级建筑工程 |
| 江苏华建建设股份有限公司 | 甲级建筑工程 |
| 江苏江都建设工程有限公司 | 甲级建筑工程 |
| 江苏扬建集团有限公司 | 甲级建筑工程 |
| 江苏弘盛集团有限公司 | 甲级建筑工程 |
| 江苏江建集团有限公司 | 甲级建筑工程 |
| 江苏中珩建筑设计院有限公司 | 甲级建筑工程 |
| 扬州日模邗沟装饰工程有限公司 | 甲级建筑装饰、建筑幕墙 |
| 江苏裕祥装饰工程有限公司 | 甲级建筑装饰 |
| 扬州华发装饰装潢配套公司 | 甲级建筑装饰 |
| 扬州新盛建筑装饰有限公司 | 甲级建筑装饰 |
| 扬州艾特装饰工程有限公司 | 甲级建筑装饰 |
| 江苏华宇装饰工程有限公司 | 甲级建筑装饰 |
| 扬州森忆装饰工程有限公司 | 甲级建筑装饰 |
| 江苏邗建集团有限公司 | 甲级建筑行业 |
| 神州交通工程集团有限公司 | 甲级照明工程 |
| 龙腾照明集团有限公司 | 甲级照明工程 |
| 扬州市开元岩土工程检测有限公司 | 甲级岩土工程 |
| 扬州牧羊集团有限公司 | 甲级轻钢结构工程 |
| 江苏峰业科技环保集团有限公司 | 甲级环境工程(废气) |

（汪 美）

■**工程勘察设计管理** 按照《扬州市房屋建筑工程勘察设计质量专项治理工作方案》要求，开展房屋建筑工程勘察设计质量专项治理工作。开展全市土工试验室专项检查及市区工程勘察现场检查工作，核查土工实验室13家，勘察项目30个。通过江苏省勘察设计信息管理系统，实施对勘察设计单位市场行为动态监管。加强省外勘察设计单位到扬承接勘察设计业务的管理，进行单项核验103项及质量管理工作。开展工程建设项目合同备案工作，全年备案合同1000余项。（汪 美）

■**建筑节能与建设科技** 2015年，建筑节能工作目标任务逐级分解并监督落实。制定《2015年扬州市建筑节能专项检查计划》，按计划开展全市建筑节能专项检查；完成省住建厅新建建筑节能工作任务。

2015年，全市城镇新建建筑全面按一星及以上绿色建筑标准设计，

新增二星级以上绿色建筑68.2万平方米。扬州市科技馆成为全市首个取得绿色建筑星级标识的大型公共建筑。（汪 美）

**■优秀勘察设计项目评选** 6月，扬州市举行市优秀勘察设计项目评选活动，共评出获奖项目29项(优秀工程设计25项、优秀工程勘察4项)。其中优秀工程设计一等奖4项、二等奖8项、三等奖13项，优秀工程勘察一等奖1项、二等奖1项，三等奖2项。（汪 美）

**扬州市2015年优秀勘察设计项目评选获奖项目一览表**

表15-2

| 奖项及等级 | | 项目名称 | 获奖单位 |
|---|---|---|---|
| 优秀工程设计项目 | 一等奖 | 扬州市瘦西湖隧道工程 | 中铁第四勘察设计院集团有限公司 |
| | | 扬州市古城低碳社区示范工程 | 扬州市建筑设计研究院有限公司 |
| | | 长乐客栈1～9号楼 | 扬州市城市规划设计研究院有限公司 |
| | | 菱塘回族乡民族文化宫 | 扬州市建筑设计研究院有限公司 |
| | 二等奖 | 扬州匏庐修缮工程 | 扬州市建筑设计研究院有限公司 |
| | | 艺蕾小学地块改造工程 | 扬州市城市规划设计研究院有限公司 |
| | | 杨庙镇中心小学 | 扬州大学工程设计研究院 |
| | | 蒋王核心区639地块商业水街 | 江苏时代建筑设计有限公司 |
| | | 扬州交大科技园 | 扬州市建筑设计研究院有限公司 |
| | | 扬州瘦西湖双峰云栈景点及周边环境改造设计 | 扬州天翼园林设计研究院有限公司 |
| | | 扬菱路(扬溧高速瘦西湖入口—靳家桥段)景观提升工程二标段 | 扬州市建筑设计研究院有限公司 |
| | | 扬州市跃进桥翻建工程 | 扬州市城市规划设计研究院有限公司 |
| | 三等奖 | 醒园 | 扬州市建筑设计研究院有限公司 |
| | | 扬州市中心血站业务综合大楼 | 江苏中珩建筑设计研究院有限公司 |
| | | 华升沁园小区 | 江苏时代建筑设计有限公司 |
| | | 扬州市水上搜救中心暨扬州海事局业务用房 | 江苏扬建集团有限公司 |
| | | 扬州市体育运动学校综合球类馆、田径馆 | 扬州市建筑设计研究院有限公司 |
| | | 阳光美第住宅小区 | 扬州市建筑设计研究院有限公司 |
| | | 万博·奥龙湾嘉园 | 扬州迪森建筑设计有限公司 |
| | | 江苏美时医疗技术有限公司美时医疗二期生产研发基地 | 扬州迪森建筑设计有限公司 |
| | | 江苏信息服务产业基地(扬州)首发项目17号楼地块1～5、7～10号楼 | 扬州市城市规划设计研究院有限公司 |
| | | 佳家花园四期景观工程 | 扬州市建筑设计研究院有限公司 |
| | | 宋夹城体育休闲公园东门桥梁工程 | 扬州市建筑设计研究院有限公司 |
| | | 高邮市消防大队综合用房 | 高邮市建筑设计院 |
| | | 金域蓝湾住宅小区 | 常州市规划设计院 |
| 优秀工程勘察项目 | 一等奖 | 扬州建设大厦工程勘察 | 江苏省工程勘测研究院有限公司 |
| | 二等奖 | 扬州市水上搜救中心暨扬州海事局业务用房工程勘察 | 扬州市开元岩土工程检测有限公司 |
| | 三等奖 | 扬州屹丰汽车部件有限公司厂区工程勘察 | 江苏时代建筑设计有限公司 |
| | | 水岸雅居工程勘察 | 高邮市建筑设计院 |

（汪 美）

# 交通　物流

# Jiaotong Wuliu

编　辑　陈永华

## 综述

**■概况**　2015年，全市交通基础设施建设完成投资80亿元(不含扬州泰州机场建设投资)。其中，高速公路建设完成投资7.37亿元，国家、省干线公路建设(含一般干线和连接线)完成投资24.7亿元，农村公路及桥梁建设完成投资4.3亿元，航道、船闸建设完成投资3.13亿元，港口建设完成投资1.21亿元，宁启铁路复线电气化改造工程扬州段完成投资5.1亿元，连淮扬镇铁路扬州段完成投资30亿元，汽车客货运站场建设完成投资1.96亿元。城市南部快速通道工程开工建设，内河搜救中心工程主体完工。公路、铁路、水路分别完成客运量4146万人次、137万人次、12.5万人次，分别完成货运量6419万吨、6.2万吨、5743万吨；港口完成货物吞吐量1.1亿吨；扬州泰州机场完成旅客吞吐量87.1万人次、货邮吞吐量6169.4吨。市区(含江都区)城市公共交通行业全年完成客运量2.89亿人次。

全市邮政企业和规模以上快递服务企业业务收入(不包括邮政储蓄银行直接营业收入)累计完成16.5亿元，业务总量累计完成20.6亿元。全市规模以上快递服务企业完成业务量7782.23万件，完成业务收入9.32亿元。全市邮政企业完成函件业务量1883.23万件，包裹业务量12.11万件，订销报纸业务量6896.49万份，订销杂志业务量397.09万份，汇兑业务量36.33万笔。有邮政网点182个，邮政网点总面积2.07万平方米，邮政信筒385个。

全市社会物流总额1.21万亿元，社会物流总费用605.63亿元，物流业增加值259.6亿元。

加强交通行业管理，促进交通运输业发展。推进客运班线公司化经营改造，全市市、县际客运班线公司化经营率86%。强化交通基础设施养护管理，保障路航设施产权完整，清除路航非标物，增设交通安全设施，保持路航通行环境良好。保障辖区内河水上交通安全畅通，未发生死亡3人以上重特大水上交通事故和船舶污染水域事件，京杭运河扬州段等干线航道未发生航道堵塞4小时以上责任事件。完成汛期、枯水期及恶劣天气条件下公路、水路运输保障任务，畅通电煤、鲜活农副产品等重要物资运输“绿色通道”，保障中国扬州“烟花三月”国际经贸旅游节、世界运河名城博览会等重大活动期间交通运输安全和行业稳定。启动扬州港区六圩作业区控制性详细规划编制。　(王　东　朱雅博　杨　通)

**2015年扬州公路里程年底到达数一览表**

表16-1　　单位：千米

| 项目 | 总　计 | 等级公路 | | | | | | | | | 等外公路 |
|---|---|---|---|---|---|---|---|---|---|---|---|
| | | 合　计 | 高速公路 | | | | 一级公路 | 二级公路 | 三级公路 | 四级公路 | |
| | | | 小计 | 四车道 | 六车道 | 八车道及以上 | | | | | |
| **年底到达数** | **10530.08** | **9279.97** | **270.91** | **172.22** | **88.42** | **10.28** | **582.44** | **1169.62** | **926.52** | **6330.43** | **1250.11** |
| 国道 | **293.11** | 293.11 | 206.96 | 133.46 | 63.22 | 10.28 | 86.15 | 0 | 0 | 0 | 0 |
| #国家高速公路 | **206.96** | 206.96 | 206.96 | 133.46 | 63.22 | 10.28 | 0 | 0 | 0 | 0 | 0 |
| 省道 | **658.40** | 643.97 | 59.45 | 34.25 | 25.20 | 0 | 371.63 | 212.89 | 0 | 0 | 14.44 |
| 县道 | **1384.17** | 1321.56 | 4.51 | 4.51 | 0 | 0 | 87.04 | 664.68 | 382.30 | 183.03 | 62.61 |
| 乡道 | **4712.10** | 3539.04 | 0 | 0 | 0 | 0 | 32.48 | 137.77 | 442.66 | 2926.13 | 1173.07 |
| 村道 | **4655.37** | 3482.30 | 0 | 0 | 0 | 0 | 5.19 | 154.29 | 101.56 | 3221.27 | 1173.07 |

(史晓冬)

**2015年扬州市公路桥梁、渡口年底到达数一览表**

表16-2

| 项目 | 桥梁 | | | | | | | | | | | | 渡口 | |
|---|---|---|---|---|---|---|---|---|---|---|---|---|---|---|
| | 总计 | | 互通式立交桥 | | 按跨径分 | | | | | | | | 总计 | 机动渡口 |
| | | | | | 特大桥 | | 大桥 | | 中桥 | | 小桥 | | | |
| | 数量（座） | 长度（延米） | 数量（座） | 长度（延米） | 数量（座） | 长度（延米） | 数量（座） | 长度（延米） | 数量（座） | 长度（延米） | 数量（座） | 长度（延米） | 数量（处） | 数量（处） |
| **年底到达数** | **4767** | **198696.85** | **21** | **8663.49** | **15** | **28998.25** | **243** | **60722.64** | **1025** | **48048.2** | **3484** | **60927.76** | **20** | **1** |
| 国道 | **247** | **41834.35** | 11 | 2823.53 | 9 | 14017.16 | 57 | 18921.44 | 126 | 7518.06 | 55 | 1377.69 | **0** | 0 |
| #国家高速公路 | **179** | **32908.08** | 3 | 663.56 | 9 | 14017.06 | 38 | 12199.58 | 100 | 5675.63 | 32 | 1015.81 | **0** | 0 |
| 省道 | **291** | **44746.2** | 9 | 5713.96 | 5 | 13920.09 | 66 | 21499.33 | 129 | 6954.29 | 91 | 2372.49 | **0** | 0 |
| 县道 | **491** | **24878.79** | 0 | 0 | 1 | 1061 | 42 | 9262.34 | 192 | 9061.05 | 256 | 5494.4 | **3** | 0 |
| 乡道 | **1872** | **44714.17** | 1 | 126 | 1 | 1061 | 49 | 5702.33 | 320 | 13828.76 | 1503 | 25183.08 | **10** | 1 |
| 村道 | **1866** | **42523.34** | 1 | 126 | 0 | 0 | 29 | 5337.2 | 258 | 10686.04 | 1579 | 26500.1 | **7** | 0 |

（史晓冬）

■**扬州市交通产业集团有限责任公司** 2015年，市交通产业集团有限责任公司（简称市交通产业集团）公司总资产110亿元，实现净资产收益率6.23%，年末国有资产净值59.42亿元。完成港口货物吞吐量2011万吨，完成集装箱吞吐量超过60万标箱（含淮安港）。2015年，市交通产业集团获评“迎接城庆重大城建项目建设先进单位”称号。

推进重大城建项目建设。5月15日，自在岛46.7公顷种植绿化工程完成验收，进入苗木养护阶段。6月30日，荷花池地下停车场开工建设。7月1日，扬州西部交通客运枢纽投入运营。12月30日，方圈门停车楼开工建设。至年底，市交通产业集团历时8个月完成瘦西湖西门经刘庄地块的土地整理和上市挂牌准备。新盟码头建设完工。推进市区智能停车管理系统建设。

全年完成连淮扬镇铁路扬州市本级1.72亿元、宿扬高速公路扬州市本级0.4亿元出资任务。至2015年底，市交通产业集团代表市政府累计出资5.25亿元。

发展公共交通。新购新能源公交车370辆，淘汰、报废一批老、旧车辆。建成公共自行车租赁系统三期工程，投放公共自行车2500辆，新增租赁点97个，推进扬州市慢行交通系统连网成片。新辟、优化调整公交线路40条（其中开通西部交通客运枢纽至仪征市的公交77路、西部交通客运枢纽至高邮菱塘的公交33路线、扬州城区途径万福大桥至江都的99路公交线）。推进公交场站建设，扩建邗江区停车场，新建九龙湖首末站，新增场站面积1.1万平方米，累计场站面积13.09万平方米。

整合道路客运旅游资源。江苏扬州汽车运输集团公司开展“运游结合”经营模式，加大旅游市场开发力度，建成扬州西游客服务中心，开通运游结合线路5条，其中面向散客推出“扬州风光一日游”精品线，成为“携程”旅游网扬州地接旅游成交量第一名的产品。

汽车后道产业成型。4月起，市交通产业集团接收市交警支队划转的北区和田庄4条检车线，成立扬州市机动车检测有限公司专司业务经营。5月，启动中、高档汽车维修项目，德城中奥专修店投入运营。竞标“扬州事业单位公务车定点维修单位”，接收扬州市道路事故车辆施救中心各项资产及业务经营。联合扬州中燃城市燃气发展有限公司、中石化扬州分公司，开发油气关联产业。停车场公司接收市区路面临时停车泊位经营权，通过招标选定合资的充电桩企业，布桩经营。

开拓融资手段和工具。联合民生银行，推出长途客运行业资产证券化产品，融资8.5亿元。联合江苏银行、江苏省国信资产管理集团有限公司打造连淮扬镇铁路资本金信托计划，融资6亿元。联合恒丰银行发行10亿元中期票据。（周大川）

■**扬州建成首个汽车维修行业诚信联盟** 5月12日，扬州市汽车维修行业诚信联盟成立大会暨“十大诚信经营维修企业”评选启动仪式在市会议中心举行。扬州市交通运输局联合市放心消费创建办公室、市工商局成立扬州市汽车维修行业诚信联盟。该联盟是全市一类、二类、快修类企业自愿组成的团体，设配件管理、保险理赔、人才管理等3个专业委员会。有223家维修企业申请加入，并向社会公开发布诚信联盟宣言。（杨　通）

■**高邮通用机场建设项目签约** 6月9日，高邮市政府与中化岩土工程股份有限公司在北京签署扬州高邮湖西通航产业基地投资框架协议，高邮市将有1座可同时起降10架小型私人飞机的通用机场。高邮湖西通航产业基地项目一期建设用地20公顷，位于湖西新区毛港村，投资额约3.2亿元，总建设周期18个月，可满足Y12E等B类小型固定翼机型运行需求。建成后，通用机场将开展飞行员培训、空中巡查、防林护林、喷洒农药等作业飞行，以及应急救援、商

6月30日，荷花池地下停车场项目工程开工建设　　张孔生/摄

务包机、空中摄影、景点观光、空中表演等民生服务功能。（杨　通）

**■荷花池地下停车场开工**　6月30日，由市交通产业集团负责实施的荷花池地下停车场项目工程正式开工建设。该项目工程总投资约3亿元，建设周期约1年6个月，工程建设包括停车场建设、荷花池停车场地库主体建设、荷花池支路改造、停车场与苏北人民医院的联络通道、景观恢复等4项工程。荷花池地下停车场建于荷花池水下，东在荷花池东岸，南北依傍荷花池河岸，西在荷花池水上走廊西侧，建筑面积约3万平方米。地下2层，局部3层，层高4米，埋深约13米。荷花池地下停车场地面设置3个机动车和3个行人出入口，满足防火区和安全疏散要求，设有地下通道与苏北人民医院相通。3个机动车出入口分别位于荷花池南街、荷花池路和荷花池公园东门停车场位置，3个行人出入口分别位于荷花池南街及荷花池公园内的2处地方；停车场与苏北人民医院的地下通道宽约10米，中间行车，两侧走人。建成后，新增停车位700个，缓解苏北人民医院、南通西路附近停车难问题。（杨　通）

## 交通基础设施建设

**■干线公路建设**　全年完成普通国家、省干线公路建设投资21.45亿元，建成通车里程33千米，工程质量优良率100%。文昌路西延工程全线建成通车。611省道高邮先导段和邗江先导段建成并通过交工验收，向阳河特大桥进入上部结构施工。462省道沙湾路南延工程通车(462省道沙湾路南延工程全长8.3千米，无矛盾路段主体基本完成)。352省道江都段推进先导段施工。金湾路节点工程金湾河桥、高水河桥、古运河桥开工建设。（邢鹏举）

**■农村公路建设**　全年完成农村公路提档升级投资2.2亿元，新(改)建农村公路328千米、农村桥梁98座，项目验收合格率100%。高邮界首大桥开工建设。（邢鹏举）

**■文昌路西延工程**　文昌路西延工程东起启扬高速扬州西互通，向西跨越宁启铁路至仪征中北部地区，终于仪征六合界，工程全长约32.8千米，由418省道段和353省道扬州西段组成。2015年，工程完成投资6.05亿元，累计完成投资15亿元。其中，418省道段全长3.8千米，按城市主干道、双向六车道标准建设，设计行车时速80千米，4月18日建成通车。353省道扬州西段全长30千米，其中125省道以东段按一级公路、双向四车道建设，设计时速100千米；125省道以西段按一级公路规划、二级公路建设，双向两车道，设计时速60千米，9月5日建成通车。（邢鹏举）

**■江广高速公路扬州段改(扩)建工程**　江广高速公路扬州段改(扩)建工程西起江都正谊枢纽，途经仙女、大桥、浦头等3个乡镇，东终于扬州泰州交界，全长19千米，概算总投资16.5亿元。8月18日开工建设，全年完成投资2.2亿元，征地拆迁、项目部、总监办、中心试验室驻地、“三场”(钢筋加工场、桥梁预置场、混凝土拌和场)、工地试验室标准化建设全部完成，7座便桥全部完成，便道完成70%、河塘段完成13%，原地面清表完成80%，桥涵完成桩基35根。（邢鹏举）

**■宁启铁路复线电气化工程**　2015年，宁启铁路复线电气化工程扬州段完成投资5.1亿元，累计完成投资44.71亿元。全年完成仪征站站改和5座上跨铁路桥梁抬升，完成西湖镇220千伏电力杆线迁改、81千米防护栅栏安装、“四电”(通信工程、信号工程、电力工程、电气化工程)安装等配套工程。12月21日，市政府发布宁启铁路复线扬州段安全保护区公告；12月27日，宁启铁路开行动车组试验列车。（陈三保）

**■连淮扬镇铁路扬州段**　2015年，连淮扬镇铁路扬州段实现全线开工建设。全年完成投资30亿元，累计完成民房拆迁签约1276户、占总量的75%，拆除1136户、占总量的66%；落实主线用地90千米，占扬州段全长的68%；全线“三场”基本建设到位；全线累计完成桥梁灌注桩1.12万根、占总量的33%，桥梁承台270座、占总量的6%，墩身83座、占总量的2%。（陈三保）

**■城市南部快速通道**　城市南部快速通道西起八字桥互通，向东沿江阳路，经渡江南路，转入开发路，上运河南路，接宁通高速匝道、沪陕高速汤汪互通，工程全长17.25千米。8月18日，城市南部快速通道项目建议书获市发展和改革委员会批复，11月25日，项目工程可行性研究报告获市发展和改革委员会批复，概算总投资56.8亿元，计划工期2.5年，

道路等级为城市快速路，主线双向六车道，设计时速80千米；辅路双向六车道，局部双向四车道，设计时速50千米。11月28日，项目先导段开工建设，至12月31日，项目先导段开展主线路基和站南路支线上跨桥施工，沿线各区启动征地拆迁，全年完成投资162万元。（黄　征）

■**宿扬高速公路扬州段**　宿扬高速公路扬州段西起仪征市大仪镇苏皖省界，终点通过扬州西部交通客运枢纽与启扬高速互通，接润扬北路至扬州市区，全长22.77千米，设计时速120千米，双向四车道，概算总投资17.08亿元。2014年12月18日开工建设，计划工期3年。2015年，全年完成投资5.3亿元，累计完成投资8亿元。征拆全部完成，桥梁桩基、路基土方填筑、预制箱梁、预制板梁分别完成91%、71%、34%、69%。（夏武华）

■**扬州内河搜救中心工程**　2015年，扬州市内河搜救中心项目工程完成投资2490万元，累计完成投资5000万元，实现主体工程完工，《扬州市内河搜救中心水上搜救监控指挥服务平台项目初步设计》通过专家评审。（黄善娟）

■**港口建设**　2015年，扬州市完成港口建设投资1.21亿元。新增万吨级泊位4个、港口吞吐能力375万吨。江都港区鼎衡1号、2号舾装码头工程通过交工验收，内河港扬城港区新盟物流码头、仪征港区环球码头改建水工主体工程建成，江都港区海昌码头3个万吨级泊位和中信泰富2个万吨级泊位通过竣工验收。（张　艳）

■**高邮运东船闸扩容改造工程**　2015年，运东船闸扩容工程完成投资2亿元，累计完成投资3.05亿元。新建船闸设计口门宽23米、闸室长230米、槛上水深4米，达三级通航标准，设计最大船舶吨级1000吨。全年完成船闸主体、上游引航道、公路桥主体工程施工和有水联合调试，12月29日工程交工。（陈三保）

■**芒稻船闸扩容改造工程**　2015年，芒稻船闸扩容改造工程完成投资1亿元，累计完成投资2.01亿元。工程按三级船闸标准建设，船闸口门宽23米、闸室长180米、槛上水深4米，设计年通过能力4720万吨。全年完成船闸底板、上下闸首廊道、空箱浇筑、跨闸人行桥桩基工程。（陈三保）

■**扬州西部交通客运枢纽**　7月1日，扬州西部交通客运枢纽建成投运，全年完成投资3700万元，累计完成总投资7亿元。该枢纽以高速公路网络为依托，毗邻扬州火车站，实现公路、铁路、城市客运零距离换乘，预留地铁、城市轨道交通换乘接口。至年底，累计开通85条长途班车运行路线，覆盖50个地级市。

（宋维同）

■**公交场站建设**　2015年，扬州主城区扩建火车站公交停车场，建成西部交通客运枢纽公交首末站；江都区建成大桥镇公交首末站；宝应县建成城北公交首末站；高邮市建成城西公交首末站；新增公交场站面积2.9万平方米。至年底，市区建成公交场站29座，总面积21.55万平方米，车辆进场率73.51%。7月2日，扬州市通过《扬州中心城区综合客运换乘枢纽及公交场站布局规划》。（陈　虹）

■**万福大桥建成通车**　9月20日，总投资6.8亿元的万福大桥正式建成通车。万福大桥横跨淮河入江水道主河道廖家沟，全长664米，主跨188米，是我国首座塔梁古建相结合景观桥，是扬州城市地标性建筑。主桥为双塔自锚式悬索桥，桥型融现代美与古典美于一体，总体风格为亭台楼阁，是一座观光平台。

万福大桥建成通车，标志城市东西向交通大动脉新万福路全线贯通，连接扬州主城区和江都城区，推进江广融合发展。（杨　通）

## 公路运输

■**公路客运**　2015年，全市完成营业性公路客运量4146万人次、旅客周转量34.9亿人千米，分别下降13.5%、4.1%。全市有道路旅客运输经营业户17户，有营运客车1480辆(不含城市公交、出租车)、客位数5.64万个，户均拥有车辆87辆。全市开通客运班线445条，其中省际班线134条、市际班线177条、县际班线42条、县内班线92条，营运范围辐射全省13个地级市及全国16个省(自治区、直辖市)。（宋维同　王建统）

■**镇村公交**　2015年，扬州市新增4个乡镇开通镇村公交，分别是宝应县安宜镇、望直港镇，江都区真武镇、浦头镇。截至2015年底，全市46个乡镇开通镇村公交，有镇村公交线路107条，投放客车116辆，以乡镇为单位的镇村公交覆盖率78%。

（宋维同　王建统）

■**公路货运**　2015年，全市完成营业性公路货运量6419万吨、货物周转量118.4亿吨千米，分别增长-1.3%、4.4%。全市有道路货运企业3932家，其中道路危险货物运输企业50家。有载货汽车4.56

**2015年扬州市营业性运输车辆情况表**

表16-3

| 地　区 | 公路客运 | | 公路货运 | |
|---|---|---|---|---|
| | 客车数(辆) | 客位数(个) | 货车数(辆) | 吨位数(吨) |
| **合　计** | **1480** | **56445** | **45626** | **296794** |
| 市　区 | 674 | 30279 | 31005 | 193997 |
| 宝应县 | 247 | 8480 | 3749 | 25536 |
| 仪征市 | 170 | 5264 | 4750 | 40128 |
| 高邮市 | 389 | 12422 | 6122 | 37133 |

注：公路客运车辆不含城市公交、客运出租车辆　（扬运管）

2015年扬州市公路营业性运输量一览表

表16-4

| 地　区 | 公路客运 | | 公路货运 | |
|---|---|---|---|---|
| | 客运量（万人次） | 旅客周转量（万人千米） | 货运量（万吨） | 货物周转量（万吨千米） |
| **合　计** | **4146** | **349068** | **6419** | **1183751** |
| 市　区 | 2239 | 188497 | 4196 | 774173 |
| 宝应县 | 622 | 52360 | 552 | 101803 |
| 仪征市 | 373 | 31416 | 868 | 159806 |
| 高邮市 | 912 | 76795 | 803 | 147969 |

（扬运管）

万辆，总吨位29.68万吨，分别增长-0.65%、1.68%。其中，厢式货车1.14万辆、总吨位3.16万吨；集装箱式挂车327辆、总吨位1.01万吨；危险货物运输车辆1460辆（含半挂牵引车406辆、半挂车476辆），增长3.7%。（宋维同　仲恒逸）

■**农民工返乡直通车**　2015年，扬州市交通运输局联合扬州广播电视总台开展"温暖相伴·幸福回家"公益活动，开通农民工返乡直通车，提供返乡汽车票预订和送票服务。春运期间，累计上门为农民工售票、送票2.3万多张，组织农民工包车80多辆次，运送农民工旅客4300多人次。（宋维同　王建统）

## 铁路运输

■**铁路客运**　2015年，宁启铁路扬州站发送旅客137万人次，到站旅客132.7万人次，实现客运收入2.57亿元。（扬　铁）

■**铁路货运**　2015年，宁启铁路扬州站发送货物6.2万吨，装车1074辆；到站货物16.99万吨，卸车4347辆。实现货运收入3221.1万元。发车货物主要为钢管、金属制品、粮食等大件产品，到站货物主要为化肥、钢管、化工产品等。（扬　铁）

## 航空运输

■**概述**　扬州泰州机场是由扬州、泰州两市按8:2比例投资合建的民用机场，2012年5月8日通航，由苏中江都机场投资建设有限责任公司负责建设和运营管理。2015年底，扬州泰州机场运营的国内航线有三亚、海口、天津、重庆、北京、广州、沈阳、昆明、贵阳、西安、哈尔滨、成都、厦门、深圳、长春等15条，国际（地区）航线有韩国仁川、泰国曼谷、中国香港、中国台湾等4条。全年安全保障

2015年扬州泰州机场航班情况一览表

表16-5

| 航　　线 | 航空公司名称 | 机型 | 航　　班 |
|---|---|---|---|
| 扬州泰州机场—韩国仁川国际机场 | 韩国济州航空公司 | B738 | 每周二、六、次周四各一班 |
| 扬州泰州机场—曼谷素万那普国际机场 | 春秋航空公司 | A320 | 每周二、四、六、日各一班 |
| 扬州泰州机场—台北桃园国际机场 | 中国国际航空公司 | B738 | 每周一、三、五各一班 |
| 扬州泰州机场—香港国际机场 | 香港航空公司 | A320 | 每周三、日各一班 |
| 扬州泰州机场—长春龙嘉国际机场 | 春秋航空公司 | A320 | 每周二、四、六、日各一班 |
| 扬州泰州机场—北京首都国际机场 | 中国国际航空公司 | B738 | 每日一班，周二、四、六每日两班 |
| 扬州泰州机场—深圳宝安国际机场 | 深圳航空公司 | A320 | 每日一班 |
| 扬州泰州机场—西安咸阳国际机场 | 深圳航空公司 | A320 | 每日一班 |
| 扬州泰州机场—广州白云国际机场 | 中国南方航空公司 | A320 | 每日一班 |
| 扬州泰州机场—厦门高崎国际机场 | 深圳航空公司 | A320 | 每日一班 |
| 扬州泰州机场—昆明长水国际机场 | 昆明航空公司 | A320 | 每日一班 |
| 扬州泰州机场—三亚凤凰国际机场 | 海南航空公司 | B738 | 每周一、三、五、日各一班 |
| 扬州泰州机场—哈尔滨太平国际机场 | 海南航空公司 | B738 | 每周一、三、五、日各一班 |
| 扬州泰州机场—成都双流国际机场 | 四川航空公司 | A320 | 每日一班 |
| 扬州泰州机场—沈阳桃仙国际机场 | 深圳航空公司 | A320 | 每日一班 |
| 扬州泰州机场—海口美兰国际机场 | 天津航空公司 | E190 | 每日一班 |
| 扬州泰州机场—重庆江北国际机场 | 中国国际航空公司 | B738 | 每周一、二、三、四、五、六各一班 |
| 扬州泰州机场—贵阳龙洞堡国际机场 | 昆明航空公司 | B737 | 每周一、三、五、日各一班 |
| 扬州泰州机场—天津滨海国际机场 | 天津航空公司 | E190 | 每日一班 |

（鞠宏晨）

各类飞行3.06万架次，其中保障运输飞行8518架次；完成旅客吞吐量87.1万人次，平均客座率80.59%；完成货邮吞吐量6169.4吨。全年收入6368.6万元，上缴税金199.8万元。

1月6日，机场口岸开放获国务院批准；4月底，完成航站楼国际功能区改造及查验单位设备购置、安装、调试工作；5月4日，机场口岸开放配套专业工程通过竣工验收；6月4日，机场口岸开放通过省级预验收；6月23日，机场口岸开放配套专业工程通过民航行业验收；6月25日，机场口岸开放通过国家级验收，成为对外开放口岸机场。（鞠宏晨）

**■韩国仁川航线开通** 9月24日，扬州泰州机场开通扬州泰州机场—韩国仁川国际机场航线。该航线由韩国济州航空公司B738机型执飞，两周三班(周二、六，次周四各一班)。（鞠宏晨）

**■香港航线开通** 9月28日，扬州泰州机场开通扬州泰州机场—香港国际机场航线。该航线由香港航空公司A320机型执飞，每周三、日各一班。（鞠宏晨）

**■台湾航线开通** 9月29日，扬州泰州机场开通扬州泰州机场—台北桃园国际机场航线。该航线由中国国际航空公司B738机型执飞，每周一、三、五各一班。（杨 通）

**■澳门航线开通** 10月21日，扬州泰州机场开通扬州至澳门地区航线。该条航线为不定期包机形式，来程为8:00由澳门起飞，10:30到达扬州泰州机场；去程为11:30由扬州泰州机场起飞，14:00到达澳门，飞行时间2个半小时。首航由澳门航空公司A320机型执飞。（杨 通）

**■泰国曼谷航线开通** 11月3日，扬州泰州机场开通扬州泰州机场—曼谷素万那普国际机场航线。该航线由春秋航空公司A320机型执飞，每周二、四、六、日各一班。（鞠宏晨）

**■处置“航空器冲出跑道”事件应急演练** 12月10日，扬州泰州机场举行“航空器冲出跑道”事件应急救援综合演练。演练模拟航空器在着陆过程中发生起落架故障导致飞机冲出跑道并进行救援。中国民用航空江苏安全监督管理局对演练进行督导，现场出题。演练出动人员200人，各种车辆设备45台，机场公安分局、中航油扬州供应站等驻场单位，扬州市公安局江都消防大队、江都区医疗急救中心等对口支援单位参与演练。市国资委、市交通局、市应急办、市安监局等单位代表对活动进行现场观摩。（鞠宏晨）

## 水运和港口

**■水路运输** 2015年，全市有水路客运经营业户2家，有客运船舶15

**2015年扬州市营业性运输船舶情况表**

表16-6

| 地 区 | 水路客运 | | 水路货运 | |
|---|---|---|---|---|
| | 船舶数(艘) | 客位数(个) | 船舶数(艘) | 载重吨位数(吨) |
| **合 计** | **15** | **1100** | **2822** | **6102665** |
| 市 区 | 15 | 1100 | 908 | 1044672 |
| 宝应县 | 0 | 0 | 884 | 782230 |
| 仪征市 | 0 | 0 | 544 | 4061318 |
| 高邮市 | 0 | 0 | 486 | 214445 |

（扬运管）

**2015年扬州市全社会水路分货类运输量一览表**

表16-7

| 项 目 | 货运量(万吨) | 货物周转量(万吨千米) |
|---|---|---|
| **合 计** | **5743** | **2212059** |
| 煤炭及制品 | 970 | 405288 |
| 石油、天然气及制品 | 3675 | 1388009 |
| #原油 | 3256 | 1327365 |
| 矿物性建筑材料 | 915 | 354211 |
| 粮食 | 18 | 7190 |
| 机械、设备、电器 | 29 | 11547 |
| 其他 | 136 | 45814 |

（扬运管）

**2015年扬州市长江港口情况表**

表16-8

| 泊位长度(米) | 泊位个数(个) | 年总通过能力(万吨) | 年专项通过能力 | | | | |
|---|---|---|---|---|---|---|---|
| | | | 货物(万吨) | | | 集装箱(万标箱) | 旅客(万人次) |
| | | | 矿石 | 煤炭 | 液体化工材料 | | |
| 11888 | 85 | 8970 | 100 | 760 | 2870 | 40 | 10 |

（张 艳）

艘、客位1100个，完成全社会营业性水路客运量12.5万人次、旅客周转量74.2万人千米。全市有水路货运经营业户89家，有货运船舶2822艘、总载重吨位610.3万吨，分别增长-7.5%、20.5%。其中，液货危险品船393艘；沿海运输船舶44艘，总载重吨位13.5万吨。全年完成营业性水路货运量5743万吨，货物周转量221.2亿吨千米，分别增长12.8%、14.7%。（宋维同 仲恒逸）

■**港口营运** 2015年，全市港口完成货物吞吐量1.1亿吨，下降9.16%。其中，沿江港口完成货物吞吐量8339.61万吨(其中完成外贸吞吐量902.7万吨，增长27.07%)；内河港口完成货物吞吐量2686.6万吨，下降15.99%。完成集装箱吞吐量62万标箱，增长10.32%。（张 艳）

## 公共交通

■**概述** 2015年底，市区有公交企业2家、公交从业人员2786人；有公交车1742辆、公交线路149条(含镇村公交线路52条)、公交站台3732座，分别增长5.32%、4.19%、14.58%；公交线路总长2443.8千米，增长16.62%；万人拥有公交车标台数主城区16.28标台、江都区4.86标台；公共交通出行分担率主城区26%、江都区6.49%。市区有出租汽车经营企业25家，有出租汽车运营车辆2465辆、从业人员4987人。主城区有三轮车管理企业1家，人力观光三轮车240辆、从业人员240人。市区城市客运行业全年完成客运量2.89亿人次，增长41%。（刘 云）

■**公交优先发展** 2015年，全市新辟公交线路14条，优化调整公交线路43条。其中，市区新辟公交线路8条，分别为83路线(杨庙客运站—铁牌村)、86路线(文昌苑公交首末站—蒋王公交首末站)、77路线(西部交通客运枢纽—仪征汽车客运站)、33路线(西部交通客运枢纽—菱塘客运站)、99路线(友谊广场—江都水泥厂)、88路晚班线(西部交通客运枢纽—江都客运东站)，江都区为11路线(客运西站—万寿村)、33路线(客运西站—扬州泰州机场)，调整公交线路38条。（陈 虹）

■**绿色低碳公交** 2015年，全市新购新能源公交车481辆。其中，市区新购新能源公交车370辆，投放到19路、23路、27路、37路等13条公交线路运营。至年底，市区清洁能源公交车占比36.30%，新能源公交车占比39.55%。推进新能源公交车配套设施建设，市区火车站停车场(西部交通客运枢纽)、杭集客运站、运河北路停车场、文昌苑首末站、佳家花园首末站、动物之窗停车场、北站停车场等7个公交场站新建新能源公交车充电桩80座。（陈 虹）

■**邗江路公交专用道建成** 2月26日，邗江路公交专用道建成投运。该工程南起吴州路，北至司徒庙路，全长6.3千米，总投资约2643万元。有19条公交线路途经邗江路公交专用道，平均运营时速由16.7千米上升至21.6千米，日均客流量由11.5万人次上升至13.9万人次。至年底，扬州市区形成“一纵一横”(文昌路公交快线、邗江路公交专用道)公交专用体系，全市公交专用道36.2千米。（陈 虹）

■**公交“一卡通”互联互通** 2015年，扬州市完成全省城市公交IC卡互联互通项目，先后改造公交线路100条，更换公交车刷卡机具1483辆，新设县(市、区)一卡通办卡网点3个。12月31日，扬州市实现城区和县(市、区)公交一卡通“互通全县市、互通全覆盖”，IC卡刷卡服务覆盖至县(市、区)城市公交。（陈 虹）

■**客运联网售票** 8月10日，市交通运输部门召开全市联网售票专题推进会。8月20日，完成宝应、高邮、仪征、江都汽车客运站数据整理、前端PC购置、第三方接口梳理、数据录入、检售人员实习、备用专线搭建等工作。8月24日，完成全市联网售票系统，全市数据接入全省联网售票中心，实现“县—市—省”三级客运站售票数据、出行信息和对外营销整合；市域范围内进行汽车票互售，全国乘客通过“巴士管家”手机客户端可购买江苏省内任意市车站出发的车票。（宋维同）

■**城市客运管理** 2015年，扬州市举办“首届乘客满意公交线路暨最美的哥的姐”评选活动，评选出20名“最美的哥的姐”和5条乘客满意公交线路，行业车容车貌合格率95%以上，公交第三方服务质量考核平均92分。优化、调整出租汽车运价结构，取消运价与油价联动机制，主城区、江都区出租车起步价均调整为9元/3千米，仪征市出租车起步价调整为8元/3千米。实施出租车服务质量闭环管理，出台《扬州市出租汽车服务质量信誉考核实施细则(试行)》，出租车投诉率下降24%。加强出租车从业人员职业教育，累计培训3000多人次。提升、完善出租车出行信息服务系统。6月18日，开通出租车微信召车公众号；11月27日，开通出租车预约召车服务功能，升级、完善96520出租汽车电召服务中心系统，全年电召总量33万件、成功率72%，市区9家宾馆和机场候机楼实现出租车预约召车服务。加快出租汽车提档升级。2015年，全市更新出租汽车814辆，其中市区更新出租车639辆，更新比例达35%。建设出租车便民设施，建成出租车停靠点30个，新建仪征市出租汽车服务中心，完成市区联谊路出租车综合服务中心改造。（吕 明 魏园晨）

■**市区公共自行车租赁系统** 11月，扬州市区公共自行车租赁系统三期项目建成投运，加密主城区租赁站点36个，分别新建江都区、生态科技新城租赁站点40个、21个，新投放公共自行车2500辆。市区公共自行车覆盖范围北至荷叶路，南至汉河街道，西至新盛街道，东至江都区仙女镇区。至2015年底，扬州市区有公共自行车1.25万辆、锁车柱1.50

万个、公共自行车租赁点407个。主城区公共自行车站点平均布点半径370米，每百人(含流动人口)拥有0.83辆公共自行车。累计办理绿杨骑行卡6.15万张，每天租车量3万人次。（陈　虹）

■**“掌上公交”**　2015年，扬州市区正式开通“掌上公交”APP出行服务系统，实现电子公交线路全覆盖，可实时进行公交线路查询、到站查询、站点查询、车辆查询、导乘等，至2015年底，“掌上公交”APP日均访问量1.1万人次。（陈　虹）

■**“公交出行宣传周”活动**　9月16日，以“优选公交、绿色出行”为主题的扬州市“公交出行宣传周”在扬州大学广陵学院开幕。公交企业和志愿者设立宣传台，向学生发放《公交出行宣传周手册》《公交线路图》《扬州“掌上公交”宣传册》等资料2000多份，宣传“乘客最满意公交线路”活动，开展公交满意度问卷调查；学生参与评选，对公共交通服务和管理提出意见建议。同时，高邮客运管理处联合公交公司走进民生花苑、秦邮茗都等小区，发放《公交出行宣传周手册》《公交线路图》等资料，为70周岁以上老人、残疾人现场办理近100多张公交卡。仪征运输管理部门联合公交公司走进鼓楼广场，向市民宣传、免费发放《公交出行宣传周宣传册》《仪征公交线路站点信息表》《“优选公交、绿色出行”倡议书》及即将开通的7路公交运行信息等资料，征求市民对公交发展的意见和建议。9月16—22日活动期间，扬州客运管理部门通过开展文明排队乘车、公交专用车道宣传、公共自行车骑行等活动，走进社区征求群众意见，倡导乘坐公共交通工具绿色出行，落实公交线路新辟、优化等办实事项目，推进城市公交优先发展，提升城市公交服务品质，提高公众满意度。（杨　通）

## 交通运输管理

■**公路安全保障**　扬州市公路管理处(简称市公路处)完成237省道老淮江公路125千米安保工程；归并244省道中分带开口并增设护栏。开展安全专项整治活动，重点排查桥梁涵洞、涉路施工、集镇段、事故多发路段、基层站点等安全隐患，全年未发生公路交通安全生产重特大事故。（邢鹏举）

■**干线公路养护**　市公路处全年完成13个干线养护大中修工程，总投资1.07亿元。全年干线公路水毁修复率100%。全市国家、省普通干线公路平均公路技术状况指数(MQI)值91，路面完整程度指数(PCI)值91.5%，路面平整度指数(RQI)值90.5%。全市234座普通干线桥梁保持“零危桥”，一、二类桥梁占98.8%以上。干线小修保养日常考核在省公路局季度考评中位居前列。提升养护机械化水平，一级公路和二级公路机械化清扫率分别达100%和65%以上、小修作业机械化率分别达95%和70%以上。（邢鹏举）

■**农村公路养护**　全市县道MQI值87.3、优良路率83.7%，乡村道好路率79.8%。深化“农路管理养护年”活动，推进农路管养示范工程创建，创成省级农村公路管养及安保工程示范乡镇1个、县道安保工程示范路100千米，实施农村公路安全生命防护工程215千米，完成县道大中修工程55千米。（邢鹏举）

■**公路路政管理**　市公路处全年办理路政许可103件，查处路政执法案件2124件，结案率100%。清除障碍物7199.6立方米、违法摊点4118个、非公路标志4040块；实施超限运输违法信息抄告制度和关联处罚机制，开展联合治理超限运输行动10次，全年依法查处超限并抄告车辆2100多辆次，卸驳载1.7万多吨，辖区干线普通公路收费站超限率1.61%，动态称重检测系统超限率1.35%。（邢鹏举）

■**公路客运市场管理**　2015年，扬州市运输管理处(简称市运管处)更新中、高级以上客车47辆，全市中、高级客车占比56%。完成扬州至南京、镇江、高邮等客运班线优化改造，开通扬州—南京南站、扬州—高邮快捷线、扬州—镇江晚班车等客运班线。完成宝应、高邮、仪征、江都汽车客运站售票系统升级。完成年度道路客运行业质量信誉考核，评定AAA级道路运输客运企业9家、AA级道路运输客运企业2家、AAA级汽车客运站6个。（宋维同　王建统）

■**公路货运市场管理**　市运管处推动高邮诚信物流园、江苏超达物流有限公司自动化汽车配件仓储及物流项目(二期)等园区建设。2015年，扬州新增AAAA级物流企业1家，完善农村物流示范点布局规划，扩展农村物流试点范围，1家申报省级农村物流示范点，全市累计建成农村交通物流基地14个(省级8个)。推动安全生产标准化建设，完成46家道路危险货物运输企业达标考评，其中一级1家、二级45家。（宋维同　仲恒逸）

■**汽车维修市场管理**　全市有机动车维修企业732家，其中一类汽车维修企业76家(含危险品车辆维修企业6家)、二类汽车维修企业233家、三类汽车维修企业382家、汽车快修企业23家、摩托车维修企业18家；完成经营产值6.9亿元，比上年下降5.88%；完成维修工作量130.1万辆次，下降15.2%。全市有汽车综合性能检测站5家，完成机动车维修检测14.4万辆次，其中二级维护竣工检测7.14万辆次、技术等级评定检测4542辆次、二级维护竣工暨技术等级评定检测4.47万车次、其他检测2.32万辆次。加大“江苏车大夫”品牌效应，全年建成江都区、广陵区、邗江区等3个便民服务点。开展“绿色汽修示范区”试点建设，全年新增12家市级“绿色汽修示范企业”。（宋维同　王　杰）

■**驾培市场管理**　2015年，全市有机动车驾驶员培训学校(简称驾校)60家(市区36家、仪征市8家、高邮市8家、宝应县8家)，其中综合类一级驾校4家、综合类二级驾校17家、专项类三级驾校39家。有在册教练员2740人、教学车辆2013辆。有驾驶模拟器464台，实现培训数据智能化管理。全年培训驾驶人员9.6万人次，其中从业资格培训7875人次。全市道路运输从业人员8.3万人。推进驾校达标升级改造和驾培“先培后付”试点，全市有50所驾校完成达标升级改造，新增5家驾校开展“先培后付”试点，全年招收“先培后付”学员2051人。开展道路运输驾驶员继续教育，全年4.7万人参加继续教育。（宋维同 惠云超）

**■航闸养护管理** 扬州市航道管理处(简称市航道处)全年完成航闸养护投资1.8亿元。实施航闸养护改善工程项目7个、航道日常维护项目15个、船闸中修项目8个，工程质量优良率100%；完成盐宝线安宜镇段疏浚、仪扬河航标改造、船闸应急修理门建造，推进盐宝线射阳湖镇段7.2千米、宝应船闸下游引航道4.4千米、仪扬河仪征新城镇区段4千米护岸工程等项目。完成干线航道护岸维修15千米，完成六级以上航道控制断面测量。完成干、支线航道扫床2632.03千米，干、支线航道通航保证率分别达98%、92%以上，船闸通航保证率99%。（陈三保）

**■内河航政管理** 市航道处航政艇全年巡航7.20万千米。全年实施行政处理案件9件、行政处罚案件52件、行政许可案件9件，收取赔(补)偿费521万元，比上年增长25%。开展“百日治违”专项行动，集中“治三违”(未经许可或未按照许可规定建设、设置临跨过河设施的违法行为；未设置或未按标准设置、维护桥涵标等专设标志的违法行为；擅自占用航道边坡设置码头、堆放物料，在引航道内设置加油船的违法行为)，查纠涉航违法行为为65件、新设桥涵标25座、清理引航道加油船6艘。全年未发生行政诉讼案件及行政复议撤销案件。完成江都航道站、宝应船闸“三基三化”(基层执法队伍职业化、基层执法站所标准化、基层管理制度规范化)标准化建设。宣传、贯彻《中华人民共和国航道法》，开展专题宣传23场次，印发漫画宣传册等材料2.8万份，媒体宣传86次，送法到船头、进企业、进部门132次。

（陈三保）

**■船舶建造技术监督** 扬州市地方海事局(简称市地方海事局)全年完成船舶建造检验907艘219.62万总吨，分别比上年上升28.1%、85.6%，总吨位占全省43%。完成船舶营运检验3631艘470.81万总吨，总吨位上升30%。全国内河最大的156米3万吨级散货船在扬州建造。强化船舶建造检验质量监督，加强对造船企业的培训和技术指导，鼓励船厂加大技术投入、使用节能环保材料。为建造大吨位和特种船舶提供技术支持。

（黄善娟）

**■危险品船舶安全管理** 市地方海事局组织开展水路危险品运输企业专项检查、季度检查、年度检查和重大节假日检查，检查面100%。

（宋维同 仲恒逸）

**■内河船型标准化** 全年拆解老旧船舶420艘，新开工首批LNG(液化天然气)动力船舶8艘，船舶拆解改造及新建示范定点船厂26家。

（仲恒逸 黄善娟）

**■内河水上交通安全管理** 2015年，市政府办印发《关于进一步加强内河水上交通安全工作的意见》。全年未发生重特大水上交通事故，未发生干线航道责任堵航事故和船舶污染水域事故。市地方海事局水上搜救热线“12395”接处警80件，救助人员17人次、船舶12艘，挽回经济损失178万元，人命搜救成功率98%，保障12万多艘次船舶通航安全。做好重点时段、重点航段水上交通安全监管，枯水期安全保障7.3万艘船舶通航安全，汛期安全保障船队468个、单船6619艘通航安全。提升应急搜救能力，开展随机演练、古运河旅游船联合演习、“平安高邮湖-2015”水上应急救援联合演练、渡口渡船专项演练，成功处置8·11高邮湖人命搜救、8·27盐酸船泄漏等险情。开展“平安渡口”创建，实行渡船统一着色和渡口规范化管理，撤销渡口15处，有在营渡口15处。开展3次水上交通安全知识进校园、进社区活动，组织水上交通安全生产大检查，深化“打非治违”(打击非法违法生产经营活动行为)和专项整治行动，开展渡口渡船、危险化学品运输船舶、船舶配员、内河船舶参与海上运输、船舶标志标识等系列专项整治。对全市11处水上风景旅游区、455艘水上游船开展安全隐患风险排查，实行定期检查、定期签证。加强水工监管，核发水工许可8项，完成古运河龙舟赛、花船巡游等城庆系列活动水上安保任务。（黄善娟）

**■港口安全管理** 扬州市港口管理局全年检查港口企业78家次，下发整改通知书15份，排查整改安全隐患202个。开展石油化工码头经营企业二级标准化达标。2015年，全市11家石油化工码头企业、3家沿江万吨级港口企业、1家内河千吨级港口企业完成二级标准化达标。组织危险化学品港口企业安全生产专项大检查。重点开展元旦、春节、中秋、国庆等节假日港口安全生产专项整治活动，与辖区港口企业签订安全生产目标责任书，组织学习新安全生产法、港口法等法律法规。（张 艳）

**■内河船舶污染防治** 市地方海事局开展船舶生活污水防污改造，全年实船改造539艘、船舶拆解403艘。完成南水北调调水期间危险化学品船舶禁航，联动监管辖区内水上危险品运输，管控危险化学品船舶97艘、暂停签证滞留危险化学品船舶105艘。

（黄善娟）

**■船舶进出港** 2015年，扬州海事局辖区进出港货运船舶5.19万艘次，比上年减少13.35%。其中，海船6288艘次、内河货运船4.56万艘次，分别减少4.96%、14.45%；国内航行货运船舶5.12万艘次、国际航行货运船舶(含中国籍外贸船舶和外国籍船舶)737艘次，分别增加-13.51%、5.44%。全年辖区进出港船舶货运量6488.06万吨，减少9.30%；国际航行船舶货运量602.86万吨，增长27.67%；进出港船舶集装箱运输量46.03万标箱，增长4.57%。全年进出港渡运船舶19.05万航次，渡运旅客732万人次。

（陈菊琴）

**■船舶登记** 2015年，扬州海事局登记在册船舶132艘(其中海船116艘、内河船16艘)。泰州籍船舶累计转往泰州238艘，剩余35艘。全年办理司法协助执行13次，船舶登记资料查询6次，办理登记船舶转港手续9艘；办理各类船舶登记665艘次，其中新建船舶识别号授号167艘次、船名审核96艘次、船舶所有权登记15艘次、船舶国籍登记170艘次(其中临时国籍登记139艘次)、船舶抵押权登记6艘次、光船租赁登记9艘次、船舶注销登记29艘次、船舶最低安全配员登记145艘次、船舶变更登记28艘次，全年核发船舶信息IC卡15张，回收17张。（陈菊琴）

**■船舶试航与监督检查** 2015年，扬州海事局开展船舶检验质量现场监督检查、船舶建造重要日期确认、船舶吨位丈量复核、外国驻华验船公司或代表机构检验行为监督管理。全年完成128艘船舶检验质量监督检查，占参加安检船舶总数的19.13%，其中沿海船舶15艘、内河船舶113艘；发现船舶检验质量重大缺陷6艘次。确认129艘次船舶建造重要日期，丈量、复核60艘次船舶吨位。全年办理船舶下水(出坞)报备216件，增长50%；办理船舶试航报备158件，增长39.8%。辖区水域未发生由于新造船舶下水、试航引发的水上交通事故。（陈菊琴）

**■船舶安全检查** 2015年，扬州海事局开展船舶燃油质量专项检查，客、汽渡船舶专项检查，船员进入封闭处所PSC(港口国监督)集中检查会战，沿海小型货运船舶安全管理专项整治活动，履行在港船舶海事监管职能。全年实施海船安全检查71艘次，检查单船71艘次，海船单船检查覆盖率9.2%；实施内河船安全检查625艘次，检查单船598艘次，内河船单船检查覆盖率8.4%；实施PSC检查35艘次，检查单船34艘次，PSC单船检查覆盖率14.05%。（陈菊琴）

**■海事行政处罚** 2015年，扬州海事局实施海事行政处罚348件，其中涉及内河船舶332件、中国籍海船13件、外国籍海船2件，船员1件。按具体违法行为划分，未按规定航路航行的204件、不遵守航行避让和信号显示规则的41件、超载运输货物的41件、未办理签证的33件，其他29件；分别占处罚案件总数的58.6%、11.8%、11.8%、9.5%和8.3%。

（陈菊琴）

**■水上巡航与搜救** 2015年，扬州海事局海巡艇巡航4847艘次，出动巡航执法人员6327人次，巡航8540小时，巡航里程8.75万海里，分别增长-2.5%、-5.1%、-9.2%、9.5%。加强辖区嘶马弯道和六圩河口等重点水域的巡航驻守，开展电子巡航，提高动态监管效率。全年接到辖区内水上突发事件报警52件，组织、协调搜救行动43次，成功救助遇险船舶63艘、遇险人员306人，人命救助成功率99.6%。（陈菊琴）

**■水上交通安全专项整治与隐患治理** 扬州海事局实施《长江江苏段船舶定线制(2013)》规定。组织开展“安全生产月”、水上非法运输专项整治、水上交通安全大检查暨深化打非治违和危险化学品专项整治、船舶未按规定使用AIS(船舶自动识别系统)设备及正确标示船名专项整治、水上交通安全知识进校园等活动，通过宣传告示、提醒纠正、违章查处、送达事故隐患整改通知书或安全管理建议书等手段，排除辖区涉水港航单位和船舶的事故隐患，全年共排查、治理事故隐患52个，发放事故隐患整改通知书44份、安全管理建议书6份，完成节假日等重要时段的水上交通安全监管和应急值守，保障辖区水上交通安全形势的持续稳定。

（陈菊琴）

**■船舶载运危险货物管理** 2015年，扬州海事局推进船舶载运危险货物、防污染作业申请电子申报。全年办理船舶载运危险货物(不含固体散装货物)申报审批3195艘次，比上年增长56.5%。其中，内贸危险品申报1825艘次、外贸危险品申报1370艘次，分别增长32.4%、106.6%。辖区危险品吞吐量273.03万吨，增长54.3%。其中，内贸危险品吞吐量225.92万吨、外贸危险品吞吐量47.11万吨，分别增长63.3%、21.7%。全年备案污染物接收单位8家、供油单位22家，分别增长-50%、4.8%。（陈菊琴）

**■京杭运河扬州城区段“4＋N”联合巡航、联合检查、联合执法启动** 4月8日，京杭运河扬州城区段“4＋N”(4:市城区地方海事处、市港政执法支队、苏北航务处邵伯航道站、运河水上派出所等4家单位，N:安监、环保、水利、渔政、旅游等涉水部门)联合巡航、联合检查、联合执法启动仪式在施桥船闸上游远调站码头举行。由20位执法人员组成的联合巡

京杭运河扬州城区段“4+N”联合巡航、联合检查、联合执法现场 李 玮、善 娟、张丙涛/摄

查组，巡查从施桥船闸上游远调站码头至茱萸湾公园附近长约10千米水域，主要对该水域内的危险品运输船舶、在码头装卸作业的船舶、未进行进出港报告的船舶以及重点跟踪船舶进行检查；同时，在船舶主要停靠码头进行水上交通安全知识宣传，向船民免费发放《安全生产法》《航道法》等宣传资料并开展宣传咨询服务，增强船民安全意识和法律意识。

（杨　通）

## 现代物流业

**■概述**　2015年，全市社会物流总额1.21万亿元，比上年增长10.06%。其中，工业品物流总额0.94万亿元，增长8.73%，占社会物流总额的77.76%；进口货物物流总额170.47亿元，增长18.13%，占社会物流总额的1.41%；农产品物流总额209.87亿元，增长5.61%，占社会物流总额的1.74%；外省市商品购进额0.19万亿元，增长17.24%，占社会物流总额的15.42%；再生资源、商品批发和单位与居民物品物流总额445.03亿元，增长9.74%，占社会物流总额的3.68%。

全市社会物流总费用605.63亿元，增长7.68%。社会物流总费用占地区生产总值的15.08%。其中，运输费用343.3亿元，增长10.23%，占社会物流总费用的56.68%；保管费用201.71亿元，增长2.95%，占社会物流总费用的33.31%；管理费用60.62亿元，增长10.06%，占社会物流总费用的10.01%。

全市物流业增加值259.6亿元，按可比价计算，比上年增长11.01%。

仪征汽车物流园、高邮诚信物流园入选全省重点培育物流园区储备库。

（杨　发）

**■社区物流建设**　2015年，江都区、广陵区开展社区物流试点，新增社区物流建设主体1家(扬州汇银乐虎网)、社区物流示范点5个、社区物流门店20个。开通社区物流服务微信服务平台和网上订购渠道，试点线上线下一体化的020模式(Online To Offline，即将线下商务的机会与互联网结合，让互联网成为线下交易的前台)门店。扬州市交通、质监部门联合出台全省首个社区物流地方标准《社区物流管理服务规范》(DB 3210/T047—2015)，推动扬州社区物流体系现代化、规范化发展。

（杨　发　宋维同　仲恒逸）

**■传统货运业转型升级**　2015年，扬州市新增农村物流配送点15个，农村物流服务覆盖85%以上乡镇；推进乡镇快递业发展，网点覆盖率100%；申报省级农村物流示范点1个。建成全国第一家020专业物流信息平台——智慧物流大数据平台。拓展扬州港和扬州泰州机场综合物流功能，推广集约高效的运输组织方式，甩挂运输量增长15%。鼓励水运企业转变经营方式、延伸产业链，实现转型升级。加快交通物流园区建设，高邮诚信物流园应急指挥大厦等封顶，累计完成投资1.9亿元；江苏超达物流有限公司自动化汽车配件仓储及物流项目(二期)购置土地及厂房3.34公顷。扬州—淮安集装箱全程多式联运新增报关、报检等一站式服务，物流运输成本降低15%以上；完成船舶拆解403艘、船舶生活污水改造539艘，全市新增LNG清洁能源货车23辆，累计156辆，集装箱、厢式货车等专用车辆2万多辆，占车辆总数的39%。

（杨　发）

**■物流联运**　推进多式联运发展，扬州港河江海多式联运项目申报省级多式联运示范项目，该项目以运河沿线腹地货源为基础，构建河江海多式联运一站式物流服务，2015年实现集装箱运量8万标箱；由扬州港务集团组织实施，淮安扬港集装箱物流有限公司、扬州航华国际船务有限公司、开港物流有限公司等3家公司共同打造。

（宋维同　仲恒逸）

**■物流企业评级**　2015年，全市新增国家AAAA级物流企业1家、国家AAA级物流企业3家。截至2015年底，全市有国家级物流企业30家，其中国家AAAAA级1家、国家AAAA级8家、国家AAA级19家、国家AA级2家。

（杨　发）

**■高邮诚信电子商务物流产业园成省级重点培育项目**　2015年，高邮诚信电子商务物流产业园先后获批列入省级现代服务业“十百千”行动计划重点项目、江苏省级重点培育物流园项目。高邮诚信电子商务物流产业园，总投资5亿元，占地9.19公顷，总建筑面积20万平方米，主要建设应急物流动员中心指挥大厦，冷链信息交易中心，电商企业孵化中心，电商人才培训中心，电子商务物流交易区，第三方物流信息交易服务区，物流总部经济经营服务区，电商商品仓储区，应急物流专用仓储，金融质押仓储，冷藏保鲜仓库等。（杨　发）

**■扬州天地汇公路港物流项目签约**　7月1日，由上海天地汇投资管理有限公司投资20亿元的扬州天地汇公路港物流项目正式签约落户江都区商贸物流园。该项目主要建设服务信息综合体、智能车源中心、零担快运中心、管理服务区、司机之家及配套区等功能区。

（杨　发）

**■扬州毅德城落户商贸物流园**　9月25日，由香港毅德控股有限公司投资约50亿元的扬州毅德城项目正式签约落户江都区商贸物流园。该项目主要建设商贸集聚区、云商示范区、智慧物流区、商业广场区、配套住宅区等五大功能区。

（杨　发）

## 邮政

**■概述**　2015年，全市邮政企业和规模以上快递服务企业业务收入(不包括邮政储蓄银行直接营业收入)累计完成16.5亿元，比上年增长32.56%；业务总量累计完成20.6亿元，增长36.26%。

全市规模以上快递服务企业完成业务量7782.23万件，增长53.53%；完成业务收入9.32亿元，增长45.94%。其中，同城快递业务量1188.28万件、业务收入0.94亿元，分别增长97.49%、109.46%；异

**2015年扬州市邮政行业发展情况表**

表16-9

| 指标名称 | 单位 | 数量 | 比上年增长(%) |
|---|---|---|---|
| 邮政行业业务收入 | 亿元 | 16.50 | 32.56 |
| #快递业务收入 | 亿元 | 9.32 | 45.94 |
| 邮政行业业务总量 | 亿元 | 20.60 | 36.26 |
| #函件 | 万件 | 1883.23 | -24.89 |
| 包裹 | 万件 | 12.11 | -23.06 |
| 快递 | 万件 | 7782.23 | 53.53 |
| 订销报纸业务量 | 万份 | 6896.49 | -9.29 |
| 订销杂志业务量 | 万份 | 397.09 | -18.43 |
| 汇兑业务 | 万笔 | 36.33 | -25.08 |

（杨　通）

**2015年扬州市规模以上快递企业发展情况表**

表16-10

| 指标名称 | 单位 | 数量 | 比上年增长(%) | 占比(%) |
|---|---|---|---|---|
| 快递业务量 | 万件 | 7782.23 | 53.53 | 100.00 |
| 同城 | 万件 | 1188.28 | 97.49 | 15.27 |
| 异地 | 万件 | 6530.02 | 47.68 | 83.91 |
| 国际及港澳台地区 | 万件 | 63.93 | 39.96 | 0.82 |
| 快递业务收入 | 亿元 | 9.32 | 45.94 | 100.00 |
| 同城 | 亿元 | 0.94 | 109.46 | 10.08 |
| 异地 | 亿元 | 6.79 | 45.19 | 72.87 |
| 国际及港澳台地区 | 亿元 | 0.81 | 5.89 | 8.67 |
| 其他 | 亿元 | 0.78 | 57.26 | 8.38 |

（杨　通）

地快递业务量6530.02万件、业务收入6.79亿元，分别增长47.68%、45.19%；国际及港澳台地区快递业务量63.93万件、业务收入0.81亿元，分别增长39.96%、5.89%。

全市邮政企业完成函件业务量1883.23万件，下降24.89%；完成包裹业务量12.11万件，下降23.06%；完成订销报纸业务量6896.49万份，下降9.29%；完成订销杂志业务量397.09万份，下降18.43%；完成汇兑业务量36.33万笔，下降25.08%。

全市有邮政网点182个，其中城市邮政局(所)39个、农村邮政局(所)143个；邮政网点总面积2.07万平方米，其中城市邮政局(所)面积6999.7平方米、农村邮政局(所)面积1.37万平方米；城市邮政局(所)网点平均服务半径1.5～2千米，农村邮政局(所)网点平均服务半径3千米；城市投递网点平均投递半径3.54千米，农村投递网点平均投递半径3.85千米。全市住宅楼房总户数61.7万户，其中安装信报箱户数50.7万户，信报箱安装率82.2%；有邮政信筒385个。主城区邮政局(所)每周营业7天，每天营业8小时，每周投递7天，每天投递2次；农村地区邮政局(所)每周营业6天，每天营业6～7小时，每周投递6天，每天投递1次。

仪征市开展快递下乡探索试点。6月，青山镇快递服务中心挂牌运营，日收发快件约300件。至2015年底，全市设置智能快件箱533处534组，格口2万多个，投递快件6万多件，主要集中在办公写字楼、居民住宅区、商业区和市政府等人流量较为密集的场所。验收30个住宅小区1.5万户信报箱，新建小区住宅信报箱建设合格率100%；推动村邮站建设，全年建成村邮站499个，争取省级奖补资金10多万元；推动村邮站综合平台建设，建成村邮站综合平台29个。

市邮政管理局打击未经许可经营快递业务违法行为，全年组织执法检查24次，查处无证经营及违反加盟管理规定等案件10件，罚款22.1万元。（张惠亮）

**■中国邮政集团公司扬州市分公司**　2015年，扬州市实现邮政业务收入6.7亿元，比上年增长19.3%。其中，代理金融专业实现收入4.8亿元，中国邮政集团公司扬州市分公司联合扬州市农业机械公司开展“邮惠农”金融服务项目，发放涉农贷款578万元(其中新型农业经营主体贷款278.5万元)；包裹快递业务完成收入5545万元，增长34.3%，包裹快递产业集群市场业务量日均达7500件，扬州首家跨境电商产业园项目目落户西湖镇；邮务类业务完成收入1.3亿元，增长8.9%。4月18日，《瘦西湖》特种邮票发行，开发《巷城扬州》《建城2500年》《国色天香——诗画瘦西湖》等邮政产品，瘦西湖公园设立主题邮局。

推进综合服务平台建设。2015年，全邮区建成“苏邮惠民”加盟店867个。“苏邮惠民”加盟店、村邮站、报刊亭整合运作，叠加充值、缴费、包裹自提、助农取款、代售汽车票等便民服务，江都、高邮、仪征、邗江分别建立31个委托投递的村邮站。全年装修、改造邮政网点15个，改(扩)建后的营业厅面积均达200平方米以上；新增更新终端、打印机、点钞机等设备570台。扬州邮政体验馆投入运行。城市机动车投递量占比41%，设立邮件自取点192个。开通扬州至南京省内集散网邮路，实现全区城区范围的省内互寄国内快递包裹“次日递”。完成邮件分拣流水化、散件化改造工程，“双十一”期间每小时处理4000件以上快递包裹。

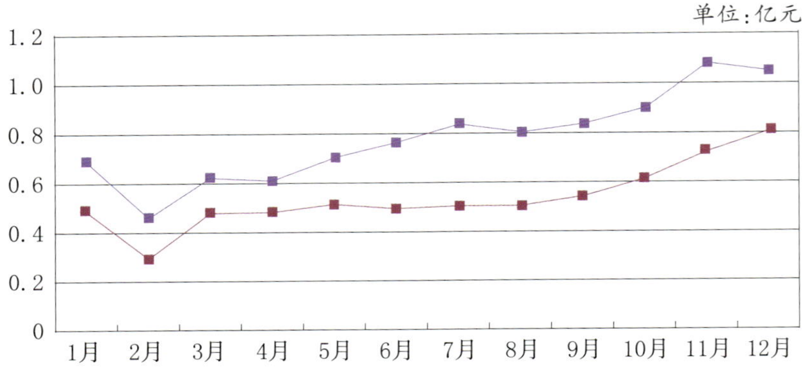


图 16-1　**2015 年扬州市快递业务收入分月图**

（杨　邮）

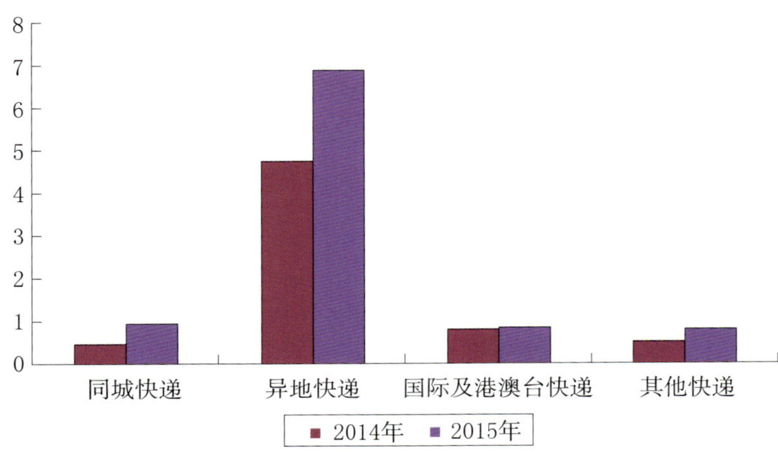


图 16-2　**2015 年扬州市分专业快递业务收入比较图**

（杨　邮）

运行“积分一卡通”系统、“扬邮微讯APP”，优化“保险满期提醒”“客户价值提升”系统等。杭集支局投递员顾松学被授予“全国优秀农民工”称号，友谊投递部王一成被授予“扬州市见义勇为先进分子”称号。

（纪倩霞）

**■《瘦西湖》特种邮票在扬州首发**　4月18日，《瘦西湖》特种邮票首发式在扬州瘦西湖景区熙春台举行。《瘦西湖》特种邮票1套3枚，继1998年、2007年后，瘦西湖第三次登上中国邮票，首次单独以瘦西湖为主题发行邮票。邮票图案是从中国邮票设计家孙传哲生前创作的画稿中选取的3张手绘稿，分别取景瘦西湖的二十四桥、五亭桥和白塔。活动当天，扬州首家景区文化主题邮局——瘦西湖主题邮局开业，是全省范围内第一家国家AAAAA级景区主题邮局。（纪倩霞）

**■高校快递服务中心成立**　5月8日，扬州市首个高校快递服务中心在扬州大学扬子津校区建成。该中心约80平方米，由4名在校大学生负责运营，为1.2万多名师生提供快递服务。扬州大学其余校区相继建立快递服务中心。（张惠亮）

**■扬州市第11届少儿书信书画大赛**　7月17日，中国邮政集团公司扬州市分公司、扬州市文明办、共青团扬州市委、扬州市教育局共同启动“华鼎星城杯”扬州市第11届少儿书信书画大赛。本届大赛面向全市中小学生，以“纪念抗战胜利70周年”为主题，采取校园赛与现场赛形式，引导青少年进行书信写作和书画创作。大赛历时4个多月，有70多所学校，8万多名中小学生参加，创作出6万多幅校园赛作品、4000多幅现场赛作品。（纪倩霞）

**■扬州首家跨境电商产业园项目落户西湖镇**　5月11日，中国邮政集团公司扬州市分公司与邗江区西湖镇人民政府签订邮政跨境电商产业园项目合作意向书。通过搭建跨境电商运营平台，帮助本地传统企业实现产业转型升级，接轨“互联网+”。中国邮政集团公司扬州市分公司负责产业园的外部协调及内部管控，企业招商及包裹寄递；西湖镇人民政府免费提供标准化仓储办公用地4540平方米；商务部门在园区奖励津贴、规模企业奖励、人才用工补贴等方面给予支持。（纪倩霞）

**■《巷城扬州》邮资明信片发行**　2015年，《巷城扬州》邮资明信片发行，该明信片选取扬州最具典型的102条街巷，分两册分别于“烟花三月”经贸旅游节期间和城庆前面世，每册展示51条小巷，通过诗篇、照片、国画、画印等形式，全方位展示扬州巷城文化。（纪倩霞）

**■《江苏历史文化名城——高邮》个性化版票及明信片首发**　11月12日，第七届中国邮文化节在高邮开幕。当天，盂城驿主题邮局开馆，“运河文化邮集邀请展”开展，《诗词歌赋》特种邮票、《江苏历史文化名城——高邮》个性化版票及明信片共同首发。《江苏历史文化名城——高邮》8枚版式个性化版票，以高邮的古文游台图片为整版背景，“和谐”字样邮票为主图，8个标志性历史文化景点图片为辅图。《江苏历史文化名城——高邮》1套8枚明信片分别选取高邮盂城驿、龙虬庄遗址、高邮当铺、明清运河故道、古文游台、镇国寺塔、净土寺塔、天山汉墓等8处代表性人文景点为素材，彰显高邮独特的历史文化底蕴。（纪倩霞）

# 信息化与软件服务业

*Xinxihua Yu Ruanjian Fuwuye*

编　辑　贾丽琴

## 综述

**■概况**　2015年，扬州市出台《市政府关于加快推进“互联网+”行动的实施意见》《2015年软件服务业和互联网经济工作要点》，顺应“互联网+”发展趋势，建设新兴软件名城。引进中电28所仪征装备试验场、北京大学创业训练营江苏基地、上海(扬州)网络视听产业园等重点项目；中国扬州云计算中心一期建成投运；市政府先后与省经信委、北京大学校友会、上海市网络视听行业协会、腾讯控股有限公司、中兴通讯股份有限公司等机构和知名企业签署战略合作协议；江苏信息服务产业基地(扬州)被确定为全省首个省市共建的江苏省互联网产业园；扬州经济技术开发区获批江苏省大数据特色产业园；举办第九届扬州软件和信息服务外包大会暨“互联网+”产业发展论坛、扬州首届移动互联网大会等。

(李　晖　刘东宁)

**■推进信息化和工业化融合**　推动部门资源整合。政府云计算中心完成对邗江区电子政务外网机房、12个区级应用系统的整体迁入；电子政务外网互联网出口带宽拓宽至2.3G(吉)；“一网三库”(诚信扬州网，企业信用基础数据库、个人信用基础数据库、金融信用信息基础数据库)企业和个人信用信息基础数据库主体基本建成，企业信用数据库入库信息2000余万条。推动基础设施升级。创成“宽带中国”示范城市，全市互联网出口带宽1.2T(太)，4G(第四代移动通信技术)网络覆盖人口98%，城区10大公共区域免费wifi(无线保真)实现重点场所全覆盖，城市地下管线系统建成。推动信息化与工业化两化深度融合，研究制定推进“互联网+”行动的实施意见，数据共享交换平台、协同办公平台投入使用；创成省两化融合服务产业示范园、区6家，新增工信部两化融合管理体系贯标试点企业4家、省两化融合转型升级示范企业6家、试点企业38家。

(李　晖　刘东宁)

**■无线电管理**　推进免费wifi建设。至11月底，扬州主城区大型商圈、交通枢纽、医疗机构、政府机关等十大公共区域，新装AP(无线访问接入点)设备1.33万个。围绕连淮扬镇铁路江都段和扬州高铁站项目沿线和站址提前开展保护性监测，做好无线电服务保障工作。推进广陵新城固定监测站项目建设，新站已选定在Y-MSD现代产业服务区180米楼顶架设。支持扬州铁塔公司开展基站集约化建设和管理，集中清理、核对通信基站台站资料，为铁塔公司与运营商资产交接提供服务。对扬州广电总台发射塔迁址经信论证和电磁环境测试。

市无线电管理处(简称市无管处)全年开展22次行政执法，发放友情提醒100余份。先后查处“伪基站”5部，没收“黑调频”3部，罚款1000元。11月，扬州电视台《拍案明情》栏目对市无管处查处的“黑调频”案例做专题报道。保证重要频率安全有序，实地排查扬州泰州机场航空干扰；排除全市350MHz(兆赫兹)警务集群通信干扰；排查宁启铁路复线GSM-R干扰。

做好重要活动、考试安保工作。全年累计完成研究生招录、公务员招录、高考等28次考试保障，出动保障人员300余人次，监测设备410台(套)；完成市“两会”(人代会、政协会)、扬州建城2500周年城庆等6次重大活动保障，全程保障扬州国际半程马拉松赛事中央电视台直播航拍以及现场指挥调度。

(陈　晔)

**■1家单位入选省农村信息化应用示范基地**　依据《关于印发江苏省农村信息化应用示范基地认定办法的通知》，省经信委、省委组织部、省委农工办、省农委、省商务厅联合启动2015年度省农村信息化应用示范基地创建工作。经各市推荐、专家审查、现场考察和省相关部门复审，12月9日确定20家单位为2015年度江苏省农村信息化应用示范基地。仪征市大仪镇入选。

(杨　志)

**■2015年京东电商服务峰会在扬州召开**　12月17日，京东电商服务峰会在扬州召开，探讨电商行业服务的发展方向，以及如何为消费者提供更加高品质、标准化、智能化的服务体验。会上，京东发布2016年服务“1”计划，提升行业服务标准。2007年4月，扬州市政府、省信息产业厅在广陵新城联合共建江苏信息服务产业基地(扬州)，京东电商、中国移动、中国电信、金泉网等知名企业入驻。京东在扬州、宿迁、成都设有三大客服分中心。其中,扬州规模超过2000座席,提供24小时客服服务,除传统人工服务外,客服中心还创建JIMI智能客服机器人、四全网络监控等一系列创新服务模式。 (杨 志)

## 城市信息化

**■概述** 2015年,扬州市城市信息化水平提升。人防综合业务系统、智慧社区、领事认证综合业务系统等系统启动建设。全市技防小区建成率93.8%,2015年市区新建的77个小区全部建成技防监控设施。数字化城市管理区域从106平方千米扩大到126平方千米,实现中心城区全覆盖。"美滋滋"食品药品监管平台向全市推广,实现监管餐馆商家近2000家。信息系统安全监测平台获批2015全省重点信息化示范工程,江都区获批省第二批信息消费试验区,仪征市大仪镇获批省农村信息化应用示范基地,扬州市党政机关网站和重要信息系统安全监测平台获批全省信息化示范工程。

(李 晖 刘东宁)

**■信息基础设施建设** 创成"宽带中国"示范城市,全市互联网出口带宽1.2T,比上年增长110%;推进4G网络建设,人口覆盖率98%;铁塔共建共享成效明显,全年少建铁塔1900座;"企企通"等信息基础设施工程启动实施。城区10大公共区域免费wifi实现重点场所全覆盖。电子政务内网二期工程基本完成,具备为县(市、区)及市直约140家单位的互联服务能力。城市地下管线系统建成,先后为28个市政管线项目提供现状资料查询服务。 (李 晖 刘东宁)

**■智慧城市建设** 政府云计算中心全年新增13个部门15个应用系统新建和迁移任务,完成邗江区电子政务外网机房、12个区级应用系统的整体迁入。统一协同办公平台PC端应用基本完成;"一照一码"(一份营业执照加载一个社会信用代码)并联审批平台启用,营业执照实现"四证一体"(将企业设立登记所涉及的工商营业执照、质监组织机构代码证、国税税务登记证、地税税务登记证事项整合,实行"一窗受理、内部流转、同步审批、统一发证"的审批服务模式),由工商部门取代质检、税务部门统一核发;新型一体化房管服务体系投入运行,实现41种涉企业务的统一收件办理;人社e站整合社保、监察、仲裁、人事考试、技能鉴定等各类公共服务资源,实现综合性民生一站式服务。政务信息资源目录系统上线运行,实现66个部门、83个主题分类、536个应用的编目的分类展示及4000多个资源动态更新。公安部门汇聚整合全市警务、政务、社会、视频图像等四类资源近60亿条,梳理1278个本地数据元规范标准,制定完善112项数据采集规范。数字扬州地理空间框架平台基于政府云计算中心实现统一信息共享交换,2015年新增"扬州市人防综合业务集成系统"等4个示范应用,累计示范应用10个。个人信用基础数据库建成,记录信息超过280万条,"一网三库一平台"格局基本形成。

(李 晖 刘东宁)

**■信息消费基础设施建设** 物业服务"一应云"服务平台建设启动,实现房管部门、物业、住户、商家服务互联整合,6个小区进行试点。"巴士管家"手机APP购票平台开通,全年售票7.2万张,实现营业收入370.6万元。"看娃吃饭"远程视频监控平台开通,实现学校食堂操作、餐厅的视频远程传送。扬州发布、数据扬州、外事小灵通、网上政务大厅等一批微信公众号、APP上线服务。

(李 晖 刘东宁)

## 软件和信息服务业

**■概述** 2015年,全市软件和信息技术服务业实现业务收入600亿元,比上年增长43%;累计认定软件企业275家、登记软件产品650件,7家企业被评定为江苏省规划布局内重点软件企业,6件产品被评定为江苏省优秀软件产品,3家软件和信息技术服务业企业在"新三板"挂牌上市。引进中电28所仪征装备试验场、北大创业训练营江苏基地以及上海(扬州)网络视听产业园等重点项目;市政府与省经信委签署"共建互联网产业园"、与腾讯、中兴通讯等知名企业签署多项战略合作协议;获批省内首家省市共建的江苏省互联网产业园,扬州经济技术开发区获批江苏省大数据特色产业园;举办第九届扬州软件和信息服务外包大会暨"互联网+"产业发展论坛、扬州首届移动互联网大会等。

(李 晖 刘东宁)

**■扬州市首届软件和信息服务业"双十佳"评选公布** 10月27日,扬州首届软件和信息服务业"双十佳"表

10月27日,首届软件服务业"双十佳"表彰仪式　　日 报/供稿

彰会召开。扬州万方电子技术有限责任公司、扬州国脉通信发展有限责任公司、江苏怡丰通信设备有限公司、江苏易图地理信息工程有限公司、扬州新宇软件有限公司、扬州恒隆软件有限公司、扬州紫竹软件有限公司、扬州江苏油田瑞达石油工程技术开发公司、扬州网新新思软件有限公司、江苏金鑫信息技术有限公司等10家企业为扬州市首届“十佳软件企业”;钱灿军、张永正、熊德平、苏权、周亚军、郑海金、陈正富、项伟、陈军、蔡进等10人为扬州市首届“十佳软件工程师”。 (杨 志)

**■中国电信扬州分公司** 2015年,中国电信扬州分公司完成业务收入16.12亿元。至年末,有固定电话用户107万户、宽带用户75万户、天翼移动通信用户110万户,便民营业网点605个。

推进通信基础设施建设。开展光网乡村大会战,推进农村光网建设,全年完成58.68万户光网改造,农村地区宽带覆盖率超95%。发挥4G、宽带双百兆优势,协同高清iTV、悦me发展。全年投入资金4.7亿元用于通信基础设施建设,开展光网改造,将用户从铜缆承载迁改至光纤承载。

推进4G网络覆盖建设。全年完成室外基站1167个,室分系统348套以及京沪、宁启沿线专项覆盖建设任务,实现全区所有建制乡镇以及撤乡并镇前人口集中区域100%覆盖。

完成中国扬州云计算中心一期工程建设。6月18日,中国扬州云计算中心正式启用。该机房上架数300多机柜,入驻客户有金山、淘宝、迅雷、爱奇艺等。

推进行业应用。开展产训合一,提升销售能力,拓展行业应用大单。行业应用累计净增7.4万户,完成率114%;6项重点产品(外勤助手、车管专家、天翼看店、农技宝、加密通信、新翼机通)净增3.2万户,其中新翼机通1.99万户、外勤助手1.04万户。

创新合作。开展与互联网、房产、家电、游戏等行业企业跨界合作,尝试将代理加盟、业务办理、酬金发放等互联网化,利用微信公众号、微店,发展电子商务,实现与客户的线上、线下互动。明晰市场定位,促进资源建设效用最大化。做细做精降本增效,提升资金运作效益。开展数据挖掘与应用,助力企业卓越运营。 (杨 珺)

**■中国移动通信集团江苏有限公司扬州分公司** 2015年,中国移动通信集团江苏有限公司扬州分公司完成运营收入超20亿元,缴纳税收近8000万元;公司客户数350万户,其中4G用户超120万户。

加快4G网络建设进度。在全省率先完成4G三期一、二阶段工程,新建宏站和室分站点超1000个,总数超4000个,规模超2G。部署113个载波聚合(CA)站点,提升下载速率。加快宁启复线铁路专网建设,攻坚并开通站点131个。分场景创新开展4G网络优化,推动高校、AB类集团深度覆盖,扩大农村和交通干线的广度覆盖,聚焦局部热点区域厚度覆盖。网络覆盖率提升至97.7%,下载速率提升至37Mbps。全年4G用户净增近80万户、总数超120万户,销售4G终端超100万部。

加大信息通信基础投入。精确规划建设,建立宽带建设目标库,全年建设超30万户,累计覆盖超130万户。优化数据网结构,通过BRAS拆闲补忙、OLT新增、PON口改造、ONU端口超80%整治等手段,客户投诉比下降明显。推进存量小区整治和宽带资源专项整治活动,强化代维管理,持续压降积压工单。宽带装机平均时长压缩至1.5天,故障处理平均时长降至12小时,宽带NPS(客户净推荐值)排名全省前列。全年宽带净增超10万户,总数超40万户。

落实民生重点项目,推进“智慧扬州”建设。完成扬州建城2500周年系列大型活动通信保障,落实“无线扬州”建设项目。开通扬州泰州机场、火车站、扬州西部交通客运枢纽、瘦西湖公园、东关街、苏北人民医院、旅游专线等32处重要公共场所的免费wifi服务。完成扬州西部交通客运枢纽、电子政务网以及“工地扬尘”“蓝天卫士”“国土卫士”等地方信息化项目。

提升服务品质。客户整体满意度稳中有升,4GNPS(客户净推荐值)保持行业领先,手机上网及通话质量满意度提升。强化健康发展规矩,建立服务扁平化管理机制,不知情订制投诉下降53%。亮化网络,开展“和你一起,添彩4G”全民网络提升活动,建立基于客户NPS的质量提升体系。 (移 动)

**■中国联合网络通信有限公司扬州市分公司** 2015年,中国联合网络通信有限公司扬州市分公司实现主营业务收入4.2亿元。3G用户累计新增9.4万户,4G用户新增1.35万户,新建渠道67家,新增电商1.02万户。

加强移动网络建设和覆盖,重点建设4G高速移动互联网络。全年,WCDMA无线网一期、二期工程建设累计完成240个基站及22套室内分布系统的割接入网;LTE工程完成1500个基站的割接入网,提高市区、县城、乡镇及发达行政村4G网络的覆盖。承担体育馆、酒店宾馆、银行三类场所的免费wifi建设,完成宋夹城体育休闲公园、李宁体育公园、西区体育馆等城庆活动重点场所的免费wifi开通,新增传输汇聚节点3个,布放光缆80多千米,对无线wifi专用互联网出口带宽进行扩容,新增无线AP\POE交换机300台,布放wifi信号馈线20多千米,对短信认证网关进行扩容,累计投资1000多万元。

完成重大活动的通信保障工作。为“双十一”“双十二”电商大型促销活动以及国庆、圣诞等节日进行通信保障,通过硬件调整、载波扩容、参数调整和开通应急通信车等方式,保障用户的通信安全和畅通。进行精品网精细化优化工作,针对无线网络深度覆盖存在问题以及用户感知差的地区,通过替换高增益天线、增补扇区、提升设备功率等多种优化手段进行精细化调整优化,累计解决41个问题点度。

推进信息化建设应用。推进信息化建设在政务、民生、医疗等领域的应用。参与“智慧城市”建设，承担扬州市金融机构、星级酒店、体育场所的免费wifi覆盖工作。与市食品药品监督管理局合作建设“美滋滋”食品安全公众服务平台。承担市公安局“平安扬州”项目建设。（联　通）

**■扬州市民卡有限责任公司**　2015年，扬州市民卡有限责任公司实现营业收入1498.07万元，比上年增长71.96%；年刷卡总额2.36亿元，增长20.53%。新发行市民卡39.22万张，累计发行市民卡162.33万张，其中标准卡24.6万张、副卡114.66万张、园林卡23.07万张。

发行景点电子年卡23.07万张，对1.6万张标准卡开通园林应用功能。新增扬州西部交通客运枢纽售票大厅、市民中心2个便民服务网点。走进扬子津和鸿福等社区开展市民卡售卡、充值及宣传咨询等服务。与扬汽集团开展合作，实现市民卡在自助终端购票应用。与市民政局合作，发行优抚军人免费乘车卡。

完成省公交互联互通CPU卡卡结构规划，发卡系统和密钥系统开发工作，市区公交终端软硬件升级改造工作。分别与高邮市公交客运有限公司、宝应汽车运输总公司签订合作协议，成立扬州市民卡公司高邮分公司、宝应分公司。实现新市民卡省公交互联互通并率先实现县域范围内公交互联互通。（景惠萍）

## 江苏信息服务产业基地（扬州）

**■概述**　江苏信息服务产业基地（扬州）（简称信息产业基地）是由扬州市政府与省经信委联合共建的专业特色园区。至2015年底，信息产业基地实现产值10亿元，税收近亿元，获批首家江苏省互联网产业园。形成呼叫中心、电子商务、软件研发、移动互联网、大数据等主导产业。建成总建筑面积32万平方米，形成2.5万座席规模，3万～5万人的产业集聚区。入驻微软、中国电信、中国移动、中国联通、交通银行、京东、一号店等近300家企业，其中500人级企业10家、1000人级企业4家、上市挂牌企业3家。集聚2万多名软件和信息服务人才，90%大学以上学历，其中博士50多人、硕士160多人。有国家信息消费试点区、国家级科技企业孵化器、国家科普教育基地、江苏省软件和信息服务产业园优秀园区、省级博士后创新实践基地、省级电子商务示范基地、省级三网融合示范园区等省级以上品牌30多个。（胡石嵘）

**■招商引资**　2015年，信息产业基地新增互联网百强企业2家、上市企业2家、省级园区品牌3个，获批国家高新技术企业3家、国家“千人计划”1人，获批省“双创”博士5人（博士后2人、科技副总3人）。举办第九届扬州软件和信息服务外包大会暨“互联网＋”产业发展论坛、第七届“春晖杯”中国留学人员创新创业项目（扬州）视频洽谈会、北京大学创业训练营—扬州创新特训班（一期）等活动。（胡石嵘）

**■科技创新**　至2015年底，信息产业基地累计获批国家高新技术企业10家、省级民营科技企业65家，建成市级以上“两站三中心”32个，高校院所设立分支机构3个，签订产学研协议70项，有软件著作权及专利253个，软件产品登记125个，引进各类公共服务机构18个。综合体员工总数1万多人，其中本科以上学历人员6500人，先后引进“千人计划”人才7人，省“双创”人才8人、市“绿扬金凤”人才9人，吸引各类海归博士60多人。（胡石嵘）

**■园区建设**　打造网络视听产业园。推动现有网络视听企业扩容：优酷土豆成立游戏运营中心、喜马拉雅重点打造全国唯一的音频、视频内容审核基地；加强与上海网络视听产业协会合作，以现有园区专业配置及服务，吸引一线视听企业到园发展；打造内容制作、内容审核等网络视听项目，构建包含内容、产品、技术、运营、市场五大要素的闭环生态圈。打造地理信息园中园。依托智途科技及武汉大学优质科技资源，建立产学研基地，主攻无人机、微纳卫星和遥感大数据，拓展地理信息上下游产业链，引进地理信息数据处理企业，促进地理信息产业的发展，形成地理信息产业集聚。打造电商孵化园。与中国联通联合打造的“一园多址”项目，位于广陵经济开发区沙湾南路，一期6300平方米，重点孵化电子商务、呼叫中心与软件研发产业及相关配套产业。由信息产业基地和扬州大学共建的“大学生科技创业苗圃”启动，为未成立企业的优秀创业项目和创业团队提供专业、系统的“预孵化”服务，提高创业团队的素质和技能，降低创业成本和门槛，开展选苗、育苗和移苗入孵工作。其中，孵化扬州亮点网络公司成为扬州唯一的腾讯开放平台百家战略合作企业，与腾讯联合开发手机游戏软件。（胡石嵘）

**■优酷土豆集团平台运营服务中心**　优酷土豆股份有限公司是中国网络视频行业的领军企业，互联网百强企业之一。6月10日，优酷土豆集团平台运营服务中心正式运营，是其全国唯一的后台运营中心、游戏运营公司，项目一期入驻200余人，主要从事优酷土豆的运营服务，包括呼叫中心、广告分发、游戏运营等。

（胡石嵘）

**■喜马拉雅FM扬州分公司**　喜马拉雅FM上线3年，总用户规模突破2.2亿，以45%的覆盖量位居国内首位。喜马拉雅FM扬州分公司是全国音频、视频内容审核基地，同时将建设内容制作和审核外包服务的业务基地。项目已正式运营，约300人规模。通过喜马拉雅与上海网络视听产业协会合作，成立视听园区，承接上海视听企业的外扩转移。（胡石嵘）

# 商贸服务业

Shangmao Fuwuye

编　辑　贾丽琴

## 综述

**■概况**　2015年，全市实现服务业增加值1762.88亿元，比上年增长10.8%，占地区生产总值的43.89%，比上年提升0.99个百分点。其中，批发和零售业实现增加值296.61亿元，增长5.9%，占全市服务业增加值的16.8%；住宿和餐饮业实现增加值65.8亿元，增长6.2%，占全部服务业增加值的3.73%。

商贸流通业总体运行平稳。实现社会消费品零售总额1237亿元，比上年增长9.7%。批发企业保持较好势头，48家专业市场实现交易额911.84亿元。其中，18家重点农产品批发市场销售额344.24亿元，增长4.4%；30家重点商品批发市场销售额567.6亿元，减少1.4%。市区10家大型批发市场实现批发额434.46亿元，增长7.4%。零售业实现社会消费品零售总额930.19亿元，增长7.3%；10家大型(连锁)超市实现销售额21.12亿元，增长2.36%；10家大型重点百货类企业零售额71亿元，下降9.17%；15家重点家电企业实现销售额19.46亿元，下降5.05%。住宿餐饮业持续增长，实现社会消费品零售总额140.27亿元，增长25.86%。其中，住宿业19.1亿元，增长27.2%；餐饮业121.17亿元，增长23.1%。（徐其祥　彭　艳）

**■服务业集聚区**　2015年，全市有服务业集聚区43家，实现营业收入917.8亿元，比上年增长13.5%，上缴税收26.6亿元，比上年增长11.2%。

做好集聚载体提升工作，服务业集聚区建设跃上新平台。创新方式委托第三方机构开展服务业集聚区星级评估工作，新认定10家新兴业态市级服务业集聚区，分别是扬州曹甸文体教玩具特色产业集聚区、扬州西安丰水晶文化产业集聚区、扬州小纪健康产业集聚区、扬州邵伯文化旅游集聚区、扬州生态科技服务产业集聚区、扬州百分百电子商务创意集聚区、扬州商务咨询服务集聚区、扬州广陵新城中央商务集聚区、扬州南河下旅游综合服务集聚区、扬州虹桥坊旅游综合服务集聚区。（服务业处）

**■重点商业建设项目**　2015年，全市有1亿元以上商贸流通业重点项目72个，总投资749.7亿元，全年完成投资227.5亿元。其中，10亿元以上项目41个，总投资655.6亿元，全年完成投资188.2亿元；5亿～10亿元项目9个，总投资65亿元，全年完成投资15.1亿元。市区重点监测综合体项目12个，总投资194.4亿元，全年完成投资53.9亿元；万达广场开始桩基建设，京华城A6封顶，恒通顺达生活广场、华懋财富广场部分开业。（徐其祥　彭　艳）

**■鲜活农产品直供市区**　2015年，扬州市推进鲜活农产品直供社区示范工程，鼓励企业在社区超市、便利店开展鲜活农产品销售，创新农产品流通模式，扩大农超对接渠道。宏信超市有限公司和宝应水神集团获批鲜活农产品直供社区项目及补贴资金，增建“万村千乡市场工程”商贸中心项目4个，农家店10个。宝应水神集团已完成1个配送中心建设，3家直供店改造和6个直供点建设。（徐其祥　彭　艳）

**■18家企业入选省现代服务业“十百千”行动计划重点培育企业库**　2015年，省发展和改革委员会公布省现代服务业“十百千”行动计划(“十二五”期间，围绕金融服务、现代物流、科技服务、软件和信息服务、创意设计、商贸会展、文化教育、节能和环境服务、旅游健康以及传统服务业转型升级十大重点产业领域，强化百个服务业重大项目示范带动作用，每年新增千亿元社会投资；推动百个省级现代服务业集聚区提档升级，每年新增千亿元营业收入；培育百家创新型服务业领军企业，户企年均利税达到千万元水平)，重点培育企业库第三批入库企业名单，全市共有18家企业入选，分别是国药控股扬州有限公司、仪征上汽赛克物流有限公司、高邮诚信物流有限公司、江苏金飞达电动工具有限公司、江苏华富储能新技术股份有限公司、扬州日兴生物科技股份有限公司、江苏易图地理信息工程有限公司、扬州恒隆软件有限公司、江苏智途科技股份有限公司、江苏真云计算科技有限公司、江苏幻网软件科技有限公司、扬州意匠轩园林古建筑营造有限公司、扬州漆器厂、江苏宏信超市连锁股份有限公司、宝应县润华静电涂装工程有限公司、扬州祥发资源综合利用有

限公司、扬州谢馥春美妆发展有限公司、扬州三利月姨母婴保健护理有限公司。 （服务业处）

**■9个项目入选省现代服务业“十百千”行动计划重点项目** 2015年，全市有9个项目入选江苏省2015年现代服务业“十百千”行动计划重点项目名单，总数比上年增加1个，分别是扬州万吨食品加工冷链物流项目、诚信电子商务应急物流及冷链物流园项目、美钢管业大型双线交易平台项目、Y-MSD(扬州泰达现代服务业集聚区)项目、云计算中心项目、中华老字号商业综合体项目、鸿品实业第三方物流服务项目、宝能集团宝能软件园项目、联创集团有限公司联创扬州软件园项目。 （服务业处）

**■电子商务** 2015年，全市实现电子商务交易额超324亿元，比上年增长40%，网络零售额61亿元，增长42%。新增省级电子商务示范企业3家、省级电子商务示范基地2个、省级电子商务人才培训基地2个、省级电子商务示范镇5个、省级电子商务示范村6个、市级电子商务示范村11个。江苏信息服务产业基地(扬州)作为省级电子商务示范基地，集聚腾讯电商运营中心、1号店、金泉网、电子商务类企业90多家，从业人员近2万人。京东电商产业园、百分百电子商务创意产业园、扬州邮政跨境电商园等一批电子商务园区加快建设运营。电子商务用户逾3万户，以制造业和批发零售业居多。全市B2B(企业对企业)电商平台主要有江苏金泉网络的金泉网、焦点科技的中国制造网、施凯化工的化工网、迅博科技代理的阿里巴巴诚信通、阿里巴巴扬州分公司自营的出口通和中国国际电子商务有限公司扬州分公司建设运营的中国旅游日化产品电子商务平台等。B2C(企业对消费者)电商平台主要有笛莎公主、汇银乐虎网、沙头“惠生活”、果然100、宝应“U菜吧”等。淘宝特色中国扬州馆、京东扬州馆、1号店高邮馆等地方特色平台上线。020(线上至线下)电商平台发展迅速，布点范围逐步拓展，主要有汇银智慧社区、龙会易购、苏宁易购扬州服务中心、“一日三顿”、华南家政“爱家360”、仪征“苏合相咏”和宝应“田田圈”农资平台等。（徐其祥 彭 艳）

**2015年江苏省电子商务示范企业**

江苏笛莎公主文化创意产业有限公司

江苏汇银电子商务有限公司

扬州宏创科技发展有限公司

（徐其祥 彭 艳）

**2015年江苏省电子商务示范基地**

江苏信息服务产业基地(扬州)

扬州五亭龙电子商务产业基地

（徐其祥 彭 艳）

苏中农贸城负责人展示“农村淘宝”宣传册供当地村民学习 庄文斌/摄

**2015年江苏省电子商务人才培训基地**

仪征技师学院

扬州仕德伟网络营销服务有限公司

（徐其祥 彭 艳）

**2015年江苏省电子商务示范镇**

邗江区西湖镇

宝应县柳堡镇

江都区小纪镇

高邮市车逻镇

仪征市大仪镇 （徐其祥 彭 艳）

**2015年江苏省电子商务示范村**

邗江区维扬经济开发区朱塘村

宝应县曹甸镇周管村

江都区仙女镇商贸城社区

邗江区维扬经济开发区荷叶社区

仪征市大仪镇河北民族村

高邮市城南经济新区管伙村

（徐其祥 彭 艳）

**2015年扬州市电子商务示范村**

广陵区湾头镇万福村

邗江区西湖镇司徒村

邗江区杨庙镇杨庙村

江都区仙女镇商贸城社区

江都区小纪镇富东村

高邮市城南经济新区管伙村

高邮市菱塘回族乡菱塘村

宝应县小官庄镇小官庄村

宝应县夏集镇夏集村

宝应县柳堡镇王通河村

仪征市大仪镇河北民族村

（徐其祥 彭 艳）

**■拍卖业** 2015年，扬州有拍卖企业22家，其中市区(不含江都区)15家、仪征市4家、江都区2家、高邮市1家；有拍卖企业从业人员112人。2015年，全市拍卖成交场次80场。

（徐其祥 彭 艳）

**■典当业** 2015年，全市有典当企业26家、典当企业分支机构9家，总注册资金8.43亿元，其中注册资本2000万元以上企业19家、500万～1500万元企业7家；有从业人员261人。26家典当企业中，市区(不含江都区)17家、高邮市3家、仪征市2家、江都区3家、宝应县1家。年末，全市1家典当企业资产总额超亿元，典当余额4.72亿元，累计典当总额13.40亿元，上缴税金195.69万元。 （徐其祥　彭　艳）

## 批发零售业

**■概述**　2015年，扬州市实现批发业社会消费品零售总额166.5亿元、零售业社会消费品零售总额930.19亿元，其中市区实现批发业社会消费品零售额97.21亿元、零售业社会消费品零售额655.92亿元。全市批发零售业有限额以上法人企业709家，营业面积113.55万平方米，从业人员3.3万人。其中，批发业企业368家，营业面积113.83万平方米，从业人员1.26万人；零售业企业341家，营业面积52.63万平方米，从业人员2.04万人。限额以上批发和零售企业中，粮油、食品类零售额26.34亿元，比上年增长3.6%；饮料类零售额3.32亿元，增长1%；烟酒类10.86亿元，增长14.7%；服装、鞋帽、针纺织品类零售额34.55亿元，下降0.9%；日用品类零售额11.12亿元，下降0.9%；化妆品类零售额6.1亿元，增长4.8%；金银珠宝类零售额13.52亿元，下降10.8%；家用电器和音像器材类零售额32.45亿元，增长0.5%；汽车类零售额145.16亿元，增长8.7%。

超市业继续保持平稳增长，市区10家大型(连锁)超市实现销售额21.12亿元，比上年增长2.36%。

百货业销售持续下滑，全年10家大型重点百货类企业零售额71亿元，比上年下降9.17%。部分重点企业经营业绩下滑明显。如扬州金鹰国际实业有限公司累计实现销售收入15.31亿元，比上年下降13.6%。

购物中心呈现下滑态势。其中，京华城全生活广场全年实现销售额21.84亿元，比上年下降3.69%；时代广场全年实现销售额14.81亿元，比上年下降2.08%。12月30日，大型城市综合体华懋国际购物中心开业，全市零售业购物中心布局更趋合理，企业竞争更为激烈。

**2015年扬州市重点批发市场销售情况表**

表18-1

| 市场名称 | 市场成交额(亿元) | 比上年增长(%) |
|---|---|---|
| 江苏曲江小商品市场 | 97.57 | -7.20 |
| 扬州荷花池农贸市场 | 8.52 | 1.50 |
| 江苏联谊农副产品批发市场 | 135.13 | 3.80 |
| 江苏亚联农副产品有限公司 | 56.98 | 9.20 |
| 扬州禽蛋市场 | 4.48 | 5.70 |
| 扬州市水产批发市场 | 5.39 | 36.00 |
| 扬州联谊朝苏冷冻食品批发市场 | 44.71 | 16.10 |
| 扬州市银河电子城 | 9.45 | 12.20 |
| 扬州五亭龙国际玩具礼品城 | 66.32 | -6.00 |
| 扬州市江阳商贸城 | 5.9 | -4.00 |

（徐其祥　彭　艳）

家电业市场持续下滑，全市15家商务部门重点监测(连锁)家电企业全年累计实现销售额19.46亿元，比上年下降5.05%。医药专业店业绩逐步上升，江苏大德生药房连锁有限公司实现销售1.71亿元，比上年增长7.05%。

2015年，全市58家1亿元以上商品交易市场年末已出租摊位2.04万个，全年实现商品成交额752.8亿元，其中消费品零售额203.46亿元。其中，综合市场年末已出租摊位2745个，实现商品成交额114.73亿元，其中消费品零售额58.13亿元；专业市场年末已出租摊位1.77万个，实现商品成交额638.07亿元，其中消费品零售额145.33亿元。重点批发市场销售额稳中有升，全市18家重点农产品批发市场销售额344.24亿元，增长4.4%；30家重点商品批发市场销售额567.6亿元，下降1.4%。市区10家大型批发市场全年实现批发额434.46亿元，增长7.4%。其中，江苏联谊农副产品批发市场全年完成交易额135.13亿元、江苏曲江小商品市场全年完成交易额97.57亿元，位居全市商品交易市场交易额前两位。

（杨　志）

扬州京华城全生活广场烟火秀　　王　卓/摄

**■扬州京华城全生活广场**　扬州京华城全生活广场(简称扬州京华城)位于西区新城城市商业副中心，是国家AAAA级休闲旅游景区、江苏省现代服务业集聚区，总建筑面积19万平方米、经营面积13万平方米，从业人员6000多人。2015年，扬州京华城坚持“全生活、一站式、体验式”消费服务体系，贯彻“娱乐、活动带动零售“的经营理念，通过举办大型活动如首届服装购物节、京华城第五届掼蛋大赛、嘻哈国际童顽节、嬉水嘉年华、台湾物产展、“京华生日我最乐”系列活动、“情系学子　圆梦明天”京华城爱心助学活动、第九届万圣节狂欢PARTY、“庆城庆　迎国庆　全城同庆　明月湖大型烟火秀——暨国庆狂欢音乐会”、韩国展、京华城圣诞点灯仪式、圣诞晚会活动、跨年晚会及品牌汽车大型推广活动等，吸引顾客。提档零售业态。一楼中庭南北侧通道进行提档升级，以时尚、精美的精品岛柜的形式代替原有样式呆板的造型花车，提升形象和品牌力。将原绅士馆全部转型成体验式儿童主题馆，并且与东侧JJ顽乐园、二楼青春工厂童装区衔接，营造儿童互动氛围。围绕育乐带动零售，引进英伦风格小火车与儿童区进行互动，呈现集休闲、娱乐为一体的购物氛围。丰富餐饮业态。整合一楼街边店，对店面及品牌进行调整与升级；将原四楼"魔幻小厨"美食广场搬迁至五楼，重装升级，30多家特色品牌餐饮入驻；四、五楼品牌升级，引入时尚、年轻、个性餐饮，提高餐饮核心竞争力，先后对13家餐饮店、9家轻食柜进行品牌、品类、形象调整，调整率35%。2015年，扬州京华城全生活广场完成商品销售额21.84亿元，继续保持全市销售额第一的商业零售业龙头企业地位。（徐其祥　彭　艳）

**■扬州汇银家电(控股)有限公司** 扬州汇银家电(控股)有限公司(简称汇银家电)及其附属公司作为扬州本土家用电器和电子消费品综合零售连锁营运商及分销商，经营范围集零售、批量分销(包括向特许经营商的销售)及售后服务于一体。2015年，汇银家电实现销售收入20.54亿元，比上年下降33.6%；实现利润1.21亿元，下降67.8%，毛利率5.9%，降低6.2个百分点。通过个人计算机、移动APP(第三方应用软件)、微信商城、网点内多媒体客户端以及线上至线下网络的汇银乐虎平台，公司电子商务及智慧社区业务迅速发展，至年末有136个社区生活服务平台。2015年，汇银家电电子商务及智慧社区销售收入6.13亿元，比上年增长663.3%，占公司总销售收入的29.8%。开展跨境业务，设立新品牌"优家"，在扬州、南京开设进口商品门店。12月，与宁波保税区合作的进口商品销售中心在南京开业。

2015年，汇银家电采取自营店与特许经营店相结合的门店网络扩展策略，提升公司在目标市场的市场份额并巩固其在三、四级市场的领导地位。至年底，汇银家电在江苏、安徽两省开设自营店36家，其中包括30家综合性店铺、3家销售高档家用电器及消费电子产品为主的百货商店店中店、3家销售品牌产品的独立品牌专卖店；自营店实现销售收入5.48亿元，占公司总销售收入的26.7%。（杨　志）

**■华懋国际购物中心开业** 12月30日，大型城市综合体华懋国际购物中心开业。华懋国际购物中心位于扬州文昌西路与大学北路交汇处，紧邻文昌阁。项目占地4.27万平方米，建筑总面积约14万平方米，为文昌商圈内最大的现代化商业设施。华懋国际购物中心项目引入精品超市、IMAX影城、真冰溜冰场、国际时尚、餐饮等业态，超过60%的品牌为首次引入扬州项目。（徐其祥　彭　艳）

**■江苏曲江小商品市场** 江苏曲江小商品市场占地6.67万平方米，拥有15万多平方米的营业楼，店铺300多间，主营服装、布匹、家具、小百货、文具礼品、五金水暖、电子电器、针织用品、箱包皮具、床上用品等10个大类数万种商品，是中国服务业500强企业、江苏省百强市场、扬州市十大商品市场，是苏北、苏中地区最有影响的生活百货、轻纺产品集散中心之一。2015年，市场实现成交额97.5亿元，比上年下降7.2%。（徐其祥　彭　艳）

**■江苏联谊农副产品批发市场** 江苏联谊农副产品批发市场是以蔬菜批发、南北货和炒货批发、家禽批发、冷冻食品批发、瓜果批发为主的专业市场，市场营业面积8.5万平方米，有从业人员1500人，辐射黑龙江、内蒙古、山东、河南、河北、海南等20多个省(市、自治区)，是苏中、苏北地区最大的农副产品综合性批发市场。作为全省30家省级重点农产品批发市场之一，2015年，联谊农副产品批发市场实现成交额135.13亿元，比上年增长3.8%，成为全市交易额第一的商品交易市场。（徐其祥　彭　艳）

**■扬州五亭龙国际玩具礼品城** 扬州五亭龙国际玩具礼品城(简称五亭龙玩具城)占地12公顷，营业面积18万平方米，从业人员4100多人，是国内规模最大、辐射范围最广的综合性玩具礼品集散中心，经营品种3万多个，形成玩具设计、研发、加工、生产、销售产业链，辐射江苏、浙江、安徽、湖南、山东等省，可提供文化创意、动漫体验、电子商务、玩具博览、商品贸易、金融、信息、物流、研发、培训、办公、仓储、生活服务、大型停车场等全方位服务。2015年，五亭龙玩具城实现成交额66.32亿元，比上年减少6%。（徐其祥　彭　艳）

## 粮食购销

**■概述** 2015年，全市实现粮食购销总量51.69亿千克，其中粮食收购21.75亿千克，销售29.94亿千克。国有粮食购销企业实现销售收入26.88亿元，实现利润1187万元。全市未发生存粮安全责任事故。（江　敏）

**■粮食收购** 2015年，全市粮食企业落实国家粮食收购政策，按照国家小麦、稻谷最低收购价执行预案，夏秋粮两季收购期间分别确定最低价收购库点134家、38家，全年累计入库小麦13.99亿千克，其中执行国家最低收购价小麦7.01亿千克，平均收购价格2.36元/千克。入库稻谷7.35亿千克，其中粳稻平均收购价格2.9元/千克、杂交稻平均收购价格2.7元/千克，促进农民增收2亿元。全市配备12台(套)粮食烘干机，日烘干能力3500吨；夏秋两季累计为农户烘干稻麦1.6亿千克，解决梅雨季节高水分粮收购问题，为农民减少损失4300万元。（江　敏）

**■项目建设** 组织国有粮食购销企业申报粮仓、烘干机等建设项目。2015年成功申报粮仓建设项目7个，总建设仓容13.9万吨，总投资额1.12亿元，争取省以上财政资金2724万元；成功申报粮食烘干机建设项目6个，总装机容量1500吨，争取省财政资金600万元；申报粮库智能化升级项目9个，总投资1031万元，争取财政资金497万元。

（江　敏）

**调控管理**　制定《关于建立粮食安全责任制的实施意见》。加强储备粮管理。加快地方原粮储备、成品粮油应急储备轮换入库进度，实行规范管理，定点储存，定期轮换。全年实现地方粮食储备轮出11.59万吨，轮入12.45万吨。争取省级储备代储规模1万吨，并落实到位。完善《扬州市粮食应急预案实施细则》，加强全市125个应急供应点、19个应急加工企业、11个应急储运企业的管理，提高粮油应急保障能力。（江　敏）

**市场管理**　加强放心粮油管理。全年新增"放心粮油示范店"14家，组织"放心粮油"专项监督检查。共抽检"放心粮油"产品28个，合格率100%。开展粮食收购资格、收购秩序等专项核查。全年审核各类收购主体403家，注销粮食收购许可证5份，审核确认有效许可证398份。两季收购期间，重点围绕最低收购价政策和收购纪律执行情况进行专项检查。下发责令整改通知书49份，行政处罚4件、罚款7000元，移交工商处理2件。（江　敏）

# 供销合作

**概述**　2015年，全市供销合作社系统实现商品销售总额764.07亿元，其中农副产品市场交易额107.7亿元。销售总额73.79亿元，利润1.51亿元，年末资产总额27.68亿元、所有者权益9亿元。

夯实基层基础。推进基层社重建、改造和振兴，领办农民专业合作社及其联合社，促进专业合作社资源共享、联合发展。全年新建和改造基层社6家，领办创办专业合作社6家，组建专业合作社联合社3家。江都小纪供销商贸有限公司等3家基层社被命名为省级"基层社标杆社"，扬州市田野果蔬专业合作社等20家农民专业合作社被命名为省级"农民专业合作社示范社"，创成12家省级为农服务社样板社。

提升为农服务能力。全市供销合作社系统采取全托管或菜单式托管等形式为农民和各类农业经营主体提供系列化服务。加强农资销售与技术服务有机结合，探索构建以各类专业合作社为基础、以重点农资营销企业为支撑、以农业社会化服务为抓手的完备、高效的农资配送体系。通过专业合作社及联合社，开展大田托管、统防统治、测土配方施肥等农业规模化服务，推动农业适度规模经营。全年全市供销合作社系统托管农田面积超过3.3万公顷，供应化肥18.5万吨、农药1625.4吨。

健全农产品流通网络。引导和组织专业合作社建办农产品直销店、展示中心，重点在主城区建设农产品直销店(点)，开展农产品直通车进社区活动，畅通农产品流通渠道，推动农副产品直销经营网络向社区延伸。组织优质农产品进超市、进企业、进学校，推进供销社参股企业农产品进入大型超市销售。探索"互联网＋供销合作社"的现代经营模式，开发建设江都宏信、城区润泽、宝应苏民、仪征相咏等电商平台，形成社区网点与微信、淘宝、手机APP等线上线下交易结合的农产品网络销售模式。

扬州市供销社在全省供销社综合业绩考核中获特等奖。江都区供销社和宝应县供销社获全省供销合作社系统"二十强县级社"称号。

（陈　旭　秦丽娜）

**"社村共建"**　11月10日，市供销社作出开展"社村共建"工作的部署，5个县(市、区)供销社围绕"共建农民合作社，带动农民共同致富；共建农业社会化服务体系，促进农业适度规模经营；共建经营服务体系，扩展提升农村现代流通服务新网络；共建农村综合服务社，为农民生产生活提供综合服务；共建干部队伍，为供销合作社和村'两委'（支委会、村委会）提供人才支撑"的要求，在跃进村、徐甸村等15个点推进"社村共建"工作，构建供销合作社基层社、村"两委"、农民专业合作社"三位一体"的合作机制。（陈　旭　秦丽娜）

**社会化服务**　2015年，全市供销合作社系统托管农田面积超过3.3万公顷。仪征市月塘供销合作社参股建办的盛禾植保专业合作社，配备各类弥雾机、喷雾器20台，弥雾机手18人，已与近千户种粮农户签订水稻(小麦)病虫草害防治合同，开展水稻(小麦)等农作物病虫害统防统治、全程委托防治、代防代治等服务。高邮市供销社投资成立的丰益现代农业发展有限公司集农资商品配供、农业技术咨询、养殖种植、新型农业社会化服务于一体，全方位为种田大

农产品进社区　　供销社/供稿

户、家庭农场、专业合作社等新型农业生产经营主体开展三麦水稻病虫害统防统治菜单式、保姆式托管服务。（陈　旭　秦丽娜）

**■农产品产销对接与农资供应**　全年举办农产品“直通车”活动走进东方百合园、兰苑等社区累计16次。10月，组织全系统20家农业龙头企业、农民专业合作社的蔬菜、蛋品、水果、禽类、肉类、蜂蜜、豆制品等十大类128种优质农副产品参加2015海峡两岸（江苏）名优农产品展销会，现场销售农产品144.2万元，签订意向性订单2.16亿元。开展多种形式的农产品产销对接，开发建设“润泽农产品超市”微信公众号、仪征相咏农产品网上商城、江都网上供销社等电子商务平台，扩大产销对接渠道。

全市供销合作社系统做好农业生产资料的储备供应工作，实行淡储旺供，全年供应化肥18.5万吨、农药1625.4吨。（陈　旭　秦丽娜）

**■农产品经纪人培训**　5月15日，省、市供销社联合主办的江苏省农产品经纪人创业兴业培训工程扬州中级班在宝应举办。宝应县农产品经纪人协会会员、基层社负责人、农民专业合作社负责人、种粮大户共206人参加培训。培训工程突出实用性、通俗性和针对性，围绕农产品电子商务营销、供销合作社经济组织发展现状与未来、水稻田除草剂产品技术运用、肥料产品技术运用等课题进行。（陈　旭　秦丽娜）

## 专项经营

**■盐业经营**　2015年，全市购进盐产品6.98万吨；销售各类盐产品7.12万吨，其中食盐6.26万吨；实现销售收入1.43亿元。

全市碘盐覆盖率100%，碘盐合格率100%，合格碘盐食用率99%。全年查处盐业违法案件252件，没收盐产品26.38吨。（范　伟）

**■卷烟营销**　2015年，全市销售卷烟17.32万箱，实现销售收入59.42亿元，比上年增长10%；实现利税15.62亿元，增长24%。上缴税收9.45亿元，增长39.59%。（赵　静）

**■烟草专卖管理**　2015年，全市查处各类涉烟案件606件，上缴国家罚款56.9万元，拘留23人，逮捕13人，判刑16人，获省烟草局嘉奖令7次，破获网络案件5件，市场净化率达97%。查处的“5·11”特大生产、销售伪劣产品网络案件被公安部、国家烟草局挂牌督办。扬州市烟草局被省烟草局评为全省卷烟打假先进集体。

打假破网。先后组织开展“冬季会战”“闪电17号”“闪电18号”“百日市场集中整治行动”“市场净化率提升1个百分点”等专项行动，规范卷烟市场秩序。加强与工商、质检和公检法等执法部门的卷烟打假合作，深化与毗邻地区的打假协作，增强打假打私工作的协作力和威慑力。（赵　静）

**■成品油销售**　2015年，全市成品油供应平稳有序，市场供需平衡，销售稳中有升。全年销售成品油112万吨，其中汽油47万吨、柴油65万吨；汽油消耗增加3.1万吨，柴油消耗增加2.9万吨。建立健全油气管网和市场安全保障机制。成立扬州市油气输送管道保护工作领导小组，建立由多个等职能部门组成的安全专项行动联席会议制度，形成成品油和油气长输管道安全工作联合执法机制。市发改委、安监局、公安局等部门先后制定《扬州市油气输送管线及成品油市场安全专项行动实施方案》《扬州市油气长输管道工作保护工作要点》《扬州市油气管道安全隐患整治方案》等政策性文件。加强行业监管，加大隐患整治力度。全市油气长输管网和储油储气设施及各加油站点全年安全运营。（陆　扬）

**■中国石化销售有限公司江苏扬州石油分公司**　中国石化销售有限公司江苏扬州石油分公司是扬州地区最大的成品油经销企业。2015年，公司在岗员工1190人，总资产4.5亿元；在营加油站121座，其中加油加气站12座；在营油库2座，库容4.34万立方米，年吞吐量120万吨以上。在营“易捷”便利店113家。

公司全年销售成品油61.37万吨，完成销售额37.33亿元；销售天然气1794万立方米，销售额0.67亿元；便利店销售额1.32亿元。全年实现利税总额1.88亿元，缴纳税金8292.37万元。

**2015年扬州市盐业购销存情况表**

表18-2　　单位：吨

| 地　区 | 购进量 | | 销售量 | | 库存量 | |
|---|---|---|---|---|---|---|
| | 实　绩 | 比上年增减 | 实　绩 | 比上年增减 | 实　绩 | 比上年增减 |
| **合　计** | **69776** | **-6674** | **71155** | **-6218** | **5395** | **-1379** |
| 市　区 | 13744 | -772 | 13565 | -1226 | 1852 | 179 |
| 江都区 | 10977 | -139 | 11336 | -42 | 1320 | -359 |
| 宝应县 | 28981 | -4420 | 29276 | -4429 | 364 | -295 |
| 仪征市 | 3367 | -171 | 3703 | -4 | 777 | -336 |
| 高邮市 | 12707 | -1172 | 13275 | -517 | 1082 | -568 |

注：市区数据不含江都区　（范　伟）

公司引进“互联网+”的销售模式，线上开展网上充值开票、微信充值等活动，线下通过进车展、进企业、进社区、进机关和进“4S”店的五进活动，提高服务质量。开展“3·15”消费者权益日、“4·7”中石化质量日和9月中石化“质量月”活动维护消费者权益，树立良好企业形象。

（朱文莹）

## 扬州“三把刀”

■**“中外丝路城市美食文化交流——扬州活动周”** 9月11日—14日，“中外丝路城市美食文化交流——扬州活动周”在扬州举办。活动周共安排8大活动18项子活动，意大利对华友好协会主席、前议长艾琳·维蒂，意大利前副总理鲁泰利，中国公共外交协会副会长吕凤鼎，全国政协常委、外事委副主任韩方明，世界中国烹饪联合会会长杨柳，中国东盟中心秘书长杨秀萍，以及来自15个丝路国家的驻华使节、5个国际组织的代表出席活动周开幕式。

参展客商企业225家，其中境外展商96家；设定6个展品展区、3个互动展区，共385个标摊，其中意大利特色馆展位36个、丝路国家企业展位55个、中外美食展示展位31个。中意(扬州)食品产业园揭牌暨扬州食品产业合作恳谈会在活动期间举行。“中国东盟(烹饪)培训基地”在扬州大学旅游烹饪学院揭牌。

（徐其祥　彭　艳）

■**扬州获评“国际美食之都”** 6月，市商务局向世界中国烹饪联合会提出书面报告，申请加入“国际美食之都”。8月底，世界中国烹饪联合会“国际美食之都”评估专家小组一行6人到扬评估扬州创建“国际美食之都”情况。专家组一行实地考察虹桥坊、京华城等综合体内餐饮企业，对扬州餐饮多元化、产业化发展、精准的市场定位等予以肯定。经过世界中国烹饪联合会的论证和公示等，9月11日，在“中外丝路城市美食文化扬州活动周”的开幕式上，世界中国烹饪联合会正式授予扬州市“国际美食之都”牌匾。此前，国内获此荣誉的仅有广州、成都两个城市。

（徐其祥　彭　艳）

■**扬州“三把刀”亮相中国“文博会”扬州分会场** 10月23—25日，第十届中国北京国际文化创意产业博览会扬州分会场活动在扬州国展中心举行。“三把刀”展区以图文、视频等形式展示扬州“三把刀”技艺特点以及文化价值。陆琴脚艺、天姿美发美容有限公司、花园茶楼、西园饭店等近10家具有代表性的“三把刀”企业参展。扬州狮子头、风鹅、米糕等传统淮扬名菜吸引众多食客现场品尝。

（徐其祥　彭　艳）

“中外丝路城市美食文化交流——扬州活动周”现场　　董　辉/摄

■**两家淮扬菜品牌店入选“全球千佳餐厅”** 12月19日，法国外交部发布“全球1000家最佳餐厅”榜单，扬州有两家淮扬菜品牌店入围。其中，北京淮扬府安定门店排第45位，该店前身为扬州福满楼大酒店；扬州迎宾馆则是唯一一家入选的本地餐饮企业。“全球1000家最佳餐厅”评选由法国外交部旅游委员会发起，该榜单从90个国家搜集4000多家餐厅的评分，筛选全球最好的1000家餐厅，其中日本127家、法国116家、美国97家、中国大陆42家。（杨　志）

■**2015中国扬州温泉养生节开幕** 参见第196页。

■**世界厨师联合会亚洲和太平洋地区主席峰会在扬举办** 9月7—10日，2015年世界厨师联合会亚洲和太平洋地区主席峰会在扬州举办。来自27个国家和地区100余名中外厨艺界代表参加，交流各国餐饮文化与烹饪技艺。会议期间举办淮扬菜国际化专家论坛。这是世界厨师联合会首次在中国举办相关会议。世界厨师联合会是一个全球性的厨师协会联合体，已经发展为包括75个官方厨师协会在内的全球性协会组织。

（杨　志）

■**中央电视台聚焦扬州“运河美食”** 7月下旬，中央电视台第十频道《味道》节目组到扬州取景拍摄，聚焦经典淮扬美食以及文化。该栏目以运河美食为主线，收录沿岸运河城市的经典菜品，呈现古老运河与“舌尖”美味千丝万缕的关系。9月30日至10月6日，中央电视台第十频道每晚黄金时间播放系列纪录片《寻找运河味道》，七集中有五集(第一集和第四集至第七集)中的美食与扬州有关，其中包括扬州早茶、扬州炒饭、高邮麻鸭、高邮双黄蛋、邵伯龙虾等，总时长约60分钟。（杨　志）

# 对外国及港澳台地区经贸

Dui Waiguo Ji Gang-Ao-Tai Diqu Jingmao

编　辑　陈永华

## 对外国及港澳台地区贸易

■**概述**　2015年，全市实现进出口总额103.4亿美元，比上年增长3.3%。其中，进口总额26.27亿美元，比上年增长12.7%；出口总额77.11亿美元，比上年增长0.4%。主要进口产品有机电产品、化学化工制品、塑料及其制品、矿物燃料与植物油料等19类，主要出口产品有机电产品、化学化工制品、纺织原料及纺织制品、钢铁制品、鞋帽等20类，销往200个国家和地区。按贸易方式划分，一般贸易出口总额52.98亿美元，占全市出口总额的68.7%；加工贸易出口总额23.37亿美元，占全市出口总额的30.31%。

（徐其祥　彭　艳）

■**出口商品结构**　2015年，全市化学化工制品、纺织制品、船舶、机动车辆与零配件等十大出口商品累计出口45.63亿美元，占全市出口总额的59.2%。其中，化学化工制品、纺织制品两大类商品出口超8亿美元，船舶出口总额5.79亿美元，比上年增长25.66%。劳动密集型产品出口平稳增长，纺织制品、鞋帽等产品出口额分别增长0.84%、3.69%。钢管、电动工具与机床等加工设备出口额分别下降28.25%、12.11%。

（徐其祥　彭　艳）

**2015年扬州市主要出口商品一览表**

表19-1

| 商品类别 | 出口额（万美元） | 比上年增长（%） | 占全市出口比重（%） |
|---|---|---|---|
| **合　计** | **456291** | | **59.2** |
| 化学化工制品 | 83912 | -9.71 | 10.9 |
| 纺织制品 | 80311 | 0.84 | 10.4 |
| 船舶 | 57912 | 25.66 | 7.5 |
| 鞋帽 | 44372 | 3.69 | 5.8 |
| 新光源、新能源 | 43461 | 3.56 | 5.6 |
| 机动车辆与零配件 | 39714 | 1.75 | 5.2 |
| 电子纸与液晶装置 | 37412 | 6.10 | 4.9 |
| 钢管 | 24452 | -28.25 | 3.2 |
| 电动工具与机床等加工设备 | 23058 | -12.11 | 3.0 |
| 牙刷 | 21685 | -0.06 | 2.8 |

（徐其祥　彭　艳）

**2015年扬州市分地区外贸进出口情况一览表**

表19-2

| 地　区 | 进出口额（万美元） | 出口额 | 进口额 | 比上年增长（%） |
|---|---|---|---|---|
| **合　计** | **1033825** | **771076** | **262749** | **3.3** |
| 扬州经济技术开发区 | 269632 | 176201 | 93431 | 2.4 |
| 扬州化工园区 | 73207 | 16635 | 56572 | 40.3 |
| 广陵区 | 167658 | 155237 | 12421 | -2.7 |
| 邗江区 | 199612 | 167551 | 32061 | 1.8 |
| 江都区 | 154637 | 118453 | 36184 | 5.1 |
| 宝应县 | 89002 | 67482 | 21520 | 14.2 |
| 仪征市 | 37209 | 28618 | 8591 | -26.1 |
| 高邮市 | 44001 | 40718 | 3283 | 5.1 |

（徐其祥　彭　艳）

■**出口市场结构**　2015年，全市对美国出口额增长迅速，比上年增长11.08%，占全市出口总额的23.12%；对欧盟出口额出现下滑，比上年下降3.38%。对部分新兴市场出口额下滑明显，对拉美、南亚出口额下滑较快，分别下降12.84%、14.2%，对非洲出口额下降4.51%，对大洋洲出口额下降9.56%。

（徐其祥　彭　艳）

■**出口企业结构** 2015年，全市民营企业出口额38.1亿美元，比上年增长2.0%，占全市出口额的49.4%；外资及港澳台资企业出口额比上年下降0.31%；国有企业出口额比上年下降2.4%。 （薛 霞）

■**县域出口** 2015年，扬州市8家列统单位中，扬州经济技术开发区出口总额17.6亿美元，比上年下降1.9%；广陵区出口总额15.5亿美元，增长5.6%；邗江区出口总额16.8亿美元，增长2%；江都区出口总额11.8亿美元，增长6.2%；宝应县出口总额6.7亿美元，增长10.6%；高邮市出口总额4亿美元，增长5.4%；扬州化工园区出口总额1.67亿美元，下降33.1%；仪征市出口总额2.9亿美元，下降30.5%。

（徐其祥 彭 艳）

■**重点出口企业** 2015年，扬州市出口总额前30名企业累计出口总额33.29亿美元，占全市出口总额的43.17%。全市有出口总额超过1亿美元的企业9家，其中扬州大洋造船有限公司、川岳科技（扬州）有限公司、扬州骏升科技有限公司等3家企业出口总额超2亿美元。

（徐其祥 彭 艳）

■**口岸建设** 2015年，扬州泰州机场航空口岸对外开放分别通过省级和国家级验收，实现一类口岸开放，开通韩国、泰国曼谷、中国香港、中国台湾、中国澳门等国际（地区）航线。电子口岸建设项目列入全市2015年新建信息化项目，12月1日，扬州市电子口岸平台正式开通。

（徐其祥 彭 艳）

■**第25届“华交会”扬州参展** 3月1—5日，第25届中国华东进出口商品交易会（简称“华交会”）在上海新国际博览中心举行。扬州市有37个展位参展，其中服装16个展位、家居用品8个展位、其他日用消费品4个展位、家用纺织品3个展位、装饰礼品6个展位。扬州市累计成交额2400万美元。 （薛 霞）

**2015年扬州市出口额前30名企业一览表**

表19-3

| 序号 | 企业名称 | 出口额（万美元） | 比上年增长（%） |
|---|---|---|---|
| 1 | 扬州大洋造船有限公司 | 35654 | 42.49 |
| 2 | 川岳科技（扬州）有限公司 | 26948 | 14.66 |
| 3 | 扬州骏升科技有限公司 | 22201 | 71.15 |
| 4 | 中海工业（江苏）有限公司 | 17449 | — |
| 5 | 江苏扬农化工股份有限公司 | 17123 | 55.06 |
| 6 | 海信容声（扬州）冰箱有限公司 | 15475 | 2.46 |
| 7 | 江苏优士化学有限公司 | 15129 | -34.22 |
| 8 | 高露洁三笑有限公司 | 11759 | -6.98 |
| 9 | 森萨塔科技（宝应）有限公司 | 11368 | -6.75 |
| 10 | 扬州荣德新能源科技有限公司 | 9951 | 1333.88 |
| 11 | 江苏长青农化股份有限公司 | 9947 | 1.78 |
| 12 | 扬州润扬物流装备有限公司 | 9805 | -22.50 |
| 13 | 江苏牧羊控股有限公司 | 9657 | 427.01 |
| 14 | 扬州诚德钢管有限公司 | 9580 | -26.31 |
| 15 | 扬州通利冷藏集装箱有限公司 | 9392 | 22.63 |
| 16 | 扬州中集通华专用车有限公司 | 9348 | 9.51 |
| 17 | 扬州龙川钢管有限公司 | 9015 | -32.00 |
| 18 | 江苏汇成光电有限公司 | 8238 | 97.09 |
| 19 | 江苏金飞达电动工具有限公司 | 7774 | -17.29 |
| 20 | 扬州英谛车材实业有限公司 | 7576 | 50.17 |
| 21 | 科航电子有限公司 | 7553 | — |
| 22 | 扬州金泉旅游用品有限公司 | 7550 | 9.03 |
| 23 | 扬州联博药业有限公司 | 7341 | -24.52 |
| 24 | 宝胜科技创新股份有限公司 | 6502 | -3.00 |
| 25 | 晶澳（扬州）太阳能科技有限公司 | 5728 | -52.92 |
| 26 | 扬州宝亿制鞋有限公司 | 5489 | 11.98 |
| 27 | 江苏扬农化工集团有限公司 | 5287 | -47.89 |
| 28 | 扬州国联制衣有限公司 | 5224 | 24.98 |
| 29 | 扬州易凡贸易有限公司 | 5186 | 4.89 |
| 30 | 扬州百德光电有限公司 | 5074 | 83.32 |

（徐其祥 彭 艳）

■**“广交会”扬州参展** 4月15日至5月5日，第117届中国进出口商品交易会（简称“广交会”）在广州市举行。本届“广交会”共分3期，扬州市有256个展位参展，参展企业147家，参展人数800多人，涉及展品有大型机械及设备、工具、电子消费品、电子电气产品、汽车配件、家用电器等36类商品。扬州市累计意向成交额1.9亿美元。10月15日至11月4日，第118届“广交会”在广州举行。本届“广交会”分3期，扬州市有253个展位参展，参展企业149家，参展人数800多人，涉及展品有大型机械及设备、工程农机、工具、卫浴设备、建筑及装饰材料、家用电器、照明产品、动力电力设备、餐厨用具、家居装饰品等39类商品。扬州市累计意向成交额1.98亿美元。

（薛 霞）

## 外资及港澳台资利用

■**概述** 2015年，全市新批外资及港澳台资项目81个，比上年减少20个；项目协议利用外资及港澳台资15.78亿美元，比上年下降20.53%。外资及港澳台资实际到账8.48亿美元，比上年下降38.8%。

全市第一产业实际利用外资及港澳台资1546万美元，比上年下降29.21%，占全市总额的1.82%；第二产业实际利用外资及港澳台资3.14亿美元，比上年下降50.12%，占全市总额的37.01%；第三产业实际利用外资及港澳台资5.19亿美元，比上年下降29.52%，占全市总额的61.17%。全市实际利用亚洲地区外资及港澳台资7.25亿美元，比上年增长24.65%；实际利用欧洲外资2515万美元，比上年下降34.01%。

（徐其祥 彭 艳）

■**外资及港澳台资项目** 2015年，全市新批外资及港澳台资1000万美元以上项目及净增资1000万美元以上项目38个，比上年减少16个，比上年下降29.62%；其中投资总额1亿美元以上新批及增资项目5个，比上年下降50%。协议外资及港澳台资15.7亿美元，比上年减少3.6亿美元，下降18.57%。

（徐其祥 彭 艳）

■**"530"招商行动计划** 继续实施"530"（5年内招引30家以上世界500强企业和跨国公司）招商行动计划。2015年，世界500强及跨国公司落户扬州5家。其中，境外3家，分别是法国阿尔斯通高压母线管项目、美国谷歌跨境电商项目、德国舒勒收购扬锻项目；境内2家，分别是中航新材料项目和中交集团新型城镇化建设项目。高邮市、江都区、邗江区、广陵区和扬州经济技术开发区各分布1家。 （徐其祥 彭 艳）

**2015年扬州市利用外资及港澳台资情况一览表**

表19-4

| 地 区 | 协议注册外资及港澳台资(万美元) | 比上年增长(%) | 实际利用外资及港澳台资(万美元) | 比上年增长(%) |
|---|---|---|---|---|
| 扬州经济技术开发区 | 64120 | 29.73 | 40584 | -22.18 |
| 扬州化工园区 | 31 | -99.85 | 96 | -99.31 |
| 广陵区 | 32907 | -27.7 | 9470 | -60.48 |
| 邗江区 | 32919 | -20.09 | 27376 | -5.44 |
| 江都区 | 6531 | -70.91 | 2996 | -85.55 |
| 宝应县 | 2133 | -72.1 | 912 | -71.18 |
| 仪征市 | 7008 | -26.29 | 2661 | -84.89 |
| 高邮市 | 12158 | 498.92 | 6021 | 110.75 |

（徐其祥 彭 艳）

## 对外国及港澳台地区经济技术合作

■**概述** 2015年，全市完成外经营业额7.37亿美元，比上年增长16%。其中，工程承包完成外经营业额6.78亿美元，比上年增长18%；对外劳务合作完成外经营业额5955万美元，比上年下降2.3%。全年累计境外投资项目26个，比上年下降10.3%；中方协议投资额2.36亿美元，比上年下降18.9%。2015年，全市新增对外承包工程企业4家，累计35家；新

**2015年扬州市对外国及港澳台地区经济技术合作情况一览表**

表19-5

| 地 区 | 外经营业额(万美元) | 比上年增长(%) | 期末在外人数(人) | 比上年增长(%) |
|---|---|---|---|---|
| **合 计** | **73718** | **16** | **8524** | **15** |
| 扬州经济技术开发区 | 12620 | 15 | 2222 | -1 |
| 广陵区 | 11748 | 16 | 1608 | 61 |
| 邗江区 | 11832 | 18 | 1081 | 79 |
| 江都区 | 34692 | 15 | 2182 | -7 |
| 宝应县 | 1975 | 20 | 1085 | 9 |
| 仪征市 | 556 | 28 | 296 | 67 |
| 高邮市 | 295 | 19 | 50 | 0 |

（徐其祥 彭 艳）

**2015年扬州市对外国及港澳台地区投资情况一览表**

表19-6

| 地　区 | 新批项目数(个) | 比上年增长(%) | 中方协议投资额(万美元) | 比上年增长(%) |
|---|---|---|---|---|
| **合　计** | **26** | **-10.3** | **23649.27** | **-18.9** |
| 扬州经济技术开发区 | 4 | 33.3 | 11560 | 49.1 |
| 扬州化工园区 | 0 | 0 | 0 | 0 |
| 广陵区 | 2 | -71.4 | 5050 | 52.6 |
| 邗江区 | 12 | 200 | 4268.07 | 134 |
| 江都区 | 6 | 0 | 2661.2 | -82.5 |
| 宝应县 | 1 | -80 | 100 | -82.2 |
| 仪征市 | 0 | 0 | 0 | 0 |
| 高邮市 | 1 | 0 | 10 | 0 |

（徐其祥　彭　艳）

增对外劳务经营企业2家，累计13家。（徐其祥　彭　艳）

**■外经市场**　2015年，全市对外承包工程和劳务合作项目涉及45个国家(地区)；年营业额1000万美元以上企业11家，累计完成外经营业额6.77亿美元，占全市总量的91.8%。完成外经营业额列前3位的企业是江苏江都建设集团有限公司、江苏省华建建设股份有限公司、江苏恒远国际有限公司，其中江苏江都建设集团有限公司完成营业额2.04亿美元，比上年增长12%。江苏江都建设集团有限公司、中石化江苏油建工程有限公司等工程承包企业16个1000万美元以上在建大项目运行良好，主要分布在蒙古、新加坡、泰国、沙特、俄罗斯等国家。（徐其祥　彭　艳）

**■境外投资龙头企业**　2015年，全市境外投资项目26个，其中民营企业23个，占88.4%；民营企业中方协议投资额1.69亿美元，占76.7%。全市在"一带一路"沿线国家投资项目9个，中方协议投资额8855万美元，增长21.1%，占全市总量的37.4%。其中，晶澳(扬州)太阳能科技有限公司对在马来西亚的太阳能项目增资6500万美元，亚普汽车部件股份有限公司对在俄罗斯的汽车配件生产项目增资1600万美元。

（徐其祥　彭　艳）

**■扬州市企业海外开拓促进会成立**

12月24日，扬州市企业海外开拓促进会在扬州花园国际大酒店正式成立。由扬州建工控股有限责任公司、江苏省华建建设股份有限公司、江苏牧羊控股有限公司、江苏江都建设集团有限公司、亚普汽车部件股份有限公司、江苏邗建集团有限公司、江苏扬建集团有限公司、恒远国际工程集团有限公司、晶澳(扬州)太阳能科技有限公司、扬州汇鸿国际经济贸易合作有限公司等10家单位共同发起成立，为扬州市从事"对外承包工程"、"境外投资"、"对外劳务合作"、"对外贸易"及其他有意愿拓展海外市场的企业在海外开拓市场过程中搭建信息互通、资源共享、互利共赢的合作平台。陆金龙当选扬州市企业海外开拓促进会会长，促进会有会员单位86家。（薛　霞）

**2015年扬州市对外国及港澳台地区经济技术合作营业额前20名企业一览表**

表19-7

| 序号 | 企业名称 | 营业额(万美元) | 比上年增长(%) |
|---|---|---|---|
| 1 | 江苏江都建设集团有限公司 | 20425 | 12 |
| 2 | 江苏省华建建设股份有限公司 | 9713 | 27 |
| 3 | 江苏恒远国际有限公司 | 8870 | 7 |
| 4 | 中石化江苏油建工程有限公司 | 8500 | 68 |
| 5 | 江苏邗建集团有限公司 | 4178 | 25 |
| 6 | 恒远国际工程集团有限公司 | 4110 | 79 |
| 7 | 中石化江苏石油工程有限公司 | 3331 | 15 |
| 8 | 江苏牧羊集团有限公司 | 3204 | -10 |
| 9 | 江苏牧羊控股有限公司 | 2330 | 264 |
| 10 | 江苏扬安集团有限公司 | 1700 | -15 |
| 11 | 江苏荣腾建设工程有限公司 | 1315 | 13 |
| 12 | 扬州市国际经济技术合作有限公司 | 841 | -19 |
| 13 | 中国石化集团江苏石油勘探局 | 789 | -74 |
| 14 | 扬州汇鸿国际经济贸易合作有限公司 | 722 | 16 |
| 15 | 扬州海经对外经济贸易有限公司 | 598 | -5 |
| 16 | 江苏飞扬对外经济技术合作有限公司 | 556 | 28 |
| 17 | 扬州市富扬对外经济贸易有限公司 | 472 | -41 |
| 18 | 江苏宝泰建设工程有限公司 | 411 | 138 |
| 19 | 江苏中化建设有限公司 | 350 | 600 |
| 20 | 江苏弘盛建设工程集团有限公司 | 295 | 19 |

（徐其祥　彭　艳）

# 旅游业

Lüyouye

编 辑 陈永华

## 综述

■**概况** 2015年，扬州市旅游业围绕旅游名城建设目标，突出项目建设，加大营销力度，完善旅游服务。全市实现旅游收入600.71亿元，比上年增长12.2%；接待入境过夜游客5.12万人次，下降4.3%；旅游外汇收入5588.45万美元，增长13.6%。旅游业增加值占地区生产总值的7.3%。全市主要封闭式景区接待游客909.52万人次，增长12.1%；瘦西湖景区购票游客增长13.1%。入境过夜游客平均在扬停留时间2.8天，比上年增加0.4天；全市接待国内外过夜游客581.14万人次，下降1.6%。

扬州会议中心、扬州京杭会议中心、扬州迎宾馆等10家主要会议场馆承接会议3263场，增长27.5%；接待会议人员35.93万人次，增长34.7%。至2015年底，全市有国家A级景区34个，其中AAAAA级1个、AAAA级8个、AAA级13个。省星级乡村旅游区(点)30家，其中四星级12家。有星级饭店61家，其中五星级4家、四星级12家。星级饭店客房出租率67.4%。旅行社132家，其中出境游组团社4家。 (黄晓宇 吕 游)

■**“运河名城 精致扬州”扬州城市旅游推介会** 1月19日，“运河名城 精致扬州”扬州城市旅游推介会在日本东京举行。扬州市委书记谢正义介绍扬州古城、瘦西湖、中国大运河、温泉等扬州旅游资源，推介扬州特色的艺术、美食、按摩等传统休闲体验服务。与日本旅行社、航空公司、温泉酒店等旅游相关产业代表进行交流。5月15日，“运河名城 精致扬州”扬州城市旅游推介会在台北市举行。推介会由扬州副市长孔令俊主持，扬州市委书记谢正义到会致辞并作主题推介。台湾地区旅游部门负责人郑惠瑛、台北旅行公会副理事长丁莱、台湾鼎运旅行社董事长陈怡璇等台湾主要旅行商、旅游媒体记者以及扬州经贸考察团全体成员参加推介活动。5月26日，“运河名城 精致扬州”扬州城市旅游推介会在香港举行。推介会由扬州副市长孔令俊主持，扬州市委书记谢正义到会致辞并作主题推介。香港旅游发展局中国部高级主任郑素华、亚洲旅游交流中心主任李建平、香港航空总裁张逵、香港中国旅游协会副会长梁港兰等香港主要旅行商、旅游媒体记者以及扬州招商推介代表团全体成员参加推介活动。5月27日，“运河名城 精致扬州”扬州城市旅游推介会在外交部驻澳门特别行政区特派员公署举行。推介会由扬州副市长孔令俊主持，扬州市委书记谢正义到会致辞并作主题推介。外交部驻澳门特别行政区特派员公署特派员胡正跃、澳门立法会主席贺一诚、全国政协常委廖泽云、澳门文化局局长吴卫鸣、澳门旅游局副局长谢庆茜等澳门知名人士、新闻媒体记者以及扬州招商推介代表团全体成员参加推介活动。

(吕 游)

■**“文化休闲·城市度假”专题招商推介会在扬州召开** 4月19日，“文化休闲·城市度假”专题招商推介会在扬州会议中心召开，市长朱民阳出席推介会并致辞，副市长董玉海主持，市政府秘书长李忠盛等出席会议。中船重工远舟科技有限公司、奇瑞汽车集团、新世界中国地产有限公司、中国中医药科技开发交流中心、“途牛”旅游网、中国木偶艺术剧院股份有限公司、中俄投资基金、中国青年旅行社集团上海控股有限公司、萨雷酒店管理咨询(北京)有限公司等近70家投资商参加。扬州凤凰水街、瓜洲古镇国际露营地等12个旅游项目现场集中签约，计划总投资76.18亿元。 (黄晓宇 吕 游)

4月19日，“文化休闲·城市度假”专题招商推介会在扬州召开

李斯尔/摄

■**2015江苏大运河旅游推广月在扬州开幕** 9月30日，由江苏省旅游局和扬州市政府共同主办的2015江苏大运河旅游推广月在扬州京杭会议中心开幕，江苏省副省长许津荣按动启动按键，启动2015江苏大运河旅游推广月。来自国内外的嘉宾，中央、省、市媒体及市民代表共600多人参加启动仪式。9月30日至10月31日推广月期间，扬州举办民间才艺展演、花船巡游、运河摄影大赛、世界运河名城旅游论坛、运河旅游直通车、万人同走大运河等活动。其中，花船巡游历时15天，吸引49万名市民和游客观看；世界运河名城旅游论坛邀请30多名国内外运河城市的市长代表、专家学者，围绕“打造一带一路框架下互联互通的运河旅游业”的主题，共同探讨运河旅游发展、交流与合作。 （黄晓宇）

## 旅游资源开发

■**概述** 2015年，扬子津古渡绿化景观园绿化、宋夹城帐篷区域景观绿化、大明寺改造(包括游客服务中心、戒台、南入口改造，栖灵塔周边广场环境提升等)、瘦西湖维修出新(包括小金山月观修缮、北门新建电瓶车车棚、半青阁河塘管网改造、石壁流淙水泵池改造、游乐场维修、六竹轩出新等)、宋夹城体育休闲公园维修改造(包括粮仓改造、兵器库装修、“4·18”会场入口改造、东北角平台改造、西门改造、游船码头改造等)、宝应古街立面改造等项目开工建设。完成土耳其国际园博会中国园、宝应鲁垛农民公园、平山卫生服务中心、仪征陈集孔雀公园等项目规划设计。扬州2500周年城庆活动期间，文昌阁、廉政广场等街头绿地、游园广场的重要节点处布置立体花坛18组；文昌中路、石塔寺等处悬挂组合式花球、立体花盆360个，摆放红叶石楠花箱16个；完成南河下立体绿化样板段施工。完善市区小游园基础设施，提升小游园景观。维修廉政广场、文昌路绿岛等处损坏设施；文昌路、扬子江路等重点路段补栽香樟、垂丝海棠等乔、灌木1100多株，红叶石楠、毛鹃等9.20多万株，麦冬4万多塘。实施古树名木科研项目，加强古树名木保护力度，定人定期对市区448株古树名木养护。

推进度假区建设。至2015年底，仪征枣林湾旅游度假区、扬州瓜洲旅游度假区、扬州凤凰岛生态旅游度假区、扬州瘦西湖旅游度假区创成省级旅游度假区，宝应湖旅游度假区、高邮清水潭旅游度假区、江都邵伯湖旅游度假区获批市级旅游度假区。5月30日，扬州水立方乐园在广陵营业；6月，邗江瓜洲房车露营地营业，配备42辆房车、7栋木屋；9月，仪征捺山、扬州乐园、马可波罗花世界公园等项目对外开放。中国青年旅行社置业“青马车寨”项目完成越野车赛道集装箱旅馆建设，17间集装箱酒店对外营业。扬州瘦西湖风景区、何园景区入选“畅游江苏”经典旅游景区；美味江苏休闲四日游、慢品江南祈福寻梦之旅四日游、扬子江慢生活五日游、美好江苏·生态苏北六日游等7条“畅游江苏”精品旅游线路包含扬州旅游项目。“流动史诗入梦来”(扬州·东关街/个园/长乐客栈)获评长三角城市群“岁月余味”体验之旅示范点，盐商家宴第一楼(扬州·卢氏古宅)成为老房子特色餐厅。“遍寻历史情，醉美丝绸路”——南京、扬州三日游，“品运河风韵，看海上丝绸”——扬州、淮安、连云港四日游等2条包含扬州旅游项目的线路入选江苏“丝绸之路”精品旅游线路。扬州“寻味淮扬美食”路线获第二届中国自驾游大会36路短线饕餮类铜奖。个园获猫途鹰(TripAdvisor)发布的卓越奖(COE)。何园被中国公园协会评为2014—2015年度“突出贡献奖”。荷花池公园入选“江苏十大绝美赏荷之地”。2015年，全市有21个项目获省旅游发展引导资金1100万元。

（黄晓宇　吕　游）

■**旅游景区提档升级** 2015年，扬州市南河下历史文化街区入选住房和城乡建设部、国家文物局公布的第一批中国历史文化街区。扬州瘦西湖风景区、扬州双博馆、东关街、京华

**2015年扬州市国家级旅游景区一览表**

表20-1

| 景区名称 | 等级 | 景区名称 | 等级 |
|---|---|---|---|
| 瘦西湖风景区 | AAAAA | 仪征红山体育公园 | AAA |
| 大明寺 | AAAA | 扬州陈园 | AAA |
| 个园 | AAAA | 扬州开元寺 | AAA |
| 何园 | AAAA | 江都朴园 | AAA |
| 扬州“双博馆” | AAAA | 宝应周恩来少年读书处 | AA |
| 京华城休闲旅游区 | AAAA | 朱自清故居 | AA |
| 茱萸湾风景区 | AAAA | 隋炀帝陵景区 | AA |
| “双东”历史街区 | AAAA | 宝应“二妹子”模范民兵活动中心 | AA |
| 高邮盂城驿 | AAAA | 江都龙川盆景艺苑 | AA |
| 汉陵苑 | AAA | 扬州玉文化景区 | AA |
| 史可法纪念馆 | AAA | 江都仙女公园 | AA |
| 凤凰岛生态旅游区 | AAA | 宝应射阳湖荷园 | AA |
| 吴道台宅第 | AAA | 宝应革命烈士纪念馆 | AA |
| 宝应纵棹园 | AAA | 宝应博物馆 | AA |
| 仪征博物馆 | AAA | 高邮菱塘古清真寺 | AA |
| 高邮镇国寺 | AAA | 江都邵伯湖旅游区 | AA |
| 高邮文游台 | AAA | 江都山水园 | AA |
| 宝应宁国寺 | AAA | | |

注：扬州“双博馆”即扬州博物馆、扬州中国雕版印刷博物馆 （吴　伟）

**2015年扬州市省三星级及以上乡村旅游示范区(点)一览表**

表20-2

| 景点名称 | 等　级 |
|---|---|
| 凤凰岛生态旅游区 | 四星级 |
| 宝应白鹿岛生态旅游区 | 四星级 |
| 扬州金泓生态园 | 四星级 |
| 江都渌洋湖生态旅游度假村 | 四星级 |
| 竹箬农业生态园 | 四星级 |
| 宝应射阳湖荷园 | 四星级 |
| 仪征翔宇茶叶生态园 | 四星级 |
| 西江生态园 | 四星级 |
| 扬州润德菲尔庄园 | 四星级 |
| 碧水蓝天度假村 | 四星级 |
| 吴桥蔬果产业观光园 | 四星级 |
| 扬州棠湖度假村 | 四星级 |
| 扬州胡场人家 | 三星级 |
| 江都小纪农业生态观光园 | 三星级 |
| 江都樊川猕猴桃园 | 三星级 |
| 扬州新西缘生态农庄 | 三星级 |
| 高邮连标葡萄园 | 三星级 |
| 扬州古渡村生态园 | 三星级 |
| 仪征芍药园 | 三星级 |
| 扬州烟花三月度假村 | 三星级 |
| 高邮湖苇荡水寨 | 三星级 |
| 宝应柳堡团庄 | 三星级 |
| 扬州西湖春天 | 三星级 |
| 扬州蒋王农业观光园 | 三星级 |
| 扬州建华村 | 三星级 |
| 扬州润水湾 | 三星级 |
| 扬州溪桂园 | 三星级 |
| 宝应和悦园 | 三星级 |
| 扬州香翎湖 | 三星级 |
| 扬州市勇龙国际生态园 | 三星级 |

（吴　伟）

城等4家景区入选国家旅游局公布的首批“全国旅游价格信得过景区”名单。茱萸湾风景区获“江苏省科普教育基地”称号。江都山水园获批国家AA级旅游景区。1月20日，扬州蒋王农业观光园被认定为江苏省三星级乡村旅游点。6月12日，扬州凤凰岛生态旅游度假区被江苏省人民政府授予省级旅游度假区称号。9月19日，扬州瘦西湖旅游度假区被江苏省人民政府授予省级旅游度假区称号。12月21日，高邮盂城驿景区获批国家AAAA级旅游景区。12月24日，江都邵伯湖旅游度假区被扬州市人民政府批准为市级旅游度假区。扬州润扬湿地公园被江苏省旅游局、江苏省环境保护厅联合命名为省级生态旅游示范区。（吕　游）

**■扬州旅游景点电子年卡发行**　1月18日，扬州旅游景点电子年卡正式发行。电子年卡具有景点年卡功能及市民卡的乘坐公交、出租及小额消费等功能。电子年卡分为100元(儿童80元)、120元(儿童100元)和200元等面值，适用不同使用范围。（黄晓宇）

**■免费文博游直通车开通**　3月7日，扬州首条免费文博游直通车开通。全年免费文博游直通车开通“非遗文化游”“私家园林游”“醉美江都之旅”“名人足迹之旅”“运河文化之旅”“佛教文化之旅”等旅游线路，1000多名市民和游客通过每周免费文博直通车参观市区20多个文博场馆。（黄晓宇）

**■乡村旅游直通车**　4月11日，扬州主城区开往各县(市、区)乡村旅游直通车举行首发仪式，市民乘坐旅游大巴从扬州主城区出发，分别发往江都、高邮、仪征、宝应等县(市、区)；9月，乡村旅游直通车广陵线开通，实现市域旅游直通车全覆盖。至2015年底，乡村旅游直通车发送游客2.90万人次。（黄晓宇）

**■扬州陈园对外开放**　4月11日，融合徽派、苏派、晋派园林风格的国家AAA级景区扬州甘泉古宅陈园对外开放。陈园是一座“湖上园林”，分为两部分，一处是东宅院，称为“盐商遗梦园”，主要是重现盐商生活；一处是复原扬州八怪之一高翔的故居和西花园。园内明清古宅、奇石名木、古玩名器相互映衬。（吕　游）

**■“袋鼠花园”展区建成**　4月28日，茱萸湾风景区“袋鼠花园”展区正式建成开放。“袋鼠花园”展区位于珍稀动物馆区紫薇园，占地约3000平方米，分为室内保温观赏区、室外活动观赏区、游客休闲区，展区注重动植物的结合，室外活动观赏区草地与红沙土相结合。袋鼠园公寓、游步道木廊采用立体绿化，花卉植被美观、自然。有4只红袋鼠和2只大灰袋鼠入住，供游客观赏及袋鼠繁殖研究。（钟　姗）

**■扬州古城旅游线路开通**　7月8日，市旅游部门开通扬州古城旅游线路。包含古巷风情游、盐商文化游、文博体验游等3条古城旅游线路，古巷风情游线路是天宁门街—彩衣街、大东门街—十巷九巷—冯氏住宅—珍园—仁丰里—永乐琴坊—阮家祠堂—景氏住宅—绿杨旅社—得胜桥—富春茶社—小盘谷—丁家湾；盐商文化游线路是天宁门街—彩衣街、东关街—个园—长乐客栈—冯氏盐商住宅—汪氏小苑—丁姓盐商住宅—马氏住宅—皮市街—丁家湾；文博体验游线路是天宁寺—史可法纪念馆—中国玉器博物馆—扬州书局—扬州工艺美术大楼—准提寺—神在堂—马可·波罗纪念馆—吴道台宅第—朱自清故居—何园—丁家湾。

（吕 游）

**■个园复原模型对外开放** 9月26日，个园复原模型在个园知足斋对外开放。该复原模型由苏州园林博物馆按1:45比例制作，大小为东西宽2.5米，南北长3.5米。模型完整再现个园五路住宅及四季假山，呈现贯穿五路住宅和四季假山的复道廊走向。整个模型由手工制作，假山系采用天然石头堆叠而成。树木以铜丝制作骨架，再现园内白皮松、广玉兰等古树名木外形。建筑部分的制作以木、石为主，反映扬州建筑格局和特色，建筑内部配灯光照明以突出园林窗格的效果，点缀园林人物，增添生活气息。模型全面展示个园黄氏家族“福、禄、寿、喜、财”五路豪宅，恢复历史上将住宅与花园区假山和部分厅馆相连接的双层回廊及位于水池边的鸳鸯双亭等，再现当年个园“曲廊邃宇”“晴则径，雨则廊”景致效果。

（钟 姗）

**■马可波罗花世界公园试运营** 9月26日，马可波罗花世界公园开园试运营。马可波罗花世界公园坐落于扬州市廖家沟公园自在岛最南端，属于扬州七河八岛生态片区，景区以“花卉＋文化”为主题，再现意大利旅行家马可·波罗旅行路线，为游客带来花卉娱乐体验。景区占地53.3公顷，分为三大板块——欧洲区、中东区、东方区，有威尼斯主题花园、地中海主题花园、海底世界花园、波斯主题花园、精灵主题花园、东方主题乐园和奇迹花毯等7大景点，投资约12亿元。

（吕 游）

**■自在岛扬州乐园建成开放** 10月14日，自在岛扬州乐园建成开放。自在岛扬州乐园项目由扬州蓝海鑫游乐发展有限公司投资建设，位于万福路以北、横河以南、凤凰河以东、太平河以西，占地约10公顷。项目是以儿童科普、丛林探险、极限体验、素质拓展等为主题的主题游乐园，有摩天轮、旋转木马、过山车、蹦极等30多个游乐项目。

（吕 游）

**2015年扬州市全国工业旅游示范点**

扬州第二发电有限责任公司
扬州漆器厂
扬州玉器厂 （吴 伟）

**2015年扬州市全国农业旅游示范点**

凤凰岛生态旅游区
江都现代花木产业园
兴科农业科技博览园
仪征登月湖农业旅游区
宝应白鹿岛生态旅游区
宝应射阳湖荷园
高邮临泽生态度假村 （吴 伟）

**2015年扬州市国家文化旅游示范区**

瘦西湖风景区 （吴 伟）

**2015年扬州市江苏省旅游度假区**

仪征枣林湾旅游度假区
扬州瓜洲旅游度假区
扬州瘦西湖旅游度假区
扬州凤凰岛生态旅游度假区

（吴 伟）

**2015年扬州市江苏省工业旅游区（点）**

扬州乱针绣文化产业园
上海大众汽车仪征分公司
江苏牧羊控股有限公司
青岛啤酒（扬州）有限公司 （吴 伟）

**2015年扬州市江苏省生态旅游示范区**

凤凰岛生态旅游区
润扬湿地公园 （吴 伟）

**2015年扬州市江苏省自驾游基地**

仪征红山体育度假村
瓜洲国际露营地
宝应白鹿岛生态旅游区
邗江区金泓生态园 （吴 伟）

**2015年扬州市江苏省特色景观旅游名镇（村、乡）**

扬州市生态科技新城泰安镇
高邮市菱塘回族乡
宝应县射阳湖镇冲林村
高邮市马棚街道东湖村 （吴 伟）

## 蜀冈－瘦西湖风景名胜区

**■概述** 蜀冈－瘦西湖风景名胜区于1988年由国务院批准设立，总规划面积12.23平方千米。2006年1月，景区党工委、管委会挂牌成立，实际管辖面积6.68平方千米。2013年1月和12月，市委、市政府两次对景区实施扩容。扩容后，景区代管区域总面积33.6平方千米，下辖平山、城北2个乡和瘦西湖、梅岭2个街道，有22个行政村（社区），总人口约16万人。

2015年，景区实现地区生产总值46.6亿元，按可比价计算，比上年增长8.9%；完成公共财政预算收入4.4亿元，增长40%；完成服务业固定资产投资40.9亿元，增长22%；完成社会消费品零售总额37.45亿元，增长8.1%。景区重大服务业项目新开工3个，新竣工2个，实现投资总额25.3亿元。唐子城护城河疏浚整治工程竣工，完成相别路、江都北路、黄金坝北路、肖庄路等基础设施建设，改造大明寺东花园、汉陵苑广场，整治提升环宋夹城滨水游步道，形成长15千米的环大景区生态健身步道系统。旅游产业转型升级，虹桥坊酒店正式对外营业，虹桥坊音乐喷泉广场对外开放，瘦西湖温泉度假村改造工程稳步推进，新开工相别路友谊酒店、西华门中医药养生基地、花都汇（扬州）园艺体验中心等重点项目。与香港新世界集团联合打造的凤凰水街项目达成合作协议，与上海东方医院集团合作的相别路抗衰老健康管理中心达成合作协议。16万平方米的瘦西湖福苑安置区建成交付，丁魏生态垃圾中转站主体完工，启动实施老虎山路综合改造工程，推进梅岭小学新校区、新邗沟中学等民生实事项目建设。全年取缔流动摊点1000多个、出店占道经营800多处，整治拆除广告店招500多处，拆破拆烂拆违建筑4万平方米，增绿、补绿11万平方米。实施城北渣土消纳场工程和玉器街中段环境综合整治，建成玉器街摊贩管理中心；完成金色百汇农贸市场、瘦西湖农贸市场经营权回购，提高农贸市场规范化管理水平；推进梅岭西路、新万福路、平山北路、瘦西湖西南片区等综合整治，老小区整治，老街巷翻建，积水点改造等；实施老虎山西路、凤凰桥南街东侧"城中村"改造项目和唐子城区域民房收购腾让，拆迁住户、企业205家，拆除面积2.84万平方米；建成并开放嘉境邻里公园，实施茅山垃圾填埋场生态修复工程和瘦西湖清淤工程。

2015年，景区接待游客407万人次，增长12%；完成门票及经营性收入3.09亿元，增长12.5%。其中瘦西湖景区购票游客185.3万人次，增长13.1%；大明寺游客量增长20%，汉陵苑游客量增长51%。提升改造瘦西湖西大门广场和北门外停车场，推进实施水系微缩景观项目，演绎大型音乐舞蹈史诗《千古风流》，举办中央电视台《寻宝》走进宋夹城、万花会、《瘦西湖》特种邮票首发仪式、迎城庆2500对新人集体婚礼等活动。宋夹城完成停车场、游客中心、西城门和帐篷区的改造升级，建造宋城书坊、文化艺术展览厅、城市公园体系展厅等场馆。水上游线延伸至486"非遗"集聚区和个园，增加万花园宋井码头至南大门服务线路，开通宋夹城环岛水上游览线。景区参加中央电视台"五·一E起游"活动直播；小长假期间，中央电视台11次报道瘦西湖风景区，其中《新闻联播》报道3次。（姜　伟）

**■瘦西湖风景区建设**　2015年，瘦西湖风景区完成宋夹城东门停车场、南门和西门游客中心、城市公园体系建设展厅、玫瑰花园、2片儿童篮球练习场、6片户外羽毛球场、5个厕所的新建，西门和南门停车场、儿童游乐场的升级扩建，帐篷区改造，标牌标识系统完善等工程。新增停车场面积6.20万平方米、机动车位700个、非机动车位1500个、厕位70个。建成宋城书坊、宋夹城文化艺术展览厅，引进国际击剑俱乐部及"东园小馆""鲜果多""森林披萨"等品牌。推进宋夹城创建国家AAAA级景区。

提升改造瘦西湖公园西大门出入口及广场，实行进出口分离，架设景观人行钢桥，引导人流出入园；北门外停车场提档升级，与观音山、唐城周边景观融为一体，成为市民休闲健身场所；推进水系微景观项目建设，完成入口广场铺装、部分景观施工；瘦西湖历史文化展览馆工程全面启动，完成700多平方米土建、4300平方米景观提升、100多页展览文案编撰等；河道、河塘绞吸式清淤，清除2000米河段及3个重要节点池塘淤泥1.7万立方米；完成柳湖路门面房搬迁及拆除费用的拨付；实施五亭桥保养维修、桃花岛和荷浦熏风驳岸加固、南门和西门游客服务中心内装提升、丫字桥整修、静观围墙抢修等20多项工程，启动小金山、五亭桥、吹台等重点文保单位的修缮和北门广场亮化提升工程。（姜　伟）

**■2015扬州蜀冈-瘦西湖风景名胜区规划发展论坛**　7月4日，由蜀冈-瘦西湖风景名胜区管委会和扬州报业传媒集团联合主办，中信泰富（扬州）置业有限公司、扬州瘦西湖旅游发展集团、华建地产共同协办的2015扬州蜀冈-瘦西湖风景名胜区规划发展论坛在扬州迎宾馆举行。本次论坛由上海第一财经副总监张志清主持，中国经济学家马光远、同济大学建筑与城市规划学院景观学系主任韩锋、南京大学城市科学研究院院长张鸿雁及南京师范大学经济学博士、易居（中国）执行总裁丁祖昱，扬州相关部门、学术界代表及数百名扬州市民参加论坛。活动现场，扬州报业传媒集团党委书记李继业致辞，蜀冈-瘦西湖风景名胜区党工委副书记、管委会主任汤卫华介绍蜀冈-瘦西湖风景名胜区区域规划发展情况。中国经济学家马光远做专题演讲。论坛到场嘉宾就蜀冈-瘦西湖风景名胜区未来发展方向展开圆桌讨论，与到场参与论坛市民、媒体代表进行互动问答。（吕　游）

## 其他景区

**■个园建设**　2015年，个园重新设计和制作标牌标识系统，所有公共信息文字内容实现中、英、日、韩四国语言对照翻译；改造、升级游客服务中心；建成个园餐饮服务中心。启动个园修缮保护工程、个园遗产监测预警平台项目，制作、完成个园复原模型。完成袅烟厕所、夏山西侧拐角花坛景观提升改造工程。升级停车场收费系统。（吕　游）

**■何园建设**　2015年，何园南大门恢复对外开放，立体绿化花园巷，保养古树名木。完成牡丹厅和玉绣楼水吧提升，改造徐凝门桥南免费停车场。推进何园内部陈设，再现园主人当年生活场景。完成船厅、牡丹厅、赏月楼布置，油漆出新清楠木厅。申报何园抢修工程及二分明月楼一、二期项目，申请资金900多万元；2015年到账资金368万元。其中何园抢修

何园南门的开放使用，使何园的游览范围延伸到整个南河下片区　沈扬生/摄

工程完成招标；二分明月楼一期项目完成竣工验收，二期项目开始招标。开发何园牡丹扇、何家千金首饰、何园四季茶礼、何氏家训书法描红等旅游产品。结合茶艺培训和仪征采茶等“扬州美女扬州茶”主题活动，开发36种茶系列产品。完善《何园保护性规划》。完成何园完整性研究、《何园志》资料收集、报送《何氏家训》材料等。10月，出版《寄啸山庄史料钩沉》。开发私人订制项目——何园孝亲寿宴。（吕　游）

**■茱萸湾风景区建设**　2015年，景区建成“袋鼠花园”展区，冰雪企鹅馆对外开放。完成临时停车场改造，占地3万平方米，可停放1500辆车辆。开展啸峰园平台改造工程，修建步道、木亭及休息平台，增加免费儿童娱乐设施。开展市树、市花园景观提升，完成吴茱萸补植，提升啸峰园、袋鼠园等展区绿化。检查及维修景区内桥梁、栈道等。完善标识系统，增加动植物解说牌100多块，其他各类提示牌30多块，提升景区电子导游系统，全园重点区域覆盖免费wifi（无线保真信号），景区停车场南侧设立公共自行车租赁点，改善景区服务环境和服务功能。

出版茱萸湾系列丛书《茱萸湾怀古》；开展“茱萸花开”美文、摄影采风、“爱鸟周”、珍稀濒危植物科普展、小小饲养员、园艺师等科普活动，获评“江苏省科普教育基地”称号；修复茱萸湾北部码头，确立景区内的运河文化遗产范围，设立世界文化遗产标识。

加强动物引进，优化动物品种，全年引进红袋鼠和大灰袋鼠各4只、黑叶猴1只、羊驼3只、角马1只。强化动物繁殖与科研，成功繁殖红袋鼠1只、棕熊1头、环尾狐猴6只。

（吕　游）

**■荷花池公园建设**　2015年，荷花池公园实施裸土绿化及局部绿化调整，累计人工翻土5000平方米、购土150立方米，铺植草皮地被、播撒草种近1万平方米，补栽花灌木约40株，摆放草花3000多盆。完成分栽品种荷花4500多缸、碗莲1200盆、睡莲300盆。实施文津园绿化景观改造提升项目，文津园全年摆放草花5000多盆，五针松盆景、朴树等修剪出新。全年投入资金约30万元，更换维修路牙断裂棕绳35处、文津园受损石栏杆柱头17处，落实影园2座木桥桥面改造，东、西区厕所照明灯及线路更换等。（吕　游）

## 旅游营销

**■概述**　2015年，扬州旅游从景区营销向文旅营销转变，从传统营销向现代营销转变，从国内营销向国际营销转变。瘦西湖景区购票游客185.3万人次，增长13.1%；大明寺游客量增长20%；个园购票游客80.8万人次，增长11%；何园购票游客45.35万人，增长11%；茱萸湾风景区购票游客40.98万人次；汉陵苑游客量增长20.5%。拓展中远程客源市场，开通国际（地区）航班，力拓国际旅游市场。调整、新设立广州、山东、北京、新加坡、韩国等5个国内外城市旅游推广站，全球范围内扬州旅游推广站达14个。至年底，14个推广站合作旅行社输送境内游客2.70万人、境外游客2300人到扬旅游休闲。扬州泰州机场开通韩国首尔、中国香港、中国台湾、泰国曼谷等国际（地区）航线。

开展旅游推介，开发旅游产品。市园林局与江苏省扬州汽车运输集团公司合作大巴视频广告，通过江、浙、沪300多条运营线路的宣传平台，推广扬州园林文化和旅游形象；巩固和维护江、浙、沪、鲁、皖传统市场，组织景区参加南京房车旅游博览会、苏州旅行商交易大会、上海世界旅游博览会、山东旅游交易会、西南旅游促销团会等展会，累计发放宣传资料3万多份；开辟河北、河南市场，实地走访两地，与当地旅行社签订合作协议；走访徐州、连云港等市旅行社，共同谋划市场培育点，研究、推介适应当地市场的旅游产品；拜访武汉老牌研学游旅行社，推进各景区学生文化旅游互动产品。扬州市旅行社协会组织全国120多家旅行社到扬州参加旅游线路产品采供大会，扬州100多家旅行社与外地旅行社签订互送客源协议；扬州长乐客栈与美国精品酒店集团EPOQUE HOTELS签署战略合作协议；扬州市党政代表团分别赴台湾、香港、澳门进行旅游宣传推介。市旅游局组织高邮市旅游局、仪征市旅游局和瘦西湖景区参加国家旅游局在广西桂林举办的2015中国—东盟博览会旅游展，组织扬州旅游营销中心、扬州景区营销中心、天乐湖景区、红山体育公园参加2015南京休闲旅游及房车展览会。开展对外招商。全年举行“文化休闲、城市度假”专题招商推介会、扬州城市旅游推介会等2场旅游项目招商活动。

**2015年扬州市主要景区游客接待量一览表**

表20-3

| 景区名称 | 接待量（万人次） | 比上年增长（%） |
|---|---|---|
| 京华城休闲旅游区 | 1063.2 | 11.48 |
| “双东”历史街区 | 595.0 | 2.94 |
| 瘦西湖风景区 | 407.88 | 12.00 |
| 个园 | 171.29 | 10.20 |
| 大明寺 | 98.15 | 20.10 |
| 何园 | 90.91 | 13.41 |
| 扬州“双博馆” | 82.93 | 3.21 |
| 茱萸湾风景区 | 81.97 | -0.28 |
| 凤凰岛生态旅游区 | 43.75 | 12.62 |
| 汉陵苑 | 15.58 | 20.48 |

（吴　伟）

组织相关景区、旅游企业赴台湾台北参加2015台北两岸观光博览会、赴香港参加第29届香港国际旅游展，累计发放旅游资料1万多份，与国内外100多家旅游企业进行洽谈，并与其中50多家境外旅行商达成合作意向。推广“扬州的夏日”主题活动，围绕“美食走进百姓家”主题开展系列宣传推广活动，联合中国精品酒店联盟举办“行在扬州，长乐雅集”中国精品酒店联盟扬州峰会。

联合媒体，策划活动，创新宣传。市旅游局拍摄扬州首部延时摄影旅游宣传片，举办2015“寻美扬州”城市旅游定向挑战赛。接待深圳航空杂志社到扬采风拍摄，宣传推广扬州旅游，提升扬州旅游知名度。加大海内外宣传力度。4月，扬州瘦西湖美景首次亮相美国纽约大道；《美国地理杂志》《孤独星球》《旅行家》等国内外知名旅游杂志专题报道扬州旅游，《旅行家》杂志专门为扬州免费定制《扬州旅游指南》，范围覆盖全国近30万个杂志会员。接待西班牙媒体代表团、韩国广播公司(KBS)、韩国文化媒地亚广告公司到扬采风活动。拓展宣传推介扬州渠道。联合中国日报社制作扬州旅游英文网站；联合江、浙、沪、皖、鲁等省级广播媒体，开展宣传推广活动；通过微博、微信等自媒体开展宣传营销，形成线上线下推广宣传新模式。举办“我为扬州而代言”“微信登记赢云南双飞游”“城庆添福旅游景点门票大派送”“猜扬州”“旅游体验师招募”等活动。扬州旅游局官方微博粉丝数超150万人，官方微信号进入全国旅游政务类微信排行榜前10强。

（黄晓宇　钟　姗）

**■园事活动**　2015年，瘦西湖风景区举办第八届中国扬州万花会、国际诗人瘦西湖虹桥修禊、“四季花会”、“瘦西湖之夜”等主题文化活动及“穿越秀”、“喜气洋洋迎好运”、端午诗会、中秋诗会等民俗文化活动；与扬州旅游营销公司联合举办千人早茶宴、早茶节、“瘦西湖·童乐汇”等活动；承办《瘦西湖》特种邮票首发式等活动；“烟花三月”国际经贸旅游节期间，扬州瘦西湖景色首次亮相美国纽约大道，入选中央电视台“五·一E起游”活动，实现云直播实时分享景色；清明、“五一”、端午期间，中央电视台11次报道瘦西湖风景区；联合江苏省作家协会、“中国江苏”网，举办“名家看名湖”采风活动；实施“景点惠客惠民大行动”，免费发放瘦西湖公园门票12万张、大明寺和汉陵苑门票各2.4万张。

个园全年策划各类活动30多场次，组织各类采风活动5场。推出个园、汪氏小苑及馥园“千秋粉黛”组合套票。暑假期间，开发学生游、亲子游等旅游产品；参加济南大众旅游直通车、南京长三角旅游、知名景区走进上海等旅游推介活动；利用个园微博、微信平台，开发个园APP，升级个园电子导览系统，利用微信“摇一摇”，打造游客互动平台。举办第三届竹文化节，开展“丝竹雅韵”音乐会、空竹大赛、风铃节、“雅扇风骨”扬派折扇艺术展、“畅游江苏，悦赏繁春”全民随手拍、琴咏个园·第五届中国古琴“幽兰阳春奖”评选等系列活动。举办“秀美姗荷　韵荷风情”2015个园第二届精品碗莲展，开展荷花展、咏荷书画展、“荷韵画影”微摄影大赛等系列展览活动。举办蒋永庆花鸟摄影展、张世刚工笔花鸟画展、李仲平丝锦画展、扬州市第八届春兰展等活动。设计、制作个园复原模型，开展品味盐商“四季宴”、盐商文化实物展、盐商体验式集体婚礼、私人订制“盐商休闲之旅”等系列活动，展示盐商文化。

何园结合传统节日，推出元旦、春节写春联、贴窗花，“元宵喜乐会”“清明插柳”“情粽何园”“中秋拜月”等系列传统文化活动。开展“迎城庆，颂端午”老干部书画展、“爱的记忆、浪漫七夕”为社区金婚老人合影、“我和国旗有个约会”主题活动。举办“何氏家训大讲堂”、高考祈福、第三届小翰林选拔、老照相机老报纸展、“何园印象，四季如歌”摄影作品征集等活动。与上海豫园、中国剪纸博物馆共同举办“何家千金善(扇)待天下客”香扇美人节活动，“何家千金”作为志愿者参与鉴真国际半程马拉松赛。与扬州旅游营销中心联合举办“我爱扬州园林的100个理由”活动。

准提寺古玩市场举办鉴宝、讲座、展览等活动。宜雨轩拍卖公司举办春、秋大型书画拍卖会及慈善义卖活动。建成宜雨轩画廊，举办“荷风清韵”扬州名家书画展等当代名人书画展、书画交流和培训活动。

花局里街区推动休闲街区多元化建设。打造“中国古琴一条街”，建成古琴销售、展示、培训、研究、艺术品交易、演艺及互动体验式主题街区，举办2015扬州“园林杯”第五届中国古琴“幽兰·阳春”奖评选活动。

荷花池公园开展“粽叶飘香，品味端午”、“情满荷花池”相亲活动、“清塘荷韵——荷文化大讲堂”、“秋韵荷花池、火红游乐季”系列园事活动等。

茱萸湾风景区结合动植物主题开展“袋鼠安家”、“茱萸花开”、“芍药花开贺春来”、2015珍稀濒危植物保护科普展等专题活动。春节等传统节日期间，开展“生肖幸运大转盘”“羊年羊事”等活动；暑假期间，与“同程”网合作开展“茱萸湾冰雪企鹅季”和动漫节活动；与市体育局合作开展2015茱萸湾亲子跑活动。

（吕　游）

**■扬州市第八届春兰展**　2月18日，由扬州市兰花协会主办，个园管理处承办的扬州市第八届春兰展在个园抱山楼举行。本届兰展有147盆春兰参展，名贵品种几十种；有传统兰花品种，科研培育的新品种。设置金奖10个、银奖20个、铜奖25个，其中个园的1盆“汪字”、2盆“笑春”分获金、银、铜奖。（钟　姗）

**■第三届竹文化节**　4月1日至6月15日，以“竹韵悠扬”为主题的第三届竹文化节在扬州个园举办。竹文化节期间，举行万只风铃展、空竹大赛、省蕙兰展分会场——“兰、竹、石盆景展”、竹扇展、“丝竹雅韵”音乐会、“畅游江苏·悦赏繁春”全民随手拍、琴咏个园·第五届中国古琴“幽兰阳春奖”评选活动等10项主题

活动;以“把个园带回家”为主题,开发手绘明信片、竹叶茶及瓷竹系列纪念品。（钟　姗）

**■中国芍药节**　参见第399页。

**■第八届中国扬州万花会**　4月8日至5月8日,第八届中国扬州万花会在瘦西湖风景区万花园举行,本届万花会以“文明积淀谱城风,万花齐聚展新颜”为主题,布置奇花异卉100多万盆、郁金香种球11万株、立体花坛2个、园林小品10个,栽植新优草花10万株,重点景观提升区域3个,引进“皱边”“大花”2个系列6种花色的新品种唐菖蒲、“盛宴”系列2种花色的蓍草及羽扇豆等23个国际新品种。5个主题展区覆盖整个万花园,同步设有桃花、海棠、琼花、丁香、郁金香、金钟花、牡丹、芍药、荷包牡丹等观赏区,策划“花海徜徉 幸福相伴”、“摩登花艺秀”、精品蕙兰展、全国名家兰花书画展、兰花邮品收藏展、兰花插花艺术展、“兰苑雅韵”昆曲、兰花科普展、“花样畅想”我心目中的万花会、跟着达人游万花会、花仙子巡游、扬派盆景剪扎技艺展示、水上曲艺、历届万花会美图摄影展、第四届缤纷万花园摄影大赛等活动。（吕　游）

**■2015珍稀濒危植物保护科普展**　5月9日,2015珍稀濒危植物保护科普展在茱萸湾风景区举办,此次活动由北京植物园承担发起,中国科学院进行项目资助,在全国30多家植物园和相关单位举办。活动展出北京植物园赠送的硬叶兜兰、铁皮石斛、金线莲等6种珍稀濒危植物;现场布置珍稀濒危植物图文展;巨魔芋专家带来“巨魔芋——植物世界的爱因斯坦”主题活动讲座。扬州大学教授黄永高带领20组亲子家庭开展“我与花儿共成长”主题科普实践活动。宣传植物资源对人类社会的重要价值,提升市民环保观念。（钟　姗）

**■“中国旅游日”扬州旅游惠民活动**　5月19日是第五个“中国旅游日”,活动以“文明旅游 健康生活”为主题,全国推出景区门票半价、免费体验娱乐设施等旅游惠民措施3159条,重点旅游活动865个。“中国旅游日”扬州旅游惠民活动启动仪式在东关街举行。市旅游部门推出系列旅游惠民政策和文明旅游宣传活动,瘦西湖、大明寺、个园、何园、茱萸湾公园、唐城遗址、汉陵苑、八怪纪念馆、汪氏小苑、馥园、凤凰岛、江扬天乐湖温泉度假区等12个景区门票五折优惠;史可法纪念馆、朱自清纪念馆、隋炀帝陵、润扬森林公园、竹西公园、宝应湖湿地公园、宝应射阳湖荷园、高邮盂城驿、高邮文游台、仪征芍药园等10个收费景点免费开放。推出“城庆添福”门票免费送活动,送出3000套景点套票(截至6月30日)。开展市、县联动,开通旅游直通车,组织市民到宝应、高邮等地开展“乡村一日游”半价优惠体验活动。举办网络宣传、骑行宣传、广场宣传、校园宣传等“5·19”文明旅游宣传大行动,提高市民和游客文明旅游程度。（黄晓宇　吕　游）

第八届中国扬州万花会在瘦西湖万花园举行　董　辉/摄

**■2015年中国瓜洲音乐节**　6月20—21日,以“庆祝扬州建城2500周年”为主题的2015年中国瓜洲音乐节在瓜洲润扬森林湿地公园举行。本次音乐节设立3个音乐舞台,其中1号舞台为专业歌手、专业乐队设置的表演区域,有16支乐队进行表演;2号舞台为车展服务舞台,是扬州本土歌手与乐队表演区域;3号舞台为扬州群众文化演出舞台,观众与主持人互动,可自行登台演出。音乐节期间,举办美食节、啤酒节、精品房车展、“非遗”项目展等活动,2天累计7万多人次参与。（吕　游）

**■2500周年城庆今世缘集体婚礼**　9月19日,由扬州市城庆办、团市委、市旅游局、市民政局、市园林局、蜀冈-瘦西湖风景名胜区等单位主办,生态科技新城管委会、扬州报业传媒集团、扬州广电传媒集团(总台)、扬州市福利彩票发行中心协办的“缘系千秋·情定扬州”——中国扬州2500周年城庆今世缘集体婚礼在宋夹城体育休闲公园举行,2300多对新人参与网络互动、258对新人参与现场活动,微博阅读量306万次,新人分享点赞、送花200多万人次。现场集体婚礼同步推出2500周年城庆“奔跑吧新人”微信传播、“我们结婚啦”网络微助力、免费游扬州、爱情树认领、婚宴送福等活动。（吕　游）

**■盐商体验式集体婚礼**　10月7日,由扬州个园管理处、中央电视台《天下逐盐》栏目主办,扬州个园花局里街区和喜良缘礼仪策划中心承办的2015第二届个园盐商体验式集体婚礼在个园举行。该活动吸引100多对新人报名参与,最终遴选10对新人身穿中式传统婚服跨马鞍、跨火盆、向宾客致意、行夫妻交拜礼等中国传统婚庆礼仪，体验三百年前盐商结婚全过程。其后，新人们游个园、抛绣球、赏清曲。整个婚礼线路串联东关街、馥园、个园，《天下逐盐》栏目组全程拍摄。（吕　游）

**■2015中国扬州温泉养生节开幕** 12月18日，2015中国扬州温泉养生节开幕。活动由扬州市旅游协会主办，宝应县旅游局、仪征市旅游局、广陵区旅游局承办，江扬天乐湖温泉养生庄园、瘦西湖温泉度假村、隐居逸扬、逸温泉、宝应金源温泉度假酒店、扬州中国青年旅行社、扬州开元国际旅行社以及部分餐饮企业协办，活动时间为2015年12月18日至2016年2月15日。活动期间推出2条温泉休闲旅游线路(扬州至仪征天乐湖温泉直通车、扬州至凤凰岛逸扬温泉直通车)、冬季之恋CS野战、寻宝逸扬、8元泡温泉、冬季最受欢迎的养生菜肴网上评选等项目。

（黄晓宇　吕　游）

**2015年扬州市星级饭店分布情况表**

表20-4　　单位：家

| 地　区 | 小　计 | 五星级饭店 | 四星级饭店 | 三星级饭店 | 二星级饭店 |
|---|---|---|---|---|---|
| **合　计** | **62** | **4** | **13** | **37** | **8** |
| 主城区 | 31 | 4 | 6 | 17 | 4 |
| 江都区 | 9 | 0 | 2 | 6 | 1 |
| 宝应县 | 6 | 0 | 0 | 4 | 2 |
| 仪征市 | 10 | 0 | 2 | 7 | 1 |
| 高邮市 | 6 | 0 | 3 | 3 | 0 |

注：主城区不含江都区　（吴　伟）

**2015年扬州市旅行社分布情况表**

表20-5

| 地　区 | 旅行社（家） | 旅行社星级 | | | |
|---|---|---|---|---|---|
| | | 五星级(家) | 四星级(家) | 三星级(家) | 二星级(家) |
| **合　计** | **129** | **1** | **6** | **11** | **2** |
| 主城区 | 93 | 1 | 4 | 6 | 2 |
| 江都区 | 14 | 0 | 0 | 2 | 0 |
| 宝应县 | 9 | 0 | 0 | 1 | 0 |
| 仪征市 | 9 | 0 | 1 | 1 | 0 |
| 高邮市 | 4 | 0 | 1 | 1 | 0 |

注：主城区不含江都区　（吴　伟）

## 旅游管理

**■概述** 2015年，扬州市启动发行扬州旅游景点电子年卡、推行景点公益讲解服务、提供住宿游客免费乘坐公交服务、提供机场落地自驾服务、开通景点免费语音导览系统、开展景点惠客惠民大行动等六大旅游惠客惠民工程。向市民发放旅游景点免费门票24万张，向外地游客发放旅游景点免费门票3万张。推进全市游客中心建设。会同市规划、财政等部门印发《游客服务中心建设指导性标准》《扬州市游客服务中心建设补助资金使用细则》等，指导全市游客服务中心建设。至12月底，全市建成和在建综合性游客服务中心11家。扬州古城、扬州泰州机场、扬州北、扬州西、仪征捺山、仪征枣林湾等6个游客服务中心建成投入运营，推进高邮、宝应、邗江瓜洲镇、江都邵伯镇、江都仙女镇等5个游客服务中心建设。建成100个扬州旅游信息服务点，遍布旅游景点、机场、火车站、汽车站、星级饭店、特色民居客栈等游客集中区域。完善旅游道路指示牌。梳理、排查100多块旅游景点指示牌，调整23块指示牌版面；市区范围内新增旅游指示牌40块，其中增设部分立体多向指示牌；推进国家AAAA级以上景区实现中、英、日、韩多语种指引指示。完善智能导引导览系统，其中景点客流统计分析系统新增高清摄像头11个，确保主要景区出入口全覆盖。开辟金融IC卡“闪付”绿色通道，瘦西湖公园、大明寺景区实现金融IC卡快捷支付。实施“无线扬州”建设项目，全市新增1万个免费wifi热点，实现旅游景区、主要干道、机场、车站等人流集聚区的wifi全覆盖。制作扬州旅游系列宣传品。制作多语种《扬州旅游攻略》、古巷游、外国美食在扬州、寻味扬州美食攻略、2015版扬州旅游交通指南、扬州文博游地图、扬州客栈游等系列旅游宣传资料。推动旅游厕所建设。完成旅游厕所建设71座；平山堂路—盐阜路—泰州路等旅游沿线的旅游(公共)厕所设立厕所指示牌标识，盐阜路旅游沿线的市工商局、市交通局、市旅游局内部厕所对游客开放。

工作人员展示扬州旅游休闲卡　董　辉/摄

市旅游局完善扬州旅游网站、扬州旅游百度百科词条等。网站具有中文、英文、日文、韩文等语言版本，为游客提供食、住、行、游、购、娱一站式资讯服务。赴珠海、桂林等地考察学习旅游经验，组织“旅游大数据与可视化”专题培训、“欧洲(英国)的乡村旅游”讲座等交流活动。市旅游协会召开第二届会员代表大会。7人入选第二批“扬州英才培育计划”，累计15人。市旅游局被江苏省旅游局授予2015年江苏大运河旅游推广月“最佳组织奖”。瘦西湖风景区获“2015年度中国最佳智慧旅游景区”金i奖。个园获评大运河申遗工作先进集体。个园管理处获评2013—2014年度江苏省旅游行业诚信示范单位。何园导游接待部获中华全国妇女联合会颁发的巾帼文明岗奖牌。何园票务班被江苏省住房和城乡建设厅和共青团江苏省委评为2013—2014年度“省级青年文明号”称号。何园导游班被江苏省住房和城乡建设厅和共青团江苏省委评为2013—2014年度确认合格的“省级青年文明号”。何园管理处被江苏省建设工会工作委员会评为江苏省住房和城乡建设系统窗口单位和服务行业优质服务竞赛优质服务先进单位。江苏哥伦布国际旅行社有限公司、扬州市开元国际旅行社有限公司被江苏省旅游局批准为四星级旅行社。

（黄晓宇　钟　姗）

**2015年扬州市五星级饭店**

扬州迎宾馆
扬州云鹤金陵大饭店
江苏汇金国际酒店
西园饭店

（吴　伟）

**2015年扬州市四星级饭店**

新世纪大酒店
扬州京华大酒店
花园国际大酒店
扬州人家国际大酒店
淮左名都国际大酒店
蓝天大厦酒店
仪征黎明大酒店
仪征怡景半岛酒店
江都京江大酒店
高邮加洲阳光大酒店
高邮华侨国际大酒店
高邮皇华国际酒店
扬州空港宾馆

（吴　伟）

**2015年扬州市出境旅行社**

扬州中国国际旅行社
扬州市中国旅行社有限责任公司
扬州中国青年旅行社有限公司
扬州市邮驿国际旅行社有限公司

（吴　伟）

**2015年扬州市五星级旅行社**

扬州中国青年旅行社有限公司

（吴　伟）

**2015年扬州市四星级旅行社**

扬州中国国际旅行社
扬州市中国旅行社有限责任公司
扬州市邮驿国际旅行社有限公司
扬州市旅游集散中心有限公司
江苏哥伦布国际旅行社有限公司
扬州市开元国际旅行社有限公司

（吴　伟）

■**旅游市场监管**　2015年，扬州市旅游监察支队开展执法检查72次，出动检查人员218人次，检查企业(单位)1254家(旅行社153家、饭店336家、景区48家、车船公司9家、旅游购物店146家、其他562家)、导游员85人，加大“黑三轮”、乱收费等重点领域联合执法力度，减少游客投诉量。实施旅游监督卡制度和旅游红黑榜制度，落实暗访新制度，确定扬州旅游“神秘客”(经旅游部门培训的调查员组成，在规定时间内“扮演”成游客，体验各种指定旅游要素，调查暗访，拍摄视频，发现并记录问题)。（黄晓宇）

■**导游队伍建设**　至2015年底，全市有通过年审的持证导游员2950人。其中，高级导游员38人、中级导游员193人、初级导游员2719人，普通话导游员2739人、粤语2人、外语导游员209人(英语192人、日语8人、朝鲜语3人、德语2人、法语3人、俄语1人)。扬州中国青年旅行社有限公司张建参加国家旅游局“导游品牌建设”课题研讨，成为国家旅游局首届英才计划“导游大师工作室”项目人选，入选教育部旅游教学指导委员会“全国职业院校技能大赛”裁判库，担任“2015年全国职业院校导游技能大赛”中文组裁判。（黄晓宇）

扬州北游客服务中心的旅游咨询区　居小春/摄

■**扬州(古城)游客服务中心启用**　6月3日，扬州市首个综合性游客服务中心正式启用，该服务中心内设DIY吧、扬州好礼、国内外旅游攻略、咨询接待区等功能区，提供信息咨询、旅游顾问、文化体验、假日旅游指挥、旅游纪念品销售等服务内容，开展专业化1对1服务，满足市民和游客咨询、休憩、出行等需求。

（黄晓宇）

■**2015年江苏省旅游饭店服务技能大赛扬州获佳绩**　7月13—15日，由江苏省旅游协会、江苏省职业技能鉴定中心和江苏省财贸轻纺工会工作委员会共同主办的2015年江苏省旅游饭店服务技能大赛在南京国际会议大酒店举行，来自江苏各地级市的52名选手参赛。大赛以“比技能、赛服务、展风采、促发展”为主题，分客房服务(中式铺床)、餐厅服务(中餐宴会摆台)、餐厅服务(西餐宴会摆台)、调酒师(鸡尾酒调制)等4个项目。扬州市代表队卢从红获中式铺床二等奖及江苏省创新服务技能选手称号，赵锡青获中餐宴会摆台三等奖，扬州市代表队获团体三等奖。

（黄晓宇　吕　游）

# 金融业

Jinrongye

编 辑 贾丽琴

## 综述

■**概况** 2015年，全市金融业实现增加值208.05亿元，比上年增长13.7%，占地区生产总值和服务业增加值的比重分别为5.2%、13.7%。全市金融业机构资产总额5713.25亿元，实现营业收入457.25亿元，缴纳税收27.76亿元。全市金融机构本外币存款余额4793.82亿元，比年初增加459.42亿元，比上年增长10.6%；贷款余额3118.17亿元，比年初增加352亿元，比上年增长12.72%；新增存贷比83.58%，余额存贷比65.05%，是近年来最高水平。恒丰银行扬州分行开业。至年末，全市有银行业机构36家。实现保险保费收入123.58亿元。21家证券机构实现营业收入8.83亿元，增长150.1%。市政府分别与中国农业发展银行江苏省分行、中国邮政储蓄银行股份有限公司江苏省分行签订509亿元、420亿元战略合作协议。兴业银行22亿元汽车产业基金获批。江苏联环药业股份有限公司、鸿达兴业股份有限公司、江苏亚威机床股份有限公司分别实现再融资及并购。新增全国中小企业股份转让系统（"新三板"）挂牌企业28家。社会融资结构优化，直接融资取得新突破。全年完成直接融资突破250亿元，创历史新高，其中银行间市场直接债务融资137亿元，发改委系统企业债融资27亿元，证券市场资产证券化融资19亿元，证券市场公司债融资33亿元，交易所中小企业私募债融资11.37亿元，上市及"新三板"企业定增融资18.12亿元，上市（挂牌）后备企业新引进股权投资5.13亿元。新设立各类创投机构和基金16支。江苏首家小额再贷款公司获批在扬州筹建。新设立县域银行分支机构6家。获省认定科技金融特色支行2家，江苏扬州农村商业银行新建科技金融专营机构。坚持小贷公司"扶优限劣"政策导向，调整小贷公司部分监管政策，出台小贷公司减资管理办法，终止小贷经营资格2家。全市5家小贷公司在"新三板"挂牌。全市小贷公司贷款余额96.21亿元，累计发放贷款179.4亿元，缴纳税收1.79亿元。处置和化解不良贷款3.48亿元，不良率13.74%。印发《关于全面开展农村土地承包经营权抵押贷款试点工作的实施意见》，全市土地承包经营权抵押贷款余额1.2亿元。仪征市被列入全国农民住房财产权抵押贷款试点，抵押贷款余额1.4亿元。宝应县农村金融改革创新试点深入推进，金融超市建成运营。

（金融办）

■**票据市场** 2015年末，全市人民币票据融资余额201.63亿元，比年初增加74.35亿元，比上年增加29.78亿元，余额增长58.41%，比上年末提高4.53个百分点。（李 浓）

■**证券业务** 2015年，21家证券机构33个营业部开设资金账户46.7万户，比上年增加11.5万户，增长32.8%；保证金余额49.1亿元，增加22.2亿元，增长82.3%；全年累计完成证券交易额1.88万亿元，增长200%，其中股票交易完成额1.64万亿元，增长261%。（赵晓红）

■**保险业务** 2015年，全市24家产险公司、36家寿险公司实现保费收入123.58亿元，比上年增长44.45%；赔付金额18.74亿元，增长10.36%。其中，人身险保费收入92.26亿元，增长58.85%；人身险赔付金额2.9亿元，增长4.93%。财产险保费收入31.32亿元，增长13.99%，财产险赔付金额15.84亿元，增长11.42%。

（赵晓红）

■**小额贷款公司** 2015年，扬州市辖内有小额贷款公司65家，比上年减少2家；实收资本80.77亿元，累计发放贷款179.4亿元，年末贷款余额96.21亿元。其中，市区（含江都区）34家，实收资本49.68亿元，贷款余额62.22亿元；仪征市8家，实收资本8.72亿元，贷款余额9.93亿元；高邮市13家，比上年减少2家，实收资本13.81亿元，贷款余额15.06亿元；宝应县10家，实收资本8.57亿元，贷款余额9亿元。

（杨 志）

## 银行业

■**概述** 2015年末，扬州市金融机构本外币存款余额4793.82亿元，比年初增加459.42亿元，比上年增加0.41亿元，增长10.6%，增速下降1.81个百分点，低于省均水平1.6个百分点。其中人民币存款余额

4719.4亿元，比年初增加438.82亿元，比上年增长9.6%；外币存款余额11.46亿元，比年初增加2.67亿元，比上年增长30.36%。从人民币存款结构看，非金融企业存款余额1412.42亿元，比年初增加157.7亿元，比上年增加28.92亿元，比上年增长12.79%，增速比上年提高2.49个百分点。住户存款余额2376.68亿元，比年初增加214.14亿元，比上年多增14.73亿元，比上年增长8.51%，增速比上年下降1.49个百分点。

2015年末，扬州市金融机构本外币贷款余额3118.17亿元，比年初增加352亿元，比上年减少38.27亿元；余额比上年增长12.72%，增速比上年下降3.7个百分点，高于省均水平0.7个百分点。从贷款币种看，人民币贷款余额3095.77亿元，比年初增加363.35亿元，比上年减少26.92亿元；余额比上年增长13.3%，增速比上年下降0.1个百分点。外汇贷款余额3.45亿美元，余额比上年下降37.46%。从贷款期限结构看，短期贷款稳定增长。年末，扬州市短期贷款余额1404.39亿元，比年初增加90.18亿元，比上年增加6.51亿元；余额比上年增长6.86%，增速比上年提高0.03个百分点。中长期贷款持续增加，年末，扬州市中长期贷款余额1484.02亿元，比年初增加195.58亿元，比上年减少66.03亿元；余额比上年增长15.18%，增速比上年下降10.26个百分点。 （李 浓）

**2015年扬州市全金融机构人民币信贷分地区资金运用情况表**

表21-1 单位：亿元

| 项目名称 | 全 市 | 市区（不含江都区） | 江都区 | 宝应县 | 仪征市 | 高邮市 |
|---|---|---|---|---|---|---|
| **资金运用总计** | **4717.64** | **2564.16** | **891.67** | **378.49** | **469.10** | **414.23** |
| 一、各项贷款 | **3095.77** | 1719.27 | 532.34 | 259.49 | 306.22 | 278.44 |
| （一）境内贷款 | **3091.47** | 1715.01 | 532.33 | 259.49 | 306.21 | 278.43 |
| 1. 住户贷款 | **987.63** | 528.69 | 151.80 | 110.09 | 105.04 | 92.00 |
| （1）短期贷款 | **295.95** | 130.65 | 59.14 | 31.00 | 54.19 | 20.97 |
| 消费贷款 | **52.13** | 33.68 | 5.99 | 4.12 | 5.65 | 2.70 |
| 经营贷款 | **243.82** | 96.97 | 53.15 | 26.89 | 48.54 | 18.27 |
| （2）中长期贷款 | **691.68** | 398.04 | 92.66 | 79.08 | 50.85 | 71.04 |
| 消费贷款 | **613.38** | 360.13 | 81.89 | 72.08 | 35.14 | 64.14 |
| 经营贷款 | **78.30** | 37.92 | 10.78 | 7.00 | 15.71 | 6.89 |
| 2. 非金融企业及机关团体贷款 | **2103.84** | 1186.32 | 380.53 | 149.41 | 201.17 | 186.42 |
| （1）短期贷款 | **1108.45** | 597.93 | 221.34 | 87.65 | 88.09 | 113.44 |
| （2）中长期贷款 | **792.34** | 484.27 | 114.54 | 41.76 | 94.79 | 56.98 |
| （3）票据融资 | **201.63** | 102.88 | 44.55 | 19.95 | 18.29 | 15.96 |
| （4）融资租赁 | | | | | | |
| （5）各项垫款 | **1.43** | 1.24 | 0.10 | 0.05 | | 0.04 |
| 3. 非银行业金融机构贷款 | | | | | | |
| （二）境外贷款 | **4.29** | 4.26 | 0.01 | | 0.01 | 0.02 |
| 二、债券投资 | **151.75** | 70.34 | 40.79 | 19.62 | 9.70 | 11.30 |
| 三、股权及其他投资 | **5.45** | 3.13 | 0.01 | 0.31 | 0.01 | 2.01 |
| 四、买入返售资产 | **8.41** | | 8.41 | | | |
| 五、存放非银行业金融机构款项 | **0.00** | 0.00 | | | | |
| 六、联行往来（净） | **1389.01** | 728.82 | 300.96 | 93.32 | 148.67 | 117.24 |
| 其中：境内存放二级准备金 | **187.02** | 94.29 | 34.39 | 17.41 | 20.85 | 20.08 |
| 七、金银占款 | | | | | | |
| 八、外汇买卖 | **4.84** | 4.85 | 0.12 | -0.05 | -0.05 | -0.03 |
| 九、应收及预付款 | **16.01** | 5.74 | 3.78 | 2.32 | 2.14 | 2.03 |
| 十、投资性房地产 | **0.05** | 0.03 | 0.01 | | | |
| 十一、固定资产 | **46.36** | 31.98 | 5.25 | 3.48 | 2.42 | 3.24 |

（李 浓）

**2015年扬州市全金融机构人民币信贷分地区资金来源情况表**

表21-2 单位:亿元

| 项目名称 | 全　市 | 市区(不含江都区) | 江都区 | 宝应县 | 仪征市 | 高邮市 |
|---|---|---|---|---|---|---|
| **资金来源总计** | **4717.64** | **2564.16** | **891.67** | **378.49** | **469.10** | **414.23** |
| 一、各项存款 | **4719.40** | 2448.00 | 909.63 | 406.05 | 501.92 | 453.80 |
| (一)境内存款 | **4715.33** | 2444.87 | 909.27 | 405.88 | 501.65 | 453.67 |
| 1. 住户存款 | **2376.68** | 951.54 | 579.48 | 262.60 | 273.21 | 309.85 |
| (1)活期存款 | **592.66** | 268.30 | 117.37 | 69.98 | 56.91 | 80.10 |
| (2)定期及其他存款 | **1784.02** | 683.24 | 462.11 | 192.62 | 216.30 | 229.75 |
| 2. 非金融企业存款 | **1412.42** | 978.99 | 189.17 | 65.18 | 122.94 | 56.13 |
| (1)活期存款 | **454.53** | 271.78 | 65.32 | 34.38 | 49.01 | 34.04 |
| (2)定期及其他存款 | **957.89** | 707.22 | 123.85 | 30.80 | 73.93 | 22.09 |
| 3. 广义政府存款 | **896.69** | 488.96 | 138.89 | 77.19 | 104.66 | 86.99 |
| (1)财政性存款 | **32.49** | 18.89 | 1.05 | 3.72 | 4.36 | 4.47 |
| (2)机关团体存款 | **864.20** | 470.06 | 137.84 | 73.47 | 100.30 | 82.52 |
| 4. 非银行业金融机构存款 | **29.53** | 25.37 | 1.73 | 0.90 | 0.83 | 0.70 |
| (二)境外存款 | **4.07** | 3.13 | 0.36 | 0.18 | 0.27 | 0.13 |
| 二、金融债券 | **1.00** | | | 1.00 | | |
| 三、卖出回购资产 | | | | | | |
| 四、借款及非银行业金融机构拆入 | | | | | | |
| 五、联行往来(净) | | | | | | |
| 六、应付及暂收款 | **117.18** | 52.30 | 27.11 | 9.97 | 16.47 | 11.32 |
| 七、各项准备 | **65.15** | 36.08 | 11.51 | 5.99 | 6.71 | 4.86 |
| 八、所有者权益 | **122.53** | 42.89 | 30.17 | 14.03 | 20.29 | 17.96 |
| 其中:实收资本 | **26.46** | 10.35 | 6.04 | 3.70 | 4.57 | 1.80 |
| 九、其他 | **-307.62** | -15.11 | -86.76 | -58.55 | -76.29 | -73.72 |

(李　浓)

## 银行业监督管理

**■概述**　2015年,中国银行业监督管理委员会扬州监管分局(简称扬州银监分局)引导辖内银行业将服务实体经济与自身可持续发展有机结合,将金融服务供给和实体经济有效需求对接,将经济结构调整与自身发展转型有机结合,优化金融资源配置,提升金融服务质量和效益,增强金融服务匹配度。全市银行业经济运行总体平稳,金融服务效能提升,风险防控能力增强。至年末,全市银行业本外币各项存款余额4767.38亿元,比年初增加486.33亿元,比上年增加65.47亿元,增长11.36%,上升0.46个百分点,比2010年末增加2330.16亿元,增长95.61%。2015年,扬州银监分局引导全市银行机构利用市场力量和政策便利及时核销不良、盘活不良、争取重组不良和探索转化不良。至年末,全市累计减少不良贷款27.02亿元,比上年增加1.35亿元。扬州银监分局推动专营机构合理布局。至年末,全市银行机构成立社区支行4家、小微支行2家、普惠型支行3家、科技支行2家。

(赵　毅)

**■服务地方发展**　2015年,扬州银监分局推动服务地方发展战略。搭建绿色信息共享平台。印发《关于推进绿色信贷信息共享工作的通知》,明确与市环保局、市安监局信息共享内容及方式,全年共对15批次文件实施共享。加大重点企业走访频度,实地走访泰华公司、强胜集团、迪生建设集团、赛德电子公司等20多家重点企业,组织银行机构在企业服务网上公开发布服务重点工程项目的产品和服务方式,推动重点项目金融服务需求的满足。推动重点建设项目支持力度。与市发改委商讨研究重大节能项目信息共享事宜,为银行机构加大重大项目支持提供信息支持;配合市经信委定期开展重点企业融资状况调研;开展扬州五大支柱产业授信管理及运营情况调查,解决银行金融服务难点、瓶颈和问题;引导银行机构加强直接融资、间接融资的协调对接,提升重点领域和重大工程建设项目的融资能力。

(赵　毅)

**■小微金融服务**　推动创新服务机制。印发《关于进一步完善和创新小微企业信贷服务的通知》,从合理确定贷款期限、创新还款方式等方面引导全市银行业进一步提升小微企业服务效率。推动加强服务对接。召开银行业服务实体经济推进会，全面部署全市银行业支持小微、“三农”等实体经济相关工作；联合举办“金融在您身边融资服务现场会”活动；印发《关于组织开展工业集中区银企对接活动的通知》，推动银行机构有序对接全市56个主要工业集中区，全年共举办各类银企对接活动50多场次。推动降费提质。召开专题会议部署开展不规范收费清理工作，并对部分机构实施暗访督查，督促银行机构规范收费行为，2015年辖内银行机构共取消收费项目187项，整合精简收费项目922项，降低项目收费标准87项。推动“银税互动”。调研江苏银行“税E融”开展情况，与市国税、地税部门商讨开展“银税互动”工作。推动“三个不低于”目标落实。赴宝应县、高邮市、广陵区、邗江区等地开展县域银行服务实体经济调研，定期对小微企业“三个不低于”完成情况进行考核、通报和督导。至年末，全市银行业小微企业贷款余额1170.89亿元，比年初增长13.07%，高于上年各项贷款增速1.17个百分点；小微企业贷款户数4.86万户，比上年增加3620户；申贷获得率92.53%，比上年上升1.57个百分点。（赵　毅）

**■“三农”金融服务**　强化“三农”金融服务质效。组织5家法人农商行开展“三农”金融服务评价，制定2015年支农支小目标，推动涉农贷款持续增长。至年末，涉农贷款余额1026.98亿元，较年初增长11.68%，高于全部贷款增速2.43个百分点。开展“三大工程”。组织召开村镇银行“村村通”和法人农商行“阳光信贷”座谈会，印发《扬州市村镇银行基础金融服务“村村通”整体推进工作方案》。扩大“三权”（农村土地承包经营权、林权以及农民住房财产权）贷款覆盖面。辖内法人农商行共发放“三权”抵押贷款1545户，金额2.75亿元，比年初增加536户、1.12亿元。优化农村网点布局。引导银行机构下沉服务网点，延伸金融服务触角，提升农村金融覆盖面。全辖累计新增县域及自助银行网点24个，农村基础金融服务已覆盖全辖106个乡镇（街道）、993个行政村（社区）。（赵　毅）

## 中国人民银行扬州市中心支行

**■央行资金**　2015年，中国人民银行扬州市中心支行（简称扬州中心支行）贯彻落实存款准备金政策，全年累计组织实施4次全面降准、5次定向降准。开展存款准备金平均法考核，适时提示流动性缺口。发挥再贴现工具的作用，实行“限额、利率”双重引导，扩大涉农企业、小微企业受益面，全年累计办理再贴现26.9亿元，年末再贴现余额7.12亿元，比上年增加2.2亿元，限额使用率90.2%，上升9.6个百分点。发展商业信用，全年累计办理商业承兑汇票再贴现2.41亿元，年末余额1.01亿元，占比分别为8.96%、14.2%，分别比上年上升0.78和1.98个百分点。严格把握贷款条件，开展贷前评估，落实担保措施，对包商、民泰2家村镇银行发放支农再贷款0.8亿元。响应总行抵押品制度创新，完成对宝应农村商业银行的信用评级、再贷款授信、非金融企业央行内部评级、信贷资产质押品预先备案、质押、托管、登记等工作，发放信贷资产质押再贷款5000万元。（田明弟）

**■执行货币政策**　2015年，扬州中心支行贯彻落实稳健的货币政策，扩大有效信贷投入，调优信贷结构，保持合理资金规模。引导辖区信贷总量合理适度增长，全年本外币贷款增加384亿元，增长14.04%。推动产融合作，开展小微企业“金融服务巩固深化年”、工业百强企业暨工业重大项目、“122”技改项目融资对接，合计授信440亿元，资金落实率82.5%；开展船舶及其配套产业、新能源、新光源产业融资对接，达成授信意向协议136.8亿元；组织银行与344户新型农业经营主体进行对接，合计授信7亿元。对接江苏省“金融支持转型升级系列工程”、“小微企业金融服务增量扩面三年计划”，5个省级重点项目获得专项信贷规划5亿元、支农再贷款额度0.3亿元，全年发放贷款16.4亿元，支持小微企业和农户7142户。出台《关于全面开展农村土地承包经营权抵押贷款试点工作的实施意见》，仪征市入选首批国家级农民住房财产权抵押贷款试点地区，全年“两权”抵押贷款余额2.6亿元。加强横向协调，民生领域的信贷投入继续增多。年末，全市小额担保贷款余额8585万元，年内累计发放8193万元；全年对民族特需商品生产贴息352.6万元，撬动银行信贷投入1.66亿元。（程秋君）

**■执行利率政策**　适应利率市场化改革，加强行业自律管理，组建扬州市市场利率定价自律机制。召开自律机制工作会议，商讨存款利率上限标准，督促遵守自律机制形成的决议。加强存款挂牌利率巡查和监测引导，开展存款差异化定价检查，将浮动幅度控制在上限范围内。开展合格审慎评估，全市5家农商行被吸收为自律机制基础成员。（孙永安）

**■金融市场**　加强主体培育，挖掘项目资源，全市债务融资工具的发行规模、注册金额创历史新高。2015年，全市注册债务融资工具17单、207.5亿元，发行22单、137亿元，注册金额和发行金额分别比上年增长205%、148%。债务融资工具存续金额207亿元，比上年末增加92.6亿元。债务融资工具年度净融资额与同期人民币贷款新增额之比持续上升，从2014年末的17.5∶100上升到2015年末的39.6∶100。支持扬州农商行发行4亿元二级资本债券，增强可持续发展能力。抓住负债产品市场化定价范围扩大契机，推动农村商业银行备案发行同业存单8亿元。（周　媛）

**■金融生态建设**　组织开展高邮市二次申报金融生态优秀县创建工作并获“金融生态优秀”称号，至此全市金融生态优秀县覆盖面80%。组织仪征市、江都区、宝应县和邗江区参加全省金融生态创建动态综合评估，获省金融稳定协调小组评审通过。仪征支行被省协调小组认定为2014年度创建先进单位。制定实施2015年金融投资者教育宣传工作计划。配合上级行研究制定金融知识宣传与教育调查方式，联合金融办牵头开展打击非法集资宣传教育活动，创新依托农村综合服务站开展防范打击非法集资宣传月活动，配合市综合治理委员会开展非法集资活动专题调研。联合征信部门开展组织辖内县（市、区）2014年度信用乡镇创建评选工作，全市评定30个信用乡镇。（常 龙）

■**金融机构综合管理** 做好新设机构准入，金融管理与服务工作。审核批准恒丰银行扬州分行加入人民银行金融管理与服务体系。完善银行业机构综合评价办法、内部操作规程和综合评价标准，修订印发《2015年度市级银行业机构执行人民银行政策情况综合评价标准》，组织对23家银行业机构开展综合评价，对3家C类机构主要负责人进行监管谈话。联合相关部门，探索证券保险机构综合评价工作。全年全辖对3家机构开展综合执法检查，反馈执法检查意见书责成整改，并对部分机构给予行政处罚。全年对辖内10家银行机构进行重大事项报告专项检查，并按月、季、年向中心支行、上级行和金融机构通报重大事项报告执行情况。

（张立群）

■**反洗钱管理** 根据“江苏省打击利用离岸公司和地下钱庄转移赃款专项行动”领导小组统一部署，组织推进专项行动，全年共发现可疑线索8起，向公安机关报案6起，立案2起，其中1起为利用转账POS机实现跨境资金转移的地下钱庄类案件，涉案金额较大，作案手法新颖，被公安部和人民银行总行列为“双督”案件。对中信银行扬州分行、华夏银行扬州分行、国华人寿保险扬州中心支公司开展现场检查，对119家义务主体2014年度的反洗钱工作情况进行考核评分，对仪征农商行、江都农商行、中投证券江都龙城路营业部、太平人寿保险扬州中心支公司进行监管走访。制定《重点可疑交易报告报送指引》，规范金融机构重点可疑交易报告的内容和报送流程，提高可疑交易线索研判的工作质量。开发反洗钱考核评级系统，编写《反洗钱考核评级系统操作手册》，被推广到江苏省辖内人民银行各中心支行使用。组织各金融机构开展反洗钱宣传活动，编印四期《扬州市反洗钱工作简报》。（娄丽敏）

■**征信管理** 开展农村信用体系建设工作，组织农户系统升级需求研究，指导人民银行仪征市支行制定《2015年仪征市农村信用体系全国试验区建设实施方案》，推动人民银行仪征市支行、仪征农商行以“普惠金服工程”，巩固“征信＋评信＋授信＋用信”模式，鼓励人民银行江都支行推进区政府出台《关于印发扬州市江都区“行政村整村授信”实施办法的通知》，推进各县（市、区）“三权”抵押贷款增量扩面，推进“征信＋”信贷模式和产品创新。与扬州市食品工业园开展该园信用园区建设，与相关部门加强信用信息的共享合作，签订信用信息共享协议。推动应收账款融资服务平台上线业务200笔，融资47.51亿元。做好非银行信息采集工作，报送个人公积金、企事业单位公积金缴存信息、环评信息391万笔。开展机构信用代码配发和查询服务，开展企业信用报告查询3609笔；个人信用报告查询3.2万笔，累计发放机构信用代码1.62万张，推进反洗钱领域查询机构信用代码10笔。2015年共受理审核3家金融机构分支机构接入征信系统的申请，对2家金融机构开展企业数据现场核查，对江都吉银村镇银行按季开展个人征信系统数据质量量化考评，对7家金融机构开展征信现场检查。组织20家担保公司、233户借款企业参加信用评级工作。组织开展各项宣传和培训活动500多场次，组织全市金融机构200多名征信从业人员开展征信业务培训。（樊瑾瑜）

■**会计管理** 对《会计财务工作标准化手册》进行修改、完善，加强业务标准化执行的督导力度，有针对性地组织业务培训和检查辅导。推进会计基础规范化工作。开展预算绩效管理调研，探索加强预算绩效管理的新途径，在全省率先完成预算绩效管理规范体系建设工作。根据会计财务工作变化以及财务管理的需要，编写业务需求，启动对影像报账系统的升级改造工作，提升财务管理的规范化、精细化水平。开展采购评审专题培训，提高评审监督人员的工作水平。

（张志臻）

■**人民币银行结算账户管理** 根据商事制度改革要求，先后实行开户资料中的营业执照、税务登记证和组织机构代码证“三证一码”和“一证一码”制度。全年审核各类核准类账户的开立1万户，撤销0.2万户。全市各银行机构总结存量个人账户身份核查工作，从2012年开始至2014年结束，累计涉及账户1106万户，其中核查为真实的账户757万户；组织对6家银行17个网点的现场验收，涉及账户25万户。（张怀玲）

■**银行卡管理** 与市公安局等部门开展联合整治银行卡网上非法买卖专项行动，专项行动期间，江都区成功侦破一起网上非法买卖他人身份证件办理银行卡案件，抓获犯罪嫌疑人6人，查获非法买卖他人身份证件295张，各类银行卡657张。组织辖内银行卡收单机构开展“二清”机构的风险排查，未发现风险事件。组织辖内第三方支付机构业务开展情况调查，加强对扬州辖内支付风险舆情监测，妥善处理相关风险。（张怀玲）

■**农村支付环境建设** 增加农村地区支付服务供给。2015年，全市新增10个农村地区银行网点，新增网点均加入大小额支付系统、支票影像系统和同城清算系统，另有农村地区的10个网点（非新增）加入支票影像系统，5个网点要求加入电子商票系统。农村商业银行的所有网点均加入农信银支付清算系统。加强银行卡助农取款点管理。各服务点均将取款和现金汇款上限调整至单卡单日2000

元，开通公共事业代交费功能，实现系统支持跨行支付服务的升级。开展3次风险排查，未发现风险事件。全年退出269个低效服务点，年末全辖县域地区共有银行卡助农取款点2294个。推广农村金融服务站。年末全市推广服务站770个，惠及农村地区人口143万人，实现全辖4个县域地区无银行网点的行政村全覆盖。

（张怀玲）

**■经理国库** 2015年，扬州市各级国库办理预算收入699.13亿元，比上年下降2.8%。其中，中央级收入144.60亿元，下降4.5%；省级收入14.88亿元，增加3.4亿元；地方级收入539.65亿元，下降2.4%。地方级预算收入中，税收收入274.67亿元，增长13.4%；非税收入62.08亿元，增长17.2%。办理地方预算支出1070.72亿元，增长29.3%。全年累计办理各级预算收入退库81.68亿元，其中出口产品退库71.49亿元，增长15.8%，占退库总量的87.5%。组织发行凭证式国债4期，金额5.2亿元，储蓄国债（电子式）10期，金额9.2亿元。办理以前年度到期国债兑付本息3147.40元。（陈 璘）

**■国库管理** 完善国库监督审查制度。依照新预算法要求，加强对财政账户和资金的监督审查。对库款收支实行金额与风险等级双重审核措施，制定根据金额大小由库（副）主任、科室负责人、会计主管、监督主管分级审批的管理制度。利用TIPS系统（国库信息处理系统）功能，实现国税部门退税电子化，提高退库业务处理工作效率。扬州市国税局和人民银行扬州市中心支行推广以TIPS系统为依托的税收收入电子退库业务，并于6月12日正式上线运行。2015年全辖共通过TIPS系统办理退税1.2万笔，金额22.73万元。拓展集中支付覆盖面，4月和9月，扬州经济技术开发区财政局和邗江区财政局国库集中支付业务正式上线运行。（陈 璘）

**■货币发行** 2015年，执行发行基金调拨命令50次，调入、调出发行基金155.38亿元；累计投放发行基金324.36亿元，回笼发行基金260.45亿元，净投放63.91亿元；全市银行业金融机构共开展相互取现业务264笔、135亿元。全年共回收残损人民币70.3亿元，累计投放10元及以下发行基金3.26亿元。组织银行业金融机构完成对5179人的新版100元纸币防伪知识培训，完成对6033台点验钞机、自助存取款机功能升级，并对其中769台升级效果进行现场测试。完成中国人民抗日战争暨世界反法西斯战争胜利70周年普通纪念币、中国航天纪念币（钞）预约兑换发行试点工作。（程 纯）

**■人民币流通管理** 2015年，共组织9个检查组，对辖区22家银行业金融机构63个营业网点、13个现金整点中心开展人民币流通管理政策执行情况现场检查；对790个网点开展反假货币工作非现场检查；对7家银行业机构58台存取款一体机申请开通循环功能进行现场核查。全市共收缴假币1.33万张、116.56万元。制定《扬州市银行业机构冠字号码数据关联客户信息与跨行调款实物流数据流同步流转试点工作方案》，推进“区分现金收入付出业务类型记录冠字号码并关联客户业务信息”和“银行业金融机构跨行调款的冠字号码信息流与实物流同步”两项试点工作。2015年，全市银行业金融机构组织开展反假货币知识宣传、培训、讲座等活动252次，散发宣传资料3.63万份，受众人数3万人次。全市814个行政村982个农村反假货币宣传点推进和完善兑残、兑零、识假功能建设。（程 纯）

**■金融电子化** 实现融资性担保公司、典当行和拍卖行纳入“金融业机构信息系统”管理，已实现金融机构编码赋码的机构1137家。金融机构编码应用于反洗钱、征信、金融统计和同城清算等多个央行管理与服务领域。探索证券、保险行业接入金融城域网的有效路径，在全省率先实现首批试点接入。实现小微银行汇聚接入全覆盖，指导、推动（代理类）小微银行接入南京金融城域网。完成邗江联合、宝应锦城和邗江民泰3家村镇银行汇聚接入，在全省率先实现全辖小微机构汇聚接入全覆盖。

（王 昆）

**■金融IC卡应用** 2015年末，全年累计发放金融IC卡604万张，比上年增加265.5万张，增长78.4%。各商业银行加大银行卡产品的“换芯”力度，全市金融IC卡（62BIN号）新增占比95.9%。其中，借记卡（62BIN号）新增占比100%。拓展金融IC卡在公共服务领域的应用。在全省率先构建EMS快递行业的金融IC卡应用平台，实现“速递物流费到付”和“电商货到付款”应用，形成快递物流、信息流以及资金流“三合一”的平台应用模式。（王 昆）

**■外汇管理** 2015年，扬州市跨境收支总量138.65亿美元，比上年增长1.9%，其中经常项目跨境收支总量106.50亿美元，增长2.02%，资本项目跨境收支总量32.15亿美元，增长1.52%。经常项目跨境收支总量中，收入75.10亿美元，下降1.6%，支出31.40亿美元，增长11.86%；资本项目跨境收支总量中，收入19.82亿美元，下降8.16%，支出12.34亿美元，增长22.24%。全年跨境收支顺差51.18亿美元，缩小14.29%。

2015年，扬州市银行代客结售汇总额88.69亿美元，下降9.07%，其中代客结汇60.89亿美元，下降19.77%，代客售汇27.8亿美元，增长28.39%，结售汇顺差33.09亿美元，缩小38.99%。

至年末，扬州市外汇存款余额11.46亿美元，比年初增加2.67亿美元，外汇贷款余额3.45亿美元，比年初下降2.07亿美元。

6月1日起，国家外汇管理局推行直接投资外汇管理改革，取消直接投资项下43项行政审批业务，授权银行直接办理外汇登记。全市银行6—12月共办理外汇登记60笔，外汇资金入账登记197笔，登记金额8.77亿美元。全年共办理意愿结汇业务9笔，累计结汇金额875万美元，结汇后支付金额875万美元。2015年，国家外汇管理局取消外商投资企业外汇年检制度，实行存量权益登记制度。全年应登记企业1194家，已登记企业1159家，登记率97.07%。

对扬州市外汇指定银行及企业等市场主体开展外汇业务合规性检查，查处市场主体9家，其中银行2家、企业7家，罚款696.69万元，罚款收缴率100%。对1073家重点监测企业进行非现场监测，对其中106家企业进行现场核查，将27家降为B、C类企业。年末，全市B、C类企业共62家。开展“控流出”专项核查工作，对11家企业发放风险提示函，将3家企业降级。加强对外汇指定银行国际收支申报数据质量核查，对10家分支机构的国际收支统计申报数据质量进行现场核查，对6家银行开展结售汇现场核查。

2015年，全市共办理跨境人民币结算业务153.09亿元，增长26.50%。其中，经常项下结算业务70.20亿元，增长14.98%；资本项下结算业务82.89亿元，增长38.22%。

（人　行）

## 政策性银行

**■中国农业发展银行扬州市分行** 2015年末，中国农业发展银行扬州市分行各项存款日均余额34.77亿元，比年初增加8.59亿元。各项贷款余额103.53亿元，比年初增加12.41亿元，中长期贷款余额65.51亿元，比年初增加14.27亿元，累放各项贷款64.55亿元，累收各类贷款51.47亿元。实现中间业务收入860万元，其中代理保险手续费收入53万元、国际结算手续费及外币汇兑收入47万元、企业投融资顾问费收入724万元。实现国际业务结算量3268万美元，比上年增加748万美元。全行无新增不良贷款，各项贷款保持“无不良、无欠息、无逾期”。实现经营性考核利润1.84亿元。

粮棉油信贷业务。年末，全行粮棉油购销储贷款余额36.42亿元，比年初增加0.19亿元。全年累计投放各类粮食收购贷款28.12亿元，其中发放夏季小麦收购贷款19.06亿元，秋季稻谷收购贷款8.68亿元，粮油储备贷款0.38亿元，支持企业收购粮食11.13亿千克。全年投放夏季小麦托市收购贷款16.8亿元，秋季稻谷托市收购贷款6.2亿元；全年投放夏季小麦自营收购贷款2.4亿元，秋季稻谷自营收购贷款2.48亿元。全年累计投放政策性粮食贷款22.81亿元，累计投放准政策性粮食贷款5.31亿元。

中长期项目贷款业务。全年累计发放中长期项目贷款33.56亿元，支持项目14个，其中新增项目4个；支持项目涉及水利工程、农村路网升级改造、新型城镇化、新农村等建设项目。至年末，新农村建设贷款余额65.51亿元，比年初增加14.27亿元。其中，水利设施建设贷款余额15.39亿元，农业综合开发贷款余额3.84亿元，农村土地整治贷款余额7.74亿元，农民集中居住建设贷款余额14.35亿元，县域城镇建设贷款余额1.13亿元，农村流通体系贷款余额0.21亿元，农村路网及贫困地区公路建设贷款余额22.85亿元。

短期流动资金贷款业务。以支持发展产业化龙头企业为主，扶持扬州通裕纺织、戚伍水产等产业化龙头企业。全年累计发放短期流动资金贷款2.87亿元；探索土地流转、高效农业、生态农业、港城开发等新业务的支持方式的生产经营。

重点建设基金项目。获批农业发展重点建设基金项目8个，金额4.74亿元，其中投贷结合项目2个，金额1.44亿元；带动项目总投资70.15亿元，为扬州市文昌阁交通综合整治荷花池地下停车场建设、仪征技师学院新校区建设、扬州生态科技新城水环境综合治理、江都区盐邵河综合整治等项目注入撬动资金。

存款业务。全年实现各项存款日均余额34.77亿元。其中，企事业单位日均存款19.73亿元；财政性日均存款15.04亿元；存款年末时点余额43.58亿元。存款付息率较上年下降0.1个百分点。全年组织同业定期存款14笔，累计金额12.33亿元，年末同业日均存款2.54亿元。

中间业务。全年实现中间业务收入860万元。其中咨询顾问类收入724万元；全年代收保费214.38万元，实现代理保险手续费收入53万元；人民币结算手续费业务收入26万元；实现国际业务结算量3268万美元，取得国际结算业务手续费收入及外币汇兑收益57万元。

风险管理。全年处置和化解风险贷款4笔，收回贷款金额5170万元；退出企业6家，涉及贷款1.51亿元；全行无新增不良贷款，连续8年保持“信贷资产优质行”荣誉。

（蒋　卫　邵德东）

## 国有商业银行

**■中国工商银行股份有限公司扬州分行** 2015年，中国工商银行股份有限公司扬州分行实现拨备前账面利润9.88亿元；实现净利润6.72亿元，比上年增长17.07%。人民币各项存款余额374.8亿元；日均新增基础性存款17.75亿元，其中对公存款日均新增12.53亿元，储蓄存款日均新增5.01亿元。人民币各项贷款余额288.36亿元；新增人民币贷款25.88亿元，其中项目贷款新增10.82亿元，监管口径新增小微企业贷款11.23亿元。全年累计现金清收不良贷款1.45亿元，不良贷款率0.64%。

加大重大项目信贷服务和支持。全年审批通过27个项目，融资总额97.03亿元，实际投放33.8亿元。重大基础设施项目方面，完成连淮扬镇铁路项目以及宿扬高速公路行内银团项目的审批，先期投放贷款3亿元；采用政府购买服务等方式介入一批重大交通设施项目。旅游服务业项目方面，为瘦西湖景区提供8亿元门票收费权的融资服务，为宋夹城办理4亿元全省首单旅游业融资租赁业务，为清水潭湿地景区、南河下历史文化街区等重点旅游项目提供2.4亿元融资支持。城镇化项目方面，审批12个城镇化项目，融资金额33.25亿元，实现投放19.9亿元。

创新小微企业金融服务。将创业贷作为强化创业创新型小微企业金融服务的利器，加强与各个省级经济开发区的合作，搭建小微企业融资服务平台，为新兴产业和传统产业升级的小微企业发放贷款7.5亿元。将供应链融资作为延伸服务的重点，为县域地区水环境整治、景区升级改造等优质项目发放供应链融资8.48亿元。运用网贷通及电子供应链融资等产品，支持高新技术板块及与民生相关的服务业板块。全年累计发放小微贷款56.48亿元。

推进网点渠道转型。全年在原有物理网点改造“自助＋理财”网点2家，至年末，全行“自助＋理财”网点10家，占全部物理网点的17.54%。优选高端住宅小区、商场超市、政府机构、车站码头及重点产业园区等区域新建离行式自助银行5家，至年末，全行离行式自助银行20家。推进智能化改造进程，8家智能银行投入运行。

（卞凤银　季晓明　胡　瑾）

**■中国农业银行股份有限公司扬州分行**　2015年末，中国农业银行股份有限公司扬州分行本外币各项存款余额555.27亿元，比年初增加43.67亿元。其中，个人存款余额389.39亿元，比年初增加32.89亿元。各项贷款余额289.02亿元，比年初增加25.53亿元。其中，个人贷款余额135.41亿元，比年初增加15.27亿元。不良贷款余额2.36亿元，占比0.82%。实现中间业务收入3.63亿元，经济增加值3.25亿元。

支持实体经济发展。拓展水利水务、铁路公路、土地储备、保障房建设和棚户区改造、PPP项目和自有现金流全覆盖的完全商业化运作项目。全年新发放项目贷款15笔，金额29.9亿元。与市发改委、市经信委等政府部门沟通合作，重点支持十大战略型新兴产业、高端制造业、传统产业升级领域的优质客户。

服务“三农”。将原由三农金融部统一承担全行小企业管理职责划归公司与投行业务部，保证三农金融部专职于全行三农金融、三农事业部改革推进工作。2015年，增加专业大户（家庭农场）贷款127户、金额4547万元，农民专业合作社社员贷款115户、金额3595万元；在土地经营权抵押贷款、农机购置贷款以及水域滩涂养殖权抵押贷款上取得突破；年末全行涉农贷款余额91亿元，比年初增加10.86亿元。新增惠农卡有效发卡3.26万张，总量达61.41万张。

创新转型。2015年，成功发行中期和超短融票据30亿元，营销债务类融资业务10亿元、外部银团16.2亿元，取得市政务服务中心和公共资源交易中心合作银行资格，设立延伸柜台。新拓展移动支付金融项目23个，当年上线18个；新增掌银客户9.08万户，总数达55.04万户。开展15个网点营销标准化转型导入工作，创建中银协“五星级”示范网点1个。完成BoEing四期上线工作。

（吕元兆）

**■中国银行股份有限公司扬州分行**　2015年，中国银行股份有限公司扬州分行本外币贷款新增33.02亿元，比上年增长13.69%，提升10.31个百分点；本外币存款增长10.73%，提升18.12个百分点；余额贷存比74.5%。至年末，清收化解不良资产4.61亿元。不良贷款余额较年初下降5074万元，不良率1.22%。

助推经济转型升级。支持重大项目建设，2015年重大项目批复人民币135.38亿元，美元5000万元。其中，向工业企业新增投放6亿元，向旅游行业新增投放2亿元，向水利建设项目新增投放1.1亿元，向水环境综合整治、生活垃圾焚烧发电等项目新增投放3.5亿元，向保障房建设项目新增投放4.5亿元。创新融资渠道。采取表内外、海内外、直接间接融资并举，加大资金供给。表内贷款较年初新增33.02亿元，表外融资新增12.2亿元。

落实普惠金融服务。采用专项规模保证小微企业贷款投放，至年末，小微企业贷款新增3.84亿元，占全部新增贷款11.63%。支持小微企业产业结构调整。向20家科技型小微企业投放9377万元贷款，向8家生态农业小微企业投放4030万元贷款，向2家生产污水处理专用设备的小微企业投放贷款1100万元；专门成立文化产业专业支行，对接文化产业小微企业的服务需求。帮助小微企业对接资本市场。通过中银国际、中银证券等渠道，帮助6个中小企业客户在“新三板”成功上市。降低小微企业融资成本。调整对中小企业的贷款报价，取消针对中小企业的全部贷款收费。扶持“三农”，累计投放6.8亿元项目贷款支持乡镇水渠管网改造。扶持科技创新企业，培育县域经济新增长点。在高邮市开展“苏科贷II”新产品的试点。面向广大种植业、养殖业、林业、农产品加工和收购等农户个人推出“福农分期”创新产品。该产品办理流程简便，采取分期还款的方式，农户还款压力小，并可接受农户的林权质押。

创新民生金融服务。研发民生系列新产品，开辟金融服务的新领域。与苏北人民医院合作发行中银苏北医院健康卡，首创诊间付费的新模式、银行网点挂医院专家号的新渠道。与移动公司、市民卡公司合作发行中银手机市民卡，该卡使广大市民从乘坐公交、市民卡商户消费到缴纳水、电、气费，都实现手机刷卡支付；并应用到企业的内部门禁、餐卡等领域。与汇银集团合作发行中银乐虎卡，实现线上线下融合，使每家汇银社区店都能够受理居民的金融服务需求。

（袁　庆）

**■中国建设银行股份有限公司扬州分行**　2015年末，中国建设银行股份有限公司扬州分行一般性存款余额583亿元，比年初增加42亿元。其中，对公存款余额276亿元，比年初增加13亿元；储蓄存款余额307亿元，比年初增加29亿元。各项贷款余额366亿元，比年初增加24亿元。不良贷款率0.59%。实现拨备前利润14.0亿元，比上年增长2.24%。

推动存款稳定增长。加大保证金银票营销力度，利用大额存单营销优质客户。拓展客户，加强资金承接，促进体内循环。与省分行联动，实现连淮扬镇铁路建设指挥部成功开户，施工单位也陆续落户。公私协同，拓展企事业单位分配、拆迁安置等市场，累计取得资金49亿元。

加强信贷投放。推进项目储备，加大事业法人、文化旅游、大型优质制造业、电力能源、交通基础设施等项目的申报力度。连淮扬镇铁路获授信100亿元。做大贴现规模，全年累计贴现54亿元。小企业信贷业务稳步向零售化、小额化转型，年末小微企业贷款余额19亿元。加强楼盘和二手房贷款及个人消费贷款营销，发放新建住房贷款29亿元，再交易住房贷款7亿元，公转商贴息贷款6亿元。

拓展中间业务。在保持审价咨询、房改金融等传统产品市场竞争优势的同时，以理财产品销售、贵金属销售、信用卡分期等新兴产品为重点，加大拓展力度。信用卡分期成为重要增长点，全年实现分期交易额12亿元，比上年增长72%。对债务融资工具、银团贷款、贵金属租借、资本市场新型融资顾问业务等短板认真分析原因，通过拓展客户、加强销售、提升服务等手段加以推进，加长短板。

维护资产质量。常态化开展风险排查，提升贷后管理水平。圈定35户重点关注客户名单，涉及授信余额风险敞口37亿元。组织完成担保圈企业贷款风险专项排查，发现中风险圈13个，制定预案，推进风险化解。组织开展授信敞口3000万元以上的民营制造业信贷客户风险排查，摸清实情。组织实施信贷客户大走访，完成全行信贷客户微观信贷政策重检，涉及信贷余额283亿元。加强不良资产处置，全年处置金额1.92亿元。

做优电子渠道。坚持“移动优先”战略，提升电子银行客户活跃度、增加活跃客户总数和电子银行应用广度深度。电子银行综合同步率71.37%，较上年提升10.43个百分点。强化重点渠道推广，拓展善融商务有效客户50户，实现交易2亿元。以跨行支付、圈存业务、银企直联为推广重点，实施包括扬州物业网物业费缴交项目，汇银家电网上及手机支付项目，扬州职业大学、树人学校、竹西中学校园圈存项目等。

（黄克义）

**■交通银行股份有限公司扬州分行** 2015年末，交通银行股份有限公司扬州分行资产总额226.43亿元，比年初增加32.26亿元，增长16.61%；人民币存款余额204.22亿元，比年初增加22.37亿元，增长12.30%；人民币贷款余额159.86亿元，比年初增加14.74亿元，增长10.16%。年末，不良贷款余额8472万元，比年初下降4609万元，连续两年保持对公不良贷款零余额；不良贷款率0.53%，比年初下降0.32个百分点。

全方位拓展优质客户，全要素营销系统平台，全过程关注资金成本。全年新开对公优质户156户，新增有效开户34户，新增私银客户19户、沃德客户866户、代发客户4436户。全年对公全口径低成本核心负债年均余额增加6亿元，计划完成率186%。

创新产品，打造交通银行“全牌照”品牌影响力。全年累计操作投行业务项目7单，实现融资37.5亿元，实现中间业务收入3568万元，其中，主承销的扬州市城建国有资产控股（集团）有限责任公司40亿元超短期融资券是扬州市第一笔超短期融资券。加强国际业务的产品应用，加大境内外联动力度，帮助实体企业拓宽融资渠道，降低融资成本。为扬州金桃化工设备制造有限公司和江苏万德环保科技有限公司发放全市首笔进出口银行委托贷款业务首批2笔合计5800万元。2015年通过出口风参、内保外贷、外保内贷等联动融资产品实现境外融资折合人民币9.1亿元。

拓宽服务渠道。9月22日，交通银行股份有限公司扬州分行高邮支行正式开业，年末存款余额3.2亿元，贷款3.28亿元；民生金融服务能力增强，6月，总行实验室项目“交银惠民通”工程在扬州首家上线，已投放“交银惠民通”设备4台。文明优质服务整体水平提升，分行营业部和文昌阁支行被中银协评为“五星级”网点，分行营业部和竹西支行王艳被总行授予“优秀网点”和“财富之星”称号。

（孟成珍）

## 其他商业银行

**■中信银行股份有限公司扬州分行** 2015年末，中信银行股份有限公司扬州分行全辖合并人民币自营日均存款余额244.86亿元，比年初增加16.46亿元，增长7.21%；自营存款时点余额240.48亿元，比年初增加1.65亿元，增长0.69%；市场份额占比8.69%，比年初下降0.5个百分点。其中，对公存款时点余额193.15亿元，比年初增加3.94亿元，对公市场份额占比12.86%；储蓄存款时点余额47.33亿元，比年初减少2.29亿元，市场份额占比3.73%。一般性贷款余额167.97亿元，比年初增加2.08亿元。其中，对公贷款129.41亿元，比年初增加2.59亿元；个人贷款余额38.56亿元，比年初减少0.51亿元。12月末存贷比69.85%，年日均存贷比达到69.59%；不良资产余额2.77亿元，比年初增加1.85万元；不良资产率1.65%。外汇总收支4.29亿美元，比上年减少1.86亿美元；资产收益率1.26%；实现中间业务收入1.54亿元，比上年增加0.05万元，增长3.67%；实现税前利润4.45亿元，比上年减少15.97%。

（纪　刚）

**■招商银行股份有限公司扬州分行** 2015年，招商银行股份有限公司扬州分行实现营业净收入6.02亿元、经营利润4.31亿元、经济利润2.1亿元。全折人民币自营存款年末时点余额108.68亿元，比年初增加6.40亿元，增长6.25%。人民币自营贷款余额107.25亿元，其中对公一般性贷款余额71.6亿元，比年初增加8.46亿元；零售贷款余额27.9亿元，比年初增加3.6亿元。零售客户管理总资产88亿元，比年初增加18.3亿元。全年新兴融资总量69.73亿元，比年初增加13.4亿元。有效客群扩大。全年新开对公账户592个，对公有效户净增581户，单个客户户均使用产品数量5.9个。全年新增有效零售客群1.05万户，新增大众客群7580户，新增金卡及以上客户3343户。新开信用卡2.42万张，新拓展代发企业户158户，电子银行客户数2.54万户，新增代扣代缴户6724户。资产质量优良，未出现大额风险。年末不良贷款余额3956万元，不良贷款率0.37%。拨备覆盖率549.31%。至年末，全行下辖6家营业机构，有24小时在行式自助银行6家、离行式自助银行10家、离行式ATM机3台。（高　翔）

**■中国邮政储蓄银行股份有限公司扬州市分行**　2015年末，中国邮政储蓄银行股份有限公司扬州市分行各项存款余额141.35亿元，比年初增加15.78亿元，比上年增长12.52%；各类贷款余额100.67亿元，比年初增加25.49亿元，增长33.90%。

业务发展。储蓄余额90.19亿元，实现新高，净增10.31亿元；大理财业务成绩显著，日均保有量净增4.83亿元，其中保险销量4.88亿元，基金有效销量1.05亿元。信用卡发展质量提高，新增激活卡1.29万张，增长119%；净增激活卡8614张，增长99%；电子银行业务稳步推进，全区15家支行进行47次外拓，加办激活4000余户。小额贷款业务持续发展，向农民专业合作社投放贷款3885万元、向家庭农场投放贷款2746.5万元；推进快捷贷，净增近1.42亿元；优化船舶贷款业务流程，全年净增3538万元；做大房贷规模，新增27个一手房贷款项目，房贷净增12.44亿元；非购房类消费贷款加速发展，走访246户优质单位客户，开展批量营销，贷款净增2.58亿元；开办阶段性公转商业务，放款3459万元；保障房贷款取得突破，是全省系统内首个发放保障房贷款的分行；油化船、曲江商品城商铺经营权质押贷款业务成功放款。市、县行联动实施项目挖掘，公司存款时点余额高峰期净增超10亿元。做好公司信贷存量客户转贷工作，2015年累计投放4笔，金额7亿元，全年净增3.1亿元，增幅163.15%；票据同业业务增长，2015年办理人行再贴现4亿元，再贴留存余额1.3亿元，办理票据直贴83.27亿元，新增6户票据同业客户，转贴59个批次；小企业拓展新渠道，投放医院贷2000万元、快捷贷100万元、高邮湖西“保易贷”4850万元；福费廷业务实现较快增长，累计交易61笔，金额22.83亿元，结存10亿元。

风险管控。优化行业监测指标和方法，开展集中度监测预警，引导信贷结构调整，控制行业风险；优化授信风险传导机制，开展船舶贷款等行业风险排查和小企业存量客户走访；严格执行轮岗制度，开展员工行为排查，加大对前中后台管理薄弱、风险多发领域的排查力度，防范操作风险与道德风险；加强负面舆情管理，主动应对媒体，有效处置负面舆情，防范声誉风险。细化资产质量监控，以偏离度检查为主要手段，确保资产风险分类的准确性和真实性；精细化资产保全工作，建立旬会制度，全年处置不良贷款3578万元；常态化开展呆账核销，全年核销呆账贷款629万元；加强核销后管理，清收已核销贷款90万元。（朱　敏）

**■江苏银行股份有限公司扬州分行**　2015年末，江苏银行股份有限公司扬州分行各项存款余额358.51亿元，比年初增加51亿元，增长16.59%；余额市场占比7.52%。各项贷款余额237.6亿元，比年初增加39.24亿元，增长19.78%；余额市场占比7.62%，较年初上升0.45个百分点。全年累计实现考核利润6.89亿元，实现账面净利润4.35亿元，比上年增加1.93亿元。

业务结构调整。调整负债结构。拓展代发工资市场、抓上下游资金链，降低负债成本。通过运用保本理财、结构性存款、全额存单质押投资业务等产品组合，稳定提升存款。至2015年末，分行本外币日均存款总额373.08亿元，比年初增加65亿元，占全行日均新增总额的5.85%。抢抓优质资产。支持地方的重点工程和重大项目，加大对优势行业、龙头企业的信贷投放力度。至2015年末，分行对公贷款余额191.32亿元，比年初增加30.3亿元。发展新兴业务。抢抓发债资金融资、结构化融资及项目收益票据等新机遇，至2015年末，结构化融资落地投放11笔，金额35.7亿元；全年实现投行业务收入1.02亿元，占全行中间业务收入的53%。推进城市发展基金、棚改基金等业务的开展，稳固和争取财政存款，全年通过总行审批的城市发展基金总额度20.5亿元，向总行上报的棚改基金项目22亿元。

发展特色业务。多渠道巩固小微业务。成立科技金融服务中心，设立科技支行、小微支行等专营机构，加快“小快灵”“税E融”“人才贷”等特色贷款发放。至2015年末，资本节约口径小微贷款余额26.68亿元，比年初增加2.49亿元。多元化发展国际业务，提升地位。以贸易融资和产品运用为抓手，营销外汇结算客户，提升结算份额；通过各类产品及NRA、FTN账户运用，提升客户资金收益，带动结算量增加。全年实现国际结算量14.16亿美元，实现营业收入1837万元。特色化推进零售业务，优势彰显。把握社区化营销走出去、请进来、抓过程“三大环节”，搭建社区平台50多家，使社区营销成为“新常态”。完成琼花支行“老年金融服务示范点”挂牌，量身定做老人专属的“幸福晚年”系列理财产品，打造老年金融服务品牌。至2015年末，分行储蓄日均存款新增9.05亿元。推进“交易型网点”向“营销型网点”转变，扩大个人网银、手机银行、直销银行的营销力度；已有9家网点配置人脸识别系统，智能化的金融产品展示、体验与交易平台。全年新增手机银行5.09万户，个人网银5.61万户，直销银行1.37万户。（骆君华）

**■江苏扬州农村商业银行股份有限公司**　2015年末，江苏扬州农村商业银行股份有限公司各项存款余额208.76亿元，比年初增加24.71亿元，增长13.42%。各项贷款余额149.49亿元，比年初增加15.01亿元，增长11.16%。实现各项收入13.71亿元，比上年增加3057.49万元；各项支出10.54亿元，比上年增加9351.85万元；实现利润3.18亿元。全年累计发行圆鼎借记卡有效卡

32.38万张;个人网银有效户6724户,比上年增加290户;企业网银有效户4897户,增加661户。POS特约商户(含便民通商户)有效户433户,比年初增加57户。手机银行有效户8253户,增加3762户;省级微信银行有效户6671户;电子银行有效客户占比62.94%;电子银行渠道柜面业务替代率60.81%,比上年提升6.23个百分点。

健全支农惠农服务体系。至年末,涉农贷款余额29.22亿元,比年初增加3.54亿元。新增"阳光信贷"有效电子档案1.97万户,在建档客户中新增有效业务关系客户7306户,其中存款客户2304户、贷款客户2910户、理财客户63户、电子银行产品2040户。加大对农业新型经营主体的信贷支持力度。走访建立新型农业经营主体200多家,发放家庭农场贷款16户,发放金额988万元,农民专业合作社、种养殖大户、农业龙头企业贷款31户,发放金额1.61亿元。推动农村支付体系建设,合理布设电子机具,共设置"村村通"助农取款点159个。

开拓小微企业市场。2015年,小微贷款户数9313户,余额105.51亿元,占贷款总额70.6%,比年初增加10.93亿元。将绿色环保、信息产业、文化产业、高端制造业、"三新"产业作为贷款优先支持的对象。开发针对中小科技企业的"科技贷"信贷产品,向34户科技型企业发放"科技贷"1.06亿元。成立专营的小微贷款中心,引进德仕金融小微贷款技术。拜访2.2万户小微工商户,营销商户247户,金额4450万元。拓展申贷方式渠道,开通微信申贷通道。

(瞿洪智　瞿　劼)

**■恒丰银行扬州分行开业**　4月18日,恒丰银行扬州分行正式对外营业。恒丰银行是国内较早组建的股份制商业银行之一,恒丰银行扬州分行是其在江苏省的第三家二级分行。开业仪式上,恒丰银行扬州分行与扬州工艺美术集团、扬州交通产业集团、扬州瘦西湖旅游发展集团等企业签约授信45亿元。(杨　志)

## 保险业

**■概述**　2015年,全市保险公司总数60家,其中产险公司24家,人身险公司36家。实现保费总收入123.58亿元,比上年净增38.02亿元,增长44.45%。其中,财产险保费收入31.32亿元,比上年净增3.84亿元,增长13.99%;人身险保费收入92.26亿元,比上年净增34.18亿元,增长58.85%。全年共支付各类赔款18.74亿元,增长10.36%。

(吴小峰)

**■财产保险**　全市财产保险实现保费收入31.32亿元,比上年净增3.84亿元,支付赔款15.84亿元。其中,企业财产险保费收入1.36亿元,增长30.39%;家庭财产险保费收入0.21亿元,增长48.52%;工程险保费收入0.13亿元,增长143.77%;车辆险保费收入24.10亿元,增长11.42%;运输险保费收入0.27亿元,增长15.05%;船舶险保费收入0.52亿元,下降16.31%;责任险保费收入1.10亿元,增长203.21%;人生意外险保费收入1.37亿元,增长46.11%;健康险保费收入0.46亿元,下降12.87%;其他险保费收入1.66亿元,下降35.27%。(吴小峰)

**■人身保险**　全市人身险实现保费收入92.26亿元,比上年净增34.18

**2015年扬州市部分财产保险公司主要业务指标一览表**

表21-3

| 公司简称 | 保费收入(万元) | 比上年增长(%) | 赔付支出(万元) |
|---|---|---|---|
| 人保财险 | 153509 | 14.82 | 75370 |
| 平安财险 | 42267 | 16.9 | 20234 |
| 国寿财险 | 31282 | 36.91 | 13928 |
| 太保财险 | 21021 | -10.42 | 13989 |
| 大地财险 | 10609 | 7.35 | 7508 |
| 中华联合 | 7071 | 12.24 | 4080 |
| 紫金财险 | 6706 | 19.77 | 2660 |
| 阳光财险 | 5209 | 35.96 | 2344 |
| 太平财险 | 3378 | -4.84 | 1683 |
| 英大财险 | 3347 | 26.84 | 1466 |

(李　浓)

**2015年扬州市部分人身保险公司主要业务指标一览表**

表21-4

| 公司简称 | 保费收入(万元) | 比上年增长(%) | 赔付支出(万元) |
|---|---|---|---|
| 中国人寿 | 316151 | 7.17 | 14348 |
| 华夏人寿 | 111072 | 4570.81 | 16 |
| 新华人寿 | 52466 | 36.00 | 1020 |
| 太保寿险 | 50228 | 15.05 | 1044 |
| 正德人寿 | 49036 | 0.00 | 86 |
| 人民人寿 | 42352 | 109.47 | 536 |
| 阳光人寿 | 41309 | 427.91 | 161 |
| 利安人寿 | 40375 | 34.99 | 201 |
| 太平人寿 | 40061 | 45.20 | 438 |
| 平安人寿 | 35912 | 7.08 | 1993 |

(李　浓)

亿元，增长58.85%，赔案4.38万件，支付赔款2.90亿元。其中，个险保费收入36.93亿元，增长11.10%；团险保费收入0.66亿元，下降9.97%；银邮代理业务50.20亿元，增长53.66%。全年新单保费收入60.35亿元，增长57.16%。其中，个险新单保费收入9.21亿元，增长51.33%；团险新单保费收入0.32亿元，下降36.41%；银邮代理新单保费收入46.70亿元，增长64.82%。（吴小峰）

**■行业自律** 开展产险自律检查。组织对全市所有产险公司1月1日至6月30日财产险承保、财务、理赔情况进行自律检查。重点检查是否存在给予或者承诺给予投保人保险合同约定以外的其他利益，以及财务列支的真实性和是否存在未按保险法规定履行理赔义务、遵守理赔时效等问题。在中国保险监督管理委员会江苏监管局的统一部署下，组织开展中介法人机构的审计、市场清理整顿、非法集资宣传等工作。签订消保自律公约。组织签订《扬州市消费者权益保护自律公约》，要求各公司依法合规经营，向保险消费者提供优质服务。规范保险业经营服务工作秩序，保护保险消费者合法权益，提升保险服务质量和水平。（吴小峰）

**■保险投诉处理** 2015年，扬州市保险行业协会受理各类投诉33件，比上年下降48%。33件投诉中网络投诉2件、上门投诉3件、电话投诉28件。财险公司投诉中主要问题是退保时公司向客户收取手续费用，以及交强险平台信息出错未能处理；理赔方面投诉主要问题是定损时间长、定损金额有异议。（吴小峰）

**■中国人民财产保险股份有限公司扬州市分公司** 2015年，中国人民财产保险股份有限公司扬州市分公司实现保费收入15.35亿元，比上年增长14.8%，市场份额48.1%，比上年提升2个百分点；缴纳税收7626万元；代收车船税8098万元。全年累计承保各类社会风险2147亿元，先后为瘦西湖隧道项目、237省道工程、仪征化纤、川奇光电、奥克化学等多个重大项目提供保险服务。全年处理赔案12.24万件，支付赔款7.5亿元。

联办共保政策性农业保险。为全市111.92万户次农民承保水稻、小麦、油菜、玉米等主要农作物3390.4平方千米，承担风险35.60亿元；为2.66万头能繁母猪、58.87万头育肥猪、1431.35万只各类家禽、5.59万只山羊，1.89平方千米林木、34.07平方千米露地水旱生蔬菜、1.33平方千米露地西瓜、22.13平方千米茶叶、114.13平方千米蔬菜大棚、7.4万平方米夏季保淡绿叶菜提供风险保障。全年累计承担农业风险58.90亿元，理赔金额1.35亿元，使31.47万户次农民受益。发展高效农业保险，保费6067万元，占比46.01%；与农经部门协同，利用全市88个“三农”保险服务站、1058个“三农”保险服务点，为农村客户就近提供相关服务。

扩展保险覆盖面，丰富社会保障体系层次。配合安监部门推进安全生产责任险，为720家生产企业提供82亿元的份额内责任保障，全年理赔金额978.95万元；配合卫生部门开展医疗责任险，全年赔付1014万元；配合环保部门推出环境污染责任险，提供总价值2.37亿元的环境污染风险保障；为96家小微企业提供总价值8.95亿元的出口信用风险担保。6月29日，开出全市重大技术装备综合险第一单，为2台重大技术装备提供总价值520万元的风险保障。9月24日，与市民政局签署全市自然灾害民生保险，由市民政局福彩公益基金投保，为市区230万居民、77万户家庭提供总价值超过亿元的自然灾害风险保障。（花兴松 陈 弛）

**■中国人寿保险股份有限公司扬州市分公司** 2015年，中国人寿保险股份有限公司扬州市公司实现保费收入31.62亿元，比上年增长7.17%，市场份额占比34.3%。其中，长险首年实现保费收入11.2亿元，增长6.52%；首年期交实现保费收入5.7亿元，增长28.83%；长险首年标保实现保费收入3.2亿元，增长40.15%；短险实现保费收入1.8亿元，增长11.94%；10年期及以上首年期交实现保费收入3.6亿元，增长40.57%。

公司累计服务104万名个人、2639家法人企业、132万名大病保险客户。为15万名学生及幼儿园入园儿童承保学生平安保险，保额近200亿元；为9.7万个计生家庭提供29亿元的意外伤害保障；为37万名60周岁以上老年人提供66亿元意外伤害保险保障（其中市区、宝应县、高邮市、仪征市80周岁以上老年人承保12万人，覆盖面100%）；为3万名残疾人、2万名优抚对象、5000个低保户、6万名贫困儿童提供意外伤害保险；承办高邮自然灾害保险，覆

扬州市区自然灾害民生保险项目签约仪式　　人　保/供稿

盖人群81万人。全年支付各类理赔款1.4亿元，上缴税收4966万元，支付保险满期金7.4亿元。（涂 帅）

## 证券业

**■概述** 至2015年末，扬州市有宝胜股份、扬农股份、联环药业、亚星股份、鸿达兴业、汇银家电、长青农化、亚威股份、扬杰科技、仁恒实业控股、金泉网等11家上市企业。其中，汇银家电、仁恒实业控股在香港联交所上市，金泉网在伦敦证券交易所上市。8家境内上市公司全年累计完成营业收入261.18亿元。

至年末，全市有21家证券公司在扬州开设营业部33个，共开设资金账户46.72万户，比上年增加11.54万户；保证金余额49.08亿元，比上年增加22.16亿元；当年净流入股市资金71.3亿元，比上年增加65.64亿元。全年累计完成证券交易额1.88万亿元，比上年增加1.26万亿元。其中，股票交易完成额1.64万亿元，比上年增加1.19万亿元，占交易额的87.04%；基金交易完成额495.45亿元，比上年增加403.65亿元，占交易额的2.63%。（杨 志）

**■中国建银投资证券有限责任公司扬州证券营业部** 中国建银投资证券有限责任公司（中投证券）在扬州市区、仪征市、高邮市开设4家营业部。至2015年末，中投证券扬州4家营业部共开设资金账户9.49万户，保证金余额10.08亿元，当年净流入股市资金10.2亿元，累计实现证券交易额3105.78亿元，其中股票交易额2851.26亿元、基金交易额67.88亿元。（杨 志）

**■华泰证券扬州证券营业部** 华泰证券扬州证券营业部在扬州市区开设证券营业部3家，在高邮市、宝应县、仪征市各开设证券营业部1家。至2015年末，华泰证券扬州6家营业部共开设资金账户15.35万户，保证金余额12.62亿元，当年净流入股市资金24.27亿元，累计实现证券交易额6928.34亿元，其中股票交易额5941.19亿元、基金交易额249.57亿元。（杨 志）

**■海通证券扬州营业部** 海通证券扬州营业部在广陵区、江都区、宝应县开设证券营业部3家。至2015年末，海通证券扬州3家营业部共开设资金账户6.47万户，保证金余额7.05亿元，当年净流入股市资金7.77亿元，累计实现证券交易额2272.84亿元，其中股票交易额1990.71亿元、基金交易额75.58亿元。（杨 志）

**■申万宏源证券股份有限公司扬州营业部** 申万宏源证券股份有限公司扬州营业部在邗江区、江都区开设证券营业部2家。至2015年末，申万宏源证券股份有限公司扬州2家营业部开设资金账户3.53万户，保证金余额4.56亿元，当年净流入股市资金3.24亿元，累计实现证券交易额1820.91亿元，其中股票交易额1638.65亿元、基金交易额34.42亿元。（杨 志）

**■招商证券股份有限公司扬州汶河北路证券营业部** 至2015年末，招商证券股份有限公司扬州汶河北路证券营业部开设资金账户3.85万户，保证金余额3.67亿元，当年净流入股市资金-7.01亿元，累计实现证券交易额1155.04亿元，其中股票交易额1010.72亿元、基金交易额13.12亿元。（杨 志）

**■中国银河证券股份有限公司扬州营业部** 至2015年末，中国银河证券股份有限公司扬州营业部开设资金账户1.89万户，保证金余额1.69亿元，当年净流入股市资金4.3亿元，累计实现证券交易额685.63亿元，其中股票交易额536.52亿元、基金交易额17.64亿元。（杨 志）

**■新时代证券有限责任公司扬州维扬路证券营业部** 至2015年末，新时代证券扬州维扬路营业部开设资金账户1.27万户，保证金余额1.68亿元，当年净流入股市资金1.32亿元，累计实现证券交易额588.97亿元，其中股票交易额545.24亿元、基金交易额10.09亿元。（杨 志）

**■太平洋证券股份有限公司扬州运河西路证券营业部** 至2015年末，太平洋证券股份有限公司扬州运河西路证券营业部开设资金账户0.41万户，保证金余额0.6亿元，当年净流入股市资金0.84亿元，累计实现证券交易额187.44亿元，其中股票交易额173.19亿元、基金交易额1.94亿元。（杨 志）

**■东吴证券股份有限公司扬州证券营业部** 东吴证券股份有限公司扬州证券营业部在市区、仪征市开设营业部2家。至2015年末，东吴证券股份有限公司扬州证券2家营业部开设资金账户0.64万户，保证金余额0.8亿元，当年净流入股市资金2.65亿元，累计实现证券交易额225.43亿元，其中股票交易额211.64亿元、基金交易额2.01亿元。（杨 志）

**■国联证券股份有限公司扬州文汇西路营业部** 至2015年末，国联证券股份有限公司扬州文汇西路营业部共开设资金账户0.24万户，保证金余额0.76亿元，当年净流入股市资金0.07亿元，累计实现证券交易额263.37亿元，其中股票交易额246.81亿元、基金交易额2.85亿元。（杨 志）

**■东莞证券股份有限公司扬州兴城西路证券营业部** 至2015年末，东莞证券股份有限公司扬州兴城西路证券营业部开设资金账户1.03万户，保证金余额0.62亿元，当年净流入股市资金-1.02亿元，累计实现证券交易额362.94亿元，其中股票交易额204.99亿元、基金交易额2.92亿元。（杨 志）

**■东海证券股份有限公司扬州文汇西路证券营业部** 至2015年末，东海证券股份有限公司扬州文汇西路证券营业部开设资金账户0.22万户，保证金余额0.39亿元，当年净流入股市资金0.22亿元，累计实现证券交易额147.85亿元，其中股票交易额140.4亿元、基金交易额2.21亿元。（杨　志）

**■光大证券股份有限公司扬州文昌西路营业部**　至2015年末，光大证券股份有限公司扬州文昌西路营业部开设资金账户0.5万户，保证金余额0.44亿元，当年净流入股市资金8.06亿元，累计实现证券交易额182.49亿元，其中股票交易额132.95亿元、基金交易额2.47亿元。（杨　志）

**■德邦证券有限责任公司扬州文昌中路证券营业部**　至2015年末，德邦证券有限责任公司扬州文昌中路证券营业部开设资金账户0.13万户，保证金余额0.11亿元，当年净流入股市资金0.15亿元，累计实现证券交易额50.28亿元，其中股票交易额42.49亿元、基金交易额5.27亿元。（杨　志）

**■长城证券有限责任公司高邮文游中路证券营业部**　至2015年末，长城证券有限责任公司高邮文游中路证券营业部开设资金账户0.18万户，保证金余额0.44亿元，当年净流入股市资金11.78亿元，累计实现证券交易额234.76亿元，其中股票交易额151.34亿元、基金交易额1.71亿元。（杨　志）

**■金元证券股份有限公司扬州文昌西路证券营业部**　金元证券股份有限公司扬州文昌西路证券营业部于2014年12月29日正式开业。至2015年末，金元证券股份有限公司扬州文昌西路证券营业部开设资金账户0.05万户，保证金余额0.59亿元，当年净流入股市资金-0.1亿元，累计实现证券交易额52.59亿元，其中股票交易额48.22亿元、基金交易额1.05亿元。（杨　志）

**■方正证券股份有限公司扬州文昌西路证券营业部**　至2015年末，方正证券股份有限公司扬州文昌西路证券营业部开设资金账户0.68万户，保证金余额0.32亿元，当年净流入股市资金0.71亿元，累计实现证券交易额67.08亿元，其中股票交易额60.05亿元、基金交易额0.48亿元。（杨　志）

**■广发证券股份有限公司扬州扬子江北路营业部**　广发证券股份有限公司扬州扬子江北路营业部2015年初开业，至2015年末，开设资金账户0.16万户，保证金余额1.45亿元，当年净流入股市资金-0.23亿元，累计实现证券交易额186.61亿元，其中股票交易额179.36亿元、基金交易额0.39亿元。（杨　志）

**■华龙证券股份有限公司扬州邗江路证券营业部**　至2015年末，华龙证券股份有限公司扬州邗江路证券营业部开设资金账户0.16万户，保证金余额0.16亿元，当年净流入股市资金0.14亿元，累计实现证券交易额26.62亿元，其中股票交易额25.62亿元、基金交易额0.19亿元。（杨　志）

**■华鑫证券有限公司扬州文汇西路证券营业部**　华鑫证券有限公司扬州文汇西路证券营业部2015年1月开业，至2015年末，开设资金账户0.01万户，保证金余额0.72亿元，当年净流入股市资金0.72亿元，累计实现证券交易额31.561亿元，其中股票交易额28.67亿元、基金交易额0.77亿元。（杨　志）

**■国泰君安证券股份有限公司扬州扬子江中路证券营业部**　至2015年末，国泰君安证券股份有限公司扬州扬子江中路证券营业部开设资金账户0.45万户，保证金余额0.33亿元，当年净流入股市资金3.2亿元，累计实现证券交易额226.63亿元，其中股票交易额206.7亿元、基金交易额2.9亿元。（杨　志）

**2015年扬州市部分上市公司经营业绩一览表**

表21-5

| 股票简称 | 股票代码 | 营业收入（万元） | 净利润（万元） | 基本每股收益（元/股） | 加权平均净资产收益率（%） |
|---|---|---|---|---|---|
| 亚星客车 | 600213 | 201544 | 2020 | 0.09 | 36.41 |
| 扬农化工 | 600486 | 311413 | 45509 | 1.468 | 15.52 |
| 联环药业 | 600513 | 64243 | 5011 | 0.3 | 7.69 |
| 宝胜股份 | 600973 | 1298843 | 16050 | 0.39 | 7.50 |
| 鸿达兴业 | 002002 | 380998 | 51909 | 0.5728 | 15.28 |
| 长青股份 | 002391 | 182081 | 23756 | 0.69 | 9.09 |
| 亚威股份 | 002559 | 89330 | 7357 | 0.21 | 5.57 |
| 扬杰科技 | 300373 | 83389 | 13780 | 0.33 | 17.68 |

（杨　志）

# 财政 税务

Caizheng Shuiwu

编 辑 贾丽琴

## 财政

**■概述** 2015年，全市完成公共预算收入336.75亿元，比上年增长14.1%；完成税收收入274.67亿元，增长13.4%，税占比81.6%。市区完成公共预算收入233.57亿元，增长14.5%；县域完成公共预算收入103.18亿元，增长13.1%。

全市公共财政预算支出442.78亿元，比上年增加75.05亿元，增长21%；政府性基金支出189.24亿元，减少13.59亿元，下降7%；市财政局连续5年被省财政厅评为法治财政先进单位。（陈茜炜）

**■财政收支** 市财政局组织开展“财源培植大比武”活动。依法加强税收征管，深化综合治税平台涉税信息比对应用，试点非税征管税收化管理。盘活财政存量资金，统筹用于支持经济社会发展。全年向上争取资金比上年增长20%以上。争取地方政府债券置换存量债务转贷额度27.1亿元。强化财政支出管理，贯彻执行新预算法，强化预算约束，严控一般性支出特别是“五公经费”（接待费、会议费、差旅费、购置费、培训费）支出，加强结余结转资金管理，增强财政重点支出保障能力。

（陈茜炜）

**■支持转型升级** 推行财政专项资金“正面清单”管理，加强支持经济发展专项资金整合。创新支持方式，聚焦基本产业、特色产业，加大对科技创新、技术改造、人才支撑的支持力度，制定出台创新券、技术改造后补助管理办法。推进现代农业发展，调研制定财政支持现代农业发展的政策意见。贯彻落实市委、市政府“2号文件”精神，优化企业发展环境，推进大众创业、万众创新。国家级扬州中小微企业融资会计服务示范基地正式启动运行。放大科技贷款风险补偿资金、中小企业信贷引导资金池、政府应急专项资金的引导支持作用，引导金融资源服务实体经济发展，缓解中小微企业“融资难、融资贵”的问题。拓展投融资业务，小微企业创业创新发展融资基金运作良好，中俄投资基金、扬州大健康基金设立工作有效推进。执行国家、省关于企业税收减免优惠政策，清理规范行政事业性收费，减轻企业负担。

（陈茜炜）

**■支持民生幸福工程** 落实市委、市政府“1号文件”精神，坚持把新增财力主要投向民生领域，完善民生投入保障机制。支持完善社会保障体系，主城三区基本实现社会保险和民政福利“同城同步同标”。支持实施政府购买居家养老服务，完善居民养老保险、城乡医保和救急难等财政补助政策。支持实施新一轮医药卫生体制改革，提高公共卫生和医疗服务水平。合理配置医疗资源，支持苏北人民医院“医联体”和区域性中心医疗机构建设。完善财政对教育、文化和体育等社会事业的投入机制，促进城市“文起来、动起来、乐起来”。运用财政资源撬动金融资源，支持邗江路南延、南部快速通道等城市重大基础设施建设，拓宽项目融资渠道。支持办好民生实事项目，推进城市公园体系、清水活水、公交优先、“1161”菜篮子工程、“115”鲜奶工程和美丽乡村等民生工程建设。完善民生项目投入机制，在公共服务领域加快推进政府与社会资本合作模式（PPP）试点，扬州市7个项目入选省级PPP试点项目。创新公共服务提供方式，出台政府向社会力量购买服务实施意见。

（陈茜炜）

**■财政改革** 贯彻落实2014年重新修订后的预算法，深化预算管理改革，健全政府预算体系，实行中期财政规划管理。推进财政预决算公开，实现市级部门预决算全部公开，市本级政府和部门预算财政拨款的“三公经费”全面公开。调研市区事权与支出责任，为新一轮市区财政体制调整打好基础。加强地方政府债务管理，合理控制债务水平，将地方政府新增债务和存量债务置换全部纳入预算管理。规范财政转移支付制度，实施市区财政转移支付办法和生态补偿转移支付办法。完善部门预算定额标准体系，改进项目预算编制管理。强化行政事业单位资产管理，完成市级行政事业单位资产清查工作。深化绩效管理改革，出台绩效评价结果运用暂行办法。完善财政“大监督”机制，加大监督检查力度。严格落实预算单位公用经费支出按月结算制度，加大公务卡结算推进力度。推进财政信息化建设，建成项目经费并联审批系统。（陈茜炜）

■**扬州中小微企业融资会计服务示范基地揭牌** 12月4日，扬州中小微企业融资会计服务示范基地在扬州揭牌，“发展专业服务推进创业创新”论坛和座谈会同场举行。扬州中小微企业融资会计服务示范基地由中国注册会计师协会、江苏省财政厅、扬州市人民政府共同创建，是全国已经建成的第12家会计服务示范基地。活动期间，多个协议完成签约，包括共建扬州中小微企业融资会计服务示范基地的合作协议；扬州中小微企业融资会计服务示范基地与相关金融机构业务合作协议；3家会计师事务所与3家新三板挂牌企业合作协议；广陵区政府与有意向进驻扬州中小微企业融资会计服务示范基地的中介机构合作协议；广陵区政府、会计师事务所代表、中小微企业专业服务合作协议。（陈茜炜）

**2015年扬州市国税收入分地区情况表**

表22-1

| 地　区 | 国税收入(万元) | 比上年增长(%) |
|---|---|---|
| **合　计** | **2264893** | **4.25** |
| 市区 | 1335428 | 2.79 |
| #广陵区 | 232550 | -14.01 |
| 扬州经济技术开发区 | 259943 | -0.35 |
| 邗江区 | 419078 | 11.37 |
| 江都区 | 351213 | 7.09 |
| 县、市 | 929465 | 6.43 |
| #宝应县 | 158512 | 9.57 |
| 仪征市 | 556289 | 6.11 |
| 高邮市 | 214664 | 5.05 |

注：市区合计数据包括车辆购置税收入，广陵区、扬州经济技术开发区统计数据不含车辆购置税收入

（王　俊）

**2015年扬州市国税收入分税种情况表**

表22-2

| 税　种 | 国税收入(万元) | 比上年增长(%) |
|---|---|---|
| **合　计** | **2264893** | **4.25** |
| 增值税 | 1505116 | 6.29 |
| 消费税 | 192431 | 5.87 |
| 企业所得税 | 451229 | -1.86 |
| 车辆购置税 | 116108 | 1.02 |
| 个人储蓄存款利息税 | 8 | -36.28 |

（王　俊）

## 国家税务

■**概述** 2015年，全市入库全口径国税收入226.49亿元，比上年增长4.25%；完成公共财政预算口径收入60.08亿元，增长5.4%。其中，入库增值税150.51亿元，增长6.29%；入库消费税19.24亿元，增长5.87%；入库企业所得税45.12亿元，降低1.86%；入库车辆购置税11.61亿元，增长1.02%。扬州市国税局获“全国文明单位”称号，高邮市国税局成为全省国税系统首个获“全国文明单位”称号的县(市、区)局。

（姚云鹏　刘　毅）

■**依法行政** 制定《扬州市国税局关于推进依法治税加快法治国税建设工作意见》，明确“法治国税”建设目标和实施策略，实现痕迹化管理。建立政策确定性管理平台，答复解决基层所提9个税收政策确定性问题。组建法律顾问团队，为依法妥善处置信访舆情等复杂事项提供法律支撑。编印《税务机关依法行政常用法律法规文件汇编》，强化“六五”普法教育，开展领导干部法治能力专题培训，组织学法用法考试。加强法制人才培养，采取辩论赛、“模拟法庭”等创新教学形式，参与法制课题调研，向政府法制理论与实务研讨会报送6篇法治论文，完成国家税务总局下发的税收执法人员持证上岗和资格管理制度等课题任务。对4个县(市、区)国税局组织开展综合监督检查，督促各项税收政策执行到位。

（田志明　张余华）

■**税收管理改革** 2015年，在全市国税系统推广运用《风险应对工作模板》和《纳税评估法律适用指引》，实施风险应对流程化、规范化、法制化管理。推进机关处室实体化和分局科室化，加强风险应对团队建设，全市累计实施风险应对3018户，查补入库税款5.55亿元。推进稽查分级分类管理，制定《扬州市国家税务局分级分类稽查办法》。加强综合治税，推动政府出台综合治税信息负面清单，实现40多个部门信息共享互通，挖掘运用第三方情报数据查补税款1.69亿元。推广增值税发票管理新系统，加强增值税发票信息管理。开展纳税服务规范化示范点风险管理示范点建设，仪征市国税局被推荐参评“全国税务系统法治示范基地”。

（秦国宝　尚　峻）

■**纳税服务** 开展“便民办税春风行动”，推出相关服务举措，推行《全国税务机关纳税服务规范2.0》，制定办税服务厅和办税人员行为规范，统一全市纳税服务标准。推行“三证合一，一照一码”（将原来企业、农民专业合作社登记时依次申请，分别由工商行政管理部门核发工商营业执照、质量技术监督部门核发组织机构代码证、税务部门核发税务登记证，改为一次申请、由工商行政管理部门核

发一个加载统一社会信用代码的营业执照)改革，扩大“全城通办”业务范围，办税服务厅整体进驻市政务服务中心，实行国、地税联合办税。在东区、北区车辆管理所设立车辆购置税征收点，在部分汽车4S店增设车辆购置税自助缴税终端，便捷纳税人缴税。搭建“小微企业税银互动服务平台”，联合江苏银行扬州分行推行“税e融”信贷服务，以纳税信用为担保，帮助279户诚信中小企业获批1.4亿元信用贷款。

（吴小虎　高峰寓）

**■结构性减税**　落实结构性减税政策，将优惠政策享受由“审批制”改为“备案制”。全市累计办理各类税收优惠100.29亿元。其中，通过开展“小微企业政策宣传周”“局长接待日”等活动，落实小微企业结构性减税4.45亿元，政策享受面100%；对出口退(免)税企业实行分级分类管理，将出口退(免)税的审批权限下放到县(市、区)局，并实行无纸化退税，全年办理出口退(免)税71.51亿元，增长15.81%；落实即征即退、资源综合利用、高新技术企业等税收优惠26.06亿元。

（汤海波　马锦军　舒永新）

**■国、地税合作**　落实《国家税务局地方税务局合作工作规范(1.0版)》要求，加强与扬州地税沟通协调，在全省率先召开国、地税联席会议，成立扬州国、地税合作领导小组，共同起草《扬州国、地税联席会议制度》，联合制定《扬州国、地税合作方案》，围绕服务深度融合、执法适度整合、信息高度聚合，确定首批33个合作项目，通过整合资源、优化流程、完善机制，至年末已完成联合设立税务登记、共同评定纳税信用等级、联合开办“纳税人学堂”、委托代征、联合开展经济税收分析等17个合作项目，共同召开国、地税合作新闻发布会。（叶　勇　吴小虎）

**■税制改革**　2015年，全市已纳入“营改增”(营业税改增值税)试点的纳税人1.44万户，比上年新增4093户。全市入库“营改增”税收6.79亿元，比上年增收7960万元，增长13.27%。“营改增”纳税人整体减税6.22亿元，其中有97.16%的“营改增”试点纳税人税负比上年降低或持平，共减税1.73亿元；非试点纳税人接受“营改增”试点企业应税服务增加抵扣减税4.49亿元。推进电池、涂料、成品油、卷烟等消费税改革。全市入库成品油消费税3.49亿元，增长61.57%；入库卷烟消费税4.25亿元，增长83.98%；入库电池涂料消费税412.79万元。

（王　艳　叶海燕　陈　燕）

**■税务稽查**　对123户纳税人实施税务稽查，查补入库税款2682万元，其中查处百万元以上大(要)案6件，查补入库1016.69万元。组织对出口退(免)税企业、黄金交易企业、资本交易及电信公司专案、网络版普通发票虚开等8个项目开展专项检查。加大对发票违法犯罪行为打击力度，针对金融保险、房地产、商业批发与零售等7个高风险行业，查处发票违法企业209户，依法查处非法取得发票964份，涉票金额7208.98万元。依法依规处置涉税检举案件，全年查办各类检举信息103件。

（郑　晨　马雪梅）

## 地方税务

**■概述**　2015年，全市地税系统组织各项收入389.2亿元。其中，税收收入252.6亿元，比上年增

**2015年扬州市地方税收分征收单位情况表**

表22-3

| 征收单位 | 2015年实绩(万元) | 2014年实绩(万元) | 比上年增长(%) |
|---|---|---|---|
| **合　计** | **2525682** | **2244447** | **12.53** |
| 市　区 | 1367777 | 1240079 | 10.30 |
| 江都局 | 434951 | 369115 | 17.84 |
| 宝应局 | 234898 | 210619 | 11.53 |
| 仪征局(含化工园区) | 241474 | 209776 | 15.11 |
| 高邮局 | 246582 | 214858 | 14.77 |

（刘秋佳）

**2015年扬州市、县级地方税收分税种收入情况表**

表22-4

| 税　种 | 2015年实绩(万元) | 2014年实绩(万元) | 比上年增长(%) |
|---|---|---|---|
| **合　计** | **2401951** | **2132006** | **12.66** |
| 营业税 | 1009616 | 846971 | 19.20 |
| 个人所得税 | 230228 | 256121 | -10.11 |
| 土地增值税 | 360871 | 279524 | 29.10 |
| 城市维护建设税 | 184439 | 165836 | 11.22 |
| 车船使用税 | 18824 | 15944 | 18.06 |
| 房产税 | 94689 | 77907 | 21.54 |
| 资源税 | 14389 | 24083 | -40.25 |
| 城镇土地使用税 | 69640 | 58417 | 19.21 |
| 印花税 | 37820 | 34524 | 9.55 |
| 契税 | 165317 | 145908 | 13.30 |
| 耕地占用税 | 24039 | 21022 | 14.35 |
| 企业所得税 | 192079 | 205749 | -6.64 |

（刘秋佳）

**2015年扬州市社会保险费征缴情况表**

表22-5

| 社会保险险种 | 2015年征缴计划(万元) | 收入实绩(万元) | | 比上年增长(%) | 征缴率(%) |
|---|---|---|---|---|---|
| | | 2015年 | 2014年 | | |
| **合计** | **1189761** | **1191682** | **1057060** | **12.7** | **100.2** |
| 养老保险 | 750870 | 753133 | 681686 | 10.5 | 100.3 |
| 医疗保险 | 358434 | 358433 | 298611 | 20.0 | 100.0 |
| 失业保险 | 42023 | 41672 | 36349 | 14.6 | 99.2 |
| 工伤保险 | 26330 | 26299 | 24032 | 9.4 | 99.9 |
| 生育保险 | 12104 | 12145 | 16382 | -25.9 | 100.3 |

(刘秋佳)

长12.5%;征收社会保险费119.2亿元,增长12.7%,同期征缴率99.63%;征收教育费附加及其他基金(费)17.5亿元。税收收入中,属于公共财政预算收入的214.7亿元,增长15.9%。全年累计减免各项税收15.16亿元,小微企业优惠政策落实面100%。 (刘秋佳)

**■税收征管** 2015年,扬州市地方税务局(简称扬州地税局)按照“职责相配,收入共管”的要求,建立“目标管控、动态管理、部门协同、责任共担”的收入管理新机制,强化收入统筹管理。完善“四个对接”机制和收入目标协作制度,密切各级地方税务机关与地方党政的联系协作,健全质量管理联动体系。打造风险管理“大循环”格局,实行局务会、风险管理领导小组会议“两会合一”制度,开发应用《税收风险应对质量评价系统》,中等风险、高等风险应对完成率、有效率超过99%,税收贡献率6%。启动“大数据治税工程”,引入“云计算”理念,推进桌面虚拟化、服务器虚拟化的应用,运用第三方数据开展税源管理,入库税收3.1亿元。 (刘秋佳)

**■税种管理** 加强“营改增”存量税源控管,全市累计入库营业税113.32亿元,比上年增加17.39亿元,增长18.12%。推进建筑业项目清算,清算项目1072个,入库税款2372万元。实施土地增值税清算新模式,推进“以地控税”,“存量房交易计税价格争议网上运行平台”上线运行。编写应对指引、优化指标模型。构建以“七字诀”、12万自助申报软件、自然人纳税信用管理系统为保障的个税自行申报工作新模式,自然人涉税信息在全省率先纳入人民银行征信系统。构建管理、服务、调查三位一体反避税工作体系,入库非居民企业税收2760万元,增长251%。服务“一带一路”战略,建立“走出去”企业税收服务“联合体”,帮助企业避免境外税收损失11.2亿元。制定《社会保险费征收管理流程》,建立欠费管理信息平台,清理社保费欠费2.96亿元。 (刘秋佳)

**■依法行政** 制定完善《关于全面推进依法治税工作的意见》《税务行政执法与刑事司法衔接工作实施办法》等多项制度,建立“税收政策三方解读协商”机制。开展省、市依法行政示范单位创建工作,扬州地税局被评为“省级依法行政示范点”,2家单位创成“法治税务示范基地”。建立重点事项联合督察机制、优惠政策落实倒查机制,确保各项政策落实落地。落实“首违不罚”“容期整改”“安静生产日”等要求,营造公平公正税收环境。加大涉税违法案件的查处力度,制定《通用检查提纲》,打造税收查账中心,提高稽查工作效能,全年查处违法企业91户,直接检查收入增长140%。 (刘秋佳)

**■纳税服务** 落实国家税务总局《纳税服务规范》,优化办税布局,构建网上办税、实体办税、自助办税“三位一体”办税服务新体系。推进行政审批制度改革、“三证合一”登记制度改革,全面取消非行政许可审批事项,实现绝大部分事项当场办结。编写纳税服务各岗位操作手册,做实纳税人学堂、涉税信息月报等宣传辅导平台,培训纳税人2279人次。贯彻《国地税合作工作规范》,开展国地税合作。推进“绿色申报”制度,与市人民银行建立“税银互动”机制,帮助246户企业获得贷款1.2亿元。开展“走千家税户,解发展难题”活动,全系统专题走访企业1100户。 (刘秋佳)

税务人员向大学生“创客”宣讲相关税收优惠政策 陈 洁、徐 韵/摄

# 经济管理与监督

Jingji Guanli Yu Jiandu

编　辑　贾丽琴

## 经济宏观管理

**■概述**　2015年，扬州市地区生产总值增长10.3%，公共预算收入增长14.1%，投资、消费和出口分别增长18.2%、9.7%、0.4%，主要经济指标保持较快增长，经济运行好于全省平均水平。转型升级成效明显，产业结构持续优化，三次产业结构6.0∶50.1∶43.9，服务业占比比上年提高1个百分点；战略性新兴产业产值占规模以上工业的比重达29.5%；全社会研发投入占地区生产总值的比重达2.3%。推进民生工程，发展成果惠及于民。城乡居民收入均增长8.7%，城镇登记失业率2.05%。

加强经济运行监测和形势研判。市发展和改革委员会(简称市发展改革委)完善提升全市经济运行监测系统，及时掌握500家经济运行监测点的生产经营情况，并利用大数据、非统计数据多层次、多渠道地进行分析；通过调研、座谈、地方报送情况等形式，及时了解全市重点产业、行业、企业的生产经营情况。重大问题研究及成果转化取得新成效。市发展改革委围绕谋划“十三五”和市委、市政府确定的年度重点工作，开展一系列重大问题研究，形成100余篇调研成果，其中牵头起草的全市经济迈上新台阶的路径研究已经转化为实施意见。谋划“十三五”规划。市发展改革委在客观分析扬州的发展基础和环境，吸收前期各项调研课题、专题和专项规划成果的基础上，制定“十三五”规划纲要，并顺利通过市人大七届五次会议审议。

推进重大项目建设，促投资稳增长。编制并执行市级重大项目投资计划，292个市级重大项目实际完成投资1237亿元，占全市投资比重45%。推进列省重大项目建设，全年列省重大项目数量14个，比上年增加5个；其中12个列省项目开工建设，完成投资153.6亿元。吸引社会资本参与，全市民间投资占比76%，比上年提高5个百分点。推进重大基础设施项目，连淮扬镇高铁、宿扬高速公路全面开工建设，华电扬州天然气发电、沪陕高速公路江广段、城市南部快速通道开工建设；扬州二电厂“上大压小”工程在全省火电项目评选中取得较好名次；与泰州、南通联合向省政府上报《关于将我省北沿江高速铁路列入国家相关规划的请示》，并进入省“十三五”规划纲要。强化政府投资项目管理服务、跟踪协调和监督检查，编制印发2015年政府投资项目库，计划实施项目46个，总投资82.9亿元，年度计划投资35.3亿元。联合财政、审计、建设等部门，开展中央预算内项目的稽查，清理存量资金625万元。

加快产业结构调整，推动服务业发展取得新成效。全年下达市级服务业引导资金6277万元，争取省级以上服务业引导资金2590万元。服务业重大项目建设实现重大突破。全市列省服务业“十百千”重大项目9个，完成投资41.5亿元。全年新开工服务业重大项目42个，新竣工项目29个。广陵区Y-MSD(扬州泰达现代服务业集聚区)开工建设，百亿规模服务业重大项目实现零突破。服务业投资保持快速增长，增幅24.5%，位列全省第二位。现代服务业集聚区发展水平显著提升。开展服务业集聚区星级评估工作，新认定虹桥坊旅游、

8月18日，江广高速公路扬州段改扩建工程开工　　王　卓/摄

广陵新城中央商务等新兴业态市级服务业集聚区10家;43家市级以上服务业集聚区完成营业收入917.8亿元,增长13.5%,实现服务业税收26.6亿元,比上年增长11.2%。推动汇银家电、庆松化工等5家企业入选省级"服务业创新百企示范工程",笛莎等23家企业入选省级创新企业库。服务业重点领域保持快速增长。新增列统规模以上服务业法人单位133家、服务业规模以上企业217家。以软件信息、文化旅游、科技服务为代表的新兴业态加速发展,软件和信息技术服务业收入增长40%以上,科技服务业收入增长15%;"三室经济"(重点发展以人的智慧为主要资本的文化创意产业"工作室"、科技研发产业"实验室"和软件信息服务业"办公室")和互联网经济迅速成长,生产性服务业占服务业增加值比重达50.23%,首次实现过半。全市服务业实现增加值1762.9亿元,增长10.8%,快于地区生产总值增速0.5个百分点,对全市经济增长的贡献率55.8%。

加快转型升级,新兴产业保持平稳增长。着力培育战略性新兴产业创新平台,新批8家省级工程中心,全市省级以上工程中心总数达32家。战略性新兴产业保持平稳较快增长,实现产值2895亿元,增长10.1%。牵头做好产能过剩项目清理工作。争取部分符合产业政策的钢铁、船舶项目,进入国家发改委审核范围。全市31个钢铁、船舶违规建成项目,拿到省发改委出具的备案手续,包括中信泰富、秦邮特钢、环洲船用材料等14个钢铁项目,大洋造船、中海工业、金陵船舶等17个船舶项目。军民融合发展取得明显成效。9个军民两用项目获批省级军民融合发展引导资金1505万元,获批项目数和资金数均居全省第二。建成2个国家级、3个省级动员中心。帮助华东动力、万方电子等民企参与军队物资装备采购,获得军方订单合同近50亿元。抓住军用粮油首次向民企开放的契机,帮助仪征方顺粮油、江都神谷米业等5家粮油企业获得供应商资格。

深化经济体制改革,推进相关重点领域改革。参与起草全市全面深化改革年度工作要点,牵头完成经济体制改革要点部分。具体抓好涉审中介改革。按"谁主管,谁清理"的原则,对涉及行政审批的中介服务事项进行清理,调整优化18个部门的67个服务事项,取消雷电灾害风险评估事项1项,将内容相近、性质相似的11类33个事项合并成11项,编制公布涉及33个服务事项、229家中介机构的"四项清单"。优化企业服务。推进行政审批制度改革,简化归并审批环节,取消地震安全性评价等5项企业核准前置条件。建成内部行政审批信息管理系统,实现行政审批事项上网运行和移动客户端审批。实施"并联审批"和"容缺预审",审批重大项目40件,"容缺预审" 78件,为152个项目提供预约服务和跟踪服务。破解企业融资难题,邗江城投债二期、高邮城建债和仪征城投债三期成功获批。

推动区域协调发展,跨江融合发展进展顺利。共建园区取得突破,波司登(高邮)工业园获批并享受省财政扶持,与苏南开展合作项目13个,吸引投资超百亿元;宝应工业园与上海莘庄工业园实现共建;扬州高新区和江都、仪征、维扬、广陵等开发区分别与苏南园区达成合作协议。宁镇扬同城化有序推进,建立市政府主要领导参加的联席会议制度。新型城镇化点面结合平稳推进。推动高邮市和汜水镇、邵伯镇、月塘镇分别进入县级和镇级层面国家综合试点,入选的乡镇数量位列全省第二。启动特色小镇培育工作,起草《关于加快特色小镇规划建设的实施意见》。"一带一路"和长江经济带建设有序展开。梳理全市参与"一带一路"建设的工作要点,以及105个"一带一路"建设项目。起草全市关于贯彻落实《国务院关于依托黄金水道推动长江经济带发展指导意见》的实施意见,修订完善《扬州市长江岸线资源开发利用管理意见》,并经政府常务会议审议通过。对口支援工作扎实推进。举办"扬州新源民族团结促进月暨文化教育交流月"活动,先后在扬州、重庆、成都、西安等地组织参加各类产业推介会15场,帮助引进产业援疆项目8个,总投资1.91亿元。筹集支援汉中、秭归等项目经费和援疆、援藏、援青等工作经费293万元。组团参加第19届西洽会暨丝博会,签订项目10个,总投资7.66亿元。

加大资源节约和环境保护力度,生态文明建设成效明显。建立生态中心建设工作网络和联席制度,完善生态中心考核指标体系。9大生态中心完成投资41亿元,新增绿化360公顷,清淤20万立方米,建成清水潭游客服务中心、宋夹城生态停车场、马可波罗花世界等22个项目。循环经济产业链进一步完善。加快推进园区循环化改造,扬州经济技术开发区、化工园区等7个省级以上开发区基本完成循环化改造任务,年节水、节电分别达到847.5万吨、1.7亿千瓦时,减少固体废弃物排放430.7万吨。新能源得到广泛推广和利用。执行能源消费总量和煤炭消费总量控制,开展节能评审182项,核减标煤4800吨。加快重点能源项目建设,华电扬州电厂9F天然气发电项目获批开建,中石化江苏江北成品油管道扬州段全线贯通。全市新增光伏发电180兆瓦,并网发电规模达500兆瓦以上,位列全省前列。非化石能源占一次能源消费比重达8%,较上年提高1.2个百分点。

(王　峰　夏卫峰)

**■经济体制改革** 2015年,全市深化经济体制改革,政府职能转变、国企国资管理、现代市场规则完善等10个重点领域63项改革任务取得新成效。加快转变政府职能。深化行政审批制度改革,对行政审批事项实行目录化、标准化、动态化管理。加大取消、下放行政审批力度,共取消53项、调整187项市级行政审批事项。开展"三减一提"(减章、减时、减负、提效)效能提升行动,制定《关于深化行政审批制度改革加强事中事后监管的意见》。强化行政许可监督,制定《扬州市市级行政审批责任追究暂行办法》。推进城市管理行政执法体制改革。开展部分市级机关部门职能机构优化管理工作，落实市工商局、市卫计委、市食药监局“三定”规定，调整功能区市场监督管理职能，整合不动产登记职责。开展涉审中介服务事项清理规范，完成行业协会商会与行政机关脱钩。深化国企国资管理体制改革。制定《市行政事业单位所办国有企业优化整合方案》，建立健全国有资本经营预算制度，修订《扬州市企业国有资本经营预算管理办法》。推进市属国有企业股份化改革，发展混合所有制经济，加快冶春、谢馥春、工艺美术集团上市步伐。完善市场环境。出台《关于促进市场公平竞争维护市场正常秩序的实施意见》《扬州市“三证合一”企业登记改革实施方案》，全面实施“三证合一”登记制度。建成市区国有建设用地使用权网上交易系统并投入使用。推进价格改革。进一步完善居民阶梯气价、水价制度。放开农产品价格和公共文化、体育设施收费。贯彻落实《省物价局等七部门〈转发国家发展和改革委员会等七部门关于推进药品价格改革意见〉的通知》，除麻醉、第一类精神病药品外，取消其他药品政府定价。构建地方金融体系。拓宽政府融资渠道，出台《扬州市政府与社会资本合作(PPP)模式的实施意见》，5个PPP项目通过国家层面向外推介，21个PPP项目通过省级层面予以公开。加快股权投资发展，支持战略性新兴产业和科技型、初创型中小企业成长。组织扬创投、长盛创投等创投机构与科技企业孵化器、科技产业综合体、众创空间联合开展对接活动。全年有9家科技型企业登录“新三板”，全市累计28家科技型企业实现挂牌(上市)。推进财税体制改革。完成2016—2018年市本级中期财政规划。推进财政预算改革，出台市级政府、部门预决算公开工作办法，市级部门预算全部公开。建立市区财政转移支付制度。深化税收征管制度改革，全市纳税服务一体化格局基本形成，全面实现“征、评、管、查”流程闭环管理。科技体制改革取得突破。出台《关于深入实施创新驱动战略加快创新型经济发展的实施意见》，设立1亿元科技成果转化引导基金。成立市产业技术研发协会。争创国家级、省级高新区，扬州高新区创成国家级高新区，生态科技新城、高邮湖西新区创建省级高新区已通过省科技厅审核并上报省政府待批。全市建成10家省级科技产业园，实现县(市、区)科技产业园全覆盖。全年开工建设19个科技产业综合体，开工建设面积442.7万平方米，5个综合体投入运营，12个综合体投入试运营，入驻企业近700家。深化农村改革。出台《扬州市新型城镇化与城乡发展一体化规划(2015—2020年)》。开展农村承包土地经营权抵质押贷款试点工作，规范农村土地经营权有序流转，建立城乡统一建设用地市场。完善农村宅基地管理制度。推进农村土地承包经营权确权登记颁证工作，实施小型水利工程管理体制改革，建立村级事务准入制度。推进新型城镇化和城乡发展一体化。完成市区镇村布局规划总体方案，基本完成仪征市、宝应县镇村布局规划。细化优化21个镇镇村布局。氾水镇、月塘镇、邵伯镇等3个小城镇及高邮市入选国家新型城镇化试点，市、县、镇三级城镇化试点方案已报省发改委待批。扩大行政管理体制改革试点镇经济社会管理权限。整合不动产登记职责机构，成立不动产登记局，在邗江区开展农房发证试点。创新开放性经济体制机制。外商投资项目由全面核准改为普遍备案与有限核准相结合。外商投资实行“清单化审核、备案化管理、一表式受理”，简化报批材料，缩减办结时限。执行《外商投资产业指导目录(2015年版)》，相关服务业项目前置事项改后置，审批简捷化、便利化。建立境外投资“备案为主、核准为辅”的管理模式，制作企业“走出去”的“一表式”流程，对境外投资备案实行无纸化备案。开放一类航空口岸，开通韩国首尔等国际航线。

(许德奎　陶小军　张克辉)

8月18日，扬州鸿图网络科技有限公司挂牌上市

王　卓/摄

**投资运行**　2015年，全市完成固定资产投资2856.8亿元，比上年增长18.2%，增幅超过全省平均水平7.7个百分点。其中，第一产业完成投资16.1亿元，增长6.6%；第二产业完成投资1511.2亿元，增长13.6%；第三产业完成投资1329.5亿元，增长24.2%。房地产开发投资378.2亿元，增长4.9%。全市列入市级重大项目投资计划项目数292个，较上年增加26个；当年计划投资1249亿元。全年实际开工建设项目255个，完成投资1273亿元，达年度计划的101.9%。其中，产业项目开工191个，完成投资605.4亿元。全市有14个项目列入省级重大项目，较上年增加5个，除宁仪扬城际轨道交通工程为前期工作项目外，其余13个项目实际开工12个，完成投资153.6亿元。一批重大基础设施项目取得新突破。扬州市城市轨道交通建设规划专家咨询会召开，《扬州市轨道交通建设规划及线网规划环境影响评价报告书》正式上报环保部。沪陕高速公路浦头互通可行性研究报告、启扬高速双沟互通连接线工程可行性研究报告获省发改委批复，江广高速扬州段改扩建工程开工建设，连淮扬镇铁路全线开工建设，宁启铁路复线电气化改造扬州段全部完成，扬州西部交通客运枢纽、文昌路西延等工程建成并投入使用。　(韩世来)

■**服务业发展**　全市实现服务业增加值1762.9亿元，比上年增长10.8%，占地区生产总值的43.9%，提高1个百分点，对全市经济增长的贡献首次位居首位；服务业完成税收224.6亿元，增长10.1%；完成固定资产投资1329.5亿元，增长24.2%，高于全市固定资产投资增幅6个百分点，占全市固定资产投资比重46.5%；实际利用外资5.2亿美元，占全市实际利用外资总额的61.2%。全市新开工服务业重大项目42个，新竣工投产重大项目29个，服务业重大项目完成投资361.2亿元。新增服务业规模以上企业217家，居全省第四位；宏信超市连锁股份有限公司获批省服务业品牌创新示范企业，全市省级服务业创新示范企业达5家。

（朱华斌）

■**交流与合作**　牵头设立长三角协调会健康服务业专业委员会并召开成立大会。会议审议通过长三角协调会健康服务业专业委员会《章程》《暂行管理办法》和《组织架构》等；编制《长三角协调会健康服务业专家库建设方案》，启动筹建专家咨询委员会；开展编制《2015年度长三角协调会健康服务业发展报告》及2016年度专委会研究专（课）题工作。5月，国家体育总局、中央电视台等单位在扬州市联合举办扬州鉴真国际半程马拉松赛发展战略高层研讨会，长三角区域上海、南京、杭州、合肥等9个成员城市的马拉松赛组委会代表参加研讨。6月，沪、苏、浙、皖体育主管部门在扬州市仪征红山体育公园共同举办2015第二届长三角运动休闲体验季江苏仪征站暨“魅力夏日·乐动红山”活动。9月，扬州市牵头举办中外美食（美酒）展览展销展示活动，吸引15个国家和地区以及国内14个省（市）230家参展商；扬州苏北人民医院与华山医院签署合作协议，挂牌成立“复旦大学附属华山医院与苏北人民医院医疗协作中心”，推进长三角医疗资源合作共享；扬州市与上海麦忒家庭服务发展有限公司合作开展“互联网＋早期教育”项目，促进家庭服务与亲子早教产业发展；中国家庭服务业协会在扬州市召开中国家庭服务业协会母婴生活护理专业委员会第三次主任（副主任）会议暨中国月嫂产期母婴服务学术交流论坛；经世界中国烹饪联合会专家评审，正式授予扬州市“国际美食之都”牌匾，扬州市成为继广州、成都之后第三个获此称号的中国城市。10月，扬州市组织承办第十届文博会扬州分会场专题展览展示活动，推荐参展陆琴、天姿等休闲文化代表企业以及谢馥春、富春等“中华老字号”企业。

第十届文博会扬州分会场上的扬州剪纸创意产品

庄文斌／摄

推进《宁镇扬同城化发展规划》实施。推动省政府成立宁镇扬同城化发展协调小组及专项工作组，市政府印发《关于成立扬州市推进宁镇扬同城化发展领导小组及专项工作组的通知》，成立宁镇扬同城化发展工作领导小组及能源、信息化、科技创新、生态环保、城乡建设、交通、水利、社会保障等8个专项工作组。配合南京、镇江相关部门，编制《南京都市圈空间协同发展规划》（含六合—仪征跨界新城协调发展内容）等毗邻地区发展规划；依据《第八届南京都市圈市长联席会议备忘录》，将宁扬城际等10个重大基础设施项目列入《南京都市圈重大基础设施合作项目清单》。结合南京江北新区建设发展，扬州、南京两市共同打造六合—仪征临港新市镇，推动重点跨界区域共建发展。推进重大基础设施项目建设。开工建设连淮扬镇铁路扬州段，对接以京沪为主干线的高铁交通，推进京沪高铁联络线和宁扬城际轨道交通等项目建设。推进宁仪扬都市圈轨道建设、京沪高速南延、扬马（扬镇）、439省道东西延伸段、扬滁公路建设，实现宁镇扬之间的快速化、通勤化。提升机场、港口的集散辐射能力，加快扬州泰州机场二期工程建设，实施一类口岸开放。编制长江镇扬河段三期整治工程可研报告，实施建设淮河入江水道扬淮段整治工程。

推进园区合作共建工作。按照省政府下发的《关于促进苏中与苏北结合部经济相对薄弱地区加快发展的政策意见》《关于苏中地区组织实施合作共建园区工作的通知》等文件精神，推进高邮、宝应、邗江、江都、仪征等地共建园区的筹建和申报工作。波司登高邮工业园、上海莘庄工业区宝应工业园先后获省政府批准。

（沈诗贵）

■**新兴产业发展**　2015年，全市新兴产业有规模以上企业524家，其中新能源和新光源企业137家。新兴产业规模以上企业实现总产值2895.8亿元，比上年增长10.1%，占规模以上工业总产值的29.5%。其中，新能源产业实现产值361.9亿元，增长19.1%；新光源产业产值309.7亿元，增长13.5%；新材料产业产值476.6亿元，增长5.3%；智能电网产业产值1150.2亿元，增长7.0%；节能环保产业产值744.6亿元，增长11.3%。新兴产业全年实现出口交货值395.5亿元，增长40.5%。太阳能光伏产业占据新能源产业九成以上的开票销售，并贡献所有增量。晶澳（扬州）太阳能科技有限公司、扬州协鑫光伏科技有限公司等重点骨干企业订单充足，经营质态较好。新光源产业稳中有进，LED（发光二极管）企业成为新光源产业发展引擎，中科半导体照明有限公司的“低热阻高光效蓝宝石基GaN LED材料外延及芯片技术”获国家技术发明二等奖。新材料产业持续平稳增长，江苏扬农锦湖化工有限公司、大连化工(江苏)有限公司等企业开工率良好，在手订单充足。节能环保产业稳步增长，江苏天雨环保集团有限公司等企业探索开展EPC(工程总承包)模式，已开拓非洲、印度等新兴市场，环保科技产业园已形成城市生活垃圾处理与利用、报废机车拆解利用与再制造、城市建筑垃圾再生利用等多条产业链。

(高技处)

**■能源工作** 2015年，扬州市推动节能降耗，发展新能源综合利用，全市能源结构优化，能源行业效益增长，非化石能源占比上升，可再生能源综合利用发展加快，重大能源项目取得进展。能源重点项目取得突破性进展。江苏华电扬州电厂9F天然气—蒸汽联合循环发电项目及其配套天然气管线工程取得核准，并正式开工建设；中国石油化工江苏江北成品油管道扬州段工程全线贯通并进入试运营；江苏国信高邮燃机热电联产项目、仪征联众热电有限公司“煤改气”项目取得核准。“川气东送”扬州段管线前期工作进展顺利；高邮协合风电场一期总装机容量50兆瓦的风力发电项目建成投产。装机容量60兆瓦的华能仪征风电场一期工程进展顺利。光伏发电项目实现跨越式发展。全年新增备案集中式光伏电站和分布式光伏发电项目165.35兆瓦。其中集中式光伏电站项目105兆瓦。建立健全油气管网和市场安全保障机制。全市共计销售成品油112万吨，其中，汽油销售47万吨、柴油65万吨。建立健全成品油和油气长输管道安全工作联合执法机制。制定并实施一系列油气保护安全管理工作规章制度。先后制定《扬州市油气输送管线及成品油市场安全专项行动实施方案》《扬州市油气长输管道工作保护工作要点》《扬州市油气管道安全隐患整治方案》等政策性文件。

(陆　扬)

## 国土资源管理

**■概述** 2015年，全市土地总面积6591.21平方千米。其中，耕地3301.41平方千米(含可调整地类面积459.18平方千米)，占50.09%；城镇村及工矿用地1055.94平方千米，占16.02%；交通运输用地286.32平方千米，占4.34%；水域及水利设施用地1809.45平方千米，占27.45%；其他土地65.88平方千米，占1.0%。全市共有矿产资源15种，其中已基本探明储量的矿产资源12种。石油、天然气储量居全省首位。建筑用玄武岩主要分布在仪征和高邮天山一带，建筑用砂及鹅卵石(雨花石)在仪征丘陵地区广泛分布。地热资源禀赋与开发条件优越，地热资源可采储量达3万立方米/天，分布广、储量大、温度高、水质好。

扬州市被省国土厅授予“2014年度江苏省国土资源节约集约利用模范市”称号，并获用地计划指标奖励80万平方米；广陵区、邗江区、宝应县、江都区被授予“2014年度江苏省国土资源节约集约利用模范县(市、区)”称号，分别获用地计划指标奖励33.33万平方米。　(扬国土)

**■耕地资源保护** 2015年，全市新增耕地1021.33万平方米。其中，140个耕地占补平衡补充耕地项目新增耕地716.4万平方米；17个市以上投资土地整理项目新增耕地304.93万平方米。此外，全市完成城乡建设用地增减挂钩复垦项目147个，新增农用地270.04万平方米，其中耕地268.52万平方米。组织开展基本农田划定工作，落实基本农田2701.87平方千米，建设高标准基本农田333.33平方千米。　(扬国土)

**2015年扬州市土地资源情况一览表**

表23-1

| 类　别 | 土地面积(平方千米) | 占比(%) |
|---|---|---|
| **合　计** | **6591.21** | **100** |
| 耕　地 | 3301.41 | 50.09 |
| 园　地 | 41.21 | 0.63 |
| 林　地 | 24.58 | 0.37 |
| 草　地 | 6.42 | 0.1 |
| 城镇村及工矿用地 | 1055.94 | 16.02 |
| 交通运输用地 | 286.32 | 4.34 |
| 水域及水利设施用地 | 1809.45 | 27.45 |
| 其他土地 | 65.88 | 1.0 |

(扬国土)

**2015年扬州市新增耕地情况一览表**

表23-2　单位：万平方米

| 类　别 | 小　计 | 广陵区 | 邗江区 | 江都区 | 宝应县 | 仪征市 | 高邮市 |
|---|---|---|---|---|---|---|---|
| **合　计** | **1021.33** | **29.5** | **51.52** | **172.28** | **504.38** | **75.07** | **188.58** |
| 耕地占补平衡补充耕地 | 716.40 | 12.7 | 40.92 | 32.88 | 449.85 | 32.14 | 147.91 |
| 市级以上投资土地整理新增耕地 | 304.93 | 16.8 | 10.6 | 139.4 | 54.53 | 42.93 | 40.67 |

(扬国土)

**■矿产资源开发利用** 2015年，全市有矿山企业64家(含江苏油田)，其中国土资源部发证石油企业1家、省国土资源厅发证地热矿泉水企业8家、县级国土资源部门发证砖瓦企业55家。全市年开采原油90万吨，占江苏油田年开采总量的50%；开采黏土117.6万吨，比上年下降24.76%；开采地热水44.2万吨，比上年下降9.05%。（扬国土）

**■矿业权市场** 2015年，全市采矿权统一在市级交易平台挂牌出让。全市公开挂牌出让采矿权55宗，收取采矿权价款146.78万元；收取矿山地质环境恢复治理保证金55万元。矿产资源补偿费征收入库64.84万元(不含江苏油田)，矿产资源补偿费征收率、入库率100%。省财政厅、国土资源厅返扬州市市区矿产资源补偿费487万元。（扬国土）

**■地质灾害防治和地质公园建设** 2015年，扬州市国土资源局制定汛期地质灾害防治方案，加强观音山、高邮神居山、仪征大铜山等地质灾害隐患点、危险点监测巡查和防范，防灾减灾全时段、全覆盖。高邮神居山地质灾害治理工程和仪征程营废弃矿山地质环境整治项目通过省国土资源厅验收。省国土资源厅批准立项的江都、高邮地质环境调查项目野外调查成果通过专家验收。高邮神居山地质灾害治理项目获省国土资源厅立项批准，获补助经费78万元。基本编制完成仪征捺山地质公园建设规划。（扬国土）

**■地热资源开发利用** 全市已钻成地热井19口，井口水温39～93摄氏度，水温超过70摄氏度的6口，基本达到医疗热矿泉标准；已经投产利用的地热井8口，主要用于供热采暖、温泉旅游和医疗洗浴等方面。邗江瓜洲“瓜热1井”、泰安“凤凰1井”、江扬天乐湖等地热井办理勘查许可证、采矿许可证。广陵区沙头地热普查项目获省国土资源厅立项批准，获补助经费30万元。（扬国土）

**■土地征收与供应** 2015年，全市有农用地转用计划2130.67万平方米。其中，国家计划784万平方米，“点供”(对列入省政府200项重大项目投资清单的项目，省单独下达指标的保障性供地)返还计划115万平方米，独立选址计划411.67万平方米，增减挂钩计划指标413.33万平方米，工矿废弃地复垦利用193.33万平方米，专项奖励计划指标213.33万平方米。全市获批土地征收总面积1618.67万平方米，农用地1107.35万平方米。其中，仪征市占34.25%，广陵区占16.64%，江都区占14.12%，宝应县占13.65%，邗江区占9.92%，高邮市占8.21%，市经济技术开发区占3.21%。全市供应土地2599.79万平方米，比上年减少12.56%。其中，出让土地1516.44万平方米，增长0.27%；划拨土地1063.36万平方米，减少26.21%。全市供应的各类用地中，商业服务业用地192.24万平方米，占供地总量的7.4%，减少21.87%；住宅用地671.29万平方米，占供地总量的25.8%，减少0.6%；工矿仓储用地835.41万平方米，占供地总量的32.1%，增长22.78%；公共管理及公共服务用地127.06万平方米，占供地总量的4.9%，增长60.21%；交通运输及其他用地773.76万平方米，占供地总量的29.8%，减少40.12%。（扬国土）

**■土地市场** 全市出让土地1536.44万平方米，比上年增长0.27%；合同出让金209.91亿元，下降19.25%。其中，招拍挂出让土地1507.82万平方米，合同出让金208.71亿元，分别下降0.09%、17.01%。市区(不含江都区)出让土地342.32万平方米，合同出让金48.37亿元，分别下降11.29%、40.68%。其中，招拍挂出让土地320.62万平方米，合同出让金47.43亿元，分别下降12.12%、34.50%。招拍挂出让土地中，商业、住宅等经营性房地产开发用地106.33万平方米，合同出让金42.32亿元，分别下降28.22%、37.64%。全市出让工业用地432宗，面积828.91万平方米，合同出让金17.54亿元，分别增长27.06%、21.28%、27.58%。市区(不含江都区)土地二级市场全年成交1.42万宗，增长66.78%。（扬国土）

**2015年扬州市土地供应量情况一览表**

表23-3

| 地　区 | 供地总量(万平方米) | 划拨(万平方米) | 出让(万平方米) | 比上年增长(%) |
|---|---|---|---|---|
| **总　计** | **2599.79** | **1063.36** | **1536.44** | **-12.56** |
| 市　直 | 412.85 | 284.82 | 128.03 | 26.40 |
| 扬州经济技术开发区 | 31.6 | 0 | 31.6 | 21.53 |
| 广陵区 | 70.72 | 0 | 70.72 | -38.40 |
| 邗江区 | 111.97 | 0 | 111.97 | 47.50 |
| 江都区 | 341.69 | 168.26 | 173.43 | -39.44 |
| 宝应县 | 182.34 | 28.39 | 153.95 | -74.43 |
| 仪征市 | 700.47 | 397.75 | 302.72 | 130.11 |
| 高邮市 | 748.15 | 184.14 | 564.01 | -11.79 |

（扬国土）

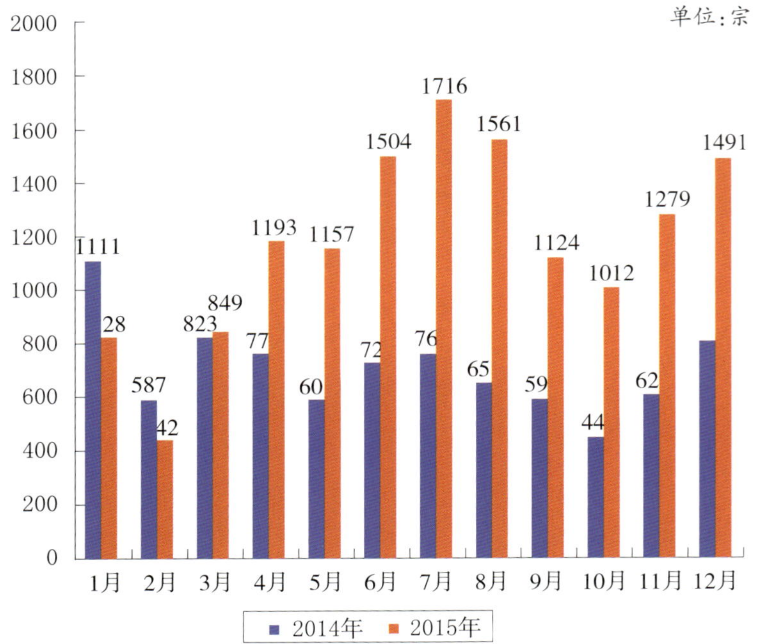


图 23-1 **2015年与2014年市区土地二级市场成交量对比图**

（扬国土）

**■土地储备和“城中村”改造** 2015年，市土地储备中心新增储备土地7宗108.84万平方米。年末市区（不含江都区）储备土地库存135宗766.67万平方米。协同相关区政府（管委会）联合储备土地37.03万平方米。市区全年完成“城中村”改造地块15个，腾让土地279.58万平方米，搬迁村（居）民2183户，拆除房屋建筑79.8万平方米。（扬国土）

**■土地执法监察** 2015年，市国土资源局立案查处各类土地违法案件48件，责令退还土地61.1万平方米，责令拆除建筑占地2.1万平方米，没收建筑占地33.9万平方米，罚款948.6万元。全年办理涉土来信211件，比上年下降26.22%；接待群众来访112批次301人次，分别下降40.43%、49.24%。（扬国土）

**■土地登记发证** 全年发放各类土地证书2.43万本，其中商品房发证2.25万本、宗地发证811本、抵押登记证书363本、备案登记证710本。发放国有土地分割转让证明书2.52万本。向市地税局提供企业土地登记信息7163条，促进以地控税、以税节地。（扬国土）

**■不动产统一登记** 成立不动产统一登记工作领导小组，制定不动产统一登记联席会议制度，建立市不动产登记局。市不动产登记局为市国土资源局直属行政机构、正科级建制。市及各县（市）、江都区设立不动产登记中心，为公益一类事业单位。仪征市、高邮市不动产登记局正式挂牌。12月30日，高邮市发放第一本不动产权证书。编制市级层面不动产登记中心组建方案报市编办审批，形成市不动产统一登记信息平台建设方案，起草不动产信息系统招标文件。完成邗江区农房不动产调查试点任务。（扬国土）

**■土地使用证发放** 对全市中小企业用地逐宗开展调查了解，查清存在问题、落实解决措施。全市2499家中小企业中，列入解决范围的1959宗用地土地使用证已发放到位。与市房管部门沟通对接，解决群众拆迁安置房发证过程中存在的问题，确保群众及时拿到土地分割转让证明书、领取土地证书。（扬国土）

**■第一次地理国情普查** 完成标准时点核准、建库、统计分析和成果提交，普查成果通过省普查办验收，完成第一次地理国情普查工作。通过实地勘察、资料收集、专家论证，探索

**2015年扬州市区“城中村”改造完成情况一览表**

表 23-4

| 区　域 | “城中村”地块数（个） | 搬迁户数（户） | 拆除房屋建筑面积（万平方米） |
|---|---|---|---|
| **合　计** | **15** | **2183** | **79.8** |
| 广陵区 | 2 | 557 | 21.9 |
| 邗江区 | 6 | 746 | 31.9 |
| 生态科技新城 | 4 | 664 | 20.2 |
| 市经济技术开发区 | 1 | 98 | 3.1 |
| 蜀冈-瘦西湖风景名胜区 | 1 | 80 | 1.7 |
| 江都区 | 1 | 38 | 1 |

（扬国土）

实施地理国情监测试点项目。编制《扬州市江都区"南水北调"地理国情专题监测项目建议书》,为市政设施、河流水利等建设规划提供决策依据。（扬国土）

■**国土资源信息化** 开展数字城市数据更新和"天地图·扬州"建设。"数字扬州地理空间框架"项目新增"广陵文保一图通""三维城市景观平台公众版""扬州市三维导税系统""扬州市人防综合业务集成系统"4个示范应用,示范应用累计达10个。"天地图·扬州"节点被国家测绘地理信息局评为五星级节点。"数字扬州地理空间框架"项目获2015年江苏省测绘地理信息科技进步二等奖。建设"四全"(全流程优化审批、全区域便民服务、全业务网上办理、全节点效能监管)服务模式,固化30个国土资源行政审批服务流程,完成全市统一的国土资源政务办公平台开发并投入试运行。全面开展宝应、高邮、仪征、江都4个县(市、区)"一张图"工程建设,形成全市国土资源"一张图"核心数据库。开展综合动态智能监管系统("慧眼守土")工程建设,在仪征市开展试点,建成有158个监测点的视频监控网络系统和动态监测指挥中心,实现视频动态数据与"一张图"数据融合。（扬国土）

# 国有资产监督管理

■**概述** 2015年,扬州市政府国有资产监督管理委员会(简称市国资委)履行出资人职责的14家资产经营(集团)公司实现营业收入195.5亿元,实现利润16.85亿元,年末资产总额856.44亿元,年末所有者权益总额397.49亿元。江苏金茂化工医药集团有限公司(简称金茂化工)、扬州市现代金融投资集团有限责任公司、扬州建工控股有限责任公司(简称建工控股)、扬州工业资产经营管理有限责任公司、扬州市城建国有资产控股(集团)有限责任公司(简称城控集团)、扬州市扬子江投资发展集团有限责任公司和扬州市交通产业集团有限责任公司(简称交通产业集团)等企业实现盈利。其中,金茂化工实现利润总额8.53亿元,比上年增长5.46%;江苏扬农化工集团有限公司实现利润总额6.82亿元,增长9.88%;建工控股实现利润总额2.22亿元,增长9.61%。

实施国有企业清理规范和全面监管。完善和细化《关于深化市属国有企业和国有资产管理体制改革方案》,完成对市属国有企业采取四种监管方式的制度设计。制定对165家市属部门所办国有企业优化整合工作推进方案,逐企业提出注销、划转、合并的清理规范及监管方式的意见。召开直接划转企业及中介机构等参加的工作会议,完成市规划局所属经纬公司、市机关事务局所属道路施救中心及市工商联所属兴达咨询公司的划转工作。同时,开展委托监管协议签署等相关工作。

推进国有企业混合所有制改革。通过吸引非国有资本参与项目建设、股权多元化改革等举措,发展国有资本、集体资本、非公有资本等交叉持股、相互融合的混合所有制经济。突出加快长江水务集团公司制规范化改革,推进谢馥春、冶春餐饮和工艺集团工艺坊等上市后备企业的培育工作。

创新方式拓宽融资渠道。完善

**2015年度扬州市国资委监管一级企业主要财务指标完成情况表**

表23-5 单位:万元

| 企业名称 | 资产总额 | 所有者权益总额 | 营业收入 | 利润总额 | 净利润 |
|---|---|---|---|---|---|
| **合计** | **8564430** | **3974945** | **1955026** | **168497** | **137897** |
| 江苏金茂化工医药集团有限公司 | 1193326 | 708261 | 760908 | 85275 | 67914 |
| 扬州工艺美术集团有限公司 | 74142 | 28461 | 18549 | -1450 | -1499 |
| 扬州建工控股有限责任公司 | 940904 | 189053 | 727594 | 22200 | 16855 |
| 扬州市扬子江投资发展集团有限责任公司 | 459286 | 211579 | 72068 | 7381 | 5625 |
| 扬州市现代金融投资集团有限公司 | 242892 | 156710 | 4752 | 5495 | 4607 |
| 扬州市煤炭工业公司(矿务局) | 55557 | 22522 | 23294 | -5609 | -5767 |
| 扬州市城建国有资产控股(集团)有限责任公司 | 3450511 | 1615172 | 184376 | 45464 | 40414 |
| 扬州市交通产业集团有限责任公司 | 1188592 | 630614 | 123669 | 9020 | 9111 |
| 扬州教育投资集团有限公司 | 278695 | 101382 | 1266 | -1240 | -1308 |
| 扬州市水务投资集团有限公司 | 120201 | 66225 | 50 | 8 | 8 |
| 扬州市名城建设有限公司 | 133207 | 12464 | 8448 | -36 | -96 |
| 扬州工业资产经营管理有限责任公司 | 93641 | 42133 | 24872 | 2179 | 2223 |
| 江苏亚星汽车集团有限公司 | 68945 | 40175 | 127 | 64 | 64 |
| 苏中江都机场投资建设有限责任公司 | 264531 | 150194 | 5053 | -254 | -254 |

（为 华）

以市属国企为主体力量的城市建设投融资体制，为一系列城市建设和重大基础设施项目提供资金保障。市属融资平台公司全年实现融资124.38亿元。其中，城控集团通过发行短融券、中期票据等，全年完成融资68.5亿元，完成项目总投资32.74亿元；交通产业集团利用多种直接融资手段和工具，年末融资余额达31.31亿元。

对全市企业国有资产占有状况实行动态管理。全年新办产权登记事项20项，新增注册资本金38.63亿元。完成城控集团和扬州工艺美术集团等企业5项评估备案，评估前净资产5.09亿元，评估后为6.19亿元，净增1.1亿元。

加强国资经营预算管理。修订出台《扬州市企业国有资本经营预算管理办法》，编制完成2015年度国资经营预算，完成全年国有资本经营收支预算。此外，还根据各企业年报数据，测算2016年国有资本经营收益收入，编制完成2016年度国资经营预算草案。

加强国资监管制度建设。制定并印发《市属国有企业资产损失责任追究暂行办法》《关于加强市属企业负责人履职待遇、业务支出管理暂行办法》等。加强各县(市、区)国资监管工作，邗江国资办探索构建金融互通新模式，吸引社会资本参与公共交通基础设施投资；江都国资办牵头对区国有资产、资源进行全面复查；开发区国资办健全制度、明确职能，各项基础工作成效明显。 (为　华)

**■市属国企投资监督管理** 2015年，市国资委明确14户监管国有企业主业范围和重点子企业名单，拟定下发《市属国有企业投资监督管理办法》，为企业投资决策提供操作规范和具体要求。 (陈晓东)

**■谢馥春登陆“新三板”** 12月15日，江苏谢馥春国妆股份有限公司正式在“新三板”挂牌上市，股票代码为834882，交易方式为协议交易，实现近十年扬州国有企业新增上市零的突破。 (为　华)

## 工商行政管理

**■市场主体登记发展** 2015年，全市新登记各类市场主体7.5万户，比上年增长14.2%；新增注册资金938.12亿元，增长15.38%。全市全年月平均新登记企业类市场主体6288户，比上年月平均新登记数增长782户。其中，新登记各类企业2.53万户，注册资本887.73亿元，分别增长19.41%、15.6%；新登记个体工商户4.99万户，资金数额44.75亿元，分别增长12.01%、17.73%；新登记农民专业合作社173户，资金数额5.64亿元，分别下降33.97%、20.78%。截至12月25日，全市累计实有各类市场主体35.6万户，累计注册资本(金)7863.64亿元，分别增长19.58%、26.89%。其中，实有各类企业10.79万户，注册资本总额7471.96亿元；个体工商户24.30万户，资金数额211.92亿元；农民专业合作社5318户，出资总额179.76亿元。 (张文静)

**■内资企业登记监督管理** 2015年，全市新登记内资企业949户，新增注册资本217.81亿元，分别比上年增长23.57%、19.43%。截至12月25日，全市内资企业总数9943户，注册资本总额2447.39亿元，分别增长9.3%、33.3%，期末实有内资企业数连续4年出现正增长。至12月25日，全市实有国有企业1096户、集体企业2292户、公司6233户、其他企业322户。公司占比从2010年的44.33%提升至62.69%，成为内资企业主要组成形式。新增内资企业户数列前三位的分别为批发零售业238户、租赁和商务服务业226户、科学研究和技术服务业78户；注册资本列前三位的分别为租赁和商务服务业62.88亿元、建筑业59.99亿元、科学研究和技术服务业22.16亿元。 (张文静)

**■私营企业登记监督管理** 2015年，全市新登记私营企业2.43万户，新增注册资本610.07亿元，分别比上年增长19.52%、18.9%。截至12月25日，全市私营企业总数9.62万户，注册资本总额3988.47亿元，分别增长25.06%、26.05%。从新发展数和期末实有情况看，私营企业的占比进一步增大，呈逐年上升趋势。新发展企业中从户数分布上看，私营企业占95.81%，内资企业占3.74%，外资企业占0.45%；从注册资本分布上看，私营企业占68.72%，内资企业占24.54%，外资企业占6.74%。全市实有企业中，从户数分布上看，私营企业占89.15%，内资企业占9.22%，外资企业占1.64%；从注册资本分布上看，私营企业占53.38%，内资企业占32.75%，外资企业占13.87%。新增私营企业户数列前三位的分别为批发零售业1.01万户、制造业7180户、租赁和商务服务业1829户；注册资本列前三位的分别为制造业171.31亿元、批发零售业133.89亿元、租赁和商务服务业78.71亿元。 (张文静)

**■外资和港澳台资企业登记监督管理** 2015年，全市新增外资和港澳台资企业法人67户，投资总额14.25亿美元，注册资本9.47亿美元，其中外方认缴额6.69亿美元，比上年分别下降22%、15%、21%、42%，整体发展势头放缓。截至12月25日，全市外资和港澳台资企业总数1811户，其中法人1364户，投资总额307.21亿美元，注册资本187.26亿美元，外方认缴额156.23亿美元。全年新增注册资本1000万美元以上的外资和港澳台资企业法人24户，投资总额、注册资本和外方认缴额分别为12.82亿美元、8.38亿美元、5.76亿美元。其中，注册资本3000万美元及以上的9户、5000万美元及以上的5户。全年新发展中外合资企业法人26户，其投资总额、注册资本和外方认缴额分别为9.78亿美元、6.2亿美元和3.42亿美元，比上年分别增长18.18%、603.6%、421.01%、489.66%，中外合资比重进一步加大。全年38户外资企业有民资投入，比上年增加3户；共投入民资3.43亿美元，增长248.51%。

投入民资居前3位的外资企业依次为，扬州信义汽车租赁有限公司、明发集团扬州房地产开发有限公司和扬州奥锐特药业有限公司，分别投入民资1.2亿美元、5923.08万美元和2962.4万美元，投资方分别为江苏东义汽车服务有限公司、福建省尚鸿建设工程有限公司和上海奥锐特实业有限公司。全年共有47户外资和港澳台资企业法人增资，共增加注册资本15.72亿美元，增长50.14%，其中，外方增资14.1亿美元，增长66.47%。（张文静）

**管理体制调整** 2015年1月起，扬州市县工商部门由省级以下垂直管理调整为地方政府分级管理，扬州市级工商部门由江苏省扬州工商行政管理局正式更名为扬州市工商行政管理局。扬州市工商行政管理局承担的流通环节食品安全监督管理职责划入市食品药品监督管理局；市工商行政管理局食品流通监督管理科划入市食品药品监督管理局，更名为食品流通监管处。（张文静）

**登记注册模式改革** 9月26日，扬州市正式启用"一照一码"（一份执照加载一个社会信用代码）营业执照。原工商、质监、税务三部门流水审核、分别赋码，发放"三证合一、一照三号"（工商营业执照、组织机构代码证、税务登记证）营业执照，改为工商部门一家审核、自动赋码，发放"三证合一、一照一码"营业执照。该"一码"为统一的社会信用代码，共18位，由发证机关类型、市场主体类型、行政区划代码、主体标识码、校验码5部分组成。一个市场主体一个社会信用代码，主体变化、代码不变。此次改革覆盖12类市场主体的新设立登记业务，包括公司、分公司、外商投资公司、外商投资公司分公司、非公司制企业法人、非公司制企业法人分支机构、个人独资企业、个人独资企业分支机构、合伙企业、合伙企业分支机构、农民专业合作社、农民专业合作社分支机构等，个体工商户、集团不适用新登记模式。12类市场主体原先领取的营业执照将于2016年1月1日起开始统一换发，至2017年底前全部换发完毕。已成立的企业在办理变更登记时，将缴回原来的营业执照、组织机构代码证、税务登记证，领取加载统一社会信用代码的新版营业执照。截至12月25日，全市已发放"一照一码"营业执照1.01万张。开通"扬州企业名称在线自助查询系统"，企业名称登记实现网上自主查询。扬州经济技术开发区市场监督管理局获得国家工商总局外资企业登记管理授权，至此，扬州实现县（市）、开发区外资企业授权登记全覆盖。（张文静）

**商标登记监督管理** 2015年，全市新申请注册商标6733件，其中国际注册商标20件；新获中国驰名商标个案保护认定6件，新创成省著名商标49件，新认定市知名商标79件；"高邮湖大闸蟹"地理标志正式获批，成为全市第10件农产品地理标志；注册宝应县柳堡电工电气、邗江区头桥医疗器械、高邮市菱塘电线电缆集体商标3件，全市已有5家产业集群品牌培育基地正式获批集体商标注册。

12月11日，江苏省商标战略实施工作领导小组办公室、江苏省工商局和南京理工大学知识产权学院首次发布《江苏省区域商标品牌发展指数报告》，扬州市"商标品牌发展指数"位居第五名。建立"三名"（中国驰名商标、江苏省著名商标、扬州市知名商标）商标企业名录库，梳理至2014年底全市936件"三名"商标企业现行有效的核定公示内容，向相关商标代理机构审核确认对每件商标的地区、商标名称、认定时间、商标注册人、类别、核定使用商品（服务）、单位性质、行业分类、产业分类等内容，6月底向社会统一公开，加强对企业品牌培育指导的针对性。推荐"扬力及图形""高邮湖大闸蟹""扬修""万金"等商标列入省级重点商标保护名录。组织"高邮鸭蛋"、"沙头绿壳鸡蛋"参与江苏省商标战略办、江苏省工商局、新华日报、中国江苏网联合举办的"2014江苏农产品和地理标志商标20强"评选活动。组织推荐全市15家驰、著名商标企业参加第二届江苏紫金奖评选活动，扬州富春饮服集团有限公司的"富春及图"获评"深受江苏人欢迎的连锁品牌"，高邮鸭蛋行业协会的"高邮鸭蛋"获评"富有竞争力的江苏地理标志品牌"。开展"双打"（打击侵犯知识产权和制售假冒伪劣商品）工作，2015年，全市共查处侵权假冒案件442件，案值572.14万元。开展保护地理标志商标专用权专项行动，以地理标志产品生产集中地、销售集散地为重点整治地区开展执法排查，规范地理标志商标使用管理29次、地理标志专用标志使用管理15次。（张文静）

**广告监督管理** 至年末，全市有广告经营单位1145家，注册资本总额13.8亿元，分别比上年增长15%、11%，其中，注册资本50万元以上广告经营企业325家；广告经营单位中主营广告业341家，兼营761家；从业人员3979人，其中，广告专业技术人员1899人。2015年，扬州市规模以上广告企业经营额11.1亿元。全市新闻媒体发布广告的有广播电台5家、电视台5家，其中扬州电视台、扬州广播电台各有3个频道从事商业、公益广告发布；扬州报业集团下属日报性报纸3种，属于广电总台的广电报1种，行业期刊20多种。广告经营单位中，从事户外广告设计、制作的296家，从事平面设计的237家，从事影视作品设计的24家，其他为综合类企业。传统广告业外，全市有经营网络媒介企业15家，专业从事网络广告发布企业3家。2015年，全市新登记户外广告256件，至年末，全市城市及农村户外广告牌2245块，其中高速公路广告牌178块、公益性广告248个。先后开展户外广告、投资融资广告、教育招生广告管理宣传和检查活动。加强广告日常监测，责令停播、整改违法广告549条次，全市查处医疗、药品等广告违法案件40件。（张文静）

**合同监督管理** 2015年，市工商行政管理局运用抵押登记职能服务企业发展，共办理动产抵押245件，抵押登记金额43.8亿元，帮助企业融资17.4亿元，其中用于创业的小微企业融资386万元。12月底，扬州经济技术开发区市场监督管理局为扬州协鑫光伏科技有限公司办理融资租赁设备的动产抵押登记，帮助企业融资2.44亿元，成为全市首笔融资租赁抵押登记。评定获得2014年度"扬州市重合同守信用"称号的企业73家，其中AAA级27家、AA级28家、A级18家。全市125家企业获评2013-2014年度"江苏省省级守合同重信用"企业，其中首次公示的企业21家，继续公示的企业104家。开展旅游、装饰装修、汽车、供气等行业利用合同格式条款侵害消费者合法权益的专项整治，全市共查处违法条款15条，行政约谈企业42次，下发责令整改通知书12份，立案查处13起案件。　（张文静）

■**公平交易监督管理**　2015年，全市工商、市场监管部门立案查处违反工商法律法规案件628件。制定出台《扬州市工商局关于促进市场公平竞争维护市场正常秩序实施意见》。推行综合执法办案模式，加强执法联动机制建设，分别与省工商局和县(市)区市场监管局开展5次联动执法，与市中级人民法院联合行文，建立正式协作机制。全年先后开展空气和饮用水净化类生活用品专项行动、公共服务行业不正当竞争行为专项整治、汽车销售维修市场专项整治等执法活动。开展装饰装修行业专项整治工作，对全市22个涉及家装的专业市场进行拉网排查，组织对电线、电缆、墙地砖、钢筋、水泥、人造板、插头插座、铝合金等8个品种共230批次的商品实施抽检，检测出电线、电缆、人造板、铝合金等28个批次不合格，共立案25件，案值30.7万元。开展"红盾网剑"专项行动，针对电子产品、儿童用品等重点商品领域，以网络交易平台、大型购物网站和团购网站为重点整治目标，以高知名度商标等为重点保护对象，加强网络交易秩序监管，在网上检查网站、网店1136个，实地检查网站经营者19个，删除违法商品信息25条，责令整改网站9个，查处违法案件35件。加强商品质量抽查，抽检230批次，不合格28个批次，查处案件138件。加强农资市场监管，抽检农资商品103批次，不合格19批次，查处案件36件。开展企业年报信息公示和抽查工作，全市23.6万户市场主体完成年报信息公示，年报公示率83.5%；完成5069户企业信息抽查，对4.7万户市场主体实施"经营异常名录管理"。12月23日，市工商局成立法律顾问团。根据法律法规规章的变化，动态更新涉企权力目录清单和自由裁量基准，将行政权力事项新增19项、废止51项，自由裁量执行标准新增1项、废止51项。完成对本部门400多项行政权力责任清单的编制。全年报备重大处罚案件22件，执法检查28次，向市信用办、市文明办"红黑榜"，报送行政处罚案件12件。深化"打传规直"(打击传销和规范直销)行动，组织纪念"两个条例"(《禁止传销条例》《直销管理条例》)颁布施行10周年业务培训、公益宣传、普法宣讲进校园等系列活动。

（张文静）

■**市场监督管理**　实施农贸市场提档升级工程，协调、推动市场主办单位投入建设、改造资金8317万元，改善市场硬件设施和环境。全年新建、改建农贸市场13个，其中，新建农贸市场3个，分别为翠月、恒通顺达、霍桥农贸市场；内部提升农贸市场10个，分别为云川、顾庄、大舞台、教场、邻里、六圩、江都城北、萃园二期、红桥、金色百汇农贸市场。推动农贸市场属地管理责任落实，初步建立市场主办单位、属地街道、市场监督管理局"三位一体"的责任体系。以石塔、金色百汇、四季园市场为试点，多次组织现场调研推进活动，探索私营市场经营物业权回租，实施市场大区域协同治理的新举措，破题农贸市场常态化、长效化管理机制问题，3个市场均已由属地街道牵头，引入正规物业公司进行规范化管理。开展农贸市场环境秩序综合整治活动，以治理"车辆乱停、摊点乱摆、杂物乱堆、广告乱贴、垃圾乱抛、线路乱拉"等"六乱"现象为重点，对主城区47个农贸市场先后开展"整治出摊占道经营""经营台池岛内卫生检查""熟食店达标创建""夏季消防安全大检查""市场门前秩序整治"等专题行动，共出动整治人员5000多人次，新建、出新配套停车场6个、公厕1座、垃圾房4座；换发、补发营业执照436户，协助、督促办理健康证1200余户；清理、清扫卫生死角800余处，清理各类杂物、垃圾175吨；清理、出新墙体1700平方米，清除小广告、牛皮癣万余处；拆除违章搭建53处2800多平方米，拆除、更换、整理私拉乱接、破损线路1560米；取缔、规范门前流动摊点332个，规范场内占道经营4000余次。全市8家市场被表彰为"2013—2014年度江苏省文明诚信市场(集市)"，分别为扬州东方国际食品城有限公司、扬州市江都区明珠农贸市场、扬州五亭龙国际玩具礼品城有限公司、扬州商城集团有限公司、扬州曲江商品城有限公司、扬州银河电子城有限公司、扬州启扬装饰城置业有限公司和扬州蒋王农贸市场有限公司。　（张文静）

工商执法人员对集贸市场、超市、食品经营门店以及烟花爆竹等重点行业进行重点检查　赵　天、唐　甜/摄

■**受理消费者申诉** 2015年，全市“12315”消费者申诉举报中心和消费者协会(简称消协)系统受理消费者申(投)诉1781件、举报415件，接受电话咨询1.3万件，电话一次接通率95%，处结率100%，为消费者挽回经济损失366.2万元。执行50%的比例对受理处置的投诉举报进行群众满意率月度回访，全系统回访满意率均在95%以上。开展“一区一品”(一个品牌相对集中的区域创建一个放心品牌集聚区)放心品牌集聚区创建、“互联网+放心消费创建”、“百佳宜游企业”评选等系列活动。3月18日，市工商局向社会公布由独立第三方调研形成的十大行业“扬州放心消费指数”，其中房产服务的“放心消费指数”为83.119，位居调研行业之首；餐饮服务和快递服务的“放心消费指数”较低，分别为80.201和80.279。至年末，扬州市成功培育诚信品牌规模骨干企业7家，放心消费创建示范街85条，省市级放心消费创建先进(示范)单位1000家。全市消协系统通过开展市区银行业服务质量体察和比对调查、市区手机销售商家的手机机模暗访调查、水上乐园消费体验调查“回头看”、箱包比较试验采样等活动，提升消费维权社会效果。6月16日，市消协和市残疾人联合会共同成立全市首家残疾人消费维权联络站。围绕残疾人消费环境状况，对照国家建设规范要求，邀请建筑设计技术人员，招募残疾人志愿者，对市区银行、保险、大型商场、电影院、通信、数字电视、供电等34个营业网点无障碍通道建设和使用情况进行体察和调查。推进消费教育进学校工作，在邗江区美琪学校开展试点，将消费教育课程常规化，每周一课，纳入素质教育范畴。 (张文静)

## 价格监督管理

■**概述** 2015年，扬州市居民消费价格指数(CPI)涨幅1.7%，创6年来新低。市政府办公室印发《关于2015年价格调控目标责任制的实施意见》，召开市场价格调控联席会议。扬州市物价局细化各地、各部门价格调控目标任务，落实各项价格调控措施，先后印发春节市场价格监管通知和“烟花三月”经贸旅游节、2500周年城庆活动价格监测预警方案，加强市场价格监测和秩序监管。贯彻新版《江苏省定价目录》，及时简政放权；分步实施资源、环境、医药等重点领域价格改革。坚持联席会议制度，加强价格监测引导，开展市场巡查，优化资金保障，持续加大清费治乱力度。合理制定政府定价、政府指导价的商品和服务价格，根据成本变动情况，及时调整蒸汽价格、教育收费、医院床位费、客运燃油附加费、景点票价等。加强市场价格监管，创新价格帮扶指导体系，通过价格信用管理、“价格行为警示榜”等，约束和规范市场价格行为。全年发布“价格行为警示榜”12期，警示单位73家，涉及18个行业。加快职能转变，扩大价格信息服务、价格认定服务领域，提高便民服务效能。加强市场价格监测。优化市场采价点布局，制定报价员考核管理办法，加强监测质量管理，实行监测岗位AB岗，确保实时监测不断线。全年上报农副主食品价格数据70万条、工业价格数据4万条，无差错率100%。建立调查巡视常态化工作机制，加强重要时段民生价格监测，做好平价商店和药品市场价格监测。市价格监测中心获评“全国价格监测工作先进单位”。贯彻落实国家、省收费政策，开展涉企行政审批前置服务收费清理，先后取消47项行政事业性收费和经营服务性收费、降低17项、暂停14项，2项行政事业性收费转经营服务性收费，编制公布涉企、涉民、涉房、涉车行政事业性收费目录和涉企行政审批前置服务收费目录，实行目录之外无收费，全年累计减轻社会缴费负担7100万元。推进收费管理改革，全面取消收费许可证及年审制度，运用“全国收费动态监管系统”实施收费单位情况和收支状况报告制度，建立收费政策及执行情况后评估制度，通过收费单位巡访、收费情况评估、收费目录清单动态管理，加强对收费行为的监管。加强价格监督检查。开展分行业专项整治和重大节日市场检查。在全省率先制定专业市场整治工作方案，规范汽车配件、建材、家具、灯饰等价格行为。国庆期间对市区主要商圈、景点周边的餐饮店进行夜间暗访，防止宰客行为。开展汽车4S店明码标价、暑期旅游市场等专项检查，制止行业潜规则。与交警部门联手整治停车乱收费顽疾，对130多家停车场进行集中检查规范。先后组织涉企、涉农、教育、医疗、邮政、环保电价及房地产、物业明码标价专项检查。“12358”价格举报平台全年回复、办理各类价格咨询、举报、投诉3258件，比上年增长85%，办结率100%。 (陆长昀)

■**调整定价权限** 贯彻新版《江苏省定价目录》，调整《行政权力清单》，放开重要的储备、救灾物资、民爆器材、部分农业生产资料、农副产品和作业项目、电信、邮政非基本业务、部分医疗服务、绝大部分药品、中药饮片、商品房、部分专业服务、竞争性交通运输、民办养老机构、民办中等职业教育等原实行政府定价和政府指导价的价格和收费管理权限，实行市场调节价。 (陆长昀)

■**资源环境价格改革** 2015年，市物价局调整水资源费征收标准，实施自来水、天然气成本监审，召开价格听证会，完善水、气阶梯价格制度。及时降低非民用管道天然气价格，使用天然气的生产、经营企业年降低燃料成本6600多万元。联合环保部门开展排污权有偿使用和交易调研，要求新建工业建设项目以及现有工业企业新、改、扩项目新增排污权实行有偿使用，明确化学需氧量、氨氮、二氧化硫、氮氧化物等主要污染物指标及收费标准。调整城市施工工地扬尘排污费标准，核定工业危险固体废弃物处置收费标准。明确新能源汽车停车优惠政策，支持新能源汽车推广。 (陆长昀)

■**公立医院价格改革** 推进12家城市公立医院医药价格改革，审核2014年药品合理加价额、制定省下放市定价项目收费标准、测算医疗服务价格调整补偿额，落实改革方案，城市公立医院全部实现药品零差率销售，并建立科学的补偿机制。开展县级公立医院改革绩效评估，做好县市医改价格衔接，开展6次“巡查会诊”，规范医疗收费行为。（陆长昀）

**■房价监管** 2015年，市物价局改进市区新建普通商品住房价格管理，将备案制改为报送制，要求市区范围内新建普通商品住房的房地产开发经营企业，在开盘销售前书面报送商品房销售价格。同时加强价格行政指导和服务，对明码标价规定和“一价清”制度执行情况进行督查，引导开发企业合理定价，促进房地产业有序竞争。（陆长昀）

**■规范平价商店运营** 制定《扬州市农产品平价商店管理细则》，开展月度检查和季度考核，建设电子监管平台促进提档升级和长效管理，配套60万元市级调节基金用于考核奖补。全市有农副产品平价商店80家，全年销售平价菜2.98万吨，销售额2.35亿元，实惠市民2007万元，菜农增收78万元。（陆长昀）

**■价格诚信建设** 组织开展市级价格诚信创建、指导开展县级价格诚信创建，集中组织培训全市100多家报名单位，涉及商贸零售、旅游景点、餐饮住宿、客运出租、汽车4S店、足疗沐浴、旅行社、停车场、网络电商等多个行业，通过上门指导、现场观摩等多种形式推进诚信创建。经抽样评查、暗访检查、社会公示、信用审查等程序，对21家市级价格诚信单位进行授牌表彰。（陆长昀）

**■成本监审和农本调查** 先后开展残疾人康复服务收费、社会福利中心护理费、热电企业煤炭价格调查，民用天然气和自来水、有线数字电视收视维护费、教育收费等成本监审，企业排污费成本审核，为定调价科学决策提供依据。完成2015年种植意向、存售粮、农户购买农资情况、粮食成本预测与收益底线等调查，做好小麦和油菜籽成本收益调查、种植业调查品种摸底和粳稻产量及成本收益情况预测。开展地方特色农业调查工作，完成全市畜禽业和蔬菜成本收益调查。（陆长昀）

**■物价便民服务** 开通“扬州物价”微信、微博，扩大价格信息服务。通过网络、手机、数字电视“三网合一”价格信息平台向社会发布价格信息4万多条，及时公布每日菜价、发布重要民生商品和服务“价比三家”信息98期，提升价格透明度。突出重要主副食品、地方特产、节令商品价格公示，首次公布扬州20条国内外热门旅游线路参考价费。（陆长昀）

**■涉案财产价格鉴定** 扬州市价格认定中心启用价格认定业务网上办理平台。办理海关成品油走私大案，鉴定涉案金额2.5亿元、偷逃税款6800万元。做好新型犯罪案件特殊标的物涉案财产价格鉴证，完成“吸金包”盗窃等重大案件价格鉴定，服务司法执法。全年完成涉案财产价格鉴证130件，涉案金额2.51亿元；涉纪价格鉴证3件，278.5万元；涉税价格认定304件，3.55亿元；服务政府项目1个，涉及金额5000万元。（陆长昀）

**■价格争议调解** 成立扬州市价格争议调解人民委员会，将价格争议调解服务工作延伸到村委会、社区。会同地税部门联合开发扬州市存量房交易计税价格争议网上运行平台，建设城区所有小区、街道基础数据库，推进全市存量房交易价格信息比对系统的建立。创新涉税价格争议调解方式，首次以听证方法调处存量房交易价格争议。（陆长昀）

**2015年扬州市部分商品及服务价格调整情况表**

表23-6

| 项目 | | 执行时间 | 调整前价格 | 调整后价格 | 涨幅(%) |
|---|---|---|---|---|---|
| 工商业用天然气到户价 | | 12月抄表 | 4.08元/立方米 | 3.38元/立方米 | -17.2 |
| 非民用天然气中准价 | | 12月抄表 | 3.55元/立方米 | 2.94元/立方米 | -17.2 |
| 车用天然气销售价 | | 11月26日 | 4.40元/立方米<br>(6.47元/千克) | 3.70元/立方米<br>(5.44元/千克) | -15.9 |
| 出租车起步价 | | 6月15日 | 7元/3千米+1元<br>(燃油附加费) | 9元/3千米 | 12.5 |
| 公路燃油附加费 | | 6月10日 | 0.015元/人·千米 | 0.02元/人·千米 | 33.3 |
| 公办幼儿园保育教育费 | 省优质园 | 秋学期 | 2000元/生·学期 | 2200元/生·学期 | 10 |
| | 市优质园 | 秋学期 | 1500元/生·学期 | 1600元/生·学期 | 6.7 |
| | 合格园 | 秋学期 | 1100元/生·学期 | 1200元/生·学期 | 9.1 |
| 扬中教育集团树人学校学费 | 高中 | 秋学期 | 8000元/生·学期 | 9500元/生·学期 | 18.8 |
| | 中加3+3 | 秋学期 | 15000元/生·学期 | 19000元/生·学期 | 26.7 |
| | 中加2+1 | 秋学期 | 18000元/生·学期 | 19000元/生·学期 | 5.6 |
| 扬大附中东部分校初中学费 | | 秋学期 | 3000元/生·学期 | 4700元/生·学期 | 56.7 |

（陆长昀）

## 安全生产监督管理

**■概述** 2015年，扬州市安全生产监督管理局(简称市安监局)贯彻实施新修订的安全生产法，组织开展各类安全生产大检查，打击和治理安全生产领域非法违法行为，加强安全生产监管监察队伍建设和隐患排查整改工作，推进安全生产标准化、安全生产责任险、安全总监等制度的落实，加大安全生产监管和执法监察力度。推动基层安监机构规范化建设，全市25个乡镇(街道)安监机构通过省级达标验收，蜀冈-瘦西湖风景名胜区、生态科技新城、江都区经济开发区、仪征市经济开发区、仪征汽车工业园分别设立安监机构。全市3.3万名企业负责人、安全管理人员和特种作业人员通过相关安全培训、考核，其中企业负责人和安全管理人员1.84万人、特种作业人员1.46万人。组织开展对造船企业农民工和班组长安全培训。市安监局指导建立的江苏扬建集团有限公司万福大桥桥头堡项目农民工学校被授予“全国农民工示范学校”称号。全年发生各类生产经营性事故154起，死亡153人，重伤468人，经济损失4287.2万元，分别比上年下降4.9%、6.7%、8.1%和1.4%。其中，工矿商贸企业发生事故20起，死亡21人。全市连续16年无重特大安全生产事故。经江苏省安全生产委员会(简称省安委会)安全生产目标管理责任考核领导小组评定，扬州市安全生产目标管理工作连续第11年被评为优秀等次。

(焦同林)

**■安全生产责任体系建设** 全市按照“一岗双责”要求，市长与副市长签订安全生产工作责任书，按照分工明确安全生产管理职责；市政府与6个县(市、区)政府、4个功能区管委会、28个市直部门(公司)签订安全生产目标管理责任书。各地、各部门社会治安综合治理、精神文明建设、党政主要负责人政绩评比实行安全生产重大事故“一票否决”。扬州市安全生产委员会(简称市安委会)向15个负有安全监管职责的部门下达安全生产工作责任书。全市所有乡镇、1114个有工业企业的行政村配备专、兼职安全生产工作人员，2293家规模以上企业完成责任体系建设，1.54万家企业公示公告企业安全生产“五落实五到位”制度(必须落实“党政同责”要求，董事长、党组书记、总经理对本企业安全生产工作共同承担领导责任。必须落实安全生产“一岗双责”，所有领导班子成员对分管范围内安全生产工作承担相应职责。必须落实安全生产组织领导机构，成立安全生产委员会，由董事长或者总经理担任主任。必须落实安全管理力量，依法设置安全生产管理机构，配齐配强注册安全工程师等专业安全管理人员。必须落实安全生产报告制度，定期向董事会、业绩考核部门报告安全生产情况，并向社会公示。必须做到安全责任到位、安全投入到位、安全培训到位、安全管理到位、应急救援到位)。177名注册安全工程师在企业安全管理岗位从事安全管理。以国有规模以上工业企业为重点试点企业试行，落实安全总监制度，年末53家企业完成安全总监设置工作。印发《扬州市企业安全生产诚信体系建设实施意见》，建立安全生产承诺、不良信息记录、诚信“黑名单”、诚信评价和管理、诚信报告和执法信息公示“五项制度”。推进安全生产责任保险，重新修订《扬州市安全生产责任保险实施方案》，责任保险的基准费率由0.85%下降至0.72%。全市有539家企业投保安全生产责任险，参加保险人数3.54万人，保费总额1202.29万元。

(焦同林)

**■安全生产标准化** 全市工矿商贸行业新增加三级安全生产标准化达标企业147家、二级安全生产标准化达标企业24家。对2012年已取得三级安全生产标准化达标证的810家企业进行复审延期换证。6月，市安全生产科学技术学会组织全市安全生产标准化外审员资格证书到期换证培训，经审核177人重新取得外审员证书。(焦同林)

**■安全生产专项行动** 全市安监系统开展安全生产专项整治，加大专项监管监察检查和联合执法力度。在道路交通领域开展打击酒后驾车、渣土车整治、校车整治及交通秩序等专项整治，查处各类交通违法行为334万起，其中酒后驾车1073起、无证驾驶2473起、超速超载62万起，暂扣吊销驾驶证1203本，行政拘留88人。在建筑施工领域开展建设工程落实施工方案专项行动，检查在建工程1120项，下发隐患整改通知129份，局部停工通知68份。在消防安全领域推进劳动密集型企业防火安全专项整治，强化养老院、学校、高层建筑和地下工程的隐患排查，督促整改火灾隐患3.25万处，临时查封407家单位，责令“三停” 221家，行政拘留16人。在危险化学品领域开展危险化学品和易燃易爆物品专项整治，检查危险化学品企业506家，排查隐患3261项，打击非法生产经营建设行为5起，责令限期整改181家，行政处罚17起。在工矿商贸领域开展涉氨制冷、粉尘防爆和有限空间作业安全专项整治。全市有涉及氨制冷企业36家(2家化工企业)、涉及产生粉尘作业企业315家，排查一般隐患3.29万项，整改3.28万项，下发执法文书474份，罚款34.3万元，责令11家企业停产整顿，提请政府关闭企业9家。在烟花爆竹领域开展批发企业和零售点专项治理，依法撤销237家零售点的安全许可证，集中收缴销毁非法烟花5800箱，鞭炮1200箱，礼花弹1100枚。(焦同林)

**■安全隐患排查整改** 法定节假日、重点时段、重大活动期间，市委、市政府主要领导、分管领导分别带领安全生产检查组，对全市重点行业企业、重要部位和重大危险源进行安全检查。市委常委会研究制定《市委常委挂包督促重大安全隐患整改制度》，对排查梳理出的35项重大涉险事故隐患，分地区落实到每一位常委进行督办。天津港“8·12”瑞海公司危险品仓库特别重大火灾爆炸事故发生后，下发《关于全面开展安全生产大检查深化“打非治违”和专项整治行动的通知》，成立安全生产大检查领导小组，重点检查危险化学品和易燃易爆物品生产、经营、使用企业的安全状况。经排查，全市有危险化学品生产企业91家，经营企业1728家，其中储存企业8家、加油站249家、使用危险化学品从事生产的化工企业83家、医药企业9家，涉及油气等危险化学品罐区的企业115家，罐区205个，储罐918个(其中储油罐91个、储气罐68个)。市委、市政府对所有化工企业负责人进行集中约谈，发放一封公开信，落实"每一个易燃易爆企业有一名县(市、区)领导挂钩负责、有一名安全生产专家技术指导、有一套完善的安全生产应急救援预案、有一次针对性的实战演练"的要求。12月，全市部署开展安全生产大检查"回头看"工作，市、县两级挂牌督办的28项重大隐患全部完成整改。全市组织开展安全生产大检查期间，共组织检查组4890个，检查企业1.55万家，排查隐患2.51万项，整改2.48万项，整改率98.7%。打击各类非法违法行为4019起，整治违章违规行为1753起，责令停产整顿企业24家、关闭取缔2家，经济处罚1647万元。全市实行隐患排查治理工作常态化管理，市、县两级隐患排查治理信息系统实现联网运行，强化"零隐患"企业和未上报企业隐患排查信息的跟踪督查，每季通报情况。全年有5465家企业通过信息系统报送隐患排查治理情况，报送排查隐患7.43万项，整改7.41万项，整改率99.8%，投入整改资金1800万元。（焦同林）

**■安全生产监察执法** 2015年，全市累计组织开展监察执法检查企业5142家次，打击各类安全生产非法违法行为1333起，对157个违法企业或当事人实施行政处罚。组织监察人员对全市480家危险化学品生产经营使用单位和6家烟花爆竹批发企业56个重大危险源进行排查，建立485家基本信息数据档案，发放1000份公开信，督促企业落实安全生产主体责任。按照企业不同行业类别实行分类分级监察，划分初、中、高三个档次风险类别和A、B、C、D四个等级的危险程度进行监察。明确列入A、B级的单位以自我管理为主，由监察人员随机抽查，列入C、D级的作为重点单位实施监察。扬州市安全生产监察支队全年累计监察企业151家(次)，帮助企业排查隐患643项，依法对76家企业下达《责令限期整改指令书》83份，查处行政处罚案件35起，其中简易程序22起、一般程序13起，处罚金32.1万元。（焦同林）

**■应急救援管理** 市安监局完善应急救援机制，指导全市生产安全事故应急救援。向社会公布事故报告应急救援电话，强化重点时段、重大节日期间的安全生产预警预控工作。发挥安全生产专家参与应急预案编制、应急演练、应急处置的作用。市安委会将应急平台数据库建设、预案管理、危险源监管、信息化建设和宣传教育情况纳入对各地、各部门和单位年度安全生产目标管理考核。市安监局参与中石油东部管道有限公司苏北管理处举办的天然气管道与城市管网交叉点发生泄漏事故应急演练，先后组织开展交通工程防落水、防坍塌事故、古运河游船"4＋N"联合搜救、危险化学品道路运输事故、突发供气事故应急处置演练。（焦同林）

**■安全生产专家服务企业** 全市连续两年开展安全生产专家(监管监察人员)进万家企业专项活动。建立安全生产专家和监管监察人员与企业结对联系服务机制，制定安全生产专家聘用管理制度和专家活动经费补助标准。安全生产专家帮助企业排查安全隐患、完善安全生产管理制度、指导安全生产标准化达标创建工作、开展安全生产咨询、参与宣传教育培训和事故调查、抢险等。扬州化工园区邀请国家级化工专家指导园区企业排查安全风险，查出各类隐患376项，帮助企业制定整改方案。（焦同林）

**■职业安全卫生监管** 组织开展全市职业病危害现状普查，确认存在职业病危害的用人单位2.42万家，接触各类职业危害的职工23.44万人，列入重点整治职业危害企业214家，整治达标率77.6%。天津"8·12"事故发生后，市和县(市、区)安监局组织对205家企业进行专项检查和交叉互查，企业自查隐患1256项、整改1239项、投入整改资金325.45万元。全市全年职业病危害项目申报企业新增2317家，累计7315家；组织职业卫生"三同时"预评价报告审查18家、备案15家；审查8家职业安全卫生设计专篇，组织职业卫生防护设施竣工验收16家，工作场所职业危害因素检测企业新增1421家，累计3965家；已开展职业卫生现状评价企业新增41家，累计241家；已建立健康监护档案的企业新增452家，累计900家；参加岗位职业卫生健康体检新增7.36万人，累计34.35万人。组织监管监察人员监督检查企业735家次、执法检查企业725家次，下达执法文书1222份，罚款43万元，限期整改144家，提请政府关闭2家。（焦同林）

**■"安全生产月"活动** 6月，组织开展以"加强安全法治、保障安全生产"为主题的全国第14个"安全生产月"活动。市安监局等13个部门开展安全生产宣传咨询，现场举行江苏扬汽集团营运大客车司机"安全宣誓"仪式。市安监局与市总工会联合举办安全生产法律知识微信竞答活动，3.7万多名职工群众参与竞答，发放奖金3万元。市安委会在《扬州日报》开辟安全生产专版，定期发布最新安全生产政策法规和重点工作成果。（焦同林）

## 质量技术监督

**■概述** 2015年1月6日，市政府召开质监管理体制调整改革划转移交会议，扬州市质量技术监督局(简称市质监局)由省级以下垂直管理，正式调整为地方政府分级管理。县(市、区)工商、质监、药监整合为市场监管局。扬州市推进质量强市工作，召开创建全国质量强市示范城市推进

**2015年扬州市新增江苏名牌产品一览表**

表23-7

| 产品名称 | 企业名称 |
|---|---|
| 垃圾压缩设备<br>自卸车液压油缸 | 海沃机械(中国)有限公司 |
| 内燃机用水散热器 | 扬州三叶散热器有限公司 |
| 高清多媒体数字电缆 | 江苏天诚智能集团有限公司 |
| 电梯 | 江苏通用电梯有限公司 |
| 高、低压开关设备 | 扬州森源电气有限公司 |
| 物业管理 | 扬州华南物业有限公司 |
| 太阳能硅片 | 扬州协鑫光伏科技有限公司 |
| 服务业 | 江苏浩格节能科技有限公司 |
| 对辊破碎机 | 迈安德集团有限公司 |
| 夹克衫 | 江苏虎豹集团有限公司 |
| 汽车油位传感器 | 江苏奥力威传感高科股份有限公司 |
| 家庭服务 | 扬州三利月姨母婴保健护理有限公司 |
| 带式输送机 | 江苏环宇起重运输机械有限责任公司 |
| 温控器 | 宝应电器厂 |
| 静态塑胶玩具 | 江苏玉河教玩具有限公司 |
| MC尼龙传动轮 | 江苏亚电新材料有限公司 |
| 绝缘制品 | 扬州润友复合材料有限公司 |
| 玻璃工艺品 | 宝应县东风圣诞礼品有限公司 |
| 住宅信报箱 | 江苏鸿雁邮电器材有限公司 |
| 30%噻呋酰胺·戊唑醇悬浮剂<br>30%苯醚甲环唑·丙环唑悬浮剂 | 江苏东宝农药化工有限公司 |
| 皮鞋(胶粘皮鞋、皮凉鞋) | 江苏凯森鞋业有限公司(原金自豪鞋业) |
| 市政工程 | 扬州市通达建设发展有限公司 |
| 运动防护技术服务 | 扬州长青树体育用品有限公司 |
| 水污染治理技术服务 | 江苏天雨环保集团有限公司 |
| 运输业 | 扬州华伦物流运输有限公司 |
| 大米 | 扬州中月米业有限公司 |
| HPP系列全自动粉末成型机 | 扬州市海力精密机械制造有限公司 |
| 电梯电缆 | 江苏奥林特梯缆有限责任公司 |
| 高分子防水材料(片材) | 仪征易力土工合成材料有限公司 |
| D-氯基葡萄糖盐酸盐 | 扬州日兴生物科技股份有限公司 |
| 承荷探测电缆 | 江苏华能电缆股份有限公司 |
| 道路与街路照明灯具 | 江苏时新景观照明有限公司 |
| 铅锭 | 扬州市华翔有色金属有限公司 |
| 新型抗干扰军用雷达用变频电缆 | 扬州光明电缆有限公司 |
| 石材切割机系列产品 | 扬州和益电动工具有限公司 |
| 麻鸭咸鸭蛋 | 高邮市邮星食品有限公司 |

(濮长美)

大会，制定全市2015年质量强市工作计划，完善扬州市质量强市工作目标考核细则。扬州市连续三年在省政府对各市政府年度质量工作考核中获优秀等次。市质监局与高等院校合作，出台《扬州市经济增长质量考核指标体系》《扬州市广陵区质量发展状况分析报告》。在机械装备、汽车及零部件、船舶及配套件、石油化工、新能源和新光源等产业开展质量分析研究，出台《扬州市造船业产品及质量发展研究报告》。全市培育江苏名牌产品109个，其中新增江苏名牌产品38个。26家企业申报市长质量奖，扬州通利冷藏集装箱有限公司、迈安德集团有限公司、江苏晶鑫新材料股份有限公司、扬州市管件厂有限公司获2015年度市长质量奖。扬州市城市居民质量满意度81.52。

(张　华)

■**技术标准战略**　2015年，全市主导制定(修订)国家标准12个、行业标准5个，获批省级标准化示范试点项目7个，新增采用国际标准产品147个，8家企业被省标准化协会确认为“标准化良好行为企业”。江苏牧羊集团有限公司组建国际标准化组织饲料机械技术委员会(ISO/TC293)秘书处。ISO/TC293是第一个落户扬州的国际标准化组织，也是江苏第一例、全国第十例在中国新创办并且主席和秘书处同时设在中国的国际标准化组织。5月20—21日，ISO/TC293成立大会及第一次成员大会在扬州举行。

(茆法勇)

■**计量监管**　2015年，全市质量技术监督部门免费检定198家集贸市场1.04万台电子计价秤、1022家医疗卫生机构5237台医用计量器具。市质监局指导相关企业建立和完善计量检测体系，其中10家企业通过计量保证确认，142家企业通过计量合格确认，1家企业通过测量管理体系认证。推进诚信计量体系建设，在出租汽车公司、超限检测站、计重收费站，供水、供电、供气、供热公司开展“诚信计量自我承诺”活动；在医院、集贸市场、商店(超市)、加油站、眼镜店、餐饮店等，开展省、市级诚信计量示范单位培育活动。

（王　飞）

■**质量安全监管**　2015年，全市质量安全形势总体平稳，未发生区域性、系统性、行业性质量安全问题。特种设备万台事故率、死亡率低于全省平均水平。国家监督抽查全市产品116批次，平均合格率93.96%，比上年提升0.34百分点。省级抽查全市产品278批次，平均合格率92.09%，比上年提升1.92百分点。加大打假保名优力度，全年出动执法人员3000人次，检查生产销售单位850家，立案198件，涉案货值2.6亿元；移送公安10件，移送案件货值2.4亿元。成立省缺陷产品管理技术中心分中心，为缺陷产品召回提供技术支撑。打好电梯安全监管大会战、油气输送管道隐患整治攻坚战和燃煤锅炉节能减排攻坚战“三大战役”。

（张　华）

■**高技术服务平台建设**　4月9日，市政府与中国检验检疫学会签订《促进检验检测高技术服务集聚区发展合作备忘录》，推进国家玉器珠宝鉴证质量溯源中心、江苏省（国家）玉器产品质量监督检验中心（以下称“两个中心”）筹建工作，打造高技术服务平台，引领传统特色产业转型升级。2015年，“两个中心”建设取得阶段性成效，国家玉器珠宝鉴证质量溯源中心试运行；江苏省（国家）玉器产品质量监督检验中心通过省级验收，成立全额拨款事业单位扬州市玉器产品质量监督检验中心。（张　华）

## 食品药品监督管理

■**食品药品监管体制改革**　完成食品药品监管与工商、质监、卫生部门的食品监管职能划转和工作交接，调整市食品安全委员会为市食品药品安全委员会，成立市食品药品检验检测中心、市食品安全监督所。6个县（市、区）及3个功能区统一实行工商、质监、食药监“三合一”监管模式，成立市场监督管理局。市编办印发《关于下发扬州市食品药品监督管理系统事权划分方案（试行）的通知》《关于调整开发区（功能区）市场监管局机构性质的通知》，明确功能区执法行政权。在基层推行“一镇一办一分局一员”监管模式，在乡镇（街道）成立食品药品安全委员会及其办公室，设置食品药品安全监督助理82人，设立监管分局72个，作为县（市、区）、功能区市场监管局派出机构，设立行政村（社区）协管员1400余人。

（尹成雷　尤　峰）

■**食品生产监督管理**　2015年，全市有食品生产加工企业586家、食品添加剂生产企业9家、食品生产加工小作坊3417户。全年换发（包括变更）食品生产许可证275张，依法注销69家食品生产企业的75张食品生产许可证。先后开展春节食品、食用油、肉制品、乳制品、蜂蜜产品、巧克力及其制品、“烟花三月”经贸旅游节食品、“五一”节日食品等9个专项检查，共检查扬州地方特色食品和高风险食品生产加工企业179家次，责令整改107家，对2起违法行为依法立案。完成14家食品生产企业电子追溯系统建设。（梁　奇）

■**食品流通监督管理**　2015年，全市持有效许可证［食品流通许可证、食品经营许可证（食品销售类）］食品销售经营者2.4万多户；城乡集贸市场218家、食品（食用农产品）批发市场17家。全年市食品药品监管局组织元旦春节市场、散装食品、校园食品、农村食品市场、冷冻肉制品、调味面制品和食品批发市场等7项集中整治工作，共出动执法人员1.8万人次，检查食品经营者2.79万户次，检查各类市场1170个次；组织落实双节食品市场、全省第二次食品抽验、含铝添加剂食品和调味面制品等4次省级监督抽验工作，共监督抽验1245批次；面向公众开展食品安全宣教活动106次，累计发放各类宣传资料2.12万份。（盛　军）

■**餐饮安全监督管理**　2015年，全市餐饮服务环节有许可发证单位1.13万户，其中各型餐馆9885户、食堂1404户，集体供餐配送单位14户、中央厨房8户。10月接手履行餐饮安全监督职能后，完成市直管15家餐饮单位首轮监督检查，完成市委、市政府交办的7项重大活动保障。加强市辖区、功能区文明城市餐饮服务单位创建督查工作，实地组织督查活动4次，发督查通报4份。在全市范围内推进餐饮服务单位“美滋滋”公众服务平台使用。出台《扬州市食物中毒事故应急预案》《扬州市餐饮服务食物中毒事故处置工作手册》《扬州市重大活动餐饮服务食品安全监督管理工作规程》等制度。

（周　波）

■**保健食品和化妆品监督管理**　2015年，全市有保健食品生产企业3家，其中市区2家、高邮市1家；有化妆品生产企业80家，其中市区76家、高邮市4家。市食品药品监管局开展保健食品、化妆品和化妆品生产企业生产用水抽检144批次，合格率95.8%，督促整改企业30多家次。完善保健食品、化妆品生产质量管理体系，3家保健食品生产企业、8家化妆品生产企业试行质量受权人制度，82家化妆品企业完成499个产品网上备案。开展扬州市2015年度保健食品和化妆品生产企业质量安全信用等级评定，评定诚信等级企业4家、守信等级企业44家、警示等级企业14家、失信等级企业1家，认定保健食品化妆品诚信经营示范店25家。（李　靖）

■**药品生产监督管理**　2015年，全市有制药企业22家、药用包装材料生产企业13家、医院制剂室8个。市食品药品监督局推进实施新版《药品生产质量管理规范》（简称GMP），有药品批准文号正常生产的企业全部通过GMP认证。全市所有药品生产企业检查覆盖率100%，基本药物飞行检查覆盖率100%。开展中药饮片、易制毒化学品、麻醉、精神药品及蛋白同化激素和肽类激素专项检查。监测报告药品不良反应6302例，其中新的、严重的不良反应报告占

29.6%。监测药物滥用报告168份。加强电子监管工作，药品生产企业生产品种加入国家药品电子监管网入网率100%。建立药品生产企业质量安全风险信息发布机制，强化质量风险排查与防控，提高上市药品质量水平。（徐剑秋）

**■药品流通和使用监督管理** 2015年，全市12家药品批发企业、10家零售连锁企业和792家药品零售企业通过新修订《药品经营质量管理规范》(简称GSP)认证，认证完成率100%。全市10家零售连锁企业总部，445家连锁门店，801家单体药店全部加入中国药品电子监管网，入网率100%。评定全市975家药店信用等级，其中A级656家、B级277家、C级32家、D级10家。飞行检查企业63家，责令整改企业10家。推行药品零售企业负责人、日常监管责任人双责任人"上墙"制度，全市13家药品批发企业、877家药店双责任人"上墙"实施到位。对全市中小学、幼儿园卫生室开展全覆盖检查，共检查卫生室26所、其他学校649所，取缔卫生室1所，责令改正卫生室(保健室)35所。评定全市142家一级以上医疗机构药品安全信用等级，其中A级100家、B级38家、C级4家。（乔　虹）

**■医疗器械生产经营监督管理** 2015年，市食品药品监管局推进实施《医疗器械生产质量管理规范》，按规范要求检查20家医疗器械生产企业，配合省食品药品监管局开展规范验收10家企业。全市应实施规范及相关细则81家企业全部通过检查。全年新办一类生产备案企业77家，首次备案46件，新办一类产品备案234件，首次备案221件，新开办三类经营企业155家，办理二类经营备案1031家。组织对81家生产企业远程监控设备验收校准，集中对各生产企业受控车间进行22次全覆盖在线巡查。开展医疗器械质量会检活动，共组织"一次性使用橡胶手套质量会检""胃管和扩张器的质量会检""说明书和标签质量会检"等活动。加强医疗器械不良事件监测工作，上报可疑不良事件2976件，其中严重不良事件647件。（周　进）

**2015年扬州市药品及药用包装材料生产企业情况表**

表23-8

| 地　区 | 制药企业（家） | | | | 药用包装材料生产企业（家） | 医院制剂室（个） |
|---|---|---|---|---|---|---|
| | 小计 | 药品生产企业 | 医用氧气生产企业 | 药用辅料生产企业 | | |
| **合　计** | **22** | **17** | **4** | **1** | **13** | **8** |
| 市　区 | 16 | 12 | 4 | 0 | 8 | 4 |
| 宝应县 | 1 | 1 | 0 | 0 | 1 | 2 |
| 仪征市 | 0 | 0 | 0 | 0 | 2 | 0 |
| 高邮市 | 5 | 4 | 0 | 1 | 2 | 2 |

（徐剑秋）

**2015年扬州市药品和医疗器械经营企业情况表**

表23-9　　单位：家

| 地　区 | 药品经营企业（一类、二类企业） | | | | | 医疗器械经营企业 | | |
|---|---|---|---|---|---|---|---|---|
| | 小计 | 批发企业 | 零售企业 | 连锁总店 | 单体门店 | 小计 | 批发企业 | 零售企业 |
| **合　计** | **1263** | **13** | **794** | **10** | **446** | **1512** | **314** | **1198** |
| 市　区 | 699 | 10 | 426 | 6 | 257 | 925 | 254 | 671 |
| 宝应县 | 177 | 1 | 105 | 1 | 70 | 167 | 19 | 148 |
| 仪征市 | 159 | 1 | 112 | 2 | 44 | 187 | 34 | 153 |
| 高邮市 | 228 | 1 | 151 | 1 | 75 | 233 | 7 | 226 |

（乔　虹　周　进）

**2015年扬州市医疗器械生产企业情况表**

表23-10　　单位：家

| 地　区 | 小计 | 一类企业 | 二类企业 | 三类企业 |
|---|---|---|---|---|
| **合　计** | **153** | **43** | **80** | **30** |
| 市　区 | 137 | 37 | 72 | 28 |
| 宝应县 | 6 | 2 | 3 | 1 |
| 仪征市 | 6 | 4 | 2 | 0 |
| 高邮市 | 4 | 0 | 3 | 1 |

（周　进）

**■食品药品打假治劣** 2015年，市食品药品监管局针对影响群众饮食用药安全的突出问题，开展专项整治行动。先后开展粮油、蔬菜、乳制品、肉制品等大宗食品、地方特色食品、散装食品，以及学校食堂、火锅底料、含铝食品添加剂等专项检查，累计检查各类生产经营主体2.74万户次，查处违法、违规案件439起。开展"春风行动"、医疗器械"五整治"回头看、保健食品化妆品非法添加等专项检查，查处违法案件136件，责令停产停业整顿2家，取缔无证经营30个，捣毁制假售假窝点2个，移送违法广告2300多条。其中，查办的"1·24"李某等制售有毒有害食品案被评为全国食品药品稽查执法优秀案例，"7·26"彭某某等制售有毒有害保健食品案受到中央电视台《焦点访谈》专题报道，"11·20"余某某等制售假药案被列为最高检、公安部、国家总局督办案。（阚大春）

**2015年扬州市食品药品市场案件查办情况一览表**

表23-11

| 项　目 | 单位 | 合　计 | 市　区 | 宝应县 | 仪征市 | 高邮市 |
|---|---|---|---|---|---|---|
| 查处案件数量 | 件 | **603** | 333 | 155 | 39 | 76 |
| 罚没款项 | 万元 | **609.17** | 358.82 | 174.67 | 32.68 | 43 |
| 移送司法部门案件数量 | 件 | **26** | 18 | 6 | 0 | 2 |

（阙大春）

**■执业药师管理**　2015年，全市1771人报考执业药师，526人通过考试。开展从业药师资格审核确认工作，通过审核确认156人。办理执业（从业）药师注册、变更617人次。组织执业（从业）药师参加年度继续教育，全市有650人参加网络培训，685人参加面授，继续教育参训率94%，面授满意率96%。经江苏省、扬州市药学专业技术资格评审会评审，96人取得药学（药品）专业技术职称资格，其中取得高级职称资格3人、中级职称资格7人、初级职称资格86人。（杨国屏）

## 审计

**■概述**　2015年，全市审计机关完成审计项目374个，查处主要问题资金325.32亿元，其中违规资金1.23亿元、损失浪费资金58万元、管理不规范资金324.09亿元，核减投资额11.55亿元；促进整改、落实有关问题资金11.34亿元，其中增收节支2.76亿元；提出审计建议，被采纳623条；移送处理事项12件，移送处理14人。（沈燕兵）

**■财政审计**　2015年，市审计局完成财政审计项目4个。对市本级财政预算执行情况、市经济技术开发区财政预算执行情况、市地税局税收征管情况和仪征市财政决算情况实施审计，关注财政存量资金及稳增长、促改革、调结构、惠民生、防风险政策落实情况，促进盘活财政存量资金和中央、省、市各项重大政策的落实；对部门“三公”经费预算执行情况进行重点审查，对超预算支出情况进行披露。市人大常委会首次专门听取市级财政预算执行审计查出突出问题整改工作情况的汇报。（沈燕兵）

**■经济责任审计**　2015年，市审计局完成经济责任审计项目12个。对宝应县、高邮市、仪征市及市文广新局等12名党政主要领导干部和国有企业领导人员实施经济责任审计，其中任中审计项目9个，占比75%；联合市委组织部、市机构编制委员会办公室，对其中10名领导干部实施“三责联审”（党政领导干部选人用人责任审查、机构编制责任审核、任期经济责任审计）。完成扬州4所高校5名省管领导干部经济责任审计，实现对扬州高校领导干部经济责任审计全覆盖。（沈燕兵）

**■专项资金审计**　2015年，市审计局完成专项资金审计项目5个。关注住房保障。对市区住宅专项维修资金使用管理情况实施专项审计，对市区住房公积金归集、贷款和使用情况实施联网审计，揭示资金管理制度建设滞后、信息系统建设不够完善等方面的问题并提出相应审计建议。关注服务业发展。对市级服务业发展引导资金实施专项审计，重点审查资金管理使用、促进服务业发展效果等方面的内容，揭示资金管理制度建设等方面的问题。关注就业再就业。对市级就业再就业资金实施专项审计，揭示就业再就业专项资金使用管理中存在的体制、机制和制度方面存在的问题，促进规范管理。关注政策性农业保险专项资金。组织全市审计机关开展政策性农业保险资金专项审计，注重反映资金管理和使用中存在的普遍性、倾向性问题。（沈燕兵）

**■专项审计**　2015年，市审计局完成专项审计项目3个。对全市稳增长、促改革、调结构、惠民生、防风险政策的贯彻落实情况实施跟踪审计，突出关注重点任务完成情况、重要政策执行情况、重大项目建设情况、重点资金使用情况及简政放权推进情况等五个方面内容，促进各项重大政策有效落实。对全市2014年度城镇保障性安居工程实施跟踪审计，揭示专项资金未按规定用途使用等方面问题，促进保障房专项资金的规范使用。对城控集团建设项目实施专项审计，审计查出违规违纪金额488.07万元，管理不规范金额2886.7万元，并向市纪委移交相关案源线索1条，1名责任人被立案侦查，5名相关责任人受到党纪、政纪处分。另根据省审计厅统一部署，参与实施世界银行贷款淮河流域洼地治理（盐城东台项目）和世界银行贷款中国农村卫生发展（泰州姜堰项目）2个项目的专项审计。（沈燕兵）

**■政府投资项目审计**　2015年，全市审计机关共完成政府投资审计项目125个，审计项目投资额64.39亿元，核减投资额（工程款）11.55亿元。市审计局开展竣工结（决）算审计，对国际会展中心、新328国道、第一水厂提标扩建、六圩污水处理厂三期等10项工程实施结（决）算审计，核减工程款5355.56万元。强化重大建设项目跟踪审计，对邗江南路改扩建工程、黄金坝闸扩建工程、头桥水厂扩建工程、对口支援新疆等4个项目实施跟踪审计，累计核减招标控制价175.58万元。（沈燕兵）

**■行政事业审计**　2015年，市审计局完成行政事业审计项目8个。对市文广新局、市供销社、市房管局、市水利局、市妇幼保健院、市劳动就业服务中心、市白蚁防治所、市墙改办等8家单位2014年度部门预算执行情况或财务收支情况实施审计，并对有关部门所属二级预算单位进行延

伸审计，促进市级部门、单位加强自身及其所属单位预算管理，维护财政秩序。（沈燕兵）

**■企业审计** 2015年，市审计局完成企业审计项目3个。结合经济责任审计，对扬州泰州机场、扬子江投资集团2家企业2012-2014年度财务收支情况实施审计，对扬州电广文化传播有限公司2014年度资产负债损益情况实施审计，揭示企业经营效益不佳、财务管理不规范等方面问题，促进企业提高管理水平、决策能力和企业竞争力。（沈燕兵）

## 统计

**■概述** 2015年，市统计局有20篇统计分析报告被市委、市政府领导批示，740条工作信息、78篇统计分析被省统计局采用。参与录制《故事里的“十二五”》电视访谈节目，向观众讲述统计系统在“十二五”期间的发展变化。走进扬州广播电台《行风热线》节目，向社会介绍扬州市统计调查工作情况及第三次经济普查开展情况，并就广大市民关心的物价、居民收入、统计资料查询等问题进行详细解答。制作“扬州人的一天”专题统计微讯。从《扬州统计年鉴2015》摘选出包括扬州人每天的衣、食、住、行，收入、支出，工作、生活以及反映区域生产、生活特点和差异等在内的一些事关民生的数字，以图表的形式在视频中展示，通过扬州统计微讯向社会公众发布。配合市委办公室、市政府办公室、市委组织部等部门完成市委常委会工作要点“重点任务落实情况”的督查、建立全市各功能区经济社会发展评价体系、构建县（市、区）经济社会发展评价体系、建立全市各开发园区经济社会发展评价体系。配合市委办、市发改委编辑出版《辉煌“十二五”》一书，总结回顾“十二五”期间扬州经济社会发展情况。加强地区间的交流合作，融入长三角地区城市交流网络、宁镇扬都市圈交流网络，完成扬州市综合治税平台、长三角数据交换平台等指标数据的更新完善。（蔡　磊）

**■1%人口抽样调查** 首次采用手持PDA（掌上电脑）和互联网方式开展人口调查，进村入户，走访调查4.6万多人，完成全市1%人口抽样调查任务，取得阶段性成果。（蔡　磊）

**■统计改革** 推进统计重点领域改革，争取国家改革试点。承担全国利用PDA采集单位信息试点，在高邮选取300多家单位，按照“发现问题、解决问题、总结经验、探求路径”的要求完成试点工作既定的各项任务。围绕重点领域改革事项，推进改革举措落地见效，完善县（市、区）及功能区地区生产总值统一核算方案，推行固定资产投资统计改革试点，开展新兴消费业态统计试点，推进能源核算统计改革，建立生态文明统计制度，启动新一轮月度劳动力调查工作，实施服务业月度报表制度等。探索地方制度设计，推进数据质量建设和信息化建设两个三年行动计划，细化到具体项目，落实到责任单位。从依法履职、规范创建、整合共享、健全机制、强化监测等五个方面，提请市政府出台《关于进一步加强和完善部门统计工作的意见》，为部门统计工作的强化提供制度保障。（蔡　磊）

**■统计监测预警** 探索监测工作的规范化管理，夯实监测工作基础，强化监测数据质量控制，确保监测结果真实、可信、权威。加强数据分析解读，注重对统计监测结果的研究、开发与利用，力求统计监测走在服务转型发展的前列。研究“八项工程”、“两个率先”、民生幸福“六大体系”等重点监测指标体系，分别形成监测统计报告和专题调研报告。探索转型升级专项监测，准确反映扬州转变经济发展方式，及时测度经济转型升级进展情况，以第三次经济普查数据开发为契机，剖析影响扬州市经济转型升级的主要因素，分析经济增长和转型升级指标之间的相互影响程度，对扬州经济转型升级进行全面深入的评价，为党委、政府加强经济管理和宏观调控提供依据。推进重点企业监测，巩固“数据战略合作联盟”成果，根据经济预警监测的需要和重点企业经营发展状况，完善调查内容、指标设置，调整、丰富企业名录库，推动重点企业监测向更高层次发展。加大数据资料开发利用力度，发挥重点企业监测在分析市场变动情况、研判经济形势中的重要作用，形成季度重点企业监测报告。（蔡　磊）

**■“一县一品”建设** 推动基层基础工作创品牌、创特色，创新提出“一县一品”的工作思路。在深入调研的基础上，制定相关指导意见，明确县（市、区）及功能区的创建目标和重点任务，移动“一县一品”建设。所有县（市、区）和功能区逐步形成各自品牌特色，宝应县部门统计工作履职评价体系、高邮市统计电子执法系统、仪征市“五个一”服务机制、江都区“一站六点”乡镇统计站运作新模式、邗江区园区、乡镇、街道三种统计工作模式、广陵区行业召集人制度等等，相关工作经验多次被《中国信息报》推介报道。（蔡　磊）

**■“数据诚信示范企业”建设** 联合市经信委、市财政局、人民银行扬州市中心支行等部门开展“数据诚信示范企业”建设，增强企业上报数据的自觉性和准确性。在联网直报企业中建立起一套企业责任为基础、社会监督为约束、诚信效果可评价、诚信奖惩有制度的企业独立真实报送统计信息的长效机制。经过相关部门诚信评审及公示，中国移动扬州分公司等32家企业获“数据诚信示范企业”称号。（蔡　磊）

**■统计宣传** 举办第六届“统计开放日”活动，面向社会公众，围绕服务民生主题，通过报纸、网络、微信等平台，侧重反映扬州统计发展与改革情况、“统计服务民生”的具体做法和经验，宣传统计、传播统计。9月，结合“世界统计日”，组织统计进校园活动，在扬州大学举办统计校园行活动，强化与扬州统计学术研究院的互动，通过向扬州大学图书馆捐赠《扬州统计年鉴》、解读统计数据等活动，吸引更多的在校学生投身到统计分析、统计学术研究实践中来。10

月，组织统计进社区活动，结合1%人口抽样调查，在相关社区组织统计宣传活动，发放《江苏省统计条例》漫画读本。邀请国家级媒体记者到扬州市采访，聚焦统计改革成效，展示创新成果，并在《中国信息报》上整版刊登《击楫中流 风正志坚好扬帆》的专题报道。（蔡 磊）

## 出入境检验检疫

**■概述** 2015年，扬州出入境检验检疫局（简称扬州检验检疫局）检验检疫出入境货物3.19万批，货值15.97亿美元，分别比上年下降5.95%、19.47%。其中，出境货物2.79万批，货值7.75亿美元，分别下降5.16%、12.08%；入境货物4059批，货值8.22亿美元，分别下降11.05%、25.39%。完成出入境人员健康体检8695人次，查验出入境船舶536艘次，查验出入境飞机158架，检疫出入境集装箱7.36万标箱，截获有害生物249种2.97万种次，其中检疫性有害生物55种1440种次。参与质量强市示范市创建工作。制定八项便利措施，推动宝应县国家级出口食品农产品质量安全示范区通过复审。开展出口工业品质量安全示范企业创建，扬州雅伦玩具有限公司成为全国首批出口布绒玩具质量安全示范企业。加强宏观质量统计分析，发布2014年扬州进出境检验检疫质量状况白皮书，完成进出口商品质量分析报告30多篇。强化风险管理，保障消费品安全。按照“一企一品一案”原则，制定出口食品、化妆品监督抽检方案，加强对出口食品、化妆品、玩具、危险化学品风险评估，实行重点监控、分类管理。保障国门安全，升级口岸核心能力建设，提升“数字动植检”品牌战略，开展进境示范口岸建设，启动医学媒介监测、外来有害生物监测等多项工作。完善口岸传染病防控体系，应对埃博拉出血热、中东呼吸综合征（MERS）疫情，稳妥处置来自疫区的归国劳务人员。优化服务措施，协调推动扬州泰州机场对外开放通过各级验收。开展窗口建设标准化和服务规范化达标创建，通过国家质检总局A类示范窗口验收。帮扶企业用足优惠政策，全年签发原产地证2万余份，签证金额超10亿美元，为扬州出口企业争取减免关税0.95亿美元。（顾婉瑜）

**■实施检验检疫全程无纸化** 根据江苏检验检疫局统一部署，扬州检验检疫局推进全程无纸化，在全省系统率先实施出口玩具、出口竹木草两大类产品全程无纸化，28家企业出口产品实施全程无纸化，涉及报检批次3000多个。57家企业实行报检无纸化，完成1.1万批次实施沪苏直放。（顾婉瑜）

**■首次截获椰子锯白蚁和巨头乳白蚁** 3月11日，扬州检验检疫局检疫人员在对一批来自巴布亚新几内亚的原木进行检疫时，发现有害生物白蚁，由江苏检验检疫局植检实验室鉴定为椰子锯白蚁。3月25日，对一批来自巴布亚新几内亚的原木进行检疫时发现有害生物白蚁，由江苏检验检疫局植检实验室鉴定为巨头乳白蚁（Coptotermes grandiceps）。经中国检科院确认为全国口岸首次截获。（顾婉瑜）

检验检疫人员深入一线检验  检验检疫局/供稿

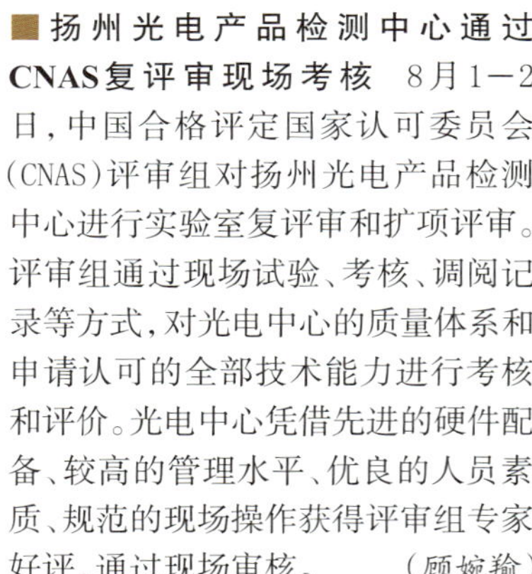

**■扬州光电产品检测中心通过CNAS复评审现场考核** 8月1—2日，中国合格评定国家认可委员会（CNAS）评审组对扬州光电产品检测中心进行实验室复评审和扩项评审。评审组通过现场试验、考核、调阅记录等方式，对光电中心的质量体系和申请认可的全部技术能力进行考核和评价。光电中心凭借先进的硬件配备、较高的管理水平、优良的人员素质、规范的现场操作获得评审组专家好评，通过现场审核。（顾婉瑜）

**■扬州进出口玩具检验所通过香港HOKLAS国际评审** 8月24—27日，香港实验所认可计划（HOKLAS）4位评审专家，对扬州进出口玩具检验所进行复评审及扩项评审。评审专家依据ISO/IEC 17025标准和质量体系文件，通过查阅体系文件、现场提问、样品测试等方式，从实验室管理体系、工作程序、人员、设备、检测方法、质量控制和验证、结果报告等方面进行评审，认为玩检所现行的管理体系文件完善、合理，人员检测能力满足检测资质要求，实验室设施环境符合申报检测项目的需要，仪器设备适应申报检测项目的技术要求，可以继续承担申请认可范围内的检测工作。此次新申请认可的检测项目也通过扩项认可。（顾婉瑜）

**■江苏首单异地原产地证书在扬签发** 10月13日，注册地在南京的江苏舜天集团机械进出口公司直接从扬州检验检疫局拿到3份中国—东盟自贸区优惠原产地证书，标志着江苏全省原产地签证一体化进入实施阶段。原产地证书被称为进出口货物“通行证”和“优惠券”。以往采取的是属地管理，外贸企业要向其工商注册所在地检验检疫部门申请原产地证书。10月10日起，江苏全面推行原产地签证一体化。信用管理评定为B类以上、近2年在检验检疫部门没有不良记录的省内备案原产地申请人，都可以在省内异地申领原产地证书。根据新规，南京舜天集团机械进出口公司的子公司在扬州完成原产地签证，办证时间至少缩短1天。凭

借这3份原产地证书，该公司出口至印度尼西亚的链轮可在印尼海关获1.9万美元关税优惠。（顾婉瑜）

**■截获小麦印度腥黑穗病菌** 11月1日，扬州检验检疫局检疫人员在对巴拿马籍“航利”轮实施检疫查验时，在其食品舱中发现有产地为印度的袋装面粉。经江苏检验检疫局植检实验室鉴定该批面粉携带有检疫性有害生物——小麦印度腥黑穗病菌(Tilletia indica Mitra,TIM)。这是扬州口岸近年来首次在入境船舶上截获该检疫性有害生物。检疫人员按照相关规定及时监督船方对带疫面粉进行处理，并对食品舱及垃圾、泔水进行防疫消毒。（顾婉瑜）

**■实验室建设** 轻工中心履行国家玩具检测重点实验室联盟秘书处工作职责，推进联盟相关工作。参加CEN/TC52玩具安全第54次年会和ISO/TC181“玩具安全”会议。先后完成多项IIS国际能力验证，主持国家质检总局、江苏检验检疫局多项科研项目和质检公益性行业科研项目，发表核心期刊论文5篇，申请发明专利1项。光电中心深化与TUV南德公司和中国质量认证中心的业务合作，通过加拿大CSA评审，成为CSA光伏领域指定实验室，获得CQC光伏领跑者计划测试实验室资质。通过CNAS光伏产品盐雾测试、氨气测试、光伏组件测试新方法的扩项评审，拓展检测技术能力。（顾婉瑜）

## 海关监管

**■概述** 2015年，扬州海关全年监管进出口货物868.11万吨，比上年增长22.38%；监管货物总值34.45亿美元，增长11.61%；监管进出口集装箱13.63万标箱，增长12.93%；监管进出境船舶1442艘次，增长39.46%；监管进出境人员行李物品4.32万人次，增长116.12%；征收关税和进口环节税25.22亿元，增长10%。办理减免税收手续323笔，下降27.58%；审批设备金额4107万美元，下降14.27%；减免关税和进口环节税2885万元，下降39.5%。办理加工贸易合同备案952份，下降19.46%，备案总金额为9.91亿美元，增长23.91%。扬州海关缉私分局立案侦查走私犯罪案件5起，案值2.47亿元，涉税7879.72万元，其中侦办成品油走私案件1起，被列为海关总署缉私局一级挂牌督办案件，查证走私成品油3.6万吨，案值2.1亿元，涉税7140万元，是扬州海关建关以来侦办的最大涉税走私案件。行政案件立案91件，案值2.5亿元，涉税1223万元。（尹红燕）

工作人员对走私的成品油取样送检　　海　关/供稿

**■海关监管改革** 参与海关总署、南京海关重大改革项目，落实“三互”推动大通关建设，加快长江经济带区域一体化通关改革、复制推广上海自贸区监管创新制度、通关作业无纸化的全覆盖、集中汇总征税、关检合作三个一等各项改革任务，率先在关区推进企业信用管理改革工作，辖区通过高级认证与一般认证的企业数，超过关区总量的五分之一。实施行政审批“一个窗口”改革，设立船舶进出境“单一窗口”。启动“一点接单，多点验放”的业务整合方案。通过整合监管资源，加快通关速度。（尹红燕）

**■关地、关企协作** 支持和服务开放平台建设与开放载体优化，协助地方政府做好扬州泰州机场一类口岸开放并成功获批；加快对接上海自贸区，扬州出口加工区正式升格为综合保税区；加强关地协作、关企协作，提高服务的精准性，与仪征市政府等区县签订合作备忘录；结合扬州造船、电子、化工等主要产业特点，探索创新符合企业发展需求的“定制式”监管模式；中信泰富有限公司等企业自备码头通过省级开放验收，同时设立海关监管场所；关注扶持小微企业发展，加大高资信企业培育力度。加强与口岸及联检部门间协作配合，落实“三互”，推进“一站式作业”，企业平均申报时间、货物查验时间至少缩短三分之一；推进长江经济带区域通关一体化改革，优化进出口物流和企业资源配置，企业物流成本降低30%，通关效率提高50%。（尹红燕）

**■服务进出口企业** 坚持监管与服务并重，为企业创造良好的发展环境，争取优惠政策。制定实施关领导挂钩联系区县、关领导带头开展关务服务专员活动等一系列服务发展举措，加强与区县建立更为紧密的关地联系配合机制。为川奇光电公司等5家大型加贸联网监管企业制定“一对一”监管服务方案；加强对地方外贸经济发展的针对性分析，报送《扬州海关专报》26期。（尹红燕）

# 城乡建设与管理

Chengxiang Jianshe Yu Guanli

编　辑　王妮姗

## 综述

**■概况**　2015年，扬州市区（含江都区）完成城市基础设施投资65.74亿元，全市完成村镇建设投资68.13亿元。

城市基础设施建设。新万福路、文昌路西延、邗江南路仪扬河以北段、江都北路延伸（竹西路—上方寺路）、沙湾路南延、运河路北延（先导段）、运河南路南延（吴州路—横沟河）、华扬大桥及连接线等重大路网工程建成通车。新北门桥翻建及接线改造等次支道路建成。提升改造邗江南路仪扬河以南段、开发路东延、扬子江南路（华扬路—江阳路段），推进328国道与邗江南路及扬子江南路交叉口改造工程。

城市功能性设施建设。优化城乡供水质态，完成头桥水厂扩建工程，更新改造供水支管网657千米。完善燃气管网脉络体系，新增燃气管道282.8千米（其中高压管道12.6千米、中压管道42.5千米、低压管道147.7千米），调压设施73台，加大污水处理设施建设力度，建成六圩污水处理厂三期、江都清源污水处理厂二期工程，基本建成污泥处置及资源化利用工程（一期），市区建设污水管网30千米，建成吴州路和二桥河路污水连通管道，形成城市西南片区扬子江南路与邗江南路双路排水、互备互用的污水排放体系。

古城保护利用。深化历史街区整治，推动“双东”（东关街、东圈门）街区AAAAA级景区创建工作，建成“双东”消防取水平台、城市避灾广场。推进南河下街区整治，启动立体绿化试点工作。建成扬州城市记忆馆、阮元展示馆及广场景观提升工程。推进传统民居的整治修缮，以技术支持和资金补贴的方式修缮老城区传统民居9户。加强名城文化研究，出版《名城解读（二）》《中国名城·纪念扬州建城2500周年特刊》。

民生城建工程。整治文昌西路、博物馆路、站南路、新盛路、黄金坝路、观潮路、刘庄路、白塔路等8个积水点，中央电视台《新闻联播》以1分57秒的时长报道扬州市“不淹不涝”城市建设的经验做法。全年翻建街巷36条，改造更新街巷路灯815盏，维修路面4.95万平方米，疏浚排水管道223千米，清疏检查井4372座、雨水井2.76万座次。建成扬州市域桥梁信息管理系统，动态化管理桥梁264座。完成市区地下管线普查，普查面积372平方千米，普查长度1.03万千米，建成地下管线信息系统（GIS）。

建设领域节能减排。全面深化绿色建筑行动，制定《扬州市市区绿色建筑暨建筑节能专项引导资金管理暂行办法》，引导、鼓励政府投资项目及大型公共建筑建设绿色建筑，市科技馆成为全市首个取得绿色建筑星级标识的大型公共建筑。严把施工图审查关，全市城镇新建建筑全部按一星及以上绿色建筑标准设计，新增二星级以上绿色建筑68.2万平方米。建设领域大气污染防治成效明显，以防尘设施标准化建设为重点，推进施工扬尘防治工作。工程开工前，严格扬尘控制措施达标审查，重点核验“围挡材质高度、主干道硬化、自动化冲洗装置”等。实行扬尘排污收费监管，以经济杠杆推动扬尘防治工作落实。实施施工扬尘远程视频监控管理，对施工现场实施24小时实时监控。

美好城乡建设行动。巩固和扩大村庄环境整治成果，全市累计投入各类长效管护经费约1.5亿元，聘用各类保洁人员1万多人，保障长效管护工作的规范化、制度化和常态化。全年实施农村危房改造3091户，完成第一批850户渔民上岸安居工程。宝应县曹甸镇入选苏南苏中地区综合规划建设示范镇，宝应县射阳湖镇、高邮市界首镇、高邮市菱塘回族乡清真村、邗江区方巷镇沿湖村入选2015年省特色景观旅游名镇（村），10个村入选省“美丽乡村”建设试点。（卞海波）

**■城建监察**　2015年，扬州市城建监察支队全过程跟踪监察市区在建工程项目80多个，立案查处违法违规案件101件，下达责令改正通知书185份、行政处罚事前提醒书32份、行政处罚决定书101份，完成网上重大行政处罚案件备案81件，接受并处理举报案件194件，办复率100%。开展建筑工地安全及扬尘等施工重点环节专项检查16次，检查建设项目128个，立案调查违法违规行为。向县（市、区）建设部门下达执法建议书46份，开展执法建议书落实情况专项稽查2次，执法建议基本落实到位。（万晓辉）

# 城市规划

■**规划编制** 2015年，市规划局编修完成《扬州城市轨道交通线网规划(修编)》并上报市政府常务会讨论通过，编修完成《东部综合交通枢纽地区详细规划》，完成《扬州轨道交通建设规划5号线预可研客流预测》《扬州市城市轨道交通建设规划5号线预可行性研究专题》《轨道交通5号线沿线用地控制研究及1、2号线沿线用地控制优化》。编制完成医疗卫生、社区服务用房、体育设施布局、农贸市场等专项规划7个，明确城市基础设施和公共设施的用地保障。推进法定控制性详细规划(简称控规)全覆盖工作，完成18个单元控规成果并经市政府批复。编制完成江都区宜陵、樊川、武坚、吴桥和邗江区杨寿、甘泉等6个乡镇的控规，江都区控规覆盖率86%。开发完成控规层面的"规划一张图"系统，提高控规成果的可利用性，加大信息共享和公开力度，提升控规成果编制质量与规划行政审批效率。把握城镇化内涵，构建名城规划体系，提升城市品质，编制完成《扬州市市区城乡统筹规划》和市区21个乡镇的镇村布局规划，为扬州"十三五"城镇化发展提供基础技术支撑。编制完成《扬州历史文化名城保护规划》《大桥历史文化街区保护规划》，形成总体规划—历史文化名城保护规划—历史街区保护规划—历史文化名镇保护规划的完整体系。完成《扬子津科教园区概念规划》，明确园区发展定位、功能分区与用地布局。编制完成生态科技新城核心区规划。加强与国际化设计公司合作，开展三湾湿地公园周边区域、连(云港)淮(安)扬(州)镇(江)铁路扬州站站前区概念城市设计等。 (汪 磊)

■**规划管理** 创新项目核准模式，将"串联审批"模式改为市发改委、市国土局、市房管局等部门"联动审批"模式，将建设项目总平面图、建筑方案审查合并纳入建设工程规划许可阶段，缩短建设单位办理核准、批复建设用地规划许可证、土地证的时间。制定《扬州市规划局规划管理职责划分实施办法》，市区项目除瘦西湖景区核心区(风景区)、原新城西区范围内项目外，全部由分局具体办理。优化方案审查流程，制定《扬州市规划局方案审查小组议事规则》，对重大项目和重点区域的设计方案，市规划局把控重点、提出意见，分局落实到位，避免方案重复审查。全面梳理规划管理中涉及中介服务的各个环节，全面放开与规划行政审批相关的日照分析服务等中介服务市场，由建设单位自主选择编制单位，鼓励市场公平竞争，并明确相关权力与责任。争取市政府对规划技术工作的支持，明确日照分析复核由市财政购买的主导方式。

服务全市重大城建项目和民生工程，做好东部市民图书馆、扬州泰达Y-MSD现代产业服务区、廖家沟城市中央公园、扬州市职业大学南综合体、扬州智谷等综合体和生态工程的规划服务工作。在选址阶段刚性控制公共停车场、公交场站和学校用地。提出在市区绿化间增设体育设施规划方案，并实施到位。制定公园体系建设标准，推进社区公园建设。疏解老虎山西路农贸市场、梅岭玉器街流动摊点疏导管理中心报建和建设过程中的矛盾。推进城中村、老厂区、棚户区改造搬迁工作。

全年发放选址意见书101份，总用地面积892.3公顷；办理用地规划许可证212份，总用地面积741.5公顷，其中商品房用地面积123.3公顷、拆迁安置房用地面积124.9公顷、其他项目用地面积221.2公顷；办理工程规划许可证1268份，总建筑面积844.4万平方米，其中商品房建筑面积280.8万平方米、拆迁安置房建筑面积145.2万平方米、工业建筑面积101.3万平方米、其他项目建筑面积317.1万平方米。全年下达49宗地块(含出让和划拨地块)规划设计条件，总用地面积238.32公顷。 (汪 磊)

■**规划督查** 2015年，市规划局实施规划验线32次，发现问题2处，并责令重新放线；组织竣工核实13次。完成建设工程规划许可证副本换正本153份，建筑面积115.91万平方米。查处批后违规行为，全年发出责令改正通知书45份、停工(核查)通知书5份；处理行政处罚案件28件，收缴罚没款628.18万元；移交违法建设案件14件，组织规划技术论证34次，移送强制拆除案件2件。全年开展日常规划巡查22次；与市城管部门开展联合巡查13次，发现违法建设行为51件。做好卫星遥感监测工作。召开卫星遥感图斑督查工作会议；住建部驻扬州市城乡规划督察员现场查勘卫星图斑5～7期需拆除的11个项目，跟踪后续处理情况，拆除5个项目；核查住建部第8期246个卫星图斑，发现问题55个，并召开问题专题会议；向城管部门移交卫星图斑违法建设项目47个，并与其联合现场查勘。全面清查2011年1月1日至2013年12月31日期间核发建设工程规划许可证(副本)但尚未申请规划核实的项目，发放催告通知书(已竣工并投入使用项目)15份，发放告知书(已竣工未投入使用项目)1份。全过程监管市规划委员会审批的35个建设项目。市政府召开建设项目规划批后管理联席会议1次，查处批后违规项目3个。执行"首违不罚""容期整改"制度，全年发出"首违不罚"单12份、"容期整改"单45份。实施《扬州市城乡规划信用管理制度》。约谈严重违规的建设项目的3家建设单位和2家勘察设计单位，对其城乡规划信用作扣分处理，并在网站公布处理结果。 (汪 磊)

■**《扬州城市总体规划(2011—2020)》获国务院批复** 《扬州城市总体规划(2011—2020)》(简称总体规划)编制工作启动于2009年，2015年10月26日经国务院批准实施。总体规划立足区域和城市长远发展，尊重"一体两翼"(主城区、仪征市、江都区)空间格局，坚持历史文化保护、生态绿化、交通体系等刚性内容的基础上，整合提升原扬州市区和原江都市区规划，为"十三五"期间扬州城市发展、城市建设和城市管理提供基本空间依据。总体规划明确扬州为国家历史文化名城和具有传统特色的风景旅游城市的城市定位。在城市空间形态上，市域将形成沿长江的沿江城镇带和沿淮安—江都交通廊道的城镇发展轴；中心城区将强化城市东西方向的联系，结合廖家沟、夹江、仪扬河等水系形成生态隔离廊道2条，以文昌路公共中心轴、瘦西湖—古城—古运河文化轴、江都南北发展轴为纽带联系5个城市分区，构建“两廊三轴五区”的总体空间布局。预计到2020年中心城区常住人口控制在210万人以内，城市建设用地控制在230平方千米以内。总体规划增加空间开发管制内容，划定城市基本生态控制线和城市开发边界，强化对城市水体、绿地、历史文化资源的保护线和基础设施的管控；充实历史文化名城保护规划的内容，构建历史城市、历史城区、历史文化街区和文物古迹四级历史文化和传统风貌保护体系；提出整体保护历史城区的景观特征及周边环境，小规模渐进式推进老城区有机更新的规划对策；形成人文景观和自然景观有机交融，古城风貌与现代文明相结合的水绿交融的宜居城市。 （汪　磊）

## 城建重点工程

■**空港新城建设**　2015年，扬州空港新城管委会组织参加中国通航大会、重庆国际物流展等系列招商推介活动，签约并开工农光互补产业基地项目，装备制造区签订1亿元以上项目5个，与中航物流签订战略合作协议，与百世快运等达成合作意向。结合物流园区、装备制造区、城市功能区、农业园区等四大板块建设，依托江苏融汇建设集团，组建专业投资管理公司4家。与国家开发银行等金融机构开展战略合作，通过参股及设立发展基金等方式参与空港新城建设。横二路、纵七路骨干路网工程于3月8日开工，完成20万平方米腾飞花园安置区、3万吨污水处理厂、10万平方米标准化厂房前期准备工作，协议拆迁民房526户、搬迁企业4家。

（徐苏勇）

■**新万福路及万福大桥建成通车**　新万福路工程由市城建国有资产控股(集团)有限责任公司负责投资建设，建设主要内容包括道路、桥梁、给排水管网、强弱电、照明、燃气、景观绿化、交通安全设施等，概算投资25亿元。工程于2013年4月17日开工，分段、分项实施。2015年9月20日万福大桥建成，全线通车。

新万福路是扬州城区北部东西向主干道，是江(都)广(陵)地区的交通大动脉，西起漕河路与史可法路交叉口，东至江都区龙城路，全长9.6千米，其中道路全长7.53千米、桥梁总长2.07千米。建设内容包括改造道路3条、新建道路1条、新(扩)建桥梁5座(扩建五台山大桥、江扬大桥，新建万福大桥、太平桥、头道桥)，新建天桥3座(玉器街天桥、新民路天桥、太平路天桥)。拓宽改造段西起道路西起点，东到沙湾北路以东的方跳河，改造总长6.23千米。道路拓宽改造后，路宽40米，双向标准6车道，设计时速50千米。新建段自方跳河处向东直至江都区龙城路，跨经万福闸以南240米处的廖家沟、太平河、金湾河后，接入龙城路，全长3.37千米，路宽45米，双向标准6车道，设计时速60千米。道路中央设置3米宽的绿化中分带，快慢车道之间为2米宽的绿化侧分带，沿线绿化面积6.72万平方米，沿线采用节能高压钠路灯780盏。

万福大桥位于万福闸以南240米，跨越廖家沟，为连接扬州主城区和江都区的关键节点，也是与“七河八岛”生态片区有机融合的重要景观。桥梁为混凝土梁自锚式悬索桥，桥长664米，其中主跨188米，桥宽22米，是国内首座桥塔结合的双层自锚式悬索桥，总体风格为楼台亭阁，底座似城塔，上有体现扬州古建园林风格的楼阁，塔高90米，上层行车为机动车道，按公路一级荷载等级标准建设；下层供非机动车和行人通行，实现人车分离。

五台山大桥在原有基础上，向北拓宽7.9米。江扬大桥在保留原有桥梁基础上，在距其以南3米处，加建“姊妹桥”1座，跨度由原江扬大桥上部三跨、70米提升为单跨、120米。新建桥梁总长431米、宽22米，为系杆拱桥梁，风格与老桥相近。新桥建成后，新、老江扬大桥的总宽与路宽相当，老桥承担由东向西的交通流，新桥则承担由西向东的交通流。太平桥、头道桥按公路一级荷载等级标准建设。 （朱　健）

■**道路建设**　邗江南路改造段和新建段。南起沿江高等级公路，北至江阳路，长12.1千米，宽40～50米。2014年4月17日开工建设。概算投资16.61亿元。其中，改造段(江阳路—规划七路)长3.6千米，于2015年3月建成通车；新建段(高旻寺路—沿江高等级公路)长7.3千米，于2015年12月17日建成通车。主

邗江南路新建段　　张孔生/摄

要建设内容：改造段和新建段共实施机动车道28.2万平方米，非机动车道8.2万平方米，人行道10.5万平方米。同步敷设雨水管道4.7万米，污水管道6.9万米，配套景观绿化8.6万平方米。同步实施强弱电、供水、燃气等地下管线改迁。

江都北路延伸。东起竹西路，西至北环路，长2163.8米，宽40米，2014年8月18日开工建设，2015年11月16日竣工。道路按城市主干道II级标准建设，横断面布置为21米机动车道、2×2米侧分带、2×4.5米非机动车道和2×3米人行道，机动车道与非机动车道采用沥青混凝土面层，人行道面层为倍力砖。工程同步实施雨污水管道、绿化、交通安全设施及照明工程。（樊　荣）

**■市民中心建成启用**　9月26日，作为扬州建城2500周年城庆主战场、主展场、主会场的核心工程和标志性工程——市民中心建成启用。市民中心位于文昌东路9号，总建筑面积11万平方米，是市委、市政府服务企业、服务群众的重要平台，是为民办实事的重点工程，也是为全体市民提供科普体验等活动的服务场所。市民中心由市政务服务中心、市青少年活动中心、市妇女儿童活动中心和市科技馆4个主要场馆组成，各场馆按照“统一规划、统一布局”的原则建设，做到共性资源充分整合、互联互通，个性功能充实完善、特色鲜明。

（王妮姗）

**■西区新城科技综合体主建筑封顶**　9月8日，西区新城科技综合体主建筑封顶。西区新城科技综合体是市政府主导的30项重大城建项目之一，于2014年6月开工，总建筑面积约24万平方米，主体建筑为2幢24层商务楼、2幢22层商务楼以及3层的裙楼。项目由市城建国有资产控股(集团)有限责任公司和扬州建工控股有限责任公司共同负责实施，东半侧由市城建国有资产控股(集团)有限责任公司投资，定名为国泰大厦，总建筑面积近12万平方米。其中，1～3层为裙楼商业，建筑面积约1.5万平方米；4层以上为高端办公楼，建筑面积约6.4万平方米；地下一层、二层总面积约3.8万平方米，设有机动车停车位近1000个。项目采用绿色二星建筑设计标准，配置有地源热泵、中央空调热回收系统，成为5A甲级智能商务综合体。

（王妮姗）

**■蜀冈生态体育公园建成**　4月18日，蜀冈生态体育公园建成开放，生态体育公园位于经圩二路南侧、润扬北路东侧、平山堂路北侧、邗江北路西侧，为蜀冈生态中心二期组成部分，项目占地约30公顷，公园设置亲子趣味运动休闲区、体育对抗运动区、老年运动休闲区、生态休闲区、梅香云海带、中心活力广场等六大活动区域。（施旭东）

**■八大文化广场建设**　9月22日，史可法广场、阮元广场、扬州中学院士广场、虹桥坊广场、邵伯谢安广场、杜十娘广场六大文化广场建成开放。9月29日，吴王夫差广场建成开放。隋炀帝雕塑广场完成规划设计和招投标工作。

史可法广场位于史公祠东侧，主要包括新建复式长廊和人物浮雕等，绵延近70米。长廊不仅可供人休憩，还装裱扬州市书法家作品8幅，展示史可法抗清护城的情景和扬州英雄文化。史可法抗清浮雕，长10米、高2.3米，讲述史可法及明朝军民血战城头、誓死保卫扬州城的故事，浮雕中央是史可法骑马的英武造型，凸显悲壮如歌、史诗如画、英勇不屈的历史画面，更以梅花寓意“数点梅花亡国泪，二分明月故臣心”。

阮元广场位于毓贤街，占地1800多平方米。在阮元广场上，铸有手拿书卷的阮元雕塑，展现一代大儒的风范。整个广场中式园林布局与阮家祠堂古朴的建筑环境相协调。“竹林茶隐”大型砖雕长8.8米、高1.05米，由40多块小砖雕组成砖雕墙，讲述阮元为官清廉、躲避别人给他送礼的故事。

阮元广场建成对外开放　张孔生/摄

扬州中学院士广场位于扬州中学东侧，占地3200平方米。广场建设有院士浮雕墙、院士雕像和院士塔等。广场上的大型院士铜雕群像，展示49位院士研究成果。

虹桥坊广场位于瘦西湖路与大虹桥路交会处，主要分为中心广场核心景观区、沿道路绿化景观区、入口景观区和二期广场景观区4个部分，设置有世界文化遗产标志物，广场南侧建有游客服务中心2幢。旅游咨询服务中心集全市旅游信息咨询和集散服务等功能于一体。

谢安广场坐落于江都区邵伯镇，占地2.2万平方米，原名甘棠广场，建于2007年。谢安广场改造提升工程主要以邵伯特有的古镇文化、运河文化为背景，结合现代文明的瑰丽意象，体现“古水绿文秀”一体和谐的文化特质，建有谢安雕像等人文景观，同时以绿化景观、立体亮化加以环绕。

杜十娘广场位于瓜洲镇，由广场和绿化景观两部分组成。广场中央铸有杜十娘主题雕塑，高近6米，雕塑采用雪花白大理石，体现杜十娘圣洁坚贞的形象。彤云阁长廊配有连环画砖雕群，主要由9块砖雕组成，长近50米，讲述杜十娘悲情故事。广场内还建有诗墙、诗廊。广场绿化面积2500平方米。

吴王夫差广场位于官河和邗沟

河交汇处的西北侧，占地约6000平方米，主要建设内容为景观、绿化、铺装、亮化、道路、给排水、夫差雕塑等。广场总体布局寓意邗沟开凿及大运河的贯通，铸就扬州的繁荣昌盛。邗沟路旁广场主入口设置简洁干练的标识牌坊，凸显场地的纪念性。广场中心设置16根印章石柱，代表运河遗产中扬州段包括邗沟故道在内的6处河道及10个遗产点，石柱顶端还镌刻相关名称，凸显扬州作为运河之都在整条运河的历史、经济、文化方面的中心地位。吴王夫差雕塑设置在广场东西中轴线的西端，材质为青铜，基座高2.5米，雕塑高约6米，总体高度约8.5米。（王妮姗）

## 市政公用事业

**■地下管线信息系统（GIS）建成** 8月，市城乡建设局召开地下管线普查与信息系统建设项目综合验收会，扬州市地下管线普查与信息系统建设项目通过省级验收，普查面积372平方千米，普查长度1.03万千米。建成地下管线信息系统（GIS），开展地下管线数据对外查询服务。至年末，为45个市政管线项目提供地下管线现状资料，累计查询管线长度1154千米；为城市排水、防涝规划提供雨水、污水分流地下管线资料，查询管线长度2400多千米；为生态科技新城规划提供底线管线资料，查询管线长度658千米；多次为突发性抢修工程提供地下管线资料，保障应急事故妥善处理。（吴兆亮）

**■城市照明管理** 2015年，扬州市城市照明管理处管辖照明灯总数21.39万盏（其中功能照明灯6.45万盏、亮化灯14.94万盏）、路灯专用变压器187台、路灯控制箱550只、亮化控制箱153只、电房15座，照明灯总功率1.92万千瓦（其中功能照明灯功率1.14万千瓦、亮化灯功率7838千瓦）。全年维护、维修功能照明灯1.84万盏次、亮化灯2.37万盏次、亮化灯带27.34千米，维护、维修路灯线路17.88千米，清洗油漆脏、旧路灯杆3373杆，维护、维修照明变压器、控制箱630台次。坚持每月查灯制度，亮灯率达99%以上，设施完好率达95%以上。扬州市区114个亮化站点全部纳入3G电信公网监控系统，实现全市所有照明监控站点“一张网”控制管理。（陈有文　卞海波）

**■排水管理** 市区全年核发排水许可证60份，其中工业类新建项目4个、餐饮类项目2个、房地产类项目54个。项目现场查勘220次，向排水申请户开具现场查勘意见书70份，出具查勘整改意见280条。（卞海波）

**■六圩污水处理厂三期厂区工程建成** 六圩污水处理厂三期项目于2013年开工，厂区工程于2015年9月建成投用。工程设计污水处理总规模5万吨/日，概算投资3.86亿元，采用改良型A2/O（生物脱氮除磷）污水处理工艺，出水达一级A标准。项目主要建设5万吨/日污水生化处理设施1套、污水提升泵站5座、污水主次干管42.6千米。（朱　健）

**■城市供水** 2015年，扬州市区（不含江都区部分乡镇）完成售水量1.8亿吨，比上年增长4.05%。新发展用户4.98万户。扬州自来水有限责任公司铺设供水干管125千米，管网水质综合合格率100%，管网水压综合合格率100%。完成廖家沟水源地取水口迁建工程、头桥水厂扩建工程。4月，新万福原水厂投入运行。市区供水能力100万吨/日，其中深度处理能力35万吨/日。建立联动水质监测体系，加大原水、出厂水检测频率，合理投放药剂，水质综合合格率100%。扬州市江源供水有限责任公司全面实行柜台收费，实现银行代扣、邮政水费代缴、银联刷卡等多种缴费方式。整合维修资源，先后在市区成立抢维修中心、抢维修分中心，在乡镇新成立西南片区安装维修服务中心，全面推行“96169”服务热线，实现城乡客服一体化。制定并推行星级服务明星等级评定，实行对外服务窗口挂星上岗，开设预约服务、英语服务特色窗口，增设东花园服务中心，各服务中心实现水、天然气、市民卡等业务“一站式”办理。小李服务队全年为民服务1256次。客服中心全年接听用户咨询电话7.2万个，下达任务单2.21万份，到场及时率98%，完工及时率99.3%，用户满意率99.4%。全年办理书记信箱、寄语市长、政府12345热线、新闻网络发言人等供水问题241件，办理客服投诉7件，无有责投诉。（吕　毅）

**■廖家沟取水口迁建工程建成** 廖家沟取水口迁建工程（新万福原水厂）位于老厂万福原水厂（已拆除）南约1.3千米处，占地面积1.19公顷。概算投资1.44亿元，2014年5月开工，2015年5月建成投产。工程建设取水规模40万吨/日，项目主要建设取水泵房及取水头部、加药间、变配电间、综合管理用房等。（朱　健）

**■头桥水厂扩建工程竣工投产** 头桥水厂位于广陵区头桥镇安帖村。扩建工程于2014年1月开工，2015年5月竣工投产。概算投资1.8亿元，主要建设内容包括新建平流式沉淀池、V型滤池、清水池、液体矾库各1座；敷设DN2000浑水管线4.7千米。扩建工程自来水生产规模20万吨/

头桥水厂　　张孔生/摄

日，自来水生产总规模40万吨/日，出厂水水质全面优于国家生活饮用水卫生标准。（朱　健）

■**供电**　2015年底，扬州供电公司有基层供电所64个，营业客户235.12万户。全市有35～500千伏变电所168座，变电总容量2144.99万千伏安；有35千伏及以上输电线路383条5090.77千米；有10千伏和20千伏配电变压器3.37万台，容量1065.7万千伏安，配电线路1490条1.74万千米。2015年，扬州市全社会用电量211.5亿千瓦时，比上年增长3.49%，增幅列全省第五位。其中，工业用电量152.48亿千瓦时，增长3.1%，增幅列全省第四位；城乡居民用电量29.14亿千瓦时，增长3.97%。全市最高用电负荷372.07万千瓦，增长2.75%。全市节约用电量2.32亿千瓦时。全年受理报装申请11.86万户，申请容量248.81万千伏安；完成业务扩充11.73万户，新增容量228.13万千伏安。95598客服电话接通兑现率100%，客户满意率100%。推进互动服务，全市微信客户40.7万户，"大客户服务"APP客户占专变客户总数的99%，完成停电信息点对点自动推送15万多次。全省率先建成水电气"三表集采"试点，增值税税控系统联网运行。开展"重大产业项目电力服务行"活动，坚持项目推进周报制，推行"一站式服务"，现场办理和解决用电难题231件，全力保障城市广场、中央公园、万福大桥等城庆项目用电，提前投运宁启铁路牵引站。市重大项目库及城建项目库中156个项目提出用电需求，110个项目按期送电。完成重大活动保电任务122次，出动发电车(机)64次，参与保电人员2495人次。开展安全用电管理轮训，196家重点企业参训，重点企业电工持证率100%。能源供应更加绿色。做好光伏发电并网服务，完成并网项目130个、容量6.98万千瓦。推动电能替代项目37个，完成替代电量4.36亿千瓦时。完成低压岸电推广24套，实现沿河、沿湖全覆盖。完成电锅炉改造65台，全省率先关停自备电厂1家，实现扬州泰州机场"陆电登机"，在京沪高速上建成宝应汜水等充电站2座。

电网建设。2015年，全市完成电网建设投资32亿元。500千伏高邮变电站建成投运，形成以江都变电站—仪征变电站—高邮变电站为架构的500千伏电源"铁三角"，扬州电网整体供电能力居全省前列。推动城乡电网换代升级，新增、改造配电台区2704个，配网跳闸次数降低24.9%，低压报修量降低28.1%，全面消除低电压、"卡脖子"现象。推进新城河路供电杆线下地工程，做好新万福路220千伏线路迁改工作。开展设备标准化整治和老旧设备改造，完成古城区架空线路22条、改造电房33座。（王　鹏　孙　荣）

**2015年扬州市电网规模一览表**

表24-1

| 电压等级 | 变电站、配电变压器(座、台) | 主变容量(万千伏安) | 线路条数(条) | 线路长度(千米) |
|---|---|---|---|---|
| 500千伏 | 3 | 525 | 13 | 669.92 |
| 220千伏 | 28 | 822 | 90 | 1573.68 |
| 110千伏 | 87 | 703.30 | 166 | 1777.21 |
| 35千伏 | 50 | 94.69 | 114 | 1069.96 |
| 20千伏<br>10千伏 | 33706 | 1065.70 | 1490 | 17374.14 |

（王　鹏　孙　荣）

■**燃气供应与管理**　2015年，市区(不含江都区)新增天然气居民用户4.66万户、商业用户180户、工业用户12户，新增使用天然气出租车188辆、公交车6辆、私家车193辆；累计有天然气居民用户40万户、商业用户1140户、工业用户50户，有使用天然气出租车3030辆、公交车486辆、私家车1531辆。市区新建燃气高压管线13.93千米、中压管线46.77千米、低压管线177.52千米，完成老旧管线改造20.93千米，新增天然气调压设施87台。市区(不含江都区)全年供应天然气1.39亿立方米。居民用气阶梯价格由两档调整为三档，年用气量300立方米以内(含300立方米)价格每立方米2.42元，超过300立方米不足600立方米价格为每立方米2.66元，超过600立方米价格为每立方米3.39元；商业、工业用气价格调整为每立方米3.38元，汽车用压缩天然气(CNG)价格调整为每立方米3.7元；15千克瓶装液化石油气最高售价90元/瓶，最低售价80元/瓶。

7月，市应急办、城建、公安、卫生、消防、交警等部门在扬州大学商学院旧址开展《扬州市突发供气事故应急预案》综合演练。完成市区(不含江都区)燃气输配系统工程(包括高压管道29.2千米、中压管道332.89千米、低压管道1219.16千米、门站1座、调压设施437台)现状安全评价。制定燃气工程竣工验收情况备案制度。举办全市新上岗燃气燃烧器具安装维修工业务培训班、市区瓶装燃气送气服务人员岗位培训班，分别有100人、429人参训。每季度开展燃气安全大检查，组织天津"8.12"事故后大排查专项行动，排查覆盖率100%。查处充装过期钢瓶案件1件、非法经营企业1家、违规供气案件2件、私自存放气瓶案件6件，注销燃具安装维修企业资质证书2份，处理报废气瓶9075只。推进燃气用户设施安全检查和宣传，在文昌阁金鹰LED大屏上循环播放燃气安全使用和应急处置动画，走进文昌花园等社区开展公益宣传和入户检查活动，完成入户安检15万多户，发现和消除户内设施安全隐患近3万多条。（余　伟）

# 绿化

■**概述**　2015年，实施推进新一轮"绿杨城郭新扬州"三年行动计划。

围绕扬州2500周年城庆活动，在文昌阁、廉政广场等街头绿地、游园广场的重要节点处布置立体花坛18组；在文昌中路、石塔寺等处悬挂组合式花球、立体花盆360个，摆放红叶石楠花箱16个；完成南河下立体绿化样板段的施工任务。打造绿荫工程，先后在文昌路、扬子江路等重点路段补栽香樟、垂丝海棠等乔灌木1100多株，红叶石楠、毛鹃等9.2万株，麦冬4万塘，播撒草种近1吨。完成二道河（柳湖路段）、文昌西路（润扬路段）等处景观提升工作。全市城镇新增绿地面积690万平方米，其中公共绿地面积380万平方米。市区新增城市绿地面积127.53万平方米，其中公园绿地75.64万平方米、道路河道绿地36.99万平方米、单位绿地4.4万平方米、居住区绿地4.4万平方米、防护绿地2万平方米、生产绿地4.1万平方米。农村完成成片造林2080公顷，新建省级绿化示范村87个，新创“优美乡村” 10个。至年末，扬州市区建成区绿化覆盖面积5914万平方米，绿化覆盖率43.61%；绿地面积5596万平方米，绿地率41.27%；城市人均公园绿地面积18.01平方米。宝应县、扬州中学教育集团树人学校被全国绿化委员会命名为“全国绿化模范单位”。

（吴建华　曾丽菡）

**■城市绿化**　2015年，市区新增城市绿地面积127.53万平方米，其中公园绿地75.64万平方米、道路河道绿地36.99万平方米、单位绿地4.4万平方米、居住区绿地4.4万平方米、防护绿地2万平方米、生产绿地4.1万平方米，主要完成文昌西路延伸绿化工程、蜀冈西峰生态体育公园、沪陕高速江都南入口、七里甸园、廖家沟中央公园先导区及核心区等绿化工程。　（吴建华　曾丽菡）

**■义务植树**　2015年，全市有200多万人次通过植树、认建（养）绿地、认养（保护）古树、清理绿地、绿化宣传等形式参加义务植树，植树597万株，认建（养）绿地、清理绿地246万平方米，植树面积933公顷，义务植树尽责率88%。　（吴建华）

**■古树名木保护**　2015年，市绿化委员会办公室、市林业局、市园林管理局落实《扬州市古树名木和古树后续资源保护管理办法》，组织专人定期对市区448株古树名木和后续资源逐一排查，对其生长情况、安全防护、挂牌等详细记录、拍照，充实古树名木资料数据库。精心养护直管的17株古树名木，未出现古树名木死亡现象。联合扬州大学园艺植保学院，保护和扩繁唐杏和唐槐种质资源。完成市区古树名木白蚁危害综合治理、古树名木种质资源保护与扩繁2项科研课题。　（吴建华）

**■园艺获奖**　2月18—23日，由扬州市兰花协会主办，扬州市个园管理处承办的2015年扬州市第八届春兰展在个园抱山楼举办。扬州市个园管理处的“汪字”及2盆“笑春”分获金、银、铜奖。6月19日至7月18日，由中国花卉协会荷花分会、武汉市园林和林业局主办，武汉市沙湖公园管理处承办的第29届全国荷花展在武汉市举行，扬州市荷花池公园管理处和文津园分别选送的“红灯笼”和“小玉楼”获碗莲栽培技术评比一等奖。

市领导参加义务植树活动　　庄文斌/摄

（曾丽菡）

## 村镇建设

**■概述**　2015年，全市完成村镇建设投资68.13亿元，其中住宅建设投资32.03亿元、公共建筑建设投资5.04亿元、生产性建筑建设投资12.63亿元、基础设施建设投资18.43亿元。全年竣工住宅建筑面积219.59万平方米、公共建筑面积32.66万平方米、生产性建筑面积125.76万平方米，有0.88万户村镇住户迁入新居。全年新增村镇供水管道276.14千米，自来水受益人口319.33万人。新增村镇道路317.77千米235.27万平方米，新增排水管道221.72千米。小城镇绿地覆盖面积4322.55万平方米，建成区绿化覆盖率26.07%，人均公园绿地面积6.04平方米。小城镇有路灯7.03万盏、桥梁1035座。　（雎春广）

**■美丽乡村建设**　市城乡建设局指导首批入选省综合规划建设示范镇的仪征市月塘镇、高邮市三垛镇、宝应县氾水镇开展小城镇建设。宝应县曹甸镇入选苏南苏中地区综合规划建设示范镇，并争取基础设施建设引导资金250万元。组织完成8个2014年度江苏省美丽乡村建设试点项目的验收工作；宝应县射阳湖镇潘舍村、西安丰镇苗圃村，高邮市三垛镇柳南村、汤庄镇联谊村，仪征市月塘镇移居村、刘集镇白羊村，江都区武坚镇花庄村、郭村镇郭华村，邗江区方巷镇裔家村，广陵区沙头镇人民滩村等10个村入选江苏省2014年度美丽乡村建设示范村，累计争取省级补助资金2360万元；组织2016年度美丽乡村申报工作。组织宝应县射阳湖镇、高邮市界首镇、高邮市菱塘乡清真村、邗江区方巷镇沿湖村申报2015年江苏省特色景观旅游名镇（村），组织邗江区瓜州镇渔业村、广陵区杭集镇船村等9个村申报国家传统村落。　（雎春广）

**■村庄环境长效管护**　2014年，全市按照“五有”（有机构、有人员、有设施、有资金、有考核）要求建立完善村庄环境长效管护机制，累计投入长效管护经费约1.5亿元，聘用保洁人员1万多人，保障长效管护工作规范化、制度化和常态化。组织村庄环境长效管理季度抽查，累计检查自然村庄480个次，合格率98%以上。

（睢春广）

**■农村危房改造** 宝应县、高邮市、仪征市、江都区、邗江区、广陵区开展2015年农村危房改造工作，全市实施农村危房改造3091户，完成市委、市政府民生"1号文件"明确的760户危房改造任务，争取中央和省补助资金3430万元。宝应县、高邮市享受苏北地区危房改造补贴政策，解决部分经济最困难、住房最危险群众住房安全问题。（睢春广）

**■渔民上岸安居工程** 2015年，市城乡建设局联合市农业委员会和江苏省高宝邵伯湖渔业管理委员会完成第一批850户渔民上岸安居工程，推进第二批1832户渔民上岸安居，累计争取中央和省补助资金6701万元。（睢春广）

# 房地产开发

**■概述** 2015年，扬州市住房保障和房产管理局（简称市房管局）以"供给引导需求，需求促进供给"为抓手，从供需两端持续发力，突出重点"去库存"，全市房地产市场总体保持健康平稳的运行态势。探索市场精细化管理，及时进行市场微调微控，优化服务模式，开辟"为房地产开发企业服务中心"，构建新型服务体系。全年市区（不含江都区，下同）商品住宅成交1.55万套，成交量创五年新高。全市完成房地产开发投资378.18亿元，销售商品房453.21万平方米。（方 观）

**■房地产开发建设** 2015年，全市有房地产开发企业458家，其中一级资质企业5家、二级资质企业43家、暂定二级资质企业256家、三级资质企业2家、暂定三级资质企业141家、四级资质企业4家、暂定四级资质企业7家。全市完成房地产开发投资378.18亿元，比上年增长4.92%，其中商品住宅投资298.51亿元，增长4.01%。市区完成房地产开发投资228.92亿元，下降7.55%，其中商品住宅投资168.73亿元，下降13.12%。江都区完成房地产开发投资50.26亿元，其中商品住宅投资44.91亿元。全市房地产开发新开工面积629.94万平方米，下降21.72%，其中商品住宅新开工面积530.01万平方米，下降18.85%。市区房地产新开工面积318.02万平方米，下降31.39%，其中商品住宅新开工面积241.34万平方米，下降33.02%。江都区房地产新开工面积42.96万平方米，其中商品住宅新开工面积42.57万平方米。（方 观）

**■房地产市场供应** 2015年，全市批准商品房预售面积489.84万平方米，比上年下降6.35%，其中商品住宅批准预售面积388.49万平方米，下降10.04%。市区批准商品房预售面积234.66万平方米，下降18.45%，其中商品住宅预售面积165.09万平方米，下降28.91%。江都区批准商品房预售面积51.72万平方米，其中商品住宅预售面积43.26万平方米。全市商品房累计可售面积860.7万平方米，增长3.52%，其中商品住宅592.84万平方米，增长0.11%。市区商品房累计可售面积343.83万平方米，下降25.3%，其中商品住宅181.09万平方米，下降40.23%。江都区商品房累计可售面积118.42万平方米，其中商品住宅89.35万平方米。

（方 观）

**■房地产市场成交** 2015年，全市商品房合同成交面积453.21万平方米，比上年增长5.81%，其中商品住宅合同成交面积391.01万平方米，增长9.24%。市区商品房合同成交面积216.32万平方米，下降8.6%；其

**2015年扬州市区销售面积前10名房地产项目一览表**

表24-2

| 排名 | 项目名称 | 开发企业 | 销售面积（平方米） |
|---|---|---|---|
| 1 | 雅居乐花园 | 扬州雅居乐房地产开发有限公司 | 105360.69 |
| 2 | 运河丹堤花园 | 扬州中润置业有限公司 | 83023.26 |
| 3 | 万科金色梦想 | 扬州万筑置业有限公司 | 70206.34 |
| 4 | 天下花园三期 | 江苏北辰置业有限公司 | 59217.01 |
| 5 | 中海玺园 | 中海宏洋地产（扬州）有限公司 | 59002.68 |
| 6 | 华鼎星城 | 江苏能恒置业有限公司 | 58242.87 |
| 7 | 景瑞望府 | 扬州景瑞置业有限公司 | 52963.24 |
| 8 | 香榭里花园 | 扬州边城房地产有限公司 | 52695.76 |
| 9 | 四季金辉 | 扬州金辉置业有限公司 | 48638.68 |
| 10 | 新盛商务中心 | 扬州新盛投资发展有限公司 | 45564.38 |

（方 观）

中商品住宅合同成交面积183.18万平方米，下降6.86%。江都区商品房合同成交面积59.63万平方米，其中商品住宅合同成交面积52.1万平方米。市区二手房成交面积163.68万平方米，增长16.38%，其中二手住宅成交面积136.83万平方米，增长36.23%。（方　观）

## 房产管理

**■概述**　2015年，市房管局发挥行业主管部门作用，履行房产测绘、权属登记、住贷担保、物业管理、征收拆迁等职能，完善管理机制，提升服务效能。组织春季房交会、“十二五”房地产业成果展示暨交易会等，鼓励和培育市场需求。加强信息化建设，深化安全管理，推动各项涉房职能协调运转。（方　观）

**■房产测绘管理**　2015年，市房地产测绘中心完成各类测绘业务600多笔，总测绘面积约1000万平方米。严格把控质量和时限要求，完善初审、复审、终审三联审核制度，并按公示期限完成测绘任务。联合国土、规划部门实行现场联合测绘，完成二手房课税评估、拆迁补偿评估、抵押融资评估、工程测量业务等各类评估业务约1080笔。（方　观）

**■房屋权属登记管理**　2015年，市房产交易服务大厅办理各类登记业务7.3万笔，发放各类权证6.8万份，提供绿色通道上门服务40多次，办结率100%，群众满意率100%。9月，市房屋权属登记中心整体搬迁至市政务服务中心，正式对外服务以来，各项业务平稳运行，实现市民“进一扇门、办两本证(房产证、土地证)”。服务窗口被市级机关作风建设领导小组办公室和市政务服务管理办公室表彰为“群众满意的窗口服务示范单位”，被市政府办公室表彰为“服务工作五星级窗口”。（方　观）

**■住房贷款担保服务**　市住房贷款担保服务中心建立资金管理申报审批制度，全年办理住房公积金及组合贷款担保9386笔、担保金额41.87亿元，办理二手房交易资金托管业务6100笔、托管资金36.35亿元。（方　观）

**■物业管理**　2015年，市房管局重点推进“智慧物业”2.0工程，在市区6个小区启动国内首家城市级社区服务平台，工程被列入2015年扬州市重点信息化项目，受到中国物业管理协会、省住建厅等上级部门肯定并在全省范围内推广。指导市房地产协会制定市区物业服务等级标准和普通住宅物业公共服务收费指导价及相关收费标准，完善市区现行七级物业服务等级标准，督促物业服务企业按新服务标准提供规范化服务。制定《老旧小区文明城市建设常态化长效化管理机制实施方案》，对路面条件、垃圾投放、小区绿化、设施设备等提出11项具体要求，推广成立街道(乡镇)基本物业服务中心，力争老旧小区基本物业服务全覆盖。

全年市区新增老旧小区基本物业服务287.71万平方米、市场化物业服务136.71万平方米，物业服务覆盖率90.7%。全市新增物业管理二级资质企业12家。至2015年末，全市有物业服务企业364家(市区245家、宝应22家、高邮26家、仪征28家、外来企业43家)，从业人员3万人。本地企业中，一级资质企业7家、二级资质企业35家、三级(含暂定)资质企业279家。（方　观）

**■房屋征收拆迁管理**　围绕市区重大项目、城庆项目建设和环境综合整治，依法依规推进房屋征收(拆迁)工作，全年实施征收(拆迁)项目55个、建筑面积150.08万平方米、拆迁户3971户。落实超腾仓期安置工作，累计为8140户拆迁户解决超腾仓期安置问题，共安置房屋1.34万套、139.68万平方米，按套数完成率104.86%。有序推进征收(拆迁)货币化补偿安置，全年市区征收拆迁货币化补贴安置率79.85%。配合棚户区改造工作，建设棚户区旧房改造安置9052套，完成省住建厅下达的棚户区改造年度目标任务。（方　观）

**■公有住房管理**　开展公房查勘和监管，发挥直管公房的效用。组织扬州市2013年度市区公共租赁住房公开摇号配租活动，194户符合申请条件的家庭分得房源。做好回收房承租权处置工作，全年组织直管公房回收房承租权拍卖活动4次，拍卖承租权房屋24处、建筑面积673.85平方米。做好南河下片区公房改造、古城保护和利用工作。（方　观）

**■老小区综合整治**　结合各功能区零散小区特点，推进老小区综合整治工作，解决居民居住和出行问题。全年市区整治老小区100处82.61万平方米，其中广陵区12.25万平方米、邗江区13.95万平方米、开发区16万平方米、瘦西湖景区25.41万平方米、江都区15万平方米，惠及1万多户3.2万人。（方　观）

**■公有住房解危**　发挥扬州市区公有住房解危工作领导小组效用，制定年度解危修缮计划，按照“原地修缮为主、异地搬迁为辅”的解危模式，有序推进公房解危工作。2015年，市区实施公房解危4.7万平方米，其中直管公房4万平方米。（方　观）

**■房屋安全管理**　2015年，市房屋安全鉴定中心建立房屋安全鉴定与维护制度，重点关注危房鉴定，全年实施房屋安全鉴定22.36万平方米。开展全市老楼危楼排查整治工作，围绕夏季汛期、冬季雨雪等关键节点，做好公房巡查、修缮工作，确保不发生一起责任性房屋倒塌事故。

市白蚁防治中心规范施工流程，跟踪督查虫害防治进展。制定白蚁分飞期灭治应急预案，在白蚁活动频繁的时期，根据白蚁出飞状况，高质高效完成白蚁灭治任务。制定幼儿园、餐饮服务等特殊行业低毒环保消杀作业方案，行道树等公共设施夜间作业方案，对古树名木、古建民居等进行实时白蚁防控。全市受理白蚁防治602.66万平方米。（方　观）

**■房产信息化管理**　市房地产信息中心研究开发房产服务大厅管理信

息系统，打造新型一体化房管服务体系。深化物业信息化管理，搭建扬州物业服务"一应云"服务平台，做好物业网建设工作，开通物业费网上支付功能。做好维修资金系统升级改造工作，推进物业企业接入专线，实现维修资金外网申报。 （方 观）

## 城市管理

**■概述** 2015年，市城管局以常态长效建设文明城市为主线，以迎接扬州建城2500周年为契机，开展城市环境综合整治、城市管理强化年等整治行动，完成流动摊点、露天烧烤油烟等市容环境整治任务5000多项，解决秋雨路、玉器街、时代南广场等重点路段、重点部位群众反映强烈的热点、难点问题，生活垃圾焚烧厂二期、餐厨废弃物处理厂等民生幸福工程项目建成投运。扬州市被省政府授予首批"江苏省优秀管理城市"称号。 （杭月霞）

**■城市环境综合整治三年任务完成** 2015年底，全市城市环境综合整治三年任务(三年12类1914项)全部完成，其中当年完成551项，项目进度列全省第一方阵，整治城郊接合部19片、"城中村" 14个、棚户区17个、老旧小区47个、背街小巷49条、城市河道16条、低洼易淹易涝片区6片、建设工地33个、农贸市场11个，规范建设疏导点12处，规范改造公共停车设施74处，新增公共停车泊位20581个，规范设置户外广告253处。徐凝门大街创成江苏省城市管理示范路。2013—2015年，全市创成江苏省城市管理示范路9条、江苏省城市管理示范社区7个。 （杭月霞）

**■城市管理强化年** 为迎接扬州建城2500周年，市委六届八次全会将2015年定为"城市管理强化年"，排定"六强化两建设三提升"〔强化流动摊点整治、强化城市"六乱"（乱摆卖、乱搭建、乱张贴拉挂、乱堆倒、乱挖占、乱洒漏)整治、强化建筑垃圾整治、强化露天烧烤整治、强化广告店招整治、强化违法建设整治；建设摊贩疏导点、建设改造基础设施；提升美化城市家具、提升"两古一湖一会场"（古城区、古运河、瘦西湖和城庆会场)周边环境、提升城管综合执法水平〕整治任务4503项。全年整治秋雨路、玉器街、四望亭路等53条路段的马路市场、机动车占道经营、出店经营等问题，取缔露天烧烤95家，完成市区15条路段广告店招整治336项、16条路段城市家具美化885项，取缔时代南广场、大东门、皇宫巷等疏导点17处，拆除违破烂309处5.5万平方米，查处建筑垃圾偷倒乱倒案件467件，并对市区41个规模以上工地、635辆渣土车安装实时监控设备。 （杭月霞）

**■城市环境民生幸福工程** 2015年，市城管局牵头推进民生幸福工程建设，建成生活垃圾焚烧厂二期、餐厨废弃物处理厂等环卫重大城建项目4个，新建公厕9座(含旅游公厕3座)、改建公厕143座，改建垃圾中转站3座，配置垃圾容器3242只，在26个小区、5所学校和部分机关、企业建设垃圾分类设施421座，配置垃圾分类收集车13辆，主城区道路机扫率85%，市场化保洁率85%以上，公厕市场化保洁率75%以上，生活垃圾无害化处理率100%。扬州市被国家发改委确定为国家餐厨废弃物资源化利用和无害化处理试点城市。 （杭月霞）

**■数字化城管系统扩面增效** 2015年，市城管局完成市级数字化城管系统扩容，增加系统外案件的督办考核以及"12319"案件的延时功能，将渣土车运输、油烟烧烤等纳入数字化城管督办案件。完成景区数字化城管扩容，主城区数字化城管覆盖范围扩大至126平方千米。推进县(市)数字化城管建设，宝应县、高邮市、仪征市数字化城管系统建成并通过省级验收，扬州数字化城管系统实现市域全覆盖。 （杭月霞）

**■城管执法体制改革** 按照"重心下移、属地管理、权责一致"的原则，经省政府、市政府批准，2015年，全市实施城管二级执法体制改革，赋予广陵区、邗江区独立的相对集中行政处罚权，3个功能区(生态科技新城、蜀冈-瘦西湖风景名胜区、化工园区)实行派驻执法。同时，探索执法机制创新，在广陵区、邗江区、景区部分街道(乡镇)试点"3＋X"联合执法〔"3"是指市城管局、市公安局(交警)、市市场监督管理局3个部门按照恰当的人员配比，组成2个班组，固定人员组合、固定职责范围，在街道(乡镇)辖区内开展常态化巡逻执法；"X"是指市城乡建设局、市房管局、市环保局、市文化广电新闻出版局、市卫计委等部门必要时参与综合执法〕，强化基层执法管理能力。 （杭月霞）

餐厨废弃物处理项目一期现场 张孔生/摄

# 历史文化名城保护

Lishi Wenhua Mingcheng Baohu

编　辑　贾丽琴

## 古城保护与利用

**■概述**　2015年，扬州市深化历史街区整治，推动“双东”（东关街、东圈门）历史街区AAAAA级景区创建工作，建成“双东”消防取水平台、城市避灾广场。继续推进南河下街区整治，启动立体绿化试点工作。建成扬州城市记忆馆、阮元展示馆及广场景观提升工程。以技术支持和资金补贴的方式，推进传统民居的整治修缮，完成老城区9户民居修缮。加强名城文化研究，出版《名城解读（二）》《中国名城·纪念扬州建城2500周年特刊》。扬州老城低碳社区示范项目通过省住建厅验收。　（卞海波）

**■《扬州历史文化名城保护规划》通过审议**　5月27日，《扬州历史文化名城保护规划》（简称《规划》）通过扬州市人大常委会审议。《规划》首次提出“历史城市”的保护概念，旨在将隋唐以来扬州城的历史格局作为一个整体进行保护。《规划》对历史城市确定整体保护、差异化保护、积极保护三个保护策略。根据《规划》，扬州市域将形成“一带、四片、多点”（“一带”为大运河扬州段，“四片”为扬州片区、高邮片区、仪征片区和宝应片区，“多点”为各级文物保护单位等不可移动文物和各类历史建筑）的文化遗产保护规划框架。　（杨　志）

**■阮元文化广场启用**　9月22日，阮元文化广场举行启用仪式。阮元文化广场于6月18日开工实施，总用地面积5292平方米，总投资2592万元。工程主要包括：搬（拆）迁居民10户；文化景观提升；阮元家庙展示馆布展732平方米；改造提升景观广场1592平方米；修缮房屋188平方米；拓宽周边道路155平方米；增设阮元雕塑一尊；配套改造强弱电杆线下地、景观照明等。　（杨　志）

**■扬州城市记忆馆开放**　9月，扬州城市记忆馆正式开放。城市记忆馆位于东圈门22号壶园老宅，布展区域建筑面积约350平方米，浓缩从民国到解放初期的扬州“记忆”，通过老照片、老资料等向人们展示扬州城的发展、变迁。整个布展内容分七大部分，分别为“城墙斑驳”“街巷寻踪”“运河波光”“名胜古迹”“民间技艺”“民俗风情”及“东方欲晓”。另外，城市记忆馆展示有老式独轮车、留声机、烟斗、压榨机、煤油灯、洋油炉等老物件。　（杨　志）

**■扬州南河下历史文化街区入选首批中国历史文化街区**　4月3日，住房城乡建设部、国家文物局下发通知，公布第一批30个中国历史文化街区，扬州南河下历史文化街区入选，成为江苏首批入选的5个中国历史文化街区之一。南河下历史文化街区位于扬州老城区南部、古运河畔，街区范围大致为北至广陵路，南至南河下中段及花园巷一线，东至徐凝门路，西至傅家甸、渡江路一线。该街区形成于明代中后期，有晚清第一园的何园，遍布官宦豪商住宅以及徽、鄂、湘、赣盐商聚集寓所，文化旅游价值丰富，是古运河畔的核心文化区之一，也是扬州保存最为完好、最有特色的历史文化街区之一。区内现存花园巷、南河下、丁家湾等老街古巷近70条，有文物保护单位32家，历史建筑109个，片区内存有百年以上古树16株。　（杨家华）

## 文化遗产保护

**■概述**　2015年，扬州市完善不可移动文物保护工作。《龙虬庄遗址保护规划》《庙山汉墓保护规划》分别通过国家文物局审批、立项；完成高邮当铺等国、省保单位修缮工程；编制扬州市级文保单位数据管理信息库。开展第一次全国可移动文物普查数据审核及宣传工作。督促各级普查办完成本辖区内“一普”数据第一次审核工作，开展第二轮审核工作。利用“5·18国际博物馆日”“文化遗产日”开展文物普查宣传工作。开展大运河遗产保护，宣传文化遗产。《大运河扬州段遗产保护办法》重新修订实施；运河遗产监测预警平台升级项目完成招标；大运河保护管理办公室展开大运河遗产区巡查工作，已巡查完7个省（直辖市）的运河遗产保护管理利用情况；开设3个大运河扬州段社区守护站。召开扬州市大运河遗产保护管理工作会议，总结扬州牵头大运河申遗以及大运河扬州段申遗工作的经验，表彰扬州市大运河申遗工作先进集体、有贡献的专家和先进个人，部署下一阶段大运河扬州段遗产保护管理工作的任务。加强非物质文化遗产(简称"非遗")传承保护。新增15个省级"非遗"代表性项目,全市省级"非遗"项目增至61个;开展全市"非遗"数据库建设工作;收集整理出版《扬州刺绣》《扬州园林》《扬州非物质文化遗产》3部"非遗"专著;"扬州486"非物质文化遗产集聚区开放;建设扬州非物质文化遗产基地(戏曲园)项目。（杨文遗）

■**扬州文化遗产系列电视专题片运河篇开拍** 2月28日,由大运河遗产保护管理办公室和扬州广播电视总台联合拍摄的扬州文化遗产系列电视专题片运河篇在扬州双博馆正式开机,该片将全方位展示包括盐商遗迹、个园、天宁寺等10个入选《世界遗产名录》遗产点的遗产价值,用镜头语言向社会展示扬州大运河遗产点。（杨家华）

■**大运河扬州段社区守护站成立** 3月4日,扬州市申遗办、扬州市大运河保护志愿者总队在梅岭街道凤凰桥社区举行扬州市大运河保护志愿者总队社区大运河守护站启动仪式,为扬州古运河畔的凤凰桥、邗沟、便益门3个社区颁授社区大运河守护站牌匾,明确社区守护站的行动计划和职责。每个社区守护站至少有20名运河守护志愿者,定期开展巡查守护活动,对运河的不文明、污染和破坏行为将进行劝阻、制止或揭发,每次行动形成档案记录,并上报志愿者总队和扬州市文明办。（杨家华）

■**新《大运河扬州段遗产保护办法》实施** 6月7日,重新修订后的《大运河扬州段遗产保护办法》(简称新《办法》)开始实施。新《办法》对制定目的和依据进行修改。制定依据增加《大运河遗产保护管理办法》(文化部第54号令)、《世界文化遗产保护管理办法》(文化部第41号令),制定目的更注重保护和利用。突出大运河遗产保护规划的修订程序,其第九条修订的依据和程序作出规定,第十条增加大运河遗产的保护标准、保护重点及保护措施应当符合保护规划的要求。同时,新《办法》对工程建设项目所涉及的行政审批对照《中华人民共和国文物保护法》规定进行重点审查。其第十一条明确遗产保护范围内的其他建设工程审批程序,明确除外的四类工程项目。第十二条规定在建设控制地带内进行建设工程的原则要求。（张 益）

■**大运河遗产监测预警通用平台提升项目** 国家文物局委托大运河遗产保护管理办公室实施大运河遗产监测预警通用平台项目、大运河监测预警通用平台完善提升项目等三大运河全线保护管理项目,通过大运河监测预警通用平台提升完善项目建设方案及监理方案,10月完成招标工作,进入项目建设阶段;完成扬州段分平台个园监测预警系统(软件)的建设工作;开展大运河扬州段遥感监测基础数据建设项目与中国大运河遗产保护展示地理信息系统两个项目建设,完成2015年度监测年报的编制工作。（张 益）

■**隋炀帝墓考古遗址公园建设** 3月,市发展和改革委员会批复同意隋炀帝墓考古遗址公园立项。市文物局组织编制《隋炀帝墓本体加固和出土文物修复工程方案》《萧后墓棺椁、冠饰提取及修复工程方案》《隋炀帝墓地下防渗漏工程设计方案》《隋炀帝墓保护展示工程设计方案》,获国家文物局立项批准。其中,本体加固和出土文物修复方案、棺椁冠饰修复方案已获国家文物局批准,防渗漏工程和保护展示工程方案已根据专家意见修改完善并上报。（郭 果）

■**扬州城国家考古遗址公园建设** 根据国家文物局批准方案,2014年6月至2015年9月,蜀冈-瘦西湖风景名胜区管委会实施唐子城、宋堡城护城河(一期)保护展示工程。扬州唐城考古队配合护城河水保护展示工程进行全程跟踪考古勘探、发掘。工程于2015年8月通过省文物局专家组验收。10月,国家文物局专家组对扬州城遗址"十二五"期间保护情况和护城河保护展示工程进行现场评估;委托中国社会科学院考古所编制《扬州唐子城、宋堡城城墙一期保护展示工程方案》,已上报国家文物局待批。（郭 果）

■**第一次全国可移动文物普查** 2015年,扬州市第一次全国可移动文物普查开展数据审核工作。市普查办根据国家、省普查办的相关要求,派遣辖区内的普查员赴省普查办参加数据审核培训,督促各级普查办完成本辖区内"一普"数据第一次审核工作,根据国家普查办审核标准,开展第二轮审核工作,做好"回头看"以及查漏补缺工作,确保普查数据的正确性、真实性、完整性。开展宣传活动。利用"5·18国际博物馆日""文化遗产日"开展文物普查宣传工作,为民免费鉴宝、制作26个文物普查宣传展板、印发文物普查宣传画页3000份、文物普查小常识手册200份、编印《博物馆管理法律法规》500份等。（何安琪）

■**不可移动文物管理和保护** 《龙虬庄遗址保护规划》《庙山汉墓保护规划》分别通过国家文物局审批、立项。高邮当铺、普哈丁墓园、华中雪枫大学旧址、仙鹤寺等国、省保单位修缮工程完成。江都新四军挺进纵队二、三支队司令部旧址、新四军苏北指挥部、苏中报旧址等3处抗战文物被列入省抗战文物抢救保护工程名单。合理安排市级文保专项资金,做好基督教礼拜堂、浸会医院旧址、盐务稽核所等11个项目的方案编制、修缮工作。委托扬州规划编研中心编制扬州市级文保单位数据管理信息库。扬州城区文保单位"两线"划定和数据入库建设中期成果通过专家组评估。扬州重宁寺大雄宝殿修缮工程获江苏省优秀工程技术奖。南河下历史街区被国家文物局、住建部公布为首批30个中国历史文化街区之一,高邮申报国家历史文化名城工作通过住建部、国家文物局现场评估。（张 静）

■**"中国文化遗产日"系列活动** 6月13日是第十个"中国文化遗产

日”。2015年文化遗产日的主题是“保护成果，全民共享”。6月12日，市文物局、市申遗办在天宁寺举行《世界的扬州·文化遗产丛书》首发式、赠书、文化遗产保护成果图片展、免费鉴宝、文化遗产保护政策咨询等系列庆祝活动。市博物馆举办“大唐商都——扬州唐代文物特展”“心线神针——陆树娴、陆俊俭、陆蔚华刺绣作品展”，史可法纪念馆举办“纪念史可法殉难370周年书画展”，汉广陵王墓博物馆举办“六月风书画展”等。（杨家华）

**■文物保护工程单位资质管理** 提升文保工程资质单位业务水平。加强文保工程资质单位管理，实施年检，提升文保工程质量和水平。组织完成全市文物保护工程建设单位资质年检，全市17家企业参加年检和资质申报，年检通过率100%。江都古典园林建设有限公司承担的江苏南京国民政府主席官邸旧址修缮工程入选第二届全国十佳文物保护工程。江苏古宸环境建设有限公司承担的扬州重宁寺大雄宝殿修缮工程获江苏省优秀工程技术奖。（张　静）

## 非物质文化遗产传承保护

**■概述** 2015年，扬州市新增15个省级“非遗”代表性项目，全市省级“非遗”项目增至61个；非物质文化遗产保护中心开展全市“非遗”数据库建设工作，委托专业软件开发公司根据“非遗”资源状况，制定建设方案、开发系统软件，实时采购数据库设备，将历年收集的“非遗”资源，按照系统框架录入“非遗”项目的文字、图片、视频等相关信息，录入传承人相关材料及相关工作资料。开展“非遗”保护宣传。市文化馆组织“非遗”项目、传承人参加国家、省、市级各类展示活动；举办“非遗”专题讲座3期；收集整理出版《扬州刺绣》《扬州园林》《扬州非物质文化遗产》3部“非遗”专著；举办3期古琴音乐会和琴人雅集活动。将工艺坊改造提升为主题突出、产业集聚、功能完善、环境优美、开放式的“非遗”集聚区——“扬州486”街区；建设扬州“非遗”基地（戏曲园）项目。（苗　芹　李宗强）

**■15个项目入选省级“非遗”代表性项目名录** 10月28日，省政府公布第四批省级非物质文化遗产代表性项目名录，扬州市15个项目入选。分别是传统音乐类的古筝艺术；传统舞蹈类的高跷（临泽高跷）、黄塍跑马阵；传统体育、游艺与杂技类的十五巧板；传统技艺类的家具制作技艺（精细木作技艺）、传统鸟笼制作技艺（扬派雀笼传统制作技艺）、共和春小吃制作技艺、高邮咸鸭蛋制作技艺；传统医药类的然字门内科中医术、春字门内科中医术、谦字门儿科中医术、针灸（朱氏针灸疗法）；民俗类的中秋节（扬州中秋拜月）、吴桥社火、江苏省菱塘回回习俗。（苗　芹　李宗强）

**■《扬州非物质文化遗产》出版** 9月6日，《扬州非物质文化遗产》定稿刊印。该书对扬州十年来的非物质文化遗产保护工作进行回顾，将十年来

**扬州市第四批省级非物质文化遗产项目一览表**

表25-1

| 项目编号 | 项目名称 | 项目类别 | 保护单位 |
|---|---|---|---|
| JS Ⅱ-27 | 古筝艺术 | 传统音乐 | 扬州市古筝协会 |
| JS Ⅲ-19 | 高跷（临泽高跷） | 传统舞蹈 | 高邮市临泽镇社会公共事业服务中心 |
| JS Ⅲ-38 | 黄塍跑马阵 | 传统舞蹈 | 宝应县黄塍镇文体站 |
| JS Ⅶ-9 | 家具制作技艺（精细木作技艺） | 传统技艺 | 扬州市广陵安兰木器工艺厂 |
| JS Ⅶ-93 | 传统鸟笼制作技艺（扬派雀笼传统制作技艺） | 传统技艺 | 扬州文物商店 |
| JS Ⅶ-110 | 高邮咸鸭蛋制作技艺 | 传统技艺 | 江苏高邮鸭集团高邮鸭良种繁育中心 |
| JS Ⅶ-116 | 共和春小吃制作技艺 | 传统技艺 | 扬州共和春饮食文化发展有限公司 |
| JS Ⅷ-12 | 儿科疗法（谦字门儿科中医术） | 传统医药 | 扬州市中医院 |
| JS Ⅷ-20 | 然字门内科中医术 | 传统医药 | 扬州市中医院 |
| JS Ⅷ-30 | 针灸（朱氏针灸疗法） | 传统医药 | 扬州市中医院 |
| JS Ⅷ-21 | 春字门内科中医术 | 传统医药 | 扬州市中医院 |
| JS Ⅸ-14 | 十五巧板 | 传统体育、游艺与杂技 | 邗江区文化馆 |
| JS Ⅹ-16 | 中秋节（扬州中秋拜月） | 民俗 | 广陵区华夏铭汉学文化交流中心 |
| JS Ⅹ-19 | 吴桥社火 | 民俗 | 扬州市江都市吴桥镇文化体育站 |
| JS Ⅹ-24 | 江苏省菱塘回回习俗 | 民俗 | 高邮市菱塘清真村清真寺 |

（苗　芹　李宗强）

扬州非物质文化遗产保护成果加以概括和总结，分为序、概述、人文环境与资源普查、名录建设、传承、传播、保存与研究、合理利用与可持续发展和附录几部分。其中人文环境与资源普查部分介绍扬州从2006年开始，以“全面普查、摸清家底、健全机制、规范管理、整体保护、传承发展”为工作方针和“全面性、真实性”为指导原则，所开展的全市非物质文化遗产普查工作。名录建设章节中介绍目前所构建起的扬州市非物质文化遗产项目名录体系中所有项目，其中包含3个人类非物质文化遗产代表作项目、19个国家级项目（含人类非物质文化遗产代表作名录）、46个省级项目（含国家级项目）、202个市级项目（含省级以上项目）。传承章节中对传承人、传承阵地以及传承举措做介绍。传播章节中对非遗展示规模场所、非遗品牌讲座和传播活动做详细介绍。保存与研究章节主要介绍非物质文化遗产数据库建设以及扬州非遗研究成果概述。合理利用与可持续发展章节中对如何对“非遗”进行生产性保护、怎么将非物质文化遗产保护和旅游形成良性互动以及保护规划的制定要求做详细介绍。在附录中收录扬州市非物质文化遗产普查资源清单和十年来扬州市非物质文化遗产保护工作大事记。

（苗　芹　李宗强）

■**“扬州486”非物质文化遗产集聚区**　9月25日，占地10.53公顷的“扬州486”非物质文化遗产集聚区举行启幕仪式并举办迎城庆工艺美术精品展，中国非物质文化遗产战略联盟扬州工专业委员会揭牌等系列活动。集聚区内集聚68个“非遗”项目，包括世界级“非遗”项目雕版印刷、古琴艺术、扬州剪纸；国家级非遗项目扬州漆器髹饰技艺、扬州玉雕、扬州刺绣、金银细工制作技艺、毛笔制作技艺；省级“非遗”项目通草花制作技艺、扬州灯彩、装裱技艺、江都漆画；扬州市“非遗”项目宝应乱针绣、古筝艺术、扬州面塑、扬州吹糖技艺、雀笼技艺等。集聚区包括“非遗”展演、传承人工作室、活态

“扬州486”非物质文化遗产集聚区开幕　　文化馆/供稿

展示、特色定制、创新设计、传习基地和“非遗”产品售卖等多个功能性区域，通过“非遗”传承人和工艺大师的现场展示，变静态展示为动态展示，常态化地展示扬州传统工艺和产品制作流程，增强观赏性、趣味性和参与性。开设“非遗”讲坛，定期开展文化学术交流、专家巡讲、特色雅集等文化交流活动，普及“非遗”文化知识。

（苗　芹　李宗强）

## 文化博览城建设

■**概述**　推进文化博览城项目建设。2015年，市民中心广场、扬州科技馆、夫差广场、史可法广场、阮元文化广场、扬州中学院士广场、杜十娘广场、城市记忆馆等8个重点项目建设完成；隋炀帝墓考古遗址公园、扬州曲艺园及曲艺博物馆2个重点项目启动。中国共产党在扬州展览馆、苏北医院院史陈列馆2个重点项目完成；瘦西湖历史文化展示馆、城区运河文化展示馆、扬州城南门遗址陈列馆、杨庙镇仓颉文化广场4个重点项目启动。完善提升类中工艺坊旅游改造提升、天宁文化核心区项目建设、史可法墓祠本体修缮及环境整治、普哈丁墓整治提升、汉陵苑环境整治及一号墓展示提升以及扬州中国雕版印刷博物馆、扬州博物馆（简称市“双博馆”）东侧环境整治6个项目完成，唐城遗址博物馆基本陈列提升、贾氏盐商住宅保护修缮2个完善提升项目进行规划编制。“张爱萍在方巷”史料陈列馆正式开馆。至年末，市区文博场馆总数120个。成立扬州城大遗址保护中心，承担扬州城遗址范围内文物保护和建设规划编制、项目管理、出土文物保管和收藏、科学研究、监测巡查等工作。2015年，市“双博馆”、扬派盆景博物馆、佛教文化博物馆等23家主要文博场馆，开展活动126场，接待游客624.2万人次，比上年增加208万人次。市“双博馆”围绕春节、“5·18国际博物馆日”等，开展“博物馆里过大年”和“传统文化小课堂”等系列品牌活动，雕版印刷技艺展示先后走进江都实验小学、翠岗中学、市机关三幼等校园，举办10次“文博讲堂”和11次“义务鉴宝”活动。市文物局与市文博办、市教育局、扬州晚报社联合组织策划、开展“七彩之夏”夏令营活动，有1600多名学生参加活动。举办第七届文博知识竞赛，有团体参赛队伍24支，收到个人赛有效答题卡4867张。出版《流星王朝的遗辉——隋炀帝与扬州国际学术研讨会论文集》。扬州工艺美术馆举办“烟花三月赏花季活动”，陈列展出刺绣、通草花、翡翠、蜜蜡、水晶等艺术精品。

（何安琪）

■**博物馆工作**　2015年，全市举办各类临展149个。市“双博馆”推出“韫玉凝辉——扬州地区出土文物精品展”等原创展14期，引进“世界各

国钱币展”“南京博物院藏木刻版画展”等外展10期;扬州美术馆先后有“迎接城庆‘美丽扬州’书画摄影大赛作品展”“扬州城庆2500周年顾大风主题书法作品展”“纪念中国人民抗日战争暨世界反法西斯战争胜利70周年大型书画展”等36个展览;史可法纪念馆举办“纪念史可法殉难370周年书画展”“庆城庆晚清民国扇面精品展”等8期展览;扬州汉广陵王墓博物馆举办“徐州汉画像石艺术展”等6期展览;扬州八怪纪念馆举办“蒲松龄文化展”“八怪情缘——周积寅先生师生书画作品暨著作展”等展览24期,其中“扬州八怪新韵展”先后在日本、太原、杭州举办;市文联美术馆举办各类书画展33期;扬州民间收藏展览馆先后举办“戴平先生小品观赏石艺术展”“迎国庆 庆城庆书画精品交流展”等5期展览;市廉政文化展示馆举办“清风扬州书法展”“全国首届廉政书画大展”等7期展览。 (何安琪)

■**“国际博物馆日”活动** 5月18日是“国际博物馆日”,主题为“致力于可持续发展的博物馆”。2015年,扬州市庆祝“国际博物馆日”活动从4月延续至10月,先后举办“镜华流光——扬州博物馆藏汉唐铜镜展”、“文物收藏与鉴赏”专题讲座、专家为民免费鉴宝等15项活动。5月18日,扬州博物馆举办“大唐商都——扬州唐代文物特展”“领异标新二月花——故宫博物院、南京博物院、扬州博物馆藏扬州八怪书画联展”“心线神针——陆树娴、陆俊俭、陆蔚华刺绣作品展”、免费鉴宝等活动;市文博城建设领导小组办公室等单位启动“扬州文博直通车”“与‘非遗’零距离”活动,市文物局以组织宣传展示、发放宣传资料、接受咨询等方式宣传第一次全国可移动文物普查、文物保护法、扬州文化博览城建设成果等,开展“扬州文博城建设成果图片展”宣传活动,公布“我心目中的文博场馆”票选结果。 (何安琪)

■**“七彩之夏”文博夏令营活动** 开展“七彩之夏”品牌文博夏令营活动,市区17所大中小学校1600多名学生参加。市文博办挑选市“双博馆”等27个文博场馆,策划“寻根文化游”“读书励志游”等11条文博探访线路,安排“扬州文章太守”“朱自清散文赏析”等12场历史文化专题讲座。梅岭小学、育才小学、邗江实验学校针对营员年龄小的特点,采用“小手牵大手”的办法,学生家长带孩子共同听报告、共同参观。在文博线路探访中不少学校选择“寻根文化游”,其线路包括市“双博馆”、汉广陵王墓博物馆、宋夹城体育休闲公园、普哈丁墓园、东关街历史文化展示馆等。活动中,50名同学被授予“文博达人”称号,118名同学被授予“七彩之星”称号,17篇作文被授予优秀作文奖,39位老师被授予“优秀辅导员”称号。8月上旬,《中国文物报》刊登《让文物说话 讲名城故事》通讯,对夏令营活动配发图文作重点介绍。汇编优秀征文《探寻扬州历史文化之根》。 (何安琪)

“七彩之夏”文博夏令营开营。图为孩子们在双博馆参观 庄文斌/摄

■**文博场馆运行利用评估** 2015年,市文博办对文博场馆开放管理考核工作开展调研。启动2015年度扬州文博场所运行利用评估工作,按照“非物质文化遗产类、历史和现代人文类、古宅遗址类、民族宗教文化类、民间收藏展示类”等类型,对选取的51家参评场馆,经过动员部署、自主申报、初步审查、专家审核、公示等阶段,以总得分按类别评出10家“优秀”场馆、21家“良好”场馆、9家“合格”场馆和1家“基本合格”场馆。 (何安琪)

■**扬州科技馆开馆** 参见第105页。

■**开展博物馆里过大年系列活动** 春节期间,扬州博物馆除“广陵潮——扬州古代城市故事”“中国雕版印刷”“扬州雕版印刷”等常设展览外,开辟“大吉羊——扬州博物馆羊年艺术展”“多彩的生活——南京博物院藏木刻年画展”“心线神针——陆树娴、陆俊俭、陆蔚华刺绣作品展”等4个专题展览。举办“捏个羊咩咩——儿童黏土活动”“点亮新年——羊年彩灯DIY活动”等亲子活动。从年初一到初六,扬州博物馆接待观众近2万人次。 (何安琪)

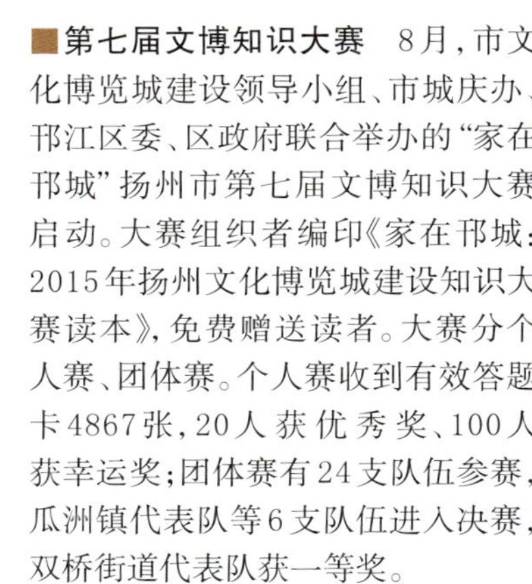

■**第七届文博知识大赛** 8月,市文化博览城建设领导小组、市城庆办、邗江区委、区政府联合举办的“家在邗城”扬州市第七届文博知识大赛启动。大赛组织者编印《家在邗城:2015年扬州文化博览城建设知识大赛读本》,免费赠送读者。大赛分个人赛、团体赛。个人赛收到有效答题卡4867张,20人获优秀奖、100人获幸运奖;团体赛有24支队伍参赛,瓜洲镇代表队等6支队伍进入决赛,双桥街道代表队获一等奖。 (何安琪)

**■扬州八怪书画精品展** 4月16日至5月18日，扬州博物馆特邀故宫博物院、上海博物馆、南京博物院在扬州博物馆明清书画厅、八怪书画厅共同举办“领异标新二月花——扬州八怪”书画联展。联展甄选四大博物馆的馆藏之作，其中故宫博物院30件(套)、上海博物馆10件(套)、南京博物院27件(套)、扬州博物馆6件(套)，展品有山水、人物、花鸟挂轴，册页，扇面等。（何安琪）

**■扬州地区出土文物精品展** 9月25日至11月25日，扬州博物馆与南京博物院、扬州市文物考古研究所、扬州汉广陵王墓博物馆、仪征博物馆、宝应博物馆、江都博物馆、高邮市博物馆、邗江文管办等8家单位共同举办“韫玉凝晖——扬州地区出土文物精品展”。展出扬州地区出土文物精品73件(套)，其中一级文物藏品15件(套)。展览按年代分为7个部分，最久远的文物可以追溯至新石器时期。（何安琪）

**■首届扬州八怪论坛** 11月14—15日，由人民日报《环球人物》杂志社主办、扬州市委宣传部等单位联办、扬州八怪研究院承办的首届扬州八怪论坛在扬州举办，海峡两岸及日本、韩国等地的几十位专家学者共同研讨“扬州八怪”的历史文化价值及其文化品牌在国际上的影响力。同期举办“八怪情缘——周积寅先生师生书画作品暨著作展”，展览汇集海内外知名的研究扬州八怪专家周积寅及其16位博士生弟子书画作品近百件，各类专著百余部。（何安琪）

**■蒲松龄聊斋文化展** 2015年是蒲松龄诞辰375周年，蒲松龄纪念馆于6月5—9日在扬州八怪纪念馆举办“蒲松龄聊斋文化展”。展览设置3个展厅，以蒲松龄生平及相关珍贵文物、《聊斋志异》著作手稿及重要版本、馆藏名家书画作品及历代研究成果典籍等为主要内容，传承蒲松龄的哲学思想、人格精神和教育理念。扬州市各大媒体对展览做大篇幅报道，吸引市民和聊斋文化爱好者及中小学校师生近4000人次参观。（何安琪）

**■纪念史可法殉难370周年系列活动** 2015年是史可法殉难370周年，史可法纪念馆策划举办系列纪念活动。年初，市教育局教科院与史可法纪念馆联合开展以“梅花遗香在，英雄浩气存”为主题的征文竞赛，吸引市直中学5000余名学生参与，《扬州晚报》专版刊登初中组与高中组一等奖作品；6月11日，召开史可法殉难370周年纪念大会，举办纪念史可法殉难370周年书画展。（何安琪）

**■汉广陵王墓博物馆“广陵王地宫”展厅提升工程** 2014年12月，汉广陵王墓博物馆启动“广陵王地宫”展厅的提升改造工程。提升改造主要是更新展览版面，全面提升照明系统，注重展厅整体色调的和谐。提升后的地宫在色调上柔和协调，灯光经两度的提升，更适合游客现场参观。2015年3月，“广陵王地宫”展厅提升工程、汉广陵王墓博物馆南侧广场改建工程先后完成。（何安琪）

**■《国宝档案》拍摄汉广陵王墓专题片《传奇——神秘的地下宫殿》** 汉广陵王墓博物馆展示的是西汉第一代广陵王刘胥(汉武帝之子)及王后的墓葬，两座墓葬同属于帝王级的“黄肠题凑”式大型木椁墓，规模宏大、保存完好、结构复杂、用料考究、制作精良，是“黄肠题凑”式木椁墓的典型代表。7月，中央电视台国际频道《国宝档案》栏目组进馆取景拍摄专题片《传奇——神秘的地下宫殿》，并于8月6日首次播出，向国内外观众讲述广陵王刘胥生平，其墓葬发现的过程，以及“黄肠题凑”帝王级墓葬形制的具体结构。（何安琪）

## 考古

**■概述** 2015年，扬州市文物考古研究所配合城市基本建设，对维扬经济开发区方广食品、蚂蚁墩地块、江苏华电扬州天然气发电管道支线工程等17处地块进行考古调查、勘探，考古勘探面积78.58万平方米。继续对扬州城遗址展开考古发掘工作。其中蜀冈上城址发掘面积450平方米，对象鼻门门址或相关遗存、隋唐至宋部分城墙遗迹等重要遗存进行寻找、探查和解析、验证。蜀冈下城址发掘面积3070平方米。主要是在史可法路银墅湾、梅岭公馆、紫藤园停车场、相别路原市第三医院、徐凝门停车场等建设工地展开抢救性的考古发掘，其中银墅湾工地发掘出六朝墓葬、古河道河岸等遗迹，为研究扬州城的演变提供新资料。万科金色梦想、蜀秀河、宿扬高速、江都北路、蜀冈体育休闲公园等地块发掘战国至明清时期墓葬278座、古井4口，出土文物2844件(套)。其中，蜀冈上战国木构遗存的发掘入围2014年全国考古新发现评选(25项之一)；杨庙张巷南朝画像砖室墓的考古发掘被省文物局专家验收为“优秀”等级；在全国第一次可移动文物普查活动中成果突出，被江苏省文物局树为江苏省可移动文物普查工作先进典型。文物保护工作。安排技术人员开展对出土文物的一般性保护和修复；与荆州文物保护中心、陕西省文物保护研究院、中国社科院文化遗产保护中心、南京博物院文物保护中心等国内文物保护机构合作，开展对重要文物的保护、修复和研究。隋炀帝墓的文物保护工作，配合实施隋炀帝墓防排水、本体保护加固等文保工作，继续隋炀帝墓冠饰、棺椁实验室考古，继续隋炀帝墓一般文物的保护，配合做好隋炀帝墓现场环境整治绿化及对外开放工作；杨庙张巷南朝画像砖室墓的考古发掘基本结束，省内专家对该墓的保护进行充分论证，确定后期保护方案为原址保护，由扬州市建筑规划设计院对其本体保护大棚进行方案设计；与荆州文物保护中心合作开展蜀秀河建设地块、宿扬高速西湖胡场段等地的汉代墓葬出土漆木器保护工作，在发掘过程中及时展开对出土文物，特别是出土漆木器、漆陶器、竹编器等文物的现场提取、保护工作，编制相应保护方案，对已提取的文物进行保护。配合公安机关打击盗墓犯罪行为，做好文物移交接收工作。全年鉴定仪征庙山、公瓜线等地块破坏古墓葬文物6批次。加大巡查力度，严打盗掘破坏古墓葬的行为。查处现代墓园破坏庙山汉墓封土、甘泉山汉墓群——老山汉墓盗掘、仪征市大仪镇泗涧村殷庄组毁坏古墓葬等文物违法事件3件。（刘　刚）

**■萧后墓出土冠饰实验室考古取得重要成果**　9月，扬州市文物考古研究所与陕西省文物保护研究院合作开展的萧后墓出土冠饰实验室考古项目取得重要成果。通过一年多的实验室考古工作基本理清萧后冠的结构、形状、制作工艺等重要信息。此外，通过实验室考古技术在萧后冠铜钗内发现并确认唐代棉花，这一成果在中国农业考古上意义重大。萧后冠实验室考古在国内同类型考古中具有示范意义。（王小迎）

**■《扬州城遗址考古发掘报告(1999—2013年)》出版**　9月，由扬州市文物考古研究所与中国社会科学院考古研究所、南京博物院共同编著的田野考古报告《扬州城遗址考古发掘报告(1999—2013年)》正式出版发行。《扬州城遗址考古发掘报告(1999—2013年)》是对扬州城遗址1999—2013年田野考古发掘工作的总结。第一章概括介绍扬州城的历史沿革和以往勘探、发掘情况。由于扬州城遗址属于古今叠压型城址的典型，各遗址的时代内涵多有不同，发掘报告将相关遗址分别归于蜀冈上、下，以各个遗址为主体分别在第二章、第三章加以介绍。第二章为扬州蜀冈古代城址的考古发掘。第三章为蜀冈下城址的考古发掘。第四章为报告的结语部分，梳理1999年以来与扬州城遗址相关的研究成果，从扬州蜀冈古代城址的范围、唐罗城的修建及其沿革、宋至明清扬州城、蜀冈下城址的城门、扬州城遗址出土城砖等5个方面展开，提出扬州城遗址发掘研究相关的认识。（王小迎）

**■隋炀帝墓出土文物特展**　9月20日至11月20日，扬州市文物考古研究所与扬州博物馆合作举办“流星王朝的遗辉——隋炀帝墓出土文物特展”。曹庄隋炀帝墓出土文物共400余件(套)，文物特展从中遴选近百件(套)代表性文物。所有文物以隋炀帝墓及萧后墓的甬道、耳室、主墓室的顺序为主线，材质、种类为辅线，依次展出。10月17日至11月29日，扬州市文物考古研究所与日本九州国立博物馆合作，实现隋炀帝墓出土鎏金铜铺首赴日本展出。此次展出的鎏金铜铺首，纹饰精美，工艺精湛，被定为国家一级文物，是隋炀帝墓墓主身份的重要佐证。（王小迎）

**■扬州城考古学术研讨会召开**　10月22—25日，扬州城考古学术研讨会在扬州会议中心召开。来自全国各省、市和高校的专家、学者逾百人参会，提交各类关于扬州城考古研究的学术论文43篇。会上有40多名代表发言，主要议题为扬州城遗址相关考古发掘与研究，与扬州城相关的历史文化、政治经济等方面的研究。同时还包括隋唐宋时期中原城址的发掘与研究，宋辽金元明时期城址、墓葬的相关发掘与研究，城市建设与规划历史的相关研究。（王小迎）

**■田野考古**　2015年，扬州市文物考古研究所配合城市基本建设在扬州城遗址及扬州城周边古墓葬埋藏区进行考古调查、勘探、发掘工作，取得重要成果。其中蜀冈上城址发掘面积450平方米，蜀冈下城址发掘面积3070平方米，为扬州城遗址研究提供大量新资料。在古墓葬埋藏区发掘战国至明清时期墓葬、古井等重要遗迹200余处。在万科金色梦想、蜀秀河建设项目中发掘的墓葬年代跨度较大，从战国至明清的各个时期均有涉及，以汉代墓葬数量最多。其中陈庆墓的发掘，出土“庆”字覆斗钮玉印、“陈庆·臣庆”双面穿带木印及大量精美的漆木器、漆陶器，特别是大量彩绘漆陶的出土为研究汉代早期扬州地区的漆器生产提供难得的实物资料。宿扬高速西湖胡场段发掘出“甲”字形墓葬、陪葬坑、陪葬墓、排水沟等一组关系遗迹，对汉代丧葬习俗、墓园营建提供典型材料。（王小迎）

**■扬州蜀冈古城址的木构及其他遗存(战国至南宋)入选“2014年度全国十大考古新发现”终评项目**　3月9日，国家文物局、中国文物报社、中国考古学会联合主办的“2014年度全国十大考古新发现”初评项目揭晓，评委会从43家初评候选项目中评选出25个项目进入终评，扬州蜀冈古城址的木构及其他遗存(战国至南宋)作为江苏唯一的考古发现入围终评。从2014年3月至2015年1月，由中国社会科学院考古研究所、南京博物院、扬州市文物考古研究所联合组成的扬州唐城考古工作队，发掘扬州蜀冈古代城址北城墙西段东部豁口及其两侧，清理出不晚于汉代的木构水涵洞、不早于汉代至晚唐杨吴时期的陆城门东边壁和水窦、南宋时期的水关和陆城门遗迹以及相关的夯土遗存。出土战国时期的铁刀和陶器残片、汉剪轮“半两”铜钱、汉至唐代的砖瓦以及陶瓷片等遗物。经过近一年的考古厘清，扬州蜀冈古代城址北城墙西段东部城门遗址中的战国时期木构涵洞及其他遗存(战国至南宋)清晰展现。（杨家华）

**■宝应刘堡减水闸开展二期考古发掘工作**　1月，宝应刘堡减水闸的二期考古发掘工作启动。刘堡减水闸是大运河扬州段遗产中唯一的一处水闸遗存，始建于明万历十二年(1584)，遗址自2010年12月发现后，分别于2011年9月、2014年11月至2015年分两期对其进行田野考古发掘，一期主要对减水闸西侧临运河部分进行清理，并修筑挡水墙对原址加以保护；二期进行逐层考古发掘，厘清减水闸东部南北向的摆手及铺底石，并出土瓷器(片)、砖瓦、铁器等相关文物，获得大量的精确数据和文物标本，为研究明代运河水运史、水闸构造工艺及明代堤防结构奠定基础，为世界文化遗产的进一步保护研究提供可靠依据。（张　益）

# 环境保护

Huanjing Baohu

编　辑　陈永华

## 综述

**■概况**　2015年，扬州市政府出台《扬州市生态文明建设规划(2014—2020)》，实施《扬州市生态文明建设三年行动计划(2015—2017)》《生态文明建设突破年实施方案》，市人大制定《关于切实加强全市水环境保护和大气污染防治的决议》。严格生态红线区域保护与监管，出台《扬州市区生态补偿转移支付办法》，下发2014年度扬州市区(不含江都区)生态补偿转移支付资金3054万元。制定出台排污权交易、环保负面清单、突出环境问题约谈、河道水质"双向补偿"、环保信用评价等制度，推进环境污染第三方治理，开展绿色发展水平评估，推行污染源网格化监管。

完成28项淮河流域水污染防治工程。整治淘汰小型燃煤锅炉509台。全面取缔古城和景区核心区露天烧烤。对扬州市区94个重点工地、687辆渣土车安装实时监控设备。细颗粒物($PM_{2.5}$)年平均浓度比基准年2013年下降21.5%。全市16处集中式生活饮用水水源地水质良好，均达到地表水Ⅲ类标准，达标率100%。实施节能改造项目101个、循环经济项目22个，扬州市获批国家循环经济示范城市。启动10大生态中心和城市公园体系建设，全市成片造林0.21万公顷，扬州市区新增绿地127.5万平方米。疏浚县乡河道202条，整治村庄河塘5031个。新创省级绿化示范村87个、"优美乡村"10个。扬州市创成省国土资源节约集约模范市、省大气污染防治工作优秀城市。　（杨　静）

**■生态文明建设**　2015年，扬州市出台《扬州市生态文明建设规划(2014—2020)》，组织开展2014年度生态文明建设工程自测自评，通过省级考核。印发《全市生态文明建设突破年实施方案》。1月，《扬州市生态文明建设规划(2014—2020)》通过市人大常委会审议。编制《扬州市生态文明建设三年行动计划(2015—2017)》。委托省环境工程咨询中心对扬州市及各县(市、区)开展绿色发展评估。

推进生态文明示范建设。13个村创成市级生态文明示范村，14个村创成省级生态村，16个乡镇编制生态文明示范乡镇实施方案或规划。

蜀冈生态体育公园　　晚　报/供稿

生态红线区域保护与监管。落实生态红线区域保护规划，督促、指导各地设立生态红线区域保护标识牌和边界标志，加大日常巡查执法，加强分级管控，打击破坏生态、污染环境行为。开展考核评估，市财政部门下发2014年度市区生态补偿转移支付资金3054万元。

开展拉网覆盖式农村环境综合整治，完成2013-2014年度建设集中污水处理设施项目48个，配套接管总长155.76千米，接管项目42个，接管176.59千米。新增小型垃圾车178辆，新建小型垃圾箱5540座，集中垃圾收集站房215座，垃圾中转站1座。　（张素玲）

**■环境管理服务**　实施重大项目挂钩服务制度，政府主导的30个重大城建项目办结环境保护手续26个，14个列省重大项目办结环境保护手续6个，371个重大项目库项目办结环境保护手续225个。推进规划环境影响评价，全市71家省级以下园区完成规划环境影响评价66家，规划环境影响评价批复满5年的48家产业园区完成跟踪评价8家。推进清洁生产和园区生态化改造，48家企业通过强制性清洁生产审核，广陵经济开发区、高邮经济开发区通过省级生态工业园区验收和技术考核，维扬经济开发区申报国家级生态工业园区。开展例行监测和专项监测，完成环境质量报告书等各类分析报告90

多份，形成各类监测数据13万个。升级、完善环境空气环境空气指数(AQI)平台发布系统，建成环境地理信息系统和实验室管理系统一期工程并投入使用。举办新环保法专题讲座3期，举办企业厂长(经理)、环保员培训7期，开展4次“向公众报告环保工作”活动、5次“公众看环保”活动。（陈　溟）

**■循环经济建设**　推动传统产业生态转型，推进循环经济建设。2015年，扬州经济技术开发区创成国家级生态工业园区，维扬经济开发区、扬州高新技术产业开发区创成省级生态工业园区。启动省级以上经济开发区、工业园区循环化改造，广陵经济开发区、高邮经济开发区分别完成省级整改提升。维扬经济开发区创建国家级生态工业园区通过技术考核。广陵区李典工业园、江都区丁伙工业园通过市级生态工业园区认定。

扬州环保科技产业园成为江苏省首批“城市矿产示范试点基地”。全年20多家企业通过ISO 14000环境管理体系论证，90家企业通过清洁生产审核。推进秸秆资源利用，加快秸秆分解，秸秆综合利用率93%，实现市域秸秆禁烧“零火点”，杜绝秸秆焚烧、河塘腐烂，减轻大气、水体污染，保护和修复农田，提高土壤保肥供肥能力，减少农用化学品投入与流失，减轻农业面源污染。实施江都区沁怡家禽养殖有限公司、新铭养羊专业合作社、扬州市春江花都生态农业有限公司、正祥奶牛场、明盛奶牛养殖家庭农场等20多家规模畜禽养殖场建设型沼气工程，增强畜禽粪便综合利用能力。（孙　江）

**■环境保护执法**　扬州市环境监察支队加强环境监管执法，解决环境问题，改善环境质量。开展环境保护大检查活动。建立大检查组织体制和工作机制、工作网络，通过企业自查，乡镇(街道)、园区逐级校核把关，环保部门全程指导、汇总审核，建立、完善5400多家排污单位的环境管理基础信息库。发现并查处一批环境违法行为，其中关停取缔违法企业35家，依法责令287家企业限期改正或限期治理，责令75家企业停止建设，责令33家企业停止生产，解决重点环境问题259个，整治解决集中式饮用水水源地环境隐患问题7个，全市未发现1例阻碍环境执法的“土政策”。加大环境执法查处力度。对环境违法问题零容忍，围绕化工、医药、电镀、城市污水处理厂等重点行业和重点区域，开展“每月一专题”的环境执法督查活动，采取“不定时间、不打招呼、不听汇报，直奔现场、直接督查”检查方式，发现并查处一批环保设施不正常使用、污染物超标排放等违法行为。利用行政处罚手段，全市立案调查环境违法行为290件，处罚金额1470.5万元。其中，运用新环保法查处违法案件17件，包括按日计罚案件4件，查封扣押案件3件，限产停产案件7件，移送公安机关实施拘留案件3件；联动执法，向公安机关移送涉嫌环境污染犯罪案件7件。（朱健荣）

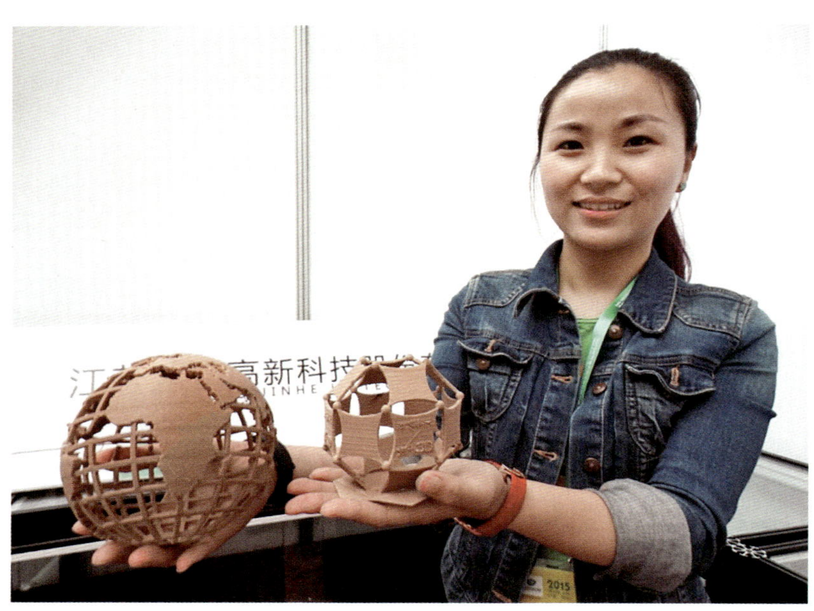

秸秆3D打印材料　　张孔生/摄

**■环境信访调处**　开展环境信访销号行动。建立常态化的局领导接访和带案下访制度，开展全市第七次环保局长大接访活动，针对重点、难点环境信访开展及时、就地解决环境信访突出问题专项行动，升级改造“12369”环保举报热线，提高信访受理办理时效，推行信访办理“事前”“过程”“结果”的“三反馈”制度，信访处理率、回复率均达100%。全市受理信访7927件，比上年下降3.9%；市委书记信箱和“寄语市长”信访量下降31%，市长公开电话信访量下降23%。（朱健荣）

**■环境应急管理**　针对冬季严寒气候、春节假日、“烟花三月”国际经贸旅游节、2500周年城庆等重点敏感时期，扬州市环境部门分别制定环境安全保障方案。开展涉及危险化学品生产、仓储企业及环境风险源企业的环保安全大检查，加大环境风险源企业和饮用水水源地检查力度，确保环境安全可控。2015年全市发生突发环境事件11件，下降48%，事件均得到有效处置，未造成较大环境影响。（朱健荣）

**■主要污染物排放**　1.废气污染物。2015年，全市二氧化硫排放总量4.55万吨，其中工业源排放占93.2%、城镇生活源排放占6.79%、集中式治理设施排放占0.01%；氮氧化物排放总量6.33万吨，其中工业源排放占71.3%、城镇生活源排放占0.92%、机动车排放占27.6%、集中式治理设施排放占0.18%；烟(粉)尘排放总量1.75万吨，其中工业源排放占83.7%、城镇生活源排放占7.80%、机动车排放占8.41%、集中式治理设施排放占0.09%。工业源为废气污染物的主要来源。

2. 废水污染物。2015年，全市化学需氧量排放总量5.32万吨，其中工业源排放占24.0%、农业源排放占20.5%、城镇生活源排放占55.0%、集中式治理设施排放占0.5%；氨氮排放总量7159.4吨，其中工业源排放占17.0%、农业源排放占24.3%、城镇生活源排放占58.4%、集中式治理设施排放占0.3%。

3. 固体废物。2015年，全市一般工业固体废物产生量300.1万吨，其中综合利用量274.4万吨、处置量22.1万吨、贮存量3.62万吨，综合利用率91.3%；危险废物产生量17.9万吨，其中综合利用量7.93万吨、处置量9.67万吨(其中处置往年贮存量0.86万吨，送持证单位处理量5.37万吨)、贮存量1.58万吨，处置率91.15%；全市61座污水处理厂年产生水处理污泥12.8万吨，其中填埋处置量3.96万吨、焚烧处理量8.27万吨、建筑材料利用量0.53万吨。（杨　静）

**■“2015青春绿色行动”启动**　3月14日，市环保局、团市委、市绿化委员会办公室、市园林局联合主办的“2015青春绿色行动”在蜀冈生态体育公园启动，200多名团员青年、青少年、生态环保志愿者参加活动。启动仪式现场进行“绿杨新城郭青春植为你”线上传绿微信活动获奖者颁奖、“迎城庆·我和小树合个影”等活动。“2015青春绿色行动”包括建设绿色工程、践行绿色生活、倡导绿色文明、培育绿色队伍等4大类青少年生态环保活动。（杨　静）

**■“千人运河环保行”活动**　6月5日，由广陵区汶河街道办事处、扬州市大运河保护志愿者联盟共同组织的“千人运河环保行”活动在南门遗址启动。来自江海学院、扬州长跑协会、荷花池社区、龙头关社区群众及大运河志愿者联盟志愿者近500人参加活动。参加活动的志愿者沿古运河步行1个小时，宣传环保、宣传运河保护。（杨　静）

## 环境质量

**■空气环境质量**　2015年，扬州市区环境空气有效监测天数361天，达标天数共245天，达标天数比例为67.9%。其中空气质量优26天，占7.2%；空气质量良219天，占60.7%；空气质量轻度污染89天，占24.7%；空气质量中度污染20天，占5.5%；空气质量重度污染7天，占1.9%；无严重污染天数。江都区有效监测天数365天，达标天数共262天，达标天数比例为71.8%；仪征市有效监测天数359天，达标天数共258天，达标天数比例为71.8%；高邮市有效监测天数365天，达标天数共218天，达标天数比例为59.8%；宝应县有效监测天数365天，达标天数共272天，达标天数比例为74.5%。

扬州市区$PM_{2.5}$日均值分布范围10～166微克/立方米，有效天数362天，超标天数70天，有效监测超标率19.3%，年平均值55微克/立方米，超标倍数为0.57；扬州市区可吸入颗粒物($PM_{10}$)日均值分布范围17～332微克/立方米，有效天数361天，超标天数55天，有效监测超标率15.2%，年平均值101微克/立方米，超标倍数为0.44；扬州市区二氧化硫($SO_2$)日均值分布范围5～96微克/立方米，有效天数362天，超标天数0天，年平均值24微克/立方米，达标；扬州市区臭氧($O_3$)日最大8小时平均值分布范围17～254微克/立方米。有效天数363天，超标天数52天，有效监测超标率14.3%，臭氧日最大8小时滑动平均值的第90百分位数175微克/立方米，超标倍数为0.09；扬州市区一氧化碳(CO)日均值分布范围0.2～2.6毫克/立方米，有效天数362天，超标天数0天，一氧化碳日均值第95百分位数1.4毫克/立方米，达标。影响扬州市区环境空气质量的主要污染物是细颗粒物，以细颗粒物为首要污染物的天数为59天，以臭氧为首要污染物的天数为48天，以可吸入颗粒物为首要污染物的天数为9天。

2015年，扬州市区降尘监测值范围1.6～18.4吨/平方千米·月，降尘年平均值6.7吨/平方千米·月，符合标准。

2015年，扬州市区微生物含量年均值为清洁水平，空气质量较上年转好。各监测点位空气微生物污染状况由好到差排序依次为：双博馆监测点位、扬州环境监测中心站监测点位、邗江监测站监测点位、城东财政所监测点位、第四医院监测点位。

2015年，扬州市区降水pH(酸碱度)值分布范围4.06～8.17，pH均值5.29，降水酸雨发生频率24.2%，全年酸雨pH均值4.60；扬州市区降水中离子组分浓度百分比最高的为硫酸根，其次为钙离子，市区酸雨

“扬州蓝”　　庄文斌/摄

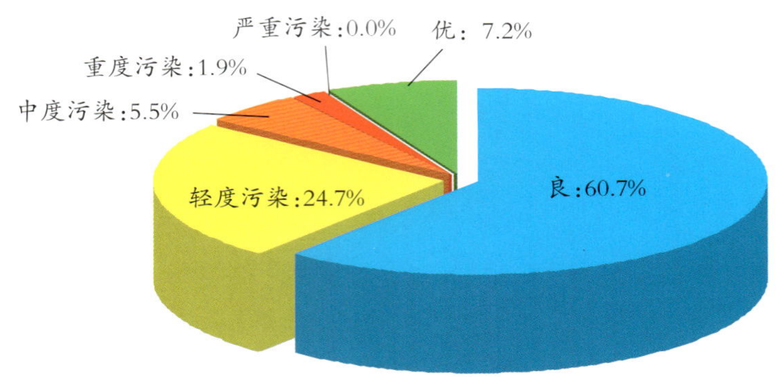


图 26-1 **2015年扬州市区空气质量级别分布天数百分比图**

（杨 静）

呈硫酸型污染。江都区降水pH值分布范围6.69～7.83，pH均值7.15，无酸雨发生；仪征市降水pH值分布范围5.83～8.22，pH均值6.69，无酸雨发生；高邮市降水pH值分布范围6.21～6.81，pH均值6.44，无酸雨发生；宝应县降水pH值分布范围4.82～8.06，pH均值6.48，酸雨发生频率3.6%。

2015年，扬州市共发布重污染天气预警5次，重污染天气的形成主要是本地污染源的累积及外源输入的影响。（王亚林）

**水环境质量** 2015年，全市16处集中式生活饮用水水源地水质良好，均达到地表水Ⅲ类标准。与上年同期相比，水质状况较为稳定，109项全分析项目中有部分检出，远低于控制标准。对扬州市区集中式饮用水水源地开展生物监测，各水源地水质均为清洁到轻污染状态、水质急性毒性维持在低毒水平、水质卫生状况良好。饮用水水源地检出生物种类均为软体动物门腹足纲物种，优势种为田螺科螺蛳和梨形环棱螺。

2015年，扬州市列入年度监测计划的主要河流有18条、湖泊有4个。市控以上断面62个，其中省控以上断面36个、国控断面5个。监测结果表明，全市地表水水质状况总体为轻度污染，62个市控以上断面中，达标断面46个，达标率74.2%，比上年上升12.9个百分点。其中国控断面达标个数4个，达标率80.0%；省控以上断面达标个数29个，达标率80.6%。62个市控以上断面中，Ⅱ～Ⅲ类水质断面33个，占总断面数53.2%；Ⅳ类水质断面16个，占总断面数25.8%；Ⅴ类水质断面2个，占总断面数3.2%；劣Ⅴ类水质断面11个，占总断面数17.8%。2015年，45条城市内河水质总体较差，年达标率29.5%。2015年，京杭运河沉积物重金属污染等级Ⅰ级、污染程度为安全，各监测断面沉积物中砷、汞、总铬、铅、镉、铜等污染物浓度均符合《土壤环境质量标准》(GB 15618－1995)二级(水田)标准；古运河沉积物重金属污染等级为Ⅱ级、污染程度为轻度污染，各监测断面沉积物中砷、汞、总铬、铅、镉、铜等污染物浓度均符合《土壤环境质量标准》(GB 15618－1995)二级(水田)标准。2015年，瘦西湖水质为中度富营养，邵伯湖水质为轻度富营养，高邮湖水质为轻度富营养，宝应湖水质为轻度富营养。

2015年，扬州市区设地下水监测井位10眼，其中潜水井4眼、承压水井6眼。监测结果表明，良好井7眼，较好井2眼，较差井1眼。4眼潜水监测井中，有3眼井达标，达标率75%，超标井水的主要污染物为亚硝酸盐氮和氨氮；6眼承压水监测井中，有5眼井达标，达标率83.3%，超标井水的主要污染物为锰。

（王亚林）

**声环境质量** 2015年，扬州市区区域声环境质量昼间平均等效声级值54.3分贝，比上年下降0.3分贝，在50.1～55.0分贝之间，质量等级为二级。55分贝以下较安静区域覆盖面积比为63.5%，比上年上升4.6个百分点；无65分贝以上高声级区域。各县(市、区)区域声环境质量昼间平均等效声级值均小于或等于50.0分贝，质量等级均为一级。

2015年，扬州市区85条路段交通噪声昼间均值66.3分贝，比上年增长0.1分贝，质量等级为一级，处于好水平。全年扬州市区平均车流量2686辆/小时，与上年持平，城区超标路段比例上升2.6个百分点，表明交通噪声污染略有增强。各县(市、区)道路交通噪声在63.4(江都区)～65.6(宝应县)分贝之间，质量等级均为一级，均处于好水平。各县(市、区)道路交通噪声均达标，其中宝应县、仪征市、高邮市超标路段比例分别下降1.9、1.2、4.0个百分点。

2015年，扬州市区各类功能区昼间和夜间噪声均符合相应环境质量标准要求，达标率100%。在各类功能区中，居住文教区(1类区)、混合区(2类区)、工业区(3类区)、交通干线两侧(4类区)与上年相比，昼间

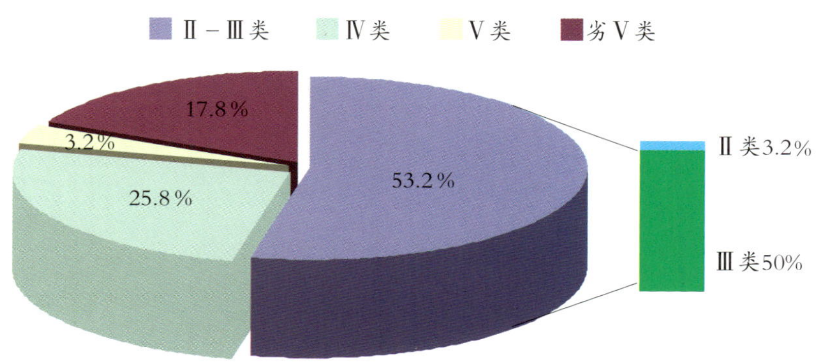


图 26-2 **2015年扬州市控以上监测断面水质类别比例图**

（杨 静）

和夜间年均值均未出现明显变化，声环境质量稳定。各县（市、区）各类功能区昼间和夜间噪声均符合相应环境质量标准要求，各类功能区中，昼间和夜间年均值均未出现明显变化，声环境质量稳定。（王亚林）

**■农村试点村环境质量** 2015年，高邮市车逻镇太丰村、卸甲镇张余村、马棚街道东湖度假村，宝应县鲁垛镇贾林村、柳堡镇张袁村、射阳湖镇潘舍村开展农村环境质量监测试点，主要监测内容为饮用水水源地、地表水、环境空气、土壤等。监测结果表明，各饮用水水源地水质均符合地表水Ⅲ类标准，水质良好；高邮市市域地表水3个监测断面水质均符合地表水Ⅲ类标准；宝应县县域地表水3个监测断面中八浅、地龙断面水质符合地表水Ⅲ类标准，华滩河口断面水质符合地表水Ⅳ类标准；各试点村庄二氧化硫、二氧化氮、可吸入颗粒物24小时平均浓度均符合《环境空气质量标准》（GB 3095—2012）二级标准；各村庄土地利用类型为农田、园地、居民周边、水产养殖场周边的土壤环境质量均符合《土壤环境质量标准》（GB 15618—1995）二级标准。高邮市3个村庄土地利用类型为饮用水水源地周边的土壤环境质量均符合《土壤环境质量标准》（GB 15618—1995）一级标准；宝应县贾林村、潘舍村、张袁村土地利用类型为饮用水水源地周边土壤质量均不符合《土壤环境质量标准》（GB 15618—1995）一级标准，超标物均为铬。（王亚林）

**■土壤环境质量** 2015年，列入监测计划的3个畜禽养殖场周边土壤均达《土壤环境质量标准》（GB 15618—1995）二级标准，污染等级为Ⅰ级，清洁（安全）。（杨　静）

**■辐射环境质量** 2015年，全市重点监管的核技术利用单位厂区内辐射环境满足相关标准要求，厂区周围水体、土壤、生物等介质中放射性核素含量在本底水平范围；广播电视发射台、移动通信基站、高压输变电工程等电磁设施周围环境电磁辐射水平均满足相应标准的要求。

（杨　静）

**■生态环境质量** 2014年，扬州市生态环境状况指数为72.87，生态环境质量级别为良，植被覆盖度较高，生物多样性较丰富，基本适合人类生存。与2013年度质量级别相当，生态环境状况无明显变化。从生态环境状况指数看，宝应县、仪征市、江都区生态环境状况指数值升高，主要是水网密度指数和环境质量指数的提高。扬州市区和高邮市指数值略有降低，主要源于植被覆盖指数和生物丰度指数的降低。（王亚林）

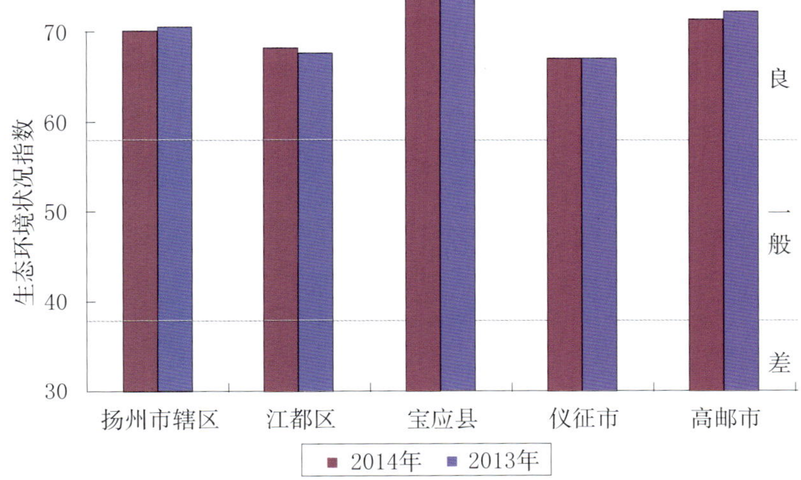


图26-3　扬州市生态环境状况指数年际变化示意图

（杨　静）

## 环境监测

**■概述** 2015年，扬州市环境监测中心站（简称市环境监测站）完成市直饮用水源水质自动站例行数据统计、上报和发布，安装水质生态毒性在线检测。完成重点流域、饮用水水源地、地表水例行监测和生物例行监测，国控重点源监督监测及比对监测，污染源减排及环境管理监督监测，重金属重点区域环境质量监测，功能区噪声监测。开展市区45条河流监视性监测，上报各类监测数据、报告报表和各类监测资料，全年上报环境监测数据（不含自动监测数据）13万个，出具数据分析报告2000份，提供各类综合分析报告50多份。

（李子军）

**■环境监测科研** 2015年，市环境监测站提交环保部环境管理科技平台项目《南水北调东线水环境调查》。完成环保部标准课题“固定污染源废气甲烷、总烃、非甲烷总烃的测定气相色谱法”研究，上报标准征求意见稿、标准编制说明、方法验证报告；完成市环保局科研课题“高效液相色谱法快速检测地表水中丁基黄原酸”研究，通过验收；完成国家环境监测总站制定的两项标准《水质 松节油的测定 吹扫捕集气相色谱—质谱法》《水质 丁基黄原酸的测定 吹扫捕集气相色谱—质谱法》的方法验收。推进江苏省高校重点实验室2个开放课题研究。（李子军）

**■环境监测能力建设** 2015年，市环境监测站完善环境监测自动监测平台，编制扬州市区空气监测点位优化调整技术方案，完成4个大气国控站AQI平台升级，调整2个大气自动站点位，新建3座大气自动站，与省环境监测中心、市气象局等部门开展预报预警合作，实现空气环境质量监测数据发布和72小时内空气等级预报。配置应急监测装备，瓜洲水源地、万福闸水源地自动监测站安装水质生物毒性在线检测系统。至2015年底，市环境监测站管理4座水质自动站、7座空气自动站、6座噪声自动站和1个实验室，有各类仪器设备400多台（套），其中包括便携式气相色谱/质谱仪、电感耦合等离子体发射光谱仪（ICP-OES）等。 （李子军）

**■环境监测质量管理** 2015年，市环境监测站开展与环境监测质量有关的比对监测、质量控制检查、飞行检查等，开展国控重点源质量监督检查，规范环境监测行为，提高监测质量，确保环境监测数据的准确性、科学性、公正性、有效性。通过省环境监测中心组织的实验室比对、国家实验室资质认定和认可复评审。环境监测信息管理系统（一期）LIMS通过验收，LIMS软件系统为全市环境监测数字化的核心系统，具有可扩展性和可操作性，该系统建成电子档案管理和纸质档案归档模块，收集并管理所有电子档案和纸质档案。 （李子军）

## 污染防治

**■治污减排** 2015年，全市实施重点减排项目102个，4项主要污染物减排目标达到序时进度。完成淮河流域、长江流域、通榆河流域水污染防治工程建设，项目完成率、考核断面水质达标率均达100%。启动编制高邮湖、宝应湖、邵伯湖生态环境保护规划，实行"一湖一策"。整治排污口，协同相关部门推进"黑、臭河道"治理，封堵排污口119个。关闭淘汰鑫亚化工、飞达化工、华富能源老厂区等落后产能，主城区重点污染源威亨热电实现停炉转型。扬州二电厂1号机组、江苏国信扬州发电有限责任公司3号机组、江苏华电扬州发电有限公司6号机组超低排放工程建成投运。全市危险废物企业规范化整治达标率90%，重点放射源单位在线监控基本实现全覆盖。 （陈　溟）

**■大气污染防治** 加大落后产能淘汰力度，威亨热电等重点污染源关停并转。全市淘汰小型燃煤锅炉509台，提标治理10蒸吨以上燃煤锅炉15台，建成发电机组超低排放工程3个，完成市区92台茶水炉整治。完成全市9家水泥生产企业、27家废气挥发性有机物污染治理。联合有关部门淘汰黄标车1.33万辆、上牌新能源汽车800辆，对扬尘治理不达标的15家工地予以挂牌督办，取缔流动烧烤摊95处，古城核心区全面取缔露天烧烤。抓好夏、秋两季秸秆禁烧，实现"三零"（零火点、零发现、零影响）目标。 （陈　溟）

**■水污染防治** 重点流域水污染防治。落实国家《淮河流域水污染防治规划（2011—2015）》《长江中下游流域水污染防治规划》，推进项目建设。至2015年底，全市列入国家淮河流域水污染防治规划的35个治污工程项目中，完成项目32个，在建项目3个。全市列入淮河流域的考核断面〔新通扬运河江都西闸断面、泰西断面（泰州境内）和北澄子河三垛西大桥断面〕3个，断面水质均达地表水Ⅲ类标准；列入国家长江中下游流域水污染防治规划的15个治污工程项目中，完成项目8个，在建项目4个，其中3个骨干项目全部完成。全市列入长江流域的考核断面（长江三江营断面）1个，长江三江营考核断面22项考核因子达标率均为100%，水质现状评价Ⅲ类。达到考核要求。

饮用水水源地环境保护。市环保局完成扬州市集中式饮用水水源地环境状况评估，每月开展66个项目常规监测，全年开展1次109项全分析。监测结果显示，全市集中式饮用水水源地水质达标率100%。

城市河流整治。实施市区8条黑臭河道综合整治，6条河道清淤整治，5个沟通活水节点工程等19个项目。至2015年底，开工项目12个，其中5个项目基本完成，完成投资6亿多元。

地下水污染防治。3月，完成《扬州市重点区域地下水调查评估报告》编制。 （孙　华）

**■重金属污染防治** 2015年，市环境保护委员会印发《扬州市重金属污染综合防治"十二五"规划2015年度实施方案》。开展涉重企业专项整治，编制《扬州市电镀企业环保整治方案》《扬州市汞污染防治工作实施方案》，督促辖区内64家电镀企业、5家涉汞企业制定整治方案。加大对重金属污染防治资金投入，向上争取资金扶持，累计争取到国家资金1737.2万元。全市关停扬州市天马发电设备有限公司、江苏中油天工机械有限公司、扬州市邗江电镀厂、江苏亚达科技集团有限公司、扬州市汤汪电镀厂有限公司、扬州市汇通油管有限责任公司、扬州市邗江恒兴电镀有限公司、扬州双桥电镀标牌厂等8家涉重企业。完成江苏阳光光电科技有限公司等4家企业清洁生产验收。严格项目审批，所有涉及5种重点重金属的项目均需同类平衡，对总量无法平衡的重金属项目一律暂停审批。全市铅蓄电池宏观产品产量比上年减少63.67万千伏安时。 （孙　华）

**■固体废物和辐射环境监管** 开展危险废物规范化整治培训，举办培训班8期，培训1000人次，500多家企业签署《江苏省危险废物产生单位守法管理告知书》《江苏省危险废物经营单位规范经营告知书》。开展危险废物网上报告和网上转移。全市有498家危险废物产生单位和18家危险废物经营单位开展危险废物网上申报。6月1日，扬州市正式实行危险废物转移网上报告制，全市危险废物转移网上电子联单产生2.25万份，实现从纸质联单到电子联单的过渡。全年对35家放射源单位、69家二类射线装置单位、131家三类射线装置和18家金属熔炼企业开展现场监督检查，督促各县（市、区）环保局对现场检查中发现的问题进行跟踪闭环。督促仪征化纤股份有限公司、扬州自来水总公司、苏北人民医院等3家单位回收处置8枚闲置放射源，督促江诚船用重工公司转移处置6枚闲置放射源。核发或延续辐射安全许可证28份，审批、预审辐射项目环境影响评价文件36件，验收辐射项目10个。10月22日，扬州市固体废物与辐射管理中心参加环保部在南京组织的辐射事故应急演练活动，提升辐射事故的应急处置能力。

（黄河涛）

# 水利

Shuili

编　辑　陈永华

## 综述

■**概况**　2015年，扬州市水利系统直接完成水利建设投资19亿元，完成重点水利建设投资2.07亿元。加快规划编制，完善规划体系。推进工程建设管理体制改革，规范工程招投标。严格办理质量监督手续，开展质量监督活动。做好全市防汛抗旱工作，强化南水北调源头保护。履行水行政管理职能，实施河道管理"河长制"。加强水功能区管理，依法履行监察职能，深化河湖执法，规范长江采砂管理秩序。推进全国水生态文明试点城市建设，加快建设"不淹不涝"城市，整治城市积水点8个。完成扬州闸改建等"清水活水"重要节点工程。疏浚县乡河道202条，整治村庄河塘5031个。新创省级绿化示范村87个、"优美乡村" 10个。仪征市铜山办事处等4个乡镇和宝应县氾水镇新民村等30个村庄分别获评2014年度省级"水美乡镇" 和"水美乡村"。新增仪征市石桥、姚庄、张良和红旗等4座省级小水库规范化管理单位。至2015年底，全市14座水库创成省级小水库规范化管理单位。

市水利局全年办理行政许可审批14件。出台《扬州市水生态文明城市建设总体规划(2014—2020)》《关于市城市涉水管理职能调整工作的实施方案》《扬州市地下水压采方案(2014—2020)》《扬州市水功能区区划》《扬州市城市防洪规划(2012—2020)》《扬州市水资源管理办法》颁布实施，《扬州市水资源保护规划》《扬州市入河排污口整治规划》《扬州市城市蓝线规划》通过专家审查。

市水利局与市政协文教卫体委共同举办"美丽扬州——水生态文明篇书画摄影大赛" 获奖作品展，央视新闻联播以《江苏扬州：治城先治水　活水流起来》为题报道扬州清水活水工程，"江苏扬州市：治城先治水" 被评为中国水利2015基层治水十大经验。邗江区通过省水利厅、省发展和改革委员会技术评估和验收，获评"江苏省节水型社会示范区"。黄金坝闸站扩建工程三标段获评江苏省建筑施工标准化文明示范工地，淮河入江水道扬州市工程新民滩切滩六标和仪征套闸除险加固工程获评2014年省水利工程文明工地，扬州市淮河入江水道整治工程建设处被省淮河入江水道整治工程建设管理局评为淮河入江水道整治工程建设管理先进集体。高邮市水务局被确认为省级"法治水利示范点"。

（隋　丽）

■**水利规划**　加快规划编制，完善规划体系。开展扬州市"十三五" 水利发展规划编制，加快扬州市治涝规划编制，启动扬州市苏中沿江地区水利治理规划编制，完成《扬州市城市防洪规划(2012—2020)》。《全国江河湖库水系综合整治实施方案》完成存在问题与治理需求分析，形成治理项目初步意见报水利部、省水利厅初审，招标开展市级规划编制。编制《扬州市入江水道沿线地区水利治理规划》，配合省水利厅完成《扬州市里下河地区水利治理规划》招标。完成南水北调东线补充规划的供水区核查及工程方案的初步建设。

2015年，市水利局启动《扬州江堤防洪能力提升方案研究》《槐泗河流域综合整治方案》等研究，开展乌塔沟中段前期工作。规范城市水系规划管理。办理生态科技新城北区水系综合整治、朱家河闸站工程等4个工程项目的可行性研究技术审查意见。仪征健康路闸站、广陵朱家河闸站、瘦西湖景区濠田河整治工程等6项工程进行初步设计技术审查，落实水工程规划同意制度，实施境内骨干水工程建设技术监管。

加快水利规划前期工作，满足水利建设需要。2015年，市水利局配合完成省级重点工程镇扬河段三期整治工程可行性研究及其前置审查内容的组织、编制、调查、协调工作，该工程可行性研究报告通过水利部审查，报国家发展和改革委员会审批，项目环评通过环保部组织的审查。里下河重点洼地治理、江苏长江坍岸治理、南水北调东线一期工程的完善工程等3个项目建设内容筛选及可行性研究编制工作初步完成，通过相关审查。区域治理项目完成宝应向阳河整治、高邮新港闸拆建、古运河东窄段整治等工程前期工作，开工建设；江都红旗河整治工程获省水利厅审查，开始办理土地等相关前置手续；仪征泗源沟二期工程、北洲主排河工程、朱家河闸站工程等3项工程通过省水利厅的竞争立项，进行公示。城市防洪除涝重点工程的瓜洲泵站项目建议书获批，可行性研究报告编制完成，相关前置审批手续中规划

选址获批，环评、土地预审、维稳评价等形成初稿。 （规计处）

■**水利工程建设管理** 推进工程建设管理体制改革。强化项目法人制，实现“一县一法人”，金湾河疏浚工程项目推行代建制。推行集中监理，优化监理资源配置。治淮重点工程按区域分片集中监理，中小型民生水利工程实行集中监理制。各县（市、区）农业水利工程实现打捆招标，千亿斤粮田间配套工程、小流域治理等工程纳入集中监理。

规范工程招投标。全市所有水利项目均进入省水利工程招标投标中心或市公共资源交易中心招标，配合省水利厅做好远程评标。监管市级监督项目开评标过程，确保开评标环节公正公平。2015年，全市有58个项目通过省、市招标办公室完成招投标，投资6.35亿元。开发水利工程建设项目招投标报名备案系统及项目考核信息系统。

强化工程验收。2015年，市水利局完成中小河流宝射河、红旗河2期、高邮北澄子河、归江河道水利血防工程竣工验收；病险水闸高邮向阳闸、广陵迎春河闸、宝应地涵、扬州闸加固工程及平山堂泵站水下阶段验收；治淮邵伯湖西兴圩等3个切滩工程放水前检查验收；广陵新砂滩水利血防及古运河瓜洲运河、治淮施桥港闸站等4个项目完工验收。

工程质量和安全监管。注重参建单位质量和安全行为监督。加强事前预防，宣传、贯彻强制性条文等规范文件；事中及时跟踪检查，整改落实质量、安全问题和隐患。在建水利建设工程进行质量工作考核和安全生产检查，提高质量和安全生产管理水平。全市在建水利工程质量和安全生产处于可控状态。工程验收环节，推行安全监督报告制度。

加强工程施工图设计审查。审查项目施工图科学性、规范性，提高施工图质量。全年组织宝应县射阳河治理工程和宝应地涵工程的施工图设计审查。

开展水利工程稽察。聘请专家和检测单位等查找工程建设管理问题和经验，提高工程建设管理水平。配合省水利厅对高邮北澄子河上段治理工程和射阳河整治工程进行稽察，配合国家发展和改革委员会专项稽察2014-2015年度治淮工程项目。

加强文明工地建设。仪征套闸除险加固工程、治淮新民滩切滩六标等2个项目创成省级文明工地。扬州闸加固工程、治淮新民滩切滩六标等2个项目入围水利部淮河流域委员会部级文明工地。

规范市场准入管理。强化资质管理，加强对施工、监理和造价等资格审核和报批，严格市场准入。严格把关不符合申报条件企业独立申报水利资质或新增水利资质。受理各类建造师新增、变更、延续注册93人次，办理企业资质申报初始审核2家。 （基建处）

■**水利工程质量监督** 2015年，市水利局对扬州市平山堂取水泵站工程、古运河堤顶道路工程（沪陕高速—吴州大桥段）、古运河水土保持工程、扬州市唐子城护城河综合整治河道工程、邗江区白马湖沿湖洼地治理Ⅰ期续建工程、广陵区沙头小夹江水利血防工程、广陵区迎春河闸站翻扩建工程、高邮市北澄子河上段区域治理工程、镇扬河段六圩弯道9号丁坝下游江滩坍江应急护岸工程、润扬河西侧防汛道路改造工程（Ⅰ标）、润扬河西侧防汛道路改造工程（Ⅱ标）、射阳河整治工程扬州市境内（蔷薇河宝应段）工程、长江扬中河嘶马弯道（江都段）崩岸整治工程、南河下街区古运河消防取水平台工程、仪征市山头水库除险加固工程、仪征市魏井水库除险加固工程等16项工程开展质量监督。开展各项质量监督活动36次，发出工程质量监督通报8份，出具质量监督意见20份。

全年完成扬州市肉汀河征地拆迁安置实施方案补充完善项目、广陵区新砂滩血防工程、广陵区扇子圩血防工程、广陵区迎春河闸站翻扩建工程、平山堂取水泵站工程、古运河堤顶道路工程（沪陕高速—吴州大桥段）、沿山河防护工程应急修复工程、沿山河振兴桥工程、古运河水土保持工程、胥浦河整治工程（宁通公路段—铜山坝段）、胥浦河整治工程（胥浦节制闸—宁通公路段）、新泰安大桥接线工程等12项工程阶段、完（竣）工验收质量评定。

研究质量监督新模式，推行受监工程抽检制。2015年，市水利工程质量监督站委托检测单位对古运河水土保持工程、泰安大桥接线工程、迎春河闸站翻扩建工程、高邮北澄子河上段区域治理工程、白马湖沿湖洼地治理Ⅰ期续建工程等5个工程项目进行质量检测，委托江苏省水利建设工程质量检测站对平山堂取水泵站进行质量检测。 （质监站）

■**水生态文明城市建设** 2015年，《扬州市水生态文明建设总体规划（2014—2020）》编制完成，通过专家评审，市政府批复实施。《扬州市城市蓝线规划》通过专家评审。市委、市政府出台《关于市城市涉水管理职能调整工作的实施方案》。推广“河长制”。扬州市出台骨干河道、农村河道管护考核办法和市级财政奖补资金管理办法，全市49条省骨干河道、2360条县乡河道、3.26万个村庄河塘全部落实“河长”及管护队伍。落实《扬州市最严格水资源管理制度实施意见》《扬州市最严格水资源管理考核工作实施方案》，控制用水总量、控制用水效率、限制水功能区纳污控制指标。完成县级城市饮用水水源地达标建设。至2015年底，全市农村河道疏浚实现全覆盖。“九闸同开·活水润城”——主城区活水工程启用，大运河以西主城区实现活水全覆盖。规划建设宝应湖湿地、高邮马棚东湖湿地、仪征枣林湾、江都仙城、邗江区蜀冈、广陵“七河八岛”、宋夹城、三湾湿地、邵伯湖切滩、瓜洲泵站等10个生态中心。规划建设市级公园10处，建成4处。新增、恢复绿地，改善城市生态环境。发展水文化体系。编制《扬州市水文化发展规划》。保护瘦西湖等10个运河遗产点、里运河等6段河道，设置“大运河永久性会址”——京杭之心主题公园，保护水文化遗产。推进节水型社会建设。至2015年底，全市

创成省级节水型企业(单位)143家，省级节水型小区57个。（水生态办）

**■水政监察** 2015年，全市水政监察部门依法履行监察职能，开展河湖执法，严格长江河道采砂管理。汛前清障执法行动。重点检查长江、夹江，白马湖、高邮湖、邵伯湖、芒稻河、大运河及里下河的蓄滞洪区。禁止违法侵占河湖水域和水利工程设施行为，拆除违章搭建1800多平方米，清除行水障碍92处，清理种植0.56公顷，清除违章圈圩23.52公顷。邗江区完成仪扬河、七里河、友谊河、槐泗河等21处渔网渔簖清除。广陵区拆除3家砂石场。

开展水资源专项执法行动。7月、10月组织2次全市地下水资源专项执法检查，查处非法取水案件21件，封填浅层取水井58眼，立案查处5件。宝应县确定5月为地下水资源管理专项检查“突击月”，对全县177眼取用水井进行复查，责令11眼地下水井计量设施有问题的用水户限期整改，要求14个有信号传输障碍的监测点限期维修到位，封填5眼深层地下水井，取缔25眼违规浅层地下水井；仪征市对全市64家取水户严格管理，做到取水计量设施运转正常，取水台账完整详实，水井标志牌明显；高邮市加大执法巡查力度，检查95眼取水井、10处地表水取水口，现场补发水源标志牌34块，对14户取水计量设施不能正常运行的单位限期改正到位，补发毁损、缺失水源标志牌4块，新装、更换计量设施20件(套)；邗江区审验取水许可证47份，为到期取水户换发取水许可证16份，完成20个遥测站点工程建设，其中水位监测站点4个、流量监测站点16个；江都区依法查处非法取水案件13件，对姐妹洗车行等9家非法取用水单位现场拆除取水设施。开展水行政执法“推进月”专项活动。其间，全市出动巡查人员1500多人次，查处或纠正各类水事案件21件，立案查处水事案件6件；清除违法建筑物900多平方米。

强化执法巡查。扬州市水政监督支队加强长江沿线非法建设项目巡查，制止扬州经济技术开发区沿江范围内的违建项目2个，纠正违法行为10件。高邮市落实水政执法巡查区域责任制，制定巡查方案及计划，增加工业集中区、集镇河道等水事违法行为易发区域巡查频率。广陵区制定《广陵区水利局水利工程联合巡查制度》，整合工程管理、堤防所等管护力量，加大巡查密度。

严格长江采砂管理。全年扬州市水政监察支队先后组织沿江市(区)进行12次区域集中打击活动。联合长江航运公安局南京分局仪征派出所、水上公安分局滨江派出所、国家海事等部门出动执法艇767航次、执法车1041辆次、执法人员3784人次，抓获非法采、运砂船10艘次，其中扬州市水政监察支队查处非法停泊采砂船案件2件。（水政监）

**■平山堂取水泵站正式试通水** 6月30日，扬州市平山堂取水泵站工程正式试通水。该工程2014年9月9日开工，2015年6月26日通过水下阶段验收，所有水下工程全部完成。泵站安装4台立式轴流泵，设计流量10立方米/秒。瘦西湖活水通过泵站引入沿山河，打通东部水系与西部水系，改善河道水质，解决明月湖、新城河、念四河、宝带河、荷花池、四望亭河、引潮河、幸福河、童套河的自流活水。平山堂取水泵站为瘦西湖补充水源，12～16天时间内对污水区域河道换水1次。惠及大学路以西、沿山河以南、扬溧高速以东、仪扬河以北约80平方千米范围，总人口30多万人区域河网水面，改善城市中、西区域人居环境。（隋　丽）

**■主城区活水工程启用** 9月29日，“九闸同开·活水润城”——主城区活水工程正式竣工启用，市委书记谢正义、市长朱民阳、市政协主席洪锦华、市人大常委会副主任陈卫庆共同按动工程启用水晶球。扬州闸、黄金坝闸站、平山堂泵站等城区9个闸同时开闸，古运河以西主城区90平方千米范围内，全长140千米的35条河流实现活水全覆盖。该工程通过扬州闸引进扬州城区的源头活水——高邮湖、邵伯湖水进入古运河，古运河保持活水长流，分东部水系、中部水系、西部水系等3大区域，通过节点控制工程进行活水调度。（隋　丽）

**■扬州市首家农民用水服务专业合作社成立** 11月27日，扬州市首家由管水员和用田大户自主组建的邗江区湖滨农民用水服务专业合作社在公道镇湖滨村揭牌成立。该合作社由湖滨村的13名管水员和3名种植大户组建，主要职责为灌溉排水、抗旱排涝、农田水利建设、管护及涉农用水服务。（隋　丽）

## 水利工程建设

**■淮河入江水道整治工程** 淮河入江水道整治工程扬州计划投资22亿元，总工期45个月，2011年9月正式开工建设。工程设计行洪流量1.20立方米/秒，主要建设内容包括新民滩、邵伯湖滩群等切滩工程，运河西堤、湖西大堤等堤防加固工程，高邮湖控制线毛港漫水闸等70座建筑物拆建、加固工程及192千米防汛道路和管理、水文设施等。2015年，淮河入江水道整治工程按工程序时

万福闸改造提升工程是淮河入江水道建设的重点工程
沈扬生、何叶锋/摄

**2015年扬州市水利工程建设重点项目一览表**

表27-1

| 类　别 | 项　目　名　称 |
|---|---|
| 流域项目 | 淮河入江水道整治 |
| | 镇扬河段六圩弯道应急工程 |
| 中小河流治理 | 仪征泗源沟二期工程 |
| 区域治理 | 高邮北澄子河上段 |
| | 古运河束窄段整治工程 |
| | 宝应射阳河扬州境内工程 |
| | 江都红旗河(反修河—波庄河段)整治工程 |
| | 宝应向阳河上段整治工程 |
| 大中型水闸 | 高邮向阳闸 |
| | 大官桥漫水闸 |
| | 高邮新港闸 |
| | 宝应地涵 |
| 水利血防 | 广陵新砂滩群及扇子圩河口水利血防工程 |
| | 广陵沙头小夹江血防工程 |
| 重大涉水城建项目 | 平山堂站新建 |
| | 扬州闸改建 |
| | 黄金坝闸扩建 |
| | 瓜州外排泵站 |
| | 江阳路节制闸建设 |
| 省补市县项目 | 广陵迎春河闸站工程 |
| | 广陵汤汪河道整治 |
| 病险水库加固 | 仪征龙山水库、山头水库除险加固工程 |
| | 省小型水库防汛道路完善工程 |
| 省级防汛应急、工程维修项目 | 流域性、区域性水利工程防汛应急项目 |
| | 流域性、区域性水利工程维修项目 |
| 农村水利 | 农村河道疏浚整治工程 |
| | 中央财政小型农田水利重点县建设(宝应、高邮、江都、邗江、广陵) |
| 农村水利 | 高邮农业水价综合改革试点 |
| | 高邮2014年新增千亿斤粮食产能规划田间工程项目 |
| | 仪征农业综合开发月塘中型灌区节水配套改造项目 |
| | 高邮中小河流治理重点县工程 |
| | 邗江杨庙双庙冲小流域综合整治水土保持项目 |
| | 中央统筹土地出让农田水利建设资金 |
| | 地方农村水利建设 |
| 地方自办水利(水务)工程 | 宝应城区中沟河景观工程 |
| | 宝应新城一纵河景观工程 |
| | 宝应宝射河南岸景观工程 |
| | 宝应2014年度京杭运河航道整治 |
| | 宝应窑河、城市河整治 |
| | 宝应二里排河西段景观绿化工程 |
| | 高邮东门大沟下段整治工程 |
| | 高邮南澄子河综合整治 |
| | 高邮污水管网铺设 |
| | 江都张纲河(长生桥—宁通高速)治理工程 |
| | 江都灰粪港西段 |
| | 江都2015年度骨干河道桥梁改造 |
| | 江都里下河圩堤加固 |
| | 仪征潘家河活水泵站工程 |
| | 仪征自来水厂二期工程 |
| | 广陵新城朱家河闸拆建工程 |
| | 瘦西湖景区清淤疏浚 |
| | 生态科技新城排涝泵站建设 |
| | 扬州经济技术开发区二桥河闸站工程 |

(徐冬蓓)

进度推进，开展工程质量、安全等建设管理。克服渔民阻工和征迁矛盾影响，主体工程基本完成，切滩工程的水下方工程全面扫尾。防汛道路及高邮新老王港漫水闸工程设计变更调整通过水利部审查。全年工程完成投资8000万元。至2015年底，工程累计完成投资20亿元，占工程总投资的91%。 (基建处)

**长江治理工程** 2015年，长江镇扬河段六圩弯道9号丁坝下段江滩坍江应急护岸工程实施抛石护岸加固工程。工程由抛石护坎和水下平顺抛石护岸组成。护坎面积1.51万平方米，块石量9075立方米；水下平顺护岸抛护面积4.52万平方米，块石量4.12万立方米。至年底，工程完工，总投资784万元。 (基建处)

**病险水闸加固工程** 高邮市新港漫水闸位于高邮湖新民滩河港上，介于高邮湖和邵伯湖间，是淮河入江水道高邮湖控制线7座控制建筑物之一，主要功能为蓄水灌溉和行洪排涝。高邮市新港漫水闸除险加固工程实施拆除老闸、新建新港漫水闸。闸室采用钢筋混凝土开敞式U型结构，共20孔，单孔净宽6米，上下游引河边坡均采用C20灌砌块石防护，闸室安装升卧式平面钢闸门，滚轮行走支承，共20扇，配卷扬式启闭机20台(套)。11月开工，工程计划总投资2461万元。2015年年内工程完成投资800万元。（基建处）

■**区域治理工程** 高邮市北澄子河上段区域治理工程疏浚河道2350米，拆建河道两侧挡墙2870米，拆建老横泾河箱涵和钓鱼桥及水土保持等；工程总投资2914万元，2015年工程全部完成。射阳河整治扬州市境内(蔷薇河宝应段)工程退(新)建堤防1.8千米，赔建镇区蔷薇河公路桥1座(镇南桥)等；工程招投标工作3月完成，4月30日正式开工，2015年累计完成投资6896万元。宝应向阳河上段整治工程批复总投资7928万元，包括河道疏浚28.37千米、堤防加固19.7千米、护岸工程6.72千米、拆建跨河桥梁16座及沿线建筑物27座等；工程7月开标结束，2015年累计完成投资3000万元。古运河束窄段整治工程批复总投资3198万元，包括拓浚八里镇区700米河道、新建两岸1.23千米钢筋混凝土挡墙护岸，新(拆)建0.26千米钢筋混凝土防洪墙，疏浚3.7千米河道及赔建沿线码头2座等配套建筑物；工程12月完成招标，施工单位进场施工。（基建处）

## 农村水利

■**概述** 2015年，扬州市农村水利建设完成投资7亿元。完成土方5100万立方米，配套小沟及以上建筑物8500座，新建防渗渠道371千米，新增有效灌溉面积2000公顷，新增旱涝保收农田面积6700公顷，新增节水灌溉面积8000公顷，治理水土流失面积15平方千米。至2015年底，全市累计建成有效灌溉面积25.20万公顷，旱涝保收田面积22.67万公顷，节水灌溉工程控制面积14.41万公顷，高效节水灌溉工程面积0.88万公顷，农田灌溉水有效利用系数0.606。

全市加强乡镇水利(务)站建设，全市70个乡镇水利(务)站均属县级水行政主管部门派出机构。全市注册成立农民用水合作组织91个，其中农民用水合作社3个、农民用水户协会88个。农民用水合作组织涵盖所有大中型灌区，管理面积占全市耕地面积的24%。（农水处）

■**农村河道疏浚整治工程** 2015年，全市农村河道疏浚整治实现全覆盖。完成投资3.5亿元，完成疏浚土方3318万立方米，其中县乡河道土方1310万立方米、村庄河塘土方2008万立方米。农村河道全部实行“河长制”管理。（农水处）

■**小型农田水利重点县工程** 2015年，全市完成宝应、高邮、江都、邗江、广陵等6个小型农田水利重点县项目，总投资2.01亿元，其中中央投资6600万元、省投资6228万元、市级投资776万元、县乡财政6533万元。新建、改造灌排泵站349座，防渗渠道衬砌210千米，配套渠系建筑物9653座。（农水处）

■**千亿斤粮食田间工程项目** 2015年，高邮实施千亿斤粮食产能规划田间工程(灌区末级渠系)建设项目，投资1500万元，新建防渗渠道34千米，改造泵站、涵闸等10座。完善项目区灌排体系，提高渠系水有效利用率，节约水资源。（农水处）

■**水土保持工程** 全市完成邗江杨庙冲小流域水土流失治理项目，总投资501万元，其中省级以上投资300万元。实施沟道、塘坝疏浚，渠道衬砌，新建滚水坝和涵闸等小型水工建筑物、绿化混凝土生态护坡、种植水保林等，综合治理水土流失面积15.2平方千米。（农水处）

## 防汛防旱

■**落实防汛防旱责任制** 2015年，各县(市、区)调整、充实防汛防旱指挥部(简称防指)成员，乡镇、村全部建立防汛组织网络。市、各县(市、区)政府与有关部门、单位层层签订防汛防旱工作责任状，明确任务、责任。5月7日，市政府召开全市防汛防旱工作会议，部署全市防汛防旱工作。市防指在《扬州日报》公布全市大江大河、各类水库和10万立方米以上重点塘坝防汛行政责任人和技术责任人名单，向县(市、区)级防汛行政责任人发出责任告知信，落实防汛防旱责任制。6月9日，全市防汛防涝工作进入实战阶段，市政府召开全市防汛防涝工作会议，部署防汛防涝。市、县党委、政府重视防洪排涝和送水安全，加强指挥，保证防汛抗旱有序开展。（防 办）

■**汛前准备** 年初，扬州市组织开展汛前大检查，排查水利工程、城市防洪排涝工程安全隐患、在建涉水工程度汛隐患、河湖违章设施等，落实除险加固方案和安全度汛措施。争取国家级和省级经费4000多万元，完成江都区夹江姚港闸下游段防护应急处理等50个防汛急办、度汛应急项目，消除工程安全隐患。5月，市防指派出7个检查组对全市各地防汛防旱工作准备情况进行督查。落实应急保障。修订、完善预案，沿江各地对长江水下地形进行测量分析，掌握长江河势变化情况；重视防汛抢险物资储备，市、县分级落实防汛块石、“三袋”(沙袋、草袋、编织袋)、木材、土工布及柴油、钢管等防汛物资；各地组建各类防汛抢险队伍1123支4.83万人。6月3日，市防指联合扬州军分区在高邮湖新民滩举行军地抗洪抢险实战演练，提高队伍快速集结和实战能力。加强涉河项目管理。市防指进行涉河建设项目安全检查，确保在建涉水工程安全度汛。专项检查城区河道阻水坝埂、廖家沟新万福路大桥、新城河路节制闸和古运河扬州闸拆建等涉河在建工程，明确度汛措施，确保度汛安全。拆除金湾闸上游河道内围网箱，拆除网箱面积2.60万平方米，确保淮河入江水道安全行洪。（防 办）

■**防汛排涝** 启动应急响应。汛期，启动应急响应20天，其中Ⅱ级响应6天、Ⅲ级响应4天、Ⅳ级响应10

天。全市派出5个市级工作组、29个县级工作组赴现场督查防汛各项工作措施落实情况，指导防汛排涝。各地、各部门按照防汛及防台风应急预案要求，做好防御工作，确保人民生命财产安全。科学调度抢排涝水。市防指关注雨情、水情、汛情变化，调度润扬河闸、瓜洲闸、泗源沟闸等涵闸，抢长江低潮排水，提前预降城区内河水位，为暴雨增加调蓄库容。汛期，润扬河闸开闸13天，排水6281万立方米；泗源沟闸开闸64天，排水1.05亿立方米；瓜洲闸开闸149天，排水2.94亿立方米。组织里下河地区和沿江地区开启排涝机泵和架设临时机泵，抢排涝水。加强值守巡查。加强长江、淮河入江水道、里下河圩堤防、涵闸和水库塘坝巡查，加强沿线薄弱堤段、险工患段巡查；对沿线闸站工程运用严格控制，病险涵闸落实人员防守；对长江及归江河道易坍地段加强水下监测，发现问题及时采取应急措施。严格落实24小时防汛值班，保证防汛信息畅通。

（防　办）

**■处置长江坍江险情**　5月25—31日，受长江大通流量持续加大水流冲刷影响，长江嘶马弯道东一坝及下游发生坍江险情，东西坍长约60米，南北坍宽约20米，坍塌面积1350平方米。市防指现场部署开展应急抛石抢护，累计抛护总面积1.05万平方米，抛石量1.29万立方米，有效控制坍情、稳定河势，确保长江防洪安全。

（防　办）

**■2015年扬州市军地抗洪抢险实战演练**　6月3日，由扬州军分区、扬州市水利局、高邮市人民政府主办，扬州市淮河入江水道整治工程建设处、高邮市人武部、高邮市水利局承办的2015年扬州市军地抗洪抢险实战演练在高邮湖新民滩过水区域举行。市防指成员、市水利局、各县（市、区）防指有关负责人参加活动。参加演练的高邮市民兵应急连现场模拟郭集大圩、菱塘大圩部分圩堤和河道等处遇到险情时，进行"巡堤与堤防险情探查""处理堤防漏洞与构筑月堤""构筑防浪墙""固定滑坡""转移群众""抢救落水群众及救护"等抢险救灾科目的演练。

（隋　丽）

**■广陵区建成扬州首个标准化防汛块石储备基地**　8月，省防汛防旱指挥部办公室（简称省防办）决定在广陵区储备2万吨省级防汛块石。12月16日，扬州市首个标准化防汛块石储备点通过省防办组织的完工验收。新建成的标准化防汛块石储备基地位于广陵区头桥镇夹江大桥南侧100米，总面积约4800米（长120米、宽40米），场地采用C25混凝土基础，现场配备吊机和水运码头等设施，对块石进行全封闭处理，设立警示标志标牌。（隋　丽）

## 水利工程管理

**■小型水利工程管理体制改革**　市水利局联合市财政局制定《扬州市小型水利工程管理体制改革实施方案》，成立深化小型水利工程管理体制改革领导小组，指导推进改革工作全面展开，2015年，高邮市完成小型水利工程管理体制改革，仪征市完成小水库专项管理体制改革试点总结验收。理顺试点县（市）小型水利工程管理权限，落实管理人员和专项经费，明确管理职责，健全管理养护制度。（工管处）

**■涉河项目管理**　完善涉河项目审查、审批制度，优化行政许可程序，规范审查审批流程，提高审批效率。对各类涉河建设项目提前介入，提供服务，确保项目建设合理性。建立部门联动机制，征求规划、交通等部门水利意见，完善规划设计方案。推进洪水影响评价制度，执行《江苏省建设项目占用水域管理办法》，落实补偿措施。加强与县（市、区）水行政主管部门、基层水管单位和相关处室联动，严格建设方案技术审查。审核施工方案，加强过程巡查，发现问题及时处理。把好专项验收关，组织涉水专项验收，确保工程项目符合批复要求。对长江、中小型水库管理范围内开发利用项目开展现场核查，摸清现状。配合完成长江、淮河等流域性重点河湖岸线规划修订。

（工管处）

**■河湖工程管理范围划界确权**　2015年，市水利局成立河湖和水利工程管理范围划定工作领导小组，部署河湖工程管理范围划定。市政府办公室印发《关于开展河湖和水利工程管理范围划定工作的通知》。开展全市河湖与水利工程管理范围和保护范围调查摸底。7月，省级试点高邮市完成实施方案编制，通过省级符合性审查及县级人民政府批复，完成试点河道澄潼河长23.5千米划界外业工作；江都区开展新通扬运河（仙女至宜陵段）长10千米河堤，5.6平方千米范围内划界及确权工作。组织各县（市、区）和市直管理单位落实技术支撑单位，实施方案编制进入修改完善阶段。与国土、财政等部门加强对接，推进管理范围划定。（工管处）

**■河道管理与保护**　开展河道长效管护。市水利局联合财政部门完成2015年度全市49条骨干河道和62座水库考核，考核结果全市通报。全

7月27日，新城河南段清淤工程启动。图为施工人员通过清淤船进行河道清淤　沈扬生/摄

年新增200多块“河长制”公告牌。城市河道管理。2015年，城市涉水管理职能调整，扬州市涵闸河道管理处划归市水利局管理。加大换水力度，确保水体质量。解决瘦西湖引水总站、黄金坝泵站开机抽水与内河各闸开闸门关系，全年开机2.31万台时，换水1.59亿立方米。9月，黄金坝闸站扩建工程和新城河江阳路节制闸工程竣工。严格“四定一包”（定人、定岗、定河道，包环境卫生和设施完好），做好河道保洁。管理所每天2次对河道水面、水质、水位、河坡、小道、桥涵、平台、风光带等进行巡查，全年组织4800人次，累计清理河道、岸坡、小道、绿化带等管理范围内的生活建筑垃圾1802立方米；组织5840船次，累计打捞河面漂浮物4020立方米。（工管处 涵闸处）

**■湖泊管理与保护** 推进湖泊管理保护。加强里下河地区湖泊湖荡管理范围内新建太阳能光伏发电项目监管和服务；组织县（市、区）湖泊管理机构联合水政、乡镇水利站技术力量，建立巡查执法机制，加强河湖巡查、监管，保证河湖功能安全完好。加强占用水域管理。推进湖区管理与保护信息系统建设，做好河湖“蓝线”管理、水域占用等效补偿等河湖管理与保护相关制度执行情况监督检查，配合开展省管湖泊遥感监测及省水利厅部署的流域性河道监测任务。（工管处）

**■水利工程规范化管理** 2015年，市水利局推进小型水库规范化管理，组织省、市专家对小水库现场指导，帮助管理单位掌握创建标准和要求，提升小型水库规范化管理水平。仪征市石桥、姚庄、张良和红旗等4座小水库通过省级小型水库规范化管理验收。提升水利工程规范化管理水平，对全市水管单位定期开展管理考核，组织具备条件的单位创建省级水管单位，加大工程投入，加强工程维修养护，强化技术管理。建设水利风景区，各地利用现有水利资源、景观资源、人文资源和生态环境，开展水利风景区建设与管理。（工管处）

**■水利工程安全管理** 规范维修养护项目管理。加强省级维修养护项目申报指导，强化维修项目实施监管，做好实施方案审查，组织项目验收，发挥资金使用效益。强化工程技术管理。加强水利工程检查观测，做好观测资料收集、整编与分析。严格执行工程设备评级制度，规范水闸安全鉴定，对病险涵闸站开展安全鉴定。加大白蚁危害防治力度。春秋两季开展流域性堤防白蚁普查和防治，处理危害严重堤段。全年完成12座小水库白蚁防治工作达控复查验收。落实专项经费，定期开展长江、归江河道等流域区域性河道河势监测。（工管处）

## 水资源管理

**■水总量控制** 开展规划水资源论证，编制完成《扬州市水资源保护规划》《扬州市入河排污口整治规划》，扬州市及各县（市、区）《地下水压采方案》经市政府批复实施。控制区域用水总量。分解下达县（市、区）用水总量控制指标和年度用水计划，下发《扬州市最严格水资源管理实施意见》，落实管理措施，按月报送统计报表，加强监督检查。实施取水许可。按照查勘—论证—审批—试运行—验收—发证程序，强化取水许可管理，建立区域禁批、限批制度，严格依法办理。2015年取水许可台账录入率100%。水资源费征收、使用和管理。出台市及所辖县（市）水资源费调价文件，规范、足额征收水资源费，2015年全市完成水资源费征收5760.56万元，完成年度征收任务的115%，比上年多征收365.82万元。地下水管理与保护。开展地下水专项检查和执法活动。实行地下水水量与水位双控制度，做好地下水动态观测，对全市75眼深层地下水井进行水位观测，15眼深层地下水井进行水质监测，并进行统计分析，定量描述全市地下水位、水量动态变化特征，对全市地下水水质进行综合评价，为地下水资源保护和开发利用提供依据。规范、实施地下水压采，全年封井226眼，减少全市地下水开采量，水位普遍回升，确保区域地下水水质和沿线重大建筑物安全。水资源调度。2015年，市政府出台涉水职能调整方案，理顺城区防洪、河道、节水管理体制，完善水资源管理体制。制定和完善水资源调度方案、应急调度预案、调度计划。市区实施黄金坝、平山堂补水泵站和沿线河道疏浚整治建设，实现主城区活水全覆盖。高邮市、仪征市建设城区调水活水工程，改善水环境质量。（水政处）

**■用水效率控制** 加强节约用水管理。2015年，全市完成省、市级节水型社会建设目标任务，仪征市完成省级节水型社会示范区建设，通过省级考核验收。高邮市完成年度水价改革试点任务。至2015年底，市区及各县（市、区）基本实行阶梯水价制度，各县（市、区）实行非农业用水超计划累进加价制度。高耗水行业纳入禁止和限制发展产业名录，推进农业节水灌溉工程建设，节水灌溉面积占灌溉面积的68%以上。用水定额管理。落实省公布用水定额，制定扬州市用水定额，落实节水“三同时”（同时设计、同时施工、同时投产）制度，基础建设施工临时用水管理纳入整个计划用水管理体系，建设项目节约用水方案审核与图纸审查结合。确保所有新建项目用水计量一次性到位。计划用水管理，自备水源和公共供水用水户计划用水率95%以上，发布重点用水单位名录，建立健全用水户台账，开展重点企业用水对标达标活动。推进节水技术改造。实施城市供水管网改造，城市管网漏损率低于13%，完成省下达载体创建任务，创成省级节水型社区7个、省级节水型企业（单位）9家、省级节水型学校6所，市级节水型学校29所、市级节水型单位9家，对2012年命名的59家节水型载体进行复查，复查总体情况良好；润扬河工程管理处申报省级教育基地创建单位，水生态文明展示馆完成工程招标进入施工阶段。完成省、市级节水技改示范项目14个及3家企业水平衡测试。公共机构节水型单位建成率60%，规模以上工业企业节水型企业建成率70%。非常规水资源利用。市行政区域内所有新建、改建、扩建工程(含各类建筑物、广场、停车场等)规划用地面积2万平方米以上的新建建筑物均配套建设雨水收集利用系统。2015年,全市受理审核节水方案43项,下达基础建设用水计划16个,验收建设项目70个,其中配套建设雨水收集利用项目46个,总投资4165万元,建成存储量1.51万立方米,形成18万吨年节水能力。 (水政处)

**■水功能区纳污控制** 落实水功能区限制纳污红线,建立、完善水功能区分类管理制度,执行水功能区纳污总量和达标排放双控制度。1月13日,扬州市七届人大四次会议通过《关于切实加强全市水环境保护和大气污染防治的决议》(简称《决议》),《决议》包括严格保护地表水环境、严格控制与处理污水、严格管理饮用水源地等3个方面10个分项,明确地方政府和相关部门水环境保护职责分工,强化跟踪督查。市水利局落实《决议》,加强水功能区管理,编制完成《扬州市水功能区划》并经市政府批复实施,对沿山河、润扬河等28条骨干河流和12个重要水库进行水功能区划,划分水功能区40个,全市水域管理面积覆盖率从75%提升到80%以上。强化水功能区监测,水功能区监测实现全覆盖,提出全市重点水功能区限制纳污总量意见,提交同级环保部门。开展县、乡河道疏浚和城市黑臭河道整治,改善城乡水环境。落实《入河排污口监督管理办法》,严格入河湖排污口设置审批,实施排污口整治工程,加强排污口整治与监管。强化对开发园区和工业园集中区污染专项整治,开展城市污水截流、雨污分流工程建设,提高城镇生活污水收集率、污水处理能力及出水水质标准,联合扬州大学开展重点河湖水质调查及取样分析,完成扬州市水利科技项目《河湖健康评估报告》。 (水政处)

**■水资源保护治理** 加强饮用水水源地保护。推进饮用水水源地达标建设,督查各县(市、区)完成集中式饮用水水源地安全保障方案和备用水源地建设。完成高邮市里运河、江都区高水河、江都区三江营、广陵区廖家沟饮用水水源地达标建设任务,地方政府专项申请省级验收。高邮市大运河饮用水水源地完成投资890万元;江都区高水河、三江营饮用水水源地完成投资1099万元,其中高水河636万元、三江营463万元;长江入江水道廖家沟水源地完成投资1.67亿元。加强水源地水质监测和周边污染源监察,加大县(市、区)饮用水源地综合整治,建立、完善饮用水源地突发事件应急预案,强化饮用水源地风险防范和突发性水污染事件应急处置能力。推进应急备用水源地建设,高邮湖、潼河备用水源地完成建设,仪征月塘水库备用水源地基本建成,规划宝应湖备用水源地。农村面源污染控制。加强秸秆焚烧和垃圾入河管理,开展农村沼气及废弃物农田利用和农村生活垃圾、污水集中收集处理,开展规模化养殖水循环利用技术研究和农作物绿色生产示范等,控制农村面源污染。加强生态保护。加强高邮湖、长江扬州段、白马湖、宝应湖、邵伯湖、射阳湖等6处国家级水产种质资源保护区日常维护,恢复保护生态湿地、生物多样性及湿地自然保护区建设,维护河湖健康生命。落实七河八岛"四禁一控"要求,保护归江河道、南水北调清水通道生态功能。加强河湖治理。全年完成疏浚县乡河道200条480千米,整治村庄河塘5031个。全市农村河道整治实现全覆盖。4个乡镇、30个乡村创成省级"水美乡镇""水美乡村"。仪征移民安置村创成全省"美丽库区、幸福家园"示范点。 (水政处)

**■节水工作** 2015年,市水利局受理、审核节水"三同时"方案43项;下达基础建设用水计划16个;验收"三同时"建设项目70个(其中配套建设雨水收集利用项目46个),总投资4165万元,建成1.51万立方米存储量,形成18万吨年节水能力。全市创成省级节水型社会示范区(仪征市)1个、省级节水型社区7个、省级节水型企业(单位)9家、省级节水型学校6所,市级节水型学校29所、市级节水型单位9家。完成省、市级节水技改示范项目14个及3家企业水平衡测试;完成2012年命名的59家省级节水型载体复查,54家通过复查。加快节水型社会建设,推进水生态文明城市建设,督促学校、社区、企(事)业、单位建立节水奖惩激励机制,全年省、市本级财政预算内各项节水补助资金74万元。全市万元工业增加值用水量10.43立方米,比上年下降5.2%;万元地区生产总值用水量98.65立方米,下降6%;工业用水重复利用率85.8%;节水器具普及率95%以上;市区用水大户按3年加权平均及定额方式下达年度用水计划,自备水用水计划下达率100%,公共供水计划下达率91%以上。利用"世界水日""中国水周""全国城市节水宣传周"宣传节水,设置宣传咨询台,走进校园、社区、企业、机关、乡村开展宣传活动,提高群众节水意识和水忧患意识。市水利局与江苏省水资源勘测局扬州分局合作,编制完成《扬州市区地下水资源调查评价报告》,通过专家验收审查。编制《扬州市节水管理系统(一期)建设方案》,上报市经济和信息化委员会组织技术评审。 (节水办)

# 科学技术 社会科学

Kexue Jishu Shehui Kexue

编 辑 陈永华

## 综述

■**概况** 2015年，扬州市实施“科教合作新长征”和“科技产业合作远征”计划，签订校企产学研合作协议669项，落户校企研创中心56个。科技创新助推产业转型升级，组织实施110项产业关键共性技术攻关和92项投资5000万元以上的重大科技成果转化项目，新开发高新技术产品1509个，获批省高新技术产品838个，列全省第四名。民营科技型企业达8931家。22个科技产业综合体建成309万平方米，投入使用219.5万平方米，其中产业用房190.5万平方米，累计入驻企业741家，实现年销售收入50亿元。新增西安交通大学扬州科技创业园、江苏红旗光电科技创业园等2家省级科技企业孵化器。30家众创空间启动建设，投入使用面积15.5万平方米；吸引345家创业企业入驻，其中14家获批省级众创空间。省级以上“三站三中心”（博士后科研工作站、院士工作站、研究生工作站，工程技术研究中心、企业技术中心、工程研究中心）462家。新增科技服务业机构246家，累计1926家，4家企业入选江苏省科技服务业“百强”机构，科技服务业总收入60.28亿元，比上年增长15%。新增高新技术企业116家，累计640家，全市高新技术企业实现高新技术产业产值4922.52亿元，增长10.1%，占规模以上工业总产值的44.5%。阿尼信息、智途、精湛光电、华富储能等29家企业在全国中小企业股份转让系统（“新三板”）挂牌，累计有32家科技型企业实现挂牌（上市）。全年新立项国家级科研课题11类159个项目，省级科研课题29类298个项目，市级科研课题15类194个项目，获国家科学技术奖1个、省科学技术奖17个。全市专利申请2.48万件（其中发明专利申请5771件），增长9.27%；专利授权1.39万件（其中发明专利授权754件），增长17.8%。全市新增国家级博士后工作站10家。引进高层次领军人才188人、产业急需的专业技术人才1631人。入选省创新团队2个、创新人才28人和省“双创博士”（省高层次创新创业人才引进计划的三大人才项目之一）83人。59人获批省“科技副总（企业创新岗）”特聘专家，17人入围“双创计划”（省高层次创新创业人才引进计划）企业博士后人才，数量均列全省第一名。扬州高新技术产业开发区升级为国家级高新技术产业开发区，扬州农业科技园获批国家级农业科技园，扬州大学科技园获批省级大学科技园。仪征市获批省创新型试点县（市、区），高邮市汤庄镇、仪征市马集镇获批省创新型试点乡镇。

2015年，扬州市气象局发布决策服务材料120期，服务短信1.68万多条次。加强公众气象服务，成立“市民气象观测联盟”；通过多媒体、微信、微博等方式发布气象信息，提供气象精细化预报服务。开展“三农”（农村、农业、农民）气象服务，指导农民防灾减灾，为涉农部门及种养殖大户发布农业气象服务材料112期。5个县（市、区）气象局的中央财政“三农”气象服务专项建设项目通过江苏省气象局验收。高邮市龙虬镇、宝应县柳堡镇、江都区邵伯镇成为全国“标准化气象灾害防御乡镇”，高邮市界首镇成为全省“标准化气象灾害防御乡镇”。完善环境气象业务，全年发布大雾预警信号16次、霾预警信号6次；联合扬州市环保局对公众发布未来24小时扬州空气质量等级（AQI）预报和重污染天气预警，推进县级重污染天气预报预警和空气质量预报发布工作。提升气象基础业务质量，晴雨预报准确率90.5%，台风、暴雨、高温、大风等灾害性天气24小时预报准确率87.6%。履行政府管理职能，规范行政权力，深化行政审批制度和中介技术改革。做好全市防雷安全工作的检查、指导和整改督查等工作，联合安监、交通等部门开展防雷安全专项检查。推进气象现代化建设，现代化指标进程综合评分83.7分。完善气象灾害防御机制，修订《扬州市气象灾害应急预案》，开展扬州市突发事件预警信息发布平台建设。

2015年，扬州市地震局加强台站管理，提升监测预报能力，全市地震监测台网观测运行率99%；创新审批思路，转变审批方式，打造科学震害防御管理平台，建设工程开展地震安全性评价，进行抗震设防，加强对辖区内地震安全性评价项目跟踪督查，实施城市地震活断层探测工程；丰富宣传载体，扩大防震减灾科普知识受众面，开展防震减灾法律法规和地震科普知识宣传教育，“进机关、

水文监测技术人员监测河道水情，进行数据分析 周 晗/摄

进社区、进家庭、进学校、进企业、进农村”普及防震减灾知识；开展新一轮地震应急预案修订，完善扬州市地震局、各县（市、区）人民政府地震应急预案及地震应急管理制度，指导县（市、区）政府层面开展地震应急演练，社区、学校、企业开展地震应急演练，推进乡镇（街道）应急演练全覆盖；开展地震安全示范社区和科普示范学校创建。

2015年，扬州水文分局编制扬州市水资源公报、扬州市地下水监测年报、扬州市各县（市、区）地下水压采方案、扬州市水资源保护规划、仪征市节水型社会建设规划等报告，编制高水河江都水源地、长江三江营江都水源地达标建设方案。通过扬州市境内水文站网对江河、湖泊、渠道、水库水位、流量、水质、水温、水下地形和地下水资源及降水量、蒸发量、风暴潮等实施监测、分析与计算，为开发、利用、节约、保护水资源和防灾减灾提供服务。加强对南水北调输水干线、集中式饮用水水源地、水功能区、深层地下水、入河排污口及突发性水污染事故等水质监测。全年监测总站次2074次，获各类数据3.4万个，编制《扬州市水功能区水质通报》12期。

加强社会科学研究。扬州市哲学社会科学界联合会（简称市社科联）强化决策咨询服务，开展2015年度重大课题、2015年度《扬州蓝皮书》课题、2015年度市级社科重点课题等研究；开展学术活动，举办“学习习总书记纪念抗战胜利70周年重要讲话精神专家座谈会”“2015年扬州盐文化论坛”“‘一带一路’发展战略扬州调研会”等重大学术活动，联合南京、镇江社科联成立“宁镇扬智库联盟”；推进学会规范化建设，调研学会日常管理、内部建设及活动情况，推进和指导社科类学会按章办会、规范管理。

扬州市科学技术协会（简称市科协）督查《科学素质纲要》实施情况，规范、引导科普专项经费的管理和使用。开展市级“科普惠农兴村计划”项目、全市科普活动十佳社区、市级科普惠农服务站、市级科普教育基地、省级科普教育基地等评选活动。举办“科普宣传周”、“全国科普日”、扬州市第三届青少年机器人大赛、扬州市第五届青少年科技创新市长奖评选、扬州市青少年科技创新大赛、七巧科技竞赛、金钥匙科技竞赛、校园科技节等科普活动，开展科普志愿服务活动。宝应县创成全国科普示范县，高邮市、仪征市、江都区、广陵区创成省级科普示范县（市、区）；宝应县广洋湖镇等8个乡镇（街道）、广陵区树人苑社区等46个社区获扬州市星级科普示范乡镇（街道）、村（社区）命名，扬州市梅岭小学等5所学校创成省科学教育特色学校。 （余 宗）

**■创新型城市建设** 加强创新型城市建设领导小组成员单位间对接交流，建立联动协作机制，推进创新型试点县（市、区）、创新型试点乡镇建设，集聚创新资源，营造创新环境，健全创新体系，完善区域发展创新模式。出台《关于深入实施创新驱动战略加快创新型经济发展的实施意见》《关于做好全市科技服务业发展的意见》《关于支持扬州国家高新技术产业开发区加快发展的政策》等。

2015年，仪征市获批成为省创新型试点县（市、区），高邮市汤庄镇、仪征市马集镇获批成为省创新型试点乡镇。至2015年底，全市有邗江区、江都区、高邮市、广陵区、仪征市等5个省创新型试点县（市、区），15个省创新型试点乡镇。省统计局、省科技厅发布的2014年度全省各市“科技创新工程”监测结果显示：2014年度扬州科技创新水平指数为90.3，位列全省第七位；科技创新发展指数达89，位列全省第六位。

（葛羽丰）

**■扬州市获1项国家科技进步奖** 1月8日，2015年度国家科学技术奖励大会在北京人民大会堂举行，扬州大学教授吴进才参与完成的“长江中下游稻飞虱暴发机制及可持续防控技术”获国家科技进步二等奖。该获奖项目探明长江中下游褐飞虱后期突发、灰飞虱区域性暴发关键机制；揭示稻飞虱抗药性机理，创立高抗性早期检测与治理技术；创新监测防控技术，集成可持续防控技术规程。项目成果实施后，建立46个核心示范点，应邀参加农业部全国稻飞虱治理对策研讨、监测防控技术培训、丰产技术巡回指导等，每季稻减少用药，降低农药残留，保护生态环境，促进农业增效，农民增收。该技术列入农业部水稻重大病虫防控技术方案，通过开展技术试验示范、专题培训、秋粮丰产巡回指导等形式宣传推广，指导水稻生产，使稻飞虱防控效果提高到92%以上。 （杨 科）

**■扬州市获17项江苏省科学技术奖** 2015年，全市有17个项目获江苏省科学技术奖，其中一等奖2项、二等奖3项、三等奖12项，连续7年获奖项目数量超过15个。

获奖项目中，江苏东宝农化股份有限公司参与完成的“益生优良芽孢杆菌发酵关键技术研究开发与应用”项目，扬州市扬大康源乳业有限公司参与完成的“新型益生菌发酵乳制品的研究与开发”项目获江苏省科学技术奖一等奖。 （葛羽丰）

扬州市获2015年度江苏省科学技术奖项目情况表

表28-1

| 获奖等次 | 项目名称 | 主要完成单位 | 主要完成人 |
|---|---|---|---|
| 一等奖 | 益生优良芽孢杆菌发酵关键技术研究开发与应用 | 江苏东宝农化股份有限公司 | 孙红军 |
| 二等奖 | 新型益生菌发酵乳制品的研究与开发 | 扬州市扬大康源乳业有限公司 | 印伯星　房东升 |
| | 甲壳生物质资源生态高值利用关键技术开发与应用 | 扬州日兴生物科技股份有限公司 | 张　超　张　和　丁振中　戚善龙 |
| | 复杂动态网络的动力学分析:理论与方法 | 扬州大学 | 刘玉荣　王子栋　张文兵 |
| | 黄瓜生物技术育种研究及应用 | 扬州大学 | 陈学好　徐　强　齐晓花 |
| 三等奖 | 高效率低成本156多晶硅量产技术 | 晶澳(扬州)太阳能科技有限公司 | 宋锋兵　周艳方　苗　青　曾　云　刘志锋　王尚华　万　祥 |
| | 膜用母粒FG611产品的开发 | 中国石化仪征化纤有限责任公司 | 王树霞　桑育军　薛　斌　赵德军　戴钧明　李金平　司　虎 |
| | NH系列聚胺抑制剂的开发与应用 | 中国石油化工股份有限公司江苏油田分公司 | 睢文云 |
| | 面向大型工程的细水雾环境调节技术装备及应用 | 江苏博际喷雾系统有限公司 | |
| | 高压变电设备状态在线监测关键技术及应用 | 江苏国电南自海吉科技有限公司 | 唐　平　谢奇峰　贺　枫　李志军 |
| | DMT-500型双电伺服数控转塔冲床 | 江苏金方圆数控机床有限公司 | 吴宏祥　叶敬春　陈曙光　李　强　陈宏星　吕　振　芦　峰 |
| | CLB-2.5×1850数控飞摆剪横切线 | 江苏亚威机床股份有限公司 | 杨建军　罗亚夫　张冠军　潘恩海　朱　蔚　张　峰　于海飞 |
| | 高速高精度理瓶清洗检测包装自动化生产线 | 扬州润明轻工机械有限公司 | 刘君基　刘金治　何汝存 |
| | 地方鹅种多样性评价利用及高效低碳养殖模式创新应用 | 江苏省家禽科学研究所 | 李慧芳　汤青萍　束婧婷　章双杰　杨建生　徐文娟　宋　迟 |
| | 新型高效秸秆还田与能源化利用成套装备研发 | 扬州大学 | 张瑞宏　缪　宏　张剑峰　金亦富 |
| | 白羽肉鸡生产关键技术创新与应用 | 江苏省家禽科学研究所 | 王克华 |
| | 胃肠肿瘤的综合诊治及基础研究 | 苏北人民医院、扬州大学、扬州市妇幼保健院 | 王道荣　刘延庆　汤　东　陈　平　钱亚云　朱海杭 |

(葛羽丰)

**■扬州市科学技术奖评审奖励** 2015年,经扬州市科学技术奖评审委员会评审,"高转换率大尺寸倒装四结太阳能电池"和"LPS数控激光加工生产线"等2个项目获扬州市科技进步特等奖,"日处理1000吨大型化智能油脂精炼工艺及成套设备开发与应用"等10个项目获扬州市科技进步一等奖,"北斗双频、多频微带天线"等20个项目获扬州市科技进步二等奖,"有线电视设备运维信息云管控平台"等49个项目获扬州市科技进步三等奖;亚普汽车部件股份有限公司等5家企业获2015年度扬州市企业技术创新奖;与扬州万方电子技术有限责任公司合作的中国工程院院士杨士中等3人获2015年度扬州市科技合作贡献奖。 (葛羽丰)

**2015年度扬州市科学技术奖特等奖、一等奖、二等奖获奖项目情况表**

表28-2

| 获奖等次 | 项目名称 | 主要完成单位 | 主要完成人 |
|---|---|---|---|
| 特等奖 | 高转换率大尺寸倒装四结太阳能电池 | 扬州乾照光电有限公司 | 张　永　徐培强　李俊承　杨　凯　韩效亚　吴洪清　张双翔　姜　伟　蔡建九 |
| | LPS数控激光加工生产线 | 江苏金方圆数控机床有限公司 | 潘红卫　陈树明　何承义　周　庆　夏建斌　岳俊强　郑　东　刘爱伟　周志兵 |
| 一等奖 | 日处理1000吨大型化智能油脂精炼工艺及成套设备开发与应用 | 迈安德集团有限公司、江苏省油脂淀粉过程装备工程技术研究中心 | 荣　臻　周二晓　高文祥　杭　明　孙明奎　徐　静　吕艳飞　冯　威　李昌众 |
| | 高性能自主化多单元服务器 | 扬州万方电子技术有限责任公司 | 周春云　高　杰　马小燕　陈　涛　曹小静　杨　锐　吴黎明　肖　远　许　晔 |
| | 高原专用胶体蓄电池 | 江苏华富储能新技术股份有限公司 | 居春山　周寿斌　吴战宇　朱明海　姜庆海　于尊奎　顾力贞　黄　毅　钱帮芬 |
| | 油田用尼龙基梯度功能复合材料传动轮 | 江苏利德尔塑化科技股份有限公司、合肥工业大学 | 祁若祥　沈国春　王健军　朱海霞　张玉蓉　高静萍 |
| | 流延法制备全氟磺酸离子交换膜 | 宝应县润华静电涂装工程有限公司、中国科学院大连化学物理研究所 | 王仁华　邵志刚　衣宝廉　王　哲 |
| | RL160型机器人三维激光切割机 | 江苏扬力数控机床有限公司 | 潘殿生　潘志华　翟东升　周鹏飞　洪　超　崔　凯　季　鹏　卢华安　田　辉 |
| | 改性沥青宏观性能的微观表征及评价方法研究 | 扬州大学、江苏省交通节能减排工程技术研究中心 | 康爱红　程东祥　寇长江　肖　鹏　吴正光　娄可可　江　杰　王颖倩　郑佳辉 |
| | 瘦西湖隧道超大直径盾构施工风险研究 | 扬州市市政建设处、东南大学、河海大学、中铁十四局集团有限公司扬州瘦西湖工程指挥部 | 余　郁　刘松玉　钱　锋　沈国根　章定文　陈晓飞　闵凡路　薛玉波　戴洪伟 |
| | 优质肉鸡重要经济性状分子遗传标记研究 | 扬州大学 | 王金玉　戴国俊　张跟喜　谢恺舟　俞亚波　刘向萍　赵秀华　杨凤萍　刘大林 |
| | 扬州市血吸虫病传播阻断关键技术研究与应用 | 扬州市疾病预防控制中心、江苏省血吸虫病防治研究所、扬州市邗江区疾病预防控制中心、仪征市疾病预防控制中心、高邮市疾病预防控制中心 | 高　扬　孙乐平　马玉才　张正球　王福彪　左引萍　高金彬　汤洪萍　邵爱梅 |
| 二等奖 | 北斗双频、多频微带天线 | 江苏江佳电子股份有限公司 | 严盛喜　王　猛　韦玉华　王　峰 |
| | 基于LBS的消防作战指挥及效能评估系统与终端 | 江苏云控软件技术有限公司、扬州大学 | 李开荣　缪灿彬　殷利明　刘　会　惠江艳　杨　超　卞晓晨 |
| | 畜禽抗球虫药磺胺氯吡嗪钠 | 扬州天和药业有限公司 | 王元平　赵云德　周启伍　陆华平　宗万承 |
| | 舰船用特种高载流低表温升电缆 | 江苏远洋东泽电缆股份有限公司 | 李永江　陈　坤　周勇伟　钱楹秋　吕　金 |

续表28-2

| 获奖等次 | 项目名称 | 主要完成单位 | 主要完成人 |
| --- | --- | --- | --- |
| 二等奖 | 高效传热及节能型辊底式钢管热处理炉 | 中冶京诚(扬州)冶金科技产业有限公司 | 董杰 蒋乃富 江华 侯煜 周劲松 汪宣伟 田军 |
| | 高效低毒新型农药中间体2,6-二氯苯甲醛的研制及产业化 | 扬州天辰精细化工有限公司 | 陈国云 王晨 刘润兴 王正军 沈忠诚 张小凤 罗瑞 |
| | 耐高低温防火环保型橡胶电缆料及其电缆制品 | 扬州亚光电缆有限公司 | 王金合 鲁永林 陈小龙 鲁学军 胡行林 曾天祥 周文兵 |
| | 基于绿色、智能、安全的三维模块化建筑技术研究及应用 | 扬州润扬物流装备有限公司 | 罗时顺 刘波 金巍 李波 薛蕾 张志松 赵磊 |
| | 服务国家"一带一路"战略的特种冷藏箱 | 扬州通利冷藏集装箱有限公司 | 杨保同 姜涤清 张志勇 樊国峰 纪晴 徐霆 张冬兰 |
| | HPES-30510-FMC数控冲剪复合柔性加工单元 | 江苏亚威机床股份有限公司 | 冷志斌 肖军 徐晓彬 黄伟 许俊 戚善云 武云 |
| | 水力加压钻井技术的研究与应用 | 中石化江苏石油工程有限公司 | 陈小元 秦春 李根奎 杨国杰 王委 曹俊 孟鹏 |
| | 高效自清洗叠螺污泥脱水机 | 江苏博一环保科技有限公司、扬州大学 | 巩青松 秦永法 董昆明 卞德广 王婷 张晓东 徐建露 |
| | 基于火湿法联合循环工艺从锗生产弃渣中回收生产高纯二氧化锗 | 扬州宁达贵金属有限公司 | 冯修全 樊红杰 樊飞 汪洋 李静 |
| | 肉鸽规模化健康生产配套技术的研究与应用 | 江苏省家禽科学研究所、宝应县久久鸽场、江阴市威特凯鸽业有限公司、泰州立春食品有限公司 | 卜柱 赵宝华 谢鹏 付胜勇 贾雪波 许明 施寿荣 |
| | 优质弱筋专用小麦新品种扬麦15及品质调优技术 | 江苏里下河地区农业科学研究所、扬州大学农学院、江苏金土地种业有限公司 | 张晓祥 张伯桥 李春燕 朱冬梅 吕国锋 陆成彬 程晓明 |
| | 绿色高效除草剂产业化技术开发 | 江苏长青农化股份有限公司、南京工业大学 | 于国权 朱红军 吕良忠 马长庆 丁华平 王欣 |
| | 稀有癌细胞分选在癌症精准诊断和治疗的作用评价及基础研究 | 苏北人民医院、扬州大学 | 任传利 沈明 韩崇旭 陈慧 符德元 汤东 王福安 |
| | 肿瘤缺氧上调TGFβ1表达诱导调节性T细胞介导免疫逃逸的机制研究 | 扬州市第一人民医院 | 邓彬 刘歆农 丁岩冰 李强 陈姚生 肖炜明 吴健 |
| | 可调节神经内镜辅助鞘的设计及神经内镜微创治疗颅内血肿的临床应用 | 苏北人民医院 | 张恒柱 严正村 李育平 佘磊 王晓东 董伦 闫可 |
| | 甘丙肽受体对2型糖尿病胰岛素抵抗的实验研究 | 苏北人民医院、南京中医药大学翰林学院、扬州大学医学院 | 张真稳 朱妍 方彭华 史明仪 顾学文 卜平 何彪 |

(葛羽丰)

**2015年度扬州市企业技术创新奖获奖企业**

亚普汽车部件股份有限公司
扬州扬杰电子科技股份有限公司
扬州诚德钢管有限公司
宝胜科技创新股份有限公司
扬州电力设备修造厂有限公司

(葛羽丰)

**■"科教合作新长征"和"科技产业合作远征计划"活动** 2015年,扬州市开展"科教合作新长征"和"科技产业合作远征计划"活动,先后组团到韩国、济南、以色列、北京、深圳、南京、潍坊、成都、台湾等地进行拜访和项目对接,与江南大学、香港城市大学、深圳清华大学研究院、中科院云计算产业技术创新与育成中心、台湾科学工业园区科学工业同业公会先后签订合作协议,签订校企产学研合作协议669项,56家名校名企研发中心落户扬州,59人获批成为省"科技副总(企业创新岗)"特聘专家,扬州高新技术产业开发区、高邮市获批成为省产学研产业协同创新基地。

1月13—14日，扬州市科技系统和科技型企业一行40多人赴山东大学，开展科技合作对接活动，先后赴山东大学材料科学与工程学院、机械工程学院、控制科学与工程学院、电气工程学院，参观晶体材料国家重点实验室、山东大学机器人研究中心，达成校企合作项目3个。

1月20日，扬州市"科技产业合作远征计划"第一站暨扬州市投资环境说明会在韩国首尔举行，三星、现代等20多家韩国企业及部分大学代表共40多人到会，中国驻韩国大使邱国洪出席并致辞，市委书记谢正义作主题推介。1月21日，市科技局与韩国产业技术振兴协会进行合作对接。

3月4日，市长朱民阳带队前往中关村软件园，参观北京信威通信技术股份有限公司、软件园展厅等地，出席中关村—扬州电子信息产业对接会，推进双方项目合作。

4月16日，扬州市与江南大学举行科技合作交流对接会。市政府与江南大学签署全面合作协议，市产业技术研究院、广陵区、食品产业园和江南大学签订"共建江南大学(扬州)食品生物技术研究所协议"。江南大学与部分企业进行合作签约。

5月8日，扬州市党政代表团考察深圳虚拟大学园、三诺智慧大厦、深圳清华大学研究院，与深圳高新技术产业开发区相关人员就虚拟大学园建设经验、产业技术研究院建设等进行座谈交流。市产业技术研究院与深圳清华大学研究院签订合同协议，市生产力促进中心与中国科学院云计算产业技术创新与育成中心签订"共建扬州市云计算技术育成中心合作协议"。

5月12日，市委书记谢正义率扬州市经贸考察团赴台湾新竹，考察台湾工业技术研究院、新竹科学园，学习借鉴台湾技术创新、园区建设、政府服务等方面经验。推进和加强扬州与新竹在技术创新、产业发展、文化等领域交流与合作，实现共同发展。

5月26日，市委书记谢正义率团考察香港城市大学，参观香港城市大学毫米波国家重点实验室和物理及材料科学实验室，扬州市与香港城市大学签订技术转移合作备忘录，双方在技术转移、科技咨询、合作研发等方面展开对接交流，促进香港城市大学科技成果向扬州企业转移和转化。

5月27日，副市长孔令俊率队拜访考察澳门大学，在澳门大学开展科技合作交流活动，推进和加强扬州与澳门大学在技术转移、成果转化、人才交流等领域合作，实现共同发展。

6月10—12日，市长朱民阳带队赴青岛和潍坊，拜访工业技术研究院、技术交易市场、日东研究院等公共科技服务平台和海信集团、歌尔声学、浪潮华光等创新型龙头企业，学习两地在完善科技公共服务体系、发挥企业创新主体作用等方面的先进经验和做法。

6月30日至7月1日，台湾科学工业园区科学工业同业公会理事长沈国荣等一行14人到扬州市考察，市长朱民阳，市委副书记张爱军，副市长孔令俊、丁一等出席会见接待活动，双方签署《扬州市政府与台湾科学工业园区科学工业同业公会战略合作备忘录》，围绕园区管理和产业发展方面加强合作，深化高层会商交流，强化区域间协同创新。

8月8—16日，市委常委、市委秘书长陈扬率扬州市友好代表团赴新西兰、澳大利亚访问，拜访普罗鲁阿、堪培拉、巴拉瑞特等市政府主要负责人和中国驻澳、新使馆科技参赞，考察新西兰先进技术研究院和维多利亚大学、澳大利亚联邦科学与工业研究组织、悉尼大学及悉尼科技大学等高校院所和科研机构，在新西兰奥克兰和澳大利亚墨尔本举办经济与科技推介会，市科技局与新西兰华人科学家协会签订合作协议，江苏里下河地区农业科学研究所与新西兰皇家植物与食品研究所、扬州大学环境科学研究所与格里菲斯大学环境未来研究所签订合作备忘录，在创新平台建设、国际技术转移、产业技术合作、科技人才交流等方面开展合作。

9月29日，扬州市产业技术研究院与上海产业技术研究院在扬州签署全面合作协议。共享创新服务模式，共建扬州创新服务载体，建设"研发＋试制＋产业＋资本"四位一体的应用创新体系，共同服务扬州企业创新发展；共同建设创新育成中心，打造科技成果转化平台，加强两地科技成果跨区域转化。

10月16日，扬州市131家企业200多人参加"第五届中国江苏产学研合作成果展示暨江苏省产业技术研究院技术转移对接会"，发布企业技术需求155项，其中52家企业与专家团队达成合作意向，机器人传动装置、无人机机载设备、电动汽车用高效能永磁电机等24个项目现场集中签约。会后，邀请中国科学院院士、华中科技大学机械学院院长丁汉、南京农业大学副校长丁艳锋等专家到扬州，举办"智能装备科技成果发布洽谈会""秦邮人才集聚"等6场"专家地方行"活动，达成合作项目50多个。

11月5—6日，"科教合作新长征"走进西部科教和经贸中心、全国创新创业示范基地城市成都，副市长孔令俊率队先后拜访四川大学、电子科技大学和成都高新技术产业开发区，在成都举行科技创新·产业合作恳谈会，现场签约合作项目38个，其中科技合作项目19个、人才合作项目10个、产业合作项目9个。

12月31日，市委书记谢正义率相关部门负责人拜访清华大学，清华大学校长邱勇、副校长尤政等会见代表团一行，就双方合作进行交流。推进清华大学与扬州开展新一轮务实合作，打造校地合作的典范。

（葛羽丰）

**■第七届"春晖杯"中国留学人员创新创业项目(扬州)网络视频洽谈会** 4月12日，第七届"春晖杯"中国留学人员创新创业项目（扬州）网络视频洽谈会在江苏信息服务产业基地(扬州)召开。活动现场视频连线美国、澳大利亚海外分会场，对话全球才智精英，通过视频与海外学子们交流，进行互动问答。21家企业与5个国家14名海外留学人员进行洽谈，达成意向合作项目8个。会议期间开展"千人计划"特聘专家代表座谈会、生物医药及医疗器械产业发展论坛、互联网金融论坛等各项分活动。 （杨 科）

**■首届扬州创新创业大赛** 4月25日，首届扬州创新创业大赛启动；6月4日，首届扬州创新创业大赛决赛举行。经推荐，62名创新创业人才参赛，初赛遴选出决赛选手20人，决赛通过答辩评审方式产生优胜奖选手10人、鼓励奖选手10人，给予优胜奖选手3万元、鼓励奖选手1万元奖励及相关政策扶持、金融支持、指导培训等支持措施。 （杨 科）

**■全国苏商扬州行民资招商推介会** 5月7日，全国苏商扬州行民资招商推介会在扬州会议中心举行，来自12个省、市的100多名江苏籍客商参会。现场落实签约项目22个，项目总投资55.2亿元。其中，"凤还巢"项目12个；10亿元以上项目2个、5亿～10亿元项目1个、2亿～5亿元项目5个、亿元项目14个；工业制造业项目16个、服务业项目6个。 （杨 科）

**■扬州（邗江）高层次人才、高科技成果交流洽谈会** 5月8日，2015扬州（邗江）高层次人才、高科技成果交流洽谈会在邗江区举行。来自清华大学、北京大学、浙江大学、西安交通大学等43家知名高校及中国科学院长春应用化学所、中国科学院沈阳自动化所等15家科研院所的181名专家参加洽谈会。40个人才科技项目现场签约，分别是清华大学和唐城霓虹数码科技等10个科技平台项目，清华大学和凯思特机械等10个科技成果项目，清华大学博士黄开胜和凯思特机械等10个博士人才引进项目，美国密歇根理工大学博士马凤德和牧羊控股集团等10个博士后工作站进站和高技能人才引进项目签约。 （杨 科）

**■公共科技服务平台建设** 2015年，扬州市科技广场正式投入使用，先后开展"2015中国扬州科技成果展示洽谈会""创客嘉年华"等专题活动，吸引香港城市大学、英国牛津大学、加拿大ABZ公司、清华启迪、中国技术交易所等20多家技术转移和中介服务机构意向入驻。加快技术经纪人队伍建设，全年累计完成技术合同登记备案248份，技术交易额2.9亿元，与中国技术交易所合作推进线上平台建设，打造长三角科技成果转化与技术转移中心。

扬州市产业技术研究院推进公共科技服务平台建设，成立市产业技术研发协会，组织企业赴北京、上海、南京、成都等地参与重大产学研活动；认定扬州大学机械装备联合创新中心、软件与信息联合创新中心、市质检所综合检测联合创新中心等3家联合创新中心，服务企业开展研发创新；与江南大学合作共建江南大学（扬州）食品生物技术研究所，推进食品生物产业关键共性技术的研发；与清华大学合作共建扬州智能技术应用研究中心，推进"超级电容""水泥制品机械物联网关键技术研发""钻井自动输送液压坡道研发"等合同科研项目；与上海产研院围绕智能制造、信息通信、生物医学、绿色能源等4个重点方向，合作共建扬州市产业创新育成中心。

创新驿站成立全市首家众创空间，吸引10多家创业企业入驻，举办"创业沙龙""创业培训"等活动36期，每期参加人数80多人，累计3000多人。依托江苏科技创新创业学院，组织企业负责人参与"德国智能制造与智能工厂"和"以色列科技孵化器的建设与管理"培训项目，与江苏高新技术创业服务中心合作举办"创业领袖高级管理人员工商管理硕士（EMBA）研修班"项目。

科技文献资源公共服务平台整合维普、万方、华艺、超星、尚唯、国家科技图书文献中心（NSTL）及省情报所的文献数据资源，补充购买中文电子图书资源和国外科技报告资源，中文电子图书资源总量100万种以上，涵盖22个大类。其中自然科学类图书数据量占全部图书数据70%以上。年新增图书10万种以上。全年编发《科技情报参考》24期，完成产业调研报告24篇。累计完成查新业务180项，提供各种翻译服务400多项，累计完成翻译量60多万字。 （葛羽丰）

**■科技创新载体建设** 加快科技创新园区升级。9月29日，扬州高新技术产业开发区升级成为国家级高新技术产业开发区，提升以数控装备为主导，以生物健康、新型光电、现代服务业为支撑的"一主三新"产业，打造产业高地、人才高地、创新高地。11月2日，扬州大学科技园获批成为扬州市首家省级大学科技园。

**扬州市国家特色产业基地情况表**

表28-3

| 序号 | 基 地 名 称 | 序号 | 基 地 名 称 |
|---|---|---|---|
| 1 | 国家火炬计划邗江数控金属板材加工设备产业基地 | 5 | 国家火炬计划扬州智能电网特色产业基地 |
| 2 | 国家火炬计划扬州汽车及零部件产业基地 | 6 | 国家火炬计划江都建材机械装备特色产业基地 |
| 3 | 国家火炬计划扬州绿色新能源产业基地 | 7 | 国家火炬邗江硫资源利用装备特色产业基地 |
| 4 | 扬州国家半导体照明高新技术产业化基地 | 8 | 国家火炬高邮特种电缆特色产业基地 |

（葛羽丰）

### 扬州市省级科技产业园情况表

表 28-4

| 序号 | 园　区　名　称 | 地　　区 |
|---|---|---|
| 1 | 扬州邗江数控装备科技产业园 | 邗江 |
| 2 | 宝应输变电设备科技产业园 | 宝应 |
| 3 | 仪征汽车及零部件科技产业园 | 仪征 |
| 4 | 高邮特种电缆科技产业园 | 高邮 |
| 5 | 江都建材装备科技产业园 | 江都 |
| 6 | 扬州光电科技产业园 | 扬州经济技术开发区 |
| 7 | 高邮绿色照明科技产业园 | 高邮 |
| 8 | 江都汽车及零部件科技产业园 | 江都 |
| 9 | 扬州广陵液压装备科技产业园 | 广陵 |
| 10 | 邗江文化科技产业园 | 邗江 |
| 11 | 高邮智能健康装备科技产业园 | 高邮 |
| 12 | 扬州环保科技产业园 | 邗江 |

（葛羽丰）

### 扬州市省级以上科技企业孵化器情况表

表 28-5

| 序号 | 孵　化　器　名　称 | 级　　别 | 地　　区 |
|---|---|---|---|
| 1 | 扬州广陵高新技术创业服务中心 | 国家级 | 广陵 |
| 2 | 扬州市邗江区高新技术创业服务中心 | 国家级 | 邗江 |
| 3 | 扬州高新技术创业服务中心 | 国家级 | 扬州经济技术开发区 |
| 4 | 扬州广陵(环保装备)高新技术创业服务中心 | 省级、国家级 | 广陵 |
| 5 | 扬州邗江经济开发区智谷创业园 | 省级 | 邗江 |
| 6 | 扬州环保科技创业园 | 省级 | 邗江 |
| 7 | 扬州大学大学科技园(筹) | 省级 | 邗江 |
| 8 | 扬州市维扬区高新技术创业服务中心 | 省级 | 邗江 |
| 9 | 宝应县高新技术创业中心 | 省级 | 宝应 |
| 10 | 仪征市科技创业服务中心 | 省级、国家级 | 仪征 |
| 11 | 高邮市科技创业中心 | 省级、国家级 | 高邮 |
| 12 | 江都市高新技术创业服务中心 | 省级 | 江都 |
| 13 | 江都软件园 | 省级 | 江都 |
| 14 | 西安交通大学扬州科技创业园 | 省级 | 扬州经济技术开发区 |
| 15 | 江苏红旗光电科技创业园 | 省级 | 高邮 |

（葛羽丰）

## 扬州市科技产业综合体情况表

表28-6

| 序号 | 名　　称 | 地　区 |
|---|---|---|
| 1 | 宝应软件信息产业科技综合体 | 宝应 |
| 2 | 宝应科技创业园 | |
| 3 | 高邮软件产业园 | 高邮 |
| 4 | 高邮市科技产业园 | |
| 5 | 仪征科技创业园 | 仪征 |
| 6 | 大众广场 | |
| 7 | 江都软件产业科技综合体 | 江都 |
| 8 | 天雨环保节能科技产业园 | |
| 9 | 信息产业基地(一、二、三期) | 广陵 |
| 10 | 广陵经济开发区科技产业综合体 | |
| 11 | 扬州食品科技园 | |
| 12 | Y-MSD项目(一期) | |
| 13 | 扬州税友软件园(南方) | 邗江 |
| 14 | 金荣扬州科技园 | |
| 15 | 联创扬州软件园 | |
| 16 | 甘泉生态科技园 | |
| 17 | 扬州智能装备科技园 | |
| 18 | 扬州通安科技园 | |
| 19 | 西区新城科技综合体 | 生态科技新城 |
| 20 | 扬州经济技术开发区科技园 | 扬州经济技术开发区 |
| 21 | 扬州智谷 | |
| 22 | 扬州西安交大科技园 | |

（葛羽丰）

## 扬州市众创空间情况表

表28-7

| 序号 | 名　　称 | 地　区 |
|---|---|---|
| 1 | 扬州纵横创客巢 | 宝应 |
| 2 | 鲁垛乱针绣创客工坊 | |
| 3 | 宝应科创中心创客空间 | |
| 4 | 诚信创业吧 | 高邮 |
| 5 | 文游汇 | |
| 6 | 高邮众创空间 | |
| 7 | 创途在XIAN | 仪征 |
| 8 | 微软创新中心孵化工场 | 广陵 |
| 9 | 中国创谷 | |
| 10 | 扬州青麦坊“互联网＋”文创空间 | |
| 11 | 江苏信息服务产业基地(扬州)创业谷 | |
| 12 | 设计瑰谷创新工坊 | |
| 13 | 食品科技园创新工场 | |

续表28-7

| 序号 | 名　　称 | 地　　区 |
|---|---|---|
| 14 | 扬州大学大学科技园众创梦工厂 | 邗江 |
| 15 | 扬州创谷创客工场 | |
| 16 | 邗江创新工场 | |
| 17 | 扬州环保科技园创客"1＋1" | |
| 18 | 甘泉生态园创客汇 | |
| 19 | 绿地创客新都会 | |
| 20 | 西湖创客空间 | |
| 21 | 金荣扬州科技园——4.0工创空间 | |
| 22 | 扬州大学创业长廊 | |
| 23 | 创·艺985 | 江都 |
| 24 | 江都创客邦 | |
| 25 | 智谷创业咖啡 | 扬州经济技术开发区 |
| 26 | 西交大扬州科技园创客营 | |
| 27 | 扬州市创新驿站 | 市直 |
| 28 | "左岸右转"青创驿站 | |
| 29 | 扬州工业职业技术学院大学生创业园 | |
| 30 | 尚锦汇都创业孵化工场 | 生态科技新城 |

（葛羽丰）

12月29日，扬州农业科技园获批国家级农业科技园，以高邮八桥为核心区，宝应优质稻麦种植、扬州沿湖特色水禽养殖、江都苗木花卉和广陵食品科技园为示范区，规划建设现代农业科技园。2015年，新增高邮智能健康装备和扬州环保科技2家省级科技产业园，全市省级科技产业园累计达12家。

加快众创孵化载体建设。全市22个科技产业综合体建成309万平方米，投入使用219.5万平方米，其中产业用房190.5万平方米，累计入驻企业741家。30家众创空间启动建设，投入使用面积15.5万平方米，提供创客孵化、培训辅导、投资促进、媒体延伸型等服务，吸引345家创业企业入驻，其中14家获批省级众创空间，扬州高新技术产业开发区、江广创业芯获批省级众创集聚区。新增3家国家级科技企业孵化器和2家省级科技企业孵化器。至2015年底，全市有省级以上科技企业孵化器15家、科技企业加速器1家，孵化面积86.7万平方米，形成"创业苗圃—孵化器—加速器"的创业孵化链条。（葛羽丰）

**■ISO饲料机械委员会在扬州成立** 5月20日，国际标准化组织饲料机械技术委员会(ISO/TC293)在扬州成立。国际标准化组织饲料机械技术委员会是江苏省第一个、全国第12个由中国自主提出并成功组建的ISO技术委员会，是全国第15个由中国独立承担ISO/TC秘书处并同时承担主席的ISO技术委员会，具体承担单位为总部位于扬州的江苏牧羊控股有限公司，主导饲料机械国际标准制定。（杨　科）

**■国家级博士后工作站集中授牌** 11月10日，扬州市政府举办国家级博士后科研工作站集中授牌仪式。江苏邗建集团有限公司、江苏中惠医疗科技股份有限公司、扬州宏远电子有限公司、迈安德集团有限公司、江苏晶鑫新材料股份有限公司、江苏迅达电磁线有限公司、江苏启源雷宇电气科技有限公司、扬州新扬科技发展产业有限公司、江苏精湛光电仪器股份有限公司、亚普汽车部件股份有限公司等10家单位获批国家级博士后科研工作站。至年底，扬州市共有国家级博士后科研工作站30个，设站单位涉及机械、冶金、电子、能源、化工、信息产业、农业、医疗、建筑等10多个行业领域。（杨　科）

**■高新技术产业** 2015年，全市实施产业关键共性技术攻关项目110个、投资5000万元以上的重大科技成果转化项目92个。新增省高新技术产品838个，列全省第4名。全年高新技术产业产值4922.5亿元，增长10.1%。其中，智能装备制造业实现产值1891亿元，增长9.1%；环保装备、食品包装机械、工业机器人、特种电缆等高端智能化产品成为拉动产业增长的主力军；电子及通信设备制造业实现业务收入429亿元，增长14.1%，其中电子元器件产业增长迅速；新能源产业实现产值237亿元，增长14.1%；新材料产业实现产值671亿元，增长9.5%。（葛羽丰）

**2015年扬州市新增国家火炬计划项目情况表**

表28-8

| 序号 | 项目名称 | 承担单位 |
|---|---|---|
| 1 | 年产1000吨环保型除草剂丙草胺原药 | 江苏长青农化股份有限公司 |
| 2 | 水貂犬瘟热肠炎二联疫苗关键技术研究与应用 | 国药集团扬州威克生物工程有限公司 |
| 3 | 耐辐射高阻燃太阳能光伏系统用特种电缆 | 扬州曙光电缆股份有限公司 |
| 4 | 基于荷电态深循环技术的铅碳储能电池 | 江苏华富储能新技术股份有限公司 |
| 5 | 电油混合动力车用智能控制系统 | 江苏金丰机电有限公司 |
| 6 | 基于能量回馈和智能控制的节能高速电梯 | 江苏通用电梯有限公司 |
| 7 | 高功率密度复合转子节能电动机 | 江苏利得尔电机有限公司 |
| 8 | 高效率P型晶体硅光伏电池 | 晶澳(扬州)太阳能科技有限公司 |
| 9 | 电动汽车用磁通切换永磁电机及电控系统 | 扬州市新港电机有限公司 |
| 10 | $PM_{2.5}$烟气深度治理高效湿式电滤装备 | 江苏中兴化工设备有限公司 |
| 11 | 激光增材陶瓷金属基复合涂层活塞环 | 江苏仪征威龙活塞环有限公司 |
| 12 | 垂直吊装大功率变频器用电力电缆 | 宝胜科技创新股份有限公司 |
| 13 | 高强度镀锌板激光T型焊接汽车前纵梁封板 | 江苏凌云恒晋汽车零部件有限公司 |
| 14 | 立式径向挤压制管成型机 | 扬州市华光双瑞实业有限公司 |
| 15 | 超细有机钛海洋重防腐涂层新材料产业化示范 | 江苏金陵特种涂料有限公司 |
| 16 | 高浓度难降解废水关键技术装备研发与产业化 | 江苏新天鸿集团有限公司 |
| 17 | 自动化高性能沥青烟气净化器 | 江苏迪萨机械有限公司 |
| 18 | 甲基化法年产7500吨高纯度偏三甲苯 | 江苏华伦化工有限公司 |
| 19 | 溯源电能质量监测终端 | 江苏中凌高科技股份有限公司 |
| 20 | 具有电致热功能的装饰性安全(钢化)玻璃 | 扬州明晟新能源科技有限公司 |
| 21 | 125℃环保型汽车线用PVC绝缘料 | 江苏宝源高新电工有限公司 |
| 22 | 高速重载电梯用改性MC尼龙传动轮 | 扬州赛尔达尼龙制造有限公司 |
| 23 | 高耐磨金属基复合材料及其物料处理装置 | 扬州电力设备修造厂有限公司 |
| 24 | 基于近终形制造技术的高性能粉末冶金齿轮 | 扬州海昌粉末冶金有限公司 |
| 25 | 等离子电源测试公共服务平台 | 扬州市神州科技有限公司 |
| 26 | 面向扬州地区大众创业者的众创众筹服务平台 | 扬州众智众筹创业服务有限公司 |
| 27 | 众创空间服务平台建设 | 扬州市科技干部进修学院 |
| 28 | 扬州国际技术转移中心服务平台建设 | 扬州国际技术转移中心有限公司 |
| 29 | 广陵新城创谷全要素孵化一站式众创服务平台 | 扬州创客空间投资发展有限公司 |

（葛羽丰）

**2015年扬州市新增省重点研发计划(产业前瞻与共性关键技术)项目情况表**

表28-9

| 序号 | 项目名称 | 承担单位 |
|---|---|---|
| 1 | 汽车关键零件智能化精密锻造生产系统研发与应用 | 江苏省(扬州)数控机床研究院 |
| 2 | 智能化高效精密热模锻压力机研发 | 江苏扬力集团有限公司 |
| 3 | 智能化精密锻造生产系统运行管理技术 | 江苏省(扬州)数控机床研究院 |
| 4 | 汽车零部件智能化精密锻造生产系统应用与示范 | 扬州恒通精密机械有限公司 |

续表28-9

| 序号 | 项 目 名 称 | 承 担 单 位 |
|---|---|---|
| 5 | 高压快速软恢复二极管方形芯片关键技术研发 | 润奥电子(扬州)制造有限公司 |
| 6 | GaN基肖特基大功率电力电子器件关键技术研发 | 南京大学扬州光电研究院 |
| 7 | 纤维级高性能聚苯硫醚树脂合成关键技术研究 | 江苏扬农化工集团有限公司 |
| 8 | 超高模量对位芳纶制备关键技术研发 | 中国石化仪征化纤有限责任公司 |
| 9 | 高性能铁基粉末冶金件近终形制造技术 | 扬州海昌粉末冶金有限公司 |
| 10 | 五轴联动头库式龙门加工中心的研发 | 扬州力创机床有限公司 |
| 11 | 机器人用精密摆线针轮减速器关键技术研究 | 江苏联合传动设备有限公司 |
| 12 | 高效钻井用水力振荡器关键技术研发 | 扬州大学 |
| 13 | 高效抗汽蚀冲焊式化工离心泵关键技术研究 | 江苏巨浪泵阀有限公司 |
| 14 | 基于情景感知的冷链物流智能配载推荐系统研发 | 扬州苏安物联传感科技有限公司 |
| 15 | 基于融合通信和云平台的智能终端与人的信息交互系统关键技术研究 | 江苏怡丰通信设备有限公司 |
| 16 | 深海定位用碳纳米管/石墨烯/超高分子量聚乙烯绳缆的研发 | 九力绳缆有限公司 |
| 17 | KL-LED智能无障碍手术无影灯 | 江苏科凌医疗器械有限公司 |
| 18 | SL型数控板料开卷分条卷取线 | 江苏亚威机床股份有限公司 |
| 19 | HPP-2600P高精度全自动粉末成型机 | 扬州市海力精密机械制造有限公司 |
| 20 | ZS-JL39型数控冲剪复合自动化生产线 | 扬州捷迈锻压机械有限公司 |
| 21 | 高效节能自冷却高温热水循环泵 | 江苏永一泵业有限公司 |
| 22 | 轻量数字化桥式起重机 | 扬州华泰特种设备有限公司 |
| 23 | LG高速精密汽车散热器铝管生产线 | 江苏省南扬机械制造有限公司 |
| 24 | 智能车载激光夜视仪 | 江苏精湛光电仪器有限公司 |

（葛羽丰）

**■扬州市科技服务行业协会成立** 5月8日，扬州市科技服务行业协会成立大会暨第一次会员大会在扬州市设计瑰谷召开。全市从事科技服务的企业、中介机构、科研院所负责人参加成立大会，其中53家单位加入协会，成为首批会员单位。该协会围绕扬州市科技服务业发展，通过协会联盟服务机制，推动全市科技服务资源集聚和行业内部交流，促进科技服务业健康发展。（杨 科）

**■扬州首届创客嘉年华活动** 10月28日，扬州首届创客嘉年华活动在市科技广场举办。马旗戟、陈雪涛、王童、赵武阳、梅涛等5位嘉宾受聘成为“扬州创客导师”。来自本地创客的拆装可移动游泳池、“厨余宝”设备、纳米荧光检测卡等20个创新创意项目进行现场路演，400多名创客参加活动。（杨 科）

**■扬州市发放首批“创新券”** 11月19日，扬州市“创新券”首发仪式在扬州迎宾馆举行，科技部门负责人、高校院所、企业代表等150多人参加。“创新券”是为强化企业科技创新意识、引导企业加大研发投入、解决本地创新资源匮乏问题设计发行的一种“有价证券”，是事前发放、事后兑现的一种有价证券。扬州市设立资金总额达1亿元的“创新券”，支持对象分为两类，企业类A券：1个年度内，单个企业发放5万～10万元；企业类B券：根据企业上年度税务部门确认享受加计扣除的研发费用，按25%确定创新券发放额度，单个企业最高额度为150万元。发放仪式现场，18家企业作为代表领取“创新券”。首批“创新券”共发放5000多万元。（杨 科）

工作人员展示50万元、10万元、5万元三种面值的“创新券”  庄文斌/摄

# 科技项目和成果

**科技成果转化项目** 2015年，扬州市有17项重大科技项目入围省重大科技成果转化专项资金项目，获批资金1.66亿元，申报立项率列全省第一名，上争项目数和资金数列全省第二名。连续4年上争该专项资金过亿元，连续3年立项数列全省前3名。17个项目涉及汽车及零部件、机械装备、船舶、新能源、新材料、智能电网、现代农业等领域，累计总投入15.6亿元。实现18项国家"863""973"等重大计划先进成果转化和产业化，实施期内预计新增产值47亿元。17个项目获专利授权256件，其中发明专利授权117件，实施期内预计申请专利290多件，其中发明专利申请占60%以上。

至2015年底，全市累计有106个

**2015年扬州市新增省重大科技成果转化专项资金项目情况表**

表28-10

| 序号 | 项目名称 | 承担单位 | 产学研合作单位 | 地区 |
|---|---|---|---|---|
| 1 | 物联网超高频RFID电子标签芯片研发及产业化 | 扬州稻源微电子有限公司 | 清华大学 | 仪征 |
| 2 | 优质高产稻麦新品种"宁麦16""扬育粳2号"产业化 | 江苏金运农业科技发展有限公司 | 省农科院农业生物技术研究、省盐城市盐都区农科所 | 江都 |
| 3 | 稻麦新品种"扬麦20""扬辐麦5号""扬粳805"的研发及产业化 | 江苏金土地种业有限公司 | 江苏里下河地区农科所 | 邗江 |
| 4 | 基于荷电态深循环技术的新型高效储能电池研发与产业化 | 江苏华富储能新技术股份有限公司 | 南京航空航天大学 | 高邮 |
| 5 | 低温高倍率磷酸铁锂动力电池的研发与产业化 | 江苏中兴派能电池有限公司 | 中科院上海微系统所 | 仪征 |
| 6 | 重载汽车用抗疲劳A356.2-X合金及纳米复合强化轮毂研发及产业化 | 江苏苏美达车轮有限公司 | 江苏大学、哈尔滨工业大学 | 宝应 |
| 7 | 天然气储运用低合金超高强度钢大口径耐蚀无缝气瓶研发及产业化 | 扬州诚德钢管有限公司 | 钢铁研究总院、南京理工大学 | 江都 |
| 8 | 基于机器视觉功能的钣金智能化生产线研发与产业化 | 扬州恒佳机械有限公司 | 中国科学院自动化研究所 | 邗江 |
| 9 | 新型微型化高性能微波介质滤波器研发及产业化 | 江苏江佳电子股份有限公司 | 中国科学院上海硅酸盐研究所 | 江都 |
| 10 | 生物转化和膜谱技术制备植物源氨糖的研发及产业化 | 扬州日兴生物股份有限公司 | harmaseed Ltd(以色列)、江南大学、省产研院食品生物技术研究所 | 高邮 |
| 11 | 绿色功能材料聚醚胺固化剂连续制备技术的研发与产业化 | 扬州晨化新材料股份有限公司 | 华东理工大学 | 宝应 |
| 12 | 基于物联网的分布式燃气电站运维支持系统的研发与产业化 | 江苏国电南自海吉科技有限公司 | 重庆大学 | 扬州经济技术开发区 |
| 13 | 基于液化缓冲层工艺的230 lm/W蓝绿光LED外延片研发及产业化 | 扬州德豪润达光电有限公司 | 中科院上海微系统与信息技术研究所 | 邗江 |
| 14 | 基于能量回馈和智能控制的节能高速电梯研发及产业化 | 江苏通用电梯有限公司 | 南京理工大学 | 广陵 |
| 15 | 双激振变幅径向挤压制管关键技术及智能可重构成套装备研发产业化 | 江苏华光双顺机械制造有限公司 | 南京工程学院 | 江都 |
| 16 | 高速高精度理瓶清洗检测包装自动化生产线研发与产业化 | 扬州润明轻工机械有限公司 | 湖南大学、长沙理工大学 | 高邮 |
| 17 | 电动汽车用磁通切换永磁电机及电控系统关键技术研发与产业化 | 扬州市新港电机有限公司 | 东南大学 | 高邮 |

（葛羽丰）

项目获省重大科技成果转化专项资金支持，实现91项国家“863”“973”重大科技计划先进成果转化和产业化，获省财政支持资金10.5亿元；项目累计新增投入资金212.8亿元，攻克关键核心技术368项，建设创新平台83个，吸引各类高层次人才459人，形成目标产品635个，专利申请1654件(其中发明专利申请759件)，获专利授权892件(其中发明专利授权352件)，制定技术标准159项(其中国家和行业标准42项)，新增销售收入608.5亿元、利税102.1亿元，创汇7.9亿元，新增就业1万多人。

通过项目实施，牧羊集团获准筹建江苏首个国家自主提出并组建的国际标准化组织饲料机械技术委员会，3次获国家科技进步奖；扬州诚德钢管有限公司实现超超临界关键锅炉钢管的跨越，获国家科技进步一等奖；亚普汽车部件股份有限公司油箱成为亚洲第一名、世界第三名的行业标杆企业。江苏亚威机床股份有限公司、扬州扬杰电子科技股份有限公司、江苏长青农化股份有限公司等38家科技型企业先后成功挂牌(上市)。新扬科技推出的碳纤维产品服务于国家航空军用；乾照光电开发的砷化镓太阳能电池应用于航天卫星、空间飞船等重大战略领域；晶澳太阳能开发出新一代主流光伏产品。半导体照明、太阳能光伏、智能电网等新兴产业构建成完整的创新型产业链，机械、化工、汽车等传统产业向高端化、智能化、绿色化转型升级。

(葛羽丰)

**■农业科技** 整合扬州市农业科技创新资源。2015年，全市建成1家国家农业科技园区，4家省级现代农业科技园区，总面积4.11万公顷，入驻企业221家。认定省级农业科技型企业53家，其中高新技术企业21家，建立农业科技型合作社24家、江苏省农业科技超市分店及便利店23家。扬州大学和仪征枣林湾农业科技园区分别建成“国家级特派员创业培训基地”和“国家级特派员创业基地”。牧羊集团获批成为首个国家级饲料加工装备工程技术研究中心。董氏特种水产有限公司与中国科学院院士桂建芳团队合作共建全市首个水产养殖院士工作站。全市农业领域重点企业实现研发机构全覆盖。

加快农业新技术、新品种研发。推进农业品种科技创新、农业技术集成与示范，鼓励农业企业加强与高校和科研单位合作，加强优良品种的培育与推广、动植物重大病虫害综合防治、耕地的治理与保护等领域科研力度。2015年，全市有盐碱地水稻机插高产高效栽培技术集成创新与示范等12个项目获省重点研发计划(现代农业)项目立项，江苏金土地种业有限公司申报的“稻麦新品种‘扬麦20’‘扬辐麦5号’和‘扬粳805’的研发及产业化”获省重大成果转化资金项目立项。

**2015年扬州市新增省重点研发计划(现代农业)项目情况表**

表28-11

| 序号 | 项 目 名 称 | 承 担 单 位 |
|---|---|---|
| 1 | 江苏粳稻多抗性(黑条矮缩病、稻瘟病、生育后期耐寒)育种材料创制 | 江苏里下河地区农业科学研究所 |
| 2 | 盐碱地水稻机插高产高效栽培技术集成创新与示范 | 扬州大学 |
| 3 | 稻谷加工剩余物燃料化利用关键技术及装备研发 | 扬州大学 |
| 4 | 油用玫瑰种质资源开发与高精油含量新种质创制 | 扬州大学 |
| 5 | 江苏中北部稻麦两熟丰产增收模式创新与示范工程 | 扬州大学 |
| 6 | 水稻高产优质抗病分子模块设计育种体系研究 | 扬州大学 |
| 7 | 江苏不同生态区水稻重大病虫害绿色防控技术 | 扬州大学 |
| 8 | 奶牛重大人兽共患细菌病新型诊断技术研发 | 扬州大学 |
| 9 | 屠宰加工型优质冷鲜鸡新品系选育 | 江苏省家禽科学研究所 |
| 10 | 管道输水节水灌溉科技示范工程 | 扬州大学 |
| 11 | 优质高产抗赤国家级小麦新品种“苏麦188”研发与推广应用 | 扬州灵谷农业科技发展有限公司 |
| 12 | 淀粉基生物医用材料加工关键技术的研究及产业化 | 扬州凯尔化工有限公司 |

(葛羽丰)

强化农业科技服务。开展“送科技下乡、促农民增收”活动，加快农村科技超市分店和便利店建设。全市累计建成农村科技服务超市分店8家、便利店15家，实现县(市、区)全覆盖；全年开展各类农业知识培训421次，受训农民4.24万人次，解决种植、养殖难题2100多次，接待农民来访4100多人次，培育科技示范户240户，辐射种植、养殖户6700多户，户均增收9000元以上。

(葛羽丰)

**■社会发展领域科技创新** 围绕“科技示范工程”“科技社区建设”及生物技术和新医药发掘项目源，组织项目申报。2015年，扬州市有6个项目获批立项，项目数、资金数列苏中苏北第一名，其中重点病种规范化诊疗项目获批立项3个。 (葛羽丰)

**2015年扬州市新增省重点研发计划(社会发展)项目情况表**

表28-12

| 序号 | 项 目 名 称 | 承 担 单 位 |
|---|---|---|
| 1 | 城镇化发展新常态下病媒蚊虫生物防治技术集成与应用 | 江苏里下河地区农业科学研究所 |
| 2 | 生物处理农业有机固废生产优质蔬菜基质技术研究与示范 | 扬州大学 |
| 3 | 工业高浓度VOCs治理技术及装备的研发与应用 | 扬州庆松化工设备有限公司 |
| 4 | 顽固性高血压社区干预规范化诊疗模式的建立 | 扬州市第一人民医院 |
| 5 | 直肠癌及直肠癌肝转移的规范化诊疗研究及临床应用 | 苏北人民医院 |
| 6 | 记忆中心指导的社区老年认知障碍大数据建立及精准医学干预策略 | 苏北人民医院 |

(葛羽丰)

**基础研究领域科技创新** 围绕"省杰出青年基金"和"省青年基金"〔江苏省基础研究计划(自然科学基金)项目分杰出青年基金项目、青年基金项目和面上项目3个类别〕,组织申报,全市有47个项目获批立项,其中省杰出青年基金项目1个,省青年基金项目28个,省面上项目18个。

(葛羽丰)

**2015年扬州市新增省自然科学基金项目情况表**

表28-13

| 序号 | 项 目 名 称 / 承 担 人 | 承 担 单 位 | 备 注 |
|---|---|---|---|
| 1 | 杨泽峰 | 扬州大学 | 杰出青年基金 |
| 2 | 刘立宇 | 扬州大学 | 青年基金 |
| 3 | 任金莲 | 扬州大学 | 青年基金 |
| 4 | 沈小双 | 扬州大学 | 青年基金 |
| 5 | 黄庆利 | 扬州大学 | 青年基金 |
| 6 | 张 扬 | 扬州大学 | 青年基金 |
| 7 | 王宵燕 | 扬州大学 | 青年基金 |
| 8 | 方玉洁 | 扬州大学 | 青年基金 |
| 9 | 羊 扬 | 扬州大学 | 青年基金 |
| 10 | 潘士锋 | 扬州大学 | 青年基金 |
| 11 | 胡 娇 | 扬州大学 | 青年基金 |
| 12 | 杨 靖 | 扬州大学 | 青年基金 |
| 13 | 陈 忱 | 扬州大学 | 青年基金 |
| 14 | 宋瑞龙 | 扬州大学 | 青年基金 |
| 15 | 尹永祺 | 扬州大学 | 青年基金 |
| 16 | 王 爽 | 扬州大学 | 青年基金 |
| 17 | 孙 敬 | 扬州大学 | 青年基金 |
| 18 | 王宏归 | 扬州大学 | 青年基金 |
| 19 | 余彬彬 | 扬州大学 | 青年基金 |
| 20 | 夏炜炜 | 扬州大学 | 青年基金 |
| 21 | 陈云云 | 扬州大学 | 青年基金 |
| 22 | 张燕军 | 扬州大学 | 青年基金 |
| 23 | 孙 凤 | 扬州大学 | 青年基金 |
| 24 | 杨 帆 | 扬州大学 | 青年基金 |

续表28-13

| 序号 | 项目名称/承担人 | 承担单位 | 备注 |
|---|---|---|---|
| 25 | 杨金彭 | 扬州大学 | 青年基金 |
| 26 | 吕　强 | 扬州大学 | 青年基金 |
| 27 | 尹　翔 | 扬州大学 | 青年基金 |
| 28 | 谢　鹏 | 江苏省家禽科学研究所 | 青年基金 |
| 29 | 赵　旭 | 江苏省家禽科学研究所 | 青年基金 |
| 30 | 调和单叶函数与算子理论及其应用 | 扬州大学 | 面上项目 |
| 31 | 种群入侵的扩张特征研究 | 扬州大学 | 面上项目 |
| 32 | SpiC蛋白调节肠炎沙门菌诱导巨噬细胞炎性反应的功能分析 | 扬州大学 | 面上项目 |
| 33 | 基于转录组测序和基因组关联分析的莲藕耐盐基因定位、克隆及功能验证 | 扬州大学 | 面上项目 |
| 34 | 引发肉雏鸡“黑腺胃病” APEC O142分离株潜在毒力基因的筛选及其功能 | 扬州大学 | 面上项目 |
| 35 | 水稻中组蛋白Kcr修饰结合DNA序列特征解析 | 扬州大学 | 面上项目 |
| 36 | 壳聚糖—原儿茶酸接枝共聚物的自由基合成机理及抗氧化作用研究 | 扬州大学 | 面上项目 |
| 37 | 大气中$CO_2$浓度升高促进水稻分蘖发生的分子机理研究 | 扬州大学 | 面上项目 |
| 38 | 节律基因PER2调控奶牛乳腺上皮细胞酪蛋白合成分子机制的研究 | 扬州大学 | 面上项目 |
| 39 | 微波与机械活化协同的废阴极射线显示器中铅湿法浸提研究 | 扬州大学 | 面上项目 |
| 40 | 动态图上随机游走学习的理论研究及应用 | 扬州大学 | 面上项目 |
| 41 | 秸秆还田深埋改良下蜀黄土母质区果园亚表层机理 | 扬州红硕环境与生物工程研究有限公司 | 面上项目 |
| 42 | 水稻耐冷QTL’qRC10-2’候选基因的克隆与育种价值评价 | 江苏里下河地区农业科学研究所 | 面上项目 |
| 43 | “扬麦18”高结实性状遗传研究 | 江苏里下河地区农业科学研究所 | 面上项目 |
| 44 | 餐厨垃圾高盐发酵液制取生物聚酯PHA的应用基础研究 | 扬州科汇生态工程技术有限公司 | 面上项目 |
| 45 | C型利钠肽对鸡成熟脂肪细胞脂分解的作用及机制 | 江苏省家禽科学研究所 | 面上项目 |
| 46 | TNNI1基因在高邮鸭早期骨骼肌生长发育中的作用及其分子机制 | 江苏省家禽科学研究所 | 面上项目 |
| 47 | 基于NRAMP1基因的地方鸡种禽白血病抗性研究 | 江苏省家禽科学研究所 | 面上项目 |

（葛羽丰）

**■江苏里下河地区农业科学研究所** 2015年，江苏里下河地区农业科学研究所(简称农科所)在研课题(项目)204个，结项课题63个；新立项各类课题(项目)81个，其中国家级课题(项目)13个、省级课题(项目)36个、市级课题(项目)32个。新立项项目合同经费2224万元，往年项目及新立项项目实际到账经费2611万元。国家产业技术体系小麦功能研究室，小麦、水稻及油菜综合试验站通过“十二五”考评验收，进入“十三五”体系建设团队。“长江中下游小麦生物学与遗传育种重点实验室”项目获国家建设资金558万元。农业部“江苏淮南高产优质小麦原种扩繁基地”建设项目获建设资金400万元。新立项项目包括国家转基因生物新品种培育、国家公益性行业、中央财政农技推广等一批重大科研专项。

2015年，农科所获各类科技成果奖4个。其中，“高产优质多抗小麦新品种‘扬麦16’”获中华农业科技一等奖，“高效、节能核辐射杀菌工程化技术研究与推广”获全国商业科技进步二等奖，“超级稻‘扬粳4227’选育与应用”和“优质弱筋专用小麦新品种‘扬麦15’及品质调优技术”分别获得江苏省农科院科技二等奖和扬州市科技二等奖。

农科所培育的5个新品种通过审定和鉴定。其中，小麦新品种“扬麦24”通过浙江省审定，水稻新品种“扬粳113”和“扬粳282”分别通过国家审定和江苏省审定，芋头新品种“扬芋1号”和“扬芋2号”通过江苏省品种鉴定。“一种糯小麦烘烤食品及其制作方法”“一种酥性饼干及其实验室制作方法”“一种辐照保质糯米藕的加工方法”“田菁胶成膜型种衣剂”“稻纵卷叶螟颗粒体病毒苏云金杆菌生物杀虫剂及制备方法”“一种促进德国鸢尾种子萌发的方法”“一种用于检测谷梅4号抗稻瘟病基因Pigm(t)的分子标记InDel587”获国家发明专利。2项发明专利获扬州市优秀专利奖。制定发布8项省级、6项市级地方标准。获农药登记证3个。科研人员全年发表研究论文71篇，其中7篇论文被收入SCI(科学论文索引)。

2015年，农科所小麦和水稻学科分别以牵头和参加单位被列入江苏省农科院“十三五”首期重点建设学科序列。小麦新品种“扬麦25”通过国家初审。“扬麦16”连续6年被农业部列为主导品种，累计推广种植444.7万公顷，成为长江中下游麦区推广面积最大的小麦品种。“扬辐麦4号”年推广面积20多万公顷。抗赤霉病基因导入“扬麦13”，获5个抗性较好的代换系。优化水稻穗颈瘟接种流程，发现籼、粳亚种间存在不同的主效抗病基因及基因组合模式，创制出一批抗稻瘟病新材料。“扬粳805”推广面积近3.3万公顷。筛选出4个新型黄籽甘蓝型油菜育种材料，创制出8个含油量50%以上的育种材料。通过微生态分析确定兔肉腐败菌来源，明确最佳保鲜剂和包装制品辐照适宜剂量。研究、集成设施黄瓜病虫害综合防控技术体系。筛选出杀虫剂对褐飞虱的增效配方，研制出1个复配杀菌剂新产品。摸清“四水”(水稻、水产、水禽、水生蔬菜)生态种养模式中氮平衡和氮利用效率。分离出1株高毒力Bt菌株，对小菜蛾毒力较原生产菌株提高50%以上。改进机插秧育苗专用肥“育苗伴侣”产品配方，新研发的小麦种衣剂配方获定型，进入领证阶段。

2015年，农科所1个荸荠新品系“扬荠418”通过江苏省鉴定。长灯笼型辣椒新组合“扬1766”、橙黄瓤小果型西瓜新组合“扬6614”通过江苏省生产试验。“黄蝴蝶”“瑞荷”2个春兰新品种通过江苏省园艺学会技术成果鉴定。选育出4个花菖蒲、2个君子兰新种质。自主选育的春兰、蕙兰品种参加江苏省和扬州市2015年兰花展，获金奖2个、银奖3个、铜奖4个。（王守红　陈以博）

■**江苏省家禽科学研究所**　2015年，江苏省家禽科学研究所(简称家禽所)承担在研项目(课题)72个，其中延续项目(课题)25个、新增项目(课题)47个。验收结题项目14个。新增项目(课题)中主要竞争性项目包括国家自然科学基金项目5个，省农业科技自主创新项目1个，省属公益性科研院所建设项目1个，省重点研发项目1个，省自然科学基金5个，中央财政农业技术推广资金项目1个等。全年到账各类科研经费2578.52万元，其中新增项目(课题)到账科研经费2027.8万元，往年项目(课题)滚动到账科研经费550.72万元。

2015年，家禽所组织参加第二届江苏品牌农资暨农技成果(南京)交易会，展示苏禽青壳蛋鸡等9项新成果与花凤鸡等4项品牌实物，接受参会人员咨询300多人次。组织参加第二届江苏农业科技新成果新产品嘉年华活动，展示、发布“乌骨鸡育种模式构建和新品系选育及其利用”等10项新成果。

2015年，家禽所完成的“地方鹅种多样性评价利用及高效低碳养殖模式创新应用”“白羽肉鸡生产关键技术创新与应用”获江苏省科学技术三等奖，“肉鸽规模化健康生产配套技术的研究与应用”获扬州市科技进步二等奖。全年发表科技论文149篇，其中SCI收录19篇，最高影响因子5.578。专利授权18件，其中发明专利授权12件、软件著作授权1件。5个畜牧业行业标准申报2016年农业部部门预算项目，3个地方标准获立项。

2015年，家禽所组织青年科技人员进行学术交流，评选出10篇优秀论文。全年举办8次学术讲座。加强产学研合作，与常州立华牧业有限公司、高邮鸭集团、江阴市威特凯鸽业有限公司等企业开展技术合作，破解产业发展难题；在河南天成鸽业有限公司建立“中国农科院家禽研究所肉鸽研究基地”；与新疆伊犁州签订战略合作协议，共同开展稻鸭共作技术研究，支援新疆稻田养鸭产业发展；与北京峪口禽业签订合作框架协议，建立长期合作关系。与中国农业大学、南京农业大学、湖北省农科院、山东农业大学、四川农业大学、扬州大学等单位进行合作研究。开展科技服务。全年为400多户养殖户2000多人提供技术咨询服务，为30多家企业提供技术支持，编印《2015挂县强农富民工程家禽科技简报》4期，全年开展集中培训10场，发放资料6000多份。“农业部种禽质量监督检验测试中心(扬州)”“农业部禽类产品质量安全风险评估实验室”和“农业部饲料和饲料添加剂有效性试验机构”等检测机构为各级政府部门、养禽企业提供产品、生产性能和饲料添加剂有效性检测等服务。

（肖　芹）

■**“高转换率大尺寸倒装四结太阳能电池”项目**　扬州乾照光电有限公司完成的“高转换率大尺寸倒装四结太阳能电池”项目获2015年度扬州市科技进步特等奖。该项目利用特殊技术，克服各种不同材料间不兼容困难，在原有的倒装三结太阳能电池基础上研发出转化效率更高的产品，解决转化效率低难题，生产出的高效薄膜电池广泛应用于北斗卫星等系列、地面无人机等电源。扬州乾照光电有限公司与上海一家公司合作，将高效薄膜电池应用于可穿戴设备上。传统可穿戴设备在使用一段时间后需要更换电池或充电，贴上这种薄膜电池，在阳光下能获得能量继续使用。

（杨　科）

■**“LPS数控激光加工生产线”项目**　江苏金方圆数控机床有限公司完成的“LPS数控激光加工生产线”项目获2015年度扬州市科技进步特等

科洽会上机器人跳舞吸引市民观看　　王　卓/摄

奖。该项目是机器视觉定位技术，目前全球只有部分单机系统在使用这样的技术，江苏金方圆数控机床有限公司的整条生产线都使用这样的技术，处于国际领先地位。机器视觉定位技术给生产线系统装上“眼睛”，通过对冲床加工中任意2个孔进行拍照，通过软件计算，确定板材在切割机上的零点坐标及偏转角度，避免人工繁琐和精度欠缺。无论是生产空调钣金还是冰箱钣金，冲床、激光切割等加工工序需要时间不同，原有生产线主要是针对其中1项来制作，江苏金方圆数控机床有限公司的生产线是高度开放式的柔性生产线技术，可根据目标产品不同，改变钣金加工设备的配置，如冲、折、焊等加工设备，在国际上处于领先水平。“LPS数控激光加工生产线”的运用，提高企业劳动生产率1.5倍以上，节约能源，提高原材料的使用率15%以上。
（杨　科）

**■2015中国扬州科技成果展示洽谈会——智能装备暨智能机器人科技成果专场对接洽谈会**　5月18—22日，2015中国扬州科技成果展示洽谈会——智能装备暨智能机器人科技成果专场对接洽谈会在市科技广场举行。本次科洽会主题为智能装备暨智能机器人。清华大学、哈尔滨工业大学、东南大学、华中科技大学等26所高校院所的200多项科技成果到扬交流，国际机器人及智能装备产业联盟和近60家企业组织无人机、机器人、3D打印机、新能源汽车等110件产品参展洽谈。扬州市组织4场企业与高等院校、科研院所科技成果对接洽谈活动，举办智能制造与工业4.0、以机器人为主导的现代制造、机器人技术和产业现状及发展趋势等5场专题报告会。吸引政府部门、企业、科研人员、市民、学生等2万多人参观展览，达成科技合作项目68个，其中集中签约项目40个。
（杨　科）

## 知识产权保护

**■概述**　2015年，全市专利申请2.48万件，其中发明专利申请5771件；获专利授权1.39万件，其中发明专利授权754件。专利合作条约(PCT)专利申请45件，万人有效发明专利拥有量6.2件。组织举办首届市级专利奖评奖活动，共评选出10项专利奖金奖，52项专利奖优秀奖。2项专利项目获中国专利奖优秀奖；1项专利项目获省专利奖金奖、3项专利项目获省专利奖优秀奖，奖牌数位列全省第五名。

推进知识产权强县（市、区）建设，提升区域知识产权工作整体水平，组织江都区从国家级知识产权强县工程试点区升级为示范区，扬州经济技术开发区和扬州高新技术产业开发区从省级知识产权试点园区升级为示范区，获批省知识产权局经费支持55万元。高邮市获批国家知识产权试点城市，邗江区完成国家知识产权强区工程试点验收，获批省知识产权强省建设示范区。　（葛羽丰）

**■知识产权执法行动**　制定、发布《扬州市2015年知识产权执法维权“护航”专项行动方案》，部署全市2015年专利行政执法工作。指导成立人民纠纷调解委员会，加强纠纷诉前调解与维权。联合省、市、区开展联合执法，针对商贸流通领域全年出动执法检查10次，累计检查商品数量3000多件，查处假冒案件155件，办结专利侵权纠纷案件2件，加大对各地开发区等地执法检查，弥补因执法权缺失造成的功能区执法“真空”的不足。　（葛羽丰）

**■知识产权载体平台建设**　2015年，扬州市知识产权维权援助服务纳入国家网络，开通“12330”知识产权维权援助与举报投诉公益热线，开展知识产权的维权、援助、侵权判定、技术交易、纠纷调解等服务。全年扬州市知识产权维权援助服务中心为社会提供电话维权服务100多次，受理举报投诉案件15件，移送侵权案件10件，调解结案5件，协助查处假冒知识产权案件160件。举办知识产权工程师培训班、企业总裁和知识产权总监培训班和PCT专利培训班，开展知识产权培训服务5场，培训人员500人次。　（葛羽丰）

**■知识产权项目建设**　2015年，全市有6家企业贯彻《企业知识产权管理规范》(国家标准GB/T 29490—2013)工作通过绩效评价，8家企业获评江苏省企业知识产权管理规范先进单位，3家企业获批成为省知识产权战略推进计划项目。扬州经济技术开发区“太阳能光伏和LED照明产业”和邗江区“数控成形机床产业”分别承担的国家、省级战略性新兴产业知识产权集群管理试点项目通过验收，其中扬州经济技术开发区承担的试点项目获国家经费支持20万元。扬州市工艺品美术交易中心获批成为国家级知识产权保护规范化培育市场。扬州时代广场、苏中商贸城获批成为省级正版正货示范创建街区，获经费支持40万元。万家福、京华城、高邮路灯展销城创成市级正版正货创建街区，27家企业获批成为省级正版正货示范承诺企业。

（葛羽丰）

■**扬州市首届市级专利奖** 2015年，扬州市知识产权局组织举办首届市级专利奖评奖活动。经各地知识产权局、有关单位推荐，扬州市知识产权局组织全市97个单位及个人发明、实用新型和外观设计专利项目参加评选。由扬州市专利奖评选工作领导小组组织评审，扬州市知识产权局组织审核，最终评选出62个获奖项目。其中，发明专利市级专利金奖10个；发明、实用新型专利市级专利优秀奖51个，外观设计专利市级外观设计优秀奖1个。推荐部分获奖专利项目参加国家、省级专利奖评奖活动。其中，2个专利项目获中国专利奖优秀奖，1个专利项目获省专利奖金奖、3个专利项目获省专利奖优秀奖。

（杨　科）

**第17届中国专利奖扬州市获奖项目情况表**

表28-14

| 序号 | 项目名称 | 完成单位 | 所获奖项 |
|---|---|---|---|
| 1 | 恒张力补偿装置 | 扬州东方吊架有限公司 | 优秀奖 |
| 2 | 一种多出料通道挤压膨化机 | 江苏牧羊集团有限公司 | 优秀奖 |

（葛羽丰）

**第九届江苏省专利奖扬州市获奖项目情况表**

表28-15

| 序号 | 项目名称 | 完成单位 | 所获奖项 |
|---|---|---|---|
| 1 | 一种拟除虫菊酯化合物中间体的制备方法 | 江苏扬农化工股份有限公司、江苏优士化学有限公司 | 金　奖 |
| 2 | 2,6-二氯苯腈的工业化生产方法 | 扬州天辰精细化工有限公司 | 优秀奖 |
| 3 | 铅纤维丝及其制作方法 | 扬州锦江有色金属有限公司 | 优秀奖 |
| 4 | 合成丙二醇甲醚醋酸酯（PMA）的工艺 | 江苏华伦化工有限公司 | 优秀奖 |

（葛羽丰）

# 气象测报

■**概述** 2015年，扬州市气象局发布决策服务材料120期，服务短信1.68万多条次。加强公众气象服务，成立“市民气象观测联盟”；通过多媒体、微信、微博等方式发布气象信息。在扬州“烟花三月”国际经贸旅游节、鉴真国际半程马拉松赛、扬州建城2500周年城庆等系列重大活动中，提供气象精细化预报服务。开展“三农”（农村、农业、农民）气象服务，指导农民防灾减灾，为涉农部门及种养殖大户发布农业气象服务材料112期。5个县（市、区）气象局的中央财政“三农”气象服务专项建设项目通过江苏省气象局验收。高邮市龙虬镇、宝应县柳堡镇、江都区邵伯镇成为全国“标准化气象灾害防御乡镇”，高邮市界首镇成为全省“标准化气象灾害防御乡镇”。

完善环境气象业务，全年发布大雾预警信号16次、霾预警信号6次；联合扬州市环保局对公众发布未来24小时扬州空气质量等级（AQI）预报和重污染天气预警，推进县级重污染天气预报预警和空气质量预报发布工作。

提升气象基础业务质量，全年地面综合观测业务质量指标完成江苏省气象局规定目标，高于近5年平均水平；晴雨预报准确率90.5%，台风、暴雨、高温、大风等灾害性天气24小时预报准确率87.6%，气象基础质量综合排名位列全省第四名。履行政府管理职能，规范行政权力，深化行政审批制度和中介技术改革。做好全市防雷安全工作的检查、指导和整改督查等工作，联合市安全监督管理、交通运输等部门开展防雷安全专项检查。

推进气象现代化建设，现代化指标进程综合评分83.7分。确定高邮市气象灾害预警中心建设选址，宝应县气象灾害预警中心投入使用。完善气象灾害防御机制。修订《扬州市气象灾害应急预案》；高邮、宝应、江都、邗江、仪征制发气象灾害防御规划；参加全省气象应急演练和全市“综合应急联动拉练”和分专项演练5次。完善扬州市突发事件预警信息发布平台，试运行正常。强化气象科技和人才队伍建设，地厅级新立项目3个，发表论文5篇（核心期刊2篇），获实用新型专利授权1件、计算机软件著作权8件、省气象局科技成果三等奖1个，2个项目申报江苏省气象部门创新工作；2015年，扬州市气象局获省气象行业职业技能竞赛团体第一名，个人全能第一名、第七名，单项第一名、第三名。

（陈绘卉　沙维茹）

**■气象灾害**　2015年，扬州市灾害性天气主要有暴雨、高温、雷电、强对流（雷雨大风、冰雹、龙卷）、雾、霾、台风、寒潮、低温连阴雨、雨雪冰冻等。全市2.06万人受灾，转移安置121人，受伤2人，损坏房屋783间，农作物受灾面积5075公顷，成灾面积9841公顷，绝收面积4910公顷，灾害造成直接经济损失2755万元。

（1）雾霾。1月25日23时至26日9时，扬州市区（不含江都区）、江都出现浓雾，大部分地区能见度不足200米，部分地区不足50米。受大雾影响，京沪高速、启扬高速、扬溧高速、沪陕高速封闭3小时，镇扬汽渡停航6小时。328国道扬州段发生1起交通事故，1人受伤。12月31日5—10时，扬州市出现浓雾天气，其中扬州市区、宝应、江都、仪征等部分地区能见度不足50米，受大雾影响，扬州境内的京沪高速、启扬高速、扬溧高速、沪陕高速及镇扬汽渡封闭或停航4小时。

（2）冰雹。4月28日，受东北冷涡影响，全市大部分地区出现短时强降水、雷雨大风，仪征地区出现强冰雹天气。最大风速出现在仪征枣林湾24.3米/秒（9级）；仪征等地出现短时强降水，1小时最大降水量32毫米（仪征青山）；仪征市区和部分乡镇出现强冰雹，冰雹直径约3.5厘米。仪征市受灾人口约300人，其中紧急转移安置13人；损坏房屋5户15间；农作物受灾面积约120公顷，其中成灾面积约90公顷，绝收面积约30公顷；数十个大棚受损及部分车辆玻璃遭毁坏。灾害造成直接经济损失约600万元。扬州市区1处建筑工地脚手架因大风倒塌，砸坏7辆汽车。

（3）雷暴大风、雷电。8月6日，受高空槽后冷空气影响，扬州市自北向南出现强对流天气，部分地区出现短时强降水和雷雨大风。仪征、宝应多个乡镇出现7～8级雷雨大风，最大风速出现在仪征月塘水库20.1米/秒（8级）。宝应县440人受灾，房屋倒塌18间、受损114间；3户太阳能热水器被吹落在地；5户铝合金门窗受损；32台电视机受雷击损坏；望直港镇1台变压器损坏，造成宝射河南沿线6个村供电中断；约3000棵树被风刮倒，部分道路受堵无法通行。造成23公顷芡实、20公顷玉米、10公顷黄豆减产。居民家庭财产损失150万元。

（4）暴雨。5月14—16日，受冷空气和低涡影响，全市普降暴雨，局部大暴雨。累计最大降水量206毫米（江都丁沟）。全市9110人受灾，其中紧急转移安置103人；房屋倒塌5间，房屋损坏52间；农作物受灾面积1612公顷；水产受灾面积285公顷，多户居民家中进水，部分低洼路段积水严重，给交通出行造成较大影响。灾害造成经济损失近811万元。6月24—29日，受梅雨带影响，扬州市出现连续性暴雨天气过程，全市农作物受灾面积2.35万公顷，成灾面积0.9万公顷，绝收面积0.47公顷，受灾作物为水稻、玉米和大豆。受暴雨影响，6月28日，高邮界首镇甓湖社区1户居民3间房屋倒塌，经济损失2万元。

（5）台风。7月12日，受第9号台风“灿鸿”影响，全市出现中雨，并伴有6级、阵风7～8级东北大风，最大风速19.3米/秒（8级，江都丁沟）。受大风影响，江都区邵伯镇、滨江新城受灾人口336人，受伤1人，紧急转移安置5人，受损房屋3间，水产养殖受灾面积246公顷。灾害造成直接经济损失484万元。8月9—10日，受第13号台风“苏迪罗”登陆后减弱的低压影响，全市出现大暴雨，局部特大暴雨，并伴有7～8级偏东大风。全市87个加密自动气象观测站中，累计降水量超过250毫米的有4个，超过100毫米的有76个，超过50毫米的有84个，最大降水量364.8毫米（邗江槐泗）。极大风速19.9米/秒（高邮马棚）。宝应县受灾人口1897人，房屋倒塌31间，房屋受损417间，30台太阳能受损，望直港镇火花村1处变压器因遭滑坡影响损坏，造成部分村供电中断。约5000棵树被风刮倒，部分道路因倒树阻塞受堵无法通行。大豆、水稻、芡实等农作物60多公顷遭受减产损失。居民家庭财产损失178万元。

（邹建新）

**■主要天气气候事件**　1月末出现强降雪。1月28—30日，受冷暖空气共同影响，全市出现明显雨雪天气过程。其中，28—29日全市普降大雪，局部暴雪，积雪深度6厘米以上，扬

**2015年扬州市气象资料表（一）**

表28-16

| 天气现象 | 初日 | 终日 | 初终间日数（天） |
|---|---|---|---|
| 霜 | 11月3日 | 4月10日 | 159 |
| 雪 | 12月3日 | 2月28日 | 88 |
| 积雪 | 1月28日 | 1月30日 | 3 |
| 结冰 | 12月2日 | 4月8日 | 128 |
| 最低气温0摄氏度以下 | 12月2日 | 3月11日 | 100 |

注：表内资料统计时段为2014年11月至2015年12月　（张网定）

**2015年扬州市气象资料表（二）**

表28-17

| 天气现象 | 初日 | 终日 | 初终间日数 |
|---|---|---|---|
| 雷暴 | 2014年停止观测 | | |
| 无霜期日数（天） | 229 | | |

注：表内资料统计时段为2015年1—12月　（张网定）

州最深为7.9厘米。

春季出现历史罕见强降水。3月17—19日，受北方较强冷空气和西南暖湿气流共同影响，扬州市区、江都、仪征出现罕见大雨，并伴有雷电天气过程，累计降水超过70毫米，其中江都日最大降水量为3月历史次极值，仪征日最大降水量为3月历史第四高值。

4月初出现罕见的“倒春寒”和连续低温阴雨天气。4月上旬受较强冷空气影响，全市出现连续低温阴雨天气，伴随着自北向南的气温骤降，出现明显的“倒春寒”天气。8日，大部分地区出现霜冻，部分小麦幼穗受冻，影响穗粒数，过低的温度对已播玉米、棉花的出苗及苗期生长不利。4月上旬全市各地雨日数4～5天，降水量20.7毫米(宝应)～57.7毫米(仪征)，宝应较常年同期偏多6成，其余偏多1～2倍；平均气温10.0摄氏度(宝应)～13.2摄氏度(扬州市区)，较常年偏低1.8摄氏度～2.7摄氏度。

入梅偏晚，出梅略迟，雨量偏多。2015年，梅雨期为6月24日至7月13日，梅雨期天气特点：(1)入梅偏晚，出梅略迟；梅雨期历时20天，较常年略短(常年22天)。(2)梅雨量偏多，且分布不均。全市梅雨量200.8毫米(高邮)～351.1毫米(宝应)。与常年梅雨量相比，除高邮偏少2成，其他偏多2～6成。(3)入梅初期强降水集中，后期晴雨相间为主。梅雨期出现4次暴雨过程，分别是6月24日、6月25日、6月26—27日、6月29—30日。入梅后，出现连续性强降水过程，其中6月26—27日南部地区出现大暴雨，最大日降水量206.1毫米(仪征青浦)。全市大部分地区7天的累计雨量超常年梅雨量。(4)台风来得早，强度强。梅雨期有台风影响，比常年偏早。7月10—12日，第9号台风“灿鸿”给扬州市带来7～8级大风，全市普降中雨，局部中到大雨。(5)平均气温较常年偏低，天气相对凉爽。由于冷空气活动频繁，暖湿气流偏弱，梅雨期天气凉爽宜人。各地平均气温24.9摄氏度～25.3摄氏度，比常年同期偏低1.6摄氏度～2.3摄氏度，为近10年以来同期最低。

7月、8月出现强台风。7月10—12日，受第9号台风“灿鸿”影响，全市出现6级、阵风7～8级东北大风，最大风速19.3米/秒(8级，江都丁沟)；全市普降中雨，部分地区出现中到大雨，最大降水量26.4毫米(仪征刘集)。8月9—10日，受第13号台风“苏迪罗”登陆后减弱的低压影响，全市普降大暴雨，局部特大暴雨，并伴有7～8级偏东大风。全市87个加密自动气象观测站，累计降水量超过250毫米的有4个，超过100毫米的有76个，超过50毫米的有84个；最大降水量364.8毫米(邗江槐泗)。极大风速19.9米/秒(高邮马棚)。

夏季出现连续高温天气。受西太平洋副热带高压控制，7月27日至8月6日，扬州市出现连续高温天气。扬州市区及各县(市、区)城区35摄氏度以上高温日数为：扬州市区10天、宝应1天、高邮9天、仪征10天、江都10天；日极端最高气温为40.0摄氏度，出现在8月4日(江都大桥)。高温日数除宝应较常年偏少外，其他各地接近常年。

6—8月，暴雨频发。汛期为6—8月，全市共出现12次局地性暴雨和4次区域性暴雨过程，降水时空分布不均。

雾、霾日较常年偏多。2015年，全市出现轻度(能见度＜5千米)以上霾日94天(宝应)～131天(扬州市区)，较常年偏多2～3倍。从空间分布来看，扬州市区、高邮为霾高发区，全年轻度以上霾日数超过100天。宝应、江都为霾次高区，年轻度以上霾日数高于90天。

2015年，全市出现大雾日39天(高邮)～108天(仪征)，除高邮接近常年，其他较常年偏多1～2倍。雾、霾天气给人民生产生活、交通运输、大气环境造成较大影响。 (邹建新)

■**气象基础业务建设** 开展气象服务平台建设，建立降水、温度预报订正系统。开展扬州市突发事件预警信息发布平台建设，扬州气象观测资料规范化处理系统投入业务运用，收集整理气象灾害资料。开展气象灾害风险区划工作，在高邮建设风廓线雷达，在扬州市区开展反应性气体观测，实现自动气象站维护社会化保障。全年地面综合观测业务质量指标完成江苏省气象局规定目标，常规气象报告、城镇天气预报资料及其他规定数据的传输及时率100%，晴雨预报准确率90.5%，台风、暴雨、高温、大风等灾害性天气24小时预报准确率87.6%。发布气象预警信号63次，其中2次暴雨红色预警并展全网发布；出现各类灾害性天气48次，预报准确率77%。气象基础质量综合排名位列全省第四名。 (沙维茹)

■**气象科技** 市气象局组建精细化预报、环境气象预报等2个气象科技创新团队，新增江苏省第四期“333工程”培养对象1人，新增江苏省气象局业务科技青年新秀1人。2个软科学项目通过省气象局验收，28个市气象局自立课题结题验收；获批市科协新立课题1个，市气象局自立课题17个；发表科研文章5篇，其中核心期刊发表论文2篇；获实用新型专利授权1件、计算机软件著作权8件、获省气象局科技成果三等奖1个。举办“2015年扬州市青年学术年会——气象学术交流及前沿科技讲坛”。 (陈绘卉　沙维茹)

■**气象服务** 决策服务、公众气象服务准确及时。发布决策服务材料120期。扬州“烟花三月”国际经贸旅游节、鉴真国际半程马拉松赛、扬州建城2500周年城庆等系列重大活动中，提供气象精细化预报服务。扬州气象官方微博增加空气污染气象条件等级预报、空气质量预报等多种气象衍生产品。2015年，召开7次新闻发布会向公众通报重大节假日天气和重大天气过程。通过手机短信、电视、广播、网站、电子显示屏、农村大喇叭、微博、微信、服务热线等发布各种气象信息，提高气象信息覆盖面。新增公交站点(59站)、电子显示屏(68块)发布重大气象预警信息。

(沙维茹)

**■气象灾害防御体系建设** 完善气象灾害防御机制。修订《扬州市气象灾害应急预案》,高邮、宝应、江都、邗江、仪征制发气象灾害防御规划,参加全省气象应急演练和全市"综合应急联动拉练和分专项演练"5次。推动扬州市突发事件预警信息发布平台建设,试运行正常。高邮市龙虬镇、宝应县柳堡镇、江都区邵伯镇成为全国"标准化气象灾害防御乡镇",高邮市界首镇成为全省"标准化气象灾害防御乡镇"。完善气象灾害预警信息发布系统,所有乡镇、部分行政村建成气象信息站258个;229个电子显示屏和327个预警大喇叭用于发布重大灾害预警信息;1195名气象信息员覆盖乡镇、村,定期组织气象信息员培训和交流。加强气象科普宣传。通过"3·23"世界气象日、防灾减灾日、安全生产宣传月等普及防灾减灾气象知识;通过参加"12345"政风行风热线,现场受理市民来电诉求。

2015年,扬州市气象局取消雷电灾害评估行政审批事项,取消雷电灾害风险评估和防雷产品测试报告涉审前置中介服务项目,取消申请人提供防雷装置设计技术评价报告的前置要求及相应的服务收费。修订、公布行政权力清单和权力事项责任清单,修订服务窗口系列管理制度和行政审批服务项目监管制度。履行政府管理职能,做好全市防雷安全工作的检查、指导和整改督查等工作,联合安监、交通等部门开展防雷安全专项检查。落实《扬州市气象局服务企业发展、助推改革工作实施方案》《扬州市气象服务用户回访工作实施细则》《扬州市防雷中介服务机构改革和发展实施意见》,修订《扬州市气象局行政处罚自由裁量权适用规则》《扬州市气象局行政处罚罚款裁量参照执行标准》,编制《扬州市雷电防护业务技术手册》。

(顾承华 沙维茹)

**■扬州市"市民气象观测联盟"组建** 3月14日,扬州市气象局和扬州晚报社联合通过电视、报纸、气象官方微博等方式向社会发布,面向全市范围招募"市民气象观测员"。3月21日,扬州市"市民气象观测联盟"正式组建。50人受聘成为"市民气象观测员",聘期2年。"市民气象观测员"通过培训,担当"观测"责任,补充气象观测网密度不足问题,对于发生在身边冰雹、龙卷风、台风、暴雨等灾害性天气及引发的灾害等,通过网络、手机微信等方式,发送实况图片或视频,及时报送到市气象台,为气象部门研究灾害性天气提供资料。

(杨 科)

## 水文测报

**■概述** 2015年,全市各级水文部门做好水文测报工作,通过扬州市境内水文站网对江河、湖泊、渠道、水库水位、流量、水质、水温、水下地形和地下水资源及降水量、蒸发量、风暴潮等实施监测、分析与计算,为开发、利用、节约、保护水资源和防灾减灾提供服务。

地表水水文测验。全市水文站网观测水位、潮位、流量、降水量、水温、蒸发量和墒情等7类水文数据。流量站施测瓜洲闸站流量24次,施测泗源沟闸站流量32次,水位流量关系延长均未超出规范允许范围。全市24个遥测水(潮)位站和25个遥测雨量站在线率和单站实时在线率均超99%。

地下水监测。全市有Ⅰ～Ⅳ承压的深层地下水监测井73眼。Ⅰ承压含水层水位上升区主要位于仪征市马集镇区域,其余地区水位保持稳定;Ⅱ承压含水层大部分监测井水位呈上升趋势,上升区主要位于扬州市区(不含江都区)、高邮市及宝应县部分区域;Ⅲ承压含水层大部分监测井水位呈上升趋势,上升区主要位于江都区、高邮市及宝应县部分区域;Ⅳ承压水含水层中,高邮市、宝应县大部分监测井水位呈上升趋势。全市有浅层地下水监测井18眼。扬州地区平均地下水位与上年相比有所上升,发生的最低水位、最高水位比上年偏高的较多,主要原因是2015年降水量比上年偏多31%;雨季前(5月1日前)、雨季后(9月16日后)多数监测井地下水位比上年偏低,主要原因是2015年降水主要集中在6月、8月,2个月降水总量占全年的48%以上。2015年末,全市地下水位与上年同期相比,除月塘水库站下降0.50米外,其他区域与上年末基本持平。

水文部门在大运河扬州市与淮安市交界处的泾河镇设立省属市际断面,实时监测大运河流量,计量考核全市里运河沿线各县(市)实时用水情况。全年施测518次。其中,施测江水165次,最大流量254立方米/秒,引江水17.28亿立方米;施测淮水353次,最大流量287立方米/秒,排淮水17.29亿立方米。

(顾春锋 谈 立 王丽丽)

**■水文服务** 2015年,扬州水文分局编制扬州市水资源公报、扬州市地下水监测年报、扬州市各县(市、区)地下水压采方案、扬州市水资源保护规划、仪征市节水型社会建设规划等报告。编制高水河江都水源地、长江三江营江都水源地达标建设方案。完成高邮送桥镇五星冲小流域监测点和江都吴桥季刘河小流域监测点水土保持监测和资料整编。

(尹景伟 王亚宾)

**■雨情水情** 2015年,扬州市年降水量比常年多31%。6月24日入梅,7月13日出梅,梅雨期20天,梅雨量较常年偏多8%。三河闸开闸行洪5次,最大流量6280立方米/秒,万福闸、太平闸、金湾闸同步开闸排洪,沿线水位均未超出警戒水位。入梅后至8月底,受降水影响,里下河腹部地区水位全线上涨并先后超警戒水位,江都抽水站开机抽水3次。里运河扬州段沿线用水分别由江水和淮水补充,水位正常。长江大通流量正常,全市沿江潮位全年未超警戒水位。扬州市城区及月塘水库全年水位基本正常。

一、雨情

1. 年降水量

全市面平均年降水量1321.8毫米,比常年偏多31%。降水时间主要集中在6—8月,3个月降水总量占全年的59%。空间分布上较为均匀,年最大降水量点为邗江区瓜洲闸站,降水量1470.4毫米，比多年均值偏多38%；年最小降水量点为高邮市三垛站，降水量1014.2毫米，比多年均值偏多3%。

2. 梅雨

扬州市6月24日入梅（常年6月18—19日），7月13日出梅（常年7月10日），梅雨期20天（常年22天），面平均梅雨量259.9毫米，比常年偏多8%，属正常年份。降水量分布不均，宝应县最多，面平均梅雨量328.2毫米，比常年偏多44%；高邮市最少，面平均梅雨量211.2毫米，比常年偏少15%；其他县（市、区）梅雨量在250毫米左右，与常年持平。入梅后，全市出现连续性强降水过程，前7天的梅雨量229.9毫米，比常年梅雨总量少4%，占全年梅雨总量的88%，为历年罕见。

3. 台风

2015年，扬州市受台风影响较大。7月11日，受第9号台风"灿鸿"外围影响，全市出现小到中雨，伴有6～7级大风，阵风8～9级。8月10日，受第13号台风"苏迪罗"和冷空气共同影响，全市遭遇特大暴雨，面平均降水量152.5毫米。

4. 暴雨

2015年，扬州市降水比较集中，局地性暴雨较多，暴雨频繁，主要有6月2日、6月15—17日、6月24日、6月26日、6月29—30日、7月24日、8月10日、8月19日等8次暴雨过程。其间，因水利工程调度得当，8次暴雨未对全市造成明显影响。

二、水情

1. 淮河入江水道

2015年入梅前，蚌埠闸来量不大，入江水道水情平稳。入梅后，淮河流域连续遭遇暴雨，蚌埠闸来量迅速加大，淮河干流出现洪水过程，三河闸于6月26日开闸泄洪，万福闸、太平闸、金湾闸同步开闸排洪。8月下旬起三河闸未再开闸，入江水道水情平稳，水位正常。高邮湖最高水位8.00米（7月5日），邵伯湖最高水位6.94米（7月12日）。

2015年，三河闸开闸72天，排水152.8亿立方米；万福闸开闸134天，排水166.6亿立方米；太平闸开闸15天，排水86.44亿立方米；金湾闸开闸13天，排水73.20亿立方米。

2. 里下河腹部地区

入梅前，江都东闸和高港节制闸间断引水补给，扬州市里下河腹部地区水位基本正常。入梅后至8月底，受降水影响，里下河腹部地区水位全线上涨并先后超警戒水位，江都抽水站3次开机抽水。9月后，江都东闸和高港节制闸间断引水补给，扬州市里下河腹部地区水位基本正常。射阳镇最高水位2.98米（8月12日），陆庄最高水位3.85米（8月11日），三垛最高水位2.86米（8月12日）。

江都东闸全年开闸引水239天，引水19.96亿立方米；排里下河涝水49天，排水18.57亿立方米。

3. 里运河

2015年，里运河扬州段沿线用水由江水、淮水共同补充，江都抽水站间断抽引江水补充里运河沿线用水。入梅后至8月，受降雨影响，里下河区涝情明显，江都抽水站26日开机抽取里下河涝水，芒稻闸3次开闸排水。里运河扬州段水位正常。邵伯、高邮、宝应、泾河站最高水位分别为8.02米（11月13日）、7.84米（11月13日）、7.69米（11月2日）、7.76米（6月5日）。

**2015年扬州市各片水位特征值一览表**

表28-18　　　　单位：米

| 片　名 | 站　名 | 日平均水位 | | 最高水位 | 最低水位 |
|---|---|---|---|---|---|
| | | 年初 | 年末 | | |
| 里下河 | 三　垛 | 1.08 | 1.29 | 2.86 | 1.00 |
| | 射阳镇 | 0.99 | 1.13 | 2.98 | 0.79 |
| 入江水道 | 高邮(高) | 6.06 | 6.17 | 8.00 | 5.84 |

（顾春锋）

江都抽水站全年开机抽江水136天，抽水29.62亿立方米，抽里下河涝水49天，抽水18.67亿立方米；芒稻闸开闸50天，排水20.81亿立方米；经泾河站，江水北上17.28亿立方米，淮水南下17.29亿立方米。

4. 长江来量和沿江潮位

2015年，长江大通流量与常年相比基本持平。最大流量出现在6月，较常年偏早。受其影响，6月沿江潮位偏高。大通流量超过5万立方米/秒天数有32天，超过4.5万立方米/秒天数有52天。

扬州市沿江潮位正常，泗源沟闸、瓜洲闸、三江营站均未超出警戒水位，最高潮位分别为6.14米（6月29日）、5.64米（7月4日）、5.13米（7月10日）。

5. 扬州城区与仪六区月塘水库

2015年，扬州城区与仪六区月塘水库水位基本正常。泗源沟闸和瓜洲闸分别间断开闸排水，改善城区水环境。入梅后，扬州市连降暴雨，由于同期长江潮位较高，排水较为困难，泗源沟闸、瓜洲闸抢低潮排水，月塘水库开启溢洪道泄洪。8月10日，受强降雨影响，扬州城区内河水位高涨，部分路段积水明显，泗源沟闸和瓜洲闸开闸排水。8月11日8时，两闸流量分别为173立方米/秒和115立方米/秒，内河水位开始回落。

2015年，泗源沟闸开闸135天，排水2.08亿立方米；瓜洲闸开闸340天，排水6.84亿立方米。

（顾春锋　谈　立）

**水质监测**　2015年，全市水文部门加强对南水北调输水干线、集中式饮用水水源地、水功能区、深层地下水、入河排污口及突发性水污染事故等水质监测。全市有地表水定期定点监测站点89个、集中式饮用水水源地监测站点12个、省管湖泊监测站点13个、深层地下水监测站点18个、入河排污口监测站点55个，全年监测总站次2074次，监测项目包括水质感观、无机物污染、有机物污染、有毒有害物质等，获各类数据3.4万个。全年编制《扬州市水功能区水质通报》12期。

水功能区水质监测。单月监测全市68个水功能区81个水质监测站点，双月监测全市44个重点水功能区56个水质监测站点。

集中式饮用水水源地水质监测。每月5日、25日定时监测全市12个集中式饮用水水源地，保障饮用水安全。

突发性水污染事件应急监测。6月下旬，淮河上中游及里下河地区普降暴雨，江都抽水站抽排里下河涝水，6月27日至7月7日逐日对扬州一、三水厂取水口，江都一水厂取水口及江都二水厂取水口进行水质跟踪监测，为居民饮用水安全提供技术支撑。

深层地下水水质监测。加强丰水期和枯水期地下水水质监测，3月和8月定期监测全市18个深层地下水监测站点，为水利部门开发地下水资源提供技术支撑。

入河(湖)排污口水质监测。5月和10月，分别对55个入河(湖)排污口进行水质、水量同步监测，为扬州市水环境治理提供依据。

省管湖泊水质监测。在高邮湖、邵伯湖、宝应湖和白马湖等各生态区布设监测站点13个，每季度监测1次，为湖泊管理提供基础资料。

(刘　芳)

**■水文站网建设** 10月，宝应(大)自记台重建工程通过竣工验收，乌塔沟分洪道水文监测系统工程通过完工验收；11月，江苏省中小河流水文监测系统土建及附属设施扬州市单位工程通过完工验收；12月，泾河水文站改造工程通过完工验收，高邮(高)低水位自记台改造工程通过完工验收。　(王亚宾)

## 防震减灾

**■概述** 2015年，扬州市地震局加强台站管理，提升监测预报能力；创新审批思路，转变审批方式，打造科学震害防御管理平台；丰富宣传载体，扩大防震减灾科普知识受众面；开展预案演练，指导县(市、区)政府层面开展地震应急演练，推进乡镇(街道)应急演练全覆盖。　(刘智霞)

**■震害防御** 建设工程开展地震安全性评价，进行抗震设防，加强对辖区内地震安全性评价项目跟踪督查。市地震局简化工业园区项目前置性评估集中评价，出台《地震安全性评价建设工程简化和分级分类实施细则》。加强涉审地震安全性评价中介机构管理，印发《涉审地震安全性评价中介机构星级评定办法(试行)》。

实施城市地震活断层探测工程。7月，“主要目标断层浅层人工地震详勘”等子专题通过验收，完成“跨断层钻孔联合剖面钻探”专题野外作业。

开展地震安全示范社区和科普示范学校创建。2015年，高邮经济开发区九园社区和邗江区双桥街道石桥社区创成国家级地震安全示范社区。仪征市新北花苑社区等5个社区创成省级地震安全示范社区。邗江区维扬实验小学等2所学校和扬州未成年人素质教育基地(宝应)创成省级防震减灾科普示范学校(基地)。

(刘智霞)

**■地震活动监测** 2015年，全市范围内地震活动相对平静，未发生里氏4.0级以上地震。全市地震监测台网观测运行率99%。宝应地震台获全省电磁波项目评比第一名。高邮地震台四分量磁力仪、地电阻率和前兆数据管理与系统维护均获专项评比第一名。高邮地震台强震动获运行维护二等奖。高邮地震台获全省台站观测资料质量分析报告评比第一名。总投资600万元的仪征市铜山地震台重建工程完成房屋封顶、仪器设备完成安装并投入运行。　(刘智霞)

**■地震应急救援** 2015年，市地震局开展新一轮地震应急预案修订。完善扬州市地震局、各县(市、区)人民政府地震应急预案，完善地震应急管理制度；督促有关部门和单位修订相关地震应急预案并报市地震局备案。社区、学校、企业开展地震应急演练。10月15日，市地震局联合邗江区政府举行邗江区地震应急综合桌面演练。推进乡镇(街道)应急演练“三年全覆盖”。全年指导广陵区文峰街道办事处、宝应县西安丰镇政府、江都区浦头镇政府、仪征市新集镇政府、邗江区公道镇政府等12家单位联合开展地震应急预案桌面演练。

(刘智霞)

**■防震减灾宣传** 2015年，全市利用“防灾减灾日”“科普宣传周”“安全生产月”“法制宣传周”等时机，开展防震减灾法律法规和地震科普知识宣传教育，“进机关、进社区、进家庭、进学校、进企业、进农村”普及防震减灾知识。市地震局先后在扬州市职业大学、扬州商城、文峰街道、方巷镇等地设立咨询台和宣传展牌，发放宣传资料1万多份。市地震局多次在社区、学校、机关、企事业单位举办地震科普讲座，利用手机短信、报刊专栏、网站等形式宣传防震减灾法律法规，普及地震基本知识。4月24日，2015“平安中国”防灾宣导系列公益活动江苏启动仪式在高邮举行。

(刘智霞)

**■“平安中国”江苏启动仪式在高邮举行** 4月24日，由中国地震局和中国灾害防御会主办的2015“平安中国”防灾宣导系列公益活动江苏启动仪式在高邮世贸国际购物中心电影院举行。该活动的主题是“防震减灾

**2015年扬州市主要地震活动情况表**

表28-19

| 日　期 | 纬　度 | 经　度 | 里氏震级 | 震中地点 |
|---|---|---|---|---|
| 5月5日 | N33°19′ | E119°19′ | 2.4 | 宝应县 |
| 7月26日 | N32°33′ | E120°39′ | 1.7 | 江都区 |
| 12月3日 | N32°42′ | E120°54′ | 1.1 | 江都区 |

(刘智霞)

建设‘平安校园’‘平安社区’‘平安乡村’”。启动仪式上，高邮中等专业技术学校、九园社区等单位获赠防震减灾科普知识宣传品；高邮市中学生、社区居民代表等近500人参加活动并观看防灾文化电影。启动仪式后，地震部门相关领导实地察看高邮经济开发区九园社区、高邮中学防震减灾相关工作情况。（杨　科）

# 社会科学

**■概述**　2015年，市社科联开展重大课题研究、蓝皮书编写、决策咨询、社科普及、学会管理等。

推进决策咨询服务。市社科联组织开展2015年度重大课题、2015年度《扬州蓝皮书》课题、2015年度市级社科重点课题等研究。6项2015年度重大课题全部形成成果，以决策咨询专报形式报送市委、市政府。2015年度《扬州蓝皮书》课题立项40项，形成成果36项，为“两会”代表、委员参政议政提供重要参考。2015年度市级社科重点课题收到申报课题382项，其中186项获得立项，年底167项课题成果通过结项评审。

开展城庆系列主题活动。市社科联重点组织开展“三个一”（“一场会”——召开庆祝扬州建城2500周年学术研讨会，“一本书”——编撰《扬州历史文化60问》，“一百场讲座”——举办扬州建城2500周年历史文化系列讲座）城庆主题活动。

组织开展学术活动。市社科联举办“学习习总书记纪念抗战胜利70周年重要讲话精神专家座谈会”，会同中国社会科学院中亚研究所、江苏省社科联、扬州大学、仪征市等单位，组织举办“2015年扬州盐文化论坛”、“‘一带一路’发展战略扬州调研会”、“新型城镇化与城乡文化和谐共生”课题调研会和市哲学社会科学界第七届学术年会等重大学术活动。联合南京、镇江市社科联，共同发起成立“宁镇扬智库联盟”。

推进学会规范化建设。市社科联组织人员调研学会，了解学会日常管理、内部建设及活动情况，制定标准、加强年检、举办学会秘书长培训班等，推进和指导社科类学会按章办会、规范管理。成立市雕版文化艺术研究会、市诗歌学会、市行政管理学会，市财政学会、市会计学会、市教育学会完成换届。

举办“社科普及宣传周”。以“弘扬法治精神、传播法治文化”为主题，省、市、县三级联动开展扬州市第12届“社科普及宣传周”活动。其间，市社科联和各县、市（区）社科联、各学会，开展扬州建城2500周年历史文化系列讲座、“民工夜校”、“社科知识进农村”文艺巡演、社科知识咨询等社科普及活动。

市社科联获“全国先进社科组织”和2015年度全省“先进社科联奖”和“工作创新奖”。（孔　悫）

**■2015年度《扬州蓝皮书》**　2015年度《扬州蓝皮书》课题组收到申报项目68个，根据蓝皮书编写规范，市社科联对40项课题予以立项，形成成果36项。2015年度《扬州蓝皮书》在“综合发展报告”“专题发展报告”“产业发展报告”等之外，新增“区域发展报告”，纳入广陵、江都、邗江等3个区的特色发展报告。至12月底，编辑工作基本完成。（孔　悫）

**2015年度《扬州蓝皮书》结项课题一览表**

表28-20

| 课　题　名　称 | 课　题　组　成　员 |
|---|---|
| 2015—2016年扬州市经济社会发展形势分析与预测 | 范天恩　黄俊华　王　峰　夏卫峰　于松海 |
| 扬州融入“一带一路”建设研究报告 | 扬州市商务局、扬州市发展和改革委员会课题组 |
| 扬州融入长江经济带建设研究报告 | 郭志咸　吉爱平　陶　阳 |
| 扬州深化跨江融合发展研究报告 | 扬州市发展和改革委员会、扬州市统计局课题组 |
| 2015年扬州重点领域深化改革研究报告 | 范天恩　韩长金　陶小军 |
| 2015年扬州工业经济发展研究报告 | 扬州市经济和信息化委员会课题组 |
| 2015年扬州开放型经济发展研究报告 | 扬州市商务局课题组 |
| 2015年扬州市民营经济发展报告 | 唐齐鲁　蒋　斌　孙学政　刘　勇 |
| 扬州市经济发展质量评价与对策研究 | 国家统计局扬州调查队课题组 |
| 扬州新型城镇化与城乡一体化建设研究 | 扬州市发展和改革委员会课题组 |
| 2015年扬州科技创新发展研究报告 | 杨　蓉　赵松林　朱雷霆　胡　军 |
| 扬州农业经济转型升级研究报告 | 王正年　胡荣利　潘小文 |
| “营改增”对地方税制及管理体系的影响和建议 | 徐祖跃 |
| 扬州市社会融资规模分析与建议 | 张苏煜　潘　涵　管　宇 |
| 2015年扬州战略性新兴产业发展研究报告 | 韩长金　朱　枫　万东民　鞠斐扬 |

续表28-20

| 课 题 名 称 | 课 题 组 成 员 |
|---|---|
| 2015年扬州市服务业发展报告 | 孙景亮 夏 坚 胡新林 |
| 扬州市健康服务业发展状况研究 | 扬州市统计局课题组 |
| 扬州市互联网产业发展调研报告 | 刘观清 杨 宇 陶 俊 田维伟 |
| 扬州服务型制造发展现状及金融支持策略研究 | 叶小玲 周 懿 张 翼 傅佳伟 |
| 扬州市文化产业发展报告 | 扬州市文化广电新闻出版局课题组 |
| 推进县(市、区)纪委“三转”情况研究报告 | 扬州市纪委课题组 |
| 2015年扬州人才工作分析与展望 | 张宝娟 |
| 扬州全面推进依法行政 加快法治政府建设的对策研究 | 扬州市政协社会和法制委员会课题组 |
| 2015年扬州政府法制现状与形势预测 | 刘 柏 徐晓明 |
| 扬州市人口老龄化现状、问题和对策研究 | 扬州市民政局课题组 |
| 扬州教育资源均衡化发展研究报告 | 孙永如 沈宏跃 江晓昀 晁 雨 |
| 扬州教育事业发展研究报告 | 扬州市教育局课题组 |
| 2015—2016年扬州卫生计生事业现状与发展对策研究 | 扬州市卫生和计划生育委员会课题组 |
| 完善扬州城乡均等的公共就业创业服务体系研究 | 扬州市人力资源和社会保障局课题组 |
| 扬州市行业商(协)会承接政府职能转移研究报告 | 扬州市工商联课题组 |
| 基于旅游服务国际化的扬州旅游服务设施建设研究报告 | “扬州旅游服务国际化研究”课题组 |
| “十二五”时期扬州市住房公积金运行分析研究报告 | 扬州市住房公积金管理中心课题组 |
| 扬州市大气污染治理研究报告 | 金春林 |
| 扬州市江都区现代农业建设研究报告 | 孙 明 嵇学锋 |
| 广陵区经济提质增效发展路径研究报告 | 吴 尚 王宇翔 谢科进 |
| 扬州市邗江区生物健康产业发展报告 | 沈 豪 池 旺 |

(孔 悫)

**■《运河与扬州百年影存》首发** 3月9日，由市社科联主持编撰，王虹军所著大型影像资料集《运河与扬州百年影存》首发式在扬州萃园召开。来自扬州各高校、文化团体、图书馆、档案馆等专家学者和媒体人士50多人出席活动。《运河与扬州百年影存》收录摄影作品527幅，时间跨度为清代末年至2014年，分为运河春秋、街巷民宅、民生世相、人文印迹、百业集锦、艺林今昔、名胜园林、古城新貌等八个版块，见证千年大运河与古城扬州百年来的风雨春秋与沧桑巨变。(孔 悫)

**■2015年扬州盐文化论坛** 5月18日，由中国商业史学会盐文化专委会、扬州市社科联和仪征市政府联合主办，中共仪征市委宣传部、仪征市社科联及仪征市十二圩办事处承办的“2015年扬州盐文化论坛”在仪征举行。扬州市委常委、宣传部部长卢桂平出席并致辞，古城保护专家、同济大学教授阮仪三作主题发言。中国商业史学会会长王茹芹、中国社科院经济所研究员魏明孔、中国盐业历史博物馆副馆长程龙刚等国内知名学者，扬州文化研究会会长赵昌智，扬州大学原副校长、教授周新国，扬州大学教授、中国商业史学会盐文化专业委员会会长黄俶成等专家学者交流研究成果，探讨扬州盐文化的历史发展与时代启示，研究盐文化对当代扬州经济社会发展的推动与影响。会议期间，与会人员参观仪征及十二圩的盐文化历史遗存，就盐文化遗存的保护与城市规划问题进行现场交流。(孔 悫)

**■宁镇扬智库联盟成立** 9月15日，南京市社科联、镇江市社科联、扬州市社科联在南京举办“宁镇扬智库联盟”揭牌仪式。联盟立足“宁镇扬”三地，面向长三角地区乃至全国，凝聚三地人才智力，坚持政策导向、推动政府决策与智库研究的良性互动，针对全面深化改革进程中遇到的各种难点问题，传达民情民意，为党委、政府决策提供依据;准确传播政策成果，增强民心相通，推动社科普及宣传与人民群众生活无缝对接。(孔 悫)

**■庆祝扬州建城2500周年学术研讨会** 9月28日，由市委宣传部、市城庆办、市社科联举办的“古今辉映 开创未来——庆祝扬州建城2500周年学术研讨会”在扬州召开。

来自北京、上海、兰州、南京等地的扬州乡贤代表与扬州社科界专家学者为家乡建设建言献策。市委常委、宣传部部长卢桂平，江苏省社科联副主席徐之顺等出席会议并致辞。

研讨会特邀国家行政学院原副院长、研究员周文彰，清华大学教授汪晖等乡贤代表作主题发言。扬州市文化博览城建设领导小组副组长洪军，扬州文化研究会会长赵昌智等扬州本地知名专家学者参加研讨。与会专家围绕扬州的历史变迁、城市绿化、传统文化、文化发展途径、文化博览城和国际文化旅游名城建设、城市特质与城市精神等角度进行探索和解读。（孔　忞）

■**纪念曹雪芹诞辰300周年国际学术研讨会**　12月12—15日，北京曹雪芹学会、扬州市政协、扬州市社科联、扬州大学、扬州报业传媒集团等单位在扬州共同举办“纪念曹雪芹诞辰300周年国际学术研讨会”。北京曹雪芹学会会长胡德平，顾问段启明、张书才，中国艺术研究院红楼梦研究所吕启祥，复旦大学教授应必诚，欧洲红学会会长吴漠汀等国内外知名学者出席，来自德国、美国、韩国及中国北京、上海、江苏、香港等地的60多位专家学者参加会议。大会收到46篇学术论文，有40多位专家学者交流学术体会。参会专家学者探讨红学、曹学的传统课题和一些新兴研究领域和话题，主要围绕曹雪芹的生平、思想及创作，曹雪芹家族的社会身份、兴衰遭际、文化氛围及其对曹雪芹思想和创作的影响等方面展开研讨和辩论。（孔　忞）

■**扬州市第12届“社科普及宣传周”**　9月19日，以“弘扬法治精神、传播法治文化”为主题的全市第12届“社科普及宣传周”在扬州市职业大学举行开幕式。市人大副主任孙永如，副市长董玉海，市职业大学党委书记周胜等出席开幕式。全市社科类学会、社科普及示范基地代表、社科普及志愿者及扬州市职业大学师生代表近300人参加开幕式活动。开幕式上，对新增的10家社科普及示范基地进行授牌，现场开展“扬州法治宣传教育全覆盖工作图片展”，向与会人员赠送《扬州历史文化60问》社科普及书籍。开幕式后，扬州市职业大学副教授孙晓燕主讲法治精神主题讲座。“社科普及宣传周”期间，各县、市（区）社科联、学会等单位开展扬州建城2500周年历史文化系列讲座、“民工夜校”、“社科知识进农村”文艺巡演、社科知识咨询等活动。（孔　忞）

■**扬州建城2500周年历史文化系列讲座**　2015年，市社科联策划和组织实施扬州建城2500周年历史文化系列讲座活动，组织专家学者进基层开展讲座。全年举办102场，其中进军营1场、进机关26场、进学校27场、进企业9场、进乡镇（村）10场、进社区29场，听众累计2万多人。新闻媒体累计报道50多次。（孔　忞）

12月12—15日，纪念曹雪芹诞辰300周年国际学术研讨会在扬州举办

李斯尔/摄

## 科学知识普及

■**实施《科学素质纲要》**　市科协联合市财政局出台《扬州市市级科普经费专项资金管理办法》，规范、引导科普专项经费的管理和使用。4月14日，省《全民科学素质行动计划纲要》（简称《科学素质纲要》）督查组督查扬州市“十二五”《科学素质纲要》实施工作，市全民科学素质工作领导小组汇报扬州市“十二五”《科学素质纲要》实施情况。市委组织部、市人社局、市农委、市教育局、市发改委、市经信委、市科协等32家成员单位参加督查工作汇报会。市安监局、市食药监局、市科协等成员单位在会上发言。督查组抽查仪征市《科学素质纲要》实施工作情况，实地查看仪征科普广场、红叶社区、仪征市博物馆等科普教育基地。对2014年度《科学素质纲要》工作进行总结表彰，评出先进集体10个、先进个人16人。（李佳坤）

■**科普创建**　2015年，宝应县创成全国科普示范县，高邮市、仪征市、江都区、广陵区创成省级科普示范县（市、区）；宝应县广洋湖镇等8个乡镇（街道）、广陵区树人苑社区等46个社区获扬州市星级科普示范乡镇（街道）、村（社区）命名，扬州市梅岭小学等5所学校创成省科学教育特色学校。仪征市专项拨付创建经费20万元，增加科普经费财政预算20万元；广陵区梦幻世界科技有限公司入选2015年江苏省科普产品研发基地；扬州化工园区化工科普展示中心建成开馆；江都区科协在新华书店等公共场所新建电子画廊；高邮市科协在康华社区等4个社区分别建成科普宣传栏。

开展市级“科普惠农兴村计划”项目评选，仪征市果业行业协会获评

扬州市优秀农村专业技术协会称号，宝应县夏集镇庭余产销专业合作社和高邮市明发生态农场获评扬州市优秀农村科普示范基地称号，江都区宝盛园农业开发有限公司许良祝获评扬州市优秀农村科普带头人称号。开展全市科普活动十佳社区评选，高邮市水部楼社区等10家单位获评2015年扬州市科普活动十佳社区。开展市级科普惠农服务站评选，宝应县蔬菜种植协会等10家单位获市级命名。开展市级科普教育基地评选，扬州市中医院中医药文化展示馆等11家单位获市级命名。组织省级科普教育基地评选，扬州科技馆等4家单位获省级命名。（李佳坤）

**■"科普宣传周"活动** 5月17日，以"创业创新，科技惠民"为主题的2015年全国科技活动周暨扬州市第27届"科普宣传周"活动在扬州竹西中学开幕。市委副书记张爱军、副市长孔令俊、市政协副主席刘在銮等市领导出席。市委副书记张爱军作动员讲话。市委宣传部、市科技局、市教育局、市科协等承办单位领导、科普志愿者代表、社区代表、学生代表近300人参加开幕式。"科普宣传周"活动期间，全市6个县(市、区)举办各类科普活动60多项(其中重点活动37项)，举办各类讲座和报告会30多场、各类竞赛10多场次，到40多个社区发放科普资料10多万份，50多万人次受益。（李佳坤）

**■"全国科普日"活动** 9月26日，以"万众创新，拥抱智慧生活"为主题的扬州市2015年"全国科普日"启动仪式暨扬州科技馆开馆仪式在扬州科技馆举行。市委书记谢正义、市长朱民阳等市领导出席活动。副市长孔令俊宣布活动启动，市长朱民阳和市科协主席王华平共同为扬州科技馆揭牌。来自广陵区和市直有关部门单位代表、市民代表、学生代表和科技工作者、志愿者代表等300多人参与活动。常务副市长丁纯主持启动仪式。市科协现场组织机器人互动节目、青少年科普体验实践等科普展览和活动。（李佳坤）

**■青少年科技教育活动** 2015年，市科协开展扬州市青少年科技创新大赛、七巧科技竞赛、金钥匙科技竞赛、校园科技节等各类科技活动，2000多名学生获各级各类奖次；与市教育部门联合举办2期青少年科技辅导员培训班，对各类青少年科技竞赛活动作系统分析与讲解，500多人次参加培训。举办扬州市第三届青少年机器人大赛。开展扬州市第五届青少年科技创新市长奖评选，新华中学学生胡博文的"基于超声波和臭氧联合作用的家庭污水净化装置"等5件作品获市长奖，10件作品获提名奖，16件作品获入围奖。（李佳坤）

**■科普志愿活动** 2月14日，市科协参与扬州市"文明扬州"志愿服务集中行动，在广陵区连福社区现场开展科普志愿服务活动。3月5日，参与"学雷锋"志愿服务集中行动，在广陵区翠月嘉苑社区现场开展科普志愿服务活动。7月10—12日，参与市文明办组织的2015年扬州市"留守儿童夏令营"系列活动，科普大篷车走进扬州市未成年人素质教育基地，开展未成年人科普宣传活动。（李佳坤）

**■世界教育机器人大赛中国赛区华东地区公开赛暨扬州市第三届青少年机器人大赛** 3月28—29日，由扬州市科协、扬州市教育局及世界教育机器人大赛中国赛区组委会共同主办，扬州市青少年科技辅导员协会、扬州市教育科学研究院和扬州市翠岗中学共同承办的世界教育机器人大赛中国赛区华东地区公开赛暨扬州市第三届青少年机器人大赛在市翠岗中学体育馆举行。来自华东地区300多支代表队600多名青少年学生参赛。来自合肥、上海、常州等地学校的中小学生获WER史前时代项目前三名，宝应经济开发区国际学校获未来伙伴ASC机器人能力挑战赛项目小学组前三名，仪征市真州小学、扬州市竹西小学分获WER-Junior史前时代项目第一名、第二名。（杨 科）

WER2015赛季中国赛区华东地区公开赛暨扬州市第三届青少年机器人大赛现场　　董 辉/摄

# 教育

Jiaoyu

编 辑 陈永华

## 综述

■**概况** 2015年，全市有各级各类学校690所，在校生62.78万人，专任教师4.60万人。其中，幼儿园290所，在园幼儿10.35万人，专任教师6043人；小学205所，在校生21.63万人，专任教师1.35万人；初中131所，在校生11.19万人，专任教师1.03万人；普通高中35所，在校生6.70万人，专任教师6177人；特殊教育学校7所，在校生890人，专任教师199人；中等职业学校15所，在校生5.22万人，专任教师2298人；普通高等学校7所，在校生8.09万人，教职工7521人。全市学前三年幼儿入园率98.5%，义务教育入学率100%，高中教育毛入学率100%。

学前教育普惠发展。推进优质教育资源建设，编制《扬州市学前教育第二期五年行动计划》，新(改、扩)建公办幼儿园6所，创成省优质幼儿园5所、市优质幼儿园9所，省、市优质幼儿园总数267所，占全市建制幼儿园总数的92%。各地通过制定招生政策，明确各幼儿园原则上在所属县(市、区)范围内就近招生等政策，确保幼儿入园率98%以上。加强对各地农村公办幼儿园占比、公办幼儿园生均公用经费财政拨款标准落实情况的督查，确认省级、市级幼儿园课程游戏化项目23个，表彰第三批扬州市学前教育先进乡镇(街办)21个，开展以“给孩子适宜的爱”为主题的学前教育宣传月活动，促进幼儿园内涵建设和质量提升。

义务教育均衡发展。推进国家和省级义务教育优质均衡发展县(市、区)建设。2015年，广陵区、邗江区通过义务教育基本均衡区国家级评估验收。全市所有县(市、区)均创成国家级义务教育基本均衡县(市、区)。开展省义务教育现代化学校创建，提升办学质量。全年创成省义务教育现代化学校64所，全市省义务教育现代化学校占比达60%。获批省薄弱初中质量提升工程项目2个、省小学特色文化建设项目2个。召开全市小学生养成教育经验交流会，开展全市第三批百佳社团评比、全市小学品德优秀教学案例征集评选。

高中教育优质发展。市教育局召开“教育质量攻坚推进年”动员大会、全市高中教育教学工作会议，明确质量提升思路，分解高考质量目标，制定重点工作分解方案。推进拔尖创新人才培养。督查部分高中学校制定校本尖子生培养方案，重视尖子生培养目标达成考核。实施高三教育教学行政督查全覆盖，分类开展高三德育工作现场会。强化提升高考质量的系列项目推进研究。强化高三语、数、外学科研究与指导项目，推门听课275节，开展示范课或教学指导86节(次)，研究试卷讲评专题53次。完善“突破重难点”项目研究，新增9门学科127个核心点。推进新高考研究项目，形成13万字指导性文本发至各类高中；修订3个不同层次的“基础百题”33万字；研制基于破解难题的试卷分析“微课”“视频”300个；做强做优应对2015年高考冲刺专题项目。2015年，全市高考普通类本二以上达线1.06万人，净增160人，达线率49%。全省普通类本一招生计划减少2351人，全市普通类本一达线3962人，净增40人，达线率18.3%。全市艺体类本科录取1849人；理科400分以上考生26人；文科最高分404分；清华大学、北京大学两校达线22人。全市普通类本二以上上线和400分以上高分人数净增加数与增幅均位居全省第一名，万人口普通类本二以上上线率和400分以上高分总人数位居全省前4名。加快课程基地建设。创成省级高中课程基地3个，累计有省级高中课程基地14个。创成全省基础教育前瞻性项目2个。

职业教育做优做强。市政府召开全市职业教育工作会议，下发《关于进一步做好现代职业教育的意见》。省教育厅、扬州市政府签订共建江苏旅游职业学院框架协议，筹建工作启动。2015年，扬州职业教育实际招生2.20万人。加强中、高等职业教育衔接试点工作，提升育人层次。其中，“3＋4”(中专3年、本科4年)分段培养项目开设8个专业，招收370人；“3＋3”(中专3年、大专3年)分段培养项目开设10个专业，招收440人。增强专业建设能力。建成省级品牌、特色专业42个及17个省级高水平示范性实训基地。机电技术应用、建筑工程施工、会计电算化、计算机平面设计、计算机网络技术、动漫设计与制作、客户服务、酒店服务与管理等8个专业被评为省品牌、特色专业。启动旅游服务、计算机网络技术、电线电缆制造、计算机网络技术等4个省高水平示范性实训基地。市职业教育集团确定先进制造自动化技术类公共服务平台西门子基地、电子商务类专业公共服务平台实习实训基地、淮扬菜公共实训基地、埃斯顿机器人公共实训基地等4个专业中心建设项目，制定成立扬州市行业培训中心方案。开展校企合作，职业学校招生专业“订单培养”占72%。中等职业学校毕业生就业率98%以上，其中80%的毕业生在扬州就业。2015年，全市职业学校在江苏省职业院校技能大赛中获金牌11枚、银牌36枚、铜牌72枚；在全国职业院校技能大赛中获金牌7枚、银牌2枚、铜牌1枚。中等职业学校学生对口单招本科上线219人，上线率11.8%，比上年提高2.8个百分点。

推进教育现代化，改善办学条件。实施11个新(迁)建中小学项目。市特殊教育学校新校区开工建设。推进市教师培训发展中心基地建设。促进教育事业优先发展，合理规划和保护市区中小学、幼儿园用地，《扬州市中心城区中小学及幼儿园用地控制性详细规划(2015—2030年)》形成送审稿。编制《全市义务教育学校2014—2018年薄弱学校改造规划》，投入5.58亿元，实施改造项目233个，改造校舍19.2万平方米、运动场地7.2万平方米。开展教育现代化监测评估。创成扬州市“数字化校园示范校”和“数字化学习应用示范校”30所，城乡学校网上结对巩固率100%。江都区少年宫、扬州市素质教育基地被列为省校外场所提升工程项目。

实施教育民生工程。完成中小学校舍安全改造19.7万平方米，其中市直0.58万平方米。完成3所学校应急避难场所建设。扬州中学院士广场建成开放。争取地方政府债券资金1.34亿元，化解市直学校债务。落实国家助学政策，累计免、减、补资金2.4亿元。市直普通高中城乡低保特殊困难家庭学生国家助学金提高至每生每年2500元。全市发放生源地信用助学贷款440.2万元，帮助603名家庭经济困难学生圆大学梦。新招收中小学宏志班25个、学生1148人，其中市区15个。16个社区辅导站免费辅导学生1万多人次。112名省、市特级教师到农村送培送教，培训农村教师5100人次。落实义务教育免试就近入学、实施市区义务教育招生政策一致性，“热点高中70%定向指标分配”和取消公办普通高中招收择校生等措施，缓解“择校热”。扬州市直和广陵区、扬州经济技术开发区高中首次采用网上招生市场的方式进行招生。建立市区普通高中网上招生平台，扬州中学、扬州大学附属中学、邗江中学等3所热点高中实施跨区招生，推进教育公共服务同城化。51所中小学幼儿园创成市“依法治校示范校”。推进校车安全工程。举办首届全市学校安全教育“微课”大赛。4个项目获省平安校园优秀成果奖。创建市级平安校园60所。 （柏　珏）

**2015年扬州市教育事业基本情况表**

表29-1

| 学校类别 | 学校数(所) | 班级数(个) | 在校学生数(人) | 专任教师数(人) |
|---|---|---|---|---|
| **合　计** | **690** | **—** | **627770** | **46042** |
| 普通高校 | 7 | — | 80923 | 7521 |
| 普通中学 | 166 | 4100 | 178843 | 16476 |
| 高　中 | 35 | 1496 | 66985 | 6177 |
| 初　中 | 131 | 2604 | 111858 | 10299 |
| 小　学 | 205 | 5116 | 216263 | 13454 |
| 幼 儿 园 | 290 | 2981 | 103516 | 6043 |
| 特殊教育学校 | 7 | 88 | 890 | 199 |
| 中等职业学校 | 15 | — | 47335 | 2349 |

注：1.表中不含人力资源部门主管的技工院校有关数据；
2.表中数字按江苏省教育厅统计口径填报 （柏　珏　发规处）

**■教师队伍建设**　实施新一轮师德师能建设双“百千万工程”(百名机关干部下基层进学校，结对联系促发展；千名教师进社区访家长，共商教育助成长；万名教职员工立师德树师表，示范引领展形象)。开展扬州市“十佳师德标兵”“扬州最美教师”评选活动。顾晨葵被授予全国“党和人民满意的好老师”和“扬州市十大杰出青年”称号，李俊、王静琴入选“中国好人榜”，乔爱云被评为“江苏最美特校教师”。以“学校文化建设”为主题，举办全市校长论坛——小学专场。开展第五届全市“百优十佳”班主任评选和班主任基本功大赛活动。新聘56名中小学、职业教育兼职教研员，遴选出100名中小学教学视导骨干指导教师。组织扬州教育讲坛和江苏教育名家教育思想报告会等21场。完成市级以上各类培训2.7万人次。开展第二期名师名校长“领雁工程”暨省特级教师后备人才培养工作。举办首届语文高研班。4个工作室获批江苏省职业教育名师工作室。组织新教师课堂教学竞赛和师生同考活动。实施教师招聘制度改革，取消公共知识考试，按照“干什么考什么”原则进行学科专业知识考试和课堂教学能力考核。公办义务教育学校校长、教师交流工作制度化、常态化。招收免费男幼师38人，首批22名免费男幼师分配到位。组织教师在全国“一师一优课，一课一名师”活动中“晒课”6271节。提高全市中小学教师教学技能水平。 （柏　珏　师资处）

**■中小学素质教育**　开展“我们的节日”“学习雷锋”“清明网上祭英烈”等主题教育活动。4610名初二学生参加城乡互动体验活动。首次举办全市小学生素质能力展示月活动。创成省薄弱初中质量工程项目2个、省小学特色文化建设项目2个、省绿色学校(幼儿园)8所。常规管理“百校行”工作组明察暗访学校300多所，召开第11次学校精致管理现场推进会。开展全市第三批百佳社团评比，组织开展全市小学品德优秀教学案例征集评比活动。推进珠心算实验研究，提升省赛成绩。开展迎接城庆2500周年全市中小学生扬州历史文化知识竞赛、省中小学生网上法律知识竞赛和“法治课间餐”等活动。扬州市中学生在第三届“中国汉字听写大会”上获省冠军，代表江苏参加全国大赛。5所学校入围省首批中小学心理健康特色学校。50个心理健康教育研究课题纳入市“十三五”教育科研规划。推进体育与艺术“2＋1”（2项体育运动技能和1项艺术特长）工程，开齐上足体育课，丰富体育大课间活动内容，中小学生每天参加校园体育运动不少于1小时。7所学校创成第一批全国学校体育工作示范校。全市46所足球试点学校中有39所学校创成全国校园足球特色学校。举办扬州市第二届“中国梦·运河情”中小学师生才艺大赛暨省第五届中小学生艺术展演活动扬州选拔赛。在全省中小学国防教育征文大赛中获奖数列全省第一名。6.2万人次学生到中小学素质教育基地实践锻炼。220名学生参加境外修学旅行。

（柏　珏　基教处）

**■教育科研**　推行全市提升中小学教学质量长效管理机制，加大小学、初中、高中一体化“质量链”研究力度。研制生成1200个“微课”教学视频，举行全市义务教育“绿色飞行监测”，对每所学校监测结果当场反馈。注重校本教研深度引领研究。启动第二批中小学校本教研星级学校创建。全市各学段学科基地开展各类教学主题校本教研活动152次，各级教研员参与并指导各学科校本教研活动368人次，推广“多元交互式评价”应用成果，对一线学校进行深度引领。注重中小学课堂教学创新模式研究。打造有扬州特色“流派”的中小学教学典型范式。推出35个特色课堂模式，推进全市100项中小学课堂教学模式创建微型课题的研究。各学段、学科赴农村送教285节课（含光盘），组织112次教研员示范引领农村中小学教师专题讲座，参与教师5600多人次，学生3.70万人次。在61所中小学校教学视导中，查阅教师教案5530份，作业批阅8200多本，听课4150节，形成各学科和教学管理视导反馈报告228份。推广国家级基础教育优秀成果。4月，市教科院组织《“多元交互式”教学评价体系的建构与实践》国家级教学成果现场观摩活动在扬州中学举行，来自北京大学教育文化战略研究所组织的“国家级教学成果一等奖特别巡礼活动”相关成员、福建省高中地理骨干教师研修班成员及全市观摩代表350人出席会议。“扬州微课网”正式运行。全市各学段、学科新审核上传“微课”2200节。其中，义务教育段各学科“微课”1200节。全年组织参加全国性中小学各学科教学竞赛，16人获一等奖，18人获二等奖；组织参加省级中小学各学科教学竞赛，27人获一等奖，29人获二等奖；组织参加省级中小学教学基本功竞赛，5人获一等奖，13人获二等奖。

（柏　珏　教科院）

**■教育督导**　严格督导规程，提升督政成效。组织对县（市、区）政府教育工作督导评估考核。5月，市委组织部、市教育局、市人民政府教育督导团分别对所辖6个县（市、区）人民政府2014年度教育工作进行督导考核。督导期间，召开各类座谈会18场，考察12个乡镇教育工作，实地察看走访57所学校，对校长、教师进行问卷调查96人次。督导评估意见及时向县级人民政府主要负责人和相关单位负责人进行反馈，同时向相关部门和媒体公开督导考核结果和意见，强化整改。完善责任督学挂牌督导。加强对市直学校责任督学挂牌督导工作奖罚考核。启动修订《扬州市教育督导暂行规定》。

举办主题为“弘扬法治精神、建设法治名城——推进教育均衡发展　办人民满意教育”大型教育法治宣传活动。强化依法治校。全市51所中小学幼儿园被评定为第十批“扬州市依法治校示范校”。

（柏　珏　督导室）

**■教育监察**　推进规范教育收费。春、秋季开学前和招生期间，市、县（市、区）教育行政负责人分别走进“行风热线”直播室，宣传教育收费政策，接受群众咨询、投诉。组织教育收费专项督查。2015年，全市受理教育乱收费群众各类信访举报86件，均及时查核报结，办结率100%。开展师德师风建设活动，查处教师私自在校外兼课、从事有偿家教的师德失范行为7件。制定并执行《关于公办中小学招生择校环节操作规范》，全部取消普通高中招收择校生。市教育监察室会同财审部门审计市直15所学校的财务收支及预算执行情况，重点加强对学校食堂的财务审计，确保师生食堂安全卫生、价廉质优。规范教辅资料征订行为，严格按照“一科一辅”和学生自愿选购原则，做好无偿代购服务，杜绝学校集体订购教辅资料行为。

（柏　珏　监察室）

**■招生考试**　2015年，全市组织各级各类教育考试39次，报考人数45万人，参考人次140万人次。其中，普通高考报考总人数2.57万人，比上年减少2226人，减幅7.97%；成人高考报考总人数1.54万人，与上年持平；初中毕业升学考试报考总人数3.75万人，比上年增加1066人；自学考试报考总人数23.62万人，比上年增加1655人。其中，学历考试报考总人数3.63万人，社会考试报考总人数19.99万人（不含大学英语四、六级考试报考人数7万人）。2015年，扬州市有5名考生被录取为空军飞行学员，其中有2名考生录取到清华大学联合培养班。扬州教育考试全年各类考试实现零差错、零失误、零投诉。

（柏　珏　考试院）

**■教育经费**　2015年，全市教育经费总额91.93亿元，比上年增加2.87亿元。其中，财政拨款67.67亿元，增加8.27亿元；教育费附加9.96亿元，减少4.13亿元；教育事业收入11.82亿元，减少0.28亿元；各项教育捐资收入0.33亿元，减少0.53亿元；其他收入2.15亿元，减少0.46亿元。

**2015年扬州市普通高校招生、录取情况表**

表29-2

| 地　区 | 实际参加考试人数(人) | 录取人数(人) | | |
|---|---|---|---|---|
| | | 合　计 | 本科人数 | 专科人数 |
| **合　计** | **24035** | **22405** | **16153** | **6252** |
| 市　区 | 4912 | **4563** | 3544 | 1019 |
| 邗江区 | 2336 | **2237** | 1861 | 376 |
| 江都区 | 5015 | **4691** | 3486 | 1205 |
| 宝应县 | 4675 | **4357** | 2916 | 1441 |
| 仪征市 | 2814 | **2618** | 1883 | 735 |
| 高邮市 | 4283 | **3939** | 2463 | 1476 |

注：1.市区参加高考人数不包含邗江区、江都区人数；

2.全市普通高校招生报考总人数25706人，有1395人被高职单招提前录取，另有276人未参加考试，实际参加全国普通高考人数为24035人

（柏　珏　考试院）

市直教育系统(含市属高等学校)经费总额17.51亿元，比上年增加0.2亿元。其中，财政拨款11.52亿元，增加3.9亿元；教育费附加1.66亿元，减少3.51亿元；预算外收入(含民办教育收入)3.59亿元，减少0.93亿元。（柏　珏　财审处）

**■语言文字工作**　2015年，全市面向社会完成普通话水平测试1.08万人，实施目标培训500人。调整“扬州语言文字网”现场确认、考前培训、办理证书等环节。完成乡镇幼儿教师普通话达标任务，培训、测试500名乡镇幼儿教师。

开展普通话推广活动。9月，扬州市语言文字工作委员会开展主题为“依法推广普通话，提升扬州软实力”的推广普通话宣传周活动。举办2015年度青年教师“三字一话”(钢笔字书写、汉字听写、粉笔字板书，普通话讲课)比赛。开展经典诵写讲活动，提升教育形象，扩大教育影响。与扬州市广播电视总台联合举办扬州市“经典诵读进校园”公益推广活动。举办“我爱家乡，我爱扬州”小学生赞扬州诗词诵读会。与扬州报业传媒集团联合开展“小小方言发音人”活动。组织开展第三届中国汉字听写大会扬州选拔赛。全市5万多名初中生经过3轮选拔赛，遴选5名选手参加第三届“中国汉字听写大会”江苏省选拔赛，获得冠军，并代表江苏省参加全国汉字听写大赛。

（柏　珏　语委办）

**■教育信息化建设**　扬州市借助大数据、云计算、移动互联等信息化技术，推进优质教育教学资源放大共享、学校管理手段创新、教科研质态提升等方面变革。至2015年底，“学校网上结对”有城乡网上结对学校118组，结对学校总数416所。3万名教师、46万名学生受益。网上“同步课程”进千家万户。学生版“同步课程”4226节，教师版“同步课程”580节。60万名中小学生和2万名教师可在学校、家庭及社会上任意1台可上网的电脑上收看“同步课程”，接受名师授课。“微课”平台打造全媒体教学。“扬州微课”基于电脑端和微信服务号“双平台”架构，师生免费点播收看。“扬州微课”覆盖职业教育、学前教育和基础教育所有年级。“在线进修”助教师专业成长。开通“扬州名师网”，提供教师成长研修平台。教师注册登录网站平台后，开展业务交流、资源共享、培训研修等活动，教育主管部门和名师工作室通过网络平台进行培训指导和考核。“数字化校园”拉近“智慧校园”。全市建成数字化校园360所，建成率86%。实施数字化学习项目，搭建数字化学习平台，试点平板电脑进课堂，推进信息技术与试点学科融合，引导学生自主合作学习与研究性学习，试点学校52所。扬州市区高中招生利用网上市场招生。“互联网＋数据思维”助力教科研。借助网络平台，为课堂观察评估结论提供量化素材依据，提高课堂诊断科学性。建设“中小学校本教研星级学校网上评估平台”，掌握学校校本教研情况，形成教研管理数据库，专家通过平台进行评估指导。开通“扬州教育在线”官方微博、官方微信，及时发布与百姓生活相关信息，拓展政务信息公开新渠道。让公众更方便获取各方面教育资讯信息，推进“阳光教育”。

（柏　珏　谈　雷）

**■扬州与新源教育对口交流**　2015年，扬州市教育局实施10个项目，推进与新疆新源县教育对口交流合作。1. 建立姐妹学校。新源县中心小学与扬州市梅岭小学等12所对口结对学校开展结对交流。2. 学校网上结对。巩固扬州市梅岭小学与新源县中心小学、扬州市明月幼儿园与新源县幼儿园等13对学校(幼儿园)网上结对成果。3. 教师结对互助。近几年，扬州遴选100名骨干教师与新源县19所中小学100名教师结对交流互助。4. 管理干部结对交流。扬州市教育局相关处室主要负责人与新源县教育局相关科室主要负责人对应建立结对关系。5. 组织送培活动。利用暑期选派骨干教师送培到新源县。6. 接受跟岗锻炼。新源县教育局选派管理干部和教师到扬州学校跟岗锻炼，每年20人次左右，每批约1个月。7. 开放在线学习平台。扬州“教师在线学习平台”用户端向新源县所有学校开放。8. 开放“微课”平台端口。扬州市教科院开发的“微课”系统平台向新源县教师开放。9. 提供

“同步课程(教师版)”资源包。扬州市电教馆开发的“同步课程(教师版)”资源精选后提供给新源县教育局。10. 提供培训录像资源。扬州“扬州教育讲坛”、各级各类教师集中培训活动录像后提供给新源县教育局。

(柏　珏　陈德胜)

**■扬州市首届语文学科高研班开班**　3月14日,扬州市首届语文学科高级研修班开班。来自全市28所学校(教研室),年龄均在50岁以下,有突出的语文素养、教学能力和研究优势的32位学员参加为期3年的培训活动。活动时间每年1个月左右,每次邀请省内一流、全国知名专家学者进行授课。培训期间,每晚培训人员必须在“高研班”教室进行2个小时的晚自习,消化所学内容或研读相关著作。

(柏　珏)

**■安全教育“微课”上线**　11月9日,扬州市首创的中小学(幼儿园)安全教育“微课”正式上线。上网的80节安全教育“微课”针对不同对象,分成幼儿、小学、中学等3大类;针对不同内容,分防溺水、交通安全、消防安全、食品安全、用电安全(含防雷)、综合(防意外伤害、防踩踏、防中暑、防煤气中毒、防地震、文体活动安全、实验实习安全、网络安全、医疗急救等)等6大类;图、文、声、像等方式结合,文字介绍言简意赅、生动形象,便于师生教学;结合扬州市地理环境、学校实际和学生年龄特点制作加工,用全国各地或本地、本校的典型案例教育师生。

(柏　珏　安保处)

**■顾晨葵当选全国三八红旗手**　3月1日,由全国妇联主办的纪念“三八”国际妇女节暨全国妇女先进典型表彰大会在北京人民大会堂举行,大会表彰10名全国三八红旗手标兵、300名全国三八红旗手、200个全国三八红旗集体、2000个全国巾帼文明岗、1000名全国巾帼建功标兵、500个全国巾帼建功先进集体。江都区教师顾晨葵被授予全国三八红旗手称号。　(杨　教)

**■邗江区创成江苏省义务教育优质均衡发展区**　3月19日,全省有17个县(市、区)正式命名为首批江苏省义务教育优质均衡发展县(市、区)。邗江区经省教育厅组织现场考察评估并报省人民政府获批成为江苏省义务教育优质均衡发展区。

(杨　教)

**■“汉字听写大会”扬州代表队获佳绩**　扬州市汉字听写选拔活动经历三轮,首轮选拔,全市5万多名初一、初二学生全部参加,选出500多名优胜者参加第二轮的笔试选拔,组队参加决赛。5月5日,扬州市汉字听写决赛活动在江都实验小学举办,来自全市的10支代表队50名学生参加比赛,最终产生5名优胜选手代表扬州市参加第三届“中国汉字听写大会”江苏参赛队伍选拔赛。

5月16—17日,由江苏省语委主办的第三届“中国汉字听写大会”江苏参赛队伍选拔赛在南京艺术学院正式开赛,扬州市代表队以230分的成绩获得冠军,代表江苏省参加全国汉字听写大赛。

8月7日,代表江苏省参赛的扬州市5名选手参加第三届“中国汉字听写大会”复赛第四场比赛,江苏、湖北、澳门、宁夏等4支参赛队的20名小选手历经两轮比赛,产生5个晋级名额。其中,宁夏队晋级3名选手,湖北、江苏各1人晋级半决赛。

9月20日,来自宁夏、山西、广西、河北、湖北、江苏、辽宁、四川、天津、澳门的16名选手参加第三届“中国汉字听写大会”第二场半决赛,产生4个晋级名额参加总决赛。代表江苏省参赛的扬州选手高夏阳在第二轮第10个回合时出局,未能进入总决赛。　(杨　教)

## 幼儿教育

**■概　述**　2015年,全市有幼儿园290所,比上年增加7所;有幼儿教学班2981个,比上年增加152个;有在园幼儿10.35万人,比上年增加7424人。全市学前三年幼儿入园率98.5%。全市有幼儿园教职工1.06万人,比上年增加625人;有幼儿专任教师6043人,比上年增加322人。

推进公办幼儿园建设。新(改、扩)建公办幼儿园6所,创成省优质幼儿园5所,市优质幼儿园9所。累计创成省、市优质幼儿园267所,占全市建制幼儿园总数的92%。制定招生政策,明确各幼儿园原则上在所属县(市、区)范围内就近招生等政策,确保幼儿入园率98%以上。编制《扬州市学前教育第二期五年行动计划》。

强化学前教育管理督查。各地公办幼儿园占比、公办幼儿园生均公用经费财政拨款标准落实情况纳入年终考评。组织专家组对相关幼儿园迎接省优质幼儿园复评进行指导。表彰宝应县安宜镇等21个乡镇(街道)

扬州市机关第一幼儿园　　李斯尔/摄

**2015年扬州市学前教育情况表**

表29-3

| 地　区 | 幼儿园数(所) | 班级数(个) | 在园幼儿数(人) | 教职工数(人) | 专任教师 |
|---|---|---|---|---|---|
| **合　计** | **290** | **2981** | **103516** | **10645** | **6043** |
| 广陵区 | 39 | 397 | 13207 | 1585 | 878 |
| 邗江区 | 39 | 463 | 16198 | 1811 | 961 |
| 江都区 | 58 | 583 | 22030 | 1667 | 1062 |
| 扬州经济技术开发区 | 17 | 159 | 5542 | 589 | 326 |
| 生态科技新城 | 3 | 32 | 1342 | 123 | 66 |
| 蜀冈-瘦西湖风景名胜区 | 10 | 97 | 3243 | 415 | 208 |
| 宝应县 | 44 | 472 | 16059 | 1649 | 974 |
| 仪征市 | 32 | 337 | 11755 | 1200 | 685 |
| 高邮市 | 48 | 441 | 14140 | 1606 | 883 |

注:表中数字按江苏省教育厅统计口径填报　　　　(柏　珏　发规处)

为第三批扬州市学前教育先进乡镇(街道)。组织扬州市区幼儿园财务管理培训,开展2015年度幼儿园教师键盘弹唱技能考核。

推进幼儿园课程游戏化项目建设。“亲近农庄 幸福成长”等3个项目被省教育厅确认为省级幼儿园课程游戏化项目,“童性之乐 快乐动手”等20个项目被确认为市级幼儿园课程游戏化项目。4月,举办全市幼儿园课程游戏化推进会,提升园长幼儿课程游戏化实施水平。8月,召开全市幼儿园课程游戏化项目交流会,明确幼儿园课程游戏化措施。10月,召开全市幼儿园课程游戏化项目现场研讨会,推进幼儿园课程游戏化项目建设进程。

开展学前教育宣传月活动。5月20日至6月20日,开展以“给孩子适宜的爱”为主题的学前教育宣传月活动。5月22日,结合全省“千园开放日”活动,全市所有幼儿园面向幼儿家长和社会,开展“给孩子适宜的爱”主题宣传活动,引导和帮助家长提高教育水平,陪伴孩子共同成长。

(柏　珏　基教处)

**■中国国际幼儿教育年会在扬州召开**　4月13—14日,由教育部主管的中国人生科学学会学前教育分会、国际青少年教育协会(IYEA)主办,扬州市教育局、扬州报业传媒集团承办的2015中国国际幼儿教育年会在扬州举行。来自中外的300位嘉宾及专家在扬州进行幼儿教育交流。是扬州市历史上首次举办的国际性学前教育会议。会议期间,来自全国各地的200多位幼儿园园长在扬州学习幼儿素质教育,中外幼儿教育专家研究成果与实践经验给扬州幼儿教育机构带来启发。会议提出,要把游戏化的教学理念传达给家长,希望家长能够改变传统观念。园长呼吁幼儿家长重视“家庭教育”。　(柏　珏)

**■全市幼儿园课程游戏化项目交流会**　8月26日,市教育局在扬州市翠岗幼儿园召开全市幼儿园课程游戏化项目交流会,各县(市、区)教育行政部门幼教科长、幼教教研员、省级幼儿园课程游戏化项目负责人、市级课程游戏化项目负责人等100多人参加会议。会上,12所省级课程游戏化项目建设幼儿园和共建幼儿园交流项目实施情况、存在困难及下一步工作思路等。省幼教特级教师沐文扬、吴雪梅和市教科院徐晓莉组成专家组对每一所幼儿园进行指导。

(杨　教)

## 小学教育

**■概述**　2015年,全市有小学205所,比上年减少3所;有教学班5116个,比上年增加3个;有在校生21.63万人,比上年减少2566人。全市小学学龄儿童入学率、在校生巩固率、毕业生升学率均为100%。全市小学专任教师总数1.35万人,比上年减少82人。小学专任教师学历达标率100%,其中大专及以上学历专任教师占90%以上。

开展小学生好习惯养成教育。研究终身发展所必备的、在小学教育阶段应当养成的、过期难以弥补的基础好习惯。经过3年实践研究,从制定《推进好习惯养成教育实践指导意见》,研制《小学生基础好习惯养成指导手册》,到宝应县实验小学等26所学校校本化研制《自主预习好习惯自训手册》,取得阶段性成果。4月,市教育局在仪征市谢集中心小学召开小学生养成教育经验交流会。

举办全市校长论坛——小学专场。市教育局在杨庙小学召开全市“学校文化建设”小学校长论坛,推动全市小学文化建设,推进素质教育。开展珠心算实验研究。进行全市珠心算“微课”评选活动,组织珠心算能力市级选拔赛。8月,扬州市在全省珠心算比赛中,名列全省第七名。　(柏　珏　基教处)

**■广陵区启动小学阅读体系构建**　2015年,广陵区小学阅读体系构建工作正式启动。该体系方案突出参与主体多样,有学校、有教师、有学生。开展“整本书阅读”专题研讨项目、“整本书阅读”学生素养大赛项目、

**2015年扬州市小学教育基本情况表**

表29-4

| 地 区 | 学校数(所) | 班级数(个) | 在校生数(人) | 专任教师数(人) |
|---|---|---|---|---|
| **合 计** | **205** | **5116** | **216263** | **13454** |
| 广陵区 | 18 | 710 | 31958 | 1979 |
| 邗江区 | 16 | 690 | 32636 | 1807 |
| 江都区 | 52 | 1069 | 43983 | 2789 |
| 扬州经济技术开发区 | 7 | 177 | 8447 | 419 |
| 生态科技新城 | 1 | 68 | 3371 | 177 |
| 蜀冈-瘦西湖风景名胜区 | 3 | 137 | 6286 | 332 |
| 宝应县 | 38 | 975 | 38038 | 2414 |
| 仪征市 | 31 | 606 | 23924 | 1620 |
| 高邮市 | 39 | 684 | 27620 | 1917 |

注:表中数字按江苏省教育厅统计口径填报 （柏 珏 发规处）

"书香教师"队伍建设项目、"书香校园"展评活动项目,进行区级"书香校园"建设特色学校评选等4个项目。项目设计强化读书氛围营造,落实读书质量研究,重视读书指导教师队伍建设。 （柏 珏 广教办）

**■扬州校园足球队** 2015年,扬州市有扬州教育学院附属中学、竹西中学、邗江中学、工人新村小学等39所中小学入选全国青少年校园足球特色学校名单。至2015年底,全市有207支男子校园足球队、50支女子校园足球队。2015年全市普通高中优秀运动员招生意见中,首次将足球试点学校增加为具有优秀运动员招生资质的学校类型。 （柏 珏）

**■广陵区编写《"九个一"实践体验活动成长手册》** 2015年,广陵区教育局编写完成《"九个一"实践体验活动成长手册》。该手册以"广陵新城我来了"为题,重点介绍体育公园、科技馆、公共文化中心、万福大桥等9个未成年人校外社会实践场所,通过"游览乐""赛诗乐""比拼乐"为学生指明活动重点及要求,设置专栏供学生书写实践心得或张贴参观照片。结合"儿童护照"发放,学生凭实践记录加盖一定数量实践体验章并在完成相关义工服务后,领取"新城建筑模型、名人小塑像、迷你印章"等物质奖励,申请参加阳光少年区级评选活动。 （柏 珏 广教办）

## 中学教育

**■概述** 2015年,全市有普通中学166所,其中高中35所(含完全中学),比上年减少2所;初中131所(含九年一贯制学校),比上年减少2所。有高中班级1496个,比上年减少5个;有初中班级2604个,比上年减少5个。在校生总数17.88万人,比上年减少5446人。其中,高中在

**2015年扬州市普通中学情况表**

表29-5

| 地 区 | 学校数(所) | | 班级数(个) | | 在校生数(人) | | 专任教师数(人) | |
|---|---|---|---|---|---|---|---|---|
| | 初中 | 高中 | 初中 | 高中 | 初中 | 高中 | 初中 | 高中 |
| **合 计** | **131** | **35** | **2604** | **1496** | **111858** | **66985** | **10299** | **6177** |
| 市 直 | 9 | 6 | 389 | 259 | 19090 | 11956 | 1220 | 934 |
| 广陵区 | 8 | 2 | 110 | 57 | 3850 | 2242 | 494 | 231 |
| 邗江区 | 14 | 5 | 286 | 184 | 12273 | 7575 | 1136 | 692 |
| 江都区 | 31 | 6 | 601 | 317 | 23874 | 14101 | 2392 | 1275 |
| 扬州经济技术开发区 | 2 | — | 34 | — | 1791 | — | 164 | — |
| 生态科技新城 | 2 | — | 27 | — | 833 | — | 134 | — |
| 蜀冈-瘦西湖风景名胜区 | 1 | — | 11 | — | 358 | — | 48 | — |
| 宝应县 | 21 | 5 | 464 | 261 | 20965 | 12005 | 1766 | 1240 |
| 仪征市 | 18 | 5 | 276 | 171 | 11994 | 7551 | 1218 | 624 |
| 高邮市 | 25 | 6 | 406 | 247 | 16830 | 11555 | 1727 | 1181 |

注:表中数字按江苏省教育厅统计口径填报 （柏 珏 发规处）

校生6.70万人，比上年减少3515人；初中在校生11.19万人，比上年减少1931人。有初中专任教师1.03万人，比上年减少196人；高中专任教师6177人，比上年增加30人。2015年末，全市有省三星级以上高中30所。

推进义务教育课程建设。开展省薄弱初中质量提升工程，申报省小学特色文化建设项目，高邮市车逻初级中学的《基于实验的数学课程》和江都区吴桥中学的《建设物理课程基地，促进学生多元发展》创成省教育厅薄弱初中质量提升工程，宝应县白田小学的《诗雅文化建设工程》和邗江区公道镇中心小学的《阮元教育思想指引下的"实学"文化建设》创成省教育厅小学特色文化建设项目。

开展省级课程基地建设。组织高中学校参加省高中课程基地创建，扬州大学附属中学的《基于自主学习网络平台的数学课程基地》、宝应画川高级中学的《"国防教育"课程基地》、邗江区公道高级中学的《高中美术教育课程基地》创成省高中课程基地。至2015年底，全市累计有省级高中课程基地14个。开展全省基础教育前瞻性项目建设，扬州中学的《拓展性课程：致力于"校本课程制度"标准化的实践》、扬州大学附属中学的《促进学生核心素养发展的数字化平台建设》创成省基础教育前瞻性项目。

加强德育体系建设。出台《2015年扬州市中小学德育工作要点》。开展主题教育活动，组织城乡互动体验。4月和10月，分别组织宝应望直港镇中心初中等14所农村中学初二年级3055名学生和市直梅岭中学、田家炳实验中学初二年级1555名学生参加"新扬州、新面貌、新风尚"城乡互动体验活动。开展生态环保教育。市教育局与市环保局联合下发《扬州市中小学生态文明实施方案(2014—2020)》。组织全市6所学校(幼儿园)申报省级绿色学校(幼儿园)，组织9所中小学校参加国际生态学校培训班。

探索招生改革。推进市区(不含江都区)义务教育招生政策的一致性。市区义务教育招生全面落实就近入学，解决"择校热"。实施全市中考统一网上报名。深化全市高中招生制度改革，从2015年开始全市中考升学采用网上报名方式。首次实施热点高中70%定向指标分配政策。完善热点高中指标生分配政策。2015年开始升入初一年级的学生，到2018年70%的招生指标录取时在普通高中录取最低控制线上不设分数底线，确保所分配的指标生100%录取。首次实现市区普通高中招生市场网络化。扬州市直和广陵区、扬州经济技术开发区高中首次成功采用网上市场方式进行招生。推进市区普通高中同城化发展。建设市区普通高中招生统一平台，实现扬州市直高中招生区域和邗江高中招生区域招生考试同城化发展。 (柏 珏 基教处)

**■扬州提高国家助学金补助标准** 2015年，市直普通高中和中等职业学校家庭经济困难学生国家助学金标准由生均每年1500元提高到2000元。普通高中和中等职业学校国家助学金资助对象为在市直普通高中和中等职业学校的家庭经济困难学生，资助面平均占在校生总数10%。优先资助孤残学生、城乡低保家庭或持"特困职工证"家庭的学生、革命烈士或因公牺牲军人子女、低收入家庭经济困难学生等。家庭持有"城乡低保证"的市直普通高中学生的国家助学金标准由生均每年2000元提高到2500元。 (柏 珏)

**■江都区新能源校车公交专线运营** 2015年，江都区投入1500多万元，购置30辆新能源校车，在小纪、宜陵两镇正式开通公交专线学生班车，为农村义务教育学校家校距离3千米以上有乘车需求学生提供班车服务，惠及学生1200多名。新能源校车纯电动、低噪音、绿色环保、安全便捷，车上配有动态行车监控系统，进行北斗卫星定位。 (柏 珏 江教办)

**■扬州2所学校成为"立德树人"实验学校成员** 2015年，扬州大学附属中学地理组申报的《高中学生地理科学素养培养的路径与实效》、扬州中学教育集团树人学校申报的《高中地理学生自主学习能力培养路径与实效》通过论证，申报项目获通过，成为全国首批15所"立德树人"实验学校成员，获专家指导与研究专项经费。为加快"立德树人"教育任务在课程中落实，华东师范大学上海高校"立德树人"人文社会科学重点研究基地成立提出"立德树人"实验项目，向全国范围内征集基地实验学校与实验项目。 (柏 珏 教科院)

**■国家级教学成果现场观摩活动在扬州中学举行** 4月21日，国家级优秀教学成果《"多元交互式"教学评价体系的建构与实践》现场观摩活动在扬州中学报告厅举行。来自北京大学教育文化战略研究所组织的"国家级教学成果一等奖特别巡礼活动"相关成员、福建省高中地理骨干教师研修班成员等省、区及全市的近400名成员参与。观摩活动中成果第一主持人扬州市教育科学研究院教师朱雪梅介绍教学成果奖的主要内容及申报经验。成果主要成员通过网络平台向全体观摩成员展示定量与定性相结合的观察结论，对偏差性的课堂教学行为提出矫正建议。

(柏 珏 扬 中)

**■市区高中招生采用网上录取** 2015年，扬州市直和广陵区、扬州经济技术开发区的高中首次采用网上市场方式进行招生，取代往年的现场市场招生方式。原来集中到市场的考生分散到生源学校，市区的11所学校作为网上市场点，通过网络技术将所有信息汇总。缩短招生时间。往年现场招生需要2天时间，现在半天时间全部完成，提高工作效率。保证公平公正。考生和招生学校不见面，学校根据成绩、招生计划竞争录取，家长对学校招录情况一览无余，公正透明。

(柏 珏 基教处)

**■扬州中学院士广场建成开放** 9月22日，扬州中学院士广场举行揭幕仪式。院士广场以院士为主题，建设有院士浮雕墙、院士雕像和院士塔等。院士广场位于扬州中学东门对

扬州中学院士广场　　张孔生/摄

面，淮海路东侧。院士浮雕墙主要展示扬州中学49名院士；院士雕像主要展示4位院士，4座雕像分别是胡乔木、吴征镒、吴良镛、黄纬禄。院士广场免费向市民开放，是扬州中学学生的"第二课堂"。（柏　珏）

## 特殊教育

**■概述**　2015年，全市有特殊教育学校7所（盲、聋哑学校5所，培智学校2所）；有特殊教育班级88个，比上年增加4个。特殊教育学校在校生890人，比上年减少15人。全市有特殊教育学校专任教师199人，比上年增加13人。全市有1410名智障、身残学生随中小学普通班就读，接受相应的特殊教育辅导。

推进特殊教育关爱教育。依法保障适龄残疾儿童少年入学权利，确保三类残疾儿童少年入学率98%以上。市财政教育经费向全市特殊教育倾斜，确保所有特殊教育学校学生享受免费教育并享受免费食宿待遇。改善特殊教育学校办学条件，推进扬州市特殊教育学校异地新建工程。4月，市教育局联合市残联共同组织听障儿童演讲比赛。5月，江都区特殊教育学校承办全国特殊青少年"心路日月光华"艺术作品巡展活动。（柏　珏　基教处）

**■宝应县保障残疾孩子就学**　2015年，宝应县推进全纳教育，让每一个残疾孩子有学上。全县各义务教育学校和幼儿园依据施教区范围，对适龄残疾儿童少年进行调查摸底，建立台账，对就读学校及教育形式进行规划。动员达到入学、入园年龄且具有一定学习能力的残疾儿童、少年到有关学校、幼儿园入学。全县三类残疾儿童少年入学率98%以上。全县形成以特殊教育学校为骨干，以随班就读为主体，以送教上门为补充的特殊教育格局。宝应县特殊教育学校是指导全县开展随班就读主要基地，是听障、智障学生九年义务教育和聋儿学前康复的综合特殊教育学校。白田小学配合做好残疾儿童少年康复训练，接纳和安排参与康复训练的残疾儿童少年随班就读，实现"康教一体化"。（柏　珏　宝教办）

**■扬州培智节目参加省级文艺汇演**　7月7日，由江苏省教育厅、文化厅、广播电影电视局、省残联联合举办的全省第七届特殊教育学校学生文艺汇演（苏中片）在扬州京杭之心举行。来自南京、南通、扬州、泰州等4个市的13个节目参赛。扬州市培智学校选送的智障人综合节目《奥尔夫声势律动》代表扬州市参赛，晋级总决赛。（杨　教）

**■乔爱云获"最美特校教师"称号**　9月8日，"感动江苏教育人物——2015最美特校教师"表彰仪式在南京举行。宝应县特殊教育学校教师乔爱云获"最美特校教师"称号。2006年，乔爱云成为中华骨髓库的志愿者。2012年6月12日，乔爱云成为江苏省分库第254例成功捐献者，成为宝应县首例造血干细胞捐献者。（杨　教）

**2015年扬州市特殊教育情况表**

表29-6

| 地　区 | 学校数(所) | 班级数(个) | 在校生数(人) | 专任教师数(人) |
|---|---|---|---|---|
| **合　计** | **7** | **88** | **890** | **199** |
| 市　直 | 1 | 25 | 246 | 68 |
| 广陵区 | 1 | 10 | 95 | 16 |
| 邗江区 | 1 | 8 | 67 | 13 |
| 江都区 | 1 | 15 | 160 | 41 |
| 宝应县 | 1 | 11 | 144 | 26 |
| 仪征市 | 1 | 9 | 90 | 14 |
| 高邮市 | 1 | 10 | 88 | 21 |

（柏　珏　发规处）

## 中等职业教育

**■概述** 2015年，全市有中等职业学校15所。中等职业学校在校生4.73万人(不含职教培训机构在校生)。中等职业学校有专任教师2349人，比上年增加51人；聘请校外兼课(主要是专业课和技能课)教师392人，其中具有正、副高级职称的科技人员169人，占43.11%。全市有技工学校及技师学院14所，技工类学校在校生总数2.20万人，比上年增加241人。全市各类中等职业学校和技工类院校在校生总数6.64万人，比上年减少7490人。

提升职教服务经济社会能力。规范中等职业学校专业设置。开展2015年全市中等职业学校合格专业认定和招生专业备案工作，调整不具备条件及未体现发展前景专业，改造传统专业，新增与新兴产业紧密结合的新专业。市职业教育集团下发《2015年扬州市重点企业用工需求》，制定《扬州市职教集团成员职业院校专业设置会审制度》，组织相关院校、行业、企业专家对全市12所职业院校2015年拟设置的123个专业进行会审。

增强育才功能。提高各类竞赛成绩。扬州市职业学校323名师生参加2015年江苏省职业院校技能大赛，获金牌11枚、银牌36枚、铜牌72枚。全国职业院校技能大赛中职组获金牌4枚，高职院校技能大赛获金牌3枚、银牌2枚、铜牌1枚。省职业学校信息化教学大赛3个团队获一等奖。增强专业建设能力。机电技术应用、建筑工程施工、会计电算化、计算机平面设计、计算机网络技术、动漫设计与制作、客户服务、酒店服务与管理等8个专业被评为省品牌、特色专业。启动旅游服务、计算机网络技术、电线电缆制造、计算机网络技术等4个省高水平示范性实训基地建设。获批“赵杰信息技术名师工作室”“张忠树建筑名师工作室”“梅纪萍‘魅力德育’工作室”“濮德锁导游名师工作室”等4个江苏省职业教育名师工作室。提升人才培养层次和质量。全市职业教育加强中高等职业教育衔接试点工作，提升职业教育育人层次。其中，“3＋4”分段培养项目在扬州高职校、扬州商务高职校和江都中专开设8个专业，招收370人；“3＋3”分段培养项目在扬州高职校、扬州商务高职校、扬州旅游商贸学校和菱塘民族中专校开设10个专业，招收440人。对口单招本科上线219人，上线率11.8%，比2014年提高2.8个百分点。

增强兴业功能。服务重点产业。加强互联网信息技术专业、旅游服务专业、养老和健康服务业等专业建设，扩大相应专业招生规模。重点建设软件与信息服务、中西烹饪与营养、旅游服务与管理等示范性实训基地，加强计算机平面设计、计算机网络技术、动漫设计与制作、客户服务等省品牌、特色专业建设。与江苏信息服务产业基地(扬州)、扬州迎宾馆等单位开展校企合作，年提供人才1000多人。保障人才培养。完善《产业结构和专业结构吻合度调研报告》，提出专业预警。组织各校根据地方经济发展和产业结构升级需要，进行专业设置动态化管理。压缩过剩专业，改造传统专业，挖掘现代农业、装备制造业、三新产业、电子商务等相关专业职教资源，开设适应地方未来产业发展、全市重大项目布

**2015年扬州市中等职业学校情况表**

表29-7

| 学校名称 | 在校生数(人) | 专任教师数(人) |
|---|---|---|
| **合计** | **47335** | **2349** |
| 扬州高等职业技术学校 | 4519 | 263 |
| 江苏省扬州旅游商贸学校 | 5451 | 111 |
| 江苏省扬州商务高等职业学校 | 8947 | 313 |
| 扬州文化艺术学校 | 800 | 37 |
| 扬州生活科技学校 | 2452 | 71 |
| 江苏省扬州市体育运动学校 | 278 | 48 |
| 扬州市天海职业技术学校 | 515 | 20 |
| 扬州市润扬职业技术学校 | 153 | 28 |
| 江苏省邗江中等专业学校 | 3160 | 177 |
| 江苏省高邮中等专业学校 | 4952 | 198 |
| 江苏省宝应中等专业学校 | 6128 | 256 |
| 高邮市菱塘民族中等专业学校 | 1269 | 40 |
| 江都区教师进修学校 | 0 | 56 |
| 江苏省江都中等专业学校 | 4723 | 409 |
| 仪征市工业学校 | 3988 | 322 |

注：江都区教师进修学校为成人中专校，主要从事非全日制职业技术培训

(柏 珏 发规处)

局、符合技术进步趋势的新兴专业。服务产业企业。推进订单培养,完善订单培养、联合培养、“冠名班”等形式的校企合作,订单培养专业占比72%。企业全程参与人才培养。

(柏 珏 职社处)

■**《市政府关于进一步做好现代职业教育的意见》出台** 2月4日,扬州市出台《市政府关于进一步做好现代职业教育的意见》(简称《意见》)。《意见》强调,职业教育是打造城市竞争力的重要基础,是实现区域人力资源优化提升和经济结构转型升级的重要途径,是推动企业做优、百姓致富的关键举措。《意见》提出,完善职业教育体系,促进“政、校、企”紧密合作,促进职教品牌建设和做大做强,实现职业教育的强市、富民、兴企功能。《意见》就做好现代职业教育提出10项要求:一是加强学校建设,提高职业教育办学水平。二是加强专业建设,提高职业教育发展质量。三是加强师资队伍建设,提升职业教育教研能力。四是加强实训基地建设,提升职教学生实践能力。五是深化产教合作,推动职业教育与地方产业深度融合。六是深化校企合作,推动职业院校与本地企业协同发展。七是整合行业培训资源,提高特定群体就业创业能力。八是规范社会培训秩序,支持民办非学历教育健康发展。九是落实职教发展责任,加大财政资源配置引导力度。十是构建多元投入机制,鼓励社会力量参与发展职教事业。 (柏 珏 职社处)

■**江苏省暨扬州市首届职业教育活动周** 5月11日,由江苏省教育厅、扬州市人民政府主办,扬州市教育局、江苏省扬州商务高等职业学校承办的以“支撑中国制造,成就出彩人生”为主题的“江苏省暨扬州市首届职业教育活动周启动仪式”在扬州商务高等职业学校举行。江苏省各市教育局分管领导、中高职职业院校代表、企业代表、初中学校校长代表、学生家长代表等350多人参加活动,江苏省副省长曹卫星出席并宣布开幕。启动仪式后,与会人员参观扬州市11所职业院校办学成果和专业技能展示活动,通过现场互动、实际操作等方式展示扬州职业学校办学成果和职校学生风采。活动周期间,各类职业院校开放校园,组织中小学生、家长和社区居民开展职业体验活动、观摩教育教学成果,组织师生开展技能竞赛或展示,培养职业兴趣和职业意向;组织有条件的行业、企业开展相关活动,介绍产业发展前景、企业产品研发等情况;各职业院校在城市的主要广场、主要街道上开展招生就业咨询、健康饮食咨询、家政服务等活动。 (杨 教 柏 珏)

■**全国职业院校技能大赛中职组光伏项目比赛在扬州举行** 6月11—13日,2015年全国职业院校技能大赛中职组“康尼杯”光伏发电设备安装与调试比赛在扬州市高等职业技术学校举行。来自全国各省、市、自治区的40支代表队的120名选手参赛。本次大赛设一等奖4个、二等奖8个、三等奖11个。扬州市高等职业技术学校获一等奖。 (杨 教)

■**扬州市首届职业教育创业能力大赛** 9月16日,扬州市首届职业教育创业能力大赛在扬州商务高等职业学校举办。来自全市11所中等职业学校40多名选手参加,大赛设中、高职学生创业计划竞赛、创业实践挑战赛,创业指导教师创业教育教学能力竞赛和毕业生优秀创业成果评选等4个项目,分个人参赛和团队参赛。大赛邀请高职院校的生涯规划师、创业指导师、创业培训师等担任评委,对选手的创业计划书、创业课教学视频及教案、创业成果等进行评审。扬州商务高等职业学校学生曹芹获创业计划竞赛项目一等奖,仪征工业学校学生郭宏成获创业实践挑战赛项目一等奖,扬州商务高等职业学校学生刘薇获毕业生优秀创业成果一等奖,扬州旅游商贸学校教师方海宏获创业教育教学能力竞赛一等奖。

(柏 珏)

## 普通高等教育

■**概述** 2015年,扬州市有普通高等学校7所。其中,市属高等学校1所,扬州市职业大学(扬州教育学院、扬州环境资源职业技术学院划入扬州市职业大学管理),有在校普通专科生1.49万人,教职工1474人;驻扬省属高校2所,分别是扬州大学、扬州工业职业技术学院,有在校本科生3.08万人、专科生9790人,教

**2015年扬州市普通高等学校情况表**

表29-8

| 学 校 名 称 | 办学层次 | 校园面积(公顷) | 全日制在校生(人) | 教职工数(人) |
|---|---|---|---|---|
| **合 计** | | **549.27** | **80923** | **7521** |
| 扬州大学 | 本 科 | 237.60 | 30815 | 3814 |
| 扬州大学广陵学院 | 独立学院 | 54.27 | 9277 | 612 |
| 扬州工业职业技术学院 | 专 科 | 46.40 | 9790 | 500 |
| 扬州市职业大学 | 专 科 | 75.00 | 14942 | 1474 |
| 江海职业技术学院 | 专 科 | 64.27 | 7579 | 480 |
| 南京邮电大学通达学院 | 独立学院 | 59.53 | 8277 | 543 |
| 扬州中瑞酒店职业学院 | 专 科 | 12.20 | 243 | 98 |

注:表中数字按省教育厅统计口径填报 (柏 珏 发规处)

职工4314人；驻扬省属民办高校1所，江海职业技术学院，有在校专科生7579人，教职工480人；民办高校3所，分别是扬州大学广陵学院、南京邮电大学通达学院、扬州中瑞酒店职业学院。其中，扬州大学广陵学院、南京邮电大学通达学院为独立学院，有在校生总数1.81万人，教职工数1155人；扬州中瑞酒店职业学院为专科层次高职院校，有在校生243人，教职工98人。

2015年，全市发放生源地信用助学贷款440.2万元，603人受益。

（柏　珏　综合办）

**■筹建江苏旅游职业学院**　9月19日，江苏省教育厅和扬州市人民政府举行签约仪式，共同筹建江苏旅游职业学院，支持扬州工业职业技术学院、扬州市职业大学发展。扬州市将学院建设列为2016年重点建设工程，确保2017年年底完成校区一期建设工程。省教育厅对江苏旅游职业学院发展给予倾斜支持，将学院筹建纳入省高校设置“十三五”规划，在校区规划、项目立项等方面给予指导和支持。省教育厅与扬州市人民政府支持扬州工业职业技术学院改善办学条件，支持扬州工业职业技术学院和扬州市职业大学加强内涵建设等。

（柏　珏）

## 扬州大学

**■概述**　扬州大学（含扬州大学广陵学院）是江苏省人民政府和教育部共建高校，是江苏省属重点综合性大学。学校有7个校区，校园占地291.87公顷，校舍建筑面积117万多平方米。全校固定资产总值27.2亿元，教学科研仪器设备总值8.8亿元，图书馆藏书402万册，有实验工厂、实验农牧场、动物医院、附属中学等教学、科研、实习基地及临床医学院。扬州大学设有文学院、社会发展学院、马克思主义学院、法学院、教育科学学院（师范学院）、新闻与传媒学院、外国语学院、数学科学学院、物理科学与技术学院、化学化工学院、体育学院、机械工程学院、信息工程学院、建筑科学与工程学院、

**2015年扬州大学国家级、部省级学科及科研基地一览表**

表29-9

| 类别 | | 学科及科研基地名称 |
|---|---|---|
| 重点（优势）学科 | 国家级重点学科 | 预防兽医学 |
| | | 作物栽培学与耕作学 |
| | 国家级重点（培育）学科 | 动物遗传育种与繁殖 |
| | 江苏省优势学科 | 化学 |
| | | 作物学 |
| | | 畜牧学 |
| | | 兽医学 |
| | | 文化传承与区域社会发展 |
| | 江苏省重点序列学科 | 农村水土安全与环境保护 |
| | 江苏省一级学科重点学科 | 中国语言文学 |
| | | 数学 |
| | | 水利工程 |
| | | 中西医结合 |
| | | 中国史 |
| | | 草学 |
| 重点实验室 | 教育部 | 教育部植物功能基因组学重点实验室 |
| | | 教育部禽类预防医学重点实验室（部省共建） |
| | 农业部 | 农业部畜禽传染病学重点开放实验室 |
| | | 农业部长江中下游作物生理生态重点开放实验室 |
| | | 农业部食品安全监测重点开放实验室 |
| | | 农业部禽用生物制剂创制重点实验室 |
| | | 农业部长江中下游地区作物栽培科学观测实验站 |
| | 江苏省 | 江苏省作物遗传生理国家重点实验室培育建设点 |
| | | 江苏省植物功能基因组学重点实验室 |
| | | 江苏省作物栽培生理重点实验室 |
| | | 江苏省动物预防医学重点实验室 |
| | | 江苏省动物遗传繁育与分子设计重点实验室 |
| | | 江苏省人兽共患病学重点实验室 |
| | | 江苏省环境材料与环境工程重点实验室 |
| | | 江苏省水利动力工程重点实验室 |
| | | 江苏省乳品生物技术与安全控制重点实验室 |
| 工程中心（研究院） | 教育部 | 教育部新型兽用疫苗工程研究中心 |
| | 农业部 | 农业部长江中下游稻作技术创新中心 |
| | 江苏省 | 江苏省转基因动物制药工程技术研究中心 |
| | | 江苏省家禽疫病防控工程技术研究中心 |
| | | 江苏省扬州现代乳业加工服务中心 |
| | | 江苏省扬州农业环境安全技术服务中心 |
| | | 江苏省扬州LED新光源材料测试技术服务中心 |
| | | 江苏省扬州规模猪场高效健康养殖公共技术服务中心 |
| | | 江苏省高分子无机微纳复合功能材料工程技术研究中心 |
| | | 江苏省种猪繁育和健康养殖工程技术研究中心 |
| | | 苏中发展研究院 |
| | | 淮扬文化研究中心 |
| | | 马克思主义大众化学习实践基地 |
| | | 江苏苏中发展研究基地 |
| | | 江苏省中国特色社会主义理论体系研究基地 |

（马水锋）

**2015年扬州大学获省部级及以上奖励科研成果一览表**

表29-10

| 成果名称 | 获奖种类 |
| --- | --- |
| 促进稻麦物质转运和籽粒灌浆的方法与机制 | 高等学校科学研究优秀成果奖(科学技术)自然科学奖一等奖 |
| 生物抗氧化剂调控奶牛围产期代谢应激关键技术与应用 | 全国商业科技进步奖一等奖 |
| 猪无公害生态养殖关键技术研发与推广应用 | 全国商业科技进步奖一等奖 |
| 聚合物改性沥青微观测试与表征技术研究及应用 | 全国商业科技进步奖一等奖 |
| 沿海大型水利枢纽工程抗侵蚀与高效施工关键技术 | 全国商业科技进步奖一等奖 |
| 禽白血病检测技术的研究与应用 | 高等学校科学研究优秀成果奖(科学技术)科技进步奖二等奖 |
| 复杂动态网络的动力学分析:理论与方法 | 江苏省科学技术奖二等奖 |
| 辅助治疗湿疹的中草药化妆品 | 全国商业科技进步奖二等奖 |
| 中药靶向治疗消化道恶性肿瘤新策略及其机理研究 | 全国商业科技进步奖二等奖 |
| 健康素养干预对老年人自我护理能力、心理社会状况的影响及作用 | 全国商业科技进步奖二等奖 |
| 农村生活污水生物—生态处理技术开发与应用 | 全国商业科技进步奖二等奖 |
| 新型高效秸秆还田与能源化利用成套装备研发 | 江苏省科学技术奖三等奖 |
| 软件工程数据探索技术研究及其应用 | 全国商业科技进步奖三等奖 |
| 城市道路交叉口复杂度指标构建及通行效率优化方法 | 全国商业科技进步奖三等奖 |
| 重要动物疫病分子诊断平台的建立和应用 | 大北农科技奖三等奖 |
| 农业废弃物清洁处理产物的资源化高效利用技术应用推广 | 江苏省农业丰收奖一等奖 |
| 今文《尚书》词汇研究 | 第七届高等学校科学研究优秀成果奖(人文社会科学)三等奖 |
| 汉语移动域框架语义分析 | 第七届高等学校科学研究优秀成果奖(人文社会科学)三等奖 |
| 文类基本问题研究 | 第七届高等学校科学研究优秀成果奖(人文社会科学)三等奖 |
| 中国经济高速增长与服务业滞后并存之谜——基于部门全要素生产率的研究 | 第七届高等学校科学研究优秀成果奖(人文社会科学)三等奖 |

(马水锋)

**2015年扬州大学通过鉴定的科研成果一览表**

表29-11

| 成果名称 | 成果水平 | 组织鉴定单位 |
| --- | --- | --- |
| 禽白血病检测技术的研究与应用 | 国际领先水平 | 江苏省教育厅 |
| 江苏地区水资源调配管理技术应用研究 | 国际先进水平 | 江苏省教育厅 |
| 便携式多用途润滑摩擦特性测量分析仪 | 国内先进水平 | 扬州市科技局 |
| 高性能透水混凝土 | 国内领先水平 | 江苏省经济和信息化委员会 |
| 镍渣混凝土制备技术 | 国内领先水平 | 江苏省经济和信息化委员会 |

(马水锋)

水利与能源动力工程学院、环境科学与工程学院、农学院、园艺与植物保护学院、动物科学与技术学院、兽医学院、生物科学与技术学院、医学院、商学院、旅游烹饪学院(食品科学与工程学院)、音乐学院、美术与艺术设计学院和公有民办的广陵学院等27个学院116个本科专业,涵盖哲学、经济学、法学、教育学、文学、历史学、理学、工学、农学、医学、管理学、艺术学等12个学科门类。学校有国家级特色专业6个、国家精品课程14门、国家精品资源共享课13门、国家双语教学示范课程1门、国家级教学团队3个、全国农科教合作人才培养基地3个、国家级实验教学示范中心1个、中央与地方共建实验室20个、省重点专业(类)15个、省品牌特色专业29个、省级基础课实验教学示范中心14个,2个专业的人才培养创新模式被列入国家级实验区,6个专业列入教育部卓越工程师教育培养计划,获国家级教学成果二等奖3个、省高等教育教学成果特等奖3个。

2015年,学校新招收本科生6246人,研究生2047人。至年底,学校有普通全日制本科生4.01万人，各类博、硕士生1万多人，留学生1100多人，成人学历教育学生1.1万多人。

学校有教职工4426人，其中具有高级职称1200多人。有中国工程院院士2人，“千人计划”（“海外高层次人才引进计划”）入选者、国家杰出青年科学基金获得者、国家级教学名师3人，享受政府特殊津贴专家23人，国家级、省级有突出贡献的中青年专家29人，博、硕士生导师2200多人。学校有博士后流动站14个，一级学科博士学位授权点11个、一级学科硕士学位授权点44个，博、硕士专业学位15种；有国家级重点学科2个，国家级重点（培育）学科1个，江苏省优势学科5个，省重点序列学科1个，江苏省一级学科重点学科6个；有部、省级重点（建设）实验室16个，部、省级工程技术研究中心、公共技术服务中心和省级研究院15个，科学研究机构90个，教学实验室（中心）36个。2015年，学校承担各级各类科研项目1200多个，全年科技经费5亿多元。

学校具有招收外国留学生（包括接受政府奖学金外国留学生）和港、澳、台学生的资格，先后与41个国家（地区）的高校和研究机构建立合作交流关系。（马水锋）

**■学科建设** 学校实施重大学科项目，开展优势学科建设工程二期项目建设。启动2015年中央财政支持地方高校发展专项资金项目建设，其中竞争性优势、特色优势明显和新兴交叉学科建设类项目5个，教学实验平台建设类项目1个，人才培养和创新团队建设类项目1个。“农业与农产品安全国际合作联合实验室”通过教育部立项建设。6个专业入选省品牌专业一期建设工程，其中汉语言文学、农学专业获批为A类建设项目，数学与应用数学、化学、动物医学专业获批为B类建设项目，生物技术专业获批为C类建设项目。开展省一级学科重点学科建设。化学、植物与动物科学、工程学、农业科学等4个学科美国ESI（基本科学指标库）排名进入全球大学和科研机构前1%，学校整体学科水平排名前移51位。（马水锋）

**■科学研究** 2015年，学校新增国家中医药管理局重点研究室1个、江苏高等学校优秀科技创新团队1个，国家科技支撑计划项目1个、“973”项目课题1个、国家自然科学基金项目110个（其中重点项目3个），获部省级科研奖励项目17个（其中一等奖6个），年科技经费5亿多元。获批“首批江苏省中国特色社会主义理论体系研究基地”1个，新增国家社科基金项目15个（其中重点项目1个）、教育部人文社会科学研究项目18个、第七届高等学校科学研究优秀成果奖（人文社会科学）三等奖4个。学校参与完成的1项科技成果获国家科技进步二等奖。（马水锋）

**■人才培养** 学校新增省级以上本科教学工程项目27个。其中，入选江苏高校品牌专业建设一期工程项目6个，获批省卓越教师培养试点项目2个，获批2015年省高教教改课题12个（其中重点课题3个），获省“十二五”重点教材立项项目6个，入选2015年江苏高校省级外国留学生英文授课精品课程1门。学校毕业生毕业设计（论文）获省级二等奖3个、三等奖7个、优秀毕业设计团队奖1个。获批国家级大学生创新创业训练计划项目45个、江苏省大学生创新创业训练计划项目95个。在国家级、省级学科竞赛中获三等奖以上奖项600多个。获批教育硕士专业学位研究生招生和培养试点单位、中医硕士专业学位点，新增国家留学基金委员会“创新型人才国际合作培养项目”1个、省研究生培养模式改革成果奖3个、优秀研究生工作站6个、优秀博士学位论文2篇、优秀硕士学位论文8篇、优秀专业学位硕士论文5篇，学校被确定为教育部研究生课程建设试点工作单位。进行成人高等教育艰苦行业和校企合作试点改革，启动继续教育教学远程学习平台建设，新增继续教育专业17个。（马水锋）

**■师资队伍建设** 1人当选中国工程院院士，2人入选“百千万人才工程”国家级人选并被授予“有突出贡献中青年专家”称号，1人入选“创新人才推进计划”中青年科技创新领军人才，1人入选世界兽医家禽协会荣誉堂，1人入选“千人计划”青年项目，1个团队入选江苏省“双创团队”，4名海外博士入选江苏省“双创博士”，5人获省第四期“333工程”2015年科研项目资助，9个项目获省“六大人才高峰”第12批高层次人才项目资助，19人入选校级第三批高端人才支持计划。学校全年引进高层次人才127人，其中扬州大学特聘教授13人，有海外学术背景人才22人，选送44名中青年教师赴境外高校研修。加强博士后管理，全年进站52人、出站11人，53人获国家基金等各类资助。院士刘秀梵入选世界兽医家禽协会荣誉堂，兽医学院院士刘秀梵、农学院教授杨建昌、数学科学学院教授刘玉荣入选2014年中国高被引学者（Most Cited Chinese Researchers）榜单，数学科学学院教授刘玉荣入选2015年全球高引用科学家榜单。（马水锋）

**■学生工作** 学校获江苏省学生资助工作绩效评价优秀单位，获省心理学科普先进集体，获省“互联网+”大学生创新创业大赛优秀组织奖。首届中国“互联网+”大学生创新创业大赛中1个项目获铜奖，首届江苏省“互联网+”大学生创新创业大赛中1个项目获一等奖、1个项目获二等奖、3个项目获三等奖，5个项目被评为江苏省2015年度大学生优秀创业项目。1名学生被评为江苏省大学生创业个人典型，4个大学生创业团队被评为江苏省大学生创业团队典型。省第十届大学生职业生涯规划大赛中学校获最佳组织奖、1名学生获江苏省大学生职业生涯规划大赛本科组一等奖和“十佳职业规划之星”、2名学生获江苏省大学生职业生涯规划大赛本科组二等奖，1名教师被评为“优秀指导教师”。学校被评为“江苏省创业培训示范基地”、“扬州市区创业孵化基地”，学校被授予2015年全国和江苏省暑期“三下乡”社会实践活动先进单位。2名教师获“2014年全国高等学校创业教育工作先进个人”，1名学生获2014江苏省大学生年度人物入围奖。1个团支部获全国高校践行社会主义核心价值观“示范团支部”，1名学生获全国“百佳团支书”。学校在第14届“挑战杯”全国大学生课外学术科技作品竞赛中获特等奖1个、一等奖3个、二等奖2个和累进创新奖1个，第四次捧得“优胜杯”。“乖乖隆地咚”大学生网络电视台入选教育部大学生网络文化工作室，寒夜跳河勇救4人的学生仲磊入选“中国好人榜”。（马水锋）

**■国际合作** 学校与加拿大安大略省3所高校签订国际合作备忘录。共同发起成立江苏—澳门·葡语国家高等教育国际合作平台，出席第14届亚洲大学校长论坛。中国—东盟教育培训中心落户学校，举办“东盟外交官淮扬菜美食体验之旅”活动。承办“东盟—中日韩(10＋3)水稻现代化生产与分子育种技术研讨会暨高级人才培训班”。举办亚洲谷物科学国际学术会议、第三届国际云计算与大数据会议、2015年生物医学扬州国际论坛、2015年中韩双边“纳米·生物·能源”国际前沿论坛、第四届孤云国际学术大会、人兽共患病与食品安全国际研讨会、农业与农产品安全国际合作联合实验室第二届学术研讨会、2015年中国地方学国际学术研讨会、2015年编码理论与密码学及相关课题国际研讨会等9场国际学术会议。获批2015年度文教类“高端外国专家项目”4个。

（马水锋）

**■社会合作服务** 学校先后与江苏省农业科学院、扬州市地方税务局等单位签署战略合作框架协议。扬州大学科技园通过省级大学科技园评估验收。众创梦工场被省科技厅认定为江苏省众创空间。举办苏中发展论坛等，完成地方政府和企业的“十三五”发展规划纲要3项、现代农业发展规划8项。组织专家、教师担任地方科技专家、科技特派员等180人次，与地方企业新建校企联盟150多个，学校获评全省“挂县强农富民工程”突出单位。（马水锋）

**■省政府和教育部共建扬州大学** 9月21日，江苏省人民政府和教育部联合印发《江苏省人民政府、教育部关于共建扬州大学的意见》，扬州大学成为新一批省部共建高校。根据共建意见，江苏省人民政府和教育部，支持学校提升服务区域生态文明、农业现代化和社会主义新农村建设能力与水平。（马水锋）

**■大学科技园通过省级大学科技园评估验收** 10月30日，扬州大学科技园通过由江苏省科技厅、教育厅联合组织的省级大学科技园评估验收。至2015年底，扬州大学科技园建成“一园三区”基本格局，建筑面积2.5万平方米，其中研发区和孵化区2.2万平方米、大学生创业基地0.3万平方米。2名“千人计划”专家和100多名教授、博士、在校大学生入园创新创业，入驻企业和机构61家，就业人数近800人。（马水锋）

**■张洪程当选中国工程院院士** 12月7日，中国工程院公布2015年院士增选结果，扬州大学教授张洪程当选中国工程院农业学部院士，成为继院士刘秀梵后，学校第二位自身培养的中国工程院院士。（马水锋）

## 其他高校

**■扬州市职业大学** 扬州市职业大学(简称扬州职大)是全日制综合性高等职业技术院校。学校占地75公顷，校舍建筑面积近40万平方米；有基础和专业实验室70多个，数控技术高等职业教育实训基地、国土勘测与规划高等职业教育实训基地、农业安全生产与环境保护高等职业教育实训基地、江苏省建筑新材料新技术研究开发中心、江苏省农业安全生产与环境保护工程技术研究开发中心、江苏省养殖环境生态修复工程技术研究中心等省级实训基地或研发平台6个，校级实验实训基地(中心)25个，教学仪器设备总值1.5亿元；图书馆有藏书139.88万册、电子图书等资源140万种、各类期刊2000多种。学校设置机械制造、汽车、土建测绘、纺织服装、生化食品环境、通信电子光伏、信息技术、旅游管理、工商管理、经济贸易、外语、艺术、人文、数学、体育、园艺、医学卫生等17个大类71个专业和专业方向，其中省级特色专业8个、省高等教育人才培养模式创新实验基地3个、校级特色专业及教改专业34个；有国家级精品课程1门、省级精品课程17门、校级精品课程107门，有省级优秀精品教材8部、省级立项建设精品教材5部。学校各专业建设指导委员会分别与280多家校外实验实训基地签订产学研合作协议。2015年底，学校有教职工1474人，其中专任教师近1000人；有教授63人、副教授419人；有省“六大人才高峰”(教育、医药卫生、电子信息、机械汽车、建筑、农业人才高峰)计划培养对象2人、省“青蓝工程”培养对象33人、江苏省有突出贡献的中青年专家1人、扬州市有突出贡献的中青年专家18人、江苏省优秀教学团队2个、江苏省“青蓝

院士张洪程在田间进行科研

张孔生/摄

工程”科技创新团队1个。专业基础课和专业课教师中,“双师型”教师(具有专业技术职称资格、技术等级证书的教师)占75%以上。有中外合作办学项目8个。论证实验实训室的建设方案和大型仪器设备配置,改造多媒体教室设备和校园网络,完善学校一卡通功能,实现自助圈存。加强文献资源建设,注重纸质文献采选质量。2015年,学校新增图书4.75万册,接待读者19.7万多人次。推进数字资源及配套实施建设,完成博看电子报刊阅读机、中文在线电子图书阅读机试用。通过国家级节能示范单位验收。完成大学生活动中心前期“三通一平”工程,开工建设。完成征地4.27公顷,取得该地块用地规划许可证、建设用地规划许可证和土地划拨决定书。

2015年,学校录取新生5153人。至年底,学校有全日制在校生1.49万人。当年毕业学生5609人,组织安排专场招聘会56场,中型招聘会6场,大型双选会1场。各学院分别组织举办3场以上双选会。通过校内就业网站和电子屏发布就业需求信息2356条,提供就业岗位2.87万个。毕业生初次就业率89.11%,年终就业率99.03%,年终签约率98.40%。

开展人才培养工作评估。2015年,学校接受人才培养评估,成立迎评工作领导小组,设立迎评工作办公室和11个迎评专项工作组。全校先后开展5轮说课、5轮专业剖析、3轮实验实训室互查,重新修订69个专业人才培养方案和1941门课程标准。建立专题网站,编印《学校人才培养工作评估学习手册》,邀请校外专家开设数据平台分析和评建指导专题讲座。12月20—23日,评估专家组对学校进行评估现场考察,肯定学校人才培养工作成绩。

提升人才培养质量。2015年,学校加大品牌建设,组织申报江苏高校品牌专业建设工程一期项目,经省教育厅评审,机械制造与自动化专业获批省高校品牌专业建设项目。开展小班化教学试点,召开小班化教学试点工作交流研讨会。加强教学质量监控机制建设,中国职业教育协会会议、教育部内参《职业教育改革动态》《中国教育报》等作专题推介。学生参加国家、省各类技能大赛,获全国职业院校技能大赛服装设计与工艺比赛二等奖1个,全国大学生电子设计竞赛一等奖3个,江苏省“TI杯”一等奖3个、二等奖3个,第六届江苏省大学生机器人大赛空中机器人旋翼项目比赛一等奖5个,第五届华东区大学生CAD应用技能竞赛机械工程图绘制赛项一等奖1个、二等奖2个和机械三维数字建模赛项二等奖1个,第三届全国高职院校房地产经营管理业务技能赛项团体综合一等奖,第六届“外研社杯”全国高职高专英语写作大赛二等奖2个,江苏省师范生基本功技能大赛一等奖1个、二等奖2个。

提高教科研能力。2015年,学校科技立项项目159个,到账经费150万元。其中纵向课题116个,省级项目35个,获江苏省第12届高等教育科学研究优秀成果三等奖2个。学校1人获江苏省教育科研先进个人,1人获扬州市科技工作先进个人,获市科协研究成果一等奖1人、二等奖2人,获市哲学社会科学优秀论文一等奖2人、二等奖3人。申报市产业研究院创新平台2个,学校环境监测平台1个。创成江苏省高校优秀科技创新团队1个。出版江苏省高等学校重点教材1部。

加强师资队伍建设。2015年,学校先后选派教师参加国家级骨干教师培训11人,企业顶岗17人,省级骨干教师培训57人,国外培训、研修13人,高级访问学者4人,高级访问工程师1人,院系师资负责人培训4人。引进13名硕士学位以上教师,组织岗前培训。6名教师晋升教授,19名教师晋升副教授,8名晋升其他副高级职称。学校3名教授获批三级教授,累计13人。

拓展继续教育。2015年,专接本招生1022人,出台《关于进一步加强“专接本”工作的指导意见》。启动“专接本”教学工作督导。获江南大学颁发的2015年度“专接本”工作先进单位称号。录取成人教育新生3104人,开放教育及远程教育招收714人。扬州开放大学网站正式上线试运行,开发扬州开大远程教学与管理网络平台。推进社区教育,全年开展讲座13场,社区居民参与800人次。面向医疗卫生人员、职业农民、基础教育教师实施培训3000多人次。被江苏省农民科技教育培训中心授予年度农业部新型职业培育工作先进单位,完成技能鉴定4000人次。拓展“校企合作、自主招生”改革,提升在职人员学历。全年录取597人,比上年增加52%。开辟退役士兵学历教育,与南京晓庄学院合作,举办师资培训。(职　大)

**■扬州2所高校加入“体教足联”** 2015年,扬州职大、扬州大学、南京师范大学、苏州大学、南京体育学院、江苏师范大学等16所高校成立“江苏省高校体育教育专业校园足球联盟”。该联盟是全国成立的首个高校体教专业校园足球联盟,由省教育厅领导,由全省开设体育教育专业的高校组成专门研究校园足球的学术研究团体,以校园足球为抓手,通过科学研究、课程教材研发、人才培养、竞赛组织等形式,提高体育教育专业毕业生适应全省开展校园足球运动的要求。(杨　教)

**■“省科技咖啡馆活动”首站走进扬州职大** 5月17日,由江苏省科协主办的“科技咖啡馆活动”第一站走进扬州职大。本次“科技咖啡馆活动”由扬州市科协与扬州职大科协联合承办,来自扬州职大国际经贸和金融专业的200多名师生参加。西交利物浦大学国际商学院教授施荣恩和江苏省社会科学院副院长、经济研究所所长吴先满等2位专家分别作《以美国视角看中国宏观经济和金融》和《江苏如何抓住信息技术革命的机遇,推动经济转型发展》报告,扬州职大师生就中美经济发展、江苏的“一带一路”建设等热点问题与2位专家进行交流互动。(杨　教)

**■江海职业技术学院** 江海职业技术学院(简称江海学院)始建于1999

年，2004年经省教育厅批准、教育部备案，成为具有独立颁发专科文凭资格的民办全日制普通高等院校。2015年末，学院占地64.3公顷，建筑面积22.15万平方米，固定资产总值5.4亿元，教学仪器设备值5950万元。有全日制在校生7579人、成人教育专科生1089人。有教职工480人(其中专任教师325人)，聘请校外兼职教师206人；专任教师中教授、副教授91人，具有研究生以上学历及硕士以上学位150人。设立专业33个，其中会计电算化为省级特色专业。现代机电制造技术实训基地被列为省高等职业教育实训基地。当年毕业学生1826人，初次就业率96.5%。

2015年，学院全日制计划招生3000人，录取各类新生3020人，录取率100.67%，比上年提高10.54个百分点；报到人数2896人，报到率95.89%，比上年提高2.44个百分点。省内注册入学录取率100%。加大教师培训力度。全年完成省级培训、国家级培训31人，支持系部和相关部门自主联系教师培训42人。完成教师岗前培训41人，报批教师资格证16人，评审中级职称19人，高级职称8人。学院学报刊发本校教师文章60篇，在校外期刊发表论文100多篇，获知识产权4项。

推进校企合作，注重工学结合培养。学院工商管理系与金陵酒店管理集团合作"订单式"培养，学生"0"学费入学，按企业要求制定人才培养方案，学生在企业和学校分段交叉学习；土木工程系与江苏华江建设公司协定成立"华江班"，采用"双元制"人才培养模式，人才培养方案双方共同制定，探索教学改革；土木工程系与上海毕埃慕建设工程顾问有限公司校企合作，公司优先提供学生实习，为相关专业教师提供教学实践锻炼，组织学生社会实践。2015年，经贸系和外语系合并重组为经济贸易系，拓展校外实训基地，先后与太仓仕德伟网络科技有限公司等3家企业协议合作，落实和推动实践教学。

加大信息化基础建设，推进信息化教学进程。150个多媒体教室投入使用，建成高清摄录一体教室。全年开展2期教师云空间培训和新生代表培训，进行云空间建设检查，举办江海学院第一届云空间建设与应用大赛。教师参加省级教育信息化大赛，获课堂教学设计三等奖1个；省级"微课"大赛，获二等奖2个、三等奖1个。 (江海办)

**■江海学院3名选手获"蓝桥杯"全国软件信息技术大赛佳绩** 5月30—31日，第六届"蓝桥杯"全国软件和信息技术专业人才大赛全国总决赛在北京大学、北京科技大学、北方工业大学等3所学校举行。江海学院信息工程系学生郭连凯、华祝青分获JAVA(计算机编程语言)和电子设计等2个项目单项二等奖，王春山获单片机项目优秀奖。 (杨 教)

**■南京邮电大学通达学院** 南京邮电大学通达学院(简称南邮通达学院)是1999年创办的全日制民办本科独立学院。2012年，南邮通达学院分批迁址扬州办学；2015年，完成迁址扬州办学。学院占地59.53公顷，校舍建筑面积24.85万平方米。2015年，学院完成扩建一期工程4.7万平方米土建及配套工程，其中教学楼0.74万平方米、实验楼0.6万平方米、学生宿舍1.1万平方米、教师公寓2.1万平方米、地下车库0.2万平方米、配电房211.5平方米。

学院建成光学与光电子基础实验室等5个实验室；完成72台(套)计算中心扩容、教学广播电台建设、体育场塑胶跑道改造及扩音系统建设。整理、维修207台(套)计算机，建成计算中心机房3个。完成图书订购4.2万种11万册，完成随书光盘加工2111种4339盘，图书馆馆藏总量18.46万种48万册。新建"样本书阅览室""文史类图书借阅室"，与中国知网签订采购合同。

学院有通信工程学院、电子工程学院、计算机工程学院、电气工程学院、商学院和基础部，有通信信息类专业等优势专业21个。2015年，新增金融工程、通信工程(嵌入式)、软件工程(嵌入式)、物联网工程(嵌入式)等4个培养专业。全年学院有STITP(科技创新训练计划)项目立项44个，其中作为省级项目立项20个。STITP项目结题项目31个，其中省级项目19个。

学院有教职工543人，391人具有博士、硕士学位，中级以上技术职称教师占50%。2015年，学院教师获"首届全国高校数学微课程教学设计竞赛"全国决赛一等奖，江苏省微课竞赛二等奖、三等奖，南京邮电大学教学标兵奖、青年教师优秀教学奖。组织开展学院教师授课比赛，2名教师获一等奖，3名教师获二等奖。学院注重加强"双师型"教师培养，聘任知名企业资深工程师为客座教授，与企业合作开展"全球网络技术专家认证(CCIE)"等专业技能培训。开展20多场次企业家进校园、毕业实习企业见面会(到场企业45家)、企业文化宣讲、大学生职业能力提升公益讲座及大型模拟招聘会活动。

2015年，学院有全日制在校生8277人，普通本科录取新生2055人(含新疆克孜勒苏柯尔克孜自治州计划生5人)，其中江苏省录取1410人、外省录取645人。专转本录取新生326人。毕业生初次就业率90.11%，年终协议就业率95.14%。在2015国际机器人大赛中，学院获团体第三名；在大学生网络技术大赛中，获全国特等奖1个、三等奖1个，省级特等奖1个、二等奖8个、三等奖6个；在数学建模竞赛中，获全国二等奖1个，省级一等奖1个、二等奖2个。在大学生跨境电子商务创新创业大赛，5名学生获国家三等奖；在大学生电子竞赛中，获全国一等奖1个，省级一等奖1个、二等奖2个。在2014年江苏省优秀毕业设计中，获三等奖2个。

至年底，学院与扬州20多家企事业单位洽谈合作协议，实际签约7家，10家单位达成初步合作意向。2012级200名学生进入实习环节，落实校外毕业设计22人(22人的毕业设计指导老师是校外知名企业老师)。112名学生注册思科网院，29名学生注册华三网院。250名学生参加思科培训，认证考试通过15人，其中获思科认证互联网专家证书4人，150人参加艾瑞职业培训学校组织的软件及测试培训。

海外合作办学。与英国诺森比亚大学重新签订合作框架协议，调整与美国中密西根大学合作模式，与美国阿克伦大学落实签署双方合作框架协议，与美国特洛伊大学确定“3＋2”和“3.5＋0.5＋1.5”的本硕连读项目。2015年，学院派出123人次参加各类海外合作项目。

（甘宗盛）

## 成人教育

■**概述** 2015年，扬州市无独立建制的成人高等学校，原属成人教育系列高等学校扬州教育学院被纳入扬州市职业大学统一管理；其他在扬普通高校分别设有成人教育机构，招收参加全国成人高考的本、专科毕业生。全年1.51万人参加各类成人高考。

规范成人高等教育。高等学校成人教育数据采集平台与管理系统对全市68个高等学校学历继续教育校外教学点的招生宣传、注册入学、教学实施、考试考务、年度审查等实行全过程动态监控，规范学历继续教育办学行为。

开展各类成人教育培训。2015年，全市新创省级标准化社区教育中心9个、省级高水平农科教结合富民示范基地1个、省级标准化居民学校50个、省级社区教育示范区1个。各乡镇社区教育中心开展农民工培训，提高失地农民工各项技能。全市有高等教育学历班119个，在读学生5226人，出国务工培训农民工3095人次，开展劳动力转移培训6.26万人次，开展农村实用技术培训51.70万人次。开展“农村妇女网上行”免费培训，网络注册培训2508人，激活注册培训2362人，其中有1952人获由省社区教育指导中心颁发的“现代女性网络技能初级证书”。在仪征铜山召开全市成人教育服务新农村建设“五项行动”——“十万农民学技术”推进会，在广陵沙头召开全市全民终身学习活动周启动仪式。

（柏 珏 职社处）

■**规范民办非学历教育培训宣传** 5月25日，扬州市民办非学历教育培训管理联席会议制度办公室召开“规范广告宣传行为，树立良好行业形象”专项推进会。活动面向管理对象、社会公众，对从业者监管、教育从事后移到事前，培训机构、管理机关、广告媒体探讨和沟通新广告法政策背景下如何开展广告宣传，促进教育培训机构自律和培训市场健康发展。

（柏 珏）

■**自学考试** 2015年，扬州有23.62万人参加各类自学考试，比上年增加1655人。其中，学历教育报名人数3.63万人，比上年减少1651人；非学历考试报名人数19.99万人(不含大学生英语四、六级考试7.04万人)，比上年增加3306人。

全市非学历证书报名考试人员中，参加全国计算机等级考试(NCRE)的4.10万人，参加成人全国计算机应用技术证书考试(NIT)的1958人，参加剑桥英语考试的65人，参加全国英语等级考试(PETS)的4407人，参加餐饮职业经理资格证书考试的99人，参加书法等级考试的14.67万人，参加政法干警招录考试的800人，参加教师资格考试的4897人。

全市有5.03万课次通过学历自学考试合格，占实考课次的73.05%。

（柏 珏 考试院）

**2015年扬州市成人高等教育招生录取情况表**

表29-12

| 地 区 | 报名人数(人) | | | 录取人数(人) | | | |
|---|---|---|---|---|---|---|---|
| | 小计 | 统一考试 | 非统一考试 | 小计 | 专科升本科 | 高中升专科 | 高中升本科 |
| **合 计** | **15148** | **10502** | **4646** | **13623** | **5588** | **7593** | **442** |
| 市 区 | 9117 | 6944 | 2173 | 8121 | 3435 | 4361 | 325 |
| 邗江区 | 1618 | 1079 | 539 | 1472 | 694 | 661 | 117 |
| 江都区 | 1344 | 579 | 765 | 1195 | 508 | 687 | 0 |
| 宝应县 | 460 | 262 | 198 | 412 | 158 | 254 | 0 |
| 仪征市 | 1458 | 1091 | 367 | 1342 | 352 | 990 | 0 |
| 高邮市 | 1151 | 547 | 604 | 1081 | 441 | 640 | 0 |

注：表中市区不含邗江区、江都区

（柏 珏 考试院）

**2015年扬州市学历自学考试报名考试情况表**

表29-13 单位：课次

| 项 目 | 总 计 | 1月考试 | 4月考试 | 7月考试 | 10月考试 |
|---|---|---|---|---|---|
| 报考课次 | **86079** | 24944 | 22941 | 15655 | 22539 |
| 实考课次 | **68834** | 22587 | 16239 | 13771 | 16237 |
| 合格课次 | **50283** | 16859 | 11151 | 10397 | 11876 |

（柏 珏 考试院）

# 文化

Wenhua

编 辑 徐国磊

## 图书报刊出版

■**概述** 2015年，全市有出版社1家、报纸5种、期刊16种、连续性内部资料性出版物53种、出版物发行企业792家、印刷复打印企业750家。 （李相林）

■**图书出版** 2015年，广陵书社完成《扬州文库》《大连图书馆藏珍秘戏曲古籍丛刊》等重点项目。策划出版一批地方文化读物，整理出版一批新、旧地方志书。推出《图说扬州》《扬州历史文化60问》等普及读物和研究著作。全年广陵书社申报选题273种。其中年度选题93种，完成83种，完成率近90%。全年广陵书社补报选题16批次180种。出版图书351种，其中重印书54种，占出书比例的15%。书号年度核发148种，实际使用283种。《仪征刘申叔遗书》获2014年度全国优秀古籍图书一等奖、第18届华东地区古籍优秀图书特等奖并入选2014年度苏版好书，《扬州史话丛书》获第18届华东地区古籍优秀图书一等奖并入选2014年度苏版好书，《金鱼文化艺术欣赏》获第二届向全国老年人推荐优秀图书奖，《(嘉庆)重修扬州府志》获2014年度全国优秀古籍图书二等奖，《红楼梦诗词联赋》获全国优秀古籍普及读物奖，《徐熥年谱》《崇祯太仓州志》获第18届华东地区古籍优秀图书二等奖，《江都年鉴(2014)》获全国第五届年鉴编纂出版质量评比综合二等奖，《扬州传统曲艺书目·玉蜻蜓》获评2014年度苏版好书。 （苗 芹 李相林）

■**《扬州日报》** 2015年，《扬州日报》以“规模化、系列化、深度化”报道为总要求，做好全市热点新闻报道。全年出版355期，印数(开机数)6.47万份，征订数6.14万份，发行量6.47万份。围绕扬州城庆2500周年，开设《迎接建城2500周年》大型专栏和《乡贤说扬州》《见证讲述》《重大项目巡礼》等特色栏目，刊发《开城先开路》《治城先治水》《兴城先兴人》《在迎接城庆的日子里》等报道，开展“我为城庆献一策”“征集城庆口号”“征集100名最灿烂笑脸”等活动及《读你千年》大型杂志化特刊和《扬州的历史、现在和未来》报纸特刊。围绕纪念抗战胜利70周年，推出“烽火八年 扬州史篇”系列报道，开辟《亲历·讲述》《史料·见证》等栏目，推出独家策划——寻访抗战“最后一役”老兵。创新中心工作报道，组织“2014我们这样走过”系列报道，展示全市重点工作完成情况；围绕蜀冈-瘦西湖景区打造“世界级景区”，组织系列深度报道和专家访谈；推出《推进古今辉映名城建设 谱写好中国梦扬州篇章》系列报道；推出“数说图解专版”；推出“党报观察+深度访谈+图表图片”的组合报道模式，全面展示扬州“十二五”发展成果。加强新媒体建设，打造《扬州日报》官方微博、微信。《扬州日报》官方微信推出网络互动H5作品《点燃生日烛 祝福扬州2500周年》，有10万人次网友参与。《扬州日报》官方微博、微信推出的《我为城庆献一策》，首日阅读量超过4万人次。推出“互联网+”特刊《春天的城》，融合报纸、MV、手游、电子杂志内容。纸质跨版特刊以“城之变”“城之力”“城之魅”“城之美”为纲，串联起扬州的经济、城建、生态、人文亮点，每个版对应一份电子杂志。制作手机游戏“和李白一起拼最美扬州”，手绘扬州景点电子壁纸，拍摄制作音乐风光MV《动感扬州》。推进版面创新，在头版安排上，改变传统“散而碎”的版面风格，对领导活动、会议新闻做好“减法”，对经济新闻、民生报道做好“加法”，充分运用“数说图解”报道方式。全年围绕重点工作、重大事件、重要现象，刊发数百篇评论文章，基本做到“每逢大事必有评论”。 （从有志 刘新平）

■**《扬州晚报》** 2015年，《扬州晚报》全年出版357期，印数(开机数)9.83万份，征订数7.87万份，发行量9.83万份。围绕市委、市政府中心工作，推出“重大工程巡礼”“文明诚信系列”“创建文明城迎测”等系列重大主题报道；推出“扬州名人”系列报道，对扬州文化大家、文化名人逐一访谈，勾画扬州文化传承脉络；推出“书香扬州”系列报道，在全城营造浓郁的书香氛围；推出“舌尖上的扬州”系列报道，对淮扬美食文化集中宣传。11月，推出《扬州画报》时尚大开本画刊，用视觉呈现当代扬州。推进转型发展，在“本土化”“深度化”“故事化”“视觉化”上提高办报水平。将国内、国际、文化体育等版面重新定位并缩减，扩充本土新闻，每天推出20个版以上的本土新闻套餐。4月18日，推出特刊《一张图带你读懂2500年的扬州》。至年末，《扬州晚报》官方微信粉丝数超30万人。微信平台推出“今天就是‘4·18’，扬州已经美爆了”专题，三天内阅读量达118万人次。9月，推出动画作品《五分钟带你读懂2500年的扬州》，在腾讯网、优酷网等视频网站亮相。提高创办活动的能力和水平，与大明寺合作，利用微博、微信平台发布“星星点灯”线上活动，以“我为城庆点盏灯，我给自己许个愿”为主题，超过20万全球网友参与。开展“城市书柜进社区”活动。9月，举办“新高度、新角度、新扬州”大型城市主题摄影展和“市民乡贤城庆献礼作品展”。2015年，《扬州晚报》蝉联“中国十大地市晚报”荣誉，在2014年度全国晚报赵超构奖评选中，获特等奖。（从有志　刘新平）

■《扬州时报》　2015年，《扬州时报》全年出版252期，印数（开机数）3.06万份，征订数1.99万份，发行量3.06万份，形成“一主报四子报四刊”格局。“一主报”即《扬州时报》，“四子报”即《扬州教育》《今日邗江》《江都新闻》《广陵家长》，“四刊”即《扬商》《扬州楼市》《扬州女性》《扬州科技》杂志。宣传中心工作。组织“民间议案提案”征集活动，开设《两会‘微’建议》《QQ议政》等栏目，纸媒与微信、微博平台联动，吸引市民互动。刊发“烟花三月”国际经贸旅游节相关稿件215件，专题版面35个，推出大型特刊1个。9月，每天推出1～2个版的城庆专题报道。推出《我的城市我的家》栏目，展现扬州城市发展巨变。9月29日，推出扬州建城2500周年纪念刊《回眸千年遇见你》。官方微信推出“我为扬州添彩”活动，共有8万多名网友参与。开展城庆童谣征集活动，收到童谣作品2000余首，并结集出版《扬州城庆童谣精品选》。举办丰富多彩的活动。5月，承办“20城市千名小乐童相聚扬州”活动。苏鲁豫皖千名小乐童、小记者，用自己的文章歌咏扬州，用才艺表演为扬州庆生，凤凰网等38家网站报道这一活动。8月，承办“金狮奖·第四届全国木偶皮影剧（节）目展演”，来自全国的25个木偶皮影院（所）团在扬州演出38场，观看人数4万余人次。“名人大讲堂”邀请刘和平、廖奔、水皮、朱明清等名人大家到扬开讲。承办第五届中国古琴“幽兰·阳春”奖评选和2015年中国国际幼儿教育年会等活动。

（从有志　刘新平）

■扬州报业传媒集团　2015年，扬州报业传媒集团坚持“一手抓新闻宣传，一手抓产业发展”，探索“平台化、资本化、产业化”的发展新路径，推进媒体融合和转型发展。开展重大主题报道，成立集团编委会，在重大主题宣传上展现统筹、协调、整合的功能，实现资源共享、分工协作、统筹兼顾、形成声势的工作局面。做好抗战胜利70周年、中共十八届五中全会、“三严三实”专题教育、社会主义核心价值观以及扬州2500周年城庆、“烟花三月”经贸旅游节、“扬马”十周年、西部交通枢纽建设、“扬州名人”、回眸扬州“十二五”等重大报道任务，体现主流、权威、深度的特点。围绕市民素质提升和城市形象打造，组织2500张市民笑脸征集、城庆系列讲座、城庆徽章赠市民、老老少少看扬城、城庆书柜进社区、“三为”大讨论等系列宣传活动。举办“‘新角度、新高度、新扬州’大型摄影作品展”“市民乡贤城庆献礼作品展”、“我为城庆点盏灯”、城庆歌曲征集、城庆童谣征集、扬州文化名人访谈、迎城庆·2015中国旅游天使大赛、扬州时报名人大讲堂、扬州建城2500周年群星演唱会等系列主题活动。加强媒体融合，综合运用微博、微信、电子杂志、H5手游、微视、动画片等手段，配合重大新闻宣传工作，创造单条微信超过100万人次的超高阅读量。加强外宣工作，中央电视台、新华社、《人民日报》、《光明日报》、《经济参考报》等国家级媒体，《新华日报》《文汇报》等省级媒体以及《洛杉矶时报》《国际日报》等海外媒体，相继聚焦扬州。城庆期间，扬州城市形象宣传片在中央电视台及新浪、搜狐、腾讯等知名网站以及北京、上海、杭州、南京等高铁媒体播放。打造以“扬州发布”APP为核心的全媒体平台集群。12月28日，安卓版“扬州发布”上线，包括PC页面、微博、微信和手机客户端（APP）。由市委宣传部牵头管理，扬州报业传媒集团具体运营维护。加强多元化发展，依托凤凰艺景公司，以城庆为主题开发系列产品。大型地方文献丛书《扬州文库》出版。举办乒超联赛、第四届朱自清散文奖新闻发布会、国际象棋女子国际特级大师巴斯克赛、省报协乒乓球赛等活动。扬州网2015年发布各类新闻10万多条（含原创视频和文字稿件近2000篇）。制作市“两会”、全国“两会”、扬州城庆2500周年等网络专题近100个。与“今日头条”共同打造“今日头条”移动客户端扬州窗口。全年推出上千条视频新闻和专访。《2500个月亮辉映扬城》《城庆烟火晚会》等在腾讯视频的点击量超过2万次。完成第三届网络文化季活动、公祭日视频大赛、反腐倡廉视频征集等任务。扬州网微信公众号和官方微博粉丝数持续上升。将网络发言人平台提至首页显著位置，提升网友关注度。开设原创频道，继续与市民观察团及新闻通讯员合作，市民记者队伍全年发稿近600篇。

2015年，“多维度大手笔开展大城庆宣传”“《扬州文库》出版工程”两项目获2015年度全市宣传思想文化工作创新奖；《扬州日报》获评“江苏十强报纸”；《扬州晚报》获评“中国地市晚报十强”；广陵古籍刻印社经龙装《郑板桥手书论语》获美国印制大奖班尼奖金奖；广陵书社出版的《大连图书馆藏珍秘戏曲古籍丛刊》《鉴真年谱》获全国古籍整理出版项目经费资助，《仪征刘申叔遗书》获得全国优秀古籍图书一等奖，《（嘉庆）重修扬州府志》获二等奖，《扬州史话丛书》获华东地区优秀古籍图书一等奖；在2014年度江苏省网络好新闻评选中，扬州网报送专题获1个一等奖、3个三等奖。

（从有志　刘新平）

**扬州报业传媒集团获2015年度江苏省报纸优秀作品奖作品一览表**

表30－1

| 报纸名称 | 作品标题 | 类　别 | 作　者 | 等　次 |
|---|---|---|---|---|
| 《扬州日报》 | 打破基层医生职称评定“花架子” | 消息 | 苏　宣　丁　云<br>编辑奖：拾景炎 | 一等奖 |
| | 十年扬马　让世界瞩目扬州 | 通讯 | 王　鹏 | 一等奖 |
| | 治城先治水系列报道 | 系列 | 石默然　吴　涛　嵇长青<br>周　晗　张孔生 | 一等奖 |
| | 副省长大学食堂“品安全” | 消息 | 丁　云 | 二等奖 |
| | 四张“表情脸”看住千家店 | 消息 | 拾景炎　丁　云<br>编辑奖：李　峰 | 二等奖 |
| | 小鸟用翅膀为扬州生态投票 | 通讯 | 胡　俭 | 二等奖 |
| | 做干部不要选择性接听电话 | 评论 | 毛建国 | 二等奖 |
| | 寻访抗战“最后一役”老兵 | 系列 | 周　晗　胡　俭 | 二等奖 |
| | 扬州建城2500周年全媒体报道 | 重大主题创新策划 | 张志虹　李　峰　拾景炎<br>冯　刚　赵　钢 | 二等奖 |
| | 飞越半个地球　说声“谢谢” | 消息 | 宝　宣　敬　玄　董　鑫<br>编辑奖：刘　贺 | 三等奖 |
| | 扬州向企业发放亿元“创新券” | 消息 | 邹　平　柯　季 | 三等奖 |
| | “信这个人，就信他说的法和理” | 通讯 | 拾景炎　张玉峰 | 三等奖 |
| | 党报评论 | 专栏 | 李　峰　毛建国 | 三等奖 |
| | 11月30日B1版 | 版面 | 拾景炎　陈杜华　王　鹏 | 三等奖 |
| | 女学霸 | 漫画 | 王　鹏　凌　鹏 | 三等奖 |
| | 一粒盐，一座城 | 副刊 | 丁　云<br>编辑奖：谈海蓉 | 二等奖 |
| | 我会永远是你的骄傲 | 副刊 | 冯　刚　凌　鹏 | 二等奖 |
| | “余秀华热”的冷思考 | 副刊 | 陈庆贵<br>编辑奖：胡　敏　谈海蓉 | 三等奖 |
| 《扬州晚报》 | 转型、突破、拓展——晚报都市报融合发展的三点思考 | 新闻论文 | 袁文生 | 一等奖 |
| | 9月29日T刊版 | 版面 | 袁文生　邹亚琴　常　虹 | 一等奖 |
| | 扬州发现迄今最早城门遗址 | 消息 | 陶　敏 | 二等奖 |
| | 要来的欠款全给工人开了工资 | 通讯 | 马燕洁 | 二等奖 |
| | 青蒿素成功治疟疾，最早在扬宣布 | 通讯 | 刘　旺　王诗韵　徐苏宁 | 二等奖 |
| | 五亭龙玩具城“楼顶别墅”违建拆除 | 系列 | 孟　俭 | 二等奖 |
| | 昨夜新闻 | 专栏 | 肖德林　孟　俭 | 二等奖 |
| | 扬州“撑伞哥”“聊天姐”挺身而出救人 | 摄影 | 刘江瑞 | 二等奖 |
| | −3℃，维族小伙跳河救汉族大妈 | 消息 | 张耀彬　黄媛媛 | 三等奖 |
| | 舒长珍：当代“红嫂”的大爱传承 | 通讯 | 刘　旺　嵇尚东 | 三等奖 |
| | 扬州村村都有一片篮球场 | 通讯 | 傅春扬<br>编辑奖：袁益民 | 三等奖 |
| | 万福桥惨案震惊大江南北 | 漫画 | 沈江江 | 三等奖 |
| 《扬州时报》 | 车祸瞬间紧抱学生，他用生命“托起”师魂 | 通讯 | 韩　萱　蒋　忠　田文荟<br>吴　丹<br>编辑奖：陆　瑶 | 二等奖 |
| | 罪犯出狱前“喊冤”称被多判了6天　两省三地公检法司联手平反 | 消息 | 龚立新　葛学涛 | 三等奖 |
| | 34岁信义老板回收款先还工钱 | 系列 | 黄　静　耿海龙 | 三等奖 |
| | 9月29日T3版 | 版面 | 李继业　张广秀　陈　光 | 三等奖 |

续表30-1

| 报纸名称 | 作品标题 | 类 别 | 作 者 | 等 次 |
|---|---|---|---|---|
| 扬州网 | 中国抗日战争最后一役——高邮战役全揭秘 | 网络好新闻 | 张志虹 王晖军 陈惟金 陈书戈 王 宇 | 二等奖 |
| | 鸟叔蒋永庆镜头里的生态扬州 | 网络好新闻 | 张志虹 王晖军 陈惟金 王 婧 孙逸洲 王 宇 | 二等奖 |
| | 2500年:一座城市的家国情怀——献礼扬州城庆2500周年的思考 | 网络好新闻 | 周保秋 陈惟金 王 欢 陈书戈 孙逸洲 沙 迅 李欣柳 | 二等奖 |
| | 十年"扬马"跃升国际金牌赛事——打造城市新品牌的启示 | 网络好新闻 | 周保秋 陈惟金 陈书戈 王 宇 王 鹏 傅春扬 | 三等奖 |
| | 不淹不涝,一个城市政绩观样本意义——央视新闻联播等赞扬州"治城先治水" | 网络好新闻 | 张志虹 王晖军 陈惟金 陈书戈 王 宇 | 三等奖 |

(从有志　刘新平)

**■报刊管理**　2015年,市文化广电新闻出版局(简称市文广新局)开展打击"四假"和"新闻敲诈"等专项整治活动,对群众反映的意见和诉求及时进行核查落实,加强报刊审读和对报刊社、记者、记者站的日常监管,全市报刊市场有序发展。1月,组织第二批新闻采编人员参加岗位考试,逐级签订"新闻出版行政部门新闻记者证管理责任书",5月底完成全市815份新版记者证的发放工作。对中央及省级新闻单位驻扬机构进行清理整顿。采取全面审读、专题审读、采编与审读人员座谈会等形式开展审读工作。开辟《回音壁》栏目,将审读成果运用到报刊出版行政管理中。8月,审读组走进扬州时报,对时报进行面对面专题审读。报刊审读小组全年编发《报刊审读情况》14期,撰写审读报告、新闻评析等文章60篇7.5万字。《扬州日报》获评2014年江苏省十强报纸,扬州晚报摄影作品《千里追随运河波涛,影像记录运河风情——航拍17年助力中国大运河成功申遗》获2015年中国新闻奖。

(苗　芹　李相林)

## 广播影视

**■电影放映**　2015年,全市影院票房收入2.19亿元,比上年增长53.26%。中影领先、金逸明发店、江都区宏信和帕加尼、宝应环球等影院陆续投入运营。全市新增城市数字影院5座、银幕29块、座位4396个。市直中影领先、广陵区达麦、邗江区三盛蓝海、江都区时代、宝应县蓝海等5家影院首次实现票房超千万元,全市票房过千万元的影院达9家,邗江区三盛蓝海影院票房2054万元,跻身扬州市前三强。中影领先、宝应环球ATMOS全景声巨幕MAX厅相继投入使用。全市701万人次观看电影,比上年增长55.4%。全市影院平均票价为31.27元,比上年小幅下降,总体趋于稳定。全年放映农村公益电影1.86万场,建成农村固定放映点17个。在143个社区放映公益电影429场。9月,组织全市21家影院开展年度城市影院公益放映活动,放映公益电影57场,共有8796名老年人、未成年人、农民工、低收入者(困难群体)前往影院观影。

(苗　芹　沈春祥)

**2015年扬州市城市影院经营状况统计表**

表30-2

| 影院名称 | 参加院线 | 场 次 | 总人次 | 总票房(万元) | 实报天数 |
|---|---|---|---|---|---|
| 扬州工人影城 | 上海联和 | 7651 | 132499 | 379.02 | 364 |
| 扬州世纪影城 | 世纪环球 | 19829 | 848604 | 2967.67 | 365 |
| 高邮北海影城 | 横店影视 | 7975 | 33949 | 94.098 | 365 |
| 扬州喜满客影城 | 上海联和 | 20416 | 604780 | 2206.70 | 365 |
| 仪征辉煌影城 | 北京九州中原 | 4234 | 74158 | 195.94 | 365 |
| 扬州金逸力宝影城 | 广州金逸珠江 | 16061 | 522210 | 1719.36 | 365 |
| 江都时代影城 | 广东大地 | 11187 | 329478 | 1045.60 | 365 |
| 江都世纪影城 | 世纪环球 | 8880 | 291700 | 912.95 | 365 |
| 扬州汇金谷金字塔影城 | 北京华夏 | 5648 | 8988 | 24.18 | 355 |
| 仪征蓝海影城 | 江苏幸福蓝海 | 7868 | 357558 | 961.52 | 365 |

续表30-2

| 影院名称 | 参加院线 | 场　次 | 总人次 | 总票房(万元) | 实报天数 |
|---|---|---|---|---|---|
| 仪征国信影城 | 江苏东方 | 7681 | 290927 | 760.70 | 364 |
| 宝应世纪影城 | 世纪环球 | 8131 | 233364 | 688.38 | 364 |
| 高邮华夏影城 | 江苏东方 | 11595 | 296975 | 805.31 | 364 |
| 扬州华大影城 | 上海联和 | 15038 | 505960 | 1416.45 | 365 |
| 扬州达麦星美影城 | 中影星美 | 18396 | 440539 | 1215.83 | 365 |
| 宝应蓝海影城 | 江苏幸福蓝海 | 10337 | 424056 | 1294.10 | 365 |
| 高邮世贸影城 | 中影星美 | 13045 | 327213 | 942.81 | 365 |
| 扬州三盛蓝海影城 | 江苏幸福蓝海 | 14622 | 570384 | 2054.59 | 365 |
| 扬州金逸明发影城 | 广州金逸珠江 | 13933 | 153372 | 429.59 | 337 |
| 江都大桥镇宏信影城 | 江苏幸福蓝海 | 3776 | 8332 | 34.92 | 326 |
| 扬州江都万象影城 | 北京红鲤鱼 | 10930 | 149635 | 467.53 | 324 |
| 扬州中影虹桥坊影城 | 中影数字(北京) | 12321 | 407984 | 1309.88 | 326 |
| 宝应环球大地影城 | 广东大地 | 111 | 457 | 1.06 | 5 |

(苗　芹　沈春祥)

**■无"小耳朵"社区创建暨非法卫星电视接收设施整治**　开展无"小耳朵"社区创建暨非法卫星电视接收设施整治工作综合调研，探讨台、网分离后的创建形式。对江都区、邗江区、广陵区三星级以上涉外宾馆境外卫星电视接收情况进行现场执法检查。开展全市境外卫星电视持证用户的接收资质、接收设备和节目运行状况清查行动。11月，宝应县被省评为"无小耳朵社区"创建标兵县。

(苗　芹　尤　萌)

## 扬州广播电视传媒集团(总台)

**■概述**　2015年，扬州广播电视传媒集团(总台)〔简称扬州广电集团(总台)〕宣传报道工作围绕各级"两会"、市委全委会、"烟花三月"国际经贸旅游节、扬州建城2500周年庆典、"三严三实"专题教育活动、重大项目建设、文明城市创建、中国电视好演员评选等重要活动、重点工作，运用广播、电视、互联网、微信公众号等全媒体，充分发挥广播电视舆论导向作用。全年自办广播频率5个、电视频道5个、数字电视频道2个，制作电视节目1.34万小时、广播节目2.64万小时。新开办《整点新闻》《直面人心》《皮五新传》《主持1＋1》等一批自主创新栏目。电视节目《扬州新闻》《关注》《市民论谈》和广播节目《985新闻》《行风热线》等聚焦党委、政府的重点工作和市民大众关心的热点问题;《今日生活》《甲方乙方》《扬州好佬》《健康学堂》《音乐早出发》《上班路上》等电视、广播栏

**2015年扬州广电集团(总台)获省级一等奖及以上奖项作品一览表**

表30-3

| 类　别 | 获奖作品标题 | 奖项名称 |
|---|---|---|
| 电视类 | 《大运河申遗成功给我们带来什么》 | 中国广播电视大奖外宣节目奖<br>2014年度江苏广播电视彩虹奖对外电视节目评论一等奖 |
| | 《南水北调东线水源地出现江豚种群》 | 2014年度江苏电视新闻奖短消息一等奖 |
| | 《一次落空的突击检查》 | 2014年度江苏电视新闻奖长消息一等奖 |
| | 《公益星主持》 | 2014年度江苏电视文艺奖歌舞节目一等奖 |
| | 《一个人的广场舞》 | 第三届华东六省一市暨全国部分省市微电影(微视频)大赛一等奖<br>第三届亚洲微电影艺术节作品奖 |
| | 《天鹅湖与茉莉花》 | 第31届江苏省电视金凤凰电视文艺(文学)专题片一等奖 |
| | 《唱响星期五》 | 第31届江苏省电视金凤凰电视文艺栏目一等奖 |
| | 《福运长河》 | 第31届江苏省电视金凤凰音乐电视一等奖<br>2014年度江苏广播电视彩虹奖对外电视节目文艺节目一等奖 |

续表30-3

| 类　别 | 获　奖　作　品　标　题 | 奖　项　名　称 |
|---|---|---|
| 广播类 | 《985早新闻》 | 第25届中国新闻奖广播编排类二等奖<br>2014年度江苏广播新闻奖优秀栏目一等奖 |
| | 《千年运河，梦圆世遗》 | 第18届江苏新闻奖 |
| | 《中美联合抢救南京大屠杀幸存者口述证言》 | 2014年度江苏广播电视彩虹奖对外广播节目消息一等奖 |
| | 《“房车老爸”去哪儿》 | 2014年度江苏广播电视彩虹奖对外广播节目专题一等奖 |
| | 《行走母亲河》 | 2014年度江苏广播社教奖特别节目一等奖 |
| | 《水韵和声》 | 2014年度江苏广播剧、广播文艺奖音乐节目一等奖 |
| | 《庆祝申遗成功特别节目“行走母亲河”》 | 2014年度江苏广播电视播音与主持作品广播播音社教类一等奖 |
| 报刊类 | 《做好人，演好戏，促繁荣》 | 2014年度江苏报刊新闻与专稿奖评论一等奖 |
| | 《“江刀”折射长江水生态危机》 | 2014年度江苏报刊新闻与专稿奖通讯一等奖<br>2014年度全国城市广电报优秀作品评选通讯一等奖 |
| | 《大运河申遗成功，十年梦圆》 | 2014年度全国城市广电报优秀作品评选消息类一等奖 |
| | 《又见宋刻“思溪藏”》 | 2014年度全国城市广电报优秀作品评选通讯一等奖 |
| | 《大运河是一个传奇的延续——专访刘曙光》 | 2014年度全国城市广电报优秀作品评选专访一等奖 |
| 论文类 | 《扬州广电的媒体融合构想》 | 中国广播电影电视报刊协会2014年度论文类二等奖<br>2014年度中国广播电影电视报刊协会广播电视期刊专业委员会优秀作品评选论文类一等奖 |

（杜　程）

目，充分发挥服务、娱乐功能，满足市民各类生活资讯需求。电视的索福瑞、尼尔森年平均收视份额分别达48.2%和42.3%，均位列全国城市台第一，广播年平均收听市场份额超过80%，《扬州广播电视报》发行量超过7万份。全年有21件作品获省级一等奖以上（含一等奖）奖项。（杜　程）

**■品牌活动**　2015年，扬州广电集团（总台）举办“关注助学”“今日生活温暖大行动”“新闻女生三关爱”等一系列公益活动，播撒阳光爱心，传递正能量，帮助近千名学生完成学业，解决数百户贫困家庭特殊困难。跨年撞钟祈福、年度新闻人物评选、“我们的节日”、瓜洲音乐节等活动，丰富广大市民的文化生活。与中国电视艺术家协会联合举办“中国电视好演员”评选活动。官方微信订阅号累计粉丝数达51万人，官网总点击量超4500万次。（杜　程）

**■广播电视科技装备**　2015年，扬州广电集团（总台）投资2000多万元，研发在全国城市台中具备示范性、指引性的“全媒体汇聚、共平台生产、多渠道分发”的新型融合制播平台，为新旧媒体融合发展提供硬件支撑。继续推进高清频道的建设和完善，启动新电视塔和多媒体文化广场建设的前期工作。（杜　程）

## 文学艺术

**■概述**　繁荣文化艺术创作表演。木偶剧《嫦娥奔月》、扬州弹词《梅兰芳·蓄须明志》入选国家艺术基金2015年度资助项目；木偶剧《嫦娥奔月》获得“金狮奖”最佳剧目奖、表演奖、执行导演奖和造型设计制作奖；扬剧《不破之城》入选2015年度江苏省舞台艺术精品工程资助剧目名单；扬州弹词《赤子情缘》获第十届马街书会曲艺邀请赛节目一等奖；新编创大型音舞诗《千古风流》等剧目；推广传唱15首城庆歌曲；实施扬州市重大题材美术创作精品工程（一期）——庆祝扬州建城2500周年书画作品展，评选出99幅入展作品，其中19幅为优秀作品，29幅美术作品入选国家级和省级美展；在第二届江苏艺术展演月中，扬州市获得文华节（剧）目奖5个、表演奖3个、编导奖1个，居全省前列。王巨成创作的《勇敢吧，一可》《故事呼啦啦地飞》《一抹绿色　一缕阳光》等14种书目分别由中国少年儿童出版社、华中师范大学出版社出版，其中抗战题材小说《看你们往哪里跑》入选2015年主题出版重点出版物选题图书100种，入选2015年中国文艺原创精品出版工程项目；胡小元创作的《嫦娥奔月》由木偶研究所排演，获得金狮奖剧目展演优秀剧目奖；殷伯达创作的《锦绣梦》由扬州市曲艺研究所排演，《赤子情缘》获第十届河南宝丰马街书会曲艺邀请赛节目一等奖，《歌吹古运河》获得江苏省委宣传部、省文联主办的“中国梦·我心中的梦”优秀曲艺作品二等奖。《绿杨》杂志出版四期，每期专题分别为木偶、歌舞、曲艺、扬剧，每期约180页30万字。

文艺人才培养。市歌舞剧院与扬州大学音乐学院合作，共建全省首家艺术单位“江苏省研究生工作站”，培养音乐舞蹈类高端人才。扬州大学美术与设计学院和扬州漆器厂共建“江苏省企业研究生工作站”，是全省首个工艺领域的企业研究生工作站。

国家艺术基金2014年度人才培养资助项目——全国杖头木偶制作人才培训班顺利结业，30名木偶制作人才结业，这是木偶史上首次全国性培训班。举办第三期扬州市戏剧曲艺创作人员讲习班。

文艺传播交流。由扬州市委宣传部、市文广新局联合申报的"创新平台方式走出去，提升扬州曲艺影响力"项目被市委、市政府表彰为2014年度"工作创新奖"；国家艺术基金资助项目扬剧《衣冠风流》首次亮相中国戏曲学院；扬剧《衣冠风流》赴深圳、南京、苏北、上海等地巡演展演；参加深圳文博会；在上海举办"国家级'非遗'剧种——扬剧艺术研讨会"；市曲艺所赴香港城市大学举行专场展演和学术交流活动，赴法国参加巴黎中国曲艺节，赴意大利开展文化交流；市歌舞剧院赴阿联酋开展"亲情中华·欢聚阿联酋"交流演出，赴丹麦参加2015年"欢乐春节"演出；市歌舞剧院开展"2015扬州国际音乐周"、"唱不完的歌剧经典"、艾欧娜·季姆琴科独奏音乐会等活动，共引进涉外演出24个。

（苗　芹　朱运桃）

■**公益文化**　春节期间组织"扬州之春"艺术周，演出6台剧目。组织开展举办公益演出163场(木偶40场、扬剧12场、曲艺105场、民乐民舞6场)。赴高邮市、邗江区、宝应县、江都区送文化下乡演出5次。市音乐厅举办市民开放日12场。免费开展社区曲艺书场演出1230场。"周周看扬剧"扬州站全年演出48场，开设"周周看扬剧"仪征站。组织高雅艺术("非遗"文化)进社区活动，分别走进八大家社区、殷巷社区等。在廉政广场、美食广场等开展法治廉政文化演出活动。扬州市美术馆全年举办免费展览34个。（苗　芹　朱运桃）

■**"城庆主题歌"歌词征集**　12月13日，《爱我扬州　一生结缘》——"城庆主题歌"获奖歌词作品颁奖暨祝贺音乐会在市音乐厅举行。此次歌词征集活动共收到来自全国31个省(市、自治区)及海外541位作者的1030首歌词。经过两轮评审，《一生缘》《梦里扬州》《如此美丽》等8首歌词获奖，《下扬州》等12首优秀歌词获得评委的推荐。（苗　芹　朱运桃）

■**扬州文艺代表团赴新源交流**　6月9—13日，市文广新局组织文艺院团赴扬州对口支援地区新疆伊犁州新源县，开展"情满新源"扬州·新源民族团结促进暨文化教育交流月活动，举办"唱和谐欢歌，奏团结交响"专场文艺演出和慰问演出，进行美术采风、交流、创作与展览活动。

（苗　芹　朱运桃）

■**第二届江苏艺术展演月扬州分会场**　6月5—9日，第二届江苏艺术展演月扬州分会场举行音乐、舞蹈、曲艺、木偶、杂技演出和美术展览，推出十场专场演出(展览)，分别是一场舞蹈专场、一场音乐专场、一场杂技木偶专场、五场曲艺专场、一台展演剧目、一场美术展览。舞蹈专场演出汇集全省各地歌舞院团、艺术院校的18个独舞、双人舞、三人舞、群舞节目；音乐专场演出吸引全省各地歌舞院团、艺术院校的17个声乐节目和5个器乐节目参演；杂技木偶专场演出安排南京市杂技团、盐城市杂技团、射阳县杂技团、扬州市木偶剧团的9个杂技节目和1个人偶节目；曲艺专场演出组织省内曲艺团的15个曲艺节目和4个曲艺中篇参演；舞剧专场演出邀请苏州芭蕾舞团《西施》作为展演剧目演出；美术展览安排"丹青扬州——全国中国画作品展"。扬剧《衣冠风流》参加展演月演出。（苗　芦　朱运桃）

"扬剧票友周周唱"十周年苏沪皖扬剧票友大型演唱会现场　文广新局/供稿

■**参加"苏风艺韵"轮展轮演系列活动**　2015年，江苏省文联组织开展"苏风艺韵"轮展轮演活动，安排各地级市文联在省现代美术馆、江苏艺术剧场举办各艺术门类的展览及演出活动。9月9日，"苏风艺韵——献礼扬州城庆2500周年书画作品展"在江苏省现代美术馆开幕。展览共展出扬州百名书画家百余幅书画作品。10月29日，由江苏省文联、扬州市文联主办，江苏省文联组联部、江苏省文化交流中心、扬州市曲艺家协会承办的"江南曲美·江苏扬州曲艺专场演出"在江苏艺术剧场精彩上演。

（吴建军）

■**文联工作**　2015年，扬州市文学艺术界联合会(简称市文联)新成立协会13家(扬州市硬笔书法家协会、扬州市青年书法家协会、扬州市主持艺术协会、扬州市青年雕塑家协会、扬州市茶文化协会、扬州市微电影协会、扬州市旗袍服饰艺术研究会、扬州市篆刻研究会、扬州市庭院艺术研究会、扬州市网络文艺家协会、扬州市文艺家志愿者协会、扬州市女画家协会、扬州市文艺创作研究会)、民办非企业11家(扬州市名城文艺创研交流中心、扬州市尹石艺术馆、扬州名园扬派叠石艺术馆、扬州紫竹艺术品展览馆、扬州西郊文化艺术中心、扬州市名城书法艺术发展中心、扬州市笑月楼书画艺术交流中心、扬州市裕泰祥茶文化艺术馆、扬州市明友堂艺术品交流中心、扬州壹零壹汽车模型收藏陈列馆、扬州市陈社旻书法艺术馆)，吸收团体会员6家(扬州运河画院、扬州空谷幽兰曲社、扬州文昌书画院、扬州市清韵画院、扬

**2015年扬州市文联讲堂一览表**

表30-4

| 时　间 | 地　　点 | 主　讲　人 | 主　　题 |
|---|---|---|---|
| 1月31日 | 蓝湾国际 | 刘和平 | 民国那些事儿 |
| 4月19日 | 鉴真学院 | 萧　平 | 石涛与扬州 |
| 4月21日 | 中信泰富·嘉境 | 廖　奔 | 清代戏曲之都——扬州 |
| 4月25日 | 街南书屋 | 龚　一　殷　鸿　戈　弘 | 古琴与养生 |
| 5月8日 | 市文联报告厅 | 陆建华 | 陆建华“我写汪曾祺”报告会 |
| 6月6日 | 市地税局 | 胡亦鸣　刘　宇 | 旅美摄影家胡亦鸣、旅加摄影家刘宇风光摄影讲座 |
| 6月14日 | 市地税局 | 吴海辰(杰夫) | 野生动物和自然风光 |
| 9月17日 | 树人学校 | 杜　海 | 如何写好散文 |
| 10月28日 | 市文联报告厅 | 杜　海 | “千古风流扬州城”海内外诗文大赛获奖作品赏析 |
| 11月5日 | 市文联报告厅 | 张静波 | 中国音乐的审美特征 |
| 11月13日 | 市文联报告厅 | 王更新 | 当代电视艺术与节目创新 |
| 11月18日 | 市文联报告厅 | 刘勇刚 | 中国古典诗词吟诵艺术 |
| 11月27日 | 市文联报告厅 | 陈见东 | 佛教艺术欣赏 |
| 12月29日 | 市文联报告厅 | 姜忠民 | 如何快速提升自己的书法水平 |

（吴建军）

州市培圣文化艺术中心、扬州正谊琴社）。至年末，全市有市级文联1家、县（市、区）级文联5家、乡镇（街道）级文联50家、行业文联4家、企业文联8家。市文联有下属文艺家协会（研究会）38个，会员1万余人，其中国家级会员350余人、省级会员近千人。市文联及下属各协会（研究会）、行业（企业）文联、中心等团体会员举办文艺活动近300场（次）。2月6日，市文联召开五届七次全委（扩大）会，传达学习省、市委宣传部长会议和省文联全委会精神，总结2014年扬州文艺界的工作，部署安排2015年的各项任务，对2013-2104年度全市文联系统的21个先进集体、82名先进个人、18个先进特色文艺团队、9家先进乡镇文联、11个文艺创新项目进行表彰、授奖，建立扬州市文艺界第三批54个“文艺家工作室”。8月24日，市文联召开五届八次全委会，91名委员参加会议，仲衍书当选为市文联主席。（吴建军）

**■扬州文化艺术学校**　2015年，扬州文化艺术学校整体搬迁至开发区原朴席中学过渡办学。扬州戏曲园（艺校改扩建）项目前期进入实质性建设阶段。学校招收中国舞表演、音乐、美术设计与制作、民族乐器修造等专业学生175人，其中包括扬州市歌舞剧院订单培养的30名舞蹈学员。2015年毕业学生157人，通过举办教学成果汇报展演展览暨供需见面会，毕业生一次性实习就业签约率95%。参与城庆2500周年系列活动，学校戏曲、舞蹈班学员50多人参加《千古风流》大型晚会的排练演出；参加扬州城庆2500周年第七届广场舞展演，获表演银奖；学校选送的“扬州八怪”漆画作品入围参展。聘请南京艺术学院成人教育学院博士生导师郑春泉担任学校教育教学管理委员会委员，聘请中国戏曲学院、南京艺术学院的教授定期到校帮助提升各专业的教学水平。2015年，被文化部推荐为戏曲专业现代学徒制试点单位，被中国戏曲学院邀约参加中国戏曲教育联盟；学校校长李政成被中国戏曲学院聘为客座教授；申报的省级课题《在社会主义核心价值观视域下扬州文化艺术学校班主任队伍建设实践研究》成功立项并顺利开题（课题批准号XHDY2015005）。在中国艺术职业教育学会2015年度论文评选中，选送的4篇论文获一等奖1个，二等奖3个；全年在各级各类赛事活动中，全体师生共计获得国家级奖项4个、省级奖项11个、市级奖项54个，其中在江苏省职业学校师生技能大赛中，6名参赛师生全部获奖，获得金牌2个、银牌1个，铜牌3个，学生徐霞提前一年获得南京艺术学院本科免试录取资格。

（苗　芹　朱运桃）

## 文学

**■2015国际诗人瘦西湖虹桥修禊**　9月26—29日，由蜀冈-瘦西湖风景名胜区管委会主办，市文联、市作协参与协办的第三届2015国际诗人瘦西湖虹桥修禊在扬州举行，11位国际诗人及数百名扬州本土文艺家参加活动。26日，虹桥修禊开幕式在西园曲水举行，中外诗人、嘉宾及由市文联组织的12家联诗队参加开幕式；27日，大型诗歌光影艺术节目——“诗·光·月·影”在瘦西湖景区五亭桥畔进行，现场表演古诗吟诵、清曲、京剧彩唱、扬州小调、古琴独奏等节目；28日，虹桥修禊闭幕式暨瘦西湖—扬州树人诗歌之夜朗诵会在树人学校九龙湖校区举行，国内外诗人吟诵各自的代表作，树人学校学生表演才艺节目。活动期间，组委会举办“心·景·诗——当代山水园林视觉艺术展”、“当代山水园林视觉及诗意的变迁研讨对话”、四桥烟雨诗会等活动。国内外嘉宾、诗人现场进行书艺交流，并对译诗歌作品。

（吴建军）

**■“千古风流扬州城”海内外诗文大赛** 10月28日，由市城庆办和市文联共同主办的“千古风流扬州城”海内外诗文大赛颁奖典礼暨作品赏析报告会在市文联举行，扬州本土作家、文学爱好者及获奖作者代表等80多人参加活动。作为扬州城庆2500周年活动之一，海内外诗文大赛自上年9月至2015年2月，共征集到来自全国34个省、自治区、直辖市、特别行政区及澳大利亚等国家的稿件3900余篇，经过专家组两轮评选，并邀请《当代国际诗坛》主编、作家出版社编审唐晓渡，国际华语诗人、国际笔会理事杨炼，山东省作协主席、茅盾奖、庄重奖得主张炜，中国社科院文学研究所研究员周瓒，中国人民大学文学院教授王家新，云南省作协副主席雷平阳，中国著名诗人芒克等7人组成的权威评委会进行终评，最终评选出一等奖3个、二等奖6个、三等奖10个、优秀奖20个。

（吴建军）

**■陆建华散文创作研讨会** 5月8日，由江苏省作协、江苏省文艺评论家协会、扬州市文联主办的陆建华散文创作研讨会在扬州举行。省作协主席、党组书记范小青，省作协巡视员张王飞，省作协副主席、书记处书记、省文艺评论家协会主席汪政，著名作家储福金、黄毓璜，以及南京市、扬州市、泰州市等三地30名作家出席座谈会。陆建华作客文联讲堂，讲述他与汪曾祺的故事。扬州市100多名作家、书友参加活动。

（吴建军）

**■“扬州好人”剧本研讨会** 7月16—17日，市委宣传部、市文明办、市文广新局、市文联联合主办的“扬州好人”剧本研讨会在萃园举行，来自扬州各县（市、区）的72名作者参加学习。本次研讨学习班先后邀请市梅兰芳研究会会长、市文艺评论家协会副主席明光，市文广新局副局长、市文联兼职副主席周启云，市作协主席杜海为学员作者授课讲评。研讨学习期间，著名剧作家胡小元、基层剧本作者房殿宏与学员分享创作体验与心得。

（吴建军）

**■江苏散文作家到扬创作交流** 9月11—13日，江苏省散文作家到扬进行创作交流活动，来自江苏省其他12个地级市的30名散文作家走进琼花观，与扬州作家就写作经历、题材选取、创作心得等方面进行交流。

（吴建军）

**2015年扬州部分出版文艺作品一览表**

表30-5

| 书　　名 | 类　别 | 作　者 | 出版社 |
|---|---|---|---|
| 《水的狂欢》 | 诗集 | 孙德喜 | 江苏凤凰文艺出版社 |
| 《从诗意之城出发》 | 诗集 | 陈　跃 | 江苏凤凰文艺出版社 |
| 《云的翅膀》 | 诗集 | 卞云飞 | 江苏凤凰文艺出版社 |
| 《故土情深》 | 散文诗集 | 严长明 | 江苏凤凰文艺出版社 |
| 《门里门外》 | 散文集 | 王玉清　王梅香 | 江苏凤凰文艺出版社 |
| 《酒风》 | 散文集 | 张　正 | 江苏凤凰文艺出版社 |
| 《故乡的表情》 | 散文集 | 张荣权 | 江苏凤凰文艺出版社 |
| 《清代扬州美术年表》 | 文艺研究 | 顾志红 | 江苏凤凰文艺出版社 |
| 《献宝》 | 长篇小说 | 赵征溶 | 江苏凤凰文艺出版社 |
| 《燕南风》 | 长篇小说 | 袁　华 | 江苏凤凰文艺出版社 |
| 《扬州方言用字考辨》 | 文艺研究 | 钱传仓 | 现代出版社 |
| 《我爱这土地》 | 长篇纪实 | 董德利 | 江苏凤凰文艺出版社 |
| 《一串红灯笼》 | 儿童文学 | 陈锡瑾 | 江苏凤凰文艺出版社 |
| 《烽火岁月》 | 诗集 | 张传浩 | 江苏凤凰文艺出版社 |
| 《花好风轻》 | 散文集 | 夏　鹭 | 江苏凤凰文艺出版社 |
| 《广陵走笔》 | 散文集 | 王桂金 | 江苏凤凰文艺出版社 |
| 《清唱》 | 散文集 | 林　弦 | 江苏凤凰文艺出版社 |
| 《平实的梦想》 | 长篇小说 | 王向明 | 江苏凤凰文艺出版社 |
| 《扬州太守苏东坡》 | 长篇小说 | 韩月波 | 江苏凤凰文艺出版社 |
| 《运河诗话》 | 散文集 | 丁家桐 | 江苏凤凰文艺出版社 |

续表30-5

| 书名 | 类别 | 作者 | 出版社 |
|---|---|---|---|
| 《流水歌声》 | 散文集 | 朱海容 | 江苏凤凰文艺出版社 |
| 《肖山漫笔》 | 散文集 | 陈　楠 | 现代出版社 |
| 《水蕴扬州》 | 纪实文学 | 李春国主编 | 江苏凤凰文艺出版社 |
| 《眼前的乡愁》 | 摄影集(配文) | 王征星　周兵兵 | 文汇出版社 |
| 《绿杨人家——扬州古巷民居小庭园》 | 摄影集 | 徐鹏志 | 文汇出版社 |
| 《古城情思》 | 摄影/散文诗 | 张　庆 | 文汇出版社 |
| 《一城繁花》 | 摄影/散文 | 王　艳 | 文汇出版社 |
| 《春燕归来》 | 散文集 | 许凤仪 | 江苏凤凰文艺出版社 |
| 《红宝石》 | 长篇小说 | 蔡宜久 | 江苏凤凰文艺出版社 |
| 《杂花集》 | 散文集 | 朱福烓 | 江苏凤凰文艺出版社 |
| 《我的父亲母亲》 | 散文集 | 姚正安 | 江苏凤凰文艺出版社 |
| 《想念》 | 散文集 | 徐　霞 | 江苏凤凰文艺出版社 |
| 《残翼》 | 长篇小说 | 许长青 | 江苏凤凰文艺出版社 |
| 《扬州慢》 | 诗集 | 苏若兮 | 江苏凤凰文艺出版社 |
| 《诗吟扬州》 | 诗集 | 童嘉通 | 江苏凤凰文艺出版社 |
| 《竹西佳处柳色轻》 | 散文集 | 张绍华　张　羽 | 江苏凤凰文艺出版社 |
| 《不服广陵春——扬州才子李涵秋研究》 | 理论 | 慕相中 | 江苏凤凰文艺出版社 |
| 《运河龙》(一套三册) | 长篇小说 | 萧芝翔 | 江苏凤凰文艺出版社 |
| 《钱爱民哲理诗集》 | 诗集 | 钱爱民 | 团结出版社 |
| 《琼花观记——2012—2015扬州文联巡礼》 | 资料汇编 | 扬州市文联编 | 文汇出版社 |
| 《许爱明书法作品集》 | 书画集 | 许爱明 | 文汇出版社 |
| 《刘金鳌书法作品集》 | 书画集 | 刘金鳌 | 文汇出版社 |
| 《袁立中书法作品集》 | 书画集 | 袁立中 | 文汇出版社 |
| 《蔡一民绘画作品集》 | 书画集 | 蔡一民 | 文汇出版社 |
| 《王磊写生水墨作品集》 | 书画集 | 王　磊 | 文汇出版社 |
| 《张金玫绘画作品集》 | 书画集 | 张金玫 | 文汇出版社 |

（吴建军）

## 戏剧

■**扬州市扬剧研究所**　2015年，市扬剧研究所组织各类演出88场，其中包括公益性演出12场、“周周看扬剧”20场、文艺“三下乡”“进社区”“进基层”等各项指令性演出任务20多次，全年总收入351.6万元。为庆祝扬州建城2500周年，打造大型新编历史剧《不破之城》，于9月27日在扬州大剧院公演，并获得2015年度江苏省文化产业引导资金文化艺术精品项目资助。5—12月，扬剧《衣冠风流》剧组先后在深圳、北京、上海等10多个大中城市演出20余场。5月26日，《衣冠风流》参加第二届江苏省文华奖·艺术展演月活动，获优秀剧目奖，主演李政成获表演奖。在北京和上海分别召开国家级“非遗”剧种——扬剧艺术传承发展研讨会，《文化报》予以专版报道。“周周看扬剧”项目，成为政府文化惠民的品牌和“非遗”传承保护的主要平台；在仪征开设“周周看扬剧”惠民演出活动，7月初正式开演，全年在扬州、仪征两地演出71场。汪媛获得上海“白玉兰”戏剧奖的新人配角奖。与深圳市文体局、扬州市文化馆、扬州电视台、扬州双博馆等单位联合举办5期题为《地方艺术之花——扬剧》的“非遗”专题讲座；增设扬剧公众微信平台；协助剧目工作室举办一期“扬州戏剧曲艺创作人员培训班”。

（苗　芹　朱运桃）

■**扬州市木偶研究所**　2015年，市木偶研究所综合创收957.7万元。主办全国首期“木偶制作人才培训班”；对《嫦娥奔月》进行重新编排；全年完成剧场演出、公益性演出、高雅艺术进校园演出、指令性演出及商业演出260场，演出收入230.8万元。8月，承办金狮奖·第四届全国木偶皮影(剧)节目展演活动，来自各省市的23家木偶皮影艺术表演院团、24台剧(节)目先后展演35场次，展演期间，组委会组织5场惠民演出；参演的《嫦娥奔月》获“最佳剧目奖”，骆燕、张照获“表演奖”，方林获“执行导演奖”，戴荣华等6人获“造型设计制作奖”。艺术造型制作中心全年完成经营性收入275万元，为十几家院团制作300多个木偶；承接制作上海旅游节开幕式“巨偶”、扬州汉墓室内场景改造、万福大桥1:10模型、常州淹城服饰道具、宋夹城灯盏、台湾公司卡通偶像等非专业业务。7月，梁苏荣等4人作为“非遗”项目和中国木偶艺术代表首次受邀参加米兰世博会，并在开幕式上表演木偶技艺。参加“2015年意大利感知江苏活动周”活动，在威尼斯演出新编木偶节目《秋日社火》。12月，邀请以冯光宇、Stephen为首的美国纽约中国戏剧坊(CTW)到扬做交流访问。

（苗　芹　朱运桃）

**■李政成获江苏省紫金文化奖章**　6月9日，第二届“紫金文化奖章”和“江苏社科名家”揭晓，分别评选出10名“紫金文化奖章”获得者、10名“江苏社科名家”，其中扬州市文广新局副局长、扬州市扬剧研究所所长、扬州文化艺术学校校长、“扬剧王子”李政成获“紫金文化奖章”。

（苗　芹　朱运桃）

**■“周周看扬剧”活动入驻仪征**　6月26日，由扬州市文广新局、仪征市委宣传部、仪征市文广新局主办，江苏省扬剧团、扬州市扬剧研究所、江都市扬剧团、江苏省青年扬剧团(仪征市扬剧团)联合协办的“周周看扬剧”文化品牌——仪征站启动仪式在仪征人民影剧院举行。全年演出23场，为推动扬剧的保护、传承与发展和培养一批扬剧新苗提供舞台。

（苗　芹　朱运桃）

**■“金狮奖·第四届全国木偶皮影剧(节)目展演”在扬州举行**　8月8—15日，“金狮奖·第四届全国木偶皮影剧(节)目展演”在扬州开幕，来自全国25个木偶皮影院(所)团的20台剧(节)目共同角逐木偶皮影艺术最高奖——“金狮奖”。该展演首次在扬州举行，分别在京杭之心、扬州大剧院、工人文化宫、友好会馆四个场所演出38场。展演期间举行全国木偶皮影艺术最高奖“金狮奖”的评选，评出最佳剧目奖10个、优秀剧目奖5个、优秀节目奖5个、优秀传承奖3个，另有62人次分获剧(节)目类编剧、导演、作曲、表演等单项奖。其中，扬州市木偶研究所参演的大型神话儿童木偶剧《嫦娥奔月》获得最佳剧目奖，骆燕、张照获表演奖，戴荣华等6人获造型设计制作奖，扬州市木偶研究所获得优秀组织奖。

（苗　芹　朱运桃）

金狮奖·第四届全国木偶皮影剧(节)目展演闭幕式　文广新局/供稿

**■举办第三期扬州市戏剧曲艺创作人员讲习班**　8月13—14日，市文广新局举办第三期(2015年度)扬州市戏剧曲艺创作人员讲习班，70多名学员参加培训。讲习班课程注重基础课堂与理论讲座相结合，教学与指导相结合，提高编剧能力与开阔艺术视野相结合，一度创作与舞台呈现相结合，注重实际效果、力求推出成果。在前两期培训中，汪人元、罗怀臻、董耀鹏、罗周、芦明、徐檬丹、孙茂廷等在全国具有重要影响的专家到扬授课，共100多人次参加培训。

（苗　芹　朱运桃）

**■“国家艺术基金2014年度人才培养资助项目——木偶制作人才培训班”在扬举办**　6月15日至8月14日，由国家艺术基金管理中心、中国木偶皮影艺术学会主办的“国家艺术基金2014年度人才培养资助项目——木偶制作人才培训班”在扬州举办。来自湖南、四川、黑龙江、陕西、广西、福建、广东、天津、河南、浙江、上海、扬州的15家木偶剧(院)团的30名木偶制作学员参加培训。培训内容以木偶制作技艺和木偶制作理论为主体。来自全国木偶界的权威木偶人物设计制作大师、特技制作大师、国家级和省级杖头木偶“非遗”传承人，分别就木偶人物的造型设计与制作、木偶制作材料的运用、杖头木偶命棍制作与整体组装技艺、木偶特技的制作与表演、木偶制作的新趋势和技术变革、英国木偶的制作以及木偶制作与表演的相互关系等课题，与学员们进行讲解与探讨。

（苗　芹　朱运桃）

**■大型新编历史剧《不破之城》首演**　9月27日，大型新编历史剧《不破之城》在扬州大剧院首演。该剧以扬剧的艺术形式，展现史可法在扬抗清守城中秉怀忠义、正气凛然、宁死不屈，与扬州军民共同铸就中华民族精神气节的"不破之城"。该剧先后被列为2015年度省级现代服务业(文化产业)发展专项引导资金文化艺术精品资助剧目、2015年度省舞台艺术精品工程资助剧目。

(苗　芹　朱运桃)

**■扬剧《衣冠风流》演出** 11月18日,国家艺术基金2014年度资助项目——新编历史剧《衣冠风流》汇报演出在中国戏曲学院大剧场举行。5月,扬剧首次亮相深圳文博会艺术节。10月,扬剧《衣冠风流》赴淮安、建湖、盐城等地巡演。12月,受省委宣传部委派,赴上海参加"苏韵繁花"江苏优秀剧目展演,并与上海戏剧家协会联合举行扬剧发展研讨会。《衣冠风流》在省内外10多个城市公演20余场,《中国文化报》《文艺报》《解放日报》《深圳特区报》《搜狐网》《凤凰网》《中国江苏网》等均作深度报道。晋京汇报演出和赴沪演出后,分别举行"国家级'非遗'剧种——扬剧艺术研讨会"。(苗　芹　朱运桃)

## 曲艺

**■扬州市曲艺研究所** 2015年,扬州市曲艺研究所全面提升各类活动的档次和品味。镇江及扬州16个书场开展各类公益性文化服务社会活动1336场,观众6万余人次。4月和5月分别组织"高雅艺术进校园"扬州曲艺走进江苏扬州旅游商贸学校和扬州曲艺走进江海职业技术学院活动。创作恢复扬州弹词开篇《扬州味道》《真州赋》《友谊社区有三宝》《满园春色竞风华》等、扬州清曲表演唱《鲜花调》《道情》《和谐僧众弘佛光》《最美司法人》《扬州特检写风流》《皮五本是邻家人》等、短篇扬州评话《三国·孔明看病》《白玉堂·比剑联姻》《施公案·活捉桂子兰》《皮五辣子·请客》《枪声再起》《锦绣梦》《盐商拒贿》《武松·弟兄离别》等、短篇扬州弹词《赤子情缘》《玉蜻蜓·寿堂见子》等、小品《新五女拜寿》等作品。在第十届中国宝丰马街书会邀请赛上,于海、周倩表演的扬州弹词《赤子情缘》获节目一等奖。在第二届江苏省文华奖展演月中,马伟获江苏省文华奖表演奖;张一丞、包伟表演的扬州弹词《梅兰芳·蓄须明志》、刘芊君表演的扬州弹词《甄嬛传——血染桐花台》、康康表演的扬州弹词《阮玲玉·玉碎》、殷健表演的扬州评话《三国·相婿》、周佳越表演的扬州弹词《珍珠塔·方卿见母》均获文华奖节目入围奖。在第六届江苏曲艺芦花奖评选活动中,扬州清曲《黄莺儿·风》获芦花奖·节目奖,马伟、于海获芦花奖·表演奖;朱运桃、胡展合作的论文《浅谈扬州评话的二度创作》获芦花奖·理论奖;李琳、张一丞、殷健获芦花奖·新人奖;谭敏获首届"泉城书会"全国优秀曲艺传人学术交流展演金奖。扬州弹词《梅兰芳·蓄须明志》被确定为2015国家艺术基金资助项目。(苗　芹　朱运桃)

**■扬州曲艺项目获2014年度"工作创新奖"** 由扬州市委宣传部、市文广新局联合申报的"创新平台方式走出去,提升扬州曲艺影响力"项目被市委、市政府表彰为2014年度"工作创新奖"。扬州曲艺代表江苏进京展演"江南曲美",全国政协副主席孙家正等领导观演并接见演职人员,中央电视台、《人民日报》等20余家媒体进行报道。在扬州、上海、苏州成功举办"炼艺悟道"扬州评话马伟专场演出,邀请全国曲艺专家对扬州评话的传承发展和演员的表演风格进行点评、指导。扬州曲艺应邀赴希腊展演、赴意大利威尼斯参加"国际故事会",表演扬州评话王派《水浒》《武松进店》及扬州弹词《唐伯虎点秋香》等作品。(苗　芹　朱运桃)

**■扬州曲艺对外交流** 6月28日至7月9日,以中国曲协主席姜昆为团长、扬州市曲艺研究所演员为班底的中国曲艺艺术团出访法国、意大利等国家,先后参加巴黎"中国曲艺节"等活动,在巴黎中国文化中心、巴黎十三区市政府、戛纳,意大利罗马、佛罗伦萨、中国驻意大利使馆进行六场演出。此次派出20人整团出国交流演出在扬州市曲艺研究所史上是第一次,也是扬州曲艺文化走出去的一次突破。

(苗　芹　朱运桃)

**■扬州评话《皮五辣子》首发暨中国曲艺名家送欢笑惠民演出** 11月4日,由中国曲艺家协会、扬州市人民政府主办,江苏省曲艺家协会、扬州市文广新局承办的"让世界听我说话——祝贺杨明坤版扬州评话《皮五辣子》首发暨中国曲艺名家送欢笑惠民演出"在扬州举行。首发式上,主办方将杨明坤版《皮五辣子》图书、音像赠送给扬州市图书馆、扬州市少儿图书馆、扬州大学图书馆、八大家社区、旌忠寺社区等,方便市民阅读欣赏。《皮五辣子》出版平装版、论文集和长达100集、4500分钟的DVD光盘,限量出版线装版。师胜杰、石富宽、郭达、柳杨、巩汉林、金珠、高保利、苗阜、王声等中国曲艺名家齐聚扬城,共贺杨版《皮五辣子》首发。历届"牡丹奖"得主组成的中国曲艺牡丹奖艺术团登台献艺。12月,《皮五辣子》项目获江苏省文化产业引导资金文化艺术精品补助。

(苗　芹　朱运桃)

## 音乐

**■第五届中国古琴"幽兰·阳春"奖** 5月15—17日,由中国民族器乐学会、江苏省文联、中共扬州市委宣传部、扬州市文联、扬州报业传媒集团

第五届中国古琴音乐会演出现场　　庄文斌/摄

和扬州市园林局等单位联合主办的第五届中国古琴“幽兰·阳春”奖活动在扬州举行。其间，主办方举办博衍弦歌音乐会、雅韵琴筝国乐名家演奏会、大宗琴韵古琴名家音乐会、琴人书画展、名坊制琴展及围棋擂台赛等项目。在本届古琴“幽兰·阳春”奖评选中，琴人围棋擂台赛冠军由徐君跃获得；“幽兰·阳春”奖评选结果：路子乐获儿童组金奖、韩佳怡获少年组金奖、于也媞获青年组金奖、金玲倩获成年组金奖、魏玉平获阳春组金奖。5月16日，在个园花局里试运营的“中国古琴第一街”正式挂牌营业，成为国内首个以古琴为主题的历史文化街区。（吴建军　钟　姗）

**■扬州市第12届运动会开幕式暨“爱祖国、爱家乡”群众歌咏大会**　9月29日，扬州市第12届运动会开幕式暨“爱祖国、爱家乡”群众歌咏大会在扬州体育公园体育场内举行，2.3万名观众，4000人的表演团体共同祝贺扬州2500周岁生日。本次歌咏大会，演出人员既有工人、农民、社区居民、学生，也有政法干警、扬州籍艺术家、劳模方阵，以及20名新源县各界人士与“新源好人”代表。歌曲由祝福祖国、歌颂家乡、赞颂建设者与展望未来组成。其中，新创作的城庆歌曲《一生缘》名列其中。

（苗　芹　朱运桃）

## 舞蹈

**■扬州歌舞剧院**　2015年，市歌舞剧院全年实现总收入2470万元，其中营业收入1655万元。歌舞团全年完成演出89场。其中，公益演出5场，商业演出72场，参加市文广新局组织的演出12场。扬州大剧院推出专场演出10场，全年演出80场。扬州音乐厅演出形式从单一的“市民开放日”，进入多形式的呈现，全年演出72场，实现周周有演出的目标。

（苗　芹　朱运桃）

**■首部大型音舞诗《千古风流》开演**　9月28日，大型音舞诗《千古风流》首场演出在扬州体育公园体育馆开演。作为扬州首部大型音乐舞蹈诗，《千古风流》以音乐、舞蹈为主，汇集扬州评话、弹词、杂技、器乐演奏、音乐情景剧等众多艺术形式，选取隋炀帝开运河、鉴真东渡、扬州八怪等历史事件、历史人物，通过“春山、夏山、秋山、冬山”四个篇章，用艺术的语言，串联起扬州2500年的历史文化。同时，《千古风流》将作为扬州的城市名片，在扬州旅游景点常年演出，进一步推动文化旅游融合发展。

（苗　芹　朱运桃）

**■扬州5名舞蹈演员获省“莲花奖”**　12月7日，江苏舞蹈“莲花奖”暨第四届青年舞蹈演员大赛奖项揭晓，扬州歌舞剧院5位舞蹈演员上榜。本届大赛进入决赛作品93件，扬州歌舞剧院选送的8件参赛作品有6件进入决赛。其中，歌舞剧院的舞蹈演员周晨获组委会大奖、优秀编创奖；周紫薇、蒋雯分获“十佳青年舞蹈家”第二、第六名，并获优秀指导奖；陈彦妃获优秀表演奖。青年舞蹈演员周晨连续几届获得“十佳青年舞蹈家”称号，组委会授其最高荣誉奖——组委会大奖。（苗　芹　朱运桃）

**■扬州市第七届“琼花奖”舞蹈比赛**　5月23—24日，由市文联、市舞协、市文化艺术学校联合主办的扬州“好舞蹈”暨第七届“琼花奖”舞蹈大赛在扬州大学附中东部校区举行，来自全市60多支代表队118个舞蹈节目参加比赛。此次比赛分专业组、少儿组、青年组、中老年组进行。经评审，共评出金奖34个、银奖28个、铜奖23个，演出奖33个；创作金奖8个、创作银奖7个；10人获得“舞蹈之星”称号。（吴建军）

## 书法美术

**■丹青扬州全国中国画作品展**　5月18—30日，由中国美术家协会、扬州市人民政府主办，扬州市委宣传部、扬州报业传媒集团、市文广新局等承办的“纪念扬州建城2500周年——丹青扬州全国中国画作品展”在市美术馆开幕。此次画展是纪念扬州建城2500周年的系列活动之一，自2014年7月开始征稿，共收到来自全国各地的2600余幅投稿作品，经过评审、筛选，最终264幅作品入选，其中优秀作品58幅。

（苗　芹　朱运桃）

**■扬州—宣城书法邀请展**　6月27日，由扬州市文联、宣城市文联、扬州晚报、宣城皖南晨刊社等单位联合主办的“扬州—宣城书法邀请展”在邗江区美术馆开幕，共展出扬州8名书家和安徽宣城35名书家的作品近70幅。10月31日，由宣城市文联、扬州市文联主办，宣城市书协、扬州大学书画协会承办的“扬州—宣城书法邀请展”在宣城市吴作人美术馆开幕，展出宣城35位书家、扬州8位书家的近70幅作品。展览期间，两地书法家举行交流笔会，参观泾县红星宣纸厂。扬州市文艺家志愿者协会主席华干林受邀作《李白与宣城》的讲座。（吴建军）

**■《扬州胜迹图》**　8月3日，《扬州胜迹图》中国画长卷收藏仪式在市美术馆举行。《扬州胜迹图》由扬州市国画院名誉院长刘南平创作，长9.29米，堪称现代扬州版的“清明上河图”。作品采用浪漫主义与现实主义相结合、工笔与写意相结合、古典手卷式与现代壁画构成相结合、水墨小写意的书写性与小青绿的典雅相结合等手法，表现历史文化名城扬州具有史诗般的主题和江南文人画的书卷气息。作品由西向东递次呈现扬州古代文化的灿烂和现代文化的辉煌。瘦西湖、个园、宋夹城、唐子城遗址、双峰云栈等著名景点都在画卷中。

（苗　芹　朱运桃）

**■纪念抗日战争胜利70周年系列书画展**　9月1日，由市新四军研究会、市老干部书画研究会、市人大书画会共同主办的“扬州市纪念中国人民抗日战争暨世界反法西斯战争胜利70周年大型书画展”在市美术馆开幕。9月2日，由市新四军研究会、市委老干部局、市文联、市委党史办、市档案局和高邮市政协联合主办的“不忘历史，珍爱和平——纪念抗日战争胜利70周年诗词书画作品展”在

11月14—15日，首届“扬州八怪论坛”在扬州举行

文　联/供稿

汉陵苑博物馆开展，68首(副)原创诗词楹联作品以书画的艺术形式，讴歌、颂扬在抗日战争中经过血与火淬炼的伟大民族精神。开幕式后，市诗协举办吟诵诗会。（吴建军）

**■庆祝建城2500周年美术作品展**　11月9日，扬州市重大主题美术创作工程(一期)——庆祝建城2500周年美术作品展与扬州·新源心连心——庆祝扬州建城2500周年美术作品联展在市美术馆开幕。扬州市重大主题美术创作工程(一期)——庆祝建城2500周年美术作品展共展出99幅美术作品，这些作品再现扬州建城2500年以来扬州人民的奋斗史、创业史、革命史和改革开放史，为古城扬州留下优美的画卷。扬州·新源心连心——庆祝扬州建城2500周年美术作品联展共展出60多幅美术作品，其中既有新源画家展现新源风采和献礼扬州城庆的优秀作品，也有扬州画家深入新源采风所展示新源风情的佳作。扬州市重大主题美术创作工程(一期)——庆祝建城2500周年美术作品展自2014年10月启动，共收到180多幅参评作品草图，经过初评、终评，评出99幅入展作品，其中19幅为优秀作品。2015年12月29日，扬州市重大主题美术创作工程(一期)——庆祝建城2500周年美术作品展在连云港市美术馆展出。（苗　芹　朱运桃）

**■首届“扬州八怪论坛”**　11月14—15日，由人民日报《环球人物》主办，市委宣传部、市文联等单位联办的首届“扬州八怪论坛”在扬州举办。活动期间，举办“八怪情缘——周积寅先生师生书画作品暨著作展”、“‘扬州八怪’论坛研讨会”、“‘扬州八怪论坛’2015年年会新闻发布会”等活动。海峡两岸及日本、韩国等地的几十位专家学者相聚扬州，共同研讨“扬州八怪”的历史文化价值及其文化品牌在国际上的影响力。（吴建军）

**■扬州市国画院**　2015年，市国画院先后举办金陵文脉展——全国中国画作品展扬州市美术馆邀请展、“丹青扬州”全国中国画作品展、扬州市重大主题美术创作工程(一期)——庆祝建城2500周年美术作品展等展览。《南京保卫战》等作品参加“历史的记忆——纪念世界反法西斯战争胜利70周年美术作品展”，《查干桑日》参与内蒙古重大主题美术创作工程二期。全年共有12件作品入选国家和省级美术展览；22件作品入选扬州市重大主题美术创作工程(一期)——庆祝建城2500周年美术作品展，其中陈绍棣《竹西佳处》等10件作品获优秀奖；4件作品入选庆祝扬州建城2500周年——丹青扬州全国中国画作品展，其中徐震《秋霜归禽》等3件作品获优秀奖。推动一批重点主题美术创作。以扬州建城2500周年为主题，市国画院参与组织启动扬州市重大主题美术创作活动，共收到创作草图173件，最终评选出99件作品进行展览，其中获得优秀奖作品19幅，市国画院10幅入选；组织创作献礼海军“扬州舰”。以扬州市美术馆国画院专厅“月月有新展”为目标，鼓励画家积极研究和探索新的创作理念。（苗　芹　朱运桃）

## 公共文化

**■概述**　全市有公共图书馆7个(含少儿图书馆)、文化馆7个、“非遗”保护中心7个。2015年，全市区域内建成图书馆总分馆，实现各“区域内一卡通”，市图书馆建成总分馆、流动图书点、自助图书馆、掌上图书馆“四位一体”公共图书服务体系，成功列入国家公共文化服务体系建设示范项目创建资格名单。市图书馆购书经费由上年的150万元增加到500万元，增长233.3%，全年接待服务100万人次，图书流通120.8万册次。高邮市获批“第三批江苏省级现代公共文化服务体系建设示范区”。在全国第四次文化馆评估定级工作中，市7个文化馆均进入国家一级文化馆行列，扬州市文化馆获得“全国十佳文化馆”称号。首届“绿杨风”扬州市群众文艺新作调演活动(两年一届)成功启动运行。非物质文化遗产传承保护得到加强，全年新增15个省级项目，全市省级“非遗”项目增至61个；组织“非遗”项目、传承人参加国家、省、市级各类展示活动；收集整理出版《扬州刺绣》《扬州园林》《扬州非物质文化遗产》三部“非遗”专著；举办三年期古琴音乐会和琴人雅集活动。将工艺坊改造提升为主题突出、产业集聚、功能完善、环境优美、开放式的“非遗”集聚区——“扬州486”街区。启动建设扬州非物质文化遗产基地(戏曲园)项目。（苗　芹　李宗强）

**■农家书屋建设**　2月，扬州市开展农家书屋提升工程试点申报工作。6月，完成1107家农家书屋信息核查工作，从2015年开始每年按农家书屋的总数实现20%的通借通还“一卡通”建设。7月，举办全市农民读书节系列活动，先后开展以农家书屋等公共阅读服务场所为平台的“七彩的夏日·共享阅读”“中华经典诵读”“红领巾读书寻访”“家长网校访农家”“家庭教育宣传实践月”“小手拉大手”等活动；鼓励高年级学生参与“暑期我当书屋管理员”，举办“我

的书屋，我的梦”征文活动。注重发挥“新乡贤”在农民阅读中的引领作用，开展“农民读书明星”评比，评出“农民读书明星”30人。11月，完成高邮市、仪征市、江都区、邗江区农家书屋管理员培训工作。评选出三星农家书屋15家，四星农家书屋15家。高邮市获评2015年江苏省实施农家书屋提升工程试点工作先进县，邗江区汊河街道、宝应县曹甸镇获评试点工作先进乡镇。仪征市真州镇三八村农家书屋、邗江区蒋王镇何桥村农家书屋获评2014-2015年度江苏省五星级示范农家书屋；宝应县望直港镇兴旺村农家书屋管理员王娟、高邮市汤庄镇缪阳村农家书屋管理员孙燕、广陵区李典镇田桥村农家书屋管理员朱文等8人获评2014-2015年度江苏省优秀农家书屋管理员。　（苗　芹　李相林）

**■全民阅读活动**　制定印发《扬州市首届“朱自清读书节”和2015年全民阅读系列活动方案》。方案分全民阅读、讲座讲堂、分众阅读等10个篇章144个项目。4月20日至5月20日，举办“书香扬州”摄影图片展，制作97幅照片48块展牌。组织推荐20部有关扬州名著参加“江苏100部传世名著”的评选。开展2015全民阅读报刊行“悦读改变人生”专题征文活动，收到征文近200篇，推荐15篇美文参加省和国家的评比。2015年，市阅读办与多个部门联合开展阅读活动，与扬州晚报联合举办首届“书香扬州”摄影大赛；与扬州时报联合举办阅读领跑者讲座；与市总工会联合开展2015年扬州市“职工书香家庭”评选活动；与市妇联联合开展江苏省“书香家庭”评选活动；与悠贝联合开展“亲子阅读”活动。根据江苏省“书香城市”建设要求，扬州市被列为首批省“书香城市”建设试点地区。9月，省书香城市测评组一行6人，到扬试测试评书香城市创建工作，督导检查各级指标的完成情况。全年编印12期《扬州市全民阅读活动简报》。开展书香建设评选活动，表彰2014年度“书香系列”先进典型，邗江区获“书香之县（市、区）”称号，广陵区东关街道等10个单位获“书香之乡镇（街道）”称号，广陵区曲江街道文昌花园社区等10个单位获“书香之村（社区）”称号，朱福炷等15个家庭获“书香之家”称号，扬州市妇女联合会等10个单位获“书香团队”称号。“扬州市全民阅读活动”获2014年全市宣传思想文化工作创新奖，市文广新局获第二届书香江苏摄影大赛组织奖，市图书馆、市少儿图书馆、市总工会、邗江区文体新局获评2014年度江苏省全民阅读工作先进集体。　（苗　芹　李相林）

**■“影像名城·化境扬州——献给扬州2500周年城庆摄影展”**　2月8日至3月8日，由市文联主办，扬州市名城摄影艺术中心、扬州摄影在线承办的“影像名城·化境扬州——献给扬州2500周年城庆大型摄影展”在扬州美术馆举行，精选出的百幅照片呈现新中国成立以来，特别是改革开放以来扬州经济发展、城市建设、社会生活等各个方面发展和变化。

（吴建军）

**■烟花三月光影周**　4月11日，由《中国摄影》杂志社、江苏省摄影家协会、中共仪征市委、仪征市人民政府主办，中共仪征市委宣传部、扬州市文联承办，扬州市摄影家协会、仪征市文联协办的“多彩仪征”——“中国扬州·烟花三月·光影周”活动在仪征开幕，闻丹青、周梅生、陈玫3名专家就摄影艺术分别作专题讲座。举行专家影友见面会，3名专家对扬州市40位重点摄影作者作品进行点评，并开展交流与探讨。4月18日，光影周开镜仪式在仪征市盛成广场举行。《中国摄影》杂志社主编助理连莹，省文联副主席、省摄影家协会主席沈遥出席活动，省内各市摄影家协会负责人以及200多名摄影家、摄影爱好者参加开镜仪式。摄影家们现场拍摄高跷、舞狮、舞龙等民俗表演活动，并赴登月湖实地采风创作。12月，经过省内知名摄影家评选并报送《中国摄影》杂志社审核，评选出一等奖1幅、二等奖3幅、三等奖6幅、优秀奖31幅。　（吴建军）

**■城庆2500周年大型摄影图片巡回展**　12月2日，由市文联主办、市摄影家协会承办的“城庆2500周年大型摄影图片巡回展”在市文化馆开幕。展览共收到各类投稿作品1000多幅，经评审选出20幅获奖作品，加上部分老照片和荣誉展出照片，合计展出100幅作品。　（吴建军）

**■首届“绿杨风”扬州市群众文艺新作评比专场比赛**　10月24—26日，首届“绿杨风”扬州市群众文艺新作评比专场比赛举行。本届比赛设立舞蹈类、戏曲曲艺类、音乐类三场专场评比比赛，吸引25个舞蹈节目、8个戏曲曲艺节目、17个音乐类节目参加。节目内容涵盖舞蹈、戏曲、快板书、小品、相声、器乐表演、独唱、合唱等；参演人员年龄结构合理，各个年龄段都有优秀表演者。“绿杨风”群众文艺新作调演活动是扬州着力打造的旗舰品牌群众文化活动，该活动由“扬州市少儿艺术节”“扬州市老年艺术节”“扬州市群众新作调演”整合而成，简化以往“多节多场”的现象，集中各县（市、区）的文艺创作表演力量，整合社会各界资源，推动新创、原创文艺作品质量的提高。

（苗　芹　李宗强）

**■扬州市文化馆**　坚持“无障碍、零门槛、纯公益、全天候”免费开放的服务理念，开展群众性文化公益活动。组织“为社区居民写（送）春联”活动，在鸿福社区广场、西湖镇等举办“正月初五接财神”“正月十五闹元宵”等民俗文艺表演、戏曲票友“过年七天乐”以及庆祝“扬剧票友周周唱”活动十周年苏沪皖扬剧票友大型演唱会等活动；承办“绿杨风”扬州市第一届群众文艺新作评比、“展评家风”送文化进八大家社区的专场文艺演出和“扬州好人进万家”颁奖演出活动。全年驻馆小剧场演出150场以上，“绿杨书场”演出曲艺200余场，展览厅全年举办各类展览近40期，群艺广场放映电影22场，馆内馆外举办各类讲座12期，送戏进社区31场，全年市民进馆活动80万人次，接待省内外考察参观团队

20多次。持续推进非物质文化遗产保护工作，组织申报22个江苏省第四批非物质文化遗产项目，组织开展第五批国家级传承人申报工作，开展江苏省"非遗""记忆工程"试点工作，做好扬州刺绣"记忆工程"项目数据库建设工作，完成省《非遗志》扬州卷的编撰工作，建立"非遗"中心数据库，组织参加国家级"非遗"展示活动4次，省级活动3次，举办古琴名家大师的讲座和雅集活动4次，举办"非遗"专题讲座4期；编写出版《扬州非物质文化遗产》专著，并在"扬州486非遗"聚集区首发。市文化馆被文化部评为全国十佳优秀文化馆。在中国群众文化学会举办的全国摄影大展中，获优秀组织奖；在宁镇扬泰区域理论研讨会上，市文化馆有9篇论文入选。加强对基层文化人才的培训指导。5月，在宝应县举办全市基层文化干部"非遗"保护工作专题培训班；7月，举办戏剧、曲艺、音乐、舞蹈创作、改稿班；10月24—26日，承办首届"绿杨风"扬州市群众文艺新作评比专场比赛，11月，组织40余位基层文化干部赴湖南长沙全国文化干部培训基地进行培训。全年累计扶持10多支优秀团队以补代奖经费20多万元，在瘦西湖街道园林社区尝试设立基层活动点。

（苗　芹　李宗强）

居民在竹西社区"数字化"图书馆看书学习　　庄文斌、许广清/摄

■**扬州市图书馆**　2015年，市图书馆购书经费由2014年的150万元，增加到500万元，比上年增长233.3%，其中书籍报刊经费350万元，数字资源150万元。共采购图书4.04万余种10.9万余册(其中外文图书2436种2832册)，入藏图书比上年增长117%。全年市图书馆服务100万人次，图书流通120.8万册次，新增借阅证1.36万个，总持证读者8.3万人；数字资源访问量12.3万次，检索量3.9万次，读者登录4.5万次。2015年，市图书馆获省"青少年维权岗"、扬州市文明单位、江苏省"红领巾读书征文"优秀组织奖、江苏省公共图书馆业务竞赛集体二等奖等荣誉称号，个人获奖12次，发表论文20篇。图书部设置每周新书和好书推荐，设置"纪念抗战胜利70周年""地方支柱产业""外文图书"专题书展。不定期组织召开读者沙龙座谈会，针对读者个性化需求，提供图书借阅、公益活动以及图书志愿者等特色服务。全年完成现刊签收3.21万份，现刊典藏近4000册，期刊剔旧3000余册。提供参考咨询1820条，协助社科联完成课题"扬州文革历史研究"等。中国政府信息整合服务平台扬州分站正式开通，向读者提供政府公开信息1.7万多条。开展"品味国学经典　放飞中国梦想"、"小小图书管理员"、"我看家乡新变化，我与古城共成长"、困境儿童志愿服务活动、儿童动漫体验、"红领巾读书征文"等少儿读书活动，举办2015年红领巾读书征文颁奖仪式。举办第11届"你选书、我买单"活动和开发区检察院专场活动。完成古籍登记目录工作，全年完成11.2万册、9千多部古籍的六大项审校工作；创建"扬州地方文献古籍数据库"，将146种地方文献古籍，分经史子集四部，分列府志盐志、地理艺文、江都、甘泉、宝应、扬州名人、寓居名人等7个专题，多角度呈现扬州地方文献古籍，实现读者网上数字阅读，有效保护古籍原本。

加强"四位一体"公共图书馆服务体系建设。2015年，市图书馆建成总分馆、流动图书点、自助图书馆、掌上图书馆"四位一体"公共图书服务体系，列入国家公共文化服务体系建设示范项目创建资格名单。建成军民共建"扬州舰"分馆，建成菱塘回族自治乡、竹西社区、开发区检察院、扬州桐园等4家分馆；建成广陵新城、街南书屋24小时城市书房2家，开放以来，实现月均1.5万人次进馆阅读。建成宋夹城体育休闲公园机器式24小时自助图书馆。至年末，有扬州市高标准通借通还"一卡通"分馆16个，社区图书流通点50个。成立分馆管理部(图书配送中心)，成为扬州市图书馆分馆、城市书房、流通服务点、流动图书馆、24小时自助图书馆提供图书资源的服务窗口。建立一套定期更换、补充图书的长效机制，实现服务的"六个统一"：图书资源统一采购、统一配送，工作人员统一培训、统一指导，服务流程统一规范、统一标准。开通扬图微信平台，读者可通过读者证号登陆手机图书馆。微信平台具备读者信息查询，借还书记录通知、数目数据检索馆内活动信息推送、图书推荐、美文赏析以及杂志电子书等数字资源阅览等功能。"流动图书馆"服务车为读者提供信息咨询、图书借阅、借阅证办理、数字资源查阅等服务，并与总馆实行"一卡通"，全年服务市区多家单位和社区。加强数字图书馆建设。新增中国知网标准数据库、随书光盘数据库等，对已签订的数字资源年度资源更新。至年末，市图书馆拥有

16个外购大型数据库，6个自建数据库，如中国知网、万方数据、维普考试、龙源期刊等。

开展系列品牌活动扬图讲堂，全年完成现场讲座38场，其中高端名家讲座30场、地方文化讲座6场，参与听众近1.14万人次。扬图展览全年举办16场，5万人次观展，并到县(市、区)图书馆巡展。举办“修心正身扬清厉俗——中国家谱家训族规资料联展”“硕果金秋 书香绿杨——献礼城庆2500周年扬州人著作展”书画展、“铸剑为犁——纪念世界反法西斯战争胜利七十周年图片展”巡展。举办2015年度扬州市红领巾读书征文、演讲比赛，全市共有中、小学生4万多人参加，收到征文稿件4000多篇，经评选，共评出市级一等奖40篇、二等奖60篇、三等奖120篇，优秀组织奖12个、组织奖10个、优秀辅导员32人。在江苏省红领巾读书征文评奖活动中，扬州市获一等奖3篇、二等奖8篇、三等奖19篇，扬州市图书馆获省优秀组织奖。在第20个“世界读书日”暨扬州市首届“朱自清读书节”活动中，市图书馆以“阅读成就梦想 书香美丽扬州”为主题，开展“优惠图书任你选”“图书交换·共享阅读”“书刊回家，还书免责”“书籍的历史”“文津十年——第十届文津图书奖获奖图书展”“携手记忆冠军导师，与最强大脑同行”等一系列主题活动。开展“促进全民阅读，建设书香社会”2015年度图书馆服务宣传周活动，推广全民阅读。策划组织“七彩夏日”2015年扬州市图书馆青少年暑期系列活动。组织策划“乐融融庆元宵 温暖和谐闻书香”进社区活动、“春风送吉年 书香迎新岁”扬州市图书馆2015新年文化活动等。开展“高清电影周周看”活动，全年放映电影95场，视频讲座47场，观影读者5000余人。（苗 芹 李宗强）

## 文化市场管理

**■概述** 2015年，市文广新局共审批项目76件，其中新设立6件(互联网上网服务营业场所设立2件、娱乐场所设立3件、文艺表演团体设立1件)；变更7件(互联网上网服务营业场所变更5件、娱乐场所变更2件)；营业性演出批复58件(国内演出5件、涉外演出53件)；文化类民办非企业审批5件。建立文化市场巡查督查整改制度。组织民办书画院参加“2500周年城庆”重大题材书画作品展、“中国文博会扬州分会场”书画展、“送温暖进社区”等社会公益性活动。扬州市文化行政综合执法支队(简称市文化执法支队)出动执法人员2800余人次，检查各类经营场所7200余家次，办理执法案件40起，其中文化类案件36起，版权类案件4起，收缴非法音像制品和非法出版物3.3万余件。（苗 芹 李 进）

**■版权保护** 全市有各类版权登记保护机构5个，其中市级版权保护中心1个、乡镇和功能区版权工作站4个。市文广新局全年完成一般作品版权登记518件，调解企业版权纠纷4件；指导扬州版权登记中心、高邮灯具版权保护中心开展版权登记、信息发布、交易撮合、增值服务、转让登记、版权保护等。开展版权保护宣传，4月26日在三盛广场举办保护知识产权宣传教育活动；6月8日和6月11日，在仪征化纤第一小学和梅岭小学西校区举办“绿书签”系列宣传教育活动；举办2015年第一期企业使用正版软件培训班。（苗 芹 伏京京）

**■扫黄打非** 全年开展“清源”“净网”“秋风”“护苗”行动。扬州市版权局和山东菏泽市文化市场综合执法局联合侦办的“建工之家”网侵犯软件著作权案、市文广新局和市公安局联合侦办的“高清影视下载网”侵犯影视作品著作权案入选国家版权局的“剑网”专项行动十大案件。市文广新局办理的“爱漫画网”违规经营案被评为全国版权执法十大案件。市文化执法支队被授予全国查处侵权盗版有功单位，蔡鹏、陈啸、宋海冬3人被国家版权局授予2014年度查处侵权盗版案件有功个人一等奖。彭某(雪儿漫画网)违规经营案被文化部评为2015年度全国文化市场重大案件，刘光明被文化部授予2015年全国文化市场综合行政执法优秀个人。“老调网”侵犯著作权案专案组被授予2015年度全省“扫黄打非”先进集体称号，唐海宁被授予2015年度全省“扫黄打非”优秀个人。（苗 芹 陈 啸）

## 文化产业

**■概述** “江苏省首支文化创意企业集合票据发行”等3个项目共获得870万元2015年度中央文化发展专项资金扶持，“3D影视特效设计和大规模云渲染平台”等项目共获得970万元2015年度江苏省文化产业引导资金扶持。扬州琴筝产量超过全国总产量的三分之二。486“非遗”集聚区一期项目竣工。“非遗”产业基地戏曲园区正式开工。谢馥春古典化妆品“非遗”基地一期竣工。个园花局里“中国古琴一条街”正式开街。全市2015年影院票房收入约2.2亿元，比上年增长53%。国家数字出版基地扬州园区电子纸产量占全球总产量的90%以上。文化类科技企业江苏智途科技在“新三板”挂牌上市。梦幻世界科技有限公司与好莱坞、皮克斯公司签订长期合约。漆器厂入选“2015-2016年度国家文化出口重点项目”，并与中国最大海外营销方案服务商四海方舟跨境贸易合作。瘦西湖旅发集团入围国家“文化金融合作项目库”。举办第十届“文博会”扬州分会场活动、世界绿色设计论坛扬州峰会及世界绿色设计博览会、扬州首届互联网大会、中外丝路城市美食文化交流——扬州活动周等活动。中国乐器协会、中国轻工业联合会授予扬州“中国琴筝产业之都”特色产业域名。市经济技术开发区被省经信委授牌为“江苏省大数据特色产业园”。扬州市骨干文化企业参加第11届中国(深圳)文化产业博览交易会，其中经典漆器有限公司选送的点螺台屏《满堂春》、纯雕漆地屏《江山胜景图》和润祥漆器玉器厂选送的漆雕嵌玉《古韵春华》3件作品获“中国工艺美术创意奖”金奖。“中国古琴第一街”

**扬州市获2015年度江苏省文化产业引导资金补助项目一览表**

表30-6

| 项目名称 | 项目建设单位 |
| --- | --- |
| 基于广电私有云的融媒体系统 | 扬州广播电视传媒集团有限责任公司 |
| 3D影视特效设计和大规模云渲染平台 | 扬州梦幻世界科技有限公司 |
| 玉文化产品研发生产与市场开拓项目 | 扬州玉器厂 |
| 扬州凤凰岛蜜蜂文化园 | 扬州蜂行天下文化发展有限公司 |
| 扬州谢馥春古典美妆文化产业基地项目建设 | 扬州谢馥春化妆品有限公司 |
| 阿波罗文化旅游风情街服务平台建设 | 江苏阿波罗花木市场发展有限公司 |
| 木偶创意设计制作与服务平台建设 | 扬州市木偶研究所 |
| 扬州渔文化博览园 | 江苏印象邵伯湖渔文化投资有限公司 |
| 雕版印刷技艺的传承、创新与发展 | 扬州古籍线装文化有限公司 |
| 扬州历史文化大辞典 | 江苏广陵书社有限公司 |
| 扬剧《不破之城》 | 扬州市扬剧研究所 |
| 扬州评话《皮五辣子》 | 扬州市曲艺研究所 |
| 扬剧《乾坤福寿镜》 | 仪征市演艺影剧有限公司 |

（魏　昕）

在个园花局里正式开街，7月入选市委、市政府“十大文化项目”。

（苗　芹　魏　昕）

**■第十届“文博会”扬州分会场活动**　10月23—25日，由文化部、国家新闻出版广电总局和北京市政府主办，江苏省贸促会、扬州市人民政府共同承办，扬州市文广新局、扬州市商务局牵头组织的第十届中国北京国际文化创意产业博览会扬州分会场在扬州国展中心举行。本届文博会扬州分会场面积8000平方米，参展摊位400个，参展企业累计120家，观展人数累计2.7万人次，现场展销1700多万元，对接合作项目42项，达成各类合作意向协议8项，项目意向投资3.2亿元。本届文博会以“弘扬传统文化 促进融合创新”为主题，定制美丽扬州3D馆、扬州书画馆等特色展馆。（苗　芹　魏　昕）

**■出版物发行**　2015年，完成全市792家出版物发行单位年度核验登记换证工作。其中，出版物二级批发单位11家，从业人数2713人，全年销售收入5.4亿元(批发单位3.02亿元、零售单位2.38亿元)。开展以“优质产品、优良业绩、诚信经营”为内容的第五届“双优诚信”书店评选活动，通过申报、公示，评选出“双优诚信”书店16家。

（苗　芹　李相林）

**■印刷业**　2015年，全市有出版物印刷企业10家、专项印刷企业6家、包装装潢印刷企业252家、其他印刷企业261家、复打印企业220家，年总产值超过5000万元的企业有11家，印刷企业销售收入31亿元、利润总额1.14亿元，工业总产值31亿元，从业人员1.2万人。江苏京都印务有限公司被评为“江苏省印刷示范企业”。扬州邗城数码印艺有限公司转型升级为数字印刷。江扬印务有限公司和东兴印刷包装有限公司完成绿色环保论证。在第四届省印刷行业职业技能大赛中，扬州古籍线装产业有限公司的曹勇和江苏凤凰扬州鑫华印刷有限公司的杨文竞分别获得平版印刷和平版制版第一名。扬州古籍线装科技有限公司制作印刷的《韩国钧朋僚墨迹》《张汉忠毕福剑水浒人物水墨漫画集》分别获第五届中华印制大奖的金奖和银奖。扬州古籍线装文化有限公司申报的《三秦瑰宝》线装书，扬州广陵古籍刻印社申报的经龙装《郑板桥手书论语》分别获得美国印制大奖(Benny Award)的班尼奖。全年完成全市750家印刷复打印经营单位年检换证工作。

（苗　芹　李相林）

**■扬州广电集团(总台)产业经营**　2015年，扬州广电集团(总台)全年经营总量达10.36亿元。在影视剧创作方面，集团投资2000多万元，与北京市委宣传部、安徽省委宣传部联合出品电影《进皇城》，与江苏广电等合作拍摄电视剧《叶问与李小龙》，并投资拍摄《东风破》《血债血偿》等电视剧。在广告经营方面，确立以客户需求为导向构建招商平台的思路，成功策划淘宝节、家电节、汽车文化节、房交会、海油城演唱会等商业活动，在产业经营方面，将报网公司和新媒体公司进行全面整合，对节目、广告、会展等分散的经营性节目资源和同类的产业资源进行统一整合，降低成本。引进互联网房产电商“房多多”，打造扬州本土房地产交易服务平台。与上海众网文化传媒公司合作，成立江苏合云网络科技有限公司，探索基于“互联网+”媒体的渠道和内容紧密结合的移动互联新模式。集团控股的国鑫农村小额贷款有限公司在"新三板"成功挂牌上市。
（杜　程）

■**扬州报业传媒集团产业经营** 2015年，扬州报业传媒集团实现广告经营1.5亿元，利润近8000万元；产业经营1.5亿元，利润2348万元，产业经营利润比上年增长16%。印刷公司实现利润892万元，印迪高数码印刷工场于11月正式对外营业。发行公司完成2016年度报纸征订发行任务，开展物流配送业务，全年实现创收214万元。广陵书社利润、到账、销售等指标增长10%。广陵古籍刻印社启动雕版印刷技艺国家行业标准申报工作，被文化部批准为"全国'非遗'生产性保护示范基地"，申报"国家'非遗'专项引导资金"。艺网公司全年收集中国书法家协会、中国美术家协会以及专业院校、地方书画名家的各类作品共240幅。报网公司2014年上交集团纯利润50万元。青少年素质教育基地累计接待军训和拓训人员3.25万人次。小记者中心发展会员1.5万多人，全年累计组织各类小记者活动240余次。集团生产办生产的16.5万千克优质有机大米，通过国家有机米认证检测，向上争取专项资金200万元。推进集团资本运作，1月，报业集团参股国鑫农贷，11月12日，国鑫农贷在"新三板"挂牌。10月28日，报业集团参股的江苏睿诚股权投资基金管理有限公司成立并发售扬州首支阳光私募基金。报业广告公司启动上市工作，完成公司增资扩股和股份制改造，成立江苏江南大业传媒股份有限公司。
（从有志　刘新平）

■**广陵书社** 2015年，广陵书社出版图书351种，其中重印书54种，占出书比例的15%。全年实现销售收入2458万元，比上年增长31%；资金到账2453万元，增长12%；利润324万元，增长8%。《仪征刘申叔遗书》获2014年度全国优秀古籍图书一等奖、第18届华东地区古籍优秀图书特等奖并入选2014年度苏版好书，《扬州史话丛书》获第18届华东地区古籍优秀图书一等奖并入选2014年度苏版好书，《红楼梦诗词联赋》获全国优秀古籍普及读物奖，《徐熥年谱》《崇祯太仓州志》获第18届华东地区古籍优秀图书二等奖。推出《图说扬州》《扬州历史文化60问》等普及读物和研究著作。
（从有志　刘新平）

■**扬州广陵古籍刻印社** 2015年，扬州广陵古籍刻印社实现销售净收入494.63万元。补刻全套《北平笺谱》，新刻《周易》等新书。自行开发设计的经龙装《郑板桥手书论语》在2015年度美国印制大奖赛中获班尼奖金奖。参加首届扬州印刷行业技能大赛，获得一等奖3个、二等奖2个。开启雕版印刷技艺国家行业标准申报工作。组队参加第二届中国非物质文化遗产传统技艺大展、武汉长江"非遗"大展、徐州"江苏书展"等活动，并进行现场演示和产品展示。"文汇阁牌"雕版印刷产品获江苏省名牌称号。单位名称由"扬州广陵古籍刻印社"更改为"扬州广陵古籍刻印社有限公司"。（从有志　刘新平）

## 档案

■**概述** 2015年末，全市7家综合档案馆有馆藏文书档案74.58万卷(册)、68.87万件，资料10.61万册，录像1.27万盘，实物档案1994件，照片2.21万张。其中，扬州市档案馆有馆藏文书档案23.02万卷(册)、30.54万件，资料3.37万册，录像1.11万盘，实物档案1009件，照片1.11万张。2015年，全市综合档案馆接待查档人员1.67万人次，提供档案资料5.81万卷(件)次；其中扬州市档案馆接待查档人员2263人次，提供档案资料1.44万卷(件)次，服务满意率100%。截至年末，全市各级综合档案新馆基础建设全面竣工，总投入2.8亿元。市档案新馆展览厅和特藏室完成建设，配套工程全面完工。市数字档案馆二期项目全面启动实施，稳步推进，完成数字化纸质档案147万页、声像档案800分钟。市公安局档案室成功创成全市首家江苏省5A级数字档案室。宝应县档案局局长王春兰获"全国档案系统先进个人"荣誉称号。

市档案局继续推进全市机关团体企事业单位档案工作规范化建设，全年完成星级达标认定59家，其中五星级5家；完成满五年单位复查32家，其中五星级7家。继续推进"新农村建设档案工作服务年"活动，全年共完成8个乡镇(街道)、182个行政村(社区)、9个财政所、1个农经站、1个国土所的规范化任务，与市农工办联合举办乡镇农经档案规范化建档培训。继续开展"企业档案服务年"活动，配合市国资委全面完成41家国资监管二级单位《文件材料归档范围和档案保管期限表》审核备案工作。深入一线对重大活动和重大建设项目档案进行监督指导，全市重大项目档案工作通过省巡查组检查。12月，市档案局召开全市家庭档案建档工作推广会，要求各县(市、区)档案局将家庭档案建档工作列入2016年工作重点，推动档案工作服务民生。

市档案局组织开展"扬州十大历史事件"评选活动，向社会公布15个候选条目，收到有效选票1300多张；9月11日，召开新闻发布会正式公布"扬州十大历史事件"。编辑出版系列文化精品成果，2月，《(嘉庆)重修扬州府志》整理出版；9月，《〈清宫扬州御档〉解读文集》由广陵书社出版发行，并获2015年全省档案文化精品奖一等奖；与市文物局共同完成大运河联盟城市档案精品选《运河串珠》的编印；参与市文化重点工程《扬州历史文化大辞典》历史类条目编写工作，所撰条目340条，共计8.3万多字。抽调专人参与城庆各项活动，及时征集接收各类档案资料，整理城庆文书档案200多件，照片300多张。
（董潇潇）

■**依法治档** 3月，市委办、市政府办印发《关于加强和改进新形势下全市档案工作的实施意见》(以下简称《实施意见》)。3月19—20日，市委、市政府召开全市档案工作会议，将学习宣传贯彻《实施意见》作为重点任务进行部署。市档案局领导班子分别带队赴基层档案部门调研，指导《实施意见》的贯彻落实。《中国档案报》《中国档案》报道宣传扬州市贯彻《实施意见》的经验做法。市委办、市政府办先后印发《扬州市档案馆收集档案范围实施细则》和《关于市级机关及有关单位到期档案移交(收集)工作的通知》，依法开展到期档案接收进馆工作。以机关档案规范化、信息化为重点，继续开展年度文件材料归档检查。编印下发《档案工作规范汇编》，制定实施《2015年扬州市档案局依法行政工作意见》《扬州市档案局依法行政目标制度》。开展档案行政权力清理工作，全面梳理并清理保留行政权力17项。完成全省档案“六五”普法考核工作。（董潇潇）

**■档案资源建设** 市档案馆开展2002年至2007年到期档案接收进馆工作，全年接收120多家市级机关及有关单位在公务活动中形成的各种门类和载体的永久和长期(30年)保存的档案共计8426卷、21.69万件。征集国家级“非遗”传承人漆器大师张宇创作的25位扬州历史名人漆器台屏手稿设计图，淮扬菜大师薛泉生制作的“文昌阁”“虹桥修禊”等16件经典作品模型，“理发刀”国家级传承人潘继凌从艺多年来的各类档案资料以及国际盆景大师赵庆泉捐赠的国家级传承人奖杯奖章、绶带证书及著作等档案数十件。抢救性地征集抗战老兵口述档案资料，采访百岁抗战老兵张志清，获得“2015年扬州最佳社会表情奖”。征集一批名人档案、老照片、老商标，馆藏历史档案进一步健全。（董潇潇）

**■档案宣传** 3—8月，市档案局在全市范围内开展“最美档案人”评选活动，59名入选者获通报表彰。6月，全市档案行政管理部门组织开展第三届“6·9国际档案日”系列法制宣传活动。市档案局先后在《扬州日报》《扬州晚报》推出《关注“国际档案日”》等4个专版，宣传档案工作。与扬州市曲艺团合作拍摄的“扬州话大拜年”视频短片，被省档案局推荐入选国家档案局网站羊年祝福栏目。连续12年组织参加全市文化科技卫生“三下乡”活动，获全市文化科技卫生“三下乡”活动先进单位称号。对《档案方志通讯》进行改版，对“扬州档案方志网”进行栏目精简调整，网站全年发布信息400条、图片80幅，累计点击量15.7万人次。（董潇潇）

**■《辉煌的历程——中国共产党在扬州》布展** 12月，《辉煌的历程——中国共产党在扬州》正式完成布展并对外开放。该展览从设计到布展完成历时近两年，通过400多幅图片和大量档案史料，以场景还原雕塑和声光电等现代化多媒体互动手段，展现各个历史时期中共扬州地方党组织领导人民进行革命和建设的情景。展览分“长夜无歌”“烽火征程”“艰苦创业”和“春晖潮涌”四个部分，专门设置“重温入党誓词”版块，为全市新党员入党宣誓和开展党员教育活动提供新场地。该展览获2015年全省档案文化精品奖二等奖。（董潇潇）

**■承办“扬州十大历史事件”评选活动** “扬州十大历史事件”评选活动是扬州2500周年城庆系列活动的一项内容。市档案局有序组织开展评选活动，明确十大历史事件条目收录范围，组织人员拟写扬州十大历史事件候选条目；征求本市部分文史专家学者对“候选条目初稿”的意见，组织文史专家对入选条目进行初评；召开专家评委会，研讨并无记名投票遴选出15个候选条目，将15个候选条目在城庆网站上公布，接受群众票选；统计汇总网上选票数量并结合专家投票的结果，报市领导审批，最终确定扬州十大历史事件。9月11日，在市档案局举行“扬州十大历史事件”评选揭晓新闻发布会。（魏怡勤）

**■《〈清宫扬州御档〉解读文集》出版发行** 市档案局、方志办以多形式、多途径、多角度开展对《清宫扬州御档》所涉相关内容的宣传、推介和解读工作，并汇编成书，于9月由广陵书社正式出版发行。该书近50万字，汇集数十位专家、教授、文史学者以及档案方志工作者撰写的论文、文章近80篇，其内容涵括对书中历史人物和历史事件的解读，涉及政治、经济、军事、文化、教育、盐务、关税、灾害以及农业水利、案件审理、民风市井、民俗工艺等，集史料性、知识性、趣味性、可读性为一体。其中绝大部分文章分别在国家及省、市级报刊媒体刊载。（魏怡勤）

**■档案编研成果获奖** 2015年底，省档案局印发《关于全省档案文化精品奖及档案文化精品建设工作先进个人评选情况的通报》，公布2015年度全省档案文化精品奖评选结果，扬州市获得多个奖项。其中，《江苏档案精品选(扬州卷)》获集体项目特等奖；《扬州市志(1988～2005)》《〈清宫扬州御档〉解读文集》获一等奖；《辉煌的历程—中国共产党在扬州》展览、《潮涌广陵》系列丛书、《仪征市志》获二等奖；《中国共产党仪征历史第二卷》《家国情怀——烽火岁月中的扬大先贤大型图文展》获三等奖。（魏怡勤）

**■城建档案管理** 2015年，市城建档案馆签订档案报送责任书96份，组织建设工程档案预验收125次，出具档案接收证明书89份，接收各类城建档案7400卷(各类工程竣工档案4652卷，工程规划档案2500卷，施工许可、竣工备案、建筑业管理等业务档案248卷)；整理档案1.38万卷，接待查档628人次，查阅各类档案4211卷次，出具证明103份，接待业务咨询112人次。重编馆藏档案大流水号，完成1.38万卷档案大流水排架。做好档案信息条目输入工作，全年共输入各类档案信息条目1.38万条。全年共描复查档案文字10.82万页，图纸8.53万张。开展声像档案工作，全年共拍摄各类照片4620张，录像370分钟。征集2000年前的扬州老照片650张、各县(市、区)城建档案馆照片2200张、市各部门单位及个人有关照片3600张。全年累计对外提供利用照片7640张，录像230分钟。（吴兆亮）

## 地方志

■**概述** 2015年，扬州市推进二轮修志和年鉴编纂工作。《扬州市志(1988～2005)》《宝应县志(1990～2005)》出版。《江都市志(1994～2011)》通过省地方志办公室验收，进入出版程序。《广陵区志(1989～2011)》《维扬区志(1989～2011)》《高邮市志(1986～2005)》通过终审。乡镇志、部门志编修工作有序开展，《十二圩志》篇目通过评审，《真州镇志》《杭集镇志》《仪征市民政志》等乡镇志、部门志先后通过评审。全市出版地方综合年鉴7部、专业年鉴1部。在中国出版协会年鉴工作委员会第五届全国年鉴编纂出版质量评比中，扬州市及各县(市、区)综合年鉴获综合一等奖2个、二等奖3个、三等奖2个，单项一等奖7个、二等奖5个、三等奖9个。(王妮姗 陈永华)

■**《扬州市志(1988～2005)》出版** 《扬州市志(1988～2005)》由方志出版社出版发行。该志是1997年出版的扬州市首部社会主义方志——《扬州市志》的续志，其上限为1988年，下限至2005年，总述、大事记、人物篇、附录延至2010年。全志采用中篇章节体式结构，专志设42篇、232章、958节，收录表1052张、图照965张，分四册，版面字数588万字，运用述、记、志、传、图、表、录等形式，全面系统客观记述1988－2005年扬州市自然地理、经济建设、政治制度、历史文化、社会生活的状况，真实再现18年扬州改革开放和经济社会发展的历史轨迹。卷首由市委书记谢正义、市长朱民阳作序，全彩印刷，随书配有光盘。该志书是扬州有史以来篇幅体量最大的一部志书，是苏中、苏北地区出版的第一部省辖市二轮志书。5月28日，市政府举行《扬州市志(1988～2005)》首发式。市长、市地方志编纂委员会主任朱民阳，省地方志办公室主任方未艾出席会议并讲话。由中国地方志指导小组主办的中国地方志网站和微信公众号“方志中国”刊发专文肯定《扬州市志(1988～2005)》，称该志书编写精心、出版精心、印刷精心，为全国二轮市志中的上乘之作和典范之一。2015年，《扬州市志(1988～2005)》被省档案局评为省档案文化精品一等奖。(王妮姗)

■**《宝应县志(1990～2005)》出版** 7月31日，宝应县委、县政府举行《宝应县志(1990～2005)》首发式。《宝应县志(1990～2005)》编纂工作启动于2006年11月，由方志出版社出版发行。该志为1994年出版的宝应县首部社会主义新方志——《宝应县志》的续志，上限为1990年，下限至2005年。全志采用中篇体式结构，专志设32篇、185章、759节，收录表412张、图照510张，版面字数236万字，全彩印刷，分上、下册。该志运用述、记、志、传、图、表、录等形式，全面系统地记述1990－2005年宝应县自然地理、经济建设、政治制度。(王妮姗)

■**年鉴编纂出版** 全市出版2015卷《扬州年鉴》《广陵年鉴》《邗江年鉴》《江都年鉴》《宝应年鉴》《仪征年鉴》《高邮年鉴》等地方综合年鉴7部，出版《江苏油田年鉴》等专业年鉴1部。11月，由中共扬州市委、扬州市人民政府主持编纂，扬州市档案局、扬州市地方志办公室承编的2015卷《扬州年鉴》出版发行。《扬州年鉴》是地方综合性、资料性地情工具书，1991年创刊，已连续编纂出版25卷。2015卷《扬州年鉴》共110万字，设39个类目229个栏目43个分目，收录2040个条目和资料，基本反映2014年扬州经济建设和社会发展全貌。(陈永华)

■**年鉴获奖** 3月，中国出版工作者协会年鉴工作委员会公布第五届全国年鉴编纂出版质量评比结果，《扬州年鉴》获综合、框架设计、条目编写、装帧设计4个一等奖，《宝应年鉴》获综合、框架设计、条目编写3个一等奖，《邗江年鉴》获框架设计一等奖，《江都年鉴》获装帧设计一等奖。4月，省政府办公厅印发通报，公布第三届江苏省年鉴奖获奖年鉴名单。《扬州年鉴(2014)》获综合特等奖，《江都年鉴(2014)》《高邮年鉴(2013)》获综合一等奖，《仪征年鉴(2013)》《宝应年鉴(2014)》《邗江年鉴(2014)》获综合二等奖;《扬州年鉴(2014)》《宝应年鉴(2014)》分获装帧设计奖、条目编写奖;《江苏油田年鉴(2013)》获综合二等奖。(陈永华)

■**《运河串珠》编印** 9月28日，市档案局、市文物局共同编辑的《运河串珠》编印面世。全书以大运河为纽带，串连起沿线相关城市，书中记录大运河各段历史与现状，选录运河城市部分珍贵档案，展示大运河变迁发展、人文历史底蕴和大运河联盟城市档案资源建设成果。从策划到成书，历时1年，收录北京市、天津市、廊坊市、沧州市、德州市、聊城市、郑州市、洛阳市、扬州市、镇江市、嘉兴市、湖州市、杭州市等27个城市档案部门和文物部门提供的摄影照片86张、档案图片51件。其中，扬州市收录清代地契、镇扬汽车公司档案、吴氏四杰档案、安素轩石刻拓本、江都城厢图等。(陈永华)

■**《扬州史志》编辑刊行** 2015年，《扬州史志》注重从内容到形式进行完善、更新。针对年度重大历史事件和活动，从第一期开始增设《纪念抗战胜利70周年》和《纪念扬州建城2500周年》两个栏目，全年刊发专稿43篇。常设栏目《史海钩沉》《人物剪影》《古城流韵》等稿源丰富。《档案方志剪影》《信息之窗》将本地开展的文史、档案、方志等重要活动作图文记载，凸显宣传与存史功能。(魏怡勤)

# 卫生

Weisheng

编　辑　陈永华

## 综述

■**概况**　2015年末，全市有各类卫生、计划生育机构1780个(含诊所、医务室、卫生所、社区卫生服务站、村卫生室)。其中，医院63所，社区卫生服务中心(站)191个，卫生院73所，村卫生室834个，门诊部143个，诊所、卫生所、医务室432个，疾病预防控制机构7个，专科疾病防治院(所、站)4所，妇幼保健院(所、站)8所，急救中心(站)2个，采供血机构1个，卫生监督所(中心)7个，计划生育技术服务机构7个，其他卫生机构8个。

全市医疗机构实有床位2.01万张，比上年增加356张。其中，医院床位1.46万张，占72.8%；社区卫生服务中心(站)床位1386张，占6.89%；卫生院床位3215张，占15.98%。平均每千人口有床位4.49张。

全市有卫生人员3.09万人，其中乡村医生和卫生员2041人。卫生人员中，卫生技术人员2.64万人，比上年增加860人，其中执业(助理)医师9826人、注册护士9938人。平均每千人口有卫生技术人员5.89人，其中每千人口有执业(助理)医师2.19人、注册护士2.22人。全市各级各类卫生机构有价值1万元以上医疗设备1.74万台，总价值26.16亿元。

2015年，全市医疗机构总诊疗量2640.97万人次，比上年增加74.47万人次。其中，医院946.06万人次，占35.8%；社区卫生服务中心(站)327.91万人次，占12.4%；卫生院515.05万人次，占19.5%；村卫生室504.56万人次，占19.1%；门诊部63.2万人次，占2.39%；诊所、卫生所、医务室131.63万人次，占4.98%；专科疾病防治院(所、站)19.5万人次，占0.74%；妇幼保健院(所、站)116.62万人次，占4.42%。全市居民年人均接收医疗机构诊疗5.89次，其中门(急)诊诊疗5.78次。

**2015年扬州市医疗卫生机构情况表**

表31-1

| 卫生机构 | 合计 | 公立 | | | 非公立 | |
|---|---|---|---|---|---|---|
| | | | 国有 | 集体 | | 私营 |
| **总　计** | **1780** | **1308** | **564** | **744** | **472** | **373** |
| 医院(所) | 63 | 25 | 22 | 3 | 38 | 28 |
| 基层医疗卫生机构(个) | 1673 | 1240 | 499 | 741 | 433 | 344 |
| 社区卫生服务中心(站)(个) | 191 | 183 | 35 | 148 | 8 | 1 |
| 卫生院(所) | 73 | 73 | 32 | 41 | 0 | 0 |
| 村卫生室(个) | 834 | 795 | 299 | 496 | 39 | 1 |
| 门诊部、诊所、卫生所、医务室(个) | 575 | 189 | 133 | 56 | 386 | 342 |
| 专业公共卫生机构(个) | 36 | 36 | 36 | 0 | 0 | 0 |
| 其他卫生机构(个) | 8 | 7 | 7 | 0 | 1 | 1 |

注：本表人员合计中包括乡村医生53404人和卫生员1595人；
不含乡镇卫生院在村卫生室工作的执业(助理)医师、注册护士数

(陈东升)

**2015年扬州市医疗机构工作量、效率分析表**

表31-2

| 项　目 | 2015年 | 2014年 | 增减数 | 增幅(%) |
|---|---|---|---|---|
| 总诊疗人次数(万人次) | 2640.97 | 2566.50 | 74.47 | 2.90 |
| 入院人数(万人) | 61.70 | 57.65 | 4.05 | 7.03 |
| 病床使用率(%) | 83.96 | 84.19 | -0.23 | -0.27 |
| 平均住院日(天) | 9.50 | 9.70 | -0.20 | -2.06 |
| 每诊疗人次费用(元) | 151.10 | 139.90 | 11.20 | 8.01 |
| 每一出院者费用(元) | 8415.50 | 8300.30 | 115.20 | 1.39 |

(陈东升)

全市医疗机构收治住院人员61.7万人，平均每千人口住院人数138人。全市医疗机构病床使用率83.96%。其中，医院病床使用率90.62%，社区卫生服务中心病床使用率60.8%，卫生院病床使用率62.46%。各类医疗机构出院者平均住院9.5天。

全市各级医疗机构收入103.74亿元，增长11.32%。全市医疗机构平均每诊疗人次费用151.1元。其中，药费73.8元，占48.84%；检查治疗费35.6元，占23.56%。平均每一出院者住院费用8415.5元。其中药费3573.5元，占42.46%；检查费613.1元，占7.28%；治疗费837元，占9.94%；手术费409.6元，占4.87%；床位费385.3元，占4.58%。出院者平均每床日住院医疗费用881.7元。全市社区卫生服务中心平均每诊疗人次费用78.5元，其中药费47.7元，占60.76%；平均每一出院者住院费用3183.4元，其中药费1487.3元，占46.72%；出院者平均每床日住院医疗费用334.1元。全市卫生院平均每诊疗人次费用77.6元，其中药费43.9元，占56.57%；平均每一出院者住院费用2932.6元，其中药费1346.6元，占45.92%；出院者平均每床日住院医疗费用349.3元。全市医疗机构药品收入占业务收入的44.5%，比上年下降1.8个百分点。

2015年，全市投入卫生事业财政经费32.38亿元。其中，中央级经费3.65亿元，省级经费6.34亿元，市(县)级经费22.39亿元。29所乡镇卫生院(社区卫生服务中心)获省级设备投入经费1628万元，添置医疗设备688台(套、件)。市级投入基层医疗机构建设经费7946万元，扶持市区18个社区卫生服务中心(乡镇卫生院)、28个社区卫生服务站建设。（陈东升　王　骞）

**■基层卫生**　2015年，全市创成全国“群众满意的乡镇卫生院”5个、省示范乡镇卫生院5个、省乡镇卫生院特色科室3个、省示范村卫生室13个、扬州市基层医疗机构特色科室12个，省示范乡镇卫生院(社区卫生服务中心)创成率57.8%。开展基层医疗机构三级手术评审，确认73家基层医疗机构8大类33项三级手术资质。启动18个农村区域性医疗卫生中心建设，提高农村医疗服务能力和水平，方便群众就医，推进分级诊疗。对异地新(迁)建农村区域性医疗卫生中心奖补2000万元，改(扩)建农村区域性医疗卫生中心奖补1000万元，其中市级财政总投入3.2亿元，全市各级财政累计投入12亿元。委托南通卫生高等职业学校定向培养农村医学专业学生，招录应届初、高中毕业生240人，累计招录培养477人。录取学生均与当地卫生和计划生育行政部门签订定向培养协议，毕业后可以参加乡村执业助理医师资格考试，由县(市、区)卫生和计划生育行政部门聘用到村卫生室工作，缓解村卫生室人员年龄老化和知识结构落后问题。宝应县、高邮市、仪征市、江都区、邗江区、广陵区推行乡村医生签约服务试点，以家庭为单位，试点地区乡村医生个性化签约5万多人。文峰街道、汤汪街道、双桥街道等3家社区卫生服务中心被列为江苏省家庭医生服务模式创新试点单位。（郑轶群）

**■基本公共卫生服务**　市卫生和计划生育委员会(简称市卫计委)、市财政局联合下发《2015年基本公共卫生服务实施方案》，明确基本公共卫生服务项目经费标准为人均40元，规范实施11类43个服务项目。9月，国家卫计委将基本公共卫生服务项目调整为12类45个服务项目，全市组织对新增项目进行培训，开展“八个一”(张贴一张项目公示牌，发放一张项目联系卡，制作一张项目告示卡，举办一次健康管理签约活动，更换一期宣传版面，悬挂一批宣传标语，举办一次宣传讲座，开展一次志愿者活动)宣传活动。广陵区基层医务人员自编自演“传播健康知识，共享美好生活”基本公共卫生服务文艺汇报演出，被健康报、省卫生和计划生育委员会(简称省卫计委)网站等媒体转载。建立全科医生工作站制度，规范健康档案使用和管理，发挥电子健康档案功能与作用，全市居民电子健康档案建档率87.17%，动态使用率73.1%。与市财政局联合下发推进基本公共卫生服务项目绩效管理意见，构建综合防治服务模式，建立分工负责和分级管理机制，优化信息化服务流程，提升基本公共卫生服务项目内涵。全年为52万名65岁以上老人提供免费健康体检，规范管理高血压患者37万人，规范管理糖尿病患者9.8万人，规范管理重性精神疾病患者1.1万人。为10.18万名农村妇女提供宫颈癌筛查、乳腺癌筛查、孕产妇住院分娩补助、免费增补叶酸等服务。为流入育龄妇女提供免费孕环情检查1.05万人次。（郑轶群）

**■卫生行风建设**　2015年，市卫计委部署党风廉政建设和行风建设，层层签订责任书。深化“三好一满意”和“群众满意医院”创建活动，对市直6所医院和疾病预防控制中心窗口服务进行暗访，组织对6种涉嫌商业贿赂的药品进行自查自纠，各医院对相关药品采取暂停使用或限制使用；组织全市12个疾病预防控制中心、卫生监督所对涉企收费进行自查自纠专项整治；加强医用耗材招标采购监督，实施新一轮低值医用耗材集中采购；落实医疗卫生行风建设“九不准”(不准将医疗卫生人员个人收入与药品和医学检查收入挂钩、不准开单提成、不准违规收费、不准违规接受社会捐赠资助、不准参与推销活动和违规发布医疗广告、不准为商业目的统方、不准违规私自采购使用医药产品、不准收受回扣、不准收受患者“红包”)，严格执行《医疗机构从业人员行为规范》，2015年全市医务人员退还(拒收)、上交红包173.9万元。国家统计局扬州调查队对全市二、三级医院2200名出院病人进行调查，患者对医务人员服务评分93.44分，比上年度上升1.1分。2015年，省卫计委委托第三方对全省125家三级医院进行患者满意度调查，扬州市妇幼保健院、高邮市中医院进入全省前20名。

开展“最美医生”评选、举办卫生和计划生育系统先进典型事迹巡回报告会，组织观看《驰而不息正风肃纪》《法纪高压线不可触碰》等警示教育片。会同市检察院举行预防职务犯罪案件剖析会，用身边人身边事教育警示干部职工。修订、完善《医用设备采购公示办法》，出台《关于完善医用设备采购管理制度的指导意见》，修订、完善市卫计委机关工作制度。组织对《名中医评选办法》等3个文件进行廉洁性评估，组织对直属单位制度廉洁性评估工作进行督查。春节、端午节、中秋节等重大节日组织对直属单位作风建设情况进行督查，对公车管理、公务接待、津补贴发放等环节反复要求、反复提醒。严肃查处违规违纪行为，对2所医院招标采购中存在问题进行调查，相关责任人受到诫勉谈话、调离岗位的处理；某医院病理科主任顾某违规接受捐赠，受到行政警告处分。

（萧　江）

**■卫生科教工作**　2015年，全市卫生和计划生育系统获批立项国家级科研项目10个，省、部级科研项目3个，省卫计委科研基金项目6个，市级科研项目53个〔其中市自然科学基金项目16个、市科技发展计划项目23个、市软科学研究项目4个、市指导性计划项目（临床药学）10个〕。组织全市医疗卫生系统申报2015年度省、市科学技术奖，获省科学技术三等奖1个，市科学技术奖24个。组织申报2015年度省、市医学新技术引进奖，获省医学新技术引进奖8个，其中一等奖2个、二等奖6个；获市医学新技术引进奖78个，其中一等奖25个、二等奖53个。组织申报国家级、省级继续教育项目47个，其中20个项目获批国家级继续教育项目，27个项目获批省级继续教育项目。23个项目申请列入省城乡基层适宜卫生技术资源库。征集论文1000多篇，其中SCI（科学引文索引）近100篇。完成2014年度全市卫生系统科普工作调查表。全年遴选20项适宜卫生技术面向基层推广，适宜技术推广实现基层医疗卫生机构覆盖率90%以上。结合“健康扬州社区行”，有20个国家级、省级优秀继续教育项目免费送到全市各基层医疗卫生单位，培训2600名农村卫生人员。验核全市继续教育证书9000本，举办市级以上继续教育220期，培训人数1万人次。组织10人参加省乡镇卫生院“院长班”、省城市社区卫生服务中心“主任班”培训。11名城市社区服务中心（站）医生到三级医院转岗培训1年。组织12人参加2014年培训期满的省结业统考，全部合格。组织全市住院医师规范化培训考试，组织省统考理论考试合格人员参加市卫计委组织的实践技能考试，385人参加考试，358人通过，27人未通过，通过率92.9%。组织493人参加村卫生室人员合理用药专项培训。重新梳理和认定全科医师规范化培训基地，认定苏北人民医院、市第一人民医院为扬州市西医全科医师规范化培训基地，宝应县人民医院、高邮市人民医院、武警江苏省总队医院、江都人民医院、仪征市人民医院、鼓楼医院集团仪征医院为培训基地的协同医院，共同参与全科医师规范化培训。培训全科医师规范化培训带教老师45人。2015年，新增393名医生（其中全科医生82人）进入培训基地参加为期3年的住院/全科医师规范化培训，累计在培483人。

（陆爱民）

**■卫生信息化**　升级市、县二级区域卫生信息平台，扬州市区域卫生信息平台功能扩展覆盖至市区所有社区卫生服务站。市区完成100多个社区卫生服务站（村卫生室）公共卫生功能上线，30个社区卫生服务站医疗功能上线。建设扬州市远程会诊系统，市区39所乡镇医院及社区卫生服务中心（包括分院）连接3台检验仪器、1台数字X光机的LIS〔实验室（检验科）信息系统〕、PACS（影像归档和通信系统），能与HIS（医院管理信息系统）及区域卫生信息平台互联互通、数据共享；协调4所三甲医院，建设远程会诊中心；开发1套远程会诊（辅助诊断）系统，基层医疗单位自主选择远程会诊中心，系统预留与省级医疗机构进行远程会诊的接口；整合有远程桌面共享和视频交流功能的即时通信系统，用于申请单位与远程医生交流，辅助远程诊断。推进预约挂号系统建设，与江苏省预约挂号平台、南京都市圈的8个城市预约挂号平台互联互通、资源共享。全市有10所医院签约，7所医院上线。完善“健康扬州”电视频道。完成扬州市2016—2017年医改惠民信息化项目申报。

（徐效扬）

**■“十大主题健康促进行动”**　2015年，全市推进“十大主题健康促进行动”项目，开展健康细胞工程。与市安全监督管理局联合组织建设“健康企业”活动，与市教育局联合召开全市健康促进学校培训会议并开展督导；倡导全民健身运动，加强健康元素普及和健康场景建设，结合市区新建的5个体育公园，植入健康元素；建成邗江区蜀冈西峰体育健康公园、宝应县射阳湖健康公园、扬州经济技术开发区扬子津体育健康公园等16处健康场景；开展健康家庭和健康厨房创建，定购健康大礼包和控油壶、限盐勺，赠送给社区和居民；与市广播电视总台开办“967健康学堂”栏目，邀请300多名专家做客节目，解答听众健康咨询2000次，全年播放480期“空中健康讲堂”节目。全市建成健康医院54个、健康机关44个、健康企业13个、健康社区20个、健康家庭150户、健康厨房150个、健康公园（广场）16个、健康步道28条、健康学堂4个，申报省级健康促进学校185所。

（邹　露）

**■苏北人民医院急诊医学中心启用**　2月8日，苏北人民医院急诊医学中心（儿童医学中心）启用。该中心建筑面积3万多平方米，按急救轻重缓急设置红黄绿区，分别对应Ⅰ级Ⅱ级危重患者、Ⅲ级患者、Ⅳ级患者，开辟急性心肌梗死等7种疾病“绿色通道”，新建扬州市首家“杂交手术室”（即复合手术室，可同时进行内外科手术、介入治疗、影像检查）。为处置突发事件和抢救危重症患者提供保障。当天，苏北人民医院骨科研究

所、普通外科研究所、神经医学研究所、心血管病研究所、肿瘤研究所等5个研究所启用。（陈　威）

**■苏北医院医疗集团成员单位揭牌**　8月16—19日，苏北人民医院医疗集团(医联体)首批成员单位在高邮市、仪征市、邗江区、广陵区等4个县(市、区)的8家农村区域性医疗卫生中心正式揭牌。苏北人民医院启动对集团成员单位的技术、人才、管理输出，在每家集团成员医院派驻10名专家，首批常驻专家每2个月安排1周工作时间在集团成员医院，利用5天工作日进行门诊，为当地老百姓看病。推进医疗卫生重心下沉、卫生资源向农村下移，形成分级诊疗新机制。揭牌仪式上举行赠书(20多本培训教材)、健康宣传教育(王静成主讲健康讲座，累计2000多名群众参加听课)、义诊(4天8场义诊活动，苏北人民医院共计派出专家70多人次，在基层开展手术10多台次)等活动。（陈　威）

**■斯坦福大学附属儿童医院落户扬州**　9月19日，东美·童乐广场推介会暨战略合作联盟签约仪式在扬州迎宾馆万芳园举行，美国斯坦福大学附属儿童医院正式落户扬州，丰富扬州儿童康复医疗、健康体检市场。（陈　威）

**■全市18个农村区域性医疗卫生中心集中开工**　9月20日，18个农村区域性医疗卫生中心举行集中开工仪式。18个农村区域性医疗卫生服务中心分布为宝应4个、高邮4个、仪征3个、江都4个、广陵2个、邗江1个，其中新(迁)建14个、改(扩)建4个。总投入约10亿元，其中市级财政对新(迁)建的补助2000万元、改(扩)建的补助1000万元。增加基层医疗机构建筑面积近8万平方米，增加住院床位近1400张，增加医务人员近1600人。参照二级医疗机构标准建设，具备常见病、多发病、就诊急救、二级以上常规手术、正常分娩、儿科、部分危急重症的诊疗服务能力，开放三级手术，满足不低于50%农村居民住院服务需求，承担所在乡镇预防、保健、健康教育、计划生育技术服务等综合性卫生服务。辐射周边乡镇，满足人民群众基本医疗需求，惠及近300万农民。（陈　威）

## 医疗服务

**■概述**　2015年，全市24所二级以上医院总诊疗量984.16万人次，比上年增长1.08%。其中，门诊量851.67万人次，增长0.9%；急诊量121.01万人次，增长6.04%。出院46.20万人次，增长5.1%；手术13.67万例，增长3%；病床使用率97.32%，其中3家三级综合医院病床使用率99.32%；病床周转次数35.46次，增长0.59%；出院者平均住院日9.82天，比上年减少0.07天。

全市24所二级以上医院平均每诊疗人次医疗费242.05元，增长9.12%；平均每一出院者住院医疗费1.01万元，增长3.58%；平均药品加成率9.35%，下降3.57个百分点；平均住院费用药占比42.59%，下降0.15个百分点。

全市24所二级以上医院业务收入总额77.76亿元，增长9.33%。其中，门诊收入23.82亿元，增长10%；住院收入46.62亿元，增长8.9%。支出总额73.08亿元，增长10.76%。其中，药品支出28.46亿元，增长9.64%；卫生材料支出11.74亿元，增长9.68%；人员支出20.42亿元，增长13.62%；其他支出12.39亿元，增长9.19%。各类欠费总额7.37亿元，增长30.5%。其中，病人欠费0.25亿元，下降8%。（洪　梅）

**■惠民医疗救助**　全市二、三级医疗机构为2.15万人次提供惠民医疗服务，其中住院治疗1243人次、门诊服务2.03万人次，住院费94.4万元、门诊费160.54万元。救助交通事故受害人521人，救助金额1812.67万元。（洪　梅）

**■卫生对口支援**　制定城市卫生对口支援城乡基层卫生工作方案，安排城市医生晋升副高级职称前到社区卫生服务中心对口支援。安排专家到社区坐诊帮扶，确保每周2个半天有大医院专家到社区坐诊，全年安排469人次到社区坐诊1174个工作日。做好三级甲等医院对口支援县级医院工作，加强县级医院医疗服务能力建设。全年下派对口支援人员(含晋升职称人员)301人，苏北人民医院选派14人对口支援建湖县人民医院。（洪　梅）

**■优质护理服务**　推进全市优质护理服务，优质护理服务病房覆盖率100%，优质护理服务病房298个，A类病房108个。3月，开展优质护理服务情况专项检查。对全市24所二级以上医院临床护士工作能力、优质护理服务质量进行实地考核，考核临床一线护士104人，督促各医院加强护理内涵建设，深化优质护理，改善护理服务。推进江都人民医院护士岗位管理试点，启动苏北人民医院、扬州市第一人民医院护士岗位管理试点。配合省卫计委完成国家卫生和计划生育委员会(简称国家卫计委)《护士条例》落实监管情况督查和三级医院优质护理服务第三方满意度调查；做好《江苏省护理事业建设发展十二五规划纲要》自我评估报告、数据指标统计。护理质量控制中心举办护理质量管理知识培训329人次；开展“伤口造口护理”“静脉治疗护理技术资质研修班”等护理专科知识培训。组织开展“5·12”国际护士节系列活动。全市有6个护理岗位被评为省级卫生和计划生育系统“巾帼文明岗”，6名护理工作者被评为省级“巾帼建功标兵”。全市评选出优秀护士长21人、优秀护士20人；开展宣传表彰、技能竞赛、演讲比赛、征文比赛、志愿者服务、学习座谈、文艺演出等活动。（乔　莉）

**■综合医疗服务**　落实《江苏省残疾人康复机构等级认证暂行办法》，加强残疾人康复机构基础建设和服务质量规范化管理，提高服务能力和水平。4月，市卫计委配合市残联开展全市残疾人康复机构等级认证。9

月，做好眼科救治医疗体系摸底调查。组织征兵体检集训。全市5861名应征青年参加体检，3644人体检合格，合格率62.17%，市中心体检组检查各县（市、区）体检站，实施心理测试，完成征兵体检任务。组织全市开展白内障手术医院网上申报国家卫计委白内障手术，组织定点医院业务骨干参加江苏省白内障复明手术医院眼科医生培训班。完成江苏省眼科资源调查。与市老干部局、市人社局、市财政局联合完成《扬州市离休干部就医绿色通道建议方案（征求意见稿）》，做好离休干部医疗保障。

（陈　长）

**■苏北人民医院**　苏北人民医院是综合性三级甲等医院。2015年，医院建筑面积18万平方米。实际开放床位2200多张；全年门（急）诊量166.1万人次，出院病人9.3万人次，手术病人5.7万人次。

医院有在岗职工2398人，有卫生专业技术人员2060人，其中高级职称专家450人、医学博士109人、硕士492人，享受各级政府特殊津贴专家11人。2015年，医院获批国家自然科学基金项目9个，省、市科研项目立项56个，获各类成果奖项82个，发明和实用新型专利54项。发表论文999篇，其中SCI收录论文109篇、中华系列期刊124篇、核心期刊294篇，获中华医学奖和江苏省科学技术奖各1个。医院是国家级博士后科研工作站，中南大学、吉林大学、大连医科大学等重点院校医学博士、硕士研究生培训基地，全国优质护理服务示范工程国家卫计委重点联系单位。医院有国家级示范中医科1个，妇产科、普通外科、骨科、消化内科、血液内科、神经内科、心血管内科、泌尿外科、胸心外科、麻醉科、医学影像科、重症医学科、呼吸内科、医学检验科等省级临床重点专科14个，市级临床重点专科22个，实现临床重点专科全覆盖；国家级药物临床试验科室（专业）9个，国家级内镜诊疗技术培训基地6个，临床教研室13个，医学博士、硕士培养点40个。医院与复旦大学附属华山医院、复旦大学附属中山医院、上海交通大学医学院附属仁济医院、中南大学湘雅二医院、第四军医大学西京消化病医院、清华大学医学院等医院、高校建立合作关系。2015年，医院获评全国改善服务创新医院、创新服务示范医院、国家引智示范单位。被评为国家卫计委脑卒中防治工程委员会“高级卒中中心”。

（吴永仁）

**■扬州市第一人民医院**　扬州市第一人民医院是综合性三级甲等医院。医院设有东、西两个院区，占地9.33公顷，总建筑面积17.3万平方米，实行一院两区管理。有固定资产9.88亿元、先进诊疗设备3000多台（套）。医院有编制床位1600张，开放病区37个、临床医技科室50个，全年门（急）诊量149万人次、出院病人6.2万人次。

医院有在职员工1971人，其中高级技术职称人员459人、医学博士59人；医院有硕士点18个，博士点1个；有博士、硕士研究生导师30人，省医学重点学科和医学重点人才建设战略工程（“135工程”）医学重点人才2人，“333高层次人才培养工程”学术带头人10人，省、市中青年专家18人，享受政府特殊津贴专家4人。

医院有心血管内科、消化内科、影像科等3个省级临床重点专科，神经内科、儿科、普外科等23个市级临床重点专科。心内科介入诊疗技术、脑血管病神经介入诊疗技术、脑动脉溶栓技术及脑卒中治疗、普外科腔镜手术、泌尿外科腔镜手术、口腔颌面整形技术等达到省内先进水平。

2015年，全院发表论文236篇，其中SCI论文29篇，获国家发明专利10项，12项科研成果获各级各类科技进步奖和新技术引进奖，获科研经费239万元。

（戴春阳）

**■扬州市中医院**　扬州市中医院是综合性三级甲等中医医院。医院总建筑面积5.8万平方米，有固定资产1.17亿元，其中医疗设备总值7244万元，有大型设备356台（套）。医院有在岗职工602人，其中省名中医3人、市名中医9人，全国第三批中医临床优秀人才1人，第二批江苏省老中医药专家学术经验继承工作指导老师2人；医学博士（后）5人、研究生导师7人、医学硕士65人、高级职称人员104人。2015年，医院有编制床位700张，实际开放床位563张。全年完成门（急）诊量42.13万人，增长6.15%；出院人次1.21万人，增长12.39%；实现总收入2.65亿元，增长17.45%；业务收入2.35亿元，增长13.97%。

2015年，医院全面启动医药价格改革，取消药品加成；成为省中医院战略联盟医院、省肿瘤医院技术合作医院、南京中医药大学朗格尼医学中心肿瘤远程会诊基地。通过大型医院巡查，改进医疗质量管理和医疗服务；药占比比上年下降2.1个百分点；开通手机微导诊和爱心诊室服务，门诊号源全面开放预约和分时段预约，方便患者就医。开展中医药特色服务，提升中药饮片、中医非药物疗法占比，开展三伏贴、三九贴服务，中医护理技术操作收入700多万元。升级改造治未病中心和康复中心，添置四诊仪等中医体检设备，开展中医体质辨识、经络检测和中医健康干预。引进高层次人才，全年引进医学硕士19人，副高级职称人员1人。1人获评“江苏省中医药十佳青年之星”，1人成为全国中医护理骨干人才培训项目培养对象，王道成等7人被评为市名中医。新增扬州大学硕士研究生导师2人，19人被聘为扬州大学本科生导师。肿瘤科在重点专科建设中期评估中列全省第3名、全国第10名，成为中华中医药学会宫颈癌诊疗指南修订组长单位及恶性淋巴瘤修订组成员单位。申报中医门派省级非物质文化遗产，“然”字门内科、“谦”字门儿科、“春”字门内科、“朱氏针法”等4个扬州中医门派获批江苏省非物质文化遗产。开展耿氏喉科及扬州中医门派研讨活动。获国家级课题立项2个、省级课题立项8个、市级课题立项2个，获各类科研立项项目资金64万元，获市卫计委新技术引进二等奖5个，发表科研论文84篇。获批全国中医住院医师

规范化培训基地，全年招收首批中医住院医师规范化培训人员80多人。（张　辉）

■**扬州市妇幼保健院**　扬州市妇幼保健院是三级甲等妇幼保健机构。医院占地2.13公顷，建筑面积4.38万平方米。设一级科室45个、二级科室43个，区域性中心4个。有在岗职工783人，其中高级专业技术人员120人、医学博（硕）士研究生35人。医院全年门（急）诊量56.8万人次；出院病人1.69万人次，平均住院日7.03天；业务收入2.23亿元。

2015年，医院建成视频会议中心。新生儿急救中心纳入“120”院前急救系统；医院被中国医师协会认定为全国孕期营养课堂项目优秀承办单位，被中华医学会计划生育学分会、中国妇女发展基金会认定为国家PAC（流产后关爱）优质服务医院，被国家卫计委评为全国百家优秀爱婴医院。医院全年新增科研项目立项9个，11个科室通过市级重点专科评审，发表SCI论文3篇。新增各类学术专业委员会委员8人。（郑　洵）

■**扬州市第二人民医院**　扬州市第二人民医院（扬州市惠民医院）占地3公顷，总建筑面积2万多平方米；有固定资产1.47亿元，其中医疗设备总值1666.1万元。有编制床位300张，实际开放4个病区160张床位。苏北人民医院康复医学中心在该院挂牌。全年门（急）诊量7.71万人次，出院病人3230人次，全年业务收入5003.28万元，药品收入占总业务收入的58.61%。提供医疗救助0.95万人，医疗救助业务1038万元，占全院业务总收入的20.7%；医疗救助免费金额275万元。

医院有在岗职工201人，其中卫生专业技术人员157人（其中高级技术职称人员26人）。2015年，医院引进心血管主任医师1人。“鼻泪镜下鼻腔泪囊吻合术加泪道置管术”项目获市卫计委新技术引进奖二等奖。血液透析中心开放血液透析床位25张，病人95人。全年在省级以上刊物发表论文30篇。（臧宝华）

■**扬州市第三人民医院**　扬州市第三人民医院（扬州市传染病医院、苏北人民医院新区分院）是三级传染病专科医院。医院有编制床位350张，开放床位306张。2015年，医院门诊量17.78万人次，收治病人6070人次，出院者平均住院日16.82天，病床使用率99.65%。医院有14个诊疗科室、7个病区和9个社区诊所。有结核病科、肝病科、感染病科、医学检验科、医学影像科等5个扬州市临床医学重点专科。

医院有在岗职工265人，其中高级技术职称人员41人。开展人工肝治疗、肝穿刺活检、介入融通疗法治疗肺结核大咯血、肺结核空洞注药、肺穿刺活检、肿瘤介入治疗等30多个项目。

2015年，医院除常规收治肝炎、肺结核等传染病人外，收治手足口病64人；开展艾滋病高效抗逆转录病毒治疗296例，收治艾滋病住院患者145人；收治疟疾、伤寒、麻疹、水痘、猩红热、腮腺炎、狂犬病、恙虫病、梅毒、菌痢、布氏病等传染病患者229人。（於晓芳）

■**急救医疗网络建设**　2015年，全市新增扬州市急救中心妇幼急救点、仪征市中医院急救点、宝应县第二人民医院急救点，累计有急救分站7个、急救点34个，600多人参与院前医疗急救。全年院前急救1.97万人次，其中转运病人2622人次。与市公安交巡警支队共同规范扬州市院前急救医疗行为，打击非法营运的“黑救护车”市场。组织市急救中心、宝应县急救站、高邮市急救站联合举办扬州市交通事故医疗应急救援演练。（洪　梅）

■**医疗质量控制**　加强病历、院感、急诊医学科等15个临床质量控制中心管理，保障医疗安全。2月，市血液病质量控制中心召开全市血友病分级诊疗体系建设推进培训会。4月，药事质量控制中心举办扬州市医疗药师培训班。市精麻药品质量控制管理中心和肿瘤科质量控制中心共同举办培训班。市急诊科质量控制中心召开全市急诊科医疗质量控制中心会议、全市重症医学科现状普查培训会议。5月，市眼科质量控制中心开展全市眼科救治医疗体系摸底调查。6月，召开扬州市抗菌药物合理使用培训班。市临床检验质量控制中心举办2015年扬州市临床检验质量控制工作会议暨检验质量控制知识培训会议。组织对全市11所二级医院进行为期5天的医疗核心制度明察暗访、病历处方质量和“三合理”（合理检查、合理用药、合理治疗）规范执行情况专项检查，抽查出院病历、门诊病历500份，门诊处方400张，医护人员技能操作30多人次，强化二级医院安全质量意识、规范意识、费用意识，改进医疗质量。8月，市病历质量控制中心召开质量控制工作会议。9月，市临床用血质量控制中心开展全市一级医院临床用血、血库基础设施设备、人员配置等情况调研。（陈　长）

■**血液质量管理**　2015年，全市3.91万人参加无偿献血，采集全血总量1247.28万毫升，临床用血量1134.5万毫升，采供比109.9%。2月，组织市直卫生系统20多家单位70多人，共同参加“白衣天使献血月”活动启动仪式。市中心血站建成核酸实验室，建立和完善血站核酸检测管理制度、核酸检测实验室质量体系等，培训核酸检测管理人员和核酸检测技术人员，经省卫计委评审合格发放核酸检测资格证书。5月，组织各县（市、区）献血办公室负责人调研宁波市、绍兴市无偿献血工作。7月，市医学会输血委员会主办、市中心血站承办全市“血液安全及血液核酸检测开展与应用”培训班。

2015年，全市完成3.56万例血液样本核酸检测，其中发现乙肝-DNA37例，占总检数1.04‰，经送检省血液中心检测确认，4例为窗口期感染，33例为隐匿性感染（OBI）。（陈　长）

■**临床路径管理**　临床路径管理纳入各县（市、区）卫计委（卫生局）、市直医院工作目标责任书，二级公立医院开展26个专业65个病种的临床路径管理，符合进入临床路径标准的病例入组率53%，完成率90.7%。三级公立医院开展50个专业163个病种的临床路径管理，符合进入临床路径标准的病例入组率77.4%，完成率91.2%。（陈　长）

**■医院感染管理**　健全质量控制网络，发挥各级质量控制中心作用，加强ICU（重症加强护理病房）、手术室、血液净化室、消毒供应中心（室）、新生儿室、产房、内镜室、导管室、口腔科等重点部门和重点环节及基层医疗机构医院感染（简称院感）防控管理。组织人员参加省院感工作年会、省医院感染管理高级培训班；落实《江苏省预防与控制医院感染行动计划（2012—2015）》，开展全市院感专项检查，对全市二级以上医院感染管理组织建设、医院感染病例监测、重点部门、重点科室和重点环节感控措施落实、环境管理、手卫生、职业防护、医疗废物处理等进行检查，下发通报，督促各单位加强院感管理，保障医疗安全；配合省卫计委完成全省三级医院院感专项检查、市级院感质量控制中心工作检查。面向基层，举办全市医院感染管理知识暨专（兼）职人员岗位培训班。

加强全市血液透析工作监管，召开血液净化质量控制会议，开展透析质量专项检查，提高血液透析质量。推进区域化集中消毒供应中心建设试点。加大医疗废物集中处置监管，联合市环保局召开全市医疗废物规范化管理培训会，组织医疗废物处置工作专项检查。组织中东呼吸综合征医疗救治、院感防控学习培训等。（乔　莉）

**■临床重点专科建设**　修订完善《扬州市临床重点专科管理规定》《扬州市市级临床重点专科复核评价标准和细则》《扬州市市级临床重点专科评审标准（2015版）》。跟踪监管市级临床重点专科，组织专家对全市二级以上医院39个运行5年的市级临床重点专科进行复核评价，全市新申报53个市级临床重点专科，经现场评审，评审出市级临床重点专科39个，市级临床重点专科建设单位15个。（陈　长）

**■“健康扬州服务百姓”大型义诊周活动启动**　9月13日，由市卫计委组织，各县（市、区）卫计委（卫生局）、全市各二级以上医疗卫生机构共同参加的“健康扬州服务百姓”大型义诊周活动在扬州市各地启动。全市当天共计有83名专家参加义诊，服务群众2500多人次，免费测量血糖400人次，测定骨密度326人次，发放宣传册1800多份，发送计划生育用品500份。开展高血压病治疗与保健健康讲堂、进村入户为农村困难家庭免费义诊等活动。（陈　威）

1月13日，曲江街道新星村联合市中医院开展“迎新年，义诊进社区”关爱公益活动，让居民不出社区免费享受专业医疗服务　董　辉、吕忠光/摄

**■平安医院创建**　推进医疗责任保险。全市参加医疗责任保险的医疗机构197家，保费1265.24万元，理赔243件1072.36万元。一级以上医疗机构全部参加医疗责任保险。6月，召开市医疗责任保险统保工作联席会议，学习《扬州市医疗责任保险共保协议》《扬州市医疗责任保险业务合作协议》，分担保险公司理赔风险，提高医疗机构化解医疗风险能力，保障医患双方合法权益。（陈　长）

**■交通事故医疗应急救援演练**　9月25日，市急救中心、宝应县急救站、高邮市急救站联合举办扬州市交通事故医疗应急救援演练。模拟宝应县某乡镇发生1起交通事故，市、县、乡三级院前医疗急救网络实施院前医疗急救，本次演练属于三级突发公共卫生事件应急响应演练，演练的内容包括先期处置，市、县、乡三级响应，指挥调度和现场救治，途中转运等4个方面。展示扬州市“15公里半径急救圈”院前医疗急救网络的联网运行功能、指挥调度水平。（陈　威）

## 医政管理

**■医疗机构管理**　市卫计委加强医疗机构监督管理，规范医疗机构执业行为，保障医疗服务质量和医疗安全。全年受理和办理医疗机构变更注册登记申请18件，注销医疗机构2个。9月，开展2015年度医疗机构集中校验，对市卫计委发证的校验期即将到期的48个医疗卫生机构进行梳理，考核执业情况，提高行政管理效率和行政执法水平，保障群众就医安全。组织开展二级医院评价评审，现场评审7家医疗机构。11月，组织各县（市、区）卫计委对各地医疗机构设置审批情况进行互查。（陈　长）

**■医疗技术管理**　市卫计委下发《关于对取消医疗技术临床应用准入审批后有关监管工作的通知》，加强动

态管理，组织专业评估，加强依法监管，开展社会监督。各级卫生和计划生育部门在官网上向社会公布医疗机构开展的第二类医疗技术项目，接受社会监督。（陈　长）

**医药卫生体制改革**　2015年，市委、市政府出台《关于深化医药卫生体制改革建设现代医疗卫生健康体系的实施意见》，调整深化医改工作领导小组。10月31日，正式启动12所城市公立医院医药价格综合改革，实行药品零差价销售。成为全省公立医院管理体制改革试点市，11月，扬州市成立公立医院管理委员会。出台系列政策文件，推进公立医院医保支付、编制管理、人事薪酬、绩效考核等综合改革。18家农村区域性医疗卫生中心开工建设。苏北人民医院医疗集团（医联体）正式成立，开展分级诊疗和对口支援。（周长发）

**医师管理**　全市951人参加2015年国家医师资格考试网上报名。现场审核847人，经审核符合报考条件813人，不合格34人。符合报考条件人员中执业医师587人，执业助理医师226人。7月，临床和中医类别应参加实践技能考试748人，缺考58人，实际参加考试690人。9月12—13日，647名考生参加医学综合笔试。国家和省巡考人员对扬州市医师资格考试综合笔试进行监督和指导。11月，组织各县（市、区）卫计委对各地医师定期考核情况进行互查。（陈　长）

**规范医疗市场**　开展打击非法行医专项行动。各地确定打击重点，进行取缔和行政处罚，全市取缔无证行医32家，立案查处非法行医案件21件，罚没款7.27万元。落实无证行医查处情况报告制度，各地做好无证行医和非法采供血信息资料收集、汇总和上报，非法行医行政处罚和移送情况上报省无证行医查询系统，建立非法行医查处上网比对机制，实现信息资源共享，加大打击流动性无证行医和非法采供血行为力度。通过省无证行医查询系统对“黑诊所”进行网上比对，对2次以上行政处罚的非法行医案件移送公安部门处理。全市移送涉嫌非法行医案件5件。打击无资质的采供血机构、从业人员非法开展采供血行为，对血站及临床用血单位无偿献血和临床用血工作情况进行重点检查，对存在问题单位下发监督整改意见书。监测《扬州日报》《扬州晚报》等平面媒体、电视、广播、户外发布的医疗广告，发现27条违规医疗广告，涉及21个医疗机构。公示违法发布医疗广告和互联网医疗保健服务信息的医疗机构，下发卫生监督意见书、给予行政处罚及相应记分处理。（倪　明）

## 妇幼保健

**概述**　2015年，提高全市妇女儿童健康水平。全市孕产妇死亡率0，婴儿死亡率2.3‰，5岁以下儿童死亡率2.92‰，婚检率90.17%，妇女病普查率97.09%，剖宫产率42.08%，孕产妇保健管理率99.85%，7岁以下儿童保健管理率99.42%，产前筛查率91.16%。托幼机构卫生保健合格率100%，完成孕前优生健康检查3.20万人次，疾病检出率9.62%。完成2批次病残儿医学鉴定，鉴定75人次。完成RTI（生殖道感染）检查20.24万人次；完成门诊计划生育手术4.48万人次，其中计划生育基本项目免费手术4.42万人次。全市创成18所爱婴医院、28所爱婴卫生院、10个爱婴社区卫生服务中心。扬州市妇幼保健院获评“全国百家优秀爱婴医院”。（林　萍）

**完善妇幼保健服务体系**　实施妇幼健康优质服务示范工程，加强妇幼保健基础设施改造。全市妇幼保健机构覆盖率100%，等级妇幼保健机构创建率85%，全市规范化妇、儿保门诊创建率95%以上。与上海市红房子妇产科医院建立技术指导合作关系，全市5家公立妇幼保健机构共同组成市妇幼保健联合体，发挥三级妇幼保健服务网络作用，健全妇幼保健服务业务协作网络。（林　萍）

**控制出生缺陷**　实行免费一站式婚检。全市婚前医学检查率90.17%，疾病检出率9.62%，预防严重遗传性疾病和感染性疾病发生。加强对产前筛查机构和产前诊断中心建设及人员培训，统一工作台账，建立产前筛查、诊断初筛、转诊、确诊和跟踪随访服务机制，实现便民惠民服务。产前筛查率91.16%。提升新生儿疾病筛查成果，严格质量管理，全市新生儿血筛率、听力筛查率分别达98.35%、97.91%。（林　萍）

**重大妇幼卫生服务项目**　市卫计委组织各地开展街头义诊、孕妇学校讲座，利用网络、报纸、电台、电视台

**2014—2015年扬州市区儿童健康体检抽样调查情况表**

表31-3

| 指　标 | | 2015年 | 2014年 |
|---|---|---|---|
| 受检人数（人） | | 22722 | 22282 |
| 受检率（%） | | 98.38 | 99.2 |
| 患缺点率（%） | | 51.74 | 36.4 |
| 体重达标率（%） | | 77.0 | 78.7 |
| 身高达标率（%） | | 76.7 | 77.4 |
| 乳牙龋齿发生率（%） | | 32.97 | 33.7 |
| 患病率 | 肥胖儿发生率（%） | 8.52 | 6.9 |
| | 低体重发生率（%） | 0.21 | 0.38 |
| | 发育迟缓发生率（%） | 0.32 | 0.29 |
| | 消瘦发生率（%） | 0.88 | 0.92 |

（林　萍）

等媒体，宣传重大妇幼卫生服务项目内容。分层分级举办重大妇幼卫生服务项目培训班，解读、指导和培训项目实施重点难点，实现县、乡两级全员培训覆盖率100%。考核结果与项目定点医疗机构准入挂钩，与项目资金拨付挂钩，提高资金考核结算可操作性，保障项目实施质量。2015年，全市对1.97万名农村孕产妇住院分娩实行补助，补助经费984.1万元，完成率111.93%；对1.94万名准备怀孕和孕早期农村妇女免费增补叶酸片，投入经费46.59万元，完成率118.29%；对10.18万名农村妇女进行"两癌"(宫颈癌和乳腺癌)检查，完成率101.8%。(林　萍)

■**加强《出生医学证明》管理**　联合市公安局制定《扬州市新版〈出生医学证明〉管理办法》，规定行政管理、签发、补发、更正、法律责任等，要求住院产妇实名制，完善换补发和更正信息等规定。对45家医疗机构开展《出生医学证明》管理、产科安全管理、母乳喂养管理、人类辅助生殖技术专项治理等母婴保健综合执法检查。对不符合要求的医疗机构，下发整改意见书3份。督促整改问题，处理违法违规行为，维护母婴保健技术服务市场秩序。(林　萍)

## 中医中药

■**基层中医药服务能力建设**　市卫计委联合相关部门强化督查考核，提升基层中医药服务能力，提高服务比例。100%的社区卫生服务中心(乡镇卫生院)、社区卫生服务站(村卫生室)能够提供中医药服务。95%以上社区卫生服务中心(乡镇卫生院)建成中医临床科室及中医药综合服务区。每个社区卫生服务中心(乡镇卫生院)至少能够开展10项以上中医药适宜技术，每个社区卫生服务站(村卫生室)至少能够开展4项中医药适宜技术。年内新增2015年度全国基层医疗卫生机构中医诊疗区(中医馆)服务能力建设项目单位15个，省乡镇卫生院示范中医科8个、乡镇卫生院示范中医科建设单位2个，省中医药特色社区卫生服务中心2个，市中医药特色社区卫生服务中心、乡镇卫生院示范中医科6个。新设置中医坐堂医诊所1家，完成新增中医坐堂医诊所执业审批2家，对评审周期期满的中医坐堂医诊所年审换证4家。(田华萍)

■**中医医疗机构能力建设**　2015年，"江苏省中医院战略联盟医院""江苏省肿瘤医院技术合作医院""朗格尼扬州远程会诊分中心"在扬州市中医院揭牌，与市中医院建立合作关系，从重点专科建设、人才队伍培养、管理人员培训、科研项目共研、双向联动协同发展等方面帮助市中医院建设。仪征市中医院建成东区康复分院，建设枣林湾护理分院。扬州市中医院通过省中医药局持续改进活动省级评估、大型中医医院省级巡查，被遴选为国家首批中医诊疗模式创新试点单位；通过省中医药局中医综合诊疗服务模式创新研究调研，被确定为国家首批中医住院医师规范化培训基地。仪征市中医院、高邮市中医院入选全国县级医院第一批综合能力提升第一阶段医院，高邮市中医院被确认为三级乙等中医院。举办全国名中医馆工作研讨会，开展"十二五"中医护理发展评估，组织对全市各类二级及以上综合医院、妇幼保健机构进行专项推进行动市级督查活动。(田华萍)

■**中医名医名科建设**　2015年，启动第二批"扬州市名中医"评选活动。推荐候选人39人，评选出"扬州市名中医"25人。扬州市中医院肿瘤科通过国家中医临床重点专科"十二五"中期评估，获省内第三名、专业内第七名。新增江苏省基层医疗机构中医特色专科专病建设项目3个。组织推荐2015年江苏省中医临床诊疗中心2个。组织对期满3年的6个市级中医重点专科进行复审，全部合格。新增市级中医重点专科1个。(田华萍)

■**中医药文化惠民工程**　实施2015年扬州市中医药文化惠民工程计划。每月牵头组织1次"中医药就在你身边"中医药文化科普巡讲活动。9月23日，江都、仪征、广陵、邗江等地举办4场第五届"中医药就在你身边"中医药文化科普大型省级巡讲活动。推进中医药"六进"服务活动。全市开展中医药"六进"服务活动1318次，其中进社区238次、进农村202次、进家庭640次、进机关69次、进校园97次、进企业72次。受益群众5.18万人次，发放宣传材料7.92万份。扬州市在省中医药局全省中医药文化建设及推广项目绩效评价考核中，3个子项目均为109.5分，位于全省第一名。(田华萍)

■**中医药健康服务工程**　遴选4个市级中医"治未病"能力建设项目单位。各级医疗卫生机构开展中医体质辨识等中医药"治未病"服务，发挥中医药在预防、医疗、保健、健康教育、康复、计划生育等方面的作用，健全完善中医预防保健服务体系，满足不同人群对中医药医疗、保健、康复服务需求。推进中医药与养老相结合的"医养结合"试点。开展中医药参与公共卫生服务，在儿童、孕产妇、老年人等重点人群和高血压等慢病患者健康管理中运用中医药方法，全市65岁以上老年人、0～36个月儿童中医药健康服务人群覆盖率分别为60.9%、65.7%。(田华萍)

■**中医药文化传承与保护**　仪征市、广陵区部分传统中医药技术项目先后接受省、国家传统中医药知识保护中心专家组现场调查。新增省级非物质文化遗产代表性项目名录4个。举办耿氏喉科暨扬州中医门派传承研讨会。(田华萍)

■**中医药人才建设**　市卫计委做好中医住院医师规范化培训。组织全市60名中医类别住院医师参加全省规范化培训理论考试和全市实践技能考核，合格人员52人。组织人员参加全省住院医师规范化培训临床实践技能教官培训。完成向省中医住院医师规范化培训管理信息平台报送新招录学员信息。2015年，扬州市规范化培训基地招录64人，其中中医全科医师3人、中医住院医师61人。组织第二批省老中医药专家学术经验继承工作教学协议签订。新增全国名老中医药专家传承工作室1个，全国中医护理骨干人才培养骨干1人。申报全国中医药科研基地第二批科研项目、2015年省中医药局科技项目，10个项目获省中医药局科研立项。58名中医人员参加全市中医药“三基”(基本理论、基础知识、基本技能)考试抽考活动。 (田华萍)

**■2015中医医院名医馆建设研讨会在高邮举行** 5月9日，由中国中医药科技开发交流中心、江苏省中医药发展研究中心共同主办，高邮市卫计委、高邮市中医医院联合承办的2015中医医院名医馆建设研讨会在高邮市举行，来自省内外近200名知名中医学专家参加会议。开幕式上举行“王琦国医大师高邮工作室”揭牌仪式以及闫勤、蒋茂剑等2名主任中医师向王琦拜师仪式。会议期间，参会人员听取由王琦等国内知名中医学专家所作的5场专题报告，交流研讨中医医院名医馆建设的做法和经验，实地参观高邮市中医医院名医馆建设现场。 (陈 威)

**■首届世界中医药大会夏季峰会在扬州举行** 6月12—15日，由世界中医药学会联合会主办的首届世界中医药大会夏季峰会暨“一带一路”中医药发展国际研讨会在扬州会议中心举行，会议以“发挥国际学术组织作用，助力中国‘一带一路’合作倡议”为主题，来自美国、英国、加拿大、西班牙、澳大利亚、荷兰、新加坡、俄罗斯、匈牙利、巴西、加蓬、中国香港、中国台湾等国家和地区的1000多名代表(其中来自全球10多个国家和地区的外宾200人)参加会议。会议开幕式由世界中医药学会联合会副主席兼秘书长李振吉主持。会议期间，召开世界中医药学会联合会第三届第七次理事会和第六次监事会会议，讨论《世界中联支撑“一带一路”国际标准化发展规划》《积极推动网络互联互通，助力“一带一路”中医药发展》等规划和措施；召开中医药服务贸易、国际技术转移、中药饮片质量标准、肾病、中医外治操作安全研究、小儿推拿、固脱疗法研究、道地药材多维评价和儿童健康教育等分支机构的学术活动。与会代表参观、考察扬州旅游项目和健康养生产业。 (陈 威)

# 疾病预防与控制

**■疾病预防控制体系建设** 2015年，全市有疾病预防控制机构7个。加强疾病预防控制机构达标建设，高邮市疾病预防控制机构实现整体搬迁，宝应县启动疾病预防控制机构建设项目，规划广陵区疾病预防控制机构建设。市、县两级疾病预防控制机构建设达标率71%以上。 (侯 萍)

**■重性精神疾病管理治疗** 2015年，市卫计委举办扬州市重性精神疾病项目实施方案解读、重性精神疾病项目工作会议、重性精神疾病项目工作推进会等培训3次。对重性精神疾病规范化管理等知识分批培训7场次。组织专家到邗江区、蜀冈-瘦西湖风景名胜区的17家社区卫生服务中心、乡镇卫生院，进行“如何具体操作严重精神障碍管理系统平台”“重性精神疾病患者的档案管理”等现场指导培训。建立严重精神障碍排查机制，加强患者信息报送。组织专家对近5年在精神专科医院门诊就诊患者进行筛查，从5.70万份档案中排查出3937个居家重性精神疾病患者，排查信息分散到各社区卫生服务中心、乡镇卫生院进行排查，提高全市检出率。注重患者随访管理，各基层医疗卫生机构建立患者健康管理档案，提供定期随访、体检。 (侯 萍)

**■免疫规划** 全市120个预防接种单位儿童预防接种信息管理系统均正常运行，以镇为单位儿童预防接种信息管理系统建设覆盖率100%，基础免疫接种率99.88%。强化麻疹监测，全年报告疑似麻疹541例，确诊麻疹病例346例，报告发病率每10万人口7.68例，未发生麻疹暴发疫情和聚集性病例疫情。加强规范化门诊督导验收，全年督导120个预防接种门诊，督导验收覆盖率100%。推进数字化门诊建设，强化建设指导和现场督导，全市建成数字化预防接种门诊51个，占比42.5%，宝应县和扬州经济技术开发区数字化门诊率60%以上。推进预防接种单位疫苗冷链温度监测。落实市、县、乡(镇)实行生物制品管理和冷链温度监测网络，实现全市各预防接种单位各类生物制品管理冷链温度监测与预警，建立生物制品连续性冷链温度监测档案，推进全市预防接种规范化，确保预防接种质量和安全。创新预防接种证查验模式，加强流动儿童主动搜索，提升接种率监测质量，提高适龄儿童免疫规划疫苗接种率。 (侯 萍)

**■卫生监测** 2015年，全市监测食品、公共场所单位782家；对扬州市第一、三、四、五水厂的出厂水、36个管网末梢点及10家二次供水单位的水质进行监测，水样合格率99%；农村饮用水水质实现枯、丰水期全覆盖，全年枯、丰水期总合格率91%。扬州市作为省级雾霾监测点，开展空气污染对人群健康影响监测。全市学生因病缺课上报率81.77%。开展食品微生物及其致病因子监测，采集样品477份，检出致病菌阳性29份。 (侯 萍)

**■公共场所控烟** 2015年，全市加大控烟宣传力度，联系各媒体、医疗卫生单位进社区、到单位开展控烟宣传，联合电台、电视台、报纸、网络等媒体及公共交通等媒介，演播公益动漫、播放公益广告，开展吸烟和二手烟危害宣传。印制2万多份公共场所禁烟标识下发到市区各公共场所。联合市教育局、市交通局等9部门开展公共场所控制吸烟专项监督检查。全市检查机关单位231家、餐饮服务经营场所3450家、医疗单位296家、学校232家、网吧368家、公共交通工具及等候室1200个、“五小店”3612家、其他场所572家。高邮

市对15名违反《江苏省爱国卫生条例》规定的吸烟当事人进行行政处罚。（邹　露）

**■城乡生活饮用水水质监测**　制定下发《扬州市2015年农村饮水水质卫生监测工作方案》，召开全市农村饮用水卫生监测工作会议。强化水质监测能力建设，加大资金投入购置检验室设备，开展供水单位卫生调查，掌握全市所有供水单位和加压站卫生基础资料。6个县(市、区)分别对辖区内水质监测点进行枯、丰水期水质监测，全年监测水厂16座，设置城市监测点165个、农村监测点304个，实现所有水厂、增压站和乡镇监测全覆盖，城市水质监测合格率90%，农村水质监测合格率91.2%。（邹　露）

**■传染病防控**　2015年，全市传染病发病率每10万人口111.04例，未发生重大疫情。加强传染病疫情监测，开展动态分析。加强霍乱等肠道传染病和流感等呼吸道传染病防控，形成流感、手足口病、住院肺炎病例等监测网络。开展住院肺炎病例和人感染H7N9禽流感监测。做好埃博拉出血热防控，对91名疫区到华人员健康进行监测与管理。处置诺如病毒暴发疫情、霍乱疫情等2件突发公共卫生事件。（侯　萍）

**■慢病防治**　2015年，全市有87个乡镇建成慢病综合防控示范乡镇，覆盖率100%；慢病综合防控示范区达50%。高邮市通过省级慢性病综合防控示范区考核验收。全市高血压和糖尿病患者管理率41.3%。开展“减盐”活动。与扬州大学烹饪学院等开展厨师“减盐”培训，开发的厨师“减盐”培训课件在全省推广。全市培训厨师600多人，向市民推荐“减盐”经验、“减盐”菜肴。利用“3·24世界防治结核病日”“健康教育宣传周”“4·24职业病防治宣传周”“4·25全国儿童预防接种日”“5·31世界无烟日”“世界精神卫生日”“艾滋病宣传日”等卫生日和宣传周开展健康宣传活动，制作控烟、合理用药、临床科普知识等8种传播材料现场发放。组织防病、健康教育专家走进市电台“967健康学堂”参与直播活动24次，参与“967”健康学堂进校园大型现场直播活动1次。开展省健康素养监测评估、成人烟草流行监测项目和酒驾项目。（侯　萍）

**■艾滋病防治**　2015年，全市新发现艾滋病病毒感染者和艾滋病病人211例，上升17.22%。106家艾滋检测点和32家艾滋病筛查实验室，落实“扩大检测”。至年底，全市46.96万人次接受艾滋病检测，人群检测率11.19%。与“七彩工作组”和“花瓣雨”等2个志愿者组织协作，救助生活困难的艾滋病患者。2个小组通过中华预防医学会专家组审核，分获5万元和2万元资助。（侯　萍）

**■结核病防治**　全市DOTS(非住院肺结核患者督导短程化疗)覆盖率100%。发现、治管肺结核病人任务完成率103%。结核病患者报告、转诊、总体到位率全部达标。下发《扬州市提高农村居民耐多药肺结核医疗保障水平实施方案》。（侯　萍）

**■血吸虫病防治**　2015年，全市在51个流行镇、476个流行村开展查螺，使用查螺工日3.41万个，完成查螺面积159.76平方千米，完成药物灭螺面积35.06平方千米。全市完成查病8.03万人，完成粪检查病2.23万人，未查出病人。全市救助晚期血吸虫病患者183人，解决晚期血吸虫病患者医疗救治费用50多万元。新增渔(船)民无害化公厕38座。全年开展家畜血吸虫病查病4303头。通过省血吸虫病防治领导小组组织的血吸虫病、地方病“十二五”目标任务完成情况终期考核评估。（杜广林）

**■寄生虫病、地方病防治**　全市对2.05万例发热病人进行血片检查，查出疟疾病人44例，全部为国外输入。全市未发生当地感染疟疾病例。广陵区、邗江区、江都区和扬州经济技术开发区实现消除疟疾目标；广陵区、江都区和扬州经济技术开发区实现有效控制肠道线虫病目标。组织开展全国第三次人体重点寄生虫调查，调查1781人，查出钩虫感染5人、蛔虫感染1人。对406人开展特殊人群弓形虫感染情况调查，其中IgM(免疫球蛋白M)阳性1人，IgG(免疫球蛋白G)阳性32人。全市开展肝吸虫病监测7635人，未发现阳性人员。全市采样监测批发行业碘盐30批次，无不合格碘盐；检测居民户碘盐样本1800份，碘盐合格率99.13%。监测600名育龄妇女，尿碘中位数157.1微克/升；监测1200名学龄儿童，尿碘中位数210.8微克/升，均处于理想范围。（杜广林）

## 卫生监督

**■概述**　2015年，全市卫生监督部门开展职业放射卫生监督、学校卫生监督、传染病防治卫生监督、饮用水卫生监督、公共场所卫生监督、消毒产品卫生监督、医疗执法监督及公共卫生突发事件应急处置等工作。

履行许可管理职责，规范行政许可审批行为。2015年，全市受理卫生行政许可事项3104件，办结3071件，限时办结率100%，卫生许可合格率100%。查处一般程序卫生违法案件193件，罚没款53.82万元。

加强对基层卫生监督协管服务业务管理、培训和技术指导，各地挂牌成立卫生监督协管派出机构82个，协管服务工作覆盖82个乡镇，覆盖率100%。各分所(派出机构)均有专用工作用房，工作职责明确，考核制度齐全，配合卫生监督机构开展各项卫生巡查、指导及宣传培训等，推动卫生监督工作重心下移、覆盖城乡。（倪　明）

**■职业卫生监督**　全市7个疾病预防控制中心、7个卫生监督所、9个职业健康检查机构、1个职业病诊断机构、1个职业病鉴定办事机构、10个二级以上医疗机构进行职业卫生监督工作摸底调研和专项检查。与扬州市安全监督管理局等联合开展以“依法防治职业病，切实关爱劳动者”为

主题的2015年《职业病防治法》宣传周活动。（倪　明）

**■消毒产品、放射卫生监督**　组织消毒产品和放射卫生专项整治、消毒产品生产企业专项整治，举行消毒产品生产企业递交承诺书仪式。调研、专项检查6个放射卫生技术服务机构，指出存在问题，下达卫生监督意见书，责令限期整改。组织开展全市放射诊疗许可证校验。开展全市放射工作人员职业健康检查和个人剂量监测，放射工作人员个人剂量监测率100%。（倪　明）

**■学校卫生监督**　春季，全市卫生监督部门组织对托幼机构、普通中小学、中等职业学校、普通高校开展传染病防治、学校内设卫生室或保健室工作落实情况监督检查。开展学校传染病防治知识讲座。申报《学校卫生综合评价数据库研究》卫生监督合作项目，推进执法监督与监测检验。9月，赴泰州市卫生监督所讨论学校卫生综合评价数据库研究项目，基本完成数据库系统平台搭建。（倪　明）

**■饮用水卫生监督**　全市卫生监督部门对80家集中供水、二次供水、农村饮用水供水单位进行专项检查。每季度对县（市、区）自来水厂出厂水、末梢水作一般项目检测。5月，与市自来水公司联合在康乐小区举行饮用水卫生宣传周启动仪式。6月，召开全市生活饮用水卫生安全监督管理工作会议，约谈各集中式供水单位负责人，针对问题提出整改意见。完成20家日供水千吨以上城乡集中式供水单位卫生监督信息系统平台填报工作并进行监督检查。6月17日，开展打击制售非法涉及饮用水卫生安全产品专项行动，历时半个月，打掉1个非法制售涉及饮用水卫生安全产品的团伙，查处扬州2家生产（销售）无卫生许可批准文件的涉水产品公司，罚款6万元，净化涉水产品市场。（倪　明）

**■公共场所卫生监督**　开展游泳场所监督抽检，监督检查43家游泳场所，抽检88份游泳池水样、43份浸脚池水样。其中，29家游泳场所的58份游泳池水样及29份浸脚池水样所测项目符合国家标准，14家游泳场所样品检测未能达标，处罚2家游泳场所，罚款4000元。开展住宿、沐浴、美容美发、商场、饭馆、体育场馆、文化娱乐场所、候车（船、机）室等行业、场所监督抽检。（倪　明）

**■医疗卫生监督**　全市卫生监督部门对1500个基层医疗机构进行清理整顿，处罚有问题的医疗机构，开展医疗机构不良执业行为记分。全市立案查处24个医疗机构，警告18个医疗机构，罚款16个医疗机构，罚款7.2万元，没收违法所得0.4万元，下发监督意见书1293份。（倪　明）

## 爱国卫生运动

**■加强健康干预**　编印《扬州市家庭健康和应急手册知识手册》，免费分发给市区居民家庭77万册。举办2015年爱国卫生月、健康教育宣传月暨世界卫生日骑行宣传活动。组织医疗卫生专家进社区、到农村开展“千名专家、千场服务”活动，创新、丰富“健康扬州社区行”活动形式和内涵。全年“健康扬州社区行”活动累计开展1258场次，市民接受咨询、义诊服务18.60万人次。组织群众进行网上健康素养知识学习测评，累计2.07万人次参与网上测评。制定扬州市城乡居民健康素养干预及效果评估工作方案并组织调研。提高城乡居民健康素养水平。（邹　露）

**■农村改厕**　推进农村改厕扫尾工程，试点生态改厕，组织开展改厕培训、“百日突击”和督导检查，全市培训500多人，发放宣传资料8万多份，投入改厕资金4775万元，其中国家和省补助2440万元、市级奖补500万元、县级补助810万元、乡镇补助205万元、群众自筹715万元、其他105万元。2015年，全市新建无害化卫生户厕2万座，修缮、改造户厕2万座。累计建设无害化卫生户厕89.85万座，普及率92%。（邹　露）

**■卫生创建**　2015年，扬州市启动开展新一轮城乡环境卫生整洁行动，改善城乡环境卫生面貌。市区通过国家卫生城市复审，位居全省第一名。仪征市、宝应县城、小纪镇、杭集镇、菱塘回族乡、丁伙镇分别通过国家卫生城市、国家卫生县城和国家卫生镇复审。新增扬州市卫生镇1个；省级卫生镇2个，累计31个；国家卫生镇3个，累计12个。（邹　露）

**■除“四害”**　开展春季灭鼠、夏秋季灭蚊蝇、灭蟑螂活动，组织各地进行环境综合整治，清除卫生死角、阴沟污物、杂草，控制蚊蝇孳生地，组织力量进行集中消杀。市区投放灭鼠药6000千克、粘鼠板1.20万块、灭蟑胶饵2000支、灭蟑颗粒剂1万包，投放灭蚊蝇药物3000升，建设病媒生物防制示范小区10个、毒饵站1082个，设置诱蝇笼400只、灭蚊灯6个。（邹　露）

**■爱国卫生月暨世界卫生日骑行大型宣传活动**　4月7日，由市卫计委、市爱卫办、扬州广播电视传媒集团、邗江区卫计委、邗江区爱卫办、广陵区卫计委主办的2015年扬州市爱国卫生月、健康教育宣传月暨世界卫生日骑行大型宣传活动在邗江区、广陵区举行。本次活动以“全民参与爱国卫生，共建共享健康扬州”为主题，骑行活动启动仪式在来鹤台广场举行，邗上街道的阳光拳社和五里社区舞蹈队表演太极组合，爱国卫生志愿者代表宣读扬州市爱国卫生运动倡议书，来自市直、区卫生计划生育系统共青团、街道、社区的爱国卫生志愿者接受授旗，骑行志愿者文昌路骑行。在市中心文昌广场、广陵区文昌花园社区等处，志愿者为行人分发健康读本、健康宣传资料、爱国卫生倡议书。活动起始站和终点站，市直医疗卫生单位，市区二级以上驻扬及民营医院，联合开展“健康扬州社区行大汇展”，近60位专家和卫生技术人员为居民提供健康咨询、义诊及测血糖、量血压等服务。现场接咨询、义诊服务2500多人次，发放各种宣传材料2万多份。（陈　威）

# 体育

*Tiyu*

编 辑 陈永华

## 综述

■**概况** 2015年，扬州市及所辖6个县(市、区)全部建成江苏省公共体育服务体系示范区。广陵、邗江、江都、扬州经济技术开发区、生态科技新城全部建成标准化体育休闲公园并对外开放。全市农村健身设施三年提档升级工程完成，全市建成含标准灯光篮球架、2张以上乒乓球桌、20件健身路径的多功能文体广场81个，建成1031个"五个一"(一片运动场、一个四投篮球架或一副标准篮球架、一组高杆灯、一组休闲长凳、一名社会体育指导员)运动场。出台《扬州市中心城市体育设施中长期布局规划(2016—2030)》。市级设立200万元体育公共服务引导资金，制定《扬州市乡镇公共体育服务能力建设奖补办法》。组织对2000多名社会体育指导员进行培训，发放健身意外保险和3400套运动装备，社会体育指导员队伍每万人拥有量达26人。举办第14届全民健身体育节、元旦万人健身长跑、扬州市农民篮球争霸赛、扬州市民日健身演示大会、全国"全民健身日"武术展示大会等系列品牌活动，承办江苏省第十届"泛沿江体育带"全民健身大联动启动仪式等国家、省级群众体育赛事活动，全年100万人次参与体育活动。完成《江苏省全民健身服务指南扬州分册》编写，开展免费体质测试活动，全年服务市民1万多人。

4—10月，扬州市举办第12届运动会，31个代表团、近5000人参加13个大项307个小项比赛。省委、省政府确定扬州市承办2018年江苏省第19届运动会，成立扬州筹备委员会，市政府下发《关于推进全市域体育设施建设的实施意见》《2015—2018扬州市青少年体育工作意见》，推进场馆建设、备战竞赛、体教融合等工作。与教育部门共同组织阳光体育节比赛，启动"校园篮球"工程，23所中小学申报省青少年校园篮球特色学校。46所中小学校确定为市级青少年校园足球试点学校。

8月8日是全国第七个"全民健身日"，扬州市在宋夹城体育休闲公园内举行千人群众体育展示活动

刘江瑞/摄

出台《市政府关于加快发展体育产业的实施意见》，成立长三角协调会健康服务业专业委员会体育健康工作组，宁波、合肥、苏州等11个城市加入工作组，开展扬马发展战略高层研讨会、2015年第二届长三角运动休闲体验季仪征站等体育合作活动。推进体育融合发展，培育体育产业项目，探索体育产业发展新模式，争取省级体育产业引导资金330万元，扬马获评2015年中国体育旅游十佳精品赛事，宋夹城体育休闲公园、仪征红山体育度假村获评2015年中国体育旅游精品景区，邗江阿珂姆野营公司获评省十大体育用品企业。体育彩票全市累计销售9.22亿元，比上年增长38.8%。

举办和承办2015扬州鉴真国际半程马拉松赛、2015中国乒乓球俱乐部超级联赛扬州赛区比赛、2015中国仪征山地自行车公开赛、第六届环高邮湖(国际)自行车越野赛等比赛。2015扬州鉴真国际半程马拉松赛获国际田联金标赛事和全国金牌赛事称号，成为省十大最具品牌价值体育赛事。新建成永久性起点——马拉松公园，开展10多项配套活动，召开扬马战略发展高层研讨会，启动纪实文学作品《马踏扬州路》创作，与北京时博国际赛事有限公司等签订合作协议，开启新的办赛模式。开展扬马"城市跑不停"活动，举办茱萸湾春季亲子跑、仪征夏季动感跑、邗江秋季缤纷跑、宝应冬季激情荷乡跑等4站比赛。扬州市及所辖6个县(市、区)被命名为第一批江苏省公共体育服务体系示范区。扬州市参加全

省体育县(市)级考核的5个县(市、区)均被命名为“江苏省体育强县(市、区)”。（乔志刚）

■**农村健身设施提档升级工程** 扬州市体育局实施全市农村健身设施提档升级工程,将此项工程纳入民生“1号文件”。4月19日,市委书记谢正义调研各区体育休闲公园建设,提出要统筹城乡、改善农村公共健身硬件环境,满足农村健身人群需求。至9月底,全市农村健身设施提档升级工程全部完成。全市建成含标准灯光篮球架、2张以上乒乓球桌、20件健身路径的多功能文体广场81个,共建成1031个“五个一”运动场。（宋 倩）

■**体育社团创建** 2月27日,江苏省民政厅发布《江苏省民政厅2014年度社会组织评估结果通报》,扬州市长跑协会被授予AAAAA级体育社团称号。4月8日,扬州市民政局发布《关于2014年度扬州市社会组织评估结果的通报》,扬州市体育文化交流协会、扬州市信鸽协会、扬州市健美运动协会、扬州市桥牌协会等4个协会被授予AAAA级体育社团称号。至2015年底,全市AAA级以上体育社团47个。（高情法）

■**扬州市科学运动健身协会成立** 4月12日,扬州市科学运动健身协会成立大会在扬州华鼎星城召开,会员代表等60多人参加会议。大会审议通过《扬州市科学运动健身协会章程》,表决通过《扬州市科学运动健身协会第一届理事会理事、领导机构选举办法》,大会选举蒋放为第一届理事会会长。（高情法）

■**扬马发展战略高层研讨会** 5月17日,扬马发展战略高层研讨会在扬州会议中心召开。国家、省体育系统代表,市委、市政府代表,传媒机构代表,中国体育赛事资源运营商,中国著名体育营销品牌企业代表,文化传播学者,城市代表等200人参会。研讨会由主旨发言和主题对话组成,扬州市副市长董玉海致欢迎词、做《十年磨一剑 扬马新征程》主旨发言,扬州市委书记谢正义做总结发言;30位嘉宾在中央电视台主持人郎永淳、网易门户副主编颜强的引领下,分别就“勇对竞争和追赶——扬马新十年的赛事定位和发展战略”“激活城市——赛事服务于城市发展经济、文化和民生”“为跑者服务永无止境——人性关怀下的赛事精细组织”“融合创新——互联网+时代的赛事传播与推广”“扬马再出发品牌共成长——赞助品牌合作展望”“体育产业大潮下的赛事资源创新、整合、开发——倡议筹备21联盟”等6个主题进行对话。探讨扬马未来十年赛事定位等战略,为扬马组委会提供策略和战术。（黎志刚）

■**扬州市体育局与南京体育学院合作共建** 5月19日,南京体育学院与扬州市体育局合作共建仪式在南京体育学院举行,市体育局局长华德荣与南京体育学院副院长汤岩签署合作共建意向书。双方在重大体育赛事、全民健身工程建设、体育科研项目研究工作等方面开展合作。（江 月）

■**“21联盟”启动** 7月18日,由扬马组委会与北京时博国际赛事有限公司、中央电视台、未来广告、腾讯、微票儿等组织和企业共同发起成立的“21联盟”启动仪式在北京鸟巢文化中心举行。“21联盟”是以半程马拉松(21公里)为切入点,结合马拉松比赛、城市形象宣传、赛事商业拓展于一体的路跑赛事联盟。旨在以半程马拉松为核心赛事资源,在体育、文化等产业领域进行合作,为参赛者和赞助商提供马拉松比赛。（黎志刚）

■**扬州市魔方协会成立** 7月31日,扬州市魔方协会成立大会暨第一届会员大会在新盛街道大刘社区召开。市民政局、市魔方协会会员等60多人参加会议。会议审议通过《扬州市魔方协会章程》,表决通过《扬州市魔方协会理事会理事、领导机构选举办法》,选举产生扬州市魔方协会第一届理事会理事及领导机构,曹久宜当选会长。（高情法）

■**“公益体育教室进万家”活动** 市体育局与扬州广播电视传媒集团(总台)联合开展“公益体育教室进万家”活动,活动以启动仪式、健身知识讲座、群众体育项目展演、体质测试、健身宣传和知识竞赛为主要内容,以文昌花园社区、宝带社区、琼花观社区、荷花池社区等6个社区为活动点,参与人群辐射周边20多个社区。12月26日,举行“公益体育教室进万家”体育知识竞赛暨落幕颁奖仪式。（宋 倩）

## 群众体育

■**元旦万人长跑活动** 1月1日,“农商行杯”2015扬州市元旦万人健身长跑活动在唐子城举行。此次活动以“迎城庆,动起来,跑步健身展风采”为主题,设1个主会场及江都、邗江、仪征、高邮、宝应、广陵等6个分会场,2.30万多名群众参加。主会场起点为瘦西湖北门停车场,经平山堂东路、双峰云栈,沿唐子城护城河沿线自行车道顺时针行进至东华门结束,全程约4公里。（乔志刚）

1月1日,扬州市举行元旦万人健身长跑活动

张玉香/摄

■**中国扬州第二届业余围棋公开赛** 2月12—14日，“皓芸茶业杯”中国扬州第二届业余围棋公开赛在仪征黎明大酒店举行。来自北京、上海、江苏等20多个省、市的140名业余围棋选手参赛。本次比赛采用积分编排制决出个人名次，每方60分钟包干制，超时判负。最终，来自扬州仪真棋院的刘汤颢以11战全胜的成绩获第一名，获1.20万元奖金。 （高永刚）

■**“庆三八 迎城庆”千人健走活动** 3月7日，扬州市举行“庆三八 迎城庆”千人健走活动，近1000多人参加活动。健身爱好者组成6个方阵，参加路线为虹桥坊—新北门桥—盐阜路—汶河北路—柳湖路—大虹桥—虹桥坊的全长4公里的健步走活动。 （高倩法）

■**扬州市第二届巾帼未来之星围棋赛** 3月8日，由扬州市棋类协会主办的扬州市第二届“德盛杯”巾帼未来之星围棋比赛在扬州棋院举行。近50名选手参赛，来自韩斌教室的刘小树以7战全胜的成绩获第一名。 （夏 斋）

■**2015年扬马“城市跑不停”系列活动** 4月12日，2015年扬马“城市跑不停”第一站——春季亲子跑在茱萸湾公园举行，来自全市280个家庭近600人参加活动。本次春季亲子跑活动以“十年扬马，与城同庆”“家庭参与传播绿色、运动、健康环保的理念”为主题，通过线上和线下方式报名，以家庭为单位，在茱萸湾公园健身跑2.2公里。5月1日，2015年扬马“城市跑不停”第二站——动感枣林湾10公里健身跑活动在仪征举行，活动起点设置在仪征市芍药园，以“赏芍药”为主题，来自扬州、南京、镇江及安徽天长等地的近1000名长跑爱好者参加活动，选手经汉金大道、云麓湿地公园、枣林山庄、枣林水库大坝、枣林中路，到达终点枣林湾红山体育公园湖边广场。9月19日，2015年扬马“城市跑不停”第三站——“西区新城杯”邗江金秋缤纷跑活动在蜀冈生态体育公园举行，来自全国20多个省、市的近1000名选手参加，运动员手臂系彩色护腕、头部扎七色发带、头顶各色发夹慢跑在蜀冈生态体育公园，赛道两侧是五色彩旗、加油人群，运动员路跑的全程处处感觉到缤纷色彩，美丽心情和健康身体一起自由奔跑。11月15日，2015年扬马“城市跑不停”第四站——“郎牌特曲杯”宝应激情荷乡跑在宝应中学举行，来自全国各地近1000名体育爱好者参加活动。活动途径白田南路、淮江大道等，全程约4.6公里。 （冯 凯 王永波 乔志刚）

5月1日，2015年扬马“城市跑不停”——动感枣林湾10公里健身跑在仪征举行 庄文斌/摄

■**庆祝文昌路西延开通群众体育活动** 4月18日，市体育局举行庆祝文昌路西延开通群众体育项目展演暨2015年第二届环扬州公路自行车联赛。展演活动上，200多人进行威风锣鼓、舞龙、健身操、广场舞、健身气功等表演，近1000人的骑游队分别从扬州市区和仪征出发，共同相聚宁启铁路大桥。 （宋 倩）

■**扬州国际象棋等级赛开赛** 5月1—2日，由扬州市棋类协会和扬州报业传媒集团运河棋院联合主办的扬州市首个国际象棋等级赛在运河棋院举行。100多名棋手参赛，比赛采用积分编排方式进行6轮比赛。来自运河棋院的张正昊以6战全胜成绩获第一名，潘源、徐子荀、李源、王丹瑞、孙晨光分获第二名至第六名，本次比赛排名前11名的选手获国际象棋五级棋士称号。 （夏 斋）

■**扬州市第14届全民健身体育节开幕** 5月3日，扬州市第14届全民健身体育节暨第11届老年人体育节开幕式在蜀冈生态体育公园举行，体育节历时8个月。开幕式上，来自20多个市级体育社团的2600多名会员进行群体活动展演。 （夏 斋）

**扬州市第14届全民健身体育节主要活动一览表**

表32-1

| 活动名称 | 比赛时间 | 地点 | 参加者情况 | 备注 |
|---|---|---|---|---|
| 扬州市元旦万人健身长跑活动 | 1月1日 | 唐子城 | 2.3万人参加 | 活动设1个主会场，参与人数约5000人；6个分会场，各参与人数约3000人 |
| 扬州市第14届全民健身体育节暨第11届老年人体育节开幕式 | 5月3日 | 蜀冈生态体育公园 | 20多个市级体育社团的2600多人参加 | 群众体育活动展演 |

续表32-1

| 活动名称 | 比赛时间 | 地点 | 参加者情况 | 备注 |
|---|---|---|---|---|
| 扬州社区广场健身操(舞)比赛 | 5月18日 | 月明苑广场 | 15支代表队450人参赛 | 分规定曲目、自选曲目、团体总会等项目 |
| 扬州市2015健步走大会 | 5月18日 | 蜀冈生态体育公园 | 4支代表队参赛 | 分男、女手杖健走组和男、女徒步健走组等组别 |
| 全国体育舞蹈公开赛 | 6月6日 | 翠岗中学体育馆 | 38支代表队2000多名运动员参赛 | 分成人组10项、少年儿童组32项等项目 |
| 武术进校园联谊活动 | 6月11日 | 花园小学 | 1000多人参加 | 分市武术协会少儿武术队武术表演集锦、花园小学武术健身操表演、部分武术套路互动表演等 |
| 扬州市农民篮球争霸赛 | 7月10日至11月8日 | 仪征市体育中心 | 300多人参加 | 采取市、县联动,分县(市、区)选拔赛和市总决赛 |
| 扬州市第六届篮球联赛 | 7月11—24日 | 扬州市职业大学体育场、江都区体育馆 | 28支代表队300多人参赛 | 分青年男子甲、乙组和元老组等3个组别 |
| 全国第七个“全民健身日”群众体育系列活动 | 8月8日 | 宋夹城体育休闲公园 | 1000多人 | 传统武术套路、健身气功、武术器械等10多个武术表演 |
| 市级机关游泳比赛 | 8月21—22日 | 扬州市体育公园游泳跳水馆 | 33个机关单位182名运动员参赛 | 分50米自由泳、50米仰泳、50米蛙泳、100米自由泳、100米仰泳、100米蛙泳、4×50米自由泳接力等7个项目 |
| 第二届“江苏体彩杯”足球赛扬州赛区比赛 | 9月12日 | 扬州市职业大学体育场 | 20多人参赛 | 扬州体彩队与无锡体彩队比赛 |
| 扬州市第五届千人越野赛 | 9月20日 | 汉陵苑博物馆广场 | 1000多人参赛 | 分男子甲、乙组和女子甲、乙组等4个组别 |
| 2015年扬州市第三届桥牌邀请赛 | 10月4—6日 | 扬州市会议中心 | 400多人参赛 | 分2个阶段,第一阶段是积分编排赛,第二阶段是淘汰赛 |
| 2015年扬州市石锁精英赛 | 10月10日 | 蒋王社区文汇生活广场 | 160多人参赛 | 分花样赛和单项赛等2个大项 |
| 扬州市首届空竹(球)交流赛 | 10月25日 | 竹西公园 | 14支代表队120多人参赛 | 分空竹球、规定动作、自选动作等3个项目 |
| 扬州市第三届健身气功交流赛 | 11月22日 | 翠岗中学体育馆 | 41支代表队328人参赛 | 设4种普及功法,分集体赛和个人赛 |

(宋　倩)

**■扬州首届皮划艇联谊赛**　5月16日,由广陵区旅游局、扬州广陵潮旅游发展有限公司联合扬州拓展国际旅游有限公司共同主办的中国扬州首届皮划艇联谊赛在京杭之心举行。现场举行扬州舟际皮划艇俱乐部成立仪式。本次活动有16支皮划艇代表队30多名皮划艇爱好者进行花式皮划艇表演、水上绕桩赛、水上投篮赛、水上拔河赛、水上接力赛等表演。(夏　斋)

**■扬州市2015健步走大会**　5月18日,由扬州市长跑协会主办、扬州市长跑协会健走俱乐部承办的“金桥杯”扬州市2015健步走大会在蜀冈生态体育公园举行。本次活动分男、女手杖健走组和男、女徒步健走组,赛道为绕蜀冈生态体育公园健步走步道3圈,共6.6公里。冯士通、郑月平分获男、女手持杖健走组第一名,廖礼荣、李加珠分获男、女徒步健走组第一名。(夏　斋)

**■扬州市社区广场健身操(舞)比赛**　5月18日,“汇银乐虎杯”扬州市社区广场健身操(舞)大赛总决赛在月明苑广场举行,来自蒋邑社区、武塘社区、三里桥社区等15支代表队参加总决赛。安平社区一品人生舞蹈队获规定曲目、自选曲目、团体总分一等奖。(高情法)

**■扬州市2015年全国百城健身气功交流展示系列活动**　5月18日,“华鼎星城杯”2015年全国百城健身气功交流展示系列活动扬州启动仪式在华鼎星城小区举行。来自健身气功协会各俱乐部、站(点)的12支队伍进行空竹、少林功夫、太极拳等表演。展示交流活动重点在江都、仪征两市举行。(高情法)

**■2015年健身走项目一线社会体育指导员技能再培训(扬州站)** 5月22—23日，2015年健身走项目一线社会体育指导员技能再培训(扬州站)在扬州开班，全市170多名一线社会体育指导员参加培训。南京体育学院运动教授孙飙进行健步走项目的授课。（群体处 杨 文）

**■江苏省第十届“泛沿江体育带”全民健身大联动(主会场)** 6月6日，以“快乐运动，享受健康”“发展体育运动，增强人民体质，同心共筑中国梦”为主题的江苏省第十届“泛沿江体育带”全民健身大联动(主会场)活动在扬州市广陵新城体育公园马拉松广场举行。市级体育协会的健身爱好者、广陵区机关和群众代表组成的自行车队、轮滑队、健步走队伍沿李宁体育园绕行一圈，李宁体育园篮球场、笼式足球场进行乡镇街道篮球争霸赛、阳光校园小学生足球联赛，马拉松广场进行优秀健身项目展演。5000多名市民参与活动。（杨 文）

**■全国体育舞蹈公开赛在扬州举行** 6月6日，由扬州市体育舞蹈运动协会承办的“桩基杯”全国体育舞蹈公开赛在扬州翠岗中学体育馆开赛。来自全国各地38支代表队的2000多名运动员参赛。比赛设置成人组10项、少年儿童组32项，分摩登舞、拉丁舞等2大类。摩登舞包括探戈、维也纳华尔兹、狐步等，拉丁舞包括恰恰、伦巴、牛仔舞、斗牛舞、桑巴等。扬州桩基训练中心代表队获团体第一名。（夏 斋）

**■2015年全国排舞教练员、裁判员培训暨江苏省一线社会体育指导员排舞(广场舞)项目再培训** 6月26—28日，2015年全国排舞教练员、裁判员培训暨江苏省一线社会体育指导员排舞(广场舞)项目再培训在扬州开班，来自各县(市、区)100多名排舞、广场舞爱好者参加培训。排舞国家级教练朱冬喜对《塞赛利亚》《雪中花》《非同凡响》等3个排舞曲目进行指导，省广场舞教练丛燕君对《今夜舞起来》《站在草原望北京》等2个广场舞曲目进行指导和结业考核。（杨 文）

**■2015年扬州市农民篮球争霸赛** 7月10日至11月8日，扬州市举办2015年农民篮球争霸赛。本次比赛采取市、县联动，分县(市、区)选拔赛和市总决赛；69支乡镇(街道)代表队参加县(市、区)选拔赛，7支选拔赛冠军队参加市总决赛；最终，广陵区汤汪乡代表队获第一名，江都区仙女镇代表队获第二名，宝应县安宜镇代表队、邗江区公道镇代表队并列第三名。（高情法）

**■2015“天佑杯”扬州市第六届篮球联赛** 7月11—24日，2015“天佑杯”扬州市第六届篮球联赛举行。联赛设置青年男子甲、乙组和元老组等3个组别。青年男子乙组有16支代表队参赛，于7月11—15日在扬州市职业大学体育馆举行，经过比赛，顺泽智能队、荷花池大药房队、韵达队、德昌建设队、竹西社区队、世纪文体二队晋级青年男子甲组；青年男子甲组有12支代表队分A、B2个组进行比赛，于7月18—24日在江都区体育馆举行，经过比赛，天佑队、琼花观二队、新华船厂队分获第一名、第二名、第三名；江都星歌汇队、宏成卡明队、韵达队、荷花池大药房队、竹西社区队、世纪文体二队获体育道德风尚奖。琼花观老友队、天佑老友队、扬州益友队分获元老组前三名。（高情法）

**■2015“激情西江”扬州龙舟邀请赛** 7月18日，2015“激情西江”扬州龙舟邀请赛在西江生态园晟江民族风情园举行。来自乡镇(街道)、社会团体的16支代表队224名运动员参加，经过3轮12场比赛，仪征技师学院一队获第一名、仪征市龙征队获第二名、西江队获第三名。（广体局）

**■“全民健身日”群众体育系列活动** 8月8日是全国第七个“全民健身日”，市体育局联合各县(市、区)体育部门在宋夹城体育休闲公园设立1个主会场，6个县(市、区)设立6个分会场，开展群众体育活动。主会场上，来自全市各地的1000名武术爱好者展示传统武术套路、健身气功等10多个节目；千人健身走方队以宋夹城体育休闲公园健身步道为活动场地，分为4个分队进行集体健身走活动。当天全市19家体育场馆推出免费开放活动。（宋 倩）

**■2015年扬州市乒乓球俱乐部联赛** 8月29—30日，“蓝之蓝杯”2015年扬州市乒乓球俱乐部联赛在扬州大学体育馆举行，来自全市31个俱乐部的60支代表队近400名运动员进行142场团体赛。最终，英豪俱乐部获甲级队团体第一名，今世缘俱乐部获乙级队团体第一名。（何 健）

**■2015年江苏省仪征龙舟公开赛** 9月19日，“中体万博·怡人城市花园杯”2015年江苏省仪征龙舟公开赛在仪征市东区仪扬河举行。本次比赛分22人制公开组和12人制业余组等2个组别，采用500米直道赛，来自南京、常州、连云港等省内12支代表队和8支仪征本地代表队参加。经过预赛、复赛、决赛等3个阶段，淮海工学院、连云港龙舟协会、三江学院分获公开组前三名；仪征技师学院、仪征冬泳协会一队、仪征冬泳协会二队分获业余组前三名。（王永波）

**■扬州市第五届千人越野赛** 9月20日，由扬州市长跑协会承办的“扬港杯”2015年扬州市第五届千人越野赛在汉陵苑博物馆广场举行。来自江苏省南京、南通、泰州、镇江、苏州及浙江、安徽等地的跑步爱好者1000多人参加比赛。比赛设男子甲、乙组和女子甲、乙组等4个组别，男、女组别的第一名获总冠军奖杯；全程10.3公里，线路为汉陵苑博物馆广场—平山堂东路—相别路—瘦西湖路—长春路—平山堂东路—西华门路—堡城路—瘦西湖路—平山堂东路—汉陵苑博物馆广场。来自江都区的李俊以35分19秒的成绩获男子组第一名，获总冠军奖杯；邗江区的徐丽萍以39分10秒的成绩获女子组第一名，获总冠军奖杯。（夏 斋）

**■扬州市第三届桥牌邀请赛** 10月4—6日，“鉴真杯”2015年扬州市第三届桥牌邀请赛在扬州市会议中心举行。来自江苏省12个地级市及北京、天津、广东、河北等10个省、市的56支代表队400多人参加比赛。此次比赛分2个阶段，第一阶段是积分编排赛，进行9轮，以积分排列名次，前8名的代表队(如东道主未进入前8名，前7名的代表队加东道主队)进入第二阶段的淘汰赛；未进入淘汰赛的代表队按第一阶段成绩编成A、B、C等3个组，进入第二阶段的附加积分编排赛。上海汽车队、南京银行队、扬州鉴真队分获淘汰赛前三名，马鞍山聚宇队、宝钢桥协队、工尺谱队分获A、B、C组的前三名。

(夏　斋)

**■扬州市石锁精英赛** 10月10日，“开来物业杯”2015年扬州市石锁精英赛在蒋王社区文汇生活广场开赛，来自主城区及宝应、仪征、江都的选手160多人参加比赛。比赛分花样赛、单项赛等2个大项，花样赛分单人花样、组合花样，单项赛分霸王举鼎、石锁架肘、单花推轮、石锁上拳、二郎担山等5个小项。夏高根获单人花样第一名，陈小九和万凯获组合花样第一名；陈金强获单花推轮和二郎担山第一名，张瑞平获霸王举鼎第一名，陈永胜获石锁架肘第一名，杭富全获石锁上拳第一名。

(夏　斋)

**■江苏省第25届“省长杯”中老年足球赛** 10月16—18日，江苏省第25届“省长杯”暨“翡翠湾杯”中老年足球赛在仪征化纤体育场举行，来自江阴、仪征、盐城、徐州、南京、扬州、南通、宝应等8支足球队参加比赛。最终，南京队获第一名，江阴队获第二名，宝应队获第三名，仪征队获第四名。 (王永波)

**■2015年江苏省老年人体育节健身球操展示交流活动在扬州举行** 10月19—21日，由省体育局、省老龄委、省老年体协主办，扬州市体育局、扬州市老龄办、扬州市老年体协承办的2015年江苏省老年人体育节健身球操展示交流活动在扬州市竹西中学体育馆举行。来自全省各市(县)的15支代表队参加自选和规定动作的展示，扬州代表队和南京雨花区男子代表队获第一名。 (夏　斋)

**■扬州市首届空竹(球)交流赛** 10月25日，由扬州市空竹协会承办“海力生杯”扬州市首届空竹(球)交流赛在竹西公园举行。来自主城区及高邮的14支代表队120多人参加比赛。分空竹球、规定动作、自选动作等3个项目，漕河空竹队的姚永俊，荷花池空竹队的姚金宝、管至顺分获空竹球项目前三名；绿扬空竹队的高士其，漕河空竹队的周根全，绿扬空竹队的丁爱芳分获规定动作前三名；大水湾空竹队的王华明、李湖英，江都空竹队的李立志分获自选动作前三名。 (夏　斋)

**■“东来顺杯”千人太极汇演活动** 10月25日，“东来顺杯”庆祝扬州建城2500周年千人太极汇演活动在蜀冈生态体育公园举行。来自市太极拳协会各俱乐部的1000多名会员参加汇演。此次汇演设二十四式太极拳、太极拳系列合演、太极刀棍系列、太极剑系列等9个项目。 (高情法)

**■江苏省健身秧歌总决赛在扬州举行** 10月31日至11月1日，2015年江苏省健身秧歌总决赛在邗江中学体育馆举行，来自全省12个市的19支代表队267名选手参加，比赛分为全国第五套、第六套规定套路和自编套路等3个部分。最终，徐州市代表队和南京市代表队获团体总分一等奖。 (冯　凯)

## 竞技体育

**■吉翔助力国足“亚洲杯”首胜沙特** 1月10日，“亚洲杯”中国队对沙特队足球比赛在澳大利亚举行，中国队1:0战胜沙特队。扬州市宝应籍球员吉翔首发出场并打满全场，成为首位在“亚洲杯”赛场上出场的扬州球员。比赛中，吉翔表现出色，有7次抢断成功，是中国队中抢断成功次数最多的球员。 (惠立锋)

**■姚欣辛获NIKE全国网球青少年排名赛佳绩** 1月12—25日，2015年NIKE(耐克)全国网球青少年排名赛广州站比赛在广州举行，扬州市体校运动员姚欣辛获女子单打第一名。3月9—22日，2015年NIKE(耐克)全国网球青少年排名赛江门站比赛在江门举行，姚欣辛获女子双打第一名和女子单打第三名。8月3—16日，2015年NIKE(耐克)全国网球青少年排名赛上海站比赛在上海举行，姚欣辛获U12岁组女子单打第一名和女子双打第一名。 (市体校　奚谷颖)

**■扬州市首届室内铁人三项赛** 1月24日，扬州市首届室内铁人三项赛在邗江区举行，赛事通过在游泳池、跑步机、骑行台等健身场所和器材上竞技，有79名选手参加。比赛采取奥运会半程距离，即游泳750米、骑车20公里、跑步5公里，扬州铁人三项运动协会的李红以1小时06分16秒的成绩获第一名。 (冯　凯)

**■袁悦获法国网球公开赛青少年外卡赛(预赛)女单冠军** 3月19—22日，法国网球公开赛青少年外卡赛(预赛)在上海天辰网球俱乐部举行，扬州运动员袁悦获女子单打第一名，获得5月24—25日在巴黎举行的法国网球公开赛青少年外卡赛(决赛)资格。 (奚谷颖)

**■鉴真国际半程马拉松赛** 4月19日，由中国田径协会、中央电视台体育频道、江苏省体育局、扬州市政府共同主办以“十年扬马，与城同庆”为主题的“中国声谷杯”2015扬州鉴真国际半程马拉松赛暨2015全国半程马拉松锦标赛在马拉松公园开赛。来自43个国家和地区243个城市、123所高校、403个社会团体的3.5万名选手参加比赛；半程马拉松参赛人数超过1.8万人，其中国际高水平选手64人、全国锦标赛专业运动员近100人。比赛设国际男、女半程马拉松，全国半程马拉松锦标赛，

"幸福大道"市民半程马拉松,"青春在途"高校团体半程马拉松,10公里公路跑,迷你马拉松,"中国梦"华人半程马拉松等项目。国际半程马拉松赛从扬马永久性起点——马拉松公园出发,经滨水路、文昌东路、文昌中路、泰州路、高桥路、万福西路、瘦西湖路、平山堂东路、扬子江路、文昌西路,至终点扬州体育公园;迷你马拉松终点设在东关古渡,10公里公路跑终点设在宋夹城体育休闲公园南门。埃塞俄比亚运动员莫斯伊内特·杰尔厄谬·贝伊赫以59分52秒打破赛会纪录的成绩获国际半程马拉松男子组第一名,肯尼亚运动员弗罗美娜·彻耶驰·丹尼尔获国际半程马拉松女子组第一名。江苏队杨乐、云南队张德顺分获全国半程马拉松锦标赛男子组、女子组第一名。著名学者郦波与中央电视台主持人对赛事全程解说;中央电视台全程航拍直播,江苏国际频道向国外50个国家和地区转播赛事。 (黎志刚)

■**大足联赛南区赛(高职高专组)在扬州举行** 5月20—27日,由全国青少年校园足球工作领导小组办公室和中国大学生体育协会共同主办,中国大学生体育协会足球分会和江苏省大学生体育协会共同协办,扬州工业职业技术学院承办的2014—2015赛季特步中国大学生校园足球联赛南区赛(高职高专组)在扬州工业职业技术学院举行。来自江苏、上海、重庆等全国南方12个省(市、自治区)高校的13支队伍400多人参赛。其中,江苏省选派扬州工业职业技术学院、南京工业职业技术学院等2支球队参赛。四川工程职业技术学院、深圳职业技术学院、重庆电子工程职业学院、海南经贸职业技术学院分获本赛区决赛前四名,获得参加高职组全国总决赛资格。扬州工业职业技术学院获本赛区第五名及体育道德风尚奖、最佳组织奖。 (夏 斋)

■**2015年中国乒乓球俱乐部超级联赛江苏队主场扬州区比赛** 5月30日至8月29日,由中国乒乓球协会与中央电视台联合主办的2015年中国乒乓球俱乐部超级联赛江苏队主场比赛在扬州举行。除宜兴承办首场比赛外,其余8场比赛分别于不同时段在扬州市体育公园举行,先后有近100名中外运动员参赛,每场比赛上座率达90%以上。其间,组委会组织"世界冠军进学校、进企业"等活动。 (黎志刚)

■**薛璇获青运会女子自由式摔跤资格赛佳绩** 6月1—4日,"中国体育彩票杯"2015年全国青年运动会女子自由式摔跤资格赛在河北承德举行,扬州市体校运动员薛璇获资格赛第11名,获得代表江苏省参加2015年第一届全国青年运动会的资格。 (奚谷颖)

■**2015年江苏省青少年围棋锦标赛** 8月20—23日,2015年江苏省青少年围棋锦标赛在仪征市举行,来自江苏11个省辖市及江苏棋院会员单位的21个代表队224名选手参赛,比赛分男、女10个组别进行。无锡市季寅鹏、苏州市蔡文鑫、泰州市袁雨辰、苏州市陈颖璐分获少年男子甲组、少年男子乙组、少年女子甲组、少年女子乙组第一名;常州市棋类协会黄科涵、潘致远,苏州市郭一锦,常州市棋类协会张瑜彤分获儿童男子甲组、儿童男子乙组、儿童女子甲组、儿童女子乙组第一名;南通市朱彦臻、南京清源围棋学校严惜蓦分获幼儿男子、女子组第一名。扬州市23名选手参赛。 (王永波)

■**扬州市第12届运动会** 9月29日,以"同庆古城华诞,共享运动激情"为主题的扬州市第12届运动会在扬州体育公园体育场开幕,护旗队、彩旗方阵、志愿者方阵和12个裁判员运动员方阵依次入场,近3000名群众进行太极、排舞、街舞等群众体育项目展示,近3万人观看。开幕式后,市运会高校部健美操,职工部排舞等2项比赛在扬州体育公园综合馆举办。市运会比赛从4月开始,到10月结束,设13个大项307小项,分青少年部和职工部,近5000人参赛。10月15日,市运会举行闭幕会。广陵区获青少年部小学、初中、高中等3个组别第一名,扬州大学获高校组金牌数、奖牌数、总分第一名;市直属工会获职工部金牌数第一名,仪征市获职工部奖牌数、总分第一名。市体育局、市教育局等14家单位获市运会突出贡献单位称号,扬州体育公园经营管理有限公司、高邮市等6个赛区被评为最佳赛区和优秀赛区,宝应县总工会、扬州经济技术开发区总工会等8家工会组织获职工部最佳组织奖,扬州市级机关工会委员会等60个单位获评群众体育先进单位,袁强华等82人获评群众体育先进个人。 (乔志刚)

■**扬州获省健身教练职业技能大赛佳绩** 10月13—15日,2015年江苏省"铁人杯"健身教练职业技能大赛在省五台山体育中心举行,来自全省各市代表队、相关体育技能培训基地代表队、省退役运动员代表队等23支队伍近170人参加比赛。扬州百仕特健身会所代表扬州市参加比赛,其中宰云勇获一等奖,陈心悦、朱昊天获三等奖;扬州代表队获团体三等奖,总成绩排名第四,获"优秀组织单位"称号。 (叶 琳)

■**马丛明获全国青运会柔道项目铜牌** 10月18日,第一届全国青年运动会柔道项目比赛在福建福州举行,扬州市体校运动员马丛明代表江苏队获柔道项目男子-90公斤级比赛的铜牌。 (奚谷颖)

■**AQHA中国西部马术扬州国际公开赛** 12月12日,AQHA(美国夸特马协会)中国西部马术扬州国际公开赛在扬州青马车寨运动基地举行,来自北京、内蒙古、辽宁、山东等8个省、市的50多名选手50多匹马参赛。比赛设牧场工作马术、穿桩赛、绕桶赛等西部马术赛事项目。最终,天拓九州队的王玉伟、何奕萱、那仁巴图分获牧场工作马术、马主组绕桶赛、夸特马绕桶赛第一名,西部巨人队的王建英获非夸特马绕桶赛第一名,滨岛马会队的格喜格达来获穿桩赛第一名。 (王永波)

**2015年扬州市运动员参加江苏省青少年比赛获金牌情况表**

表32-2

| 比赛名称 | 项目 | 组别 | 性别组 | 运动员姓名 |
|---|---|---|---|---|
| 江苏省青少年游泳冠军赛 | 100米自由泳 | 14岁组 | 女子 | 孙雨轩 |
| | 100米蛙泳 | 13岁组 | 女子 | 许知秋 |
| | 100米蝶泳 | 14岁组 | 女子 | 孙雨轩 |
| | 200米蛙泳 | 13岁组 | 女子 | 许知秋 |
| | 400米自由泳 | 14岁组 | 女子 | 孙雨轩 |
| 江苏省少年儿童艺术体操锦标赛 | 带 | 8～9岁组 | 女子 | 赵子涵 |
| | 球 | 8～9岁组 | 女子 | 赵子涵 |
| | 集体五人球操 | 10～11岁组 | 女子 | 臧恕冰 |
| | 集体五人球操 | 10～11岁组 | 女子 | 潘彤彤 |
| | 集体五人球操 | 10～11岁组 | 女子 | 梁　好 |
| | 集体五人球操 | 10～11岁组 | 女子 | 陈思睿 |
| | 集体五人球操 | 10～11岁组 | 女子 | 王熙蕾 |
| 江苏省少年儿童蹦床技巧锦标赛 | 蹦床(网上团体) | 11～12岁组 | 男子 | 孙逸辰 |
| | 蹦床(网上团体) | 11～12岁组 | 男子 | 王　东 |
| 江苏省青少年跆拳道锦标赛 | 39公斤级 | 11～12岁组 | 女子 | 刘馨语 |
| | 44公斤级 | 11～12岁组 | 女子 | 庄昕怡 |
| | 45公斤级 | 11～12岁组 | 男子 | 居秦君 |
| | 54公斤级 | 15～16岁组 | 女子 | 李小洁 |
| | 63公斤级 | 13～14岁组 | 男子 | 李　爽 |
| 江苏省青少年柔道锦标赛 | -60公斤级 | 15～16岁组 | 男子 | 陈　钱 |
| | -94公斤级 | 17～18岁组 | 男子 | 姚　鹏 |
| 江苏省青少年武术(散打)锦标赛 | 散打(52、60、70公斤级小团体) | 17～18岁组 | 女子 | 杨　蕾 |
| | 散打(52、60、70公斤级小团体) | 17～18岁组 | 女子 | 刘慧贤 |
| | 散打(52公斤级) | 17～18岁组 | 女子 | 杨　蕾 |
| | 散打(60公斤级) | 15～16岁组 | 女子 | 钱梦琴 |
| | 散打(60公斤级) | 17～18岁组 | 女子 | 刘慧贤 |
| 江苏省青少年击剑锦标赛 | 佩剑团体 | 16～17岁组 | 男子 | 李林颖 |
| | 佩剑团体 | 16～17岁组 | 男子 | 邹　慕 |
| | 佩剑团体 | 16～17岁组 | 男子 | 王靖宇 |
| | 佩剑团体 | 16～17岁组 | 男子 | 王　刚 |
| 江苏省青少年乒乓球锦标赛 | 单打 | 9～10岁组 | 男子 | 王麒皓 |
| 江苏省青少年网球锦标赛 | 单打 | 12岁组 | 女子 | 姚欣辛 |
| 江苏省少年儿童跳水锦标赛 | 五米台双人 | 7～8岁组 | 男子 | 尹智轩 |
| | 五米台双人 | 7～8岁组 | 男子 | 李子安 |
| 江苏省青少年摔跤锦标赛 | 古典式(100公斤级) | 15～16岁组 | 男子 | 张　露 |
| 江苏省青少年跆拳道冠军赛 | 47公斤级 | 17～18岁组 | 女子 | 姜海臻 |
| | 63公斤级 | 15～16岁组 | 男子 | 张　朕 |
| | 63公斤级 | 17～18岁组 | 女子 | 刘　月 |
| | 74公斤级 | 17～18岁组 | 男子 | 肖　尧 |
| 江苏省青少年田径锦标赛(单项赛) | 100米、200米全能 | 13～14岁组 | 女子 | 沈津易 |
| | 400米全能 | 13～14岁组 | 男子 | 唐　逊 |
| 江苏省青少年柔道冠军赛 | -94公斤级 | 17～18岁组 | 男子 | 马丛明 |

（李　萍）

## 体育产业

**自在岛“生态之窗”体育休闲公园建成开放** 1月26日，自在岛“生态之窗”体育休闲公园建成开放，该园占地13.9公顷，内设2个标准篮球场、1个篮球训练场以及儿童游乐场、老年健身场、生态长廊等配套设施，布置固定式体育器材30组。园区道路增设健身里程标志、健身知识宣传牌，700米的外围环路加铺彩色透水混凝土面层，形成闭合的健身慢跑步道系统，总长1000米。（夏 斋）

**全省体育产业大会扬州项目获标杆称号** 3月29日，江苏省体育产业大会在南京举行，扬州市2个项目获得行业标杆称号。其中扬州鉴真国际半程马拉松赛获得“全省十大最具品牌价值体育赛事称号”，邗江阿珂姆野营用品公司获得“全省十大体育用品企业”称号。（叶 琳）

**2105年第二届长三角运动休闲体验季走进仪征** 6月27—28日，2015年第二届长三角运动休闲体验季第七站在仪征红山体育公园举行。2015年长三角运动休闲体验季活动，由江苏、浙江、安徽、上海等3省1市体育局共同主办，活动设8站。来自江苏、上海、浙江、安徽的户外运动爱好者、新闻媒体记者近200人参加本次活动。体验者们参观红山体育公园、青马车寨、天乐湖等，体验越野车、卡丁车、龙舟、温泉等项目。（王永波）

**首条智慧步道启用** 7月5日，江苏首条智慧步道在扬州曲江体育休闲公园正式启用，300多名市民作为首批健身体验人员，参加由扬州晚报社、广陵区城乡建设局、广陵区体育局共同主办的“柠檬跑”活动。智慧步道是智慧体育的核心项目，由数字管理与服务云平台、信息采集系统、呈现系统、测试系统等4个主要部分组成，实时呈现运动者的运动量和运动负荷，根据运动者的不同体质制定相应的运动处方，指导运动者科学健身。（夏 斋）

曲江体育休闲公园的智慧步道 张孔生/摄

**长三角协调会健康服务业专委会在扬州举行** 7月28日，由扬州牵头成立的长三角协调会健康服务业专业委员会成立仪式在扬州举行，来自长三角地区19个城市相关行业组织、企业代表、媒体和记者参加会议，会议通过健康服务业专业委员会暂行管理办法和章程。健康服务业专业委员会是长三角协调会首次批准由地级市牵头设立的专业委员会，是长三角协调会成立新型城镇化、品牌、旅游、会展专业委员会后的第五个专业委员会，旨在加快长三角城市一体化建设进程。健康服务业专委会设立异地健康养老、健康技能培训与休闲文化、医师多点执业和体育健康等工作组。（金 琦）

**扬州项目获体育旅游博览会奖** 10月11日，中国体育旅游博览会在太原举行，扬州鉴真国际半程马拉松赛获评2015年中国体育旅游十佳精品赛事，扬州宋夹城体育休闲公园、仪征红山体育度假村获评2015年中国体育旅游精品景区。（叶 琳）

**李宁体育园开园** 10月18日，李宁体育园正式开园。江苏省副省长曹卫星、国家体育总局原副局长崔大林、市委书记谢正义、市长朱民阳、李宁公司创始人及执行主席李宁等出席开园仪式。李宁体育园位于广陵新城，是李宁公司与扬州市合作惠及大众健身的国内第三家体育主题公园，是面向市民、服务群众的公益性公园。李宁体育园占地17.7公顷，建筑面积5.13万平方米，由体育运动中心、运动休闲中心、体育文化区及服务配套区组成，涵盖羽毛球、乒乓球、排球、篮球、足球、网球、游泳、壁球、体操等运动项目，场馆均按专业比赛训练标准设计。提供体育培训、体育赛事、体育旅游、体育健康等体育运动服务。（夏 斋）

# 人力资源

Renli Ziyuan

编 辑 徐国磊

## 人才工作

**■概述** 2015年，全市引进高层次领军人才188人，新增专业技术人才2.5万人、高技能人才1.7万人、留学回国人员182人，新引进长期外国专家80人，培训专业技术人才4.7万人。 （市人社局）

**■人才工作奖励政策** 2015年，扬州市落实企业人才引进和培养有关补贴奖励政策，全市发放生活补贴、社会养老奖励等资助金70多万元，落实《扬州市区引进高层次人才住房保障办法》《〈扬州市区引进高层次人才住房保障办法〉实施细则》等文件，市区两级财政资助900余万元。 （市人社局）

**■高层次人才管理** 2015年，市人力资源和社会保障局(简称市人社局)征集并发布创业创新领军人才需求信息201条、博士人才需求信息275条、技术难题270项。组织重点企业到高校密集地区开展“扬州市高层次人才及产业发展紧缺人才专场招聘会”。开展2014年度“人才强市双行动计划”，共引进高层次领军人才214人，支柱产业发展急需的专业技术人才1780人，基础性人才3.45万人。开展2014年度“绿扬金凤计划”优秀博士人才遴选工作，择优推荐115个拟资助项目，获市财政资助624万元。申报省“双创计划”双创博士人才，其中，10家单位获批博士后科研工作站，数量列全省第三位，创业类双创博士4人，人数列全省第三位，企业博士后类双创博士17人，人数列全省第一;9名博士获省博士后资助。19个项目入选省“六大人才高峰”。 （市人社局）

**■高技能人才队伍建设** 市人社局做好省高技能人才重点建设项目推荐申报工作，1个技能大师工作室入选省技能大师工作室，2个单位入选省高技能人才示范基地，7人入选省企业首席技师。举办第四届“扬州技能状元”大赛。注重外部培训和引进高技能人才，组织10人参加赴美国南卡罗来纳州技术学院和德国柏林应用科技大学的技能培训。开展岗位技能提升培训、新型学徒培养和高技能人才培养，企业职工岗位技能提升培训9.01万人。开展第二批“扬州英才培育计划”专业技术人才和高技能人才推荐和评审，12名专业技术人才和10名高技能人才被确定为“扬州英才培育对象”。开展职业技能培训，新增3所民办职业培训学校，指导2所民办职业培训学校共增加9个职业(工种)，全市民办职业培训学校开展27个职业(工种)3万人次的培训。开展2015年全市技工院校示范专业等评审工作，2个专业被评为省示范专业，7个专业被评为省重点专业，4门课程被评为省精品课程。组织参加2015年度省机械中心教研组优秀教研成果评选活动，获一等奖1个、二等奖5个、三等奖11个。（市人社局）

**■人才国际交流** 市人社局引进国外人才智力，4人入选2015年度国家文教类“高端外国专家项目”，1人入选第二批江苏省“外专百人计划”，8个项目获国家立项，22个项目获省级立项，引进专家61人次。建成全省首家海外高层次留学人员实习基地，12个项目获批国家级出国(境)培训项目计划，占全省各市获批总量的70.6%。举办“汇聚海外资源，助推名城建设，扬州—以色列高端人才合作洽谈会”，邀请39名以色列医疗和农业专家到扬洽谈项目，达成合作意向21个。成立中国留学服务中心扬州分中心，组织“留学英才招聘会”“企业家与海外人才恳谈会”，吸引500多名海外高层次人才与扬州市各类企业进行交流对接，200人达成合作意向。建设海外引智工作站和招才引智联络站，扬州驻以色列引智工作站和驻美国、加拿大招才引智联络站正式挂牌。 （市人社局）

**■人才培养** 2015年，市人社局争取部级和省级高级研修项目，共举办部、省专业技术人员知识更新工程高级研修班2期，250名高级专业技术人员参加培训。加强各类人才培养，组织5批105人参加“企业家海外提升计划”，推进“名校扬州虚拟硕士园”建设，“名校扬州硕士园”已引进西安交大、中国科技大学、天津大学等知名大学入驻，培养学员近100人。从国际职业资格协会成功获得国际人力资源管理(ILM-HRD)、国际高级管理与领导力专家(IIPQ-ICPS)、国际注册会计师综合能力(IIPQ-CCPA)三大国际职业资格认证特许培训资质。自2014年11月起，共开办培训班5次，培训学员近200人，其中176人取得相应资格证书。

（市人社局）

■**回国人员实习基地** 3月28日，市人社局与中国（教育部）留学服务中心在北京签署协议，合作共建留学人员实习基地。扬州成为全国首批、全省首家接受海外高层次留学人员的实习基地。根据协议，中国留学服务中心每年面向留学人员公布扬州征集的实习单位及岗位信息，根据岗位需要向扬州提供留学人员名单，并组织到扬州实习单位进行实习。

（市人社局）

■**大学生公益创业赛** 6月，市人社局和扬州大学联合举办2015年扬州大学“创青春”大学生创业大赛公益创业赛。本次“公益创业赛”面向全体全日制在校学生，以创办非盈利性质社会组织的计划和实践等作为参赛项目主要评价内容。“创青春”大学生创业大赛以“点燃创新激情、成就创业梦想”为主题，分为“大学生创业计划竞赛”“创业实践挑战赛”“公益创业赛”“移动互联网创业专项赛”四个类别。大赛面向扬州大学全体全日制在校生和2011年以后毕业的大学生创业者，共有21个项目参赛。（市人社局）

■**高校毕业生就业见习基地考评** 3月，市人社局联合市财政局出台市级就业见习基地考评办法，规定每年一季度对上年度就业见习基地的企业经营状况、见习环境和岗位合理性、人员考勤管理、补贴到位情况、带教老师质量和见习人员留用等方面进行考核，考核结果分为优秀、合格、不合格三个等级。根据考核结果，对基地实行“优奖劣汰”，认定为不合格的，取消就业见习基地资格；认定为优秀的，参加“优秀就业见习基地”评选；对年度“优秀就业见习基地”“优秀指导老师”予以奖励。

（市人社局）

■**高校人才工作联络服务站** 11月，市人社局分别与武汉大学、华中科技大学签约，设立首批高校人才工作联络服务站。武汉大学、华中科技大学计划加大对扬州市人才政策和招聘信息的推送力度，实现人才推荐常态化运作，同时根据扬州市提出的高新技术项目需求和企业技术难题，组织专家团队进行研究开发和技术攻关。扬州市计划不定期邀请两所高校的研究生和本科毕业生参加在扬州举办的高层次人才智力交流大会及就业见习和研究生社会实践活动。

（市人社局）

## 人事管理

■**公务员管理** 2015年，市人社局加强公务员职位管理，规范有序开展表彰奖励，健全完善考核办法，启动实施县以下机关公务员职务与职级并行工作。策划实施“5＋X”公务员通用能力提升主题培训活动，落实省苏南苏北公务员对口培训任务，打造“扬州市公务员学习网”，全市公务员在职培训规模达5.36万人次。

（市人社局）

■**事业单位人事管理** 2015年，市人社局印发《关于进一步做好事业单位专业技术三级岗位聘用条件认定申报工作的通知》，28人完成聘任。组织市各事业单位及其主管部门事管干部，及各县（市、区）人社局事管科干部和主要部门事管工作人员，开展以“条例”解读、事业单位人事管理相关制度讲解、日常业务流程说明以及信息系统操作为主要内容的培训，共培训事管干部420余人。

（市人社局）

■**机关事业单位人员招录** 2015年，全市录用公务员和参照公务员管理单位工作人员303人，开展司法行政系统政法干警招录培养工作，招录培养38人。在公开招聘方案、时间、考试、评委“四统一”和“四优化”的基础上，实行统筹考虑、统分结合、分级管理、分类实施、分开运行，提升全市事业单位公开招聘工作水平。全市公开招聘事业单位工作人员1639人。（市人社局）

■**人事管理服务** 完成省公务员主管部门批准的参照公务员管理事业单位中除工勤人员以外在编在职人员的登记工作。开展工商质监体制调整和机构改革所涉食品药品市场监督机构整合、卫计委合并、涉水体制改革等相关人员划转。做好计划分配军转干部安置工作，2015年，全市接收军队转业干部105人。做好企业军转干部解困及稳定工作，对生活上有特殊困难的企业军转干部进行个案帮扶。组织各类人事考试39项12.6万科次，完成国家公务员招录考试。承担各类政策性培训、专业技术人员继续教育和其他社会化培训，山东大学现代远程教育扬州教学点秋季班招收学员97人。（市人社局）

■**事业单位法律顾问制度建设** 1月，市人社局联合市司法局出台《关于完善事业单位法律顾问制度的实施方案》（以下简称《方案》），规定在全市推行事业单位法律顾问制度；到2015年底，二级以上医院和高中以上学校基本建立法律顾问制度；暂不具备条件的一级以下医院和初中以下学校，由政府主管部门聘请法律顾问为辖区内的医院、学校提供法律服务；学校法律顾问配合法制副校长，开展师生普法宣传教育，协助学校依法完善各项管理制度；到2017年底，全市事业单位基本建立法律顾问制度。同时，《方案》对事业单位法律顾问的聘任条件、程序和承担的主要职责进行细化。（市人社局）

## 劳动就业

■**概述** 2015年，扬州市城镇新增就业7.06万人，其中基本产业新增就业4.39万人；新增转移农村劳动力4.93万人，就业困难人员再就业6508人，高校毕业生年末总体就业率98.6%，离校未就业高校毕业生实名登记率100%，离校未就业高校毕业生（有就业服务需求）服务率100%，有就业意愿的困难家庭毕业生就业率100%，城镇失业人员再就业7.02万人，期末城镇登记失业率2.01%。（市人社局）

**■就业创业政策** 制定市区初始创业补贴、创业租金补贴实施细则，推进全民创业，使用创业引导资金500万元。联动调整失业保险金上下限标准，从2015年1月1日起，市区失业保险金最低标准由631元/月调整到696元/月，每月提高65元，提高上限到1630元/月，每月提高150元。落实就业困难群体帮扶政策，全年市区共发放社保补贴1898.03万元、岗位补贴318.7万元。市人社局联合税务、工商等部门落实税费减免优惠政策，减免市区93名就业困难人员个体经营税53.4万元，发放小额担保贷款8192万元。以推进就业为导向，评选20家全市“最佳雇主企业”。（市人社局）

**■高校毕业生就业** 市人社局做好离校未就业高校毕业生实名制登记工作，实名登记6730名离校未就业高校毕业生。扬州籍高校毕业生就业推荐率100%。全年组织1144家用人单位赴104所高校提供2.56万个岗位，达成意向协议5151份。全年举办大型招聘会202场，进场单位9462个，进场人数17.21万人。在全省率先推出市级就业见习基地考评办法，首次评选17家“优秀就业见习基地”和18名“优秀指导老师”，建成见习基地304家，扬农化工集团被评为全国首批高校毕业生就业见习国家级示范单位。（市人社局）

**■公共就业服务** 2015年，市人社局组织“春风行动”和“三八”·小微企业专场招聘会暨创业项目交流展示会、民营企业招聘周、高校毕业生就业服务月等专项用工服务活动283场，为企业和求职者搭建交流平台，推荐就业11.5万人。每场招聘会后，采取网络指导、电话交流、上门服务等形式，对签订就业意向和培训意向的企业和人员，开展用工登记备案、合同管理、薪酬确定以及技能培训、职业提升和规划等方面的指导和服务，提升用工和就业的成功率。启动新一轮省级充分就业示范社区和充分转移就业乡镇创建活动，促进本地区内就业困难人员充分就业。（市人社局）

**■创业带动就业** 市人社局开展创业政策宣传咨询、项目征集开发和发布、创业培训、创业指导、小额贷款等“一站式”服务，建设一批有特色、可持续的孵化基地、实训基地和创业定点培训基地，指导全市各地结合区域特色、产业优势和市场需求，打造“一县一业”“一镇一品”等品牌创业项目，提高创业示范效应。推进全民创业，使用创业引导资金554万元。开展创业培训“进校园、进社区、进乡村”活动，挂牌成立“创业学院”，全市创业培训1.3万人，新建创业孵化基地10个，32个项目获评省级大学生优秀创业项目。全市扶持农村劳动力自主创业5037人，成功创业6992人。举办两期SYB创业培训师资班，培训师资59人。组织省级大学生创业项目和省级创业示范基地征集活动，扬州大学被认定为江苏省创业培训示范基地。推进电商创业，与本土企业汇银电子商务有限公司合作，打造“汇银乐虎网直销精品店”创业项目。联合扬州大学举办“创青春”大学生创业大赛，营造创业就业良好氛围。（市人社局）

**■“创业·家”主题活动** 3月26日，市人社局举办“创业·家”主题活动。该活动以电子商务为主题，邀请江苏微软创新中心经理黄雨松和成功创业者张义强分别围绕电子商务有关知识进行讲解，并就竞争风险、财务风险等问题与听众进行交流，全市30多位有志创业者参加活动。“创业·家”系列活动是市创业指导中心创业沙龙活动之一，每期安排一个主题。活动计划邀请工商、税务、法律等方面的专家，以及物流、餐饮、零售等方面的成功创业者，讲解创业知识，分享创业经验，把“创业·家”主题活动打造成为推进创业工作的新载体。（市人社局）

**■“互联网+”创业培训** 5月8日，市人社局联合江苏汇银电子商务有限公司举办首期“互联网+”SYB创业培训班，为学员介绍“汇银乐虎网直销精品店”项目。93名学员参加培训，其中20人表达合作意向。（市人社局）

**■劳动保障监察** 市人社局严格执行《扬州市劳动保障监察“容期整改”暂行规定》《扬州市劳动保障监察“首违不罚”暂行规定》的规定，对93家企业初次轻微违法行为不予处罚，并指导和督促整改到位，重大违法行为责令企业限期整改，维护劳动关系和谐有序。编印《企业劳动用工风险评估防控手册》，免费向企业赠阅，指导企业防范用工风险。全市劳动保障监察机构共巡查用人单位7863户，受理投诉举报案件1667件，立案查处728件，责令补签劳动合同1.42万人，社会保险扩面1.13万人，追讨工资6656万元，全市劳动关系矛盾纠纷案件成功调处931件。（市人社局）

**■劳动争议调解仲裁** 市人社局遵照“全程调解、优先调解、调裁结合”的工作原则，把调解贯穿于立案受理、开庭审理和庭后调处等各个环节。全市各级劳动人事争议仲裁委员会共处理劳动人事争议2727件，其中实际立案数1949件，案件处理办结率99%。推进仲裁信息化，仲裁管理信息系统按期运行率100%。开展基层调解组织建设，选取试点示范地区，建立劳动人事争议基层调解中心并实体化运行。基层巡回仲裁庭建设取得实质性进展。（市人社局）

**■农民工工资支付情况专项检查** 2014年12月至2015年2月，市人社局联合市公安局、市交通运输局等部门，开展农民工工资支付情况专项检查，依法维护农民工合法劳动报酬权益，共检查用人单位2578户，涉及农民工人数13.68万人，拖欠农民工工资总额9762万元，责令支付农民工工资6670万元。其间，全市共有9起涉嫌拒不支付劳动报酬罪案件移送公安部门。（市人社局）

# 人民生活

Renmin Shenghuo

编 辑 徐国磊

## 居民收入

■**概述** 2015年,扬州市居民人均可支配收入26253元,其中城镇居民人均可支配收入32946元、农村居民人均可支配收入16619元,均比上年增长8.7%。居民人均可支配收入中,工资性收入15889元,增长8.3%,占可支配收入的60.5%;经营净收入4542元,增长2.9%;财产净收入1919元,增长11.9%;转移净收入3903元,增长16.2%。 (林 宁)

**2015年扬州市分地区居民可支配收入构成表**

表34-1 单位:元

| 可支配收入 | 广陵区 | 邗江区 | 江都区 | 宝应县 | 仪征市 | 高邮市 |
|---|---|---|---|---|---|---|
| **合 计** | **34115** | **33368** | **27222** | **19613** | **24739** | **21874** |
| 工资性收入 | 21362 | 23671 | 16031 | 11441 | 16597 | 13196 |
| 经营净收入 | 4330 | 5723 | 4767 | 3778 | 4655 | 4103 |
| 财产净收入 | 2855 | 650 | 2477 | 1340 | 759 | 1389 |
| 转移净收入 | 5568 | 3325 | 3947 | 3054 | 2728 | 3186 |

(林 宁)

**2015年扬州市分地区城镇居民可支配收入构成表**

表34-2 单位:元

| 可支配收入 | 广陵区 | 邗江区 | 江都区 | 宝应县 | 仪征市 | 高邮市 |
|---|---|---|---|---|---|---|
| **合 计** | **35092** | **37275** | **33743** | **24746** | **33808** | **29007** |
| 工资性收入 | 21785 | 26667 | 20199 | 14355 | 23661 | 17883 |
| 经营净收入 | 4335 | 6194 | 5115 | 3585 | 5820 | 4278 |
| 财产净收入 | 3128 | 718 | 3850 | 2602 | 1234 | 2579 |
| 转移净收入 | 5844 | 3696 | 4579 | 4204 | 3093 | 4267 |

(林 宁)

**2015年扬州市分地区农村居民可支配收入构成表**

表34-3 单位:元

| 可支配收入 | 广陵区 | 邗江区 | 江都区 | 宝应县 | 仪征市 | 高邮市 |
|---|---|---|---|---|---|---|
| **合 计** | **22556** | **18682** | **17859** | **15507** | **16138** | **15608** |
| 工资性收入 | 15279 | 12410 | 10047 | 9110 | 9977 | 9080 |
| 经营净收入 | 4108 | 3951 | 4269 | 3932 | 3404 | 3949 |
| 财产净收入 | 510 | 393 | 505 | 331 | 290 | 343 |
| 转移净收入 | 2659 | 1929 | 3038 | 2134 | 2466 | 2236 |

(林 宁)

■**城镇居民收入** 2015年,扬州市城镇居民人均可支配收入32946元,比上年增长8.7%,增长幅度高于全省平均水平0.5个百分点。其中,工资性收入20196元,增长7.8%,对收入增长贡献率55.7%,拉动收入增长4.9个百分点;转移净收入4975元,增长17.1%,对收入增长贡献率27.7%,拉动收入增长2.4个百分点;经营净收入4777元,增长2.7%,对收入增长贡献率4.8%,拉动收入增长0.4个百分点;财产净收入2998元,增长11.5%,对收入增长贡献率11.8%,拉动收入增长1.0个百分点。 (林 宁)

■**农村居民收入** 2015年,扬州市农村居民人均可支配收入16619元,比上年增长8.7%。其中,工资性收入9689元,增长9.8%,对收入增长贡献率64.7%;经营净收入4205元,增长3.3%,对收入增长贡献率10.2%;财产净收入366元,增长16.1%,对收入增长贡献率3.8%;转移净收入2360元,增长13.7%,对收入增长贡献率21.3%。 (林 宁)

## 居民消费

■**概述** 2015年,全市居民人均生活消费支出16720元,其中城镇居民人均生活消费支出19780元、农村居民人均生活消费支出12316元,分别增长8.0%、7.4%、9.3%。居民生活消费支出中，食品烟酒消费支出5237元，占31.3%；居住消费支出3257元，占19.5%；教育文化娱乐消费支出2623元，占15.7%。城镇、农村居民人均住房建筑面积分别为45平方米、54平方米。（林　宁）

**■城镇居民消费**　2015年，扬州市城镇居民人均生活消费支出19780元，增长7.4%。恩格尔系数（食品烟酒消费支出占消费支出的比重）31.2%。八大类消费中，食品烟酒消费支出6171元，占31.2%，增长8.4%；衣着消费支出1582元，占8.0%，增长3.8%；居住消费支出3877元，占19.6%，增长8.9%；生活用品及服务消费支出1108元，占5.6%，增长10.4%；交通通信消费支出2156元，占10.9%，增长4.4%；教育文化娱乐消费支出3204元，占16.2%，增长7.9%；医疗保健消费支出1088元，占5.5%，增长5.7%。（林　宁）

**■农村居民消费**　2015年，扬州农村居民人均生活消费支出12316元，比上年增长9.3%。在收入、消费水平不断提高的基础上，农村居民消费结构日益优化。2015年，扬州农村常住居民生存型消费支出占消费支出比重为44.1%，比上年下降0.3个百分点。衣食住行消费平稳增长。2015年，扬州农村常住居民食品烟酒支出3892元，比上年增加348元，增长9.8%，占农村居民生活消费支出的31.6%，比重比上年上升0.1个百分点。衣着消费支出788元，占农村居民生活消费支出6.4%，比上年增长4.5%；居住消费支出2365元，占农村居民生活消费支出的19.2%，比上年增长10.4%；交通通信消费支出1490元，占农村居民生活消费支出的12.1%，比上年增长6.9%。教育文化娱乐消费明显增多。2015年，扬州农村常住居民教育文化娱乐消费支出1786元，比上年增加165元，增长10.2%。医疗保健消费支出增长最快。2015年，扬州农村常住居民医疗保健消费支出899元，比上年增加110元，增长14.0%。教育文化娱乐消费明显增多。2015年，扬州农村居民教育文化娱乐消费支出1786元，比上年增长10.2%。生活用品及服务消费支出751元，其他用品及服务消费支出345元，分别比上年增长7.2%和7.1%。（林　宁）

**2015年扬州市居民生活消费支出构成表**

表34-4　　单位：元

| 生活消费支出 | 扬州市 | 广陵区 | 邗江区 | 江都区 | 宝应县 | 仪征市 | 高邮市 |
|---|---|---|---|---|---|---|---|
| **合　计** | **16720** | **27054** | **24189** | **19008** | **12719** | **16521** | **15464** |
| 食品烟酒消费支出 | 5237 | 7805 | 7287 | 6272 | 4341 | 4953 | 4885 |
| 衣着消费支出 | 1257 | 1798 | 1480 | 1668 | 942 | 1673 | 1193 |
| 居住消费支出 | 3257 | 4102 | 3078 | 4042 | 2273 | 2955 | 2998 |
| 生活用品及服务消费支出 | 962 | 1490 | 1259 | 925 | 659 | 1260 | 875 |
| 交通通信消费支出 | 1883 | 2872 | 2632 | 2179 | 1567 | 1635 | 1828 |
| 教育文化娱乐消费支出 | 2623 | 4651 | 4434 | 2446 | 1783 | 3035 | 2300 |
| 医疗保健消费支出 | 1011 | 2350 | 2225 | 906 | 724 | 658 | 935 |
| 其他用品和服务消费支出 | 492 | 1986 | 1793 | 570 | 430 | 352 | 451 |

（林　宁）

**2015年扬州市分地区城镇居民生活消费支出构成表**

表34-5　　单位：元

| 生活消费支出 | 广陵区 | 邗江区 | 江都区 | 宝应县 | 仪征市 | 高邮市 |
|---|---|---|---|---|---|---|
| **合　计** | **27587** | **26692** | **21628** | **15102** | **19040** | **19427** |
| 食品烟酒消费支出 | 7980 | 8022 | 6606 | 5222 | 5835 | 6101 |
| 衣着消费支出 | 1850 | 1624 | 2146 | 1174 | 2159 | 1622 |
| 居住消费支出 | 4090 | 3400 | 4793 | 2523 | 2952 | 3734 |
| 生活用品及服务消费支出 | 1605 | 1388 | 1038 | 758 | 1460 | 1068 |
| 交通通信消费支出 | 2820 | 2942 | 2520 | 1881 | 1707 | 2239 |
| 教育文化娱乐消费支出 | 4780 | 4857 | 2778 | 2242 | 3600 | 3012 |
| 医疗保健消费支出 | 2380 | 2424 | 1121 | 719 | 906 | 1068 |
| 其他用品和服务消费支出 | 2082 | 2035 | 626 | 583 | 420 | 583 |

（林　宁）

**2015年扬州市分地区农村居民生活消费支出构成表**

表34-6 单位:元

| 生活消费支出 | 广陵区 | 邗江区 | 江都区 | 宝应县 | 仪征市 | 高邮市 |
|---|---|---|---|---|---|---|
| **合　计** | **20749** | **14780** | **15247** | **10813** | **14132** | **11984** |
| 食品烟酒消费支出 | 5395 | 4530 | 5793 | 3636 | 4177 | 3817 |
| 衣着消费支出 | 1020 | 936 | 983 | 757 | 1093 | 816 |
| 居住消费支出 | 4770 | 1867 | 2963 | 2073 | 2956 | 2352 |
| 生活用品及服务消费支出 | 559 | 775 | 762 | 579 | 966 | 705 |
| 交通通信消费支出 | 3715 | 1466 | 1690 | 1316 | 1623 | 1468 |
| 教育文化娱乐消费支出 | 2660 | 2844 | 1969 | 1416 | 2518 | 1674 |
| 医疗保健消费支出 | 1920 | 1478 | 597 | 728 | 515 | 817 |
| 其他用品和服务消费支出 | 710 | 884 | 490 | 308 | 284 | 335 |

（林　宁）

**2015年末扬州市百户家庭耐用消费品拥有量表**

表34-7

| 消费品名称 | 单位 | 城镇家庭拥有量 | 农村家庭拥有量 |
|---|---|---|---|
| 家用汽车 | 辆 | 29 | 16 |
| 摩托车 | 辆 | 27 | 52 |
| 助力车 | 台 | 147 | 143 |
| 洗衣机 | 台 | 100 | 99 |
| 电冰箱(柜) | 台 | 103 | 113 |
| 微波炉 | 台 | 94 | 79 |
| 彩色电视机 | 台 | 177 | 172 |
| 其中:接入有线电视 | 台 | 162 | 136 |
| 空调 | 台 | 176 | 133 |
| 热水器 | 台 | 112 | 103 |
| 其中:太阳能热水器 | 台 | 89 | 87 |
| 消毒碗柜 | 台 | 3 | 1 |
| 洗碗机 | 台 | 1 | 0 |
| 排油烟机 | 台 | 79 | 39 |
| 固定电话 | 线 | 85 | 95 |
| 移动电话 | 部 | 245 | 244 |
| 其中:接入互联网 | 部 | 159 | 136 |
| 计算机 | 台 | 85 | 62 |
| 其中:接入互联网 | 台 | 82 | 41 |
| 摄像机 | 台 | 8 | 2 |
| 照相机 | 台 | 38 | 13 |
| 中高档乐器 | 架 | 5 | 1 |
| 健身器材 | 台 | 5 | 2 |
| 组合音响 | 套 | 9 | 9 |

（林　宁）

## 消费价格

**■概述**　2015年，扬州市居民消费价格指数(简称CPI)，比上年上涨1.7%。CPI涨幅高于全国平均水平0.3个百分点，与全省持平。从消费结构看，构成CPI的八大类商品“七涨一跌”。其中，食品价格上涨3.3%，烟酒价格上涨1.8%，衣着价格上涨0.3%，家庭设备用品及维修服务价格上涨1.0%，医疗保健和个人用品价格上涨1.3%，娱乐教育文化用品及服务价格上涨1.0%，居住价格上涨1.9%；交通和通信价格下降1.4%。

全年CPI月度环比涨幅-0.5%～0.8%。1月，受机票等服务项目价格淡季下调、衣着节前打折及汽、柴油等商品价格政策性下调影响，CPI环比下降0.5%；2月，在春节效应的影响下，鲜菜、肉禽、干鲜瓜果等鲜活农副产品需求扩大、价格上涨，CPI环比上涨0.6%；6月，在梅雨季节及部分食品阶段性供应偏紧影响下，食品价格总体上涨，CPI环比上涨0.8%；8月，在高温、暴雨交叉影响下，食品价格上涨明显，CPI环比上涨0.6%；10月，气候温和，鲜活食品价格普降，CPI环比下降0.4%；余下各月环比涨跌幅均在0.3%以内。全年CPI各月同比涨幅1.2%～2.6%，涨幅低位运行。7月、8月CPI同比涨幅分别为2.1%和1.3%，为全年CPI同比涨幅最大落差。（张曼曼）

**■主要商品和服务价格特点**　2015年，食品价格涨跌互现，比上年上涨3.3%，带动总指数上涨1.0个百分点。列入调查范围的16个中类食品中，涨面68.75%。粮食价格上涨2.2%。其中，大米价格上涨1.9%，粮食制品价格上涨1.7%。油脂价格下降7.9%，6月、7月、12月油脂价格环比分别上涨0.3%、2.5%、0.2%，其余各月均为持平或下降。肉禽及其制品价格上涨5.6%。其中,食用畜肉及副产品价格上涨6.5%,禽类价格上涨8.1%;1月、3月、5月猪肉价格环比分别下降4.5%、0.3%、0.7%;6—9月各月环比涨幅分别为2.8%、4.8%、3.0%、0.5%;10—12月各月环比分别下降2.3%、4.6%、1.7%。蛋类价格下降3.6%,其中鲜蛋价格下降4.7%,全年有8个月价格出现下行。菜类价格上涨3.3%,其中鲜菜价格上涨3.6%。水产品价格保持平稳,仅上涨0.7%,其中淡水鱼下降1.0%,海水鱼上涨6.6%,虾蟹类下降1.1%。水果价格下降2.0%,其中鲜瓜果下降3.0%,为2013年以来首次出现下跌,全年8个月环比均呈下降趋势,跌幅在0.2%～4.2%之间。

居住价格稳中略涨,全年上涨1.9%,带动价格总水平上涨0.4个百分点。元旦、"3·30"房产新政后,新建住宅销售逐步回暖,但受存量较多影响,市场仍以走量为主,价格上涨动力不足,对居住价格的拉动作用并不明显。受国际油价和国际气源价格持续下滑影响,液化石油气价格累计下降20.2%,成为居住价格同比涨幅显著低于上年同期3.0%的原因。

服务项目价格成为居民消费价格新增长点,全年上涨2.4%,带动价格总水平上涨近0.8个百分点。其中,服装清洗费价格上涨3.1%,挂号诊疗费价格上涨33.9%,注射费价格上涨38.9%,手术费价格上涨5.4%,理烫发价格上涨3.5%,停车费价格上涨17.8%,车辆修理服务费价格上涨11.6%,学前教育价格上涨3.3%,高等教育价格上涨2.3%,电影票价格上涨15.5%,宾馆住宿价格上涨4.4%。 （张曼曼）

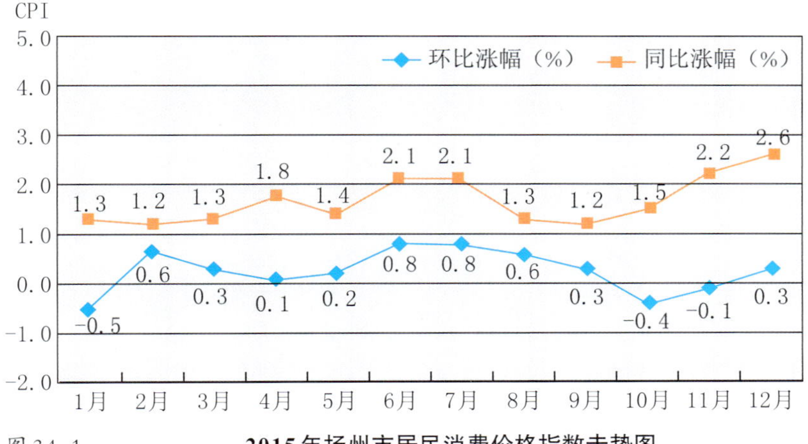

图34-1 **2015年扬州市居民消费价格指数走势图**

（张曼曼）

**■消费价格影响因素** 成本因素。劳动力、土地成本持续上涨,2014年11月起,扬州最低工资标准由1480元/月上调至1630元/月,非全日制用工最低工资标准由13元/小时上调至14.5元/小时;全年服务项目累计上涨2.4%,高于CPI涨幅0.7个百分点;商用租赁成本逐年攀升,进一步导致成本上行。政策因素。5月10日起,卷烟消费税由5%提高至11%,烟草价格普遍上调,比上年上涨5.8%。并直接影响CPI上涨0.1个百分点。11月1日起,扬州市城市公立医院实施医药价格改革,带动2015年医疗保健服务价格同比上涨5.9%,并直接影响CPI上涨0.1个百分点。输入性因素。国际大宗商品价格低位震荡。其中,原油价格跌至与2003年持平,导致2015年扬州汽、柴油价格比上年分别下降18.3%、23.9%;黄金价格低位调整,首饰价格比上年下降8.0%;玉米、大豆、豆粕等粮食价格显著下降,国内原料、饲料价格低于上年,在一定程度上拉低油脂、肉类价格水平。供给因素。食品供应充足带来扬州市食品价格总体稳定。粮食、猪肉、鸡蛋、鲜瓜果等上市量充足,价格稳中略降。工业消费品总体供大于求,价格持续走低。宏观经济形势因素。在国家经济增速放缓的大形势下,扬州市经济呈现稳中趋缓的局面,在一定程度上抑制物价的上涨。 （张曼曼）

# 婚姻家庭

**■婚姻登记** 2015年,全市婚姻登记机构坚持依法行政,推进婚姻规范化建设,婚姻登记信息实行全国联网,畅通网上预约、电话预约登记制度,完成1994年以来婚姻登记历史数据补录工作。全市有国家等级婚姻登记机关4家,实现国家AAA级婚姻登记机关市区全覆盖。全市完成结婚登记4.86万对,其中初婚 8.41万人、再婚 1.32万人;完成离婚登记8981对、复婚登记1969对。

（庞庭全）

**■收养登记** 全市各级收养登记机关规范收养行为,完善收养登记程序,开展收养登记家庭评估,防止不具备条件的家庭收养孩子。全年办理收养登记127例(市直2例、广陵26例、江都2例、宝应33例、高邮63例、仪征1例),其中华侨收养2例、被社会福利机构抚养的弃婴108例、查找不到生父母的社会弃婴9例、近亲抚养的儿童3例、其他5例。

（庞庭全）

**■殡葬管理** 全市各殡仪馆火化遗体3.5万具,其中市直9639具、江都区8694具、宝应县6600具、高邮市6763具、仪征市3281具。全市经营性墓园安葬(安放)骨灰2684穴,其中市直1062穴、邗江区228穴、江都区290穴、宝应县430穴、高邮市474穴、仪征市200穴。落实惠民殡葬政策,按当地物价部门核定标准(1200～1460元)减免殡葬基本服务费。全市减免3.38万人殡葬基本服务费,免除殡葬基本服务费4419.5万元;主城区(不含江都区)减免8304人殡葬基本服务费,免除殡葬基本服务费1184万元。 （庞庭全）

# 社会保障

Shehui Baozhang

编　辑　徐国磊

## 社会保险

**概述**　2015年，扬州市企业职工基本养老保险参保137.59万人，机关事业单位养老保险参保6.17万人，城乡居民基本养老保险参保165.63万人，城镇职工基本医疗保险参保120.99万人，城镇居民基本医疗保险参保49.86万人。企业退休人员社区管理率100%。社会保险基金年收入155.58亿元，支出136.51亿元。（市人社局）

**市区社会保险实现"同城同步同标"**　10月8日，江都区成功上线市社会保险经办信息系统"核心平台三版"，市区社会保险实现"同城同步同标"。新系统上线后，江都区与市区各项社保业务实行统一政策标准、统一经办流程，实现一个系统下的"同人同城同库"，满足区划调整、功能区设置的需要，为建立公平可持续社会保障制度奠定良好基础。（市人社局）

**社保中心开通网上申报远程服务**　9月起，市社保中心试点社会保险费网上申报远程办理，市本级参保企业可以通过网络进行社保申报。社保网上申报系统拥有2个业务母模块及7个子模块，包含企业人员批量增减、企业社会保险费申报等申报业务，实现大部分申报业务的远程操作。该系统通过网上申报协议体系，要求企业通过网上申报系统申报的数据必须符合各项社会保险政策规定，并加强对申报数据的审核，确保企业规范申报。系统采用电子身份认证技术，保障数据安全。市社保中心多渠道宣传社保网上申报业务系统，组织企业申报人员开展网上申报业务培训，加快系统推广应用。（市人社局）

**工伤保险实现全覆盖**　11月18日，市人社局联合市财政局印发《关于扬州市机关、参照公务员法管理的机关(单位)、事业单位、社会团体工作人员参加工伤保险的通知》(以下简称《通知》)，将全市机关、参公管理机关(单位)、事业单位、社会团体全部纳入工伤保险范围，实现工伤保险制度全覆盖。《通知》明确，自2015年6月1日起，机关事业单位、社会团体工作人员因工作遭受事故伤害或者患职业病的，其工伤范围、工伤认定、劳动能力鉴定等按照《工伤保险条例》和《江苏省实施〈工伤保险条例〉办法》等有关规定执行。全市机关、参照公务员法管理的机关(单位)、事业单位和社会团体的工伤保险费率为本单位编制内全部参保职工工资总额的0.6%。所需经费由同级财政预算安排，职工个人不缴纳工伤保险费。（市人社局）

**网上社保公共服务平台**　2015年，市人社局依托"核心平台三版"系统，运用"互联网+社保"理念，打造网上社保公共服务平台。推出"掌上社保"微信服务。开通"扬州社保"微信公众号。参保人员只需关注公众号并将社保账户与微信进行绑定，即可享受医保账户消费查询、缴费基数查询、退休待遇查询等服务。推出企业网上申报服务。试点社会保险费网上申报远程办理。网上申报系统支持企业参保人员增减、基数调整等

**2015年扬州市社会保险参保人员、基金收支情况表**

表35-1

| 保险种类 | 净增参保人数(万人) | 累计参保人数(万人) | 基金收入(亿元) | 基金支出(亿元) |
|---|---|---|---|---|
| 企业职工基本养老保险 | 4.66 | 137.59 | 86.23 | 82.76 |
| 机关事业单位养老保险 | 0.24 | 6.17 | 9.07 | 9.14 |
| 城乡居民基本养老保险 | 1.86 | 165.63 | 15.16 | 10.83 |
| 城镇职工基本医疗保险 | 4.79 | 120.99 | 33.74 | 25.43 |
| 城镇居民基本医疗保险 | 0.61 | 49.86 | 2.53 | 2.22 |
| 工伤保险 | 2.77 | 76.09 | 2.73 | 2.39 |
| 生育保险 | 8.05 | 61.68 | 1.32 | 1.24 |
| 失业保险 | 0.88 | 63.69 | 4.8 | 2.5 |

注：企业职工基本养老保险和机关事业单位养老保险参保人数包含在职职工和离退休人员　（市人社局）

业务，实现大部分申报业务的远程操作，节约参保企业办事成本，提高服务效率和效果。实现医保零星报销银行卡支付。制定社会保险待遇资金结算办法，规定参保个人医保零星报销费用一律通过银行卡直接支付，改变原来通过现金或现金支票支付的方式，方便参保人员。搭建医保两定单位网上对账平台。启用医保结算网上对账平台。各医疗服务单位上传医保费用数据，由系统自动完成对账工作，市社保中心再通过网银直接支付相关款项，提高对账工作的准确性和工作效率。 （市人社局）

■**机关事业单位养老保险改革政策出台** 12月7日，市政府印发《关于贯彻落实〈省政府关于机关事业单位工作人员养老保险制度改革的实施意见〉的通知》（以下简称《通知》），自2014年10月1日起，在全市范围内建立机关事业单位工作人员养老保险制度。建立参保登记制度。本市按照公务员法管理的单位、参照公务员法管理的机关（单位）、事业单位及其编制内工作人员，参加机关事业单位养老保险。完善征缴方式。个人缴纳的基本养老保险费、职业年金费用由本人承担并由单位代扣代缴；单位缴纳的基本养老保险费和职业年金费根据单位的供款性质，分别由财政全额承担，财政和单位按比例承担，或单位全额承担。明确缴费基数。机关事业单位工资总额为本单位参保人员的个人缴费工资基数之和。职业年金缴费基数与基本养老保险缴费基数一致。医疗、失业、工伤、生育保险缴费基数与养老保险缴费基数同步调整。建立转移接续机制。参保人员在同一统筹范围内的机关事业单位之间流动，只转移养老保险关系，不转移基金；跨统筹范围流动或在机关事业单位与企业之间流动，在转移基本养老保险关系的同时，基本养老保险个人账户储存额随同转移，并以2014年10月1日后各年度实际缴费工资为基数，按12%的总和转移基金。《通知》还对基金统筹层次、待遇领取流程、基金项目及列支渠道等方面进行明确。 （市人社局）

■**城镇基本医保支付方式改革启动** 11月起，扬州市全面启动城镇基本医保支付方式改革，有效管控医疗费用。推进按病种收付费。将日间手术按病种收付费工作扩展至全市所有符合条件的二级以上定点医院，日间手术病种由12个扩大至20个。全面管控按项目付费。重点加强对急危重症、使用高价值药品和特殊医用材料的医疗费用的审核，防止过度检查、过度治疗。推进城市公立医院改革。统一门诊诊察费医保支付标准，参保人员在定点城市公立医院门诊发生的门诊诊察费（西医诊察费、中医辨证论治费、急诊诊察费），基本医疗保险统筹基金支付标准为6元/人次，超出部分由个人自理；将城市公立医院住院床位费基本医疗保险统筹基金支付标准提高至35元/床·日，医保基金结付比例不变；将其余按规定提高的医疗技术服务收费纳入医保支付政策范围。 （市人社局）

■**工伤保险定期待遇标准上调** 7月1日起，扬州市上调工伤保险有关定期待遇标准。伤残津贴。一至四级工伤职工，在原伤残津贴基础上每人每月分别增加300元、270元、240元、210元。截至2015年7月1日达到70周岁、75周岁、80周岁且未享受养老金调整待遇的，每人每月再分别增加40元、60元、80元。五至六级工伤职工，与原用人单位保留劳动关系，且难以安排工作，由用人单位按月发给伤残津贴的，在原伤残津贴基础上每人每月增加6.4%。伤残津贴调整后金额低于扬州市最低工资标准的，由用人单位补足差额。生活护理费。按照生活完全不能自理、大部分不能自理和部分不能自理三个等级，生活护理费月标准分别调整为2438元、1950元和1463元，已高于上述标准的不予调整。供养亲属抚恤金。供养亲属抚恤金在原待遇基础上，每人每月增加75元。（市人社局）

■**调整完善城乡居民基本养老保险制度** 8月21日，市政府办公室印发《关于进一步调整完善城乡居民基本养老保险制度的意见》，将“扬州市城乡居民社会养老保险”更名为“扬州市城乡居民基本养老保险”。调整参保补贴。新政策对原有补贴标准进行调整和简化，对于选择500元以上标准缴费的，最低补贴标准统一提高为每人每年60元；选择100～400元标准缴费的，最低补贴标准仍为每人每年30元。新政策规定100元缴费档次原则上只适用于最低生活保障对象、重度残疾人等缴费困难的群体，市区原则上选择900元以上缴费档次，市区参保补贴从每人每年50元提高到每人每年60元。建立个人账户养老金调整机制。新政策提出，可根据本地经济社会发展水平，基金积累等情况，对于符合领取基本养老保险待遇的参保人员，适时适当增加个人账户养老金。调整后，基础养老金和个人账户养老金水平均可适时增加、增加丧葬补助金条款。新政策规定，参保人员死亡的，根据其实际缴费年限长短享受一次性丧葬补助金。丧葬补助金计算以缴费15年为时间界限，15年及以上给予1500元丧葬补助金，15年以下给予1000元丧葬补助金。个人账户养老金全额继承和转移。继承方面，新政策规定，参保人员死亡的，其个人账户资金余额可以依法继承，转移方面，新政策规定，需要跨地区转移城乡居民基本养老保险关系的，可一次性转移原户籍地个人账户储存额。 （市人社局）

■**扬州市建筑业参加工伤保险政策出台** 7月6日，市人社局与市城乡建设局、市安监局等部门联合印发通知，贯彻落实上级部门关于进一步做好建筑业工伤保险工作的意见。明确参保范围。凡在本市行政区域内从事土木工程、建筑工程、线路管道工程、设备安装工程、建筑拆除及建筑装修工程的新建、扩建、改建等建设项目的建设施工企业，均应参保。参保对象覆盖建设项目使用的所有建筑业职工。细化参保方式。建设施工企业对相对固定的职工，按用人单位参加工伤保险，以工资总额为基数依法缴纳工伤保险费；对难以按缴费工资参保缴费的建设项目使用的建筑工人特别是农民工，以建设项目为单元在项目所在地优先参加工伤保险。确定缴费标准。按照以支定收、收支平衡的原则，建设项目工伤保险缴费标准定为经备案合同总造价的2‰。建设单位要在工程概算中将建设项目所需的工伤保险费作为不可竞争费，不参与竞标。强化制度保障。对不能提供工伤保险参保证明的建设项目、单位，城乡建设、交通运输和水利等部门将一律不予核发施工许可证、安全生产许可证。通知对建筑业工伤保险的保障期限、工作流程、待遇计发等做出规定。 （市人社局）

■**新型农村合作医疗** 2015年，全市参加新农合人口总数281.88万人，参合率99.7%，基本达到应保尽保的目标。各县（市、区）新农合筹资标准为480～510元，其中各级财政补助不低于380元。各级财政补助及参合农民个人筹资均按照国家和省要求及时全额到位。全年新农合门诊补偿1114.47万人次，住院补偿29.72万人次，住院均次补偿3845.05元，县、乡两级政策范围内住院补偿比76.3%，最高支付限额提高到20万元。2015年以市为单位实施新农合大病保险制度，全市新农合大病保险理赔8677人，理赔金额4350.02万元，实际住院补偿比平均提高9.7个百分点。完成全市第二轮新农合大病保险承办单位招标工作。印发《2015年市区新型农村合作医疗"五统一"指导意见》《市区新农合三级定点医疗机构住院补偿方案》《关于进一步加强省级联网医院"五统一"管理服务的实施办法》，基本实现市区新农合个人筹资、基金划分、补偿标准、目录范围和转外政策的统一。针对转诊到市外联网医院的参合农民在转诊政策、报销目录、报销比例、结报流程和资金结算等方面进行统一政策，方便农民转外就医。

（卫计委）

## 住房保障

■**概述** 2015年，扬州市推进保障性安居工程建设，提高新增保障性住房完成率，扩大住房保障范围，推进住房保障体系建设，提升全市住房保障工作水平，基本解决城市中低收入家庭的住房困难，推动全市住房保障工作健康可持续发展。全市新建各类保障房1.67万套，其中市区1.07万套，市区新建（筹集）公租

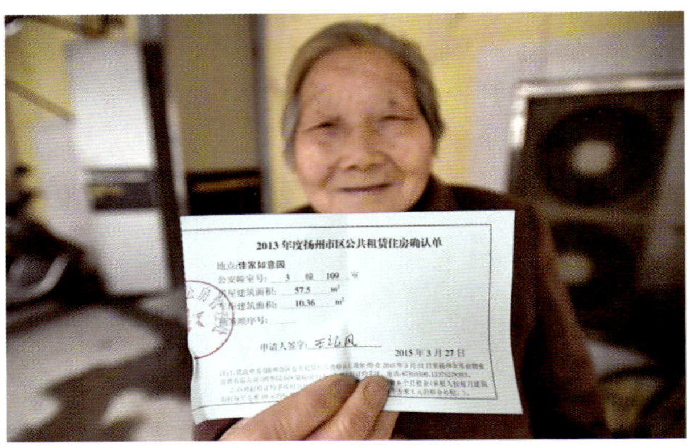


申请人在展示公租房确认单 刘江瑞/摄

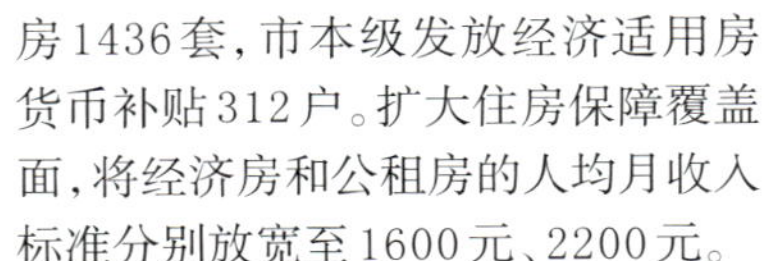
房1436套，市本级发放经济适用房货币补贴312户。扩大住房保障覆盖面，将经济房和公租房的人均月收入标准分别放宽至1600元、2200元。

（方 观）

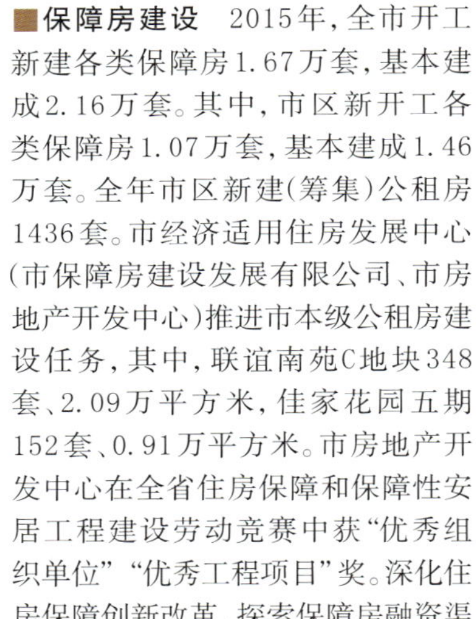
■**保障房建设** 2015年，全市开工新建各类保障房1.67万套，基本建成2.16万套。其中，市区新开工各类保障房1.07万套，基本建成1.46万套。全年市区新建（筹集）公租房1436套。市经济适用住房发展中心（市保障房建设发展有限公司、市房地产开发中心）推进市本级公租房建设任务，其中，联谊南苑C地块348套、2.09万平方米，佳家花园五期152套、0.91万平方米。市房地产开发中心在全省住房保障和保障性安居工程建设劳动竞赛中获"优秀组织单位""优秀工程项目"奖。深化住房保障创新改革，探索保障房融资渠道，规模达10.5亿元的"扬州保障房信托受益权资产支持专项计划"在深交所成功挂牌上市，为全国首单。

（方 观）

■**保障房分配** 加强准入分配管理，把好"公开、公平、公正"原则，在准入分配方面严格执行"三级审核、两级公示"制度。3月27日，采取"摇号定序、抽签定房"的方式成功组织市区2013年度公租房公开配租活动，194户符合申请条件的家庭代表分得房源，解决住房困难。 （方 观）

## 住房公积金管理

■**概述** 2015年，全市新增住房公积金归集单位1448家，比上年增加179家，增幅13.6%。其中，10人以上的新增单位数437家，占全部新增单位数的30.2%；100人以上的新增单位数37家，占全部新增单位数

**2015年扬州市住房公积金归集情况表**

表35-2

| 地 区 | 当年归集额（万元） | 增幅（%） | 累计归集额（万元） | 增幅（%） | 归集余额（万元） | 增幅（%） |
|---|---|---|---|---|---|---|
| **合 计** | **521597** | **10.6** | **3324119** | **18.6** | **1478250** | **13.9** |
| 城 区 | 226011 | 14.3 | 1429612 | 18.8 | 618297 | 14.6 |
| 邗 江 | 47165 | 8.7 | 255337 | 22.7 | 121144 | 18.2 |
| 江 都 | 57547 | 7.9 | 345902 | 20.0 | 172830 | 15.3 |
| 宝 应 | 39080 | 10.9 | 241095 | 19.3 | 106111 | 12.0 |
| 仪 征 | 61524 | 16.7 | 353356 | 21.1 | 163643 | 16.2 |
| 高 邮 | 35745 | 12.3 | 215691 | 19.9 | 97382 | 15.6 |
| 仪征化纤 | 22359 | -12.0 | 187858 | 13.5 | 86403 | 4.8 |
| 江苏油田 | 32166 | 1.0 | 295269 | 12.2 | 112439 | 8.7 |

（杨粉梅）

**2015年扬州市住房公积金使用情况表**

表35-3

| 地　区 | 当年提取额（万元） | 增幅（%） | 累计提取额（万元） | 增幅（%） | 当年贷款额（万元） | 增幅（%） | 累计贷款额（万元） | 年末贷款余额（万元） |
|---|---|---|---|---|---|---|---|---|
| **合　计** | **341046** | **23.3** | **1845869** | **22.7** | **462674** | **44.8** | **2562290** | **1482412** |
| 城　区 | 147212 | 31.3 | 811315 | 22.2 | 242388 | 65.0 | 1213945 | 703629 |
| 邗　江 | 28528 | 20.1 | 134194 | 27.0 | 40186 | 49.6 | 197538 | 124027 |
| 江　都 | 34676 | 23.3 | 173072 | 25.1 | 36760 | 20.5 | 271886 | 150436 |
| 宝　应 | 27726 | 24.7 | 134984 | 25.8 | 34745 | 16.1 | 205262 | 115479 |
| 仪　征 | 38756 | 11.8 | 189713 | 25.7 | 57966 | 42.1 | 288408 | 182411 |
| 高　邮 | 22608 | 29.7 | 118308 | 23.6 | 34745 | 40.6 | 177019 | 88819 |
| 仪征化纤 | 23128 | 6.2 | 101453 | 14.5 | 10710 | -12.2 | 95582 | 53232 |
| 江苏油田 | 341046 | 10.7 | 182829 | 22.7 | 14262 | 1.0 | 112651 | 64379 |

（杨粉梅）

的2.6%。新增归集人员7.66万人，其中城区（含市直、驻扬单位、广陵区、扬州经济技术开发区、扬州化工园区、蜀冈-瘦西湖风景名胜区、生态科技新城）3.57万人、邗江1.02万人、江都8731人、仪征8035人、宝应7672人、高邮6048人、仪征化纤95人、江苏油田129人。全市非公企业新增扩面6.1万人，占扩面总数的79.9%。至年末，全市有71.46万人开户缴存住房公积金，比上年净增3.65万人。其中，正常缴存48.51万人，封存22.95万人。全年归集住房公积金52.16亿元，比上年增长10.6%。全市累计归集住房公积金332.41亿元，比上年增长18.6%。公积金归集余额147.82亿元，比上年增长13.91%。2015年，全市17.95万人次提取住房公积金34.10亿元，提取总额比上年增长23.3%；平均每笔提取1.9万元，比上年增加0.1万元；12月末全市当期提取比率为56.4%。至年末，全市累计提取住房公积金184.58亿元，比上年增长22.7%。全年向1.52万户家庭发放公积金贷款46.27亿元，比上年增长44.8%；平均每户贷款30.4万元，比上年增加1.8万元。全年单月放贷额最高为7月、5.61亿元，创单月贷款纪录。至年末，全市累计向12.51万户家庭发放贷款256.23亿元，贷款余额148.24亿元，比上年增加31.67亿元；全市住房公积金个贷比率100.3%，比上年增长10.5%。市住房公积金管理中心服务大厅获得“全国巾帼文明岗”称号，被市委、市政府评为绩效管理和综合考评先进单位。（杨粉梅）

**公积金缴存**　2015年，市住房公积金管理中心继续落实归集扩面长效机制，攻克非公企业建制和已建制单位欠缴等难题，制度扩面工作取得新成效，非公企业建制工作取得新进展，全市全年非公企业新增扩面6.1万人，占扩面总数的79.9%。提高低标准缴存水平，督促基数调整，提高汇缴率，全年归集额突破50亿元大关，达到52.16亿元。（杨粉梅）

**提取贷款使用**　2015年，全市累计提公积金17.95万人次、34.10亿元，提取总额比上年增长23.3%；累计发放住房公积金个人贷款1.52万笔，比上年增长34.1%，发放贷款46.27亿元，比上年增长44.8%，为历年最多。住房公积金贷款为支持缴存人解决住房困难和保持房地产市

**2015年扬州市住房公积金制度扩面情况表**

表35-4

| 类　别 | 人数（人） | 占比（%） | | 地　区 | 机关、事业、国企 | | 非公企业 | |
|---|---|---|---|---|---|---|---|---|
| | | | | | 人数（人） | 占比（%） | 人数（人） | 占比（%） |
| 国家机关、事业单位 | 7497 | 9.79 | 区域分类扩面 | **合　计** | **15361** | **20.11** | **61011** | **79.89** |
| 国有企业 | 5289 | 6.91 | | 城　区 | 6456 | 18.07 | 29277 | 81.93 |
| 城镇集体企业 | 27545 | 35.96 | | 邗　江 | 2145 | 21.13 | 8008 | 78.87 |
| 外商投资企业 | 4793 | 6.26 | | 江　都 | 2512 | 28.77 | 6219 | 71.23 |
| 城镇私营企业及其他城镇企业 | 11806 | 15.41 | | 仪　征 | 923 | 11.49 | 7112 | 88.51 |
| 民办非企业单位社会团体 | 2654 | 3.46 | | 宝　应 | 1699 | 22.15 | 5973 | 77.85 |
| 其他 | 17012 | 22.21 | | 高　邮 | 1626 | 6.88 | 4422 | 73.12 |

（杨粉梅）

**2015年扬州市住房公积金贷款发放情况表**

表35-5

| | 月　份 | 第一季度 | 第二季度 | 第三季度 | 第四季度 |
|---|---|---|---|---|---|
| 户数(户) | **合　计** | **3113** | **3325** | **4483** | **3881** |
| | 商品房 | 1830 | 1897 | 2500 | 2212 |
| | 存量房 | 830 | 993 | 1378 | 1062 |
| | 置　换 | 440 | 428 | 594 | 596 |
| | 其　他 | 13 | 7 | 11 | 11 |
| 金额(万元) | 月　份 | 第一季度 | 第二季度 | 第三季度 | 第四季度 |
| | **合　计** | **91960** | **96319** | **138478** | **121654** |
| | 商品房 | 53578 | 54920 | 78903 | 71396 |
| | 存量房 | 25090 | 29764 | 42527 | 32949 |
| | 置　换 | 13067 | 11502 | 16881 | 17118 |
| | 其　他 | 225 | 133 | 168 | 191 |

注:不含江苏油田　（杨粉梅）

**2015年扬州市住房公积金提取情况表**

表35-6

| 类　别 | 提取笔数(笔) | 提取金额(万元) | 占比(%) |
|---|---|---|---|
| **合　计** | **179525** | **341046** | |
| 住房消费 | 140246 | 263462 | 77.3 |
| 购买、建造、翻建、大修自住住房 | 22575 | 103499 | 30.3 |
| 偿还购房贷款本息 | 112215 | 155677 | 45.6 |
| 租赁住房 | 3104 | 3924 | 1.2 |
| 其他住房消费(物业费) | 2353 | 363 | 0.1 |
| 离休、退休 | 10662 | 44682 | 13.1 |
| 完全丧失劳动能力,并与单位终止劳动关系 | 18988 | 17619 | 5.2 |
| 户口迁出本市或出境定居 | 2106 | 3519 | 1.0 |
| 其他非住房消费 | 7522 | 11763 | 3.4 |

（杨粉梅）

场平稳健康发展发挥重要金融作用。（杨粉梅）

**■住房公积金业务收支及增值收益**　2015年,全市住房公积金实现业务收入6.39亿元,其中存款利息收入7224万元、委托贷款利息收入5.54亿元、国债利息收入581万元、其他业务收入194万元。全市住房公积金共发生业务支出1.70亿元,其中住房公积金利息1.17亿元、归集手续费用1597万元、委托贷款手续费1996万元、贴息贷款利息1104万元、其他业务支出646万元。至年末,全市住房公积金个贷逾期率接近零;全市实现营运净增值收益4.69亿元,比上年增加1.90亿元,增长68.7%,全市增值收益率3.38%,比上年提高1.07个百分点,位列全省前列,创历史最佳;风险准备金充足率5.0%(以上三项指标含仪征化纤、江苏油田)。（杨粉梅）

**■住房公积金支持廉租住房建设**　2015年,全市提取廉租住房建设补充资金1.76亿元,比上年增加9912万元,增长129.1%,为历年最高。其中城区5200万元、仪征2620万元、江都2418万元、邗江1913万元、宝应1670万元、高邮1560万元、仪征化纤130万元、江苏油田2077万元。至年末,全市累计提取廉租住房建设补充资金4.83亿元。（杨粉梅）

**■住房公积金基数和缴存比例调整**　经市政府批准,2015年,扬州市区(含广陵区、邗江区、扬州经济技术开发区、扬州化工园区、生态科技新城、蜀冈-瘦西湖风景名胜区)住房公积金基数调整,缴存住房公积金的月工资基数,按职工本人2014年度月平均工资收入(工资总额)核定。月缴存基数最低不低于扬州市区社会保险月缴纳基数2299元,最高不超过1.44万元。（杨粉梅）

**■住房公积金“十二五”规划目标完成**　“十二五”期间,累计新增扩面职工39.14万人,超过“十二五”规划指标30.5个百分点,年均新增7.83万人。“十二五”期间,全市住房公积金年缴存额平均增幅18.1%,超过规划指标3.1个百分点;年缴存额从2011年的27.3亿元增加到2015年的52.2亿元,超规划指标18.6个百分点。“十二五”期间,累计提取额115.9亿元,超规划指标28.8个百分点。“十二五”期间,共办理个人住房公积金贷款5.42万笔、154.6亿元,贷款额超规划指标54.6个百分点。个贷比率从2011年75.7%提高到2015年100.3%。2015年末,全市累计贷款总额增加到256.2亿元,个贷余额148.2亿元。全市个贷逾期率均保持为零。“十二五”期间,全市实现增值收益12.72亿元,超规划指标4.32亿元,平均增值收益率2.3%,超规划指标0.5个百分点。五年共提取贷款风险准备金4.52亿元,是规划指标的4.5倍;提取廉租房建设补充资金3.78亿元,是规划指标的3.7倍,有效支持全市保障性住房建设。（杨粉梅）

**■住房公积金政策调整**　2015年,市住房公积金管理中心贯彻落实国家住建部电视电话会议和有关文件精神,提高住房公积金使用效率,修订《扬州市职工提取住房公积金支付房租和物业管理费实施办法》，提高支付房租和物业费标准，租金支付提取标准上限调整按月计算，最高每月不超过1500元，物业费提取最高不超过3.5元/平方米·月；降低首套住房贷款首付比例，由30%降低到20%。（杨粉梅）

■**开展"公转商"贴息贷款业务** 经市政府和省住建厅批准，市住房公积金管理中心于6月底正式开展"公转商"贴息贷款业务，全年共为2635户职工家庭发放贴息贷款8.59亿元，有效化解缴存职工贷款积压的问题。（杨粉梅）

■**住房公积金贷款发放和管理环节操作规范** 市住房公积金管理中心制定出台《住房公积金贷款发放和管理环节操作规范》，作为市委"三直接"十大环节操作规范之一执行，防范贷款审批、发放过程中的以权谋私、暗箱操作、不按序放款、人情插队等问题的发生，保障住房公积金贷款的公开、公平、公正，提高住房公积金的社会公信力。该项工作得到《中国建设报》的重点推介。（杨粉梅）

■**扬州市住房公积金微信公众号开通** 4月1日，扬州市住房公积金管理中心正式推出微信公众平台，方便职工查询、咨询，拥有粉丝2万余人，累计消息发送人数1.4万人次，累计消息总量4万多条，查询住房公积金缴存信息累计6万人次。（杨粉梅）

## 社会救助与福利

■**城乡居民最低生活保障** 2015年，全市新增低保对象0.56万人次，退出低保0.81万人次。城市低保标准为月人均520～575元，农村低保标准为月人均390～575元。市区实现低保标准城乡一体化，市区民政福利政策全部实现同城同步同标。该项工作获得2015年度市级机关绩效管理和综合考评"特别贡献奖"。全市保障城乡低保对象7.2万人(城市1.23万人、农村5.97万人)，支出城乡低保资金1.82亿元(城市0.46亿元、农村1.36亿元)。对市区低保对象中的在校学生实施专项救助，在享受正常低保待遇基础上，按其受教育程度(学前和义务教育阶段、高中教育阶段、大学教育阶段)，每月分别增发保障标准全额20%、60%和80%的保障金。（王 涛）

■**医疗救助** 全额资助城乡低保对象、享受民政部门定期定量生活补助的20世纪60年代精减退职职工等符合条件的困难对象参加城乡基本医疗保险，对其经基本医疗保险报销后，符合医保补偿规定的个人自付费用再按70%的比例实施救助，年度封顶线提高到"十二五"医改方案规定的城乡基本医保封顶线的50%。使用医疗救助同步结算平台，实现基本医疗保险和民政医疗救助"一站式"结算。市区民政医疗救助同步结算范围扩展至8家公立医院，简化减免程序，保障困难对象就近就医、平等享受优质医疗资源。2015年，全市实施参保和医疗救助33.63万人次，支出资助参保和医疗救助资金7319万元。（王 涛）

■**临时救助** 市区设立1000万元临时救助基金，对因突发性灾害事故遭遇困难的市区居民给予1000～3000元临时生活救助。开展"四季系民生""爱心送万家"等救助活动，对有突发性重大疾病患者、重大变故的困难家庭每户给予1000元一次性救助。各县(市、区)分别制定临时救助办法，对符合条件的困难对象给予最高3000元的临时救助。2015年，全市救助各类困难群众2.78万人次，支出临时生活救助资金1442万元。（王 涛）

■**急难救助** 市委、市政府印发《关于加强和改进急难家庭救助工作的意见》，要求各地原则上按照不低于辖区户籍人口每人每年5元或总量不低于300万元的标准，设立急难家庭救助专项基金。市财政设立每年1000万元的急难家庭救助专项补助资金，补助市区救助工作。各县(市、区)分别制定急难家庭救助实施办法。市民政局、市财政局印发《关于进一步加强扬州市区困难家庭临时救助和急难家庭救助工作的通知》《关于印发〈扬州市区临时救助和急难家庭救助专项资金管理暂行办法〉的通知》，规定市急难家庭救助专项补助资金补助比例为50%，明确各级民政、财政部门工作职责和资金审核、拨付程序。市民政局开通"87995995"急难家庭救助热线电话。扬州市的急难家庭救助工作获得民政部领导的批示肯定，并先后两次被民政部作为先进典型在大会上进行交流发言。该项工作获得2015年度市委、市政府工作创新奖。2015年，全市实施急难救助支出救助资金656万元。（王 涛）

■**扶贫济困送温暖** 春节前，各级政府安排专项资金分类慰问市区城乡低保对象、农村五保供养对象、重点优抚对象等特困群体。全市各级民政部门慰问困难群众12万人，发放各类资金3231万元。其中，市领导分成9个组，慰问困难乡镇、村，农村敬老院和部分城乡低保对象、五保供养对象、优抚对象、老党员等困难群众，发放慰问金110.88万元。（王 涛）

市委书记谢正义走访慰问困难群众　　王 卓/摄

**■防灾减灾** 2015年，广陵区、江都区、高邮市、宝应县、仪征市先后发生风雹、洪涝和台风灾害。全市1.59万人受灾，其中轻伤3人、紧急转移安置181人；倒塌居民居住房屋11户20间，严重损坏57户132间；农作物受灾面积5897公顷；灾害造成直接经济损失3770万元。灾情发生后，全市各级民政部门启动应急预案，开展救灾工作，确保受灾群众基本生活。加强防灾减灾体系建设。市、县(市、区)、乡镇(街道)、居(村)委会四级配备灾害信息员1576人。市民政局联合市应急办组织开展全国第七个"防灾减灾日"系列宣传活动，开展应急知识"进校园、进广场、进社区"活动，发放科普资料4000多份，接受咨询2000多人次。广陵区连福社区、宝应县子婴河社区、仪征市新北花苑社区创成全国综合减灾示范社区。2015年，扬州市投入福彩公益金165.49万元，开展市区自然灾害民生保险工作，保险协议于9月24日正式生效，期限为一年；最高赔付限额为30万元，为全省最高。

(王 涛)

**■老年人福利** 全市有养老机构97家、床位2.21万个。其中，公办养老机构80家，有床位1.8万个；民办养老机构17家，有床位1.78万个(含居家养老床位)。市民政局出台《关于推进医疗与养老服务融合发展的意见》，全市各级养老机构医疗绿色通道机制全面建立。全市护理型床位数占床位总数的30%，全市第一家养老护理院在仪征建成。免费培训全市各养老机构养老护理员240人，培训合格率99%。全市养老机构护理员持证上岗率90%以上。(潘 勤)

**■农村五保供养** 2015年，各县(市、区)按照不低于当地上年度农村居民人均纯收入45%的比例确定农村五保供养标准。全市保障农村五保供养对象1.73万人，落实供养资金1.01亿元。实施消防设施改造，市政府在宝应召开全市社会福利机构消防安全现场会。全市敬老院"三有三能六达标"升级改造工作共投入3174万元。全市除部分异地迁建敬老院外，全部完成"三有三能六达标"改造任务。(景志刚)

众多"扬州好人"、"爱心家庭"过生日的小女孩和福利院的孩子们一起过生日 庄文斌/摄

**■儿童福利** 实行孤儿基本生活费自然增长机制。2015年，扬州市社会散居孤儿基本生活费标准为每月960元，集中供养孤儿基本生活费标准为每月1620元。全市有孤儿618人，其中机构供养118人、散居500人，全部纳入公共财政保障。市、县(市、区)儿童福利指导中心负责监督、评估孤儿养育状况，指导和培训监护人，为孤儿成长提供服务和支持。开展困境儿童助学工作，全市共资助1366名困境儿童，发放助学金273.2万元。(张 纯)

**■残疾人福利企业** 全年新办福利企业13家，新安置残疾职工290人。全市477家福利企业参加2014年度年审，县(市、区)审查率100%、市级抽查率5%。全市福利企业安置残疾职工1.38万人。(张 纯)

**■公益养老** 2015年，市社会福利院"三无"老人和精神病人供养标准提升至1100元每人每月。接纳来自阳光安养中心的大龄困境儿童近20人，流浪乞讨精神病人10余人。为"三无"老人增设理疗室和理发室，聘请专业人员上门服务。组织"三无"老人游玩万福大桥、市民广场等近10次，组织社会各界团体敬老助老活动200多次，4000多人次参加。

(朱传英)

**■市福利中心儿童福利保障** 2015年，市社会福利中心儿童生活补助标准由每人每月1460元增长到1620元。全年适龄儿童入学率100%。儿童医疗检查65人次，入院治疗22人次，手术3人次。全年适龄儿童预防接种达10余种，约300人次。儿童康复参训32人，有效率95%，其中2名残儿完成康复，1名儿童康复后实现独立行走并被成功收养，2名残儿进入收养流程。扬州海星残儿养育中心运行良好，采用先进康复养育技术和儿童集中养育管理模式，养育儿童近50人。(朱传英)

**■社会养老** 2015年，市福利中心颐和养老家园入住率95%以上。实现家属沟通和老人庆生活动常态化，采用定期回访、特殊情况及时回访、跟踪回访等形式，加强与家属的沟通；定期为生日老人举办集体庆生会。亲情助理每日上门服务，对服务内容和服务结果进行留痕登记。每周集中对服务情况进行座谈交流。每周2次开展养老护理员、保洁员专业技能培训，全年开设26个专题52周次培训课程，近500人次参加，护理员参训率100%，持证上岗率100%。全年针对行动不便的老年人推出室内钟点工服务项目。(朱传英)

**■"金拐杖"志愿服务义工队** 2015年，市福利中心成立"金拐杖"志愿服务义工队。设立理发、陪护、早教等志愿服务岗位，通过发布网络公告、现场审核、服务试运行等方式，考核吸纳领跑爱心协会等10余支专业志愿服务团队。全年累计向服务对象提供5000人次、1万小时的志愿服务，服务内容涵盖早教康复、陪护出游、节日庆祝、文娱表演等方面。

(朱传英)

■**医养融合探索** 5月7日，市福利中心邀请市政协到院调研，就扬州市面临的医养融合优势和困境、老人医保、护理险等重要问题展开讨论，重点提出要针对医养融合专区建立完备的准入和监督考核机制。市福利中心就建设医养融合护理专区进行调研并形成方案，该方案通过市民政局审批。（朱传英）

■**福利彩票** 全市实现福利彩票年销售额5.74亿元，其中电脑票销售额3.82亿元、刮刮乐即开票销售额0.19亿元、中福在线即开票销售额1.73亿元，筹集福彩公益金6000万元。市直完成福利彩票销售额1.22亿元，其中电脑票销售额0.69亿元、刮刮乐即开票销售额0.04亿元、中福在线即开票销售额0.49亿元。全年共中出双色球一等奖5注，其中：仪征2注，邗江、江都、市区各1注，5注奖金合计2970万元。2015年底，全市有福彩电脑票投注站653个。（赵　亮）

■**救助管理** 2015年，市区有救助管理工作联系点47个。全市各级救助机构救助2234人次，其中，其他站转入181人次、女性553人次、未成年人384人次、老年人410人次、肢体残疾人243人次、智障及精神病人210人次、危重病人69人、自主返乡1244人次、跨省接送90人次、不在站救助611人次；年末在站155人次，全年滞留在站3个月以上139人次。（庞庭全）

## 优抚安置

■**概述** 2015年，扬州市有享受抚恤补助的优抚对象近3万人，其中残疾军人2390人、“三属”（烈属、因公牺牲军人遗属、病故军人遗属）470人、在乡复员军人1326人、带病回乡退伍军人1805人、参战涉核人员2907人、铀矿开采军队退役人员362人、60周岁以上部分农村籍退役士兵1.91万人、60周岁以上烈士子女743人。全年支出各类抚恤、定补、优待、慰问金2.2亿元。全市接收2014年冬季退役士兵2029人、军队退休干部8人、退休士官3人、无军籍退休退职职工3人、伤病残士兵3人、复员干部4人，接收安置率100%。扬州市军队离休退休干部第一休养所被江苏省民政厅、江苏省军区政治部评为军休工作先进单位；董达人、朱尔森被评为先进军队离退休干部；张鸣、张朝成被评为军休工作先进个人。11月，扬州市军休干部门球队在江苏省第七届军休干部门球比赛中获得第四名，同时获得道德风尚奖。高邮市烈士陵园的侵华日军向新四军投降处旧址被列入第二批国家级抗战纪念设施、遗址名录。（沈　静　池宗华）

■**抚恤优待** 7月20日，市民政局、市财政局印发《关于确定2015年全市优抚对象抚恤、定补、优待最低标准的通知》，从7月1日起提高优抚对象抚恤定补优待标准。其中，在乡伤残人员残疾抚恤金标准、“三属”定期抚恤金标准、在乡老复员军人定期定量补助标准提高约11%，带病回乡退伍军人定期定量补助标准提高46%。全年向近3万名优抚对象发放抚恤补助金1.35亿元，其中伤残人员残疾抚恤金4227万元、“三属”定期抚恤金1099万元、在乡复员军人定补2564万元、带病回乡退伍军人定补1104万元、参战涉核人员定补2018万元、铀矿开采军队退役人员定补250万元、60周岁以上部分农村籍退役士兵定补2024万元、60周岁以上烈士子女定补266万元；向4000多户义务兵家庭发放优待金5616万元。老残疾军人、老复员军人遗属生活补助标准随城市低保标准同步提高。全年向近3000名老残疾军人、老复员军人遗属发放补助近2000万元。（沈　静）

■**出台“三免费”政策** 免费游园。市民政局会同市园林局等部门出台《关于优抚对象免费游园的通知》，规定全市近3万名享受国家抚恤补助的优抚对象可凭《江苏省优抚对象抚恤补助证》免费游览扬州市的公办公园。免费乘坐公交。市民政局联合市财政局、市交通局等单位出台《关于实行优抚对象免费乘坐公交的通知》，规定扬州市享受国家抚恤补助的优抚对象可在当地免费乘坐市内公交。免费体检。市政府2015年“1号文件”将每年为重点优抚对象进行一次免费体检列入市政府督办的重点工作。（沈　静）

■**落实重点优抚对象待遇** 组织短期疗养和医疗巡诊，安排540名解放战争时期入伍的在乡复员军人参加短期疗养，完成420名一至六级残疾军人医疗巡诊。春节、“八一”节期间，全市投入经费近1000万元，走访慰问重点优抚对象。（沈　静）

■**抗日战争胜利70周年纪念活动** 9月3日前，各县（市、区）民政局向民政部门负责的“四类对象”（服现役满12年的士官、服现役期间平时获二等功以上奖励或战时获三等功以上奖励的士兵、因战致残被评定为五至八级残疾的士兵、烈士子女）发放抗日战争胜利70周年纪念章和国家发放的5000元生活补助金和省级下发的2500元生活补助金。全市民政部门共发放抗战胜利70周年纪念章187枚。（沈　静）

■**退役士兵安置** 11月27日，市政府印发《关于下达2014年冬季符合安排工作条件的退役士兵安置计划的通知》，明确“四类对象”实行阅档积分，并采用积分选岗方式安排工作。2015年，全市接收2014年冬季退役士兵2029人。其中，65名“四类对象”中，60人实行岗位安置，5人选择自主就业；20名双向选择对象（立三等功的士兵，伤残士兵、藏兵）中，2人通过双向选择落实工作单位，18人选择自主就业。全市有1967名退役士兵选择自主就业，共发放补助经费7358万元。（池宗华）

# 社会事务管理

Shehui Shiwu Guanli

编　辑　徐国磊

## 基层自治组织建设

■**概述**　2015年，扬州市有居委会373个、村委会1003个。至年末，"政社互动"覆盖率100%。深化和谐社区创建工作，创成全省和谐社区建设示范街道(乡镇)9个、示范社区17个、示范村29个，市级和谐社区建设示范社区35个、示范村168个，城市和农村和谐社区达标率分别为90%和80%。全年举办社区工作者培训班4期，培训500人次。连续第六年开展年度"十佳社区""十佳社区工作者"评选。（林　波）

■**"十佳社区"评选**　11月，市民政局启动2015年度"十佳社区"评选活动。经过现场评选，邗江区竹西街道安平社区、邗江区双桥街道康乐社区、宝应县安宜镇世纪园社区、邗江区邗上街道兰庄社区、邗江区邗上街道五里社区、江都区仙女镇龙都社区、广陵区东关街道个园社区、高邮市高邮街道康华社区、广陵区汶河街道四望亭社区、仪征市真州镇鼓楼社区等10个社区被命名为年度"十佳社区"；广陵区曲江街道文昌花园社区、广陵区东关街道琼花观社区、广陵区文峰街道连福社区、蜀冈-瘦西湖风景名胜区梅岭街道凤凰桥社区、广陵区汶河街道荷花池社区等5个社区被命名为"明星社区"。（林　波）

■**"十佳社区工作者"评选**　12月，市民政局开展2015年度"十佳社区工作者"评选活动。经过对候选对象的资料审核、专家评审、实地走访、问卷调查，广陵区曲江街道沙北社区党总支书记、主任沈钧平，广陵区东关街道教场社区党支部书记、主任赵林，邗江区双桥街道文苑社区党委副书记、主任孙瑜，邗江区蒋王街道蒋邑社区党支部书记丁元庆，江都区商贸城社区党总支书记顾秀萍，扬州经济技术开发区扬子津街道桃园社区党支部书记张桂兰，蜀冈-瘦西湖风景名胜区城北乡鸿福社区主任刘万芬，宝应县安宜镇南园社区党总支书记吴晓燕，高邮市高邮街道新联社区党总支书记连德宏，仪征市真州镇华兴新村社区党总支书记、主任郭雪萍获2015年度全市"十佳社区工作者"称号。（林　波）

■**扬州市首批社区学院成立**　4月，扬州市在部分社区推动成立社区学院。社区学院是在民政部门依法登记注册的民办非企业单位，为社区居民就近提供各类非学历继续教育、职业教育和技能培训等，是居民终身教育的重要载体和依托。至年末，全市共有16个社区成立社区学院，各学院根据本社区情况设置各类课程50余门，共有2.15万人次参加社区学院的培训课程，授课总时长近3700小时。（林　波）

■**社区综合管理服务信息平台**　年初，市民政局对社区综合管理服务信息平台建设方案进行修改完善。7月，该项目经市信息化领导小组办公会审议并确定立项。12月完成招投标工作，全面启动信息平台建设。该平台集行政管理、社区事务与便民服务为一体，整合社区现有的便民服务网等网络互动平台和各部门在社区的所有信息平台，实现"一次采集，多方共享，一线接入，集约管理"，提高社区工作效率。（林　波）

■**省级"三社联动"试点社区建设**　市民政局完善"三社联动"(社区、社团、社工三者互联、互补、互动)机制建设，配合做好省级"三社联动"综合试点社区申报推荐工作。经层层筛选，广陵区荷花池社区、邗江区安平社区、江都区云峰社区、宝应县世纪园社区、仪征市华兴新村社区、高邮市御码社区等6个社区被确定为省级"三社联动"综合试点社区。（林　波）

■**社区专职工作者工资福利待遇自然增长机制**　9月28日，市民政局、市财政局联合下发《关于下达2015年度社区专职工作者工资福利待遇自然增长经费的通知》，继续执行市区社区专职工作者工资福利待遇(含按现行政策由单位负责缴存的社会保险和住房公积金)自然增长机制，按人均年增加4320元计发，确保社区主要负责人工资待遇不低于上年度当地城镇单位在岗职工平均工资水平。（林　波）

■**扬州市首批城乡社区证明类盖章项目目录公布**　11月30日，扬州市社会工作委员会下发《关于公布扬州市首批城乡社区证明类盖章项目目录的通知》。通知规定今后市、区部门单位确因工作需要，要求城乡社区盖章的证明事项，应分别向市、区社会工作委员会（和谐社区建设领导小组）提出书面申请，经其审核同意后方可进入。对未经审批的，一律不得要求城乡社区证明盖章。（林 波）

## 民族事务

**■概述** 扬州是少数民族散杂居城市，全市有45个少数民族，少数民族人口近2万人，占全市总人口的0.40%；其中，回族人口最多，约1万人。城区回族人口近6000人。全市有外来穆斯林约6000人，除110多名留学生外，大多是新疆、青海、宁夏、甘肃等地在扬州经商人员。全市有1个民族乡（高邮市菱塘回族乡）、2个民族村（仪征市月塘镇龙山村、大仪镇河北村），有12个省级民族工作示范社区、8个民族用品生产定点企业、17个少数民族扶贫基地、2个少数民族传统体育训练基地。邗江中学10个新疆班有学生357人。高邮菱塘回族乡有民族中小学和幼儿园3所。全市有领取清真标志牌的清真网点25家、清真基本供应点8家、清真拉面店近300家。在2015年江苏省首届少数民族舞蹈展演中，扬州市歌舞剧团表演的《甘霖》和高邮市菱塘回族乡姐妹花艺术团演员表演的《金色汤瓶》分别获优秀节目奖和优秀表演奖。

（王清荣 郭宏芳 陈 鹏）

**■民族乡村发展** 市民族宗教局（简称市民宗局）多次赴高邮市菱塘回族乡和仪征市2个民族村调研，为民族乡村进一步搞好发展出谋划策。上报5个特色村寨项目，联合市财政局、市扶贫办上报2个少数民族发展资金项目，推进少数民族乡村建设。

（王清荣 郭宏芳 陈 鹏）

**■城市民族工作** 5月，市民宗局在全市范围内开展第二个“民族团结进步宣传月”活动，利用报纸、网络等媒体手段，宣传民族政策，普及民族知识。深入企业了解少数民族用工情况，指导企业做好少数民族工作。6月，举办扬州市伊协第五届“卧尔兹”演讲交流赛，增加穆斯林民众交流，增进穆斯林民众感情，增强和谐氛围。（王清荣 郭宏芳 陈 鹏）

**■服务少数民族群众** 落实回族等10个少数民族清真食品补贴。为少数民族扶贫项目、清真网点建设项目和少数民族文化事业项目争取资金。全年向国家、省争取专项资金1100多万元，帮助30户少数民族贫困户脱贫。全年办理民族成份变更事项60件、高考学生民族成份证明200份、中考学生民族成份证明269份。

（王清荣 郭宏芳 陈 鹏）

## 宗教事务

**■概述** 扬州市佛教、道教、伊斯兰教、天主教、基督教五教齐全，为全省宗教工作重点市。全市有宗教信徒约50万人；有经登记的宗教活动场所224处，其中佛教活动场所129处、道教活动场所4处、伊斯兰教活动场所8处、天主教活动场所2处、基督教活动场所81处；有宗教教职人员754人，其中佛教教职人员455人、道教教职人员28人、伊斯兰教教职人员13人、天主教教职人员3人、基督教教职人员255人。全市有4个市级宗教团体、15个县级宗教团体、1所省属佛学院（鉴真佛教学院）。

（王清荣 郭宏芳 陈 鹏）

**■团体建设** 6月，市民宗局召开市级宗教团体建设推进会，分析宗教团体的现状，肯定成绩，找出不足，明确今后工作的方向和举措。出台《扬州市宗教团体建设管理规范》，从政治建设、组织建设、制度建设、教风建设、队伍建设、事务管理等六个方面提出具体要求，并进行考核考评。市财政从2015年起给每个市级宗教团体每年安排10万元工作经费，为宗教团体发挥作用提供保障。12月21—22日，市伊斯兰教协会成功进行换届。11月27日，广陵区佛教协会成立并召开第一次代表会议。

（王清荣 郭宏芳 陈 鹏）

**■活动场所建设** 推进落实《扬州市市区宗教活动场所规划建设管理办法》。配套出台《关于加强筹备设立宗教活动场所审批和管理工作的意见》，加强筹备场所的审批管理、建设管理、民主管理和登记管理，严格把关市区场所的新建、改建及扩建。做好星级宗教活动场所评定工作。大明寺、文峰寺被认定为江苏省五星级宗教活动场所，15家宗教活动场所被认定为江苏省四星级宗教活动场所，5家宗教活动场所被认定为江苏省三星级宗教活动场所。

（王清荣 郭宏芳 陈 鹏）

**■教职人员管理** 开展主要教职任职备案工作。逐级建立健全组织领导机构，落实工作责任，市民宗局赴各县（市、区）对主要教职任职备案工作进行督查，指导填写《宗教活动场所主要教职任职备案表》等相关材料。江都区民宗局在全省民宗局长会议上作交流发言，介绍经验做法。做好宗教教职人员学习培训工作，开展宗教教职人员培训，学习党的方针政策、教风建设和经文诵读等内容，做到内练苦功，外树形象。举办基督教中青年骨干进修班和第三期佛教教职人员轮训班，增强爱国爱教信念，储备宗教教职人才，收到良好效果。

（王清荣 郭宏芳 陈 鹏）

**■基础工作** 开展基督教私设聚会点治理工作。全市有基督教私设聚会点131处，信徒约4000人。9月，市民宗局召开县级基督教私设聚会点治理方案认定评估论证会，对各地治理方案作出评估并通报。通过专项治理，全市131处私设聚会点中，5处作为固定处所，15处明确为临时处所，75处实行以堂代点，36处依法取缔。推进宗教基础数据统计工作，组织专门力量深入基层场所，跟踪检查宗教教职人员变动情况，对全市224家宗教活动场所资料进行更新，确保做到情况清、账目明、去向知。

（王清荣 郭宏芳 陈 鹏）

**■依法管理** 2015年，市民宗局组织开展法制宣传，以“国法与教规的关系”为主题，采取研讨会、演讲交流赛、集体学习等形式，开展“宗教政策法规学习月”活动。对26项权力事项全部实现网上运行，公开透明。落实2015年度市委、市政府“2号文件”精神，在市级机关部门“2号文件”考核中获得满分。开展执法活动，联合扬州市公安等部门调查处理非法宗教活动，保障社会稳定，宗教和顺。做好安全防范，保证全国“两会”、“烟花三月”国际经贸旅游节、德林老和尚圆寂、“6·19”观音山香期、扬州建城2500周年城庆等重要时期和节点的安全稳定。

（王清荣　郭宏芳　陈　鹏）

**■提升宗教影响力**　参与扬州建城2500周年城庆活动，全市宗教界齐力共举，通过大明寺迎新祈福撞钟、星云法师讲座、“同心同行　祝福扬州——扬州市宗教界庆祝建城2500周年文艺演出”等系列活动，彰显“爱国爱教爱扬州，同心同德同出力”的美好主题。加强宗教文化旅游建设。完成大明寺栖灵塔周边环境提升工程。督促市伊斯兰教协会做好普哈丁园保护修缮和环境整治提升项目。鉴真图书馆举办20期扬州讲坛。鉴真佛学院办学特色鲜明，办学成效显著，被确定为国家、省宗教部门重点支持的宗教院校。开展宗教慈善事业。鼓励和规范宗教界从事公益慈善活动、发挥宗教界人士和信教群众积极作用。开展“宗教慈善周”活动，全市宗教界募集款物合计30多万元，用于开展扶贫、济困、助残等公益慈善活动，7100多人受益。

（王清荣　郭宏芳　陈　鹏）

**2015年扬州讲坛活动情况表**

表36-1

| 时　间 | 主讲人 | 讲　题 |
|---|---|---|
| 3月21日 | 马瑞芳 | 《我们心中都有个孙悟空》 |
| 4月10日 | 星云法师 | 《般若心经的宇宙观和人生观》 |
| 4月11日 | 星云法师 | 《般若心经的宇宙观和人生观》 |
| 4月12日 | 星云法师 | 《般若心经的宇宙观和人生观》 |
| 5月2日 | 魏传忠 | 《国学墨韵——我的书法理念与实践》 |
| 5月16日 | 董　平 | 《心体光明与自性清净——从王阳明的致良知说起》 |
| 5月23日 | 叶　檀 | 《通缩经济下的投资》 |
| 6月8日 | 张亚中 | 《人间佛教与民族振兴》 |
| 6月13日 | 阎崇年 | 《明代的三位军事天才：徐达、戚继光、袁崇焕》 |
| 6月27日 | 田　青 | 《传统文化与当代社会》 |
| 7月11日 | 黄爱平 | 《阮元的学术成就与经世实践》 |
| 7月25日 | 程恭让 | 《星云大师的善巧方便及其对佛教的十大贡献》 |
| 8月8日 | 符之瑛等 | 《星愿云心〈献给旅行者365日〉扬州回响》 |
| 8月22日 | 郑石岩 | 《培养孩子的适应力》 |
| 9月12日 | 沈国放 | 《中国文化与一带一路》 |
| 9月26日 | 林清玄 | 《佛既是活法》 |
| 10月24日 | 顾宝孜 | 《一个作家眼中的领袖世界：周恩来》 |
| 11月7日 | 童　星 | 《风险社会中学会生存——我们身边的风险灾害危机管理》 |
| 11月21日 | 俞敏洪 | 《用正确的方式培育孩子成长》 |
| 12月5日 | 于　丹 | 《观乎人文以化成天下》 |

（王清荣　郭宏芳　陈　鹏）

## 计划生育

**■计划生育基层指导**　组织“十二五”目标管理市级复查并通过省级考核验收。全年办理照顾再生育审批1.3万例。平稳实施“单独两孩”政策，开展实施情况跟踪与监测，建立健全政策月报制度、政策实施情况动态分析制度等，开通符合单独两孩新政夫妻的“绿色通道”，推行便民全程代理服务，平稳有序实施生育政策。简政放权，优化办证服务程序，推行六项办证制度，即首接责任制、办证承诺制、一站式办理制、一次性告知制、限时办结制、委托办理制，将再生育审批办理时限由省定45天简化为30天内全部办结，有效解决好群众关切的“办证难、办证繁”问题。开展生育意愿调查、“全面两孩”政策摸底调查和数据测算工作。

（卫计委）

**■流动人口管理**　创新服务载体，实现流动人口基本公共服务全覆盖；强化信息管理，夯实流动人口公共服务网络化协作；加强区域协作，深化流动人口计划生育“一盘棋”工作。纳入全市卫生计生管理的流动人口29.54万人，其中流入人口16.92万人(省内流入8.72万人、跨省流入8.2万人)；流出人口12.62万人；流动育龄妇女11.49万人。年内累计发放《流动人口婚育证明》7288份，办理流动人口一孩生育服务登记107人，为流入育龄妇女提供免费孕环情检查1.05万人次，落实四项免费手术500余人次，流动人口信息系统网络化协作及时反馈率100%。

（卫计委）

**■计划生育家庭发展**　全面落实计划生育各项利益导向政策，突出计生特困家庭帮扶，建立、健全“党委政府主导，卫生计生牵头，成员单位联动，群众参与”的长效工作机制，做到年初有预算，年中有督查，年终有审计。年初拿出1500万专项资金作为市直企业退休职工一次性奖励，印发奖励专项资金管理办法，加强和规范专项资金的管理，全年共发放农村奖扶12.35万人9587.7万元；发放奖特扶5636人2739.14万元；发放计划生育手术并发症448人64.12万元；发放企业退休职工一次性奖励3.2万人1470.88万元；发放城镇无业人员一次性奖励2759人437.23万元；对计生特困家庭发放人口公益金672人60.97万元；兑现独生子女父母奖励金2.5万人次76万元；发放终身无子女奖励119人11.18万元。（卫计委）

**■建设幸福家庭活动** 2015年，全市形成广陵区"人口家庭服务站搭建幸福家庭新平台"、邗江区"机制化保障服务民生实事"、江都区"拓展促进人口家庭健康发展"、高邮市"创建十星级幸福家庭活动"等建设幸福家庭模式。广陵区创建成第二批省级"幸福家庭项目县"。各地因地制宜，出台相关文件，在经济扶助、养老保障、医疗保障、生活帮扶、社会关怀等五个方面提出系列措施。市计划生育协会推行计生系列保险，提高计生家庭抵御风险的能力，向全市0～18岁独生子女女性孤儿免费赠送意外伤害保险，为全市3148位失独家庭成员和部分独生子女伤残家庭成员赠送住院护工险，保费50万元全部由县、乡计划生育协会免费赠送。全市计划生育系列保险总保费投入460万元，参保总人数12万人。走访慰问计生困难家庭4000户，发放慰问金64万元。承接中国计划生育协会特殊家庭帮扶项目，为888户失独家庭成员提供精神慰藉、生活关怀和养老服务，把温暖送到计生困难家庭。（卫计委）

**■打击"两非"专项行动** 加强专项行动督查，开展打击"两非"（非医学需要的胎儿性别鉴定和非医学需要的人工终止妊娠行为）专项行动。发挥数字电视、报纸专版、人口网站、人口文化传播机和"12356"声讯热线"五位一体"社会化宣传作用，分别设置专题栏目（窗口），广泛宣传报道"关爱女孩"行动、综合治理出生人口性别比工作；探索性别比专项治理长效机制建设，建立区域协作制度；严格执行出生实名登记制；实行凭证引产管理制度；执行定点手术管理制度；实行B超检查"双签名"制度；严格人工终止妊娠药品销售、使用管理制度；落实孕情跟踪服务制度；健全信息共享机制；完善社会监督机制；实行有奖举报制度，对举报查实的将兑现3000～5000元的奖励。至年末，全市出生性别比为107.42。（卫计委）

## 界线和地名管理

**■概述** 完成盐城市、淮安市与扬州市2条市际界线以及邗江区与高邮市、邗江区与江都区2条县际界线联检工作，对19根界桩实施维护、描红。推进平安边界建设，落实界线管理责任，确保边界地区和谐稳定。完成市区主要道路地名标志牌更新工作。全年设置地名标志牌978块，维护、出新地名标志牌400余块次。市区（不含江都区）全年命名各类地名51个，其中道路、街巷名27个，居民住宅区名11个，商用建筑物名13个。制定《扬州市历史地名保护名录制度》。（贾继辉）

**2015年扬州市区新命名的道路、街巷、河流、桥梁一览表**

表36-2

| 名 称 | 地 理 位 置（起 讫 点） |
|---|---|
| 黄庄路 | 位于扬州经济技术开发区施桥镇，江海学院东侧，东起周庄河，西至江海学院。 |
| 颐和路 | 位于广陵区曲江街办，扬子颐和苑北侧，东起运河北路，西至沙施河。 |
| 万悦路 | 位于邗江区西湖镇，南起润扬北路，北至司徒庙路。 |
| 京杭北路 | 京杭北路向北延伸段，南起万福西路，北至农田。 |
| 新城河南路 | 位于扬州经济技术开发区，南起开发西路，北至江阳中路。 |
| 连心路 | 原连心路（东起汤汪路，西至临江路）西止点调整为望江路。 |
| 滨水路 | 位于广陵新城。南起运河东路，北至万福西路。 |
| 健民路 | 位于广陵新城。东起滨水路，西至京杭中路。 |
| 银墅路 | 位于银墅湾花苑南侧，东起林业巷，西至史可法路。 |
| 花海路 | 位于科技新城，南起马可波罗花世界，北至跑鱼河桥。 |
| 新东路 | 位于京杭中路东侧，南起运河东路，北至文昌东路。 |
| 国防路 | 位于扬州市国防园南侧，东起体育公园路，西至西北绕城。 |
| 锦华路 | 位于广陵新城，健民路与运河东路之间道路，东起滨水路，西至京杭中路。 |
| 芳甸路 | 位于芳甸花园北侧，南起芳甸花园北门，北至春江路。 |
| 迎新路 | 位于扬州经济技术开发区扬子津街办，御峰国际与集品嘉园间道路。东起扬子江南路，西至祥和路。 |
| 智谷路 | 位于扬州经济技术开发区扬子津街办，兴扬路与开发西路之间，东起扬子江南路，西至维扬路东侧。 |

续表36-2

| 名　称 | 地　理　位　置(起　讫　点) |
|---|---|
| 蝶湖路 | 蝶湖路向东延伸段，东起扬子江南路，西至维扬路。 |
| 锦河路 | 位于广陵新城，广福花园间道路，东起沙湾路，西至京杭北路。 |
| 自在岛路 | 位于生态科技新城泰安镇，南起跑鱼河桥，北至扬溧高速北绕城高架桥。 |
| 瑞安路 | 位于生态科技新城杭集镇，南起三星路，北至四通路。 |
| 富安路 | 位于生态科技新城杭集镇，世纪联华北侧，东起小运河，西至瑞安路。 |
| 祥安路 | 位于生态科技新城杭集镇，富安路北侧，东起小运河，西至伟业路。 |
| 贵安路 | 位于生态科技新城杭集镇，祥安路北侧，东起小运河，西至瑞安路。 |
| 官方桥 | 位于邗江区蒋王街办余林社区郭庄组，引潮河路跨西银沟之桥。 |
| 武庄巷 | 位于金阳苑东侧，南起江阳西路，北至彩弘巷。 |
| 钞关西河边 | 原钞关西河边(东起南通西路，西至运河西前街)调整为东起南通西路，西至极乐巷。 |
| 极乐巷 | 原极乐巷(东起供电局，西至运河西前街)调整为东起钞关西河边，西至运河西后街。 |

注：不含江都区新命名道路、街巷、河流、桥梁　　(贾继辉)

**2015年扬州市区新命名的住宅区、商用建筑物一览表**

表36-3

| 名　称 | 地　理　位　置(起　讫　点) |
|---|---|
| 金色梦想花园 | 位于邗江区西湖镇，东至蜀冈西路，南至唐悦国际花园，西至规划用地，北至维扬中学。 |
| 香茗湖花园 | 原邗江区新盛街道西溪玫瑰园现更名为香茗湖花园。 |
| 恒园 | 位于邗江区瓜洲镇。东至农田，南、北至规划道路，西至润扬南路。 |
| 上院名府 | 位于城北，东至黄金坝路，南至规划道路、玉人路，西至史可法路向北延伸段，北至规划道路。 |
| 誉府 | 原锦苑五期毓秀坊、贤德坊更名为誉府。 |
| 广福花园 | 位于广陵新城，东至福康路(暂用名)，南至万福西路，西至茱萸湾路，北至规划道路。 |
| 广盛苑 | 广福花园组团之一。 |
| 广欣苑 | 广福花园组团之一。 |
| 福临苑 | 广福花园组团之一。 |
| 福欣苑 | 广福花园组团之一。 |
| 文昌府 | 位于广陵区曲江街道，东至沙施河，南至运河西路，西、北至沙北二村。 |
| 宝金广场 | 位于扬州经济技术开发区，东至扬子江中路，南至开发西路，西至维扬路，北至金轮星城。 |
| 国泰大厦 | 位于邗江区，东至润扬路，南至文昌西路，西至华城科技广场，北至扬州职业大学。 |
| 绿地商务广场 | 位于邗江区，东、南至农田，西至麦德龙，北临江阳西路。 |
| 华城科技广场 | 位于邗江区，东至国泰大厦，南至文昌西路，西至国展路，北至扬州职业大学。 |
| 花文化艺术展示馆 | 位于瘦西湖风景区内，东至长春路，南至小运河，西至瘦西湖公园，北至平山堂东路。 |
| 醒园 | 位于扬州经济技术开发区施桥镇，东至京杭大运河，南至汪家村褚坝组庄台，西至施桥北路，北至规划用地。 |
| 锦都商务楼 | 位于生态科技新城杭集镇，东至三笑大道，南至翟庄路，西至车五小区，北至锦都国际酒店用品城。 |
| 业恒生活广场 | 位于邗江区蒋王街道，东至国展路，南、西至规划用地，北至星河汇水街。 |
| 金悦商业广场 | 位于瘦西湖鼎苑南侧，东至江都北路，南至鸿福路，西至瘦西湖鼎苑蓝天幼儿园，北至瘦西湖鼎苑。 |
| 智谷科技园 | 位于扬州经济技术开发区。东至扬子江南路，西至维扬路，南至规划道路，北至开发西路。 |
| 八方汇大厦 | 位于邗江区。东至邗江环保局，西至百祥路，南至规划道路，北至兴城西路。 |
| 万达茂广场 | 位于邗江区邗上街办，东起邗江中路，南至江阳西路，西至武庄巷，北至彩弘巷。 |
| 新纪元汽车生活广场 | 位于维扬经济开发区，东至规划道路，南至荷叶东路，西至扬子江北路，北至香车路。 |

注：不含江都区新命名住宅区、商用建筑物　　(贾继辉)

## 拥军优属

**■概述** 2015年，扬州市开展争创全国双拥模范城“七连冠”活动，组织开展“双拥活动月”、第15个“全民国防教育日”、抗日战争胜利暨世界反法西斯战争胜利70周年纪念等活动，召开双拥“七创”推进会、“双拥在基层”现场推进会，营造“七创”全国双拥模范城氛围。开展重大节日走访慰问活动，全市慰问部队支出240余万元。完善驻军和随军家属及未成年子女等双拥对象医疗优惠工作，由“两免八减半”扩大到“四免百减半”。开展“双拥在基层”活动，依据全国、省创建全国双拥模范城标准内容细化分解，印发《扬州市基层单位双拥工作标准》，从“组织领导健全、国防教育深入、政策落实到位、双拥活动经常、军民共建活跃和软硬件建设规范”等方面，规范基层工作，受到全国双拥办好评。培树一批基层双拥典型，瘦西湖风景区管理处、阿珂姆野营用品有限公司、邗江区新盛街道大刘社区和扬州经济技术开发区消防大队等被评为扬州市“十佳”双拥基层单位。蜀冈-瘦西湖风景名胜区“丰乐双拥街”和宝应县柳堡“二妹子”模范民兵活动中心被省命名为双拥示范基地。省拥军模范周宏英被省委宣传部和省军区政治部授予江苏“最美拥军人物”称号。12月17—18日，扬州市创建全国双拥模范城工作通过省双拥考核组的检查、验收。 （袁德鹏　周梅红）

**■“双拥活动月”活动** 1月20日至2月20日，扬州市开展第24个“双拥活动月”活动。“双拥活动月”期间，全市双拥办通过报刊、广播、电视刊播(发)双拥工作宣传信息260多条。利用移动、联通通信工具向全市军民发送“军民鱼水情深，共筑国防长城”手机短信20万条。春节前，市委书记谢正义、市长朱民阳分别走访慰问武警支队和军分区，向官兵致以新春问候并给官兵赠送慰问品、慰问金，市双拥办走访慰问军队各干休所、军代室，各县(市、区)四套班子领导分别对驻地部队进行慰问，各基层单位组成慰问组对辖区老红军、残疾军人和军烈属等重点双拥优待对象普遍进行慰问。市及各地党政领导向驻地部队赠送慰问金(品)240余万元，举办军政座谈会、报告会55场，对执行远洋护航、驻守海岛边疆、记功对象、回乡探亲官兵组织专场座谈会120余场。

（袁德鹏　周梅红）

**■城舰共建** 2月13日，市长朱民阳率团赴上海走访慰问海军扬州舰全体官兵，实地参观装备安装调试中的扬州舰，听取扬州舰相关筹备情况介绍，对军地共建进行互动交流。9月21日，在中国海军舟山某部基地，举行扬州舰入列仪式。仪式上宣读护卫舰命名命令，并为扬州舰授旗，颁发命名证书。市政协主席洪锦华致辞，市领导袁秋年、许建树、陈卫庆、董玉海等参加入列仪式。

（袁德鹏　周梅红）

9月21日，“扬州舰”正式加入中国人民海军战斗序列　　周　晗/摄

**■国防教育活动** 9月19日是第15个“全民国防教育日”，扬州市以“弘扬伟大抗战精神　同心共筑强大国防”为主题，向全市军民发送手机信息80万条。结合纪念抗日战争胜利70周年活动，高邮市特邀中共江苏省委党校党史党建部副主任李继峰、宝应县特邀解放军南京政治学院上海分院(原空军政治学院)教授华强作“纪念抗日战争胜利70周年专题讲座”。9月30是第二个“烈士纪念日”，市四套班子全体领导、社会各界群众、学生代表、机关干部代表、驻扬部队官兵及老战士代表，在扬州革命烈士陵园举行烈士公祭活动。市公安局四对新婚夫妇参加省国防教育办公室在南京雨花台举行的“新婚夫妇向革命烈士献花”活动。巩固中小学生国防教育“三进”成果，会同教育部门重新编写《扬州市中小学国防融入学科教学案例》，由江苏凤凰美术出版社出版发行。组织广大驻扬官兵和老红军、老八路到机关、工厂、学校、社区，为地方干部群众作革命传统和国防教育报告。

（袁德鹏　周梅红）

**■“八一”节纪念活动** 7月10日，市委、市政府组织扬州军分区和高炮二师全体常委以及驻扬部队各团级单位军政主官30余人，观摩建城2500周年城庆广场、广陵新城信息产业基地三期、潍柴亚星、文昌西路西延工程和西部客运枢纽等重大项目，并组织座谈，让驻扬部队官兵分享扬州改革发展的成果，助力“七创”全国双拥模范城。同日，举行集中慰问驻扬部队官兵暨庆“八一”双拥文艺演出，演出前市政协副主席、市双拥和国防教育领导小组副组长刘亚军向抗战老兵代表和驻扬部队代表赠送慰问品。7月31日，市委书记谢正义、市长朱民阳等市领导走访慰问省军区，各地分别慰问驻辖区部队和烈属、残疾军人、老复员军人代表，召开多种形式军政座谈会、“四属”（现役军人家属、烈士遗属、因公牺牲军人遗属、病故军人遗属）代表座谈会；市委、市政府专题召开议军（警）会，研究驻扬部队官兵关心的热点难点问题，共商双拥发展大计。市委、市政府向13名自谋职业随军家属发放扶持金64.8万元；为50名驻扬部队立功官兵发放2014年度立功奖励金5万元。（袁德鹏　周梅红）

**■“双拥进基层”活动**　扬州市以“组织健全、政策落实、活动经常、关系融洽”的基层双拥工作要求，在6部双拥工作规范〔乡镇(街道)、社区、学校、企业、机关和基层部队〕基础上调研出台《扬州市基层单位双拥工作标准》。6月30日，召开全市“双拥在基层”现场推进会，推出梅岭街道丰乐社区、瘦西湖风景区管理处、阿珂姆野营装备有限公司、邗江区邗上街道、扬州经济技术开发区消防大队等一批基层典型。全国双拥办常务副主任杨国英对扬州市基层单位双拥工作标准作出批示“扬州市把基层单位作为双拥工作重点，明确提出工作内容，精心设计标准要求，使基层的双拥工作规范有序、落地生根，这是开展‘双拥在基层活动’所结出的硕果，应予肯定和赞扬。”

（袁德鹏　周梅红）

**■“七创”迎检工作**　依据全国考评标准，先后梳理十项考评内容和全国、江苏特色加分项目，组织做好软件资料收集整理；提炼“七创”特色亮点，在《新华日报》专版开展宣传；以同育并蒂花、融合发展新常态，共谱鱼水情、双拥意识融血脉，合奏连心曲、排忧解难实打实，双拥社会化、倾力基层扎实根基共4个板块撰写电视专题片脚本，拍摄时长20分钟的双拥专题片，反映双拥“七创”的辉煌成果。12月17—18日，省双拥考核组对扬州市创建全国双拥模范城相关工作进行检查考核，通过召开座谈会、与驻扬部队官兵和优抚对象座谈交流，实地检查梅岭街道丰乐社区和阿珂姆野营用品有限公司等基层单位，省双拥检查考核组对扬州市创建全国双拥模范城工作给予肯定。（袁德鹏　周梅红）

## 社会组织管理

**■概述**　2015年，市民政局改革社会组织登记管理制度，加强社会组织年度检查和日常监督，引进第三方机构开展社会组织等级评估。市直全年登记各类社会组织71个，评估社会组织151个；全市563个社会组织参加年检，年检合格率98%。至年末，全市有各类社会组织703个，其中社会团体455个，民办非企业单位246个，基金会2个；有149个社会组织完成等级评估，占应评估社会组织总数的50%，其中AAAAA级4个，AAAA级63个、AAA级29个、AA级25个，A级28个。市政府办公室出台《关于进一步加强社会组织监督管理的意见》，明确登记管理部门、行业主管部门、综合管理部门、社会组织本身和社会公众监督的责任边界。加强社会组织信息化建设，做好信息系统的建设，实现网络办公、网上申报。开展社会组织乱摊派专项治理工作，对涉及10多个部门的20个社会团体进行专项审计抽查，对发现问题的9个社会组织进行处理。推进社会组织信息公开，完善社会监督举报受理机制，拓宽社会监督渠道，建立多部门联合执法机制，依法开展执法监察，查处社会组织违法行为20件，撤销登记社会组织5个。加强社会组织能力建设，推动社会组织建立和完善内部治理结构和民主机制，完善社会组织章程，引导社会组织加强科学管理，依法依照章程开展活动。（张绍华）

8月13日，扬州市召开“七创”全国双拥模范城推进会

王　卓/摄

**■培育发展社会组织**　2015年，市级财政设立每年400万元的社会组织培育发展专项资金，出台《关于进一步加强公益创投项目财政性资金使用管理的通知》。宝应县、高邮市、仪征市、广陵区、邗江区、蜀冈-瘦西湖风景名胜区设立社会组织发展专项资金。加强社区、社会组织、社会工作“三社联动”。组织扬州市第三届社区公益创投大赛“青少年事务”和“共建文明城，争做文明人”两个专题公益创投活动，征集项目255个，经评审立项100个，立项资金400万元。参加省公益创投招标，33个项目中标，中标资金392万元。加强公益创投资金使用管理，委托专业机构开展对公益创投项目的督导检查，先后对首届项目结项和二届项目中期项目实施和资金使用情况进行抽查审计。推进社会组织培育扶持（孵化）基地建设，实现社会组织培育扶持（孵化）基地全覆盖。市公益创投中心累计推动社会组织50个，组织入驻组织开展系列公益活动，发挥公益创投中心孵化、培育、指导、交流、活动组织等作用。重点培育一批优秀社会组织，发挥其引领示范作用。

（张绍华）

**■社会组织服务购买**　市民政局启动第三届社区公益创投大赛“青少年事务”和“共建文明城，争做文明人”两个专题项目大赛。出台《扬州市社会组织承接政府职能转移和购买服务资质认定办法》，以及首批具备承接政府职能转移和购买服务资质社会组织名录。通过政府购买社会组织

服务方式，引入第三方机构开展社会组织评估工作。（张绍华）

■**行业协会脱钩** 市民政局开展行业协会（商会）与行政机关脱钩工作，按照“机构分设、人员分离、财务分开、职能分开”的要求，符合脱钩条件的行业协会、商会57个，除7个因特殊情况经研究予以保留外，其余50个完成职能、机构、人员、财产与行政机关脱钩。其中，与行政机关合署办公的14个协会与原行政机关办公地点分离，原兼职协会领导职务的现职党政干部80人次与行业协会、商会脱钩，原兼任行业协会领导职务离退休党政干部39人次与行业协会、商会脱钩，4个协会与原行政机关完成财务分离，1个协会移交政府职能。（张绍华）

■**扬州市社会组织培育发展中心改造工程** 市社会组织培育发展中心进行改造升级，改造后的市社会组织培育发展中心具有“组织孵化、项目研发、能力提升、资源链接、示范引领”五大功能。市社会组织培育发展中心通过购买服务，建立支持机制，委托两家社会组织负责中心的整体运营、项目督导、信息交流等工作，提升服务功能，成为社会组织培育发展提供服务的综合平台。至年末，入驻各类组织25个。（张绍华）

■**扬州市社会组织培育发展中心公益沙龙** 构建全市公益资源和公益需求链接平台，市社会组织培育发展中心开展公益沙龙，通过聚焦社会组织、社会工作、公益创投等内容，打造扬州公益特色平台，促进各组织间交流、互动以及资源共享，让更多公众了解公益、熟悉公益、参与公益。5月25日，心语驿站婚姻家庭指导中心举办“把世界说给你听——为盲人说电影”公益活动，邀请上海电影讲解员为40多名盲人讲解电影《图雅的婚事》，并组织志愿者一对一护送盲人往返。定期邀请专家和资深人士为社会组织及其从业人员提供系统培训，全年培训近千人次。（刘辰佳子）

## 慈善事业

■**概述** 2015年，市慈善总会和各县（市、区）慈善会共募集慈善资金9370.46万元；使用救助资金7682.85万元，受益困难群众20.2万人次。市慈善总会有会员133人，慈善义工组织4家，全市有慈善超市92家。市慈善总会全年募集慈善资金1460.31万元；使用救助资金770.76万元，受益困难群众7万人次。（朱荣臻）

■**“情满扬州”春节慰问活动** 春节前，市慈善总会、市民政局、市福彩中心和禹振飞慈善基金会联合举办2015年“情满扬州”春节慰问活动，筹集资金500多万元，以慰问金、慰问物资形式分配至各地，慰问和资助全市3500多户困难家庭以及7家福利院、34家敬老院、6家社区居家养老服务中心、80家慈善超市。（朱荣臻）

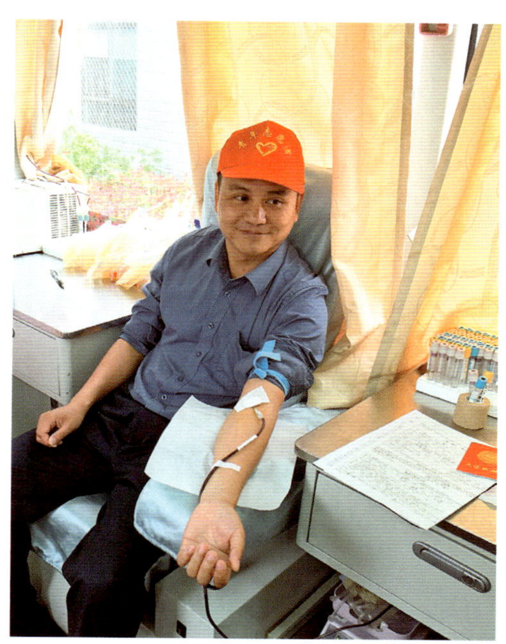

市民参加无偿献血 茅 竞/摄

■**市慈善总会获评省AAAAA级社会组织** 6月，扬州市慈善总会在全省2014年度社会组织评估中被评为AAAAA级社会组织，成为全市公益慈善组织中唯一一家获评AAAAA等级的社会组织。市慈善总会自成立以来，累计募集善款2亿元，救助支出0.8亿元，惠及困难群众33万人次，“情满扬州”慈善救助品牌在省内外产生广泛影响。在这次等级评估中，经过自评、省专家组现场初评和省社会组织评估委员会审议终评，市慈善总会综合得分950分以上，达到AAAAA级社会组织标准。（朱荣臻）

## 红十字事业

■**概述** 2015年末，全市有基层红十字会组织398个，团体会员单位219个，社区红十字服务站132个，有红十字会员21.27万人，红十字志愿者1.09万人。2015年，全市红十字会组织发放救灾救助款物409.07万元，2.5万人次受益；实施救护培训14.55万人次；实现遗体捐献7例（累计捐献64例），造血干细胞捐献2例（累计捐献22例），宣传推动无偿献血11.86万人次。开展以“共迎城庆献大爱 捐髓救人助文明”为主题的捐献造血干细胞志愿者行动，新招募造血干细胞捐献志愿者819人。开展“红十字博爱月”“防灾减灾日”“世界献血者日”“世界急救日”等宣传活动，弘扬“人道、博爱、奉献”的红十字精神，传递社会正能量。全市5名志愿者获“中华骨髓库五星级志愿者”称号。（潘 杨）

■**灾害救援** 7月24日，高邮市水部楼社区、奎楼社区突遭龙卷风。灾害发生后，两级红十字会第一时间深入社区现场查看居民受灾情况，开展紧急救援工作，协助政府安抚受灾群众，发放生活用品，拨发专款支持受灾群众的临时生活救助和灾后重建。（潘 杨）

■**博爱救助** 开展“博爱送万家”活动，开展助医、助困、助老、助学、助残、关爱空巢和失能老人、关爱留守儿童、关爱困难农民工等博爱救助系列活动，扬州市及广陵区、邗江区红十字会探索学校与社区牵手、救助与志愿服务相结合，开展“志愿服务行 博爱1＋1”活动。宝应县安丰镇花亭村红十字服务站及卫生室建设项目、仪征市真州镇大市社区“和谐社区梦 人道博爱情”志愿服务试点项目得到省级项目资助。与扬州市志愿者协会、扬州日报社、扬州好人义工总队共同举行“礼遇扬州好人·争做时代新人”新年座谈会，组织爱心书画艺术家、爱心企业捐赠，向困难群众发放“好人博爱基金”慰问金，为“扬州好人”和志愿者开展应急救护技能培训。联合市计划生育协会、市国画院、市美术家协会、市书法家协会，举办两场“生育关怀书画义捐笔会”，对全市90户计生特困家庭开展救助。开展“情满扬城”活动，联合市直有关单位对62名困难职工家庭、困难学生、帮扶对象发放救助金。联合中国计划生育协会书画社、市美术家协会举办“博爱美愿”助学项目，招录30名困难书画学生。向市公安局特警支队红十字救护志愿服务队捐赠药品和物资。 （潘 杨）

■**救护培训** 完成省政府为民办实事“公益性应急救护百万培训项目”任务。举办扬州日报社“小记者学救护”活动。联合市应急办、市公安局等多家单位共同在扬州职业大学、宋夹城体育休闲公园和三里桥社区开展“应急知识进校园”“应急知识进广场”“应急知识进社区”等公益宣传活动。为2015中国扬州鉴真国际半程马拉松赛医务志愿者进行急救培训。与扬州大学医学院联合对全国司法行政戒毒协会组织的戒毒干警进行救护员培训。与市教育局联合举办市直学校红十字会救护骨干培训班，87人参加培训。 （潘 杨）

## 老龄工作

■**概述** 2015年末，扬州市有60周岁及以上老年人108.76万人，占户籍总人口的23.59%；有65周岁及以上老年人72.12万人，占户籍总人口的15.64%。全市有80周岁及以上老年人14.54万人，占60周岁及以上老年人口的13.37%；有100周岁及以上老年人194人。全市60周岁及以上老年人中，城镇老年人占59.18%，农村老年人占40.82%。推动养老服务政策创新，市政府出台《关于加强养老服务体系建设的实施意见》《关于鼓励民间资本参与健康和养老服务项目建设和运营的意见》，市民政局、市卫计委、市财政局、市人社局联合印发《关于推进医疗与养老融合发展的意见》。运营面积约6000平方米的市老年活动服务中心建成。完成第四次中国城乡老年人生活状况抽样调查扬州市8个乡镇（街道）、32个村（居）委会、960户的抽样调查任务。开展“孝亲敬老之星”评选表彰暨江苏省“百佳孝星”推选活动，16位候选人参加江苏省“百佳孝星”推选活动，24位候选人受到市文明办、市老龄办、市老年协会的联合表彰。 （陈 钢）

**2015年末扬州市百岁老人分布情况表**

表36-4 单位：人

| 地 区 | 百岁老人数量 | 男 | 女 |
|---|---|---|---|
| **合 计** | **194** | **41** | **153** |
| 广陵区 | 40 | 8 | 32 |
| 邗江区 | 29 | 6 | 23 |
| 江都区 | 31 | 6 | 25 |
| 宝应县 | 29 | 6 | 23 |
| 仪征市 | 36 | 10 | 26 |
| 高邮市 | 29 | 5 | 24 |

注：扬州经济技术开发区（女：2人）、蜀冈－瘦西湖风景名胜区（女：4人）人数计入邗江区，生态科技新城人数（女：4人）计入广陵区 （陈 钢）

■**居家养老服务** 全市新建社区居家养老服务站141个（其中广陵区9个、邗江区4个、扬州经济技术开发区7个、蜀冈－瘦西湖风景名胜区5个、江都区18个、高邮市20个、宝应县69个、仪征市9个），实现城镇全覆盖，农村覆盖率90%。全市新建成老年人助餐点128个（其中广陵区17个、邗江区20个、江都区22个，扬州经济技术开发区6个、生态科技新城2个、蜀冈－瘦西湖风景名胜区4个，宝应县20个、高邮市20个、仪征市17个），方便老年人就近就餐需求。新增居家养老服务援助对象1600人（其中广陵区300人、邗江区300人、扬州经济技术开发区50人、蜀冈－瘦西湖风景名胜区50人、江都区300人、高邮市200人、宝应县200人、仪征市200人），全市享受补贴对象7600人，困难老人政府购买服务覆盖面进一步扩大。 （陈 钢）

■**老年人精神关爱** 组织实施一系列老年人精神关爱行动。开展“温暖空巢”助老关爱行动，健全困难老人结对帮扶机制，全市有1.31万名志愿者与9026名高龄空巢老人开展“一对一”“一对多”“多对一”等定向结对。加强老年精神关爱阵地建设，以社区邻里中心、居家养老服务中心、社区日间照料中心为依托，建成老年心理咨询室30个，举办老年心理健康巡回大讲堂，培训社区义务心理咨询员60人。举办一系列老年活动，在市民日期间举办第11届“百寿宴”，邀请市区100名80岁以上的耄耋老人与市四套班子领导欢聚一堂；开展“夕阳风采”——2015唱响夕阳·老年群众声乐交流展示活动；开展老年春晚优秀节目海选活动，一批优秀节目受到省里表彰；承办《江苏老年春晚舞蹈专场》活动。（陈 钢）

■**老年人优待** 全市营造全社会尊老敬老爱老的浓厚氛围，让老年人共享扬州建城2500周年城庆之喜，对高龄老人尊老金进行提标，将90～94周岁老年人尊老金提高到每人每月230元，95～99周岁老年人尊老金提高到每人每月260元，100周岁及以上老年人尊老金提高到每人每月500元，全市新增尊老金近2000万元。为全市最年长2500名老年人每人发放2500元城庆大礼包，发放对象最低年龄为94周岁(1921年9月4日前出生)。（陈 钢）

**■企业退休职工管理服务** 2015年末，全市有企业退休人员31.5万人(市区19.67万人)，企业退休职工社区管理服务率100%；31.5万份(市区19.67万份)企业离退休人员档案进入退休人员管理服务机构档案库，档案接收率100%。2015年，全市完成企业退休职工第四轮免费体检，体检率100%。重大节日期间，市退休职工管理服务中心组织慰问市区19个街道(乡镇)108个社区和异地居住高龄、重病、特困等类型退休人员2045人，发放慰问金、物品等44.42万元。全年看望市区重病退休人员1041人次，发放慰问金(品)10.41万元；慰问死亡退休人员家庭1104户，发放慰问金(品)22.08万元。推进退休人员社会化管理服务“电子化”“智慧化”“便捷化”，在社保中心的退管窗口增加退休人员信息预处理终端，整合邗江区、原维扬区、市直退休人员数据库，实现系统容量的“扩容”。组织退休人员开展各类活动，营造社会氛围。先后组织市区退休人员参加共迎抗日战争胜利70周年纪念活动、“歌声嘹亮迎双庆”——扬州市2015年退休人员合唱比赛等大型活动。（聂士翔）

**■扬州老年大学** 2015年，扬州老年大学开设书画、声乐、保健等7个专业48门课程。春季学期开班110个，注册学员3000人(其中注册新生411人)，单科注册4216人次；秋季学期开班113个，注册学员3330人(其中注册新生535人)，单科注册4622人次。2月，扬州老年大学与怡情书会开展送春联进社区活动。4月，摄影班丁建平作品《别有洞天》获“中国兴化梦水乡”金奖。5月，举办庆祝扬州建城2500周年书画展。7月，组织学员参加“江苏银行杯”全省老年大学幸福时光摄影大赛，学员费军作品《敬礼》、毛振业作品《欢乐的老太》、朱汝海作品《甜蜜荷香》获二等奖。7月14日，召开全市老年大学教育工作推进会，对全市老年大学规范化办学提出新要求、作出新部署。9月，与扬州电视台联合举办“最美夕阳红”歌舞评选、乐器评选及庆城庆2500周年书画大赛。10月，举办扬州老年大学金秋书画展；向江苏省老年大学协会报送第二批规范化建设达标单位。11月，参加全国老年大学教学工作研讨会暨老年大学教材展；召开全市老年大学校长座谈会、教职员工座谈会、学员座谈会。张家骞和华攀龙两位老师被江苏省老年大学协会授予“全省老年大学百佳优秀教师”称号。

（唐小月 杨 萍 房 园）

**■关心下一代** 全市有各级关心下一代工作委员会(简称关工委)组织3253个，有参与关心下一代工作的“五老”(老干部、老专家、老教师、老模范、老战士)和志愿者8万多人。其中，思想道德教育和法制教育报告员、网吧义务监督员、校外教育辅导员等骨干层成员近3万人。2015年，全市关工委系统组织发动社会各界筹集助学助困资金1500多万元，受益贫困家庭未成年人2万多人，另有2700多名孤弃残儿童受到帮助。宝应县关工委被表彰为全国先进集体，张厚宝、居云保、陈柏祥等3人被表彰为全国先进个人。

开展社会主义核心价值观教育。联合市文明办、市教育局等部门开展“学法崇德”主题教育活动，举行启动仪式，组织“五老”报告团编写材料，深入社区(村)、学校宣讲。市关工委召开青少年德育工作座谈会和主题教育汇报交流会，多次深入基层开展调查研究，指导推动活动开展。全市关工委系统编写1400多篇宣讲材料，有1600多名“五老”参加宣讲，举办图片展览、文艺演出、主题征文、演讲比赛1200多场次，82万多人次青少年参与。8月，开展纪念抗日战争胜利70周年专项教育活动、“老少携手千站万人走访抗日老英雄”专项教育活动，2.3万名青少年上门走访300多名抗日老战士。3月，与市委政法委、市检察院、市教育局联合发文在全市中小学创新开展“法治课间餐”活动。至年末，“法治课间餐”活动覆盖全市400多所中小学，40多万名中小学生受到教育。该活动入选“法治扬州”建设实事项目。

加强校外教育阵地建设。立足基层实际，重点建好全市80多个乡镇(街道)中心站，带动整个乡镇(街道)辅导站质量的提高。探索多种形式，建成1100多个村级辅导站和500多个辅导点。全市900多个辅导站配备电脑，共有电脑4700多台，其中700多个辅导站具备开设电子阅览室的条件。全年电子阅览室开展活动3800多次，近10万人次青少年参加活动。4月，省关工委在扬州市召开全省校外教育辅导站建设培训班，扬州市的经验介绍和电子阅览室活动示范课受到好评。5月23日，召开全市校外教育辅导站工作推进会，推进实施“校站结合”。全市1230个辅导站有3014名在职教师担任辅导员，5000多名“五老”、1000多名大学生村官和2500多名社会志愿者参与辅导站工作，54万多人次青少年进辅导站参加活动。挖掘各地教育资源，打造“一站一特，一站一品”的辅导站典型。10月，面积1.3万平方米的市少儿图书馆扩建工程投入使用，成为全国地市级规模最大的专业少儿图书馆。市未成年人社会实践基地全年接待参训中小学生3万多人次。

推进未成年人“零犯罪社区(村)”创建。发动社会各界筹集助学助困资金1500多万元，受益贫困家庭未成年人2万多人，另有2700多名孤弃残儿童得到帮助。与市妇联、市教育局联合做好关爱留守流动儿童工作。与市司法局和市教育局联合组织1800多名“五老”和志愿者组成200多个法治教育报告团，举办法治讲座和报告会1800多场，受教育青少年98万人次。配合市看守所法治教育基地为在押未成年人开设“心声课堂”，开设法律和文化知识等课程400多课时。全市各级关工委有700多个帮教小组、2100多名“五老”帮教员，对587名失足青少年进行帮教，547名帮教对象“浪子回头”，转化率93%。全市有近1000名“五老”网吧义务监督员，常年对各网吧进行定点监督和开展互查暗访活动。在全省“五老”网吧义务监督工作培训会上，扬州市作典型发言。至年末，在全市1298个村和社区中，实现未成年人零犯罪的比例达到95%，“创零”活动取得新成绩。

推进“学科技、奔现代化”活动。与市农委联合面向农村青年开展扶志、扶技、扶创业，创建创业示范基地、评选创业之星，促进现代农业发展的活动。组织1600多名老科技工作者送科技下乡，举办培训500多场(次)，参训青年4万多人次。开展青年农民创业示范基地和青年农民创业之星争创活动，评选出243个优秀创业基地和331名优秀创业青年。组织“五老”与大学生村官结对传帮带，全市29个大学生村官“三创”指导团(组)为大学生村官开展政策信息服务、项目论证、技术指导等活动。 (练瑞芳)

## 残疾人事业

**■概述** 2015年，全市残联系统以开展“残疾人全面小康攻坚年”和“基础管理提升年”活动为重点，实施就业优先计划，做好康复托养扶贫工作，维护残疾人合法权益，丰富活跃残疾人精神文化生活，推进残疾人事业与经济社会和谐发展。市残联对473家安排残疾人就业未达到规定比例，在职职工总数20人以下(含20人)的小微企业免征残疾人就业保障金155.83万元。推进“智慧残联”项目建设，完成残疾人基础数据采集工作，决策与业务平台系统上线试运行，智慧残联指挥服务中心项目通过招投标，主体施工建设基本完成。扬州市选送器乐《土耳其进行曲》在第七届全省特教艺术汇演比赛中获得一等奖，聋人舞蹈《张灯结彩》获得三等奖。承接全省轮椅冰壶队集训任务，并在全国九残会轮椅冰壶比赛中获得第八名。市残联与市工商局合作，成立市残疾人消费维权联络站。全年共受理残疾人来信来访、电话咨询856件次，办结率100%，满意率100%。 (陈 娟)

**■开展助残活动** 元旦、春节期间，全市残联系统对2000余户贫困残疾人家庭进行走访慰问，共发放慰问金和慰问品150余万元。市残联对市区残疾人服务机构、市区贫困残疾人家庭较为集中的文昌社区、徐凝门社区、联谊社区、康乐社区及32户党员结对帮扶对象进行走访慰问，送去慰问金和慰问品。在第25个全国“助残日”中，举办“用爱的阳光 点亮星星的孩子”广场活动，举行全市“最美星儿妈妈”“最美自强模范”“最美康复师”评选活动，开展残疾预防、康复咨询、法制宣传等现场活动。与市残疾人福利基金会共同开展“集善扶残”公益活动，为贫困残疾人家庭发放洗衣机200台，为市区150名盲童、智障和孤独症儿童发放助学金6万元、为250户贫困残疾人家庭发放救助金15万元；为宝应县50名贫困听力障碍者发放助听器；开展“阳光浴室”公益项目，为全市110户贫困残疾人家庭免费安装太阳能热水器；开展“励志奖学”“励志助业”活动，为全市97名残疾学生发放励志奖学金17万元，为全市扶贫基地和创业典型发放励志助业金15万元。 (陈 娟)

5月17日，扬州市开展第25个全国“助残日”活动　　残 联/供稿

**■落实残疾人优惠政策** 2015年，市残联提高“双无”(无生活来源、无生活自理能力)重度残疾人护理标准，为市区1485名重度残疾人发放128.40万元护理费补贴，为406名低保家庭中的重度残疾人发放重残补贴金33.06万元。1.1万多名残疾人享受意外伤害保险，全年支出44万多元。217名7～17岁残疾人享受生活救助，565名残疾学生和贫困残疾人子女享受考学奖励，269名残疾学生享受教育专项补贴33.05万元。 (陈 娟)

**■残疾人培训就业** 全市各级残联整合利用资源，对有培训需求的残疾人有计划地实施不同层次的职业技能培训，全年免费培训残疾人1559人。通过举办残疾人就业专场招聘会、按比例安排残疾人就业、集中就业、政府购岗、鼓励残疾人自主创业等形式，为残疾人找岗、选岗、送岗、定岗，全年帮扶残疾人就业1028人。全年全市新建10个市级残疾人扶贫基地和8个市级残疾人创业基地，安置就业残疾人200多人，辐射带动残疾人500余户。 (陈 娟)

**2015年度扬州市残疾人扶贫基地名单**

宝应县利农蔬菜产销专业合作社残疾人扶贫基地

高邮市添穗粮食种植土地股份专业

合作社残疾人扶贫基地

高邮市瑞康农场残疾人扶贫基地

高邮市湖畔水产专业合作社残疾人扶贫基地

仪征市丰乐农地股份专业合作社残疾人扶贫基地

仪征市园盛农业科技有限公司残疾人扶贫基地

江都区大桥镇欣悦绿化苗圃场残疾人扶贫基地

广陵区沙头镇果蔬专业合作社残疾人扶贫基地

广陵区李典镇蔬菜专业合作社残疾人扶贫基地

邗江区润泽农产品销售专业合作社残疾人扶贫基地 （陈 娟）

**2015年度扬州市残疾人创业基地名单**

宝应县夏集镇残疾人创业基地

高邮市国美制衣厂残疾人创业基地

高邮市绿野畜禽养殖场残疾人创业基地

仪征市国鑫工艺品厂残疾人创业基地

仪征市红旗残疾人服务社残疾人创业基地

江都区大桥镇佘小扣葡萄种植园残疾人创业基地

广陵区沙头镇残疾人创业基地

广陵区大众紫福生态园残疾人创业基地 （陈 娟）

**残疾人托养服务** 加强残疾人托养服务机构建设，构筑市、县、乡三级托养服务平台。扬州市残疾人“托养服务中心”“职业培训中心”“文化体育中心”建设全部完成。宝应县、高邮市、江都区、仪征市4个县级公办残疾人托养中心为216名有托养需求的残疾人提供托养服务。全市乡镇（街道）残疾人托养机构有1600余名残疾人享受到托养机构提供的集中托养或日间照料服务。 （陈 娟）

**残疾人康复服务** 加强残疾人“幸福港湾”项目建设，建成22个集康复训练室、日间照料室、文化活动室于一体的“幸福港湾”服务平台，为基层社区内的残疾人提供康复训练、日间照料、文化娱乐等就近就便服务。为全市1255名0～6岁残疾儿童开展免费康复服务，将267名7～14岁的孤独症、脑瘫儿童全部落实到定点康复机构进行康复训练。完成贫困白内障患者免费复明手术1200例。完成市区1200户贫困残疾人辅助器具免费发放和200户家庭无障碍环境改造工作，提高残疾人生活质量和参与社会能力。举办一期社区康复协调员培训班，提高社区康复协调员服务水平。全市20个康复机构通过一级康复机构认证，获得承接残疾儿童基本康复项目的资格。 （陈 娟）

**2015年“幸福港湾”项目建设社区名单**

广陵区：宝塔社区、茱萸湾社区、常府社区、古旗亭社区

邗江区：双桥社区、西湖花园、聚福社区、军桥村

江都区：朱套村、杨庄社区、樊庄社区、陆袁村、春江社区

蜀冈－瘦西湖风景名胜区：丰乐社区、丁魏村、佳佳花园社区、邗沟社区、堡城村、西华门社区、三星村

扬州经济技术开发区：朴树湾社区

生态科技新城：山河村 （陈 娟）

# 消费者权益保护

**概述** 2015年，扬州市有各级消费者协会（简称消协）基层分会99个、消费者投诉站1275个、企业监督站235个，在册维权志愿者214人，消费教育讲师团、法律工作者志愿团志愿者67人。全市消协系统办结消费者投诉1037件，比上年下降36.9%，为消费者挽回经济损失364.13万元。其中，办结涉及欺诈行为的投诉1件，提供案件后政府罚没

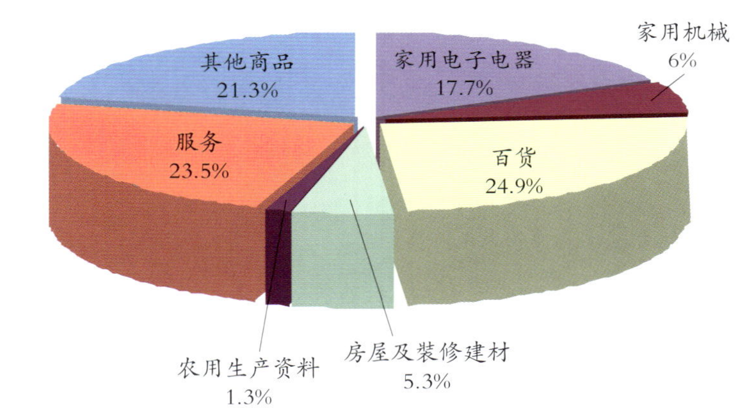


图36-1 **2015年扬州市各级消协办理投诉类别比例图**

（吴 涛）

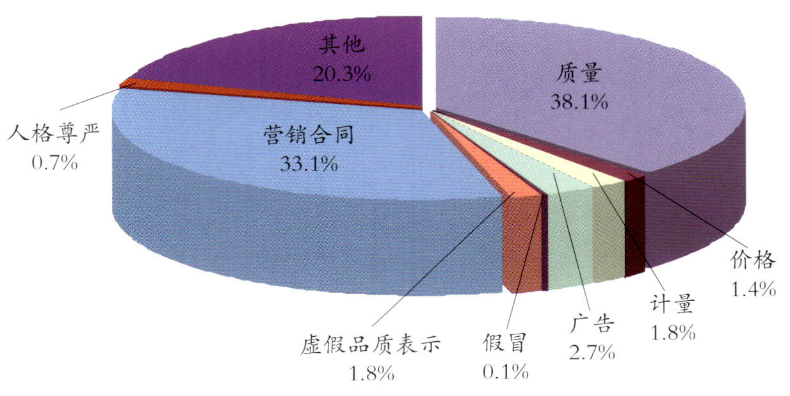


图36-2 **2015年扬州市各级消协办理投诉性质比例图**

（吴 涛）

款4.17万元。接待来电、来访咨询2830人次，比上年下降28.8%。全市各级消协运用人民调解程序调解消费纠纷19件，为消费者挽回经济损失85.69万元；运用诉调对接程序调解消费纠纷8件，为消费者挽回经济损失10.75万元；企业内部监督站自行和解消费纠纷7691件，比上年下降3.1%。扬州市消协加强与各地市场监管部门沟通协调，确保各地消协组织机构与人员平稳过渡。加强对各地的业务指导，围绕“携手共治，畅享消费”年主题开展系列宣传、纪念活动，履行调解、教育、监督等法定职能。开展法律法规宣传，扩大消费教育的社会影响，形成消费教育进社区、进农村、进学校、进企业、进市场的格局。扬州市消协被表彰为全国消协组织消费维权先进集体，被《中国消费者报》和《中国消费者》杂志表彰为新闻宣传地市级先进单位，志愿者赵鹤年被评为“江苏省十佳最美维权志愿者”。（吴　涛）

**■“3·15”活动**　3月11日，市消协召开2015年度“3·15”情况通报会，通报2014年度维权案例和投诉热点，披露2014年典型消费侵权案例，公布2015年市消协维权新举措，向扬州市消费维权志愿者颜良甫颁发中消协“中国消费者保护运动30年维权贡献人物”奖杯和证书，表彰“2013-2014年度扬州市消费者满意服务单位”，宣读江苏省消协“诚信单位”的表彰决定。扬州自来水有限责任公司等239家企业被授予“扬州市消费者满意服务单位”称号，中国电信扬州分公司等16家企业被省消协评定为“2013-2014年度江苏省诚信单位”。举行“扬州市青少年消费文化考察”现场颁奖仪式，扬州大学法学院、邗江实验学校、邗江区美琪学校、扬州市扬子津小学报送的作品分获大、中、小学组一等奖，宝应县消协、江都区消协获组织奖。3月14日，市消协走进扬州电视台《阳光时空》栏目，围绕“携手共制 畅享消费”年主题，与广大消费者进行访谈。3月15日，市消协与邗江区消协在力宝广场举行大型现场咨询服务活动，纪念“3·15”国际消费者权益日，市广播电视总台进行现场直播。市工商局、市质监局、市物价局等政府职能部门及水、电、气等公共服务行业，共47家单位近200人参加活动。活动现场，发放各类宣传资料近万份，接待咨询近400件，现场受理投诉22件，当场解决7件。各地消协组织进社区、进乡镇、进校园、进企业开展咨询和便民维修服务活动。（吴　涛）

**■2014年十大投诉热点**　3月11日，市消协通报2014年“十大投诉热点”。(1)手机经销商规避责任引纠纷。少数经销商销售手机时不主动开具发票，给售后维修带来麻烦。销售商在消费者反映产品质量问题时，直接把消费者推给维修商，未作必要的解释，未尽到法律规定的告知义务，造成矛盾纠纷。(2)网购无理由退货遭遇执行难。网络平台或个体网店对“七天无理由退货”设置条件，擅自制定并扩大“不宜退货”的适用范围，消费者退货易产生争议。(3)服装类投诉调解难圆满。生产商在选购服装的原辅材料、配件时注重价格等因素，在生产服装时，过分追求外观的新颖性、时尚性，忽视内衬、面料的色牢度等因素，在销售环节上，营业员缺乏相关专业知识，加之服装无统一的“三包”规定，高价服装、季节性服装投诉调解有难度。(4)老年人电视购物屡受骗。老年消费者根据电视、报刊等媒介广告信息购买“灵丹妙药”后，发现“广告归广告，一点没疗效。”与电视频道或报刊发行商联系、沟通困难，消协组织耗时耗力，不一定能够成功化解。(5)汽车维修更换配件存猫腻。少数维修商在维修过程中出现不诚信行为，夸大维修范围，虚报维修价格，赚取厂家、消费者两头利润，故意隐瞒厂家给予消费者的优惠或利好承诺，以其他零配件代替原厂零配件等。(6)商品房纠纷不断，监管亟待健全。消费者购买商品房，买的多数是期房，有的开发商是委托第三方中介售房。业主收房时，必须先交物管费再拿钥匙，侵害消费者公平交易权。房屋经消费者验房后，如出现质量问题，开发商和物管互相推诿，许多问题难以得到解决。对周边有影响居住环境的问题用“红线以外无需解释”来搪塞。楼栋号与实际登记号不符的问题用“以公安部门最终核准为准”来解释等。多数消费者对开发商如何拿到房屋合格证以及房屋检测的程序、标准是否过低提出质疑。(7)洗染服务良莠不齐，优劣差别大。部分服装质地面料、洗涤方式标注不规范，加之洗染服务从业人员素质良莠不齐，员工技术不专业，甚至存在以水洗代替干洗的现象。(8)通信服务套餐繁多，细节待完善。通信服务套餐协议可能包含固定电话、移动电话、手机上网、电视播放、宽带上网等多项业务，如营销人员对相关业务或资费标准介绍不到位，极易引起纠纷。过于专业化的套餐术语及电话推销、广场摆摊等销售形式受到消费者质疑。(9)家电售后乱象丛生，企业缺诚信。家电售后维修中上门不及时、价格不公示、维修不透明等是消费者投诉比较集中的几个问题。由于当地的维修点多数与生产厂家是商业合作或加盟关系，生产厂家对维修点缺乏约束力，遇到纠纷，很难现场解决问题，很难保存证据，引起消费者的不满。(10)快递服务环节众多赔偿争议大。多数快递公司是加盟品牌的合作性质，出现货物丢失、损坏的情况，容易产生推诿现象。多数快递公司的赔偿条款涉嫌违反相关法律法规的规定，容易产生消费争议。消费者寄送高价或贵重商品时，缺乏证据保留意识是造成难以成功索赔的因素之一。（吴　涛）

**■残疾人消费维权**　市消协与市残联共同开展残疾人消费维权活动。5月，围绕残疾人消费环境状况，对照国家建设规范要求，邀请建筑设计技术人员和残疾人志愿者，对市区银行、保险、大型商场、电影院、通信、数字电视、供电等34个营业网点无障碍通道建设和使用情况进行体察和调查。结果显示，15家未设置无障碍入口，占44%；设置无障碍厕所的

6月16日，扬州市成立残疾人消费维权联络站　　残　联/供稿

1家，占2%；设置无障碍厕位的5家，占15%。市消协召开情况通报会并提出改进建议。6月16日，市消协与市残联共同成立全市首家残疾人消费维权联络站，为残疾人消费维权架起一座桥梁和通道。市消费维权讲师团成员颜良甫专门为残联基层网络工作人员和残疾人消费者代表做消费维权培训讲座. 在扬州市第25次全国“助残日”广场活动中，为残疾人士提供一个单独咨询、投诉问题的平台。（吴　涛）

**■社会监督**　6月，市消协组织大学生调查员对市区银行业服务质量进行体察和比对调查，体察范围主要集中在文昌商圈内的“工、农、交、建、邮”等8家银行网点及文昌商圈以外、文昌路两侧的招商银行扬州分行、浦发银行扬州分行、华夏银行扬州分行等3家营业部。调查结果显示，银行网点总体服务质量较好，服务设施相对完善、ATM机运作良好、价格公示基本到位，VIP客户插班现象依然存在，个人业务窗口开通率总体呈下降趋势。客服电话服务菜单人性化考虑存在欠缺，主动服务意识有待提高。组织大学生志愿者对市区手机销售集中区域十余户商家进行“手机机模”暗访调查，主要调查消费者知情权的保障情况。参与省消费者协会组织的“水上乐园消费体验调查回头看”、箱包比较试验采样活动。参加中消协组织的旅游消费体察活动。2015年，在维权典型案例通报中，实名公布十起典型案例中侵权商家的真实名称，并对在纠纷调解中拒不履责的“百度糯米”网和江苏森泰汽车销售有限公司进行公开谴责。针对消费调查、投诉调解中发现的案件线索，分别向工商、物价、卫生等部门发出多份行政处罚建议函。（吴　涛）

**■赵鹤年当选“江苏省十佳最美维权志愿者”**　2月中旬，市消协按照省消协“江苏十佳最美维权志愿者评选”的工作要求，在全市范围组织动员和初选，推荐6名志愿者事迹材料上报省消协。3月上旬，市消协配合省电视台摄制组完成对赵鹤年、颜良甫两位志愿者事迹材料提供和人物专访现场的拍摄工作。3月中旬，经过网络票选，扬州市维权志愿者赵鹤年当选“江苏省十佳最美维权志愿者”。在省消协“3·15”活动现场，省政府领导向赵鹤年颁发证书。赵鹤年从20世纪90年代起，一直参与消费者权益保护，曾对扬州市自来水公司沿袭多年的“每月3吨最低消费”的做法，撰写系列维权文章，给公众留下深刻印象。2006年，赵鹤年获扬州市“3·15”风采奖；2007年获扬州市消费维权特别贡献奖；2012年被评为“扬州市十佳维权志愿者”；2013年，获江苏省“3·15”消费维权特别贡献奖。（吴　涛）

**2015年扬州市各级消协办理投诉情况表**

表36-5

| 项　目 | 件 | 挽回经济损失(万元) |
|---|---|---|
| 运用人民调解程序进行调解的案件数 | 19 | 85.69 |
| 运用简易程序调解的案件数 | 965 | 137.47457 |
| 运用一般程序调解的案件数 | 45 | 130.2174 |
| 运用诉调对接程序调解的案件数 | 8 | 10.75 |
| 企业自行和解的投诉数 | 7691 | 164.4 |
| 在社区、村设立的投诉站受理消费者投诉数 | 86 | 6.34 |
| 在社区、村设立的投诉站直接调解成功的投诉数 | 82 | 6.34 |
| 在行业组织设立的投诉站、监督站(联络站)受理投诉件数 | 10 | 0.62 |
| 在行业组织设立的投诉站、监督站(联络站)直接调解成功的投诉件数 | 10 | 0.62 |

（吴　涛）

# 区县市

Qu Xian Shi

编　辑　王妮姗

## 广陵区

**■概述**　广陵区面积255平方千米，辖头桥镇、李典镇、沙头镇、湾头镇、汤汪乡等5个乡镇，曲江、文峰、东关、汶河等4个街道办事处，有62个行政村、59个社区居委会，年末户籍人口49.57万人。

2015年，全区实现地区生产总值598.14亿元，比上年增长9.5%。其中，第一产业增加值9.91亿元，增长3.6%；第二产业增加值281.22亿元，增长3.9%；第三产业增加值307.01亿元，增长14.7%。三次产业构成比例由上年的1.6:41.7:56.7调整为1.6:40.1:56.7。公共财政预算收入39.42亿元，增长8.8%；全社会固定资产投资365.83亿元，增长17.9%，68个项目列入市重大项目库；城镇居民人均可支配收入35092元、农村居民人均可支配收入22556元，均增长8.5%。　（李跃中）

**■农林牧渔业**　农林牧渔业现价总产值18.06亿元，比上年增长5.9%。其中农业产值10.42亿元，增长2.9%；林业产值0.29亿元，降低6.5%；牧业产值2.14亿元，增长13.2%；渔业产值4.2亿元，增长12.9%。农业增加值8.55亿元，增长3.5%。都市农业结构优化，创建粮食万亩高产增效示范片6个，新增高效设施农业180万平方米、高标准农田666.67万平方米、蔬菜基地100万平方米，建成家庭农场和村集体农场24个。农产品电商平台集聚壮大，上海"天鲜配"入驻农产品电商产业园。启动沙头"一园多馆"、12平方千米夹江生态中心建设，完善提升休闲农庄、绿色漫道等项目。广陵乡村旅游直通车运营。　（李跃中）

**2015年广陵区经济社会发展主要指标一览表**

表37-1

| 项　　目 | 单位 | 数量 | 比上年增长(%) |
|---|---|---|---|
| 地区生产总值 | 亿元 | 598.14 | 9.5 |
| 第一产业增加值 | 亿元 | 9.91 | 3.6 |
| 第二产业增加值 | 亿元 | 281.22 | 3.9 |
| #工业增加值 | 亿元 | 255.83 | |
| 第三产业增加值 | 亿元 | 307.01 | 14.7 |
| 人均地区生产总值(按常住人口计算) | 元 | 113306 | |
| 规模以上工业产值 | 亿元 | 1089.82 | |
| 农林牧渔业总产值 | 亿元 | 18.06 | 5.9 |
| 全社会固定资产投资总额 | 亿元 | 365.83 | 17.9 |
| 外贸自营出口总额 | 亿美元 | 15.52 | 5.6 |
| 实际利用外资及港澳台资 | 亿美元 | 0.95 | -60.48 |
| 社会消费品零售总额 | 亿元 | 263.76 | 9.7 |
| 财政总收入 | 亿元 | 56.04 | |
| #公共财政预算收入 | 亿元 | 39.42 | 8.8 |
| 城镇居民人均可支配收入 | 元 | 35092 | 8.5 |
| 农村居民人均可支配收入 | 元 | 22556 | 8.5 |

（李跃中）

**■工业和建筑业**　规模以上工业增加值247.87亿元。利税总额67.02亿元，其中利润35.78亿元，分别增长4.2%、12.1%；产品产销率97.3%。规模以上工业中，重工业产值495.71亿元，占规模工业总产值71.5%。股份制企业完成工业总产值481.08亿元，占69.4%；私营企业完成工业总产值385.72亿元，占55.6%。电气机械和器材制造业、仪器仪表制造业、通用设备制造业是全区工业的主导产业，分别完成产值170.29亿元、62.90亿元、53.76亿元，分别占规模以上工业总产值的24.6%、9.1%、7.8%。全年完成技改投入124.3亿元，工业经济逐步转型。扬力铸锻、中铁宝桥等重点技改项目竣工投产，三和四美全国首条智能化腐乳生产线投产，青岛啤酒创成省两化融合示范企业，嘉和散热器向整车热系统制造转型延伸，太行集团完成恒润特钢项目收购并追加投资30亿元。中德工业园二期7万平方米厂房全面竣工，德国本德尔等项目建成投产，集聚欧美企业43家。经济开发区科创园二期10万平方米企业加速器投入使用，入孵企业40家，上扬无线射频等创新型中小企业发展迅速。食品产业园创成国家农业产业化示范基地、省两化融合试验区，食品科技园签约落户项目20多个，中意食品产业园启动建设。

建筑业完成增加值23.89亿元，比上年增长15.1%。资质以上企业完成建筑业总产值490.65亿元，增长9.2%；完成竣工产值363.83亿元，增长12.9%；房屋建筑施工面积4013.06万平方米，增长9.3%。

（李跃中）

**■服务业** 全区实现社会消费品零售总额263.76亿元。现代服务业提速发力，软件信息产业加快集聚，实现主营销售40亿元，净增企业150家，新增互联网百强企业2家，喜马拉雅、东方财富网等企业落户，获批首家江苏省互联网产业园。创意设计产业拓展增效，设计瑰谷启动3个分园建设，新增企业50多家，获批省市共建园区，被评为省工业设计示范园区。中国创谷众创园一期建成运营，入驻企业90家，成功申报国家火炬计划。“双东”街区创成省级文化创意产业集聚区。现代物流业承载能力增强，万吨食品冷链物流开工建设，5万吨保税仓主体封顶，商贸物流园智慧物流平台有序推进。金融集聚区加快建设，设立3000万元发展基金，入驻企业30家；争取国家地方政府债券置换资金16亿元，上争各类发展资金9亿元；建立还贷资金周转池，提供周转资金20亿元；整合区级融资平台，打造总资产150亿元、净资产超50亿元的运和新城集团，成立扬州中小微企业融资会计服务示范基地，2家企业在“新三板”挂牌。传统商贸业提档升级，谢馥春、五亭等“老字号”引进“互联网+”新模式，华南家政建成全省首个家庭服务网上平台，曲江商品城电商平台上线运行，湾头玉器市场实现电子商务全覆盖。（李跃中）

**■招商引资** 全年合同利用外资及港澳台资3.29亿美元、实际利用外资及港澳台资9470万美元；新增民资注册资本金88.5亿元，发展个私企业4099家、个体工商户1.55万户。举办广陵商机说明会、软件和信息服务外包大会等品牌活动。实现进出口额16.77亿美元，其中自营出口15.52亿美元。（李跃中）

**■科技创新** 新增高新技术企业32家、高新技术产品91个。实现高新技术产业产值439.22亿元，占规模以上工业产值的63.3%。全年完成发明专利申请870件，获专利授权69件。新增省级以上品牌12个。建成省级和市级院士工作站各1家、省级研发机构19家，实施省级以上科技项目21项、签订产学研合作项目102项。江南大学食品生物技术研究所落户。新建科技产业综合体21万平方米，新投入使用25万平方米，认定省级众创空间5家，北京大学创业训练营孵化平台建成运营，经济开发区获批国家级科技企业孵化器。申报国家“千人计划”项目5个，获批省“双创人才”4人、省“双创博士”17人，获批资金全市第一。扬农股份获批国家知识产权优势企业，东方吊架获中国专利优秀奖。（李跃中）

**■城乡建设** 全年获批土地199.33万平方米，新增耕地52.13万平方米，新建高标准厂房10万平方米，盘活存量土地206.67万平方米，争取土地指标83.87万平方米。广陵新城建成和在建项目总面积180万平方米，总投资60亿元，新建道路9.1千米、景观绿化130万平方米。李宁体育园、市民中心、科技馆等项目建成运营，环球金融城、交通银行金融服务中心、信息服务产业基地三期、广陵公共文化中心、Y-MSD一期等项目相继建成，初步建成10.7平方千米廖家沟城市中央公园。广陵区创成省高标准厂房建设和使用先进区。

古城保护成果显著。加大南河下片区复兴改造力度，打通消防、救护试点通道2条，新增民居客栈床位326个，建成特色文化园（会馆）15个，调整优化徐凝门大街业态，南河下片区被列入首批“中国历史文化街区”。投入3000万元完成国庆路北段综合整治，完成皮市街综合整治、彩衣街污水管网改造，新建小游园、小广场等公共活动空间15个，古城内社区公共消防器材配置点全部设置到位。序时推进运河南路东侧地块整治，整治面积43.6万平方米。

加快旧城提升改造。实施“八老”〔老庄台（城中村）、老小区、老校舍、老宿舍、老宅子、老街巷、老城区、老厂区〕改造，实施三湾湿地公园等城中村地块改造5个，改造面积140万平方米。整治老小区12.6万平方米，翻建小街巷30条，新建改造公厕85座，改造城市积水点2个。强化市容环境薄弱点整治，组织万福

交通银行金融服务中心（扬州）大厦　　张孔生/摄

路、安康路、曲江小商品市场、联谊批发市场等周边整治1200多次，清理取缔出店经营、流动摊点1000多处，出新联谊路等路段广告牌37处，拆除乱搭乱建68处。全面实施古城核心区域“两取缔一禁止”，取缔时代南广场等摊贩临时疏导点22个，取缔流动摊点、油烟烧烤8000处，禁止出摊经营1.1万处。推进文昌中路、汶河路、国庆路、四望亭路等路段非机动车停放市场化管理，徐凝门大街创成全市唯一省级城市管理示范项目。开展农贸市场提档升级和全面整治，改造提升农贸市场6个，回收石塔、荷花池农贸市场管理权。

加快城乡一体化建设。完成19个农民集中居住区规划布点，拆除农村违法建设1万多平方米。完成连淮扬镇铁路主线征地拆迁，沙湾南路基本建成。启动沿江高等级公路提档升级工程，优化镇村公交线路，建成沙头客运站。实施七里河、沙施河综合整治，不淹不涝和清水活水工程取得阶段性成果。完成第一轮中央小型农田水利重点县、淮河入江水道整治、沙头小夹江水利血防等工程，更新改造太平闸、迎春河泵站等闸站12座。

（李跃中）

**■社会治理** 深化区、镇、村三级社会管理服务中心规范化建设，“政社互动”覆盖率100%，城乡和谐社区达标率85%，创成省现代民政示范区。加强基层基础设施建设，提能升级社会组织服务中心，全面启动基层派出所达标强基工程。强化社会组织活动，29个项目入选省级社会组织公益创投活动，获批项目和资金均为全省第一。实施基本物业扩面25.4万平方米，住宅物业服务覆盖率90%。推进农村综合改革，组建农村产权交易服务所，基本完成土地确权登记颁证工作。强化文明城市建设长效管理，建成志愿服务基地60个、社区(村)志愿服务站109个，成立全市首家社会志愿组织服务中心，完成全国文明城市复评迎查，2人入围中国好人榜候选名单。推进“六五”普法，法治宣传教育群众知晓率满意度达98%，创成国家级民主法治示范村(社区)2家、省级民主法治示范村(社区)52家。推进公共法律服务，办理法律援助案件1130件，基本建成城市半小时、农村一小时法律援助服务圈。深化社会治安综合治理，完善区镇村三级综治网络，建立群防群治、联勤联动的治安防控体系，全面完成综治信息化建设，人民群众治安满意率保持96%以上。落实信访包案、定期排查和联席会议制度，推进涉法涉诉信访改革，化解信访积案43件。强化食品药品监管，群众饮食用药安全得到保证。加快“专家治安”进程，排查整改隐患8000项，未发生重特大安全生产事故。

（李跃中）

**■环境保护** 实施生态红线保护工程，编制完成生态文明建设规划，划定7类12个生态红线保护区域。组织开展廖家沟、三江营饮用水源地安全隐患集中整治，实施方眺河水源地保护工程。严格大气污染防治，恒润海工投资10亿元新增高标准建设节能减排环保设施，全区拆除燃煤锅炉38台(套)、茶水炉51台，实施清洁生产企业8家，化学需氧量、二氧化硫削减率分别为2.7%、0.83%。开展覆盖拉网式农村环境综合整治，实施农村生活污水治理项目8个，建成污水处理设施88组。完成农村河道两年疏浚整治全覆盖任务，创成省级“水美乡镇”1个、“水美乡村”4个。以廖家沟城市中央公园和夹江生态中心为重点，推进实施“点、线、环、面”绿化工程，完成成片造林151.33万平方米，建成省级绿化示范村4个。

（李跃中）

**■社会事业** 优化教育卫生资源布局，汶河小学东区校建成招生，实施李典滨江小学、文峰小学异地新建工程，汤汪区域医疗卫生中心新址投入使用，李典区域医疗卫生中心、头桥卫生服务中心开工建设。新增公办幼儿园1所、省优质幼儿园1所、标准化示范社区卫生服务站5家，通过国家卫生城市复审。举办全国木偶皮影剧展演等文化活动30多场，创作古筝协奏曲《广陵曲》，“书香广陵”“文化广陵”阵地建设实现全覆盖，《广陵区志(1989～2011)》通过终审，获评省“扫黄打非”工作先进区。承办省“泛沿江体育带”全民健身大联动主会场活动，李宁体育园开园，建成经济开发区体育公园，提升完善曲江体育公园、古运河风光带健身设施，完成农村健身设施提档升级工程，创成全省首批公共体育服务体系建设示范区。参与第12届扬州市运动会，获金牌、奖牌、总分三项第一。双拥共建、军民融合，创成省国防动员先进单位。

（李跃中）

**■劳动和社会保障** 新增就业岗位1.25万个，实现农村劳动力转移就业3553人，“零就业家庭”持续动态清零，城镇登记失业率控制在2.3%以内。城镇职工养老、医疗、失业保险参保率均超98%，城乡居民最低生活保障、基本养老、基本医疗保险实现全覆盖，累计投入9.5亿元，如期完成“同城同步同标”计划。推进基层养老服务平台建设，建成省级示范性居家养老服务站6个，新增政府购买居家养老服务对象320人。加强社会救助体系建设，建成残疾人社区“幸福港湾”6个、专业扶贫基地2个，改造农村困难户危房10户。建成广福花园三期等安置房62万平方米，安置5303套；新建公租房300套，建成930套。

（李跃中）

## 邗江区

**■概述** 邗江区总面积552.7平方千米，辖7个街道、7个镇，有91个村、49个社区，年末户籍人口59.17万人。

2015年，全区实现地区生产总值665.08亿元，按可比价格计算，比上年增长10.7%。完成财政总收入84.61亿元，其中公共预算收入58.44亿元(其中税收收入47.8亿元)，增长10.1%。完成固定资产投资474.21亿元，增长19.1%。实现社会消费品零售总额261.9亿元，增长9.9%。城镇居民人均可支配收入37275元、农村居民人均纯收入18682元，分别增长8.4%、8.6%。

（施旭东）

**2015年邗江区经济社会发展主要指标一览表**

表37-2

| 项　　目 | 单位 | 数量 | 比上年增长(%) |
|---|---|---|---|
| 地区生产总值 | 亿元 | 665.08 | 10.7 |
| 第一产业增加值 | 亿元 | 19.07 | 3.5 |
| 第二产业增加值 | 亿元 | 271.23 | 9.0 |
| #工业增加值 | 亿元 | 217.80 | |
| 第三产业增加值 | 亿元 | 374.78 | 12.5 |
| 人均地区生产总值(按常住人口计算) | 元 | 107423 | |
| 规模以上工业产值 | 亿元 | 1403.26 | 11.7 |
| 农林牧渔业总产值 | 亿元 | 34.13 | 7.4 |
| 粮食总产量 | 万吨 | 17.49 | |
| 全社会固定资产投资总额 | 亿元 | 474.21 | 19.1 |
| 外贸自营出口总额 | 亿美元 | 16.76 | 2.0 |
| 实际利用外资及港澳台资 | 亿美元 | 2.74 | -5.4 |
| 社会消费品零售总额 | 亿元 | 261.90 | 9.9 |
| 财政总收入 | 亿元 | 84.61 | |
| #公共财政预算收入 | 亿元 | 58.44 | 10.1 |
| 城镇居民人均可支配收入 | 元 | 37275 | 8.4 |
| 农村居民人均可支配收入 | 元 | 18682 | 8.6 |

（施旭东）

**■农林牧渔业**　全区实现农林牧渔业总产值34.13亿元，比上年增长7.4%。粮食播种面积2.48万公顷，粮食总产量17.49万吨，分别下降2.0%、0.7%。生猪出栏12.4万头，年末存栏7.1万头，与上年持平。家禽出栏239.6万只，增长3.9%；年末存栏82.5万只，与上年持平。全区水产养殖面积5133.33公顷，水产品年产量2.87万吨，分别增长4.1%、56.8%。新增高效设施农(渔)业面积786.67公顷，新建高标准农田1333.33公顷。70个村完成土地承包经营确权登记，镇级农村产权交易市场实现全覆盖。组织实施农业适度规模经营三年行动计划，新增土地适度规模经营面积1300公顷、村集体合作农场25个、"家庭农场" 20个。蒋王都市农业观光园入选扬州市首批乡村旅游景点，获"全国四星级休闲农业与农村旅游示范企业"称号。

（施旭东）

蒋王都市农业观光园　　蒋　王/供稿

**■工业和建筑业**　全区规模以上工业实现产值1403.26亿元，比上年增长11.7%；入库税收29.26亿元，增

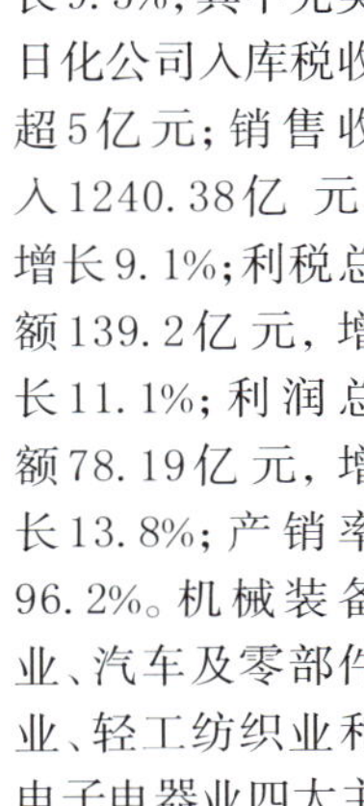

长9.5%，其中完美日化公司入库税收超5亿元；销售收入1240.38亿元，增长9.1%；利税总额139.2亿元，增长11.1%；利润总额78.19亿元，增长13.8%；产销率96.2%。机械装备业、汽车及零部件业、轻工纺织业和电子电器业四大主

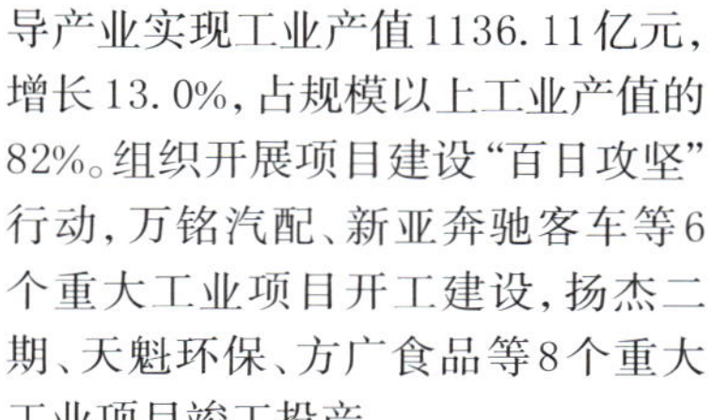

导产业实现工业产值1136.11亿元，增长13.0%，占规模以上工业产值的82%。组织开展项目建设"百日攻坚"行动，万铭汽配、新亚奔驰客车等6个重大工业项目开工建设，扬杰二期、天魁环保、方广食品等8个重大工业项目竣工投产。

建筑业实现总产值435.5亿元，增长10.9%；建筑业增加值53.43亿元，增长10.2%。承建1亿元以上工程143个，创成国家级优质工程9个。江苏邗建集团有限公司连续第七年入选全国民企500强，在全市建筑行业中建成首家国家级博士后工作站。

（施旭东）

**■服务业**　推进现代服务业项目建设，完成服务业固定资产投资325.21亿元。业恒广场、绿地新都会二期等8个10亿元以上新开工项目获市认定，总投资50亿元的万达广场项目启动建设。4月18日，举行重大项目集中开工开业活动仪式，新开工业恒生活广场等项目9个、新开业淘宝特色中国·扬州馆等项目9个。邗江区被省商务厅、省财政厅评为省农村电子示范区、省级电子商务示范基地，西湖镇金槐村、平山乡朱塘村创成省级电子商务示范村，润扬森林公园获评省级生态旅游示范区，扬州商务咨询服务集聚区、扬州百分百电子商务产业园、扬州生态科技服务业集聚区创成市级服务业集聚区。扬州市会展行业协会成立。扬州漆器厂、扬州三利月姨母婴保健护理有限公司被列入省"十百千"行动计划重点培育企业库。服务业增加值占地区生产总值56.35%，比上年提高1.7个百分点。

（施旭东）

**■招商引资**　4月17日，举行2015邗江产业发展推介大会暨项目签约仪式。活动现场签约项目28个，其中外资及港澳台资项目13个，总投资11亿美元；民资项目15个，总投资115.6亿元。5月27日，扬州·邗江(上海)新兴服务业主题招商推介会在上海召开，现场签约云教育平台、汽车运动休闲、海控研发中心、跨境电商产业园、瘦西湖旅游休闲配套商业等服务业项目20个，总投资近50亿元。全年完成进出口总额19.96亿美元，比上年增长1.8%。其中，自营出口16.76亿美元，增长2.0%。全年实现注册外资及港澳台资到账2.74亿美元，下降5.4%。（施旭东）

**■科技创新** 节能环保产业实现产值65.78亿元，生物医药产业实现产值62.89亿元，分别比上年增长17.8%、16.5%。实现高新技术产业产值598.65亿元，占规模以上工业产值的43.5%。完成规模以上工业技改投入138.1亿元，增长34.8%。实施10亿元以上技改项目11个。新增国家高新技术企业17家、省级以上“三站三中心”19家。获批授权发明专利130件，创成中国驰名商标1件、省著名商标6件。加强孵化器、加速器等创新载体建设，建成科技综合体23.7万平方米，新增省级众创空间4个。全年签订产学研合作协议110项，组建产学研合作联盟4个，新建技术转移中心5个，引进国家“千人计划”人才6人。邗江区获批国家知识产权强县区工程示范区。（施旭东）

**■城乡建设与环境保护** 中心城区13个控规获市政府批准，基本完成6个镇区控规编制。西区新城管理机构挂牌运作。加快实施旧城改造，改造“城中村”6个，整治老小区11个，翻建老街巷7条，整治积水点4处。提升城区道路通达能力，启动城市南部快速通道邗江段改造征地拆迁，新改建蜀冈路南延、博物馆路等城市道路12条。延伸区域骨干路网，沿湖大道、公(道)瓜(洲)线北段开工建设，文昌路和文汇路西延、运河路北延竣工通车。实施乡村公路提档升级8千米，改造危桥3座，建成西部交通枢纽公交停车场，镇村公交实现全覆盖。

拆除违法建设57万平方米、燃煤锅炉35台，取缔马路市场5处，完成减排改造项目12个，创成国家和省级卫生镇各1个。完成新城河、幸福河、引潮河、四望亭河截污清淤和水系沟通。集中整治区镇级河道326条、村庄河塘3246口，完成淮河入江水道整治、古运河综合整治等重点水利工程。创成省国土资源节约集约模范区、土地执法模范区。（施旭东）

**■社会事业** 新建四季金辉小学和幼儿园，完成校舍加固任务3万平方米，创成首批省级义务教育优质均衡发展区，6所学校创成省义务教育现代化学校。高考成绩再创历史新高，本科上线率提高10.8个百分点。瓜洲中学晋升省四星级高中。邗江中专新校区开学。年末拥有各级各类学校(不含幼儿园)37所，在校学生5.75万人，毕业生1.23万人。连续第三年举办“中国瓜洲音乐节”。蜀冈生态体育公园、蒋王半岛体育休闲公园建成开放，提前完成农村健身设施提档升级，获评省体育强区。新创省和谐社区建设示范单位8个。

新增民营医院1家，杨庙、杨寿卫生院新院建成投用，社区卫生服务站示范化率95%。创新食品药品安全监管模式，推广应用“美滋滋”食品安全公众服务平台，建成“透明厨房”42家。年末有各类卫生机构221个、床位691张、卫生技术人员1707人，其中执业医师731人、执业助理医师132人、注册护士727人。（施旭东）

**■劳动和社会保障** 新增就业再就业1.25万人次，社会保险扩面征缴1.15万人次，新农合年人均筹资标准提高至505元。新增民办养老机构1个。城镇职工基本医疗保险、城镇居民医疗保险参保率98.2%，基础养老金发放率100%，被征地农民转参城保置换率96%以上。（施旭东）

## 江都区

**■概述** 江都区面积1329.90平方千米，辖1个省级经济开发区和13个镇，有260个行政村、70个社区。年末户籍总人口106.26万人。

2015年，全区实现地区生产总值862.87亿元，比上年增长10.5%。

**2015年江都区经济社会发展主要指标一览表**

表37-3

| 项目 | 单位 | 数量 | 比上年增长(%) |
|---|---|---|---|
| 地区生产总值 | 亿元 | 862.87 | 10.5 |
| 第一产业增加值 | 亿元 | 56.60 | 3.6 |
| 第二产业增加值 | 亿元 | 424.81 | 10.6 |
| #工业增加值 | 亿元 | 358.42 | 10.0 |
| 第三产业增加值 | 亿元 | 381.46 | 11.4 |
| 人均地区生产总值(按常住人口计算) | 元 | 85636 | 10.5 |
| 规模以上工业产值 | 亿元 | 2377.74 | 10.4 |
| 农林牧渔业总产值 | 亿元 | 102.69 | 7.4 |
| 粮食总产量 | 万吨 | 65.94 | -0.4 |
| 全社会固定资产投资总额 | 亿元 | 615.77 | 19 |
| 外贸自营出口总额 | 亿美元 | 11.85 | 6.2 |
| 实际利用外资及港澳台资 | 亿美元 | 2996 | -85.5 |
| 社会消费品零售总额 | 亿元 | 230.71 | 8.7 |
| 财政总收入 | 亿元 | 113.53 | 1.3 |
| #公共财政预算收入 | 亿元 | 54.47 | 13.5 |
| 城镇居民人均可支配收入 | 元 | 27222 | 8.7 |
| 农村居民人均可支配收入 | 元 | 17859 | 8.7 |
| 年末存款余额 | 亿元 | 909.63 | 5.9 |
| 年末贷款余额 | 亿元 | 532.34 | 9.6 |

（江都区府办）

其中，第一产业增加值56.6亿元，增长3.6%；第二产业增加值424.81亿元，增长10.6%；第三产业增加值381.46亿元，增长11.4%。三次产业构成比例由上年的6.7:50.2:43.2调整为6.6:49.2:44.2。财政收入113.53亿元，其中公共财政预算收入入54.47亿元，分别增长1.3%、13.5%；全社会固定资产投资615.77亿元，增长19%；城镇居民人均可支配收33743.4元、农民人均纯收入17859.4元，分别增长8.7%、9.1%。入围2015年度全国科学发展百强区、全国投资潜力百强区，均列第40位。被命名为国家现代农业示范区，蝉联省平安区、全国文化先进区。

（江都区府办）

**■农林牧渔业** 2015年，全区实现农林牧渔业现价总产值102.69亿元，比上年增长7.4%；粮食总产量66.13万吨，与上年持平。持续促进农业增产增收，获“国家现代农业示范区”称号。

全年新建高标准农田2666.67公顷，新增高效设施农（渔）业面积2166.67公顷，累计1.83万公顷。金运农业科技示范园、居氏多宝农庄等5个重大项目开工，奥吉特生物科技、华耀生态农业园等6个重大项目竣工，新增省、市级农业龙头企业6家，小纪镇吉东村创成国家级罗氏沼虾“一村一品”示范村。新增家庭农场150个，创成省级示范家庭农场7个。90%以上的村组完成土地承包经营确权登记颁证工作，30%以上的村开展农村土地经营信息化登记管理，土地集中型规模经营2853.33公顷，占家庭承包地的57%。“两权”（农村土地承包经营权和宅基地使用权）抵质押贷款总额7000万元，农村产权市场交易额3.5亿元。新增各类农机具2712台（套），粮食日烘干能力1300吨，机插秧面积3.67万公顷。

（江都区府办）

**■工业** 全区规模以上工业实现总产值2377.74亿元，比上年增长10.4%；其中轻、重工业分别实现产值444.61亿元、1933.13亿元，增长15.3%、9.3%。主导产业中，医药化工产业完成产值437.14亿元，增长8.6%；特钢生产加工产业完成产值189.58亿元，下降3.1%；车船制造及配套件产业完成产值306.27亿元，增长30.3%；机械电子产业完成产值1114.86亿元，增长11%；智能电网产业完成产值220.3亿元，增长12.8%；节能环保产业完成产值176.38亿元，增长15.9%。规模以上工业完成工业开票销售671.8亿元、工业入库税收35.9亿元、设备抵扣税2.71亿元，实现利税313.9亿元，增长12%；实现利润166.96亿元，增长8.3%。工业用电量25.5亿千瓦时，增长1.1%。强化重点板块、重点行业、重点企业的预警监测和有效调控，制定“分行业分产业推进工业经济发展”“携手共进服务小微企业”等政策意见。全区有6家企业获批省以上“两化”融合示范（试点）企业，其中亚威机床获国家级“两化”融合示范（试点）企业试点。中航鼎衡液罐、中节能光伏发电等7个项目开工，日清纺EBS阀块、九龙J10商务车等7个项目竣工投产并通过市级认定，完成江特集团收购九龙汽车、上海鸿辉光通并购金森光电等资产重组项目。（江都区府办）

**■建筑业** 全区完成建筑业施工产值1507亿元，比上年增长8%。获评国家级优质工程5项，新增对外承包工程签约权企业3家、总承包一级资质企业1家、专业承包一级资质企业2家，新增一级建造师146人。江苏江都建设集团有限公司、江苏江建集团有限公司、江苏扬州建工建设集团有限公司列全国建筑企业“双百强”，江苏江安集团有限公司、江苏华江建设集团有限公司等6家企业列“江苏建筑业百强企业”。全区获“江苏省首批建筑产业现代化示范城市”称号。（江都区府办）

**■服务业** 全区实现服务业增加值381.46亿元，比上年增长11.4%，占地区生产总值的44.2%。服务业税收33.5亿元，占全区税收总额的46%。物流、商贸、金融、房地产等重点产业增加值占服务业增加值的55%。香江美食城、沿江商贸物流中心等5个市级重大项目开工，新加坡城商业综合体、长青总部大厦等4个项目竣工。江都港建成万吨级泊位13个，年货物吞吐量4800万吨。扬州宏创科技发展有限公司创成省级电子商务示范企业，苏中商贸城创成省级电子商务示范社区、首家省级“正版正货”街区，100家企业上线京东扬州馆。小纪健康产业等6个集聚区创成市级服务业集聚区。阿波罗花木市场创成市级现代服务业示范区，拥有规模花木企业30多家，入驻商户460家，年交易额突破20亿元。中远、中海、中信泰富、海昌、海螺等企业落户沿江物流集聚区，扬州毅德城落户商贸物流园。

制定和完善《旅游业发展总体规划（2016—2030）》，并通过省、市专家评审。打造江都乡村旅游品牌，举办江都首届乡村旅游节、“采菱节”等主题活动。亮化提升花木大道，改造宝宇紫薇园等庄园11个。仙女游客中心主体工程竣工。邵伯湖度假区启动历史街区保护工程，建成运河廉文化传承馆。清水龙虾主题园区建成投入运营。开通乡村旅游南北2条线，建成旅游交通导览系统。邵伯湖度假区创成市级旅游度假区，武坚勇龙国际生态园和香翎湖生态花木园创成三星级乡村旅游区，邵伯棠湖度假村和吴桥蔬果产业园通过省级验收。全区有旅游景点11个、旅行社（含分社）18家。全年实现旅游总收入46.8亿元，增长16%。接待国内游客438.5万人次。（江都区府办）

**■招商引资** 组织专题招商推介活动20多场次，全年实际到账外资及港澳台资2996万美元，实现对外国及港澳台地区进出口15.46亿美元，其中自营出口11.85亿美元，增长6.2%。江苏长青农化股份有限公司、江苏亚威机床股份有限公司等3家企业，江苏晶鑫高温材料有限公司、江苏九龙汽车制造有限公司等4企业分别创成省、市级重点培育和发展的国际知名品牌。全区实现外国及港澳台地区经济贸易营业额3.45亿美

海峡两岸(扬州)农业合作试验区推介签约仪式暨2015中国扬州·阿波罗花木园艺博览会开幕　　江　都/供稿

元，增长15%。全区有在建境外承包项目9个，新增境外企业5家，2家企业获对外国及港澳台地区承包工程经营权。（江都区府办）

■**国内贸易**　全区实现社会消费品零售总额230.71亿元，比上年增长8.7%。其中，城镇实现零售额207.91亿元，增长8.8%，占全区社会消费品零售总额的90.1%；乡村实现零售额22.8亿元，增长7.4%，占全区社会消费品零售总额的9.9%。国际汽车城15家品牌4S店挂牌营业，年销售额突破12亿元。组织实施鲜活农产品直供社区示范工程，宏信超市新建直供店10家并通过市级验收。推进“万村千乡市场工程”，完成10家农家店升级改造和3家商贸中心建设。全年上争商贸服务扶持资金365.4万元。（江都区府办）

■**科技创新**　全区实现高新技术产业产值1209.4亿元，比上年增长11.1%，占全区规模以上企业产值的50.9%。新增国家高新技术企业19家、累计119家；省民营科技企业191家、累计1350家。新增省级以上高新技术产品近200个，总量全市第一。新增国家级标准工作组4个，主持或参与制定国家及行业标准18个。创成中国驰名商标1件、省著名商标8件、省级以上名牌产品5件。申请专利4216件，其中发明专利1102件；获批专利授权2259件，其中发明授权79件。新增省级工程技术中心等省级以上研发机构20个。新建江苏大学技术转移分中心、苏州博济科技园“江都创客邦”、“创艺·985”等创新载体。签约产学研合作项目125个，获批国家博士后科研工作站3个、省科技创新团队1个、省“双创”（江苏省高层次创新创业人才引进计划）和博士人才计划项目15个、省重大科技成果转化项目4个，立项数全省领先。扬州诚德集团、江苏亚威机床股份有限公司获省科学技术奖，扬州宁达贵金属有限公司获教育部技术发明一等奖。江苏亚威机床股份有限公司获批全市唯一省重点企业实验室。（江都区府办）

■**交通和供电**　全区实现交通建设总投资8.1亿元，推进连淮扬镇铁路、江广高速扩容、352省道先导段建设，基本完成金湾路江都段3座大桥拆迁工作，新(改)建县道12.35千米、交通桥梁21座，提档升级农村公路77千米，调整城市公交线路3条、新增镇村公交线路2条。2015年，实现客运量1223万人，比上年增长2%；旅客周转量3.44亿人千米，增长1.8%；货运量905万吨，增长5.6%；货物周转量16.29亿吨千米，增长5.6%。水路货运量2240万吨，增长5.4%；货物周转量97.6亿吨千米，增长5.4%。沿江主要港口货物吞吐量4755万吨，增长1.2%。

修编完成《江都2016—2018年配电网规划》，编制完成江都“十三五”电网规划报告初稿、配电网规划分区报告10个和总报告1个，并通过市供电公司审核。110千伏孔庄开关站通过核准。110千伏樊川输变电工程投运。完成110千伏金湾变1号主变扩建，110千伏张仙线开环，110千伏中闸、甘棠主变租赁项目。推进220千伏张纲输变电及配套出线工程、110千伏东郊输变电工程等。（江都区府办）

■**财税与金融**　全区财政总收入113.53亿元，比上年增长1.3%。其中公共财政预算收入54.47亿元，增长13.5%。公共财政预算收入中，税收收入44.54亿元，增长13.1%；非税收入9.93亿元，增长15.7%。全区公共财政预算支出71.32亿元，增长24.1%。

强化金融服务，组织银企对接和专题信贷活动，制定《行政村整村授信实施办法》，设立互助转贷基金3000万元，首期安排1亿元财政存款鼓励银行定向支持中小微企业，全年上争补助资金11.64亿元。设立上海股权交易中心江都孵化基地，晶鑫材料、滨江农贷等7家企业在“新三板”挂牌。年末金融机构人民币存款余额930.56亿元，增长8.3%；其中储蓄存款579.48亿元。贷款余额532.34亿元，增长9.6%；其中短期贷款280.48亿元、中长期贷款207.2亿元、个人消费贷款87.88亿元。存贷比57.57%，比上年上升0.97个百分点。小贷公司贷款余额19.31亿元，保险公司保费收入23.18亿元，证券公司股票基金交易额1537.06亿元。（江都区府办）

■**民营经济**　2015年，全区新发展个体工商户5364户，净增加3692户；新发展私营企业3550户，净增加1918户。发展小微企业，全区完成个体工商户转企业340户。民营企业注册资金实际到资92.5亿元。全年新开工1亿元以上项目46个(含第一、第二、第三产业)，其中10亿元以上重大项目17个。（江都区府办）

■**城乡建设与环境保护**　开展江广融合区域建设，实施重点工程88项，金湾路下穿龙城路工程建成，金鹰新城市中心开工建设，启动“三河(高水河、金湾河、芒稻河)六岸”景观带、引江棚户区改造工程。完成京沪高速江都东、黄海路节点环境提升工程，建成江桥、南部新城二期安置区，整治东园新村、花园新村等老小区5个15万平方米，改造背街小巷6条、区域供水支管网445千米。实施重点交通水利工程，推进连淮扬镇铁路、江广高速扩容、352省道先导段建设。治淮工程东风渔业村安置房封顶，长江嘶马弯道崩岸整治工程基本完工。开展土地利用规划局部调整，涉及地块157万平方米；盘活使用存量土地70.47万平方米，金湾路项目获批省独立选址计划；被评为省国土资源节约集约模范区，获奖用地指标33.33万平方米。推进全国文明城市、国家卫生城市创建，实施市容环境整治、道路交通秩序整治等七大工程，城区重要路段、重要节点的占道经营、流动摊点、广告店招等问题逐步解决，拆除占道亭棚1276个、楼顶墙体广告63块、违章建筑5万平方米。改造提升龙川、太阳城农贸市场，建成大型货运停车场2个。完成路口渠化改造6个，设置道路中央硬隔离12.5千米，龙川路、长江东路建成文明创建示范路。实施张纲河、灰粪港整治工程，疏浚整治村庄河塘320条(口)，新(改)建泵站184座、配套建筑物1635座、新增节水灌溉1000公顷，创成省水美乡村5个。

实施《生态文明建设规划(2013—2020年)》，生态保护区扩大到247平方千米。完成“十二五”国家淮河流域重点工程项目13个，推进汉科和清源污水处理厂扩建工程建设。综合整治燃煤锅炉219台，开展化工、电镀等专项整治，关闭企业11家，城镇垃圾无害化处理率、生活污水集中处理率分别达95%、85%，主要河流断面达标率88.9%，城市集中式饮用水源地断面达标率100%，长江三江营和高水河江都水源地通过省级达标验收。建立大气污染防治联席会议制度，环境空气优良率65%。新设公安驻环办和环保分局4个，查处环境违法行为并依法立案62件，在全市率先建成噪声达标区，在全省率先通过覆盖拉网式农村环境综合整治省级验收。 (江都区府办)

**■社会事业** 举办第六届“和谐之春”江都知名歌手演唱会、中国江都第13届花卉节琴筝茶艺会、“扬州好人”进万家巡演启动仪式暨第11届市民日活动等。金银细工“大隋龙舟”获国家工艺美术作品金奖，卷轴漆画《千手千眼观音菩萨图》获第16届中国工艺美术大师作品暨国际艺术精品博览会银奖。邵伯古镇保护与展示项目、邗沟东道樊川镇区段环境整治项目通过国家文物局审批，大桥波斯庄相关遗产点保护项目通过省文物局审核。制定推动文化建设迈上新台阶实施意见，开展公益性群众文化活动360多场次、“三送”活动3200多场次，建成镇级图书馆13个，区文化馆被评为国家一级馆。

江都实验初中教学楼、龙川小学教学楼建成投用，加固校舍2.8万平方米，北城区中学建设完成拆迁工作。江都实验小学创成校本教研四星级学校，江都职教集团创成国家职业教育改革发展示范校。

大桥、邵伯、小纪、真武四大区域医疗中心启动建设，第四人民医院建成。新型农村合作医疗人均筹资标准提高到480元，全年参合人数75.7万人，参合率99.2%。发放各项计划生育奖扶资金4266.7万元，全区出生政策符合率99.5%以上。落实扬州市“五统一”(统一人员管理、业务管理、药械管理、财务管理、绩效考核)标准。推进公共卫生服务均等化。按照人均40元的标准免费实施公共卫生服务项目12类45项。完成65岁以上老年人免费健康体检9.83万人，免费为2.5万名农村妇女进行“两癌”筛查。举办区第七届运动会，龙川体育休闲公园建成开放，完成镇村体育设施提标升级工程，创成首批省级公共体育服务体系示范区。

(江都区府办)

**■劳动和社会保障** 开展城乡劳动者技能培训5566人、创业培训1187人，采集就业岗位1.91万个，新增城镇就业1.13万人、农村劳动力转移1.21万人。城镇“零就业”家庭、农村“零转移”家庭动态为零，期末城镇登记失业率1.9%。实施集体协商和集体合同制度攻坚计划，开展首届区“和谐劳动关系奖”评选活动，制定下发《江都区行业工资集体协商工作指引》，引导企业建立合理的工资报酬正常增长机制。

“核心平台三版”社保经办系统上线运行，社会保险经办流程与主城区接轨，基金征收纳入市区统一管理。新增养老、医疗、失业、工伤和生育等“五险”扩面6.51万人，企业职工养老保险参保18万人、城镇职工医疗保险参保16.5万人、生育保险参保6.5万人、工伤保险参保13.4万人、失业保险参保7.1万人，基金结余超40亿元，备付能力居全省前列。调增全区6.45万名退休人员养老金，人均月平均养老金增加170元，达1649.7元，调升城乡居民养老保险月基础养老金至105元。

(江都区府办)

**■中国江都第13届花卉节** 4月17日至5月18日，江都区举办第13届花卉节。开幕式上，有30个项目参加集中签约，签约外资及港澳台资项目8个，协议利用外资及港澳台资1.35亿美元；签约民资项目22个，计划总投资73.66亿元，注册资本金14.3亿元，其中投资10亿元以上项目3个。 (江都区府办)

**■江都首届乡村旅游节** 4月11日，江都首届乡村旅游节启幕，开通扬州市区到江都乡村一日游直通车，该直通车实行四季线路轮替，全年法定假日发团，全程票价48元，可游览开元寺、吴桥现代蔬果产业园、白塔河生态园、阿波罗花花世界风情街区、山水园等地。 (江都区府办)

## 宝应县

**■概述** 宝应县总面积1461.55平方千米，辖14个镇、223个行政村、43个社区，有1个省级经济开发区和1个省级有机农业开发区，年末户籍总人口91.16万人。

2015年，全县实现地区生产总值458.02亿元，比上年增长10.7%。其中，第一产业增加值65.63亿元，增长3.7%；第二产业增加值204亿元，增长11.3%；第三产业增加值

**2015年宝应县经济社会发展主要指标一览表**

表37-4

| 项　　目 | 单位 | 数量 | 比上年增长(%) |
|---|---|---|---|
| 地区生产总值 | 亿元 | 458.02 | 10.7 |
| 第一产业增加值 | 亿元 | 65.63 | 3.7 |
| 第二产业增加值 | 亿元 | 204.00 | 11.3 |
| #工业增加值 | 亿元 | 165.96 | 10.5 |
| 第三产业增加值 | 亿元 | 188.39 | 12.2 |
| 人均地区生产总值(按常住人口计算) | 元 | 60669 | 10.4 |
| 全部工业开票销售收入 | 亿元 | 550.10 | 6.9 |
| 规模以上工业产值 | 亿元 | 993.43 | 10.3 |
| 农林牧渔业总产值 | 亿元 | 122.90 | 6.5 |
| 粮食总产量 | 万吨 | 93.47 | 0.4 |
| 全社会固定资产投资总额 | 亿元 | 324.77 | 20.3 |
| 外贸自营出口总额 | 亿美元 | 6.75 | 10.6 |
| 实际利用外资及港澳台资 | 万美元 | 912 | -71.2 |
| 社会消费品零售总额 | 亿元 | 135.63 | 10.3 |
| 财政总收入 | 亿元 | 53.16 | 19.0 |
| #公共财政预算收入 | 亿元 | 30.49 | 11.8 |
| 城镇居民人均可支配收入 | 元 | 24746 | 8.8 |
| 农村居民人均可支配收入 | 元 | 15507 | 8.9 |
| 年末存款余额 | 亿元 | 406.05 | 19.3 |
| 年末贷款余额 | 亿元 | 259.49 | |

（潘加林）

188.39亿元，增长12.2%。三次产业比例14.3:44.6:41.1。人均地区生产总值60669元。实现财政总收入53.16亿元，增长19%。其中，公共财政预算收入30.49亿元，增长11.8%。城镇居民人均可支配收入24746元，增长8.8%。农民人均可支配收入15507元，增长8.9%。完成固定资产投资324.77亿元，增长20.3%。宝应县获“全国甲鱼生态养殖第一县”“全国平安农机示范县”称号。宝粮集团获评“中国十佳粮油集团”。山阳镇创成“中国羽绒名镇”。氾水镇被列入国家新型城镇化试点。射阳湖镇中心卫生院获“2014-2015年度群众满意的乡镇卫生院”称号。（潘加林）

**■农林牧渔业**　2015年，全县实现农林牧渔业总产值122.9亿元，比上年增长6.5%。粮食播种面积12.06万公顷，粮食总产量93.47万吨。其中，小麦种植面积5.65万公顷，产量35.43万吨；水稻种植面积5.84万公顷，产量56.02万吨；油菜种植面积0.57万公顷，产量1.6万吨。实施农业规模项目21个，新增设施农(渔)业面积0.17万公顷。获批部级健康养殖标准化示范场1个、省级园艺作物标准园4个、市级现代农业园区4个。新创省级农业龙头企业5家、市级9家。建成农村淘宝村级服务站30个，开设农产品营销网店42家。获批“三品一标”（无公害农产品、绿色食品、有机农产品和农产品地理标志）产品39个。新增粮食标准化仓容3万吨。新注册家庭农场178个。创成县级以上农民专业合作示范社30个。新增大中型农机具768台(套)，农业综合机械化水平83.2%，完成秸秆机械化还田面积10.25万公顷，跨区作业总收入2.1亿元。完成小型农田水利重点县年度工程。获批省高标准农田整县推进试点，实施省农村土地综合整治试点项目。推进农村土地承包经营权确权登记颁证工作，累计发放质押贷款2100多万元。县镇两级农村产权交易平台实现全覆盖，累计成交3.5亿元，交易额全市第一、全省领先。创成江苏省村级“四有一责”（有持续稳定的集体收入，有功能齐全的活动阵地，有先进适用的信息网络，有群众拥护的“双强”带头人，强化村党组织领导责任）先进县。（潘加林）

**■工业**　全县392家规模以上工业企业完成总产值993.43亿元，比上年增长10.3%。规模以上高新技术企业完成产值161.57亿元，占规模以上工业产值的16.3%。全年实现工业开票销售550.1亿元、入库税收15.2亿元，分别增长6.9%和16.2%，增幅均列全市第一。宝胜集团开票销售193亿元，增长14.9%，骏升科技开票销售首超10亿元，新增亿元企业8家。工业用电量11.26亿千瓦时。编制全省首家县级新能源发展规划，获批新能源发电项目8个。建设米阿萨凯翔汽车零部件、裕宝新能源汽车及零部件等项目，新开工1亿元项目10个、5000万元项目20个。争取非普惠制无偿资金13亿元。（潘加林）

**■建筑业**　全年完成建筑业总产值420.50亿元，比上年增长6.9%。竣工产值399.61亿元，增长18.7%。资质以上建筑企业从业人员13.78万人。房屋建筑施工面积5452万平方米，其中新开工面积1976万平方米。新增总承包一级资质企业1家、省级建筑业“百强企业”1家。（潘加林）

**■服务业**　全县社会消费品零售总额135.63亿元，比上年增长10.3%。实现增加值185亿元，增长13%。金源休闲度假广场、宝胜综合物流园等重大项目开工建设，新增品牌汽车4S店2家。一号邻里中心运营。新创市级服务业集聚区2个。创成省级农村电子商务示范村1个、市级农村电子商务示范村3个。商品房销售56万平方米，二手房交易30万平方米。实施旅游发展战略策划，建成宝应县游客服务中心。全年接待游客210万人次，增长12%。实现旅游收入21.9亿元，增长13%。泰山殿佛教文化旅游街区项目一期平台土建工程完工。金源温泉度假休闲区中温泉游泳馆对外营业，金源游乐园试营业。举办“魅力荷乡、寻韵古风”环宝应湖全国百公里自行车挑战赛等大型旅游推介活动。（潘加林）

**■开放开发** 全年实际到账外资及港澳台资912万美元。完成外经营业额1975万美元，比上年增长20.2%。自营进出口总额8.9亿美元，其中自营出口总额6.75亿美元，增长10.6%。机电行业出口5.09亿美元，占全县外贸出口的75.5%，增长17.4%；玻璃水晶产业出口8328万美元，占全县外贸出口的12.34%，增长5.4%；纺织服务业出口2934万美元，占全县外贸出口的4.3%，下降10.4%；农副产品业出口4635万美元，占全县外贸出口的6.9%，增长5.2%。创成市出口名牌4个，新通过国际认证35项。推进中航工业宝应产业园建设，上海莘庄宝应工业园获批省南北共建园区，新认定市特色工业集中区2个。新建标准化厂房10万平方米，建成市认定众创空间3家近2万平方米。完成土地利用总体规划中期评估，创成省国土资源节约集约利用模范县。（潘加林）

**■科学创新** 全年新认定国家高新技术企业11家、省高新技术产品70个，引进转化省重大科技成果6项。新增市级以上“三站三中心”40家。创成中国驰名商标3件，新增省著名商标7件、省名牌产品5个。实现专利授权1450件，其中发明专利授权35件。参与制订国家及行业标准6项。创成省级科普示范县。开发区获批省知识产权试点园区。宝胜股份定向增发获批。3家企业“新三板”挂牌。新一批驻宝应县科技镇长团任职，签订产学研合作协议60项，新建校企合作联盟10个。引进高层次领军人才34人，组织115名教授、博士柔性服务企业，获批省“双创(创新创业)团队”1个、“双创人才(博士)”25人及市“绿扬金凤计划”28人。实施“名师工程”、民企“新生代”素质提升工程。（潘加林）

**■交通和供电** 启动实施连(云港)淮(安)扬(州)镇(江)铁路宝应段，机场路开工建设，氾(水)夏(集)路建成通车。改造盐(城)宝(应)线航道驳岸7.5千米。提档升级农村公路69千米，改造危桥28座。全县营业性车辆完成公路客运量663万人，客运周转量5.03亿人千米；完成公路货运量519万吨，公路货运周转量9.46亿吨千米；完成水路货运量626万吨，水路货运周转量24.15亿吨千米。220千伏沿河变电站、110千伏曹甸变电站开工建设。（潘加林）

**■财政和金融** 全年财政总收入53.16亿元，比上年增长19.0%；公共财政预算收入30.49亿元，增长11.8%。财政支出62.94亿元，增长18.4%。其中，公共财政预算支出53.02亿元，增长11.4%。年末金融机构人民币存款余额406.05亿元，比年初增加63.7亿元，增长19.3%。其中，城乡居民储蓄存款余额263.08亿元，比年初增加32.89亿元，增长17.3%。年末金融机构人民币贷款余额259.49亿元，比年初增加30.23亿元。全年新增贷款40亿元，其中工业贷款22亿元，发放小微企业贷款13亿元。设立企业应急专项资金5000万元。发行私募债2.5亿元。与农发行宝应支行签署战略性金融合作协议，授信近60亿元。光大银行宝应支行开业。全年保费收入8.39亿元。（潘加林）

**■城乡建设与环境保护** 修编新一轮城市总体规划和镇村布局规划，编制城市绿地系统等专项规划，启动城区地下管线普查与信息平台建设，编制苏中南路等相关区域城市设计及控制性详细规划。重点中心镇完成控制性详细规划修编。完成北河路、苏中北路提升工程，推进老淮江路改造、邗沟路改造、泰山殿历史文化街区、白田路商业综合体、人防指挥中心、郃家河整治等工程。花城广场改造、宝射河南岸景观等工程主体竣工。疏浚整治蔷薇河、向阳河。城区自来水厂扩建二期工程建成投运。新增城区绿地面积30万平方米、停车位1070个，增补背街小巷路灯300盏，升级改造公厕8座，“三线”(供电、通信、有线电视等线路)入地16千米，疏浚下水管道160千米。建成南园垃圾转运中心。改造老旧小区7个18.7万平方米，拆除违法建设2.2万平方米。新增住宅区物业服务113万平方米。县数字化城管平台通过省级验收。氾水、曹甸等集镇公园提升、水系治理、老街修复成效明显。创成省级“美丽乡村”示范村2个。

完成宝应湖生态环境保护规划编制，白马湖湿地纳入生态红线区。2个镇开展农村环境综合整治试点，创成省级生态村3个。成片造林553公顷，建成省级村庄绿化示范村15个。6个淮河流域水污染防治重点项目全部按期。铺设城乡污水处理厂配套管网30千米。实施工业挥发性有机物治理项目11个，整治燃煤小锅炉114台，空气质量居全市前列。秸秆机械化全量还田率达88.4%。完成化学需氧量、二氧化硫等减排任务。万元地区生产总值综合能耗下降3.5%。（潘加林）

**■社会事业** 新建、改造校舍6000平方米，实施校车安全工程。江苏省宝应中等专业学校通过省高水平现代化职业学校验收。获批省学前教育改革发展示范区、省农村职业教育与成人教育示范县、省首批青少年校园足球试点县。启动实施宝应县实验初级中学西校区等工程。完成第一批多媒体教学设备装配工作、第二批录播教室建设工程，启动第三批录播教室建设工程。落实学生每天“阳光体育1小时”，承办扬州市第12届运动会青少年部足球比赛。高考各项主要指标均位居扬州市前列。高二学业水平测试达4A人数、增幅和生均加分均列扬州各县(市、区)第一。

国家卫生县城通过复审。宝应县血液净化中心投入使用，推进柳堡、黄塍2个血透点建设。县疾控中心，射阳湖、氾水、曹甸和柳堡4个农村区域性医疗卫生中心开工建设。

建成省人民医院—宝应县人民医院远程心电项目，在3个镇初步实现影像、心电、检验信息和远程调取和会诊。建立居民电子健康档案75万份，建档率90%以上。建成数字化预防接种门诊15个，儿童预防接种率95%以上。射阳湖镇中心卫生院被国家卫计委评为2014-2015年度群众满意的乡镇卫生院，为宝应县首家获此称号的卫生院。

宝应县文化馆通过国家一级馆验收。修缮开放朱氏家祠和蒲松龄纪念馆，孙萌庭故居、宝应儒学博物馆、宝应名人纪念馆对外开放。全县242个行政村全部配套计算机设备，实现与省农家书屋数字图书信息共享工程联网。举办“舞动荷乡·幸福宝应”全县第四届广场舞大赛、2015宝应好人进万家文艺汇演。黄塍跑马阵入选第四批省级非物质文化遗产名录。《宝应县志(1990～2005)》出版发行。

全县15个镇(区)建成多功能文体广场，总面积3000平方米，实现镇区多功能文体广场全覆盖，新增体育场地8.48万平方米，建成252个村级“五个一”(一片运动场地、一个四投篮球架或一副篮球架、一个高杆灯、一组休闲长凳并配备一名社会体育指导员)运动场，宝应县被命名为第一批江苏省公共体育服务体系示范区。新增体育社团4个，累计建成体育社团17个、社会组织75个。

(潘加林)

■**劳动和社会保障** 采集就业岗位6.17万个，推荐就业1.5万人，城镇登记失业率控制在2%以内。培训城乡劳动者1.3万人。发展私营企业2343家、个体工商户4407户。累计发放创业扶持小额贷款3400万元，创成省级创业型城市。新增各类保险参保对象2.89万人，征缴各类保险基金14.9亿元。年末全县企业职工基本养老保险参保12.9万人，城镇职工基本医疗保险参保13.81万人，城镇居民基本医疗保险参保6.05万人，失业保险参保6.3万人，城乡居民基本养老保险参保26.89万人。年末，3.6万名离退休人员享受企业职工基本养老保险金，16.6万人领取城乡居民基本养老保险基础养老金。城乡养老保险和城镇医疗保险基本实现全覆盖，社会保险主要险种覆盖率均达95%以上。城乡低保、农村五保等同步提标，临时救助急难家庭8500人次。建成宝应县失能老人托养中心，705名困难老人享受政府购买居家养老服务。发放尊老金1700万元。筹建经济适用房、公租房各100套，发放廉租房租赁补贴143户。归集住房公积金3.9亿元，发放公积金贷款6.3亿元。扶贫建房1119户，渔民上岸工程安置350户。农村脱贫2244户，全面完成省定目标。80%村集体经营性收入超过40万元。

(潘加林)

12月24日，宝应县获评全国“平安农机”示范县

薛水利/摄

■**2015中国宝应荷藕节** 8月8日，2015中国宝应荷藕节开幕并举行投资商机说明会暨项目集中签约仪式，硅料提纯及光电、风能发电、渔光互补等20个项目集中签约，计划总投资43亿元，其中100兆瓦风能发电项目计划投资10亿元以上。组织开展2015中国宝应荷藕节大型人力资源招聘洽谈会、海外专题招商推介、上海莘庄(宝应)工业园区合作共建招商推介、羽绒家纺产业及特种水产宣传推介、上海(宝应)健康养老服务业项目招商推介等系列活动。

(潘加林)

■**山阳镇创成“中国羽绒名镇”** 12月3日，在杭州萧山第21届中国羽博会上，山阳镇获“中国羽绒名镇”称号。山阳镇以大成、建炜、翔宇、宝杰隆、四季馨等5家羽绒龙头企业为骨干，有羽绒家纺企业62家，其中1亿元以上企业5家，5000万元以上企业8家，从业人员近1万人，形成年产销50亿元的生产规模。产品远销日本、东南亚和欧美等国际市场，年出口量5000万美元。 (潘加林)

■**宝应县创成全国“平安农机”示范县** 12月24日，宝应县被农业部、国家安全生产监管总局命名为全国“平安农机”示范县。至2015年，宝应县共创建“平安农机”示范镇11个、“平安农机”示范村73个、“平安农机”合作社15个、“平安农机”示范户1183个。拖拉机、联合收割机的综合“三率”(上牌率、检验率、持证率)水平分别达98.96%、95.91%。

(潘加林)

## 仪征市

■**概述** 仪征市总面积859平方千米，辖9个镇、2个办事处，有137个行政村、55个社区，年末户籍总人口56.45万人。

2015年，全市完成地区生产总值501.97亿元，比上年增长10.0%。其中，第一产业增加值22.29亿元，增长3.8%；第二产业增加值270.78亿元，增长9.0%；第三产业增加值208.90亿元，增长11.7%。按常住人口计算，人均地区生产总值88947元，增长7.6%。完成全社会固定资产投资409.54亿元，增长19.6%。城镇居民人均可支配收入33808元，增长8.6%；农村居民人均可支配收入16138元，增长8.6%。连续七年位列全国中小城市综合实力百强县市行列，排名第70位。

(李明飞　马晓东)

**2015年仪征市经济社会发展主要指标一览表**

表37-5

| 项　　目 | 单位 | 数量 | 比上年增长(%) |
|---|---|---|---|
| 地区生产总值 | 亿元 | 501.97 | 10.0 |
| 第一产业增加值 | 亿元 | 22.29 | 3.8 |
| 第二产业增加值 | 亿元 | 270.78 | 9.0 |
| #工业增加值 | 亿元 | 239.26 | |
| 第三产业增加值 | 亿元 | 208.90 | 11.7 |
| 人均地区生产总值(按常住人口计算) | 元 | 88947 | 7.6 |
| 规模以上工业产值 | 亿元 | 1508.03 | 7.1 |
| 全部工业开票销售收入 | 亿元 | 912.26 | 10.9 |
| 粮食总产量 | 万吨 | 33.84 | 0.0 |
| 全社会固定资产投资总额 | 亿元 | 409.54 | 19.6 |
| 外贸自营出口总额 | 亿美元 | 4.53 | -31.5 |
| 实际利用外资及港澳台资 | 万美元 | 7958 | -74.8 |
| 社会消费品零售总额 | 亿元 | 100.19 | 9.0 |
| 财政总收入 | 亿元 | 82.71 | |
| #公共财政预算收入 | 亿元 | 39.44 | 13.8 |
| 城镇居民人均可支配收入 | 元 | 33808 | 8.8 |
| 农村居民人均可支配收入 | 元 | 16138 | 8.6 |
| 年末存款余额 | 亿元 | 501.92 | 8.9 |
| 年末贷款余额 | 亿元 | 306.22 | 18.8 |

（李明飞　马晓东）

**■农业**　2015年，全市粮食总产量33.84万吨，与上年基本持平。建设仪扬河粮食中心库二期工程，新增仓容2万吨。新增高效设施农业面积666.67万平方米。新增省级农业龙头企业2家、市级农业龙头企业7家。新增农民专业合作社48个、家庭农场90个。新认证无公害、绿色、有机农产品26个。（李明飞　马晓东）

**■工业和建筑业**　全市规模以上工业实现产值1508.03亿元，比上年增长7.1%；其中市辖规模以上工业实现产值969.09亿元，增长12.2%。全市工业开票销售收入912.26亿元，下降10.9%；工业入库税收54.95亿元，增长20.7%。其中，规模以上工业开票销售收入813.04亿元，下降12.3%；入库税收50.33亿元，增长22.2%。市辖工业开票销售收入628.35亿元，下降7.0%；入库税收47.34亿元，增长15.1%。其中，市辖规模以上工业开票销售收入535.05亿元，下降9.0%；入库税收43.08亿元，增长15.1%。汽车及零部件产业支撑作用明显，上海大众汽车有限公司仪征分公司全年生产整车33.7万辆，完成开票销售258亿元。新兴产业发展势头向好，完成开票销售收入258亿元，增长12.8%。新增市辖规模以上工业企业20家，新增开票销售过1亿元企业8家、过10亿元企业3家。

全年建筑业实现总产值230.86亿元，增长5.7%；竣工产值224.06亿元，增长38.1%。建筑业企业房屋建筑施工面积1804.53万平方米，增长11.1%；竣工面积977.28万平方米，增长48.0%。新增一级总承包企业2家、二级总承包企业1家。

（李明飞　马晓东）

**■国内贸易**　全年实现社会消费品零售总额100.19亿元，比上年增长9.0%。按经营单位所在地分，城镇市场实现零售额86.24亿元，增长8.9%；乡村市场实现零售额13.95亿元，增长9.6%。按消费形态分，批发零售业零售额87.56亿元，增长6.4%；住宿餐饮业零售额12.63亿元，增长30.0%。（李明飞　马晓东）

**■开放型经济**　2015年，全市注册外资及港澳台资实际到账2757万美元。其中，市本级(不含扬州化学工业园区)注册外资及港澳台资实际到账2661万美元，下降84.89%。全市进出口总额11.04亿美元，增长7.7%。其中，进口6.52亿美元，增长78.7%；出口4.53亿美元，下降31.5%。市本级(不含扬州化学工业园区)进出口总额3.72亿美元，下降26.1%。其中，进口总额8591万美元，下降6.3%；出口总额2.86亿美元，下降30.5%。（李明飞　马晓东）

**■科技创新**　2015年，全市新增国家高新技术企业15家、省级高新技术产品103个，建成省、扬州市级研发机构20家。获批国家火炬计划项目3个，省重大科技成果转化项目2个、重点研发计划项目3个、国际合作计划项目1个、易购奖补计划项目1个，扬州市重点研发计划项目1个，争取项目资金2205万元。全年申请专利2995件，其中发明专利694件；获专利授权1634件，其中发明专利授权27件。推进校企合作交流，邀请上海交通大学、浙江大学、重庆科学技术研究院、江苏省农科院等30多所高校院所到仪征市发布相关领域科技成果，100名专家应邀参加，全年共签署产学研合作项目60个。

（李明飞　马晓东）

**■交通和旅游业**　全市公路里程1517.62千米。全年货物运输量1840.97万吨，比上年增长13.1%。其中，公路货运量485.32万吨，增长2.8%；水路货运量943.50万吨，增长6.2%；港口货物吞吐量412.15万吨，增长54.0%。全年公路客运量1215.51万人次，增长0.2%。年末民用汽车拥有量6.49万辆，增长17.4%；其中私人汽车拥有量5.91万辆，增长19.5%。

全市有旅游景区(点)9处、旅行社及其分支机构36家、星级旅游酒店饭店10家。全年接待旅游者231万人次，增长10.5%；旅游总收入23.74亿元，增长10.0%。

（李明飞　马晓东）

**财政和金融**　全市实现财政总收入82.71亿元。公共财政预算收入39.44亿元，增长13.8%。其中，税收收入33.95亿元，比上年增长14.6%，税收占比86.1%，比上年提高0.6个百分点。市本级（不含扬州化学工业园区）公共财政预算收入35.67亿元，增长14.9%。其中，税收收入30.48亿元，增长14.7%，税收占比85.5%。

市本级（不含扬州化学工业园区）公共财政预算支出46.83亿元，增长12.8%。其中，科学技术支出1.86亿元，增长41.8%；公共安全支出3.01亿元，增长23.5%；教育支出8.39亿元，增长23.3%；农林水事务支出9.54亿元，增长14.2%；社会保障和就业支出4.25亿元，增长6.9%；医疗卫生支出4.49亿元，增长6.7%。

年末金融机构人民币存款余额501.92亿元，比年初增加43.52亿元。其中居民储蓄存款273.21亿元，比年初增加21.13亿元。年末金融机构人民币贷款余额306.22亿元，比年初增加48.37亿元。其中，短期贷款142.28亿元，比年初增加6.81亿元；中长期贷款145.64亿元，比年初增加32.91亿元；票据融资18.29亿元，比年初增加8.64亿元。

全年保费业务收入6.86亿元，增长8.7%。其中，人寿险收入4.00亿元，增长8.0%。保险业务支出3.66亿元，增长65.7%。其中，赔偿支出2.01亿元，增长33.3%；满期结付支出1.04亿元，增长47.8%。

（李明飞　马晓东）

**城乡建设与环境保护**　修编新一轮城市总体规划、老城区与滨江新城控制性详规及城市设计。推进滨江新城城市广场、星级酒店、农贸市场、游乐场、新真州路、新解放路建设，跟踪洽谈双语学校、民营医院项目。完成背街小巷、农贸市场等城市环境综合整治项目43个。

修编新一轮镇村布局规划。完成集镇环境综合整治项目101个。月塘镇获批国家新型城镇化综合试点镇。大仪镇、月塘镇创成国家级卫生镇。建立微信督查平台，提升农村环境长效管护实效。推进农民集中居住，新增进区建房农户1580户，农民集中居住率25.5%。建设美丽乡村6个，陈集镇丁桥村创成省“最美乡村”。80%的村集体经营性收入达50万元以上。

完成沿江高等级公路改造、宁启复线仪征站站改工程，宿扬高速有序推进，大新公路刘集至353省道段改扩建工程开工建设。新改建农村公路89.5千米，改造危桥7座，实施县道大中修15千米。新投入公交车62辆，新辟城市公交线路1条。启动取水口迁移、备用水源管道工程。推进编外水库除险加固、月塘灌区节水改造工程。建成110千伏郁桥输变电、金马变第二电源工程，扩容变电所5个。

编制生态文明建设三年行动计划。划定生态红线区域，占市域面积24.5%。推进枣林湾生态中心建设。单位地区生产总值能耗下降3.6%，削减化学需氧量23.5吨、二氧化硫排放量1722吨。开展建筑工地扬尘、烧烤油烟专项整治，建成区禁燃限放烟花爆竹，空气质量优良率71.6%，$PM_{2.5}$（细颗粒物）下降21.2%。建成枣林湾污水处理厂、潘家河活水泵站，加快污水管网建设，水功能区水质达标率76.9%，城市饮用水源水质达标率100%。实施333省道沪陕高速出口园林绿化、东园公园和扬子公园景观提升改造工程。新增成片造林460公顷，提升道路绿化500千米，创成省级绿化示范村15个。

（李明飞　马晓东）

**社会事业**　实验幼儿园、仪化第三小学、龙河小学基本建成，三中、育才小学新校区投入使用，推进月塘中学、刘集中心校新建项目。省优质幼儿园比例75.0%，省现代化小学比例51.6%，省现代化初中比例66.7%，省三星级以上高中比例80%。全市有各类学校88所，招生1.65万人，在校生5.93万人。

完成仪征市中医院分院异地新建，推进刘集、青山卫生院建设，启动新集、大仪、月塘农村区域性医疗卫生中心建设。年末有各类卫生机构（不含村卫生室）74个，比上年增加3个。有床位2190张，增加110张。有卫生技术人员3182人，增加126人。其中，执业医师、执业助理医师964人，增加25人。深化医疗卫生体制改革，构建分级诊疗制度，加强卫生信息化建设，全面实施免费孕前优生健康检查项目。

全市有体育场7个、体育馆7个、游泳池馆7个，有教练员14人、等级裁判员65人、等级运动员40人。全年运动员获奖牌总数202枚。举办体育竞赛表演75次。完善村、社区文体设施，累计建成全民健身活动设施604处。开展第14届全民健身节、龙舟公开赛等活动。

全年广播节目制作时间3822小时，电视节目制作时间3827小时，广播电视节目综合覆盖率100%。全市有电影放映单位5个、艺术表演场馆1个、博物馆1个、纪念馆2个、公共图书馆1个、文化站9个，全年电影观众88.37万人次、艺术表演观众20万人次、文物展览参观9.6万人次、纪念馆参观0.8万人次、公共图书馆书刊文献外借22万人次。

（李明飞　马晓东）

**劳动和社会保障**　全年新增转移农村劳动力7800人，新增城镇就业9900人，城镇登记失业率2.01%。年末城镇职工基本养老保险覆盖率、基本医疗保险覆盖率、失业保险覆盖率分别为96.26%、96.84%、97.16%，参保人数分别为15.50万人、17.01万人、9.05万人。城乡居民基础养老金待遇提高至每人每月105元，企业退休人员月均基本养老金提高至2255元，居民医保、新农合财政补助标准提高至每人每年380元。新开工公租房104套、经济适用房176套、棚户区改造安置房1210套。住房公积金新增扩面7500人，发放公积金贷款6亿元。　（李明飞　马晓东）

中国芍药节开幕　　　仪征市旅游局/供稿

■**中国芍药节**　5月1日，由扬州鉴真国际半程马拉松赛组委会、仪征市政府主办的2015中国芍药节开幕式暨扬州鉴真国际半程马拉松城市跑不停动感枣林湾10千米健身跑活动在仪征市枣林湾生态园扬州芍药园举行。中国芍药节突出运动休闲，注重全民参与，安排健身长跑、棋类比赛、自行车赛、龙舟赛等系列活动，至5月底结束。　（李明飞　马晓东）

# 高邮市

■**概述**　高邮市面积1921.78平方千米，辖12个镇(街道)、1个乡(菱塘回族乡)，1个省级经济开发区(高邮经济开发区)、2个新区(高邮城南经济新区、高邮湖西新区)，有175个行政村、52个社区，年末户籍总人口81.58万人。

2015年，全市实现地区生产总值483.85亿元，按可比价计算，比上年增长10.5%。其中，第一产业增加值66.34亿元、第二产业增加值215.53亿元、第三产业增加值201.98亿元，分别增长3.6%、10.1%、13.3%。三次产业结构比例13.7:44.6:41.7。人均地区生产总值65421元。全市完成社会固定资产投资395.87亿元，增长20%。城镇居民人均可支配收入29007元，增长8.9%；农村居民人均可支配收入15608元，增长8.9%。　（宝珍芳）

■**农业和农村工作**　2015年，全市实现农林牧渔业现价总产值128.92亿元，增长5.92%。实现粮食总产量88.80万吨(实现“十二年连续增产”)、棉花总产量100吨、油料总产量2.05万吨；生猪出栏量31.02万头、家禽出栏量1153万只、水产品产量19.40万吨。新增高效设施农渔业面积0.27万公顷、农业适度规模经营面积0.32万公顷，新建高标准农田0.33万公顷，建成“菜篮子”基地500公顷，创成扬州市级农业园区4个。农村产权交易实现省市县镇四级互联互通，年交易额超1亿元。创成省示范家庭农场5个，累计7个。新增省农业龙头企业3家，累计19家。新增农产品“三品”品牌30个，累计443个。“高邮湖大闸蟹”地理标志证明商标获国家工商总局商标局批准。高效农业保险保费3725.81万元，占农业保险保费的53.9%。秸秆机械化还田6.67万公顷。创成全国推进农业现代化优秀城市。农业水价综合改革、小型水利工程管理体制改革试点工作通过省级验收。完成供销社综合改革省级试点。创成省村级“四有一责”建设先进市。完成低收入农户三年脱贫攻坚任务。村级负担控减成效明显，80%的行政村年集体经营性收入40万元。　（宝珍芳）

■**工业**　2015年，全市工业企业完成开票销售438.5亿元、入库税收20亿元，分别比上年增长-3.8%、5.1%。其中，524家规模以上企业累计完成现价产值1149.44亿元、销售收入1106.4亿元、利税总额109.8亿元、利润68.4亿元，分别比上年增长11.7%、10.2%、-0.4%、-2.3%。规模以上工业产销率99.4%。实现工业用

**2015年高邮市社会经济发展主要指标一览表**

表37-6

| 项　目 | 单位 | 数量 | 比上年增长(%) |
|---|---|---|---|
| 地区生产总值 | 亿元 | 483.85 | 10.5 |
| 第一产业增加值 | 亿元 | 66.34 | 3.6 |
| 第二产业增加值 | 亿元 | 215.53 | 10.1 |
| #工业增加值 | 亿元 | 177.86 | 15.4 |
| 第三产业增加值 | 亿元 | 201.98 | 13.3 |
| 人均地区生产总值(按常住人口计算) | 元 | 65421 | 14.9 |
| 规模以上工业产值 | 亿元 | 1149.44 | 11.7 |
| 全部工业开票销售 | 亿元 | 404.1 | 26.5 |
| 农林牧渔业产值 | 亿元 | 128.92 | 5.9 |
| 粮食总产量 | 万吨 | 88.8 | 0.2 |
| 全社会固定资产投资总额 | 亿元 | 395.87 | 20 |
| 外贸自营出口总额 | 亿美元 | 4.07 | 5.4 |
| 实际利用外资及港澳台资 | 亿美元 | 0.6 | 111.2 |
| 社会消费品零售总额 | 亿元 | 153.06 | 10.4 |
| 财政总收入 | 亿元 | 50.59 | 5.9 |
| #公共财政预算收入 | 亿元 | 33.24 | 13.4 |
| 公共财政预算支出 | 亿元 | 53.62 | 15 |
| 城镇居民人均可支配收入 | 元 | 29007 | 8.9 |
| 农村居民人均可支配收入 | 元 | 15608 | 8.9 |
| 年末存款余额 | 亿元 | 453.80 | 15.2 |
| 年末贷款余额 | 亿元 | 278.44 | 15.2 |

（高邮市统计局）

电量22.90亿千瓦时，增长1.5%。实施投资额10亿元或1亿美元以上在建项目25个，计划投资340亿元，当年用款93亿元，累计完成投资206亿元。实施扬州市“1532”技术改造工程项目20个，计划投资43.8亿元。主导产业加快发展，机械装备、电线电缆、纺织服装、照明灯具等4个基本产业的规模以上企业运行平稳。获批省级战略性新兴产业项目3个、扶持资金2300万元；获批省重点创新项目10个、重点推广新品39个。江苏华富储能新技术股份有限公司获批首批省创新示范企业，跻身省自主品牌50强；扬州宏远电子有限公司获批省科技小巨人企业；扬州鑫晶光伏科技有限创成省智能示范车间。继续推进企业上市工作，扬州曙光电缆股份有限公司、高邮市龙腾农村小额贷款股份有限公司在“新三板”挂牌上市。 （宝珍芳）

**■建筑业** 全市建筑业总产值633.7亿元，比上年增长25%，在扬州市建筑业经济综合考核中，获二等奖。完成房屋建筑施工面积5255万平方米，增长10.6%；竣工产值567.8亿元，增长20%；竣工面积2477.9万平方米，增长16.4%。晋升一级总包资质企业4家，开辟外埠市场6个。获省级优质工程9项、省级文明工地32个。江苏弘盛建设工程集团有限公司蝉联全国民企500强企业，江苏瑞沃建设集团有限公司蝉联省建筑业百强企业，江苏弘盛建设工程集团有限公司、江苏兴厦建筑安装有限公司、江苏润扬建设工程有限公司获“省建筑业竞争力百强企业”称号，江苏建宇建设工程有限公司、扬州市天成建筑安装工程有限公司获“省建筑业最具成长性百强企业”称号。（宝珍芳）

**■国内贸易** 全市社会消费品零售总额153.06亿元，比上年增长10.4%。其中，批发业23.50亿元，增长22.4%；零售业109.69亿元，增长7%；住宿业0.9亿元，增长29.5%；餐饮业18.97亿元，增长19.4%。全年新增限额以上企业22家，累计126家；全部限额以上企业实现营业收入78.35亿元。在苏中县市中率先加入华东旅游线路。清水潭旅游度假区游客中心主体完工，大运来马戏、温泉度假村项目正式签约。高邮湖水上游览线开通，新民滩郊野公园全面施工。盂城驿

高邮当铺揭碑现场 林 山/摄

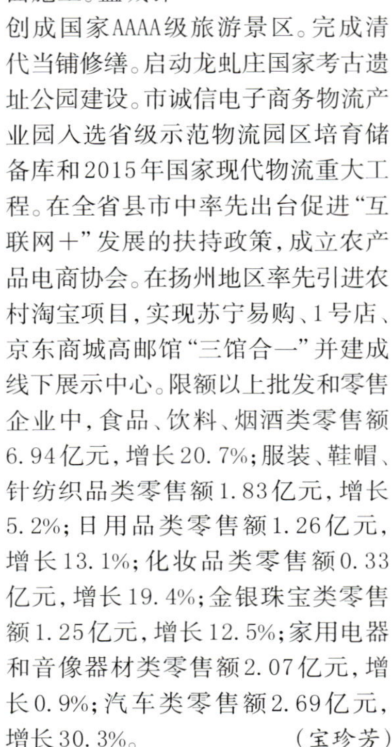

创成国家AAAA级旅游景区。完成清代当铺修缮。启动龙虬庄国家考古遗址公园建设。市诚信电子商务物流产业园入选省级示范物流园区培育储备库和2015年国家现代物流重大工程。在全省县市中率先出台促进“互联网+”发展的扶持政策，成立农产品电商协会。在扬州地区率先引进农村淘宝项目，实现苏宁易购、1号店、京东商城高邮馆“三馆合一”并建成线下展示中心。限额以上批发和零售企业中，食品、饮料、烟酒类零售额6.94亿元，增长20.7%；服装、鞋帽、针纺织品类零售额1.83亿元，增长5.2%；日用品类零售额1.26亿元，增长13.1%；化妆品类零售额0.33亿元，增长19.4%；金银珠宝类零售额1.25亿元，增长12.5%；家用电器和音像器材类零售额2.07亿元，增长0.9%；汽车类零售额2.69亿元，增长30.3%。 （宝珍芳）

**■对外国及港澳台地区经贸** 全市实际利用外资及港澳台资6021万美元，新增私营企业2905家。举办第11届中国双黄鸭蛋节和第七届中国邮文化节。开展“上海及长三角地区招商年”等招商活动，全年招引1000万美元以上项目3个、1亿元以上民资项目59个，其中世界500强及跨国公司投资项目1个、10亿元项目1个。全市进出口总额4.4亿美元，比上年增长5.1%。其中，出口4.07亿美元，增长5.4%。 （宝珍芳）

**■科技创新** 实施“秦邮人才集聚计划”，入选省“双创计划”16人，入选扬州“绿扬金凤计划”24人。组建高邮市产业技术研究院。获批省级以上“三站三中心”18家，扬州宏远电子有限公司建成国家级博士后工作站。支持科技型中小微企业发展，发放江苏省科技成果转化风险补偿专项资金贷款1.2亿元。获批省级重大科技成果转化项目4个、扶持资金3800万元。龙腾照明集团有限公司“宇龙及图”商标被认定为中国驰名商标；高邮湖大闸蟹和界首茶干创成国家地理标志证明商标。江苏科凌医疗器械有限公司获批全国工业品牌培育试点企业。秦邮蛋品入选首批“江苏老字号”。获批国家知识产权试点市。 （宝珍芳）

**■交通和供电** 连(云港)淮(安)扬(州)镇(江)铁路高邮段开工建设，沿线征地拆迁工作基本完成，负责该路段3个标段建设的中铁十九局集团有限公司、中国中铁航空港建设集团有限公司、中铁十七局集团有限公司全面进场施工，当年完成投资8.5亿元。界首运河大桥开工建设。611省道高邮段路基贯通。高邮运东船闸扩容工程通过验收。文游路公路桥建成通车。完成新一轮县道路网规划，提档升级农村公路30千米，改造危桥44座，建成界首镇、龙虬镇至新237省道连接线。“邮乡阡陌服务组”获省优质服务品牌。投入3.9亿元实施配农网改造，推进500千伏扬州北输变电站工程，建成110千伏文游变电站。实施淮河入江水道整治、全国小型农田水利重点县、中小河流治理等重点水利项目。 （宝珍芳）

**■财政和金融** 全市财政总收入50.59亿元，比上年增长5.9%；公共财政预算收入33.24亿元，增长13.4%。全年税收收入27.36亿元，增长13.8%，占公共财政预算收入82.3%。公共财政预算支出53.62亿元，增长15%。

年末金融机构各项存款余额453.80亿元，比年初增加59.98亿元，增长15.2%。其中，居民储蓄存款310.33亿元，比年初增加38.24亿元，增长14.1%。各项贷款余额278.44亿元，比年初增加36.72亿元，增长15.2%。（宝珍芳）

**■城乡建设和环境保护** 开展“四城同创”（国家历史文化名城、国家卫生城市、国家环保模范城市和全国文明城市创建工作）突破年活动，国家历史文化名城申报通过住建部、国家文物局专家组评估考察，国家卫生城市创建通过扬州市级考核，全国文明城市创建迎接省级首次评审。高邮市城市总规修编完毕。完成市河第二期、南海子河、东门大沟及北澄子河上段区域综合治理等工程，推进南澄子河、香沟河、承志河、长生大沟综合整治工程。建成珠湖、东部新城农贸市场，标准化改造老市场8个。整治后街后巷70条、修缮出新老旧小区2个、提升亮化道路5条等。完成盂城驿扩容二期、国雄路升级、华侨岗交叉口改造、抗日战争最后一役纪念馆及周边地块改造一期工程等建设。实施秦邮路主辅分离、文游中路综合整治、海潮东路东延、馆驿路建设和船闸北路贯通工程。新扩建停车场4个。建成市人防应急疏散基地。完成市文体中心一期总体规划和主体平面设计工作。入选省新型城镇化综合试点市。

全市房地产开发投资54.23亿元，比上年增长55%。其中，住宅投资40.35亿元，增长40.9%；商业营业用房投资9.78亿元，增长83.3%。全市商品房施工面积393.65万平方米，增长13.1%。其中，新开工面积149.14万平方米，下降35.4%。商品房竣工面积92.02万平方米，下降1.0%。商品房销售面积66.53万平方米，下降25.5%。

落实市十四届人大三次会议《关于大力推进生态文明建设的议案的决议》精神，推行生态问责、铁腕治污，立案查处环境违法案件59件。实施造林面积1060万平方米、新增建成区绿地30万平方米。清水潭湿地公园、高邮湖湿地公园分别通过国家级、省级评审。综合治理大气污染，全年开展秸秆禁烧，整治城乡燃煤锅炉120台，$PM_{2.5}$（细颗粒物）年平均值较上年下降23%。完成农村河道疏浚整治496万立方米，铺设城区污水管网10.1千米，主要河流监测断面达标率100%。在全省率先建成病死畜禽市乡村三级无害化联动收集处理体系。开展覆盖拉网式农村环境综合整治工作。菱塘回族乡创成国家园林城镇。（宝珍芳）

**■社会事业** 高邮市入选第三批创建省级公共文化服务体系示范区名单。三垛镇文化站被中宣部评为“双服务”先进集体。临泽高跷、高邮咸鸭蛋制作技艺等入选省第四批非物质文化遗产名录。义务教育段免试就近入学。取消高中择校生。建成三垛实验小学、界首实验小学、高邮经济开发区九年一贯制学校，完成校舍安全改造5万平方米。高考普通类本二以上达线数增幅及高邮中等专业学校对口高考录取数均列扬州第一。高邮市创成省慢病综合防控示范区。卸甲镇创成省卫生镇。菱塘回族乡通过国家卫生镇复审。实施三垛、送桥、临泽、卸甲4个农村区域性医疗卫生中心建设。推行乡镇卫生院22个病种按病种付费改革。乡村医生签约服务经验在全省推广。举办市第五届运动会及高邮湖国际自行车越野赛、大运河半程马拉松赛。更新城乡客运班车100辆，新投放天然气公交车35辆，城市公交实现全省“一卡通”。（宝珍芳）

**■劳动和社会保障** 城乡一体化住户抽样调查显示，全市城镇居民人均可支配收入29007元，比上年增长8.9%；人均消费性支出19427元，增长7.8%；人均住房建筑面积42.41平方米，百户家庭电话、电脑拥有量分别为312部、85台，恩格尔系数为31.4%。农村居民人均可支配收入15608元，增长8.9%；人均消费性支出11984元，增长10.0%。农民人均住房面积44.07平方米，百户家庭电话、电脑拥有量分别为313部、34台，恩格尔系数为31.85%。

落实促进就业创业扶持政策，新增农村劳动力转移9153人，城镇登记失业率2%。落实保障标准自然增长机制。出台特殊困难群体助保暂行办法。新增社保“五险”参保人数2.1万人，城乡居民养老保险覆盖率99.5%。城镇职工、城镇居民、新农合医保政策范围内报销比例分别为80%、70%、75%。建立职工医疗保险大病补充保险制度，实际报销比例不低于55%。全年募集慈善资金833.6万元、支出785.59万元。市残疾人康复中心投运。发放残疾人救助资金1386万元。居家养老服务中心实现城区全覆盖。筹集保障性住房2028套，基本建成1832套。住房公积金扩面5979人，发放贷款2.57亿元。改造农村危房810户。界首金墩渔民安置小区全面启用，实现渔民上岸629户。（宝珍芳）

**■第11届中国双黄鸭蛋节** 4月17—18日，高邮市举办第11届中国双黄鸭蛋节。节庆期间，举办第11届中国双黄鸭蛋节开幕式暨产业合作商机说明会，重点工程开工、竣工投产仪式，组团参加扬州市海峡两岸农业专场集中签约仪式和扬州市经贸旅游节集中签约仪式，重点城建工程开工、竣工仪式，中国双黄鸭蛋节文艺专场演出等系列活动。全市签约产业合作项目协议35个，总投资额125.9亿元，协议引进外资及港澳台资1.14亿美元、民资103.7亿元。签订合作共建等其他项目协议6个。实行集中开工、竣工投产产业项目47个，总投资176.21亿元。实行集中开工、竣工城建项目19个。（宝珍芳）

# 人物

Renwu

编 辑 徐国磊

## 先进模范

### 全国劳动模范和先进工作者

■**周善红** 男，汉族，1968年8月出生，中共党员，大学文化，江苏万顺机电集团有限公司董事长、党总支书记，高级经济师。

1996年，他创立公司，发展至今，在全国拥有13家下属企业，年销售规模40亿元，每年为国家创税3亿元。其中，位于扬州江都的企业从2006年至2014年，连续9年获得江都纳税重点企业表彰。他帮助乡亲致富，带领家乡农民在外地创立5个技术服务基地，总人数1.8万人，每人每年为家庭增加收入4万元。无私帮助社会弱势群体，每年都到家乡的敬老院慰问，亲自将慰问金发到每位老人手中。登门慷慨相助困难家庭，经周善红接济的困难学生、重大病人、突发事件受害者50余人。帮助家乡兴建道路桥梁，主动捐资兴建一座跨度300米的跨镇大桥。公益慈善事业累计支出近2000万元。他被评为江苏省优秀共产党员，并当选为第十二届全国人大代表。2015年4月被评为全国劳动模范。（凌月明）

■**田 明** 男，汉族，1965年12月出生，中共党员，大学文化，中国石化江苏油田分公司井下作业处连续油管作业班班长，高级技师。田明技校毕业后，立足岗位，乐于奉献，先后完成革新成果90多项，在国家级期刊发表论文30余篇，获授权专利30多项。研制的"压力计过载保护器"获中石化技能创新成果一等奖，创新的"高温液压震击器改进技术"获第三届上海浦东发明大赛一等奖和国际发明大赛银奖，创新的"高压取样技术"获全国能源化学系统职工优秀技术创新成果一等奖。田明劳模创新工作室研制的"试油测试技术的创新"获江苏省职工十大创新成果、全国职工优秀技术创新成果唯一的一等奖和国家科技进步二等奖。先后被授予全国五一劳动奖章、"全国十大最美职工"等荣誉。2015年4月被评为全国劳动模范。（凌月明）

■**陈 鹂** 女，汉族，1973年3月出生，中共党员，大专学历，江都区环境卫生管理处保洁组组长。1999年下岗分流安置到江都区环卫处，一年四季，不管刮风下雨，第一个到岗的是她，最后一个离岗的还是她。陈鹂和她的班组成员练就"眼观四路、耳听八方、小处着眼、细处着手"的本领，发现脏乱差及时清理，并有针对性地开展保洁。在多年的实践中，总结出"一体化作业方法"，在江都主城区9条主次干道、10个作业班组推广。2010年，"陈鹂保洁组"被授予"全国工人先锋号"称号，奖金5000元。陈鹂提议用奖金设立爱心基金，平时清理垃圾捡来的废品卖钱所得全部注入爱心基金，用于给困难家庭送米送油，给孤寡老人送慰问金。先后获全国优秀环卫工人、江苏省劳动模范等荣誉。2015年4月被评为全国劳动模范。（凌月明）

■**张来喜** 男，汉族，1961年8月出生，中技学历，扬州漆器厂研究员级工艺美术大师。从事漆艺艺术35年，制作一批具有极高工艺价值的漆器精品，是江苏省非物质文化遗产（漆器髹饰技艺）传承人，在全国有影响力。近年来，制作的红雕漆《溪山访友》台屏、《湖山叠翠》地屏、《秋山无尽》笔海、《锦绣万年春》花瓶等漆器作品，先后在全国性的中国工艺美术大师作品暨工艺美术精品博览会上获得3个特等奖、6个金奖和1个银奖。在创作雕漆精品的同时，张来喜十分重视雕漆新人的培养工作。在他的悉心指导下，他所领导的工作室成员作品多次在省、市级以上评比中获奖。先后获全国五一劳动奖章、中国工艺美术大师等荣誉，享受国务院特殊津贴。2015年4月被评为全国劳动模范。（凌月明）

**■丁克鸿** 男，汉族，1967年9月出生，中共党员，研究生学历，博士学位，江苏扬农化工集团有限公司研究所所长，研究员级高级工程师。他是江苏省“333工程”中青年科技带头人，享受国务院特殊津贴。在省级以上学术刊物发表论文40余篇，获授权发明专利19项。牵头完成10多个农药品种的研发，其中“吡虫啉”获2006年“中国名牌产品”称号；创造性提出杀菌剂丙环唑关键中间体戊二醇的全新合成工艺，打破国外垄断；为彻底解决环氧氯丙烷老工艺丙烯法生产污染严重的问题，推出用甘油法新型清洁工艺路线替代丙烯法老工艺路线，使能耗同比下降40%，废水排放量由原来生产每吨环氧氯丙烷产品用水50吨下降到现在的1吨以内；首次完成年产3万吨甘油法环氧氯丙烷装置设计，年新增产值12亿元、利润1.6亿元。先后被授予扬州市劳动模范、全国五一劳动奖章等荣誉。2015年4月被评为全国劳动模范。（凌月明）

**■李永政** 男，汉族，1969年5月出生，高中学历，宝应县绿宝荡水产养殖专业合作社理事长，高级技师。他从一个6.5亩塘口、3个人的甲鱼养殖场开始，逐步走上规模化科学养殖的新路子，形成生态甲鱼养殖2000多亩、生态龟养殖200多亩、大闸蟹养殖1万多亩的规模。养殖的“五朵金花”甲鱼，获2013年度第四届魅力农产品嘉年华“十佳魅力农产品”称号。牵头成立宝应县绿宝荡水产养殖专业合作社，与500多特水养殖户，签订水产养殖、销售协议，面积达30多万亩。2013年，牵头成立宝应县农产品经纪人协会，着力推销宝应有机农副产品。2014年，在大中城市开设32家连锁直销店，直接经济效益10亿多元。大力推广“稀、大、高”生态养殖等10多种高效模式，被誉为“宝应模式”在全国推广。先后被评为江苏省劳动模范、全国农村青年创业致富带头人。2015年4月被评为全国劳动模范。（凌月明）

**■杨万明** 男，汉族，1962年6月出生，高中学历，扬州科农扬州鹅有限公司养殖户。2010年开始种草养鹅，从炕孵到成品鹅一条龙，实现产值近1000万元。年饲养种鹅2万只，饲养商品鹅6万多只、炕孵苗鹅90多万只，建立扬州鹅扩繁、饲养基地。杨万明依靠科技手段发展养鹅，打造出扬州鹅生产、销售、加工的一整条产业链。免费为农户提供种鹅，传授养鹅经验，免费提供防疫，使60多农户摆脱贫困。其中，投资的5户养殖种鹅，每户投入20多万元，纯收入15万元左右，实现农业增效，农民增收，村民致富。主动捐款支持村道路修建，每年重阳节和春节都到敬老院慰问老人，平时资助困难学生。先后当选扬州市第六、七届人大代表。2011年被评为江苏省劳动模范。2015年4月被评为全国劳动模范。（凌月明）

**■吴晶涛** 男，汉族，1967年12月出生，中共党员，研究生学历，博士学位，江苏省苏北人民医院影像科主任，主任医师。吴晶涛创新服务模式，在省内率先提出实行弹性排班，取消预约，病人随到随检查，当天发放报告，被同行称为“吴晶涛工作法”，在全省推行。发挥劳模示范引领作用，负责多项国家、省、市课题，获省医学新技术引进一等奖2项、二等奖1项，市科学技术奖一、二、三等奖8项，国家实用新型专利1项，完成国家级继续教育项目1项、省级3项。发表学术论文100余篇，其中SCI收录10篇，中华系列20篇。他带领团队共谋发展，担任科主任三年时间，科室内部临床、教学、科研等工作环环相扣，服务水平明显提升，医学影像科成为省级临床重点专科。先后被评为江苏省先进工作者、扬州市更具影响力劳动模范。2015年4月被评为全国先进工作者。（凌月明）

**■郑　翔** 女，汉族，1964年9月出生，中共党员，大学文化，扬州市广陵区曲江街道党工委副书记、文昌花园社区党委书记、居委会主任。郑翔热爱本职工作，勇于开拓创新，在全市创下十五个“第一”。建立慈善超市、为老服务综合体等20余个服务活动载体；成立社会组织发展中心，牵头实施“家门口饭碗”计划；成立8支志愿者服务队伍和25支活动队伍，开展大小活动2000余次；成功解决矛盾200余起，持续开展“好居民、好邻里、特色家庭、和谐家庭”评选活动，创作社区之歌、社区徽标，探索出全国首个社区工作法。文昌花园社区发展成为全国创先争优先进基层党组织、全国文明社区、全国和谐示范社区。先后获中国“小巷总理”之星、江苏省优秀共产党员等荣誉，并光荣当选为中共十八大代表。2015年4月被评为全国先进工作者。（凌月明）

## 江苏省五一劳动奖章获得者

**■丁启香** 女，汉族，1978年3月出生，中专学历，扬州新概念电气有限公司班长。自2003年进入公司以来，一直从事生产一线工作，先后担任生产部排线班班长和调试班班长。她带领班组参加公司

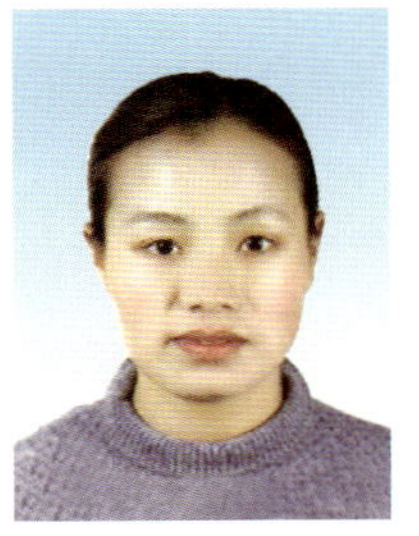

各项生产、质量、安全活动竞赛，均取得优异成绩。在生产繁忙时，主动带头加班加点，以优秀的个人品格和优良的班组作风，得到公司一致的认可。在班组管理方面，做到科学化、民主化、制度化，所在班组连续两年获得公司先进班组称号。先后获得公司岗位标兵、优秀员工、扬州市五一劳动奖章等荣誉。2015年4月获江苏省五一劳动奖章。（凌月明）

**陈晓兵** 男，汉族，1967年11月出生，高中学历，中共党员，中国核工业华兴建设有限公司主管工长，主要负责田湾核电站4号核岛内部结构。30年来，陈晓兵扎根生产一线，在平凡的岗位上，做出了不平凡的业绩。在田湾核电站混凝土施工中，主动思考优化方案，加班加点，确保各项任务保质保量完成。41UJA 内部结构＋22.50米楼板完成时间比三级进度计划提前61天。陈晓兵在浇筑田湾二期核电站3号机组反应堆厂房＋34米楼板时，连续工作将近36个小时，坚持把复杂位置的浇筑完成后才休息。先后获中核华兴项目部安全生产先进个人、建设公司劳动模范、扬州市五一劳动奖章等荣誉。2015年4月获江苏省五一劳动奖章。（凌月明）

**潘景荣** 男，汉族，1977年5月出生，大学文化，中电科技扬州宝军公司副部长，工程师。潘景荣先后担任公司电讯设计师、电讯室主任、技术合作部副部长等职务，承担4个产品的主管设计师和3个产品主管可靠性设计师。2005年以来，主要负责公司军贸产品的科研工作，在新产品的研发过程中，克服任务重、要求高、时间紧、人手少，多个产品交叉进行的困难，团结带领研发团队，学习掌握并运用多项新技术、新工艺，攻克多项技术难点课题，各项战技指标均达到并超过外方要求，确保该系列产品顺利完成5批次军贸产品出口任务。连续多年被公司评为劳动模范、先进工作者，2012年获扬州市五一劳动奖章。2015年4月获江苏省五一劳动奖章。

（凌月明）

**秦书宏** 男，汉族，1971年7月出生，高中学历，中共党员，江苏朗顺电工电气有限公司机械动力部部长。秦书宏团结带领部门员工，在设备保养维护上下功夫，降低维修费用，保证设备的正常运行。兼任裸线车间主任时，合理安排生产计划，提高产品的正品率。作为安全负责人，确保公司多年安全无事故。由他主持和参与的“一种螺旋式空芯高频烧结装置”等多项技术成果取得国家知识产权局颁发的专利证书。改造后的设备投入使用后，增加安全系数，提高工作效率，并为公司节省设备购置和维修费用数十万元。先后获评扬州市五一劳动奖章、宝应县十大金牌个人。2015年4月获江苏省五一劳动奖章。（凌月明）

**孟凡礼** 男，汉族，1961年3月出生，大学文化，中共党员，江苏江都建设集团有限公司项目经理，高级经济师。先后承担外资、中外合资建设项目20余个，其中较大项目：上海巴斯夫工程，工程造价4.6亿；江西赛维LDK工程，工程造价15亿元；境外工程蒙古奥尤陶勒盖（OT）铜矿项目，工程造价67亿元人民币等。蒙古OT工程项目位于蒙古南部戈壁地带，是江苏省有史以来也是全国近三年来最大的境外总包工程。孟凡礼领导项目团队克服重重困难，精心组织施工，工程进度、质量、安全管理等被业主和管理公司树为标杆和样板，工程量从开始时的36亿元人民币追加至67亿元人民币。该工程获得“31268756小时安全工时奖”和“603天无质量缺陷奖”。多次被江都市（现江都区）政府评为优秀项目经理、优秀建筑经营管理者，2012年获得第四届“全国优秀建造师”称号，2013年获扬州市五一劳动奖章。2015年4月获江苏省五一劳动奖章。（凌月明）

**常征** 男，汉族，1969年11月出生，大学文化，中共党员，扬州市公安局邗江分局邗上派出所所长。从警26年，始终工作在基层派出所一线，数年如一日坚持做到“四必”：早晨7点半必到；“认真对待每件事，认真处理每个警情”晨会必讲；24小时警情分析通报必看；执法现场必查。常征是有钻劲的“神探手”——破案“狠、准、快”，近5年来，亲自指挥破获的各类刑事案件410余起，抓获各类犯罪嫌疑人230余人。常征引进多功能警用光伏雷达提示器新技术，充实建立36人的专职便衣侦控队。连续8年综合绩效位居全区前列，连创三个“国字号”荣誉——全国一级公安派出所、全国“三八”红旗集体、全国执法示范单位。先后获评江苏省人民满意政法干警（并记二等功）称号、扬州市五一劳动奖章。2015年4月获江苏省五一劳动奖章。（凌月明）

**肖鹏** 男，汉族，1961年2月出生，博士研究生学历，中共党员，扬州大学建筑科学与工程学院院长、教授。2005年以来，以第一作者在国内外权威核心刊物发表学术论文40多篇，主编规划教材

1部；获得国家发明专利4项，受理3项；主持并完成江苏省、扬州市自然科学基金等项目14项，均通过鉴定验收。先后多次获得市科学技术一等、二等、三等奖；获2014年国家教学成果二等奖1项，并先后获评国家级、省级、校级优秀教师，扬州市五一劳动奖章、扬州市“绿扬金凤”创新人才、扬州大学首批最受学生欢迎的任课教师等荣誉称号。2010年担任院长以来，学院师资博士化率（含在读博士）从上任之初的26%提高到43%，师资国际化率提高20个百分点，获批水利土木工程材料博士点。2015年4月获江苏省五一劳动奖章。 （凌月明）

■**殷成胜** 男，汉族，1968年1月出生，硕士研究生学历，中共党员，扬州市交通局文昌路建设工程项目办公室副主任，高级工程师。殷成胜受命负责文昌路西延工程现场管理，主动作为，推进目标工期提前完成。获得上海铁路局的施工方案批复，创下宁启铁路全线上跨铁路桥方案审批速度之最。与跟踪审计单位一起将协议总价从1.24亿元压缩到9140万元。对雨污水管道穿越“西气东输”燃气管道施工方案进行优化，缩短工期的同时节省开支近80万元。在资金拨付上，按规办事，廉洁自律，精打细算。418省道段仅用15个月提前实现贯通，为2015年6月底前全线建成通车夯实基础。2015年4月获江苏省五一劳动奖章。

（凌月明）

■**何其金** 男，汉族，1966年7月出生，中共党员，大专学历，江苏省人大代表，江苏波司登制衣有限公司总经理。从事服装生产、加工企业管理20多年，在其担任高邮服装行业的龙头企业——江苏沙龙制衣公司总经理期间，企业发展迅猛，成功地与世界名牌波司登实现强强联手，合资组建江苏波司登制衣有限公司，成为苏北地区规模最大、员工最多、社会贡献最大、品牌最优的服装行业公司。先后投资波司登广场、国贸中心、波司登家居中心等多个重大项目，为高邮的服装企业发展和经济建设做出重要贡献。先后获民政部“中华慈善奖”、江苏省政府“最具爱心慈善捐赠楷模”、江苏省“创业之星”、扬州市工业企业明星企业家、高邮市劳动模范和优秀共产党员等荣誉。2015年4月获江苏省五一劳动奖章。 （凌月明）

■**孙桂生** 男，汉族，1965年9月出生，大学文化，中共党员，扬州市审计局处长，高级审计师。孙桂生工作近30年，先后组织或参加江苏通运集团及下属12家企业、扬州市供销集团及下属33家企业、江扬船舶集团、扬农集团、亚星股份有限公司、亚星—奔驰有限公司及无锡市直12家国有粮食购销企业等101个单位或项目的审计，查出各类违纪违规和管理不规范金额22.51亿元，核减工程投资额1.35亿元，并向有关部门或单位提供有价值的案源线索70多条，移交纪检司法机关处理11人。先后获得江苏省审计机关先进个人、扬州市审计机关先进工作者、扬州市市级机关党务工作先进工作者等荣誉。2015年4月获江苏省五一劳动奖章。 （凌月明）

## 2015年江苏省五一劳动荣誉奖章

■**Pieter Hoogendoorn 中文名：洪金德** 男，1971年7月出生，荷兰人，研究生学历，海沃机械（中国）有限公司市场总监。自2000年起，为广大中国海沃用户进行技术支持和培训。2003年底，他与海沃一起正式扎根扬州。十多年来，带领研发团队，研发试制新产品，填补国内空白，获得多项专利；积极了解中国市场，足迹踏遍中国的大江南北。作为一位公司高管，坚持每天工作10小时以上，十几年如一日。他积极与海外联系，促进中外的环卫行业交流，为海沃乃至中国的环卫事业发展，做出重要贡献。2015年获江苏省五一劳动荣誉奖章。 （凌月明）

■**王炳升** 男，1977年8月出生，中国台湾人，大学文化，大连化工（江苏）有限公司财务经理。曾任职国际著名四大会计师事务所之一的KPMG事务所，2006年6月任大连化工（江苏）有限公司财务课长。王炳升精心学习会计财政税务相关法律法规，短期之内掌握相关财务工作要求。日常工作中，他兢兢业业，以厂为家，主要负责对会计凭证审核、传票审核及过账、结账、成本计算及报表编制复核、固定资产作业复核、增值税报缴作业复核、外商投资企业所得税申报复核、保险作业复核、外汇核销作业复核等工作。2015年获江苏省五一劳动荣誉奖章。

（凌月明）

**2015年度扬州市享受劳模待遇人员一览表**

表38-1

| 姓　名 | 工作单位及职务 | 受表彰情况 | 表彰单位 | 享受待遇 |
|---|---|---|---|---|
| 赵和语(女) | 扬州市广陵区残联副理事长 | 全省“人民满意的公务员” | 中共江苏省委、江苏省人民政府 | 省劳模 |
| 张生虎 | 江都区公安局巡防大队大队长 | 全省“人民满意的公务员” | 中共江苏省委、江苏省人民政府 | 省劳模 |
| 李敏悦 | 江苏牧羊集团有限公司董事长 | 全国粮食系统劳动模范 | 人力资源和社会保障部、国家粮食局 | 省劳模 |
| 周　庆 | 扬州市汽车运输集团公司驾驶员 | 全国交通运输系统劳动模范 | 人力资源和社会保障部、交通运输部 | 省劳模 |
| 叶千金(女) | 扬州富春饮服集团有限公司富春茶社白案厨师长、中式面点师 | 全国商贸流通服务业劳动模范 | 人力资源和社会保障部、中国商业联合会 | 省劳模 |
| 王春兰(女) | 江苏省宝应县档案局局长、档案馆馆长 | 全国档案系统先进工作者 | 人力资源和社会保障部、国家档案局 | 省劳模 |
| 张子辉(女) | 扬州市审计局人事教育处处长 | 全省审计系统先进工作者 | 江苏省人力资源和社会保障厅、江苏省审计厅、江苏省公务员局 | 市劳模 |
| 陈士坡 | 高邮市司法局高邮司法所所长 | 全省司法行政系统先进工作者 | 江苏省人力资源和社会保障厅、江苏省司法厅、江苏省公务员局 | 市劳模 |
| 沈荣训 | 扬州市粮食局副局长 | 江苏省粮食系统先进工作者 | 江苏省人力资源和社会保障厅、江苏省粮食局、江苏省公务员局 | 市劳模 |
| 金春琳(女) | 仪征市粮食局综合科科长 | 江苏省粮食系统先进工作者 | 江苏省人力资源和社会保障厅、江苏省粮食局、江苏省公务员局 | 市劳模 |
| 王奎锦 | 高邮市五里坝国家粮食储备库主任 | 江苏省粮食系统劳动模范 | 江苏省人力资源和社会保障厅、江苏省粮食局、江苏省公务员局 | 市劳模 |
| 吴国顺 | 扬州市江都区粮油质量监测中心副主任 | 江苏省粮食系统劳动模范 | 江苏省人力资源和社会保障厅、江苏省粮食局、江苏省公务员局 | 市劳模 |
| 杨　政 | 仪征市科学技术协会 | 江苏省科协系统先进工作者 | 江苏省人力资源和社会保障厅、江苏省科学技术协会 | 市劳模 |
| 仇志勇 | 扬州市江都区委统战部人秘科科长 | 江苏省统一战线先进工作者 | 中共江苏省委统一战线工作部、江苏省人力资源和社会保障厅 | 市劳模 |
| 姜庆玲(女) | 扬州市曲艺研究所所长、书记 | 江苏省中青年德艺双馨文艺工作者 | 江苏省人力资源和社会保障厅、江苏省文学艺术界联合会、江苏省公务员局 | 市劳模 |
| 吴耀宇 | 扬州市特殊教育学校教师 | 全省自强模范 | 江苏省人力资源和社会保障厅、江苏省残疾人联合会、江苏省公务员局 | 市劳模 |
| 许长青(女) | 宝应县残疾人作家 | 全省自强模范 | 江苏省人力资源和社会保障厅、江苏省残疾人联合会、江苏省公务员局 | 市劳模 |
| 朱杏玲(女) | 高邮市残联理事长 | 全省残联系统先进工作者 | 江苏省人力资源和社会保障厅、江苏省残疾人联合会、江苏省公务员局 | 市劳模 |
| 刘德龙 | 扬州市残疾人就业服务中心主任 | 全省残联系统先进工作者 | 江苏省人力资源和社会保障厅、江苏省残疾人联合会、江苏省公务员局 | 市劳模 |

（刘人麟）

**第四届扬州技能状元大赛暨第三届江苏技能状元大赛选拔赛“扬州技能状元”人员一览表**

表38-2

| 姓　名 | 单　　位 | 项　　目 | 受表彰情况 | 表彰单位 |
|---|---|---|---|---|
| 戴万彪 | 江苏仪征威龙活塞环有限公司 | 数控加工中心操作工(四轴) | 扬州技能状元 | 扬州市政府办公室 |
| 周加庭 | 仪征恒顺机械有限公司 | 数控机床装调与维修(双人) | 扬州技能状元 | 扬州市政府办公室 |
| 陈大为 | | | 扬州技能状元 | 扬州市政府办公室 |
| 张荣林 | 江苏众智智能工程有限公司 | 智能楼宇 | 扬州技能状元 | 扬州市政府办公室 |
| 陈庆明 | 扬州天达建设集团有限公司 | 公路筑养路机械操作 | 扬州技能状元 | 扬州市政府办公室 |
| 范明红(女) | 宝应有机食品质监检验中心 | 食品检验工 | 扬州技能状元 | 扬州市政府办公室 |
| 杭国军 | 电信公司宝应分公司 | 网络安全管理师 | 扬州技能状元 | 扬州市政府办公室 |
| 李忠金 | 江苏仪化设备工程有限公司 | 电气装置 | 扬州技能状元 | 扬州市政府办公室 |
| 高旭东 | 中核华誉工程有限责任公司 | 焊接 | 扬州技能状元 | 扬州市政府办公室 |
| 李臣铧 | 江苏仪化设备工程有限公司 | 模具设计与制造 | 扬州技能状元 | 扬州市政府办公室 |
| 邱红星 | 高邮市卸甲镇花阳村 | 农机修理工 | 扬州技能状元 | 扬州市政府办公室 |

(吕　丰)

# 新闻人物

### 2015年扬州市城市贵宾

卫　平　香港富原投资(集团)董事局主席

王修文　新东方教育科技集团副总裁、北京新东方扬州外国语学校校长

王济武　启迪控股股份有限公司总裁

王根彬　国泰消防科技股份有限公司董事长

方　盛　荷兰NITA设计集团、艾绿投资集团董事、总裁

刘文平　江山新能源(香港)有限公司董事会主席、执行董事

吴建刚　南京铁路枢纽工程建设指挥部指挥长、连淮扬镇铁路工程建设指挥部指挥长

杰克·伯明翰　美国海蓝社区学院校长

周　辉　中船第九设计研究院工程有限公司董事长

郑勇锋　上海方广食品有限公司总经理、扬州方广食品有限公司董事长

崔佃德　西安航天泵业有限公司总经理助理兼制造部总经理、江苏航天水力设备有限公司总经理

靳庆军　北京金杜律师事务所资深合伙人

谭　垒　扬州万吨食品冷链有限公司总经理、执行董事　(徐　鲁)

### 2015年度扬州市“十大功臣”

(由市委、市政府评选表彰)

韦剑锋　扬州万运建设发展有限公司董事长

叶华生　扬州高新区管委会主任、汊河街道书记

刘雨平　市规划局总规划师

杨建昌　扬州大学教授

李宏庆　江苏奥力威传感高科股份公司董事长

李继业　市城庆办主任、扬州报业集团董事长

陆惠斌　扬州供电公司总经理

邵　卫　市金融办主任

徐会龙　江苏恒远国际工程有限公司董事长

曹廷昌　市文化馆、市非遗保护中心馆长、主任　(徐　鲁)

### 2015年度十大“扬州好人”

〔由市委宣传部、市精神文明建设指导委员会办公室、市总工会、团市委、市妇联、扬州报业传媒集团和扬州广电传媒集团(总台)评选,市精神文明建设指导委员会表彰〕

刘卫国　生态科技新城洁丽特口腔诊所医生

马小华　江都区丁沟镇联民村苏庄三组村民

李　俊　生前系邗江区蒋王中学校长助理

仲　磊　扬州大学体育学院学生

周宏英　仪征市真州镇鼓楼社区居民

朱　俊　仪征市新集镇新集村村民

陈爱华　宝应县安宜镇铁桥社区居民

王海滨　上海市闵行区诸新三村居民,原籍高邮市周山镇

仲艳玉　广陵区沙头社区卫生服务中心医生

高金彬　高邮市疾病预防控制中心血寄地防科科长　(潘　莉)

### 2015年扬州市十大创新人物

(由市委宣传部、市科技局、市创新型城市建设工作领导小组办公室、市人才工作领导小组办公室评选、表彰)

于子洲　扬州晨化新材料股份有限公司董事长、总经理

周祥东　江苏罗思韦尔电气有限公司董事长

张洪程　扬州大学教授、工程院院士

居春山　江苏华富储能新技术股份有限公司总经理

杨泽元　宝胜集团有限公司董事长、党委书记

马坤松　扬州宏远电子有限公司总经理

樊红杰　扬州宁达贵金属有限公司常务副总经理

林雅杰　扬力集团股份有限公司总经理

邓元明　上扬无线射频科技扬州有限公司总经理

王立军　扬州梦幻世界科技有限公司董事长　（徐　鲁）

**2015年扬州十大经济新闻人物**

（由市经济和信息化委员会、市工商业联合会、共青团扬州市委、扬州报业传媒集团联合评选）

古润金　完美（中国）有限公司、扬州完美日用品有限公司董事长

徐　斌　迈安德集团有限公司董事长

焦长喜　中兴通讯股份有限公司副总裁

聂　弦　骏升科技（扬州）有限公司总经理

陈华香　扬州九鼎香餐饮管理有限公司董事长、扬州市餐饮商会会长

李宏庆　江苏奥力威传感高科股份有限公司董事长

张　军　扬州宏创科技发展股份有限公司总经理

赵有善　扬州通利冷藏集装箱有限公司、扬州泰利特种装备有限公司总经理

陈　蓉　扬州恒隆软件有限公司董事长

李　定　江苏笛莎公主文化创意产业有限公司董事长兼总经理

（徐　鲁）

**2015年扬州“十佳侨之星”**

（由市政府侨务办公室、市归国华侨联合会评选、表彰）

高　平　扬州高得宝瓦斯器材制造有限公司董事长

赵　勇　高邮市市场监督管理局分局长

李俊邦　江苏红山体育健身度假村有限公司、扬州振浩商务咨询有限公司董事长

陈芝强　扬州宏运车业有限公司董事长

王　飞　江苏伯克生物医药股份有限公司董事长

赵　杨　江苏国富锦贸有限公司董事长

王资鑫　《大盐商》作者、侨眷

高志刚　扬州灯炮集团总经理，市侨联兼职副主席

唐　维　扬州浩瀚进出口有限公司董事长、巴西伊佐娜珠宝馆董事长、巴西华人协会副会长

王宏玉　扬州大学数学科学学院教授　（王爱萍）

## 逝世人物

**■赵柏生**　男，1921年2月出生，江苏淮安人，1943年5月参加工作，1946年5月加入中国共产党，离休前任邗江区人大常委会主任，1983年5月离休，享受副地（局）级待遇。2015年1月24日逝世。　（房　园）

**■吕立高**　男，1933年4月出生，江苏大丰人，1947年12月参加工作，1949年11月加入中国共产党，离休前任江苏省扬州市中级人民法院院长，1995年5月离休，享受副地（局）级待遇。2015年3月2日逝世。

（房　园）

**■刘　毅**　男，1923年10月出生，江苏靖江人，1943年3月参加工作，1944年10月加入中国共产党，离休前任扬州市人民政府视察室副主任，1983年12月离休，享受副地（局）级待遇。2015年3月21日逝世。

（房　园）

**■夏友兰**　男，1921年3月出生，江苏宝应人，1946年10月参加工作，1946年6月加入中国共产党，离休前任扬州市人民代表大会常务委副主任，1983年8月离休，享受副地（局）级待遇。2015年4月26日逝世。

（房　园）

**■杨　萍**　男，1918年1月出生，安徽无为人，1940年10月参加工作，1940年10月加入中国共产党，离休前任扬州市人民防空办公室副主任，1983年3月离休，享受副地（局）级待遇。2015年5月11日逝世。

（房　园）

**■李惠如**　女，1921年6月出生，江苏宝应人，1945年8月参加工作，1946年8月加入中国共产党，离休前任扬州市民政局副局长，1985年4月离休，享受副地（局）级待遇。2015年5月22日逝世。　（房　园）

**■邵如堂**　男，1919年5月出生，江苏海安人，1941年3月参加工作，1941年3月加入中国共产党，离休前任仪征市委农村工作部副主任，1983年12月离休，享受副地（局）级待遇。2015年6月4日逝世。

（房　园）

**■汤建洲**　男，1922年10月出生，江苏泗阳人，1940年1月参加工作，1940年1月加入中国共产党，离休前任扬州市司法局负责人，1983年12月离休，享受副地（局）级待遇。2015年7月22日逝世。　（房　园）

**■曹志干**　男，1918年9月出生，江苏阜宁人，1942年3月参加工作，1941年11月加入中国共产党，离休前任扬州市民政局顾问，1982年12月离休，享受副地（局）级待遇。2015年11月12日逝世。　（房　园）

# 附录

Fulu

编 辑 姚 震

## 文件选编

### 中共扬州市委 扬州市人民政府<br>关于进一步做好民生建设工作的意见

扬发〔2015〕1号
（2015年1月13日）

按照"守住底线、突出重点"的原则，贯彻落实中央和省有关民生工作新要求，持续推进全面小康社会建设，持续增进民生福祉，推动民生建设迈上新台阶，为扬州建城2500周年献礼，现提出2015年度民生工作意见。

**一、更加注重保障基本民生，持续提升基本民生水平**

1. 改善就业推动创业增加居民收入。全市城镇新增就业5万人，城乡劳动者职业技能培训2.25万人，其中基本产业新增就业3.5万人，培训1.5万人，年末城镇登记失业率控制在3%以内，新增农村劳动力转移1.4万人。扬州籍高校毕业生就业推荐率100%，有就业意愿的困难家庭毕业生就业率100%。全年组织创业培训4000人，推介创业项目100个，新建创业孵化基地10个，新建见习基地50家，累计投放小额担保贷款（含妇女创业小额担保贷款）7000万元，实现成功创业2000人。古城民居改客栈新增床位200张。新增设施农业8万亩、设施渔业4万亩，新创建20个市级示范家庭农场。完成300个村农村土地承包经营权登记颁证工作。农村小贷公司全年累计投放"三农"贷款150亿元。

2. 提高区域供水质量。开展瓜洲、廖家沟饮用水源地安全隐患集中整治。全市改造供水支管网645.5公里，市区管网漏损率控制在13%以内，完成扬州广陵区头桥水厂扩建工程项目。

3. 抓好食品安全保障。继续推进"115"鲜奶工程和"1161"菜篮子工程，新增鲜奶供应4000吨；在江都区和广陵区新建蔬菜生产基地2000亩。组织实施粮油、乳、肉、蔬菜等重点品种食品放心工程，开展高风险食品监测抽检1000批，综合检测合格率90%以上。

4. 推进大气污染防治。$PM_{2.5}$年平均浓度在2013年基础上下降7%。大力推进扬尘污染治理，市区建筑工地围挡率、施工道路硬化率、规模以上工地车辆冲洗率、裸土覆盖（或绿化）率达90%以上，城区主干道机扫率85%以上。在古城区和瘦西湖景区核心区，以及居民小区内全面取缔露天烧烤。严格市区渣土管理，按照"三管一重一评比"要求，确保市区渣土处置及时、规范、有序、有效。全市新提标改造燃煤锅炉14台，完成扬州二电厂1号、3号燃煤机组超低排放工程，淘汰10蒸吨以下燃煤锅炉209台套。加快推进扬农集团、通裕集团"退城进园"，启动联环药业集团搬迁，关停威亨热电公司，推动奶牛场搬迁工作。全面推进县（市、区）10平方公里生态中心建设。全市成片造林2万亩。新创建省级绿化示范村40个。市区新增城市绿地100万平方米。

**二、更加关注低收入群体生活，健全社会保障"兜底网"**

5. 切实保障好困难弱势群体基本生活。全市建档立卡的低收入农户基本实现人均纯收入5000元的三年脱贫目标。全市安置残疾人就业1000名，免费就业培训残疾人1500名，市区建成20个残疾人幸福港湾。孤儿集中养育标准提高到每人不低于1620元/月、社会散居的提高到每人不低于960元/月。市直特困职工生活救助金提高400元。按照省要求落实城乡低保、农村五保自然增长机制，健全低保对象核对退出机制。为重点优抚对象提供一次免费体检。各县（市）设立急难家庭救助专项基金。组织全市金融机构对口帮扶困难家庭、留守家庭儿童捐赠助学300名。

6. 健全城乡社会保障体系。城乡基本养老保险、城镇基本医疗保险、工伤保险、生育保险参保分别新增3万人、2万人、2万人和3万人。根据省统一部署上调城乡居民社会养老保险基础养老金。全市新增政府购买养老服务援助对象1600人。新农合参合率稳定在97%以上，人均筹资标准提高到460元以上，政策范围内住院补偿比达75%。

7. 深化市区社会保障"同城同步同标"。市区实现新农合人均筹资标准、基金分配比例、可报费用范围、分段补偿比例、异地转诊政策五统一。江都区在完成政策、标准、经办流程统一的基础上，社保信息系统纳入市区统一平台，基金征收纳入市区统一管理。

8. 抓好低收入群体住房保障。市区新建(筹集)公租房1400套，市本级货币化补贴经济适用房300户。市区解决征收(拆迁)超腾仓期未安置住房12807套。全市新增住房公积金缴存职工5.5万人。

**三、大力推进清水活水工程，继续开展不淹不涝城市建设**

9. 完成"清水活水"年度工作任务。全面完成城区水系沟通工程和扬州闸主体工程建设、黄金坝闸站翻建和平山堂泵站新建，实现主城区主干河道活水全覆盖。完成八里金山花园，揽月湖和明月湖河道截污工程。实施张纲河综合治理。完成六圩污水处理厂三期工程项目厂区工程。市区铺设污水管网28.7公里。完成县乡河道疏浚200条，村庄河塘整治5000条(面)，改造小型灌排泵站320座。

10. 推进地下管网和积水点整治。完成市区地下管线普查和信息化建设工作。整治博物馆路、站南路、新盛路、黄金坝路、观潮路、刘庄路、文昌西路、白塔路积水点。

**四、办成一批城庆民生实事，让市民"文起来动起来乐起来"**

11. 加大公共文化供给。推进广陵新城图书馆建设。市图书馆新建分馆、流动图书馆站点和24小时自助图书馆各2个。各县(市、区)图书馆均新增图书8000种、2万册以上。市区每个社区配置城市书柜，全面打造"书香城市"。全面建成市市民服务中心并投入使用。

12. 积极推进城乡全民健身场所建设。建成新体育场并投入使用，完成廖家沟城市中央公园一期建设工程。主城三区和三个功能区分别建成一个标准化体育休闲公园。按照每个乡镇建设一个多功能文体广场、有条件的村(居)建设一个"五个一"运动场地的要求，实施"农村健身设施三年提档升级工程"。

13. 全力办好各项城庆活动。围绕"市民的节日"这个主题，组织好系列群众文化活动，精心创作好展示扬州城市形象和文化软实力的文艺精品。为全市最年长2500名老人和五保老人发放"城庆大礼包"，其中百岁以上老人每月新增尊老金200元，90岁以上老人尊老金实现相应递增。

**五、以完善功能改善居住为重点，进一步推进民生城建**

14. 继续推进"公交优先"。建成扬州西部客运交通枢纽并投入使用，新辟、优化调整公交线路16条，其中开通仪征市经文昌西路至扬州西部客运枢纽公交线和江都区经万福路至瘦西湖公交线。市区继续新建两条公交快线，新(改)建公交站棚50座，新购公交车370辆，加快推进扬州东部客运枢纽。进一步完善市区公共自行车系统，城区加密公共自行车租赁点36个，增投公共自行车1000辆；在生态科技新城、江都区分别新建租赁站点21个和40个，投放公共自行车500辆和1000辆。全市新增4个乡镇开通镇村公交。

15. 组织实施新一轮"八老改造"。市区实施公有住房解危4.5万平方米，完成老小区综合整治55万平方米，在老旧小区推广基本物业服务68万平方米，住宅小区物业服务覆盖率达90%，完成36条老街巷翻建工程并配套完善地下管网，新建快递末端投递终端20个。全市完成中小学校舍安全改造12.15万平方米。

16. 完善城市功能性设施。主城区开工建设荷花池和友谊广场停车场。完善市区公共厕所布局，新建公厕6座，改建公厕143座。市区改扩建农贸市场7所，新建3所农贸市场，建成梅岭玉器街流动摊点疏导管理中心。新建、改造市区街巷路灯800盏。美化文昌路等16条路段，全面整治文昌中路等15条路段的广告店招。市区改建垃圾中转站3座，新配置分类收集的垃圾桶、果壳箱2780只(套)。

17. 改善农村生产生活环境。全市新改建农村道路185公里，改造危桥85座，改造农村危房760户。全市新建田间道路200公里，新建机耕桥100座。新创"优美乡村" 10个，新增农村卫生户厕改造2万座。新建农村邮站200个。

**六、突出"一水一线一消防"，实施古城生活条件改善工程**

18. 健全地下管网、电线、消防系统。打通贯穿古城的消防、救护通道和建设避灾广场，在双东片区和徐凝门东侧、方圈门菜场西侧地块建成兼有游园、逃生、公共自行车服务等多功能的公共空间。完成彩衣街片区污水管网建设，启动东关街片区、荷花池片区等剩余5个片区污水管网建设。实施东花园片区户外、室内燃气管网的改造和琼花观、皮市街燃气管网入户工程。全面完成东关街周边和东圈门、南河下片区的电网规范提升工程，老城区增容改造配电变压器5台。建成双东、南河下街区消防取水平台，每个社区至少设置2个公共消防器材配置点。在古城区和瘦西湖景区核心区全面禁止流动摊贩和出摊经营。推进古城国庆路、渡江路、皮市街、大东门、仁丰里等干道的改造出新和小秦淮河(大东门节点)综合整治工程。

**七、统筹推进社会事业协调发展，推动基本公共服务均等化**

19. 科学配置城乡教育资源。全市新(改扩)建公办幼儿园6所，新创省优质园5所。市区建设新邗沟中学、梅岭小学北校区、振兴花园小学。全市创建省义务教育现代化学校60所，其中农村40所以上。组织100名以上省、市特级教师到农村支教、送教，推进城乡学校网上结对工作。热点高中70%招生指标面向区域内初中学校公平分配。全市新招收中小学宏志班20个，其中市区11个。

20. 夯实基础医疗卫生健康服务体系。启动实施农村区域医疗卫生中心建设。编发家庭健康知识和应急手册。免费孕前优生健康检查覆盖率达90%以上。加强基本药物质量监管，推行全品种电子监管工作，实施新《药品生产质量管理规范》达标率100%，全市抽验药品1000批、快检2000批，基本药物检测合格率98%以上。

八、强化社会综合治理，引导市民共建和谐家园

21. 大力推进平安扬州建设。市区所有新建小区实现安全技术防范全覆盖。全市重大事故隐患挂牌督办和按期整改率100%，安全生产事故起数和死亡人数保持“双降”。市区免费提供法律援助2000件以上。市区举办10场大型公益法治文化广场活动。

22. 健全文明城市创建长效机制。实施《扬州市志愿者礼遇办法》，建立“文明积分卡”制度，建立覆盖关爱空巢老人、困难农民工、留守流动儿童和残疾人的社区志愿项目库，培育10支全国有影响、全省有地位的志愿服务组织。建成“企业、个人、金融信用数据库和诚信扬州网”综合征信平台。设立城市社区为民服务专项资金。

## 中共扬州市委　扬州市人民政府<br>关于进一步优化企业发展环境的意见

扬发〔2015〕2号

（2015年1月13日）

为深入贯彻落实党的十八大和十八届三中、四中全会精神，以改革的精神、创新的思路、务实的举措，推动行政审批“中梗阻”等突出问题的整改落实，着力提升机关部门和广大党员干部服务企业、服务发展的能力和水平，进一步优化全市企业发展环境，现提出2015年工作意见。

**一、加快市民服务中心建设，全面完善政务服务体系**

1. 强化行政审批事项集中到位。以新的市民服务中心建设为契机，按照“集中、便民、阳光、高效”的原则，不断强化窗口服务功能，推进审批服务、公共服务和中介服务集中进驻市民服务中心，将市市民服务中心建设成为全市的政务服务中心、公共资源交易中心、涉审中介服务中心、政务信息公开中心和行政效能投诉中心。制订新一轮部门和事项入驻中心方案，推进所有市级行政审批事项全部向部门内部一个处室、市政务服务中心和电子监察系统集中，并做到事项进驻到位、授权到位和监察到位，实现市级行政审批事项的“一站式”办理。同时，以方便群众和企业办事为目标，系统统筹、科学设置行政审批点，完善横向到边、纵向到底的政务服务网络体系。

2. 推进公共资源交易平台建设。根据省里统一要求，按照管办分离的原则，将市建设工程招投标、市交通工程招投标、市水利工程招投标、市土地交易招拍挂(市矿业产权交易)、市政府采购、国有产权交易和市药品集中采购等共7个交易市场机构进行人财物的整合，组建实体化的公共资源交易中心，推进实施政务服务中心与公共资源交易中心一体化管理模式。

3. 促进公共服务事项集中服务。将移动、电信、联通、数字电视、水务、电力、燃气、市民卡、公积金、社保的开户、变更、缴费等事项，以及公安局、园林局等单位的出入境、交通违法处理、证照办理等公共服务事项全部进驻市政务服务中心集中开展对外服务。

4. 规范涉审中介服务。按照国务院《精简审批事项规范中介服务实行企业投资项目网上并联核准制度的工作方案》(国办发〔2014〕59号)要求，清理公布涉审中介服务事项目录，精简前置审批。进一步开放中介服务市场，开辟专门场地，通过行业规划和市场竞争的方式，将各类涉审中介机构集中到政务服务中心，统一服务和监管，建成门类齐全、信息公开、服务优质、便捷高效的中介服务超市。确立中介机构的市场主体地位，企业自主选择中介服务。编制行政审批所需申请文本等工作，企业可依法自行完成，或自主委托中介机构开展，行政机关不得干预。将中介机构服务纳入审批流程管理，实施捆绑考核。分行业制定中介机构服务星级评定办法，根据中介机构资质、服务、收费等方面综合情况作出服务星级评定，并向社会公布。

5. 建设为民服务信息公开平台。充分利用各种载体尤其是新媒体，将进入政务服务中心的所有事项名称、办理流程、时限、收费标准以及行政审批事项办理全过程进行对外公开；对公共资源交易相关政策法规、交易流程、招拍挂信息公告、交易活动时间安排、相关规范要求、交易过程、中标(竞价)结果公示等进行全面公开。进一步增强政府信息查阅中心功能，实现免费查询档案，自助查阅政策文件、市情市貌以及了解咨询服务信息、公共事务等功能，建成综合性政务信息公开平台。

6. 健全政务服务纪检监察机制。组建政务服务中心纪检监察机构，完善常态化监管机制，进一步强化对窗口及工作人员行政审批行为和公共资源交易行为的监督，畅通服务对象对政务服务中心和公共资源交易中心服务行为的投诉、控告、检举和协调、处理、反馈渠道，确保政务服务的规范廉洁。

**二、落实“减章、减时、减负”要求，提升政府工作法治化水平**

7. 深化落实服务企业各项制度。继续抓好扬发〔2014〕2号文件落实，推进重大项目容缺受理、模拟审批、形式审查制以及重大项目审批代办、领办制。深化推进首问首办负责制、一次告知制、限时办结制、服务承诺制、实时评价制。继续推进窗口单位延时服务、预约服务，实现服务企业“无休日”。

8. 动态发布部门“权责清单”。继续精简行政审批事项，不再保留非行政许可审批。动态更新、发布行政审批目录清单、行政权力清单、政府部门专项资金管理清单、行政事业性收费和政府基金目录清单。进一步向基层政府下放权力，积极推动主城三区“同级同权同责”管理体制改革，合理界定市、区两级权、责、利。进一步深化扬州经济技术开发区行政审批制度改革。按照“职责法定、权责一致、边界清晰、运行高效”的要求编制和完善部门责任清单，推进职能归并，切实解决职责交叉、职责重叠及职责真空等问题，实现“法无授权不可为”“法定职责必须为”。

9. 加强涉企收费管理。深入贯彻落实《省政府办公厅关于进一步加强涉企收费管理减轻企业负担的通知》(苏

政办发〔2014〕117号)及《省政府关于进一步深化价格改革切实加强价格监督的意见》(〔2014〕129号)文件精神,围绕研究建立政府性基金常态化公示办法,经营服务性收费管理办法,公布涉车、涉房、法定培训以及考试等涉企收费项目清单等12项重点任务,进一步减轻企业负担。继续开展涉企收费专项检查,对近年来全市收费清理结果落实情况开展监督回访,确保取消、调整项目落实到位。加强涉企收费项目监管,不在清单内的收费项目一律不得收取。自2015年1月1日起,取消或暂停征收企业、个体工商户注册登记费等12项收费,对小微企业免征组织机构代码证书费等42项行政事业性收费。对涉企行政审批中介服务收费进行逐项清理,进一步规范行政审批中介服务收费。

10. 全面推进规范执法。严格实行行政执法人员持证上岗和资格管理制度,进一步规范行政处罚自由裁量行为,强化行政执法案例指导,推进执法信息公开、审批办件公开。继续推行"安静生产日"、重大涉企行政处罚备案等制度,全面推行说理式执法、行政监管劝勉、执法事项提示、轻微问题告诫、突出问题约谈、重大案件回访等执法方式,促进严格执法与优化环境的有机结合。同时,加强行政执法监督,禁止重复执法,禁止在企业"安静生产日"无备案执法,禁止无审核收费、罚款,禁止以罚代检,禁止无证执法,禁止粗暴执法。

11. 强化事中事后监管。在推进简政放权、减少行政审批事项的同时,坚持"放管并重",实行"宽进严管"。创新监管方式,综合运用法律、市场和技术手段强化平时监管,建立科学有效的监管机制,维护市场公平交易秩序,把该管的事情管住管好。完善常态化监管机制,采取随机抽查、飞行检查、专项督查、事后稽查和绩效评价等方式,提高监管水平。

**三、推进涉企服务创新,着力提升政务服务效能**

12. 实施"三证合一"登记制度改革。推行工商注册制度便利化,实施营业执照、组织机构代码证和税务登记证"三证合一"联办审批,加快建设相关网络审批平台。

13. 提升建设项目审批效能。区别项目类别,制定简易项目简化审批目录和重点项目合并审批、联合审批办法,优化并联审批流程,全面实施建设项目立项、规划、建设、验收环节并联审批,大幅压降投资项目从立项到验收的审批周期。建设投资项目在线审批监管平台,核准机关受理申请后生成的项目代码,作为整个项目建设周期唯一的身份标识,并与社会信用体系对接。

14. 试行工业园区项目前置性评估集中评价。强化开发区、工业园区地块的详规编制和城市设计,简化或分级分类实施地下文物保护、地质灾害危险性评估和矿产压覆证明、水土保持方案、地震安全性评价、固定资产投资项目节能审查、环境影响评价等,由园区管委会对园区项目统一组织编制报告、统一审批、统一委托、集中办理,简化区域内落地的单个项目的评价和审查。

**四、推进政府职能转变,更多释放市场活力**

15. 全面规范税收等优惠政策。清理规范涉企扶持政策,维护公平的市场竞争环境,明确申报、兑现时间,并按年度全面足额兑现到位。改革财政性资金对竞争性领域的支持方式,逐步减少、退出竞争性领域的无偿支持政策。进一步明确财政资金对企业的支持方向、资助方式和资助重点,加强资金使用监管,提升财政资金的使用效率。

16. 加快推进政社分离。按照"机构分设、人员分离、财务分开、职能分开"的要求,2015年实现行业协会、商会与行政机关全面脱钩。进一步明确登记管理部门、行业主管部门、综合管理部门、社会组织本身和社会公众监督的责任边界,防止政社分离后社团处于"无监管"状态。

17. 推进政府转移职能和购买服务。创新公共服务提供机制和方式,2015年出台政府向社会力量购买服务的实施意见,明确政府购买服务的购买主体和承接主体、内容和目录、流程和方式,梳理公开政府转移职能目录、政府职能部门购买服务目录、具备资质条件承接政府转移职能和购买服务的社会组织目录等"三个目录",完善服务质效监管制度,形成政府放权、民间接力的常态化工作机制。

18. 构建涉企信用服务体系。完善企业信用信息管理制度,打造企业信用信息平台,政府部门、金融机构和行业组织对纳入异常名录和"黑名单"库的企业名单互通互认。建立支持小微企业发展的信息互联互通机制。建立企业信用奖惩机制,依法公开企业信用状况,完善企业信用"红黑榜"发布制度,分级公布"纳税光荣榜",激励企业诚实守信、依法纳税、奉献社会。

**五、扶持小微企业发展,大力营造创业创新氛围**

19. 切实减轻小微企业负担。在着力落实好定向减税政策的同时,严格实施国务院关于小微企业的"四项普遍性降费"措施。凡没有法律法规依据或未经批准设立的行政事业性收费和政府性基金项目,一律取消;对收费标准超成本的要切实降低。切实减免涉及小微企业和高校毕业生就业等的收费和基金。

20. 着力破解小微企业融资贵融资难。进一步完善小微企业融资担保政策,发展政府支持的担保机构,引导其提高小微企业担保业务规模,合理确定担保费用。加大对小微企业融资担保的财政支持力度,综合运用业务补助、增量业务奖励、资本投入、代偿补偿、创新奖励等方式,引导担保、金融机构和外贸综合服务企业等为小微企业提供融资服务。积极引导创业投资基金、天使基金、种子基金投资小微企业,符合条件的小微企业可按规定享受小额担保贷款扶持政策。修订政府企业应急专项资金管理办法,为更多优质中小企业提供短期"过桥资金"。切实解决小微企业"融资难",更大力度推动政银企抱团合作。鼓励银行积极开展还款方式创新,探索小微企业贷款还款与续贷的无缝对接,对有融资需求的优质中小企业只收不贷实行备案登记。

21. 全面优化创业创新环境。高度重视小微企业发展,打造小微企业公共服务平台,为小微企业救急解难,免费提供管理指导、技能培训、市场开拓、标准咨询等服务，真正懂企业、爱企业、护企业、强企业。充分发挥现有中小企业专项资金的引导作用，用好成果转化风险补偿资金、科技型中小企业贷款风险资金和直接融资资金池，将小微企业纳入支持范围。加大对中小企业创业基地（微型企业孵化园、科技孵化器、商贸企业集聚区等）建设的支持力度。着力营造创业创新氛围，进一步加大新闻宣传力度，积极运用新媒体手段宣传“2号文件”，大力选树创业典型和创新先锋，营造浓厚的创业创新氛围。充分发挥扬州企业服务网、12345和82812345热线、企业手机报等平台作用，为企业提供政务商务资讯服务，2015年手机报发送范围实现向小微企业全覆盖。

**六、强化督查推进，全面提升服务企业水平**

22. 强化涉企服务绩效考核。继续将服务企业工作纳入县（市、区）经济社会发展综合考评、市级机关工作目标绩效考评。完善政务服务绩效考评办法，强化“以企业为关注焦点、发现问题持续改进”的品质管理，设置重点岗位、关键环节质控点，强化责任担当，提升政务服务效率。以“市民素质提升年”为抓手，以“拒绝平庸、提升能力”为主题，建立党员干部读书、培训清单，实行清单化学习、菜单式选修、模块化培训，解决党员干部动力缺乏、本领恐慌和专业化服务能力不强的问题，大力选树积极进取、敢于担当、专业操作、善于创新的典型，打造学习型、服务型、创新型干部团队。运用互联网思维改进政务服务模式，采用互联网、移动互联网、物联网等技术改造政务服务平台，推进精细规范管理、服务流程再造和微门户、微应用等智慧化服务，打造高效政府。在行政审批窗口推行“即办、即知、即评”手机短信提示和超时预警、即时评价系统，以企业满意为第一标准，广泛接受社会监督。

23. 强化督查推进和问责追究。市优化办会同市纪委（监察局）、检察院、审计局、法制办、物价局、机关工委等相关部门加大对本意见实施的督查推进力度。要充分发挥企业联络员和社会监督员作用，认真组织明察暗访，推进典型案例的受理、查处和通报，督促问题整改。对查证属实的行政审批“中梗阻”和“庸懒散慢乱”问题严肃问责，对企业反映强烈、在社会上造成恶劣影响的问题坚决立案查处。继续开展“百企问政”电视直播活动，企业代表当面质询部门工作。

## 中共扬州市委　扬州市人民政府<br>关于推动经济发展迈上新台阶的实施意见

扬发〔2015〕29号
（2015年6月19日）

为深入贯彻落实习近平总书记系列重要讲话精神，主动适应经济发展新常态，推动扬州主要经济指标增幅持续高于省均、总量指标位次不断前移、质量指标走在全省前列，现提出如下实施意见：

**一、总体要求**

（一）指导思想。牢牢把握“四个全面”的战略布局，按照“迈上新台阶，建设新扬州”的总体要求，着力稳增长、促改革、调结构、惠民生，不断增强经济的综合实力和发展的质量效益，全面提升生态文明建设水平，推动经济发展迈上新台阶。

（二）主要目标。到2020年，全市地区生产总值超过6000亿元；人均GDP超过2万美元；公共财政预算收入达到500亿元；现代农业发展水平提高到90%以上；服务业增加值力争比2014年翻番，占GDP的比重提高到50%以上；科技进步贡献率提高到65%以上；城镇化率提升到70%左右。

**二、推进举措**

（一）推动产业结构优化升级。做大做强基本产业，推动先进制造业和现代服务业“双轮驱动”，到2020年，全市现代产业体系初步形成，“三二一”的产业结构基本确立，现代服务业占服务业的比重每年提高1.5个百分点，达到60%；高新技术产业产值占规模以上工业产值的比重每年提高1个百分点，达到48%。

1. 实施基本产业倍增计划。坚持把汽车、机械、建筑、旅游、软件信息和食品加工作为全市优先发展的六大基本产业，进一步增强带动能力和支撑作用，到2020年，六大基本产业产值比2014年实现倍增。汽车产业加快重大项目建设，推动新能源汽车产业化进程、一批关键技术取得突破，到2020年全市整车制造规模达到100万辆；机械产业加快五大机械装备制造基地和六个特色机械产业集聚区建设，着力提升产品精密化、自动化、智能化水平，重点发展工业机器人，打造千亿级智能装备产业集群；建筑业以做大规模总量为基本，努力开拓和扩张市场，到2020年全市建筑业总产值超过6000亿元；旅游业强化永久性基本产业的定位，重点做好世界级旅游品牌招引，推动旅游与文化、体育、养生、休闲融合发展，加快建设国际文化旅游名城；软件信息服务业重点发展以人的智慧为主要资本的文化创意产业“工作室”、科技研发产业“实验室”和软件信息服务业“办公室”，规划建设扬州软件园，打造新兴软件名城，到2020年全市软件信息服务业营业收入比2014年翻两番；食品加工业重点挖掘传统食品加工的优势，依托海峡两岸农业合作试验区、食品工业园、华东冷链物流基地等载体，做响与扬州美食齐名的食品工业品牌。

2. 推动先进制造业快速发展。以“中国制造2025”为突破口，推进信息化和工业化深度融合。推动重点产业高端发展，引导石化产业发展精细化工、船舶产业发展特种船舶和海工装备。完善“5＋3”的战略性新兴产业体系，依托国家新能源特色产业基地、国家半导体照明产业化基地、高邮电池工业园等特色园区，着力打造战略性新兴产业集群，到2020年，战略性新兴产业产值超过8000亿元，比2014年翻番。推动节能降耗和绿色发展，针对钢铁、水泥、船舶等行业推行新增产能与淘汰产能“等量置换”或“减量置换”。支持企业实施技术改造和管理创新，提高劳动生产率和全要素生产率。

3. 加快发展现代服务业。着力发展现代物流、科技金融、健康养老等现代服务业。培育发展互联网经济，引导鼓励本地企业建设B2B、B2C、O2O平台，推动线下品牌和线上销售的延伸；规划建设跨境电子商务产业园，引进和培育一批跨境电商龙头企业，支持电商企业设立海外仓库。围绕生产性服务业领域，培育100家骨干企业或示范项目，到2017年全市生产性服务业增加值达到1000亿元，2020年达到1500亿元。加快现代服务业集聚区建设和提升，到2020年，市级以上服务业集聚区税收收入占全市服务业税收收入的比重提高到20%。

4. 转型发展现代农业。实施粮食绿色增产工程和耕地质量提升行动，全面提高粮食生产机械化水平，切实稳定粮食生产。提升农业产业化水平，到2020年，建成50亿元农业特色产业6个。提升农业产业园区建设水平，推进江都国家现代农业示范区和8个省级现代农业(渔业)产业园区建设，到2020年，打造2个国家级农业产业化示范区和农产品加工集中区。

(二)深入实施创新驱动战略。以提高自主创新能力为核心，培育和增强企业核心竞争力，加快创新载体建设、加速创新资源集聚，营造“万众创新”的良好氛围。

5. 强化企业创新主体地位。实施科技企业“小升高”计划，到2020年，建成1000家国家级高新技术企业。实施“知识产权密集型企业培育”计划，支持企业开发和推广知识产权密集型产品；提升发明专利授权量，促进万人发明专利拥有量达12件。加强企业研发机构建设，到2020年，国家级企业技术中心等创新平台达到5个，大中型工业企业省级研发机构实现全覆盖，10家高新技术企业建立企业研究院。

6. 加快创新载体建设。扬州高新区创成国家级高新区，生态科技新城、高邮湖西新区等创成省级高新区，力争实现县(市、区)省级高新区(科技园)全覆盖。以应用技术研发为导向，建设扬州产业技术研究院和智能电网、食品工程、电子信息等专业研究所。加强科技产业综合体“建、管、用”同步推进，吸引企业和高校院所分支机构入驻，打造区域产业技术创新中心，力争实现科技产业综合体众创空间全覆盖。推动每个县(市、区)建成“创业苗圃、孵化器、加速器”为一体的孵化体系。

7. 加速创新资源集聚。实施“科教合作新长征”计划，全面加强与国内知名高校、科研单位和高科技园区的深度合作，推进与中关村、张江等国家自主创新示范区共建特色园区；实施“科技产业合作远征”计划，加强与德国、以色列、台湾等地在产研院建设、协同创新、技术转移及高新园区建设等方面合作。整合全市旅游教育资源，积极筹建江苏旅游大学(学院)。强化人才保障，着力引进培养高水平、国际化的一流人才，吸引知名高校、科研院所和金融机构入驻，推动世界500强和央企来扬设立研发中心。

(三)深化跨江融合发展综合改革。坚持以跨江融合发展综合改革试点为总抓手总平台，突出经济体制改革重点，系统谋划各类改革，进一步释放改革红利、增强发展动力。

8. 深入实施配套改革试点。建立完善跨江融合发展的要素共享、产业协作、交通互通和公共服务共建共享机制。进一步明确我市作为长三角北翼重要节点城市的定位，主动承接上海和苏南地区汽车、机械、石化等产业转移，每年推动5～10个合作项目落户；推进县(市、区)、功能区与上海、苏南等开发区、重点企业开展园区共建，带动本地产业转型升级。加快推进连淮扬镇铁路、京沪高速扩容及南延过江通道、宁仪扬城际和长江-12.5米深水航道等重大基础设施建设。

9. 深化行政审批制度改革。下放行政审批事项，大幅减少和简化前置审批，继续清理各类资质资格审批项目。全面推行重大项目审批代办制、领办制和限时办结制，优化审批流程，减少办理时限。全面建立政府部门权力事项责任清单。强化事中事后监管，突出信用管理，着力构建“1主7辅”的事中事后监管制度体系。开展外商投资审批改革，推行“清单化审核，备案化管理”，减少外资项目报批材料。推进贸易通关便利化，加快电子口岸建设，推进关检合作“三个一”通关改革。借鉴苏州工业园区“园内事园内办结”的模式，推进扬州经济技术开发区行政审批制度改革，并逐步推广至省级开发区。

10. 深化国资国企改革。推动国有企业进行优化整合和功能性重组。完善薪酬分配制度，实现国有企业管理人员收入与企业绩效挂钩。完善国有资本经营预算制度，逐年提高国资收益上缴水平。重点管控国有资本投向，规范资本运作，完善绩效考核，实现对经营性国有资产的全面监管。积极发展混合所有制经济，优化国有企业股权结构，合理确定国有股权比例。积极推进市属国有企业股份制改革，到2020年，新上市国有企业6家以上，竞争类国有企业资产证券化率不低于50%。加大竞争类国有企业改制力度，吸引社会资本参与股权改革，推进国企股权结构多元化；鼓励新设国有企业吸纳民间资本，实现交叉持股。

11. 深化财税体制改革。深化预算管理制度改革，扩大人大代表参与预决算审查试点，构建“大监督”格局。建立以地方政府债券为主的融资机制，将政府债务纳入财政预算管理。积极推进财政专项资金实质性整合，开展财政资金有偿使用、因素法分配试点。积极构建新一轮市、区两级财政关系，合理划分市区间事权与支出责任。完善地方税体系建设，实行收入征管质量监控评价制度，提升征管效率，淡化税占比考核。

12. 推进金融改革创新。支持市地方金融企业做优做强做大。鼓励和支持民间资本进入金融领域，设立风险投资、融资性担保、互联网金融等新兴金融机构。着力推动企业上市和兼并重组，引导企业在新三板、省股权交易中心等场外市场挂牌融资。推动各类资源、资产和产权在上海联合交易所和北京产权交易所交易和融资。推广运用PPP模式，鼓励社会资本参与公共服务基础设施建设和运营。

(四)增创开放型经济新优势。积极参与“一带一路”和长江经济带建设，主动融入对外开放战略布局，高度重视“引进来”和“走出去”的平衡，引导企业参与国际分工和全球资源配置，构建更高水平的开放型经济体系。到2020年，外贸出口规模突破100亿美元，外经营业额达到10亿美元。

13. 壮大开放型经济规模。深入实施新一轮530招商行动计划，着力引进一批汽车、机械、软件信息、旅游等重点产业的补链扩链强链项目。全方面拓展国际市场，深挖外贸增量，支持船舶、石化、新能源新光源、服饰和毛绒玩具等优势产品提升技术、品牌和服务水平。引导企业创新工程总承包模式，支持开展专业国际工程承包业务；推动重点企业入围全省本土型跨国公司培养名录，到2020年，建成3家以上具有较强国际竞争力的本土跨国公司。

14. 加快开放型载体建设。制定出台中外合作园区建设实施意见，加快广陵开发区“德国梅泰尔工业园”、扬州经济技术开发区“中瑞（扬州）生态产业园”和化工园区“海峡两岸（扬州）绿色石化产业合作区”建设，到2020年，县（市、区）中外合作园区实现全覆盖。提升出口加工区发展水平，推动“扬州外贸商品展示交易平台”扩容提升，争取每年新增200家企业入驻。推动园区提档升级，支持江都开发区、仪征开发区创建国家级经济开发区。放大扬州泰州机场国家一类航空口岸的优势，尽快开通国际航班。

15. 积极参与“一带一路”和长江经济带建设。深入贯彻落实国务院《关于依托黄金水道推动长江经济带发展的指导意见》和省委省政府关于“一带一路”的实施方案以及落实国务院指导意见的实施意见精神，坚持市场为导向、企业为主体，加快搭建跨境经贸产业园区和跨国（省）承包工程等平台，以板块式、区域性合作加快对接，推动我市深度参与区域经济合作分工，全力打造“一带一路”和长江经济带经济走廊重要节点城市。积极借助长江经济带海关区域通关一体化改革实施的契机，利用扬州港位于长江、运河交汇处的区位优势，加大港口基础设施建设和长江岸线整治力度，完善港口集疏运体系，加快“百万标箱、亿吨大港”建设步伐，努力将扬州港建设成为“水水中转”枢纽港和上海国际航运中心配套枢纽港。制定实施企业“走出去”五年行动计划，推进国际产能合作，鼓励建筑业企业参与“一带一路”沿线国家重大工程建设。推动扬州设立综合保税区，主动加强与上海自贸区的合作，探索建立面向“一带一路”沿线国家的专业特色商品交易中心。

（五）扎实推进生态文明建设。深入推进国家生态文明建设示范区、生态文明先行示范区、新能源示范市建设，加快绿色发展、低碳发展。到2020年，实现环境监管能力和水平明显提升，全面完成节能减排目标任务，空气质量达到二级标准天数比例大于60%，地表水水质达标率大于80%，生态红线区域大于国土面积的20.11%，林木覆盖率达到23.5%。

16. 加强生态环境保护。严格实施主体功能区规划，强化国土空间开发战略性、基础性和约束性作用。严守生态红线区域，实行最严格的水资源保护制度、耕地保护制度。落实能源消费总量控制目标，开展煤炭消费总量控制试点。优化能源消费结构，加快推行合同能源管理等节能新机制，突出抓好工业、建筑、交通运输和公共机构等重点领域节能，到2020年，全市单位GDP能耗低于0.5吨标煤/万元，清洁能源占比达到17%。实行严格的环境准入、污染物排放和产品能耗限额标准，严格实施新建固定资产投资项目能评和环评制度。扎实推进园区循环化改造和生态中心建设，到2017年，省级以上开发区全面完成循环化改造，每个县（市、区）建成一个10平方公里以上的生态中心。

17. 狠抓环境污染综合治理。完善生态环境治理长效机制，综合治理水、大气、土壤环境污染。大力实施“蓝天工程”，健全大气污染联防联控体系机制，深入开展工业废气、机动车尾气、城市扬尘等各类污染源的综合治理，加强秸秆综合利用和禁烧，到2017年，$PM_{2.5}$平均浓度较2013年下降20%左右。大力实施“绿水工程”，着力推进水生态文明试点城市建设，加大长江、淮河、大运河等重点流域水污染治理力度，强化饮用水源地保护，到2020年，集中式饮用水源地水质优良比例达到100%。全面改善村庄环境面貌，到2020年，村庄环境综合整治管护覆盖率达到100%。

18. 强化生态文明建设制度保障。健全生态环境保护责任追究制度，对造成生态环境损害的重大决策失误，实行问题追溯和责任终身追究。探索建立碳排放权、节能量和排污权交易、生态补偿等制度，严格环保执法监管，依法严厉打击生态环境违法犯罪行为，支持开展环境公益诉讼。

（六）提高城乡区域协调发展水平。以提高城乡统筹、区域协调发展水平为重点，有序推进新型城镇化，加快县域经济发展，进一步优化经济发展空间格局。

19. 有序推进新型城镇化和城乡一体化。围绕“一带一轴”的总体布局，分类推进城镇协调发展，重点培强专业特色镇、做优一般镇、带动城区周边镇，促进城镇集群发展。合理配置城乡公共资源，中心城区、县城镇、城区周边镇要着力做好公共服务制度安排和城乡转换对接，优先推进社会保险、医疗卫生、住房保障等保障基本民生需求的公共服务一体化；重点中心镇要加大公共财政新增财力向民生领域倾斜力度，逐步提高基本公共服务的保障标准，推进人口就地城镇化；其他乡镇要扩大基本公共服务的受众群体，分阶段推进本地城乡户籍人口和外来常住人口基本公共服务均等化。探索建立市、县新型城镇化发展引导资金，拓宽城乡建设投融资渠道。

20. 大力推进县域经济发展。坚持做大总量和提升质量并重，充分利用各类扶持政策，大力提升县域经济综合实力，推动三个县（市）进入全国百强县行列。持续推进重大项目攻坚，促进在建项目尽快投产达效；瞄准产业旗舰企业、行业领军企业、产业链节点企业和核心配套企业，推动沿江100亿元、沿河50亿元重大项目实现第二轮全覆盖。调整优化乡镇工业园区布局，提升工业集中区发展水平，全力增强县域经济发展后劲。突出区域协调发展，主动顺应跨江融合、宁镇扬同城化发展趋势，推动沿江带动沿河、江河联动发展，着力提升一体化发展水平。到2020年，县域经济总量占全市的比重力争达到38%。

**三、保障措施**

（一）强化组织领导。各级党委政府要始终坚持发展第一要务，切实加强对经济工作的组织领导，着力提升目标追求，以更高发展目标、更优发展质量引领各项工作。相关经济部门要按照职责分工，加强经济运行的监测分析，把握稳增长和调结构的平衡，及时发现解决制约经济发展的各类矛盾问题，在转型升级中保持经济平稳健康发展。

（二）强化工作落实。各级党委政府要把贯彻落实《意见》摆在重要位置，专题研究、重点部署，切实采取有力措施，解决难点问题。各有关部门要履行好部门职责，通力合作，研究制定与本意见相衔接的区域性、行业性和专题性工作方案，明确目标任务、责任分工和时间要求，确保各项措施落到实处。

（三）强化目标考核。建立年度考核、中期评估、期末评价的工作机制。每年对相关地区和部门的目标任务及重点项目完成情况开展检查考核。中期对实施情况进行评估，分析《意见》实施效果，针对实施中遇到的问题制定对策建议。末期对完成情况进行总体评价，并根据考核情况进行奖惩。

## 中共扬州市委　扬州市人民政府<br>关于深入实施创新驱动战略加快创新型经济发展的实施意见

扬发〔2015〕37号

（2015年8月15日）

根据国家和省关于加快实施创新驱动战略的部署要求，结合工作实际，现就我市进一步深入实施创新驱动发展战略，促进产业转型升级，加快创新型经济发展，提出如下实施意见。

**一、总体思路和主要目标**

（一）总体思路。深入实施创新驱动发展战略，突出政府引导和企业主体作用，从增强区域创新能力和深化体制机制改革两方面同步发力，激发全社会创新活力和创造潜能，推动以科技创新为核心的全面创新。聚焦区域创新能力提升，加强科技资源整合集聚和开放共享，优化创新布局，强化协同效应，提升区域创新体系整体效能。发挥市场在创新资源配置中的决定性作用，集聚新人才、发展新产业、建设新城市，为“迈上新台阶、建设新扬州”提供强有力的科技支撑。

（二）主要目标。到2020年，全社会研发投入占地区生产总值比重达2.6%，高新技术产业产值占规上工业产值比重超过48%，高新技术企业超过1000家，科技进步贡献率达65%以上，万人发明专利拥有量达15件，万人拥有高层次人才数达100人以上。全市集聚一批具备全球视野和前瞻意识的创新创业领军人才，打造一批拥有知名品牌和较强市场竞争力的创新型企业，培育一批具有自主知识产权和高附加值的高新技术产业，努力成为全省创新驱动、转型升级的示范区和全国有影响的创新型示范城市。

**二、主要任务**

（一）发挥创新引领作用，支撑产业转型升级发展

1. 推动产业结构向中高端迈进。制定“2020高技术领航行动计划”，规划面向未来和全球竞争的“技术路线图”，围绕汽车、机械、船舶等传统优势产业升级部署创新链，聚焦突破嵌入式软件、智能传感器、高档数控机床、智能工业机器人、增材制造设备、智能化装备、新能源汽车动力系统、特种船舶、海工装备等重点领域关键核心技术，推动产业向价值链中高端攀升。瞄准产业链高端环节，在新一代信息技术、生物医药、新能源、新材料等领域，重点推进计算与通信技术、移动互联技术、云计算与大数据管理技术、生物新药、分布式储能及发电等技术的研发与应用，形成一批高价值知识产权、战略性产品和先导性产业。到2020年，高新技术产业和战略性新兴产业对经济增长的贡献率超过60%。

2. 加快培育创新型产业集群。规划建设重点创新板块，以江广融合区软件信息产业和科技服务业为基础打造“三室经济”创新核心版块，推动扬子津科教园区、扬州高新区、经济技术开发区等融合建设科教创新核心版块，整合我市优质农业科技资源打造现代农业科技创新版块。实施园区创新转型工程，重点推进扬州国家级高新区以及高邮湖西新区、生态科技新城省级高新区建设，优化调整园区考核导向，引导各园区完善创新体系、集聚创新要素，形成若干个有龙头骨干企业带动、产业链上下游企业集聚、高技术服务与制造紧密衔接的创新型产业集群。做强做优现有8个国家级特色产业基地，在软件信息、食品生物、节能环保等领域再新增2家以上国家级特色产业基地。力争到2020年，形成涵盖3个国家级创新型园区（1个国家高新区和2个国家级经开区）、8个省级创新型园区（2个省级高新区、6个省级经开区）、10个国家级特色产业基地在内的产业创新集聚区。

（二）突出创新主体地位，提升企业自主创新能力

3. 培育壮大创新型企业群体。按照企业种子期、初创期、成长期等不同阶段提供精准扶持，推动有持续创新活力的科技型中小企业成长为高新技术企业。为科技型企业上市提供政策扶持，做大做强扬州科技上市板块。鼓励龙头骨干企业创新发展，支持企业加大技术创新、管理创新和商业模式创新，提升企业综合竞争力。鼓励传统民营企业嫁接创新资源，运用新技术开发高附加值产品，实现转型升级。支持外资企业主动融入区域创新体系，带动属地科技型企业创新发展。到2020年，全市科技型上市（挂牌）企业超过50家，高新技术企业超过1000家，民营科技企业超过10000家。

4. 全面激发企业研发创新活力。充分发挥企业在创新决策中的重要作用，在规划、计划、政策等研究制定中

吸收更多企业家参与，扩大企业在创新决策中的话语权。运用财政补助机制，引导企业普遍建立研发准备金制度，推动企业有计划、持续地增加研发投入。支持大中型工业企业、高新技术企业建设国家、省级研发机构。探索科研成果收益激励方式，引导企业通过技术股权收益、期权确定、资本市场变现等方式奖励科研人员，提升科研人员参与研发创新和成果转化的积极性。财政出资的重大工程项目采购清单、政府采购产品和服务在同等条件下优先考虑科技型企业和高新技术产品。到2020年，全市企业研发投入占销售收入比重达2.1%、占全社会研发投入比重超过80%。

(三)搭建创新创业平台，促进大众创业万众创新

5.提升科技产业综合体建设水平。各县(市、区)注重现有存量资源的整合、提升，瞄准地方特色产业实现错位发展。重点推进单体10万平方米以上的科技产业综合体建设。广陵区、生态科技新城加快规划建设500万平方米以上以软件信息产业为主的科技产业综合体。加快完善相关政策扶持和服务功能配套，已投入使用的科技产业综合体按规定享受财税政策扶持，建立规范有效的孵化服务体系，实现微版服务中心、科技公共服务平台全覆盖，为创新创业的人才和项目提供一站式服务，提高科技产业综合体的使用率和经济贡献率。到2020年，全市各类科技产业综合体孵化面积达到1000万平方米，孵化企业新增3000家，“千人计划”和“双创”人才团队50%以上集聚到科技产业综合体。

6.布局发展众创空间。以培育创客人才为目标，制定出台我市发展众创空间推进大众创新创业实施方案，加快打造支撑创新创业的载体平台，营造优质的创新创业环境，重点发展广陵新城创谷、扬州创新驿站、微软创新中心等一批契合产业特色的“众创空间”，同时建立“网上创业云”平台，为创客提供众创、众筹、众包有效衔接，创新、创业、创意、创造理想实现的新型创业孵化器。落实办公生活场所房租减免、个人独资企业税收减免、“一址多照”集群注册、低息创业担保贷款、免费无线上网、创新创业投资等扶持政策，打造金融需求对接、创业导师培训、创新项目路演、微版服务中心等四大服务板块，重点集聚以大学生等青年创业者、企业高管及连续创业者、科技人员和海归人员为骨干的创客群体，催生一批具有前沿技术的创业企业，为经济增长提供新动能。到2020年，全市众创空间面积达100万平方米，注册创客数超10000人。

(四)深化产学研协同创新，加速集聚科技创新资源

7.全方位加强产学研合作。深入开展“科教合作新长征”，加快中科院扬州中心、清华大学智能装备科技园、东南大学科技园、西安交大科技园等院校合作平台建设，吸引知名高校院所和大型企业来扬设立分校分院、创新中心、研发中心等。进一步深化与中关村、张江、苏南等国家自主创新示范区的合作，加强园区共建和成果转移转化。抓住中科院、国企央企新一轮改革的契机，重点承接一批中科院、国企央企研发系统的重大科技专项以及“军转民”类科技项目。深入实施“科技产业合作远征计划”，主动融入国际创新网络，积极参与国家“一带一路”战略，放宽科研及管理服务人员因公技术交流合作的出国批次限制，支持外资研发机构在扬发展，推进中瑞(典)生态产业园、中德液压装备工业园等国际创新园区建设。鼓励企业“走出去”合资、并购、参股国际研发企业，设立海外研发中心和产业化基地。

8.集聚高层次创新创业人才。深入实施“绿扬金凤计划”，注重吸引海外高层次人才来扬联合攻关、项目对接、成果转化、创业发展。加大人才“6＋1”政策落实力度，采用合作研发、技术入股、柔性流动等灵活方式，持续大力引进创新创业领军人才和团队，促进人才项目同产业紧密对接。进一步培育科技型企业家队伍，通过科技副总、教授博士柔性进企业等形式，帮助企业培养一线创新人才和技术骨干，走以人才和智力支撑的发展路径。健全技能型人才培养培训机制，造就一支数量充足、技艺精湛的技能型人才队伍。到2020年，全市创新创业领军人才达到1000人，企业柔性引进教授博士动态保持在2500人左右，人才贡献率达45%。

(五)完善科技服务体系，促进科技经济深度融合

9.促进科技服务业创新发展。以满足企业科技创新需求和提升产业创新能力为导向，创新科技服务模式，延展科技创新服务链，重点发展研发设计、技术转移、创业孵化等科技服务业态。加快科技广场建设，为入驻的专业服务机构、高层次技术经纪人提供房屋租赁减免、设备经费资助、重点项目扶持等优惠政策。建立健全“政府、行业、中介机构、技术经纪人”四位一体的技术交易市场。加快产业技术研究院及其所属专业研究所建设，通过一所两制、合同科研、项目经理和股权激励等市场化手段，面向中小微企业提供技术研发、集成应用、成果转化等服务，推动科研成果产业化。到2020年，全市科技服务业实现 “五个倍增”，即科技服务机构数量、科技服务业总收入、技术合同交易额、合同科研费用、专业技术经纪人数较2015年实现翻番。

10.强化科技金融支撑。发挥金融创新对技术创新的强力助推作用，以“首投”、“首贷”、“首保”为抓手，形成政府、创投、银行、担保、保险、证券、众筹、租赁等“八合一”协同支持创新发展的科技金融扬州模式。建设科技金融超市，发挥“苏科贷”、“扬科贷”、天使投资引导资金的杠杆作用，引导创投资本更多地投向种子期或初创期科技型小微企业，支持企业探索股权众筹、互联网金融等新模式，加快构建以科技金融专营机构和新型科技金融组织为支撑的科技金融服务体系。

(六)加快体制机制创新，营造鼓励创新的公平竞争环境

11.深化财政科技资金管理改革。贯彻国家、省关于科研项目和资金改革的政策意见精神，积极探索符合创新规律的使用机制，优化财政科技资金的统筹协调和分类管理，整合设立基础研究、重点研发、科技成果转化、政策引导和创新能力建设等五大类科技计划，形成与国家、

省相衔接的计划体系。建立规范高效的市级科技项目管理平台，建立健全创新调查和科技报告制度，加强科技计划项目全过程的信息公开、信用管理和绩效评估，提升财政科技资金的使用效益。

12. 健全知识产权运用与保护机制。推进知识产权强市建设。在重大产业项目和科教合作项目招引中引入知识产权评议机制。支持企业实施知识产权战略，培育一批拥有核心专利技术和标准的知识产权密集型企业。完善知识产权运营交易、信息开发利用、战略咨询等服务体系建设。加强知识产权保护，建立知识产权执法大队，完善维权援助和举报投诉受理机制。建立企业信用评估机制，推进行政执法与司法保护的有效衔接。

**三、保障措施**

1. 完善组织领导。加大创新发展的统筹推进力度，在市科技局增设推进创新发展的常设机构，明确职能定位，完善工作机制，确保取得实效。各责任部门根据职责范围制定具体落实方案和措施。各县（市、区）、功能区要强化一把手抓创新的意识，落实创新发展工作责任，细化政策措施，相应建立专职的工作推进机构，形成上下联动、统一高效的工作机制。

2. 加大政策扶持。全面落实国家、省鼓励创新创业的各项政策。贯彻习近平总书记视察江苏提出的“宁可在其他地方紧一些，也要拿出钱来搞创新”的要求，坚持把科技投入作为战略性投资，确保财政科技投入优先安排、持续增长。在合理安排市级财政科技项目专项资金的基础上，安排1亿元创新券，采取后补助的形式，支持创新型企业购买科研设备、成果和服务，奖补技术研发、产学研合作以及公共服务平台建设等创新活动。设立1亿元的科技成果转化引导基金，对重大自主创新成果转化项目提供风险投资、风险补偿和科技贷款贴息等。制定新技术、新产品政府首购和订购等相关政策，加大对创新产品和服务的支持推广力度。两个1亿元的专项基金（创新券）的具体实施办法由市科技局会同市财政局等部门另行制定并报市政府审定。

3. 优化创新生态。不断转变政府职能，推动管理模式创新，加快工商登记制度改革步伐，深化行政审批制度改革，进一步简政放权。打破一切束缚创新发展的观念和体制机制障碍，营造激励创新创业创造的公平竞争环境，促进各类科技创新要素按经济发展规律自由流动，拓展市场配置资源的广度和深度。加强对重大科技创新成果、典型创新创业人才和创新型企业的宣传，加大对创新创业者的表彰奖励力度，广泛开展群众性科技创新活动，激发全社会创新创业热情，形成大众创业、万众创新的良好局面。

4. 强化考核督查。加大对创新驱动发展战略和创新型城市建设目标任务的考核力度，建立全市科技创新工作统计监测体系，加大科技创新指标在党政正职考核、园区发展、重大项目建设和产业招商考核体系中的比重。市委督查室、市政府督查室要加强绩效考核、督查推进和问责追究工作力度。

# 重要文件目录

## 市委重要文件

中共扬州市委 扬州市人民政府关于进一步做好民生建设工作的意见（扬发〔2015〕1号，1月13日）

中共扬州市委 扬州市人民政府关于进一步优化企业发展环境的意见（扬发〔2015〕2号，1月13日）

中共扬州市委关于印发《中共扬州市委常委会2015年工作要点》的通知（扬发〔2015〕3号，2月1日）

中共扬州市委关于转发《扬州市人大常委会2015年度工作要点和议题安排计划》的通知（扬发〔2015〕4号，2月4日）

中共扬州市委关于转发《扬州市政协2015年工作要点》的通知（扬发〔2015〕5号，2月4日）

中共扬州市委关于贯彻落实习近平总书记重要讲话精神和省委十二届八次、九次全会精神的情况报告（扬发〔2015〕6号，1月12日）

中共扬州市委2014年度履行党风廉政建设主体责任情况报告（扬发〔2015〕7号，1月25日）

中共扬州市委关于《省委第七检查考核组对扬州市落实党风廉政建设责任制情况反馈意见整改工作方案》的报告（扬发〔2015〕9号，2月7日）

中共扬州市委关于报送市委落实省委巡视反馈意见整改情况和市委书记谢正义认真抓好省委巡视反馈意见整改落实工作的报告（扬发〔2015〕11号，1月30日）

中共扬州市委 扬州市人民政府关于表彰2014年度市级机关工作目标绩效考评先进单位和先进个人的决定（扬发〔2015〕12号，2月17日）

中共扬州市委 扬州市人民政府关于表彰2014年度县（市、区）党政正职、功能区党政领导班子考核先进单位的决定（扬发〔2015〕13号，2月17日）

中共扬州市委 扬州市人民政府关于表彰2014年度农业农村工作综合考评先进单位、城乡发展一体化工作综合考评先进单位以及命名全市第四批社会主义新农村建设“优美乡村”的决定（扬发〔2015〕14号，2月24日）

中共扬州市委 扬州市人民政府关于下达2015年重大项目新开工、竣工投产、实际投资指标的通知（扬发〔2015〕15号，2月17日）

中共扬州市委 扬州市人民政府关于表彰2014年度全市信访工作先进县（市、区）、先进单位和先进个人的决定（扬发〔2015〕16号，2月17日）

中共扬州市委 扬州市人民政府关于深入推进平安扬州建设的实施意见（扬发〔2015〕17号，3月2日）

中共扬州市委关于坚持完善人民代表大会制度推动人大工作与时俱进的意见（扬发〔2015〕18号，3月4日）

中共扬州市委关于市委常委会专题民主生活会情况的报告（扬发〔2015〕19号，3月16日）

中共扬州市委 扬州市人民政府关于命名2013-2014

年度扬州市文明单位、文明行业、文明乡镇、文明村、文明社区的决定(扬发〔2015〕20号,3月23日)

中共扬州市委 扬州市人民政府关于印发《扬州市全面推进文明城市建设常态化长效化三年行动计划(2015—2017)》的通知(扬发〔2015〕21号,3月25日)

中共扬州市委 扬州市人民政府关于印发《2015"三直接"十大环节操作规范》的通知(扬发〔2015〕24号,4月22日)

中共扬州市委 扬州市人民政府关于下达2015年度重点工作绩效考核目标的通知(扬发〔2015〕25号,5月28日)

中共扬州市委关于进一步加强全市少先队工作的意见(扬发〔2015〕26号,5月28日)

中共扬州市委 扬州市人民政府关于加强村级组织规范化建设的意见(扬发〔2015〕27号,5月28日)

中共扬州市委 扬州市人民政府关于深化医药卫生体制改革 建设现代医疗卫生健康体系的实施意见(扬发〔2015〕28号,6月16日)

中共扬州市委 扬州市人民政府关于推动经济发展迈上新台阶的实施意见(扬发〔2015〕29号,6月19日)

中共扬州市委 扬州市人民政府关于推动现代农业建设迈上新台阶的实施意见(扬发〔2015〕30号,6月19日)

中共扬州市委 扬州市人民政府关于推动民生建设迈上新台阶的实施意见(扬发〔2015〕31号,6月19日)

中共扬州市委 扬州市人民政府关于印发2015年度考核(评)办法的通知(扬发〔2015〕32号,6月23日)

中共扬州市委关于新中国成立以来至2012年6月党内规范性文件的清理决定(扬发〔2015〕33号,6月27日)

中共扬州市委关于表彰全市先进基层党组织、优秀共产党员、优秀党务工作者和十佳村(社区)党组织书记的决定(扬发〔2015〕34号,6月28日)

中共扬州市委关于坚决彻底整治私人会所工作情况的报告(扬发〔2015〕35号,7月25日)

中共扬州市委 扬州市人民政府关于推动文化建设迈上新台阶的实施意见(扬发〔2015〕36号,7月29日)

中共扬州市委 扬州市人民政府关于深入实施创新驱动战略加快创新型经济发展的实施意见(扬发〔2015〕37号,8月15日)

中共扬州市委关于推动全面从严治党迈上新台阶的实施意见(扬发〔2015〕38号,9月1日)

中共扬州市委 扬州市人民政府关于表彰迎接城庆重大城建项目建设先进单位和先进个人的决定(扬发〔2015〕39号,10月30日)

关于印发《中共扬州市委关于贯彻落实〈中国共产党统一战线工作条例(试行)〉和省委〈实施办法〉的工作方案》的通知(扬发〔2015〕41号,11月2日))

中共扬州市委关于加强新形势下全市县乡人大工作和建设的实施意见(扬发〔2015〕42号,11月28日)

中共扬州市委关于报送市委书记谢正义同志抓基层党建和履行党风廉政建设主体责任工作情况的报告(扬发〔2015〕43号,12月17日)

中共扬州市委 扬州市人民政府关于扬州第二发电厂三期项目绿色转型和规划选址有关情况的报告(扬发〔2015〕44号,12月24日)

中共扬州市委关于市委常委会"三严三实"专题民主生活会准备情况的报告(扬发〔2015〕45号,12月30日)

中共扬州市委关于制定扬州市国民经济和社会发展第十三个五年规划的建议(扬发〔2015〕46号,12月27日)

中共扬州市委 扬州市人民政府 扬州军分区贯彻《中共中央 国务院 中央军委关于深入推进人民防空改革发展若干问题的决定》的实施意见(扬发〔2015〕47号,12月31日)

市委办公室 市政府办公室关于印发《扬州市"科技产业合作远征计划"》的通知(扬办发〔2015〕1号,1月23日)

中共扬州市委办公室关于开展"我为城市做什么、我为他人做什么、我为社会做什么"大讨论活动的通知(扬办发〔2015〕2号,1月27日)

市委办公室 市政府办公室关于印发《2015中国·扬州"烟花三月"国际经贸旅游节总体方案》的通知(扬办发〔2015〕3号,2月3日)

中共扬州市委办公室关于印发《市委全面深化改革推进跨江融合发展重要举措实施规划(2014—2020年)》的通知(扬办发〔2015〕4号,2月4日)

市委办公室 市政府办公室关于印发《扬州市"科教合作新长征"行动计划2015年重点工作安排》的通知(扬办发〔2015〕5号,2月5日)

市委办公室 市政府办公室关于印发《扬州市2015年双拥和国防教育工作要点》的通知(扬办发〔2015〕6号,2月6日)

市委办公室 市政府办公室关于下达2015年城市建设和环境提升重点工程项目计划的通知(扬办发〔2015〕7号,2月8日)

市委办公室 市政府办公室关于印发《扬州市城市管理强化年实施意见》的通知(扬办发〔2015〕8号,2月8日)

市委办公室 市政府办公室关于印发《扬州市档案馆收集档案范围实施细则》的通知(扬办发〔2015〕9号,2月9日)

市委办公室 市政府办公室关于调整部分市领导挂钩联系点的通知(扬办发〔2015〕10号2月9日)

市委办公室 市政府办公室关于印发《2015年全市信访工作要点》的通知(扬办发〔2015〕11号,2月25日)

市委办公室 市政府办公室关于明确2015年市领导联系推进重大项目的通知(扬办发〔2015〕12号,2月16日)

市委办公室 市政府办公室关于印发《2015年全市政法工作要点》的通知(扬办发〔2015〕13号,2月26日)

市委办公室 市政府办公室关于印发《全市深化作风建设督查情况报告》的通知(扬办发〔2015〕14号,3月13

日)

市委办公室 市政府办公室关于认真做好市人大代表建议和政协提案办理工作的通知(扬办发〔2015〕15号,3月16日)

中共扬州市委办公室关于转发《扬州市关心下一代工作委员会2015年工作要点》的通知(扬办发〔2015〕16号,3月16日)

中共扬州市委办公室关于印发《中共扬州市委全面深化改革推进跨江融合发展领导小组2015年工作要点》的通知(扬办发〔2015〕17号,3月16日)

中共扬州市委办公室关于表彰2014年度全市党委督查工作暨重大项目推进工作先进单位和先进个人、年度考核"优秀"等次重大项目秘书的决定(扬办发〔2015〕18号,3月16日)

市委办公室 市政府办公室印发《关于加强和改进新形势下全市档案工作的实施意见》的通知(扬办发〔2015〕19号,3月17日)

市委办公室 市政府办公室关于印发《扬州市城市运行管理安全防范工作责任分解表》的通知(扬办发〔2015〕20号,3月18日)

市委办公室 市政府办公室关于印发《扬州市城市管理强化年考核办法》的通知(扬办发〔2015〕21号,3月17日)

中共扬州市委办公室关于印发《2015年市委督查工作计划》的通知(扬办发〔2015〕22号,3月18日)

中共扬州市委办公室关于表彰2014年党刊优秀稿件和党刊工作先进单位先进个人的决定(扬办发〔2015〕23号,3月24日)

中共扬州市委办公室印发《中共扬州市委关于落实省委巡视反馈意见整改情况的通报》的通知(扬办发〔2015〕24号,3月27日)

市委办公室 市政府办公室关于印发扬州市2015年重大项目库的通知(扬办发〔2015〕25号,3月27日)

市委办公室 市政府办公室印发《关于充分发挥党员干部带头作用深入推进殡葬改革的实施意见》的通知(扬办发〔2015〕26号,4月16日)

中共扬州市委办公室关于印发《扬州市落实党风廉政建设党委主体责任、纪委监督责任检查考核及责任追究暂行办法》的通知(扬办发〔2015〕27号,4月21日)

中共扬州市委办公室印发《市委〈关于坚持完善人民代表大会制度推动人大工作与时俱进的意见〉任务分工方案》的通知(扬办发〔2015〕28号,5月17日)

中共扬州市委办公室印发《关于在县处级以上领导干部中开展"三严三实"专题教育的实施方案》的通知(扬办发〔2015〕29号,5月23日)

中共扬州市委办公室印发《关于进一步加强全市党委办公室思想政治建设的意见》的通知(扬办发〔2015〕30号,5月21日)

中共扬州市委办公室转发市卫计委、市计生协《关于在机构改革中加强计生协组织建设的意见》的通知(扬办发〔2015〕31号,5月28日)

市委办公室 市政府办公室印发《关于建立村级事务准入制度提升为民服务效能的意见》的通知(扬办发〔2015〕32号,6月3日)

市委办公室 市政府办公室印发《关于加强扬州市市属企业负责人履职待遇、业务支出管理的暂行办法》的通知(扬办发〔2015〕33号,6月16日)

市委办公室 市政府办公室关于印发《扬州市委、市政府领导班子成员2015年度党风廉政建设责任分解表》的通知(扬办发〔2015〕34号,6月17日)

市委办公室 市政府办公室关于印发《扬州市2015年度重大项目建设考核办法》的通知(扬办发〔2015〕35号,6月18日)

市委办公室 市政府办公室关于在全市范围内开展"信访突出问题化解月"活动的通知(扬办发〔2015〕36号,6月19日)

市委办公室 市政府办公室关于印发《2015年党政领导接访下访"百县千案"包案化解工作方案》的通知(扬办发〔2015〕37号,6月19日)

中共扬州市委办公室关于印发《中共扬州市委党的建设工作领导小组2015年工作要点》的通知(扬办发〔2015〕38号,6月23日)

市委办公室 市政府办公室关于印发《2015年度优化企业发展环境工作考核办法》的通知(扬办发〔2015〕39号,6月26日)

市委办公室 市政府办公室 扬州军分区司令部关于印发《扬州市深入实施军民融合发展战略提升国防动员建设水平工作方案》的通知(扬办发〔2015〕40号,6月25日)

市委办公室 市政府办公室印发《关于在街道(乡镇)开展联合执法的实施意见》的通知(扬办发〔2015〕41号,7月10日)

市委办公室 市政府办公室关于调整政府主导的三十项重大城建项目的通知(扬办发〔2015〕42号,7月13日)

市委办公室 市政府办公室关于印发《"中外丝路城市美食文化交流—扬州活动周"总体方案》的通知(扬办发〔2015〕43号,7月23日)

中共扬州市委办公室关于表彰2014年度全市党委信息工作先进单位的决定(扬办发〔2015〕44号,7月27日)

市委办公室 市政府办公室印发《关于进一步加强基层工会建设的意见》的通知(扬办发〔2015〕45号,8月17日)

市委办公室 市政府办公室关于印发《全市工业经济"稳增长、保目标"行动计划》的通知(扬办发〔2015〕47号,9月10日)

市委办公室 市政府办公室关于印发《优化行政服务深化行政审批制度改革工作方案》的通知(扬办发〔2015〕48号,9月25日)

市委办公室 市政府办公室印发《关于市级行政事业

单位所属国有企业清理规范和全面监管的实施意见》的通知(扬办发〔2015〕49号,9月25日)

市委办公室 市政府办公室关于印发《推动文化建设迈上新台阶工作任务分解表》的通知(扬办发〔2015〕50号,10月10日)

市委办公室 市政府办公室关于印发《市委六届九次全会工作任务分解表》的通知(扬办发〔2015〕51号,10月14日)

市委办公室 市政府办公室关于印发《法治扬州建设指标体系(试行)》的通知(扬办发〔2015〕52号,11月4日)

市委办公室 市政府办公室关于印发《法治扬州建设考评办法》的通知(扬办发〔2015〕53号,11月4日)

市委办公室 市政府办公室印发《关于市公共资源交易平台建设的实施方案》的通知(扬办发〔2015〕54号,12月2日)

市委办公室 市政府办公室印发《关于加强全市社会治安防控体系建设的实施意见》的通知(扬办发〔2015〕55号,12月28日)

中共扬州市委办公室关于印发《县(市、区)纪委书记、副书记提名考察办法(试行)》《市纪委派驻纪检组组长、副组长提名考察办法(试行)》《市属企业纪委书记、副书记提名考察办法(试行)》《市属高校纪委书记、副书记提名考察办法(试行)》的通知(扬办发〔2015〕56号,12月31日)

中共扬州市委办公室印发《关于加强市纪委派驻机构建设的意见》的通知(扬办发〔2015〕57号,12月31日)

## 市政府重要文件

关于印发《大运河扬州段遗产保护办法》的通知(扬府规〔2015〕1号, 5月7日)

关于印发《扬州市科学技术奖励办法》的通知(扬府规〔2015〕2号,9月1日)

关于印发《扬州市若干重大行政行为程序规定》的通知(扬府规〔2015〕3号,9月15日)

关于印发《扬州市公路安全保护实施办法》的通知(扬府规〔2015〕4号,9月15日)

关于印发《扬州市水资源管理办法》的通知(扬府规〔2015〕5号,11月16日)

扬州市人民政府规章制定程序暂行规定(政府令85号,11月3日)

关于授予赵永梅等36名同志扬州工艺美术大师称号的决定(扬府发〔2015〕4号,1月5日)

批转市人力资源和社会保障局军分区政治部关于扬州市区随军家属就业安置工作实施细则的通知(扬府发〔2015〕3号,1月9日)

关于鼓励民间资本参与健康和养老服务项目建设和运营的意见(扬府发〔2015〕5号,1月22日)

关于开展第二次全国地名普查工作的通知(扬府发〔2015〕7号,1月26日)

关于进一步发展现代职业教育的意见(扬府发〔2015〕11号,2月5日)

关于授予2014年度扬州市科学技术奖的决定(扬府发〔2015〕12号,2月5日)

关于进一步加强群众体育工作的意见(扬府发〔2015〕14号,2月9日)

关于加快发展体育产业的实施意见(扬府发〔2015〕17号,2月10日)

关于授予江苏省国信扬州发电有限公司等20家企业“扬州市最佳雇主企业”称号的决定(扬府发〔2015〕18号,2月11日)

关于加快全市开发园区转型升级创新发展的实施意见(扬府发〔2015〕31号,3月6日)

关于表彰扬州市第四届青少年科技创新市长奖的决定(扬府发〔2015〕34号,3月16日)

关于印发《关于促进工业地产优化发展的意见》的通知(扬府发〔2015〕39号,3月16日)

关于公布2014年度扬州市有突出贡献的中青年专家名单的通知(扬府发〔2015〕41号,3月16日)

关于深入推进依法行政加快建设法治政府的实施意见(扬府发〔2015〕1号,3月24日)

关于进一步深化价格改革切实加强价格监管的实施意见(扬府发〔2015〕58号,4月13日)

关于支持苏北人民医院医疗集团(联合体)并推进分级诊疗工作的意见(试行)(扬府发〔2015〕60号,4月13日)

关于建设农村区域性医疗卫生中心的实施意见(扬府发〔2015〕70号,5月7日)

关于印发《扬州市生态文明建设规划(2014—2020)》的通知(扬府发〔2015〕76号,5月20日)

关于印发《扬州市新型城镇化与城乡发展一体化规划(2015—2020年)》的通知(扬府发〔2015〕87号,6月16日)

关于进一步做好生态中心建设的意见(扬府发〔2015〕97号,7月1日)

关于印发《扬州市主体功能区实施规划》的通知(扬府发〔2015〕126号,7月30日)

关于调整市区城市管理行政执法体制的通知(扬府发〔2015〕128号,7月30日)

关于更大力度实施技术改造推进制造业转型发展的意见(扬府发〔2015〕131号,2015年7月30日)

关于第四次取消和调整一批市级行政审批项目的通知(扬府发〔2015〕144号,2015年8月18日)

关于推进全市域体育设施建设的意见(扬府发〔2015〕160号,9月1日)

关于印发《全市生态文明建设突破年实施方案》的通知(扬府发〔2015〕172号,9月15日)

关于建立粮食安全责任制的实施意见(扬府发〔2015〕185号,10月13日)

关于创新财政支持方式促进经济健康发展的意见(扬府发〔2015〕186号,10月14日)

关于支持城区商业综合体特色发展的意见(扬府发〔2015〕197号,11月3日)

关于加强养老服务体系建设的实施意见(扬府发〔2015〕208号,11月18日)

印发《关于扬州市市区房地产用地未开发建设问题处置的指导意见》的通知(扬府发〔2015〕212号,11月26日)

关于第五次取消和调整一批市级行政审批项目的通知(扬府发〔2015〕221号,12月2日)

关于支持扬州国家高新技术产业开发区加快发展的政策意见(扬府发〔2015〕222号,12月2日)

关于进一步加强市区污水处理设施建设与管理的实施意见(扬府发〔2015〕224号,12月7日)

关于贯彻落实《省政府关于机关事业单位工作人员养老保险制度改革的实施意见》的通知(扬府发〔2015〕225号,12月7日)

关于市区餐厨废弃物统一收运处置工作的实施意见(扬府发〔2015〕227号,12月14日)

关于加快推进"互联网+"行动的实施意见(扬府发〔2015〕228号,12月14日)

关于印发《扬州市城市防洪规划(2012—2020)》的通知(扬府发〔2015〕238号,12月25日)

转发市城乡建设局等部门关于进一步加强扬州市市区地下管线建设管理意见的通知(扬府办发〔2015〕2号,1月5日)

关于印发《扬州市财政专项资金监督管理办法》的通知(扬府办发〔2015〕3号,1月6日)

关于印发《扬州市生态红线区域保护监督管理考核暂行办法》的通知(扬府办发〔2015〕4号,1月7日)

关于调整市级劳动模范待遇标准的通知(扬府办发〔2015〕6号,1月15日)

关于加快推进自来水深度处理工艺改造的通知(扬府办发〔2015〕7号,1月16日)

关于开展机关事业单位"吃空饷"问题集中整治工作实施意见的通知(扬府办发〔2015〕9号,1月19日)

关于做好公共体育服务体系示范区建设工作的实施意见(扬府办发〔2015〕11号,1月20日)

关于印发《扬州市政府企业应急专项资金管理办法》的通知(扬府办发〔2015〕14号,1月26日)

关于进一步规范招商引资活动加强监督管理工作的意见(扬府办发〔2015〕22号,2月9日)

关于印发《扬州市行政管理中实行信用承诺、信用审查和信用报告的实施办法(试行)》的通知(扬府办发〔2015〕27号,2月16日)

关于印发《扬州市"三证合一"企业登记改革实施方案》的通知(扬府办发〔2015〕34号,3月11日)

关于印发扬州市市级国有资本经营预算管理办法的通知(扬府办发〔2015〕49号,3月31日)

关于调整全市法律援助对象经济困难审查标准的通知(扬府办发〔2015〕50号,3月31日)

印发《关于全面推进农村土地承包经营权确权登记颁证工作的实施方案》的通知(扬府办发〔2015〕55号,4月16日)

印发《关于加快棚户区(危旧房)改造工作的实施意见》的通知(扬府办发〔2015〕56号,4月20日)

关于印发《扬州市城市"清水活水"综合整治工程管理办法》的通知(扬府办发〔2015〕57号,4月22日)

关于进一步加强社会组织监督管理工作的意见(扬府办发〔2015〕69号,6月16日)

市政府办公室关于明确各功能区代表乡镇行政复议案件受理机关的通知(扬府办发〔2015〕83号,7月3日)

关于推广运用政府和社会资本合作(PPP)模式的实施意见(扬府办发〔2015〕89号,7月30日)

关于印发《扬州古城保护与利用三年(2015-2017)行动计划》的通知(扬府办发〔2015〕90号,8月10日)

关于切实做好城市老楼危楼安全排查和整治工作的通知(扬府办发〔2015〕96号,8月20日)

关于进一步调整完善城乡居民基本养老保险制度的意见(扬府办发〔2015〕98号,8月21日)

关于全面加强农产品质量安全工作的意见(扬府办发〔2015〕105号,9月21日)

关于在重点行业领域试行安全总监制度的通知(扬府办发〔2015〕109号,10月10日)

关于印发《扬州市未成年人社会保护工作实施意见》的通知(扬府办发〔2015〕113号,10月13日)

关于进一步明确扬州市建设项目环境影响评价文件分级审批权限的通知(扬府办发〔2015〕125号,11月30日)

关于进一步做好新形势下就业创业工作的实施意见(扬府办发〔2015〕127号,12月3日)

关于公布涉审中介服务"四项清单"的通知(扬府办发〔2015〕131号,12月14日)

关于成立市政府法律顾问工作办公室的通知(扬府办发〔2015〕132号,12月14日)

转发市国土局关于进一步加强农村宅基地管理通知的通知(扬府办发〔2015〕133号,12月14日)

关于进一步加强基层卫生人才队伍建设的实施意见(扬府办发〔2015〕135号,12月14日)

关于建立分级诊疗制度的实施意见(扬府办发〔2015〕136号,12月14日)

关于开展行政事业单位及所属国有企业资产产权集中管理的通知(扬府办发〔2015〕137号,12月16日)

关于公布第二批市特色产业园和生态工业园认定结果的通知(扬府办发〔2015〕138号,12月17日)

关于明确城管执法体制调整后市、区两级执法职能的通知(扬府办发〔2015〕140号,12月18日)

关于进一步加强规范性文件合法审查工作的通知(扬府办发〔2015〕141号,12月23日)

关于加快光伏产品应用促进产业发展的意见(扬府办发〔2015〕143号,12月24日)

关于转发市城乡建设局、住房保障和房产管理局《扬州市建筑产业化工程管理实施意见》的通知(扬府办发〔2015〕145号,12月24日)

关于进一步加强内河水上交通安全工作的意见(扬府办发〔2015〕146号,12月25日)

关于稳定外贸增长的实施意见(扬府办发〔2015〕147号,12月28日)

关于印发《扬州市实施"全民参保登记计划"工作方案》的通知(扬府办发〔2015〕153号,12月31日)

# 书目

## 2015年扬州籍作者出版的部分图书

扬州街巷图录 刘孝若摄影作品集/刘孝若编著/广陵书社

火/张叔岩著/北京图书出版社

薛峰绘画作品选/薛峰著/广陵书社

老扬州风景速写画法/薛峰著/广陵书社

扬州方言用字考辨/钱传仓著/现代出版社

圣塔之光 扬州塔与佛教塔文化/钱传仓 史明著/华夏文化艺术出版社

三老砚事考/欧忠荣著/文化艺术出版社

同根的花 两岸四地同题材邮票赏析/朱平健编著/中国邮史出版社

裴度集传/裴效生 裴小罗编/江苏文艺出版社

刘金鳌书法作品集/刘金鳌著/文汇出版社

唯真求实 矢志创新:黄琳先生八十华诞文集/黄琳八十华诞文集编委编/北京大学出版社

现象环与中国古代美学思想——栾勋遗文集/栾勋著/中国社会科学出版社

扬州上下三千年(上)/朱志泊著/河海大学出版社

文件学/周振华著/广陵书社

绿杨(2015秋)/扬州市文化广电新闻出版局编/江苏人民出版社

绿杨(2015夏)/扬州市文化广电新闻出版局编/江苏人民出版社

皮五辣子论文集/宋洪发编/现代出版社

皮五辣子——杨明坤口述版/杨明坤述 殷伯达整理/凤凰出版社

难忘的纪念/陈兆荣著/世界知识出版社

中国猪肌肉品质研究/经荣斌编著/中国农业出版社

生死魔壶/宗廷沼著/上海文艺出版社

趣谜新篇/袁东锦著/北京图书出版社

眼前的乡愁/王征星摄影 周兵兵文字 扬州市文学艺术界联合会编著/文汇出版社

肖山漫笔/陈楠著/现代出版社

琼花观记/扬州市文学艺术界联合会编/文汇出版社

运河龙/萧芝翔著/江苏凤凰文艺出版社

苏中战略要地宝应的开辟/盛绍宽编著/中国文史出版社

朱彬先生年谱/朱庆裴著/中国科学文化出版社

钱爱民哲理诗/钱爱民著/团结出版社

春风化雨 天道酬勤——丁春晴摄影作品集/丁春晴摄影/中国摄影出版社

淮扬惟扬州 二千五百年扬州图志/刘南平绘 张连生编/中华书局

扬州城事/扬州市城庆办公室编/江苏人民出版社

## 2015年广陵书社出版的部分图书

嘉靖惟扬志/〔明〕朱怀干修〔明〕杨洵修

(康熙三年)扬州府志/〔清〕雷应元纂修

(康熙二十四年)扬州府志/〔清〕金镇原本

(雍正)扬州府志/〔清〕尹会一纂修

(嘉庆)重修扬州府志/〔清〕阿克当阿监修〔清〕方濬颐修

(万历)江都县志/〔明〕张宁修〔清〕李苏纂

(雍正)江都县志/〔清〕陆朝玑修

(乾隆)江都县志/〔清〕五格〔清〕黄湘修

(嘉庆)江都县续志/〔清〕王逢源修〔清〕谢延庚修

(民国)江都县续志/钱祥保修 陈肇燊等修 佚名撰

(光绪)增修甘泉县志/〔清〕徐成敷〔清〕桂正华修

(民国)甘泉县续志/钱祥保等修 佚名撰

(康熙)仪真县志/〔清〕胡崇伦、〔清〕舒文灿修〔清〕陆师修纂〔清〕颜希源、〔清〕邵光铃总纂

(道光)重修仪征县志/〔清〕王检心修

江苏通志仪征县志征访册稿/柳绍宗纂〔明〕范惟恭修

(康熙)高邮州志/〔清〕孙宗彝纂〔清〕张德盛修

(嘉庆)高邮州志/〔清〕冯馨增修

(道光)续增高邮州志/〔清〕张用熙、〔清〕左辉春纂修〔清〕金元烺、〔清〕龚定瀛修

(民国)三续高邮州志/胡为和卢鸿钧修 宣哲辑

江苏通志高邮征访录/佚名撰〔明〕闻人诠〔明〕宋佐纂修〔明〕汤一贤纂修

宝应图经/〔清〕刘宝楠撰〔清〕孟毓兰修〔清〕刘赞勋撰

(民国二十一年)宝应县志/戴邦桢、赵世荣修 周敦礼增纂

两淮运司志(弘治)/〔明〕徐鹏举等编纂〔明〕杨选、〔明〕陈暹修〔清〕谢开宠总纂

(雍正)敕修两淮盐法志/〔清〕噶尔泰纂辑

(乾隆)两淮盐法志/〔清〕吉庆监修

(嘉庆)两淮盐法志/〔清〕佶山监修

(光绪)两淮盐法志/〔清〕王定安等纂修

(嘉庆)瓜洲志稿/〔清〕王豫纂〔清〕吴耆德、〔清〕王养度纂修 于树滋编辑

北湖小志/〔清〕焦循撰〔清〕阮先辑

平山志/〔清〕僧行昱纂辑〔清〕汪应庚编〔清〕程梦星编纂

运河与扬州百年影存/王虹军编著
荥阳清人碑传集初编/陈万卿编
光福香雪海——邓尉探梅诗文选/李嘉球编著
曾国藩读书录/曾国藩著
音乐启蒙——器乐学前必修课/陈凯华主编
"经纬递进"钢琴基础教程(一)/张艺馨主编
"经纬递进"钢琴基础教程(二)/张艺馨主编
古筝入门/王小平主编
扬州文库/卢桂平主编
历代地理总志扬州资料选辑/〔宋〕乐史等撰〔五代〕郭廷诲撰〔新罗〕崔致远撰
浮淮集/〔明〕欧大任撰〔清〕汪中撰〔清〕李斗撰
扬州水道记/〔清〕刘文淇著〔清〕张大昌撰〔清〕徐庭撰
广陵逸草/〔清〕郝璧撰〔清〕吴绮著〔清〕郭士璟著
扬州咏古五排诗钞/〔清〕谈怡撰〔清〕止止室主人辑〔清〕郭晋超编
重订赋役成规·扬州/〔明〕熊尚文等撰〔清〕周际华撰〔清〕李澄辑
江都县财政局实习总报告/邓傑、吕泽智著 汤一南撰
光绪五年扬州新旧城设厂施粥收支钱米数目/〔清〕佚名撰
修缮扬州文汇阁工料函牍/〔清〕佚名撰〔清〕罗振玉撰 周无方著
文选楼藏书记/〔清〕佚名撰〔清〕佚名编 朱长圻编
仪征吴氏有福读书堂藏书简明总册/〔清〕吴引孙编 佚名编
道光十六年扬州府县学名宦乡贤册/〔清〕佚名编〔清〕沈维骧撰〔清〕佚名撰
扬州中学实习报告/俞思敬、廖人祥、康世诚、谢维申、赵芝庆、李超英、钱安毅、刘悉规、锺志鹏、刘玉书、高焕陞、曹魁武、夏昌桃、刘坤璞、魏兴德著
梅花书院课艺一集/〔清〕晏端书编
扬州西山小志/〔清〕林溥撰 徐谦芳撰 佚名撰
李鱓艺术珍品集/刘方明主编
写意之风/薛峰著
唐诗宋诗元曲九百首/扬州广陵古籍刻印社汇编
景行丛书/孟明锋主编
萝轩变古笺谱/〔明〕颜继祖辑〔明〕吴发祥原刻
扬州名城解读(二)/杨正福、冬冰主编
扬州国粹/仲玉龙编著
江苏文化年鉴(2014)/《江苏文化年鉴编纂委员会编
北平笺谱/鲁迅、西谛编
扬州胜景图/集卢桂平主编
广陵十先生传/〔明〕欧大任撰〔清〕阮元编〔清〕汪鋆辑
扬城殉难录/〔清〕刘文淇、〔清〕王翼凤编〔清〕郑士烺编〔清〕詹坦撰
石研斋主年谱/〔清〕秦黉编〔清〕汪喜孙编
文节府君年谱/〔清〕吴养原编〔清〕谢逢源编〔清〕吴引孙编
刘职方公年谱/〔清〕刘颖编〔清〕朱辂编〔清〕佚名编
史氏扬州城东支谱/〔清〕史有庆编〔清〕张瑚等修厉万青等修
孤儿编/〔清〕汪喜孙撰〔清〕佚名编
宝应乡贤刘蓼野端临乔梓遗札/〔清〕刘世謩、〔清〕刘台拱等撰〔清〕刘宝楠辑〔清〕佚名辑
吴江市科学技术志/《吴江市科学技术志》编纂委员会编
忆念老北塘/无锡市北塘区政协编
扬州历代名人传/卢桂平主编
扬州八怪拾萃/王根宝主编
扬州历史文化60问/徐向明主编
常熟方言词汇/朱大可编著
无锡惠山祠堂群家训集/萃商明、夏泉生主编
正谊明道董仲舒/董玉海编著
扬州当代诗词选/吴献中主编
李商隐诗歌导读/安焕章编著
历代名人咏扬州/曾学文选编
2014江阴临港开发区发展蓝皮书/徐冬青主编
程镜寰书稿汇编/程永宁编
博雅音/〔隋〕曹宪撰〔五代〕徐锴撰〔宋〕王令撰
阎红螺说礼/〔明〕阎有章撰〔明〕郑元勋、〔明〕王光鲁纂
铁桥志书/〔明〕梁于涘、〔明〕扶纲辑〔明〕周嘉胄撰〔明〕周嘉胄著
清湘老人题记苦瓜和尚画语录/〔清〕石涛著〔清〕石涛撰〔清〕李书云辑
述学/〔清〕汪中撰〔清〕张宗泰著〔清〕秦恩复著
春秋公羊礼疏/〔清〕凌曙撰〔清〕陈逢衡撰〔清〕谢堃撰
清代朴学大师列传/支伟成纂
扬州足征续录稿/佚名辑 张洪义著
清庵先生中和集附道德会元/〔元〕李道纯撰〔清〕江昱纂〔清〕许珩辑
曾子注释/〔清〕阮元撰〔清〕阮福撰〔清〕刘文淇撰
龙学孙公春秋经解/〔宋〕孙觉著〔宋〕孙升述〔清〕王敬之辑
孙氏七经读法/〔清〕孙乔年辑〔清〕李惇著〔清〕顾问纂
读书札记/〔清〕乔可聘撰〔清〕刘心学撰〔清〕汤启祚著
甓斋遗稿/〔清〕刘玉麐著〔清〕朱彬撰〔清〕朱彬著
毛诗注疏长编诗经注疏长编/〔清〕刘宝楠编〔清〕成孺撰〔清〕朱百度著
版刻扬州古城池及大运河遗产图/孙璐编著
论语——乌峰书法小楷/乌峰书
丹青扬州——全国中国画作品展作品集/吴长江主

编

黄帝内经:影明本/〔战国〕佚名著〔唐〕王冰注〔宋〕史崧校订

红楼梦诗词联赋(图文本)/〔清〕曹雪芹著 王志娟选编

农村成人(社区)教育优秀品牌项目/姜明房主编 中国成人教育协会农村成人教育专业委员会、中国成人教育协会社区教育专业委员会组织编写

感怀集——康树仁诗词选/康树仁著

太仓州志镇洋县志/〔清〕王祖畲等纂修〔清〕王祖畲续纂 太仓市史志办编

扬州足征录/〔清〕焦循辑〔清〕黄奭辑

淮海英灵集/〔清〕阮元辑〔清〕阮亨、〔清〕王豫辑〔清〕汪之选辑

广陵思古编/〔清〕汪廷儒编〔清〕汪廷儒辑〔清〕梅毓、〔清〕桂邦傑等撰

白沙风雅/〔清〕张达选辑〔清〕刘蕴辉、〔清〕何淳著〔清〕殷峄、〔清〕端木守谦、〔清〕刘永和、〔清〕贾田祖著

广陵联句集/〔明〕涂相等撰〔明〕郑元勋辑〔清〕王士禛编著

邗江送别图诗刻/〔清〕朱庆元编〔清〕方濬颐等撰〔清〕朱铭编

新安二江先生集/〔清〕江春、〔清〕江昉、〔清〕秦黉、〔清〕秦恩复、〔清〕秦巘著〔清〕焦循编

犹存集附天心阁诗钞续钞/〔清〕孙应科辑〔清〕夏崑林、〔清〕夏味堂、〔清〕周叙撰 王守义编

陈记室集/〔东汉〕陈琳著〔唐〕李邕撰〔五代〕李建勋撰

新柳堂集/〔清〕宗元鼎撰〔清〕史申义撰〔清〕程梦星撰

冬心先生集续集三体诗甲戌近诗冬心斋研铭/〔清〕金农撰〔清〕郑燮著〔清〕方士庶撰

容甫先生遗诗/〔清〕汪中撰〔清〕江藩著〔清〕焦循撰

通斋集垂金荫绿轩诗钞圃珖巖馆诗钞通斋文集通斋遗稿外集附晓瀛遗稿/〔清〕蒋超伯著〔清〕张联桂撰〔清〕臧榖撰

悔斋集山闻诗山闻续集京华诗观海集/〔清〕汪楫著〔清〕施朝干著〔清〕李斗撰

重订厉廉州先生诗全集/〔清〕厉同勋著〔清〕谢雪撰〔清〕唐庆云著

舍是集声远堂文钞/〔清〕王翼凤撰〔清〕阮恩滦撰〔清〕董宝鸿著

江湖长翁文集/〔南宋〕陈造撰〔明〕汪广洋著〔明〕王磐撰

张南湖先生诗集/〔明〕张綖著〔清〕孙宗彝著〔清〕吴世傑撰

半舫斋编年诗半舫斋古文/〔清〕夏之蓉著〔清〕贾田祖撰〔清〕贾成祖撰

凌谿先生集/〔明〕朱应登撰〔明〕朱曰藩撰〔清〕乔迈著

石林集/〔清〕乔莱著〔清〕王式丹著〔清〕乔亿著

小楼诗集/〔清〕王嵩高著〔清〕刘履恂著〔清〕朱彬著

吴江历代旧志辑考/沈卫新主编 吴江区档案局、吴江区方志办编

“经纬递进”钢琴基础教程(三)/张艺馨主编

毛笔与书画/石庆鹏、管世俊主编

暨阳家风/张家港暨阳文化研究会编

扬州文库总目提要/卢桂平主编

洪武苏州府志/〔明〕卢熊著 苏州市地方志办公室编

大新镇志/《大新镇志》编纂委员会编

唐韵扬州/扬州广陵古籍刻印社选编

横扇镇志(1999~2008)/《横桥镇志》编纂委员会编

马景仑学术纪念文集/马景仑著

日军入侵苏州图证/苏州市地方志办公室、岳钦韬编著

中国玉石雕精品集(2015)/《中国玉石雕精品集》编委会编

丹阳村村记忆·访仙镇卷/丹阳市访仙镇人民政府、丹阳市史志办公室编

丹阳村村记忆·丹北镇埤城卷/丹阳市丹北镇埤城人民政府、丹阳市史志办公室编

银海一粟:江苏传统银饰/黄强著

壶自春天:蒋永义书印近作选集/蒋永义著

扬州城庆童谣精品选/李继业主编

寻味扬州——美食攻略/扬州市旅游局编

汉魏六朝百三名家集/〔明〕张溥辑

医典/〔明〕李时珍等著

美在人间永不朽——扬州刺绣/钱中声、徐军洪主编

美在人间永不朽——广陵古琴/管世俊、樊继健主编

美在人间永不朽——扬州园林/吴玉林、范续全主编

常熟图书馆志/《常熟图书馆志》编纂委员会编

初唐四杰集/〔唐〕王勃、杨炯、卢照邻、骆宾王著

高常侍诗集岑嘉州诗集李东川诗集/〔唐〕高适著〔唐〕岑参著〔唐〕李颀著

张司业诗集/〔唐〕张籍著

王司马诗集/〔唐〕王建著

领异标新二月花——故宫博物院、上海博物馆、南京博物院、扬州博物馆藏扬州八怪书画精品联展作品集/扬州博物馆编

锡金文丛/孟明锋主编

《清宫扬州御档》解读文集/宗金林主编 扬州市档案局、扬州市地方志办公室编

明清扬州盐官与扬州盐商/徐顺荣著

苏州高新区虎丘区年鉴(2015)/《苏州高新区虎丘区年鉴》编纂委员会编

“经纬递进”钢琴基础教程(四)/张艺馨主编

吴江市对外经济贸易志/《吴江市对外经济贸易志》

编纂委员会编

邗上杂记/顾一平著

神奇的东方之旅/扬州博物馆编

图说扬州/卢桂平主编

扬州非物质文化遗产/季培均、颜志林主编

扬州通史三字经/吴献中著

中国古典园林的背后——历史、艺术和审美/李金宇著

隋炀帝与扬州/洪军主编

扬州古代盐税机构与盐官制度变迁/徐顺荣著

乡愁:扬州乡村通览/杨正福主编

扬州印象/〔汉〕刘细君等著

扬州文化研究论丛(第15辑)/赵昌智主编

扬州古城保护案例荟萃/杨正福主编

扬州城建史事通览/杨正福主编

最美扬州人/卢桂平主编

扬州百景图/晨夕著 扬州公共外交协会、扬州市旅游局编

仪顾堂集辑校/〔清〕陆心源撰 郑晓霞辑校

中国道观志丛刊正续编/高小健、张智主编

宝应年鉴(2015)/宝应县年鉴编纂委员会编

广陵潮——扬州城庆两千五百周年顾大风主题书法展作品集/顾风著

漱玉词断肠词女红馀志/〔宋〕李清照著〔宋〕朱淑真著〔元〕龙辅著

稼轩长短句/〔宋〕辛弃疾著

宋刻东坡集/〔宋〕苏轼著

食物本草/〔明〕佚名编绘

农家警察故事:江苏时代楷模李树干/中共扬州市委宣传部、扬州市公安局、中共宝应县委员会编

从心境界——随园文艺学专业博士博士后著述选辑/骆冬青、潘大春主编

走出寄啸山庄/何方著 杜海整理

扬州学论文集/杨正福主编

印象溱湖/《印象溱湖》编委会编

野菜博录/〔明〕鲍山编

阮元仪征事/巫晨著

同里镇志(增订本)/《同里镇志》编纂委员会编

张凤岐篆刻选集/张凤岐著

献中黔江/何泽禄主编

名山图天下名山图/佚名绘

鸳鸯蝴蝶派与早期中国文化创意产业(1919—1930)/李斌著

如皋指南/如皋市地方志编纂委员会办公室编

老子道德经古本集注直解/〔宋〕范应元撰

大连图书馆藏珍秘戏曲古籍丛刊/辛欣主编

沈江古体诗词三百首/沈江著

邗江年鉴(2015)/《邗江年鉴》编纂委员会编

曾国藩诗文选/〔清〕曾国藩著 曾学文选编

丹阳村村记忆·司徒镇卷/丹阳市司徒镇人民政府、丹阳市史志办公室编

扬州年鉴(2015)/扬州市地方志编纂委员会编

昆新两县续修合志/〔清〕吴金澜、李福沂修 汪堃、朱成熙合纂

苇间飞鸿——2014·边寿民诞辰330周年学术专辑/贺万里主编

日军常熟暴行录/沈秋农编著

绿色风行——中国第二届垃圾与文化书画作品展作品集/卢俊主编

“经纬递进”钢琴基础教程(五)/张艺馨主编

江都年鉴(2015)/扬州市江都区地方志办公室编

丹阳村村记忆·吕城镇卷/丹阳市吕城镇人民政府、丹阳市史志办公室编

扬州画报(第一辑)/袁文生主编

近代江苏省立职业学校发展研究(1895—1937)/李喆著

扬州历史演义/韩月波著

扬州老照片/杨正福主编

学诗百法/刘坡公著

人间词话/王国维著

微观经济学/孟习贞、程世勇编著

仪征年鉴(2015)/仪征年鉴编纂委员会编

泰兴市工商联志/泰兴市工商联志编纂委员会编

金刚经·百喻经/〔后秦〕鸠摩罗什译〔印〕僧伽斯那撰〔南朝齐〕求那毗地译

艺术典/〔明〕张丑等著

二十四史/〔汉〕司马迁等著

易典/〔明〕高攀龙等著

御定全唐诗/〔唐〕李白等著

兵典/〔北宋〕曾公亮等著

嘉业堂丛书/刘承干辑刻

百衲本《资治通鉴》/〔北宋〕司马光等编纂

道典/〔宋〕褚伯秀等著

佛典/〔南朝〕僧佑等著

十三经注疏/〔唐〕孔颖达等著

资治通鉴/〔北宋〕司马光等著

御选唐宋诗醇/〔唐〕李白等著

御选唐宋文醇/〔清〕爱新觉罗·弘历选编

茶经/〔唐〕陆羽撰

红楼梦图咏:雕版/〔清〕改琦绘

丹阳村村记忆·延陵镇卷/丹阳市延陵镇人民政府、丹阳市史志办公室编

常熟市政协志/《常熟市政协志》编纂委员会编

北塘老习俗/中国人民政治协商会议无锡市北塘区委员会编

无锡地区家谱知见目录/无锡市图书馆编

津逮秘书/〔明〕毛晋编

明朝分省人物考/〔明〕过庭训纂集

杜陵诗史/〔唐〕杜甫著〔宋〕王十朋编

永庆寺志笺注/徐自强笺注

辉煌“十二五”——扬州发展案例/丁纯、陈扬主编

南京卫生年鉴(2015)/《南京卫生年鉴》编辑委员会编

扬中年鉴(2015)/扬中市史志办公室编

扬州弹词:双珠凤/张慧侬原著 韦明铧、韦艾佳整理

园冶/〔明〕计成著

论语商释/李宝臣著

学词百法/刘坡公著

扬州文化研究论丛(第16辑)/赵昌智主编

高邮年鉴(2015)/高邮市地方志年鉴编纂委员会编

江苏省理工学院年鉴(2015)/《江苏理工学院年鉴》编纂委员会编

里堂道听录/〔清〕焦循辑 刘建臻整理

广陵年鉴(2015)/扬州市广陵区档案局编

历代画史汇传及补编/〔清〕彭蕴璨编 吴心教补编

大雅芸台——纪念阮元诞辰二百五十周年文物联展/扬州博物馆编

中国地理教科书/刘师培著 万仕国点校

国学发微(外五种)/刘师培著 万仕国点校

中国文学讲义/刘师培著 万仕国点校

中国历史教科书/刘师培著 万仕国点校

读书随笔(外五种)/刘师培著 万仕国点校

经学教科书 伦理教科书/刘师培著 万仕国点校

玩转七巧板/陶红主编 扬州市机关第一幼儿园编

档案·无锡/无锡市档案局主编

雅雨堂丛书/〔清〕卢见曾辑

中国风土志丛刊续编/张智主编

留存在笔记本上的记忆/夏泽民著

弘治常熟县志/〔明〕桑瑜纂修 常熟市地方志编纂委员会办公室、常熟市图书馆编

嘉靖常熟县志/〔明〕邓韨纂修 常熟市地方志编纂委员会办公室、常熟市图书馆编

柳宗元诗文选/〔唐〕柳宗元著 丁晨晨选编

王维诗集/〔唐〕王维著 胡珍选编

# 题录

## 经 济

投入主体多元化是加快烘干设施建设的有效途径——对扬州市江都区郭村粮管所烘干设施建设的调查/高峰、范有祥、徐骏/中国粮食经济/2015-01-01

扬州A超市卖场客户关系管理现状分析/张龙/中小企业管理与科技(上旬刊)/2015-01-05

搭建产权交易平台 优化农村资源配置——扬州全面构建市县镇三级农村产权交易市场体系/吴兆明、周爱军、刘乃祥/江苏农村经济/2015-01-10

邗江秸秆还田机插秧技术推广应用现状与对策/葛胜、瞿世艳、施福全/安徽农业科学/2015-01-12

江苏扬州水资源管理信息系统设计方案研究/申林、张俊嵩、谭月光/中国水运(下半月)/2015-01-15

扬州瘦西湖风景区植物景观历史风貌及其延续性/杨萍/中国城市林业/2015-01-19

浅谈“营改增”对扬州现代服务业的影响及对策/徐海燕/商业经济/2015-01-20

扬州市邗江区农业技术推广体系探讨/瞿世艳、葛胜、施福全/现代农业科技/2015-01-21

扬州旅游资源数据集协同的研究/全巧梅/农业网络信息/2015-01-26

扬州瘦西湖风景区生态景观林地建设/曹兆阳、居蓓蓓、何小弟/天津农业科学/2015-02-01

小麦面粉麦谷蛋白大聚合体与扬州包子面团品质关系的研究/阮雁春/黑龙江粮食/2015-02-01

扬州发展科技服务业的思考/马晨惠/江苏科技信息/2015-02-10

扬州软件信息产业跨江融合发展机遇探析——基于宁镇扬同城化视角/王万川 淮北职业技术学院学报/2015-02-15

南水北调工程运行对宝应县防汛防旱调度新要求的思考/傅春雨、丁德新/治淮/2015-02-15

刍议扬州传统民居汪氏小苑门楼的装饰设计及意蕴/陈春亚、蔡浩特、高晶璐、陈述/美与时代(上)/2015-02-15

江苏新型农民培训工程实施总绩效研究——以扬州市为例/胡其琛、徐金海/新疆农垦经济/2015-02-15

扬州市“世界名城”旅游品牌价值提升策略分析/王兆成、祁佩娟、吴婧雯/经营管理者/2015-02-15

江苏省扬州市邗江区水稻磷钾养分丰缺指标体系的建立/周开明、刘燕、杨晓东、毛伟/园艺与种苗/2015-02-15

扬州市水稻纹枯病重发原因及防控对策/丁涛、杨进、秦玉金、刘学儒/农业科技通讯/2015-02-17

黑麦草对扬州鹅生长性能、屠宰性能和血液生化指标的影响/占今舜、夏晨、刘苏娇、周美玲、杨宏波、林森、刘明美、赵国琦/草业学报/2015-02-20

扬州市建筑业发展态势及改革要点/张婧/建筑/2015-02-20

城市形象设计中视觉识别要素设计实践研究——以扬州2500周年城庆logo设计为例/倪勇/设计/2015-02-23

扬州瘦西湖风景区生态景观林的营造特色/张国栋、王海燕、何小弟/农业科技与信息(现代园林)/2015-02-25

扬州市乡村旅游景点的空间分布结构特征研究/唐弘久、彭建伟、王翠红、杨君/湖南农业科学/2015-02-27

扬州市商业银行个人理财业务调查研究/孙蒙/商业/2015-03-04

扬州新型城镇化的发展现状与对策研究/王寅/中小企业管理与科技(上旬刊)/2015-03-05

农业科技示范户的培育与成长分析——以江苏省扬

州市江都区小纪镇农业科技示范户为例/白和盛、詹存钰、杨建春、叶浩/江苏农村经济/2015-03-10

邗江区农民集中居住区项目建设期风险研究/支建东、张云宁、张雪娇/项目管理技术/2015-03-10

小盘谷:传统建筑重生的范本/雷虎、阮传菊/中国三峡/2015-03-15

温古求新 记扬州润祥漆器的发展之道/长北/上海工艺美术/2015-03-15

基于空间引力模型的扬州市跨江融合发展研究/颜华实、滕蔓/现代经济信息/2015-03-23

扬州市半导体照明产业核心竞争力分析——以扬州中科半导体照明为例/朱钊/现代经济信息/2015-03-23

农业转移人口异质性的诠释与分析——以江苏南京、常州与扬州比较分析为例/林亦平、周应堂、张斌/技术经济与管理研究/2015-03-26

扬州市江都区林业复合经营模式及应用探讨/景德珍/现代农业科技/2015-03-27

扬州市邗江区水稻穗稻瘟病发生特点及成因分析/康晓霞、陈银凤、袁林泽、周奋启、耿跃、徐蕾/生物灾害科学/2015-03-30

浅谈扬州市小秦淮河北段传统建筑的改造/任洁、王鹏、祁百颖/扬州教育学院学报/2015-03-30

新媒体环境下扬州公交移动电视的经营策略/李钧/扬州教育学院学报/2015-03-30

绿色循环低碳公路建设理念在扬州237省道的工程实践/李银山、卢勇、吴昊、温肖博/上海公路/2015-03-31

三盛国际广场高处作业吊篮安全管理案例分析/李裴、徐春啸/山西建筑/2015-04-01

2014年扬州市水稻稻瘟病重发原因分析及防治对策/秦玉金、丁涛、杨进、刘学儒、田洁、徐莎莎/上海农业科技/2015-04-05

扬州市江都区水环境容量分析及水环境整治的措施/赵云/科技创新与应用/2015-04-08

扬州地区黏性土土水特征曲线试验研究及应用/褚进晶、田飞、闻玮/水利与建筑工程学报/2015-04-15

基于Android系统的扬州空气质量AQI指数手机查询客户端的设计与实现/张亮、王超、王祥/常州信息职业技术学院学报/2015-04-15

清代扬州学者水利思想述略/武明军/华北水利水电大学学报(社会科学版)/2015-04-15

镇江扬州旅游产业发展比较实证调研分析/陈琳/旅游纵览(下半月)/2015-04-23

扬州市邗江区稻田杂草优势种调查研究/袁林泽、周奋启、耿跃、康晓霞、陈银凤/现代农业科技/2015-04-24

扬州宋夹城湿地公园水生植物资源应用探讨/曹兆阳、李广美、王敏/现代农业科技/2015-04-24

消费者搜寻猪肉安全信息行为的实证研究——基于江苏省淮安、扬州和无锡三市的调查/刘瑞新、刘艳丽/农村经济与科技/2015-04-25

扬州居民低碳旅游调查及对策研究/徐卫萍、李金宇/苏州教育学院学报/2015-04-25

城郊半城市化地区的镇村健康发展探索——以扬州市区镇村布局规划为例/何瑞雯、陈眉舞、罗小龙、刘豫萍/江苏城市规划/2015-04-28

旅游管理专业学生转专业的动机分析及对策研究——以扬州大学旅游烹饪学院为例/王敏/教育教学论坛/2015-04-29

扬州市汽车及零部件产业创新发展研究/付春丽、李品、韩振堂/汽车工业研究/2015-05-05

邗江农业社会化服务体系建设的实践与思考/董红刚/江苏农村经济/2015-05-10

浅谈扬州市淮河入江水道整治工程的建设管理/丁平、刘金生、傅桂明/治淮/2015-05-15

扬州市2013-2014年蔬菜农药残留现状调查/杨骅、夏俊鹏、徐小培/统计与管理/2015-05-20

基于社区居民和游客感知的旅游节事影响综合评价——以扬州“烟花三月”国际经贸旅游节为例/朱涛/江苏商论/2015-05-20

城市历史遗留建筑修缮保护研究——以扬州宝应刘氏五之堂为例/刘文辉、任洁/住宅科技/2015-05-20

试从交通角度分析近代扬州现代化进程缓慢的原因/肖雅/世纪桥/2015-05-20

商业银行服务县域经济发展的路径探讨——以农业银行扬州分行为例/朱晔/金融纵横/2015-05-20

盐邵线扬州段通航分析与仿真研究/张玮、顾丹平、王启明/水运工程/2015-05-25

体育赛事对扬州地区经济效益分析研究——以鉴真马拉松赛为例/周海琴/太原城市职业技术学院学报/2015-05-28

立足大农业 发展大农机 推动扬州农机化工作迈上新台阶/张安龙/江苏农机化/2015-05-30

旅游城市的经济脆弱性研究——以扬州市为例/董玉成/江苏科技信息/2015-05-30

维修改造“危仓老库”夯实粮食安全基础——江苏省扬州市粮食“危仓老库”维修改造工作纪实/周兴明/中国粮食经济/2015-06-01

扬州芍药的振兴与发展/曹朝阳、何小弟/花木盆景(花卉园艺)/2015-06-01

扬州市陆生野生动物驯养繁殖产业现状及发展对策/郝奇林、赵玲、林生鸾、王学武、孙羊林/现代农业科技/2015-06-01

扬州市城镇居民家庭金融资产投资选择/喻锋、邢大伟/合作经济与科技/2015-06-01

职业学校高水平示范性实训基地建设途径探索——以扬州商务高等职业学校烹饪专业实训基地为例/赵佳佳/品牌(下半月)/2015-06-03

强化县域支行服务“三农”的对策研究——基于农行扬州分行的分析/朱晔/现代金融/2015-06-10

扬州个园“冬山”景窗声景效应仿真研究/梁素馨、

袁晓梅、李琼、朱广福/古建园林技术/2015-06-15

"扬州鹅"及其杂交配套组合体质量、体尺和羽绒产量测定及相关分析/苏燕辉、宋亚东、刘然、王彬、穆春宇、李洋、原小雅、王苗苗、黄正洋、段修军、徐琪、陈国宏/中国农学通报/2015-06-15

地方高校农学类研究生校地联合培养现状分析——以扬州大学为例/崔怀洋、朱新开/农业教育研究/2015-06-15

构建宁镇扬低碳城市圈研究/王辉龙/中共南京市委党校学报/2015-06-15

扬州市绿地生态网络构建与优化/吴榛、王浩/生态学杂志/2015-06-16

扬州江都区:适应新常态 做优千亿产业群/马顺圣/建筑/2015-06-20

扬州城市湿地的保护利用现状与发展对策/郝奇林、李虹兵、赵玲、赵景奎、孙羊林/安徽农业科学/2015-06-24

转型期扬州经济持续健康发展途径探索——基于扬州市经济转型升级评价指标体系的研究/胡萍/统计科学与实践/2015-06-25

扬州开发路东延跨京杭运河大桥通航安全影响分析/毛红华/现代交通技术/2015-06-26

面粉麦谷蛋白大聚合体与扬州发酵包子面团品质相关性的研究/阮雁春/江苏调味副食品/2015-06-28

大学城对区域经济的影响研究——以扬州大学城为例/石祥臣、顾晓慧/现代商业/2015-06-28

基于扬州老城实证的公房住户特征及公房改造策略研究/钱俊希、何深静、刘玉亭/南方建筑/2015-06-30

地方高职专业设置与区域经济适应性的思考——以扬州工业职业技术学院为例/李留根、王武林/职业时空/2015-06-30

低碳技术在民居建筑中的运用研究——以扬州南河下低碳示范区为例/潘梦琳、杉山和一、何恬/中国名城/2015-07-05

扬州江都区:抢抓"一带一路"机遇 开拓国外市场/徐乃有、雷锋太/建筑/2015-07-05

推进苏中苏南融合发展是江苏实现"两个率先"战略举措——扬州跨江融合发展"新路"初探/"扬州跨江融合发展战略研究"课题组、蒋伏虎/经济研究导刊/2015-07-05

基于运河文化特色的扬州旅游纪念品开发/陈菲/四川旅游学院学报/2015-07-10

扬州休闲旅游产业发展的问题与对策/胡章鸿/安徽工业大学学报(社会科学版)/2015-07-15

扬州大学省优势学科建设工程一期项目全过程跟踪审计案例/黄贤东、张美兰/中国内部审计/2015-07-15

扬州棣园复原研究/谢明洋、张冬冬/装饰/2015-07-15

浅谈扬州漆器的传承与发展——访扬州漆器厂/朱文韬/美与时代(中)/2015-07-15

古城扬州饮食文化旅游产品开发对策研究——以扬州早茶为例/张瑾/市场论坛/2015-07-15

扬州市湖区渔业的现状与思考/杨显祥、段斌、姜增华、叶金明/河北渔业/2015-07-20

中日园艺专业本科培养方案的比较分析——以中国扬州大学和日本东北大学为例/王春雷、高季平、赵宪坤/安徽农业科学/2015-07-21

从邗江"四上"企业视角看扬州电商发展的"弯道超车"/张月萍、张德兰/统计科学与实践/2015-07-25

扬州跨江发展融合语境下的北洲产业新格局/王静、沈翔、许世源/江苏城市规划/2015-07-28

扬州市农机培训与考试工作现状调研分析/徐兴松、顾凤书/江苏农机化/2015-07-30

扬州市农业面源污染治理的现状与发展对策/戴敬、严巧玲、马丽丽/环境与可持续发展/2015-07-30

农业面源污染防控支付意愿的影响因素分析——基于江苏省扬州市的调查研究/章家清、马甜/安徽农业科学/2015-07-31

农村土地规模化经营的现状与发展对策——以扬州市江都区部分家庭农场样本为例/白和盛/天津农业科学/2015-08-01

高职专业建设与区域经济的耦合发展研究——以扬州职业大学为例/俞国/知识经济/2015-08-01

扬州市稻田草相特点及防除技术/杨进、刘学儒、秦玉金、丁涛、焦骏森/上海农业科技/2015-08-05

传承与创新——扬州新农村住宅建设的实践与思考/王健、殷加华/小城镇建设/2015-08-07

扎根三农泽沃土 一枝一叶总关情——农发行扬州市分行全力支持三农建设/邵德东/江苏农村经济/2015-08-10

扬州农业社会化服务发展探讨/吴永宏/江苏农村经济/2015-08-10

民国年间的扬州商会/杨赓来/江苏地方志/2015-08-10

2014年扬州市邗江区稻曲病发生特点及重发原因研究/周奋启、袁林泽、康晓霞、陈银凤、耿跃、徐蕾、李群/现代农业科技/2015-08-11

扬名天下 水当先——江苏扬州水生态文明试点实践观察/董自刚、张智吾、陈锋、傅桂明/中国水利/2015-08-12

生态文明先做"水"文章——访江苏扬州市委书记谢正义/席晶、张凯、姚吟月、徐敏/中国水利/2015-08-12

扬州市科技社团现状及发展对策/唐菲/科技资讯/2015-08-13

扬州市邗江滨湖区生态涵养重要性评价及分区/张姗姗、张落成、董雅文、陈肖飞、赵金丽/生态学杂志/2015-08-15

扬州市南水北调东线源头区生态补偿机制初探/邓勇/治淮/2015-08-15

扬州市菊科管状花亚科药用植物资源调查/彭谊/现

代中药研究与实践/2015-08-15

扬州市“1161”菜篮子工程建设成效及思考/陈志明、袁霖/上海蔬菜/2015-08-15

扬州市固废处理模式及对策研究/李久元、陈志量/污染防治技术/2015-08-20

扬州市对外贸易发展现状及对策研究/徐小兰/中国商论/2015-08-24

地域性绿色小住宅设计策略研究——以扬州市为例/韩平/科技创新与应用/2015-08-28

扬州市区黑线专项规划编制方法研究/王静、曹俊杰、崔世锋、王琪/江苏建筑/2015-08-31

扬州“三权”抵押探索/陈家根、周爱军、毛飞/农村经营管理/2015-09-04

扬州星级酒店自驾游旅客定向营销策略/徐熹/经济研究导刊/2015-09-05

对中国建设宜居城市的思考——兼论扬州的住与行/周建高、王凌宇/中国名城/2015-09-05

新形势下扬州经济转型/景朝阳/商业文化/2015-09-05

扬州市“七河八岛”自在岛区域林业规划设想/纪开燕、吴翠红、黄健、刘志勤、杨银高/中国农业信息/2015-09-08

从体验低碳建筑到绿色校园规划——扬州大学扬子津校区规划设计实践与反思/宋桂杰、王军、张洪俊/华中建筑/2015-09-10

扬州乡村旅游发展现状分析与思考/顾宇、刘小中/四川旅游学院学报/2015-09-10

游客在扬州的餐饮消费行为调查及满意度分析/刘瑞新、侯兵/美食研究/2015-09-15

解析东关街环境因素对心理感受的影响/闫研/现代装饰(理论)/2015-09-15

扬州市邗江区畜禽屠宰行业发展情况调查与思考/郭曦、汤连华、鞠福良/畜禽业/2015-09-15

新形势下扬州经济转型发展的几点认识/景朝阳/商业文化/2015-09-15

传统园林文化在现代景观规划中的应用/覃文勇、于美贺/山西建筑/2015-09-20

基于对应分析的电动自行车购买行为与营销策略研究——以扬州市场LY品牌为例/袁亮/西南师范大学学报(自然科学版)/2015-09-20

扬州境内湖泊浮游植物群落结构及其与环境因子的关系/吴小伟、刘平/水资源保护/2015-09-20

应时而生 因需而变——扬州新农村住宅建设的实践与思考/王健、殷加华/住宅科技/2015-09-20

论扬州休闲旅游的优势及挑战/姜丽丽/河北旅游职业学院学报/2015-09-20

含道映物，神采焕然——扬州传统漆器螺钿镶嵌工艺研究/张志雁/创意设计源/2015-09-20

扬州电子商务产业园协同高职院校发展的策略研究/焦世奇/中国商论/2015-09-22

生态文明建设理念下中小城市交通拥堵现状及治理对策——以扬州市为例/曲勇慧/才智/2015-09-25

扬州某综合办公楼空调系统冷热源方案的分析研究/冯杨杰、倪美琴、童燕、吴登海/建筑节能/2015-09-25

扬州市东关街历史文化街区民居客栈开发研究/张伟/中国市场/2015-09-25

扬州酱菜中亚硝酸盐含量的研究与控制/朱立雄、蔡欣/江苏调味副食品/2015-09-28

扬州文化消费情况调查及发展对策研究/张妍/商场现代化/2015-09-30

扬州盐水鹅质量安全风险分析与控制策略研究/葛庆联、陈大伟、刘茵茵、马丽娜、蒲俊华、高玉时、樊艳凤/水禽世界/2015-09-30

扬州市农机工业发展现状和对策研究/张安龙、李铁军、袁力/江苏农机化/2015-09-30

基于旅游资源分布特点的扬州乡村旅游空间布局优化研究/顾宇、刘小中/扬州职业大学学报/2015-09-30

扬州盐商与扬州园林/阮仪三/扬州大学学报(人文社会科学版)/2015-09-30

大运河扬州段遗产廊道构成与游憩系统开发/于海燕/扬州教育学院学报/2015-09-30

建筑产业应用型人才培养模式研究/吴龙生、师相永、赵丽华/扬州教育学院学报/2015-09-30

扬州参与宁镇扬一体化路径探索/朱莹、吕长生、颜景和/扬州教育学院学报/2015-09-30

“中国企业国际化指数”视角下扬州企业国际化问题研究/李莉/扬州教育学院学报/2015-09-30

关于提升扬州经济国际化水平的研究/马华/扬州职业大学学报/2015-09-30

盐商园林文化创意旅游产品初探/金川/扬州职业大学学报/2015-09-30

基于WebGIS的城镇集约用地评价系统设计与开发——以扬州市新城镇建设为例/吴鲲/玉林师范学院学报/2015-10-01

扬州京华城全生活广场发展现状及对策分析/苏清斌/才智/2015-10-05

基于PEST分析的扬州印刷服务外包产业环境分析/于斐/中小企业管理与科技(上旬刊)/2015-10-05

三维视角下非公经济人士与企业发展关系研究——基于扬州市300位非公企业业主的调查/温菊萍/经济师/2015-10-05

行业协会商会去行政化的扬州实践/张绍华/中国社会组织/2015-10-06

高校市场营销专业实践教学环节的探究——以扬州大学广陵学院市场营销专业为例/裴艳丽/中国市场/2015-10-09

基于人流量断面统计的商业地价区段划分方法——以扬州市区为例/王丹、方斌、王海玫、王亚华/地域研究与开发/2015-10-10

线性文化遗产解说系统构建初探——以大运河扬州

段为例／于海燕／市场论坛／2015-10-15

扬州南河下历史文化街区开发实例研究／顾俊剑、郭建军／长江大学学报(社科版)／2015-10-15

浅析公益活动与广播影响力的提升——以FM985扬州新闻广播为例／陆茜、张爱凤／中国广播／2015-10-15

走合作之路 促农民增收——江都区真武粮食种植农地股份专业合作社发展之路／余向东、王世勇、王芳／中国农民合作社／2015-10-15

扬州电子商务产业园区发展现状、问题与对策研究／蒋良骏、李坚强、桑祖云／市场周刊(理论研究)／2015-10-15

浅谈老字号谢馥春商业模式的转变与创新／阚滨、郑连平／江苏商论／2015-10-20

扬州设施蔬菜施肥现状与发展对策研究／李文西、毛伟、陈欣、姜义、张月平／农学学报／2015-10-20

扬州文化旅游品牌培育与发展研究／董长云／旅游纵览(下半月)／2015-10-23

扬州高校学生新媒体阅读的现状与推广策略／石继华、李绮／科技情报开发与经济／2015-10-25

新时期古城文化旅游转型升级对策研究——以扬州市为例／张瑾／淮海工学院学报(人文社会科学版)／2015-10-31

扬州市鳜鱼养殖产业的现状及发展对策／叶金明、周学金、丛宁、杨显祥、颜慧／水产养殖／2015-11-01

城市广电与新媒体融合的扬州实践／张雅洁、周依／中国广播电视学刊／2015-11-01

扬州跨江融合发展研究——基于苏南产业转移视角下的扬州制造业发展／陈海生／中外企业家／2015-11-05

浅析智慧城市框架下智慧旅游的运营研究——以瘦西湖风景区为例／徐菲／现代经济信息／2015-11-08

浅淡房地产业对地方税收的影响及对策——以扬州市江都区为例／孙国强／中国工程咨询／2015-11-10

扬州鹅及其杂交配套组合生长和屠宰性能及肉品质的研究／苏燕辉、穆春宇、王彬、李洋、刘然、卞友庆、陈阳、黄正洋、宋亚东、徐琪、陈国宏／中国畜牧杂志／2015-11-10

发挥区域优势 深化产业融合 推动广陵现代农业建设迈上新台阶／胡明寿／江苏农村经济／2015-11-10

扬州化工园区水环境风险控制初探／王萍、孙传芝、盛瑾锦、张键／化工管理／2015-11-11

扬州公共自行车系统现状与发展研究／张惠芳／中国市场／2015-11-12

扬州市林业产业建设现状及发展对策／林生鸾、孙羊林、郝奇林／华东森林经理／2015-11-15

电子商务环境下校园快递“最后一公里”服务环节存在的问题与对策分析——以扬州商校在校学生网购为例／高峰／黑龙江科技信息／2015-11-15

扬州市邗江区节水型社会建设探索与实践／孔凡伟、邓勇／治淮／2015-11-15

老住宅区改造研究——以扬州东关街住宅区改造为例／刘行／现代装饰(理论)／2015-11-15

浅谈扬州历史名人资源开发——以阮元为例／马燕萍／佳木斯职业学院学报／2015-11-15

扬州探索智慧物业新模式——扬州首建国内城市级智慧社区平台实践／尹锋／中国物业管理／2015-11-15

全球价值链与供应链视角下扬州经济国际化水平提升研究／沈王仙子／市场周刊(理论研究)／2015-11-15

历史街区文化资源整合与旅游品牌打造初探——以扬州“双东”历史街区为例／薛菲、郑永贤／中国商论／2015-11-16

扬州市江都城区道路绿化现状及发展建议／马娟、洪艳、赵秀琴、唐国斌、丁俊、赵太春／现代农业科技／2015-11-17

文化产业的金融支持研究——以扬州市为例／于晴／时代金融／2015-11-20

扬州历史名人旅游资源的产业化开发思路——以阮元旅游资源为例／彭莉莉／品牌(下半月)／2015-11-20

2013年扬州市属86家企业工作场所中职业病危害因素调查／毛一扬、李小琴、窦建瑞、蔡翔、杨小萍／工业卫生与职业病／2015-11-20

分析关于打造扬州民居客栈的发展方向／耿捷、丁秋凤／旅游纵览(下半月)／2015-11-23

江苏扬州生态建设现状及突破路径探析／范瑶／统计科学与实践／2015-11-25

扬州传统民居的装饰艺术探析／马融／无锡商业职业技术学院学报／2015-11-25

促进扬州移动互联网发展的对策思考／唐建／对外经贸／2015-11-25

浅析扬州古运河临水景观休闲区的照明设计／倪伟／大众文艺／2015-11-30

基于结构方程模型的大学生低碳消费行为影响因素研究——以扬州大学学生为例／马晓旭／消费经济／2015-12-01

浅谈扬州市当前植保工作形势、存在问题及发展对策／杨进、秦玉金、丁涛／上海

明清扬州衙署建筑／杨建华／华中建筑／2015-12-10

浅谈扬州市数字电视大众市场体系的建设与管理／胡军威、牟春诚／视听界(广播电视技术)／2015-12-10

扬州市汽车产业发展现状与对策研究／王波、刘伯玉、张崎静／产业与科技论坛／2015-12-15

浅谈扬州市城乡水生态环境治理／马宏伟、邓勇／治淮／2015-12-15

扬州制造业创新驱动转型发展路径研究／李建荣、薛亚平／湖南工业职业技术学院学报／2015-12-15

高职院校国际贸易专业课程设置研究——基于扬州市职业大学国贸专业的个案研究／杨琴／湖南邮电职业技术学院学报／2015-12-15

智慧旅游时代下扬州旅行社业危机解析／陈月娜／市场周刊(理论研究)／2015-12-15

既有居住建筑节水改造与碳减排量研究——以扬州

为例/王鹏、吴书安、李松良、任洁/城市住宅/2015-12-15

扬州灯彩旅游开发现状与对策研究/杨红英、周瑶/南京工业职业技术学院学报/2015-12-15

扬州乡村旅游发展历程及动因研究/顾宇、刘小中/南京工业职业技术学院学报/2015-12-15

扬州市江都区城市河道水污染现状及防治对策/孙宝祯、陈国云/污染防治技术/2015-12-20

关于推进绿色产业发展的思考——以江苏省扬州市为例/张秋英、徐海燕、张晓琳/商业经济/2015-12-20

高职旅游管理专业开设职业生涯规划课程的实践探索——以扬州市职业大学旅游管理专业为/任孝珍/旅游纵览(下半月)/2015-12-23

构筑苏中发展新体系、新优势、新格局——扬州、泰州、南通在长江经济带发展中几个关系的探讨/张树俊/无锡商业职业技术学院学报/2015-12-25

扬州小盘谷私家园林建筑特色分析/李蕴、毛星辰/南方农业/2015-12-25

扬州市农药使用现状及农药控量使用对策/丁涛、杨进、秦玉金/中国植保导刊/2015-12-25

历史建筑中类型统计原理的探索及其地方运用 以扬州盐商木结构建筑为例/杨凌凡、李天夏/中华建设/2015-12-28

论扬州休闲旅游的发展对策/姜丽丽/湖北函授大学学报/2015-12-28

浅谈中国画在古典园林设计中的运用——以扬州园林为例/陈皎月/邢台职业技术学院学报/2015-12-28

华地国际扬州万家福开启微信O2O新商业模式/黄晨/科技创新与应用/2015-12-28

扬州市交通碳排放测算/邱小燕、刘海春/扬州职业大学学报/2015-12-30

以智能制造促进扬州机械装备制造产业转型升级路径研究/张建宏、游文明/扬州教育学院学报/2015-12-30

江都水稻精确栽培管理系统的开发与应用/张光桃、陈志斌、王大圣、张军/扬州职业大学学报/2015-12-30

## 社 会

大学生"宅居"现象的调查研究——以扬州大学学生为对象/蔡小莲、周奕慧、曹丹、王超/科教文汇(上旬刊)/2015-01-10

2013年扬州市卫生监督人力资源现况分析/许娟、王建、胡翔/江苏预防医学/2015-01-15

江苏扬州水资源管理信息系统设计方案研究/申林、张俊嵩、谭月光/中国水运(下半月)/2015-01-15

大运河旅游资源现状及开发策略的思考——以扬州市为例/张莉/淮海工学院学报(人文社会科学版)/2015-01-31

"大工程领域"人才培养模式探索与实践——以扬州大学化学工程领域多学科交叉人才培养为例/王干、薛怀国、刁国旺/研究生教育研究/2015-02-10

管理不到位 消防隐患多——江苏扬州消防部门对大型商贸突查督改记/徐海峰、张小军/中国消防/2015-02-15

在历史文化资源的土壤里培育城市竞争新优势——以扬州为例试谈城市群中单体城市的发展/李麦产/城市观察/2015-02-20

扬州市制造业高素质技能型人才培养研究——以YZ柴油机有限责任公司为例/王波、叶贵清、张崎静/开封教育学院学报/2015-02-20

扬州市城市园林绿化白蚁防治现状与进展/周一平、郭仁霞、王中阳、李冬虎/中华卫生杀虫药械/2015-02-20

扬州市江都区健康人群麻疹抗体水平调查分析/胡炳、周乐、赵锦玲/河南预防医学杂志/2015-02-25

"边缘化"与"游牧性":扬州拖砖人社区的社会空间研究/申明锐、张京祥、于涛/城市发展研究/2015-02-26

扬州地区中学乒乓球运动的发展现状及对策分析/詹波、杨斌、段苏香/体育科技文献通报/2015-03-20

城市特色认知视角下的创新管理与多重路径——以扬州市为例/陈然、何若岚/上海城市管理/2015-03-25

养老服务业的现状、问题与对策——以扬州为例/曾漳龙/中国民政/2015-03-30

江苏省扬州市社会福利中心"亲情助理"岗位初探/王海云/社会福利(理论版)/2015-04-15

加强顶层设计,全面实施教改——浅谈扬州地区对口单招教育质量的现状与提升/李中民、张平/职业/2015-04-15

扬州瘦西湖风景区晨练太极拳健身人群的调查研究/何爱红、吴玮、商秋华/体育科技文献通报/2015-04-20

"体育、艺术2+1项目"实施对扬州市第一中学宏志生综合素质发展的实践与研究/卢晓鹏/青少年体育/2015-04-25

扬州市江都区林业行政执法体系建设浅议/朱开荣、芮瑞勤、丁庆松、赵秀琴、丁俊/农业与技术/2015-04-30

来扬州做选调生半年记/陈晓培/中国大学生就业/2015-05-05

"集体一等功"背后的司法正能量 江苏省扬州市江都区人民法院小纪法庭司法为民侧记/杨奎、焦立颖/中国审判/2015-05-05

扬州大学民传专业学生对课程设置现状评价的调查/商秋华、曹笑/体育科技文献通报/2015-05-13

扬州市湿地景观格局演变及驱动力研究/徐连芳、叶亚平/水生态学杂志/2015-05-15

大学生慈善意识的调查研究——以扬州大学为例/张梦云、吴锋/学理论/2015-05-20

从宝应好人万绘谈典型人物的报道与推送/王丽/传媒观察/2015-06-10

扬州:城市渣土运输管理实践/倪文连、沈后功/道路交通管理/2015-06-15

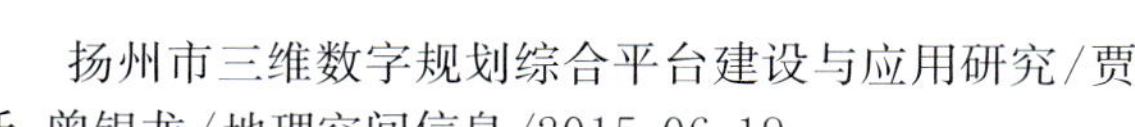

扬州市三维数字规划综合平台建设与应用研究/贾跃、曾银龙/地理空间信息/2015-06-19

浅析教育产业发展与世界名城建设——以江苏省扬州市为例/周明益/科教文汇(中旬刊)/2015-06-20

湘籍盐商与扬州湖南会馆/吉成名/盐业史研究/2015-06-25

扬州海兰德健身房会员现状的调研/刘坚/当代体育科技/2015-06-25

扬州学派教育叙事——以汪中汪喜孙父子为例/孙显军/扬州大学学报(高教研究版)/2015-06-30

人口老龄化与老年人力资源开发研究——以扬州市老年人力资源为例/佘开欣、申梦露、孙小娟/学理论/2015-07-05

扬州市江都区地质灾害易发区评价与防治措施/胡秀艳/江苏科技信息/2015-07-20

扬州企业慈善捐赠市场调查报告/常平平/商场现代化/2015-07-20

传统文化视角下的"执法困境"问题——以江苏省扬州市江都区为例/宋丽丽/上海城市管理/2015-07-25

发挥界别作用的生动实践——扬州市政协"界别活动周"透视/葛玉荣、吴丹、王向前/江苏政协/2015-07-25

基于ArcGIS Server令牌的地理信息服务安全体系应用浅析——以数字扬州地理信息公共服务平台为例/段春华/现代测绘/2015-07-25

扬州市旅游资源的整合开发模式探析/谢颖/太原城市职业技术学院学报/2015-07-28

扬州市江都区江岸坍塌灾害评价和防治/胡秀艳/江苏科技信息/2015-07-30

扬州地区婴幼儿呼吸道病毒感染的临床分析/刁叶秋、姜润涵/实验与检验医学/2015-08-15

"村改居"社区空巢老人的社会照顾——以扬州滨江花园社区为例/聂宇恬/盐城师范学院学报(人文社会科学版)/2015-08-15

扬州市传统武术的现状及发展分析/费振洲/产业与科技论坛/2015-08-15

创新农村独生子女家庭养老保险体系研究——基于对扬州相关数据的分析/王晓刚、李德才/教育教学论坛/2015-08-26

高职院校思想政治理论课校外实践教学基地模式及保障机制探析——以扬州职业大学为例/刘卫琴/江苏经贸职业技术学院学报/2015-08-28

企业慈善捐赠行为的影响因素及对策研究——基于扬州市企业的调查分析/陈萍/中小企业管理与科技(上旬刊)/2015-09-05

让医疗专家工作站成为农工党社会服务的主阵地——农工党扬州市委会医疗专家工作站建设记/张俊/前进论坛/2015-09-05

扬州地区高校教师健康状况调查分析及对策研究/刘晴谐、耿青/临床医药文献电子杂志/2015-09-05

江苏扬州市邗江区开发失独家庭分类查询系统/袁迢/人口与计划生育/2015-09-08

扬州市南浦花园居民与居委会的互信关系研究——以社会资本理论为分析视角/何家媛/东方企业文化/2015-09-08

江苏省扬州市城乡体育一体化发展指标体系与实证研究——以扬州为例/刘春、朱利建、刘慧/现代经济信息/2015-09-08

扬州市肺癌危险因素病例对照研究/徐军、房广梅、蒋明平/江苏预防医学/2015-09-15

发展视角下的扬州城管问题与对策研究/英震、庄媛/中国管理信息化/2015-09-15

贫困单亲母亲生活困境及援助研究——以扬州市为例/刘荣/中共桂林市委党校学报/2015-09-15

加快开放大学建设进程 做优做大行业培训工作——扬州开放大学建设的思考和实践/谈永祥/南京广播电视大学学报/2015-09-20

扬州市高职毕业生就业现状调查报告/沈洁/人才资源开发/2015-09-23

扬州市医疗机构整治前、后抗菌药物应用分析/张坤明、陈晖、施长城/中国医院用药评价与分析/2015-09-30

乡村生态旅游资源调查与保护开发路径——以扬州市为例/陈菲、田连生/江西农业学报/2015-10-15

扬州产业结构与高职教育互动发展研究/吕志香、刘晓风/改革与开放/2015-10-15

扬州地区健康体检人群血细胞分析参考区间的验证分析/刁叶秋、吴艳凌/实验与检验医学/2015-10-15

校地合作创新农村基层人才培养的探索——以扬州大学与张家港市合作培养农村区域发展专业人才为例/王云翠、陆建飞、郭文善/江苏农业科学/2015-10-25

扬州市养老机构护理人员培训教育/米健、蒋丽萍、徐静/中国老年学杂志/2015-10-25

历史文化名城视野中的文科研究生科研策略探讨——以扬州为例/杨丽娟/扬州大学学报(高教研究版)/2015-10-30

扬州老年男性平衡能力与运动参与研究/杜峰/运动/2015-11-05

运河的变迁及其对扬州社会与文化的影响/陈肖静、侯兵/中国名城/2015-11-05

当前保安服务业存在的主要问题与对策——以扬州为例/王俊华/中外企业家/2015-11-05

高师漆画教学中扬州漆器髹饰技艺传承的思考/钱钰华/美术教育研究/2015-11-15

扬州大学本科生转专业分析/孙叶青/中外企业家/2015-11-15

基于地区差异女性创业法律问题研究——以江苏省扬州市妇女创业小额担保贷款实施过程为例/张晓琳、张秋英、徐海燕/商业经济/2015-11-20

扬州市居民减盐与血压控制相关知识情况调查/解

晔、周国榆/中国初级卫生保健/2015-12-10

扬州市消费者个人信息法律保护调查报告/王鑫/佳木斯职业学院学报/2015-12-15

扬州市亟需大力推进"全民阅读"必要性研究/郭双燕/现代商贸工业/2015-12-25

扬州市地下水资源特征及可持续利用对策研究/许凤群、王荃/扬州职业大学学报/2015-12-30

"三为"大讨论是扬州推动社会主义核心价值观落地生根的生动实践/吴玲/商/2015-12-31

## 文　化

清新刻削 平易近人——"扬州二马"词作简论/戴倩/新乡学院学报/2015-01-01

蒋士铨与扬州/相晓燕/古典文学知识/2015-01-05

中国园林的艺术特色与公共属性——以扬州为例/孟兆祯/中国名城/2015-01-05

象征与记忆:鲍照《芜城赋》和"芜城"扬州/张燕霞/黑龙江史志/2015-01-08

画以书成 书以画出——清黄慎《拈花老人图》品赏/李晖/收藏界/2015-01-15

试论"扬州八怪"的艺术风格——以郑板桥为例/吴祖枝/美术教育研究/2015-01-15

扬州水网地区改造地形运动/雍俊/档案与建设/2015-01-15

怪而不怪的"扬州八怪"之金农绘画艺术成就/唐媛、余毅/兰台世界/2015-01-18

略论古代地域文学的动态特征——以清代扬州文学为中心/刘勇强/云南大学学报(社会科学版)/2015-01-18

扬州生态文化保护现状研究/孙建芳/太原城市职业技术学院学报/2015-01-28

书写的历史与现状——2014扬州高层书法论坛综述/蔡春旭/中国书画/2015-02-05

扬州辩/郭迺亮/江苏地方志/2015-02-10

扬州康乾南巡遗迹探访/潘宝明/江苏地方志/2015-02-10

康乾时期戏曲生态嬗变——以《扬州画舫录》之卷五《新城北路下》为例/吴民/戏剧文学/2015-02-15

论清中叶扬州曲家群的"崇元"倾向/相晓燕/戏剧艺术/2015-02-15

扬州剪纸艺术特征解析/王安霞、陈夏贤/现代装饰(理论)/2015-02-15

试论地名翻译中文化内涵的保存和弘扬——以扬州瘦西湖公园景点翻译为例/刘丹彤、钱婧/兰州教育学院学报/2015-02-20

非物质文化遗产苏绣艺术之——扬州水墨绣/苏茜/纺织报告/2015-02-20

扬州一念一伤情——怀念祁龙威先生/王世铎/民主与科学/2015-02-20

从唐诗看扬州经济繁荣的气候环境/赵爽、高俊芳/安徽文学(下半月)/2015-02-25

康乾时期扬州界画流派研究/顾志红/扬州大学学报(高教研究版)/2015-02-28

清末民初扬州宅园功能特征与布局模式特色研究——以官员、商人、文士宅园为例/张理晖、张月/中国名城/2015-03-05

论当代扬州刺绣"绘画性"特征/冯文、王莲/科技视界/2015-03-05

扬州方言含有违实意向的凝固结构"说的"/张其昀/中国语文/2015-03-10

我辈何能构全局 也须合拢作生涯——扬州八怪画风"谐俗"现象研究/张曼华/老年教育(书画艺术)/2015-03-15

"扬州八怪"题画诗词的研究现状/王荣华/陕西广播电视大学学报/2015-03-15

明末清初江苏省扬州市瓜洲于氏南园、于氏北园及其主人考/王建文、包琰、侯芳梅/北京林业大学学报(社会科学版)/2015-03-15

源远流长的扬州器乐艺术/傅明鉴、杨殿斛/歌海/2015-03-15

清代扬州木刻版画艺术特色/周露露/兰台世界/2015-03-18

城市精神:从古代文化母体中突围——以扬州为例/王向东/经济研究导刊/2015-03-25

现实生活中选取新的题材 经济生活中反映新的人物 社会生活中展现新的变化 扬州 以秦简夫名著《东堂老》独放异彩声誉使其地名生辉/季国平/中国地名/2015-03-28

边寿民艺术论——饥肠啄野田 稻粱留不住/梁玖/扬州大学学报(人文社会科学版)/2015-03-30

浅析绘画商品化对扬州画派艺术创作之影响/赵昕/大众文艺/2015-03-30

关联——顺应理论下扬州景点楹联的翻译研究/刘欣圆/扬州教育学院学报/2015-03-30

吕厚民,从未放下过手中相机——吕厚民在扬州兴化的7年事/王鑫/中国记者/2015-04-01

薛永年与扬州八怪研究/贺万里、韩士连/美术大观/2015-04-15

浅议"扬州八怪"之罗聘的佛像画/杨晨/大众文艺/2015-04-15

扬州饮用漆器的"型"与"用"研究/蒋文燕/大众文艺/2015-04-15

浅谈明清扬州第宅建筑中的窗牖——以何园为例/卢漫、陈亚鲁、刘万松/建筑与文化/2015-04-15

旅顺博物馆藏"扬州画派"书画/刘兆程/收藏/2015-05-01

扬州雕版技艺的刀法特点及美学特征分析——以陈氏雕版为例/董亚萍/美与时代(中)/2015-05-15

少年儿童阅读品味的引领与培养研究——以扬州市少儿图书馆为例/张文君/河南图书馆学刊/2015-05-15

助力手工技艺类非物质文化遗产人才培养体系建设——以建立“扬州玉雕教育与研发中心”为例／燕建泉、燕天池／艺术科技／2015-05-15

实施“六大工程”全力推动档案事业发展迈上新台阶／陈扬／档案与建设／2015-05-15

清乾隆朝扬州“词曲局”修曲人员考／彭秋溪／文化遗产／2015-05-20

论明清时期盐商对扬州文化发展的贡献／吴春香／赤峰学院学报(汉文哲学社会科学版)／2015-05-25

《扬州蜀冈古代城址考古勘探报告》简介／容雪／考古／2015-05-25

扬州九怪宋草人／蒋占元／商业文化／2015-05-25

《扬州足征录》志传部分点校疑误举例／周录祥／扬州大学学报(人文社会科学版)／2015-05-30

扬州新见刘师培早期生平史料考略——以刘葆儒《三叔廿岁前“形势”》一文为考察中心／杨丽娟／扬州大学学报(人文社会科学版)／2015-05-30

扬州新发现唐代波斯人墓碑意义初探／郑阳、陈德勇／中国穆斯林／2015-05-31

扬州市茶馆文化和咖啡馆文化的比较研究／辛晓明、刘牡丹／湖州职业技术学院学报／2015-06-25

“里下河文学流派”与扬州文化研究／孙生民、苏雪婷／扬州教育学院学报／2015-06-30

关联-顺应模式下的汉英旅游文本的变译探究／任智／扬州教育学院学报／2015-06-30

乾隆年间扬州水灾后的赈恤措施——以《清宫扬州御档》所见材料为例／樊建增／学理论／2015-07-10

扬州磨漆画和漆画艺术家代表／王伟／美术教育研究／2015-07-15

徽商与扬州城市发展的互动关系研究／谢超峰／社科纵横／2015-07-15

浅谈明清扬州第宅建筑中的栏杆／卢漫、朱远煜、柳云鹏／建筑与文化／2015-07-15

“扬州八怪”高凤翰的第十一代嫡孙——高良：不一样的“艺术基因”山水和花鸟／王雅迪／台声／2015-07-20

在美术史的钩沉中认识扬州——评《扬州史话：扬州美术史话》／李冰湜／中国出版／2015-07-23

扬州画派在二十一世纪的文化启示——“见‘怪’非怪——馆藏‘扬州画派’精品展”评述／徐苗苗／天津美术学院学报／2015-07-25

传统文化视角下的“执法困境”问题——以江苏省扬州市江都区为例／宋丽丽／上海城市管理／2015-07-25

隋唐时期江都来氏家族研究／李文才／扬州大学学报(人文社会科学版)／2015-07-30

浅谈文化遗产保护对提升城市品质的作用——以“中国大运河第一城”扬州为例／朱云瑛／赤子(上中旬)／2015-08-05

扬州回族伊斯兰教碑刻述评／郭成美、杨志娟／回族研究／2015-08-05

李方膺在扬州的绘画生活研究／洪丽莎、吴越滨／美与时代(中)／2015-08-15

楹联文化在扬州古典园林中的应用／覃文勇／山西建筑／2015-08-20

清代扬州徽商与戏曲／朱万曙／浙江艺术职业学院学报／2015-08-26

戏剧家班、题咏与创作——清代扬州盐商戏剧活动研究／明光／浙江艺术职业学院学报／2015-08-26

旅游景点公示语英译现状分析及对策——以扬州为例／尤子鹃／科技创新导报／2015-09-01

浅论扬州画派形成的历史必然性／武羽竞／国画家／2015-09-10

新蓝图 新征程 新举措 新发展——扬州市贯彻落实《关于加强和改进新形势下档案工作的意见》／宗金林／中国档案／2015-09-15

江苏扬州南宋宝祐城东城门北侧城墙和东侧城壕的发掘／汪勃、王睿、束家平、王小迎、刘刚、池军、陈昊、王俊、邵会珍、马秋茹、常素玲、马大秋、张珠子／中国国家博物馆馆刊／2015-09-15

扬州元代拉丁文墓碑／徐晓鸿／天风／2015-09-15

扬州玉雕工艺产品的传承与保护策略研究／姚干勤、李佳芯／美与时代(上)／2015-09-15

清初扬州诗歌中的故国之思与山水情志——以孙枝蔚、吴嘉纪、汪懋麟的诗作为例／杨泽琴／宁波广播电视大学学报／2015-09-15

扬州玉雕的造物文化思想研究／孙璐／艺术百家／2015-09-15

《风月梦》中扬州瘦马的艺术形象分析／沈阳、杜正乾／大舞台／2015-09-20

扬州花鼓的演变与流传趋向／周袁泽方／戏剧之家／2015-09-23

梦里扬州(外二首)／刘向辉／当代音乐／2015-09-25

扬州画派画家边寿民生平再考订——兼论画家声名的自我“营建”／刘祥辉／中华文化论坛／2015-09-28

清代扬州书院在扬州学派形成中的作用探究／吴旻／扬州教育学院学报／2015-09-30

扬州文化消费情况调查及发展对策研究／张妍／商场现代化／2015-09-30

扬州漆砂砚的雕刻工艺／许文娟／大众文艺／2015-09-30

《扬州画舫录》中传记文研究／陆学松、徐文雷／扬州教育学院学报／2015-09-30

扬州方言在市区青少年中的现状调查／赵婷婷／扬州教育学院学报／2015-09-30

评《(嘉庆)重修扬州府志》点校本／方亮／扬州教育学院学报／2015-09-30

扬州个园：为竹文化产业发展树立标杆／周伟伟／中国花卉园艺／2015-10-01

善用体裁出新意 突出特色彰市情——读《扬州市志(1988～2005)》感言／西樵／江苏地方志／2015-10-10

寻访阮元扬州文化遗存／潘宝明／江苏地方志／

2015-10-10

构建“四位一体”模式公共图书馆服务体系探析——以扬州市公共图书馆服务体系为例/刘颖/河南图书馆学刊/2015-10-15

论“扬州二马”的图书收藏事业及其文化贡献/王小恒/兰州交通大学学报/2015-10-15

超然出凡 开创新境——“扬州九怪”王贵中的书法艺术思维探秘/笔直/中国石油企业/2015-10-15

清初扬州诗歌的“诗史”呈现——以孙枝蔚、吴嘉纪、汪懋麟的诗作为例/杨泽琴/兰州交通大学学报/2015-10-15

扬州地区主流报纸语言规范情况的调查与研究/朱敏、周卫红、殷俊/柳州职业技术学院学报/2015-10-15

扬州园林集句联的旅游审美意蕴/王格/盐城师范学院学报(人文社会科学版)/2015-10-15

扬州与苏州古民居砖雕门楼装饰比较研究/朱喆、程欣/兰台世界/2015-10-18

精进修持兴禅宗 整肃规约建道场/记扬州高旻寺德林长老/李尚全/中国宗教/2015-10-20

汉代漆器的纹饰风格——以扬州漆器为例/王昕、罗婧/美术教育研究/2015-10-25

论清初扬州诗人的家庭亲情诗——以孙枝蔚、吴嘉纪、汪懋麟诗作为例/杨泽琴/牡丹江师范学院学报(哲学社会科学版)/2015-10-26

基于目的论框架下的旅游文本翻译——以扬州个园景点翻译为例/杨帆、李霞/英语广场/2015-10-26

从《扬州画舫录》看两淮盐商对扬州文化发展的作用/吴莉莉/史志学刊/2015-10-28

论扬州平山堂的文化意义/程宇静/兰台世界/2015-11-06

高师漆画教学中扬州漆器髹饰技艺传承的思考/钱钰华/美术教育研究/2015-11-15

北魏时期的扬州刺史述论/许少林/合肥学院学报(社会科学版)/2015-11-15

浅谈扬州八刻对于艺术教育的作用/于森、吴越滨/美与时代(中)/2015-11-15

扬州剪纸艺术的传承和超越/张晨/大众文艺/2015-11-15

扬州胡场汉代墓葬/秦宗林、闫璘/大众考古/2015-11-20

扬州城的城门考古/汪勃/大众考古/2015-11-20

论盛清扬州保障湖园林群另类艺术特色/刘海燕/理论观察/2015-11-20

探析传承千年的扬州漆艺/钱钰华/开封教育学院学报/2015-11-20

清末民初扬州未刊稿本四种考述/姚海英/古籍整理研究学刊/2015-11-25

“文化扬州”视野下地名文化遗产的研究与保护/王凌宇、方晓伟/探求/2015-11-26

从德国翻译目的理论的角度分析旅游景点英译——以扬州东关街为例/黄骋远/中国校外教育/2015-11-30

用色彩去传达城市形象——对扬州城市标志设计的美学思考/朱军/大众文艺/2015-11-30

分裂的时代与艺术的“怪人”——浅析李方膺走向“扬州八怪”的几个因素/仇国梁/大众文艺/2015-11-30

扬州评话的数字影像传承——以100集音像出版物《皮五辣子》(杨明坤口述版)为例/欧阳长莲/艺术教育/2015-12-01

扬州的海外来客/周游/江苏地方志/2015-12-10

对基层扬剧团调研的思考——以扬州地区为例/张冰冰/山东农业工程学院学报/2015-12-15

历史文化街区的保护与更新研究——以扬州市东圈门为例/吕贤旺/商丘师范学院学报/2015-12-15

居民文化消费与扬州文化产业发展/王森、赵子剑/现代营销(下旬刊)/2015-12-15

商儒相济:清代扬州盐商的文化角色/王宁宁/盐城工学院学报(社会科学版)/2015-12-20

音乐鉴赏通识课程发展前景的研究——对完善扬州大学音乐鉴赏课程体系的几点思考/姚霆/大舞台/2015-12-20

《扬州城遗址考古发掘报告(1999—2013)》简介/雨珩/考古/2015-12-25

外宣视域下扬州非物质文化遗产名称名录的英译/李霞、张萍/芜湖职业技术学院学报/2015-12-25

试析郑板桥自书润例的原因及影响/陈峰/扬州职业大学学报/2015-12-30

扬州文化创意产业助推城镇特色化发展路径及运营策略研究/徐晓梅/扬州教育学院学报/2015-12-30

# 统计资料

## 2015年扬州市国民经济占江苏省的比重一览表

表39-1

| 项　　目 | 单　位 | 江苏省 | 扬州市 | 扬州占全省的比重(%) |
|---|---|---|---|---|
| 年末总人口 | 万人 | 7976.30 | 461.12 | 5.78 |
| 地区生产总值(当年价格) | 亿元 | 70116.38 | 4016.84 | 5.73 |
| 第一产业 | 亿元 | 3987.94 | 241.86 | 6.06 |
| 第二产业 | 亿元 | 32043.63 | 2012.10 | 6.28 |
| 第三产业 | 亿元 | 27996.42 | 1762.88 | 6.30 |
| 固定资产投资 | 亿元 | 46246.87 | 2856.82 | 6.18 |
| 社会消费品零售总额 | 亿元 | 25876.77 | 1236.96 | 4.78 |
| 出口总额 | 亿美元 | 3386.68 | 77.11 | 2.28 |
| 注册外资及港澳台资实际到账额 | 亿美元 | 242.75 | 8.48 | 3.49 |
| 公共财政预算收入 | 亿元 | 8028.59 | 336.75 | 4.19 |
| 公共财政预算支出 | 亿元 | 9681.47 | 435.28 | 4.50 |
| 普通高等学校在校学生数 | 万人 | 171.57 | 7.56 | 4.41 |
| 医院、卫生院病床数 | 万张 | 37.85 | 1.79 | 4.73 |
| 卫生技术人员 | 万人 | 48.65 | 2.64 | 5.43 |
| #执业(助理)医师 | 万人 | 18.32 | 0.98 | 5.36 |
| 在岗职工平均工资 | 元 | 67200 | 63891 | |
| 农村居民人均可支配收入 | 元 | 16257 | 16619 | |
| 城镇居民人均可支配收入 | 元 | 37173 | 32946 | |
| 城乡居民人均储蓄存款 | 元 | 50906 | 53042 | |
| 工农业主要产品产量 | | | | |
| 粮食 | 万吨 | 3561.34 | 314.41 | 8.83 |
| 棉花 | 万吨 | 11.69 | 0.11 | 0.91 |
| 油料 | 万吨 | 143.11 | 7.17 | 5.01 |
| 原煤 | 万吨 | 1918.90 | 33.73 | 1.76 |
| 发电量 | 亿千瓦时 | 4351.78 | 209.80 | 4.82 |
| 水泥 | 万吨 | 18013.66 | 1142.64 | 6.34 |
| 化学纤维 | 万吨 | 1430.62 | 119.90 | 8.38 |

## 2015年扬州市分地区生产总值一览表

（按当年价格计算）

表39-2

| 指　标 | 全　市 | 市　区 | #广陵区 | #邗江区 | #江都区 | 宝应县 | 仪征市 | 高邮市 |
|---|---|---|---|---|---|---|---|---|
| 地区生产总值(亿元) | **4016.84** | 2639.82 | 598.14 | 665.08 | 862.87 | 458.02 | 501.97 | 483.86 |
| 第一产业 | **241.86** | 87.67 | 9.91 | 19.07 | 56.60 | 65.63 | 22.29 | 66.34 |
| 第二产业 | **2012.10** | 1321.89 | 281.22 | 271.23 | 424.81 | 204.00 | 270.78 | 215.53 |
| 工业 | **1749.58** | 1165.31 | 255.83 | 217.80 | 358.42 | 165.96 | 239.26 | 177.86 |
| 建筑业 | **263.06** | 156.80 | 25.42 | 53.43 | 66.58 | 38.04 | 31.55 | 37.68 |
| 第三产业 | **1762.88** | 1230.26 | 307.01 | 374.78 | 381.46 | 188.39 | 208.90 | 201.98 |
| 交通运输、仓储和邮政业 | **143.10** | 84.99 | 12.92 | 13.95 | 50.54 | 12.23 | 9.92 | 23.64 |
| 批发和零售业 | **296.61** | 207.18 | 75.66 | 57.69 | 55.13 | 26.88 | 58.89 | 20.39 |
| 住宿和餐饮业 | **65.80** | 49.38 | 11.80 | 15.48 | 16.86 | 9.23 | 7.83 | 11.54 |
| 金融业 | **208.05** | 129.32 | 34.44 | 30.81 | 37.38 | 18.63 | 18.77 | 17.14 |
| 房地产业 | **242.16** | 182.89 | 45.00 | 72.44 | 47.53 | 21.50 | 39.48 | 26.62 |
| 其他服务业 | **792.83** | 571.83 | 126.53 | 182.67 | 171.93 | 97.10 | 72.00 | 98.06 |
| 营利性服务业 | **343.95** | 264.40 | 62.82 | 101.28 | 55.94 | 29.42 | 17.86 | 43.54 |
| 非营利性服务业 | **448.88** | 307.43 | 63.71 | 81.39 | 115.99 | 67.68 | 54.14 | 54.52 |
| 人均地区生产总值(元/人) | **89647** | 109000 | 113306 | 96823 | 85636 | 60669 | 88947 | 65421 |

## 2015年扬州市分地区人口数及构成情况表

表39-3

| 地　区 | 总人口(人) | | | 性别比 |
|---|---|---|---|---|
| | 合　计 | 男 | 女 | |
| **全　市** | **4611221** | **2304518** | **2306703** | **99.91** |
| 市　区 | 2319231 | 1151685 | 1167546 | 98.64 |
| #广陵区 | 495723 | 245005 | 250718 | 97.72 |
| 邗江区 | 591701 | 292293 | 299408 | 97.62 |
| 江都区 | 1062561 | 530904 | 531657 | 99.86 |
| 宝应县 | 911640 | 462330 | 449310 | 102.90 |
| 仪征市 | 564513 | 284284 | 280229 | 101.45 |
| 高邮市 | 815837 | 406219 | 409618 | 99.17 |

## 2015年扬州市分地区户数、平均人口及密度情况表

表39-4

| 地　区 | 户数(户) | 平均每户人数(人) | 年平均人口(人) | 人口密度（人/平方千米） |
|---|---|---|---|---|
| **全　市** | **1490609** | **3.09** | **4612294** | **700** |
| 市　区 | 768133 | 3.02 | 2318830 | 1006 |
| #广陵区 | 169744 | 2.92 | 496626 | 1480 |
| 邗江区 | 185951 | 3.18 | 587220 | 1070 |
| 江都区 | 354268 | 3.00 | 1065772 | 799 |
| 宝应县 | 278747 | 3.27 | 911447 | 624 |
| 仪征市 | 187445 | 3.01 | 565041 | 626 |
| 高邮市 | 256284 | 3.18 | 816978 | 424 |

## 2015年扬州市固定资产投资情况表

表39-5

| 项　　目 | 总　计 | #项目投资 | #房地产开发投资 |
|---|---|---|---|
| 一、投资总额(万元) | 28568211 | 24786458 | 3781753 |
| #住宅 | 3132578 | 147490 | 2985088 |
| 1. 按经济类型分 | | | |
| 国有经济 | 4951648 | 4777174 | 174474 |
| 集体经济 | 1131876 | 1128506 | 3370 |
| 有限责任公司 | 2910517 | 1095013 | 1815504 |
| 其它有限责任公司 | | | |
| 联营企业 | 41386 | 41386 | |
| 股份合作 | 10850 | 7350 | 3500 |
| 股份有限公司 | 272155 | 258965 | 13190 |
| 私营个体 | 16475342 | 15279215 | 1196127 |
| 港澳台商投资 | 1000533 | 580604 | 419929 |
| 外商投资 | 681638 | 525979 | 155659 |
| 其他经济 | 1092266 | 1092266 | |
| 2. 按构成分 | | | |
| 建筑工程 | 16778199 | 14043958 | 2734241 |
| 安装工程 | 1775114 | 1466389 | 308725 |
| 设备工器具购置 | 6591342 | 6564980 | 26362 |
| #用于更新的设备 | 3410633 | 3410633 | |
| 其他费用 | 3423556 | 2711131 | 712425 |
| 3. 按产业分 | | | |
| 第一产业 | 161486 | 161486 | |
| 第二产业 | 15111682 | 15111682 | |
| 第三产业 | 13295043 | 9513290 | 3781753 |
| 二、本年资金来源(万元) | 31620212 | 26130102 | 5490110 |
| 国家预算内资金 | 255895 | 255895 | |
| 国内贷款 | 562179 | 271120 | 291059 |
| 利用外资 | 230245 | 229154 | 1091 |
| 自筹投资 | 26898452 | 25031305 | 1867147 |
| 其他投资 | 2653974 | 342628 | 2311346 |
| 三、房屋建筑面积(万平方米) | | | |
| 施工面积 | 3815 | 1088 | 2727 |
| 竣工面积 | 1518 | 874 | 644 |
| #住宅 | 536 | 9 | 527 |

## 2015年扬州市农林牧渔业分项产值一览表

表39-6　　　　单位：万元

| 项　　目 | 2015年产值(当年价格) | 2014年产值(当年价格) |
|---|---|---|
| **农林牧渔业总产值** | **4603034** | **4319837** |
| 一、农业产值 | 2134463 | 2018056 |
| 1. 谷物及其他作物 | 947266 | 992391 |
| #谷物 | 853943 | 882050 |
| 棉花 | 2541 | 6951 |
| 油料 | 37572 | 42996 |
| 2. 蔬菜园艺作物 | 1083432 | 939907 |
| #蔬菜(含菜用瓜) | 818868 | 701469 |
| 花卉 | 11793 | 11471 |
| 3. 水果、坚果、饮料和香料作物 | 93180 | 80192 |
| #水果坚果(含果用瓜) | 76377 | 62857 |
| 茶及其他饮料 | 16803 | 17335 |
| 4. 中药材 | 10585 | 5566 |
| 二、林业产值 | 111392 | 101251 |
| 1. 林木的培养种植 | 51099 | 43447 |
| 2. 竹木采运 | 55501 | 52962 |
| 3. 林产品 | 4792 | 4842 |
| 三、牧业产值 | 768871 | 734242 |
| 1. 牲畜饲养 | 18706 | 17504 |
| #牛的饲养 | 3965 | 3937 |
| 羊的饲养 | 10869 | 9686 |
| 奶产品 | 3872 | 3881 |
| #牛奶 | 3872 | 3881 |
| 2. 猪的饲养 | 247870 | 230835 |
| 3. 家禽 | 474787 | 465002 |
| 4. 狩猎和捕捉动物 | 0 | 0 |
| 5. 其他畜牧业 | 27508 | 20901 |
| 四、渔业产值 | 1350980 | 1251006 |
| 1. 海水产品 | 0 | 0 |
| 2. 淡水产品 | 1350980 | 1251006 |
| 鱼类 | 480386 | 449200 |
| 甲壳类 | 773442 | 673000 |
| 贝类 | 12115 | 9565 |
| 其他 | 85037 | 119241 |
| 五、农林牧渔服务业 | 237328 | 215282 |

## 2015年扬州市主要农作物播种面积和产量一览表

表39-7

| 项　　目 | 播种面积(千公顷) | 单　产(千克/公顷) | 总产量(吨) |
|---|---|---|---|
| **农作物总播种面积** | **509.12** | | |
| 一、粮食作物总计 | 421.19 | 7465 | 3144091 |
| 1. 夏粮 | 192.2 | 5913 | 1136439 |
| 小麦 | 187.49 | 5969 | 1119048 |
| 大麦 | 1.59 | 4608 | 7326 |
| 蚕、豌豆 | 3.12 | 3226 | 10065 |
| 2. 秋粮 | 228.99 | 8767 | 2007652 |
| 稻谷 | 208.05 | 9244 | 1923181 |
| 中稻 | 208.05 | 9244 | 1923181 |
| 单季晚稻 | | | |
| 双季后作稻 | | | |
| 玉米 | 2.09 | 5657 | 11824 |
| 其他谷物 | 0.03 | 4000 | 120 |
| 豆类 | 16.75 | 3426 | 57387 |
| 薯类 | 2.07 | 7314 | 15140 |
| 二、经济作物 | 80.51 | | |
| 1. 棉花 | 0.56 | 1904 | 1066 |
| 2. 油料 | 25.95 | 2761 | 71660 |
| #花生 | 1.04 | 3010 | 3130 |
| 油菜籽 | 24 | 2782 | 66779 |
| 芝麻 | 0.91 | 1924 | 1751 |
| 3. 麻类 | | | |
| #黄麻 | | | |
| 红麻 | | | |
| 苎麻 | | | |
| 4. 糖类 | 0.02 | 48900 | 978 |
| #甘蔗 | 0.02 | 48900 | 978 |
| 甜菜 | | | |
| 5. 药材 | 1.56 | | |
| 6. 蔬菜瓜类 | 51.3 | 39646 | 2033823 |
| 蔬菜 | 51.3 | 39646 | 2033823 |
| 瓜类 | 2.35 | 45306 | 106469 |
| 三、其他农作物 | 6.19 | | |
| #青饲料 | 2.12 | | |
| 绿肥 | 0.79 | | |

## 2015年扬州市分地区工业总产值一览表

（规模以上工业企业）

表39-8　　单位：万元

| 地　区 | 工业总产值(现行价) | 工业销售产值(现行价) | 工业增加值(现行价) |
|---|---|---|---|
| **全　市** | **98229836** | **96312308** | **22502339** |
| 市　区 | 61720955 | 60277428 | 13558274 |
| 扬州经济技术开发区 | 13012759 | 12871963 | 2679930 |
| 广陵区 | 10898234 | 10647571 | 2478710 |
| 邗江区 | 14032578 | 13495414 | 3531448 |
| 江都区 | 23777384 | 23262480 | 4868185 |
| 宝应县 | 9934272 | 9695284 | 2398113 |
| 仪征市 | 15080257 | 14919851 | 3472743 |
| 高邮市 | 11494353 | 11419744 | 2761349 |

## 2015年扬州市主要工业产品产量一览表

（规模以上工业企业）

表39-9

| 产品名称 | 计量单位 | 2015年 | 2014年 |
|---|---|---|---|
| 原煤 | 万吨 | 33.73 | 39.57 |
| 天然原油 | 万吨 | 155.50 | 171 |
| 天然气 | 万立方米 | 3723 | 5238 |
| 发电量 | 亿千瓦小时 | 209.80 | 215.57 |
| 塑料制品 | 万吨 | 13.38 | 12.83 |
| 化学纤维 | 万吨 | 119.90 | 118.63 |
| 纱 | 万吨 | 19.49 | 16.27 |
| 布 | 万米 | 61851.68 | 62317.6 |
| 呢绒 | 万米 | 312.60 | 289.82 |
| 服装 | 万件 | 24222.36 | 24676.53 |
| 皮革鞋靴 | 万双 | 3696.23 | 3861.47 |
| 机制纸及纸板 | 万吨 | 9.93 | 6.83 |
| 原油加工量 | 万吨 | 62.73 | 90.71 |
| 烧碱(折100%) | 万吨 | 27.85 | 28.33 |
| 农用氮、磷、钾化学肥料总计(折纯) | 吨 | 3288 | 4382 |
| 化学农药原药 | 吨 | 62505 | 62087 |
| 合成纤维聚合物 | 万吨 | 190.81 | 192.21 |
| 化学药品原药 | 吨 | 3273.91 | 4231.09 |
| 水泥 | 万吨 | 1142.64 | 1130.15 |
| 钢材 | 万吨 | 433.55 | 349.42 |
| 附：用外购国产钢材再加工生产的钢材 | 万吨 | 172.65 | 158.94 |
| 金属切削机床 | 台 | 32820 | 33145 |
| 金属成形机床 | 台 | 38809 | 44342 |
| 金属集装箱 | 万立方米 | 472.75 | 430.23 |
| 电力电缆 | 万千米 | 110.52 | 119.43 |
| 通信及电子网络用电缆 | 万对千米 | 388.07 | 367.47 |
| 铅酸蓄电池 | 千伏安时 | 1231557 | 1766731 |
| 交流电动机 | 万千瓦 | 895.41 | 1088.6 |
| 电动手提式工具 | 万台 | 124.84 | 128.99 |
| 民用钢质船舶 | 万载重吨 | 317.75 | 339.30 |

## 2015年扬州市分地区建筑业生产经营情况表

表39-10

| 指　　标 | 全　市 | 市　区 | 扬州经济技术开发区 | 广陵区 | 邗江区 | 江都区 | 宝应县 | 仪征市 | 高邮市 |
|---|---|---|---|---|---|---|---|---|---|
| 单位个数(个) | **717** | 465 | 38 | 116 | 166 | 145 | 83 | 74 | 95 |
| 一、建筑业合同情况(万元) | | | | | | | | | |
| 签订的建筑合同额 | **42707750** | 26103303 | 263100 | 8533628 | 5386764 | 11919812 | 5072078 | 3185548 | 8346821 |
| 上年结转建筑合同额 | **18252913** | 12426300 | 100021 | 4117396 | 1430602 | 6778280 | 2110508 | 893422 | 2822684 |
| 本年新签建筑合同额 | **24454837** | 13677004 | 163079 | 4416232 | 3956162 | 5141532 | 2961571 | 2292126 | 5524137 |
| 二、承包工程完成情况(万元) | | | | | | | | | |
| 直接从建设单位承揽工程完成的产值 | **28739720** | 17174298 | 238744 | 4814582 | 4055903 | 8065069 | 3397847 | 2132226 | 6035349 |
| 自行完成施工产值 | **28732923** | 17167636 | 238489 | 4814550 | 4049527 | 8065069 | 3397751 | 2132222 | 6035314 |
| 分包出去工程的产值 | **6797** | 6662 | 255 | 31 | 6376 | 1 | 96 | 4 | 35 |
| 从建设单位以外承揽工程完成的产值 | **2941024** | 1655791 | 7719 | 91923 | 305146 | 1251003 | 807246 | 176451 | 301537 |
| 三、建筑业总产值(万元) | **31673948** | 18823427 | 246208 | 4906473 | 4354673 | 9316072 | 4204998 | 2308672 | 6336851 |
| #装饰装修产值 | **1188673** | 891500 | 23821 | 250498 | 447763 | 169418 | 53359 | 47172 | 196642 |
| 在外省完成的产值 | **17335008** | 11343321 | 19364 | 3253929 | 1812102 | 6257927 | 2756223 | 1089572 | 2145892 |
| 建筑工程产值 | **29598700** | 16908464 | 198826 | 4768053 | 3787500 | 8154085 | 4169264 | 2214872 | 6306100 |
| 安装工程产值 | **1992549** | 1884745 | 44880 | 133445 | 563860 | 1142561 | 29446 | 55323 | 23035 |
| 其他建筑业产值 | **82699** | 30217 | 2503 | 4976 | 3313 | 19426 | 6288 | 38477 | 7717 |
| 四、竣工产值(万元) | **27514232** | 15599867 | 237009 | 3638292 | 4305641 | 7418925 | 3996050 | 2240647 | 5677668 |
| 五、房屋施工面积(万平方米) | **25288** | 12814 | 61 | 4013 | 2132 | 6608 | 5415 | 1805 | 5255 |
| #房屋新开工面积 | **10005** | 4658 | 14 | 1365 | 1101 | 2177 | 1932 | 872 | 2544 |

## 2015年扬州市全社会客货运输量一览表

表39-11

| 项　　目 | 单　位 | 公　路 | 水　路 |
|---|---|---|---|
| 客运量 | 万人次 | 4146 | 12.5 |
| 旅客周转量 | 万人千米 | 349068 | 74.2 |
| 货运量 | 万吨 | 6419 | 5743 |
| 货物周转量 | 万吨千米 | 1183751 | 2212059 |

## 2015年扬州市邮政通信基本情况表

表39-12

| 项　目 | 单位 | 全　市 | 市　区 | #广陵区 | #邗江区 | #江都区 | 宝应县 | 仪征市 | 高邮市 |
|---|---|---|---|---|---|---|---|---|---|
| 邮政局所数 | 处 | **184** | 91 | | | 48 | 32 | 26 | 35 |
| 邮电业务总量 | 万元 | **643241** | 447731 | 139230 | 76348 | 116452 | 57780 | 64188 | 73543 |
| #邮政业务总量 | 万元 | **206000** | 156400 | | | 40700 | 14200 | 17300 | 18100 |
| 邮政业务收入 | 万元 | **165000** | 118700 | | | 26600 | 13500 | 15100 | 17700 |
| 电信业务收入 | 万元 | **245326** | 162932 | 73505 | 45934 | 43493 | 24942 | 26397 | 31054 |
| 固定电话用户 | 户 | **1417683** | 911326 | 316556 | 258877 | 335893 | 143395 | 179332 | 183630 |
| #农村电话用户 | 户 | **599320** | 355626 | 62419 | 109968 | 183239 | 79484 | 62500 | 101710 |
| 移动电话年末用户 | 户 | **2701087** | 1767961 | 941501 | 358744 | 467716 | 266536 | 302237 | 364353 |
| #4G移动电话用户 | 户 | **699532** | 478603 | 246846 | 111275 | 120482 | 68675 | 71050 | 81204 |
| 互联网宽带接入用户 | 户 | **836161** | 546910 | 163644 | 207103 | 176163 | 82421 | 98137 | 108693 |

## 2015年扬州市分行业社会消费品零售总额一览表

表39-13　　　　单位：万元

| 地　区 | 总　计 | 批发业 | 零售业 | 住宿业 | 餐饮业 |
|---|---|---|---|---|---|
| **全　市** | **12369602** | **1664954** | **9301912** | **191043** | **1211693** |
| 市　区 | **8480856** | 972140 | 6559193 | 147296 | 802227 |
| 扬州经济技术开发区 | **917426** | 208506 | 621493 | 26679 | 60748 |
| 广陵区 | **2637637** | 152929 | 2098659 | 27715 | 358334 |
| 邗江区 | **2618655** | 328896 | 1999136 | 59740 | 230883 |
| 江都区 | **2307138** | 281809 | 1839905 | 33162 | 152262 |
| 宝应县 | **1356275** | 308108 | 919998 | 23186 | 104983 |
| 仪征市 | **1001876** | 149693 | 725866 | 11544 | 114773 |
| 高邮市 | **1530596** | 235012 | 1096855 | 9018 | 189711 |

## 2015年扬州市对外国及港澳台地区贸易出口总额一览表

表39-14　　　　单位：万美元

| 项　目 | 进出口总额 | 出　口 | 进　口 |
|---|---|---|---|
| **总　计** | **1033825** | **771076** | **262749** |
| 一、按地区分组 | | | |
| 市　区 | 791539 | 617442 | 174097 |
| 扬州经济技术开发区 | 269632 | 176201 | 93431 |
| 广陵区 | 167658 | 155237 | 12421 |
| 邗江区 | 199612 | 167551 | 32061 |
| 江都区 | 154637 | 118453 | 36184 |
| 宝应县 | 89002 | 67482 | 21520 |
| 仪征市 | 37209 | 28618 | 8591 |
| 高邮市 | 44001 | 40718 | 3283 |
| 扬州化学工业园区 | 73207 | 16635 | 56572 |
| 二、按贸易方式分组 | | | |
| 一般贸易 | 681161 | 529868 | 151293 |
| 进料加工 | 296446 | 213998 | 82448 |
| 来料加工 | 37568 | 19751 | 17817 |
| 其他 | 21297 | 8760 | 12537 |

## 2015年扬州市外商及港澳台商直接投资情况表

表39-15　　单位:万美元

| 地　区 | 注册外资及港澳台资实际到账额 | | 协议注册外资及港澳台资 |
|---|---|---|---|
| | 总　额 | 比上年增长(%) | 总　额 |
| **全　市** | **84841** | **-38.86** | **157807** |
| #扬州经济技术开发区 | 40584 | -22.18 | 64120 |
| 广陵区 | 9470 | -60.48 | 32907 |
| 邗江区 | 27376 | -5.44 | 32919 |
| 江都区 | 2996 | -85.55 | 6531 |
| 宝应县 | 912 | -71.18 | 2133 |
| 仪征市 | 2661 | -84.89 | 7008 |
| 高邮市 | 6021 | 110.75 | 12158 |
| 扬州化学工业园区 | 96 | -99.31 | 31 |

## 2015年扬州市财政收入与支出一览表

表39-16　　单位:万元

| 项　目 | 全　市 | 市　区 | | | | 宝应县 | 仪征市 | 高邮市 |
|---|---|---|---|---|---|---|---|---|
| | | | #广陵区 | #邗江区 | #江都区 | | | |
| **财政总收入** | **5151816** | **3386188** | **560356** | **846061** | **849687** | **432652** | **827118** | **505858** |
| #上划中央收入 | **1784354** | 1050510 | 166196 | 261678 | 304986 | 127746 | 432683 | 173415 |
| 增值税(75%) | **1078654** | 618150 | 98522 | 173922 | 182265 | 85791 | 244511 | 130202 |
| 消费税 | **192432** | 85104 | 4555 | 266 | 37729 | 802 | 106249 | 277 |
| 企业所得税(60%) | **375130** | 239626 | 50099 | 66989 | 51732 | 33050 | 68967 | 33487 |
| 个人所得税(60%) | **138138** | 107630 | 13020 | 20501 | 33260 | 8103 | 12956 | 9449 |
| 公共财政预算收入 | **3367462** | 2335678 | 394160 | 584383 | 544701 | 304906 | 394435 | 332443 |
| #税收收入 | **2746682** | 1880544 | 356741 | 477787 | 445357 | 253073 | 339499 | 273566 |
| #增值税(25%) | **358482** | 204980 | 32841 | 57974 | 59685 | 28597 | 81504 | 43401 |
| 营业税 | **1009616** | 801404 | 180812 | 223300 | 208728 | 60426 | 85561 | 62225 |
| 企业所得税(40%) | **250085** | 159750 | 33399 | 44659 | 34488 | 22033 | 45978 | 22324 |
| 个人所得税(40%) | **92091** | 71752 | 8680 | 13667 | 22173 | 5402 | 8637 | 6300 |
| **公共财政预算支出** | **4427805** | **2893168** | **374185** | **552787** | **713197** | **530155** | **468268** | **536214** |
| #一般公共服务 | **557542** | 363797 | 45369 | 76261 | 94762 | 71063 | 58075 | 64607 |
| 科学技术 | **131883** | 83600 | 11629 | 11202 | 28510 | 15786 | 18578 | 13919 |
| 教育 | **752925** | 445110 | 60652 | 74608 | 161704 | 102600 | 83910 | 121305 |
| 文化体育与传媒 | **84341** | 66013 | 4779 | 2394 | 7933 | 5715 | 5119 | 7494 |
| 医疗卫生 | **323765** | 175029 | 16422 | 26729 | 71982 | 46392 | 44878 | 57466 |
| 节能保护 | **159822** | 118099 | 13170 | 14306 | 29106 | 11369 | 14711 | 15643 |
| 城乡社区事务 | **621852** | 494508 | 138926 | 98577 | 118312 | 44615 | 43299 | 39430 |
| 交通运输 | **119475** | 83268 | 869 | 4981 | 11739 | 15517 | 9430 | 11260 |
| 社会保障和就业 | **337561** | 172710 | 24570 | 26939 | 55340 | 61274 | 42522 | 61055 |
| 住房保障 | **224473** | 204402 | 6947 | 136211 | 3811 | 5727 | 6730 | 7614 |
| 农林水事务 | **425308** | 166854 | 22592 | 30803 | 71680 | 80848 | 95355 | 82251 |

## 2015年扬州市金融机构人民币存贷款收支情况表

表39-17 单位:亿元

| 项目 | 全市 | 市区 | #江都区 | 宝应县 | 仪征市 | 高邮市 |
|---|---|---|---|---|---|---|
| **年末金融机构各项存款余额** | **4719.40** | **3357.63** | **909.63** | **406.05** | **501.92** | **453.80** |
| #住户存款 | **2376.68** | 1531.02 | 579.48 | 262.60 | 273.21 | 309.85 |
| **年末金融机构各项贷款余额** | **3095.77** | **2251.61** | **532.34** | **259.49** | **306.22** | **278.44** |
| #短期贷款 | **1404.39** | 1009.06 | 280.48 | 118.65 | 142.28 | 134.41 |
| 中长期贷款 | **1484.02** | 1089.51 | 207.20 | 120.84 | 145.64 | 128.02 |
| 票据融资 | **665.51** | 481.68 | 87.88 | 76.20 | 40.78 | 66.84 |

## 2015年扬州市教育事业情况表

表39-18

| 项目 | 学校数(所) | 毕业生数(人) | 招生数(人) | 在校学生数(人) | 专任教师(人) |
|---|---|---|---|---|---|
| **合计** | **414** | **143564** | **139573** | **653469** | **38746** |
| 普通高等学校 | 8 | 20936 | 22296 | 75643 | 4781 |
| 普通中等专业学校 | 10 | 16756 | 15437 | 47981 | 1783 |
| 普通中学 | 166 | 63015 | 58249 | 178843 | 16476 |
| 高中 | 35 | 24683 | 21537 | 66985 | 6177 |
| 初中 | 131 | 38332 | 36712 | 111858 | 10299 |
| 职业高中 | 4 | 86 | 0 | 31 | 605 |
| 技工学校 | 14 | 5705 | 9140 | 21960 | 1448 |
| 小学 | 205 | 36946 | 34332 | 216263 | 13454 |
| 特殊教育学校 | 7 | 120 | 119 | 890 | 199 |

## 2015年扬州市中小学情况表

表39-19

| 项目 | 全市 | 市区 | #广陵区 | #邗江区 | #江都区 | 宝应县 | 仪征市 | 高邮市 |
|---|---|---|---|---|---|---|---|---|
| 学校总数(所) | | | | | | | | |
| 普通中学 | **166** | 86 | 10 | 19 | 37 | 26 | 23 | 31 |
| #高中 | **35** | 19 | 2 | 5 | 6 | 5 | 5 | 6 |
| 初中 | **131** | 67 | 8 | 14 | 31 | 21 | 18 | 25 |
| 小学 | **205** | 97 | 18 | 16 | 52 | 38 | 31 | 39 |
| 在校学生数(人) | | | | | | | | |
| 普通中学 | **178843** | 97943 | 6092 | 19848 | 37975 | 32970 | 19545 | 28385 |
| #高中 | **66985** | 35874 | 2242 | 7575 | 14101 | 12005 | 7551 | 11555 |
| 初中 | **111858** | 62069 | 3850 | 12273 | 23874 | 20965 | 11994 | 16830 |
| 小学 | **216263** | 126681 | 31958 | 32636 | 43983 | 38038 | 23924 | 27620 |
| 专任教师数(人) | | | | | | | | |
| 普通中学 | **16476** | 8720 | 725 | 1828 | 3667 | 3006 | 1842 | 2908 |
| #高中 | **6177** | 3132 | 231 | 692 | 1275 | 1240 | 624 | 1181 |
| 初中 | **10299** | 5588 | 494 | 1136 | 2392 | 1766 | 1218 | 1727 |
| 小学 | **13454** | 7503 | 1979 | 1807 | 2789 | 2414 | 1620 | 1917 |

## 2015年扬州市卫生事业情况表

表39-20

| 项　　目 | 单　位 | 全　市 | 市　区 | #广陵区 | #邗江区 | #江都区 | 宝应县 | 仪征市 | 高邮市 |
|---|---|---|---|---|---|---|---|---|---|
| 卫生机构数 | 个 | **1780** | 1036 | 219 | 399 | 418 | 340 | 154 | 250 |
| #医院 | 个 | **63** | 44 | 15 | 17 | 12 | 10 | 6 | 3 |
| 卫生院 | 个 | **73** | 22 | 5 | 5 | 12 | 19 | 11 | 21 |
| 卫生机构床位数 | 张 | **20121** | 13045 | 6175 | 2567 | 4303 | 2283 | 2190 | 2603 |
| #医院 | 张 | **14649** | 10161 | 5342 | 1887 | 2932 | 1246 | 1712 | 1530 |
| 卫生院 | 张 | **3215** | 1364 | 137 | 162 | 1065 | 756 | 450 | 645 |
| 卫生技术人员 | 人 | **26419** | 16416 | 6959 | 4082 | 5375 | 3558 | 2892 | 3553 |
| #执业(助理)医师 | 人 | **9826** | 6062 | 2437 | 1672 | 1953 | 1310 | 1069 | 1385 |
| 注册护士 | 人 | **9938** | 6715 | 3275 | 1595 | 1845 | 1028 | 1028 | 1167 |
| #卫生防疫人员 | 人 | **2151** | 1488 | 874 | 271 | 343 | 291 | 134 | 238 |
| 医院、卫生院技术人员 | 人 | **17266** | 10623 | 4947 | 1913 | 3763 | 2142 | 2272 | 2229 |
| #执业(助理)医师 | 人 | **6245** | 3806 | 1644 | 676 | 1486 | 800 | 789 | 850 |
| 注册护士 | 人 | **7838** | 5056 | 2576 | 886 | 1594 | 855 | 964 | 963 |

## 2015年扬州市文化事业基本情况表

表39-21

| 项　　目 | 单　位 | 全　市 | 市　区 | #江都区 | 宝应县 | 仪征市 | 高邮市 |
|---|---|---|---|---|---|---|---|
| 文化馆数 | 个 | **7** | 4 | 1 | 1 | 1 | 1 |
| 艺术表演团体数 | 个 | **9** | 6 | 1 | 1 | 1 | 1 |
| #扬剧团数 | 个 | **4** | 3 | 1 |  | 1 |  |
| 演职员工数 | 人 | **497** | 384 | 47 | 54 | 47 | 12 |
| 创作首演剧目数 | 个 | **4** | 4 |  |  |  |  |
| 演出场次 | 场次 | **2763** | 2117 | 192 | 66 | 194 | 386 |
| 艺术教育机构数 | 个 | **1** | 1 |  |  |  |  |
| 广播电视台数 | 座 | **5** | 2 | 1 | 1 | 1 | 1 |
| 发射台及转播台数 | 座 | **8** | 4 |  | 1 | 2 | 1 |
| 有线电视用户数 | 万户 | **109** | 61 | 23 | 17 | 12 | 19 |
| 广播人口覆盖率 | % | **100** | 100 | 100 | 100 | 100 | 100 |
| 电视人口覆盖率 | % | **100** | 100 | 100 | 100 | 100 | 100 |
| 公共图书馆数 | 个 | **7** | 4 | 1 | 1 | 1 | 1 |
| 藏书册数 | 册(件) | **3210670** | 2453562 | 347216 | 162037 | 364281 | 230790 |
| #古籍 | 册(件) | **179107** | 145465 | 13363 | 18000 | 3642 | 12000 |
| 图书 | 册(件) | **2729440** | 2100044 | 308530 | 123422 | 323503 | 182471 |
| 图书流通量 | 千人次 | **1991** | 1295 | 201 | 183 | 339 | 174 |
| 阅览室坐席数 | 个 | **4166** | 3265 | 316 | 100 | 420 | 381 |

## 2015年扬州市环境保护基本情况表

表39-22

| 项　　目 | 单　位 | 全　市 | 广陵区 | 邗江区 | 江都区 | 宝应县 | 仪征市 | 高邮市 |
|---|---|---|---|---|---|---|---|---|
| 废水排放总量 | 万吨 | **30312** | 5534 | 6579 | 5611 | 4287 | 3617 | 4685 |
| #工业源 | 万吨 | **9119** | 1528 | 1298 | 1508 | 1489 | 1388 | 1907 |
| 城镇生活源 | 万吨 | **21184** | 4006 | 5278 | 4101 | 2796 | 2228 | 2775 |
| 集中式治理设施 | 万吨 | **9** |  | 3 | 1 | 2 | 0 | 3 |
| 化学需氧量(COD)排放量 | 吨 | **53248** | 6474 | 6701 | 13268 | 10307 | 5823 | 10674 |
| #工业源 | 吨 | **12805** | 3863 | 1635 | 1916 | 1576 | 2039 | 1776 |
| 城镇生活源 | 吨 | **29280** | 2526 | 2898 | 9515 | 5319 | 3570 | 5453 |
| 农业源 | 吨 | **10934** | 85 | 2168 | 1837 | 3187 | 212 | 3445 |
| 集中式治理设施 | 吨 | **229** |  |  | 1 | 226 | 2 |  |
| 氨氮排放量 | 吨 | **7159** | 916 | 958 | 1604 | 1557 | 792 | 1333 |
| #工业源 | 吨 | **1218** | 357 | 79 | 192 | 281 | 146 | 162 |
| 城镇生活源 | 吨 | **4179** | 542 | 619 | 1045 | 766 | 413 | 794 |
| 农业源 | 吨 | **1742** | 16 | 260 | 367 | 489 | 234 | 376 |
| 集中式治理设施 | 吨 | **21** |  |  | 0 | 21 | 0 |  |
| 废水治理设施数 | 套 | **427** | 32 | 74 | 113 | 19 | 58 | 131 |
| 废水治理设施处理能力 | 万吨/日 | **50** | 2 | 12 | 3 | 1 | 15 | 16 |
| 废水治理设施运行费用 | 万元 | **60850** | 3819 | 7437 | 8791 | 451 | 19412 | 20940 |
| 二氧化硫($SO_2$)排放量 | 吨 | **45534** | 6412 | 22186 | 4266 | 1304 | 7679 | 3688 |
| #工业源 | 吨 | **42415** | 5989 | 21179 | 3601 | 990 | 7284 | 3372 |
| 城镇生活源 | 吨 | **3089** | 422 | 1007 | 665 | 314 | 364 | 316 |
| 集中式治理设施 | 吨 | **31** |  |  |  |  | 31 |  |
| 氮氧化物排放量 | 吨 | **63305** | 2735 | 27050 | 2243 | 802 | 8107 | 4828 |
| #工业源 | 吨 | **45166** | 2719 | 26853 | 2095 | 732 | 8009 | 4758 |
| 城镇生活源 | 吨 | **582** | 16 | 197 | 148 | 70 | 81 | 70 |
| 机动车 | 吨 | **17540** |  |  |  |  |  |  |
| 集中式治理设施 | 吨 | **17** |  |  |  |  | 17 |  |
| 烟(粉)尘排放量 | 吨 | **17462** | 632 | 8861 | 1980 | 189 | 2470 | 1857 |
| #工业源 | 吨 | **14614** | 462 | 8445 | 1668 | 42 | 2289 | 1708 |
| 城镇生活源 | 吨 | **1365** | 170 | 416 | 312 | 147 | 171 | 148 |
| 机动车 | 吨 | **1472** |  |  |  |  |  |  |
| 集中式治理设施 | 吨 | **10** |  |  |  |  | 10 |  |
| 废气治理设施数 | 套 | **1339** | 30 | 166 | 561 | 22 | 198 | 362 |
| #脱硫设施数 | 套 | **67** | 5 | 22 | 20 |  | 19 | 1 |
| 废气治理设施运行费用 | 万元 | **88645** | 1999 | 49714 | 8911 | 199 | 19701 | 8120 |
| 一般工业固体废物产生量 | 万吨 | **300** | 22 | 172 | 12 | 10 | 68 | 16 |
| 一般工业固体废物综合利用量 | 万吨 | **274** | 22 | 153 | 12 | 10 | 63 | 16 |
| #综合利用往年贮存量 | 万吨 | **4** |  |  |  |  | 4 |  |
| 一般工业固体废物综合利用率 | % | **91** | 98 | 89 | 100 | 100 | 92 | 98 |

续表 39-22

| 项　　目 | 单　位 | 全　市 | 广陵区 | 邗江区 | 江都区 | 宝应县 | 仪征市 | 高邮市 |
|---|---|---|---|---|---|---|---|---|
| 当年完成环保验收项目环保投资 | 万元 | **3503687** | 894101 | 100 | 621819 | 266992 | 717745 | 252053 |
| 老工业污染源治理项目本年完成投资 | 万元 | **54055** | 4274 | 44107 | 281 | 265 | 5128 | |
| 废水治理项目 | 万元 | **1147** | 24 | 80 | 281 | 265 | 497 | |
| 废气治理项目 | 万元 | **52908** | 4250 | 44027 | | | 4631 | |
| 工业固体废物治理项目 | 万元 | | | | | | | |
| 噪声治理项目 | 万元 | | | | | | | |
| 其它治理项目 | 万元 | | | | | | | |
| 空气质量情况 | | | | | | | | |
| 可吸入颗粒物($PM_{10}$) | 毫克/立方米 | **0.100** | 0.101 | 0.099 | 0.116 | 0.091 | 0.089 | 0.114 |
| 二氧化硫 | 毫克/立方米 | **0.025** | 0.025 | 0.025 | 0.021 | 0.017 | 0.029 | 0.026 |
| 二氧化氮 | 毫克/立方米 | **0.030** | 0.036 | 0.024 | 0.034 | 0.024 | 0.032 | 0.033 |
| 空气质量达到及好于二级的天数比重 | % | **68** | 68 | 63 | 72 | 75 | 72 | 60 |
| 道路交通噪声等效声级 | dB(A) | **66** | | | 63 | 66 | 65 | 64 |

## 2015年扬州市市区居民家庭基本情况表

表 39-23

| 项　　目 | 单　位 | 全体居民 | 城镇居民 | 农村居民 |
|---|---|---|---|---|
| 一、调查户数 | 户 | 1109.00 | 603.00 | 506.00 |
| 二、平均每户家庭人口 | 人 | 3.13 | 3.03 | 3.25 |
| 三、平均每户就业人口 | 人 | 1.96 | 1.77 | 2.18 |
| 四、平均每一就业人口负担人数 | 人 | 1.60 | 1.71 | 1.49 |
| 五、平均每户就业面 | % | 62.62 | 58.42 | 67.08 |
| 六、平均每人现住房建筑面积 | 平方米 | 49.43 | 45.05 | 54.29 |
| 七、人均可支配收入 | 元 | 26253.21 | 32946.20 | 16619.40 |
| 八、人均非收入所得 | 元 | 853.38 | 1005.39 | 684.48 |
| #非经常性转移所得 | 元 | 703.70 | 864.34 | 525.21 |
| 九、人均借贷性所得 | 元 | 1298.69 | 1295.25 | 1302.50 |
| #提取储蓄存款 | 元 | 894.01 | 1028.88 | 744.16 |
| 十、人均总支出 | 元 | 25425.53 | 28018.29 | 22544.81 |
| #消费支出 | 元 | 16720.20 | 19780.19 | 12316.31 |
| 转移性支出 | 元 | 1186.34 | 1626.37 | 553.13 |
| 生产经营费用支出 | 元 | 1400.65 | 868.44 | 1991.96 |
| 借贷性支出 | 元 | 1973.68 | 1467.52 | 2536.05 |
| 十一、人均通过互联网购买的商品和服务 | 元 | 142.33 | 248.42 | 24.46 |
| 十二、恩格尔系数 | % | 31.3 | 31.2 | 31.6 |
| 十三、百户接入有线电视的彩色电视机 | 台 | 150 | 162 | 136 |
| 十四、百户接入互联网的移动电话 | 部 | 148 | 159 | 136 |
| 十五、百户接入互联网的计算机 | 台 | 63 | 82 | 41 |

## 2015年长江三角洲城市主要经济指标一览表

表39-24

| 地区 | 地区生产总值(亿元) | 规模以上工业总产值(亿元) | 固定资产投资(亿元) | 社会消费品零售总额(亿元) | 进出口总额(亿美元) | 出口总额(亿美元) | 公共财政预算收入(亿元) | 城镇常住居民人均可支配收入(元) | 农村常住居民人均可支配收入(元) |
|---|---|---|---|---|---|---|---|---|---|
| 上海 | 24964.99 | 31049.57 | 6352.70 | 10055.76 | 4517.33 | 1969.69 | 5519.50 | 52962 | 23205 |
| 南京 | 9720.77 | 13065.80 | 5425.98 | 4590.17 | 532.40 | 315.03 | 1020.03 | 46104 | 19483 |
| 无锡 | 8518.26 | 14698.76 | 4901.19 | 2847.61 | 684.67 | 422.32 | 830.00 | 45129 | 24155 |
| 常州 | 5273.15 | 11454.30 | 3398.97 | 1990.45 | 280.46 | 212.58 | 466.28 | 42710 | 21912 |
| 苏州 | 14504.07 | 30546.32 | 6124.43 | 4424.82 | 3053.50 | 1814.59 | 1560.76 | 50390 | 25580 |
| 南通 | 6148.40 | 13772.81 | 4376.03 | 2379.46 | 315.79 | 228.26 | 625.64 | 36291 | 17267 |
| **扬州** | **4016.84** | **9822.98** | **2856.80** | **1236.96** | **103.38** | **77.11** | **336.75** | **32946** | **16619** |
| 镇江 | 3502.48 | 8781.90 | 2541.07 | 1113.71 | 100.64 | 68.73 | 302.85 | 38666 | 19214 |
| 泰州 | 3655.53 | 11173.68 | 2695.66 | 1001.64 | 102.30 | 63.77 | 322.22 | 34092 | 16410 |
| 杭州 | 10053.58 | 12699.64 | 5556.32 | 4697.23 | 665.66 | 500.67 | 1233.88 | 48316 | 25719 |
| 宁波 | 8011.49 | 13756.62 | 4506.58 | 3349.60 | 1004.66 | 714.29 | 1006.40 | 47852 | 26469 |
| 嘉兴 | 3517.06 | 7572.82 | 2513.82 | 1494.57 | 310.85 | 229.27 | 350.35 | 45499 | 26838 |
| 湖州 | 2084.27 | 4401.64 | 1402.64 | 963.92 | 102.07 | 88.55 | 191.31 | 42238 | 24410 |
| 绍兴 | 4466.65 | 9707.01 | 2582.84 | 1621.06 | 299.02 | 271.42 | 362.89 | 46747 | 25648 |
| 舟山 | 1094.67 | 1681.93 | 1134.76 | 415.52 | 117.01 | 61.85 | 112.72 | 44845 | 25903 |
| 台州 | 3558.13 | 3993.27 | 1996.03 | 1826.68 | 211.66 | 188.29 | 298.02 | 43266 | 21225 |

## 2015年扬州的一天

表39-25

| 项　目 | 单　位 | 1985年 | 1990年 | 1995年 | 2000年 | 2005年 | 2010年 | 2014年 | 2015年 |
|---|---|---|---|---|---|---|---|---|---|
| 地区生产总值 | 万元 | 1125 | 2440 | 8197 | 12935 | 26909 | 61082 | 101313 | 110050 |
| 第一产业 | 万元 | 353 | 596 | 1266 | 1751 | 2596 | 4421 | 6229 | 6626 |
| 第二产业 | 万元 | 568 | 1301 | 4681 | 6855 | 14892 | 33681 | 51664 | 55126 |
| 第三产业 | 万元 | 204 | 543 | 2250 | 4329 | 9420 | 22980 | 43419 | 48298 |
| 粮食产量 | 吨 | 6808 | 6538 | 6084 | 6169 | 6204 | 7865 | 8605 | 8614 |
| 棉花产量 | 吨 | 46 | 50 | 73 | 28 | 19 | 15 | 7 | 3 |
| 油料产量 | 吨 | 145 | 132 | 201 | 341 | 336 | 220 | 202 | 196 |
| 水产品产量 | 吨 | 88 | 158 | 338 | 621 | 977 | 1042 | 1074 | 1092 |
| 社会消费品零售额 | 万元 | 596 | 1128 | 2772 | 4165 | 8408 | 19894 | 30907 | 33889 |
| 出口总额 | 万美元 | | | | 166 | 522 | 1659 | 2105 | 2113 |
| 固定资产投资完成额 | 万元 | 320 | 552 | 2723 | 3514 | 11235 | 36489 | 66210 | 78269 |
| 财政收入 | 万元 | 98 | 182 | 515 | 931 | 3206 | 10983 | 12835 | 14115 |
| 公共财政预算收入 | 万元 | 98 | 182 | 243 | 447 | 1357 | 4597 | 8087 | 9226 |
| 客运量 | 万人次 | 19.53 | 15.8 | 13.59 | 17.01 | 22.31 | 19.93 | 13.16 | 11.39 |
| 货运量 | 万吨 | 5.85 | 5.44 | 15.67 | 12.84 | 16.04 | 25.57 | 31.77 | 33.32 |
| 城乡居民储蓄 | 万元 | 159 | 764 | 3071 | 7563 | 16566 | 34312 | 58003 | 65115 |

# 索　引

## 说　明

一、本索引采取主题分析法，索引词条按汉语拼音音序排列。
二、类目、栏目、分目标题用黑体字标示。
三、索引词条后的数字表示页码，数字后的字母(a、b、c)表示该页版面从左至右的栏别。
四、空一字起排的款目为上一主题的“附见”。

## A



## B

## C

## D

## E



## F

## G

## H

## J

## K

## L

P

Q

## R

## W

## X

## Y

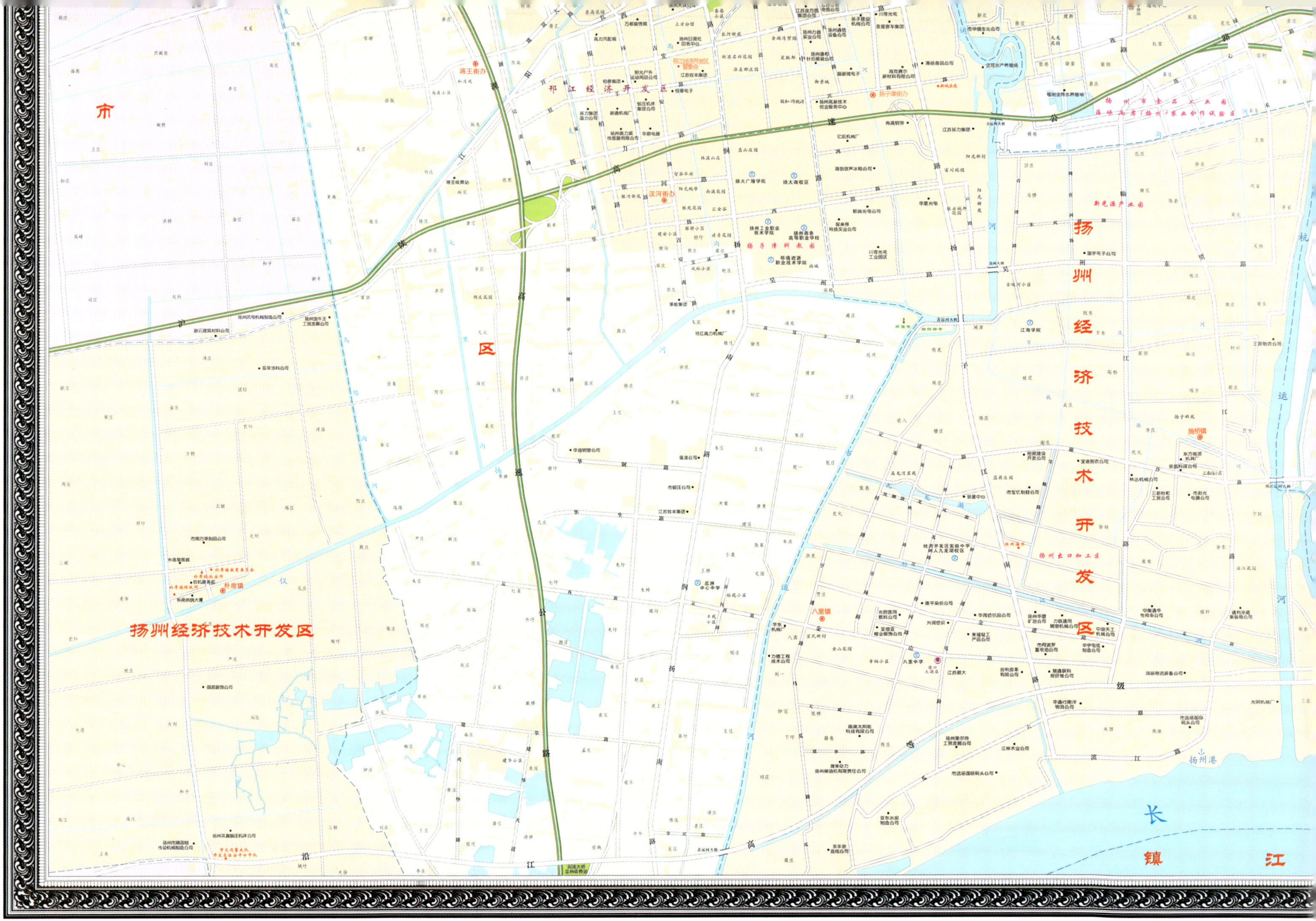

市
区
邗江经济开发区
扬州经济技术开发区
扬州经济技术开发区
长
镇
江
蒋王街办
汉河街办
扬子津街办
朴席镇
八里镇
施桥镇
扬州港

江苏易图地理信息工程有限公司、扬州市测绘学会　联合编制　　　扬州市国土资源局　监制

扬州市城区图